中国教育年鉴
1992年

《中国教育年鉴》编辑部

人民教育出版社

（京）新登字113号

中国教育年鉴
(1992)
《中国教育年鉴》编辑部　编
*
人民教育出版社　出版
新华书店总店科技发行所发行经销
民族印刷厂印刷
*
开本 787×1092　1/16　印张 53　插页 6　字数 1200000
1993 年 11 月第 1 版　1993 年 11 月第 1 次印刷
印数　1—12,310
ISBN 7-107-11077-2
G・3251 定价 55.30 元

YEARBOOK OF EDUCATION IN CHINA

1

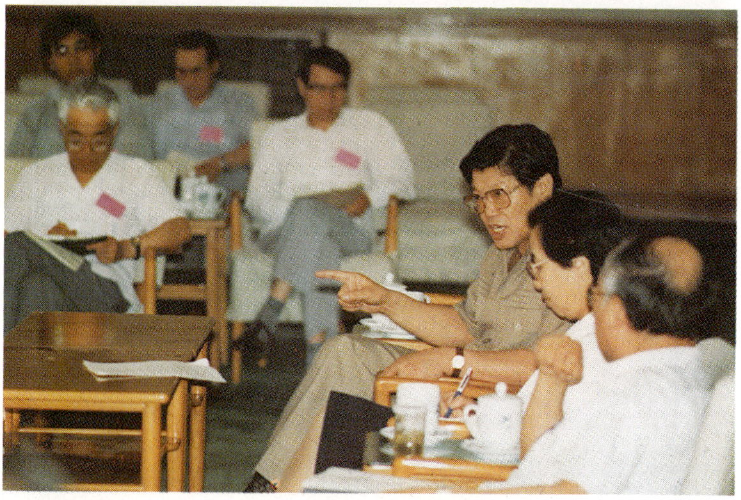

2

3

1 中共中央总书记江泽民、国务院总理李鹏会见出席全国有突出贡献博士硕士学位获得者、回国留学人员和优秀大学毕业生表彰大会的代表

国务院学位委员会办公室 供稿

2 国家教委主任李铁映参加全国高校党建工作会议小组讨论

周滋麟 摄

3 国家教委副主任何东昌视察辽宁省营口市鲅鱼圈红海小学劳动实验基地

史习江 供稿

7

4

5

6

4 国务院总理李鹏会见出席农村教育国际研讨会的各国来宾

韩树民 摄

5 国家副主席、中国中小学幼儿教师奖励基金会理事长王震同党和国家其他领导人向1991年教师节受表彰的教师代表颁奖

刘全聚 摄

6 国家教委副主任滕藤在中国纺织大学视察工作

纪建军 供稿

7 国家教委副主任朱开轩访问日本时与留学生交谈

张继栋 供稿

8

8 国家教委副主任柳斌与山东省人大常委会副主任严庆清会见全国“十佳少先队员”武文梅同学

马建华 供稿

9 国家教委副主任邹时炎在江苏省常州市聋哑学校视察

陈建华 供稿

11 全国教育系统劳动模范、北京育民小学教师翟京华在辅导学生

刘全聚 摄

12 山东莱芜市一中的学生在上实验课

韩树民 摄

9

10 国家教委副主任王明达在陕西省丹凤县商镇中学生产基地参观

孟庆宏 供稿

12

10

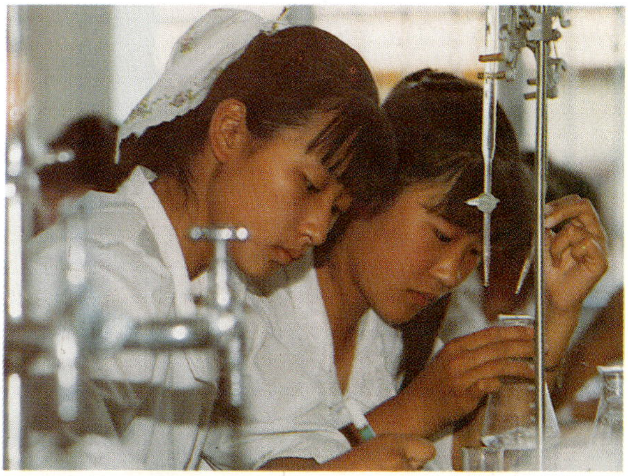

11

16

13

17

14

13 天津市河西区退休教师任秉钧一家四代有 25 人从事教育工作

韩树民 摄

14 江苏宜兴市教师进修学校聘请特级教师与进修的小学语文教师一起研讨有关问题

江苏省教育科学研究所 供稿

15 在北京市第一师范学校附属小学召开全国快乐教育研讨会

韩树民 摄

16 宁夏回族自治区重视女童教育，图为海如回民女子中学的学生在上课

宁夏回族自治区教育厅 供稿

17 天津政治师范学校请解放军某部“雷锋班”班长朱华来校介绍少先队辅导员的工作经验

天津市教育志办公室 供稿

15

18

18 1991 年 9 月，国家教委在北京主办了“为了灾区的孩子们”赈灾义演晚会

韩树民 摄

19

19 全国第二届“十佳”少先队员事迹报告会在中南海怀仁堂举行

周滋麟 摄

20

20 江苏南通师范学校五年制大专班的学生课外进行天文观察实践活动

江苏省教育科学研究所 供稿

21

22

23

24

25

21 北京市北官厅小学在“爱牙日”指导学生做刷牙保健操

韩树民 摄

22 天津师范学校附属小学的军乐团在演奏

天津市教育志办公室 供稿

23 1991 年冬季运动会上，幼儿园小朋友在进行韵律操比赛

韩树民 摄

24 北京市高级中学的学生在进行战场救护模拟表演

鲍效农 摄

25 北京市房山区窦店乡的小学校

齐孝源 摄

26

27

28

26 天津渤海中等职业技术学校青年教师指导学生实习

天津市教育志办公室 供稿

27 广东乳源县桂头职业中学学生在鸭场实习

赖国强 摄

28 北京大兴县第一职业学校学生在上实习课

韩树民 摄

29

29 北京市朝阳区召开职业学校学生技能比赛汇报会

韩树民 摄

30

30 全国职业技术教育先进单位和先进工作者的代表领奖

韩树民 摄

31

31 华中理工大学的学生在上实验课

周滋麟 摄

32 华南热带作物学院的青年科技人员在该院的热带作物生物技术国家重点实验室里做实验

鲍效农 摄

32

33

33 武汉大学病毒系的昆虫病毒研究成果获 1991 年国家自然科学二等奖

周滋麟 摄

34 清华大学创建的我国第一套核电厂模拟培训机

周滋麟 摄

34

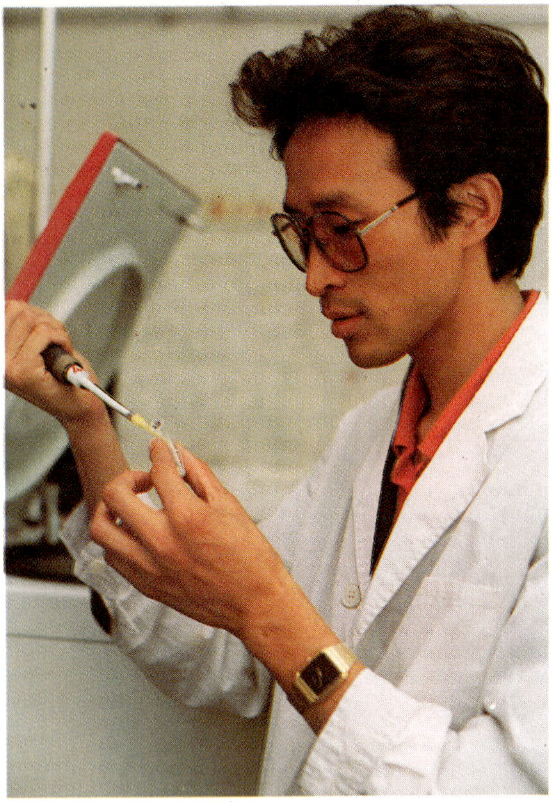

35

35 荣获1991年度联合国教科文组织青年科学家奖的北京大学教授陈章良，与同事一起建成植物基因工程国家重点实验室，取得了一系列重要成果

鲍效农 摄

36

36 中国地质大学（武汉）计算机系自筹资金创办的PC试验室供教学与科研使用

周滋麟 摄

37

37 中国人民大学赴宁夏暑期社会实践小分队在空军某基地参观学习

刘全聚 摄

38

38 向全国普通高校优秀思想政治工作者颁发荣誉证书

周滋麟 摄

39

40

39 宁夏回族自治区泾源县黄花乡回族青年在地头学习文化知识

宁夏回族自治区教育厅 供稿

40 广东省连南瑶族自治县的成人民族学员在听课

周滋麟 摄

41 北京市海淀老龄大学的教师在指导学员练习书法

刘全聚 摄

41

编　辑　说　明

一、《中国教育年鉴》是一部资料性工具书。它是各级教育行政部门、各级各类学校认真执行党和国家的教育方针政策，努力做好教育工作的经验总结，是我国教育事业不断发展和改革的忠实记录。该书是教育战线的管理、研究人员沟通信息，交流经验的窗口和园地。

二、年鉴的基本栏目有：党和国家有关教育工作的重要文件，党和国家领导人有关教育工作的重要讲话，国家教委负责人的讲话或专文，教育综合改革与管理，基础教育，普通高等教育，职业技术教育，成人教育，师范教育，民族教育，学校体育、卫生与国防教育，艺术教育，电化教育，师资管理，教材建设，教育技术装备建设与勤工俭学，教育国际交流与合作，国家教委主办的报刊，各省、自治区、直辖市教育（按行政区划顺序排列），文件选编，教育大事记和教育资料等。

三、按目前国际国内通例，当年的年鉴反映上一年教育工作的基本情况。某些多年才能完成的工作任务，主要突出记述当年此项工作进展情况。

四、国家教委各司局、各直属单位，各省、自治区、直辖市教育行政部门是本年鉴的主要撰稿单位。

五、全国性统计数字，由统计部门提供，引用应以此为准。某些条目中的数字，因统计口径不一，可能有不尽一致之处，望读者使用时注意。

六、台湾省教育事业发展情况和数据，暂缺。

七、编纂过程中，虽力求做到内容全面系统，资料准确无误，文字简明精炼，但由于我们水平有限，因而肯定还存在许多需要改进之处，希望读者批评指正。

《中国教育年鉴》编辑部

1992年12月

目　　录

CONTENTS

坚持对青少年进行近现代史和国情教育

——江泽民总书记致信李铁映、何东昌同志

铁映、东昌同志:

去年中国革命博物馆重新开放，我去参观时，曾建议他们把已搜集到的仁人志士和革命烈士的遗书集中一下，编写一本书，以教育我们的干部和群众，特别是青少年，使他们熟悉我国的近代史、现代史和我们党的斗争史，认识今天的人民政权来之不易。听说书稿已准备付印，书名为《浩然正气》；还听说革命博物馆的同志将以连环画形式反映党的斗争历史，也准备出书，提供给儿童学习。

听到这个消息，我想起近两年来我在教育界座谈会上两次讲过，要对小学生（甚至幼儿园的孩子)、中学生一直到大学生，由浅入深、坚持不懈地进行中国近代史、现代史及国情的教育。进行这个教育，至少要明确以下几点内容:

一、由于封建统治者的腐败，1840年鸦片战争以后的一百多年中，中国人民曾备受列强欺凌。可列举若干主要史实加以说明。

二、这期间，许多仁人志士和广大群众抛头颅，洒鲜血，前仆后继，抵御外侮，立志捍卫中华。

三、“五四”运动后，中国共产党诞生，领导中国各族人民经历了土地革命战争、抗日战争、解放战争，终于建立了新中国。从此中国人民站起来了。解放后，又经历了几次反侵略战争，证明伟大的中国人民是不可侮的。

四、中国人民从来就反对侵略，主持正义，不畏强暴，维护和平。中国实行社会主义制度是中国人民自己的历史性选择。我们一贯主张处理国家关系必须遵循和坚持和平共处五项原则，特别是互不干涉内政，反对任何形式的霸权

主义和强权政治。

以上是教育的大致内容，目的是要提高中国人民特别是青少年的民族自尊心、民族自信心，防止崇洋媚外思想的抬头。当然，也不能重新制造“左”的气氛。

关于国情教育，建议还是要多做正面宣传。中国有五千年的灿烂文化，有比较丰富的资源，中国人民勤劳勇敢。中国人口众多是一个突出的国情。我们有的产品产量已列入世界第一位（如煤），但用人口总数一平均，指标却非常低。中国人口形势现在已经很严重，如再不严加控制，问题会更加严重。城市人口总的说控制得比较好一些，农村人口增长过快的问题大得很。要分地区分门别类地进行指导。关键在落实。国情教育中一定要说清楚，没有社会的安定团结，没有稳定的政治环境，经济是不可能搞上去的；而人口如果控制不住，即使经济上去了，也会产生各种困难和问题。许多不了解历史的人，往往以为实行资本主义制度，照搬西方议会民主，就可以使人们一下子过上发达资本主义国家的生活。他们不知道资本原始积累时期剥削了多少劳动人民的血汗，至今发达国家与不发达国家的不等价交换仍然存在。

我的这些意见，仅供参考。也可能你们的教材已经印出来了，或者有些地方已经印出来了。教材不必千篇一律，可以结合各地情况，针对性更强一点。但是一些主要内容，应该包括。

言不尽意，专此即致

敬礼

江泽民

1991年3月9日夜

关于国民经济和社会发展十年规划和第八个五年计划纲要的报告（节选）

——李鹏总理在第七届全国人民代表大会第四次会议上的政府工作报告（1991年3月25日）

三、关于经济建设

（五）推动科技进步，发展教育事业，提高国民经济的整体素质和促进社会的全面进步

科学技术是第一生产力。当今世界各国生产力的发展，综合国力的提高，在很大程度上都取决于科学技术的发展。国际经济竞争也越来越表现为科学技术和人才的竞争。我们要显著地提高经济效益，增强综合国力，逐步缩小同发达国家的差距，就要真正把发展科技和教育放在十分重要的战略地位，使经济建设转到依靠科技进步和提高劳动者素质的轨道上来。

科学技术的发展要继续贯彻“经济建设必须依靠科学技术，科学技术工作必须面向经济建设”的方针。这不仅是为了促进经济的发展，而且也是科学技术本身繁荣与发展的必由之路。要继续深化科技体制改革，逐步建立引进和创新、应用和推广相互结合、相互促进的科研机制。要把发展国民经济作为科学技术工作的主战场，加快科技成果向现实生产力的转化。在应用技术研究、高技术研究、基础研究三个层次上的科技工作，要统筹规划，合理配置力量，推动我国经济和科学技术的全面发展。要注意跟踪世界新技术发展进程，努力在生物工程、电子信息技术、自动化技术、新型材料、新能源、航空航天、海洋工程、激光、超导、通信等高技术领域取得新的成果。加快科技进步，关键在于稳定和完善促进科技进步的政策，采取切实有效的措施，增加科技投入。逐步建立健全保护知识产权的制度，进一步发挥专利制度在发展科技事业中的作用。

发展教育事业，提高全民族的素质，是社会主义现代化建设的根本大计。我国社会主义现代化事业，需要大批专门人才，也需要亿万受过良好教育的劳动大军。要继续深化教育体制改革，加强教育科学的研究，努力贯彻党和国家的教育方针，培养德、智、体全面发展的社会主义建设者和接班人，为现代化建设事业服务。要根据现代化建设的实际需要，把教育工作的重点放到提高教育质量和办学效益上来。到2000年，要在全国普及初等义务教育，在城镇以及经济比较发达的农村基本普及初中阶段义务教育，在全国范围内基本扫除青壮年文盲；通过大力发展职业技术教育和培训，使绝大多数城乡劳动者掌握必要的知识和技能，在业人员的劳动技能和专业技术水平得到进一步提高；高等教育要在基本稳定规模、合理调整结构的基础上，下大力量重点抓好一批大学，使教育质量和办学效益有明显提高，努力使一批重点学科达到国际先进水平。继续执行和完善出国留学生政策，鼓励留学生学成归国工作。进一步促进国际间的教育交流与合作。要大力加强师资培训，提高教师的业务水平和思想政治水平。各级各类学校都要切实加强德育和思想政治工作，提高教育者和受教育者的社会主义觉悟和道德水平。《纲要（草案)》要求，各级政府要随着经济的发展，逐步增加对教育的投入，同时积极多渠道地筹措教育资金，提倡和支持社会办学，鼓励自学成才，努力促使教育与经济协调发展。

四、关于社会发展

十年规划和“八五”计划《纲要（草案)》，体现了以经济建设为中心，强调国民经济和社会事业协调发展，对精神文明建设和各项社会事业提出了全面要求。这里，我着重说明以下几个问题。

（一）加强社会主义精神文明建设

建设社会主义的精神文明，是建设有中国特色社会主义的重要目标，也是促进物质文明建设的重要保证。过去十年，精神文明建设取得很大成绩，但也发生过一些大的失误，主要是削弱思想政治工作，导致资产阶级自由化思潮泛滥，造成严重的社会后果。未来十年，国际形势风云变幻，国外敌对势力不会放弃对我国进行和平演变的图谋，国内建设与改革任务又十分艰巨复杂，因此必须坚定不移地贯彻两个文明一起抓的方针，切实加强社会主义精神文明建设。

社会主义精神文明建设的根本任务，是培养有理想、有道德、有文化、有纪律的社会主义公民，提高整个中华民族的思想道德素质和科学文化素质。围绕这一根本任务，需要进行思想道德建设和教育科学文化建设。思想道德建设是精神文明建设的灵魂，规定着精神文明的性质和方向。纠正“一手硬、一手软”的现象，主要是指加强思想道德建设。要长期不懈地进行坚持四项基本原则的教育，抵制和反对资产阶级自由化，保证经济建设和改革开放的正确方向。要继承和发扬思想政治工作的优良传统，认真研究在改革开放新的历史条件下，思想政治工作的特点和规律，采取广大群众喜闻乐见和生动活泼的方式，使思想政治教育更加深入人心，更加切实有效。要深入持久地进行爱国主义、集体主义、社会主义教育，用共同理想动员和团结全国各族人民，投身到建设祖国、振兴中华的伟大事业中来。要动员和吸引亿万群众广泛参与社会主义精神文明建设，在全社会形成积极向上、健康文明的良好风尚。我国五亿多青少年是跨世纪的一代，是祖国的希望和未来。要充分认识到培养社会主义事业建设者和接班人的极端重要性和紧迫性，把学校教育、家庭教育和社会教育紧密地结合起来，共同努力，培育一代又一代社会主义新人。

教育科学文化建设与思想道德建设相互促进，共同推动着物质文明建设的发展。没有全民族科学文化素质的提高，就没有社会主义的现代化。要坚持“百花齐放，百家争鸣”的方针，在发展科技、教育的同时，加强社会科学研究，进一步繁荣新闻出版、广播影视、文学艺术等各项文化事业。《纲要(草案)》立足于八十年代的基本经验和各项行之有效的方针政策，对教育科学文化事业的发展已经作了具体安排，各级政府都要把发展教育科学文化事业放在突出位置，认真抓紧抓好。

要进一步重视和发挥广大知识分子在社会主义精神文明建设和整个现代化建设中的作用。建国以来，特别是党的十一届三中全会以来，我国知识分子在国民经济和社会发展的各个方面，作出了重大贡献。今后十年，实现第二步战略目标的艰巨任务，迫切要求广大知识分子充分发挥积极性和创造性，承担起历史赋予的重任。要在全社会继续发扬尊重知识、尊重人才的良好风尚。逐步完善有利于人才辈出的政策与制度，努力做到人尽其才，才尽其用。随着经济的发展，努力在改善知识分子工作条件和生活条件方面多办一些实事。提倡和鼓励广大知识分子深入实际，了解国情，在社会主义现代化建设和改革开放的伟大事业中创造出新的成绩。

努力建设有中国特色的社会主义教育体系

——李铁映在国家教委1991年工作会议上的报告（1991年1月24日）

这次教育工作会议的主要任务是，认真学习和贯彻党的十三届七中全会精神，根据《中共中央关于制定国民经济和社会发展十年规划和“八五”计划的建议》，从教育战线的实际出发，研究和讨论全国教育事业十年规划和“八五”计划，并部署今年的工作，国家教委已经拟定全国教育事业十年规划和“八五”计划要点的草案。现在，我着重就今后十年教育工作的指导思想和奋斗目标等问题，讲几点意见。

一、必须深刻认识九十年代教育工作面临的形势

党的十三届七中全会指出，本世纪最后十年，是我国社会主义现代化建设进程中非常关键的十年。并特别强调，我们能不能把经济建设搞上去，直接关系到我国社会主义的兴衰成败，关系到中华民族的前途和命运。党中央的这个重要判断，是全面分析国际和国内形势之后得出来的。只有加深理解和认识中央这个判断，才可能进一步明确各项事业的任务，制定正确的措施和步骤。

教育作为社会主义现代化建设的基础工程，在我国国民经济和社会发展中具有重要的战略地位。今后十年，我国教育工作面临着严峻的形势和艰巨的任务。从国际环境看，我们面临着“两个挑战”，一是国际新技术革命的挑战，二是国际反动势力推行“和平演变”战略的挑战。从国内看，教育事业既要为九十年代和下个世纪初的现代化建设提供必要的人才和智力支持，又要从反“和平演变”的战略高度出发，为保证政治和社会的稳定，坚持和发展社会主义制度，培养可靠的接班人。我们必须从这个大背景出发，以面向现代化、面向世界、面向未来的战略眼光，规划和部署今后十年教育事业的发展和改革。

党的十三届七中全会确定了实现我国第二步战略目标和建设有中国特色的社会主义的行动纲领。根据中央的总体部署，到本世纪末，我国教育工作奋斗的总目标是：建立起适应社会主义现代化建设需要、面向二十一世纪、具有中国特色的社会主义教育体系的基本框架。

应当看到，实现这个奋斗目标，我们已经有了好的工作基础。党的十一届三中全会以来，我国教育事业取得了巨大成就。主要表现在：

——党中央、国务院关于加强教育工作的战略决策日益深入人心，呈现出两个显著特点：一个是中央的决策正在成为各级领导的共识，许多地方提出了“科教兴省”或类似的方针；另一个是重视教育正在成为全社会和广大人民群众的积极行动。

——教育事业开始转入持续、稳定、协

调发展的轨道。初等教育的普及工作进步较快；职业技术教育有较大发展，中等教育内部结构进一步趋向合理；普通高等教育经过治理整顿，趋于稳步增长，科学研究取得了显著成绩；扫盲、农民实用技术培训、职工岗位培训广泛开展，正在成为成人教育的工作重点。

——教育改革在许多方面都进行了积极的试点和探索，有的改革措施取得了显著成效，教育为社会主义建设服务的意识不断增强，并在实践中积累了有益的经验。教育国际交流与合作继续扩大，为博采各国之长提供了条件。

——国家在财力紧张的情况下，增加了对教育的拨款，财政预算外的教育资金有了较大增长，多渠道筹措教育经费的体制正在逐步确立，办学条件进一步改善。

过去十年，是我国教育工作取得重大成就的十年。当前，教育战线的形势是好的，但也存在着一些突出的困难和问题。在事业发展上，教育投入不足，教育结构不尽合理，教育思想、教育内容、教育方法程度不同地脱离实际，教育质量和办学效益不高。特别是在办学思想和实际工作中一度发生的忽视思想政治教育的失误，虽然在1989年那场政治风波以后有所纠正，出现了新的转机，但是，思想政治教育薄弱的状况还未根本扭转，从总体上看，我国教育还落后于社会主义现代化建设的需要。

总之，九十年代我国教育发展与改革既有许多有利的条件，又面临着严峻的形势，希望与困难并存。能不能实现今后的奋斗目标，关键在于我们的工作。这就要求我们振奋精神，克服困难，把握时机，迎接挑战，走出一条符合中国国情的教育发展与改革的成功之路。

二、今后十年教育工作的主要任务和必须遵循的基本原则

为了实现九十年代我国教育工作奋斗的总目标，今后十年教育工作的主要任务是，逐步形成符合我国国情，适应经济、社会发展实际需要的教育结构和教育体制；逐步完善培养社会主义事业建设者和接班人所要求的教育思想、教育内容和教育方法；不断提高教育质量和办学效益，使教育事业基本适应社会主义物质文明和精神文明建设的需要。到本世纪末，在事业发展上做到：

——实现"两个基本"，即在全国大部分地区基本普及包括职业技术教育在内的九年义务教育或初中阶段的义务教育；在全国范围内基本扫除青壮年文盲。把全民族的科学文化素质提高到一个新的水平。

——大力发展职业技术教育和培训，使绝大多数城乡新增劳动者掌握从业必要的知识和技能，在业人员的劳动技能和专业技术水平得到进一步提高。

——高级专门人才的培养能够基本满足经济、社会发展的需求，一批重点学科在教学和科研上达到国际较高水平，博士生的培养基本立足于国内。

——各级各类学校的德育和思想政治工作切实加强，广大青少年学生和劳动者的思想道德素质普遍提高。

为实现我们的奋斗目标和任务，在今后十年内，教育工作应当遵循以下基本原则：

1.在国民经济和社会发展中，坚定不移地把教育放在优先发展的战略地位。

十一届三中全会确定把党的工作重点转到以经济建设为中心的社会主义现代化建设上来，这是一个具有历史意义的转变。之后，在经济建设中，中央又提出，把科学技术和教育事业放在优先发展的战略地位，使经济建设转到依靠科技进步和提高劳动者素质的轨道上来。这是我们党的社会主义建设指导思想上的一个重要发展。能否实现这后一个转变，对我国的现代化建设至关重要。

十三届七中全会明确指出，加强科技和教育是今后十年和“八五”时期经济建设的重点之一。我们必须认真加以落实。现在，应当引起重视的是，在我国经济和财政出现了一些暂时困难的情况下，一些同志对优先发展教育的战略方针产生了不同程度的模糊认识，在实际工作中往往不能把教育工作放在应有的地位。这不仅对教育工作是不利的，对经济工作也是不利的。今后，我国经济工作在保持适当发展速度的前提下，重点将放在调整经济结构，提高产品质量和经济效益上。真正做到这一点，就必须提高劳动者素质和科学管理水平。这些无不有赖于教育事业的发展和改革。由此看来，发展教育同克服当前经济工作中的困难不仅不矛盾，而且，从根本上说，正是促进国民经济持续、稳定、协调发展的重要保证。各地政府和各部门在考虑今后十年经济和社会发展总体规划时，必须认真落实中央关于把教育放在优先发展的战略地位的指导思想，努力增加对教育的投入，使教育与经济协调发展并适当超前。

2.坚持教育的社会主义方向，把培养社会主义事业的建设者和接班人作为学校的根本任务。

1989年春夏之交发生的动乱和反革命暴乱，以及国际形势的剧烈变化，使我们更加清醒、更加深刻地认识到，坚持四项基本原则同资产阶级自由化的斗争将长期存在，“和平演变”与反“和平演变”的斗争将长期存在，学校特别是高等学校是争夺接班人的前沿阵地。能否坚持教育的社会主义方向，关系到整个国家的前途和命运。我们必须进一步加强思想政治教育，努力培养有理想、有道德、有文化、有纪律的社会主义新人。今后一个时期，我们要集中力量改变学校思想政治工作薄弱的局面。

第一，坚持四项基本原则，把反对资产阶级自由化的教育和斗争深入进行下去。目前，资产阶级自由化思潮泛滥的局面已得到控制，但消除资产阶级自由化思潮的影响还需要做长期的、艰巨的工作。在这个过程中，我们要结合师生的思想实际，有针对性地采取多种形式的教育，提高广大师生坚持四项基本原则的自觉性和抵制资产阶级自由化影响的能力；逐步形成一整套以辩证唯物主义和历史唯物主义为指导的政治理论课教材、社会科学教材和思想品德教育教材；建设好一支马克思主义的理论队伍。

第二，坚持理论与实际相结合、知识分子与工农相结合、教育与生产劳动相结合，组织广大师生参加多种社会实践，引导他们深入实际、了解国情，与广大人民群众同呼吸、共命运，逐步树立科学的世界观和为人民服务的人生观。

第三，加强学校党的思想和组织建设，理顺和完善学校思想政治工作的领导体制。今后要进一步明确学校党组织和校长的职责权限，配备好领导班子，发挥基层党组织的战斗堡垒作用。各级各类学校都要十分重视教职工队伍的政治思想工作。

第四，调整和完善政策导向。在招生、毕业生分配、职务评聘、工资晋级和出国留学等政策和规定上，都要有利于培养德才兼备的人才，有利于提高教师的思想政治素质，从利益机制上引导和促进加强学校思想政治工作。

3.坚持改革、开放的方针，促进教育事业持续、稳定、协调发展，提高教育质量和办学效益。

深化教育改革是促进教育事业健康发展的重要保证，其根本目的在于发挥各个方面的积极性，促进教育更加适应社会的实际需要，更好地培养社会主义事业的建设者和接班人。教育改革是社会主义教育制度的自我完善和发展，必须坚持正确的方向，与有关方面的改革相互配套、相互衔接。今后一段时间，教育改革的重点是：

——把教育思想、教育内容、教育方法的改革提到重要日程上来。党和国家的教育方针是："教育必须为社会主义现代化服务，必须同生产劳动相结合，培养德、智、体全面发展的建设者和接班人。"要实现这个方针，在继续进行体制改革，改善办学物质条件的同时，必须改变教育思想、教育内容和教育方法不同程度地脱离实际的状况，推动教育改革向纵深发展。

——以增强地方政府的教育决策权和统筹权，完善宏观管理为重点，深入进行管理体制改革。我国各地的经济、文化发展很不平衡，教育发展与改革必须从当地实际出发，因地制宜，分区规划，实行分类指导。这就要相应地增强地方政府的教育决策权和统筹权。这个思路已经提出一段时间，现在需要逐步加以具体化。与此同时，要改进宏观管理，完善评估、督导制度，加强教育法制建设，逐步走上依法治教的轨道。

——认真总结农村教育、城市教育、企业教育、高等学校的综合改革以及其它教育改革试点经验，有计划、有步骤地加以推广。今后，要继续推进农村"农科教结合"、"三教统筹"和"燎原计划"。同时，加强对城市教育综合改革的探索和研究，理清思路。要进一步改革高等和中等专业学校的招生和毕业生分配制度，重点疏通专门人才通向农村、通向基层的渠道。实行高中会考制度，有利于克服教学中的偏科现象，促进学生全面发展。对这项改革试点，要认真总结经验，进一步推广。

——坚持对外开放，完善有关政策，做好派遣留学人员和接受来华留学生的工作，进一步扩大多种形式的国际教育交流与合作。

4.坚持多渠道筹措教育经费的方针。

我国是一个发展中的国家，又是世界上教育规模最大的国家，在国家财力有限的情况下，如何筹措教育经费，是教育发展与改革所面临的一个重大课题。教育改革的经验告诉我们，教育是国家的事业，也是人民群众的事业，与人民群众的切身利益息息相关。增加教育投入，政府负有义不容辞的责任，但教育经费完全依靠国家财政包下来是不可能的。必须从我国国情出发，确立以国家财政拨款为主、多渠道筹措教育经费的观念和体制。群众中蕴藏着极大的办学积极性，只要我们按照国家的方针政策，坚持自愿、量力的原则，取之有度，用之于民，就能够充分依靠社会和人民群众的力量，广开筹措教育经费的渠道。山东、河南等地的经验，就充分证明了这一点。在开源的同时，还必须节流。勤俭办学不仅有经济上的作用，而且对育人具有重要意义，要把它作为建设社会主义学校的一项原则，长期坚持下去。

"人民办教育，教育为人民"是发展教育事业的经验总结。这两者是相辅相成、不可分割的。我们的教育在本质上是为人民服务的。在广大人民群众为兴办教育作出很大贡献的同时，各级教育行政部门和学校，必须做好"教育为人民"这篇大文章，使教育同国家的建设事业，同人民群众的富裕、幸福紧密地联系起来。特别在贫困地区，教育的发展更要同当地的脱贫致富联系起来。只有这样，教育事业的发展才能得到人民的关心和支持。

5.加强教师队伍建设，重视教育科学研究。

教育发展和改革归根结底要依靠广大教师的智慧和力量。不断加强教师队伍的建设，提高他们的思想政治和业务素质，提高他们的地位和待遇，充分发挥他们的积极性，这是我们制定教育政策的一个基点。今后，要把师范院校建设和师资培养、培训摆到突出的位置，切实予以加强。对各级各类学校校长的培训和提高，也要给以足够的重视。各级政府都要按照中央的要求采取实际的措施，不断改善教师的工作和生活条件，逐步使教师的平均工资高于当地全民所有制职工的平均水平。

各级领导部门要十分重视教育科学研究，关心和支持教育科研工作。建立有中国特色的社会主义教育理论，必须把马克思主义同我国教育实践结合起来。我国的教育发展与改革已经积累了许多经验，也有过失误。以马克思主义的立场、观点、方法科学地总结这些经验、教训，使之上升为符合我国实际的理论，再用以指导教育发展与改革的实践，这是摆在教育科学研究工作者面前的重要课程。一切有志于建立有中国特色的教育理论的同志，都要投身到教育工作的实践中去，认真调查研究，努力探索符合我国国情的教育发展与改革的路子。要坚持“百花齐放、百家争鸣”的方针，积极开展对历史的、外国的教育研究，进行多种形式的教育、教学改革实验。

三、“八五”期间各级各类教育的主要任务

做好“八五”期间的工作，对于完成九十年代的教育任务至关重要。这个期间，尤其是“八五”前期，整个教育要把重点放在进一步调整教育结构，深化教育改革，充实改善办学条件和大力提高教育质量上来，同时在数量上有选择地发展。

1.关于基础教育。

基础教育关系到民族素质的提高，在整个教育事业的发展中，必须把它摆在突出位置。“八五”期间，要在占全国人口80%左右的地区普及初等义务教育，争取在全国人口40%左右的地区普及初中阶段义务教育。当前，初中教育是一个薄弱环节，今后几年内，首先要改善办学条件，加强师资队伍建设，办好现有初中，在此基础上有计划地稳步发展。普通高中教育，原则上稳定现有规模，重点提高质量。在已经普及初中教育的城市和少数经济发达的县镇，可以根据实际情况，适度地发展。普通高中办得过多或经济不发达的地区，应适当调减规模。

普及九年义务教育的大头在农村，难点也在农村。农村首先要扎扎实实地普及初等义务教育。在此基础上，农村经济发达地区应在“八五”期间普及初中阶段义务教育，中等发达地区要在“八五”末期或“九五”期间普及初中阶段义务教育。这样，到本世纪末就能实现我们的奋斗目标。对经济落后的边远山区、少数民族聚居地区，国家要采取扶持政策。经济和教育发达的地方要积极给他们以各种形式的支援，促进他们逐步提高教育普及的程度，努力缩小同发达地区在教育上的差距。

为保证义务教育的顺利实施，当前，各地要按照七中全会的要求，认真修订好本地区普及九年义务教育的规划。要采取法律、行政和思想教育等多种措施，努力制止学生的辍学和新文盲的继续产生。要根据当地实际，在基础教育适当阶段引进职业技术教育的因素。这样做，既有利于提高学生从业的本领，也有利于促进义务教育的普及。

2.关于职业技术教育。

职业技术教育是工业化和生产社会化、现代化的重要支柱，是把智力优势转化为现实生产力的桥梁。必须看到，进行社会主义建设，不仅需要大批高级的科学技术人员，而且需要数量更多的中初级技术人员和数以亿计的具有良好素质的城乡劳动者。这就决定了职业技术教育在我国教育事业中具有重要的地位和作用。

过去十年里，我国职业技术教育有了迅速发展，但着眼于今后几十年我国现代化建设的客观要求，目前职业技术教育的发展仍然是初步的，总的看来还比较薄弱。今后一个时期，需要继续大力发展多层次、多形式的职业技术教育，逐步使我国的教育体系成为普通文化教育与职业技术教育并重，相互衔接、相互渗透和相互促进的教育体系。到1995年，各类中等职业技术学校在校生数占高中阶段在校生的比重要提高到50%以上。与此同时，还要广泛开展灵活多样的短期技术培训。尤其在经济不发达的农村地区，要坚持长短结合，以短为主的方针。在发展数量的同时，要注意抓好现有学校的巩固提高工作，使学校的布局、专业结构以及课程设置基本适应本地区、本行业的实际需要，教育质量和办学效益得到提高。要集中必要的力量，办好一批具有较高水平的、具有示范性的骨干学校。

职业技术教育是社会化程度很高的教育。它的发展与社会的方方面面都有密切的关系。因此，发展职业技术教育要继续坚持依靠和鼓励部门、行业、企事业单位办学的原则，充分调动各方面的积极性，逐步形成全社会兴办职业技术教育的局面，走出一条符合中国国情的发展职业技术教育的路子来。

3.关于高等教育。

八十年代以来，我国高等教育发展的步子很快，特别是学校数量有了明显增长，需要在一定时期内，集中精力调整结构，提高教育质量和办学效益。同时，随着九十年代和下个世纪初我国国民经济和社会的进一步发展，高等教育事业也面临着日益增长的社会需求，如何从国力的实际出发，有计划地发展高等教育，并办好一批重点学科和骨干学校，也是摆在我们面前的一项重要任务。

根据这种情况，“八五”期间，高等教育发展的方针是，坚持方向，稳定规模，优化结构，深化改革，改善条件，提高质量。研究生教育、本科教育和专科教育在“八五”前期都应基本稳定现有规模，“八五”后期适当发展专科教育。要重点抓好层次、专业结构和学校布局的调整工作，进一步明确学校的服务面向，力争五年内使高教结构有明显改善，教育质量和办学效益得到提高，为今后的进一步发展打好基础。

高等教育结构的调整，根本目的是使人才的培养更好地适应社会的实际需要。按照这个原则，在学科结构上，要少而精地培养基础学科的研究人才，适当发展社会需求量较多的应用学科和技术学科；在专业结构上，要进一步拓宽专业服务范围，减少专业种类，增强毕业生的适应性。专科教育要力求办出自己的特色和水平。

长期以来，高等教育主要是为机关、全民所有制的企事业单位培养人才，这种状况已不能适应我国经济和社会发展的变化。要通过调整工作和改革招生、毕业生分配制度，使高等教育培养的人才能够面向农村，面向基层。工科教育应积极为中小企业、乡镇企业培养人才；理科除了保证培养一定数量的研究人才和补充高校师资外，要面向中学和企业；文科要强调应用性，特别注意招收有实践经验的学生，以更好地适应社会的需要；农科教育要根据科教兴农的要求和适用对路的原则，积极为农村基层培养人才。

要进一步做好高等学校的治理整顿工作。近期，老校原则上要稳定规模，对没有达到设置标准和规模很小的新建学校，要进行充实、调整，促进他们尽快达到设置标准，逐步提高规模效益。在专业设置重复或单科性学校过多的地区，地方政府和有关部门应当有计划地加以调整或促进学校联合。

4.关于成人教育。

成人教育担负着提高广大在业人员思想文化素质和职业技术水平的重要任务。由于成人教育涉及的范围很广，发展上又很不平衡，存在的问题也各不相同，因此在指导方针上，要区别对待，分类要求。

“八五”期间，对成人学历教育，主要是高等学历教育的发展，要适当控制，继续治理整顿秩序，调整结构，充实办学条件，健全完善基本教学和管理制度，努力提高教育质量。

岗位培训是成人教育的工作重点，要大力发展，并逐步做到规范化、制度化。当前的首要任务是，有关部门、行业、企业和其它用人单位要制订好岗位规范和实施培训的计划，把这项工作落到实处。农村要以乡镇农民文化技术学校为依托，抓好对青壮年农民，尤其是农村初、高中毕业生的短期实用技术培训。

为实现本世纪末基本扫除青壮年文盲的目标，已经普及初等教育的地区在“八五”期间就要基本完成这个任务。扫除文盲要与普及初等义务教育统筹安排，同步实施，要把进行文化教育与传授实用科技知识、促进脱贫致富结合起来。要建立和健全政府统一领导、各有关部门齐抓共管、社会力量积极参与的体制，建立检查验收和奖励制度。扫盲任务要落实到村，农村小学要积极承担起这一任务。

充分调动各方面的积极性是发展成人教育的一条基本经验。对社会力量办学，既要热情鼓励支持，又要切实加强指导和管理，把办学积极性尽可能引导到开展职业技术教育和为基础教育培养师资方面来。要建立权威的国家考试机构，对社会力量举办的高等学校的学生，进行承认学历的考试。

四、努力做好今年的工作

关于今年的工作，国家教委已经拟定了一个“工作要点”，我只着重强调几点：

第一，以十三届七中全会精神为指导，制定教育事业“八五”计划和十年规划。这是今年工作的一件大事。制定计划和规划的过程，应该是对经济、社会发展情况及其对教育的要求进行调研的过程，是对十年教育工作经验进行总结，理清今后发展与改革思路，明确奋斗目标和各项方针政策的过程，也是统一全社会对教育工作认识的过程。只有这样，计划和规划才能符合实际，成为动员广大干部和群众为之奋斗的行动纲领。我们希望，各级党委和政府要加强对教育规划工作的领导，在1991年内，经过自上而下、自下而上的几次讨论、修改，把各地区、各部门教育事业的“八五”计划和十年规划基本确定下来。

第二，要继续做好治理整顿的各项工作。进一步加强学校管理，建立良好的教学秩序，优化育人环境。要根据中央的有关决定，切实克服行业不正之风，采取有力措施，制止“乱收费、乱办学、乱发文凭”以及乱编乱印复习资料等现象。

第三，深入开展学校思想政治工作。要认真组织广大师生学习十三届七中全会的精神和《关于社会主义若干问题学习纲要》，坚定社会主义的信念。今年是庚子赔款90周年、辛亥革命80周年、中国共产党建党70周年、“九·一八”事变60周年，要利用这些时机，在广大学生中大张旗鼓地开展各种生动具体的爱国主义和革命传统教育。继续组织学生参加社会实践，进行国情调查。要进一步抓好学校党的思想建设和组织建设。在今年适当时候，将召开全国高等学校党建经验交流会及优秀思想政治工作者表彰会。各级领导要特别注意保持学校局势的稳定，促进社会的安定团结。

第四，认真改进工作作风，狠抓落实。现在教育发展与改革的方向、思路大体上已经明确或正在明确，关键的问题是，如何落实这些指导思想和方针政策。这是一个非常艰苦细致的工作。各级领导干部要改进工作作风，精简会议，深入基层，扎扎实实地做好工作，使我们提出的各项任务落到实处。

同志们，邓小平同志在1985年就曾说过："对我国教育的发展，我是乐观的。困难是有，但要看到有利条件。不管怎么说，这几年经济发展是快的。经济是基础。经济的发展必然会带动教育的发展。我国城乡和社会各界，蕴藏着极大的办学热情，不少爱国侨胞也热心捐资办学。现在我们又有了一个正确的纲领。在这样的条件下，只要各级领导认真抓，我看教育的事情好办，悲观是没有根据的。扎扎实实抓它几年，中华民族教育事业空前繁荣的新局面，一定会到来。"现在，我国政治稳定、社会稳定，经济上治理整顿取得了明显成效，整个形势是好的。在这个形势下，一个地区、一个部门、一个学校工作成绩的好坏，同领导干部的精神状态有很大关系。我们希望各级政府要进一步加强对教育工作的领导，中央和地方各部门进一步加强对教育工作的支持，希望教育部门和学校的领导干部以及广大教育工作者，坚定信心，振奋精神，勤奋工作，为实现"八五"计划和十年规划的目标，为建设有中国特色的社会主义教育体系而努力奋斗！

在国家教委1991年工作会议上的总结讲话

何东昌

国家教委1991年工作会议今天就要结束了。我就几个问题谈点意见，供同志们研究。

第一个问题，关于“八五”计划和十年规划

这次会议的主要任务就是结合学习贯彻七中全会精神，研究今后五年至十年我国教育事业的发展目标、基本指导思想和主要方针政策。同志们回去后，还要结合各自的情况，进一步研究这个问题，订出本省、本部门自己的规划，建议注意三条：第一条是要实事求是，订出经过积极努力可以办到的目标；第二条是要认真总结和学习本地和外地的经验，研究改革和发展的路子；第三条是要继续学习七中全会精神，深化我们的认识。

例如，关于基础教育的发展问题。对于小学阶段的发展目标大家认识比较一致，即到本世纪末要普及小学阶段的义务教育。目前按标准普及的地区，根据人口计算已经达到91%，这是一个很大的进展。剩下的百分之几，普及起来难度会增加，可能有4%的地区到本世纪末只能普及初小的教育，还有个别地方连普及初小也做不到。现在全国的普及标准和普及程度是不高的，平均入学率接近98%，还有2%的学龄儿童没有入学。每年流失大约2%，五年就有百分之十几。再加上留级的、降班的，真正按照义务教育法的要求，做到按时小学毕业的比例还会相当的低。普及初中，必须在普及小学教育的基础上进行，不能影响小学的普及与提高。如果冲击了小学的普及而去普及初中，那就出了差错。普及初中阶段的义务教育，教师应该是比较合格的。今后我们不能再大量吸收不合格的教师。普及初中阶段的义务教育，任务比较艰巨，前五年没有提很高的要求，中央文件讲的是30%以上，我们的“要点”里写的是40%左右。30%以上要保证，40%左右要争取。本世纪末基本上实现九年义务教育或初中阶段教育，是指的大多数地区，有的地区只是部分实现。沿海有的地区可能全部实现。为什么写初中阶段？因为现在的学制有“五三”、“六三”两种，都是指初中阶段。1985年中央关于教育体制改革的决定中，基本精神都有了，但具体指标当时没有来得及论证。我们现在这个目标行不行，还要论证。要从实际出发，考虑到各种因素，考虑到我们的实际。但要看到，我们的条件是在发展的。在过去的十年中，前五年与后五年相比，后五年发展比较快，前五年发展慢些，原因既有人的主观能动性，又有客观上的物质基础问题。今后十年，发展可能也不是匀速的。今明两年要继续调整整顿，后几年的发展可能要快一点。要考虑到客观条件的有利变化。

对教育有各种各样的分法，如高教、普教、职教、成人教育四大块，这是对的。但综合考虑可否分为农村教育、城市中等及以下教育和高等教育三大块。对农村教育的统筹研究，这几年来抓得多些，城市教育包括基础教育、企业的教育、高中阶段的各种职业技术教育。就城市教育事业的发展来讲，要足够重视职业技术教育，特别是市区。不仅是因为建设需要，还因为初中毕业的孩子还太小，就业太早。搞不好就是一个社会问题。现在他们有四条出路：升普通高中、升职业高中、升中专、升技校。从实际情况看，现在升学率不高的一部分普通高中，有点滑坡。就业不紧张的地方，技工学校的吸引力也不大。当然，这跟技校办的怎么样有很大关系。经济要上去，培养服务、旅游等方面的人才当然很重要。但是第一线的技术工人素质更重要，否则经济也是上不去的。从长远讲，市区会有越来越多的人受到高中阶段的各种教育。重点高中，升学率较高，上学的人还是兴旺的；但升学率很低的学校，入学和办学的人会失去积极性。可能初中以后四条路还不够，对于这个问题，要跟安排初中毕业生的去向、城市经济和社会的发展联系起来统一考虑。城市的基础教育不可能象农村那样跟职业技术教育结合那么紧。但是基础教育绝不能仅仅面向升学，也要通过职业技术教育面向就业。包括职业意识、职业习惯、作风的教育和培养，要在基础教育中有所解决。

高等教育从体制上讲，今后相当一段时间，还是要由中央和省、市、自治区两级实行宏观管理和进行调节。地、市一级自成体系现阶段还不行。中央部门除了国家教委以外，还要发挥行业部门的作用。总盘子是国家教委、计委来掌握。

要总结一下我们前些年成功的经验和问题，因为“八五”和今后十年教育怎么发展，不是搞个文字的东西挂在墙上，应付上级的要求，而是要真正对工作有指导性。总结经验，不光要总结自己的经验，也包括兄弟部门、兄弟省市的经验。这个工作国家教委要做，教委要靠中央的领导，但说到底要靠各个部门和地区的支持，把大家的经验总结到手，形成财富。毛主席讲，北京是个加工厂，材料是来自基层的。前年我们在山东省召开了现场会，推广依靠人民办教育的经验，对许多省、市有帮助。善于学习别人经验很重要，河南省这几年基础教育的办学面貌变化确实很大。河南的基层干部学外地是很认真的，不光省市县这几级到山东学经验，有的乡都去了。他们一靠学山东，二靠学湖南，三靠放映《百年忧患》电视录像片，就把干部的认识提高了，群众发动起来了，办学条件改善比较快。这是善于学习的结果，当然河南有自己的特色。研究自己的经验，同时参考兄弟省市的经验，这样制定出来的规划就有一定的指导性。不重视这个问题，原来基础好的地方，也有可能落后。

我们教育战线的同志们，要在七中全会精神的指导下，加深认识。七中全会指出，今后十年是非常关键的十年，关系到社会主义的兴衰成败和中华民族的前途命运。这是国际国内形势决定的。对形势的估计是很重要的。对形势估计不同，整个国家建设的部署就会完全不同。现在，世界旧的格局已经打破，新的格局尚未形成，世界并不太平。前几年有些外国人认为中国的改革会改到资本主义道路上去，现在他们看清楚了，中国人不想那么干。今后十年或更长一点时间，我们仍有可能争取到一个和平的国际环境，使我们能够稳定地搞经济建设。这十年多的时间，我们能不能很好利用，是至关重要的。前些年国内的发展也积累了一些矛盾，要解决。我们对这个问题认识清楚了，然后把教育工作摆在这个大盘子、大背景里考虑，逐步解决教育落后于建设需要的状况。这样目标就明确了。同时，还要有一股劲头，力争把我们的工作搞得好一点。

第二个问题，关于继续加强和改进政治思想工作和德育工作

四中全会以后，外部环境起了很大变化，思想政治工作、德育工作确实有了加强。教育内部也有很大变化。但是，绝不是说所有问题都解决得很好了。新的历史条件下怎样加强和改进思想政治工作和德育工作，我们有好的经验，当然加以总结和推广还做得不够。包括我们学校的领导，认识也不完全一样。再一点，也要承认，我们的经验还不足。过去在被封锁的条件下，我们有“左”的错误，但也有成功的经验，在培养什么人的问题上，在政治方向方面，总体上还是可以的。我们正处在新的历史条件下，国际政治风云变幻，我们党在“文革”中犯过错误，再加上开放的条件下，敌对势力搞和平演变，问题就较为复杂了。真正要解决问题，还需要我们不懈地努力。对于前年发生的动乱和反革命暴乱以及国际共产主义运动中的历史教训，我们永远不能忘。忘记了，我们的教育工作就会偏离方向。政治方向一定要把握住。这次七中全会总结十年来改革的经验，归纳了一些共同的理论和实践，第一条讲的就是人民民主专政，即工人阶级也就是中国共产党领导的以工农联盟为基础的人民民主专政。我们农村的教育与工农联盟是有关系的。人民民主专政，即无产阶级专政，这一条不能丢。四个坚持不能变成三个坚持。这就跟民主社会主义从根本上分清了界限。西方敌对势力搞颠覆，就是要颠覆我们的无产阶级专政。我们在社会主义方向问题上的教育有一些深层次问题要解决，现在经验还少。关于社会主义的理论，道理讲了不少，社会主义说到底就是劳动者当家做主，资本主义是少数人剥削多数人。七中全会期间讲到一个概念，叫做社会主义的最大优越性就是共同富裕。如果站在劳动人民这一边，从感情上讲，天然的应该是赞成社会主义的。真正要树立坚定的社会主义信念，有许多道理需要讲，有许多事实可以摆。但还不够。如果不解决与广大劳动人民同呼吸共命运的问题，不解决感情立场问题，恐怕这个问题就解决不牢固。我们讲帝国主义希望我们变成附庸于他们的资产阶级共和国，有的人并不理解这一点，反而觉得那样会更民主、更自由。现在怎么解决这个根本问题，还要继续总结经验。要从中小学做起，从幼儿园就开始。要让孩子们从小就知道世界上还有压迫和剥削，而且是很悲惨的，中国被演变过去，也会变成那样。中小学的语文教材、历史教材、艺术教材、思想政治课教材，外语、地理教材都得渗透一些正确的观点。要把无产阶级的阶级观点、劳动观点、群众观点、辩证唯物主义和历史唯物主义的观点渗透进去，由浅入深，从感性到理性培养我们的下一代。

资产阶级自由化及其思想理论基础要清理，文化环境也要研究，包括大学的外语教材。语言本身没有阶级性，但语言表达的内容可以是有阶级性的。所谓这个“学”、那个“学”等等，只就文化来研究还不够。马克思主义要求从经济到政治来研究。单纯研究文化不行。现在有许多进口的影视作品，各种书刊也不少，里头渗透着什么文化思想是值得我们重视的。对某些影视、文学作品、歌曲等内容，必须加以引导。我举这些例子，只是想说明，思想政治工作中，需要我们研究解决的问题是很多的，很复杂的。

第三个问题，关于基础教育工作

基础教育要两手抓。一手继续抓改善办学条件，这个问题在去年底召开的表彰会上铁映、丙乾同志都讲了话。丙乾同志对有关的政策界限讲得很清楚。我理解是：第一，教育是为群众的，不能搞脱离群众的事情。对教育系统存在的“三乱”要坚决制止。第二，要保护合法的收费。教育费附加，是硬性的规定，人人都要交纳，要纳入提留统筹，一般讲要纳入5%。至于教育费附加占多少，没有具体规定。除此以外，还有义务工修缮校舍的问题。第三，捐资办学属于一次性改善办学条件，所以捐资不纳入这5%。但是必须是群众自愿，不能搞硬性摊派。目前改善办学条件要着重解决基本条件的配套建设问题。对于群众的捐资，要用好管好，不能浪费。我们要把多渠道筹集教育经费的政策用好。要继续强调把教育摆在优先的地位，并真正落实。再一个是要加快师范院校的建设，大力加强师资培养，加强对校长、教师的培训。民办教师的问题要重视，目前各地还有一批代课教师，数量不小，产生的原因要研究。一方面民办教师要减少，待遇要改善，逐步做到同工同酬；一方面又在变相增加，这个问题值得十分重视，准备开个会研究一下。

在抓紧继续改善办学条件的同时，要把更多的精力转移到提高教育质量上来，所谓质量，就是德智体美劳都要抓。要逐年抓一点实事，真正把方针贯彻落实下去。比如体育要抓的事情很多，体育、卫生有两个条例都要落实。其中，能不能把近视眼问题突出抓一下？狠狠地抓它一二年，把近视眼的发病率降下来。德育、行为规范要抓，是否首先把学生抽烟的问题、考试作弊的问题抓好。青少年犯罪问题还是比较突出的，最近，中央有关部门在烟台召开了社会治安综合治理工作会议，各地要采取有力措施，和各部门配合，争取把中小学生犯罪率降下来。特别是大中城市，每个城市每年要向上级报一个数，有多少青少年犯罪。有的开放城市已做到青少年只有轻微不良行为，但没有判罪的。这方面的工作还是有经验的。美育，能不能先抓一下有声教材，引导学生提高欣赏水平，把那些庸俗的不适宜儿童少年欣赏的音乐从学校挤出去。智育，要推广一些好的教学改革经验。不能只是一朵好看的花。劳动对解决政治思想教育有非常密切的关系，既要培养劳动人民的感情，也要培养劳动能力。总之，要扎扎实实抓好若干件实事，抓它若干年。同时，要加强常规管理，这也是基础工作。

基础教育的难题，还是片面追求升学率问题。还要探索升学制度的改革，不仅仅是考试的改革。一方面要分流，客观上不需要让孩子去拚命升学了。同时通过改革升学制度建立起正确的导向。

第四个问题，关于成人教育工作

成人教育是教育很重要的一个组成部分，是按对象来分的。就教育内容讲大量的还是职业技术方面的。这么讲绝不是否认成人教育的重要性，要给予足够的重视。扫盲问题，在普及了小学教育的地方，要力争早一点高标准地扫除青壮年文盲。关键要落实到村一级。要定出标准来验收村一级抓起来没有。扫盲工作，越往后会越难。有的地方小学不普及，文盲想堵也堵不住。已经扫除的地方，还有一个巩固提高的问题。因此，扫盲工作从全国讲，从各省讲，不会是一个短期的任务，而是一个长期的任务。下个世纪即使文盲只占人口的1%，也还有1500万人，等于一个国家。估计今后这十年，有一批人因自然规律而离世，其中80%是文盲，这是“天然扫盲”。再一个是“人工扫盲”。经过不懈努力，估计可下降到10个百分点左右，总人数还是不少。成人教育还有一个岗位培训和专业技术人员的继续教育的问题，岗位要求要规范化，这有很大的工作量。需要行业部门配合起来抓。成人学历教育要提高质量。要做的工作不少。

第五个问题，关于高等教育工作

高教工作成绩很大。1984年以后高校一直有些不大稳定，分散了我们的精力，积累的问题比较多。“八五”期间还是贯彻六句话方针:“坚持方向，控制规模，调整结构，深化改革，改善条件，提高质量。”总的讲是提高质量，提高效益。高教的问题比较复杂，需要用更多的精力关注。一个是高等学校的党建工作和政治思想教育还得继续努力加强，还有一系列问题要落实。今年准备召开第二次高校党建会议，交流经验，表彰优秀党务干部和政工人员。

再一个是教育改革的问题要提上日程。主要是教育如何与生产劳动结合起来。专科、理科开过会。要进一步落实。专科是一种与本科并行、侧重实际应用、自具特色的高等教育。要引起重视，花力气加强和改革。农科、文科、管理学科，今年也要开会研究讨论。工科、医科、师范也要继续研究怎么改革。研究生教育也有个改革问题。改善条件方面，老校也要充实条件，新校一个是调整布局，一个是充实条件，达到标准。调整布局包括合并、联合，也有个别的要撤消，这是宏观布局上的问题。

要根据党中央关于加强知识分子工作的指示精神，着手研究有关知识分子的工作。如教师住房问题，要摆到一个重要位置上考虑。工资、分配问题，都要提上日程加以研究。

再一个是高校科技工作，根据学校的不同层次和任务，科技工作比重也不一样。科技工作可以相对分为两个侧重面，一个是往提高方面侧重，一个是往普及方面侧重。否则都挤到一条道上，条件不允许，会感到用不上劲。中国要实现现代化，科学和技术问题是大量的，是有用武之地的，包括社会科学。眼睛向下，用武之地就多了，都挤在热门上，路就窄了。有的学校面向农村，需要的条件也不多，但做出了很好的成果。最近，我们在辽宁开了太阳能房子的现场会，花钱并不太多，加一点设施，冬天学生在房子里可以把外衣脱掉，解决了能源问题。这种科技似乎不起眼，但很有实际意义。我个人认为，自然科学奖、发明奖、科技进步奖这三大奖起了很大作用。但要鼓励更多人去从事推广应用，三大奖可能还不够。科技进步奖强调获奖必须是国内首创，这一条也不一定全面。农科里面大量的是推广应用。我们教师的职称也要有正确导向。要正确处理政治与业务的关系，理论和实际的关系，教学与科研的关系，不能完全照搬外国的，这样高校的路就活了，否则只盯在国外热门的项目上，路子就窄。这样做也有助于教育与生产劳动相结合。教学、科技工作和生产应该是三结合，两结合不够，不要变成只是教学与科研相结合。这样也有利于学生的培养。我们的教师，不应该都是只会搞理论的，要有会搞实际应用的。而且这两者并不矛盾。普及当中会有提高，提高了，多数最后还是要去普及，否则意义不大。这个问题值得我们考虑，因为涉及到我们办学的方向问题。

高等工程和应用科学教育要为经济、社会发展服务

滕藤

中国高等教育发展概况

中华人民共和国成立以前，旧中国的经济很落后，教育事业发展相当缓慢。经过42年的努力，在中国共产党和政府的领导下，我们在经济上取得了巨大的成就，高等教育事业也有了显著的进步。

我国现代的高等教育事业，是在20世纪初才开始发展起来的。建立较早的有天津大学（原北洋大学，1895年建立）、上海交通大学和西安交通大学（原南洋公学，1896年建立）、北京大学（原京师大学堂，1898年建立）、清华大学（1911年建立），都只有90年左右的历史。在1949年，全国高等学校共有205所，因为学校规模不大，在校学生仅有11.6万人，平均每校500多人，专任教师1.6万人，平均每校不到80人，在学的研究生总共只有600余人。经过40多年的发展，现在全国普通高等学校共有1075所，在校学生达206万人，在校研究生11.3万人。全国高校专任教师39万余人，其中教授、副教授有近10万人。在新中国建立后的40年中，共培养出本、专科毕业生738万人，为1912年至1949年36年间大学毕业生总数18.1万的40倍。另外，成人高等教育几乎是从零开始发展起来的。1949年全国只有1所成人高校，学生124人，现在，已有成人高校和教学点1300多个，在校学生170万人。

最近10年，我国高等教育发展速度是历史上最快的时期。1990年与1978年相比，高等学校由598所增加到1075所；在校本、专科学生由85.6万增加到206万，增长了1.4倍；在校研究生由1.1万增加到11.3万，增长了10倍；校舍面积由4090万平方米增加到9055万平方米，增长了1.2倍；专任教师由20多万增加到39万多，增长了将近一倍；这10年中累计大学毕业生300多万，超过了1978年以前30年累计大学毕业生的总和。近10年是高等学校科研大发展的时期，现在，高校自然科学科研机构已发展到近1666个，社会科学研究所220多个、研究室540多个，高校科研成果获国家级自然科学奖、发明奖、科技进步奖的就有1364项。

我国近40年高等教育发展的成绩是巨大的。但是，由于我们国家底子薄、人口多，因此，按人口平均，我们的发展水平还很低。例如，每一万人口中，在校大学生人数仅有34个。由于我们国家教育基础薄弱，起点较低，在高速发展中，也遇到经费不足、与国民经济发展不相适应等方面的问题。为了克服这些困难，我们正在总结历史经验，并注意汲取外国的有益经验，从我国国情出发，改革教育体制、教育结构、教育模式、教学内容、方法和手段，使我国包括

高等教育在内的整个教育体系能更好地向前发展。

今年4月，我们的全国人民代表大会批准了《中华人民共和国国民经济和社会发展十年规划和第八个五年计划纲要》。在这个《纲要》中，规定了1991-2000年教育事业的主要任务是："继续贯彻教育必须为社会主义现代化服务，必须同生产劳动相结合，培养德、智、体全面发展的建设者和接班人的方针，进一步深化教育改革，优化教育结构，注重提高教育质量和办学效益，逐步增加对教育的投入，努力建立具有中国特色的、面向二十一世纪的社会主义教育体系。"对高等教育事业，其任务是："根据社会实际需要，合理调整普通高等教育结构，大力提高质量。有重点地办好一批大学。加强一批重点学科的建设，使其在科学技术水平上达到或接近发达国家同类学科的水平。"在1995年以前，教育工作的重点是"优化教育结构、改革教育内容和教学方法、提高教育质量"。在高等教育方面，我们将实行"坚持方向，稳定规模，优化结构，深化改革，改善条件，提高质量"的方针，高等学校的规模，将基本稳定，着力办好一批重点大学和重点学科，对少数不完全符合办学标准的高等学校进行整顿，调整层次、专业结构，大力提高教育质量和办学效益。在今后5年到10年的这个时期，在逐步努力普及基础教育的同时，各种形式的职业教育将得到较快发展。这样，我国的整个教育体系就能比较好地适应社会主义现代化的需要。

中国高等工程和应用科学教育为经济、社会发展服务的情况

在新中国建立以来的高等教育事业发展进程中，我们一直十分重视教育为经济、社会发展服务，逐步加强了高等学校和科研、生产部门的联系以及产学合作。

1.我国的教育方针，包含了两个方面的要点：其一，明确提出教育必须为社会主义建设服务；其二，明确提出教育必须理论联系实际，必须同生产劳动相结合。主动地、全面地适应经济建设和社会发展对人才培养提出的要求，始终是我们发展教育事业的一贯宗旨。在我们社会主义建设的各个历史发展阶段，根据社会对人才培养的要求，总是力求在教育事业发展的速度、规模、体系、结构、人才培养目标、教育内容、教学方法上与之相适应。为了使培养的人才真正具有为社会主义建设服务的品格和能力，我们为人才培养过程规定了一条基本的途径，这就是理论与实际相联系、教育与生产相结合，一贯反对教育脱离社会需要、脱离实际、脱离国情。我们的教育方针的这两个基本点，对实现教育为经济、社会发展服务，加强学校与产业部门的合作，具有决定性的作用。

2.我们的教育管理体制和经济管理体制相互协调，有利于实现教育为经济、社会发展服务，为学校与产业部门的合作创造了条件。对高等学校的管理，我们采取两级管理体制。国家教委和国务院部委管理一部分学校，各省、自治区、直辖市管理另一部分学校。目前，国家教委直接管理36所高校，国务院其他部委管理318所高校，各地方管理721所高校。各部委、各地方都按照经济和社会发展的需要来规划、管理所属的院校，为学校的发展投入财力、物力、人力。学校的专业设置、办学规模、招生和毕业生分配、专业教学的管理等，都分别由有关部委和地方根据本部门、本地区经济和社会发展需要来确定。近10年来，我国进行了经济体制改革，实行计划经济和市场调节相结合，教育管理体制也相应地进行了改革，主要措施是扩大高等学校办学的自主权，加强高等学校跨部门、跨地区横向联系，并在广

东省进行加强地方对高等教育的决策权、统筹权的试验。使地方政府教育管理部门和高等学校对学校和学科、专业的设置，发展规模和招生、毕业生分配计划，高校之间以及和工矿企业之间的联系合作，和国外高校的交流合作等方面有较多的自主权。同时，加强中央对高等教育的宏观管理和指导，进行教育立法，完善规章制度。这种高等教育管理体制有利于各部委和地方能动地组织学校与产业部门的合作。

3.我们的教育过程和办学形式，按照“教育与生产劳动相结合”的方针，重视教育部门和经济、社会部门的联系，发展教育、科研、生产之间的结合。

50年代初期，在中央教育部的统一领导和组织下，高等学校学生普遍到工厂、农村进行生产实习；50年代中、后期，发展了校办工厂、校办农场和实习医院；60年代，进一步发展了厂校挂钩，结合实习，师生到生产单位进行科学研究、技术开发，以生产实际问题作为毕业设计和课程设计的题目，这些做法，已经在高等学校普遍实行。

80年代以来，教育和实际的联系又有新的发展，但都还在进行试验，其中某些做法已逐步推广，主要形式有以下一些类型：

——高等学校和科研、生产部门结合，建立“三结合联合体”。据不完全统计，全国已有22个省、自治区、直辖市的高等学校和产业部门建立“三结合联合体”570多个。例如，上海交通大学和上海市第二轻工业局合作建立的“模具技术研究所”就是其中之一。1983年建立以来，以学校压力加工专业的教授、讲师和二轻局的工程师、技术员为科技骨干，集教学、科研、生产任务于一身，得到了迅速发展。科研方面，共完成科研课题200余项，其中多项获国家级、部市级科技进步奖；生产方面，通过二轻局与上海市600多家轻工企业相联系，取得了上亿元的经济效益；在教育方面，该所已培养了7名博士生、63名硕士生，有近400名本科生在该所完成了毕业论文，国务院学位委员会评审其博士点、硕士点达到了“A”级水平。这个研究所利用高校高科技方面的优势，在模具设计制造方面发展CAD／CAM技术，具有较高水平，与美国、英国、日本10多个国家和地区的120多家模具机构建立了联系，并与其中5家公司建立了技术合作关系，成为上海市和我国华东地区模具技术教育、科研、生产技术方面的一个中心。我国的农业院校也和农业生产科研部门建立了“三结合联合体”。这些“三结合联合体”的共同特点，一是把教育活动、科研活动、生产活动结合在一起，推动了科技的进步与生产的发展；二是教师在科研、生产活动中，提高了学术水平和教学水平，学生在参与科研、生产活动中加强了理论与实际的联系，使学生在学期间就了解生产第一线的实际，开始走上科技前沿，缩短了学习与就业之间的距离，使培养的高等专门人才更加适应建设事业的需要。

——高等学校建立有科研、生产部门参加的理事会或厂校合作委员会，企业事业部门部分参与对学校的管理和教学工作，也开辟了学校更多参与科研、生产活动的途径。例如，我国的石油天然气总公司（原石油工业部）所属的石油院校有6所，培养石油地质勘探和开发方面的人才。为了使学校和产业部门更好地结合，现已建立了部、校、系三级厂校合作委员会。由于石油院校大部分建在油田当中或附近，由石油院校的校长和油田经理组成厂校合作委员会，共同对学校的发展、教学计划的制订、教学改革问题、学校和企业在科研生产方面的结合等统一研究决策、协同实施，具备了十分有利的条件。其中江汉石油学院和江汉油田建立厂校合作委员会以后，学校的科研项目和科研经费增长了10多倍，兼职教师聘请了76名，学生实习任务由厂校合作委员会统一安排，取得了比较好的效果。

——高等学校和企业单位合作，进行“三明治”式或“预分配——联合培养”的试点。例如，上海市工程技术大学纺织学院与上海市纺织工业局一起联合开展“三明治”式的教学改革试验，学生在四年学习期间安排4个各10周的“工作学期”，到纺织工厂分别进行挡车、维修保全、工艺员的实习和毕业实习。教学计划、教学内容、教学方法，都由厂校双方共同讨论，合理安排。浙江大学在4年前开始进行“预分配——联合培养”的试点。学生在第4学年预分配到毕业后将要就业的企业进行一年的实习，由学校和企业共同进行培养，第5学年再回校上专业课程和进行毕业设计。

——厂校合作、定向招生、共同培养。例如，北京联合大学化学工程学院与北京炼焦化学厂组成了合作教育委员会。他们实行定向招生，即招收的学生明确在毕业后即到该厂工作。在教学方面，由工厂和学校共同制订合作教育计划，把大学4年学习与毕业后一年见习期统一安排，其中有6个学期在学校学习，4个学期到工厂进行实习。在工厂实习期间，由工程技术人员担负一部分教学和实习指导任务。其特点是可以更好地针对工厂的实际需要，发挥工程技术人员的作用，实现合作培养人才。

——企业自主办学，厂校结合育人。我国完全由企业举办的普通高等学校有第二汽车制造厂办的湖北汽车工业学院、第一汽车制造厂办的长春汽车工业高等专科学校、首都钢铁公司的钢铁学院等少数学校。但是，我国的企业举办了大批成人高等学校，全国的职工大学有915所，在校学生30多万人。由企业举办的这些高等学校，在中央各部门和地方教育部门指导下，在办学方式、教学内容、教学方法上充分发挥企业办学的优势，利用生产现场的有利条件，由工程技术人员兼任学校的教师，更好地针对生产第一线需要培育人才。

——农林院校结合“星火计划”和“科技支农”活动，把农业高等教育和中国农业经济发展更紧密地联系起来。据46所农林院校统计，已建立约400个农林校外教学基地，学校师生参与地方农业发展规划的制订，完成把现代农林科学技术引向农村的“星火计划”课题，广泛开展技术培训，在为农业增产作出贡献的同时，也使高等农林专门人才的培养更切合中国农业发展的需要，提高了培养质量。

上述这些高等教育为经济社会发展服务、实施产业部门和学校合作办教育的新形式，在推动教育改革、促进经济发展、提高科学技术水平和人才培养质量等方面，已经显示出生机和活力，吸引越来越多的高等学校和产业部门推广实施。

中国高等教育界对产学合作的几点看法

1.我们认为，教育和实际的紧密联系，教育工作和科学研究、生产建设的紧密结合，是培养工程和应用科学人才的必经之路，是符合教育规律因而是我们必须遵循的一条教学基本原则。多年的实践经验告诉我们，人的正确认识来源于实践。工程和应用科学的工程技术人员，其正确的设计思想、工艺技术理论和方法，是在长期的生产实践中形成的。我们培养工程和应用科学的大学生，在加强自然科学基础理论教育的同时，必须强调通过一定的工程科学技术实践，形成工程和应用科学研究、工程技术人员应有的意识与素质。随着科学、技术和经济的迅速发展，高科技产业的形成，对人才培养提出了越来越高的要求或者说提出了“挑战”。我们感觉到，在这种形势下，教育和科研、生产之间的结合不能减弱而是应当进一步加强。这是因为，一方面，科学技术对经济的发展具有越来越重要的意义，科学技术已成为发展生产力的第一要素；另一方面，科学技术成果转化为生产的周期大大加快。因此，要求我们工程和应用科学人才的培养，仍须紧密结合科学研究和生产建设。我们曾经提出过，我国有条件的高等学校，应当既是教育中心又是科技中心。高等学校的职能，除培育人才以外，还有发展科学技术和推广应用的任务。我们在实践中体会到，高校师生开展科学研究，在获得科技成果、提高学术水平的同时，也能够大大提高教学水平和学生的培养质量。北京大学研究开发的华光——方正电子出版网络系统，不仅使发明活字印刷技术的中国，又开始摆脱铅字排版“铅与火”的历史，在出版印刷技术方面走到了世界前列，同时也大大提高了学校的电子计算机技术、信息技术、自动控制技术等方面的学术水平和教学水平。我们的南京大学和东南大学等高校，在南京浦口高技术开发区的建设、高技术产业群的形成过程中，发挥越来越重要的作用。我们的吉林大学，建立了4个国家重点实验室和6个中间试验基地以及校办工厂，把基础科学研究成果尽快转化为新材料、新技术、新工艺、新产品，并通过中间试验基地推向大规模生产，这些重点实验室和中间试验基地，也是培养大学生的校内基地。

2.我国在实行教育和经济相联系，教育、科研、生产三结合的实践过程，也遇到了不少理论问题和实际问题，正在通过广泛的实验和试点，逐步摸索比较科学的形式和可行的方法。我们初步感到，无论是实行教育、科研、生产三结合，或是实行产学合作，都要解决三个方面的结合问题：一是学校和企业单位之间，要建立一定的合作机构，诸如厂校合作委员会、理事会等，至少要签订合作协议；二是教学人员和生产、科研人员之间的结合，要互相沟通，例如学校的教师要到科研、生产单位去从事实际工作，成为既是教师又具有工程师能力的“双师型”教师，学校要聘请工程技术人员作为兼职教师，或是调换工程技术人员和教师的工作；三是教学过程和科研生产过程的结合，要研究如何在教学过程中恰当安排实践教学，研究科研、生产单位担负一部分教学任务的合理方式。而实现这几方面的结合，应当充分调动科研、生产部门的积极性，使产业部门在与高等学校结合的过程中获得提高科技水平和促进生产的实际效益，并且能切实感觉到通过教育、科研、生产的结合提高人才培养质量所带来的长远效益，这种结合才能真正具有强大的生机和活力。

3.实现教育联系实际，实行产学合作，要根据不同学科、不同学校和各地的具体情况采取不同的形式和方法。我们在进行了各种形式的试验以后，感到各有优点和长处，都能取得一定的效果。但是，一种形式在一些高校实行是成功的，在另一些高校可能就行不通，难以找到一种在所有高等学校都可以统一实行的共同模式。例如，建立厂校合作委员会的形式，对于具有集中经营特点的大型企业比较合适，而广州华南理工大学和佛山地区中小企业进行合作，以及其他一些学校向地方派出兼职科技副县长等做法，又为学校与分散经营的中小企业结合开辟了新的途径。我们认为，可能在经过一段试验以后，会形成几种各具特点的产学合作模式，它们既有共同之处，又能分别适应不同的情况。我们希望能逐步完善我们的经验。

关于我国高等教育事业工作方针问题的几点意见

朱　开　轩

党的十三届七中全会是一次历史性会议。它确定了第八个五年计划以及整个九十年代的工作方针，对实现我国国民经济发展第二步目标作了总体部署。会议通过了《中共中央关于制定国民经济和社会发展十年规划和"八五"计划的建议》。在这个《建议》的指导下，国务院制定了《国民经济和社会发展的十年规划和第八个五年计划纲要》，并得到全国人大七届四次会议的正式通过，完成了整个立法程序。

《建议》共72条，直接涉及教育的有5条。《建议》对普通高等教育工作方针和主要任务的提法与其它三块教育有所不同，需要我们认真研究，细心体会。关于普通高等教育，《建议》强调：要根据社会实际需要，合理调整结构，大力提高质量。在具体内容的阐述上强调了三点：一是"八五"期间高等教育的规模应基本稳定，特别是研究生教育和本科教育；而对专科教育强调根据需要和可能，可以适当有所发展。二是在稳定规模的基础上，重点抓好普通高等院校的调整，优化高等教育的布局和专业结构，努力提高教学质量和办学效益；建设一批重点学科，博士生培养基本立足于国内。李鹏同志在七届人大四次会议的报告中进一步指出："高等教育要在基本稳定规模、合理调整结构的基础上，下大力量重点抓好一批大学，使教育质量和办学效益有明显提高，努力使一批重点学科达到国际先进水平。"公布的《纲要》提得更全面："八五"期间，研究生教育和本科教育要在基本稳定现有规模的基础上，进行适当充实、配套和加强。努力办好一批重点大学。对少数不合格的高等学校限期进行整顿，对不符合办学标准的，要予以撤并。积极进行专业结构调整，适当发展专科教育，着力建设高等学校的一些重点学科。"三是深化改革，特别提出要继续改革招生和毕业生分配制度，改进教育的拨款制度，继续执行和完善出国留学生政策，等等。从以上可以看出，今后五年到十年，党中央和国务院对普通高等教育事业的发展方针和总的精神可以归纳为十个字：稳定、适应、效益、改革、质量。

国家教委制定的《全国教育事业十年规划和"八五"计划要点》(草案)，是以十三届七中全会通过的72条《建议》为指导，在原国务院教育改革和发展研讨小组制定的《中国教育事业发展与改革纲要（草案)》的基础上修改而成的。总的精神和提法与七中全会文件的精神完全一致。但在具体操作上，把"八五"期间高等教育事业发展的基本任务集中归纳成24字方针：坚持方向，稳定规模，优化结构，改善条件，深化改革，提高质量。

下面我就24字方针的内涵理解以及贯彻过程中需要注意的问题谈些意见。

一、坚持方向

关于坚持社会主义办学方向，我提醒四点：

第一，一定要使学校办学过程中具体工作的方针、政策、措施同坚持社会主义办学方向相一致。我国进入了以经济建设为中心的历史新阶段，在这种情况下，埋头业务而忽视政治的倾向容易发生，口头上强调坚持社会主义方向，但在实际工作中，在具体的方针、政策、措施上有时会和应坚持的方向不一致。这是亟需要注意的。衡量一个学校是否坚持了社会主义办学方向，主要看实际工作中制定和执行的具体工作方针、政策和措施与社会主义办学方向是否保持一致。党在社会主义初级阶段的基本路线是“一个中心、两个基本点”，必须全面领会。我们的教育方针是培养德智体全面发展的社会主义事业建设者和接班人。政治和业务必须统一起来，重视业务当然是对的，但忽视政治是非常危险的。我们的政策、措施要同方针相一致，方针要同方向相一致。学校主要领导同志、学校党委要非常认真地研究这个问题。

第二，在开放的条件下办学，“育人”仍然要放在首位。过去十年以及今后，我们将长期处在对外开放的条件下办学，各种不同的思潮，主要是西方资产阶级意识形态，无疑会通过各种渠道传到大学里来，这是很难避免的。错误思潮无时无刻不在对我们的青年一代产生潜移默化的作用。如果不注意这个问题，后果可能很严重。青年是我们事业的未来，社会主义高等院校的基本任务就在于培养出一代又一代信仰与热爱社会主义，献身于社会主义现代化事业的建设者和接班人。如果西方资产阶级意识形态严重影响或左右了我们青年一代的思想倾向与政治倾向，一个学校的学术水平再高，学校建设得再好，培养的毕业生再多，按社会主义教育制度的标准来要求，就不能认为这样的教育是成功的。从这个意义上讲，学校教育应比社会教育的政治标准和层次要求更高。高等学校培养出来的大学生，十年、二十年后将是我们各条战线的骨干，他们的思想倾向和政治倾向如何，直接影响着我们未来的事业。因此，德育仍然要放在教育工作的重要地位，决不能因为我们现在强调以经济建设为中心而忽视这一点。学校党委和校长要经常研究青年一代的思想倾向和政治倾向，舍得花时间与精力，研究如何用马克思主义的理论以及无产阶级世界观、方法论来武装青年一代。

第三，高等学校要经得起政治风浪冲击的考验。现在的世界形势是政治风云变幻，不同意识形态较量时起时伏，动荡不安。这种情况在今后的五年、十年，我看不会根本改变。对此，我们应有思想准备，不能麻痹大意。从社会主义范围来看，相比之下，中国还是最稳定的。1989 年春夏之交的政治风波被平息后，使敌对分子的阴谋没有得逞，但他们对此是不会甘心的，矛头会始终对准中国。所以，我们要居安思危，而且还要有一点敌情观念。渗透与反渗透、颠覆与反颠覆、和平演变与反和平演变的斗争将是长期的，高等学校要继续准备迎接政治风浪的考验，要经得起政治风浪的冲击，力争成为社会稳定的支柱。实现第二步战略目标，稳定是非常重要的，不稳定什么都谈不上。我们要把工作的基点放在学校内部，努力把我们的工作做好。

第四，要做到以上三点，必须维护党对学校工作的正确领导。不管学校实行哪一种领导体制，都要注意发挥党组织在学校工作中的政治核心作用和团结核心作用。党政职能要有明确分工，但工作目标必须一致。党委要大力支持学校的行政在第一线有效地行使其职能，指挥教学、科研、后勤、行政工作。行政领导要尊重并依靠党委。校一级党政领导一定要团结一致，齐心协力，这是最关键的。有了这一点，才能不断提高干部队伍、师资队伍、职工队伍的素质，做不到这一点，就会带来很严重的后果。

二、稳定规模

中央《建议》的第37条对高等教育稳定方针是这样提的:"'八五'期间研究生教育和本科教育基本上稳定现有规模，进行充实和加强，根据需要与可能，适当发展专科教育。"

这样的表述有两个含义:(1)基本稳定的目的是为了充实和加强，花大力气巩固好近十多年来高等教育事业巨大发展所取得的成绩，并解决好十年发展过程中出现的某些新问题与困难，为"九五"乃至下个世纪高教事业的发展打下坚实基础。因此，基本稳定的方针是一个积极的方针。(2)基本稳定不是绝对稳定，并不意味着"八五"期间就一点也不发展了。我们在具体操作上是按照基本稳定、略有增长的方针办的。在增长方面虽强调了专科的适当发展，事实上本科和研究生教育也要发展一点。但适当发展主要指"八五"后期。"八五"前期应基本稳定，至少今明两年本、专科生稳定在62万，研究生稳定在3万人，其中2.5万硕士生，5千博士生。"八五"后期，招生规模可能要稍微增加一些；我们已向国家计委建议：到1995年本、专科生招生人数从62万提高到65万，研究生从3万提高到3.5万。

三、调整结构

办高等教育当然要遵循高等教育内部的自身规律，但作为社会主义的高等教育制度，其外部规律也不能不研究，即教育和社会发展的关系。社会主义高等教育应适应社会主义建设事业的需要，同时要考虑财政对教育支持的可能。从此意义上说，过去十年普通高等教育发展过程中，有一些问题值得我们反思，并应通过"调整"予以适当解决。

第一，由于管理体制上的原因，以及教育部门宏观调控不够，审批不严等，使新建高校过多，且在布局上有不合理之处。主要表现在相近性质的学校布点重复，学科分工过细，特别是工科学校。不少新校规模过小，效益不高。

第二，很多老校规模膨胀过热，有的十年翻了一番。过于追求学科自我完善的结果出现了一批长线专业，如某些理科类专业。不少学校竞相追求高层次，高规格，造成应有的办学层次质量不稳定，不巩固。加上这几年教育投资相对不足，办学条件比较困难，管理又跟不上，因此某些学校的专业结构及其教育质量同社会需要存在相当差距。

第三，"三乱"现象在普通高校内部也是存在的，有的还很严重。首先是计划外招生，屡禁不止；1988年最突出，计划外招生11万人，这是非常不严肃的。其次是普通高校办成人学历教育，即函授和夜大这两块，有些学校管理相当不严格，存在乱发文凭与学位证书的现象，质量很难保证，没有保持"文化大革命"前老大学对成人教育严格管理与严格要求的好传统，这是令人担心的。此外，普通高校未经批准自设分校、教学点的情况较普遍，而且有的管理很不严格，着眼于"创收"，质量没有保证，有损于普通高校声誉。

对普通高等教育发展中存在的上述问题，确实有个调整与整顿的问题。但我们采取的方针不同于"文化大革命"前60年代大起大落、大砍一刀的做法；而立足于"促"，让不合格的学校变成合格的学校，把不合理的布局尽可能调整成合理的布局，有领导地进行调整和整顿。原因是我们已经进入了以经济建设为中心的历史新阶段。我们是11亿人口的大国，高等教育的发展要看远一点。

“八五”期间我们准备进行以下几方面的调整，有四条主要措施：

第一，继续推动中央有关部委、各省、自治区、直辖市对所属的普通高校进行合理布局，主要是普通高校，也包括相关的成人高校。促进行业内部、地区内部、高校之间有机联合，鼓励跨部门、跨地区联合办学和校际合作，其目的是使各地区和各部门的高校布局尽可能合理，减少不必要的重复。至于筹建校以及未经批准的一批分校和教学点，作为历史遗留问题也要分步骤地及时处理。分校和教学点大部分都要并入校本部，不能到处都是大学；少部分确实需要、又具备条件的应补办审批手续。

第二，大力整顿一批新办的、但又不符合办学条件的高等学校。如按师资条件、校舍面积、图书数量与教学实验开出率四项条件来衡量，全国有近40%的高校不大符合要求；若只按师资和校舍这两项指标衡量，也约有15%的高校不符合条件。由此足见抓好不合格高校整顿工作的重要性和紧迫性。教育质量是高等教育的生命线，办学的基本物质条件都不具备，又怎能谈得上教育质量呢？设想在“八五”前二年解决两项指标不合格的高校问题；“八五”后三年解决好四项指标不合格高校的问题。

第三，分清层次结构，加强专科。这里有两个含义：一是要重视专科。在中国当前的国情下，高等教育的三个组成层次：专科、本科、研究生都是重要的。但相对而言，目前专科教育还是一个薄弱环节，专科教育还不稳定，应该引起我们的高度重视。专科层次之所以重要，首先是由社会主义初级阶段的生产力发展水平、社会发展程度对人才层次的需求情况所决定的，现阶段大量需要的还是初级的、中级的专门人才。很高层次的人才当然也是需要的，但在我们目前的国情下，对高级专门人才的层次要求上大量的还是有一定文化素质的、专门的实用人才。大专的文化水平起点比较高，培养目标更贴近实际应用。另外一点是财政对教育的制约，即财政的支持。办专科和办本科对办学条件的要求是不一样的。再就是，城乡差别、地区差别仍是个很现实的问题。一般情况下，层次越高，毕业生越不容易下去。对此我们是有过经验教训的。综合以上三方面原因。我认为在我国的国情下，专科是重要的。现在专科在普通高校不占多数，高校数中60%是本科，40%是专科。在校生人数本科生占2/3，专科占1/3。如果把成人高校这一块加上，专科和本科是1∶1左右，专科或许还多一点。因为成人高校大部分是专科。发展专科，就是要把专科基础再加大一点，对本科和研究生教育更强调提高水平和质量，但是也要面向应用。对高等教育总体构思上是要把重心降低一点。二是高等学校应该分层次。分层次并不说明学校地位的高低，只是培养人才层次的要求有区别。而对社会的贡献，主要是看在应有层次上是不是培养出合格人才。总之，层次不同并不影响学校的贡献，国家对各个层次的人才都是非常重视与需要的，问题是质量。

第四，加强学科建设和调整专业结构。目的是为了进一步解决高等教育更好适应社会发展的需要。办教育一定不能以“自我”为中心，要经常考虑社会的需要。办学有自身的规律，专业分得那么细、那么窄，恐不大符合办学的规律。因为知识面太窄，不利于人才的全面发展及成长。当前要着重抓两件事。一是准备再次修订专业目录。“七五”曾把本科文、理、工、农（林）、医五大类专业目录从 1414 个调整到 671 个，减了一半多。研究生十大类专业的目录调整幅度并不大，现在专科还没有统一的专业目录，比较乱。我们打算在“八五”期间再搞一轮。工作方向是拓宽专业面，以利于人才的成长，利于拓宽就业面，利于今后工作岗位的可能转移。二要抓学科建设，调整服务面向。主要是要处理好应用型学科和基础学科的关系。我们这样大的国家，从长远利益着想，是决不能忽视基础学科的。但是根据我国经济发展所处的阶段，大量需要的是应用型学科人才。这是当前和长远的关系问题，是我们要处理好的第一个关系。第二个关系是基础性学科专业人才的培养面向问题，即面向实际工作部门和坚持基础性研究方向的关系。基础性学科的面是很宽的，专业点比较多，有相当一部分专业应转向实际应用部门，而不是只面向研究单位和教学部门。但我们也要用极大精力组织好一批力量强、基础好的专业继续坚持培养基础研究人才为主的工作方向。这是国家长远利益所在。1990 年 7 月召开的全国高等理科教育工作座谈会，提出基础学科培养人才的方向应考虑“分流”为两个方面：(1) 面向科学、教育事业，加强基础理论科学研究和教学人员的培养，仍是高等理科教育的基本任务，但是发展趋势是少而精、高层次；(2) 将高等理科教育的服务面向扩展到非基础性科研和教学部门，把多数理科毕业生培养成具有良好科学素养的科学应用人才，是今后一个时期高等理科教育改革的重点。

四、改善条件

关于改善条件的思路是两条：一条是多渠道地争取更多的教育投入；另一条是把有限的教育资金用在最急需解决的问题上。

教育投入当然越多越好，但如果我们的思路没有理顺，钱多了也解决不了问题。如果增加的投资还是用在扩大规模上，条件是改善不了的。

教育投入有三个渠道：主渠道是政府投入；第二个渠道是有条件的高校有领导地创办产业，争取承担国家级的任务，通过承担任务来改善条件；第三是争取银行贷款以及赠款、基金会资助等来弥补政府投资的不足。

问题是钱要用到点子上。首先要合理布局高校，减少重复，否则教育投资再多也难以支撑。各省、自治区、直辖市首先要把钱用到不符合国家规定的基本办学条件、但经过论证又有必要办下去的高校上，尽快充实条件，变成合格的高校。合格高校则进一步优化整体办学条件，在此基础上办出学校特色，并发展优势学科。重点大学不是自封的，而是在教学、科研工作实践中自然形成的。我国需要一批办学方向端正，教学质量与科学水平很高的带头学校，这也是国家长远利益所在。我们希望国家支持一批，每个部委办好一两所，每个省在选择若干对地方经济与社会发展有长远意义的重点学科基础上，也有重点地办好一所示范性高校。这是我们的奋斗目标。

五、深化改革

教育改革始终是促使我国高等教育事业发展、并使其更好地适应我国社会主义建设需要的动力和重要手段。问题是要切实把握住改革的正确方向。实践证明是正确的改革措施要坚持，循序渐进，不要停下来。客观环境有困难时，可以迈小步，但不停步，更不要走回头路。走回头路是没有希望的。教育改革在很多方面要受到外部条件的制约，所以快了不行。但是教育的周期比较长，往往需要超前一点，所以看准了的事情一定要坚持。

各级教育主管部门改革的重点，仍然要在加强宏观管理的前提下，增强高等学校办学的活力，让高等学校在国家确定的方针、政策指导下，有更多的办学自主权。各级教育行政部门加强宏观管理的重点应放在以下五个方面：

第一是对高校的合理布局、专业的合理调整、规模总量的合理控制，教育主管部门负有重要责任。这三块要控制住，不能使布局继续不合理，审批新校与专业要严格。

第二要对所属高校进行“四定”：定学校的任务、规模、编制和经费。

第三要选派能够胜任工作、符合条件的主要干部。教育部门要把干部选好、管好。政策确定以后，干部是决定的因素，这是有道理的。

第四对高等学校进行定期或不定期的工作评估。1990 年已发了普通高等学校教育评估暂行规定。

第五制定一些需要统一规定的规章制度。

高等学校的改革仍然要把校内管理制度的改革和学科领域里的改革结合起来，即综合改革；两个方面不可偏废，都要很好地研究与实践。

当前，各地和各部门都在对人事制度、职称制度、工资制度、住房制度、医疗制度、退休制度进行认真研究。各个教育管理部门都有一批综合试点的学校。国家教委有六所。没有列入试点的学校也要有所考虑。

十三届七中全会文件中特别强调了毕业生分配制度的改革和招生制度的改革。从一定意义上说，毕业生分配制度改革搞好了，反过来对整个教育改革有很大的促进作用。评价一所学校办得怎么样，从一定意义上说，还是要看毕业生的质量和毕业分配时是否受到社会欢迎。

现行的毕业生分配制度基本上遵循以下四条原则：一是合格的毕业生就业有保证；二是计划为主的分配办法，不允许学生到社会上去自找职业；三是通过“上下结合”的办法制定分配计划(“上”指上级主管毕业生分配工作部门，“下”指高等学校本身)；四是计划落实到人头上，还是以学校为中介的“供需见面”方式（学生不介入）；有条件的学校，也可以试行在一定范围内以学校为中介的“双向选择”方式（学生可以介入）。当前值得注意的一个问题就是要着力纠正学生“择业观念”上的偏差。我们的改革是有前提的，不能牺牲国家的利益，不是把学生分配出去就算完事。衡量一个学校毕业分配工作是否成功，主要看分配计划是否合理；是否兼顾了国家的利益、社会的需要、以及学校的校情（包括采纳毕业生的合理要求）。如果分配计划不合理，根本违背上述原则，或完全迁就了学生不合理要求，即使学生全部“满意”地分配出去了，这样的“改革”仍然有违初衷，不能认为是成功的。现在不少大学生择业观念的偏差是很大的，都想留在大城市里的大单位、大公司、大院、大所、大机关。这样一种倾向已影响到一部分做毕业生分配工作的同志的思想，计划往往做得让学生乐意去，容易分出去，而不大注意对学生进行择业观念的教育。这个问题令人担忧。我认为这是一个带有很大原则性的问题：（一）人才的合理布局涉及到国家的整体利益。如果国家的整个利益得不到应有保证，也就谈不上毕业生分配制度改革的本来意义与正确方向。（二）鼓励青年一代走什么样的成长道路，这是涉及到教育方针是否真正得到执行与贯彻的问题。（三）这是能否从根本上解决好困惑我们多年的所谓“毕业分配难”的关键因素所在。都往大城市里的大单位中“挤”，分配怎能不难。我们应该告诉年轻一代，大显身手的广阔天地不仅在大城市里的大单位，而且还有成百上千个中小城市的基层单位以及聚集了中国人口70%以上的广大乡镇的基层单位。大城市人才过于密集，并不总是有利于青年人迅速成长，有时，反而容易“埋没”人才。同时，实践证明，一个青年人要想真正干一番事业，取得成就，很重要的一点就是要把基础打好。要眼睛向下，从基层做起，同工农群众相结合，要经历艰苦生活和实际工作磨炼。没有这一点，要想最终取得成就是很困难的。

招生工作正在进行一项重大改革。从今年开始，全部进入高中毕业会考，并在此基础上逐步进行高考改革。现在，全国有10个省市已经进入一轮会考，高中毕业有9门课程以省为单位命题进行会考。会考合格的学生才能参加高考。今年有4个省、市高考制度进行改革，其中上海已试行了两年，只考相关科目，一般是四门课。今年9月，20个省市高中一年级开始实施会考；学完一门会考一门。这样四年以后，就是到1994或1995年，高考制度的改革就有可能逐步全面展开了。这个问题的意义主要在于解决基础教育片面追求升学率的问题、偏科的问题、文理分科的问题，同时减轻高考的负担。高中的教学大纲已经调整，分为必修和选修两部分。必修课是每个合格高中毕业生所必备的知识，选修课是更高的要求。衡量普通中学办学成绩的大小，不是看它的升学率，主要以高中毕业生合格率的状况来衡量。这是“八五”期间一项比较重要的改革。

六、提高质量

一切工作的最后落脚点都在提高质量上。我们所讲的质量是指培养的毕业生在政治素质、思想素质、专业业务素质以及身体素质上都应该是比较优秀的，培养出德、智、体能够全面发展的、又红又专的、能够自觉献身社会主义事业的建设者和接班人。党和国家花这么大的力量，高度重视高等教育的目的，就是希望从高等学校培养出来的知识层次较高的年轻一代能够担当起建设社会主义事业的重任。我们办学的人，包括教育部门的各级负责同志、高等学校的领导同志都应该尽一切努力来满足党和人民的要求。这是我们应尽的责任。质量是高等教育的生命线，这个质量是全面的质量。我们应该意识到现实的差距还是很大的，缩短差距的途径应该分层次来达到，一要着眼大多数人，有一个基本要求，同时还要精心培养一批学生中的优秀者。对绝大多数人我们要求他们热爱社会主义祖国，拥护社会主义制度，应该有良好的大学生应有的品德，愿意把自已掌握的知识为人民服务，为社会主义事业出力，这是基本要求。但是作为高等学校，特别是重点院校，仅仅这样是不够的。我们还应该花大力量培养一批优秀的青年，真正是又红又专的、共产主义信念坚定的、品德优秀的、业务水平很高的骨干人才。这个问题不仅是走上社会以后所必需，就在学校期间也需要这样。一个班里有几个政治上很成熟的、比较有威信的、非常优秀的学生，就可能把这个班级的同学团结得很好。要做到以上两点，很不容易。应注意加强学校管理，建立良好的校园秩序，把校风、学风搞好，教书育人，管理育人，服务育人，形成一个文明的校园环境。

关于城市中小学教育改革的几个问题

柳　斌

城市教育的综合改革，要着眼于21世纪。21世纪对于我们来说是充满希望的世纪，在这个世纪开头的二三十年内我们要基本上控制住人口的增长，使人民的生活达到小康水平（人口生活质量的主要指标进入前几十个国家之列）。到21世纪中期，要进一步缩小与发达国家的差距，使人民的生活进一步富裕起来。21世纪对于我们来说，也是充满挑战的世纪。一个是经济竞争和技术革命的挑战，一个是和平演变的挑战。这两个挑战归根结底是对国民素质的挑战，是对教育的挑战。用死记硬背、题海战术、无休止的加班加点的办法，用应付高考的办法是不能有效地提高国民素质的，用这种方法可能博得某些家长的赞誉和某些领导人的首肯于一时，却可能在迎接挑战时打败仗。

这里，我就城市中小学教育改革问题谈几点意见。

一、进一步明确中小学教育的指导思想。

当前城市中小学教育改革要考虑这样几个问题：第一，必须正视当前中小学教育教学工作中存在的问题；第二，必须坚持正确的科学的教育思想；第三，必须从改革实践中求发展、求提高。

我国中小学的教育质量如何？应当说，在与世界各国进行一番比较之后，人们都会承认，我国中小学的教育质量是比较高的，教育效益也是比较好的。表现在这样几个方面：(1) 有较好的思想、品德素质和行为习惯，纪律性较强，犯罪率较低；(2) 文化科学知识基础比较扎实，比较宽厚，发展潜能比较大；(3) 奥林匹克科学竞赛中成绩在世界各国的前列；(4) 为高一级学校输送了数量足够、成绩优良的新生；(5) 为各行各业输送了大批有文化有一定技能的社会主义建设者。

但只看到这一面是很不够的，还必须看到我国中小学教育存在着不少问题，有些问题甚至是十分严重的。例如：(1) 思想政治教育一度被削弱，导致了严重后果；(2) 身体素质较差，不少指标低于国际平均水平，视力不良的比例高得惊人；(3) 文化知识学习的要求过高，学习内容太多太难，学习方法死板，学生负担过重；(4) 对培养能力、开发智力重视不够，学生的动手能力、操作能力、实践活动能力不强；(5) 考试不得法，一方面是出偏题难题；一方面是猜题押题，搞题海战术。这种情况的长期存在，不但不利于学生掌握最重要的基本知识和基本技能，降低了教育效益，而且导致了片面追求升学率的严重加剧。

基于上面的分析，基础教育的当务之急是从应试模式转到提高国民素质的轨道上来。

要完成这个转变，教育工作者首先要坚

持正确的科学的教育思想。正确的科学的教育思想在我国的教育方针中得到了全面的体现，可以概括为如下几个重点：第一，教育必须为社会主义建设服务；第二，使受教育者在德育、智育、体育等方面得到全面发展；第三，把教育与生产劳动结合起来，把理论与实际结合起来，把学校教育与家庭教育、社会教育结合起来；第四，牢固地树立社会主义事业接班人的培养目标。

社会主义的教育是通过培养社会主义事业的接班人来为社会主义建设服务的。因此，使受教育者在整个教育过程中实现思想品德的发展，知识和智力的发展，其它心理素质（如感情、情绪、意志）的发展，身体的发展是教育工作者的最根本的任务。解决学生的发展问题是一项意义深远的重大教育课题，与解决应试问题相比，其内容要广阔得多，生动得多，重要得多。解决发展问题从宏观上讲，当前要着重考虑以下几个方面：

1.要重视全体学生的发展。 我们讲促进人的发展，不是仅仅着眼于少数人，而是着眼于全体学生，尤其在义务教育阶段是这样。为全体学生素质的提高服务，为每一个公民的发展服务，是基础教育最基本的出发点。基础教育和高等教育不同，高校升学率目前只占同龄人的3%，基础教育要求适龄儿童入学率尽可能达到100%。基础教育要求面向多数学校，面向全体学生。基础教育讲人的发展，最困难的是大多数人的发展，最重要的也是大多数人的发展。我们的国家，我们的民族有没有一个光明美好的未来，关键也要看大多数人的发展。少数几个动乱精英并不能影响我们的大局，但如果大多数公民的素质不高，这就是一个十分严重的问题了。面向全体学生这一点是我们始终要坚持的。我们应当看到，国家和社会的发展为国民的发展创造了前提条件，而全体国民的发展则是我们的社会、我们的民族、我们的国家发展的基础，因此，要始终把它当作基础教育工作的一个着眼点和出发点。

2.要重视学生的全面发展。 对基础教育提出全面发展的要求是十分必要的，这正是基础教育与其它专门教育有较大区别的地方，虽然其它教育也都要求德、智、体几方面的发展，但各种专门教育着重点是定向培养，使学生掌握一、两门专门知识或技术，培养专门人才，基础教育要为所有劳动者和各种专门人才打基础，所以更需要强调全面发展。

有的学校对学生提出“四个学会”的要求：学会做人，学会求知，学会办事，学会健体。我认为是很恰当的。既从德、智、体诸方面提出了全面的要求，又强调了能力的培养。我们现在的教育离“四个学会”尚有相当大的距离。

当前要做到全面发展应强调这样几点：一要把德育放在各项工作的首位，二要以教学为主，三要重视培养能力，四要加强音体美和劳动教育。

德育为首并不是要求德育占有最多的教学时间，德育为首是要求把培养社会主义事业接班人放在学校各项工作的首位来加以考虑，重视对学生进行品德、思想、政治教育，要求在整个教育过程和教学过程中渗透德育，寓德育于其它各种教学活动当中。学校理所当然应当以教学为主，要正确处理好两者的关系。此外，要重视培养实验能力、操作能力、劳动能力、学习能力，包括生活能力。要让学生具有比较丰富的知识，有鉴赏文学艺术的能力，有充实的健康的精神生活，有健康的身体。

3.要重视让学生主动地发展。 这也是中小学生在发展方面存在的一个问题。我们的学生在发展上是很被动的。一个孩子写了错别字，教师要求回去以后写几十遍；成绩

不优秀，打入另册，列为“计划外”。这种管卡压的方法，使学生处于极端被动的地位，严重挫伤了学生主动发展的积极性。这不是教育的好办法。要主动发展，就要调动学生的主动性和积极性，学生没有学习的主动性、积极性，也就不可能有健康的个性发展。把“要我学”变成“我要学”，这是一个很重要的课题。有的学校除了入学率、毕业率、及格率几项要求外，还增加了一个“高分率”，要求小学生80–90%达到90分、100分，达不到就施以惩罚，使许多学生对学习产生反感，产生厌恶情绪，这是造成部分学生流失的一个重要原因。我们的教育改革一定要考虑使每个学生都对学习具有充分的信心这一问题。

4.要重视让学生生动活泼地发展。 生动活泼地发展，除了要求发展是主动的以外，还要求发展是多样的。这就要求重视学生个性的健康发展，要求培养学生多方面的兴趣、爱好，要求进一步贯彻因材施教的原则。

学生除了获得文化知识和技能以外，还应具有较好的文化素养，还要有比较丰富的精神生活，这样才能使受教育者在他今后的工作中产生创造活力。即使文化知识学习本身也不能局限于应付考试和死记硬背，而应成为一个再探索、再创造的发展过程。对于不能升学的学生也应当是这样。苏霍姆林斯基讲过这样一句话，他说：“知识对于泥水匠、厨师、牧羊人之必不可少并不亚于一个科学家、一个工程师、一个诗人。”这句话很对。在基础教育阶段，求知不仅是服务于社会的需要，而且也是做人的基本需要，所以一定要让学生生动活泼地发展。

使学生在德、智、体诸方面主动地、生动活泼地发展是毛主席所倡导的，基础教育应当按照社会主义的需要着重研究、着重解决学生本身的发展问题。学生全面发展了，国民素质提高了，才能更好地为社会主义建设服务，才能使我们的国家加速走向现代化、走向世界、走向未来的进程。

除了教育思想要进一步明确以外，为了全面贯彻教育方针，还要修订教学计划、教学大纲，改革课程设置，从课时安排上注意减轻学生负担，还要培训教师，提高教师的思想素质和业务素质，还要进行学制方面的改革，还要进行升学制度、考试制度的改革，同时还要建立科学的教育评估制度。

二、坚定地推进升学制度考试制度的改革。

实现全体学生的发展，全面发展，主动的、生动活泼的发展，目前还存在着许多困难，还受到经济发展水平、办学条件、师资队伍等多方面因素的制约。其中一个很大的障碍是由于片面追求升学率，造成学生负担过重。这个问题不解决，有了好的办学条件，好的师资队伍，也不能使学生身心健康发展。把帮助学生升学作为唯一目标，而忽视教育规律的教育思想是一把双刃的剑，既可以伤害不能升学的学生，也可以伤害升学的学生。由于忽视就业思想和技能的准备，会使不能升学的学生带着悲观的心态步入社会，造成许多社会问题。由于忽视德育，会使升入高一级学校的学生把一切归结为自我奋斗的结果，并因升学而强化他们的个人主义思想意识。

因此，基础教育要变一个服务为四个服务。从仅仅为升学服务转变为为当地社会主义经济建设服务，为社会主义精神文明建设服务，为学生身心健康发展服务，为学生升学服务。为了减轻学生的过重负担，促进学生的全面发展，当前必须把改革考试制度、升学制度作为重要任务。

这项改革包括升初中、升高中和高考的改革，要逐步推开，分期分批到位。

1.小学升初中。 主要措施是在已经普

及初中的地区，取消初中招生统一考试，实行划片就近升学。目的是把小学生从过重负担下解脱出来，还给孩子们“欢乐的童年”，使他们得到生动活泼的、主动的发展。需要解决的问题是：有的同志把就近入学说成是户口决定命运，认为分数决定命运比户口决定命运要好一点。有没有解决的办法呢？有的。办好薄弱初中，把所有初中办成合格的学校（义务教育达标学校），做到均等地为每一个适龄儿童提供接受合格的义务教育的机会，就可以解决这个问题。目前70%的城市已实行就近入学，江苏省已在全省范围内实行就近入学。其他省市也有成功的经验，如：沈阳市实行综合改革，综合治理，效果很好。

2.初中升高中阶段学校（中专、中技、普高、职高）。 这方面尚未取得突破。山东招远和辽宁营口做了很有意义的值得重视的探索。招远的经验主要是变升学竞争为办学水平的竞争，打破了把考试分数作为评价学校工作好坏和学生水平高低的唯一标准的框框。其作法是：(1) 对办学条件和办学水平进行评估（有一整套评估标准和评估办法）；(2) 根据评估结果测算升学指标；(3) 实行水平考试，按升学指标各自划定录取分数线，升学指标分配由一个挂钩（分数）变为五个挂钩（办学条件、办学水平、学生素质、毕业生数量、考试成绩），形成了比较全面的导向机制。营口的主要作法是：重点高中招生指标分三类情况分配到初中。①保送；②定向分配；③择优。实施三年，合格率逐年提高；一般初中稳定，办学积极性提高，学生巩固率达100%。由升学竞争转向全面提高学生素质，稳定了初中秩序，大大提高了教育质量。

3.高中会考和高考改革。 实行高中会考是为了：(1) 改变不合理的评价标准，形成对中学教学的正确导向机制。会考是水平考试，高考是择优考试，长期以来用择优的标准去评价中学的教育质量，是极不合理的。这种不合理的做法大大强化了“片追”的倾向。确立会考成绩为评价中学教育质量的标准的地位，将在很大程度上科学地解决对中学教学的导向问题。(2) 纠正偏科现象，引导学生全面发展。(3) 调动多数学校积极性，增强非重点校提高教育质量的信心。(4) 树立高中文凭的信誉，引导全社会承认高中文凭的价值。因此高中会考不是要不要搞的问题，而是如何搞好，使之更加完善的问题。如果在这一点上认识一致了，会考中出现的一些问题和矛盾都是经过努力可以解决的。高中毕业生是具有较高文化的宝贵人力资源。教育、劳动、人事三个部门将联合发文，规定今后招干招工，以会考成绩为依据，不再以高考成绩为依据。

高中实行会考之后，高校招生考试要进行配套改革，要减少考试科目，要适当降低试题难度。

三、地方政府要加强对企业办中小学的管理。

企业办的中小学从学校数量和学生数量来看，接近城市中小学总数的一半，把它们办好是关系教育和社会发展全局的一件大事。企业办中小学教育也是我国社会主义教育事业的一个特色，历来受到各级政府以及企业界、教育界的重视、关心和支持。今后，要一如既往地发挥企业办学的优势，加强对企业办学的管理，进一步提高企业办的中小学教育的质量，为提高企业职工素质服务，为城市经济、文化及社会发展服务。总的原则可概括为两句话：企业要办学，政府要管理。企业办学不应视为企业的不合理负担，企业办学经费可以从营业外项目列支，这是国家以文件形式作了规定的。所以不是要不要办，而是如何办好的问题。从当前情况看，企业办学存在两个方面问题，一个是质量问题，一个是效益问题。解决这两个问题，一要企业发挥办学积极性，二要请地方政府和教育部门加强对企业办学的指导和管理工作。地方政府和教育行政部门要把企业办学纳入地方教育事业的发展规划，合理设置学校网点，对网点设置不合理的应逐步调整。现有的企业办中小学要巩固、提高，今后要鼓励企业多办职业和技术学校。要帮助企业学校培养、培训教师，配齐各门学科的教师，尤其是文科和音体美各科的教师。要加强对企业学校的教学业务指导工作，吸收企业学校参加有关的会议。企业学校的评估督导以及考试管理工作，均应纳入地方教育工作的日程，统筹安排。教育工作的有关文件要发给企业办学单位。凡属已办学的企业，其缴纳的教育附加应返还一部分给企业学校。

四、关于“五四”学制的问题。

目前义务教育阶段学制比较多，有五三、六三、五四、九年一贯等几种。九年义务教育的学制，最好的当然是九年一贯制了，这种学制最能体现循序渐进的原则，解决小学与初中的衔接问题，而且可合理安排课程，更有效地利用学时，从而提高办学质量和效益。但九年一贯制对校舍、设备、师资等办学条件的要求也高，许多地方难以做到。因此，在各地实验的基础上，在听取了各方面的意见之后，我们倾向于把“五四”学制确定为基本学制。理由是：(1) 小学教育内容五年可以完成，这是实践证明了的。(2) 许多矛盾集中在初中阶段。初中并开课程多，而且有许多教学内容需要增加（国情、人口、法制、实用技术、环保、国防、青春期教育……），学生负担重，学不好，流失率也高，初中由现在的三年改为四年，是解决这许多矛盾的一个好办法，是提高义务教育质量，为高中阶段教育打好全面基础的重大措施。

实行五四学制，理论上、实践上都是可行的。关卡有两个：一个是经费，一个是师资。

初中要增加一个年级的学生，就需要增加一个年级的教室、设备、师资，归根到底就是要增加相当于现在初中的三分之一的经费，这个数目是很大的，对于有些省、区来说，可能还比较困难，这样就形成了一个矛盾，实行五四学制从教学需要上来说是合理的，也是科学的，但在实施上，人力、物力以及经费投入都有比较大的困难，这个矛盾怎么解决呢？一个可供考虑的办法是：一要及早决策，二要在一个比较长的时间内逐步实施。现在正是各地集资办学改造校舍的时候，不及早决策，会造成校舍建设规划不能适应学制改革的需要，导致重复投资、重复建设等问题。没有一个比较长的过渡期（比如十年甚至更长一些）和因地制宜的政策，则不能适应各地经济发展不平衡的实际情况。把这两个方面结合起来，估计是能够为多数地方接受的。总之，1992 年要对义务教育的学制问题作进一步的研究和论证。

为在“八五”期间全面提高师范教育质量而努力

邹 时 炎

“七五”期间，我国师范教育事业有了长足的发展。初步建立起了基本适应基础教育发展需要的师范教育体系；增加师范投资，积极改善了办学条件；改革了招生及毕业生分配制度；深化教育教学改革，涌现了一批教育质量较好的先进学校；为基础教育事业培养、培训了一大批师资。

我们面临的形势和任务依然是十分艰巨的。我们的奋斗目标是要通过“八五”期间的继续努力，提高师范教育的办学水平，力争建成具有中国特色的师资培养、培训体系。为了实现这个奋斗目标，我们提出了“八五”期间师范教育发展的方针和要求：“稳定规模、优化结构、深化改革、改善条件、提高质量、提高效益”。同时，我们还制定了师资培养、培训工作的指导原则，及一系列工作重点。

为在“八五”期间全面提高师范教育的质量，要做好以下几项工作：

第一，坚持社会主义的办学方向，把德育放在学校工作的首位。

教育战线是无产阶级和资产阶级争夺接班人的前沿阵地。教育有鲜明的阶级性，为谁服务，培养什么样的人的问题，始终是教育第一位的问题。这对于师范院校来说，更有着特殊重要的意义。师范院校培养的学生，不仅仅是一般的社会主义事业的建设者和接班人，而且是即将从事培养青少年工作的教育工作者，是未来的“人类灵魂的工程师”。他们的政治倾向、思想觉悟、道德素质和文化素养将直接影响下一代以至下几代人。因此，师范院校必须培养学生确立坚定正确的政治方向，热爱祖国，坚信社会主义制度，愿意为人民服务，具有高尚的道德品质和良好的行为习惯。

当前，师范院校加强思想政治教育的当务之急，是认真落实江泽民同志的指示精神，对学生以及广大教职工进行中国近现代史和国情教育，这是社会主义教育的一个重要课题，是我国社会主义现代化建设的战略需要。要通过历史和国情教育，提高广大师范院校学生的民族自尊心和自信心，培养他们热爱祖国、热爱人民、热爱社会主义的感情，增强他们的历史责任感，激励他们在党的领导下，为建设社会主义祖国，为发展我国的教育事业，奉献毕生精力。

我们要结合历史和国情教育，对师范院校学生进行社会主义方向和共产主义理想的教育，全心全意为人民服务的教育，劳动教育和艰苦奋斗、勤俭节约的教育，社会主义民主和法制教育，这些教育要结合学科课程和课外活动进行。

师范院校是对未来教师进行定向的职业训练的学校。师范院校的思想政治教育和德育工作必须突出师范教育的特点。要把政治思想教育与专业思想教育紧密结合起来，把坚定正确的政治方向具体落实到热爱社会主义教育事业、热爱学生、爱当人民教师上。要加强师德教育和教师行为规范的养成教育，“明日教师，今日做起”，处处事事严格要求，使学生具有从事教师工作必备的职业道德和行为习惯。

当前，师范专科学校要认真执行《高等学校学生行为准则》等有关文件，中等师范学校要认真贯彻《中等师范学校德育大纲》和《中师学生行为规范》，并从本地本校实际出发，制定实施方案，使师范院校政治思想教育工作逐步做到科学化、制度化。师范院校必须加强党的思想政治工作的领导，理顺和完善学校政治思想工作的管理体制，充分发挥党在政治思想工作中的核心领导作用、基层党组织的战斗堡垒作用和共产党员的先锋模范作用。要加强学校思想政治工作队伍的建设，特别要加强教师队伍的思想建设。要组织教师认真学习马克思主义基本理论、党的路线、方针、政策。要充分发挥专职政工干部、班主任和政治理论课教师的骨干作用。要在党的领导下，发挥共青团，学生会的作用，还要发动社会力量，调动各方面的积极性，形成强劲的合力，切实搞好政治思想教育工作。

第二，改进招生工作，提高生源质量。

影响师范教育质量的因素很多，其中生源质量是重要的制约因素。铁映同志曾就解决师范生“招不进，下不去，留不住”的问题有过批示，要求把改善师范院校生源质量问题作为发展教育事业的战略任务，作为各级教育行政部门和招生部门的经常性工作，认真抓好。通过近几年的努力、师范院校的招生工作，取得了较大的成绩。去年的生源质量，有了明显的提高。但是，我们仍然面临一定的困难，工作不能有半点松懈。各级教育行政部门和师范院校必须高度重视师范院校生源质量问题，把生源质量问题解决得如何，作为检验我们工作的一个重要标准。

要做好宣传教育工作，各级教育行政部门，每年都要总结师范院校招生改革的工作，采取多种形式积极宣传先进典型，逐步形成正确的舆论导向。要使更多的中学校长、班主任、教师认识到，鼓励和动员优秀的学生报考师范院校是提高基础教育水平的必要保证，也是每一位教育工作者义不容辞的责任。对于师范招生改革做得好的单位，推荐动员优秀中学生报考师范院校工作做得好的学校、校长、班主任、教师要进行表彰，要争取全社会都来关心、支持这项工作，形成报考师范院校光荣的社会舆论。

要继续做好招收保送生、定向生的工作。实践证明，师范院校招收保送生的办法是可行的。保送生不仅政治素质较高，学习成绩较好，更重要的是专业思想稳定，有献身教育事业的思想准备。定向招生是解决“老、少、边、穷”地区师资匮乏问题的有效途径。招收定向生是师范院校中涉及面很大、政策性很强的一项招生改革措施，必须认真组织实施好，切实保证“老、少、边、穷”地区的考生出得来，回得去，留得住。同时应采取措施调动定向生的学习积极性。

要继续认真搞好师范院校招收有实践经验的优秀公、民办教师试点工作，总结经验，逐步推广。

几年来，不少地方师范院校在招生时加强对考生的面试。根据教师职业特点和要求，制定面试标准，特别是在教师素质方面对考生提出明确的要求，这对提高师范生源素质起了很好的作用。要积极创造条件，不断扩大面试的范围，并在实践中逐步完善。

要积极探索其他招生改革的措施。如，在统考的基础上，采取提前招生，提前录取的办法；结合高中会考制度，试行“高中会考——推荐——选拔”的办法；在高中阶段试办“高师预备班”的办法等，一些地区已取得了成功的经验。我们要认真总结这些年来师范院校招生改革的经验，并在实践中积极探索新的办法。

第三，深化专业结构、课程设置、教学内容、教学方法等方面的改革，以适应基础教育特别是农村教育的需要。

各级各类师范教育，尽管在培养任务和规格上有不同层次的要求，但绝大多数师范院校的毕业生，都是到中小学，尤其是农村中小学任教，是为基础教育，特别是农村教育服务的。因此，师范院校必须根据基础教育、农村教育的需要，改革专业结构、课程设置，改革教学内容和教学方法。

二年制师范专科学校在完成必修课的前提下，要积极组织好选修课，注重引入职业技术教育课程。三年制师范专科学校要根据基础教育的实际，实行主辅修制的教育教学改革，要求毕业生能胜任两门以上初中课程的教学，这一改革在部分地区已经进行了实验，积累了经验。这些经验表明，主辅修制教育教学改革在我国有广泛的推广意义。三年制师范专科学校也可实行双专业制，如政史、化生、史地等专业。各省要统筹规划，集中布点，根据各地实际在师范专科学校设置一些初中急需的短缺专业。另外，要有计划地在本科师范院校和综合大学，开设短线专业专科班，加快初中师资培养步伐。

中等师范学校要认真贯彻执行《三年制中师教学方案》，深入进行教学的整体改革。要根据中等师范教育的特点和规律，逐步建立起以必修的课堂教学为主的、必修与选修结合、课堂教学与课外活动结合、校内教育与社会实践结合的整体教学模式。要根据当地小学，尤其是农村小学教育的实际需要，培养学生具有多学科的教学能力。除会教小学语文、数学两门学科外，还要至少能兼教一门其他课程，做到“一专多能”。另外，还可以开设一些艺术、外语等类师范学校或师范班，培养这些学科的骨干教师或专任教师。

当前，要加强对学生进行教师职业技能的训练，如讲普通话和口头表达能力、书写“三笔字”（毛笔、钢笔、粉笔字）的能力、组织课堂教学能力、实验操作、制作简易教具的能力、组织课外活动的能力、开展班级工作和进行学生思想工作的能力等。近年来，各地师范院校在培养学生各方面能力和对学生进行从事教学工作的“基本功”训练方面，开展了多方面的工作，取得了许多经验。要逐步完善这些教育措施，并纳入教学计划和教学大纲的要求，使强化教师职业技能训练工作逐步做到经常化、制度化、规范化。

第四，加强同社会实践与基础教育的联系，重视教育实践环节的作用。

师范院校要牢固树立为社会主义现代化建设和基础教育服务的观念，加强学校与社会实践和基础教育的联系。要有计划地组织广大教师和干部，深入中小学，对我们的服务对象进行调查研究，了解当地社会、经济的发展对于人才提出的要求，以及基础教育的发展和改革对于师资的要求，从而进一步明确师范院校的培养规格与质量要求。要同中小学建立广泛的稳定的联系，不断获取中小学教育改革的信息，及时调整和改革我们的教育教学工作，真正做到主动适应社会主义现代化建设和基础教育发展与改革的需要。

师范院校要重视和加强教育的实践环节，认真组织好教育实践、社会实践活动。要通过教育实践活动，对学生进行严格的教育教学技能的训练，使学生进一步巩固专业思想和专业知识，树立正确的教育观念，提高教育教学能力。另外，还要组织学生参加社会调查和军事训练等社会实践活动，引导学生与工农相结合，联系群众，了解国情。

要组织学生参加一定的生产劳动和公益劳动，培养他们具有热爱劳动的思想品质、艰苦朴素的作风和劳动习惯。

为了加强教育实践环节，必须改革和完善现行的教育实践的制度，必须重视和加强教育实践基地、社会实践基地和劳动实践基地的建设，使学校的各项实践活动得以顺利进行，保证教育实践环节的质量和效益。

第五，坚持理论联系实际的原则，加强对教育学科和基础教育课程的研究。

在师范院校要特别重视教育学科、心理学科和基础教育教材教法课程的研究。教育学科、心理学科和基础教育教材教法课程的研究，要坚持理论联系实际的原则，要坚持改革的精神，根据各级各类师范院校培养规格的质量要求的不同，在调查研究的基础上，调整课程结构，更新教学内容，突出与学生培养规格有直接联系的基本理论、基本知识、基本方法和技能，加强教学的针对性，避免教学内容脱离实际和出现不必要的重复。

各级教育行政部门和师范院校的领导，要把教育学科、心理学科和基础教育教材教法课程的研究和改革摆在重要位置，列入事业计划，并在人力、物力、财力等方面予以保证。

要组织好调查研究，把历史和现状搞清楚。不仅从事理论研究工作的同志要搞调查研究，从事教学工作、管理工作的同志，包括教育行政部门的同志也要搞调查研究。由于改革、开放以来，经济、社会情况发生了很大变化，基础教育的情况也发生了很大的变化，如果不做深入细致的调查研究，不把变化了的实际状况弄清楚，就难以搞好这些学科和课程的建设与改革。

搞好教育学科、心理学科和基础教育教材教法课程的研究与改革，是一项长期的任务。不仅要学习和研究理论，而且要搞好教学实践的总结，因此，必须具有长期学习、研究、实践的精神。要组织起来，搞好协作，发挥老专家、中年专家和青年同志各自的特长，集中力量，集思广益，协作攻关，就能编出高质量的教材，取得高质量的研究成果。

第六，继承和发扬民族优秀的教育传统，学习与借鉴国外的先进经验。

我国具有悠久的教育传统，有世界上最早的教育专著和大量的教育遗产。我们不应当全盘否定，而应有分析地继承和发扬民族优秀的教育传统。同时，我们还要有分析地借鉴和学习国外师范教育工作中一切有益的经验，为我所用，以提高我们师范教育的水平。另外，我们要坚持改革开放的政策，按照国家的有关规定，继续做好国际间的教育合作与交流工作。

第七，强化学校的常规管理，树立良好的校风、教风和学风。

强化学校的常规管理，树立良好的校风、教风和学风，是全面提高师范教育质量的重要保证。我们要总结和交流“七五”期间师范院校落实德育为首，加强管理的经验，要研究制定《师范专科学校规程》、修订《中等师范学校规程》，这是加强师专和中师管理的重要措施。《规程》是国家对于学校管理方面的最基本的法规性文件。制定并颁布师专和中师的《规程》，使师范学校各方面工作做到有法可依、有章可循，必将对加强师范院校的管理，提高师专和中师管理水平，起到积极的推动作用。

师范院校强化常规管理工作，必须制定完整的规章制度，要实行岗位责任制，要有严格的检查评估。干好干坏，干多干少，表扬批评，是非分明，可以起到伸张正义，抵制歪风的有效作用。要实实在在地抓好教师队伍的管理，充分调动广大教师的积极性；实实在在地抓好教学、后勤等方面的常规管理，提高教育质量和工作效率；实实在在地抓好校园环境的建设和管理，优化育人环境。要从一件一件细微的小事抓起，实实在在地抓，不搞花架子，不说空话，持之以恒，常抓不懈，使学生在潜移默化中受到教育和训练，养成文明习惯，进而形成良好的校风、教风和学风。

当前，师范院校要狠抓校风校纪建设，以此做为强化常规管理、提高管理水平的突破口，切实做出成绩。在校风校纪建设上，也要突出一个“严”字，注重一个“实”字，坚持一个“恒”字。要常抓不懈，一抓到底，务必取得实效。为此，要求学校各级领导要带头，全体教职工要以身作则，要求学生做到的，我们自己先要做到。只有这样，才可能在比较短的时间内，在师范院校建设起良好的校风校纪，促进学校整体管理水平的进一步提高。

第八，各级各类师范院校都要建立自己的联系点，选择一个县或一个地区作为联系点，考虑如何为农村基础教育服务。要到联系点上去调查，进行改革的试验，学校的教师、学生要多到这些点上去。否则，学校没有基地，理论联系实际就很困难。

加强学校领导班子和教师队伍的建设，是办好师范院校的关键。师范院校要按照干部“四化”的方针，把政治上坚定作为首要条件，配备好领导班子成员；要健全民主集中制，民主生活等方面的制度，加强领导班子的思想作风建设；要搞好培训，组织领导干部学习马克思主义；要重视和加强领导班子的考核工作，促进领导班子的团结。要努力提高领导班子成员的政治素质和领导水平，鼓励他们成为师范教育和学校管理方面的专家。师范院校的主要领导干部要保持相对稳定，不宜频繁更换。对经过考核不能胜任工作的要及时调整。当前要重点抓好师范院校校长和领导班子成员的岗位培训工作，要制定规划，安排好培训内容和时间，落实培训基地，在二三年内对师范院校的校级领导干部全部轮训一遍。

师范教育的发展和改革，依靠广大教师。要努力建设一支坚持社会主义方向，政治业务素质较高，学科配套，结构合理的教师队伍。师范院校的教师要学习社会主义理论和社会主义教育思想，要有计划地深入中小学了解和研究基础教育的实际，了解社会，熟悉师范教育的特点和规律，熟悉教育学、心理学的基本知识，能运用正确的教学方法，对学生起到示范作用，能以自己模范的言行影响和教育学生。新分配到师范院校的教师，要到中小学去工作一段时间，这要形成制度。师范院校要认真做好培养青年教师的工作，要对他们热情关怀、严格要求、加强教育，充分调动他们教书育人的积极性，帮助他们健康成长。

加快步伐，推动农村教育综合改革深入发展

王明达

农村教育改革的基本形势

这几年，农村教育综合改革、燎原计划取得了明显的进展。主要表现在四个方面：

第一，各级领导日益重视农村教育，把改革和发展农村教育作为推动农村社会主义建设的重要战略措施来抓。通过大量的调查、对比，技术经济指标的分析，各级领导从实践中看到，要振兴农业必须依靠科技，必须抓教育。比如四川省作了调查分析：在大体相同条件下，同一个地区，运用了成组配套的科技，小麦的产量可增长1.5倍，水稻增长1倍，茶叶增长5倍，猪的出栏时间可缩短一半时间。据国家统计局最近的一个资料讲，他们每年对全国67000户农户作跟踪调查，分析农户收入变化情况，从中发现一个普遍的规律，农民的收入与其文化程度、知识结构、专业技能有非常密切的关系。从1989年调查的数据看，文盲户人均纯收入442.84元，小学户542.96元，初中户616.3元，高中户639.85元，中等职业技术教育户（包括中专、职业高中）740.9元。同1985年对比，文盲户收入增长率45.6%，小学户是54.9%，初中户是56.1%，高中户是53.9%，中等职业教育户是68%。从这里可以看出两个特点：农村高中和初中毕业生收入差距不大，但是受过中等职业技术教育的是740.9元；从增长率讲，中等职业教育户的增长率是最高的。这两个特点值得引起思索和重视。

通过大量的经济指标分析，各方面对农村教育改革方向的认识越来越一致，并且认识到搞好农村教育不仅对提高农民生活水平有直接关系，而且对促进农村社会主义精神文明建设关系也很密切。因为文化水平低就容易受到封建的、迷信的、落后习俗的影响，缺乏抵制分辨的能力，很多思想政治工作、党的方针政策也难落到实处。很多地方已经认识到，改革农村教育不仅是提高农业生产和农民生活水平所必需的，也是加强党对农村的领导、巩固农村的社会主义阵地、巩固工农联盟的一项非常重要的战略措施。

第二，农村教育出现可喜变化。各省教育的投入在增加，群众办学积极性很高，危房下降速度很快。人口最多的四川、河南省1990年基本消除了危房，危房率下降到1%以下。这几年农村教育之所以发生很大的变化，就是由于各级领导重视了教育，教育内部也进行了改革，调动了群众的积极性，农村教育改革的步伐在加快。1990年，云南、湖南、浙江等省的省委、省政府出面召开研究农村教育改革的会议。这反映了全国农村教育改革发展的好形势。

农村中教育的观念也开始发生变化。有

一个地区先后有5000多名农村初、高中学生或家长上书给政府有关部门，要求国家从实际出发，在农村中学增开农业技术方面的课程。有一个县的一所中学50名学生联名写信说："回乡务农是我们大多数学生的必由之路，父老乡亲对我们希望很大，而事实上学校未开农技课，毕业后回乡还得从头学起，深感有负十年寒窗，也有负父老乡亲。"还有一个学生的家长来信说，我们送孩子读书，不求都能考上大学，只求学点东西，回来能派上用场。学校不教农技，不对劲。当地教育部门组织了调查，有80%的学生家长、73%的农村初中学生认为，在中学开设农技课是必要的。看了这些信后，很值得我们搞教育的人认真思考一下。这几年全国农民花了不少钱改造危房，把学校建得这么好，依靠人民办教育很有成绩。但我们的教育如何为人民的幸福服务，如何与人民的利益相联系，这是个很重要的课题。如果农村学校还是沿着以前单纯为了升学的轨道运转，不仅对国家的建设不利，也脱离人民的需要。经过这几年的努力，农村教育改革的思路越来越明确，出现了大批典型。这些典型有小学、中学、各类职业学校、农民学校；从地域上看，有一个乡、一个县的综合改革成绩显著的典型。中国农村教育改革的进展，正在引起国际上的关注，具有中国特色的农村社会主义教育的格局正在逐步形成。

第三，燎原计划已经取得比较明显的成果，教育综合改革实验的规模逐步扩大。实施燎原计划，就是要通过改革和发展农村教育，大面积提高农村劳动者素质，增强农村吸收运用科学技术的能力，促进农村经济和社会的发展。这个计划首先是立足于培养人，使培养的人能够适应农村经济和社会发展的需要。因此燎原计划是推动农村教育改革的一项重要措施，它来自农村教育改革的实践，是农村教育改革的重要组成部分，又是使教育与农村经济发展、社会发展相适应的一项计划。要充分发挥学校的社会作用，利用农村各类学校所拥有的相对的智力技术优势，直接为当地建设作些贡献。在燎原计划示范乡的目标中就包括两方面的内容，一方面属于教育改革和发展的目标，包括扫盲、普及义务教育、发展农村职业技术教育等，同时也包含要利用学校这个阵地，特别是农村的职业教育、成人教育学校的优势，为农村引进新技术项目，进行实验示范，推广新技术，为当地经济与社会发展、农民致富做出贡献，当然也包括应为乡镇企业培养人才，开展技术服务。至1990年6月全国实施燎原计划的乡已经有3326个，这些乡分布在859个县。近两年，这些乡利用农村的各类学校进行短期实用技术培训的人次数超过1200万，引进推广的技术项目有22000个。燎原计划贷款的使用效益和还款率都比较高。实施燎原计划，使各地出现了一批办在农民心上的学校，这对农村发展具有更深远的意义。燎原计划示范乡的基础文化教育发展也较快。示范乡重视扫除文盲，扫盲速度加快。河北省实施燎原计划的259个乡，青壮年文盲率降到了1%，小学普及率、小学升初中的比例都比一般乡要高。

第四，推动了教育内部的改革，促进了教育自身的发展和教育质量提高。由于在中小学开设劳动技术课，编写乡土教材，联系实际，使学生参与社会生活的变革，引进职业教育因素等，使学校在当地经济和社会发展中的作用得到发挥。四川温江县利用学校渠道宣传党的政策如交公粮、计划生育、民主选举等，很见成效。既让学生关心了解社会生活，又有助于农村整个工作的发展。这不仅提高了学校在当地社会上的声誉，也使学校注意从小培养孩子关心社会、参与社会实践，提高了教育质量。吉林省选了12所小学进行改革实验，实验课题就是加强农村小学和社会生活的联系，改革教学内容。经过三年严格科学的对比实验，不仅学生劳动技能、对社会生活的了解，要比没改革的对比班强，就是在文化学习方面，经对比考核，数学、语文成绩也比对比班普遍提高。总之，大量事实证明，农村教育改革不仅不会影响基础文化学习，而且促进了基础教育的发展，促进了教育质量的提高。此外，"三教"统筹、农科教结合，也促进了农村职业技术教育和成人教育的发展和办学水平的提高，多种形式的农民技术培训网络正逐步形成。

推动了高等教育的改革，特别是直接与农村有关的高等农业、师范院校的改革。比如农村普通教育要增加职业教育因素，那么师范院校在培养教师的知识结构上、课程设置上就要适当改革和调整。农业院校过去是教授直接面向农民去推广技术。好比将军直接上战场打仗。现在认识到农村各类职业、成人学校是推广技术的一支强大的力量，应该充分利用这支力量。如果把高等学校同这支力量结合起来，再加上中专形成一个省地县乡村五级培训网，就会大大加快中国农业技术传播速度。把农村各类技术学校作为二传手，高校支持他们，同时也拓宽了高校的服务面。

进一步明确农村教育改革的目标和任务

近几年的改革虽然取得了一些成就，但总体说来还处于试验、探索、发动、起步阶段。我们虽然在一些点上取得了很好的经验，但就全国来讲，发展很不平衡：还有很多地方不重视农村教育的改革；有的处于观望状态；有不少地方普通教育片面追求升学率的情况还很突出，职业教育、成人教育很弱。所以，我们面临的任务还是艰巨的，农村教改还任重道远。

总结近几年的实践经验，实施燎原计划、进行农村教育综合改革应该着重抓好以下几个方面的工作。

1.要切实转变教育思想。要把发展、改革农村教育作为农村工作中一项重要的战略措施来抓，认真落实农村教育的战略地位。农村教育必须坚持社会主义方向，把德育放在首位，根据农村的特点进行热爱农村、热爱农业、热爱农民的教育。要明确农村教育应从单纯的升学教育转到主要为当地建设培养人才，同时兼顾升学的轨道上来。要明确教育必须与生产劳动相结合。邓小平同志在1978年对教育同生产劳动相结合有一个重要的解释，就是要求从根本上使教育同国民经济相适应。如果不和国民经济相适应，就从根本上违背了教育与生产劳动相结合的方针。

2.在教育结构上，要认真抓好、落实"三教"统筹。现阶段农村主要的教育是基础教育、职业技术教育和成人教育。教育部门要对这三种教育进行统筹。"三教"统筹包含三个含义：(1) 三种教育都很重要，都应该认真抓好；(2) 三种教育各有其特点和作用，要根据其地位、作用和当地的社会发展水平，使这三种教育结构合理，协调发展；(3) 三种教育要沟通，主要是师资、设备和其他的一些教育教学经验信息等要沟通。例如普通学校的文化课教师可以帮助职业和成人学校，而职业、成人学校的专业教师也可帮助普通学校。根据当地条件，劳动基地、实验设备可以共用，互相帮助。具体沟通的形式也必须因地制宜。

基础教育是一切教育的基础，也是将来从事各项工作的重要基础，必须切实搞好。为了真正搞好农村基础教育，还必须从我国的国情出发，根据各地的情况在适当的阶段引进职业技术教育的因素。引进职业教育因素，并不是定向的职业教育，重点是做好以下几方面的工作：要认真抓好劳动技术课，在生产劳动中培养学生热爱劳动、严格认真的工作态度，以及忠于职守的职业意识和良好的职业习惯，同时还可以学到一定的生产技能和知识；要认真开展课外科技活动，农村学校的课外科技活动要结合当地农业生产发展的一些需要，比如辽宁省农村实验中学在课外科技活动中培育早栽水稻等等，就深受学生和家长欢迎；各科教学要因地制宜，联系当地实际传授一些生产、生活知识。在一些山区节能灶都没有推广，如果在物理、化学课里讲讲充分燃烧提高热效率的知识，促进当地节能灶的推广，就可以节省大量的林木资源，保护环境；结合当地需要，编写一些乡土教材，开设一些选修课。必须要考虑农村教师的知识结构，提倡农村的中小学教师根据当地情况学会一些农业知识。这里讲的职业技术教育因素，首先是强调让孩子们从小树立长大要从事某一项职业的观念，不只是要掌握一般文化知识，还应特别重视职业意识、职业道德的培养。包括严格认真、遵纪守时、一丝不苟、精益求精、认真负责、尽职尽责等职业意识和习惯的培养。还要进行职业指导。这些应是民族素质的一个很重要方面。一些发达国家的工人素质高，就是因为从小重视培养这些素质。这是涉及到教育思想中更深层的问题。象瑞士这样发达的国家，人均国民收入位居世界前列，他们就非常重视孩子的劳动技能和职业意识的从小培养。瑞士有的山区幼儿园墙上挂各种生产劳动工具，我们问他们为什么挂劳动工具呢？他们说的非常明确，就是让孩子们从小认识劳动工具，培养他们长大后参加职业劳动的观念意识。我们的幼儿园在教育思想中，基本上还没想得这样深远。一些幼儿园是让孩子学算术，多认字。从教育思想上看，重视一般的文化教育，但不大重视职业劳动意识和生产工艺技术方面的培养。当然，我们需要一批高水平的科学家、工程师和艺术家，但从整个国家的需要看，大多数人将来是要当工人、农民和从事其它服务工作的。现代化还需要大批高素质的工人和农民。我们的农村为什么对70%的科技成果不能推广，为什么各地连推广地膜覆盖这样的技术都要费很大的劲，要一遍、两遍试验才接受。这不能怪农民，这涉及教育思想的问题。社会上不少人重视高层次人才的培养，但不重视严格培训工人和农民。希望大家重视这个问题，不要把提高劳动者素质搞成抽象的口号，要认真研究我们中华民族究竟需要培养下一代具有什么样的素质。我们民族有很多优秀的东西要发扬，不能看不起自己，但是也要开放，面向世界，吸收确实对我们有用的人类社会发展积累的先进思想和经验，比如说重视生产劳动，重视生产技能的严格训练和职业意识的早期培养，重视对学生的职业指导。有些发达国家就由于重视从小培养孩子们的生产技能，所以他们的产品质量比较高，有竞争力。我们不能把引进职业技术教育因素理解得太窄，简单地看成是劳动技能。它还包括了很多职业意识的培养和早期的职业指导。

关于职业技术教育，着重强调每个县首先办好一所示范性的职业骨干学校，有条件的可以适当多办几所。要扩大职业学校的功能，除了培养人才以外，还应该进行科学实验、生产示范、技术推广、经营服务。要实行上挂横联下辐射。上挂科研单位、高校；横向和科技农业等部门配合；下面辐射到乡、村、户。特别是农村的职业学校，要理直气壮地提出主要为当地培养新型的骨干农民，而不能把农村的职业学校按城市的模式办，毕业后就要求安排工作，这样农村职业学校是办不下去的。因为农村没有那样多的固定的工作岗位，大量的是要从事农业劳动。关键问题是我们要态度鲜明，提高质量，办出水平，使农民学了回去后能增加收入，农民是会欢迎的。现在有些地方由于思想不端正，农业学校在滑坡，没有人报名。但是也有很多地方的农村职业技术学校很受欢迎，有的学校报名数超过招生数的10倍。职业学校还要进行大量的短期技术培训，成人农民也可以来学。当然，县的职业学校还应从当地需要出发，为乡镇企业和其它服务行业培养人才。

成人教育重点要放在把各种农民学校，包括农民中专、乡（镇）农民技术学校、农民夜校办好，但是要因地制宜。人口较密集地区的每个乡村都要办，当然人口稀少的少数民族地区和边远山区要区别对待。县一级农民中学要很好地和农村职业骨干学校密切配合，有的可以挂两个牌子，以提高办学效益。

3.改革管理体制。首先，要真正落实分级办学，分级管理的体制，加强学校内部管理。其次，要在县政府领导下，搞好农科教的统筹结合。统筹一般是指发挥政府统筹职能，对部门来讲是相互结合的问题。在农科教结合中，要提倡从基层做起，同时要尊重各部门的权益和职责，不要轻易改变隶属关系，这样就可以使农科教更好地形成合力。中央五个部委联合建立了一个农科教统筹协调指导小组，由农业部门牵头，教育部门要主动做好为农业发展的服务工作。各地如何推动农科教结合，用什么组织形式，这应由各地政府来决定。

4.要抓好学校内部的改革。只有把学校内部的改革抓好，才能巩固改革的成果。内部的改革涉及面很广，包括规章制度、师资队伍的建设、教育内容、教材建设、教学管理、教学方法等，这些都要因地制宜，逐步推进。要把宏观改革和微观改革紧密结合起来，很多教学内容、教学方法改革虽然属于微观的改革，但要统一安排，逐步推进。

提高教育综合改革实验县水平

今后几年的任务就是在已有进展的基础上，继续前进，点上深化以提高水平，面上推广以扩展规模。抓好点上的深化改革以提高水平，就是要继续提高认识，考虑更深层次的问题，提高改革的思想水平。各类教育都要办好一批高水平、高质量的学校，用事实来表明改革的成效。只有如此，才能巩固改革的成果。现在各地点上的经验证明，农村综合改革的思路是正确的，要加快在面上组织推广，以扩展规模和范围。要使更多的乡实施燎原计划，使更多的地方开始起步改革，把改革范围扩展到有关高校、中专。总之，要使改革真正形成燎原之势。我们在给国务院的报告中讲，“八五”期间实施燎原计划的乡要发展到一万个，约占全国乡的六分之一。现在是3300个，还有五年时间，估计是有可能实现的。山东莱芜县，1990年就扩展到了全县的一半乡，并把这项任务作为“第二次莱芜战役”来打。总之，只要广泛动员各种教育力量，加强领导，提高认识，加快改革步伐，在面上大力推广扩展规模是可能的。希望大家朝着这个目标共同努力。只要我们认真总结这几年的经验，稳步前进，就一定能让点上的经验形成燎原之势。

国家教委1991年工作要点

一、关于1991年工作的方针

各级教育行政部门和各级各类学校，要以党的十三届七中全会精神为指导，在总结“七五”期间教育工作的基础上，制订并实施教育事业发展的“八五”计划和十年规划。

各级政府要继续增加对教育的投入，进一步完善多渠道筹措教育经费的办法，确保教育事业的优先发展。

全面贯彻落实教育必须为社会主义现代化服务，必须同生产劳动相结合，培养德、智、体全面发展的建设者和接班人的方针，进一步端正办学指导思想，把坚定正确的政治方向放在首位，落实德育在学校工作中的首要位置，全面提高教育者和被教育者的思想政治水平和业务素质，巩固和发展教育战线的稳定局面。

根据各类教育的不同情况，继续抓紧抓好治理整顿工作，深化教育改革，优化教育结构，改善办学条件，加强师资队伍建设。

要把提高教育质量和办学效益的工作放在突出位置。

二、关于基础教育

根据各地实际情况，继续贯彻1990年教委工作会议制定的关于基础教育改革和发展的各项方针和任务。

1.继续加强中小学德育工作。

从中小学教师、职工的实际水平出发，采取恰当方式，组织他们认真学习《关于社会主义若干问题学习纲要》的基本精神，进一步坚定社会主义信念。

根据城市与农村的不同情况，总结经验，明确地方党委、地方教育行政部门与中小学党组织的指导关系，进一步加强党对学校工作的领导和教师思想政治工作。

修订《中学德育大纲》、《小学德育纲要》；结合中小学的各科教学，制订进行思想政治教育的指导纲要；制订中学思想政治课教学大纲，编写教材。

推动中小学落实爱国主义教育的各项措施。检查升国旗制度的执行情况；广泛开展红领巾读书、读报活动；继续编辑发行爱国主义教育丛书和连环画；结合庚子赔款90周年、辛亥革命80周年、中国共产党建党70周年、“九·一八”事变60周年纪念日，开展爱国主义和革命传统教育。

召开学雷锋现场会，促进全国中小学生学雷锋、学赖宁活动的深入开展；与有关部委一起召开校外教育工作会议，进一步改善社会育人环境；在潮州召开中学德育现场会；配合有关部门采取措施，进行综合治理，把中小学生的犯罪率降到最低限度，并建立相应的报告制度。

认真贯彻中小学生行为规范，突出抓好禁止吸烟、制止作弊等项教育活动，并收到成效。

推动各地中学开展社会实践活动；继续进行高中学生军训试点；逐步落实国家教委关于转发《山东省小学、初中学生国防教育实施意见》的通知精神。

2.积极推动九年制义务教育的实施。

争取于上半年颁布《义务教育法实施细则》，并抓好落实工作；结合《义务教育法》颁布5周年，在全国开展“宣传月”活动。

修订中小学基本办学条件配套建设标准，继续推广有关省、市、自治区的先进经验；召开第三次全国多渠道筹措教育资金、改善办学条件现场会，再表彰一批省、市、自治区。

3.加强学校管理，整顿校园秩序。

加强中小学的常规管理。制订《中小学管理条例》、《中小学工作规程》、《中小学校园管理规定》、《中小学生学籍管理办法》、《课外竞赛活动管理办法》；在不增加群众负担的前提下，选择若干城市进行学生穿学生制服的试点工作。

组织教育行政干部和中小学校长学习《安全须知》并进行考核，检查中小学生安全工作措施；建立非正常死亡分级报告制度。

4.深化改革，努力提高教育质量。

总结并推广升学制度的改革。积极完善并推行高中毕业会考制度；继续推进初中招生制度改革。

继续指导各地对初中布局和高中阶段教育结构进行调整；总结高中二年后实行分流和在普通初中与高中引入职教因素的改革经验；开展职业指导的试点工作。

贯彻教育与生产劳动相结合的方针，继续加强小学劳动教育和中学劳动技术教育。总结交流经验，推动各地因地制宜地解决劳动基地问题；修订教学大纲，评选优秀教材。

调查义务教育新编教材的试用情况，修订义务教育阶段教学计划及各科教学大纲。

制订《关于中小学教学改革若干问题的意见》和《教学改革实验成果评估办法》；继续进行中小学“五四”学制的区域性实验；加强对教改实验的科学管理；继续推广“注音识字，提前读写”等教改实验成果。

5.加强师范学校的建设。

会同各地拟订加速师专和中等师范学校标准化建设的规划；贯彻《中等师范德育大纲》和《中等师范学生行为规范》，修订中等师范学校规程，制订师范专科学校规程。

加强师资培训，努力提高教师特别是初中教师的达标率。

召开民办教师工作现场会，继续积极研究解决民办教师的有关问题。

大力加强中小学校长培训，检查各地中小学校长培训工作的情况，使培训工作逐步实现制度化；发布《全国中小学校长岗位规范》和《关于加强中小学校长队伍建设的意见》，颁布中小学校长培训大纲，推荐岗位培训教材。

在教师节前后，继续开展表彰优秀中小学校长和教师的活动，并突出表彰中小学的德育先进工作者。

6.继续贯彻实施《全国学校艺术教育总体规划》，拟订中小学美育纲要；推荐适合中小学生特点的有声教材，逐步提高学生的欣赏水平。

继续贯彻《幼儿园管理条例》、《幼儿园工作规程》，拟订《加强和改进学前班的意见》，推动幼儿教育事业的继续发展。

继续落实国务院办公厅有关文件精神，拟定《特殊教育工作条例》，积极推动特殊教育事业的发展。

7.总结建立督导制度5年来的经验，争取颁布教育督导的条例或行政规章，进一步理顺督导体制，完善督导机构；拟订《关于开展对中小学校工作督导评估的指导纲要》；对各地执行义务教育法的情况进行抽查，并开展以提高中小学教育质量为中心内容的督导工作。

三、关于普通高等教育

1.继续加强高等学校党的建设和思想政治工作。

全面贯彻落实党中央关于加强高等学校党的建设的指示精神，制订和发布配套文件。

会同中央有关部门，召开高校党建工作经验交流会及优秀思想政治工作者表彰会。

继续健全、调整高等学校的领导班子，加强高等学校领导班子与后备干部队伍的建设；各地和各部门年内要基本完成对所属高校领导班子的加强与配备工作。

高等学校党委要结合贯彻十三届七中全会精神，切实加强党对马克思主义理论教学研究工作的领导；继续加强反对资产阶级自由化的教育；在哲学、社会科学领域，进一步正本清源，清除资产阶级自由化的思想理论基础；联系国际形势变化，引导师生进一步分清科学社会主义和民主社会主义的本质区别；加强高校思想政治工作的理论研究，有重点地抓紧对哲学、社会科学课程教材的编写工作；结合上述工作，加强马克思主义理论队伍的建设。

着重抓好高校教师特别是青年教师的思想政治工作和教师党支部的建设；拟订有关具体政策，正确处理政治与业务、理论与实践、教学与科研等关系，并在教师调资晋级、评定职称、选拔出国、表彰奖励等各个工作环节中努力加以落实。

切实加强研究生的工作，采取措施加强研究生中党的工作；组织广大学生学习七中全会文件和《关于社会主义若干问题学习纲要》，继续抓好社会主义教育，并利用建党70周年、辛亥革命80周年纪念日，开展教育活动；结合海湾战争等国际斗争，引导学生正确认识当代世界的基本矛盾和我国的外交政策。

组织大学毕业生优秀事迹报告团等活动，继续开展正确成长道路的教育。总结推广去年暑假大学生社会实践活动的经验，逐步建立实践基地；采取更有力的措施，进一步发挥县市党委、政府和团委、教育局对假期回乡学生的指导作用，力争使大学生的假期社会实践活动取得更大的实效，使广大学生逐步树立与广大工农群众同呼吸、共命运的思想感情；继续组织好大学生的军训试点。

进一步做好稳定学校局势的工作，针对国内外敌对势力在高校活动的特点和规律，研究对策，加强管理，把各种不安定因素消灭在校内和萌芽状态；检查高校保卫工作情况，拟定《高校保卫工作条例》，解决好有关的物质条件问题。

2.制订高等教育“八五”计划和十年规划的具体方案；近期要贯彻“坚持方向，稳定规模，调整结构，深化改革，改善条件，提高质量”的方针。

3.调整结构。重点抓好普通高校布局的调整工作，继续调整高等学校的层次结构、学科结构、专业结构。

继续进行各科类专业目录修订工作，进一步拓宽专业业务范围；会同有关行业部门，研究专业布点的调整工作；继续整顿、充实、调整不符合设置标准的高等学校，对不合格学校的整顿工作年底要组织检查、验收。

4.深化改革，提高质量。召开教育改革试点工作座谈会，总结直属高校综合改革的试点经验，提出深化改革的意见。

下半年召开文科工作会议，研究综合性大学的文科改革；加强对文科教学和艺术教育的管理工作；研究文科重点科研机构的建设问题。

贯彻全国高等理科教育工作座谈会和全国普通高等专科教育工作座谈会的精神，落实会议提出的各项任务。

召开高等农林教育座谈会，研究农林教育规模、层次结构和深化招生制度改革等问题。

召开管理类专业改革座谈会，研究加强管理专业与中国实际结合的措施。

继续研究工科教育和学制的改革问题，并为逐步推进高校医学专业和高等师范教育的改革搞好调查研究。

总结高等学校与企业联合培养人才的经验，加强实践环节的教学；解决好高等学校学生生产实习的有关政策。

加强博士生、硕士生中应用人才的培养工作；加强文科研究生培养中的社会实践环节；对博士生的培养问题，组织重点调查，提出改进意见。

5.贯彻全国高校科技工作会议精神。制定具体的配套政策；各高等学校要根据自己的条件，在坚持完成培养人才的根本任务，实现教学、科研、生产劳动正确结合的前提下，重视科技工作，搞好基础研究和追踪高技术的工作，发扬自力更生、艰苦奋斗的精神，深入工农业生产第一线，使科研工作面向经济建设主战场；既要根据国家需要，有重点地抓好高水平的科技工作，又要抓好科学技术的普及与科技成果的推广应用工作，积极参与科技兴农等各项活动；通过调查研究，总结经验，逐步形成高等学校各自的科技工作特色和主攻方向。

在有关部门支持下落实“八五”科技攻关任务、“863”高技术任务和基础研究重大项目。

继续落实重点学科的建设；抓好国家重点实验室的建设；有步骤地推动高校发展科技产业。

6.有计划、有选择地在教委、部门及地方所属的高校中开展实施《普通高等学校教育评估暂行规定》的试点。

加强各学科教材建设，部署“八五”期间教材建设规划，评选奖励优秀教材。

7.贯彻国务院有关规定，认真细致地做好应届毕业生的分配工作。

四、关于职业技术教育

1.召开全国职业技术教育工作会议，总结十年来职业技术教育工作的经验，拟定到本世纪末职业技术教育改革和发展规划，提出促进职业技术教育发展的政策措施。

2.为了加强各类职业技术学校的德育工作，组织调查，提出改进学生的思想政治工作和职业道德教育的措施。

3.总结省、市两级政府统筹管理各类职业技术教育的经验，继续研究并推动职业技术教育管理体制的改革。

4.加强职业技术教育内部的改革和建设，调整专业（工种）结构，逐步推进中专学校和技工学校的招生与毕业生分配制度改革；选择部分工种，举办职业中学学生技能竞赛，促进对学生实践技能的训练；召开边远和民族地区职教工作座谈会，推动有关地区职业技术教育的发展。

5.对若干中等专业学校和职业高中办学水平进行评估试点；认定一批省级重点职业高中，推动职业技术学校的规范化建设。

6.研究试办技艺型高等职业学校的方案并开展试点。

7.制定职业技术教育师资资格要求和职业技术师范院校设置标准，逐步落实职业技术教育师资培养规划，加强培养基地建设。

五、关于成人教育

1.召开全国扫盲和农村成人教育工作会议，总结交流把扫盲工作落实到有条件的村的经验；对省、区、市扫盲工作进一步开展检查。

会同若干省，拟订乡（镇）农民文化技术学校的发展规划。

2.召开全国成人高校工作会议，继续整顿成人高教工作；调整成人教育结构和学校布局，充实办学条件，健全完善基本教学与管理制度，提高教育质量。

制订成人高校招生考试管理处罚暂行规

定，狠抓成人高考考风考纪，严肃查处舞弊违纪案件。

3.认真落实国家教委等五部委《关于开展岗位培训若干问题的意见》和全国岗位培训工作座谈会的精神，加强对岗位培训的宏观指导和协调服务；发布《关于加强岗位培训管理工作的意见》、《关于开展岗位培训，建立岗位培训制度的总体规划和实施意见》，总结推广岗位培训工作经验；进一步研究岗位培训考核、发证等有关问题。继续贯彻《关于开展大学后继续教育的暂行规定》，加强协作，推动继续教育的发展。

4.检查成人中专《评估通知》和《制订教学计划原则意见》的贯彻落实情况，制订加强广播、电视、函授中专教育的有关方针政策。

5.召开社会力量办学座谈会。在全国开展对社会力量办学的调查，起草有关法规，引导社会力量办学健康发展；拟定国家考试制度试点办法。

6.召开全国考委第三次会议，总结经验，研究改进自学考试办法，纠正主办单位进行助学活动中的某些弊端，解决好少数考生缺少中学同等学历以及自学考试如何进一步面向社会需要等问题；制订《自学考试奖惩试行办法》等配套文件。

拟订业务部门委托开考专业的有关规定和主考院校工作章程；制订《中等专业教育自学考试暂行规定》。

六、关于教育国际合作和留学生工作

1.继续完善出国留学政策，切实贯彻“按需派遣、德才兼备、保证质量、学用一致”的方针，按照不同国别的情况，研究留学生派遣的具体政策；改进对公派留学人员的选拔办法；加强对国外留学人员的服务、教育和管理工作。

2.认真研究与港澳台地区开展教育交流与合作中出现的新问题，改进并加强有关工作。

3.改进对第三世界国家的智力援助工作，拟订对非洲国家智力援助的具体方案，并着手组织实施。

4.贯彻中央对外宣传工作会议精神，充分利用新闻媒介，改进和加强对我国教育成就的对外宣传工作。

5.实施对外汉语师资水平审查制度；逐步推广对外汉语水平考试，进一步加强对外汉语教学。

6.制订改进高等学校聘请外国专家、接受来华留学生和派遣出国教师的管理办法。

7.召开教育外事和留学生工作座谈会。总结经验，提高认识，进一步明确今后一个时期的工作方针和任务。

七、综合性工作

1.加强教育立法和执法。

年内争取发布《义务教育法实施细则》；争取国务院审议通过并上报《教师法（草案）》、《未成年人保护法（草案）》、《中华人民共和国教育法（草案）》；研究拟订《华侨、港澳台同胞和外国民间友好组织或个人捐资助学条例（草案）》、《教育经费筹措暂行办法》。

贯彻实施《行政诉讼法》和《行政复议条例》，建立国家教委行政复议机构，健全复议工作制度；对全体干部进行教育和培训，做好依法办理教育行政复议案件和行政诉讼应诉的准备工作。

充分发挥各级教育监察部门的职能，以廉政建设为重点，认真开展监察工作；根据国家教委9号令，加强教育战线的审计工作，努力提高教育投资效益。

2.会同国家民委，召开全国民族教育工作会议，总结民族教育工作的经验，拟定今后发展民族教育事业的指导方针、任务和措施。

3.按照中央和国务院的要求，继续采取

措施，纠正教育系统的各种不正之风；坚决制止一些学校不同程度存在的“乱办学、乱收费、乱发文凭”的现象；会同有关部门，制定纠正滥编乱印中小学生练习册、复习资料和搭售书刊以及社会向学校乱摊派现象的文件。

4.加强对教育发展与改革重大理论与实际问题的科学研究，密切教育科研同教育决策、教育实践的联系；研究确定“八五”期间教育科研规划及重点研究课题；推广教育科研典型经验。

5.召开全国城市教育综合改革工作会议，修订《全国城市教育综合改革实验工作纲要》和改革实验方案。

继续抓好教育改革实验市和实验企业的试点工作。

6.根据第二次全国“燎原计划”与农村教育综合改革工作会议精神，对全国115个实验县和“燎原计划”的实行情况组织抽查。

7.根据中央有关知识分子工作的指示精神，会同有关部门，进行教育系统劳动编制、工资福利等方面的宏观政策研究和制度建设；提出进一步解决高等学校教师有关问题的意见；研究制定中小学教师工资、职级制度；研究北京等地学校内部体制改革的经验。

8.继续加强电化教育设施建设，认真抓好电教教材的规划和落实工作；对边远少数民族地区的电化教育工作进行分类指导，提出加强的意见。

9.建立新的教育统计指标体系，继续推进教育管理信息系统建设。

10.贯彻落实学校体育工作条例和卫生工作条例，加强农村学校的体育卫生工作，重点开展对中小学生近视眼等多发病的防治工作。

11.利用召开电话会议、召开综合性会议等办法，坚决压缩教委的会议；严格控制需省、市、自治区教育部门负责人参加的会议；一般会议只请了解情况、并能负责贯彻执行的有关同志参加。

国家教委 1991 年工作会议

经国务院批准，国家教委 1991 年工作会议于 1991 年 1 月 23 日至 26 日在北京召开。这次会议的主要议题是：结合教育战线实际，进一步学习、领会党的十三届七中全会精神；研究、讨论《全国教育事业十年规划和“八五”计划要点》；部署 1991 年的教育工作。

出席会议的有：各省、自治区、直辖市主管教育工作的副省长、副主席或副市长；计划单列市的副市长；各省、自治区、直辖市教委、高教局、教育厅（局）的负责人；国家教委直属高校以及暨南大学、华侨大学、宁波大学、汕头大学的校长、党委书记；中央、国务院有关部委教育司（局）长；以及国家教委领导、有关司局的负责人和新闻单位的同志，共计 282 人。

1 月 24 日上午，中共中央政治局委员、国务委员兼国家教委主任李铁映作了题为《努力建设有中国特色的社会主义教育体系》的报告。《报告》分四个部分：一、必须深刻认识 90 年代教育工作面临的形势；二、今后 10 年教育工作的主要任务和必须遵循的基本原则；三、“八五”期间各级各类教育的主要任务；四、努力做好今年的工作。

1 月 26 日下午，国家教委党组书记、副主任何东昌就“八五”计划和十年规划、继续加强和改进政治思想工作和德育工作，以及基础教育、成人教育和高等教育的有关问题作了总结。

撰稿人　海　滨

审稿人　张保庆

教育综合改革与管理

教育事业在深化改革中稳步发展

1991年，全国教育战线以党的十三届七中全会精神为指导，大力加强党对学校工作的领导，进一步端正办学思想，坚定政治方向，巩固和发展了教育战线的稳定局面。治理整顿取得显著成效，教育秩序和环境得到进一步改善，教育结构调整有新的进展，农村、城市教育综合改革和高等教育内部管理体制改革正在深化，各级各类教育都有不同程度的发展。同时，高校科学研究取得丰硕成果，教育国际交流得到进一步扩大，多渠道筹措教育经费使学校办学条件得到改善。

一、基础教育

（一）基础教育继续稳步发展

1991年，全国小学招生2072.74万人，比上年增加8.77万人，在校学生达到12164.15万人。普通初中招生1411.3万人，比上年增加41.46万人，在校学生达到3960.65万人。普通高中招生243.82万人，比上年减少5.94万人，在校学生达到722.85万人。特教、幼教也有一定发展。全国特殊教育学校招生1.98万人，比上年增加3800人，在校生达到8.5万人。幼儿园在园幼儿达到2209.29万人，比上年增加237.06万人。

（二）普及义务教育取得新进展

全国7～11周岁学龄儿童入学率达到97.84%，比上年略有提高。小学毕业生升学率由上年的74.56%提高到77.71%，提高了3.15个百分点。中小学辍学学生比上年减少39万人。初中和小学辍学率分别由上年的5.46%和2.77%，下降到5.38%和2.35%。

（三）中小学办学条件进一步改善

与上年相比，全国中小学（包括职业中学）新增校舍建筑面积2884.6万平方米，危房面积由2200万平方米降至1995万平方米，危房比例也由上年的3.07%降至2.75%。

（四）中小学师资得到充实

1991年有近38万大中专毕业生补充到中小学任教。教师队伍素质得到提高。小学、初中、高中专任教师的学历合格率分别为80.7%、51.8%和47.2%，均比上年有所提高，其中小学提高最快，增长了6.8个百分点。此外，在学历未达到规定标准的教师中，有60.1万人取得了“专业合格证书”。

（五）中小学布局调整取得初步成效

为提高办学效益，方便学生就近入学，各地对普通中小学校的布局进行了调整。在人口较密集的农村，合并了一些规模小、布点过于分散的学校；在山区、牧区、边远地区，为保证学生就近入学，增设了新校或办学点。经过调整，全国小学总校数减少

36914所，普通初中总校数减少1345所。

二、普通高等教育

(一) 普通高等教育规模基本稳定

1991年，全国普通高等学校招收本、专科生61.99万人，比上年增加1.1万人，在校本、专科生达到204.37万人；招收研究生2.97万人，与上年持平，在校生达到8.81万人。

(二) 高等教育专业结构有所调整

科类结构：工科、农林科、医药类招生比例略有增长，师范与去年持平，其他科类均略有下降；专业结构：有320个长线专业暂停招生，社会急需的短线专业有所加强。对普通高校本科专业进行了初步清理，全国普通高校本科专业现有838种，国家批准的本科专业点有7470个。研究生教育调整后的专业总数为620种，有47种专业因划分过细，专业面过窄已被归并或撤消。

(三) 学校充实整顿工作初见成效

年初被国家教委挂"红牌"(办学条件未达标准暂停招生)和"黄牌"(办学条件未达标准减少招生)的院校，办学条件已得到不同程度的充实。30所挂"红牌"的院校中，有3所师资、校舍已达标；114所挂"黄牌"的院校中，有54所师资、校舍已达标。

三、职业技术教育

(一) 中等职业技术教育进一步发展

1991年，全国各类中等职业技术学校招生270.27万人，比上年增加23.64万人，其中：高中阶段职业技术学校招生占整个高中阶段招生总数的比重已超过半数，达50.3%。各类中等职业技术学校在校生达到685.5万人，比上年增加32.88万人，其中：高中阶段职业技术学校在校生占整个高中阶段在校生的比重由去年的45.7%提高到46.7%。

(二) 各种形式的职业技术培训蓬勃发展

全国各种成人技术培训学校(班)(未包括劳动部门举办的各种就业训练中心和厂职工培训)共招收学员3718万人次。其中：独立设置的成人技术培训学校22.86万所。年招生3467.63万人次。普通高校、成人高校和普通中专、成人中专举办的各种培训班年招生250万人次。其中：成人高校和成人中专举办的各类职业技术培训班年招生分别达到了115万人次和109万人次。成人高校、成人中专在职业技术教育中发挥了重要的作用。

四、成人教育

(一) 成人高等学历教育规模得到控制，办学条件有所改善

全国成人高等学校招收本、专科生46.58万人，比上年减少2.66万人；在校本、专科生147.31万人，比上年减少19.33万人。成人高校在总规模减少的情况下，校舍总面积比上年增长了7.56%，达到1975.46万平方米，教学仪器设备资产值比上年增长16.07%，达到11.89亿元。成人高校的教学环境有一定程度改善。

(二) 成人中等专业教育有进一步发展

全国成人中等专业学校招生65.2万人，比上年增加6.41万人，在校生达到168.04万人，比上年增加9.25万人。成人中专的招生人数为普通中专的4/5。

(三) 成人中初等教育重心向专业技术培训转移

1991年我国成人中学招生76.17万人，成人初等学校招生710.91万人(未包括扫盲)，比上年减少1409.61万人。成人技术学校有相当的发展，招生增加2136.15万人，成人中小学也普遍增加了专业技术知识的传授。

(四) 扫盲工作发展较快

1991年全国完成扫盲人数530.34万人，比上年增加131.39万人。扫盲工作队

伍也有较大发展。全国已有扫盲专职干部10.84万人，其中专任教师3.71万人；兼任教师42.48万人。

在这一年里，教育战线取得了较大的成绩。但教育改革较深层的问题还未得到彻底改观。长期紧缺的教育经费还没有缓解；中小学校舍仍显不足；教学仪器设备数量不足、陈旧落后；教师队伍的年龄结构出现“蜂腰”现象，骨干教师年龄老化；各级专业技术人才培养不适应经济建设发展需要。因此，教育改革必须继续深入，以促进教育事业加快发展。

撰稿人 林志华
审稿人 徐敦潢

附

□1991年各级各类教育发展统计

1991年各级各类普通学校基本情况

单位：万人

	学校数(所)	学生数			教职工数	
		毕业生数	招生数	在校学生数	计	其中：专任教师
普通高等学校本、专科	1 075	61.43	61.99	204.37	100.89	39.08
中等专业学校	3 925	74.03	78.00	227.74	49.39	23.23
技工学校	4 269	45.42	54.45	142.21	32.52	14.36
普通中学	85 851	1 308.46	1 655.12	4 683.50	405.45	309.00
职业中学	9 572	94.54	137.82	315.55	35.84	23.47
工读学校	97	0.19	0.22	0.56	0.35	0.16
小学	729 158	1 896.74	2 072.74	12 164.15	619.35	553.22
特殊教育学校	886	0.58	1.98	8.50	2.33	1.60
幼儿园	164 465			2 209.29	106.24	76.89

1991年成人学校基本情况

单位：万人

	学校数(所)	学生数			教职工数	
		毕业生数	招生数	在校学生数	计	其中：专任教师
成人高等学校	1 256	62.08	46.58	147.31	20.45	8.92
成人中等专业学校	4 721	61.83	65.20	168.04	19.08	9.73
成人中学	6 731	71.01	76.17	89.87	4.55	2.52
成人技术培训学校	228 624	4 260.67	3 467.63	3 165.69	27.11	11.09
成人初等学校	155 461	800.62	710.91	853.60	14.73	5.25

1991年各级学校中女学生数和女教师数

单位：万人

	女学生		女教师	
	人数	占学生总数的%	人数	占教师总数的%
普通高等学校	68.25	33.39	11.58	29.6
中等专业学校	103.82	45.59	9.01	38.78
普通中学	1 997.64	42.65	99.99	32.4
职业中学	143.63	45.52	7.70	32.8
小学	5 654.64	46.49	242.27	43.8

1991年各级学校少数民族学生数和教师数

单位：万人

	少数民族学生数		少数民族教师数	
	人数	占学生总数的%	人数	占教师总数的%
普通高等学校	14.18	6.94	1.89	4.8
中等专业学校	18.63	8.18	1.54	6.63
普通中学	308.59	6.59	19.21	6.22
职业中学	16.51	5.23	1.19	5.07
小学	980.65	8.01	46.41	8.39

1991年小学分城镇农村的学校数和学生数

单位：万人

	学校数（所）	学生数		
		毕业生数	招生数	在校学生数
总计	729 158	1 846.74	2 072.74	12 164.15
城市	28 105	211.39	222.81	1 380.01
县镇	60 335	253.09	255.84	1 533.05
农村	640 718	1 382.26	1 594.09	9 251.09

1991年小学分办别教职工数

单位：人

	合计	专任教师数	行政人员数	工勤人员数	校办工厂、农场职工数
总计	6 193 519	5 532 252	481 983	151 444	27 840
教育部门办	3 516 735	3 011 613	406 443	83 650	15 029
其他部门办	421 116	351 162	37 508	30 134	2 312
民办	2 255 668	2 169 477	38 032	37 660	10 499

1991年小学毕业生和初中毕业生升学率

单位：万人

小学毕业生升学率			初中毕业生升学率		
小学毕业生数	初级中等学校招生数	升学率(%)	初中毕业生数	高级中等学校招生数	升学率(%)
1 846.7	1 435.1	77.7	1 085.5	462.9	42.6

1991年学龄儿童入学率及在校学生巩固率

单位：万人

学龄儿童入学率			在校学生巩固率		
全国学龄儿童总数	已入学学龄儿童数	入学率(%)	学年初学生数	学年末学生数	巩固率(%)
9 803.2	9 594.8	97.8	12 164.2	11 970.2	98.4

1991年普通中学分城镇农村的学校数和学生数

单位：万人

	学校数(所)	学生数		
		毕业生数	招生数	在校学生数
总计	85 851	1 308.46	1 655.14	4 683.50
城市	11 641	249.28	290.49	849.77
县镇	15 298	324.91	388.39	1 135.21
农村	58 912	734.27	976.26	2 698.52
高中	15 243	222.95	243.82	722.85
城市	4 940	68.76	72.42	218.62
县镇	5 990	105.36	115.67	344.51
农村	4 313	48.83	55.73	159.72
初中	70 608	1 085.51	1 411.32	3 960.65
城市	6 701	180.52	218.07	631.15
县镇	9 308	219.55	272.72	790.70
农村	54 599	685.44	920.53	2 538.80

1991年普通中学分办别教职工数

单位：人

	合计	专任教师数			行政人员数	工勤人员数	校办工厂、农场职工
		计	初中	高中			
总计	4 054 482	3 089 921	2 516 659	573 262	516 994	361 181	86 386
教育部门办	3 221 830	2 486 053	1 993 419	492 634	443 192	247 166	45 419
其他部门办	454 543	326 396	247 545	78 851	63 105	58 302	6 740
民办	378 109	277 472	275 695	1 777	10 697	55 713	34 227

1991年职业中学分城镇农村的学校数和学生数

单位：万人

	学校数（所）	学生数		
		毕业生数	招生数	在校学生数
总计	9 572	94.54	137.82	315.55
城市	2 725	33.72	41.74	104.91
县镇	2 607	26.12	41.19	90.46
农村	4 240	34.70	54.89	120.18
高中	8 016	80.86	114.00	263.22
城市	2 681	33.19	41.04	103.27
县镇	2 496	24.32	37.34	82.65
农村	2 839	23.35	35.62	77.30
初中	1 556	13.68	23.82	52.33
城市	44	0.53	0.70	1.64
县镇	111	1.80	3.85	7.81
农村	1 401	11.35	19.27	42.88

1991年职业中学分办别教职工数

单位：人

	合计	专任教师数			行政人员数	工勤人员数	校办工厂、农场职工
		计	初中	高中			
总计	358 382	234 658	30 105	204 553	62 925	42 360	18 439
教育部门办	281 506	190 411	24 281	166 130	51 742	29 259	10 094
其他部门办	58 104	35 718	288	35 430	10 517	8 923	2 946
民办	18 772	8 529	5 536	2 993	666	4 178	5 399

1991年中等专业学校分类别学校数和教职工数

单位：人

	学校数（所）	教职工数					
		计	其中：专任教师				
			小计	高级讲师	讲师	助理讲师	教员
总计	3 925	493 936	232 259	21 826	70 937	91 567	47 929
中等技术学校	2 977	388 128	175 068	16 131	55 758	69 278	33 901
工业学校	906	159 554	67 853	6 591	22 297	28 150	10 815
农业学校	377	48 886	20 990	2 320	6 303	7 609	4 758
林业学校	51	8 397	3 395	368	939	1 469	619
医药学校	557	65 507	30 637	3 312	10 230	11 734	5 361
财经学校	558	58 675	28 021	1 753	7 830	12 061	6 377
政法学校	137	13 794	5 799	359	1 662	2 535	1 243
体育学校	153	11 663	6 052	383	2 007	1 796	1 866
艺术学校	140	13 705	8 368	747	3 225	2 268	2 128
其他学校	98	7 947	3 953	298	1 265	1 656	734
中等师范学校	948	105 808	57 191	5 695	15 179	22 289	14 028
其中:幼儿师范学校	68	7 621	4 003	424	1 132	1 544	903

1991年中等专业学校分科学生数

单位：人

	毕业生数	招生数			在校学生数
		计	招高中毕业生数	招初中毕业生数	
总计	740 270	779 955	192 315	587 640	2 277 354
中等技术学校	492 117	546 549	158 461	388 088	1 603 052
工科	157 821	189 400	43 241	146 159	590 229
农科	41 381	48 829	8 954	39 875	147 287
林科	7 090	8 585	1 290	7 295	27 474
医药	104 356	94 745	10 280	84 465	296 783
财经	139 187	151 349	69 227	82 122	400 758
政法	19 742	21 967	20 137	1 830	45 740
体育	7 415	9 985	181	9 804	35 302
艺术	9 253	13 871	1 350	12 521	41 893
其他	5 872	7 818	3 801	4 017	17 586
中等师范学校	248 153	233 406	33 854	199 552	674 302
其中：幼儿师范	21 506	18 948	563	18 385	55 242

1991年普通高等学校规模

单位：所

学校数	300人及以下	301人至500人	501人至1000人	1001人至1500人	1501人至2000人	2001人至3000人	3001人至4000人	4001人至5000人	5001人及以上
1 075	58	78	222	229	146	172	70	29	71

1991年普通高等学校设置专业数

单位：个

	合计	工科	农科	林科	医药	师范	文科	理科	财经	政法	体育	艺术
种数	838	366	52	17	26	43	69	128	47	12	11	67
个数	13 554	4 733	692	144	588	3 161	1 026	928	1 564	195	57	466

1991年普通高等学校校数和教职工数

单位：人

	学校数(所)	教职工数 计	其中：专任教师 小计	教授	副教授	讲师	助教	教员
总　计	1 075	1 008 898	390 771	15 706	83 788	150 513	117 112	23652
综合大学	50	117 820	46 140	2 665	11 790	17 911	11 537	2 237
理工院校	286	409 148	144 457	6 002	33 614	59 548	38 124	7 169
农业院校	59	68 080	23 983	965	5 399	8 551	7 562	1 506
林业院校	11	10 911	4 221	161	946	1 563	1 404	147
医药院校	122	110 463	43 503	3 082	8 491	15 136	13 612	3 182
师范院校	257	169 587	75 484	1 616	14 293	28 171	26 138	5 266
语文院校	14	11 144	4 702	169	1 052	1 977	1 175	329
财经院校	80	48 001	20 514	444	3 255	7 486	7 840	1 489
政法院校	25	12 674	4 773	109	781	1 826	1 708	349
体育院校	16	7 594	3 408	112	784	1 402	1 069	41
艺术院校	30	12 154	5 522	255	1 220	2 034	1 499	514
民族院校	11	10 612	4 241	65	812	1 746	1 278	340
短期职业大学	114	20 710	9 823	61	1 351	3 162	4 166	1 083

1991年普通高等学校分科学生数

单位：人

	毕业生数	招生数	在校学生数 人数	%
总　计	614 267	619 874	2 043 662	100.00
工　科	206 268	214 532	747 947	36.60
农　科	25 450	25 020	84 272	4.13
林　科	5 376	6 146	19 654	0.96
医　药	46 028	48 943	202 344	9.90
师　范	186 609	183 715	519 375	25.41
文　科	30 401	28 336	94 173	4.61
理　科	27 345	24 501	88 975	4.35
财　经	65 206	67 118	215 562	10.55
政　法	11 894	11 888	40 741	1.99
体　育	3 802	3 837	12 837	0.63
艺　术	5 888	5 838	17 782	0.87

1991年普通高等学校工科分大类学生数

单位：人

	毕业生数	招生数	在校学生数	
			人数	%
总计	206 268	214 532	747 947	100.00
地质	6 935	6 259	22 559	3.02
矿业	6 322	6 742	23 180	3.10
动力	8 983	9 835	34 473	4.61
冶金	5 830	6 263	22 466	3.00
机械	47 321	52 255	184 696	24.69
电机、电器	5 847	6 680	21 739	2.91
无线电技术及电子学	40 753	41 466	146 155	19.54
化工	16 639	18 229	63 422	8.48
粮食食品	5 914	5 781	18 984	2.54
轻工	6 674	7 375	24 596	3.29
测绘、水文	1 764	1 712	5 228	0.70
土木建筑	36 421	33 739	120 036	16.05
运输	4 487	5 643	18 290	2.45
通信	3 436	3 360	11 739	1.57
其他	8 942	9 193	30 384	4.06

1991年分学科门类研究生数

单位：人

	毕业生数	招生数	在学研究生数
总计	32 537	29 679	88 128
其中：博士生	2 610	4 172	12 331
硕士生	29 193	25 430	75 542
研究生班学生	734	77	255
哲学	678	493	1 336
经济学	1 802	1 916	5 431
法学	1 348	1 359	3 577
教育学	674	528	1 660
文学	1 722	1 654	4 473
历史学	614	534	1 521
理学	6 364	5 664	17 199
工学	14 111	13 099	39 597
农学	1 450	1 186	3 599
医学	3 774	3 246	9 735

1991 年幼儿园基本情况

单位：万人

	园　数（所）	幼　儿　数	教　职　工　数	
			计	其中:专任教师
总　　计	164 465	2 209.29	106.24	82.69
教育部门办	17 746	568.46	18.73	15.32
其他部门办	27 830	353.17	40.12	22.74
民　　办	118 889	1 287.66	47.39	44.63

1991 年盲聋哑学校和弱智儿童辅读学校基本情况

单位：人

	学校数（所）	学　生　数			教职工数	
		毕业生数	招生数	在　校学生数	计	其中：专任教师
总　　计	886	5 819	19 804	85 008	23 358	16 011
一、盲聋哑学校合计	651	4 684	11 843	55 627	18 507	11 868
1.盲聋哑学校	77	941	1 959	9 960	3 100	2 071
盲生部	7	168	409	1 190	476	336
聋哑生部	48	773	1 550	8 770	2 624	1 735
2.聋哑校	550	3 460	9 394	43 789	14 374	9 173
3.盲　校	24	283	490	1 878	1 033	624
弱智儿童辅读学校（班）	235	1 135	7 961	29 381	4 851	4 143

1991 年成人高等学校基本情况

单位：万人

	学校数（所）	学　生　数			教职工数	
		毕业生数	招生数	在　校学生数	计	其中：专任教师
总　　计	1 256	62.04	46.58	147.31	20.45	8.92
广播电视大学	42	13.30	8.62	28.24	3.55	1.41
职工高等学校	776	9.13	8.64	21.91	8.07	3.69
农民高等学校	5	0.02	0.01	0.02	0.03	0.01
管理干部学院	175	2.56	2.48	5.19	4.05	1.43
教育学院	254	10.48	6.03	18.56	4.66	2.33
独立函授学院	4	0.47	0.34	1.31	0.09	0.05
普通高等学校举办的						
①函授部		15.76	18.56	65.03		
②夜大学		5.38	4.79	16.24		
③干部专修科		0.91	0.47	0.96		
电大、函大、夜大普通专科班		4.03	1.90	7.05		

1991年成人中等专业学校和技术培训学校基本情况

单位：万人

	学校数(所)	学生数			教职工数	
		毕业生数	招生数	在校学生数	计	其中：专任教师
成人中等专业学校总计	4 740	62.14	65.26	168.35	19.23	9.81
广播电视中等专业学校	103	16.79	18.34	46.72	1.08	0.48
干部中等专业学校	1 869	13.39	19.70	43.85	7.69	3.69
职工中等专业学校	271	1.60	2.55	5.07	1.18	0.53
农民中等专业学校	375	3.96	5.32	11.54	1.32	0.75
函授中等专业学校	61	6.34	5.24	14.85	0.78	0.33
教师进修学校	2 061	20.04	14.11	46.32	7.18	4.03
成人技术培训学校总计	228 624	4 260.67	3 467.63	3 165.69	27.11	11.09
职工技术培训学校	11 150	603.20	396.72	377.86	8.25	4.09
农民技术培训学校	217 474	3 657.47	3 070.91	2 787.83	18.86	7.00

1991年成人中学基本情况

单位：万人

	学校数(所)	学生数			教职工数	
		毕业生数	招生数	在校学生数	计	其中：专任教师
成人中学总计	6 731	71.01	76.17	89.87	4.55	2.52
职工中学	2 787	34.16	41.71	48.16	3.25	1.71
高中	2 239	27.54	34.84	40.79	2.86	1.50
初中	548	6.62	6.86	7.37	0.39	0.21
农民中学	3 944	36.85	34.46	41.71	1.30	0.81
高中	422	3.67	4.11	4.83	0.25	0.16
初中	3 522	33.18	30.35	36.88	1.05	0.65

1991年成人初等学校基本情况

单位：万人

	学校数(所)	学生数			教职工数	
		毕业生数	招生数	在校学生数	计	其中：专任教师
成人初等学校总计	155 461	800.62	710.91	853.60	14.73	5.25
职工小学	2 171	31.25	28.43	34.65	0.58	0.32
农民小学	153 290	769.37	682.48	818.95	14.15	4.93
其中：扫盲班	110 476	530.34	448.05	562.90	10.84	3.71

城市教育综合改革实验工作

一、城市教育综合改革继续深入开展

1991年全国城市教育综合改革实验继续在15个教育综合改革实验城市和5个联系城市展开。各实验城市在成立了教育综合改革领导小组、制定了改革方案的基础上，积极开展了各项教育综合改革，取得了显著成效。

(一) 加强了政府对教育的统筹协调工作

各实验城市的市委、市政府主要领导亲自抓教育综合改革，普遍加强了对全市教育的统筹协调。

沈阳市委、市政府提出要"依靠教育，振兴沈阳"，把教育作为城市的战略重点优先发展，由党政两个一把手亲自抓教育，市五大班子定期视察教育。全市理解教育、关心教育、支持教育已初步形成风气，全社会的重教意识明显增强。

苏州市政府在开展城市教育综合改革工作中，扩大综合部门对教育宏观管理的参与度；统一制定政策法规，使部门工作上升为政府行为；对有关部门明确了职责，要求既通力合作，又各司其职；重点抓好教育与劳动这两个部门的协调配合。

无锡市政府统筹政府各部门的力量、统筹规划、统筹管理、统筹政策，制定了一系列方针、政策、措施。

常州市政府把教育综合改革纳入全市社会发展综合示范试点总规划，从社会发展的总体上展开综合性的城市教育改革。

大连市委、市政府把发展教育事业作为城市工作的基础工程，坚持把抓教育作为一项重点工作，加强对教育的统筹。

(二) 结合城市经济建设需要，优化教育结构

江苏省的无锡、常州、苏州三市在前几年对各类教育比例进行大幅度调整的基础上，1991年注重了包括地方高等教育在内的教育深层次结构调整，建立较为完备的地方教育体系。

江门、佳木斯、沙市、芜湖、绍兴、邯郸、宁波等市均顺应本地经济和社会发展的需要，改革了中等教育结构，积极发展了中等职业技术教育，并把为当地经济建设服务作为职业技术教育的办学方向。

长沙市根据大中型企业多，企事业单位子弟学校多，但办学水平不高的实际，加强了对子弟学校的管理，调整布局，实行分类指导，提高了子弟学校的整体办学水平。

烟台市、洛阳市政府把改革和发展企业教育作为推进城市教育体制改革、促进教育与经济结合的重要手段。

(三) 进一步深化教育管理体制改革

在1990年多数实验城市成立教委的基础上，1991年，又有一批实验城市改革了教育管理机构。常州市成立了市教育委员会，苏州市教育局也与市职教办合署办公，沈阳等大部分城市设立了教育综合改革办公室，辽宁、河北、陕西、山西等省也相继成立了教育综合改革办公室。锦州市建立了政府统筹决策，教育行政部门宏观管理，各部门分工负责，企业自主发展的"三位一体"的

管理新格局。

各实验城市在1991年对招生和分配制度进行了改革，均对小学和初中实行就近入学，并取消了重点小学和重点初中，实现了基础教育由应试教育向素质教育的转轨。多数实验城市对高中段各类学校实行了统一招生、考试，统一阅卷，分类择优录取。对技工学校和职业高中毕业生统一进行“双证考核”(毕业证书和技术等级证书)。烟台市对中专毕业生也进行了“双证”考核。企业实行“先培训，后就业”，变招工为招生已形成制度，促进了企业职工队伍的素质提高。

各实验城市还制定了一系列规定，从制度上保证了城市教育改革工作的开展。

(四) 增加教育投入，改善办学条件

1991年，各实验城市对教育投入增加。不少城市在财政拨款外，积极开辟教育经费筹措渠道，管好用好城市教育费附加，积极办好校办企业，改善了办学条件。

自贡市的工农业年总产值不到60亿元，为发展教育事业开辟了集资办学的13条政策性渠道，保证全市的教育投入实现了“两个增长”，全市在1990年消灭了学校危房。

威海市近几年由财政预算内拨款的教育投资平均每年增长29.5%，高于同期财政经常性收入年平均增长14.7%的速度；在校学生人均教育事业费，小学年增长28.7%，中学年增长26.1%；学生人均实际占有的公用经费，小学每年增长16.7%，中学每年增长18.4%。

常州市国拨普通教育经费已提高到近9000万元，城乡教育费附加收入3500多万元，市区勤工俭学面已达100%，勤工俭学收入达3000万元，市区除改善办学条件外，每年还拨百万元专款用于建造教工住房。

(五) 积极启动企业教育改革

各实验城市在部署本市教育综合改革工作时，均把启动企业教育改革作为一项重要内容。1991年，各省市、部委又自行确定105家企业加入了教育综合改革的行列。

(六) 召开全国城市教育综合改革经验交流会

为了交流实验城市开展教育综合改革的经验，国家教委于1991年12月9日至13日在江苏省常州市召开了全国城市教育综合改革经验交流会。全国100个大中城市分管教育的副市长，各省、自治区、直辖市教委主任，15个教育综合改革实验城市的教委主任、劳动局局长以及国家计委、劳动部的代表250余人参加了会议。国家教委副主任何东昌、柳斌、王明达，专职委员郝克明、郭福昌以及有关司局的负责人出席了会议。江苏省省长陈焕友，副省长吴锡军到会祝贺并讲话。

天津、沈阳、常州等18个城市，无锡国棉二厂、常州防腐涂料厂分别介绍了教育综合改革实验的经验，另有13个城市作了书面发言。与会代表讨论了国家教委起草的《关于深化城市教育综合改革的意见》(讨论稿) 和《全国城市教育综合改革实验工作指导纲要》(征求意见稿)。

何东昌在讲话中强调：第一，要把城市教育综合改革工作提上议事日程；第二，教育改革是社会主义性质的改革；第三，城市教育要在综合改革上下功夫；第四，教育的根本任务是要培养社会主义事业的接班人；第五，要加强对城市教育综合改革的领导，扩大城市政府对教育的统筹权、决策权以及解决企业教育的体制等问题。

柳斌就基础教育的改革问题作了专题报告。并在大会总结讲话中强调：要充分认识城市教育综合改革的重要意义和它的内涵；认真研究和积极稳妥地开展管理体制改革，使城市教育综合改革取得突破性进展。

会议认为，几年来进行教育综合改革取得的经验主要有：(1) 教育的战略地位得到了进一步落实，出现了一批“教育书记”、“教育市长”；(2) 城市政府对教育的统筹意识和统筹能力逐步增强；(3) 学校的德育工作普遍得到加强；(4) 教育结构，特别是中等教育结构调整取得了新进展，逐步做到了与城市经济结构、产业结构、就业结构等有机结合；(5) 全社会的重教意识普遍增强。会议要求今后进行城市教育综合改革必须加强市政府对教育的决策、统筹权，必须在“综合”上下功夫，对城市的经济、科技、教育要统筹考虑，城市的计划、人事、劳动、教育等部门必须密切配合，教育内部各类教育也必须统筹规划，深化改革。

二、百家企业教育综合改革全面起步

1991年，百家教育综合改革实验企业开始实施起步项目，取得了初步成效。

(一) 教育在企业中的地位进一步落实

各试点企业普遍增强了教育意识，依靠教育发展企业生产的自觉性和紧迫感有了提高。创建一流企业需有一流人才，造就一流人才需要依靠教育的思想越来越被广大的企业领导所接受并成为自觉行动。许多企业把教育纳入企业发展规划，年度计划和生产发展指标体系，做到生产、科技、教育一齐抓。

(二) 改善了企业教育管理

各实验企业的主要领导担任教委会主任或教育综合改革领导小组组长，企业教育综合改革领导小组由人事、劳动、财务、计划、企业管理、教育等部门负责人参加，定期召开会议，商讨企业教育方面的大政方针，各部门明确分工、通力合作。在教育内部，一方面逐步实行了人、财、物、事的统筹，一方面实行了基础教育、职业技术教育、职工教育的统筹。在教育管理机制上，无锡国棉二厂形成了“三级六点四条线”(即三级管理体制、六个管理网点、四条教育专线) 的纵横交叉的教育管理网络；宝山钢铁总厂调整完善了教育委员会的职能，教育委员会全面负责职工教育培训工作，教委主任由总厂党委书记兼任。

(三) 教育改革与人事、劳动、工资制度改革配套进行

百家实验企业中的大多数企业在进行教育改革时，都积极地与人事、劳动、工资制度改革配套进行。鞍山钢铁公司、仪征化纤公司热电厂等单位实行了培训、考核、使用、待遇四挂钩。北京西郊粮库提出了培训、考核、使用、效益、待遇五位一体的模式。广州东方宾馆实施人事、劳动、教育的统筹，把培训、考核、评定、使用、待遇结合起来进行配套改革，各工种 (岗位) 实现了标准化、规范化作业。天津碱厂进一步完善了培训、考核、使用、奖惩一体化的职工教育管理运行机制，开展了三级以上技术工人全方位等级达标培训、考核、奖惩。天津石化公司化工厂为了从根本上把职工的劳动积极性、主动性、创造性调动起来，建立了“星级管理制”，完善了企业的激励机制。

(四) 结合企业进步和新产品开发进行教育改革

各实验企业在开展教育综合改革时均与本企业的生产、经营和发展密切结合，有计划、有目的地开展教育改革。宝山钢铁总厂根据现代化钢铁企业的需要，紧密跟踪世界科技发展的形势，在职工培训中全面进行现代技术教育、现代管理教育、努力造就具有世界一流水平的职工队伍。湖州丝绸印染厂着手开展了教育、科研、生产一体化实验。上海十七毛纺厂根据管理水平跟不上市场经济和新品种开发需要的实际，把教育综合改革与干部管理水平的提高结合起来。南京汽车制造厂第二发动机厂、上海手表厂、天津静海油脂厂、北京包装装璜厂等结合生产线

的引进，开展了岗位培训和技能训练，直接为引进生产线的投产作出贡献。广州白云山制药厂采取模块教学法开展技能培训和技术比武，提高了职工的操作技术。

(五) 建立适合企业实际的教育格局

各实验企业在教育综合改革中均注意从各自的企业特点和实际出发，努力办出自己的教育特色。大庆油田、华北油田、第二汽车制造厂、核工业总公司404厂、长江葛洲坝工程局、铁道部第三工程局、广州紫坭糖厂等根据各自企业地理环境自成“小社会”的特点，建立了普通教育与职业技术教育相衔接，职前教育与职后教育相协调，成人学历教育与非学历教育相补充的企业教育新格局，华北油田、华北电管局和核工业总公司404厂还在成人学历教育和高中段教育上有所突破；深圳赛格集团公司根据外向型经济发展需要，正在建立多功能、高效、轻型的特区企业教育新体系和岗位培训考核体系；第二汽车制造厂探索出8种职工教育培训模式；无锡国棉二厂构建了以提高技能为核心的技术工人岗前培训体系；广州铁路局建立了职业技术教育与职工教育统筹、协调的办学模式，完善了企业的效益机制。

三、教育综合改革研究全面展开

(一) 成立中国教育学会城市教育综合改革研究会

经批准，中国教育学会城市教育综合改革研究会于1991年12月14日成立。国家教委副主任何东昌、王明达任名誉理事长，国家教委专职委员郭福昌任理事长，沈阳市副市长艾廷隽任常务副理事长。秘书处设在沈阳市教委。

城市教育综合改革研究会是在中国教育学会领导下、国家教委城市教育综合改革领导小组指导下的群众性学术研究组织。其宗旨是：坚持四项基本原则；认真执行“教育必须为社会主义建设服务，社会主义建设必须依靠教育”的方针；倡导实事求是、百家争鸣的学风；紧紧依靠各会员市热心于城市教育综合改革的领导和教育工作者，积极探索、勇于实践，为构建具有中国特色的城市教育体系做出贡献。

研究会的主要任务是对我国城市教育综合改革进行理论与实践相结合的研究。

(二) 企业教育研究会工作

中国成人教育协会企业教育研究会第一届理事会第二次会议于1991年3月25日～31日在深圳召开。

根据会议的决定，于5月8日在第二汽车制造厂技工学校举办了第一期“双元制”职业技术教育研讨班，来自企业教育综合改革企业技工学校的19名校长、教务主任参加了学习、研讨。

为了宣传企业教育综合改革的研究成果，交流各地企业开展企业教育综合改革的经验和信息，《中国企业教育改革》杂志于1991年7月创刊。

(三) 教育改革的理论与实践研究

国家教委城市教育改革办公室于1991年6月向全国教育科学规划领导小组申报的“中国城市教育综合改革的理论与实践研究”和“企业教育综合改革的理论与实践”两个科研课题，均已在全国教育科学“八五”规划重点课题评审会上评审通过，其中“企业教育综合改革的理论与实践”课题还被全国哲学、社会科学规划领导小组确定为哲学社会科学国家重点研究课题。

两课题均已于1991年下半年正式通过了课题研究计划，落实了子课题的研究任务(城市教育改革课题下分6个子课题，企业教育改革课题下分17个子课题)。

撰稿人　郭利萍

审稿人　郭福昌

农村教育综合改革工作

一、举行首届农村教育国际研讨会

在国家教委关于农村教育转向主要为当地经济建设和促进当地社会进步服务的思想指导下，全国农村教育综合改革与“燎原计划”的实施工作又迈出新步伐。截止1991年底，全国实施“燎原计划”的示范县已发展到955个，示范乡3942个，比1990年增加96个县，616个乡。

为宣传近几年我国农村教育综合改革和实施“燎原计划”的成果和经验，加强国际教育交流与合作，1991年6月18日至24日，由国家教委和中国联合国教科文组织全国委员会在山东省泰安市举办了农村教育国际研讨会。澳大利亚、孟加拉、巴西、智利、古巴、朝鲜、埃及、埃塞俄比亚、法国、印度、印度尼西亚、伊朗、日本、马来西亚、塞内加尔、瑞典、泰国、苏联、坦桑尼亚、扎伊尔、联合国教科文组织、联合国开发计划署、联合国儿童基金会、世界银行、亚洲开发银行等26个国家和8个非政府组织及中国有关部门的140名代表和观察员出席研讨会。

6月17日，国务院总理李鹏会见了联合国教科文组织总干事马约尔及与会代表、观察员，并合影留念。李鹏向代表介绍说，中国今后的经济发展一要靠科技进步；二靠提高人的素质。李鹏强调：我国召开以农村教育为主题的国际研讨会是很有意义的，不仅有利于与会各国和国际组织加强在农村教育方面的经验交流，也将推动中国农村教育的发展。

中共中央政治局委员、国务委员兼国家教委主任李铁映在招待会上致祝辞。他说，去年3月，在泰国宗滴恩召开了世界全民教育大会，通过了《世界全民教育宣言》和《满足基本学习需要的行动纲领》，这次召开的农村教育国际研讨会，是实施宗滴恩会议的一个实际步骤，对于推动众多国家农村教育的发展必将产生积极的影响。中国建国四十多年来，特别是近十余年，农村教育的发展进入了最好的时期。在改善办学条件，普及九年制义务教育，发展职业技术教育、成人教育以及扫除青壮年文盲等方面，都取得了很大的成绩。同时，在农村教育的管理体制、教育结构、教育思想、教学内容和方法等方面，进行了一系列改革，促进了农村教育更好地为农村发展服务，并与人民的利益和幸福结合在一起，使中国的农村教育呈现出蓬勃向上的大好形势。但总体上还不能适应国家社会主义现代化建设的需要。我们还要学习和借鉴外国农村教育的成功经验，希望与各国交流，共同启发，共同提高。

联合国教科文组织总干事马约尔、国家教委副主任何东昌、中国联合国教科文组织全国委员会主任、国家教委副主任滕藤等出席了开幕式。会议选举国家教委副主任王明达为大会主席。何东昌代表中国向大会致词说，教育是面向未来的事业，是国家振兴和繁荣的基础工程。中国面临的紧迫任务就是要迅速提高八亿农民的科学文化技术。中国发展农村教育就是要经过改革，探索出一条符合中国国情的发展道路。通过会议交流和研讨，学习和借鉴其他国家的成功经验。这对中国及其他国家的农村教育将产生积极的促进作用。联合国教科文组织总干事马约尔在开幕式上说：这次会议是继1990年3月在泰国举行世界全民教育大会的一项后续活动，是教育史上的里程碑。他充分肯定了中国政府多年来对农村教育问题的高度重视，并希望与会代表进行切磋，寻求解决农村教育面临问题的途径。国家教委专职委员郭福昌在会上宣读了题为《中国农村教育的发展与改革》的论文。

与会代表、观察员参观了山东省莱芜市开展农村教育综合改革的现场。山东省副省长介绍了开展农村教育综合改革的经验。坦桑尼亚、印度、法国、尼日利亚及中国河北、吉林、江西、内蒙古、云南、宁夏等代表、观察员介绍了各自开展农村教育的经验和情况。会议围绕农村地区如何普及大众教育，教育与社会、经济发展和人民幸福相互之间的积极促进作用展开了热烈的讨论。与会各国代表对中国农村教育、莱芜农村教育现场予以高度评价。并认为，由中国主持召开的这次农村教育国际研讨会，开得很成功，是一次难忘的经历。

二、举办实验县工作评估方案研讨会

1991年2月1日至3日，3月30日至31日，全国农村教育综合改革办公室在北京举办两次农村教育综合改革实验县工作评估方案研讨会，北京、上海、天津市，河北、辽宁、湖南、甘肃省以及中央教科所、中央教育行政学院、北京师范大学、南京师范大学等有关单位的负责人和科研人员30余名参加。经过研讨，对农村教育综合改革实验县工作评估方案取得共识。(1) 评估的指导思想要全面贯彻教育必须为社会主义现代化服务，必须同生产劳动相结合，培养德、智、体全面发展的建设者和接班人。(2) 评估的原则：既要注意全面，又要突出重点和地方特色；指标体系要简明易懂，便于操作；定量和定性结合。(3) 评估的依据是《全国农村教育综合改革实验工作指导纲要》和各实验县、示范乡的教改实践。(4) 评估对象主要是县政府和县教育行政部门。还要评估乡和学校的管理，燎原计划的实施和教育质量等。(5) 开展实验县工作的评估，要处理好统一性与差异性、定性与定量、自评与他评、全面落实《纲要》和办出特色等几个关系。与会人员并对评估的指标体系构成、人员组成要求、评估重点以及步骤、方法等也作了较认真的研讨。

研讨会还根据国家教委的指示，就编辑出版一套燎原丛书（10本）问题进行了研究和部署。1991年，记载农村教育综合改革和燎原计划的主要文件的《农村教育改革大思路》已出版发行。《全国百县农村教育综合改革实验区评估手册》、《农村教育综合改革案例选》、《全国百县教育综合改革实验区概况》、《全国农村教育综合改革典型经验（选编）》（两本）、《农村教育改革历程》、《希望的田野》（录相脚本）、《当代国际农村教育发展与改革大趋势》等9本已发排，《农村教育综合改革与燎原计划宣传纲要》已修改两稿。

三、召开农村教育综合改革领导小组会议

1991年6月3日，国家教委副主任兼农村教育综合改革实验领导小组组长王明达主持召开了第二次领导小组会议，听取各成员对《全国农村教育综合改革实验区工作指导纲要（试行）》实施一年的情况汇报，以及进一步修改《纲要》的意见。

各成员认为，各地普遍反映，《纲要》的指导思想明确，措施具体，主要指标接近实际，体现了因地制宜、分类指导的原则，使各地进行农村教育改革工作有了依据。通过宣传、落实《纲要》，有越来越多的领

导、单位和群众关心、支持教育，推进了“三教”结合、农科教统筹以及“燎原计划”的实施，教育为本地经济、社会发展和人民的文明幸福发挥日益明显的作用。《纲要》基本符合我国的国情，对农村教育改革实验起了重要指导作用。与会成员还对修改的《纲要》提出了建议。

会议确定1991年下半年对全国116个农村教育综合改革实验县进行工作检查。检查的重点是组织领导、改善办学条件、三教结合、农科教统筹以及初步成效。目的是通过检查，不断推动农村教育改革深入发展。

四、召开实施“燎原计划”与农村教育综合改革（城郊型）理论与实践研讨会

为进一步全面贯彻《全国农村教育综合改革实验县工作指导纲要（试行)》，推动农村教育改革“点上深化，面上扩展”，探讨发达地区农村教育综合改革的总体思路及遇到的问题与对策。1991年9月24日至27日，国家教委“燎原计划”办公室委托天津市教文卫办（委）组织了城郊型实施“燎原计划”与农村教育综合改革思路研讨会。北京、上海、天津、广州、武汉、沈阳、重庆、大连、宁波等9城市有关农村教育的领导，国家教委部分司局、部分科研和新闻单位的代表等50余人参加会议。国家教委副主任王明达到会讲话。天津市副市长钱其璈出席开幕式，国家教委专职委员郭福昌在开幕式上就城郊型农村教育综合改革“点上提高水平”作了发言，希望大家共同努力，改革的步子走得更快一点。会议代表参观考察了静海县大邱庄等，并向会议提交了29篇论文和6册论文集。

五、组团出席国际农村教育与乡村改造研讨会

应菲律宾国际乡村改造学院邀请，1991年9月24日至10月4日，由国家教委“燎原计划”办公室组成代表团一行10人赴菲考察10天。了解国际乡村改造学院（IIRR）及菲律宾教育情况，交流农村教育改革经验，增进友谊，并探讨会后合作的可能性。双方初步商定，今后三年建立互访，就有关问题进行研究。

六、检查全国农村教育综合改革实验县工作

按照国家教委1991年工作要点的部署，国家教委办公厅于1991年8月26日下发《关于对全国农村教育综合改革实验县进行工作检查的通知》。《通知》指出：这次检查的主要目的是为了进一步落实第二次全国燎原计划与农村教育改革实验县工作会议的精神，贯彻《全国农村教育综合改革实验区工作指导纲要（试行)》的要求，总结经验，深化改革，推进工作。

1991年10月22日至12月18日，由全国农村教育综合改革办公室组织部分省市的有关人员组成6个检查组，分别对山西、宁夏、河南、贵州、福建、江西、河北等7省、自治区的41个县（其中有5个非实验县)、104个示范乡、154所中小学、32所幼儿园、52所职业中学、102所成人文化技术学校、104个科技示范村、84个示范户的教育改革情况和实验成效进行了检查，开各类座谈会110余次。

检查的要点是：(1) 组织领导情况。(2) 管理体制和办学条件。(3) 三教统筹情况。(4) 燎原计划示范乡的建设和农科教结合情况。(5) 教育改革的效益等。

检查结果表明：从1988年到1991年，受检的7个省、自治区的实验县由36个发展到297个，示范乡由121个发展到913个。41个县的学龄儿童入学率已达99%，巩固率、毕业率、普及率都在97%以上。各类成人技术学校共举办培训班3万余次，参加培训的达370.76万人次，培养2400多名农民技术员。这些实验县的农村教育综合改革已经起步，并得到较好的教育、经济和社会效益。福建省闽清县，由于开展教育改革，注重各类人才的培养和培训，全县工农业总产值中，依靠科技净增值比例由1989年的32.7%，提高到1990年的41.8%。河南扶沟县发挥政府的统筹作用，1987年以来，全县粮食生产量以5.7%的年均速度递增，被评为全国粮食生产先进县。河北省获鹿县大河乡围绕乡的资源实际找项目，建实体、抓培训，搞服务，实行经科教统筹结合。全乡1990年社会总产值达1.17亿元，比实施燎原计划前的1987年增加近1亿元，年平均递增117%；工农业总产值达1.5亿元，比统筹前增加309.9万元，年平均递增40%，农民人均纯收入达1183元，增加314元，增长30%，1990年被国家授予"中国乡镇之星"称号。

通过检查，发现存在的问题是：(1)有的实验县在教育观念上还有待更新。(2)一些省、地（市）农村教育综合改革和燎原计划的机构不健全。(3)三教统筹发展还不平衡。(4)农科教统筹体制还不够完善，教育经费紧缺，理论研讨和宣传工作有待加强。

七、召开燎原计划贷款工作会议

1991年12月21日至25日，在苏州市召开全国燎原计划贷款工作会议。全国28个省、自治区、直辖市以及6个计划单列市的代表67人参加。江苏省、河北省、四川省、苏州市和广西壮族自治区横县的代表在大会上介绍了经验。

会议认为，三年来燎原计划贷款工作取得了很大成绩：(1)取得了明显的经济效益。已开始使用并发挥效益的贷款(1988–1990三个年度)1.8亿元，这些贷款项目的新增总产值为13.779亿元，新增总利税为1.949亿元，投入产出比为1∶7以上。按(1987–1990)4个年度的2.1786亿元贷款计算，调动了各地的配套资金5.94亿元。共支持2798个项目，其中，种植业占20.6%，养殖业占27.3%，农副产品加工业占34.8%，其他项目占17.4%。(2)取得了教育效益。农村三教在实施燎原计划中都使用了"燎原计划"贷款，根据项目统计，其中，普通教育使用的贷款占5%，职业教育使用的贷款占44%，成人教育使用的贷款占51%。三年来，通过贷款项目，各地共培训农民2195万人次，推广实用技术11239项次，带动了群众的致富。(3)贷款项目对农村教育综合改革和燎原计划的实施，起了有力的推动作用。贷款工作使教育部门增强了金融意识，形成了一套行之有效的管理办法，积累了不少经验，推动了教育和金融工作的开展。

会议指出，几年来燎原计划贷款工作还存在许多不足和问题，主要有：有的地方对贷款工作重视不够，投入力量不够，管理不够好；有的地方对信贷工作的原则掌握不够，没有体现择优扶植的原则，平均使用贷款，致使许多贷款项目规模过小，档次较低，出不了规模效益，所上技术也落后，还使管理的工作量大为增加。

为了使"燎原计划"贷款更好的发挥作用，全国农村教育综合改革办公室与中国科技财务公司于1991年12月20日，制定《燎原计划专项贷款管理暂行办法》，下达各地执行。

八、开展全国"八五"农村教育科学重点研究项目工作

"七五"期间，全国开展农村教育综合改革实验，探索出一套行之有效的经验。实践需要理论的指导。为此，1991年，以国家教委副主任王明达为课题负责人，主持制订了研究全国"八五"农村教育科学重点研究项目的计划，并积极开展准备工作。

为落实研究计划，1991年9月上旬，全国农村教育综合改革办公室召开了座谈会，赴本课题研究实验基地河北省完县、藁城、任丘、安平、获鹿、南宫、安新7个县市进行了7天实地考察。

撰稿人 张玉兰
审稿人 郭福昌

教育督导工作

一、召开全国教育督导工作会议

1991年5月23日至26日，国家教委在北京召开了建国以来的首次全国教育督导工作会议。出席会议的有各省、自治区、直辖市及计划单列市主管普教工作的部分教委主任、教育厅（局）长，教育督导室主任、国家教委兼职督学及部分特邀代表，共120余人。张承先、何东昌在开幕式上分别作了讲话。邹时炎作了题为《努力建设具有中国特色的教育督导制度》的工作报告。

会议讨论了“七五”期间恢复和重建教育督导制度，开展督导实践的经验，讨论了“八五”期间教育督导工作的规划与思路。会议收到各地的经验材料23篇，辽宁省、上海市、北京市、重庆市、沈阳市、天津市和平区、上海市卢湾区、沈阳市大东区、南京市秦淮区、四川省双流县、吉林省舒兰县、江苏省金湖县、山西省襄汾县的13位代表在大会上发了言。

（一）会议认为：经过“七五”期间的努力，教育督导工作已经进入我国教育行政管理的序列。教育督导工作已初步打开了局面，取得了可喜的成绩。

1.普遍建立了督导机构。至1990年底，全国已有29个省、自治区、直辖市和90%以上的市（地、州）、60%以上的县（区）建立了教育督导机构。其中，北京、上海、天津、辽宁、吉林等省、市，县以上各级教育督导机构已全部建立。

2.初步形成了一支专兼职结合的督学队伍。至1990年底，全国已有专职督学5770人，兼职督学2005人。国家教委在总结1987年以来举办督学岗前培训工作经验的基础上，下发了有关督学岗前培训的文件。通过培训和督导实践，提高了广大督学的政治素质和业务水平。

3.制订了关于教育督导工作的一些法规与制度。国家教委制订了《教育督导暂行规定》。不少地方也制定了有关教育督导工作的规章与制度。初步做到了督导工作有章可循。

4.各地积极开展了关于教育督导评估理论课题的科学研究，注重督导实践经验总结，收到一定的效果。国家教委在总结各地制定督导评估方案经验的基础上，制定了《普通中小学校督导评估工作指导纲要》。

5.开展了多方面的教育督导评估工作。

“七五”期间对教育督导工作的探索，为今后十年教育督导工作的发展创造了良好的基础。《全国教育事业十年规划和“八五”计划要点（草案）》中指出：“要建立、健全教育评估、督导制度，完善执法监督系统，使教育工作逐步走上依法治教的轨道。”

（二）明确教育督导工作的指导思想

会议确定，今后一个时期教育督导工作的指导思想，坚持以党的基本路线和国家的“八五”计划纲要为指针，以党和国家的教育方针、政策、法规为准绳、充分行使教育督导机构的职权，全面地、系统地开展以基础教育为主要范围的督导工作，积极地为实现“八五”期间教育工作的总目标总任务服务。

（三）抓好教育督导工作的重点

1.加强对地方政府贯彻执行教育方针的督导评估；

2.对所辖地区贯彻、实施《义务教育法》的情况进行督导、检查，同时加强对学校工作的督导评估，保证义务教育的质量。

3.抓好对普通高级中学教育工作的督导评估，继续纠正片面追求升学率的现象，实现普通高中的培养目标。

4.突出对中小学德育工作的督导评估，推动学校切实地把德育工作放在首位，并取得成效。

5.重视对中小学校长与教师队伍建设工作的督导评估，以保证中小学校长、教师队伍政治思想素质和业务水平的提高。

6.继续对增加教育投入，多渠道筹集教育经费，改善办学条件，改善教师待遇等工作的督导、检查，促进各项政策的落实。

（四）切实加强教育督导工作的主要措施

1.加强教育督导法规和督导评估工作制度的建设。

2.加强各级教育督导机构的建设，使之尽快在全国形成国家、省（自治区、直辖市）、市（地、州）、县（区）四级教育督导网络。

3.加强教育督导队伍的建设。坚持督学基本条件，“先培训，后上岗”，并在督导实践中不断提高督学队伍的政治、业务素质。

4.加强教育督导评估理论与技术的研究。在实践、研究的基础上，逐步探索出督导评估各类方案，建设一套供培训督学用的教材。

5.加强对教育督导工作的领导，各级政府和教育行政部门要不断提高对建立教育督导制度重要性的认识，为教育督导工作的开展创造必要的条件，做好教育督导机构和其他各级教育行政职能机构的协调工作。除加强督导机构负责人的选配外，教育行政部门的主要负责人要分管督导工作，充分发挥教育督导的作用。

会议指出，1991年要切实作好两项主要工作。(1) 认真做好根据全国人大常委会委员长会议的决定，由全国人大教科文卫委员会牵头，会同国家教委等部门进行的《义务教育法》执法大检查。(2) 切实搞好《普通中小学校督导评估工作指导纲要》的试点工作。

撰稿人　程锦慧

审稿人　郑启明

二、制定与实施《教育督导暂行规定》

自1986年重建教育督导制度以来，经过“七五”期间的努力，全国普遍建立了督导机构；开展了多方面的教育督导评估工作；国家和地方在开展理论和实践相结合的科学研究的基础上，制定了各种类型的督导评估方案和督导工作制度。但各地的督导工作发展很不平衡，截止到1990年底，全国还有大约10%的市（地、州）和近40%的县（区）没有建立教育督导机构，有些督导机构还没有发挥出应有的作用或不适应督导任务的需要；督学队伍数量不足，政治、业务素质有待进一步提高；有关教育督导的政策、法规不配套，制度尚不健全等。

为了进一步指导全国教育督导工作，加强对教育工作的行政监督，1991年4月26日，国家教委主任李铁映签署国家教委第15号令，发布《教育督导暂行规定》(以下简称《暂行规定》)。《暂行规定》包括总则、机构、督学、督导、罚则和附则，共6章23条。

（一）关于教育督导的任务

《中共中央关于教育体制改革的决定》规定，我国基础教育的管理权属于地方，实行分级办学、分工管理的领导体制。因此，

《暂行规定》的第二条确定:“教育督导的任务是: 对下级人民政府的教育工作、下级教育行政部门和学校的工作进行监督、检查、评估、指导，保证国家有关教育的方针、政策、法规的贯彻执行和教育目标的实现。”这就明确了教育督导既要监督、检查教育行政部门和学校的工作，还要监督政府的教育工作。实践证明，这是符合我国国情的，是我国教育督导任务上的一大特色。

(二) 关于教育督导的组织形式和机构设置

国务院批准的国家教委“三定”方案规定，国家教委的主要职责之一是:“检查和监督地方政府及教育行政部门贯彻执行中央和国务院关于教育工作的方针、政策，以及有关法规的情况。”据此，《暂行规定》的第四条规定:“根据国务院的有关规定，国家教育委员会行使教育督导职权。”督导司具体负责日常督导事宜。《暂行规定》第六条规定:“地方县以上均设教育督导机构。”“地方县以上教育督导的组织形式及其机构的职责，由各省、自治区、直辖市人民政府确定。”

(三) 关于教育督导的范围

根据当前教育工作的需要和督导力量的可能，《暂行规定》第三条规定:“教育督导的范围，现阶段主要是中小学教育、幼儿教育及其有关工作。”“行使教育督导职权的机构可根据本级人民政府或同级教育行政部门的委托，对前款规定以外的教育工作进行督导。”

《暂行规定》发布以后，各省、自治区、直辖市认真学习、研究和贯彻。据统计，已有8个省制订了实施办法，四川省的实施办法现已发布执行。各地的督导机构和队伍建设有了较大发展。据1991年底统计，建立督导机构的市（地、州），县(区) 分别比1990年有所增加，专职、兼职督学分别由1990年底的5770人和2005人增加到7603人和4233人。国家教委从全国各地聘任兼职督学27人，并颁发了督学证。

附一: 全国教育督导机构情况表

附二: 全国教育督导队伍情况表

附三: 国家教委兼职督学名单

撰稿人　白景龙　崔立双　陈卫军

审稿人　郑启明

三、实施《普通中小学校督导评估工作指导纲要》的试点工作

为指导各地开展中小学校的督导评估工作，国家教委在总结各地督导评估实践经验的基础上，于1991年5月21日发布了《普通中小学校督导评估工作指导纲要》和关于实施《普通中小学校督导评估工作指导纲要》试点的意见，要求各地从本地的实际出发，制定实施《指导纲要》和《意见》的具体方案，有步骤地开展中小学校督导评估工作。

《指导纲要》指出: 对学校进行督导评估的目的是“督促学校认真贯彻有关教育的方针、政策、法律、法规，端正办学方向，遵循教育规律，深化教育改革，优化教育管理，培养社会主义建设者和接班人，”“督促政府及其教育行政部门改进对学校的领导，解决办学中存在的问题。”“引导社会、家长用正确的标准评价学校的办学水平，关心和支持学校的工作。”《指导纲要》还就督导评估的四个方面——办学方向、学校管理、教育质量、办学条件的内容要点作了原则规定。《意见》明确了试点工作的任务是，依据《指导纲要》，逐步探索一套科学的、简便可行的督导评估方案；初步建立起督导评估学校的制度；认真研究督导评估学校和督导评估政府教育工作的关系，并处理好督导机构与教育行政部门内各有关单位的关系。

《意见》还就试点的实施步骤和如何加强对试点工作的领导作了具体说明。

1991年底，已有18个省、自治区、直辖市，9个计划单列市转发了国家教委《指导纲要》和《意见》的通知，并选定了自己的试点县（区）和试点高级中学。国家教委督导司根据各地试点工作的情况，选定湖北省黄石市、四川省阆中市、江苏省金湖县、黑龙江省肇州县、天津市和平区、沈阳市大东区作为实施《指导纲要》的试点单位。各地的试点县（区）都已制定了试点工作的实施计划，并正在积极组织实施。

撰稿人 白景龙 崔立双

审稿人 郑启明

四、举行教育督导评估中英研讨会

根据中英教育督导合作交流计划，1991年9月9日至11日，在北京召开了中英双方教育督导研讨会。中方代表25人，英方3人（均系英国皇家督学团督学）出席了研讨会。国家教委督导司司长郑启明主持会议，并介绍了中国教育督导工作情况，英国皇家督学团主任督学安西娅·密列特女士介绍了英国皇家督学团的基本情况。研讨会期间，三位英方代表及国家教委督导司、北京市、上海市、南京市、辽宁省、北京师范大学教育管理学院、华东师范大学教育管理学院的代表，就地区教育、中小学校教育督导评估的内容、方法和技术，督学的遴选和培训等专题，分别发言。

通过研讨会，增进了中英双方对教育督导评估工作的相互了解。与会代表一致认为，研讨会内容丰富、气氛热烈，反映了两国教育督导工作的基本情况和水平。英国皇家督学团在对学校的督导和在实践中培训督学方面，积累了不少经验，值得我们借鉴。我国几年来从中国国情出发建设教育督导制度，开展教育督导的经验引起英国同行的兴趣。中英双方代表都希望，今后在督导评估方面进一步加强交流和合作。

撰稿人 白景龙 崔立双

审稿人 郑启明

五、编辑出版《中小学教育工作五项督导检查文件报告》

受国务院委托，国家教委自1989年至1990年，会同有关部门在各地自查的基础上，对29个省、自治区、直辖市进行了中小学教育工作五项督导检查。国家教委于1990年3月通知各地开展以德育工作为重点的“五查”的复查工作并对黑龙江、天津、陕西、湖北、浙江、四川等6省、直辖市进行了“五查”复查的抽查工作。这是建国以来第一次全国规模的教育督导活动。全国各地在“五查”中形成了若干文件、报告。为了使领导和各地了解此次督导活动的全面情况，推动督导工作的开展，国家教委督导司于1991年夏将“五查”及“五查”复查的有关文件和报告汇编成《中小学教育工作五项督导检查文件报告》一书。全书共3个部分，(1)“五查”的通知与“五查”情况的报告；(2)“五查”复查的通知与“五查”复查的情况报告；(3) 8个省、自治区人民政府关于“五查”情况的公报。国家教委主任李铁映为该书题词。

撰稿人 李今令 吴国栋

审稿人 郑启明

附一　　全国教育督导机构情况

省级督导机构	已建立督导机构的市（地、州、盟）（个）	占所辖市（地、州、盟）的百分比	已建立督导机构的县（含县级市、省辖市的区）（个）	占所辖县（含县级市、省辖市的区）的百分比
北京市教育局督学室	10	100	9	100
天津市教育局督导室	13	100	5	100
河北省教育督导室	18	100	176	100
山西省教委督导室	12	100	102	86
内蒙古自治区教育厅教育督导室	10	83	66	66
辽宁省教委督学室	14	100	100	100
吉林省教委督学室	9	100	59	100
黑龙江省人民政府教育督导室	14	100	137	100.
上海市教育督导室	12	100	9	100
江苏省教育督导室	11	100	79	75.2
浙江省教委督导室	11	100	86	100
安徽省教委督导室	9	56.3	17	23.6
福建省普通教育督导室	9	100	76	92.4
江西省教育督导室	2		6	
山东省教委督导室	12	75	71	53.3
河南省教委督导室	17	100	119	76
湖北省教委督导室	15	100	66	93
湖南省教委督导室	14	100	93	74.4
广东省教育厅督导室	19	95	103	87
海南省教育厅教育督导室	1	50		
广西壮族自治区教委督导室	12	95	75	80
四川省教委督导室	20	95.2	120	55.2
贵州省教委督导室	9	100	56	65
云南省教委督导室	17	100	65	51
西藏自治区(暂缺)				
陕西省教委督导室	10	100	105	98
甘肃省教委督导室	14	100	85	100
青海省教育厅普通教育督导室	7	87:5	31	75
宁夏回族自治区教育厅督导室	3	75	8	33.3
新疆维吾尔自治区教委督导室	15	100	50	58
总　　计	339	92.4	1974	73.8

注:①北京、天津、上海三直辖市所辖的区统计在市（地、州、盟）一栏。

②总计中百分比不含西藏。

附二

全国教育督导队伍情况

	省（自治区、直辖市）督导机构人数（人）		市（地）级督导机构人数（人）		县（区）级督导机构人数（人）		总计	
	专职	兼职	专职	兼职	专职	兼职	专职	兼职
北京市	8	14	41	42	32	3	81	59
天津市	9	13	63	29	13	19	85	61
河北省	4	3	77	11	533	273	614	287
山西省	8		44	4	468	341	520	345
内蒙古自治区	2		31	1	180	38	213	39
辽宁省	10	4	98	19	487	54	595	77
吉林省	4	4	47	13	287	71	338	88
黑龙江省	7	3	65	13	561	61	633	77
上海市	6	6	254	22	105	18	365	46
江苏省	4	21	36	13	256	152	296	186
浙江省	5	10	33	58	186	393	224	461
安徽省	10		21		32		63	
福建省	9	3	56	5	309	4	374	12
江西省	3	3	10	18	8	21	21	42
山东省	5		28	28	147	100	180	128
河南省	5	19	52	75	325	581	382	675
湖北省	5	25	45	88	199	184	249	297
湖南省	12		30	23	213	186	255	209
广东省	6	2	46	11	210	15	262	28
海南省	2	1	2				4	1
广西壮族自治区	4	3	60	10	250	50	314	63
四川省	7	15	46	47	284	340	337	402
贵州省	3	3	16		107	93	126	96
云南省	4	17	28	14	67	78	99	109
西藏自治区								
陕西省	5	12	48	5	398		451	17
甘肃省	6	18	40	90	227	244	273	352
青海省	8		19	4	52	52	79	56
宁夏回族自治区	3		13	5	24		40	5
新疆维吾尔自治区	6		36	4	88	11	130	15
总计	170	199	1 385	652	6 048	3 382	7 603	4 233

注：北京、天津、上海三市所辖区的人数统计在市（地）级一栏。

附三 国家教委兼职督学名单

姓名	性别	工作单位及职务
李学信	男	原北京市人民政府文教办主任
叶文山	男	天津市教育局副局长
褚俊良	男	原天津市教育局督导室副主任
尹子昭	男	河北省教委督导室负责人
范兴源	男	山西省教委专职委员
王纯山	男	辽宁省教委主任
郭健夫	男	原辽宁省教委副主任督学
梁植文	男	吉林省教委副主任
薛自元	男	原黑龙江省教育厅副厅长
孙万良	男	黑龙江省教委副主任督学
刘元璋	男	原上海市教育局副局长
吴　椿	男	原江苏省教委副主任
滕伟石	女	原浙江省绍兴师专校长
尹钧荣	男	山东省纪委驻省教委纪检组组长(副厅级)
李春祥	男	河南省教委副主任
汤瑞桢	男	河南省教委副主任
王蔚林	男	湖北省教委正厅级主任督学
张冠军	男	湖北省副厅级调研员
冯象钦	男	湖南省教委副主任
周宗京	男	四川省教委正厅级主任督学
田清玉	男	四川省教委专职委员
白祖诗	男	云南省教委正厅级督学
张克俭	男	陕西省教委常务副主任
张昌言	男	原甘肃省教育厅厅长
王向天	男	湖南省人大常委会副主任
王占春	男	人民教育出版社编审
林佐如	男	北京市崇文区中小学卫生保健所所长

教 育 财 务 工 作

1991 年，教育财务工作取得了新的成绩。教育经费有较大的增长；教育财会队伍的政治、业务素质有所提高；教育财务管理工作得到进一步重视和加强。在抗洪救灾工作中，与各有关部门齐心协力，密切配合，抓了灾区校舍的恢复重建工作，确保灾区学校全部按时开学，成效显著。

一、教育经费增长情况

（一）教育经费总投入

1991 年教育经费总投入为 731.5 亿元，比上年增加 72.14 亿元，增长 10.94%，增长速度高于上年。其中：国家用于教育的经费支出 599.51 亿元，比上年增加 50.85 亿元，增长 9.27%；社会及个人用于教育的支出 131.72 亿元，比上年增加 21.01 亿元，增长 18.99%，这是近几年来增长速度较快的一年，体现了社会各界对教育的重视和支持。

（二）预算内教育经费

1991 年国家预算内教育经费支出达 459.73 亿元，比上年增加 33.59 亿元，增长 7.88%，低于财政支出 9.9%的增长速度。其中，教育事业费支出 382.69 亿元（银行支出数），比上年增加 30.17 亿元，增长 8.56%；教育基建投资 43.24 亿元，比上年增加 1.09 亿元，增长 2.59%。基建投资相对于 1990 年的 13.61%的负增长，情况好转。各部门事业费和基建支出中用于中专、技校的经费 27.56 亿元，比上年增加 2.31 亿元，增长 9.15%。

（三）预算外教育资金

1991 年预算外教育经费支出 271.77 亿元，比上年增加 38.55 亿元，增长 16.53%，其中：勤工俭学及社会服务用于补充教育经费部分 37.22 亿元，比上年增加 6.24 亿元，增长 20.14%；各级政府征收的用于教育的税费 75.16 亿元，比上年增加 11.65 亿元，增长 18.34%；学杂费收入 32.35 亿元，比上年增加 4.61 亿元，增长 16.62%；捐（集）资助学收入 62.82 亿元，比上年增加 10.19 亿元，增长 19.36%；其他收入 21.56 亿元，比上年增加 1.65 亿元，增长 8.29%。近几年来预算外教育经费有较大幅度增长，预算外教育经费已占预算内教育经费支出的 59.12%，对于弥补教育经费不足、改善办学条件起到了极大的作用。

1991 年教育经费支出情况表

单位：亿元

项　　目	1991 年	1990 年	1991 年比上年增长%
一、全国教育经费支出合计	731.50	659.36	10.94
二、国家用于教育经费支出	599.51	548.66	9.27
三、财政预算内教育经费	459.73	426.14	7.88
其中：1.教育事业费	382.69	352.52	8.56
2.教育基建投资	43.24	42.15	2.59
3.各部门事业费中用于中专、技校经费	27.56	25.25	9.15
四、预算外教育资金	271.77	233.22	16.53
其中：1.教育费附加	75.16	63.51	18.34
2.学杂费收入	32.35	27.74	16.62
3.捐（集）资助学收入	62.82	52.63	19.36
4.勤工俭学与社会服务收入用于教育部分	37.22	30.98	20.14
5.其他收入	21.56	19.91	8.29

（四）教育经费来源构成

1991 年教育经费来源构成是：财政预算内拨款主渠道占 62.87%；各级政府征收的用于教育的税、费占 10.27%，勤工俭学与社会服务收入用于补充教育经费部分占 5.09%；学杂费占 4.42%；捐（集）资助学收入占 8.59%；其他预算外收入占 2.95%。这表明我国以财政拨款为主的多渠道筹措经费体制已基本形成。

1991 年教育经费来源构成表

单位：亿元

项　　目	构　成（%）	比上年增减幅度(百分点)
1.财政预算内教育经费	62.87	-1.76
2.各级政府征收用于教育的税、费	10.27	0.64
3.勤工俭学与社会服务收入用于教育部分	5.09	0.39
4.学杂费收入	4.42	0.21
5.捐（集）资助学收入	8.59	0.61
6.其他预算外收入	2.95	0.16

二、教育事业费支出情况

(一) 各级各类教育事业费

1991年预算内教育事业费拨款382.69亿元，分配结构是：高等学校事业费70.49亿元，占全部事业费支出的18.42%；中等专业学校事业费11.43亿元，占2.99%；职业技术教育事业费11.76亿元，占3.07%；中学为107.94亿元，占28.21%；小学为123.28亿元，占32.21%。教育事业费分配继续向基础教育倾斜，这与普及九年制义务教育的任务是相适应的。

(二) 人员经费与公用经费

1991年教育事业费实际支出比上年增长9.02%，但人员经费增长了9.08%，公用经费仅增长了8.9%，人员经费增长速度高于公用经费。近几年人员经费占事业费比例持续上升，公用经费短缺的矛盾十分突出。

1991年教育事业费中人员经费、公用经费支出比例

	人员经费(%)	公用经费(%)
总　计	69.72	30.28
大　学	46.13	53.87
中　学	78.35	21.65
小　学	85.03	14.97

(三) 生均事业费

1991年各级各类教育预算内生均事业费均有所增长。普通高等学校生均事业费为3463元，比上年增加356元，增长11.47%；农职业中学为464元，比上年增加20元，增长4.5%；普通中学生均事业费255元，比上年增加15元，增长6.25%；小学生均事业费115元，比上年增加10元，增长9.52%。

三、教育财务管理工作

1991年，为了进一步提高教育经费的使用效益，狠抓了教育财务管理工作。年初国家教委有关部门在广西南宁召开了全国教育财务工作会议，各省、自治区、直辖市及计划单列市教委（厅、局）的计财处长，委属高校财务处长和国务院有关部委主管教育财务的负责人参加了会议。会议认真总结交流了“七五”期间教育财务工作的情况和经验，研究讨论了“八五”期间教育财务工作的指导思想和工作重点。

会议认为，“七五”期间我国教育财务工作取得了很大成绩，为发展教育事业提供了必要的物质保障。在依靠人民办教育，多渠道筹集资金，改善办学条件方面创造了许多新的经验，教育财务管理改革取得了一定成效，财会管理工作水平得到明显提高，财务工作在为教育事业宏观决策和科学管理服务中发挥了积极作用。“八五”期间，教育财务工作应“继续认真贯彻深化改革的方针，多渠道筹措教育经费，加强教育财务管理，健全规章制度，坚持勤俭办学，大力提高资金使用效益，努力发挥监督与服务作用，使教育财务工作更好地适应教育事业改革与发展的需要。”根据会议讨论的情况，国家教委于1991年3月发出《“八五”期间教育财务工作要点》，对各地制订“八五”教育财务规划起了积极指导作用。

一年来，教育财务管理方面主要抓了以下工作：

1.加强了教育财务法规制度建设。先后制订发布了《“八五”期间教育财务工作要点》、《高等学校“八五”期间财务工作若干意见》、《关于高等院校贯彻<总会计师条例>的实施意见》和《高等学校预算管理条例》。

2.积极推广各地教育财务管理工作经验。与财政部联合在湖北宜昌召开全国教育经费项目管理现场会，推广湖北省对中央三项教育补助专款实施项目管理的经验。大力开展教育经费政策的宏观研究，与上海智力所合作撰写了《中国教育经费发展报告—1991》。

3.贯彻落实《国务院关于加强国有资产管理工作的通知》，积极抓好国有资产普查登记工作，进行清产、核资试点，发出《委属院校国有资产清查登记试点工作实施意见》，并草拟了《高等学校科技企业会计核算若干问题的暂行规定》(讨论稿)。

4.根据国务院部署，积极开展教育战线治理“三乱”工作。先后多次召开会议贯彻落实，同时，还与有关部委一道对教育战线收费项目进行审定，制订《社会集资、捐资办学暂行规定》，发布《关于坚决制止中小学乱收费的若干规定》。并组织力量分赴各地对教育系统治理“三乱”情况进行监督检查。

5.表彰了教育经费统计工作先进单位和先进个人。近几年来，各省、自治区、直辖市教育部门和财会（统计）人员克服困难，努力工作，准确、及时、全面、系统地搜集、整理和分析教育经费统计资料，取得了显著成绩。为鼓励先进，推动教育经费统计工作，经评比审定，1991年6月，国家教委决定对教育经费统计工作成绩显著的四川省教委等13个先进单位和方南义等27名先进个人予以表彰。

教育经费统计工作先进单位名单

四川省教委	贵州省教委
甘肃省教委	湖南省教委
上海市教育局	江苏省教委
福建省教委	北京市成人教育局
天津市教育局	山西省教委
黑龙江省教委	成都市教委
武汉市教委	

教育经费统计工作先进个人名单

方南义	王筱亭	马国丽	关婉君
陈永年	周亚君	檀邦柱	刘振鹏
陈树德	武忠义	郭晓亚	陈玉甫
王祥明	孙维莲	温开奇	刁玉华
曹建强	杨　京	葛　政	程世锁
韩　薇	李天芦	乔建华	姚晓平
刘先海	冯　柱	王定荣	

四、救灾和校舍恢复重建及世界银行贷款工作

1991年全国有十几个省区不同程度遭受洪涝灾害，安徽、江苏、河南等地尤为严重。据不完全统计，全国有89000多所学校受灾，共倒塌校舍447万平方米，新增危房1322万平方米，损失课桌凳543万套，损坏教学仪器设备677万件，造成的直接经济损失多达35亿元。灾情发生后，国家教委及时组织灾区的教育工作者和广大师生员工投入救灾工作。广大教育财务工作者积极响应，密切配合，奔赴灾区了解灾情，想方设法多方筹集资金，齐心协力帮助灾区恢复重建中小学校舍，确保了中小学按时开学。为了做好校舍重建规划和资金落实等项工作，在深入灾区调查研究的基础上，与有关方面及时研究制订了《关于灾区中小学校修复重建工作的几点意见》以及《关于解决灾区民办教师生活困难和待遇的几点意见》，对于灾区校舍恢复重建、保证教师生活、稳定教师队伍起了积极指导作用。另外，还选定安徽颍上、霍邱两县作为灾区恢复重建试点县，以点带面，推动各地灾区校舍恢复重建工作。

为了广泛筹措资金，支持灾区校舍恢复重建工作，国家教委还举办了“为了灾区的孩子们”赈灾义演，在社会各界的大力支持下，共募集到资金1100多万元，有力地支持了灾区中小学校舍的恢复重建。

此外，在利用世界银行贷款促进我国教育事业发展方面也取得较大进展。“贫困省教育发展”项目已进入草签阶段，这一贷款主要用于湖南、湖北、山西、陕西、云南、贵州等6个省120个贫困县普及义务教育。同时还积极开展了“师范专科教育”项目和第二个“职业技术教育”项目的贷款前期准备工作。

五、存在的主要问题

1991年教育财务工作尽管取得了很大成绩，但也存在一些问题:

1.教育经费的增长仍然不能满足教育事业发展的需要，各级各类学校办学经费拮据的状况依然严重。据统计，全国中小学按教学大纲配齐仪器设备的中学仅25.5%，小学仅9.4%；中小学尚有危房1760多万平方米。高等学校教学、科研用房十分紧张，学生宿舍拥挤，教职工住房严重不足。

2.教育经费来源渠道不稳定，体制尚未理顺，政策不配套，还缺少有效的法规保障。如教育费附加的征管和学杂费的收取都有待于从政策上进一步完善。

3.灾区校舍的恢复重建工作仍面临着不少困难。目前仍有数百万平方米水毁校舍和新增危房尚未修复，仅河南省驻马店地区就有4.4万平方米危房，灾区还有不少学生在简易棚里上课，急需解决。

4.教育财务管理工作还有待于进一步加强，财务人员素质有待提高。各级教育行政部门和各级各类学校都不同程度存在着教育经费管理使用不善、效益不高的现象。

撰稿人　茆俊强

审稿人　钱一呈

1991年利用世界银行贷款发展我国教育事业情况

1991年，世界银行与中国政府签署了重点学科发展项目的信贷协定。至此，由国家教委归口管理的世界银行贷款项目总数已达到8个。在1990年以前签订的7个项目中，2个项目已执行完毕，1个项目延长了关闭期，其余4个项目正在执行。上述8个贷款项目的协议总金额为8.38亿美元，由于美元与特别提款权兑换率的变动，实际执行贷款总额已超过9亿美元。

一、延长支付关闭期的项目

第二个大学发展项目原定于1990年底关闭，由于本项目结束时尚有部分余款，经世界银行批准，关闭期延长至1992年底。

1991年该项目主要是利用余款采购设备和进行完工总结工作。1991年7月、9月、12月利用该项目完工后余下的1500万美元分别进行了两次招标和一次直接采购，共签订合同550份，购买746个品目的仪器和配件，总金额约1440万美元。同时，已完成对该项目的完工总结。

二、正在执行的贷款项目

1.地方大学项目。本项目贷款总额为10800万特别提款数（按当时汇率合1.2亿美元）。经过5年的努力，项目的执行工作已于1990年底基本完成。根据项目的实际情况并为了更好地完成后续工作，国家教委、财政部和世界银行协商决定，将本项目关闭期顺延至1992年12月31日。

1991年是项目进行完工总结的一年。到1991年底，项目已累计支付9560万特别提款权，国内配套投资已全部并超额完成。1991年1月，国家教委制定了该项目机动费的使用方案，并经国家计委、财政部及世界银行同意后进行了分配，主要用于为各项目院校采购设备的零备件、易耗品和教学用计算机。1991年5月，国家教委对项目完工总结工作做了全面部署，各项目省的教委于8–9月份对所属项目院校进行了检查和总结，国家教委于11月份组织国内有关专家对部分项目院校进行了实地抽查。

本项目的第三期设备采购工作于1991年1月开始，年底结束。中标合同约1600份，金额为1600万美元，主要用于购置零备件和易耗品。

1991年6月，国家教委对项目的人员派出和聘请外国专家计划进行了收尾工作。截至1991年底，已派出1223人（已学成回国800人），聘请外国专家236人。

2.中学在职教师培训项目。本项目于1988年8月签定贷款协定，1991年是该项目执行的第三年。项目院校为提高女生比例采取了一些具体措施，绝大多数院校的女生比例都达到30–40%。根据世界银行《评估报告》的要求，各项目院校都进行了双学科培训尝试。经济发达、条件较好的直辖市和省教育学院为贫困、边远地区代培师资的工作比较成功。1991年本项目审核批准166名教师出国进修，其中，已有108名教师作为访问学者被派往国外进修1年。在国内进行培训的教师已达3658人，超过了世界银行《评估报告》所计划的2500人。通过本项目的两个国外执行机构聘请外国专家来华举办7个讲习班，主要研讨微格教学、教材评估和学校管理等问题。

经过两次招标采购后，本项目各院校的设备情况大为改善，实验开出率大多在90%以上。为了更好地使用和维修设备，部分项目院校还自发地成立了用户协会。国家教委也针对一些主要仪器设备的使用和维修，举办了一些培训班。

3.教材建设项目。本项目由世界银行提供贷款4180万特别提款权（按当时汇率约合5700万美元）。截止到1991年底，项目的信贷支付总额为3636.7万特别提款权，折合约4858.9万美元，占信贷总额的87%，其中主要是设备采购用款。

本项目的第二期设备采购国际招标工作于1991年11月份完成，中标厂商有10家，购置设备120台（件），总计合同金额约为365万美元。目前，一期招标采购的设备已全部到货和安装验收并已投入生产，二期采购的设备已经陆续到货。

本项目通过国际招标选定的技术援助国外执行机构是联合国教科文组织。国家教委于1991年2月8至15日派代表赴巴黎同联合国教科文组织进行了谈判并签署了协议，技术援助计划于1991年开始执行。到1991年底，本项目已有12人获准出国学习并完成了语言培训。此外，1991年本项目共举行6个讲习班（其中高教3个、普教3个），它们分别是：大学出版社的编辑问题，大学出版社的出版管理问题，版权问题，教材的版面设计，出版管理，数学课本教学大纲的改革。

4.职业技术教育项目。本项目于1990年5月23日生效。1991年是项目执行的第二年，这一年，各项建设基本按计划顺利进行。各校的在校生规模在进一步扩大，师生比例等办学效益指标有一定的提高。

第一期设备招标采购的设备在1991年初陆续到校、验收和投入使用，各项目院校的实验开出率达到80%以上，设备和实验室管理工作也上了新台阶，各项目院校都在努力改变上午上课，下午做实验的习惯做法。

本项目在国内已有700名专业教师，

320名管理人员得到培训，并对项目院校的教师进行了外语培训。到1991年底，已审批出国进修人员24人。

三、新签约贷款项目

世界银行贷款重点学科发展项目经过两年多的准备，于1991年3月15日获世界银行董事会的批准。本项目贷款额为1.3亿美元，其中由国家教委负责管理的约9610万美元，用于装备国家教委和国务院14个部委及浙江省所属的共48所项目院校的114个国家重点实验室和专业实验室；另有1700万美元用于中国科学院所属研究所的建设；还有420万美元用于中关村地区教育与科研计算机网络建设。

1991年5月4日，国家教委在北京召开了世界银行贷款“重点学科发展项目”院校长工作会议，48所项目院校的负责人，各主管部委、省的教育部门的负责人，国家教委、国家计委和财政部的有关领导参加会议，就本项目的管理与执行、设备采购等问题进行了部署。为了改革项目各项数据的收集和年度报表的管理手段，提高工作效率，国家教委外资贷款办公室开发了“重点学科发展项目数据管理系统”软件(KSDPDMS)，并于1991年11月在北京举办了有项目单位代表参加的培训班。本项目今后每年进展报告和数据管理全部实行报送软盘，用计算机处理完成。

本项目的设备采购工作，国家教委于1991年初组织专家到部分项目院校征求了设备配备方面的意见。1991年4月19日至6月7日分别在北京、上海、广州组织各项目院校分专业、分地区集中培训、交流，试写标书初稿。1991年6月19日至8月8日由专家在北京审定和编制标书，8月中旬已报国务院有关部门和世界银行审查。

1991年年底前，大部分项目院校已报送了人员派遣计划。中外专家咨询组5名中方人员已经确定，11月份在北京召开了本项目专家咨询组中方成员首次会议。

撰稿人　孙福秋　俞秀义

审稿人　汪原仁　尤少忠

教育审计工作

1991年教育审计战线的全体同志认真贯彻落实中央关于“治理经济环境、整顿经济秩序”和深化改革的方针以及全国审计工作会议的精神，团结协作，克服困难，开拓进取，充分发挥行业审计的优势，加强重点审计工作，积极开展审计调查，取得了好的成效。

一、驻国家教委审计局1991年工作完成情况

1991年，驻国家教委审计局根据审计署《关于加强廉政建设，纠正行业不正之风的通知》，及中共中央办公厅、国务院办公厅的通知精神，制定了《审计局工作守则》、《审计局廉政措施》等，加强审计局廉政建设，改进审计工作作风。1991年完成的审计项目和审计调查任务超过以往任何一年。

(一) 召开全国教育审计工作会议

1991年1月25日～29日，全国教育审计工作会议暨中国教育审计学会（筹）成立大会在武汉举行。出席会议的有各省、自治区、直辖市和计划单列市教育主管部门、有关部委及委属院校、部分企业事业单位审计处负责同志，部分省、市教委和高等院校主管审计工作的领导同志，以及从事审计教学、科研的学者、教授共100多人。会议传达了李鹏总理关于审计工作的重要指示和全国审计工作会议精神，传达了国家教委召开的全国教育系统治理“三乱”工作紧急会议和全国教育财务工作会议的精神，总结了1990年全国教育审计工作情况，就1991年教育审计工作的方针、任务等作了部署，会议结束时，国家教委副主任邹时炎到会作了重要讲话。

会议期间，中国教育审计学会召开了成立大会，会议选举了学会理事和学会领导成员，通过了学会章程和1991年学会工作计划。

全国教育审计工作会议结束后，国家教委办公厅印发了《1991年教育审计工作要点》用以指导全国教育系统的内审工作。《要点》提出：1991年是“八五”计划的第一年，各级教育主管部门和院校要进一步贯彻落实国家教委发布的《教育系统内部审计工作规定》，继续执行“打基础、抓重点、上水平”的方针，以建立健全审计监督制度，加强科学管理，严肃财经法纪，大力提高各项办学资金使用效益为目标，积极发展，稳步提高，切实搞好基础建设，注意改进工作方法，继续开拓进取，使教育审计工作在实现制度化、法制化、规范化方面有一个较大的发展和提高。

(二) 完成审计署下达的重点审计任务

1991年，驻国家教委审计局共组织了14个审计小组，分别对厦门大学、浙江大学、北京大学、清华大学、上海交通大学、高等教育出版社、中国教学仪器设备公司和驻法国、英国使馆教育处等单位1990年财务收支情况进行了就地审计，并下达了审计结论和决定。审计的资金总额为116974万元，查出违纪违规金额2520万元，其中违纪金额956万元，违规金额1564万元；罚款金额33万元，已上缴27万元。

根据审计署的部署，要求委属院校、企业事业单位认真检查了涉外宴请工作中的问题；部署省、自治区、直辖市教育行政部门对教育费附加征收、管理、使用情况，教育救灾款的使用情况及部分委属院校开展社会服务财务收支情况进行审计调查，对调查中发现的各种问题，进行汇总综合和分析研究，撰写报告，提出改进措施，供领导部门决策或加强宏观管理参考。

(三) 成立联合审计处

根据国家教委在京直属单位较多和驻委审计局现有人力不足的情况，经国家教委、审计署批准，于1991年7月成立了联合审计处，负责对委属在京32个企事业单位的财务收支及其经济效益进行监督工作。1991年初步完成了对国家教委教学仪器研究所、中央电教馆音像出版社、高校科技联合开发中心及分公司的就地审计。

(四) 完成对基建工程的审批工作

1991年，驻国家教委审计局对委属院校及企事业单位自筹基建项目62个、建筑面积14.43万平方米、资金5683万元进行了审计，有7个项目没有批准，压缩投资600余万元；对在京单位基建工程开工前的13个项目、建筑面积13.2万平方米、投资3000余万元进行了审计，批准了10项，有3项因不具备施工条件，没被批准开工。

(五) 加强行业指导工作

1991年，驻国家教委审计局先后派出有关同志参加委属院校华南、西南、中南、西北地区，京津、东北地区，华东地区三个片会及西南、中南地区省市教育部门审计研讨会；并召开教育审计“七五”总结和“八五”

计划座谈会。通过这些小型会议，沟通了信息，交流了经验，针对教育审计工作中出现的新情况、新问题，及时探讨了解决问题的方法。从而有力地促进了教育审计工作不断向纵深发展，也为掌握各地区、各部门、各单位的审计工作情况，及时加强指导工作提供了丰富的资料。

为了充分发挥教育审计工作在深化教育改革，发展教育事业中的重要作用，1991年驻委审计局在总结"七五"期间教育审计工作经验的基础上，注意研究教育审计的特点，即教育审计工作与国家审计及其他各行各业审计的不同点；研究教育事业及其财经活动的特点，把审计的科学理论同教育实际结合起来，促进教育系统内审工作向高深层次发展。

(六) 抓检查、促落实

为促进教育审计工作向"法制化、制度化、规范化"迈进，国家教委1990年发布了《教育系统内审工作规定》，1991年驻委审计局又制定了《关于委属院校今后三年内部审计工作"上水平"若干问题的意见》。文件发出后，各地、各单位结合自己的实际，制定工作规划。为了全面掌握各地、各单位贯彻执行情况，驻委审计局除了认真审阅各部门、各单位报送的各种材料外，还组织了5个检查组，对委属36所院校几年来的工作情况，包括组织建设、制度建设、审计工作"上水平"等方面，进行了全面的检查。通过听自查汇报、查看审计资料和档案、抽查部分审计项目完成情况和审计结论落实情况、召开院校有关部门、人员参加的座谈会、听取院校领导及有关单位反映的意见等形式，比较全面地了解了审计工作开展情况。并发现了一批审计工作搞得好的院校和许多值得认真总结、推广的经验。

(七) 加强队伍培训工作

1991年驻委审计局与中国教育审计学会在上海复旦大学举办了教育系统处级审计干部岗位培训班；在同济大学举办了两期基本建设预、决算讲习班；在华中理工大学举办了计算机审计班，都取得了较好的效果。

同时，还采取以审代培的形式，提高审计人员的岗位工作能力。分别从学校先后抽调24名同志，参加了浙江大学、厦门大学、北京大学、清华大学等单位的审计工作。参加的人员边审计、边学习、边探讨，相互交流、相互研究、相互提高，在实践中提高了工作水平。

(八) 开展教育审计理论研究

为推动教育审计理论研究和教育审计工作的深入发展，驻委审计局除充分利用《教育审计》杂志开展学术研究外，1991年与中国教育审计学会举办了教育审计理论研讨会，就教育审计的职能、地位、任务，经济效益审计和教育审计如何实现"三化"等问题开展了讨论。会议收到论文88篇，在会上交流22篇。并加强了《教育审计简报》的编辑、印发工作，全年共编发了18期《简报》，及时沟通情况，交流教育审计工作的信息和经验。

二、全国教育审计工作的新进展

(一) 落实国家教委9号令，狠抓基础建设

国家教委1990年5月以第9号令发布《教育系统内部审计工作规定》以后，各省、自治区、直辖市教委认真制定了实施细则，对县以上教育主管部门的工作职责等作了明确的规定。截止1991年底，全国30个省、自治区、直辖市的34个教育主管部门中，已有27个建立了审计机构，占应建数的79%，配备专职审计人员102人；14个计划单列市教育主管部门中，已有10个建立了审计机构，占应建数的71%，配备专职审计人员26人。

(二) 开展多种形式的审计工作，发挥

内审的监督作用

1.坚持定期审计，扩大审计覆盖面。北京市教育局和12个区县教育局对直属单位开展定期审计的覆盖面达100%；安徽省已成立内审机构的高校和地、县教育主管部门大都推行了定期审计，据统计，1991年全省教育系统定期审计777个单位，审计总金额13700万元，查出违纪金额206.53万元。

2.继续有重点地开展财务收支审计，促进被审单位增强遵纪守法观念。山东省1991年继续进行本单位及所属二、三级单位的财务收支审计，共审计1564个单位，查出有问题资金2937万元；黑龙江省有重点地抓了对往来资金的审计，清理呆帐、死帐，收回几十万元内欠、外欠资金。

3.加强基建审计，提高基建投资效益。西安市教委对直属学校1991年竣工结算的工程进行了工程决算审计，核减工程造价86.8万元；湖南省教育学院审计科对维修改造工程等40个项目进行了全面审计，审计金额166.3万元，核减资金38.1万元。

4.开展对教育救灾专款（物）的审计。1991年夏季，我国华东地区及其他一些省区遭受了特大洪涝灾害。各灾区教育主管部门，积极认真地对教育救灾专款（物）进行了全面审计。据安徽、江苏、河南等13省市统计，共收到教育救灾专款44227.7万元，实物846.52万件。至1991年底，13省市已安排使用捐赠款42651万元。从审计的情况来看，各地对教育救灾款物的分配是合理的，使用效果是好的，没有发现贪污、挪用、侵占救灾专款（物）的违法违纪问题。

5.开展对财产、物资的审计。黑龙江省教委通过开展这方面的审计工作，完善了管理制度，做到每个部门、每个单位财产物资清楚完整。扭转了“重钱轻物”、“重教轻管”的思想，收到了明显的效果。

（三）针对教育行业特点，开展专项审计调查

1991年许多省市教育部门审计单位，结合本部门、本单位的实际情况，对一些重大的或带有普遍意义的问题开展了审计调查。如在对增加教育经费落实情况的审计调查中，发现有些地方没有落实增加经费的规定，有些地方存在挤占挪用及管理不善等问题；在对中小学校办企业和电教设备管理使用情况的审计调查中，发现校办企业存在利润不实、重福利轻发展以及财务管理混乱等现象。针对查出的这些问题，审计单位都将报告送给省市政府、人大、政协等领导部门，为宏观决策提供了依据。

撰稿人　刘　宜

审稿人　高　环　韩　存

教育监察工作

1991年，教育监察工作在深入学习和大力宣传《中华人民共和国监察工作条例》的基础上，朝着全面发挥监察职能，全面开展监察业务的方向深入发展。

一、围绕国家教委的中心任务进行工作部署

为了加强对教育监察的工作指导，1991年3月12日至16日在成都召开了教育监察

工作会议。这是教育监察系统召开的首次年度工作会议。29个省、自治区、直辖市教委、高教局监察机构和委属高校监察机构的负责人共计90人参加了会议。国家教委副主任邹时炎在会上作了书面发言，国家教委监察局局长郝维谦作了工作报告。会议传达了国家教委1991年工作会议和全国监察工作会议精神，学习了《中华人民共和国监察工作条例》，总结交流了工作经验，讨论修改了《国家教委直属单位监察机构重要违纪问题报告制度》和《国家教委直属单位监察机构监察业务统计报告制度》，安排部署了1991年度工作要点。

这次会议着重解决了教育监察工作的指导思想问题，即教育监察工作必须为政治稳定、经济发展、教育改革和发展服务。会议提出了认真落实国家教委和监察部部署的任务。贯彻以廉政监察为重点全面开展监察业务的工作方针。会议明确了执法监察是监察机构的基本职能和主要方式，必须紧紧围绕国家教委的中心任务加强执法监察，积极探索教育系统开展执法监察的路子。会议确定1991年国家教委系统反腐败的重点是教育战线治理“三乱”中揭露出来的严重问题。教育系统要开展第二次廉政大检查，以巩固廉政建设的成果。会议还把1991年作为学习《监察条例》年，要求全体专、兼职监察员认真学习、大力宣传《中华人民共和国行政监察条例》，掌握履行职责的法律依据。

1991年4月，还分别召开了国家教委机关各司局兼职监察员和直属企事业单位监察机构负责人会议，传达了教育监察工作会议精神，部署了教委机关和直属单位的监察工作任务，强调监察机构要加强对监察对象的监督检查，保证教育方针和政策法规的正确贯彻执行，增强干部的遵纪守法、廉政勤政意识，还强调人事、计划、财务、物资、后勤管理部门是加强廉政建设的重点单位，要逐步推行“两公开一监督”的办事制度。

这次会议的召开，加强了对教育监察系统工作的宏观指导，对监察工作的全面开展起了重要的促进作用。

二、针对教育战线治理整顿的突出问题开展执法监察

1991年教育系统各级监察机构普遍开展和加强了执法监察工作，在不同层次选择不同项目开展了执法监察，特别是开展了有计划的专项执法监察。

1.紧紧围绕国家教委提出的当前治理整顿中的四个突出问题，即制止乱收费、滥发复习材料、乱办班乱发文凭、高考舞弊，全系统统一部署、统一行动，在指定的时间内集中组织监察干部开展大规模的专项监督检查。为制止高考舞弊问题，在招生的全过程中进行事先、事中、事后的执法监察。国家教委学生司和监察局于5月联合发文部署，6月各招生机构和高校普遍组织招生工作人员培训学习，7、8月各级教育监察机构都派人参加了高考考试、录取工作现场的监督检查工作，9、10月对发榜后群众揭发出的问题集中进行查处。国家教委监察局还与北京市监察局、北京市各民主党派人士一起对北京地区高考现场进行监察。这样有组织有计划的全系统监督检查，力量集中，声势大，效果显著。在吉林省教委监察系统现场检查出的26人次中，有8人被取消录取资格，5人暂无法认定需日后再查，13人因举报不实被正常录取。河南省根据群众举报，由省纪委、省监察厅、省教委联合清查了全省1991年高、中等学校招生中冒名顶替上学的问题，发现600余起冒名顶替上学等舞弊问题，均予以严肃处理。目前高考舞弊之风已基本刹住。

2.监察机构与有关业务部门密切配合，贯彻监察检查与改进工作相结合的原则，经过执法监察，总结了经验，制定和完善了规章制度，促进了专项执法监察工作的规范化和制度化。如黑龙江省制订了《1991年普通高校及中专录取纪律要求》等，在实践中起到了较好的作用。

3.各地区各高校都从实际出发，选择本单位本地区群众反映的“热点”问题进行执法监察。一些地区和高校针对有些干部利用公款为子女交学费及校内的分房、招工、招干等问题进行监督检查，取得了很好的效果。如有的高校1991年分配住房300多套，招工50多人，招聘干部10人，由于实行“两公开一监督”制度没有发生任何谋私和不公问题，受到群众好评。

4.召开小型研讨会，开展执法监察的经验交流。先后召开了东北、华北、西北地区的省市教委监察机构负责人会议，华东地区委属高校监察工作研讨会，中南、西南地区委属高校监察工作研讨会，东北、华北、西北地区委属高校监察工作研究会，北京的委属高校座谈会，探讨执法监察在监察工作中的地位和作用、执法监察的指导思想、工作重点等问题。提高了认识，促进了工作。

三、继续开展反腐败斗争，坚决查处重要案件

1991年的反腐败斗争是与纠正行业不正之风结合起来进行的。各级教育监察部门积极参与和配合本级政府或教育主管部门纠正行业不正之风办事机构组织的查办案件工作。根据教育战线的特点，除查处违纪案件外，还针对纠正行业不正之风揭露出来的严重问题，重点进行查处。

1991年度，国家教委监察局接受群众来信来访和举报电话共726件次，其中属于教育监察业务范围的522件次。各省、自治区、直辖市的教育监察机构全年接受来信来访平均为350余件次。反映的问题仍以招生、考试、录取、分配等占比例最高，其次是属于治理“三乱”方面的问题。以权谋私、贪污受贿、违反财经纪律等方面的问题也占有一定比例。委属高校监察机构系统全年接受来信来访平均40余件次。所反映的问题以经济方面的问题为多，其次是以权谋私和住房分配、职称评定问题。

各级监察机构都在人力不足，“办案难”的情况下，查处了一批案件。国家教委监察局直接受理的案件线索有18件，经查证澄清事实的8件，查清事实给予纠正、制止或批评教育的5件，立案查处并结案的1件，继续查处的4件。各地监察机构和委属高校监察机构直接受理或重点督办的案件一般平均为10到20件，结案率一般在70～80%左右。

1991年，国家教委监察局与监察部、国家民委监察局联合调查了中央民族学院乱办班乱发文凭一案。派人到沈阳督办了辽宁大学财金系主任为其女儿报考研究生利用职权、伪造证件舞弊案，并与国家教委学生司联合对此发出通报，要求各省、自治区、直辖市招生、监察部门和委属高校严格执行高考纪律。还参与调查处理了湖北电大、中央电大中文、经济两系违反教委规定在北京自办视听班问题；督办了山东大学某处私分公款、北京外国语学院一挪用巨额公款案等。

四、学习和宣传《行政监察条例》

1991年，各级教育监察机构都把学习和宣传《行政监察条例》作为一件大事来抓。全体专兼职监察干部认真学习《条例》，领会精神实质。有的地方制定了与《条例》配套的具体实施办法，有的高校制定了较完整的条例实施原则。国家教委监察局印发了《监察部驻国家教委监察局监察对象职务名称表》、《国家教委直属单位监察机构重要违纪问题报告制度》、《国家教委直属单位监察机构监察业务统计报告制度》等3个文件。

1991年5月20日至6月15日，国家

教委监察局在监察部杭州大学教育培训中心举办了首届教育监察干部培训班，来自全国教育战线的69名同志参加了为期25天的学习。培训班以学习《行政监察条例》为重点，同时学习行政监察基础理论和基本知识，并组织了教育监察工作讲座，交流工作经验，取得较好效果，受到广大监察干部的欢迎。

此外，各级教育监察机构还组织相关的监察对象学习，向广大干部宣传。一般都组织了学习《条例》的报告会，听、看辅导《条例》学习的录音、录像。有的高校还请专家、教授讲课，组织系列专题讲座。有的地方把学习《条例》纳入"普法"学习计划，组织全体机关干部在指定的政治学习时间学习《条例》，并在学习结束时进行开卷考试。在《条例》颁布一周年的时候，不少单位组织了座谈会、学习会、总结工作会等活动。如中国人民大学监委召开了由校内有关职能部门负责人、部分法学专家和监委委员参加的《条例》颁布一周年座谈会。到会同志一致认为，《条例》的颁布，使反腐败斗争纳入法制化轨道，这对政治稳定、社会稳定、国家长治久安具有深远的意义。

五、国家教委系统开展廉政大检查

1991年5月，国家教委发出《关于国家教委直属高校开展第二次廉政大检查的通知》，印发了《关于国家教委直属高校1990年开展廉政大检查的总结报告》。各高校对这次廉政大检查都很重视，一般都安排一个月时间进行了自查，年底以前全部结束。10月至12月，监察局分别对四川大学、成都科技大学、重庆大学、西南师范大学4校校领导的廉政、勤政等执法情况进行了考核；对北京大学、清华大学、南开大学、天津大学、南京大学、东南大学等6校廉政大检查的进展情况进行了解；对厦门大学、北京语言学院的廉政大检查进行了重点抽查。总的看，这次大检查比第一次有新的发展。各单位都做到有决定、有计划、有动员、有总结；不少单位还组成了专门的领导小组，实施具体指导。大家都能从巩固社会主义制度的战略高度来认识廉政建设的重要性、紧迫性，自觉参与廉政大检查。这次大检查强调了重点对象是校、系两级领导，要求校级行政领导单独开廉政自查会，单独向国家教委监察局写自检报告。有不少高校的领导在会上开展了批评与自我批评，有针对性地作出整改决定，有的高校还把领导干部廉政自查会的记录上报给国家教委。各单位贯彻边查边改的精神，对查出的问题进行了归纳，针对存在问题努力改进工作。从这次廉政大检查的情况看，委属高校行政领导干部普遍能做到严于律已，廉洁从政，相当多的领导干部起到了廉政方面的表率作用，有的同志堪称楷模，群众对校领导的廉政情况是满意的。通过廉政大检查，提高了各级领导加强自身廉政建设的自觉性，进一步密切了领导和群众的关系，不少学校还根据大检查和举报出来的问题，及时查处了一批案件。

一年来，各级教育监察机构还在独立设置监察机构、充实专职监察干部，举办各种培训班、研讨会提高监察干部素质，加强规章制度建设，注意进行工作总结和加强宣传等方面做了大量工作。

撰稿人　高海涛

审稿人　郝维谦

国家高级教育行政学院抓改建，提高培训工作水平

根据人事部《关于国家教育委员会所属事业单位机构编制的批复》，1991年4月，中央教育行政学院改建为国家高级教育行政学院。

1991年，国家高级教育行政学院共开办进修班、培训班、研讨班8期，培训高校领导干部及部分理论骨干542名。具体开办的班是：第二期、第三期高等学校领导干部马克思主义理论进修班、第一期高校党政干部培训班、前沿理论问题研讨班、第七期高校后勤工作研讨班、全国高等工程专科教育研讨班、第二期全国教育学院教学管理研讨班、中国国家高级教育行政学院与加拿大阿尔伯塔大学合办的“政府在高等教育中的作用”研讨班。1991年国家高级教育行政学院培训工作的特点，一是紧密联系国际国内形势，认真学习马克思主义理论，研讨高等教育领域中的实际问题；二是交流高校的办学经验，探讨提高高等学校办学水平的方向、途径与规律。

一、高校领导干部马克思主义理论进修班

根据《中共中央关于加强高等学校党的建设的通知》和国家教委《关于高等学校领导干部学习马克思主义理论的意见》，按照委党组的部署，1991年国家高级教育行政学院开办了第二期、第三期高校领导干部马克思主义理论进修班。第二期高校领导干部马克思主义理论进修班自1991年3月5日开班，5月14日结业。国家教委和国务院各部委，省、自治区、直辖市所属重点高校校级领导干部79人，国家教委机关司局级干部5人，共84人参加了学习。第三期高校领导干部马克思主义理论进修班自1991年10月16日开班，12月18日结业。来自国家教委直属高校和国务院部委及省、自治区、直辖市所属重点高校的84位校级领导干部和国家教委机关及在京直属单位的4位司局级干部，共88人参加了学习。

开办高校领导干部马克思主义理论进修班的指导思想是：根据中央关于加强全党干部马克思主义理论学习的指示精神和加强高等学校党的建设的意见，针对当前国际国内斗争的形势和高等教育改革与发展的实际，认真学习马克思主义著作，学习江泽民总书记《在庆祝中国共产党成立七十周年大会上的讲话》及《中共中央关于制定国民经济和社会发展十年规划和“八五”计划的建议》，批判资产阶级自由化和民主社会主义思潮，提高马列主义、毛泽东思想的理论水平和战斗能力，增强学习和研究理论的兴趣与自觉性，增强党性，坚定社会主义信念，进一步明确高等学校的办学指导思想，加强党的领导和思想政治工作，办好有中国特色的社会主义大学。学习分五个阶段进行：

第一阶段，学习科学社会主义理论。重点阅读了马克思、恩格斯的《共产党宣言》、恩格斯的《社会主义从空想到科学的发展》、列宁的《无产阶级革命与叛徒考茨基》、毛泽东的《新民主主义论》等著作及

江泽民《在庆祝中国共产党成立七十周年大会上的讲话》等。主要学习和讨论了建设有中国特色社会主义的基本理论和基本实践；马列主义、毛泽东思想与民主社会主义在社会主义问题上的根本对立与斗争；新的历史时期中国共产党的建设。

第二阶段，学习马克思主义政治经济学。重点阅读了马克思的《资本论》第一卷第23、24章，列宁的《帝国主义是资本主义的最高阶段》，毛泽东的《论十大关系》等著作。主要学习和讨论了如何科学地认识现代资本主义；建设有中国特色社会主义经济的基本要求；我国经济建设的任务和指导方针。

第三阶段，学习马克思主义哲学。重点阅读了恩格斯的《路德维希·费尔巴哈和德国古典哲学的终结》、马克思、恩格斯的《关于历史唯物主义的部分书信》、毛泽东的《实践论》和《矛盾论》等著作。主要学习和讨论了马克思主义哲学与现时代的关系；资产阶级自由化的哲学基础及其批判；清除西方哲学思潮对高校青年学生的影响。

第四阶段，坚持正确的政治方向，建立反和平演变、反渗透机制问题的研讨。重点阅读了列宁的《共青团的任务》、毛泽东的《关于正确处理人民内部矛盾的问题》等著作及毛泽东、邓小平关于反对和平演变的论述等。集中研讨了社会主义大学的本质特征和优势、怎样认识资产阶级自由化对高校的影响和国际反动势力对高校的渗透、高校在反和平演变斗争中的地位和作用、高校如何建立反和平演变、反渗透机制和应采取哪些措施等。

第五阶段，总结交流学习心得。重点阅读了毛泽东的《改造我们的学习》、《整顿党的作风》等著作。每个学员都认真写了学习心得体会，作了自我鉴定。

在进修班学习期间，中共中央政治局委员、国务委员兼国家教委主任李铁映到国家高级教育行政学院看望学员，召开座谈会，并作了重要讲话。国家教委党组书记、副主任何东昌、副主任滕藤、朱开轩等领导同志为进修班学员作了专题报告并与学员座谈。有关部门的领导、专家、学者在不同阶段为学员作了专题辅导报告。进修班还组织学员们参观考察了首都钢铁公司、京郊窦店村、北京大学和清华大学。

学员们认为，进修班的教学目的明确，把学习马克思主义理论同反和平演变、反渗透斗争及高校工作实际紧密结合起来，重点突出，针对性强，收获较大。

二、高校党政干部培训班

国家高级教育行政学院自1991年9月16日至1992年1月18日举办了第一期高校党政干部培训班。国家教委直属院校和国务院部委及省、自治区、直辖市所属重点高校的党政领导干部53人参加了学习。

高校党政干部培训班的办班指导思想是：根据中央关于加强后备干部培训的指示精神，学习马克思列宁主义、毛泽东思想，掌握马克思主义的立场、观点、方法，坚定社会主义信念，明确高等学校的办学指导思想；学习马克思主义教育思想和教育管理业务，掌握教育规律，适应高校领导工作需要，办好有中国特色的社会主义大学。

该班教学计划的安排以政治培训为主，业务培训为辅。整个培训共分六个阶段。第1～4阶段进行政治培训，教学安排与前述高校领导干部马克思主义理论进修班相同。第5阶段为业务培训阶段。业务培训的目的是了解高校改革与管理的理论原则和有关方针、政策，为今后做好高校管理工作打下初步基础。国家教委有关司局领导为学员作关于高校管理与改革的专题报告。第6阶段是实地考察。学员实地考察了南开大学的综合改革，天津大学的教学科研改革与管理，北京理工大学的后勤改革及学生工作，北京师范学院的内部管理体制改革和青年教师的培养。

经过六个阶段的培训，学员们在总结收获时感到收益非浅。经过学习，学员们提高了马克思主义理论水平，增强了学习马克思列宁主义毛泽东思想的积极性和自觉性；进一步坚定了社会主义信念和共产主义理想；增强了反和平演变的意识和信心；进一步明确了高校的办学指导思想，树立了做一名坚定的马克思主义者和社会主义教育家的决心和信心。

中共中央政治局委员、国务委员兼国家教委主任李铁映接见了全体学员，听取了学员的汇报并作了重要讲话。指出：高校党政干部应下决心做一个坚定的马克思主义者和社会主义教育家，把高校办成坚持马克思主义、反对和平演变的坚强堡垒，把建设有中国特色的社会主义事业进行到底。

撰稿人　柴玉彬

审稿人　来汉宣

中国教育系统全国性社团

根据国务院《社会团体登记管理条例》和民政部 1990 年关于社会团体清理整顿工作通知的要求，国家教委 1991 年批复 75 个全国性社团，其中有 12 个为新成立，63 个为重新登记。名单如下：

一、新成立的社团

社团名称	主管(挂靠)单位
马寅初人口科学基金会	北京大学
中国金融教育国际交流协会	中国人民银行
全国纺织教育学会	纺织工业部
中国犯罪学研究会	北京大学
全国对外经济贸易教育协会	对外经济贸易部
全国统计职业技术教育学会	国家统计局
中国交通部教育研究会	交通部
中国学前教育研究会	北京师范大学
中国核工业教育学会	中国核工业总公司
中国建设教育协会	建设部
中国地方教育史志研究会	湖北省教委
首都高校中青年马克思主义研究会	国家教委社会科学发展研究中心

二、重新登记的社团

社团名称	主管(挂靠)单位
闻一多研究学会	武汉大学

全国高等药学院校（系）协会	国家医药管理局
中国新闻史学会	中国人民大学
全国大学语文教学研究会	华东师范大学
中国古代文学理论学会	华东师范大学
中国义和团研究会	山东大学
中国文艺理论学会	华东师范大学
全国经济地理科学与教育研究会	中国人民大学
中国高等院校市场学研究会	中国人民银行
百越民族史研究会	厦门大学
中国人类学学会	厦门大学
全国经济管理院校工业技术学研究会	中国人民大学
中共党史人物研究会	中国人民警官大学
中国历史文献研究会	北京师范大学
中国水利高等教育学会	水利部
中国非洲问题研究会	南京大学
中国唐代文学学会	西北大学
中国文心雕龙学会	汕头大学
中华全国日本哲学学会	延边大学
全国交通运输高等院校经济管理学会	中国民航学院
延安鲁艺校友会	北京师范大学
中国东南亚研究会	厦门大学
元史研究会	南京大学
叶圣陶研究会	中国民主促进会中央委员会
中国人类工效学学会	同济大学
中国电力高等教育学会	能源部
全国电力企业教育协会	能源部
全国工业统计教学研究会	国家统计局
中国航空教育学会	航空航天工业部
全国马克思列宁主义经济学说史学会	中国人民大学
中国区域科学协会	北京大学
东北三省中国经济史学会	吉林大学
全国美国经济学会	武汉大学
中国俗文学学会	北京大学
中国宋史研究会	上海师范大学
中国蒙古史学会	内蒙古大学
中国会党史研究会	上海师范大学
外国法制史研究会	武汉大学
毛泽东文艺思想研究会	吉林大学

中国写作学会	武汉大学
中国音韵学研究会	华中理工大学
中国老舍研究会	北京语言学院
中国高等院校电影学会	广播电影电视部
中国民俗学会	北京师范大学
中国训诂学研究会	北京师范大学
中国修辞学会	暨南大学
清华校友总会	清华大学
中国农民战争史研究会	山东大学
中国当代文学学会	华中师范大学
中国航天教育协会	航空航天工业部
中国新四军和华中抗日根据地研究会	南京大学
中国韵文学会	湘潭大学
中国唐史学会	陕西师范大学
中国林业成人教育学会	林业部
辛亥革命史研究会	华中师范大学
马列文艺论著研究会	华中师范大学
大洋洲经济研究会	南开大学
东北地区中日关系史研究会	辽宁大学
高等学校自然科学学报研究会	北京师范大学
全国高等学校计算机教育研究会	重庆大学
全国高校互换性与测量技术研究会	清华大学
中国《水浒》学会	湖北大学
全国高等学校文科学报研究会	中国人民大学

撰稿人　关树英
审稿人　马樟根

信访工作新进展

一、国家教委成立信访办公室

为适应新形势的需要，进一步加强信访工作，经国家教委领导批准，办公厅信访处改称国家教委信访办公室，下设信访一处(处理人民来信)，信访二处（接待群众来访)。信访办公室的职责范围是，贯彻执行中共中央和国务院信访工作的方针政策，协助委领导检查、指导地方教育部门信访工作，督促、协调、催办案件，并帮助其加强组织建设，组织交流经验，表扬先进；协调委内司局信访工作，归口处理来信来访。国家教委办公厅已于 1991 年 3 月 8 日发出通知，信访办公室正式对外办公。

二、国家教委领导对信访工作作重要批示

国家教委信访办公室1991年共编《信访简报》和《信访摘报》97期，李铁映和何东昌等委领导对其批示11件。7月25日，中共中央政治局委员、国务委员兼国家教委主任李铁映在《信访简报》第十六期上作重要批示：案件要请各地及时、正确的处理；国家教委信访办要查催；各司局对情况类要研究，对问题类要办理回复。信访工作是政府联系人民群众，倾听呼声，排忧解难，接受监督，督促催办的一个重要渠道。

为贯彻落实李铁映对信访工作的批示和办公厅《关于进一步加强教育系统信访工作的几点意见》，召开了委内司局办公室主任会议，办公厅提出《对委内司局、直属单位处理人民来信来访的要求》，制订了《国家教委处理人民来信的办法》(试行)、《关于信访文书的分类和管理办法》，修改完善《接待人员工作守则》和《群众来访接待制度》。

三、处理来信来访情况

1991年，国家教委信访办公室共受理来信21436件，来信比1990年下降19.8%；来访8915人次，比1990年增长48%。来信反映的主要问题是：举报揭发2868件，占来信总数的13.34%，招生分配2366件，占来信总数的12.3%，工资福利2090件，占来信总数的9.1%，民办代课教师1397件，占来信总数的6.35%；来访反映的主要问题是，要求解决现实问题的占70%，历史遗留问题占20%。来信多的地区是川、豫、鲁、湘、苏、皖、鄂、冀等，来访多的地区是辽、冀、鲁、苏、川、鄂、湘、皖等。

国家教委信访办公室多次派人，分别到河南、湖南、四川、山东、河北等省调查催办，处理上访老户。经过多方联系、研究和做深入细致的思想工作，使十几名上访老户止访息诉。李鹏总理及委领导对山西一来信反映收费问题作了批示，1991年11月信访办与基础教育司联合进行实地调查，及时查明了情况。

认真处理集体上访。1991年集体上访共21批692人。对集体上访，一是及时听取意见，稳定情绪；二是耐心疏导，做思想工作；三是对有关部门及时提出建议，研究解决其合理要求；四是注意从来信来访中捕捉苗头性的问题，减少来京集体上访。

重视举报揭发的查处，促进廉政建设。1991年3月一封反映某县教委主任超标准建房等问题的来信，经信访办发函，省教委查实，给予党内警告处分，调离领导岗位。

四、交流工作经验

国家教委信访办在1991年中共中央办公厅、国务院办公厅信访局办的《人民信访》第一期上，组织“国家教委信访工作专栏”稿件，刊登了李铁映等委领导重视关心信访工作的指示，河南、湖南、四川、山东等省教委和大连理工大学的信访工作经验。

撰稿人　李　经

审稿人　马樟根

基 础 教 育

《义务教育法》的贯彻实施情况

5年来，各省、自治区、直辖市积极贯彻《义务教育法》的各项规定，取得显著成效。

一、普及初等教育取得突破性进展，初级中等教育稳步发展

1991年，初等义务教育适龄儿童入学率达到97.87%，比1985年提高1.97个百分点。城乡基本普及初等教育的人口数占全国人口总数的91%。小学在校生辍学率下降到2.35%（含因病休学），为建国以来的最低点。当年，全国城乡小学毕业生升入初中的占毕业生总数的77.7%，比1985年提高了9.3个百分点。初中在校生辍学问题，多数地区已基本控制。全国初中学生平均辍学率下降到5.38%（含因病休学）。特殊教育打破了长期停滞不前的局面，得到较快发展。

二、基础教育管理体制改革取得成效

《义务教育法》规定，义务教育实行“地方负责、分级管理”的体制，调动了各级地方政府和广大人民群众的办学积极性。实行“农、科、教”结合，使基础教育、职业技术教育、成人教育统筹协调发展，促进了农村经济的发展。

三、以国家拨款为主，多渠道筹措义务教育资金的体制正在形成

由于贯彻了“依靠人民办教育，办好教育为人民”的方针，多渠道筹措教育经费，财政预算外的教育投入有了较大增长，在解决“穷国办大教育”的矛盾中，人们的观念发生了可喜的变化，初步摸索出一些适合我国国情的解决教育经费的办法。

四、实施九年制义务教育的师范教育体系和培养规模初步形成

在“七五”期间，国务院拨出13亿师范教育补助专款，加强了师范院校建设。经过5年的努力，在中小学教师中，学历符合《义务教育法》规定要求的比例普遍有了较大提高。小学教师符合规定学历的占80.7%，初中教师占51.8%。分别比1985年提高了20.1和24.3个百分点。在提高教师素质的同时，各地普遍重视提高教师待遇，稳定教师队伍。

五、中小学办学条件有了明显改善

在“七五”期间，由于各级政府重视多渠道筹措建设资金，使中小学办学条件得到了较大改善。在这方面起带头作用的是山东省，在短短几年内集资35.5亿元，率先实现了校舍设施的全面配套建设。另一个人口大省—河南，10年中筹资71亿元，使全省中小学办学条件得到明显改善。近几年一些经济基础较差的省、自治区也掀起改善办学条件的热潮。广西壮族自治区在最近4年，集资9亿多元，用于改造校舍，相当于30

年财政拨发的维修经费。据统计，过去的5年中，全国共维修、改造中小学校舍约2亿平方米，校舍中危房比例从1986年的7.4%下降到1991年的2.75%。大部分省、自治区、直辖市的农村中小学基本实现了“一无两有”(即校校无危房，班班有教室，学生人人有课桌凳)，全国大部分省、自治区和直辖市正在按办学条件标准化的要求进行配套建设。

六、教育教学改革正在逐步深化

各地认真贯彻义务教育的宗旨，为使基础教育由应试教育模式转向为全面提高民族素质的轨道奠定了基础。几年来，在加强道德和文明行为养成教育的同时，普遍重视加强了对学生的爱国主义和社会主义教育。义务教育阶段的学制、课程教学内容、教学方法的改革十分活跃。新的教学计划、教学大纲和教材即将有计划地使用。全国有70%的中等城市和一半以上县级市取消了小学升初中的考试，实行小学毕业就近升入初中就读。

但是，当前存在一些迫切需要解决的问题：有一部分县未普及初等教育；在已经基本普及初等教育的农村，还有相当部分地方普及教育的水平同《义务教育法》的要求有差距；片面追求升学率的现象还没有根本遏制；教育质量有待进一步提高；有的地方至今未依法施行一定年限的义务教育；仍有一些地方发生企业和个体工商户违法招用童工的问题。上述问题说明当前推进义务教育的关键是做到有法必依、依法治教、执法必严、违法必究。

为此，1991年3月11日，全国人大常委会委员长会议决定，要求各省、自治区、直辖市组织力量对本地执行《义务教育法》的情况进行检查。并在各地自查的基础上，由全国人大教科文卫委员会牵头，会同国家教委等部门对各省、自治区、直辖市进行了重点抽查。这对推动《义务教育法》的贯彻落实，促进我国基础教育的健康发展，把我国国民教育逐步纳入依法治教的轨道，起了积极的作用。

撰稿人　张杰仲

审稿人　陈德珍

召开全国中小学计算机教育工作会议

1991年10月，国家教委基础教育司在济南召开了第四次全国中小学计算机教育工作会议，会议的任务是总结交流第三次工作会议以来各地计算机教育的经验，研究和部署今后中小学计算机教育的工作。国家教委副主任柳斌在开幕式和闭幕式上讲话，山东省副省长宋法棠出席了会议。

会议集中讨论和研究了如下问题：

一、发展中小学计算机教育的方针

会议认为计算机教育是一项面向未来的现代化教育，是当前世界教育改革的一大趋势。我国正面临21世纪经济、技术和社会发展的严重挑战，为发展科学技术、不断提高全体劳动者的科学文化素质，需要努力发展全国中小学计算机教育。今后一个时期，我国中小学计算机教育的发展方针应为：从实际出发，注重实效，巩固现有成绩，积极创造条件，有计划、有步骤、分层次地发展。

二、领导和规划

会议指出，发展中小学计算机教育一定要加强领导，做好规划。建议国家教委成立由一位委主任任组长，由有关司局负责人组成的中小学计算机教育领导小组；将全国中学计算机教育研究中心改名为全国中小学计算机教育研究中心；各省、自治区、直辖市教委要有一位主任主管计算机教育。各省、自治区、直辖市要在调查研究的基础上制订出3年和8年的规划；国家教委在各地规划的基础上制定全国计算机教育的规划。

三、师资队伍建设

会议一致认为，加强师资队伍建设是发展计算机教育的关键。首先，要在一部分师范院校增设计算机教育专业系科，保证计算机专业教师和管理人员的来源；要在师范院校的所有专业开设计算机应用课程，使新一代的中小学教师能适应使用计算机、参与计算机管理和运用计算机进行辅助教学的要求。其次，要加强对在职教师的培训，提高在职教师的思想业务水平。第三，对计算机教师的编制、工作量、职称评定等要制定相应的政策。

四、经费和管理

会议建议各地根据经济发展水平每年为发展计算机教育拨出适量专款，专款的使用要考虑硬件设备的一次投入，考虑软件开发、推广、设备维护、师资培训等费用；特别要注意加强管理，在规划的基础上，落实各级机构对设备购置和维护、教学研讨、师资培训、软件研制和评审等各个方面的职责，务使各项投入和工作发挥最大效益。

会后，国家教委根据会议精神于1992年7月制定下发了《关于加强中小学计算机教育的几点意见》。

撰稿人　邓立言
审稿人　马　立

一批农村初中实施劳动技术教育综合实验

到1991年底，国家教委建立的全国农村初中教育改革实验联系校已有152所，公布27个省、自治区和直辖市的67个农村教育综合改革实验县。这批农村初中联系校按照国家教委的部署，从1989年秋开始实施劳动技术教育综合实验。

实验内容为10项：(1) 落实劳技教育中的德育任务，将热爱党、热爱社会主义的教育同热爱家乡、建设家乡的教育结合起来，培养学生的劳动观点和习惯，树立建设社会主义新农村的志向和艰苦奋斗、科学实干的精神。(2) 按照教学计划规定的课时和中学劳动技术课教学大纲的要求认真开设劳动技术课。(3) 其他各科根据学科特点补充当地经济建设和社会发展需要的知识和技能的教学内容。(4) 编好用好乡土教材。(5) 参加当地工农业生产劳动实践。(6) 开展课外科技、劳技活动。(7) 建立劳动技术教育基地。(8) 开展职业指导，促进分流教育。(9) 开展面向社会和家庭的技术服务活动。(10) 在初三学生毕业后，开设一定时间的技术培训。

两年多的实践表明，这项实验是农村基础教育改革的一项重要措施，具有三个方面的作用：(1) 为落实农村教育为当地经济建设和社会发展服务提供了新的经验，推动了农科教统筹和“三教”结合。许多联系校与本地农业科研单位和农技推广单位挂钩，以学校为阵地，以学生为载体，传播先进农业技术。(2) 促进了农村初中教育教学改革，加强了热爱家乡、建设家乡的思想教育，落实了劳动技术教育任务。学校教育同生产劳动相结合，面向全体学生，对全面提高未来劳动者的素质，具有重要作用。(3) 部分联系校取得了较好的经济效益，改善了办学条件。

1991年12月，国家教委基础教育司在河南开封市召开了农村初中劳动技术教育综合实验联系校座谈会。27所农村初中联系校参加了会议并交流了情况。会议建议：今后实验工作的总的要求是，在“点上深化”和在“面上扩散”。首先把立足点放在联系校综合实验的深化上，使实验从单学科的改革延伸到多学科的渗透，从课内知识、技能的传授延伸到课外活动和实践操作，从校内的劳技教育延伸到校外的实习与服务。同时，各地应宣传联系校的经验，使之逐步向面上扩散，推动面上学校从实际出发进行改革。

撰稿人　傅国亮

审稿人　陈德珍

国家教委发布《小学生日常行为规范》

1988年8月国家教委发布了《小学生日常行为规范》(试行)。在经过3年实践和广泛征求各地广大教师、干部意见的基础上，对试行稿作了修订，国家教委于1991年8月20日正式发布实施。

小学生日常行为规范

一、尊敬国旗、国徽，会唱国歌，升国旗、奏国歌时要肃立、脱帽、行注目礼，少先队员行队礼。

二、尊老爱幼，友爱同学，平等待人。主动帮助有困难的人和残疾人。要尊重他人的民族习惯。

三、尊敬师长，见面行礼，主动问好，要用尊称，不直呼姓名。

四、孝敬父母，关心父母身体健康，主动帮助父母做事。听从父母和长辈的正确教导，外出或回到家要打招呼。

五、待人有礼貌。说话文明，讲普通话，会用礼貌用语。到他人房间要先敲门，经允许再进入。不打扰别人的工作、学习和休息。不打架，不骂人。

六、对外宾有礼貌。热情大方，不围观尾随。

七、诚实，不说谎话，知错就改。答应别人的事要努力做到。不随便拿别人的东西，借东西要还，损坏公物要赔偿，拾到东西要归还失主或交公。

八、爱惜粮食，爱惜学习、生活用品，不挑吃穿，不乱花钱，节约水电。

九、穿戴整洁。经常洗澡，勤剪指甲勤洗头，早晚刷牙漱口，饭前便后洗手。不随地吐痰，不乱扔果皮纸屑。

十、按时作息。上学不迟到、不早退。不逃学，有病有事不能到校要请假。放学后按时回家。

十一、课前准备好学习用品。上课专心听讲，大胆发言，不懂就问，发言先举手，回答问题声音响亮。课间做有益的游戏。

十二、课后认真复习，按时做作业，书写工整，卷面洁净，独立完成。考试不作弊。

十三、积极参加有益的文化体育活动，认真做广播体操和眼睛保健操。读写姿势正确。

十四、积极参加学校组织的各种劳动，认真做值日，保持教室、校园整洁。

十五、自己能做的事情自己做，自己的衣物用品要摆放整齐，学会收拾房间、洗衣服、洗刷餐具等家务劳动。

十六、遵守交通规则，过马路走人行横道，不违章骑车。不在公路、铁道、码头玩耍和追跑打闹。

十七、乘公共车、船时主动购票，主动给老幼病残让座。遵守公共场所秩序，出入时不拥挤，观看演出时不随便走动，保持安静，演出结束时鼓掌致谢。

十八、爱护公共财物，爱护花草树木和庄稼，保护有益动物。不在课桌椅、建筑物和文物古迹上涂抹刻画。

十九、注意安全，不玩火，不做有危险的游戏。

二十、要看有益的图书、报刊、录像。不吸烟、不喝酒、不赌博、不参加封建迷信活动。遇到坏人坏事主动报告，敢于斗争。

在中、小学生中加强中国近代史、现代史及国情教育

1991年3月9日，江泽民总书记致信国家教委主任李铁映、副主任何东昌，要求对小学生（甚至幼儿园的孩子）、中学生和大学生，由浅入深，坚持不懈地进行中国近代史、现代史及国情教育。国家教委积极贯彻执行，采取了以下几项措施：

一、制订了《中小学加强中国近代、现代史及国情教育的总体纲要（初稿）》

1991年8月，国家教委制订了《中小学加强中国近代、现代史及国情教育的总体纲要（初稿）》（以下简称“总体纲要”），作为进行中国近、现代史及国情教育的指导性文件。要求中、小学校根据学生的年龄特点和认知规律，有计划地把加强中国近、现代史及国情教育纳入到教育、教学活动之中，使学生了解我国的基本国情，以爱国主义、社会主义教育为主线，逐步树立劳动观点、群众观点、阶级观点、辩证唯物主义观点，从而奠定科学世界观、人生观的基础，成为21世纪社会主义事业的可靠建设者和接班人。

中小学语文、历史、地理和中学思想政治等学科是进行中国近、现代史及国情教育的主要渠道，为发挥这些学科的主渠道的教育作用，国家教委根据“总体纲要”的指导精神及学科特点，分别制定了中小学语文、历史、地理和中学思想政治等学科加强国情教育纲要和实施意见（以下简称“学科教育纲要”），作为这几门学科现行教学大纲的重要补充，并以此为依据调整现行教材的相关内容，编写补充教材、教学挂图和图册。在供1993年使用的九年义务教育新教材中，将全面贯彻“学科教育纲要”的各项要求。

为保证1991年秋季后的初三和高中各年级接受深入系统的近、现代史和国情教育，国家教委基础教育司组织编写了初中《国情教育读本》和高中《国情教育读本》（计5册），分别作为初三年级和高中各年级学生课外必读读物；组织编写了《我爱你，中国》、《小学生国情十知道》，分别作为小学低年级、高年级的必读读物。

二、举办中国近、现代史和国情教育师资培训讲座

为提高各级干部、教师对加强中国近、现代史和国情教育的认识，国家教委于1991年8月15日开始，通过教育电视台举办了中国近、现代史和国情教育师资培训讲座，要求各级教育行政部门和教研部门组织中小学干部教师学习江泽民总书记的指示信、“总体纲要”和“学科教育纲要”。10月，分别举办了语文、历史、地理学科省级教研员培训班，落实“学科教育纲要”的精神。

1991年9月12日，国家教委在福州召开了全国国情教育工作会议，国家教委副主任柳斌就加强中国近、现代史和国情教育的重大意义等讲了话。

撰稿人　刘月霞
审稿人　马　立

加强中小学德育工作

一、推广潮州市创造全社会育人环境的经验

1991年3月5日～7日，国家教委在潮州市召开全国中小学德育工作座谈会，推广潮州市创造全社会育人环境的经验。各省、自治区、直辖市及计划单列市主管德育工作的教委主任、处长和计划单列市主管教育的市长近百人出席了会议。

广东省潮州市委、市政府在改革开放的新形势下，从当地实际出发，不断加强和改进中小学德育工作，动员全社会力量齐抓共管，培育社会主义事业的建设者和接班人。近10年来，进行了积极的探索和实践，取得了明显的成效。从1984年到1991年，全市城乡近17万名中小学生犯罪率降到了历史的最低点。

通过会议交流、参观、座谈，与会同志认为，潮州市的主要经验是：(1) 党委、政府加强领导，有关部门各司其职，齐抓共管，创造良好的社会育人环境；(2) 德育工作措施得力，政策、制度、组织措施“三落实”；(3) 常年不懈地坚持抓好爱国主义教育、法制教育和行为规范训练，做到序列化、制度化、多样化；(4) 重视师德教育和教师队伍的思想建设；(5) 重视做后进生的转化工作。广东省教育厅、潮州市委和市政府、市教委、公安局、团市委、市妇联等单位在会上分别介绍了经验。

国家教委副主任柳斌到会讲话，肯定了潮州市的经验，并强调加强中小学德育工作关键是如何狠抓落实，真正把德育工作落实到学校、家庭、社会等各方面去。

二、推广抚顺市中小学坚持30年学雷锋的经验

国家教委、共青团中央于1991年6月6日至10日在抚顺市召开全国中小学学雷锋现场会，推广抚顺市中小学坚持30年学雷锋的基本经验。通过该市经验介绍，与会者参观、看展览、座谈等，代表们认为抚顺市学雷锋的基本经验是：

(一) 加强领导，统筹安排

抚顺市学雷锋活动30年来从未间断。市委、市政府坚持从解决干部、教师、学生的思想认识入手，注意澄清在学雷锋活动中存在的各种错误观点和模糊认识，把握学雷锋的正确方向，始终把学雷锋活动作为全市社会主义精神文明建设的重要组成部分，作为一项经常性工作给予高度重视，认真抓好。

(二) 坚持岗位学雷锋，社会树新风

在新形势下，抚顺市紧紧抓住全心全意为人民服务这一雷锋精神的实质，根据不同行业的特点，分别提出学雷锋的基本要求。引导广大干部、教师、群众把崇高的理想同各自岗位职责和工作任务结合起来，在平凡的工作岗位上以主人翁精神尽职尽责。他们积极宣传和树立各行各业学雷锋的先进典型，形成学雷锋、学先进的社会风尚，为中小学学雷锋创造了良好的社会环境。

(三) 从中小学生的实际出发，开展富有实效的学雷锋活动

该市从全面提高学生素质，培养一代社会主义事业的建设者和接班人这一根本任务出发，根据小学、初中、高中学生的不同特

点，分层次提出不同的教育内容和要求，开展各种富有实效的学雷锋活动。尤其重视和加强了高中学生的政治思想教育和科学人生观教育，促进了良好校风的形成，对整个社会风气的好转也起了积极作用。

(四) 逐步建立和完善各种学雷锋制度和活动阵地

抚顺市在常年坚持学雷锋的基础上形成了一些传统活动。全市修建了雷锋纪念馆、雷锋公园、雷锋墓、学雷锋展览馆，创办了学雷锋刊物，成立了学雷锋基金会。教育部门组织力量编写了中小学生《学雷锋读本》，不少学校开办了学雷锋展室。还建立了学雷锋奖励制度。中小学生学雷锋小组交接仪式制度等。并开展多种教育活动和小型多样、富有实效的为民服务、为社会服务的活动，使学雷锋活动得以常年坚持。

(五) 教育行政部门和共青团密切配合，并争取社会力量的支持

抚顺市把学雷锋同学当代英模和青少年中的先进典型结合起来，增强了学雷锋活动的效果。他们还依靠各部门各单位和社会力量的支持，在全市先进企业建立了中小学德育基地和学雷锋基地，成立了一支由各行各业学雷锋先进典型组成的校外辅导员队伍。驻抚部队、雷锋团、雷锋班与中小学保持常年联系，许多青年战士象当年的雷锋同志一样，担任了少先队校外辅导员，军民同学雷锋，共建抚顺文明城。

参加现场会的各地同志表示，要把学习抚顺经验同推广本地区、本单位的经验结合起来，从实际出发，认真探索新的历史条件下学雷锋的新经验，使全国中小学学雷锋活动不断深入，不断发展，不断提高。

撰稿人 唐淑芬 孙学策

审稿人 姬君式

加强中小学干部和教师思想政治工作

根据中央宣传部、中央组织部《关于组织各级干部深入学习社会主义理论的意见》的精神，中央宣传部、国家教委于1990年11月、1991年1月先后联合发出《关于组织中等学校干部和教师学习社会主义理论的通知》和《关于组织小学干部、教师学习社会主义理论的补充通知》。

通知指出，在中小学干部、教师中认真进行社会主义理论的学习，是国内外形势提出的迫切要求，也是提高中小学干部和教师思想政治素质，进一步加强中小学思想政治工作的迫切需要。要充分认识在中小学干部、教师中开展社会主义理论学习的重大意义。

通知要求，各级党委宣传部门、教育工委和教育行政部门要把组织此项学习放在重要议事日程，切实加强领导。要制定切实可行的工作计划，精心组织。要深入实际，有的放矢地、分层次地指导好学习。

为进一步贯彻落实通知精神，中宣部和国家教委于1991年5月在京召开部分省市中学教师思想政治工作汇报会。国家教委副主任何东昌、邹时炎、中宣部副部长李彦参加了会议并讲话。从各地汇报情况看，根据两个通知的精神，各地制订了本地区的学习计划并做出具体安排，并在组织教师收看电

视辅导讲座，保证教师的学习用书，抓骨干培训，建立健全学习制度，积极组织教师参加社会实践等方面做了大量工作，社会主义理论学习已全面展开。为及时掌握各地组织中小学干部、教师学习社会主义理论的进展情况，汇报会后，两部委在全国一些市、区、县建立了联系点。

为进一步加强中小学教师思想政治工作，中央宣传部、国家教委于1991年10、11月先后联合发出《关于进一步组织中小学干部、教师学习社会主义理论的通知》、《关于加强和改进中学干部、教师思想政治工作若干问题的通知》，对1992年的政治理论学习作出了部署。

撰稿人　李玉先

审稿人　陈德珍

特殊教育的新进展

一、概况

1991年开始实施的《中华人民共和国残疾人保障法》，使特殊教育有了法律的依据和保证，促进了特殊教育的进一步发展。据统计，全国已有实施义务教育的盲、聋和弱智学校886所，在普通小学附设弱智儿童特殊教育班1235个，在校学生共8.5万人。与1990年相比，学校、班和在校学生人数分别增长18.8%、17.3%和18.1%。视力、听力和智力残疾儿童少年进入普通班级随班就读的人数有较大增加。残疾儿童福利、康复机构及一部分幼儿园和特殊教育学校办起残疾幼儿班或学前班，积极开展对残疾幼儿的教育和训练。全国已建立27所省级残疾人职业培训中心和残疾人中等专业学校，办起一批残疾人职业技术学校（班）。还建立起24个特殊教育师范学校或师资培训部（中心）。继北京、华东、华中3所师范大学开设特殊教育专业之后，西南师范大学也开设了特殊教育专业。

二、贯彻国务院发布的《中国残疾人事业"八五"计划纲要》

1991年底，国务院发布《中国残疾人事业"八五"计划纲要》（以下简称《纲要》），提出了"八五"期间特殊教育发展的任务指标。即：在"八五"计划期间，使可以接受普通教育的残疾儿童、少年与当地其他儿童、少年的义务教育水平同步；使需要接受特殊教育的视力、听力、言语和智力残疾儿童少年的初等义务教育入学率，在城市和发达与比较发达的地区达到60%左右，中等发达地区达到30%左右，困难地区有较大的提高。

《纲要》对特殊教育提出的具体措施有：各级政府和教育主管部门要切实把残疾儿童少年教育纳入义务教育的轨道；在1991年前已普及初等教育并有一定生源的县，力争在"八五"期间做到，县有特殊教育学校，乡（镇）有特殊教育班，并普遍开展随班就读；建立、完善30所残疾人职业技术教育中心；试办盲、聋人普通高中班；创办长春大学特殊教育学院；加强师资培训基地建设及增加残疾人教育经费的投入等。国家教委据此正在制订贯彻落实措施。

三、推广盲童随班就读经验

针对我国多数学龄盲童居住在农村、山

区，家庭经济比较困难，交通不便，难以进入盲校学习的实际情况，1989年国家教委委托河北、黑龙江、江苏、山西、北京等省、市开展盲童在普通班级随班就读的实验。近三年来，实验工作取得较好的成效，并产生良好的社会影响。到1991年中期，黑龙江、河北、江苏3省已在全省推广盲童随班就读的实验，共有400名盲童在普通小学学习。上述3省分别计划在1992年或1995年基本普及盲童初等义务教育。

为推进盲童随班就读工作的开展，1991年6月国家教委基础教育司和中国残疾人联合会宣传教育部在河北石家庄市召开盲童随班就读工作现场会。会议总结了全国盲童随班就读实验工作的进展情况，推广了黑龙江、河北、江苏3省的经验。会议要求各省、自治区、直辖市教育行政部门要建立盲校（盲生部）作为骨干，同时积极创造条件，尽快开展盲童随班就读实验。已开展实验的地方，应在较大范围内推广实验经验，使更多的盲童能够入学。

到1991年底，全国已有近20个省、自治区和直辖市开展了盲童随班就读实验，就读盲童增加到近800人。

四、试行全日制弱智学校（班）教学大纲

由国家教委委托江苏、山东、北京、上海、江西和大连等6省、市教育行政部门分别编写的全日制弱智学校（班）语文、数学、常识、体育、劳动技能、美工和音乐等7科教学大纲，经近两年的编写、修改，于1990年完稿，并于1991年由人民教育出版社编辑出版。这套教学大纲结合全国开展弱智教育的实际，参考国外弱智教育的经验，注意遵循弱智教育的规律，努力贯彻思想性、科学性、实用性、补偿性和灵活性等原则。鉴于我国大规模开展弱智教育的历史不长，在课程设置、教学内容等方面还缺乏经验，因此决定大纲作为征求意见稿印发各地试行，经过一个时期的实践后，再作进一步的修改。

根据《教学大纲》的要求，在听取特殊教育的管理干部、教师和专家们意见的基础上，1991年，国家教委委托上述编写弱智学校（班）教学大纲的省、市着手编写全日制弱智学校（班）七科教材、教学参考用书及部分学科的学生练习册。预计于1993年5月前完成。

撰稿人　赵永平
审稿人　陈德珍

幼儿教育事业继续健康稳步发展

1991年为推动《幼儿园管理条例》和《幼儿园工作规程（试行）》两个法规的进一步实施，国家教委基础教育司于11月召开了贯彻幼儿教育两个法规汇报会，各省、自治区、直辖市及计划单列市主管幼儿教育工作的同志参加了会议，国家教委副主任柳斌到会并讲话。会议回顾了一年多实施法规所做的工作。

一、逐步建立了“地方负责、分级管理和各有关部门分工负责”的幼儿教育领导管理体制

截止1991年底，全国除个别省、市外，幼儿教育领导管理体制基本理顺，并建立和健全了管理机构，充实了管理人员。不少地方把幼儿教育工作纳入政府目标管理和政绩考核的内容，在城市和农村教育综合改革工作中都统筹规划了幼儿教育的发展，许多省、市还制定了幼儿教育发展的“八五”计划和十年规划，努力使幼儿教育事业的发展与当地社会、经济的发展，以及九年制义务教育的实施相适应。

教育行政部门增强了主管意识，逐步转变管理职能。在管理体制基本理顺的基础上，各地普遍开展了幼儿园登记注册工作，加强了对各类幼儿园的管理。

政府各职能部门增强了参与管理的意识，主动关心和支持幼儿教育，研究和解决幼儿教育发展和改革中的一些重大问题。地方财政部门增加幼儿教育经费投入，教育、财政、物价、人事、劳动、保险等部门共商幼儿园收费办法；城建部门把幼儿园建设纳入市政管理规划；卫生部门加强对幼儿园卫生保健工作的指导并主动培训保健员、保育员和炊事员；各地工会、妇联等群众组织在实施法规中也发挥了积极的作用。

二、促进了幼儿教育事业健康发展

各地依据幼儿教育事业发展规划和发展方针，充分调动各级政府和社会各方面力量的积极性，使幼儿教育得到稳步发展。据1991年统计，全国有各类幼儿园16.45万所，在园幼儿2209.29万人，比上年增长12%。

三、今后的工作

会议指出：一是要继续贯彻发展幼儿教育的方针，宣传动员部门、单位、集体、个人和其他社会力量举办多种形式的幼儿教育组织，提高幼儿的入园率。二是要提高幼儿教育师资、园长专业合格率，加强幼儿教育师资队伍的建设和管理。要做好培训工作，逐步建立幼儿教师和园长资格管理制度。要根据两个法规的指导思想，研究改进幼儿师范学校的课程设置。三是要深入学习两个法规提出的教育指导思想，遵循幼儿身心发展规律，抓好幼儿品德行为与习惯的培养，特别要深入进行爱家乡、爱祖国的教育。要坚持依法治教，加强检查与监督，教育部门要加强主管幼儿教育的意识，学会运用法规解决工作中遇到的各种问题。四是鼓励各地幼儿教育干部认真总结经验，再接再厉，从本地的实际出发，扎扎实实地使当地幼儿教育工作在原有的基础上有长足的进步，取得更大的成绩。

撰稿人　周　菲

审稿人　陈德珍

普通中小学校艺术教育

1991年普通中小学校艺术教育继续围绕贯彻、实施《全国学校艺术教育总体规划》，主要进行了三项工作。

一、进行全国艺术师范教育情况调查，制定发展与改革的文件

实施《总体规划》的关键在于建设一支数量足够、质量合格而稳定的艺术师资队伍。为此，国家教委社会科学研究与艺术教育司于1991年对全国中小学艺术教师和中高等艺术师范教育的现状进行了全面的调查。1月，确定了调查内容，包括全国中小学艺术教师的数量、学历达标率、分布情况；各级各类艺术师范教育的布点、层次、结构、教学、教师、学制、科研、设备、招生等情况。调查采取点面结合的方式。3月初，向各省、自治区、直辖市及计划单列市教育行政部门发出《关于进行师范艺术教育调查的通知》，并附调查表格，要求各地将高师艺术系科（包括专业艺术院校师范系）、中等艺术师范教育、普通中师和幼师的艺术教育，以及中小学艺术教师的基本情况进行统计申报。3月17日至6月10日，社会科学研究与艺术教育司和师范教育司组织调查小组赴陕西、四川、贵州、广东、吉林、辽宁、宁夏、青海、北京、江苏、安徽、浙江、上海共13个省、自治区、直辖市重点调查了49所学校，其中高师（包括设有师范系的专业艺术院校）28所，教育学院3所，普通中师10所，幼师3所，中等艺术师范学校5所。先后召开了50多次座谈会，取得了大量第一手的材料。

调查结果显示，到1990年底，全国共有小学音乐教师8.6万人，美术教师6.2万人；初中音乐教师近4万人，美术教师3.3万人；普通高中音乐教师0.1万人，美术教师0.08万人。小学、初中和高中音乐教师的合格率分别为78%、32%、16%，美术教师的合格率分别为74%、38%、18%。这些教师主要集中在大中城市城区，而广大农村和边远地区的艺术教师则严重不足，一些地区存在着大面积的空白。

根据《总体规划》对各级各类学校艺术教师配备的要求和调查情况分析，到本世纪末，我国中心校以上的小学约需要专职小学音乐教师5万人，专职小学美术教师6万人；初级中学和完全中学约需要专职音乐教师3万余人，美术教师4万余人；规模较小的农村中学兼职音乐、美术教师各需2万人左右；普通高中、中专和普通高校共需0.8万人左右。并需要培训小学音乐教师1.9万人，美术教师1.8万人；初中音乐教师2.7万人，美术教师2万人；高中音乐、美术教师共0.2万人左右。这是一项十分艰巨的任务，它对艺术师范教育的发展提出了迫切要求。

以上情况表明，近几年来，我国艺术师范教育的办学规模迅速扩大，办学形式日趋多样，培养规格逐步齐全，教学改革逐渐深化，教师队伍不断扩大，设备设施有了程度不同的改善。到1990年底，我国设置艺术师范系科的高校已达165所，共有艺术教育专业点275个（其中音乐教育专业点112个，美术教育专业点160个，舞蹈教育专业点3个），平均每年新增设艺术教育专业点18个。现有在校学生2.5万人（其中音乐教育专业近1.2万人，美术教育专业1.3万人），年招生8千人左右，现有8所中等艺术师范学校。此外，在近百所普通中等师范学校和部分职业学校中设立了艺术师范专业班，现有中等艺术师范专业班学生近2万人。为了满足农村中小学对不同规格艺术教师的需要，近年来普通中师普遍加强了艺术必修课和选修课教学，师专开始试行艺术教育主辅修制，一些省市开办了音乐教育和美术教育专业自学考试和卫星电视函授教育，为培养培训农村中小学艺术教师开辟了广阔的道路。经过各级教育部门、各类学校和广大艺术教师的努力，我国已初步形成多层次、多规模、多形式的艺术师范教育培养体系。

通过调查还了解到，目前存在的突出问题是：总体布局、层次结构不尽合理，布点速度过快，新上的专业点普遍规模小，师资条件和办学条件不足，影响了教育质量和办学效益；思想政治教育、师德教育和专业思想教育薄弱；教学建设落后，计划、大纲、教材不配套，在办学指导思想、课程设置、教学内容、教学方法以及招生录取、考试等方面存在着不同程度偏离基础教育的倾向，学生的思想文化和艺术素质偏低，专业思想不稳固，毕业后流失较严重；师资队伍，特别是高师院校师资青黄不接，学历层次低，缺乏高层次师资来源；管理体制和管理手段不健全；艺术教育科研落后等，影响了艺术师范教育的发展。为了适应基础教育的需要，艺术师范教育的改革已势在必行。

根据调查结果，社会科学研究与艺术教育司于1991年7月着手草拟撰写了《关于发展与改革艺术师范教育的若干意见》，就学校布局、专业结构、办学思想、培养目标、教学改革、教育管理等方面提出改革措施。9月，在哈尔滨召开高等艺术师范教育改革研讨会，讨论了《意见》初稿，为进一步修改文件打下了坚实的基础。

二、检查全国贯彻实施《总体规划》工作情况，推动中小学艺术教育发展

为了推动《总体规划》的贯彻实施，国家教委社会科学研究与艺术教育司从1990年年底开始组织艺术教育委员会委员对全国各地贯彻、实施《总体规划》的工作进行检查。重点放在中小学艺术教育上。一年来，先后组织了十几位委员到江苏、山东、四川、河南、上海等5省（市）的10多个地、市进行检查，听取了各级教育部门贯彻《总体规划》的工作汇报，实地检查了100多所中小学、幼儿园和少年宫，召开了30多次座谈会。9月至10月，社会科学研究与艺术教育司又派两位委员参加全国人大常委会教科文卫委员会和国家教委督导司联合组织的义务教育督导检查团，到广东省和广西壮族自治区督导检查艺术教育工作，分别检查了广州市、潮州市、汕头市、南宁地区、百色市、靖西县、巴马瑶族自治县等地区的中小学艺术教育情况，与当地艺术教师进行了座谈。实践表明，组织艺委会委员进行督导检查，对贯彻、实施《总体规划》，推动学校艺术教育发展是行之有效的措施。近年来江苏、上海、山东、河南等省（市）都采取了有力的措施落实《总体规划》，先后召开了艺术教育工作会，制订了本省（市）的实施规划或方案，成立了艺术教育委员会，配备了专（兼）职艺术教育管理干部，举办了学校艺术节、歌咏比赛和各种汇演，使学校艺术教育迈上了一个新台阶。

为了进一步推动中小学艺术教育工作，国家教委社会科学研究与艺术教育司于1991年8月在黑龙江省大庆市召开全国学校艺术教育工作座谈会，汇报交流各地贯彻《总体规划》工作情况，总结经验，研究问题。会上，山东、四川、湖北、甘肃、黑龙江等省及大庆市介绍了开展艺术教育的经验。同时，与会者研究了国家教委委托人民音乐出版社和南京师范大学主办的《中国音乐教育》、《中国美术教育》杂志的编辑和发行工作，进一步提高杂志质量，以充分发挥杂志对学校艺术教育工作的指导作用。

撰稿人 杨 力
审稿人 杨瑞敏

普 通 高 等 教 育

推进高等理科教育深化改革

1990年7月，国家教委在兰州召开了全国高等理科教育工作座谈会（以下简称"兰州会议"）。会议总结了新中国40年来，特别是党的十一届三中全会以来我国高等理科教育的历史经验；研究分析了我国高等理科教育所面临的新形势；进一步明确了高等理科教育在我国社会主义建设中的战略地位和重要作用；提出了深化改革高等理科教育的方针、任务；确定了奋斗目标：即到本世纪末初步建立起适应我国社会主义建设需要和面向21世纪的，规模适宜、布局合理、结构优化、加强基础、重视应用、水平较高的具有中国特色的社会主义高等理科教育体系。会议要求各级教育行政部门和各高等学校认真贯彻落实会议精神，扎扎实实地推进高等理科教育的改革，达到："两年初见成效，五年各就各位"。

一、坚持社会主义办学方向，加强思想政治教育，把思想教育深入到自然科学教学中去

各校在贯彻"兰州会议"精神中都把坚持社会主义办学方向放在突出地位，采取各种积极措施，加强对理科学生的爱国主义教育、党的基本路线教育、历史唯物主义和辩证唯物主义世界观教育，努力提高理科学生的思想政治素质。许多学校还根据理科教育的特点，在业务教学中渗透进行唯物辩证法教育，加强或增设自然辩证法、自然科学史、物理学史、化学史等课程，并注重介绍我国科学家的贡献，用科学的世界观、为祖国社会主义建设和科学事业献身的人生观教育学生，收到良好的效果。

二、制定各专业基本培养规格和教学基本要求，落实"加强基础、重视应用、分流培养"的原则

"兰州会议"后，国家教委开始有计划有步骤地组织制定理科各专业的基本培养规格和教学基本要求（以下简称"规格和要求"）。1991年初在广州召开了理科数学与力学、物理学、化学、生物学、地理学、信息与电子科学、计算机科学、环境科学等8个学科教学指导委员会工作会议，研究确定了高等理科本科教育总的培养目标和基本规格；提出了制定理科各专业"规格和要求"的指导原则。1991年3月召开了部分高等学校教务处长会议，部署了制定理科第一批19种专业"规格和要求"的工作，委托30多所高等学校进行调查研究，提出有关专业"规格和要求"的初稿，并印发各校征求意见。1991年夏秋分别召开19个专业制定"规格和要求"的研讨会，对初稿进行了研讨和修改，提出了相应的讨论稿，并印发各学科教学指导委员会征求意见。1991年秋冬理科8个学科教学指导委员会分别召开工作会议，对有关专业“规格和要求”的讨论稿进行审议、修改，形成了相应的审定稿，报国家教委审批。经过国家教委审定，除了一种由于课程结构变动较大尚需进一步研讨外，其它 18 种专业的“规格和要求”已由国家教委正式颁布施行。

在制定教学计划和教学大纲的权限下放到学校之后，“规格和要求”是国家对高等学校各类专业教学工作和毕业生所规定的基本要求和质量标准。它比教学计划和教学大纲更具有法规性、指导性和灵活性。已经颁布的 18 种专业的“规格和要求”的主要内容包括：培养目标、基本培养规格、课程结构、主要课程的内容和教学基本要求、其它教学环节等五个部分。它从总体上规定了毕业生的思想政治、品德素质和业务质量的合格标准和教学要求，是学校制定教学计划和教学大纲、编写教材、组织教学、检查和评估教学质量的依据。它较充分地体现了“兰州会议”提出的深化改革高等理科教育的方针和任务，采取“两级分流”的办法：“一级分流”是基础学科类专业与应用理科和技术科学类专业在专业上实行分流，后者主要培养应用性理科人才，前者则要兼顾基础性和应用性两种业务规格理科人才的培养；“二级分流”是基础学科类专业前期加强共同的学科基础，后期在专业方向或选修课程上按基础性和应用性两种业务规格各有侧重，分流培养。“两级分流”的办法，贯彻落实了“加强基础，重视应用、分流培养”的原则和“把多数理科学生培养成应用性理科人才”的要求，为各种不同类型的学校“各就各位”打下基础，使之更多地培养应用性理科人才，更好地适应国家加快经济建设和改革开放的需要。此外，这次制定颁布的 18 种专业的“规格和要求”着重在以下四个方面进行了改革：(1) 重视加强对理科人才科学素质的培养，加强和拓宽了基础。(2) 改革课程结构，更新教学内容，反映了现代科学技术的新发展和我国社会主义建设的实际需要。(3) 普遍加强了实践教学环节，加强和更新了实验课程，强调了生产实习和教学实习。(4) 增大了课程设置和教学安排的弹性，在专业基础课和专业课中，选修课一般在 30%左右，有的接近 50%，具有较大的灵活性。

三、经过试点，制定政策，加强和保护基础科学研究和教学人才的培养

“兰州会议”和国家教委《关于深化改革高等理科教育的意见》指出：要“从全国重点综合大学和少数全国重点理工科大学中，选择一批数学、物理学、化学、生物学、地质学、地理学等基础学科专业点，从本科入手，重点加强研究生教育，逐步将这些专业点建设成为国家基础科学研究人才的培养基地”（以下简称“基地”）。这是一项关系到国家长远利益的战略性措施。为了落实此项工作，国家教委于 1991 年初开始抓了“基地”专业建设和改革的试点工作。经过学校申报，专家组论证，国家教委批准，从北京大学、清华大学、复旦大学、南京大学、浙江大学、中国科学技术大学、吉林大学、南开大学、山东大学、青岛海洋大学、厦门大学、武汉大学、中山大学、兰州大学、四川大学等 15 所重点大学中选择了 15 个基础较好的数学、物理学、化学、生物学和地学等基础学科专业点作为“基地”的第一批试点专业，主管部门给予一定的经费补助，学校制定了重点建设和改革的方案和措施，积极地进行试点工作。

在各校开始试点的基础上，国家教委高教司委托南京大学进行调查研究，提出“基地”建设的有关政策性问题。经过反复研讨和征求意见，1992 年初国家教委颁发了《关于建设国家理科基础科学研究和教学人才培养基地的意见》，对建设目标、布点原则和条件、招生办法、人才培养和毕业生去向、师资队伍建设、实验室建设、评估验收等方面的问题作了政策性和指导性规定。文件提出，在本世纪内，“基地”将建成40个专业点，本科年招生2000人左右，并争取大部分进入研究生阶段学习。“八五”期间，“基地”专业全部启动建设，“九五”期间收到明显成效，为21世纪我国基础科学研究和教学工作培养出一批优秀的人才。

四、深入进行各种教学改革试验，加强教材建设，全面提高教学质量

“兰州会议”后，各校认真贯彻教育方针和会议精神，积极地进行教育教学改革的各种试点。许多学校在培养应用性理科人才方面进行了新的探索和试点。有的学校试行两年半基础教学、半年到生产或科研部门进行实践教学、一年专业教学和毕业论文的“2.5+0.5+1”教学方案；有的学校试行两个“长学期”（以课堂教学为主），一个“短学期”（以实践教学为主）的“三学期制”；有的学校通过抓好校内外实践教学和实习基地的建设，加强实践教学和生产实习，提高学生的应用性知识和技能；有的学校改革课程结构和课程体系，精减陈旧的教学内容，增加反映现代科技发展的高、新技术方面的教学内容和有利于把科技成果转化为生产力的教学内容，改善学生的知识能力结构。这些改革试验，将会提供更多更好的经验，推动把多数理科毕业生培养成为应用性理科人才的改革。

理科各教学指导委员会认真贯彻“兰州会议”精神，制定“八五”教材建设规划，开展教学研究，指导教学改革。理科8个教学指导委员会50个教材建设组，共制定了“八五”期间教材选题规划283种，其中基础课教材173种，选修课教材77种，教学参考书和工具书33种，业经国家教委批准下达施行。这轮教材建设规划的特点是，把提高基础课教材质量放在突出地位，重视了应用性理科教材建设，体现了“兰州会议”精神，各教学指导委员会的教学研究，既有加强基础研究和教学人才培养的研究，又有改进应用性理科人才培养的研究；既有提高教材质量的研究，又有改进实验教学和教学方法、实现教学手段现代化方面的研究；还特别重视对提高开设面比较广的高等数学、普通物理学、普通化学等基础课教学质量的研究。化学教学指导委员会和高等学校化学教育研究中心大力推广应用该“中心”多年来精心研制的计算机辅助化学教学软件和高等化学试题库。物理学、数学与力学两个教学指导委员会已经制定出规划，大力开展相应的计算机辅助教学和试题库的研制。有的教学指导委员会还积极进行教学质量评估的研究和试点。这些研究和改革试验，将有力地促进高等理科教育质量的全面提高。

两年来，由于各校和各教学指导委员会的广大干部、教师的共同努力，在贯彻“兰州会议”精神，深化高等理科教育改革方面基本上实现了国家教委提出的“两年初见成效”的构想，为在90年代上一个新台阶，建成有中国特色的社会主义高等理科教育体系打下了良好的基础。

撰稿人　陈祖福
审稿人　郑守承

完成普通高等学校本科专业设置清理工作

为有计划、有步骤、积极稳妥地进行高等教育结构和布局的调整工作，加强专业设置的宏观管理，国家教委自1990年7月至1992年1月，用时一年半对普通高等学校现设本科专业进行了认真清理。清理工作涉及全国35个省、自治区、直辖市及计划单列市，53个部委和总公司及其所属620所普通高等学校。这次清理工作为进一步在宏观上研究优化专业结构和布局奠定了必要的基础。

1990年7月，国家教委发出通知，对普通高等学校本科专业设置清理工作做了部署。清理工作的主要任务是，对各普通高等学校现设本科专业设置进行一次核查，同时做好专业名称整理和对未经正式批准（备案）设置的本科专业的处理工作。《通知》强调，清理普通高等学校本科专业是我国教育调整改革的一项重要内容，也是高等教育管理的基础工作，政策性强，工作量大，必须高标准、高质量地完成。根据国家教委要求，各省、自治区、直辖市及计划单列市和有关部委教育行政部门确定了一名厅（局）级领导负责此项工作。

清理工作按照统一部署，采取上下结合的办法，分步骤进行。地方和有关部委的教育行政部门用5个多月时间对其所属普通高等学校现设本科专业进行核查，提出了清理意见。在此基础上，国家教委高等教育司会同委内有关司自1991年3月初开始逐校逐专业进行审核。同年7月，国家教委印发了《普通高等学校本科专业设置清理审核结果》。

这次清理涉及的学校系教育部和国家教委正式批准独立设置的普通高等学校，核准专业限于1989年以前（含1989年）经正式批准（备案）的本科专业（含专科起点）。上报国家教委的专业共7646个，其中原已批设的专业7314个，原未批设的专业332个；专科学校设置的本科专业10个。经过清理核准了原已批设的专业，对未批设的专业采取审慎态度，根据不同情况作了适当处理，核销了其中多数专业，确认了少数已招生多年（有的已有毕业生），基本符合设置条件且属于毕业生供求情况较好的专业。对核准的绝大多数专业名称依据国家教委公布的专业目录进行了规范。少数专业因其名称规范问题比较复杂，仍保留了原用名称，待专业目录修订工作中统一研究解决。

清理结果统计如下：上报专业7646个，经国家教委审核同意设置的专业7371个，占96.4%，不同意设置的专业275个，占3.6%。在同意设置的专业中，原已批设的7314个，占99.23%；原未批设的57个，占0.77%；专科学校设置的本科专业4个（均为原已批设的专业），占0.05%。不同意设置的专业占上报原未批设专业数的82.83%。在同意设置的7371个专业中，名称经规范的637个，占8.64%。

《审核结果》公布之后，一些教育行政

部门及高等学校因漏报、误报等原因要求补报或更正。国家教委对此统一进行了复核并于 1992 年 1 月印发了《本科专业设置清理工作遗留问题的处理意见》。至此，此项工作全部结束。清理后的普通高等学校本科专业设置情况详见附表。

为了巩固清理工作的成果，改变和杜绝普通高等学校本科专业设置的混乱现象，国家教委在公布本科专业设置清理审核结果的同时重申了有关规定，强调了本科专业设置审批、招生计划编制、招生和毕业生分配工作的统一性。明确从 1992 年度开始，普通高等学校招生计划编制，招生和毕业生分配等工作，凡涉及本科专业设置的均以《审核结果》中核准的专业及此后经国家教委批准（备案）的专业为准。所用专业名称与之不合的，须据此予以规范。

附　普通高等学校本科专业设置清理后分类统计表

	目录内专业(种)		目录外专业(种)	合　计(种)	专业布点数(个)
	小　计	其　中			
工　科	255	试办: 32 军　工: 51	37	292	3088
农　科	55	试办: 12	2	57	476
林　科	20	试办: 4		20	109
医　药	57	试办: 10	1	58	451
师　范	22		17	39	957
文　科	93	试办: 12 个别学校设置: 57	15	108	631
理　科	70	试办: 10	25	95	669
财　经	48	试办: 14 个别学校设置: 11		48	637
政　法	23	试办: 6 个别学校设置: 9	9	32	223
体　育	9	试办: 4		9	21
艺　术	50	试办: 3	5	55	293
总　计	702	试办: 107 个别学校设置: 77	111	813	7555

注：表内各栏数据包括1990年和1991年度经正式批准（备案）设置的专业以及作为清理工作遗留问题处理的专业。

撰稿人　陈田初
审稿人　郑守承

普通高等工程专科教育

1990年全国普通高等专科教育工作座谈会后，国家教委于1991年1月正式印发了《关于加强普通高等专科教育工作的意见》。为了落实会议精神和文件提出的各项任务，1991年，国家教委在高等工程专科教育方面主要做了如下几项工作:

一、抓紧基本教学文件建设

1.制定并正式下发了《普通高等学校工程专科教育的培养目标和毕业生的基本要求(试行)》。提出“普通高等工程专科教育培养能够坚持社会主义道路的、德智体诸方面全面发展的、获得工程师初步训练的高等工程技术应用性人才。学生毕业后主要去工业、工程第一线，从事制造、施工、运行、维修、测试等方面的工艺、技术和管理工作。”文件对毕业生德、智、体等方面知识、能力和素质，提出8条基本要求。

2.制定并下发了《普通高等学校制订工程专科专业教学计划的原则规定（试行)》。提出了制订教学计划应遵循的6条原则和5条具体规定。指出“教学计划的制订，要从国情出发，主动适应我国现阶段生产力总体水平较低，不同地区、不同领域的技术水平很不平衡的现状，侧重针对广大中小型企业的需要和大型企业提高工艺水平的需要；要充分体现高等工程专科教育针对性、实用性较强的特点；”指出“教学计划中的课程可分为公共课、基础课和专业课。“基础理论教育以应用为目的，以必需、够用为度，以掌握概念、强化应用为教学重点。专业课教学内容要加强针对性和实用性。”“在安排好理论知识教育的同时，着重加强习题课、实验、实习、课程设计、毕业设计等实践教学环节，注重应用性、工艺性及综合性的实践教学，使学生有针对性地获得较为系统的基本技能训练和专业技术训练。”“实践教学环节……一般应占教学活动总周数的1/3以上。”

3.制订并印发了《高等工程专科教育部分基础课程教学基本要求》，计21门基础课程的34份教学基本要求。指出“这次制订的教学基本要求，其课程设置的总体框架和课程内容，主要是根据目前多数工程专科学校基础课程安排和教学的实际状况，考虑到对大多数专科学校和专业的适用性而制订的。现在，有一些学校有计划地积极进行某些专业的课程设置体系改革和课程内容调整的研究与试验工作，应当积极支持。这些学校在报经上级教育主管部门和国家教委高教司同意后，可以不受教学基本要求的限制，以利于改革实验。”“教学基本要求给出了各门课程教学时数的参考范围……如有特殊需要，学校可以调整某些课程的学时数。”

二、组织基础课程教材编审组

组织了9个基础课程教材编审组（计有高等数学、物理、化学、力学、机械基础、电工、电子、计算机、制图九类)，并着手编写教材，制订了“八五”教材建设规划，预计到1993年秋季入学时，大部分课程可使用新编专科教材。

三、举办高等工程专科学校校长研讨班

为深化高等工程专科教学领域改革，国家教委举办了1991年高等工程专科学校校长研讨班。来自全国70多所专科学校的校长、部分省市教委和国务院有关部委教育司局院校处长参加了研讨班。该班的主要任务是：(1) 深入学习、讨论《关于加强普通高等专科教育工作的意见》和有关文件；(2) 交流各校贯彻落实普通高等专科教育工作座谈会精神、开展专科教育改革的情况和经验；(3) 分析高等工程专科教育改革的形势，着重探讨办出专科教育特色的途径、措施；(4) 讨论修改几个具体政策措施的文件稿。国家教委党组书记、副主任何东昌在研讨班结束时会见了全体学员并就专科教育的建设、改革和发展问题发表了意见；国家教委副主任朱开轩出席了研讨班的开幕式并发表了重要讲话，还在学习期间召开了学员座谈会。朱开轩希望工程专科教育在教学改革方面先行一步，上得快一点。

撰稿人　刘志鹏
审稿人　郑守承

研究改进普通高等学校艺术教育

普通高校艺术教育自 80 年代初起步至今，已经形成一定的规模。各校普遍开设了艺术类选修课，开展了文化艺术活动，一些学校还成立了艺术教研室。但是在管理、课程开设、教材编写、师资建设及办学条件等方面仍存在一定的问题，制约了普通高校艺术教育工作的正常发展。鉴于此，国家教委社会科学研究与艺术教育司委托上海交通大学于 1991 年 10 月 5 日至 7 日召开了普通高等学校艺术教育工作座谈会，就如何发展普通高校艺术教育进行座谈和研讨。这次会议是国家教委委托召开的第一次普通高校艺术教育座谈会，得到了各校的普遍重视。北方工业大学、上海交通大学、北京大学、兰州大学以及全国 70 余所普通高校近百名艺术教育管理干部和教师参加了座谈会。代表们一致认为，普通高校艺术教育对培养新一代大学生具有不可取代的作用。学校领导要提高认识，加强领导，建立和完善艺术教育机构，重视师资队伍建设，改善办学条件，要按一定比例下拨艺术教育经费；并应立即着手对开设课程、教学要求及教材进行研制和编写，使普通高校艺术教育逐步走上正轨。

为进一步推动普通高校美育和艺术教育的研究，1991 年 3 月，经中国高等教育学会批准成立了中国高教学会高等学校美育研究会。

撰稿人　杨　力
审稿人　杨瑞敏

全国普通高等教育“八五”期间教材建设工作的指导方针及任务

1991年4月21日至28日，国家教委和新闻出版署在武汉联合召开了全国普通高等教育教材工作暨大学出版社第三次工作会议，全面总结了“七五”期间教材建设工作取得的成绩，讨论审议了高等教育司提出的《全国普通高等教育“八五”期间教材建设规划纲要》、《普通高等教育各科类专业教材规划、编审、出版工作的分工》、《关于教师编写教材若干问题的暂行规定》及《关于普通高等教育各科类教材编审出版选用若干问题暂行规定》4个文件。国家教委副主任朱开轩在会上作了重要讲话。会后高等教育司根据会议讨论意见对文件进行了修改，并于1991年11月19日正式下发。

一、“七五”期间取得的成绩及今后教材建设工作的目标

“七五”期间，我国普通高等教育的教材建设工作，在“积极扩大教材种类，大力提高教材质量，努力搞活教材工作”方针的指引下，在高等教育深化改革形势的推动下，取得了显著的成绩。初步形成了由国家教委统一指导、规划、部署、协调，国务院各业务部门按照专业对口的原则分工负责制订规划、组织编审，全国各高等学校支持配合，各有关出版社及时印刷出版、新华书店保证课前到书的高等教育教材建设体制；制定了一系列有关的政策法规；全面建立了各级教材建设工作的机构和专家组织，“七五”期间，累计编审、出版了普通高等教育教材1万余种。使本科各主要专业的基本教材、实验指导书、习题集及教学参考书业已初步配套；各科类教材的内容及印装质量普遍有所提高，并出现了一批优秀教材，为我国高等教育的改革、发展和质量提高提供了条件保证。一批大学出版社的恢复和建立，改变了教材编审出版工作体制单一的局面，为高等教育教材建设做出了可喜的贡献。

在总结“七五”期间全国普通高等教育教材建设工作的基础上，根据《中国教育发展和改革纲要（草案）》（1990～2000年）对高等教育及教材建设提出的要求，到本世纪末，我国高等教育教材建设的总目标是：建立适应我国社会主义现代化建设和高等教育事业发展与改革需要，反映当代国内外文化、科学、技术先进水平，面向21世纪的，具有中国特色的高等教育教材体系。

二、“八五”期间教材建设工作的指导方针、任务及主要措施

“八五”期间，我国高等教育教材建设应为初步建立上述教材体系奠定坚实的基础，这项工作的指导方针是：以全面提高教材质量为中心，加强组织领导，抓好重点教材，适当发展品种，力争系统配套。主要任务是：(1) 加强教材的思想性，全面提高教材质量；(2) 抓好系统配套，适当发展品种；(3) 进一步提高对教材建设工作重要性的认识，加强领导，健全管理体制；(4) 加强教材的研究工作。

为了实现全国普通高等教育“八五”期间的教材建设任务，需要采取下列主要措施：

(1) 进一步完善教师编写教材的有关政策；(2) 加强教材编审、出版和选用的指导和管理；(3) 建立教材质量跟踪调查制度，开展教材质量评价；(4) 充分发挥教材编审委员会或课程教学指导委员会的作用；(5) 坚持优秀教材评奖制度；(6) 改善教材经费的投入；(7) 改进大、中专教材出版亏损补贴的分配使用和管理办法，重点保证各部门统一规划教材及有特色、高质量教材的出版；(8) 会同新闻出版署进一步加强和改善教材的发行体制。

三、各科类专业教材规划、编审和出版工作的分工

按照国务院文件的规定，国务院有关部委应在国家教育委员会的指导下，按照统一部署，组织和规划对口专业的教材编审出版工作。依据国家教委1984年以来正式审定公布的专业目录，对文、理、工、农林、医药各科类本科专业教材的规划、编审和出版工作进行了分工。目的是为了使普通高等教育各科类专业教材有计划、有组织地进行编审出版，尽量避免重复出版。

四、教师编写教材的有关政策

为了充分调动教师编写教材的积极性，鼓励和支持教师编写高质量的教材，就有关政策作了如下原则规定：

1.各高校对教师承担国务院各有关部门统一规划的教材和列入学校计划的教材的编写任务，要切实予以支持。

2.教师编写的教材、讲义，应作为教师职务评聘中要求的教学成果或科研成果送审。

3.教材的稿酬标准按国家版权局1990年7月1日颁发的各类图书稿酬新标准执行。保证教材的稿酬原则上归编译者本人，纠正层层扣留教材稿酬的现象。

4.依法保护教材和讲义的著作权。

5.建立并完善教材的评奖制度。

五、关于教材的编写、出版和选用

改革开放使教材建设工作呈现蓬勃发展、互相竞争的新局面，给教材建设带来了新的活力。但是也应清醒看到，在新形势下由于对教材的编写、出版及选用的宏观指导和管理不利，致使一些内容缺乏特色，质量差的教材重复出版相当严重，尤其是那些多人自愿结合、协作编写、资助出版、分摊包销使用的教材，质量问题更多，需要在巩固成绩的前提下加强管理。为此国家教委制订了教材编审出版选用若干问题的暂行规定，要求各高等学校及其出版社把编写教材的重点放在本校具有优势和特色的专业上，放在师资力量强的系或教研室。教材选题要优化，对选题要进行充分论证，严格控制重复无特色的选题。各高校都要以提高教育质量为目的选用教材，不可自我封闭，自成体系。

撰稿人　董锦岐　孟祖贵　宋　钢
审稿人　郑守承

制定国家教委直属高校教育事业十年规划和“八五”计划

根据《国民经济和社会发展十年规划和“八五”计划纲要》的精神和《全国教育事业十年规划和“八五”计划要点》的要求，结合委属高校的实际情况，国家教委于1991年11月发出《国家教委直属高等学校教育事业发展十年规划和“八五”计划纲要》。

《纲要》提出国家教委直属高校今后十年事业发展的基本指导思想是：

——充分认识九十年代事业发展面临的形势，认清时代赋予的历史使命，将事业发展与时代任务和要求紧密结合起来。

——坚持社会主义的办学方向，大力加强党的建设和思想政治工作，立足于培养和造就德、智、体全面发展的社会主义事业的建设者和接班人，进一步探索建设具有中国特色的社会主义大学。

——坚持事业持续、稳定、协调地发展，把提高教育质量和办学效益作为工作中心，努力使学校的各项工作提高到一个新水平。

——继续深化改革，努力完善社会主义高等教育管理体制，充分调动和发挥广大教职工的积极性和创造性。

《纲要》提出到本世纪末，直属高校的奋斗总目标是：建设具有中国特色的、适应社会主义现代化建设需要、面向21世纪的社会主义大学。要将直属高校的整体素质提高到一个新水平，使一部分学校在科学技术上逐步跻身于世界较先进行列，一批重点学科达到国际同类学科先进水平，为21世纪的发展奠定坚实的基础。

今后十年直属高校的事业发展规模，到2000年为50万人左右，其中，日校本、专科在校生规模控制在27万人左右；研究生的规模控制在5万人以内；成人高等学历教育在校生规模维持在12万人左右，非学历教育的大学后继续教育应有较大增长；留学生、进修生、其他学生等事业规模在6万人左右。

《纲要》确定国家教委直属高校“八五”期间的事业发展规模是：1992年前，按照国家教委核定的近期发展规模进行安排。“八五”后三年适当发展，各类在校生总规模控制在45万人以内。其中，日校本、专科生25万人左右，研究生4万人左右，成人高等学历教育11万人以内，留学生、进修生以及其它学生4万人左右。

“八五”期间，国家教委直属高校的主要任务是：(1)坚持办学的社会主义方向，全面贯彻党的教育方针，继续加强党的建设和思想政治工作。(2)继续使教育事业走上持续、稳定、协调发展的轨道。(3)在保持目前办学格局的基础上，继续巩固和完善现有办学形式和体系；进一步调整并优化学科、专业结构和层次结构。(4)深化教育改革，加强学科建设，积极开展科学研究，全面提高教育质量，主动适应社会主义现代化建设和发展的需要。(5)争取增加国家投入，继续开辟经费来源的渠道，多方筹措办学经费和投资，努力充实改善办学条件。(6)完善和健全各项管理制度，提高管理水平和办学效益、开展科学评估工作，建立良性循环的运行机制。

根据直属高校教育事业发展十年规划和“八五”计划纲要的规定，还制定了《国家教委直属高校“八五”期间工作要点》，对贯彻落实《纲要》提出了具体的措施和工作要求。

撰稿人 陈维嘉
审稿人 温 纯

国家教委直属高校工作咨询委员会1991年工作

1991年，国家教委直属高校工作咨询委员会就学校事业发展十年规划和“八五”计划、高校内部管理体制改革、兴办发展校办科技产业、组织高校参与浦东开发等问题，召开各分组委员会会议进行了研讨，并对重点大学投资、直属高校的党建工作、两处办学管理工作作了专题研讨，向国家教委提交了《部分高校列入“八五”国家重点建设项目》、《高校党建工作》、《委直属师范大学学生学杂费问题》、《国家教委直属高校两处办学管理工作》等4份专题咨询报告。

在各分组会议专题咨询研讨的基础上，1991年9月15日至19日，国家教委直属高校工作咨询委员会第二次全体会议在上海市召开，国务委员兼国家教委主任李铁映，国家教委副主任朱开轩，中共上海市委书记吴邦国、副书记陈至立，上海市副市长赵启正、谢丽娟出席了会议。

会议的主要议题是：(1) 咨询、论证《国家教委直属高校教育事业十年规划和“八五”计划纲要》；(2) 探讨校内管理体制改革的思路，并对南京大学、东南大学的校内管理体制改革方案进行咨询论证；(3) 就国家教委直属高校发展校产、参与浦东开发等有关问题进行咨询。会议还论证了落实“八五”期间缓解委直属高校教职工住房困难的实施方案和委直属高校办学水平综合评估方案的可行性。

会议期间，李铁映在题为《建设有中国特色的社会主义大学》的讲话中指出，委属高校要明确自身的地位和任务，抓好方向、改革与发展三方面的工作，承担起为社会主义现代化建设服务、培养社会主义事业建设者和接班人的根本任务，为探索建设有中国特色的社会主义大学的路子做出贡献。今后，委属高校要在校内管理体制改革、兴办和发展校办科技产业、提高学校整体办学水平等方面做出成效，为全国高校起到示范作用。吴邦国、赵启正向与会代表介绍了关于上海市经济和社会发展十年规划和“八五”计划、开发浦东的情况。朱开轩做了会议总结讲话。

根据会上咨询委员的咨询意见，会后国家教委修改印发了《国家教委直属高校教育事业十年规划和“八五”计划纲要》、《国家教委直属高校“八五”期间工作要点》等文件，并同上海市人民政府联合签署了关于积极组织高等学校参与浦东开发的意见。11月，国家教委批复了南京大学、东南大学的校内管理体制改革方案。

撰稿人 马 涛
审稿人 陶遵谦

南京大学、东南大学进行校内管理体制改革试点

自1988年始，国家教委先后选择了6所直属高校进行高校综合改革试点。随着改革的深化，现行的高校内部管理体制和运行机制同学校的改革与发展已不相适应，并程度不同地影响了高校广大教职工积极性的发挥和学校事业的健康发展。进入九十年代后，高等学校特别是一批重点大学肩负的培养高层次人才和大力发展科学技术的双重任务日益加重，同时学校自身的办学水平还要上一个新台阶，而按现行的管理体制，即使增加人力、物力也难以保证任务的完成。加快校内管理体制改革已成为高校改革与发展的客观和自身的迫切需要。

1991年4月，国家教委决定在南京大学、东南大学进行校内管理体制改革试点。经过半年多的准备，两校分别制定了改革方案，并开始启动。两校的校内管理体制改革，涉及到校内人事、分配、住房、医疗、退休保险诸方面的校内管理体制，首先是从人事制度改革入手，根据学校任务与发展的需要，严格定编、定岗、定职责，强化编制意识；完善聘任制，调整、优化队伍结构，实行青年教师任期合同制和研究生兼任助教、助研、助管制度；校办产业可另建企业编制，实行扬长分流，以期在校内建立相对稳定的固定编制与流动编制相结合、具有自我约束机制的用人模式。同时推行分配制度改革，实行国家工资与校内津贴相结合的校内分配制度，逐步打破现行的校内奖金、津贴平均分配的局面，使学校发放的部分奖金、津贴转到明处，并向对国家和学校做出较突出贡献的骨干教师倾斜，拉开差距，体现按劳分配，形成激励机制。在征得国家教委和地方同意的基础上，两校试行工资总额包干的办法，增人不增工资总额，减人不减工资总额，用于岗位津贴部分不计作奖金。在人事、分配制度出台后，再适时推开住房、医疗、退休保险改革，变暗贴为明补，建立起国家、学校、个人三者合理负担的校内住房、医疗、退休保险制度。

1991年9月，国家教委直属高校工作咨询委员会第二次全体会议审议论证了南京大学、东南大学的校内管理体制改革方案，会议认为两校的方案目的明确，思路清楚，体现了综合改革精神。经商江苏省政府同意，国家教委于1991年11月对南京大学、东南大学的校内管理体制改革方案作了批复。批复指出，改革的各项政策和措施，都应有利于坚持党的基本路线，加强党的领导；有利于为社会主义现代化建设服务，培养社会主义事业的建设者和接班人；有利于调动广大教职工的积极性和创造性，建设一支又红又专的教职工队伍；有利于不断提高教育质量和科研水平，建设有中国特色的社

会主义大学。希望两校在改革方案实施过程中，充分发动群众，坚持走群众路线，运用正确的政策导向、思想教育和物质激励的手段，达到转换机制、增强活力、提高效益、调动教职工积极性的目的。批复要求，校内管理体制改革要同深化教育改革结合进行。要瞻前顾后，注意各项改革政策的稳定性和连续性。改革要进行总体设计，分步到位，扎扎实实地进行，不要急于求成，以保证改革的顺利进行。

国家教委重视两校的校内管理体制改革试点，成立了工作班子专门负责处理和协调改革有关问题，加强对试点学校工作的联系和指导。

南京大学、东南大学的校内管理体制改革经过几个月的试运行，显示出了初步的成效。在两校，改革的观念和意识深入人心，广大教职工的积极性得到了进一步的调动，学校教学、科研和科技开发等各方面工作得到较大的促进，教职工的收入水平有所提高，并向对国家、学校做出较大贡献的骨干教师倾斜，初步建立了激励机制。改革后经初步测算，教职工的整体工作效率提高近30%；东南大学1991年科研经费较1990年增长近600万元，南京大学科研开发收入1991年比1990年增长20%，结束了四年开发徘徊不前的局面。校内外反映，两校的改革方向正确，思路清楚，措施得当，为其它高校推行这项改革提供了有益的经验。

撰稿人 马 涛

审稿人 陶遵谦

制定“八五”期间缓解直属高校教职工住房困难的方案

党的十一届三中全会以来，委属高校教职工的住房状况虽有较大改善，但是，仍然十分紧张，尤其是中青年教职工无住房问题，已经成为影响学校的稳定、教职工积极性的发挥和教育事业发展的突出矛盾之一。为了尽快缓解委属高校教职工住房紧张状况，加快住房建设步伐，国家教委于1990年10月制定下发了《“八五”期间缓解委属高校教职工住房困难的实施方案》。

《实施方案》提出在“八五”期间缓解委属高校教职工住房困难的目标是：首先要解决有无住房问题，然后才是改善住房条件。要下决心用三年的时间基本解决中青年教职工无住房问题；用五年或更长一点的时间使大部分骨干教职工的住房能够达到国家规定的最低标准，居住条件能够有所改善，从而使委属高校住房困难的状况能够基本得到缓解。依据这个目标，“八五”期间计划安排委属高校新建房18万平方米，约3.2～3.6万套。其中，1.8万套将主要用于解决中青年教职工无住房及改善部分骨干教师的居住条件；1.4～1.8万套用于改善教职工及部分新补充教职工的住房。

为了实现上述目标，采取的主要措施是：(1) 委属各高校党政领导要把解决中青年教职工无住房问题作为一项政治任务来抓，认真制定学校三五年内缓解住房困难的实施方案，并全力组织实施。(2) 要进一步调整投资方向，国家正常基建投资要继续贯彻向住房建设倾斜的政策，每年用于住房建设的投资原则上不少于 50%—60%；如在三五年内仍不能实现教职工住房解困目标的学校，原则上应暂停其它用房的建设。(3) 要求学校严格控制人员的增加，控制新增人员住房的需求量。学校企业编制和集体所有制职工的住房要在国家投资以外由学校另行筹资解决。三五年内实现不了解困目标的学校，将暂停进人。(4) 缓解住房困难的建设计划约需总投资 9.9 亿元。要尽快建立国家投资、学校自筹和教职工个人集资多渠道筹措住房建设资金的新机制。改变单纯依靠国家投资解决教职工住房的传统观念和做法，进行校内住房制度改革，改变目前低租金，无偿分配住房的办法。(5) 鼓励和提倡积极筹措建房资金，确定住房建设资金中学校自筹和个人集资部分与国家投资的比例，工科院校不低于 20—25%，师范院校不低于 10—15%，综合大学不低于 15—20%。(6) 调整住房分配的政策导向，学校住房分配要考虑教职工的政治表现和工作贡献，使住房分配不仅能体现党和国家对广大教职工的关怀，也做为一种激励先进的手段。(7) 加强对学校现有住房的管理。对非在编人员的住房，及现有住房中存在的长期闲置、转借他人、超面积标准、不合理使用、无理占用等问题制定解决措施和管理办法。(8) 积极争取地方政府和有关部门的支持和配合，对学校的住房建设实行优惠政策，并注意教职工住房向外发展和社会化趋势。

《实施方案》下发以后，委属各高校正在制定学校“八五”期间缓解教职工住房困难的具体实施方案。

撰稿人　董长侠
审稿人　温　纯

对直属高校进行校园、学生学习和生活环境检查与评优

为了把国家教委直属高校建设成为社会主义精神文明的科学园地，促进学校优化育人环境，经过国家教委直属高校工作咨询委员会咨询讨论，国家教委于 1990 年 10 月印发了《关于检查直属高校校园、学生学习和生活环境的意见 (试行)》，要求学校加强对校园环境、学生学习环境和学生生活环境的建设和管理，建设良好的校风和学风，增强广大教职员工的育人观念，切实肩负起教书育人、管理育人、服务育人和创造良好的育人环境的光荣职责。要求对学生加强马克思主义教育，爱国主义教育、社会主义教育、集体主义教育，以及艰苦奋斗、自力更生、勤俭节约等教育，培养学生高尚的道德情操以及自我教育、自我管理、自我服务的自觉性和能力。

在学校自查和自愿申报检查评优的基础上，国家教委于 1991 年 10 月、12 月和

1992年1月，组织检查组分别对华中理工大学、西南师范大学和中山大学进行了检查评估试点。评估结果表明，这三所学校开展这项工作，促进了学校校园、学生学习和生活环境以及校风学风建设，优化了育人环境，取得了明显成效。

一、学校通过抓校园、学生学习和生活环境的建设，进一步增强了师生员工的凝聚力和向心力，提高了学校的领导水平和管理水平，增强了优化育人环境的使命感和责任感。

二、促进了学校的校风学风建设，学生的思想状况和精神面貌发生了明显的变化。学习上奋发努力，集体主义观念和劳动观念进一步增强，学生参加校园环境建设和管理初步形成风气。

三、学生的学习和生活环境有了明显改善，教学生活秩序良好、校园文明程度提高，学校安定团结的局面得到巩固和发展。

四、学校健全了规章制度，提高了综合管理能力，校园育人环境建设逐步趋向制度化、规范化、持久化。

华南理工大学、西南师范大学和中山大学3校的实践经验证明：只要学校领导高度重视，认识统一，党、政、工、团、学齐抓共管，发动广大教职工和学生以主人翁的姿态积极投身于共建育人环境，就会做到物质文明和精神文明的双丰收。

国家教委对华中理工大学等3校在校园、学生学习和生活环境建设方面所取得的成绩给予了表彰和奖励。

撰稿人　董长侠

审稿人　温　纯

总结北京大学、复旦大学新生军政训练工作经验

一、召开军政训练总结交流会

国家教委和解放军总参谋部军训部于1991年3月8日至9日在北京大学联合召开了北京大学、复旦大学1990级新生军政训练总结交流会。

会议期间，北京大学汇报了该校1989级学生接受一年军政训练回校后的表现及学校各方面对其表现予以肯定的情况；复旦大学汇报了该校组织部分系主任到大连、南昌陆军学院慰问1990级学生的体会；石家庄、信阳、大连和南昌4所陆军学院分别汇报了各自承担北京大学、复旦大学1990级新生军政训练的情况。

国家教委副主任朱开轩出席会议听取了汇报，并在讲话中肯定4所军校做了大量的工作，取得了明显成效。他对今后军政训练工作提出了几点要求。并希望进一步做好军政训练成果的巩固和发展工作。

二、召开军政训练工作总结会

1991年7月15日至17日，国家教委和解放军总参谋部在河南省信阳市联合召开了北京大学、复旦大学新生军政训练工作总结会。会议系统总结了两年来军政训练工作的经验；研究了进一步做好北京大学、复旦

大学新生军政训练试点工作的意见；部署了1991年新生军政训练工作。

会议期间，4所陆军学院分别介绍了承担北京大学、复旦大学新生军政训练的经验；北京大学介绍了该校1989级学生回校后的情况及学校为巩固军政训练成果所做的工作。

会议肯定了4所军校出色的工作和所取得的成果。据统计，在4所陆军学院接受军政训练的北京大学1989级、1990级学生和复旦大学1990级学生，共计3625人，其中有700人受到了各种奖励，529人被树为学雷锋等各类标兵，1100余人向党组织递交了入党申请书，174人光荣地加入了中国共产党。参加过军政训练的学生普遍感到：接受一年军政训练，将终生受益。

会议明确了1991年上述4所军校承训学生的计划。还就教学计划和教学大纲的修订、教材选编、学籍管理、人员编制、机构设置、建立信息沟通制度和下达军校基建投资、增拨被装费和增收学生伙食费等问题进行了研讨，并取得了一致意见。

李铁映在会上讲了话，他希望北京大学、复旦大学新生军政训练长期办下去。国家教委要把4所军校和北京大学、复旦大学的建设纳入“八五”计划；要健全组织领导；北京大学和复旦大学要把巩固军政训练成果列入重要议事日程，作为一项政治任务。

解放军总参谋长迟浩田在会上充分肯定4所军校及其所在军区为这项工作所做的努力和取得的成绩，他强调要深刻理解对北京大学和复旦大学新生试行一年军政训练的重大意义，要把握好今后工作的重点，不要有短期行为。

国家教委副主任朱开轩主持了这次会议，并在总结讲话中强调：北京大学和复旦大学要把巩固军政训练成果当作重要课题来抓；两校要与军校密切配合，严格把好入学关。

会后，国家教委和解放军总参谋部联合印发了会议纪要。

三、组织优秀知识分子和军政训练学生报告团

1991年5月13日至28日，国家教委和团中央联合组织由优秀知识分子和北京大学1989级军政训练学生代表组成的报告团，先后赴解放军大连、南昌、信阳、石家庄4所陆军学院为北京大学、复旦大学参加军政训练的学生及大连、南昌部分高校师生作报告，受到了8000多听众的热烈欢迎。

四、举行1990级新生军政训练结业典礼

1991年7月9日至14日，解放军石家庄、大连、南昌、信阳4所陆军学院分别举行北京大学、复旦大学1990级新生军政训练结业典礼。

国务委员兼国家教委主任李铁映、解放军总参谋长迟浩田、国家教委副主任朱开轩和邹时炎分别出席了4所军校的结业典礼，在结业典礼上宣布了《国家教委关于表彰4所陆军学院在承担北大、复旦新生军政训练工作中成绩突出的工作人员的决定》，表彰了4所军校各10名有关人员，并颁发了荣誉证书和奖品。

撰稿人　陈志龙
审稿人　温　纯

高等学校学生思想政治教育工作

一、加强高校党的建设，表彰优秀思想政治工作者

1991年6月21日至26日，中共中央组织部、中共中央宣传部和国家教委党组联合在北京召开全国高等学校党的建设工作暨优秀思想政治工作者表彰会议。各省、自治区、直辖市党委负责同志以及党委宣传、组织、教育部门负责同志和国务院有关部委教育部门负责同志，108所高校党委负责同志以及优秀思想政治工作者代表共450余人参加了会议。这次会议是贯彻落实中共中央有关加强高等学校党的建设的文件精神，进一步加强高校党的建设和思想政治工作的一次重要会议。会议期间，中共中央政治局常委宋平与部分代表座谈并作了重要讲话，中共中央政治局委员、国务委员兼国家教委主任李铁映向大会作了《努力把高等学校党的建设提高到一个新水平》的报告。中央组织部部长吕枫，中央宣传部部长王忍之，国家教委党组书记何东昌以及中联部、外交部、公安部、国家计委的领导同志先后在会上就加强高校党的建设和国际国内经济、政治形势讲了话。有50多个先进单位和个人在会上介绍了经验。

会议期间，中央组织部、中央宣传部、国家教委、共青团中央、全国教育工会联合表彰了210名高等学校优秀思想政治工作者。在《关于表彰全国普通高等学校优秀思想政治工作者的决定》中，号召高等学校广大思想政治工作者向他们学习，为培养社会主义事业建设者和接班人而努力奋斗。受表彰的210名优秀思想政治工作者分别来自全国197所高等学校和5个省市思想政治工作主管部门。他们有的长期从事思想政治工作，在新形势下为坚持、加强和改进思想政治工作勤奋努力，取得了显著成绩；有的运用马克思主义立场、观点和方法批判资产阶级自由化思潮，研究、回答师生中提出的思想理论问题和实际问题，有针对性地开展思想政治工作，效果显著；有的在近几年维护高等学校安定团结政治局面的工作中，特别是在1989年制止动乱、平息反革命暴乱的斗争中立场坚定，旗帜鲜明，工作成绩突出；有的在教书育人、管理育人、服务育人中思想政治工作成绩突出；有的在思想政治工作的科学研究和思想政治教育学科建设上取得积极成果。李铁映、吕枫、王忍之、何东昌、张金顺等领导同志给与会的高等学校优秀思想政治工作者佩戴光荣花，并向他们颁发了荣誉证书和奖赠一批马克思主义著作。

会后，各地和各高校党委认真传达会议文件，结合实际，贯彻落实会议精神，使高校党的建设得到了进一步加强。

二、高校思想教育课程成为对学生进行思想政治教育的重要阵地

自1987年国家教委发出《关于高等学校思想教育课程建设的意见》后，各地教育行政部门和高等学校本着“积极建设，稳步前进”的方针，认真贯彻《意见》，大力加强思想教育课程建设。调查情况表明，各地教育行政部门和绝大多数高校根据《意见》的要求，制订和实施了思想教育课程建设的具体计划，并在不同程度上解决了课程建设中所遇到的师资、经费、教材和教学计划等问题。目前，思想教育课程建设已初具规模，近95%的高校开设了“法律基础”和“形势与政策”课，70%左右的高校开设了“大学生思想修养”和“人生哲理”课，开设“职业道德”课的高校也已过半。高校普遍设立了专门的教研室，并建立了一支以精干的专职教师为骨干、专兼职教师相结合的教师队伍。各地高校在开设思想教育课时，始终注意把研究和回答高校学生普遍关心的政治方向、形势与政策、理想、道德、人生价值、民主与法制、成长道路等方面的问题作为课程建设和教学的主要任务，收到了较好的效果，特别是“法律基础”、“大学生思想修养”和“人生哲理”课受到学生的普遍欢迎。思想教育课程已成为对高校学生进行思想政治教育的重要阵地。

三、高校学生社会实践活动进一步发展

1991年4月，中央宣传部、国家教委和共青团中央联合在广东省宝安县召开全国高校学生社会实践活动工作座谈会，总结交流了前几年开展高校学生社会实践活动的经验，并就深入持久地开展高等学校学生社会实践活动进行了深入讨论。

在前几年组织高校学生社会实践活动的基础上，1991年，中央宣传部、国家教委、共青团中央在北京、河北、河南、山西、辽宁、吉林、黑龙江、山东、江苏、浙江、江西、湖南、湖北、广东、陕西、四川等16个省、市建立了100个高校学生社会实践活动联系县（市），各地、县也成立了联系点。各地高校与一万多个厂矿、企业、乡村、农场联系建立了较为稳定的高校学生社会实践活动基地。这些基地大致可以分为革命传统教育基地、兴教助学基地、学工基地、学农基地、学军基地等类型。

1991年，在总结以往社会实践活动经验的基础上，许多高校正式将学生社会实践活动列入教育计划。北京市高教局作出规定，要求每个本科生在校期间参加社会实践活动的时间累计不少于4周，研究生不少于2周。并要求将学生参加社会实践活动的成绩作为学生综合考评的依据。广东、云南、河北等地教育行政部门也制订了关于学生社会实践活动制度化的具体意见。

1991年暑期，全国各地高校有100多万大学生分赴20多个省市、一万多地方和企事业单位、农村、农场，开展了以社会考察、科技文化服务、智力扶贫、挂职锻炼、抗洪救灾、义务劳动为主要形式的社会实践活动，这些活动对于大学生了解改革开放的形势、了解国情、向人民群众学习、坚定走有中国特色的社会主义道路的信念起了积极的作用。

四、组织高等学校教书育人先进事迹报告团，召开全国高校教书育人座谈会

1991年3月6日，中央宣传部、国家教委、全国教育工会发出《关于组织高等学校教书育人先进事迹报告团和召开高校教书育人座谈会的通知》。根据《通知》精神，除西藏自治区外，全国29个省、自治区、直辖市分别组织了高校教师教书育人先进事迹报告团活动。各地组织的报告团活动达500多场次，直接听众达几十万人次，在高校师生中引起强烈反响。

1991年12月3日至7日，中央宣传部、国家教委和全国教育工会在北京联合召开了全国高校教书育人座谈会。参加座谈会的27位先进个人、10个先进集体代表，是由29个省、自治区、直辖市在组织教书育人报告团活动基础上层层选拔出来的。北京等6省、市宣传、教育部门或教育工会的负责同志出席了座谈会。

会议期间，中共中央政治局委员、国务委员兼国家教委主任李铁映与会议代表座谈、合影，并作了重要讲话。他要求各地、各高校加强对教书育人先进典型的宣传表彰工作，制订和落实激励教师教书育人的政策和措施。国家教委副主任何东昌、中宣部副部长刘忠德、国家教委副主任滕藤、朱开轩出席座谈会并讲了话。

座谈会总结交流了高校教书育人工作的情况和经验，提出了广泛深入地做好教书育人工作的意见；会上向代表们颁发了荣誉证书；会议代表联合向全国高校教师发出了《做好教书育人工作　培养又红又专人才》的倡议书。座谈会结束前，4位代表应邀到人民大会堂为北京高校5000多名干部、教师作了先进事迹报告。

五、高校思想政治教育专业建设稳步发展

高校思想政治教育专业自1984年创办以来，经过八年的建设和发展，已成为有多种办学层次和较大办学规模的文科专业。目前专业建设正朝着提高教学质量和办学水平的方向稳步发展。1991年，根据少数民族地区高等学校思想政治工作队伍建设的需要，特批新疆大学开办思想政治教育专业第二学士学位班，招收新疆地区少数民族考生。此外，增批西安交通大学为思想政治教育专业硕士学位授予权单位。1991年还进行了专业清理，认可58所高等学校设置思想政治教育专业。到1991年底为止，全国共有17所高等学校获得思想政治教育专业硕士学位授予权，18所高等学校开办思想政治教育专业第二学士学位班，33所高等学校招收四年制本科班，20所高等学校招收大专起点的两年制本科班。

六、高校局势持续稳定

1991年，在各级党委和政府的领导下，高等学校认真贯彻党的“一个中心，两个基本点”的基本路线与党的教育方针，从学校的实际情况出发，加强党的建设和思想政治工作，在师生中深入进行坚持党的基本路线，坚持有中国特色的社会主义道路的教育，学校思想政治工作薄弱的状况有了改变，师生的思想政治状况出现了可喜的变化。主要表现在：(1)高校出现了近年来没有过的持续稳定，1984至1989年间，部分高等学校被学潮困扰的局面有了根本改变。1991年，高校中不安定事端和事端苗头明显减少。(2)资产阶级自由化思潮在高校的影响得到有效遏制，思想政治工作由被动防御转为主动进攻，哲学社会科学学科清理资产阶级自由化影响的工作取得一定成效，校风和校园秩序明显改善，教师教书育人和学生学习的积极性不断提高。(3)高校学生中积极分子队伍不断壮大。从全国高校来看，学生中参加马列、党课学习小组的人数占到学生总数的20%左右，申请入党的人数已占学生总数的15—20%左右。

这几年高校稳定的主要原因是：我国政治、社会稳定；经济上治理整顿和深化改革取得明显成果，生产不断发展；国内大气候和舆论导向有利于高校的稳定，“稳定压倒一切”逐渐成为高校师生共识，人心思定；高校党的建设和思想政治工作进一步加强，党组织的战斗力有所提高，思想政治工作薄弱的状况有了改变；高校校园管理和保卫工作不断改进。

撰稿人　王玲　陈昆　靳诺
马胜杰　向清松
审稿人　张晋峰

普通高等学校招生工作

一、1991年全国普通高等学校录取新生情况

1991年普通高等学校招生继续贯彻稳定政策、净化环境、加强管理、深化改革的方针和国家的各项方针政策，顺利完成了招生任务。

1991年，全国有295.6万人报名参加高校招生统一考试。各类普通高等学校共录取新生62.96万人（包括军事院校），录取率为21.3%。其中，国家任务招生54.51万人，委托培养招生5.48万人，招收自费生1.18万人；电大、函大普通班招生1.78万人。

新生中有党员0.11万人，共青团员56.9万人，占录取新生总数的90.55%；有男生42.1万人，报名录取率为22.16%；有女生20.9万人，报名录取率为19.74%；新生中有少数民族考生4.6万人，占录取总数的7.3%，报名录取率为22.9%；782名残疾青年被录取，报名录取率为22.94%；新生中应届高中毕业生有35.8万人，占录取数的56.9%，近几年应届毕业生录取比例逐年下降。

全国省属专科以上高等学校共录取定向生7.8万人。中央部门所属院校录取定向生0.8万人，占定向生录取总数的12.96%，占部门院校招生总数的6%。

分数线上录取自费生人数为2795人，占自费生录取总数的23.42%。降分幅度最小的地区是上海市，本、专科降分最大值为5分和9分。一般地区，录取自费生降分最大值为20分。

国家任务招收的新生中有1.3万名保送生。

1991年农、林、医、师、地矿、石油、煤炭类专业的生源比较充足，第一志愿录取率均在50%以上。国家教委所属师范院校第一志愿录取率达80.6%，上海市录取的师范类新生全部为第一志愿。

1991年湖南、海南、云南3省共有19.9万名应届高中毕业生参加了会考。有29.9万人报名参加了高考。第一科目组的录取率为15.43%，第二科目组为23.67%，第三科目组为14.88%，第四科目组为14.51%。

二、中国人民大学试验招收先进模范青年

经国家教委批准，1991年中国人民大学在“马克思主义原理”和“中国社会主义建设”两个专业，试验招收了获省级以上先进模范称号的青年59名。该批新生是采取自愿报名、单位推荐、参加全国统一考试、学校阅卷、单独录取的办法招收的。59名新生来自全国16个省、市。新生中，全国劳动模范、全国先进生产者5人，全国“五一”劳动奖章获得者5人（含七届人大代表3人），省、部级劳动模范17人，其余均为全国及省一级的“三八红旗手”、“新长征突击手”、“优秀生产能手”及“优秀教师”。工业、商业、交通等行业第一线职工28人，教师9人，还有农民及个体经营者13人。根据该批学生的实际情况和特点，入学后先补习高中文化基础课。学校有关部门拟定了针对性较强的教学方案，派出得力干部分别担任

班主任和辅导员，帮助、指导学生的学习和生活。

三、部分高等农、林院校继续进行招收有实践经验青年试点

1991年，国家教委分别与农业部、林业部联合发出《关于进一步做好高等农业院校招收有一定实践经验学生试点工作的意见》和《林业部直属高等学校招收有实践经验人员的暂行办法》。这两个文件针对1990年试点工作中出现的问题，进一步明确了招生对象、招生范围，划清了各方面职责，严格考生资格审查。全国23个省、自治区、直辖市，40所高等农业院校进行了试点，共招收有实践经验农村青年2630人。其中，7个省单独命题考试，16个省参加全国普通高等学校统一招生考试，单独划线录取。有9个省录取新生的平均成绩在300分以上。参加林业院校试点的有黑龙江、湖南、四川、甘肃、浙江5省，共招收25人。考生均参加全国统考，由高等学校单独录取。由于各方共同努力，试点工作进展顺利，其中存在的新生质量偏低、资格审查较困难等问题正由有关方面研究解决。

四、湘、滇、琼三省试行高考科目设置及录取新生办法改革

1991年湖南、云南、海南3省普通高等学校招生试行在高中毕业会考基础上，只考与专业密切相关的少数科目，并相应调整了录取办法。改革后的高考科目设置为4组，每组4科。第一组考政治、语文、历史、外语；第二组考数学、语文、物理、外语；第三组考数学、化学、生物、外语；第四组考数学、语文、地理、外语。各高等学校暨系科、专业，根据高考科目组的设置情况及各自特点，选择一组高考科目作为考生的应试科目；考生则可以根据各省招生委员会办公室公布的各高等学校暨系科、专业的考试科目组和本人志向，选择一组作为应试科目。高等学校在录取新生时，按各自选定的科目组进行，一般不作科目组之间的调剂。在对考生学习成绩的要求方面，原则上以高考成绩决定取舍。当考生德、体方面情况及高考成绩基本相同时，可参考高中会考成绩决定取舍。

在省级普通高中会考的基础上改革高考科目设置及录取新生办法，是普通高中毕业考试和高等学校招生考试的整体改革，也是近年来普通高等学校统一招生的一项重要改革试验。湖南、云南、海南3省及在3省招生的高等学校，认真制订方案，深入进行宣传，精心组织实施，使这一改革试点顺利进行，取得了宝贵的经验。

撰稿人 王建军
审稿人 赵亮宏

高等学校学生毕业分配

一、基本情况

1991年由国家统一分配的普通高等学校本、专科毕业生共有548705人（含专科生223746人），其中地方所属高校324527人，国务院有关部委所属高校164530人，国家教委直属高校59648人。由国家统一分配的毕业研究生共有27644人，其中，国家教委所属高校11364人，国务院有关部委和地方所属高校、科研单位共16280人。此外还有国家计划内毕业自费生和电大、函授等普通专科班毕业生6万多人。

从全国情况看，1991年的毕业生需求形势较前两年有明显好转，大多数用人单位需要毕业生的数量有不同程度的增加。需求好转的主要原因：一是国民经济和社会发展十年规划和第八个五年计划的贯彻落实，以及科学技术是第一生产力的战略思想的进一步确立，使许多用人单位认识到经济发展第二步战略目标的实现需要大量的年轻人才；二是近年来经济治理整顿初见成效，经济形势好转，启动了社会对人才的需求；三是五六十年代毕业的科技人员在近期将进入退休高峰，使用人单位认识到补充人才的迫切性。

二、1991年毕业生和毕业研究生分配工作的有关政策

高等学校毕业生分配工作政策性强，涉及面广，时间紧迫，任务艰巨。为切实做好这项工作，及时把毕业生输送到国家需要的地方去，经国务院批准，国务院办公厅于1990年12月28日批转了国家教委《关于1991年高等学校毕业生和毕业研究生分配问题的报告》(以下简称《报告》)。《报告》强调1991年毕业生分配工作要继续执行1990年国务院有关文件规定，并提出以下意见：

1.根据国家现行规定，对已纳入国家统一招生计划的高等学校本、专科学生和研究生，凡是取得毕业资格，服从国家需要的，国家都给予安排工作。属国家分配的毕业生，实行按计划为主的办法分配工作；计划内招收的自费、电大、函授等普通专科班毕业生的就业，按照国家教委等二委三部《关于发布普通高等学校招收自费生暂行规定的通知》中有关规定办理。

2.按照现行高等学校管理体制，毕业生的分配在国家统一政策管理下，实行分级负责、相互调剂的办法。全国毕业生分配由国家教委归口管理；国家教委直属高校毕业生，由国家教委负责面向全国分配；国务院有关部委所属院校毕业生，由有关部委负责面向本系统、本行业分配；各省、自治区、直辖市所属院校的毕业生，由省、自治区、直辖市负责面向本地区分配；部门间、地区间、部门与地区间可根据需要进行调剂。

3.毕业生的分配要坚持统筹安排，合理使用，加强重点，兼顾一般，面向基层，加强生产、科研、教学第一线，以及学以致用、人尽其才的原则。在计划安排上，要优先考虑国家和地方重点建设项目的需要，尤其要保证那些在艰苦地区的国防军工和科研等重点单位的需要。要积极引导和鼓励毕业生到急需人才的乡镇企业和其他集体所有制单位去工作。师范类毕业生要分配回来源地区，由教育行政部门负责安排在教育战线工作。来源于边远省区的毕业生，除录取研究生和需要照顾的支边职工子女外，凡是专业基本对口、边远地区需要的，原则上都要分配回去。毕业研究生要重点补充到基础比较薄弱的院校、科研机构及国家重点建设项目单位。

4.学校和用人单位可通过各种形式的“供需见面”办法落实分配计划，具备条件的也可以在学校的统一管理下，采取毕业生与用人单位在一定范围内“双向选择”的办法落实分配计划。要在实践中不断完善“供需见面”和“双向选择”的办法，兴利除弊，防止不正之风干扰，避免出现不顾国家需要，只从个人利益出发选择去向的不良现象。学校要加强管理，不允许公费毕业生到社会上自找工作单位。

《报告》要求各省、自治区、直辖市和有关部委在制订毕业生分配计划时，要统筹考虑，合理安排；各级计划、教育、人事、劳动等部门要做好组织协调与计划指标的统筹安排工作。

三、表彰优秀大学毕业生，组织优秀大学毕业生先进事迹报告团

党的十一届三中全会以来，全国普通高等学校向各条战线输送了360多万名毕业生。他们在改革开放新形势下，坚持马列主义、毛泽东思想指导，与实践相结合，与工农相结合，为社会主义现代化建设作出了贡献。其中许多毕业生在生产、教学、科研第一线矢志奋斗，艰苦创业，做出了突出的成绩，为青年知识分子树立了榜样。为了宣传他们的先进事迹和思想，弘扬他们的开拓创业精神，激励广大青年知识分子到国家最需要的地方建功立业，中央宣传部、国家教委于1991年1月24日决定对于树森等215名大学毕业生予以表彰。

1991年1月25日，由国家教委、中央宣传部、人事部、国务院学位委员会联合召开的全国有突出贡献的博士硕士学位获得者、回国留学人员和优秀大学毕业生表彰大会在人民大会堂举行。中共中央总书记江泽民、国务院总理李鹏、中共中央政治局委员李铁映等党和国家领导人出席了大会。大会由国家教委副主任滕藤主持。国家教委副主任邹时炎、人事部副部长张汉夫、中宣部副部长李彦在会上分别宣读了表彰有突出贡献的博士硕士学位获得者（名单见“学位与研究生工作”部分）、回国留学人员（名单见“出国留学工作”部分）、优秀大学毕业生的决定。江泽民、李鹏等党和国家领导人向获奖者代表颁奖。清华大学教授倪以信、北京大学教授陈章良、西藏自治区气象台台长权循刚分别代表受表彰的有突出贡献的博士硕士、回国留学人员、优秀大学毕业生在大会上发言。中共中央政治局委员、国务委员兼国家教委主任李铁映代表党中央、国务院向受表彰的同志表示衷心的祝贺，并对广大青年知识分子提出了殷切希望。国家教委副主任何东昌在会上讲了话。

优秀大学毕业生表彰名单

于树森	万秋华（女）	马吉保
马守科	马明生	马锦林
王仁军	王双明	王　正
王志敏	王志新	王　钊
王庐嘉	王明儒	王依民
王　波	王治安	王春怀
王建生	王桂芬（女）	王晓慧
王　竞	王智太	王　雷
王　道	韦俊坤	毛新生
王新燕	尹铁良	孔凡瑾
孔星隆	厉　声	石昆山
卢　明	申瑞臣	叶　玲（女）
付正良	宁　远	冯华君
弗拉基米尔·谢尔盖		权循刚

耶维奇·阿捷也夫		吉狄马加
吉建平	再娜甫·艾买提（女）	
同山虎	吕超臣	朱兆丰
朱国芳	伍海森	刘中一
刘初春	刘炳华	刘道林
刘增林	安振平	孙　伟
孙金龙	孙　涛	麦伟坤
邢忠学	严宏生	严家文
李士平	李才儒	李玉虎
李玉潮	李　宁	李世瑞
李永福	李永新	李光平
李刘锁	李　迦	李旭慧
李卓彬	李洪海	李建云
李建平	李　瑞	连云芬（女）

吴光平	吴　铁	何烈华
何晓群	余振昌	谷子林
汪鼎林	沈希军	沈耀宗
汤　桦	宋文俊	宋玉林
宋建伟	张　文	张文栋
张玉果	张　伟	张　羽
张志龙	张　利	张柱民
张国植	张明礼	张金玲
张俊英（女）	张　跃	张灌生
邹　鹏	纳斯如拉	武　明
范月仙（女）	范有臣	杨九俊
杨书军	杨　旭	杨志刚
杨首龙	杨善德	罗健鸣
罗　湘	陈元仲	陈玉祥
陈光林	陈伯华	陈卓宁
陈学志	陈鸿兴	陈惠民
昆鹏飞	季德荣	岳秋良
金　永	金成一	周镇宏
施榍梧	孟祥杰	赵白鸽（女）
赵明鹏	赵宗福	赵　沛
赵贵生	赵　峡	郝明德
郝　毅	胡少孟	胡玉明
胡克林	胡劲松	胡银让
柳洪武	哈斯宝力高	俞孔坚
郑作东	郑祖义	姚亚平
姚　希	秦文跃	秦荣生
敖志西	袁　亮	耿铁华
聂守谦	聂　明	聂建青
索朗达杰	夏国斌	夏　强
夏德仁	顾　聪	顾黑郎
高　军	高光辉	高　旭
高春和	高桂芬（女）	高　鹏
席　政	徐滨宽	黄一刚
黄大海	黄　平	黄兆羽
黄　欣（女）	黄遵维	曹士泉
盛　捷	崔殿斌	常子啸
郭公民	阎沛禄	梁　良
梁振东	彭　飞	彭永池
彭庆军	韩国材	韩尚石
韩修廷	董尔文	董　强
喇敏学	鲁　涛	曾小平
谢远谱	谢阿海	谢树文
阚　鹏	熊　英（女）	蔡宝新
蔡高才	黎　涛	潘永杰
戴定一	鞠仁胜	鞠幼华

国家教委、中央宣传部从受表彰的优秀大学毕业生中选拔了12人，组成全国优秀大学毕业生先进事迹报告团，于1991年6月2日至15日分赴吉林、山东、浙江和湖南、湖北、四川6省进行巡回报告。在为期半个月的巡回报告活动中，他们作了数十场报告，以朴实、生动的语言讲述了自己大学毕业以来的成功与挫折、经验与教训，受到了毕业生们的热烈欢迎。

四、召开毕业生思想教育工作座谈会

为了总结、交流经验，做好新形势下的毕业生思想教育工作，国家教委于1991年12月在湖北省江汉市召开了全国高校毕业生思想教育工作座谈会。参加座谈会的同志来自各省、自治区、直辖市和部分国务院有关部委主管毕业生思想教育的部门，还有近几年来工作做得比较突出的40余所高等学校和部分用人单位。中国石油天然气总公司、湖北省教委、江汉石油学院、清华大学、中国矿业大学、合肥工业大学、湖北农学院、江汉石油管理局、镇江市人事局等单位在大会上介绍了工作经验。国家教委副主任朱开轩在座谈会上做了重要讲话，提出要高度重视毕业生思想教育工作，重视对高校毕业生分配工作的评估和注意引导毕业生走正确的成才道路。

撰稿人　王路江

审稿人　焦述清

考试中心 1991 年主要工作

一、召开全国考试工作会议

为了总结“七五”期间的考试工作，规划、部署“八五”期间的考试任务，1991 年 1 月 27 日至 31 日考试中心在广西南宁召开了第一届全国考试工作会议。各省、自治区、直辖市教委（教育厅、局）的主要负责人，招办、考试中心负责人及国家教委高教司、成人司、学生司、保密办和考试中心共 150 人出席了会议。国家教委副主任朱开轩到会作了题为《关于建立高中毕业会考制度，进一步深化高考改革的若干问题》的讲话，国家教委考试中心主任杨学为作了题为《为振兴中国考试事业而奋斗》的工作报告，并提出了今后 5～10 年中国教学考试事业的奋斗目标和“八五”期间的五项基本任务。会议讨论了《普通、成人高等学校本、专科招生全国统一考试工作规则》（已于 1991 年 9 月 16 日以国家教委文件下发执行）；会议还讨论并修订出《高等学校招生全国统一考试管理处罚暂行规定》，于 1992 年 2 月 2 日，由国家教委主任李铁映签署第 18 号令，予以发布施行。

二、普通高中毕业会考及高考科目改革

1991 年在原来确定的 8 个实行普通高中毕业会考省市中的湖南、云南、海南三省，根据国家教委发布的高考科目组试行方案，考试中心专门为三省命制了一套新高考试卷。新高考共分四个科目组，即文史类考生考语文、外语、历史、政治；理工类考生考数学、语文、外语、物理；化工、农医类考生考数学、外语、化学、生物；地、矿、油、财经类考生考数学、语文、外语、地理。每个考生只选一个科目组参加高等招生考试。这套试卷注重了对学生能力的考查。并且该科目组各科成绩打破了原来的除语文、数学 120 分，生物 70 分外，其他各科 100 分的惯例，将新高考每科满分变为 150 分。年底，考试中心与基础教育司在云南昆明召开了全国会考工作总结会，进一步明确了会考、高考的改革方向。

三、考试科研工作

1991 年，是教学考试科研“七五”规划的最后一年，考试中心在总结“七五”考试科研成果的基础上，制订和发布了《“八五”教学考试科研规划课题指南》和《“八五”教学考试科研课题管理办法》，11 月在北京召开了“八五”课题招标会，确认了 50 多个考试科研课题。

四、编纂考试历史资料

为了研究总结中国考试制度丰富的历史经验，以为当前考试改革的借鉴，考试中心从 1991 年起组织编写中国考试史系列丛书，这套丛书包括：《中国考试史资料汇编》、《中国考试通史》、《考试学词典》等。并已开始组织北京大学、中国社会科学院历史所等单位进行资料、文物图片的收集工作。

五、召开考试科研国际研讨会

1991 年 9 月 16 日至 21 日，考试中心在北京召开了 1991 年考试科研小型国际讨论会，日本、新加坡、南朝鲜、印度，香港等国家和地区及国内代表 70 余人参加。国家教委副主任滕藤到会讲了话。会上，国内外代表针对目前所关心的教学考试问题进行

了认真的交流与讨论。

六、出版《中国考试》杂志（试刊）

经国家新闻出版署和国家教委批准，由考试中心主办的《中国考试》杂志于1991年试刊，每年四期。它肩负着宣传考试政策，交流各省考试改革经验，传播考试信息和科研成果等任务。

撰稿人　马世晔

审稿人　马金科

学位与研究生工作

一、国家教委设立研究生工作办公室

为加强我国研究生教育的综合管理工作，国家教委于1991年2月设立研究生工作办公室，归口负责全国研究生工作。

国家教委研究生工作办公室与国务院学位委员会办公室合署办公。

二、国家教委、国务院学位委员会联合表彰做出突出贡献的中国博士、硕士学位获得者

为广泛宣传恢复研究生教育和建立学位制度10年来所取得的重大成就，宣传中国学位所达到的学术水平，鼓励和弘扬中国博士、硕士学位获得者的艰苦奋斗、自力更生精神，表彰他们为社会主义建设事业做出的突出贡献，进一步促进高级专门人才的培养逐步立足于国内这一战略目标的实现，1991年1月，国家教委、国务院学位委员会做出决定，在全国范围内表彰695名我国自己培养的、在社会主义现代化建设中做出突出贡献的中国博士、硕士学位获得者，授予他们"做出突出贡献的中国博士（硕士）学位获得者"荣誉称号。

这次表彰活动，是建国以来的第一次。1月25日，国家教委、国务院学位委员会在北京人民大会堂隆重召开了表彰大会。江泽民、李鹏、李铁映、杨白冰、雷洁琼、钱伟长等党和国家领导人以及150名受到表彰的中国博士、硕士学位获得者代表出席了表彰大会。党和国家领导人和与会代表合影并为受奖者代表颁发了荣誉证书和奖章。李铁映代表党中央、国务院向受到表彰的同志表示祝贺。国家教委副主任、国务院学位委员会主任委员何东昌在会上讲了话。

在受表彰的695人中，博士学位获得者占68.92%。这基本反映了我国学位的授予质量。受表彰的人员，不仅有从事教学、科研的同志，在基层、生产第一线和边远地区、艰苦行业辛勤工作的同志也占有相当的比例；具有副教授及其以上（或相当）职称的占57.55%，许多同志还担任了各级领导职务。这说明，我国的学位获得者正在各条战线发挥着重要作用，成为各项事业的骨干，也表明我国学位的授予质量是好的，实行学位制度是成功的。

做出突出贡献的中国博士、硕士学位获得者名单

安里千	白　云	白春礼	冯祖仁	傅泽田	傅广生
白春学	柏树令	鲍　朗	傅惠民	高　歌	高　毅
蔡　昉	蔡　勖	蔡光启	高长林	高大维	高国伟
蔡宏彬	苍大强	曹　槐	高文武	高效伟	高延林
曹　亚（女）	曹建林	曹龙骐	高雨青（女）	格　勒	葛　坚
曹顺庆	岑章志	柴京鹤	葛剑雄	葛世荣	葛晓音（女）
柴天佑	常福聚	常增虎	龚烈航	龚明礼	龚旗煌
陈　赣	陈　来	陈　实	贡伟亮	谷传纲	顾　明
陈安民	陈光伟	陈贵强	关国庆	关亚风	关志成
陈怀满	陈佳贵	陈家宽	官志忠	桂建芳	桂业伟
陈建宁	陈杰诚	陈锦波	郭　雷	郭爱丽（女）	郭继鸿
陈凯先	陈历学	陈立东（女）	郭明奇	郭庆荣	郭亚昆
陈木法	陈宁新	陈平原	韩东一	郝　刚	何建国
陈庆华	陈日新	陈思平	何金森	何敌民	洪　伟
陈维明	陈伟恕	陈雅棠	洪嘉振	洪家兴	洪银兴
陈宜亨	陈玉勇	陈振华	洪志勇	侯惠奇	侯纬敏
陈支平	陈中永	陈忠平	侯晓远	呼格吉勒图	胡　林
陈子辰	陈皓明	程　莉（女）	胡鞍钢	胡大雷	胡海岩
程宜山	程祖亨	褚嘉佑	胡启跃	胡振鹏	胡志宏
崔　鹏	崔　胜	崔　翔	胡仲明	华一新	怀效锋
崔建芳（女）	达万明	戴先中	黄　城	黄　道	黄　进
戴正德	邓　级	邓广林	黄　黔	黄　韬	黄炳南
邓绍庆	邓秀新	丁　钢	黄达人	黄汉民	黄建平
丁鄂江	丁健君	丁伟岳	黄润秋	黄泰岩	黄卫东
董　华	董福慧	董明敏（女）	黄因慧	黄章勇	黄志达
董元篪	窦汝广	杜定全	惠延年	霍　伟	贾承造
杜国同	杜江凌	杜金元	姜春良	姜会林	姜良铎
杜仰光	段宪明	樊代明	江　湧	江　骥	江志明
范　明	范洪义	范建华	蒋浩兴	蒋绍忠	焦　奎
方北辰	方宗德	费昌沛	金相灿	金永杰	鞠　平
冯　骆	冯鑑强	冯启民	康克军	寇纪淞	来鲁华（女）
冯胜刚	冯世平	冯守华	赖　明	赖永海	雷　锐
冯顺山	冯晓源	冯玉琳	雷月葆	雷增光	黎志涛

李 翀　李 郇　李 宏
李 坚　李 靖　李 平
李 勤　李泽生　李 洵
李 洵　李宝元　李炳海
李长荣（女）　李成峰　李承森
李承治　李春文　李德杰
李定国　李凤玲　李广信
李桂源　李国卿　李红平
李慧勤（女）　李继定　李剑国
李静海　李乃胜　李其维
李求是　李荣禧　李瑞阳
李若山　李尚志　李绍宽
李守义　李松晨　李文琪
李晓玫（女）　李义天　李永贵
李永盛　李正茂　李宗桂
李祖伦　厉无畏　连至诚
廉桂南　梁 进　梁德旺
梁广文　梁宋平　廖广志
廖启征　林 祥　林 旭
林昌健　林超民　林崇德
林华宽　林久祥　林树明
林文漪（女）　林永成　林宗坚
刘 超　刘 钝　刘 飞
刘 克　刘 平　刘 胜
刘 庸　刘 榕　刘白雁
刘成卜　刘次元　刘大椿
刘德培　刘积仁　刘嘉荃
刘嘉麒　刘庆德　刘银坤
刘英卫　刘迎龙　刘永定
刘永锋　刘元声　龙 伟
楼梦麟　卢 建　卢秉恒
卢克焕　路长林　鹿尔驯
陆 达　陆 昉　陆 勤
陆惠秀（女）　陆小华　吕 建
吕 柯　吕雪山　吕征宇
罗 炤　罗飞路　罗固源
罗首军　罗学富　罗懋康
马 凯　马 利　马东升

马鸿文　马鸣图　马念杰
马兴瑞　马绪臣　马一太
马震岳　马中骐　毛景文
毛裕民　孟金陵　孟庆翔
孟宪忠　孟自芳　苗复春
明 晓　莫砺锋　倪国强
倪明江　倪以信（女）　宁 杰
牛 军　牛建昭（女）　欧进萍
区智明　潘安定　潘云鹤
庞志成　裴月湖　彭少麟
彭省临　彭师奇　彭万旺
彭裕文　彭仲秋　其木德道尔
齐智平（女）　钱乘旦　钱梦騄
钱荫愉（女）　乔建民　秦大河
丘 进　邱冠周　邱金桓
裘式纶　曲音波　权太范
任青文　任忠鸣　荣新江
茹重庆　阮成礼　单 平
邵国凡　邵可然　邵虚生
申小龙　沈 弘　沈鸿烈
沈建中　沈其荣　沈天健
沈佐锐　施季森　施浒立
石庆华　时俭益　史培军
史清琪（女）　史晓颖　宋 明
宋宏伟　宋祖良　苏 淳
苏 宁　苏义脑　苏永全
孙 军　孙德青　孙贵凡
孙立英　孙启文　孙庆斌
孙予罕　索志强　汤玉清
唐守正　唐谟堂　唐钰明
陶凤岗　田 禾　田 源
童 兵　童根树　万 力
万明习　汪 玲（女）　汪 信
汪景琇　王 彪　王 钢
王 强　王 伟　王 兴
王 宇　王 珉　王 琪（女）
王 炜　王邦维　王炳燊
王伯伦　王长安　王成善

王垂杰	王椿镛	王道全
王殿龙	王锋鹏	王沪宁
王建华	王建磐	王锦贵
王可平（女）	王利明	王利祥
王力珩	王其亨	王庆国
王如松	王士午	王世平
王硕平	王伟光	王文全
王文忠	王祥珩	王晓龙
王晓明	王晓毅	王兴奎
王行愚	王秀岩	王学浩
王延章	王燕斌	王砚英
王耀华	王一川	王于天
王玉凤（女）	王源升	王云飞
王兆印	王子镐	魏本华
魏长霖	温熙森	巫克飞
吴　雅（女）	吴　迎	吴北婴（女）
吴博达	吴伯麟	吴长春
吴冲锋	吴建生	吴沛成
吴清玉	吴艳鹏	吴以成
吴振武	吴正德	吴中学
吴忠泽	武传松	武捷思
奚明初	席酉民	夏　斌
夏　军	夏伟东	夏霞娟（女）
夏益霖	解思深	谢长生
谢和平	谢惠民	谢绳武
辛德勇	邢　苗	熊　寥
熊景杰	熊诗杰	徐大懋
徐继生	徐嘉谟	徐明曜
徐世烺	徐文耀	徐向东
徐晓飞	徐孝民	徐学纯
徐勇勇	徐宗本	许　东
许达哲	许大全	许家栋
许临晓	许荣庆	许晓鸣
许梓荣	宣　华	薛　行
薛景川	薛钰芝（女）	鄢祖林
严　斧	严纯华	严年喜
严晓浪	颜光美	颜择贤
阎宝杰	阎步克	晏凤桐

杨　柯	杨　义	杨大庆
杨道生	杨东梁	杨光松
杨海成	杨继斌	杨家振
杨金忠	杨梅林	杨如陵
杨瑞昌	杨树锋	杨顺安
杨希山	杨晓西	杨一凡
杨义先	杨永耀	杨玉良
杨元喜	杨中海	姚　克
姚檀栋	叶家琛	易克初
殷勤业	尹文书	尹永顺
尤　政	尤肖虎	于　彬
于福年	于秀源	虞　烈
余德浩	余华刚	余劲松
余其煌	俞光岩	郁凯元
袁　驷	袁贵仁	袁家荣
袁建平	曾令儒	曾子鲁
扎拉嘎	翟兰朝	展　涛
章扬培	章友康	张　雄
张　涌	张柏和	张伯礼
张伯明	张晨曦	张德昌
张迪生	张定华	张恩华
张恩勤	张海澜	张合金
张鸿存	张洪祖	张洪飙
张红艺	张济山	张继平
张锦生	张敬东	张举仁
张克宁	张鲁榕（女）	张明华
张培军	张岂凡	张庆伟
张润杰	张若衡	张为远
张未名	张贤科	张祥宏
张晓健	张新泉	张新申
张学君	张耀辉	张荫南
张英菊（女）	张永康	张玉卓
张育林	张昭栋	张肇达
张征宇	张正奇	张志超
张筑生	赵　宏	赵　凯
赵　玫（女）	赵　勇	赵秉志
赵德标	赵桂彷	赵国泽
赵景柱	赵林城	赵万生

赵文汝 赵耀基 赵元富
赵跃民 郑杭 郑珊（女）
郑楚光 郑德先 郑利平
郑祥身 郑晓静（女） 郑心畲
郑燕康 郑应华 钟吉品
周晶 周玉 周东祥
周芳德 周京新 周士建
周思亮（女） 周逸锋 周玉魁
朱安邦 朱邦芬 朱宝泉
朱德仁 朱栋霖 朱凤瀚
朱克民 朱士正 朱耀鑫
朱怡文（女） 庄剑云 庄丽君（女）
邹介棠 祖元刚 左理
左良

三、全国研究生工作座谈会在长春召开

1991年7月19日至23日，全国研究生工作座谈会在长春召开。部分高等学校的校（院）长、研究生院院长、部分中央部委教育司（局）和省（市）教委（高教局）的负责同志等60多人参加了会议。这次会议在总结回顾了前10年研究生教育工作的基础上，讨论研究了今后10年研究生教育的发展与对策。国家教委副主任、国务院学位委员会副主任委员朱开轩参加会议并讲了话。

会议总结回顾了近年来的研究生教育和学位工作，指出目前工作中的一些问题。会议认为，我们既要充分肯定成绩，以增强我们的信心，又要实事求是看到存在的问题，正确分析，找出解决办法，继续扎扎实实地前进。

会议研究讨论了《制定研究生教育和学位工作“八五”计划和十年规划的初步设想》（讨论稿）。与会代表认为，“八五”期间高等教育“坚持方向，稳定规模，优化结构，深化改革，改善条件，提高质量”的方针，对研究生教育和学位工作是完全适用的。同时，研究生教育和学位工作又要结合自身的特点，正确认识和处理好以下几个方面的问题：(1) 坚定不移地继续抓好德育，切实加强研究生的思想政治工作；(2) 稳定规模，把工作的重心放在巩固提高和保证质量上；(3) 培养多种类型的研究生，主动适应社会主义建设各方面对高层次专门人才的需要。

会议总结交流了10年博士生培养工作的经验，讨论了如何保证博士生培养质量，立足于国内培养博士生的问题。会议指出，经过10年的努力，我国博士生培养从无到有，依靠自己的力量培养了一批基本上适应社会主义建设需要的博士，有些学科点培养的博士在可比方面与国际水平大体相当。会议初步讨论并提出了实现立足国内培养博士生的主要标志。会议建议各有关单位对博士生培养工作进一步总结经验，改进博士生培养工作。

四、国务院学位委员会第十次会议在京召开

国务院学位委员会第十次会议于1991年12月17日至18日在北京召开。28位学位委员出席了会议。国务院学位委员会主任委员何东昌，副主任委员张光斗、胡绳、周光召、朱开轩出席了会议。何东昌在会上讲了话，朱开轩作了工作报告。

这次会议的主要任务是贯彻党的十三届七中、八中全会精神，审批国务院学位委员会第三届学科评议组成员名单，审议我国研究生教育和学位工作“八五”计划和十年规划要点，讨论我国学位和研究生教育改革工作。

会议原则批准了第三届学科评议组成员名单。国务院学位委员会第三届学科评议组由56个组、713位专家学者组成。第三届学科评议组成员的选聘，强调了全面贯彻党的基本路线，适应经济建设需要，注意学术权威性、代表性和专业覆盖面，加大了经济建设部门、从事高科技和承担大型工程技术工作方面专家的比例，在一些政治性较强的学科吸收了一些马克思主义理论功底较厚的专家，成员的平均年龄也比第二届下降了4岁。

会议审议通过了研究生教育和学位工作“八五”计划和十年规划要点。会议强调指出，九十年代我国研究生教育和学位工作，要全面贯彻党的基本路线，积极适应经济和社会发展的需要，努力培养德、智、体全面发展的高层次专门人才，为实现我国现代化建设第二、第三步战略目标贡献力量。会议确定，九十年代我国研究生教育和学位工作的总目标是：建立一个适应社会主义建设需要的、面向二十一世纪的、具有中国特色的研究生教育体系和学位制度，实现高层次人才的培养立足于国内。

会议还审议讨论了关于学位与研究生教育深化改革的问题。会议指出，经过前四批学位授权审核，全国博士点、硕士点数已有相当规模，在总体上应当相对稳定一个时期，把工作重点放在巩固提高上。今后只在少数国家急需发展的学科范围内增加个别博士点。要通过调查研究，广泛听取基层和专家学者的意见，经过试点，摸索出学位授权点增减的切实可行的方式，逐步建立起一种有增有减的动态机制，以合理地调整学位点结构，使之更好地适应社会主义建设的需要。

会议指出，为了巩固提高现有博士点，近期内要增补一批中青年博士生导师，以便稳步进行博士生导师队伍新老交替，使导师队伍年龄结构逐步趋于合理。增列博士生导师工作要与对学位授权点的复查和评估工作结合起来进行，搞活学位授权点评审机制。

五、加强专业学位的调查研究和试点工作

为了进一步适应经济建设的需要，加速培养应用型的高层次人才，改变我国学位规格单一的现状，根据国务院学位委员会关于研究和建立具有中国特色的专业学位制度的决定，有关单位先后成立了试办工商管理硕士学位领导小组和建筑学专业学位研究领导小组，开展了研究和试点工作。

建立我国的建筑学专业学位是一项复杂的创新工作。这项工作不仅涉及教育体制，而且牵扯到整个建筑业用人制度的改革；不仅限于大学本科建筑学专业教育，而且牵动建筑学科高等教育各个层次的改革。因此，国务院学位委员会、建设部等部门密切配合，共同开展了建立建筑学专业学位的研究工作并建立了相应的领导研究小组。开展这项研究工作的指导思想是：全面贯彻党的基本路线，立足国内，坚持理论联系实际，借鉴国外对我有用的经验，建立适合中国国情的建筑学专业学位体系及其评估制度。

工商管理硕士学位也是专业学位的一种，其特点是：第一，培养高层次的经济管理人才，生源主要是在企业或其主管部门工作过几年，有实践经验的现职人员；课程内容密切结合实际，加强实践环节，培养过程与企业密切联系或与企业联合培养；学生毕业后再回到企业中去。第二，工商管理硕士既要有坚定正确的政治方向，又要求具备较广博的知识，结合企业管理的各种职能（如生产管理、财务管理、营销管理、人事管理、决策管理、经营战略等）学习多门课程，形成较广的知识与较强能力的综合业务水平。第三，工商管理硕士要有为社会主义献身的精神和职业道德，懂得经济，具有艰苦创业、勇于开拓的事业心和责任感，有组织指挥生产经营的应变、判断、决策的能力。第四，工商管理硕士可以招收有各种专业阅历和实践经验的大学毕业生，便于培养综合全面的复合型人才。

设立工商管理硕士学位的研究工作，起步于1989年，1991年开展试点工作。目前已有清华大学等9所高校进行试点。

试办工商管理硕士学位的指导思想是坚持以马克思主义为指导，按照有中国特色的社会主义经济的本质的要求，紧密结合中国国情，认真总结自己的经验，正确吸收国外先进的管理方法与经验，培养有中国特色的社会主义的高层次的经济管理人才；为中国的企业，特别是为国营大中型企业服务。

培养工商管理硕士，主要是培养高层次的管理人才，即我国大中型企业的企业领导人员，经济管理部门的高级管理人员。为保证生源质量，把好入学关，在试点阶段主要招收有四年以上实践经验的具有大学本科学历的在职人员，实行定向或委托培养。采用弹性学制，全脱产学制为二年半，半脱产学制为三至四年。案例教学占有相当的比重，能力培养占主导地位。

六、学士学位证书与普通高等学校本科毕业证书分开制发

为加强对学士学位授予工作的管理，保证所发学位证书的规格质量，1991年9月，国家教委、国务院学位委员会联合发出《关于普通高等学校本科毕业证书与学士学位证书分开制发的通知》，规定从1992年应届毕业生开始，学士学位证书与普通高等学校本科毕业证书分开制发。学士学位证书由国家教委学位办公室会同国务院学位委员会办公室统一印制。

统一印制的学士学位证书，封面颜色为墨绿色，上部凹印中华人民共和国国徽，下部凹印"学士学位证书"字样；内页按学位授予对象分为"普通高等教育本科毕业生"、"成人高等教育本科毕业生"和"来华留学本科毕业生"三种。授予来华留学本科毕业生学士学位时，同时发给英文（或法文）译文副本。

七、科学社会主义、国际共产主义运动、民族民主运动三个专业的学位与研究生教育质量评估工作结束

根据国务院学位委员会第九次会议关于要对现有博士、硕士学位授予单位及其学科、专业分期分批进行复查和学位与研究生教育质量评估的决定，1991年2月至8月，国务院学位委员会办公室组织专家组对科学社会主义、国际共产主义运动、民族民主运动等三个专业进行了学位授权点及其研究生教育质量的检查和评估。由中国社会科学院副院长江流教授为组长的14位专家组成的专家组，对全国29个单位的40个硕士点、6个博士点进行了检查评估。

这次评估工作采取单位自我评估和专家组评估相结合的方式，由各单位先进行自我评估，写出评估工作报告，专家组在各单位自评的基础上，进行实地考察。7月29日至8月8日，召开了专家组会议，总结评估工作，并调阅了六百余篇学位论文，在对有关情况作了全面的汇总，深入的分析和充分的讨论的基础上，对接受评估的学位授权点及其研究生教育质量作出了评价。国家教委副主任滕藤参加了总结会并讲话。

专家组认为，这三个专业的研究生培养工作总的来说是好的，方向是正确的，成绩是显著的。在培养工作中值得肯定的经验和做法有以下几点：(1) 把树立马克思主义世界观，坚定社会主义和共产主义信念放在首位；(2) 把学习马克思主义基本理论和研究社会主义面临的新问题作为教学的中心内容；(3) 把培养研究生的能力贯穿于教学工作的始终；(4) 有一支思想过硬、业务水平较高的教师队伍，是保证研究生教育质量的重要条件；(5) 不断总结经验，加强和改进研究生的培养和管理工作。

专家组指出，这三个专业的研究生培养工作，在取得很大成绩的同时，也有一些不容忽视的问题。针对这些问题，专家组提出了改进意见。

八、整顿普通高等学校授予成人高等教育本科毕业生学士学位工作

自1988年国务院学位委员会发布《关于授予成人高等教育本科毕业生学士学位暂行规定》，在全国普通高等学校中开展授予成人高等教育本科毕业生学士学位工作以来，促进了成人高等教育质量的提高和多种类型、多种规格专门人才的培养。但是，在开展这项工作过程中，也出现了授予标准掌握不一，追求高授予率，部门职责分工不清等问题。

为了保证我国学位授予的质量，针对目前普通高校授予成人高教本科毕业生学士学位工作中存在的问题，国务院学位委员会、国家教委于1991年6月发出通知，要求对普通高校授予成人高教本科毕业生学士学位工作进行整顿。整顿工作的重点是统一思想认识、理顺管理体制和健全规章制度；整顿工作采取单位自查、部门整改检查、国家抽样复查的办法进行；各地要按通知要求，使整顿工作落到实处，通过几年的努力，要使普通高校授予成人高教本科毕业生学士学位的工作真正做到坚持标准、严格要求、择优授予、保证质量。

九、学位授予情况

1.新增学士学位授予单位。1991年7月，国家教委、国务院学位委员会批准中国金融学院、北京针炙骨伤学院、通化师范学院、牡丹江医学院、齐齐哈尔医学院、浙江财经学院、温州师范学院、南昌职业技术师范学院、郑州纺织工学院、河南职业技术师范学院、湘潭师范学院、重庆商学院、西安邮电学院等13所高等学校为学士学位授予单位。

2.名誉博士学位授予。经国务院学位委员会批准，1991年9月，北京大学授予意大利总理安德雷奥蒂名誉法学博士学位；12月，中国协和医科大学授予马耳他总统塔博恩名誉医学博士学位。

3.博士、硕士、学士学位授予（见附表）。

1991年授予学位统计表

单位：人

学科门类	学士	硕士	博士
总计	288695	30675	2556
哲学	1753	576	36
经济学	24907	1665	86
法学	9639	1246	49
教育学	14555	561	25
文学	25291	1534	65
历史学	6154	542	66
理学	41542	5890	663
工学	118427	13685	1011
农学	18142	1128	87
医学	28176	3710	468
军事学	109	138	

注：1.括号中数字为总数中所含在职人员获得学位人数。

2.学士总数中含授予成人高教本科毕业生学位人数。

撰稿人　吴　楠

审稿人　王忠烈　奚广庆

改革研究生生活补助费发放办法实行奖学金制度

为鼓励大学应届毕业生和在职人员积极报考研究生，国家教委、财政部于1985年联合发布了《关于研究生在校学习期间生活补助费待遇等问题的规定》。按当时管理状况与物价水平，规定应届毕业生考取博士生的每生每月76元，国家正式职工考取博士生的，按本人的基础工资、职务工资和工龄津贴三项之和计发生活费；应届毕业生考取硕士生的每生每月58元，国家正式职工考取硕士生的按本人的基础工资、职务工资之和的90%，另加本人工龄津贴计发生活费。学习期间书籍补助费，博士生每生每年100元，硕士生每生每年60元。规定发布后，在校学习的研究生的生活有较大改善。

随着时间的推移，社会物价的变动，上述规定已不能适应变化了的形势。除规定的标准偏低，需要进行调整以外，国家职工考取的研究生与工资挂钩计发生活补助费的办法弊病太多，造成研究生与学校、研究生与研究生之间经常发生矛盾，既影响研究生本人的学习积极性，也影响到学校的教学与管理，实践要求与工资挂钩计发生活费的办法必须改革。为此，经国家教委、财政部研究决定，设立研究生奖学金制度，废止1985年发布的《规定》。1991年12月，国家教委、财政部联合发出《普通高等学校研究生奖学金制度试行办法》，从1992年1月1日起执行。文件规定，研究生奖学金分为普通奖学金和优秀奖学金。入学的研究生凡是热爱社会主义祖国，拥护中国共产党的领导；遵守学生守则和学校有关规章制度；勤奋学习，努力掌握专业知识，各门课程学习成绩合格者均可获得奖学金。对那些专业学习和研究成绩突出的研究生，除享受普通奖学金外，还可享受优秀奖学金。

普通奖学金的标准是：博士研究生入学前没有参加过实际工作的，每生每月90元；入学前为国家正式职工，大学毕业后参加实际工作累计时间满二年以上者，每生每月100元，大学毕业后参加实际工作累计时间满四年以上者，每生每月110元。硕士研究生入学前没有参加实际工作的，每生每月70元；入学前为国家正式职工，大学毕业后参加实际工作累计时间满二年以上者，每生每月80元，大学毕业后参加实际工作累计时间满四年以上者，每生每月90元。

优秀奖学金的标准、评定比例和发放办法是：博士研究生每生每年200元，评定比例不超过15%；硕士研究生每生每年150元，评定比例不超过10%；每年年末评定，并一次发给受奖者。学习期间书籍补助费标准，博士生每生每年100元，硕士生每生每年60元。如研究生本人在学习期间生活上有特殊困难，还可向学校申请困难补助。

为适应高等学校研究生培养制度改革的需要，增强研究生实际工作能力，发挥研究生在教学、科研和行政管理工作中的作用，有条件的学校可试行把发放研究生奖学金同他们兼任教学、科研和行政管理工作的报酬结合起来的办法。

撰稿人　王　辉

审稿人　王显明　钱一呈

国务院重视发挥高等学校科技力量作用

1991年9月30日，国务院批转《国家教委、国家科委关于加强高等学校科学技术工作的意见》(简称《意见》)，国务院的通知中指出，《意见》总结了党的十一届三中全会以来高等学校科技工作的基本经验，提出了今后五至十年高等学校科技工作的指导方针、奋斗目标、主要任务和应当采取的重大措施。要求各有关方面结合本地区、本部门的实际情况贯彻执行。

《意见》提出了在整个"八五"期间直至更长时间，高等学校科技工作的战略任务。根据高等学校智力与学科的优势以及科技工作与人才培养紧密结合的特点，提出要抓住时机。深化改革，调动积极性，激发创造力，为增强综合国力和提高全民族的科学技术文化水平做出贡献。

高等学校科学技术总的发展目标是到本世纪末，基本形成适应我国社会主义现代化建设需要，体现高等学校优势和特色、结构合理的科技工作总体布局，并建立良性循环的运行机制；解决一批经济与国防建设和社会发展中急需解决的重大科技问题，在科技成果转化为现实生产力方面取得明显效益，并为长远发展做好储备；为国家输送一大批政治、业务素质良好的科技人才，培养好一批年富力强的跨世纪学科带头人；办好一批重点大学、重点学科，建设好一批先进的教学科研和实验开发基地，使博士生培养立足国内，一些科技领域进入世界先进行列。

《意见》提出在工作部署上的三个层次的要求：积极面向国民经济主战场，大力发展高新技术并促进产业化，继续保持和发展基础性研究的优势和特色，重点加强高等学校在科技成果转化和推广应用上的薄弱环节，有计划、有重点地规划指导高等学校科技产业的创办和发展，组织集团力量，有步骤地进入各经济开发区和高新技术园区，使高等学校科技的人力、物力、财力得到合理配置，获得最佳效益；不同教育类型、不同层次、不同条件的高等学校，要根据经济建设和社会发展对科技需求多样化的特点，在科技工作的上、中、下游选准突破口，分别在理论研究、试验开发、生产应用和推广普及、咨询服务中发挥自身优势，做出贡献。

撰稿人　高文兵

审稿人　陈清龙

高等学校科技工作主要数据

一、科技工作规模

1991年，全国共有806所高等学校不同程度地开展了科技活动，理、工、农、医各学科从事科技活动的人员共有59.3万人，内有科学家和工程师49.8万人，其中属于研究与发展人员有21.7万人，折合成全时人员12.7万人；到1991年底，经学校上报主管部门批准建立的研究与发展机构为1676个，有研究与发展人员32503人，就读研究生15974人。

二、研究与发展经费

1991年高等学校理、工、农、医各学科从各种渠道获得的研究与发展经费为15.93亿元，其中预算内经费4.28亿元，预算外经费11.65亿元，分别比1990年增加14.11%、10.59%和15.46%。

三、研究与发展课题

1991年在高等学校理、工、农、医各学科领域开展的研究与发展课题总数为78638项，比1990年减少1551项，主要是因为国家、部门和地方的一些科技计划在“八五”期间采取滚动的方式分步实施，有些已经确定的项目尚未开始执行，有些任务正在论证和落实当中。围绕上述课题当年投入全时人员10.3万人，研究生2.7万人，当年拨入经费12.8亿元，比上年增加1.42亿元。

四、科技成果与技术转让

1991年全国高等学校共出版科技专著(不包括大专院校教材及科普读物)4325部。发表学术论文13.6万篇，其中在国外和全国性学术刊物上发表8.1万篇。鉴定成果8968项，其中达到国际水平2155项，国内首创和先进5774项。与各方面签订技术转让合同4999份，成交总金额2.2亿元，当年实现1.07亿元。在1991年批准的第五次国家自然科学奖53个获奖项目中，高等学校为第一完成单位或参加完成的有33项，占批准获奖项目总数的62.3%；在1991年度国家发明奖已批准的209项中，高等学校为第一完成单位或参加完成的有75项，占批准获奖数的35.9%；在1991年国家科技进步奖已批准的485项中，高等学校为第一完成单位或参加完成的有118项，占批准获奖数的24.3%；在1991年国家级星火奖194个获奖项目中，高等学校为第一完成单位或参加完成的有25项，占总数的12.9%。获国务院各部门科技奖1742项，获省、自治区、直辖市科技奖1631项。

五、高等学校科技企业

1991年高等学校经过认定的科技企业共有725个，经营额17.64亿元，税后利润2.96亿元，其中上缴学校1.24亿元。

六、国际科技交流

1991年全国高等学校共派遣出国留学研究生944人，高等学校教师出国参加国际学术会议3975人次，交流论文4199篇，参加在国内召开的国际学术会议9150人次，交流论文8436篇。

验收高等学校“七五”科技任务

1991年上半年，高等学校在“七五”期间承担的面向国家经济建设主战场的科技攻关等计划任务和各类科技成果推广应用工作全面通过了国家的总结、鉴定和验收，并取得显著效益。

一、在国家“七五”科技攻关计划中，高等学校独立或联合承担的课题有3400多项，分属76个攻关项目类中的70项类，经费总额4.4亿元，参加研究与试验工作的师生折合成全时人员达1万多人。其中“低温核供热堆技术开发”、“激光技术开发与应用”、“新材料研究”等均达到国际先进水平并进入实用化阶段，受到国家表彰。

二、在科技兴农工作中，高等学校完成“黄淮海平原中低产地区综合治理”等一批大型课题，5年间推广应用3000余项成果，效益达620亿元。

三、高等学校与企业合作或受企业委托完成的技术改造和产品开发项目逐年增加。据1991年的综合统计，委托研究经费从1985年的1.24亿元上升为1990年的4.19亿元，5年中年平均递增28%；此外，高等学校在参与国营大中型企业的技术引进消化吸收方面，为冶金、石化、机电、轻工等行业解决了一批技术难题。

四、高等学校成批的高科技成果经开发催熟，被列入国家推广应用渠道。在“火炬”计划中承担了12.6%的任务，在“重点推广计划”中承担20%的工业类项目和15.6%的农业类项目。

撰稿人　高文兵
审稿人　陈清龙

重点部署科技成果转化和推广应用工作

1991年，国家教委会同国家科委和中央办公厅调研室组成调查组和课题组，集中8个月时间，以高等学校参与科技兴农，高等学校参与国营大中型企业或企业集团技术开发，改造和引进技术消化吸收，高等学校联合组成集团力量进入国内经济开发区和高技术园区，校办科技产业等专题为重点，对高等学校科技成果的转化、应用和推广工作进行了调查研究。在分析现状、梳理问题、研究内外部政策环境的基础上，国家教委积极与有关部门和地方协调意见，共同形成了几类指导性文件。

1991年5月，国家教委与国家科委、农业部、林业部联合作出《关于进一步组织高等学校科技力量为振兴农业作贡献的决定》。

国家教委与上海市政府达成协议，组织国家教委直属高等学校发挥智力与技术优势参与浦东开发。高等学校进入浦东主要承担三类任务：(1) 为开发区培养输送高级人才，进行继续教育，提高在职人员素质；(2) 针对开发区的需要，进行研究开发，成果转让，技术咨询，技术服务，工程技术承包；(3) 在开发区创办或合办外向型科技企业，发展科技产业，特别是高技术产业。协议规定上海市给高等学校进入浦东开发区兴办科技产业，享受优惠条件。为了给高等学校进入开发区创造条件，国家教委协调高等学校与上海市政府及有关部门合作兴建技贸大楼，成立高等学校科技开发集团总公司，并根据开展工作需要，建立有效的领导管理体制。

经国家教委直属高等学校咨询委员会咨询审议，确定了有计划有重点逐步兴办与发展高等学校科技产业，以技术示范和先导作用促进产业发展。

撰稿人　高文兵

审稿人　陈清龙

逐步落实高等学校“八五”科技任务

在国家“八五”科技攻关计划中，经国家教委跨校跨部门组织并与国家计委、国家科委共同论证，已落实由国家教委作为组织和主持部门的项目有：(1)“增压流化床联合循环发电技术及装备研究”，“220t／h 平面流分离循环床锅炉研制”，“低温核供热堆综合技术研究”，“特种工程塑料”，“激光技术实用化研究”，“国产 20 万千瓦机组运行稳定性可靠性综合研究”等。(2) 由国家教委参加主持并主要由高等学校承担的大项目有：“0.8—1.2 微米微细加工工艺技术研究”，“微电子材料与元器件微分析研究”，“大型集装箱检测研究”，“软件工程开发环境的标准化与实用化研究”等。(3) 在各部委组织和主持的攻关项目中，高等学校已落实的专题和子专题合同已达 400 个左右。一些学校还根据各自的优势，与地方经济发展重点相结合，在地方性攻关计划中承担了任务，例如在天津市承担了“非晶硅液晶显示投影电视”和“热印头”攻关；在重庆市承担了“光电二极管阵列传感器及光集成电路”和“内河快速客船研制”；在四川省承担了“新型高档皮革化工材料研究”和“聚苯硫醚工程塑料及制品开发”等。

在国家“863”高技术计划中，高等学校在生物技术领域动植物新品种、药物基因治疗和蛋白质工程三类内容中承担了 27 个课题，落实了建立两个植物基因图谱分实验室的任务；在信息技术领域已启动的智能计算机系统、光电系统集成技术、信息获取处理技术 3 个主题中，高等学校承担了 98 个课题，在该领域已设立的两个中心和 3 个网点中，高等学校承担 3 个网点的建设任务；在自动化技术领域 CIMS 主题和智能机器人主题中，高等学校承担了 89 个课题，在该领域布设的两个工程实验中心和 7 个网点中，高等学校承建 1 个中心和 4 个网点；在新材料领域结构材料和功能材料两类内容中，高等学校承担 61 个课题，并参加组建该领域的研究开发中心；在能源技术领域已启动的快堆和高温气冷堆两大任务中，高等学校独立承担了高温气冷堆的研制工作。

在基础研究方面，国家基础性研究重大关键项目计划已定名为“攀登计划”，1991年已有10个项目开始执行，采用首席科学家负责制，通过专家委员会主持项目的研究工作和学术活动。其中由国家教委主持的“非线性科学”项目，聘请中国科技大学谷超豪教授任首席科学家；”生命过程中重要化学问题研究”项目，聘请北京大学唐有祺教授任首席科学家；“光电功能材料的结构、功能、分子设计及制备过程的研究”项目，聘请南京大学闵乃本教授任首席科学家。为配合国家科委组织后续项目，国家教委组织了基础比较广泛的项目建议书的编制工作。经国家教委科技委学科组评审，从来自高等学校376份项目建议书中，筛选出31项作为国家教委推荐的备选项目，计有技术科学10项，数理化9项，生物、农业及生命科学7项，资源与环境科学5项。在国家自然科学基金批准的1991年度申报项目中，重点项目批准78项，经费4177万，其中高等学校承担32项，经费1639万。在面上项目中，全国共批准3417项，经费1.28亿，高等学校获准2322项，经费8341万。

在科技成果工程化实验开发基地建设方面，经国家计委批准，浙江大学工业自动化工程研究中心正式立项；国家科委批准建立了清华大学CIMS试验工程技术研究中心和东南大学VLSI工程技术研究中心。

撰稿人　高文兵
审稿人　陈清龙

附

□1991年高校获国家级科技一、二等奖目录

一、获第五次国家自然科学奖二等奖项目

新型稀土——铁金属间化合物研究（北京大学　杨应昌及其研究组）

中国古生代珊瑚分类演化及生物古地理（中国地质大学、福州大学、南京地矿研究所　王鸿祯、何心一、骆金锭等）

结构优化设计的理论与方法（大连理工大学　钱令希及其研究集体）

昆虫病毒理论及其应用基础研究（武汉大学　高尚荫等）

二、获国家发明奖二等奖项目

JPS——1型阳图印刷感光剂（上海交通大学）

三、获国家级科技进步奖一、二等奖项目

一等奖

离心通风机内流理论及设计计算系统的研究与应用（浙江大学、沈阳鼓风机厂、北京鼓风机厂、宁波风机厂）

包钢现流程铌冶炼工艺及产品开发与应用（包头钢铁稀土公司、北京科技大学、长沙矿冶研究院）

定向井、丛式井钻井技术研究（辽河石油勘探局、石油勘探开发科学研究院、石油大学、江汉石油学院、四川石油管理局、西南石油学院、大港石油管理局、胜利石油管理局）

面粗质次猪皮制革新技术的研究（烟台皮革工业公司、烟台制革厂、威海制革厂、西北轻工学院、沈阳皮革研究所）

中国美利奴羊（新疆军垦型）繁育体系（新疆兵团农业局、紫泥泉种羊场、北京农业大学、石河子农学院、新疆兵团农建八师、七师等）

TBZK 型郑州北编组站综合自动化系统（郑州铁路局、铁道部科学研究院、北方交通大学、铁道部电子计算技术中心）

二等奖

提高射流在井底工作效率的研究（石油大学华东钻井研究所、胜利油田钻井工程公司）

高压汽水两相流与传热试验系统（西安交通大学）

稀土优化综合处理在电工铝导体中的应用研究（机电部上海电缆研究所、上海交通大学、长通电缆厂、赤峰市电缆厂、南宁电缆厂、沈阳电缆厂、天津市电缆厂）

高性能机器视觉及车型与牌照自动识别系统（西安交通大学）

宽电子束聚焦理论与设计（北京理工大学、机电部204所）

数字采集及井下系列配套测井仪（西安石油勘探仪器总厂、中原石油勘探局、郑州解放军信息工程学院、西安电子科技大学）

新杀螨杀虫剂双甲脒、杀螨脒及中间体的研制与应用（浙江工学院、化工部科学技术研究总院、浙江建德农药厂、白城市制药厂、文昌壮族自治区柑桔研究所）

波动方程地震成像理论与三维 P——r 分裂偏移技术及其在油气勘探开发中的应用（同济大学、中国海洋石油总公司渤海石油公司）

高速高效 r 汽蒸箱平辐练漂机的研制及生产试验（山东薛城纺织机械厂、山东第一印染厂、山东工业大学）

中国人 HLA——DW 的研究（上海第二医科大学、上海市免疫学研究所）

应用 DNA 扩增技术进行遗传病的基因诊断（上海市儿童医院医学遗传研究室、中国医学科学院基础医学研究所、第一军医大学、重庆医科大学、广西医学院附院儿科等）

小儿脑水肿临床与实验系列研究（湖南医科大学）

原发性肝癌的再次手术及免疫综合治疗的研究（第二军医大学长海医院、长征医院等）

小麦夏玉米两茬亩产吨粮技术体系的研究（北京农业大学、河北省吴桥县科委、吴桥县农林局）

魁蚶人工育苗与增养殖技术（大连水产学院）

运用“隔离、消毒、防疫”综合性措施培育柑桔无病良种苗木的体系研究（华南农业大学、福建农科院果树所、广东柑桔黄龙病研究小组）

小麦叶锈菌生理小种和小麦品种抗叶锈性研究（河北农业大学、中国农科院植保所、河南、黑龙江、山东、山西等省农科院植保所）

木麻黄速生抗病无性系筛选及小枝水培繁殖技术研究与应用（华南农业大学、湛江市坡头区南三林场、海南林业局等）

混凝土结构设计规范 GBJ10-89（中国建筑科学研究院、清华大学、天津大学、上海城市建设学院等）

水稻品种源库类型划分与栽培对策（江苏农学院、江苏省农林厅作物栽培指导站）

催化裂化 PV 型高效旋风分离器的研究开发（石油大学、石化总公司、北京设计院、洛阳石化工程公司、无锡县炼油设备配件厂）

薄壁梁扭转分析及其在分节驳船体结构强度计算中心的运用（武汉水运工程学院）

500 米长钢轨全长淬火生产线（呼和浩特铁路局、铁道部科学研究院、内蒙古工学

院）

铁路泥石流判别、警报、防治、机理的研究（铁道部科学研究院西南所、铁建所、铁道部专业设计院、西南交通大学等）

网频时间码同步电影后期录音工艺（北京科学教育电影制片厂、清华大学）

适于中国等第三世界国家的家庭状态生命表模型的创立、应用及计算机软件研制（北京大学人口研究所）

中国亚热带东部丘陵山区农业气候资源及其合理利用研究（福建、江西、湖南、浙江、河南等省气象局、国家气象局气象科研院、南京气象学院）

四、获国家星火奖一、二等奖项目

一等奖

北京白鸡高产配套系的育成及推广与曾祖代鸡场的建立（北京市种禽公司、北京市畜牧局科技处、北京市农业大学畜牧系、中国科学院遗传研究所）

二等奖

JZ-A机油增效剂技术开发（沈阳三山汽车工业联营公司三山精细化学厂、吉林工业大学）

北方冬淡季鲜细菜生产技术开发研究（沈阳农业大学、辽宁省海城市农业局）

阻燃织物及多功能涂层织物（上海川沙蔡路阻燃布厂、中国纺织大学、上海第二印染厂）

江苏省红富士苹果引种试验示范推广（江苏省农林厅园艺处、丰县林果局、丰县大沙河果园、徐州果园、南京农业大学园艺系）

L-苹果酸酶工程技术生产工艺（中国药科大学南京生物工程中试厂、中国药科大学生物化学教研室）

高效节能冷却塔（上虞联丰玻璃厂、上海交通大学）

KS系列皮革化工材料的开发与应用（河南大学、开封制革工业公司、开封树脂厂、宁陵县毛皮革厂、焦作皮革化工厂）

大冲击快速穿孔系列钎头及配套钎具的开发（湖北省武穴市长江工具厂、中国地质大学）

铅锌尾矿萤石复合矿化剂烧制水泥（华南理工大学、翁源县水泥厂）

锰氮高温耐热钢、高温耐热铁基合金技术开发（山东省莘县特种钢铁铸造厂、山东省工业大学铸造教研室）

BF_3气体在C_9石油树脂中的应用（山东大学、山东建筑材料学院、山东青岛即墨化工厂）

五、获国家教委科技进步奖一等奖（乙类、丙类）项目

一等奖（乙类）

基因工程抗病优质香料烟PK873（北京大学、丹东市农业科学研究所）

水文自动测报系统设备和组网技术（自报式）（北京大学）

指纹自动识别系统（北京大学）

高浓度有机废水的厌氧生物处理技术（清华大学等14个单位）

磁盘测试设备（清华大学、华中理工大学、西安电子科技大学、机电部32所）

智能化THSAM-5型150兆赫反射式声学显微镜（清华大学）

输电网优化规划及软件包（清华大学、吉林省电力局）

东北电网实时状态估计（清华大学、东北电业管理局调度通讯局）

旋转永磁退磁机（吉林大学）

装璜图案创作智能CAD系统的研究（浙江大学）

对虾营养及配合饵料的研究（青岛海洋大学）

4000米深海资料浮标锚锭系统（华中理工大学）

溶剂——超声波协同成核起晶法（华南理工大学）

AV-100表格自动阅读机（重庆大学）

水润滑复合橡胶轴承（重庆大学）

天然气润滑轴承透平膨胀机（西安交通大学、苏州制氧机厂、华北石油设计院）

中子输运理论数值方法与核电计算软件研究（西安交通大学）

一等奖（丙类）

齿轮制造系列新技术（重庆大学）

锂盐阳极糊节能技术在铝电解工业上的应用（中南工业大学）

油田注水泵输油泵的节能技术（石油大学〔北京〕、大庆石油管理局、瑞安水泵厂）

瘦肉型湖北白猪推广应用（华中农业大学）

杂交稻"三系七圃法"原种生物技术的应用推广（南京农业大学、江苏省建湖县庆丰农技站、江苏省湖西农场、江苏省扬州市红旗良种场）

积极争取高校科技成果进入国家级各类开发推广计划

一、高校科技进入"火炬计划"，初步改变举步维艰的局面

国家"火炬计划"是依托已有的高技术成果向商品化、产业化、国际化转移。1991年国家级"火炬计划"共批准301项，其中高等学校27项（委属高校17项，非委属高校10项），占总计划数的9%，批准贷款5079万元（不包括地方匹配贷款）。该计划国家从1988年8月开始实施，但高等学校进入国家级"火炬计划"的比例逐年下降：1988年为23.3%，1989年为16.8%，1990年为12.5%，1991年为9%。经调查分析其逐年下降的主要原因是："火炬计划"刚实施时，高校把历年积累的已经批量生产的成果列入计划。由于高校的大多数科技成果实现商品化还需要二次开发的资金投入，高校自身缺乏资金和中间试验手段，国家也没有这样的专门资金投入，以致影响到科技成果产业化；进入"火炬计划"的项目要求三年内有500万元以上年产值，实现这个目标对高校来说也存在一定的困难；"火炬计划"贷款虽有贴息，但学校承担的风险很大，有的学校不敢贷；"火炬计划"项目的评审和地方资金的匹配，都受到一定的行业或地方的限制影响，高校在这方面处于劣势地位。为改变高校这一不利状况，一年来，国家教委向各方面寻求解决办法，已获初步成效。

二、高校进入"国家科技成果重点推广计划"项目正在实施

"国家科技成果重点推广计划"于1990年出台，当年正式批准工业类项目196项，农业类项目296项，其中高校列入工业类的40项（委属高校19项），占工业类总项数的20%；列入农林类的45项，占农林类总项数的15.6%。1991年国家科委从该计划中选出211项为技术依托在679个单位实施

669项次（其中委属高校有97项次，占14.5%）。实施单位得到科技贷款1.8亿元，占总投资额的15.4%。1991年国家还增补了将在1992年实施的工业类项目93项，其中高校有34项（其中委属高校19项），占总增补项数的36.6%。已进入推广计划的上述高校项目，正在组织实施中。

三、国家教委组织高校进入国家级“星火计划”

从1991年开始，国家教委积极疏通渠道，组织高校进入国家级“星火计划”。当年，国家科委共批准“星火计划”632项，其中高等学校有49项（委属高校16项），占总数的7.8%。1991年10月，国家科委召开了“七五”全国星火计划总结表彰大会，上海交通大学和北京农业大学获“星火科技先进集体奖”。

四、高校进入“‘八五’国家重点科技推广计划”项目

“‘八五’国家重点科技推广计划”原由国家计委领导编制，1991年起由国务院生产办公室负责编制。这项计划是指导性计划，由行业归口部门和地方经委负责实施。该计划共有108项，511个子项，高校进入51项，126个子项，占总项数的47.2%，子项数的24.6%。

五、列入国务院生产办公室新产业、新产品、新技术建议书项目

国务院生产办公室委托国家科委编制并已公布的“新产业、新产品、新技术”建议书中，列入新产业共17项，其中高校有2项（北京大学、清华大学各1项），占11%；列入新产品共116项，其中高校有19项（委属高校14项），占16.3%；列入新技术共167项，其中高校有42项（委属高校27项），占25.1%。

六、高校积极进入国家新产品试制和试产计划

1991年高校向“国家新产品试制计划”申报26项，向“国家新产品试产计划”申报14项，目前正在审定中。凡进入这两个计划的，国家将在税收、价格、信贷、海关等方面给予优惠的待遇。

撰稿人　张秀梅
审稿人　杨仁宝

探索科技成果尽快转化为现实生产力的运行机制

一、成立科技研究推广中心

由国家科委倡导，在国家教委的支持下，在高校成立4个研究推广中心，即清华大学的新型空冷贝氏体钢研究推广中心，北京科技大学的高效零件轧制技术研究推广中心，天津大学的高效填料及塔内件研究推广中心，大连理工大学的气波制冷装置研究推广中心，探索高校科技成果推广应用的运行机制，使之尽快地促进经济的发展。为总结和推广他们的经验，11月，国家教委科技管理中心和科技司联合召开了“高等学校研究推广中心”的研讨会，明确高校研究推广中心是在实施国家重点推广计划过程中，摸索出一种能起到行业技术依托作用的、产学结合的、具有自我发展能力的科技成果推广模式。参加会议的有高校代表、与上述4个中心密切合作的11名大中型企业的代表。会议期间，《光明日报》等几家报纸发表9篇文章介绍了高校科技成果的转化情况及思考的问题。以上工作得到了国家科委的肯定，并在全国有关会议上予以介绍。

二、建立常设技术市场介绍高校的科技成果

国家教委在国家科委主办的常设技术市场租了两个摊位，免费为各省市高校在京组织技术市场活动提供条件。一年来，共组织22个省市120所高校参加了展示活动，促进了高校科技成果的转化。

三、编辑《中国高校技术市场》月刊

为了尽快把高校可推广应用的最新成果，以最快的速度传递到用户手中，经批准编辑发行了《中国高校技术市场》月刊，通过刊物的桥梁作用介绍科技新成果，让用户与高校直接见面，减少中间环节，受到了用户的好评。1991年6月，该刊经新闻出版署批准在国内公开发行。

四、了解技术市场活动规律

为了掌握技术市场活动规律，国家教委主管部门于1991年重点深入总结了江苏盐城地区科技兴市恳谈会的组织活动经验。该恳谈会是由盐城市委、市政府主办，有62所高校参加，由于会前对供求工作做得充分，信息流畅，12月25–26日仅两天的恳谈会，达成各类协议954项，其中已签定的正式技术合同472项，合同总投资3.8亿元，投产后可创年产值8.5亿元，利税1.5亿元。在各类协议中高校约占60%，其中许多是高起点、高附加值、高效益和低能耗的项目。会议期间，高校还与地方或企业建立了长期技术合作关系，签订协议书61份。有关此类活动为高校科技成果尽快转化为现实生产力寻找出一条较好的途径。

五、表彰高校科技成果推广应用工作先进单位和个人

1991年，国家为推动技术市场工作设立了"金桥奖"，经推荐和评审，最后评出全国先进集体248个，其中高校有10个（委属高校6个）；评出先进个人221名，其中高校9名（委属高校5名）。为鼓励高校科技人员做好科技成果的推广应用工作，国家教委科技进步奖增设了"推广应用奖"，1991年共奖励69项。

撰稿人　张秀梅
审稿人　杨仁宝

充分发挥高等学校各项基金作用

一、高校博士学科点专项科研基金成效显著

1991年，高等学校博士学科点专项科研基金共受理983项申请，申请经费3326.9万元；通过专家通信评审，择优资助582项，总经费1820.4万元。其中理工口422项，资助经费1340.4万元；农口44项，资助经费132万元；医学卫生口80项，资助经费238万元；军口36项，资助经费110万元。平均资助强度3.18万元。资助项目负责人中，有教授521名，副教授61名。为立足于国内培养博士和扶植45岁以下的副教授迅速成长，在博士点基金评审中，要求学校推荐优秀的年轻教师参加竞争。据此，1991年学校共推荐35名，获资助26名；资助经费52.9万元。为有利于重点学科和重点实验室的建设，并鼓励在其中工作的教师，审批课题时在同等条件下给予优先考虑。1991年理工口资助的项目中，资助重点学科和重点实验室项目占资助项目总数的68%。此外，1990和1991两年从博士点基金中共拿出500万元资助重点学科点的建设。

加强对博士点基金的管理。1991年6月，国家教委召开了博士点基金申请质量与管理经验交流会，有75所院校及归口管理部门的代表参加会议，建立了课题执行情况的反馈机制。为避免申请课题的低水平重复，国家教委出版了《1987-1991年高等学校基金项目汇编》。

1991年，国家教委对1987年以来的基金资助课题进行了总结或验收。结果表明，自1987年以来，自然科学方面有10925名研究生通过参加博士点基金的课题得到了培养，其中博士生4408人，硕士生6517人。还有一批博士后参加了博士点基金课题的研究，仅1987年立项的课题中就有91名博士后参加研究。据对1987年立项资助的1004项目的统计，共发表论文10017篇，其中31%的论文在国外刊物发表，221篇论文为国际学术会议特邀报告。出版专著328部，获专利37项；有17项获国家自然科学奖，21项获国家科技进步奖，4项获国家发明奖，251项获省（部）级科技进步奖。

二、继续做好优秀年轻教师基金和霍英东教育基金的评审

1991年申报国家教委优秀年轻教师基金的项目中，审查合格的有227项，经批准资助的81项，其中自然科学项目57项，总经费314万元（含外汇额度13.3万美元）；社会科学项目8项，资助经费27.5万元（含外汇额度3.31万美元）；与学校主管部门联合资助项目16项，资助经费40.6万元（含外汇额度27.2万美元），由主管部门匹配经费38.6万元。在资助项目总数中，委属高校35项，其它部属院校33项，地方院校13项。

1991年是霍英东教育基金第三次评审，共受理700项申请，每项分送5位专家评审，共发出评议函3500份，收回评议表3291份，最后审定资助75项，需118.11万美元，授研究奖50人次，教学奖100人次，需24万美元。

撰稿人　张秀梅
审稿人　杨仁宝

全国教育科技成果获奖情况

1991年，有关主管单位对科技成果进行了奖励。

国家自然科学奖评出获奖项目53项，其中，高等学校获奖33项，是历届高校获该奖的获奖率最高的一届。其中二等奖4项，三等奖19项，四等奖10项。委属高校获奖24项，占获奖总数的45.3%。

国家发明奖评出获奖项目209项，其中，高校获奖76项（二等奖3项，三等奖34项，四等奖39项）。委属高校获奖25项。

国家科技进步奖评出获奖项目502项，

其中，高校获奖121项（一等奖9项，二等奖33项，三等奖79项）。委属高校获奖30项。

国家星火奖评出获奖项目194项，其中高校获奖25项（一等奖1项，二等奖11项，三等奖9项，四等奖4项）。委属高校获奖7项。

国家教委科技进步奖授乙、丙两类奖，共受理申请488项，通过审查，有250项获奖（乙类183项，丙类67项）；其中一等奖22项（乙类17项，丙类5项），二等奖85项（乙类62项，丙类23项），三等奖143项（乙类104项，丙类39项）。

1991年第二届中国专利金奖共评出金奖10项，优秀奖75项，其中高校获金奖4项，获优秀奖14项。清华大学和浙江大学获国家专利局表彰的全国专利系统先进集体，有7人被评为全国专利系统先进个人。同时，国家教委表彰4个专利工作先进集体和7名先进个人。

1991年，在西安第六届全国发明展览会上，国家教委设耕耘奖杯1个。西安交通大学“经混流式（全可控涡）三元叶轮设计方法及其流型”获奖杯。

国家科委举办1991年获国家级奖暨优秀成果展览会，委属高校有50项参展。

撰稿人　张秀梅
审稿人　杨仁宝

改进和加强科技成果与专利管理

1991年，国家教委科技管理部门将国家科委设计的三种科技成果登记表格合并为一个表格，减少了重复，提高了工作效率，得到国家科委的认可。1991年委属高校通过国家教委审查上报国家科委的重大科技成果共有671项。通过国家教委批准鉴定405项。

为加强科技成果保密工作，1991年3月对委属高校负责科技成果的人员进行了科技成果密级评价方法的培训，并对各校科技成果的划密情况进行核实。

为提高委属高校和省教委科技成果的管理水平，1991年6月召开了成果科长参加的科技管理及成果奖励研讨会。

为加强高校专利的科学管理，对19所委属高校征集专利管理规定和条例稿，为制订国家教委专利工作条例打下基础。

撰稿人　张秀梅
审稿人　杨仁宝

为高校年轻学术带头人脱颖而出创造条件

通过高等学校限额择优推荐，在获奖人员中择优选拔候选人，再经专家评审会议优中选优的评审，1991年，国家教委评出年轻拔尖人才47人。其中，在国外取得学位的26人（内博士学位23人）；在国内取得学位的21人（内博士学位17人）；教授8人，副教授27人，讲师12人；平均年龄35.6岁，年龄最大的46岁，最小的27岁。入选者将从博士点基金和其他有关基金中得到追加资助约6万元，支持研究工作。

1991年，对前两次评选出的57名优秀年轻拔尖人才进行了跟踪分析与总结。由于国家教委优先为他们创造条件，有重点地支持他们吸收新知识，拓宽思路。现在这57名年轻学者均已成为高校教学与科研的骨干，其中已晋升为教授的21人，副教授的35人。他们中有6人成为博士导师，19人为有突出贡献的中国博士、硕士获得者，10人获有突出贡献的回国留学人员称号，12人获第一、二届中国科协青年科技奖，有2人成为国家“863”高科技专家组成员，102人次获省部级以上科技奖励，10人获国家级奖励，北京大学教授陈章良获世界杰出青年科学家奖。

撰稿人　张秀梅

审稿人　杨仁宝

职业技术教育

职业技术教育发展概况

为了推动我国职业技术教育事业的进一步发展，1991年1月18日至23日，国家教委、国家计委、劳动部、人事部、财政部在北京联合召开全国职业技术教育工作会议，总结十年来我国职教工作取得的成就和经验，研究、部署了“八五”期间和今后10年职教工作及任务。会议表彰了全国职业技术教育工作先进个人323名，先进单位230个。1991年10月17日，国务院发布了《关于大力发展职业技术教育的决定》，进一步明确了今后我国职教发展的方针、政策、目标和措施。体现了党和国家对职业技术教育事业的高度重视。在国务院《决定》和全国职教会议精神的推动下，全国职业技术教育事业得到了进一步的巩固和发展。

1991年全国职业技术教育发展一览表

项目 校类	学校数 (所)	在校学生数 (万　人)	招生数 (万　人)	专任教师 (万　人)
中等专业学校 (不含中师)	2977	161.60	55.07	17.51
技工学校	4269	142.21	54.45	14.36
职业学校	9572	315.55	137.82	23.47
职业大学	114	6.3	2.3	1

1991年，全国职业技术学校总体规模继续扩大，中等教育结构进一步适应社会主义建设的需要。各类职业技术学校总数已达16818所，在校生达619.36万人；各类就业培训中心2100余所，培训待业人员90多万人，高中阶段职业技术学校招生数比1990年增长了8.4%，在校学生占整个高中阶段在校生总数的比例由上年的45.7%提高到46.7%。

近两年来，全国农村职业技术教育有了新的进展。1991年，农村职业学校（含县镇）已达6847所，在校生达210.6万人，全国绝大多数县办了职业中学。目前农业中专和林业中专已发展到428所，在校生21.56万人，比1988年增加3.9万人。1991年，农业和林业中专共为国家培养62104名合格人才。农村职业技术学校对于提高我国农村劳动力素质和发展农村经济的意义愈益明显。

撰稿人　张东英
审稿人　杨金土

开展普通中等专业学校教育评估

我国中等专业教育在改革开放十年来有了长足的发展。办学条件明显改善，教育质量普遍提高。但中专教育在不同地区，不同行业的发展水平还很不平衡，地方统筹，行业指导有待加强，中专教育的改革任务还很重。为了使中专教育的发展在90年代再上一个新台阶，1991年国家教委发出《关于开展普通中等专业学校教育评估工作的通知》，决定在全国范围内开展中专教育评估工作。

《通知》提出了从1991年至1993年分三步走，依次完成合格评估，办学水平评估和选优评估的工作部署。这项工作在国家教委统一领导下，由各省、自治区、直辖市和国务院有关部委分工协作完成。1991年，各地、各部门根据国家教委制定的《普通中等专业学校合格、基本合格标准》和《普通中等专业学校办学水平评估指标体系》，对所属学校进行了合格评估，并开展了办学水平评估的试点工作。

至1991年底，全国中专教育的合格评估已基本完成。这项评估的对象是所有批准招生满五年的中专学校，评估内容是基本办学条件和基本教育质量。这项工作得到了地方、部委领导的重视及计划、人事、财政等综合部门的支持配合，取得了明显的成效。通过评估，各学校对照评估标准，肯定了成绩，找出了不足，在边评估边整改中，把全面贯彻党的教育方针落到了实处。地方政府和学校主管部门加强了对学校工作的领导和支持。增加了对中专教育的投入，其中湖南、辽宁、山东和江苏等省都增加1亿元左右的中专基建、设备投资。各地、各部门通过评估摸清了中专教育资源的现状，为“八五”期间中专教育的建设发展提供了宏观调控的决策依据。

撰稿人　余祖光
审稿人　杨金土

改革中专招生分配制度为"科教兴农"服务

农业中专招生分配制度的改革，到1991年已有了较大的发展。全国已有26个省、自治区、直辖市将近三分之二的农业中专进行了以招收不包分配班为主的改革试点工作，其中不包分配的在校生共有2.9万人，占农业中专在校生总数的16%。同时，卫生、林业、工业和商业等部门的许多学校也进行了为乡镇基层单位培养人才的改革试验。根据党中央有关加强农业和农村工作、积极实施"科技教育兴农"的决定和战略方针，国家教委积极稳妥地在全国范围继续推进和深化农业及与农村建设有关的中专学校的招生分配改革。1991年6月，国家教委在浙江省嘉兴市召开了全国中专改革招生分配制度为"科教兴农"服务座谈会。国家教委副主任王明达到会并讲话。会后，国家教委办公厅下发了会议纪要。《纪要》要求从四个方面推进和深化招生分配改革：(1) 农业中专要继续办好不包分配班，并逐步扩大其招生量；(2) 凡与农村建设有关的林业、水利、医药卫生、工业和商业等类的中专学校也要积极试办面向农村基层的不包分配班；(3) 继续扩大面向县以下农村全民和集体所有制企事业单位的定向招生和定向分配生的比例；(4) 从1992年以后入学的国家计划录取的学生，毕业时将安排一定比例到农村集体企事业单位就业。

撰稿人　余祖光
审稿人　杨金土

对职业高级中学进行教学改革

为适应社会和经济发展的需要，国家教委于1990年12月31日正式发布了《关于制订职业高级中学（三年制）教学计划的意见》，要求各地、各部门对教学计划进行调整、修改，突出实践性的教学环节，强调职业技能训练，提高学生动手能力和实际操作水平。

1991年，国家教委职教司与国家旅游局人教司、机电部教育司、团中央学校部、辽宁省教委、鞍山市政府、鞍山钢铁公司、高教出版社等单位，分别组织了全国职业中学、旅游学校烹饪比赛，全国职业高中车、钳工技能比赛，推动了职业高中操作技能教学的开展。国家教委职教司还选择了建筑类、服装类、商业类三个量大面广的专业，成立了专业教学研究组，开展教研活动，并着手制订相关专业的教学计划和教学大纲。

撰稿人　陈　光
审稿人　杨金土

民族地区职业技术教育在改革中发展

近年来，民族地区认真贯彻落实《中共中央关于教育体制改革的决定》和《国务院关于大力发展职业技术教育的决定》精神，在不断改革中等教育结构的基础上，积极兴办各类职业技术教育，并涌现出一批为当地经济建设服务的好典型。

仅有20万人口的云南省宁蒗彝族自治县从1983年就提出“积极办好普教，大力发展职教，狠抓实用技术培训，努力推广科学技术”的教育发展方针，把教育纳入当地经济发展的总体规划，并放在优先发展的战略地位。该县本着需要什么办什么的原则，一是办起一所职业学校，紧密结合县里的经济开发项目开设3个专业，培养了900多名技术人才，办短训班124期，培训3810人次；二是建立健全人才培训机构和农村科普网络，参加各类科技组织的达5956人；三是普教引进职教因素，在普通中小学普遍开设劳动技术课；四是教育与科技培训相结合；五是举办实用技术培训班，从1986年到1991年共办班2728期，培训18.6万人次。宁蒗彝族自治县由于坚持经济开发与智力开发较好地结合，促进了全县各项建设的发展。一是地膜覆盖面积达6万亩，增产玉米595.5万公斤；二是“三三五八”工程（即种三万亩花椒，三万亩青梅，五万亩果树，八万亩牧草）已基本完成；三是加快了脱贫致富步伐，未解决温饱的人数由1986年的11万人减少到1990年的6万人，全县工农业总产值由1978年的2967万元增加到1990年的6508万元，粮食产量由1978年的3389万公斤增加到1990年的5377.5万公斤，人均收入由1978年的46元增加到1990年224元。

为了加快少数民族地区的经济开发，不断提高劳动者运用科学技术的能力，推动职业技术教育的发展，国家教委职业技术教育司和民族地区教育司于1991年11月15日至24日在云南省泸西县联合召开了由15省、区参加的民族地区职业技术教育座谈会。会上，湖北省鄂西土家族苗族自治州、四川省凉山彝族自治州、云南省宁蒗彝族自治县等8个单位介绍了职业技术教育改革的经验，会议研究了民族地区职教改革与发展的基本思路和改革措施，讨论了《关于加强少数民族与民族地区职业技术教育工作的意见》（初稿）。《意见》进一步明确了民族地区职业技术教育改革与发展方向。(1) 加强德育，加强职业道德教育；(2) 坚持为当地经济建设和社会发展服务的办学方向；(3) 坚持多层次、多规格、灵活多样的办学形式，建立职业技术教育和培训网络；(4) 加强农科教结合，依靠社会各方面力量兴办职业技术教育；(5) 积极发展校办产业，开展勤工俭学，走产教结合，以厂养校的道路。《意见》要求各级党政部门和教育行政部门要在办学经费、师资培养、教材编写、生产实习基地建设、毕业生就业等方面采取特殊政策和措施给予支持和帮助。

根据讨论的情况，会后，对《意见》作了修改，已于1992年4月8日由国家教委正式下发执行。

撰稿人　王兰英

审稿人　杨金土

职业技术教育师资队伍建设

1991年，职业技术教育有专任教师55.34万人，比1990年增加1.79万人。其中，中等技术学校17.51万人，职业中学23.47万人，技工学校14.36万人。中等技术学校专任教师中，有高级讲师16131人，讲师55758人，助理讲师69278人，教员33901人。

为了加强职业技术教育师资培训基地建设。1991年3月16日至19日，国家教委职业技术教育司在浙江大学职业技术教育学院召开了委属职业技术教育培训基地工作会议，研讨了各基地的性质、任务和建设规划。会议认为，1990年各培训基地建设和培训工作取得了较好成绩，现有4个基地共办培训班49期，先后培训2081人；制定了培训班的教学计划，编写了部分讲义，教材。会议进一步明确了4个培训基地的主要任务：(1) 对地市职教管理干部和骨干职业技术学校领导干部等进行培训；(2) 试办不同层次、不同类型的职教师资班，探索我国的职教师资培养、培训的路子和方法；(3) 开展有关师资队伍建设的科研和信息资料工作，组织编写、审定部分培训教材；(4) 接受国家教委委托，参与有关师资队伍建设的调研、文件起草等工作。

根据培训工作会议提出的任务，1991年，着重进行了培训职业技术教育管理干部的教材建设。1991年5月19日至22日，国家教委职业技术教育司在北京召开了职业技术教育管理干部和职业中学校长培训教材研讨会。国家教委副主任王明达到会讲话指出，当前职业技术教育进入了一个新的发展时期，培训骨干学校校长的教材建设亟待加强。会议认为，编写培训职业技术教育管理干部的教材十分迫切。会议明确了教材要有通用性的理论知识，有实践的总结，要能够回答职业技术教育发展中校长面临的问题，还要符合当前职业技术教育发展的方针和路子等。会上，成立了职业技术教育管理干部和校长培训教材编写委员会，并对编写工作做了分工。

撰稿人　高　瑛

审稿人　杨金土

试办邢台高等职业技术学校

经国家教委等部门于1991年1月25日批准，河北省教委试办邢台高等职业技术学校。该校招生对象为具有高中毕业文化程度并在对口专业（工种）中达到三级以上技术等级要求的在职人员及中等职业技术学校的毕业生，经文化课和专业技能等考试合格方可入学。在课程设置上，特别注重培养学生的动手能力，学生毕业时除掌握有关专业的基本理论知识外，一般应达到五级及以上技术等级，成为高级技艺型人才。学生修业期满，经考试合格，实行双证制，由学校发给高等专科学校毕业证书，同时由劳动部门会同有关部门组织技术考核，合格者发给技术等级证书。

邢台高等职业技术学校办学规模为1000人。学制三年。1991年已开始招收第一届学生60人，其中，汽车维修专业25人，服装设计专业35人。

撰稿人　郁　洁

审稿人　杨金土

附

□全国职业技术教育先进单位和先进工作者名单

先　进　单　位

北京市

北京市劲松职业高中

北京市外事服务职业高中

北京市一三二中职业高中

北京市第二轻工业技工学校

北京市建筑材料工业学校

北京铁路电气化学校

北京市化学工业总公司

天津市

天津铁路工程学校

天津市塘沽区第一职业中等专业学校

天津市化学工业局

天津市电子仪表工业管理局

天津市电子仪表技工学校

天津市河东区就业训练中心

河北省

承德地区行政公署

获鹿县人民政府

石家庄铁路运输学校

河北化工学校

南宫市第二职业中学

涉县职业技术学校

涿鹿县宝峰寺林业中学

迁安县职业技术高中

山海关桥梁工厂技工学校

廊坊劳动技工学校

华北石油管理局技工学校

山西省

大同市教育委员会

阳泉市职业学校

原平县职业学校

太原铁路机械学校

山西省供销学校

临汾电力技工学校

内蒙古自治区

包头铁路工程学校

赤峰市第一职业高中

奈曼旗八仙筒蒙古族职业高中

呼和浩特市第二职业高中

包头市教育局

呼和浩特市机床附件总厂技工学校

辽宁省

大连海运学校

辽宁省石油化工学校

大连市女子职业高级中学

沈阳市第一服装职业高级中学

锦州市第一职业高级中学

丹东市第一高级职业中学

沈阳市教育委员会

大连市教育委员会

丹东市劳动局
本溪钢铁公司工人技术学校
抚顺矿务局技工学校
锦州市劳动就业训练中心
大连机车车辆工厂技工学校
鞍山钢铁公司技工学校
黎明发动机制造公司技工学校

吉林省

集安市人民政府
吉林省农业学校
长春市实验职业高中
吉林市郊区第一职业高中
双辽县农职业技术教育中心
浑江市实验职业高中
吉林化工技工学校
四平市就业训练中心

黑龙江省

哈尔滨市第一高级职业中学
齐齐哈尔车辆工厂职业中学
五常县农业技术高中
桦南县农业技术高中
黑龙江省建筑工程学校
黑龙江省国营农场总局
五常县劳动局
大庆石油管理局技工学校
哈尔滨市商业技工学校
齐齐哈尔铁路司机学校

上海市

上海市商业职业技术学校
上海市邮电学校
上海市舞蹈学校
上海第一商业局
上海市卫生局医学教育处
上海第三钢铁厂技工学校

江苏省

南京铁路运输学校
常州纺织工业学校
盐城农业学校
盐城市第一职业中学
无锡市轻工职业中学
铜山县张集职业中学
海安县农业工程技术学校
苏州市教育局
常州市计划委员会
丹阳市新桥镇人民政府
无锡市技工学校
苏州市职业技术培训中心

浙江省

浙江省计经委
嘉兴市人民政府
温州市商业学校
杭州市红星职业中学
绍兴县柯桥纺织职业技校
浙江省冶金技工学校
绍兴市职业技术培训中心

安徽省

安徽纺织工业学校
屯溪茶业学校
马鞍山市职业教育中心
阜阳市中华卫生职业学校
泾县高级职业中学
霍邱陈埠高级职业中学
合肥市职业技术教育办公室
马鞍山钢铁公司
蚌埠机械技工学校

福建省

厦门市人民政府
福建机电学校
福州财政金融职业学校
泉州华侨职业学校
南平地区第一技工学校

江西省

宜丰县教育局
江西银行学校
南昌市第一职业中学
萍乡市宣风职业中学

崇义县农林技校
江西省冶金技工学校

山东省

青岛市人民政府
莱芜市人民政府
寿光县人民政府
山东省电子工业学校
山东银行学校
济南市第五职业中专
荣成市职业中专
淄博市张店第二职业中专
临沭县职业中专
德州市第一职业高中
烟台市福山职业中专
威海市技工学校
博山电力技工学校
诸城市技工学校
淄博矿务局技工学校
潍坊市劳动就业训练中心

河南省

河南省计经委社会事业处
安阳市劳动局
中原机械工业学校
信阳卫生学校
开封市第一职业中专
郑州市第四职业中专
新乡市第二职业学校
新乡市技工学校
郑州市劳动就业训练中心

湖北省

襄樊市第一职业高级中学
公安县职业高中
崇阳县职业高中
武汉市财贸职业中专
武汉电力学校
襄樊市卫生学校
黄冈地区工业学校
武汉市粮食局
黄冈地区乡镇企业管理局
云梦县劳动局
湖北省邮电技工学校
宜昌市机电技工学校
武汉钢铁公司第一技工学校
荆门炼油厂技工学校

湖南省

怀化地区行政公署
湖南省卫生厅
长沙市财经职业中专学校
湘潭市第一职业中专学校
益阳市幼师职业中专学校
株洲冶金工业学校
株洲铁路机械学校
株洲市中级技工学校
邵阳市培训中心

广东省

广州轻工业学校
广东省邮电学校
广州市电子职业高级中学
深圳市电子技术学校
江门市新会县荷塘职业中学
汕头市鮀滨职业中学
茂名市职业高级中学
梅州市城西职业中学
中山市劳动局
中国民主同盟佛山市委员会
肇庆市技工学校

广西壮族自治区

柳州市人民政府
柳州市第一职业高中
浦北县第一中等职业技术学校
钦州农业学校
柳州市机械工业技工学校

海南省

海南省商业学校
白沙黎族自治县教育局
儋县大成中学

四川省

四川省人事厅计划考试录用处
乐山市卫生局
自贡市计划委员会
南川县职业高级中学
南充县潆溪职业中学
重庆市大渡口职业中学
成都市新华职业中学
成都航空工业学校
重庆机器制造学校
内江铁路机械学校
重庆市五一技工学校
重庆市电力技工学校
东方汽轮机厂技工学校
四川省地质矿产局技工学校
宜宾市就业训练中心

贵州省

毕节地区行政公署
榕江县民族职业技术学校
贵州省铜仁农业学校
赤水天然气化肥厂技工学校

云南省

昆明市第二职业技术学校
宁蒗彝族自治县农职业学校
江川县人民政府
云南省交通学校
昆明钢铁公司技工学校

西藏自治区

拉萨市第二中学
当雄县职业教育中心

陕西省

西安市艺术师范职业学校
洛川县农职业中学
城固县人民政府
西安铁路运输学校
西安市机械技工学校

甘肃省

兰州市职业技术学校
甘肃省畜牧学校
庆阳地区行政公署
甘肃省冶金技工学校
张掖地区就业训练中心

青海省

湟源畜牧学校
西宁市第一职业中学
大通回族土族自治县人民政府
青海省机械技工学校

宁夏回族自治区

银川市第一职业高级中学
石嘴山市水泥厂
宁夏建筑工程学校
宁夏石油技工学校

新疆维吾尔自治区

乌鲁木齐市劳动局
新疆维吾尔自治区农业学校
新疆生产建设兵团农七师一二五团职业高级中学
阜康县职业中学
新疆哈密地区技工学校

先进工作者

北京市

刘力邦（女） 柏尚田 姜文明
朱兆勇 范金印 李长贵
关丽华（女）（满族） 叶玠良
李玉璞 余宗琼（女） 张文良

天津市

王义智 唐慧莹（女） 石景贤（女）
王润华 刘桐山 孙振棠
杨国林

河北省

周治华 李锡时 窦仲林
周万才 陈公甫 苑书田

李炳诺 刘继昌（满族） 王训声
郭忠学 杨子民 李玉华（女）
张志远 邸蓉（女） 孙玉发

山西省

戴海水 杨致禄 赵儒明
刘权 郭如毅 崔晓光
徐东威 王国栋 常树毅
姜世武 华文中

内蒙古自治区

图布新（蒙古族） 陶淳（蒙古族）
白明 高成恩 赵士莹（女）
宋炳华（女） 王孝 张玉明
海宝（蒙古族） 潘维堂
李一飞 韩巴根那（蒙古族）

辽宁省

谢振镛 王荣昌 高玉福
王玉兰（女） 项世杰 闫树田
陈庭江 侯宝国 李汉新
张治 李翰东 张贵海
孙峰 陈巨昌 崔庆凯
卫忠 杨春霖 张秀娟（女）
李百群 郑长富

吉林省

樊永丰 尹志远 马宝山
常云岭 李德生 李启山
高忠武 何恒昌 吴洙铉
苏宪书 王世光 张宝安
郑惠祥

黑龙江省

李树横 宫玉发 何龙潜（满族）
畅广贵 娄淑霞（女） 陆道模
李振民 梁传宏 王泽恭
王淑玉（女） 杨景春 朱君瑞
赵修齐 高玉发 李洪涛
姜全

上海市

王瑜 杨洋天（女） 黄秀英（女）
张逸林 周丽玲（女） 狄建澄
瞿淼昌 胡家琪 张章福
鲍星华

江苏省

许树东 孔令桐 王展鹍
王有臻 郑培湘（女） 过继高
李开涛 安桂荣（女、蒙古族）
姜鹤年 朱荣贵 蔡美珍（女）
董天侠 胡玄生 张廷林
晏安实

浙江省

陆伯鸿 梁焕木 夏华生
王泽仁 马青圃 章锡炎
冯行义 张处祯 王伯言
李元

安徽省

陆子修 程延发 陈再生
高越欧 吴裕全 陈传雷
于志良 王其信 胡肇炎
谢长斌 池国柱

福建省

郑建树 杨金铼 龚稚寰
蔡金波 林岳泰 林维尧
陈久信

江西省

汪强 朱金粟 叶长生
陈智祥 尧西平 谢士政
阙隆兴 廖作师 胡伦贵
刘润茂

山东省

綦敦祥 林君（女） 潘凯生
王法延 邢丕田 王玉杰
练鸿远 马景田 徐宗太
张凡玉 刘承津 马胜奎
高远良 吕如意 晁贻领
王世经 杨德炤 梁振声
杨廷金 高敬民

河南省

林茂臣 朱传义 陈锡畴

侯景瑞 范皎立 汤致君
赵自宽（回族） 张凤翥
贾润生 訾新国 姚智君（女）
黄学诗 李辉吾

湖北省

薛世梅（女） 刘家启 夏玉军
朱中荣 李继元 魏启职
王祖送 唐德钧 方斌臣
胡功成 付浩然 杨柳彦（女）
温中灿 姚开银 刘宜宪
张松华

湖南省

彭干梓 田家瑞 杨斗文
黄泽南 徐照藩 李裕敏
易春生 李汉成 李细军
廖启桂 资铁根 邹积同

广东省

郭广源 胡大奎 郭兴瑜
龚辉祥 熊 葵 谭东涛
王伟光 何英伟 张 冰
甘冠宏 谢才东 黄运初
余远恢 梁传东

广西壮族自治区

韦保中（壮族） 李德达
龙福林 高铣祥 卢盛宽（壮族）
吴光文 张 滔 周永年

海南省

施壁浩 柳其位 黄发麟

四川省

叶文志 戴兴斌 庞盛林
王兴忠 姚礼光 邓远明
李吉良 彭仕成 傅维扬
郭朗清 苟良叔 杨付全
蒲发林 曾宪枢 张达尧
段济舟 周志祥 姚茂生

贵州省

刘致君 李吉才 刘崇欣
班必儒 邱令灏 杨炯珠（女）
李忠华

云南省

早麒珍 杨洪春 陆奇坤
杨德沛 付应才 向钧治
张 燕（女）

西藏自治区

周阳光 公觉次仁（藏族）

陕西省

赵恒扬 李祖恩 姚 蓉（女）
吕智民 刘志明 宁中裕
雷宗中 田金玉 朱智忠

甘肃省

高海林 康元晖 张九世
吕振华 白廷弼 高清渠
王永统

青海省

许常绿 闫文华 马力行

宁夏回族自治区

谢 茂 王志厚 刘首田

新疆维吾尔自治区

阿不都热合满（维吾尔族） 郭顺强
顾问烈 艾买提·卡斯木（维吾尔族）
刘雨生 谢立苏
司马义·赛买提（维吾尔族）

国务院有关部委

李晶宜（女） 沈以华 徐仁惠
谭光宇 徐陶朱 吴章杩

成人教育

扫盲教育跨上新台阶

1991年，全国各地认真贯彻全国扫盲工作会议精神，坚持不懈地开展扫盲工作，共组织563万人参加扫盲学习，脱盲530万人，脱盲人数比上年增加131万人。首次超额完成年均扫除400万文盲的任务，标志着我国扫盲教育跨上了新台阶。

一、扫盲教育纳入国民经济和社会发展规划，进一步得到各级党委、政府、各有关部门和全社会的重视

全国人大七届四次会议通过的《中华人民共和国国民经济和社会发展十年规划和第八个五年计划纲要》明确提出了“争取到2000年全国基本上扫除青壮年文盲”的奋斗目标，国家教委也把基本普及初等教育和基本扫除青壮年文盲列为90年代教育事业发展的两大目标。把扫盲教育纳入国民经济和社会发展规划，作为教育事业发展的重要目标，有力地提高了地方各级党委、政府、各有关部门和全社会对扫盲的认识，推动各地切实加强了对扫盲工作的领导和管理。多数省（区、市）已建立了扫盲领导机构，普遍实行了扫盲责任制，逐级制订落实扫盲的规划任务，不同程度地增加了人财物投入，改善了办学条件，初步形成了在政府统一领导下，有关部门分工协作、齐抓共管的有利局面。

二、努力把扫盲任务落实到村、落实到人

各地认真贯彻1990年全国扫盲工作会议要求，逐级制定规划落实扫盲任务，努力扩大基层办学面，减少空白村。据统计，1991年全国共举办扫盲班110476个，比上年增加4598个。北京、黑龙江、江西、河南等省市行政村级办学面已超过95%，从而有力地保证了扫盲任务的完成。

三、积极开展高标准扫盲活动

许多地方在基本扫除青壮年文盲后（指15～40周岁人口中非文盲率达85%），积极扫除剩余的青壮年文盲，力争早日达到高标准扫除青壮年文盲标准（指15−40周岁人口中非文盲率达95%）。北京、上海、江西、湖南等省市还开展了高标准扫盲单位的验收试点工作；天津、辽宁、吉林、黑龙江、上海等省市不仅积极扫除15～40周岁的文盲，而且将扫盲对象的年龄扩大到45～50周岁，积极扫除40周岁以上有学习能力的文盲，并已取得很好的成绩。

四、广泛开展了扫盲检查评估和表彰活动

1990年冬以来，有20多个省（区、市）对扫盲工作开展检查评估，北京、贵州、陕西、宁夏等省（区、市）政府领导亲自检查扫盲工作，江西等省的人大、政协领导也带队检查工作。通过检查，对加强各级政府和有关部门的领导管理，加快扫盲进度，保证扫盲质量起到了推动作用。

在全国扫盲协调小组成员单位联合检查和省（区、市）自查的基础上，国家教委于6月对近几年扫盲成绩较为显著的河南、四川、贵州等17个省（区、市）分别奖励10～30万元；对荣获1990年娜杰达·克·克鲁普斯卡娅扫盲奖的河南省西平县和荣获1991年野间扫盲荣誉奖的黑龙江省教委分别奖励5万元；同时对经济困难、15岁以上文盲占总人口比例超过或接近30%的安徽等6个省（区）和少数民族集中的3个自治区分别补助10万元。1991年11月，国家教委对安徽省曹耀书等50名扫盲先进工作者、辽宁省凤城县等52个扫盲先进单位进行了表彰奖励。

全国扫除文盲先进工作者名单

贾长营 孙玉祥 刘吉昌
任常海 张进仁 孟　山
隋雨山 陈国恩 符殿财
崔石凤 刘淑清（女） 王国友
倪仁如 卢春生 杨怀明
杨尧根 曹耀书 李光保
崔丁文 徐春惠 赖宗林
万洪文 颜景伟 曹清堂
孙祖尧 李宝兴 姚守斌
任旭东 彭斌云 熊龙飞
胡乃文 闻炳坤 邝世贤
杨世光 吴坤南 赵华中
龚守福 王　龙 赵兴国
刘文良 邓志德 索朗坚才
卢振业 王怀德 贺成章
刘希敏（女） 詹乐年 吴秀英（女）
哈力克玉山 张勋奇

全国扫除文盲先进单位名单

北京市通县人民政府
天津市东郊区人民政府
天津市西郊区人民政府
河北省迁西县人民政府
河北省蔚县人民政府
山西省榆次市教育局
内蒙古自治区苏尼特左旗达日汉乌拉苏木人民政府
辽宁省凤城满族自治县人民政府
辽宁省辽阳县人民政府
吉林省蛟河市人民政府
吉林省浑江市八道江区人民政府
黑龙江省望奎县人民政府
黑龙江省密山市人民政府
上海市金山县人民政府
江苏省泗洪县人民政府
江苏省宝应县人民政府
浙江省上虞县教育委员会
浙江省宁海县人民政府
安徽省青阳县教育委员会
安徽省金寨县人民政府
福建省永安市人民政府
福建省福清市人民政府
江西省万载县人民政府
江西省赣州市人民政府
山东省东明县人民政府
山东省泗水县人民政府
河南省南阳县人民政府
河南省潢川县人民政府
湖北省荆门市教育委员会
湖北省宜城县教育委员会
湖南省娄底市人民政府
湖南省湘潭市扫盲教育工作领导小组办公室
广东省阳山县人民政府
广西壮族自治区贺县人民政府
广西壮族自治区南丹县人民政府
海南省屯昌县教育局
四川省安岳县人民政府

四川省开县人民政府
四川省武胜县人民政府
贵州省都匀市人民政府
贵州省金沙县教育局
云南省保山市人民政府
云南省宣威县人民政府
西藏自治区加查县藏木乡农牧民扫盲夜校
陕西省镇巴县人民政府
陕西省紫阳县人民政府
甘肃省宁县人民政府
甘肃省临夏市人民政府
青海省乐都县人民政府
宁夏回族自治区平罗县人民政府
新疆维吾尔自治区昌吉市人民政府
新疆维吾尔自治区温宿县人民政府

上述奖励、补助经费超过400万元，是近几年最多的一年。各省（区、市）也普遍对扫盲先进单位和个人进行表彰奖励，吉林省还对部分扫盲先进工作者记大功并晋升一级工资。通过表彰奖励，进一步鼓励了先进，树立了榜样，激发了广大干部群众参与扫盲工作的积极性。

五、加强了扫盲教材建设和教学管理

为了适应新时期扫盲的需要，部分省（区、市）新编或修订了扫盲教材。目前，全国绝大部分省（区、市）已有统编扫盲教材。国家教委成人教育司组织有关方面开展了全国扫盲教材评奖活动，河南、福建、广西、黑龙江、四川等5省教材获荣誉奖。许多省市编写了扫盲后继续教育的教材和读物。湖北省教委组织编写的扫盲后读物有10余种，福建省还拍摄了《庭院农业》等扫盲后教育的声像教材。黑龙江和云南省教委分别编印了《扫盲学习报》和《学文化》报，定期印发到农村基层单位。为了进一步加强扫盲和扫盲后教育的教学和教材建设，国家教委拟订了《扫除文盲教育教学大纲》、农村成人初等文化技术教育《实用语文》、《实用数学》、《实用科技》教学大纲、扫盲和扫盲后教材编写的指导思想和基本原则、《扫除青壮年文盲单位考核验收办法》等6个讨论稿，组织各省（区、市）讨论修改，对扫盲和扫盲后教育的教学管理和教材编写起了一定的指导作用。

六、扫盲后巩固提高工作得到重视和加强

为了提高脱盲学员运用文化技术知识的能力，防止复盲，许多省（区、市）重视并加强了扫盲后巩固提高工作。福建、湖北、江苏、河南、黑龙江等省把巩固提高任务与扫盲任务同时布置，同时检查。北京市要求对1990年的脱盲学员连续抓三年巩固提高。天津也对巩固提高做了具体规定并落实。

七、根据扫盲教育的新情况，及时调整政策措施和任务要求

1991年10月，国家教委印发了《关于进一步加强扫除文盲工作的意见》，把扫盲对象的年龄从15～40周岁，改为凡建国后（含1949年）出生的文盲、半文盲，除不具备学习能力者以外，都应扫除。关于扫除文盲单位的标准要求，明确提出所辖农村的行政村、城镇的街道居民委员会、企业、事业单位都达标，才能确认一个县（市、区）为基本或高标准扫除青壮年文盲单位。还提出了对高标准扫除青壮年文盲的县（市、区），要由省（区、市）组织验收，并报国家教委备案、公布名单。文件还对扫盲规划和巩固提高工作提出了明确要求。上述精神已在11月国家教委在河南郑州市召开的全国扫盲暨农村成人教育工作会议上宣传贯彻。

八、积极开展国际交流和合作

1991年4月，国家教委参加了联合国

教科文组织（以下简称 UNESCO）亚太地区总办事处在泰国召开的促进青年和成人扫盲地方实验项目计划会议，并于年底在贵州省黎平县试点。5月推荐黑龙江省教委参加国际扫盲奖评选活动，荣获野间扫盲荣誉奖。6～7月，协助 UNESCO 亚太地区总办事处在四川省成都市举办了亚太地区扫盲和继续教育人员培训班，有14个国家的40多位代表和观察员参加。8月，参加了 UNESCO 亚太地区总办事处在泰国召开的关于扫盲后继续教育的技术工作组会议。8月底至9月初开展了国际扫盲纪念日活动。11～12月与 UNESCO 亚太地区总办事处联合在福建省福州市举办了全国扫盲农村成人教育人员培训班，共有28个省（区、市）56人参加培训。

撰稿人　张昭文
审稿人　董明传

国家教委印发《关于加强岗位培训管理工作的意见》

国务院批转《国家教育委员会关于改革和发展成人教育的决定》和国家教委等5部门《关于开展岗位培训若干问题的意见》下发后，各地、各部门及一批企事业单位有计划、有重点地开展了岗位培训，取得了有益的经验。"七五"期间，全国职工参加岗位培训的人数累计达1.1亿人次，农民参加培训人数累计为1.5亿人次，岗位培训效果显著，发展健康。但在岗位培训的管理工作方面存在着协调不够、宏观指导不力等问题。为此，1991年6月国家教委印发了《关于加强岗位培训管理工作的意见》。

《意见》提出，开展岗位培训应当以行业为主导。行业主管部门对提高本行业人员素质负有责任。要充分发挥行业的业务优势和主导作用。企事业单位是开展岗位培训的主体，对本单位岗位培训负有主要责任，在岗位培训中应有充分的主动权和自主权。《意见》指出，国家教育、人事、劳动等管理部门，对岗位培训工作负有制定方针、政策，进行宏观指导和协调的责任。要加强协作，推动岗位培训工作的开展。《意见》明确了国家教委是教育的综合归口管理部门，在岗位培训工作中，负责宏观指导、综合协调、督促检查；会同有关部门制定岗位培训的工作方针、政策、法规和总体规划；汇总全国岗位培训工作情况，搞好信息、经验交流等服务工作。《意见》还指出：省、自治区、直辖市及计划单列市教育行政部门是成人教育的归口管理部门，要健全机构、充实力量，发挥指导、综合、协调、服务的职能。

《意见》还就行业、企事业基层单位以及教育、经济、劳动等综合管理部门和地方教育行政部门在岗位培训工作中的职责提出了具体意见，以充分调动各方面的积极性，形成统筹协调、行业（企事业）为主、条块结合、分类指导、分级负责、协调配合的管理体制。推动岗位培训工作的健康发展。

撰稿人　瞿延东
审稿人　李英惠

成人高等教育治理整顿工作取得成效

为贯彻中共十三届五中全会精神，落实李鹏总理在七届人大三次会议上所作政府工作报告中提出的“以整顿成人高等学历教育为重点，努力提高成人教育水平”的任务，国家教委于1990年初决定对成人高等教育进行治理整顿，并于1990年4月在上海召开会议做了部署。此项工作历时两年，取得了显著成效：

一、查处了一大批“三乱”（乱办班，乱收费，乱发文凭）案例，有效地遏制住了“三乱”

治理整顿中，受到查处的典型案例60余件，一些责任者受到了政纪处分，个别有严重经济问题的还受到了法律的制裁。查处“三乱”在院校和社会上引起强烈反响，普遍对国家学历教育的严肃性和“三乱”的危害有了深刻的认识，增加了按章办学和上学的意识。

二、提高认识，端正了办学指导思想

各类成人高校和举办成人教育的普通高校普遍反映，治理整顿的过程，实际上也是系统、全面、深入地学习和宣传成人教育政策法规的过程，对办学部门、学校和有关人员进行了一次政策和业务培训。通过治理整顿，过去那种单纯创收的思想得到纠正，对成人高等学历教育从保证规格和质量的高度，从维护学校声誉和对国家负责的高度，在思想认识上有了很大的提高。

三、加强管理，提高了质量

治理整顿促使学校建立健全了各项规章制度，配备和充实了管理力量，以提高教育质量为核心，加强了教学管理、学籍管理和学员的思想政治工作。大多数学校扭转了过去分散管理、多头办学的状况，理顺了管理体制，实现了归口管理。省、自治区、直辖市和一些部委的教育行政部门也普遍加强了对成人高等教育的管理和质量控制，建立并开始实施教学质量抽考、办学水平评估的毕业证书验印等项管理制度。由于加强了管理，学校的教风、学风、考风明显好转，教学质量逐步提高。

四、增加投入，改善了办学条件

治理整顿促使院校和主管部门增加投入，学校办学条件普遍有较大程度的改善。据湖北、山西、江西、福建和中国有色金属总公司统计，1990年以来，所属普通高校新增成人教育用房34000平方米，新增办公、教学设备价值约3200万元，新增管理干部186人。

五、促进了成人高校的调整和联合

成人高校调整和联合的工作早在1988年就开始起步，但由于一些学校的主管部门有种种顾虑，加上对学校规模、条件在认识上的差别，此项工作进展很慢。国家教委在部署成人高校的治理整顿工作时把调整学校作为主要内容和目标之一，大大加快了调整和联合的步伐。据辽宁、天津、江苏、青海和中国兵器工业总公司统计，通过撤消、合并、联合等方式，已有近百所成人高校被取消独立建制。

治理整顿工作取得的成效为成人高等教育进一步深化改革奠定了坚实的基础。

撰稿人　王志强

审稿人　李英惠

国家教委直属高校成人教育治理整顿取得成效

1990年4月国家教委召开全国普通高校成人教育工作会议之后，根据国家教委《关于普通高校成人教育治理整顿工作的若干意见》和《关于对直属高等学校成人教育治理整顿和加强管理的几点意见》的要求，从1990年6月至1991年7月，国家教委直属高校对成人教育进行了治理整顿。各校认真对本校举办的成人教育进行了自查、整改，取得了明显的成效，并经国家教委组织的检查验收组验收全部通过。

国家教委直属高校的成人教育治理整顿取得的成效主要表现在：

一、促进学校领导进一步明确委属高校成人教育的办学指导思想和主要任务，提高了成人教育在学校中的地位。各校领导普遍亲自过问成人教育的治理整顿工作，进一步将成人教育作为学校事业发展的重要组成部分和学校的基本任务之一。今后的发展方向是要在继续办好成人高等学历教育的同时，重点发展大学后的继续教育。

二、查处了学校举办成人教育中出现的"三乱"问题，进一步落实了整改措施。直属各高校普遍加强了统一归口管理，建立健全规章制度，增加了办学投入，使治理整顿落到了实处。经过国家教委检查验收后，没有发现各校新的"三乱"问题。

三、核定了直属高校成人高等学历教育的发展规模，促使学校成人教育适应社会需要，提高教育质量，逐步走上规范化、制度化发展轨道。委属高校成人高等学历教育的规模由1989年的4.5万人调整减少为3.5万人左右。要求学校注意发展大学后的继续教育。各校还普遍加强了对非学历成人教育的管理，制定了学校举办非学历成人教育的审批制度和个人办学、兼课的规定。

国家教委要求直属高校成人高等学历教育的招生从1991年起实行比地方规定的录取分数线要至少提高一个分数段，对学校学生的培养也要适当提高淘汰率，以提高直属高校成人高等学历教育的质量。

四、委直属高校增加了对成人教育的办学投入，改善了办学条件，解决了许多过去难以解决的实际困难。

撰稿人　董长侠
审稿人　温　纯

农村成人教育蓬勃发展

1991年，全国农村成人教育在"七五"期间取得显著成绩的基础上，继续蓬勃发展。县、乡（镇）、村农村成人学校分别达到1918所，36274所和191644所。结业人数达3933万人，比1990年增加1139万人。其中农民技术培训取得较大进展，据初步统计，农民技术学校结业人数已达3564万人，占农村劳动力总数的9.8%，与“七五”期间全国平均水平4.6%相比，增长1倍多。1991年结业的学员中，经县级学校培训的占2.1%，乡级学校培训的占53.5%，村级学校培训的占43.4%，其它占1%。辽宁、四川、河北等3个省农民技术培训学校结业的学员占乡村劳动力的比例已接近或超过1/5。

农村成人教育紧紧围绕农村两个文明建设需要，不断改革发展，直接有效地促进了当地社会、经济的发展。所取得的成绩，引起了社会各方面的关注，受到各级领导的重视，农村成人学校被广大农民称为“富民学校”，其发展形势喜人。主要特点是：第一，各级党政领导重视。随着农村教育综合改革的逐步深入，许多地方党政部门把发展农村成人教育作为科技兴农的一项重要措施。1989年以来，天津市政府连续三年把“建立农村成人教育办学网络”列为改善城乡人民生活要办的20件实事之一。第二，实行农科教结合，提高办学整体效益。农村成人教育培训量大，涉及面广，必须在当地政府领导下，实行农科教结合，提高办学整体效益。农村成人学校的办学体制，克服了农业、科技、教育相互脱节的弊端，形成了科教兴农的合力。学校普遍建立了以地方行政主管领导为校长，教育、农业、科技、共青团、妇联等部门负责人组成的校务委员会，使学校成为综合性、多功能的培训中心，成为当地科教兴农的农村综合服务组织的重要组成部分。第三，坚持“实际、实用、实效”原则，办学形式灵活多样。农村成人教育紧紧围绕当地经济与社会发展的需要，因地制宜，按需施教，干什么学什么，缺什么补什么。加强实践环节，注重能力培养，使广大农民学得懂，用得上，见效快。第四，加强阵地建设。农村成人教育阵地建设有了较大发展，各地建立了大批乡（镇）、村农民文化技术学校及其他形式的农村成人学校。1991年，辽宁、北京、江苏、广东等10多个省、自治区、直辖市的乡（镇）办学面已达90%以上，河北省乡（镇）办学面达到100%。第五，办学效益显著。农村成人教育在提高农村劳动者文化技术素质，加快农民脱贫致富步伐，促进两个文明建设方面发挥了重要作用。1991年山西省农村成人学校培训回乡初高中毕业生115.1万人，其中有5.5万人经过系统培训获得了初级以上的农技员职称。通过培训大大提高了农村青壮年靠技术致富的能力。

1991年6月，国家教委发出《关于大力发展乡（镇）、村农民文化技术学校的意见》，提出了农村成人教育“八五”发展计划。全国总的计划目标是：1995年前，除了人口稀少、经济发展水平较低的边远山区和少数民族地区外，全国95%以上的乡（镇）和80%左右的行政村都要举办综合性或其它形式的农民文化技术学校。这将进一步推动农村成人教育事业的发展。

撰稿人　王扬南
审稿人　李英惠

师 范 教 育

李铁映关于办好师范院校的批示

为总结“七五”期间师范教育工作，研究“八五”期间师范教育面临的形势和任务，以及应采取的主要措施，1991年6月22日至26日，国家教委师范教育司在辽宁省沈阳市召开了全国师范院校落实德育为首，全面提高教育质量座谈会。国务委员兼国家教委主任李铁映对这次会议非常重视，在师范教育司整理上报的《关于召开全国师范院校落实德育为首，全面提高教育质量座谈会的情况》一文上作了重要批示:“师范院校是教师的摇篮，是教育战线的‘嫡系部队’，是教育事业发展的基础。考核各级政府教育部门教育工作做得如何，要看师范办得如何。我希望全国各级政府，各级教育部门把‘努力办好师范院校，培养优秀教师’做为教育工作的一个重要指导思想确定下来，列入计划，扎扎实实搞好。”

李铁映的批示，再一次强调指出了师范教育在教育事业发展中的战略地位，使各级教育行政部门的工作进一步明确了方向，广大师范教育工作者深受鼓舞。国家教委已将李铁映的批示连同这次座谈会纪要和邹时炎的讲话一并转发各地研究、落实。

撰稿人　葛振江

审稿人　孟吉平

师范院校教育学教材改革

教育学是师范教育课程体系中一门重要的专业基础课。为了加强师范院校教育学教材建设，国家教委师范教育司对各级各类师范院校教育学课程的开设和教材建设情况开展了广泛的调查研究，并组织教育学、心理学和学科教学法方面的专家、教授、教育科研工作者、中小学教师、教育行政管理人员对全国师范院校教育学课程、教材建设的历史和现状进行了分析和研究，在此基础上，研究制定了教育学教材改革实施计划。确定了教育学教材改革的总体目标、任务和指导思想。

教育学教材改革的任务和总体目标是:(1) 编写出《教育学教学指导纲要》; (2) 制订出各级各类师范院校教育学教学大纲; (3) 编写出适合各级各类师范院校使用的教育学系列教材; (4) 制订出一套科学的教育学教学评估标准。

这套师范院校教育学（教育系专业课除外）系列教材包括职前（幼儿师范、中等师范、高等师范本、专科）和职后（教师进修院校），包括教科书、教育论著选读、案例资料、音像资料和教学参考书。

《教育学教学指导纲要》将是教育学学科建设的指导性文件，对各级各类师范院校教育学教学大纲、教材编写和教育学教学实践起指导作用。《纲要》对教育学教材中反映的重大理论问题和需要澄清、需要进一步加强阐述的问题，将以马克思主义为指导进行阐述和说明。对教育学教材中的基本概念将进行规范，使各级各类师范院校教育学课程、教材建设有所遵循。目前，这个纲要正在研究、编写过程中。

这套教育学教材的编写队伍将由教育理论专家、教育科研工作者、各级各类师范院校教育学教师、中小学校长和教师以及有丰富实践经验的教育行政干部等方面的人员组成。编写工作将在深入实际、广泛开展调查研究的基础上对我国教育教学改革经验进行总结，并构建具有中国特色的社会主义教育学编写体系，编写出适合各级各类师范院校使用的教育学系列教材。

撰稿人　连秀云

审稿人　孟吉平

重新修订中学教师进修高师专科教学大纲

1984 年教育部发布了中学教师进修高师专科教学大纲。几年来，通过这套教学大纲培训了几十万在职中学教师，对提高中学教师的政治素质、业务素质和教育教学能力，保证培训质量等方面起了积极的作用。但是，各地在执行中反映现行教学大纲体现成人、在职、师范的特点不够；教学内容和教学安排不能完全适应中学教育改革和师训工作的需要。为此，国家教委于 1990 年完成了教学计划的修订工作后，即着手组织修订教学大纲。确定上海教育学院、北京师范学院等 13 所学校为主编单位，参加编写工作的教育学院、师范院校共计 36 所。1991 年 12 月 18 日，国家教委印发了修订后新的中学教师进修高等师范专科 12 个专业教学大纲。

这套大纲（修订稿）保留了原教学大纲的优点，同时又具有以下几个方面的特点：

1.强调了政治要求和思想政治教育。各学科都努力以马克思主义、毛泽东思想为指导思想阐述本学科的规律，并对教学内容作了相应的安排。同时各专业都注意了课程的德育功能，结合本学科特点，对进修教师加强政治思想教育和道德品质，特别是师德教育。

2.贯彻了“少而精，求实效”的原则。在坚持主要专业基础课达到高师专科水平的同时，又从进修教师的实际出发，精选了教学内容，恰当地确定了教学要求，使课程内容的安排更趋合理。

3.克服过去部分专业分科太细、脱离中学教学实际的弊端，重新编写了一些综合原来几门专业课内容的新设课程的教学大纲。

4.加强了教学的实践环节，注意了提高教师的教育教学能力和教学研究能力。

5.根据多年培训在职教师的经验，较好

地确定了教学内容的深度、广度，加强了对进修教师学习方法的指导。

撰稿人　谢敬仁
审稿人　金长泽

培养专科程度小学教师

“七五”期间，一些大城市和经济发达地区，如北京、上海、江苏、广东、辽宁、福建等省（市）为适应社会主义现代化建设和九年制义务教育对小学教师素质提高的要求，先后开始进行培养专科程度小学教师的试验，取得了一定成绩。

到1991年底，全国小学教师的学历达标率已达到80.7%，一些大城市和经济发达地区出现了提高小学教师学历层次的要求和趋势。《全国教育事业十年规划和“八五”计划要点》中明确提出，要“在有条件的大城市和经济发达地区，试办面向小学的五年制师范”。国家教委在总结“七五”期间一些大城市和经济发达地区进行培养专科程度小学教师试验的基础上，决定“八五”期间适当扩大试验规模，有计划地进行培养专科程度小学教师的试验工作。1991年7月31日国家教委发出《关于进行培养专科程度小学教师试验工作的通知》，明确规定了进行培养专科程度小学教师试验工作的原则、必备条件、审批程序等问题。《通知》规定，进行培养专科程度小学教师试验工作的原则是：(1) 贯彻党和国家关于教育必须为社会主义现代化建设服务，必须同生产劳动相结合，培养德、智、体全面发展的建设者和接班人的方针，以德育为首，根据培养小学教师的实际需要，研究探索具有专科程度小学教师的培养规格和办学模式。(2) 根据教育事业十年规划和“八五”计划，在大城市和部分经济发达地区合理安排试验点，有计划地进行试验。“八五”期间，试验规模不宜过大，一般应先在少数特大城市和沿海经济发达地区进行试验，每省原则上安排一个试验点，取得经验后逐步推开。(3) 加强高等师范院校与中等师范学校的协作，采取多种形式进行试验。试验可以在具备条件的高等师范院校或中等师范学校进行，也可以由高等师范院校和中等师范学校联合办学，共同组织试验工作。不论采取哪种形式，都应加强高师院校与中师的协作，发挥各自优势，保证试验工作的顺利进行。《通知》明确指出：“培养专科程度小学教师的学制和课程，可以根据各地培养小学教师的要求，进行试验和探索。在学制方面，可试行五年一贯制（招收初中毕业生，学习五年），三、二分段制（招收初中毕业生，学习三年后，择优再学习二年）和二年制（招收中等师范学校毕业生或招收经高中会考、志愿从事小学教育工作的学生）。课程设置和教学内容，应根据专科程度小学教师的培养规格，面向小学教育，体现专科程度，突出师范教育的特点，科学合理地进行安排，探索符合我国国情的办学模式。”《通知》还规定：凡经国家教委批准进行培养专科程度小学教师试验的学校，其专科阶段的招生指标列入普通高校年度招生计划。“学生在专科阶段就读期间，享受师范专科学校学生的待遇。毕业后全部分配到小学任教。学生毕业后的工资待遇、晋级晋职等，均按国家有关师范专科学校毕业生的政策规定办理。”

撰稿人　唐京伟
审稿人　孟吉平

开展小学教师继续教育

党的十一届三中全会以来,小学教师培训工作取得了很大成绩。经过调整、补充和培训，全国小学教师中绝大多数已经具备国家规定的合格学历或取得《专业合格证书》。再过几年，小学教师的学历补偿教育可基本完成。小学教师学历“达标”之后，如何进一步开展培训工作，提高他们的政治、业务水平，已是当务之急。为此，很多地方的教育行政部门对这个问题进行了研究、探索和试验，国家教委在总结各地试点经验的基础上，于1991年12月3日发出了《关于开展小学教师继续教育的意见》。

《意见》指出:“小学教师的继续教育，是对取得教师资格的在职教师进行以提高政治思想、师德修养、教育理论、教育教学能力为主要目标的培训。”继续教育应坚持四项基本原则，坚持改革开放，坚持政治、业务培训两手抓，始终把加强政治思想教育、增强师德修养和认真参加教育教学实践放在第一位；要紧密联系中国社会主义教育的实际，联系小学教师的实际，联系不同地区的实际，在合理规划的前提下，因地制宜，统筹安排，扎实而有效地进行。“继续教育的任务是：通过教育教学实践与培训，使每个教师的政治业务素质不断得到提高，从中成长出一批教育教学骨干，有的逐步成为小学教育教学专家。形成一支拥护中国共产党的领导和社会主义制度、忠诚人民教育事业、思想品德高尚、学科结构合理、业务素质优良的小学教师队伍。”“继续教育的主要层次，可分为新教师见习期培训、教师职务培训和骨干教师培训等方面。”“与此同时，在条件具备的地方，可按照国家教委的有关规定，搞好对部分中青年骨干教师逐步提高学历层次培训的试点”。继续教育的内容“一般应包括：政治思想和师德修养教育；教育理论学习、教材教法研究、教育教学实践和教师基本功训练；补充新知识新技能；以及当地社会主义建设所需要的职业技能和乡土教育等方面。”“继续教育的形式与方法，要充分考虑不同层次的教师在职进修的特点、地域的特点和培训内容的特点，坚持自学为主、业余为主、短训为主的原则。”要把师资培训工作与教学研究工作密切地结合起来开展继续教育，要充分发挥电化教育手段在继续教育中的作用。

《意见》要求：各地要加强各级培训机构的建设，完善小学教师继续教育的网络，逐步形成省、县、乡、校四级培训网，以适应开展继续教育的需要，要加强培训机构师资队伍的建设。各级教育行政部门要加强对继续教育工作的领导。要制定相应的政策，调动小学教师参加继续教育和教师培训机构从事继续教育的积极性。要在教育经费的安排上保证继续教育的开展。

继续教育目前尚处于开始阶段，1990年以来，全国已有10多个省、市的人民政府和教育行政部门相继公布了小学教师继续教育的有关规定，各地应继续制定开展继续教育的有关法规，使继续教育逐步制度化、正规化，沿着健康的轨道发展。

撰稿人　王源林
审稿人　孟吉平

进一步改善师范生源，加强校风校纪建设

为了做好1991年师范院校的招生工作，推动校风校纪建设，1991年5月22日，国家教委召开了“进一步改善师范生源，加强校风校纪建设”全国电话会议。北京市副市长陆宇澄、湖南省教委、浙江省教委、辽宁省教委的领导介绍了高师招生工作的做法和经验。如北京市和辽宁省采取举办高师预备班的办法，湖南省采取增加面试的办法，浙江省在高中会考基础上提前单独招生等，都取得了较好的效果。荆州师范专科学校、上海师范大学的领导介绍了加强校风校纪建设的做法和经验。如荆州师范专科学校通过抓落实德育为首，抓学风、教风，建立健全并严格执行规章制度等，上海师范大学通过抓主渠道，提高对教和学两方面的要求，抓基础文明建设，增强“为人师表”的意识等，都有力地促进了校风校纪建设。国家教委副主任邹时炎在会上讲话，对做好师范招生工作和加强校风校纪建设提出了要求。(1) 各级教育行政、招生部门和中学要密切协作，加强宣传和思想教育工作，不断改进完善招生办法，实行面试，继续做好招收保送生、定向生工作，积极进行高师预备班和招收有实践经验教师的试点和推广工作，优化生源结构，提高生源质量。(2) 加强德育工作和校风校纪建设。德育工作、校风校纪建设要突出一个“严”字，要采取多种形式进行，要健全各项规章制度；要注重一个“实”字，要有务实的精神，不做花架子，不搞形式主义；要坚持一个“恒”字，要把德育工作和校风校纪建设作为一项长期的任务常抓不懈。

会后，各地根据电话会议精神，结合本地实际，采取了一系列措施，以切实改善师范生源、加强校风校纪建设。1991年师范招生形势进一步好转，生源质量明显提高。据全国20个省、自治区、直辖市统计，有近70万考生报考师范院校，是师范院校招生计划的6倍。高考后达到录取分数线的考生近8万名，占招生计划数的105.06%。

撰稿人　赵建军
审稿人　金长泽

高等师范院校本科政治与思想品德教育专业改革

高等师范院校政治与思想品德教育专业(以下简称政教专业)是高等师范院校宣传和捍卫马克思主义、培养中学思想政治课教师和德育工作者的重要阵地。为了推动政教专业改革的深入进行，1991年4月9日，国家教委印发了《关于高等师范院校本科政治与思想品德教育专业改革的意见》，对政教专业的全面改革提出了指导性意见。主要内容包括以下八个方面。

1.进一步明确培养目标。政教专业的培养目标，是中等学校合格的思想政治课教师和德育工作者。

2.改革课程设置。建立以马克思主义原著和马克思主义原理为主干的课程体系。适应时代发展的需要，适应中等学校思想政治课的设置、教学内容改革和德育工作的要求。

3.改革教学内容和方法。加强马克思主义基本理论教学，并将坚持四项基本原则和反对资产阶级自由化贯彻于各学科教学之中，注意吸收本学科发展的新成果，充实、更新教学内容。提倡启发式教学和教学方法多样化，并充分利用现代化教学手段。

4.加强社会实践环节。建立专门机构负责社会实践工作，并逐步做到制度化、规范化。建立稳定的社会实践基地。社会实践(不包括教育实习)的时间不少于3个月。

5.加强教育实践。要与实习学校共同努力，巩固和建设教育实习基地。教育实习的内容应包括教学、班主任和团队工作的实习。教育实习的时间不少于2个月。

6.切实加强学生的思想政治工作。在内容上要加强马克思主义基本理论、党的基本路线等的教育，同时注意解决学生思想中较深层次的问题。在措施上，要建立专职政工队伍，加强学生中党、团组织的建设，在方法上，要讲求实效。

7.改进招生办法。要实行并逐步增加从政治思想好、具有高中文化程度和有实践经验的各类青年中招收学生。

8.加强师资队伍建设。要针对老、中、青年教师的不同特点采取有力措施，努力建设一支坚持四项基本原则，具有坚定共产主义信念和坚实马克思主义理论基础，教书育人，为人师表的教师队伍。

撰稿人　赵建军

审稿人　金长泽

表彰中等师范学校

我国的中等师范教育经过调整、整顿、恢复,“七五”期间，在改革中稳步发展，涌现出一批坚持社会主义办学方向、教育思想端正、学校条件较好、教育质量和办学效益较高的中等师范学校。为了使各级政府、教育部门和全社会更加重视师范教育，鼓励中等师范学校更好地为我国基础教育服务，深入进行教育、教学改革，努力提高教育质量和办学效益，更加主动适应社会主义现代化建设和基础教育发展与改革的需要，为基础教育培养又红又专的高质量的师资，国家教委决定 1991 年表彰 115 所中等师范学校。受表彰的学校名单如下:

北京市朝阳区师范学校
北京幼儿师范学校
天津市宝坻师范学校
天津市第二师范学校
河北省沧州师范学校
河北省廊坊师范学校
河北省滦县师范学校
河北省昌黎师范学校
山西省长治师范学校
山西省五寨师范学校
山西省浑源师范学校
内蒙古自治区呼伦贝尔盟扎兰屯师范学校
内蒙古自治区伊克昭盟师范学校
内蒙古民族师范学校
辽宁省沈阳市师范学校
辽宁省鞍山市师范学校
辽宁省辽阳市师范学校
辽宁省朝阳市第一师范学校
辽宁省大连市幼儿师范学校
吉林省永吉师范学校
吉林省农安师范学校
黑龙江省海伦师范学校
黑龙江省鸡西市师范学校
黑龙江省双鸭山市师范学校
上海市浦明师范学校
上海幼儿师范专科学校
上海市第二师范学校
江苏省海州师范学校
江苏省淮安师范学校
江苏省新苏师范学校
南京师范大学附属幼儿师范学校
江苏省盐城师范学校
江苏省运河师范学校
江苏省武进师范学校
浙江省松阳师范学校
浙江省宁波市师范学校
浙江省乐清师范学校
浙江省杭州师范学校
安徽省淮南师范学校
安徽省滁州师范学校
安徽省蒙城师范学校
安徽省铜陵师范学校
安徽省合肥市师范学校
福建省三明师范学校
福建省仙游师范学校
福建省泉州幼儿师范学校
江西省景德镇师范学校
江西省宜春师范学校
江西省上饶师范学校
山东省泰安师范学校
山东省蓬莱师范学校

山东省平度师范学校
山东省寿光师范学校
山东省枣庄师范学校
山东省乳山幼儿师范学校
山东省齐河师范学校
山东省昌乐特殊教育师范学校
河南省许昌师范学校
河南省沁阳师范学校
河南省南阳第三师范学校
河南省淮阳师范学校
河南省汝南师范学校
河南省安阳市第二师范学校
河南省洛阳市第一师范学校
湖北省监利师范学校
湖北省麻城师范学校
湖北省大冶师范学校
湖北省当阳师范学校
湖南省桃源师范学校
湖南省娄底师范学校
湖南省郴州师范学校
湖南省武冈师范学校
湖南省零陵师范学校
湖南省株州师范学校
湖南省第一师范学校
湖南省长沙师范学校
广州幼儿师范学校
广东省东莞师范学校
广东省江门幼儿师范学校
广东省顺德师范学校
广东省遂溪师范学校
广东省揭阳师范学校
广西壮族自治区宜山师范学校
广西壮族自治区柳州师范学校
广西壮族自治区南宁市师范学校
广西壮族自治区南宁民族师范学校
广西幼儿师范学校
海南省琼海师范学校
四川省广元师范学校
四川省江油师范学校
四川省攀枝花师范学校
四川省威州师范学校
四川省开县师范学校
四川省泸州师范学校
四川省垫江师范学校
四川省新都师范学校
四川省合川师范学校
四川省荣县师范学校
四川省凉山民族师范学校
贵州省遵义师范学校
贵州省铜仁民族师范学校
贵州省毕节师范学校
云南省保山地区师范学校
云南省大理师范学校
云南省红河民族师范学校
云南省丽江地区师范学校
西藏自治区山南师范学校
陕西省长安师范学校
陕西省洛川师范学校
甘肃省平凉师范学校
甘肃省兰州师范学校
青海省乐都师范学校
宁夏回族自治区固源民族师范学校
新疆维吾尔自治区喀什师范学校
新疆维吾尔自治区石河子师范学校

撰稿人　李桂兰
审稿人　孟吉平

民 族 教 育

民族文字教材建设

1991年5月7日至10日，在西安市召开了甘肃、青海、云南、四川、西藏五省、自治区藏文教材协作第七次工作会议。这次会议的主要任务是，根据国家教委制定的九年制义务教育各学科教学大纲要求，就如何从藏族地区的实际出发，协作编译一套藏文版九年制义务教育教材问题进行了研究。在编译出版九年义务教育藏文教材的指导思想，编译原则以及调整青海、西藏两个民族教材编译处（局）的协作分工等方面，达成了一致意见，并形成了五省区藏文教材协作工作会议纪要，转发五省、自治区贯彻执行。这次会议纪要是今后编译出版藏文版九年义务教育教材的指导性文件。为了全面提高五省区藏族中小学教学质量，针对长期以来藏文教材未能按期供应的现象，会议纪要明确提出了从1993年秋季开始与中小学教材“同步、配套”供应藏文中小学教材的要求。同时，研究了五省、自治区高中会考等问题。

1991年8月21日至9月21日，在甘肃省甘南藏族自治州合作镇，召开了全国中小学藏文教材审查委员会第二届二次全体会议。这次会议审定了由青海民族教材编译处摘录编译的《汉藏对照中小学历史》名词等术语，6600个词条；由青海省民族教材编译处编写的供五省、自治区藏区中小学使用的初中《汉语文教学参考》1–6册；由青海民族教材编译处和西藏大学共同摘录编译的《汉藏对照生物》名词术语，8000个词条；甘南藏族自治州教育局送审的藏族中等专业学校使用的《藏语文及教学大纲》1–12册和14000个词条。自从全国藏文教材审查委员会成立以来，历时6年时间，目前除音乐、体育、美术学科之外，其它各学科的名词术语均已审定结束。这是藏族教育发展历史上，第一次统一制定了规范的、供五省区族区中小学使用的各学科词术语，为今后编译藏文中小学教材打下了基础。

1991年11月17日，在四川省成都市召开了彝文教材审查委员会成立大会。同时审定了彝文小学自然1–6册。这次会议是彝文中小学教材建设的一次重要会议。四川省委副书记冯元尉出席会议并就彝文教材建设发表了意见。四川省教委副主任周旺云任彝文中小学教材审查委员会主任委员。

1991年12月8日，在内蒙古呼和浩特市召开了全国中小学蒙古文教材审查委员会全体会议。会议审定了由内蒙古教育出版社出版的，供内蒙古、新疆、青海、甘肃、黑龙江、吉林、辽宁等7省区蒙古族中小学使用的中学《蒙古族历史》、初中《几何》、小学、初中、高中《蒙古语文及阅读教材》。

1991年11月5日，在四川省召开了四川、云南、青海、甘肃、西藏教委民族处处长会议。根据国家教委制定的《九年义务教育全日制小学、初中教学计划》(试行草案)和《现行普通高中教学计划的调整意见》，结合五省、自治区藏族中小学以藏语文教学为主，加授汉语文普遍实行六、三、三学制的实际，分别制定了《九年义务教育全日制藏族小学，初中协调性教学计划》(试行草案)和《关于调整现行藏族高中教学计划的意见》。这是五省、自治区第一次统一制定了藏族中小学协调性教学计划。

撰稿人 阿尔宾达来

审稿人 韦鹏飞

民族高等教育

一、制定普通高校少数民族预科的教学计划，加强教材建设

改革开放以来，全国高校少数民族预科教育发展很快，据初步统计，1991 年全国高校民族预科在校生已经发展到将近万人的规模。通过这一办学形式，为国家培养了大批少数民族干部和各种专门人才，促进了民族地区的经济和社会发展。为适应改革开放，提高培养人才的质量，应加强高校民族预科教学改革和教材建设。为此，首先进行了深入调查，国家教委民族地区教育司于 1991 年 5 月派人到华中师范大学、中央民族学院、西南民族学院、广西民族学院、西北民族学院等高校调查了民族预科班学生的教学改革和教材建设的经验和问题。同时，对已升入北京大学、清华大学、北京农业大学的民族预科生在本科的学习情况进行了跟踪调查，了解他们对预科学习阶段的意见和建议。在综合分析之后，决定先从制定全国高校民族预科的教学计划和各门课程的教学大纲改革做起，下发《关于报送高等学校民族预科(班)教学计划、教学大纲和教学基本情况的通知》。在了解情况的基础上，制定了《普通高等学校少数民族预科文科教学计划》和《普通高等学校少数民族预科理科教学计划》，并初步研究了有关课程的教学大纲。为了下一步正式编写普通高校民族预科教材，组建了统编全国高校民族预科教材的编写班子。

二、继续办好少数民族班

为了适应民族地区经济建设和改革开放的需要，培养更多的少数民族合格的专门人才，1991 年在部分高等院校继续举办民族班。国家教委于 1991 年 3 月 4 日发出《关于一九九一年继续在部分高等学校举办少数民族班的通知》，要求：(1) 在国家教委直属的北京大学、清华大学等 10 所高校举办民族班，在全国 20 个省、自治区招收少数民族学生 570 名；(2) 各校在新生入本科前，要自办或委托其他高校办民族预科班一至二年，学习文化基础知识，加强基本技能训练，为培养合格的少数民族人才打好扎实的基础；(3) 各校要根据少数民族学生的特点做好政治思想教育和管理工作。

为了开发大西北，加快培养新疆少数民族专业人才具有重要的意义。按照 1989 年国家教委、国家民委共同召开的内地与新疆高等教育支援协作规划会议制定的规划，国家教委于 1991 年 4 月 24 日发出《关于内地高校 1991 年招收新疆少数民族学生的通知》，落实了 20 多个中央部委所属的 40 多所高校招收新疆 887 名民族学生的计划；除

要求各有关部门和高等学校要积极支持，认真办好民族班外，新疆维吾尔自治区教委应选派有管理经验的民族教师，积极配合各有关高校对少数民族学生加强教育和管理，以培养出合格的少数民族人才。

为适应西北边远民族地区普及九年制义务教育的需要，培养少数民族师资，国家教委于1991年4月23日发出《关于下达西北少数民族师资培训中心1991年招生来源计划的通知》，决定：(1) 在西北少数民族师资培训中心招收新疆、青海、甘肃、宁夏、陕西等西北五省、区的少数民族学生150人入培训中心学习；(2) 根据各省、自治区对教师的需要和学校条件，今年招收的少数民族新生主要分配到政治教育、学校教育、俄语、电化教育等4个专业学习，培养这些专业方面的民族师资；(3) 在招生时，要求五省、区的有关部门要加强对这项工作的宣传和领导，以保证所招新生的质量，并配合学校加强对学生的教育和管理，以培养出高质量的少数民族师资，促进西北五省、区民族教育事业的发展。

撰稿人 易先培 张 辉 曾 莉

审稿人 韦鹏飞

教育援藏工作

在中央“全国支援西藏”的方针指导下，1991年的智力援藏工作取得了新的进展。

一、内地援藏办学的新发展

(一) 召开了全国内地西藏班（校）办学管理工作研讨会

1991年4月和7月，国家教委分别在天津和呼和浩特召开会议，专题研究内地援藏办学问题，全面总结近几年来的援藏工作情况，交流了经验，进一步明确了工作任务。参加会议的有国务院有关部委教育司，有关省、自治区、直辖市、教委、教育厅(局) 的负责人和内地创办西藏班学校的校长等。会议充分肯定了内地援藏办学所取得的成绩；强调要进一步提高认识，切实加强对西藏班工作的领导，全面贯彻教育方针，努力提高教育教学质量，促进藏族学生的全面发展；明确了各级有关领导部门的职责，大胆改革，努力探索，加强办学规律的研究，把内地西藏班的工作提高到一个新水平。

(二) 进一步加强了对各类西藏班的指导

为了加强内地各类西藏班的管理和指导，国家教委先后发出《关于在学校师生中进行反对达赖集团分裂活动、加强民族团结教育的通知》、《关于检查内地有关学校西藏班情况的通知》、《关于加强内地中专、高中西藏班（校）首届毕业班工作的通知》、《关于内地西藏班（校）寒暑假活动有关问题的通知》等。这些文件，进一步明确和加强了对西藏班工作的领导，强调德育工作，不断加强爱国主义、民族团结、热爱社会主义、维护祖国统一和无神论的教育，加强纪律和劳动技能教育，积极进行思想政治工作，坚持坚定正确的政治方向，努力提高管理水平和教育教学质量，使学生具有初步的科学世界观。这对于内地各学校坚持社会主义的办学方向，帮助西藏培养有理想、有道德、有文化、守纪律、全面发展的人才，起到了积极的推动作用。

(三) 安排好内地西藏班初中毕业生的升学分流工作

根据国家教委、国家计委、财政部《关于搞好1991年内地西藏初中毕业生升中专有关问题的通知》要求，在有关部委和省市及学校的大力支持下，1991年内地西藏班初中毕业生1338人中的1242人分别升入25个省市33所学校继续学习。至此，西藏学生在内地有关中专、中师、普通高中的在校生人数达到2750余人。

(四) 内地各类西藏班的新发展

根据中央的指示，自1985年在内地有关省市的学校中举办西藏班以来，已由原有的初中预备班发展到现在的初中班、中专班、中师班和普通高中班，共214个班，在校生已达9000余人。分布在北京、天津、上海、内蒙古、黑龙江、吉林、辽宁、山西、山东、河北、河南、安徽、江苏、湖南、湖北、浙江、江西、广东、福建、陕西、青海、云南、四川、甘肃、重庆等25个省市的67所学校。在各级党委和政府的关怀下，以及社会各界的大力支持和学校广大教职工的共同教育培养，西藏学生在德、智、体各方面都得到全面发展，正在茁壮成长。仅据北京、重庆、岳阳、辽阳、南昌、沙市、济南、合肥八所中学统计，自办学以来先后发展共青团员1424人，被评为各级"三好"学生、优秀团员、优秀学生干部780多人次。同时，在内地各类西藏班学生中，还发展了近20名学生党员。

二、开展西藏人才预测规划工作

根据西藏自治区人民政府的请求和国家教委领导同志的指示，由国家教委牵头帮助西藏开展人才预测规划工作，并组成专家组，由国家教委、农业部、交通部、能源部、卫生部、北京市高教局和北京航空航天大学的有关同志组成。为了搞好此项工作，国家教委和西藏自治区人民政府于1991年3月在北京联合召开西藏自治区人才预测和规划工作会议，确定指导思想，明确任务，制定工作计划。经过专家组和西藏有关方面的人员共同努力，密切配合，到年底完成了人才现状调查和专门人才的预测工作。

撰稿人 莫保文 徐临燕
次仁多布杰
审稿人 韦鹏飞

学校体育、卫生与国防教育

学校体育工作

一、发布《中学生体育合格标准实施办法》并对部分高校新生进行“中学生体育合格标准”检查

1991年5月16日，国家教委发布《中学生体育合格标准实施办法》。《实施办法》是在国家教委1987年9月27日发布的《中学生体育合格标准的试行办法》的基础上修订的。《实施办法》分总则、标准及评定、免予执行与降低标准、学校及各级教育部门职责、罚则和附则等6章，共19条。《实施办法》不仅在形式上比《试行办法》更具法规性，而且在内容上增强了操作性，严格了执行规定的措施，明确了各级教育行政部门和学校的职责，增加了处罚措施。这是一项继续加强中学体育工作，培养全面发展人才的重要措施。

1991年国家教委对28所高等学校1991级新生中的36259名应届高中毕业生进行了“中学生体育合格标准”检查。在对这些新生进行的50米跑、立定跳远、推铅球3项测试中，有23433人总分不满180分，占总人数的64.63%，与1990年检查结果对比，上升1.5个百分点；有2339人总分未满100分，占总人数的6.45%，与1990年相比，大体持平。从检查结果看，我国高中毕业生中文化成绩优秀者身体素质水平偏低的状况，仍未改善，这也从一个侧面反映了重智育轻体育、片面追求升学率的现象依然存在。对此，国家教委要求各级教育行政部门认真督促各中学严格执行“学生体育不合格不予毕业”的规定，把好出口关，提高毕业生的质量。

二、继续进行九年义务教育体育大纲实验工作

1991年12月8日至12日，国家教委学校体育卫生司（以下简称体卫司）在天津市召开了九年义务教育体育教学大纲实验工作第一阶段汇报、交流会议。会议对第一阶段的实验工作进行了总结、交流，同时部署了第二阶段的实验工作。全体与会代表现场观摩了天津市南郊区、塘沽区三所实验学校的工作情况。会后，国家教委体卫司印发了《义务教育体育教学大纲实验工作汇报、交流会纪要》，要求各地认真研究，继续做好实验工作。

三、推动农村学校体育工作深入开展

国家教委、国家体委于1991年9月9日发出《关于表彰全国农村千名优秀体育教师的通知》，并于1991年9月13日在山西省临汾市召开了全国农村千名优秀体育教师

表彰会。通过表彰会，广泛宣传农村优秀体育教师的先进事迹，弘扬他们的奉献精神，激励更多的农村中小学体育教师为进一步推动农村中小学体育工作的深入开展而努力。

为了进一步推动农村学校体育工作的开展，9月14日至16日，国家教委、国家体委于临汾市联合召开了全国农村学校体育工作座谈会。会议着重研究了加强农村学校体育工作的具体办法；交流了临汾市普及农村学校体育教育的经验，并观摩了临汾市农村的学校体育。临汾市94%的中小学在农村，自1986年以来，不断深化教育改革，全面贯彻党的教育方针，认真落实《学校体育工作条例》，使中小学体育课开课率达95%，走出了一条开展农村学校体育教育的新路子。他们的基本经验：一是班主任兼上体育课；二是在乡镇配备专职体育辅导员；三是自编农村学校体育教材；四是自力更生，自制体育器材。与会代表一致认为，临汾市农村学校体育工作做得很好，他们的经验值得推广。会后，国家教委、国家体委联合发出《关于印发全国农村学校体育工作座谈会有关材料的通知》，要求各级教育、体育部门真正重视农村学校体育工作，加强领导、管理，密切配合、协作，结合本地实际，采取积极措施，开展农村学校体育工作；要把农村学校体育列入普及九年义务教育的内容和评选体育先进县的内容，使农村学校体育得到加强和发展。

四、加强体育师资培养工作

1991年6月27日国家教委办公厅印发了《普通高等学校本科体育教育专业教学计划》。这是在教育部1980年12月印发的《高等师范院校体育专业教学计划》(试行草案)及1986年10月国家教委印发的《高师体育专业教学计划试点改革方案》(讨论稿)的基础上，重新制订的普通高等学校本科体育教育专业的指导性教学文件。这个《教学计划》既着眼于改革，又切合实际，符合国情，对今后加强普通高等学校体育教育专业的改革，提高体育师资质量，具有重要作用。

1991年7月23日至30日，国家教委体卫司在东北师范大学举办了全国高师体育教育专业（系主任）管理学习班。学习班期间，国家教委副主任邹时炎看望了学员，并对高师体育教育专业改革等问题作了重要指示；国家教委体卫司负责人就高师体育教育专业的办学方向等问题作了专题报告；东北师大管理专家讲授了高校行政管理方面的内容；东北师大、河南大学等8个体育系的负责人介绍了各系在体育教育改革方面的经验。学员一致反映，通过学习，对体育教育专业的办学方向、招生制度改革、师资队伍培养以及提高教学质量等问题有了明确认识，提高了管理理论水平。会后，国家教委体卫司印发了《全国高师体育教育专业（系主任）管理学习班总结报告》等文件，供各地在培养体育师资工作中参考。

1991年11月7日至12日，国家教委体卫司在南京师范大学召开了全国高师体育专业教材编审委员会组长会议。会议提出了编写各门课程教学指导纲要的原则、要求及编写体例，确定了编审活动计划及编写分工。会后，国家教委体卫司在印发“会议纪要”及有关材料的通知中指出：我委拟制订的体育教育专业各门课程教学指导纲要是指导性教学文件，由学校根据教学指导纲要的基本精神，结合本校的实际情况，制订各门课程教学大纲，开展教学工作。

五、促进高校体育工作不断提高

1991年3月4日国家教委印发了《关于开展普通高等学校体育课程评估工作的通知》。12月26日又下发了《关于普通高等学校体育课程评估评优、表彰工作的通知》。要求各地按照工作部署，采取严肃认真态度，杜绝不正之风，搞好评优工作。

为了更好地贯彻《学校体育工作条例》，实施《大学生体育合格标准》，促进高校体育理论教学质量的提高，并使体育理论的考试规范化、标准化，国家教委体卫司于1991年10月10日下发了《关于全国普通高校体育课理论教材编、审工作的通知》。《通知》指出，国家教委体卫司将组织力量编写、审定全国普通高校体育课程理论教材(含“大学体育理论教程”和“大学生体育理论考试指导书”)，此项工作拟于1992年底前完成，1993年9月前出书，推荐供全国普通高校使用。

撰稿人　季克异　何秀超
审稿人　曲宗湖

学校卫生保健工作

一、全国学生体质、健康监测圆满结束

根据经国务院批准，由国家教委、国家体委、卫生部、国家民委、国家科委、财政部联合下发的《关于中国学生体质、健康状况调查研究结果和加强学校体育卫生工作的意见》的精神，国家教委、国家体委、卫生部、国家民委、国家科委于1991年4–6月，按照全国学生体质、健康监测实施方案和监测细则的统一要求，对全国30个省、自治区、直辖市省会汉族城乡7–22岁大、中、小学学生及17个少数民族7–18岁中、小学学生的体质、健康状况进行了监测。监测指标包括身体形态、机能、素质及常见疾病检查等26项，监测人数达242669人。监测结果表明，与1985年全国学生体质、健康调查结果及1988年14省市学生体质、健康监测结果相比较，我国学生体质、健康状况又有了较为明显的改善。主要表现在：

1.学生身体形态、机能、素质的大多数指标明显提高。例如：汉族学生身高、体重、胸围和肺活量等形态与机能指标明显提高，50米跑、立定跳远等反映速度、爆发力的素质指标也有不同程度提高；藏族学生的身高、体重、肺活量等形态发育与机能指标明显提高，速度、耐力跑等身体素质指标也有不同程度提高；其他少数民族学生的身体形态、机能、素质指标均有不同程度的提高。

2.学生健康状况得到一定程度的改善。汉族中小学生蛔虫感染率有所下降，贫血状况有所好转，小学生乳牙龋齿患病率及其严重程度也有所下降。虽然少数民族学生的健康状况无详细的既往资料可比，但与汉族学生相比，回族、朝鲜族、黎族的蛔虫感染率，蒙族、回族、维吾尔族、哈尼族、水族、土族、撒拉族的龋齿患病率，蒙族、回族、维吾尔族、苗族、布依族、侗族、白族、哈尼族、傣族、黎族、水族、纳西族、撒拉族的近视率，蒙族、回族、壮族、朝鲜族、藏族、苗族、布依族、侗族、水族、纳西族、撒拉族的低血红蛋白的检出率均明显低于汉族。

我国各民族学生健康状况逐年改善，是近年来党和政府关心青少年一代的健康成长，采取一系列措施，加强学校体育卫生工作的结果，也是我国实行改革开放以来，政治和社会稳定、经济建设和教育事业不断发

展、人民生活水平普遍提高的有力证明。少数民族地区学生体质、健康状况与汉族学生的同步发展，则充分体现了我国各民族平等、团结和共同繁荣的民族政策的正确性。

监测结果也表明，我国学生体质、健康状况还存在一些问题。如学生的耐力有所下降，近视眼与龋齿患病率仍然较高、农村及部分少数民族学生低血红蛋白检出率与蛔虫感染率还较高、体重不足和肥胖的检出率还略有上升。

二、学生近视眼防治工作深入开展

为了有效地控制近视眼发病率，国家教委于 1991 年 2 月 6 日下发了《关于加强学生视力保护，做好近视眼防治工作的通知》，要求在较短时间内对学生近视眼发病率有所控制，做到“小学明显下降，初中稳中有降，高中新发病率有所控制”；确定 3 月 10 日至 16 日为“保护学生视力宣传周”；提出“‘防近’文件到校、岗位责任到人、防治措施到位、督导评估列项”等 4 条具体措施。《通知》要求将《中小学学生近视眼防治工作方案》（试行）印发到城镇中学及农村乡中心小学以上的所有学校，根据“防近方案”要求，落实校领导、班主任、任课教师、校医等各类人员的岗位职责，落实“防近方案”规定的各项措施，尤其是一些不需要太多条件的措施要尽快落实，《通知》要求将学生视力下降程度及“防近”措施落实情况列为督导、评估内容之一，逐步做到所有学校每年督导检查评比一次。《通知》还要求各地建立视力监测与公告制度，即各省、自治区、直辖市确定视力监测点校，每学期初与学期末各检查视力一次，逐级汇总上报，由国家教委定期发布。到 1991 年底，作为全国视力监测点的学校已近 200 所。大部分省（自治区、直辖市）的监测点学校分别于学期初和学期末对学生视力进行检查和统计，并定期汇总上报，初步形成了视力监测与公告制度。

1991 年 3 月 8 日，国家教委召开全国中小学生近视眼防治工作电话会议，对 1991 年近视眼防治工作作了部署。国家教委副主任何东昌、邹时炎均在会上讲了话。电话会议后，近视眼防治工作出现了一个新的高潮。不少省、市政府及教育行政部门的负责人分别发表有关“防近”工作的电视或广播讲话，学校则分别以讲座、板报、班会、家长会、知识竞赛、文艺演出等形式，开展丰富多彩的“防近”宣传活动。各项“防近”措施得到了不同程度的落实。

三、印发《全国学生常见肠道蠕虫感染综合防治方案（试行）》

为了加强学生肠道寄生虫病防治工作的统一领导和规划，卫生部与国家教委于 1991 年 12 月 13 日联合下发了《全国学生常见肠道蠕虫感染综合防治方案（试行）》，并由卫生部与国家教委共同组成全国学生常见病防治领导小组，加强领导和协调。《防治方案》要求，在感染率较低的大中城市学校采取以加强健康教育、纠正不卫生行为及逐步改善学校环境卫生为主，辅以加强检测、药物治疗的综合防治措施；在感染率较高的农村学校，采取加强健康教育和有组织的集体服药驱虫，定点监测，以及有计划地逐步改善学校环境卫生和卫生设施，使感染率在较短时间内有较大幅度下降。并提出以蛔虫感染率作指标，到 2000 年，以省为单位，中小学生感染率，城市降至 5%以下，农村降至 15%以下。

四、召开全国红十字青少年工作会议

为了充分发挥红十字青少年在学校卫生保健工作中的助手作用，中国红十字会总会与国家教委于 1991 年 7 月 4 日至 8 日在青岛市联合召开了全国红十字青少年工作会议。国家教委副主任邹时炎、中国红十字会总会副会长孙柏秋出席了会议，并分别从不同角度对今后红十字青少年工作提出要求。会后，国家教委与中国红十字会总会联合下发了《关于进一步加强全国红十字青少年工作的意见》，要求各地重视和支持红十字青少年工作，根据青少年特点开展红十字青少年工作；要有组织、有计划地开展卫生救护训练和社会服务活动；开展红十字青少年工作要与学校健康教育和思想品德教育相结合；红十字青少年活动要与学校其他群众组织的活动结合进行；加强国际国内友好交往工作，积极举办夏（冬）令营；要提高学校红十字会专兼职干部和优秀红十字青少年的地位和待遇。

五、对学校厕所与供水设施卫生建设提出要求

1991年10月12日，全国爱卫会、国家教委、卫生部联合下发了《关于认真搞好城乡各类学校厕所与供水设施卫生建设的通知》。《通知》提出：各地要切实把学校改厕与饮水卫生做为预防工作的一项重要内容，列入各部门和学校的工作日程；要根据实际，抓紧制订学校改厕改水计划，并纳入当地经济和社会发展计划；改厕改水要与校舍危房改造和改善办学条件等工作统筹规划、安排落实；各地爱卫办和卫生部门要加强改厕改水的技术指导，力争在儿年时间内，所有各类学校都能普及符合卫生要求的厕所，用上安全卫生水。

撰稿人　廖文科

审稿人　宋尽贤

学校课余体育训练

一、印发有关学生课余体育训练工作文件

1991年3月15日，国家教委发出《试点中学培养体育运动后备人才暂行管理办法》，对试点中学培养体育运动后备人才的组织领导、招生工作、思想品德教育、教学与学籍管理、运动训练、竞赛工作、教师、经费与生活管理、评估等问题作了明确规定。

7月8日，国家体委与国家教委联合发出《体育运动学校办学暂行规定》、《体育运动学校学生学籍管理办法》、《三年制中等体育专业教学计划》等三个文件，并在通知中明确要求各地组织人员对本省、自治区、直辖市的体育运动学校进行检查评估，集中力量重点办好一至二所条件比较好的运动学校。

二、召开大、中学生体协工作会议

1991年5月27日，在清华大学召开大、中学生体育协会工作会议。国家教委学校体育卫生司副司长、中国中学生体协副主席曲宗湖作了《关于中华人民共和国大、中学生体育协会的工作报告》。国家教委副主任、中国大学生体协主席何东昌和国家教委副主任、中国中学生体协主席邹时炎到会并讲了话，对加强学校体育、做好体协工作分别作了重要指示。

三、举行第四届大学生运动会新闻发布会

1991年10月5日，在人民大会堂举行了第四届全国大学生运动会新闻发布会。国家教委副主任邹时炎在发言中明确指出：“为办好这届大运会，在指导思想上要把育人作为宗旨，突出教育特色，讲究综合效益”，“把第四届大运会办成‘团结、奋进、文明、育人’的体育盛会”。10月26日，在北京召开了第四届全国大学生运动会篮、排球预赛赛区工作会议。

四、国际国内竞赛活动

1991年6月，中国中学生足球队（男子）在马来西亚参加第20届亚洲中学生足球锦标赛，获第五名。

7月，中国中学生田径队在匈牙利参加ISF“田径杯”比赛，获男、女团体冠军（金牌13枚，银牌2枚，铜牌3枚）。同月，中国中学生足球队（女子）在瑞典参加世界中学生足球锦标赛，获冠军。

11月，在香港召开的亚洲中学生体育联合会筹备会议上决定，1992年8月在我国召开亚洲中学生体育联合会成立大会，同时举行首届亚洲中学生羽毛球赛。

1991年8月20日至24日，在海南省海口市举行了全国中学生田径比赛。这次运动会有5名运动员达到国家运动健将级标准；有21名运动员达到国家一级标准，整体成绩超过往届。

撰稿人　杨宏松

审稿人　曲宗湖

学校国防教育工作

一、开展对试点高校学生军训工作的检查

为使学生军训工作深入开展,提高军训工作质量，并逐步形成制度，1991年6月18日，国家教委学校国防教育办公室下发《关于对试点高等学校学生军训工作进行检查的通知》，决定对全国141所军训试点高校（不含北京大学、复旦大学）1987年以来的学生军训工作进行检查。检查工作分两个阶段进行。第一阶段：1991年底前在学校自查的基础上由各省、自治区、直辖市教育行政部门组织普查；第二阶段：从1992年开始由国家教委组织逐省检查。全国检查结束后，将对学生军训工作中成绩突出的学校予以表彰，对问题较多的学校通报批评，并限期纠正；对个别始终未按有关规定实施军训的学校予以调整。

根据“通知”精神，至1991年底，各地已完成本地区普查工作。国家教委学校国防教育办公室已拟订了全国高等学校军训工作检查细则，准备在1992年进行全国性检查。

二、举行全国小学、初中学生国防教育现场研讨会

全国小学、初中学生国防教育现场研讨会于10月8日至12日在山东省潍坊、青岛两市举行。国家教委学校国防教育办公室主任宋尽贤在讲话中指出：学校国防教育是全民国防教育的基础，是学校德育工作的重要组成部分。他强调要抓好学校国防教育必须做好几方面的工作：一是必须紧紧围绕贯彻教育方针，培养社会主义建设者和接班人这一根本目标进行；二是应具有学校教育的特色，逐步做到系统化、制度化；三是要切实抓好小学、初中国防教育方案的落实。山东省潍坊市和青岛市教育行政部门负责同志分别作了试点经验介绍。山东省开展小学、初中国防教育的具体做法是：1.坚持从实际出发，结合各科教学和课外活动渗透国防教育，不再单独设立教材，不增加课时，根据不同年级由浅入深，有的放矢，前后衔接，突出重点，采取形象直观、生动活泼、寓教于乐的教育方法；2.建立实验区，先行试点，摸索经验，以点带面；3.利用多种渠道，实行多种形式的"结合、渗透"教育，在中、小学语文、政治（思想品德）、历史、地理等教学过程中，以传授知识为主，自然地渗透国防教育，不牵强附会；4.注重教育效果，把国防观念转化为爱国、爱党、爱军的实际行动。山东、湖南、河南、云南、贵州5省的9个单位也作了经验介绍。与会代表还在潍坊、青岛两市进行了现场观摩，对山东省小学、初中开展国防教育的试点给予充分肯定。会议还就修改《小学、初中学校国防教育纲要》（讨论稿）进行了研讨。

三、学校国防教育工作深入发展

1991年高等学校学生军训工作继续深入发展，141所试点学校全部安排教学计划，完成了集中军训和军事理论课教学任务，军事课教学质量有了较大提高。许多高校注重加强教学条件建设，建立了专业教室，配备图书资料和电教器材，改善了教学环境。除141所试点高校之外，大量非试点高校自行安排时间，自筹资金进行军训。许多高校领导把学生军训作为提高学生政治思想觉悟，培养社会主义建设者和接班人的一项重要任务来抓，纷纷建议应把学生军训形成制度，长期开展下去。目前向国家教委要求参加试点的高校越来越多。

1991年12月中国少年儿童先锋队全国工作委员会办公室、国家教委国防教育办公室邀请河北、吉林、山东、河南、浙江、广东、四川少先队工作委员会、教委（教育厅）、关心下一代工作委员会负责同志在宁波市召开少年军校工作座谈会。全国关心下一代工作委员会主任康世恩给会议发来了贺信。参加会议的各省代表做了本省开展少年军校活动的经验介绍。少年军校是通过军民共建对少年儿童进行爱党、爱国、爱军教育的一种课外活动，得到老一辈无产阶级革命家和军委领导同志的关心和支持，近两年在全国范围内蓬勃兴起。这一活动有利于培养少年儿童初步的国防意识、军人作风和集体主义精神，升华"三热爱"情感，促进德、智、体、劳全面发展。会议代表一致认为，应进一步加强对少年军校工作的领导，逐步完善少年军校工作管理体制，加强理论建设，进一步发展和巩固少年军校工作。

撰稿人　谭　刚

审稿人　宋尽贤

电 化 教 育

召开全国电化教育工作会议

国家教委召开的全国电化教育工作会议于1991年9月24日至28日在内蒙古自治区赤峰市举行。会议议题是研究电教教材建设，发展电化教育事业。国家教委副主任邹时炎出席会议并作工作报告。

会议总结了近年来电教教材取得的成绩。中央广播电视大学组织编制完成电教教材300余种、20000多课时；中国电视师范学院组织编制完成10000多课时的电教教材，较好地满足了培训中高等专业人才、中小学教师的需要。电教教材已覆盖所有学科。高等教育、职业技术教育、成人教育电教教材的编制也取得较大的进展。1986年以来，中国教育电视台播出各类电教教材15000小时。全国已有教育音像出版单位59家，共出版发行电教教材3000多种1亿盒(套)。但电教教材的数量和质量都还不能满足电化教育发展和教学的需要。

会议提出加强电教教材建设的基本思路是：(1) 要进一步提高和统一对电教教材建设重要性的认识，增加紧迫感。各单位要把电教教材建设当成发展电教事业的大事狠抓落实。(2) 电教教材建设的指导思想是面向学校的教学和在职职工、农民的培训实际，统筹规划，分工协作，保证质量，提高效益，建立起有中国特色的与文字教材相配套的、全口径的电教教材库。(3) 进一步科学地确定电教教材建设的计划与任务。发挥中央和地方电教教材制作单位的积极性。(4) 进一步探索和改进编制电教教材的方法，主要是按需选题，组织“三结合”的编制队伍，分级负责，加强协作，建立电教教材审查和奖励制度等。(5) 进一步改进和完善电教教材的出版发行工作。(6) 拓宽渠道，推动电教教材的交流和使用。(7) 建立一支又红又专、专兼结合的电教教材编制队伍。(8) 建立电教教材专款，参照项目管理办法进行管理。(9) 加强宏观指导，改进管理工作。(10) 加强电教教材的科学研究。

会议研究、修改了国家教委《关于进一步加强电教教材建设的意见》(已于1991年11月正式发出)，交流了电教教材制作、交流、使用的经验。

会上表彰31个电化教育先进单位。

撰稿人　刘雍潜
审稿人　邢纯洁

制定全国电化教育“八五”计划

国家教委于1991年12月4日印发了《全国电化教育“八五”计划》，要求各地（部门）结合实际，予以贯彻落实。

《计划》提出：“八五”期间我国电化教育发展的指导方针是，深化改革，积极发展，保证质量，提高效益。电化教育要与各种教育形式结合，为各类教育对象服务。

“八五”期间，我国电化教育总的奋斗目标是：建成网络，制好教材，培训队伍，促进教改。

一、基本建成全国卫星电视教育网。争取开通教育电视三、四频道，播出中小学教学节目和藏语及其它少数民族语言教育节目。全国70%左右的县建立教育电视台（站），70%左右的乡镇政府所在地的中心小学以上的学校能够收看到教育电视节目。

二、加强电教教材建设。这是“八五”期间电教工作的重点。要面向学校教学和培训工人、农民的实际需要，按需选题，统筹规划，分工协作，保证质量，提高效益。建立起有社会主义中国特色的、与文字教材相配套的全口径的电教教材库。搞好全国教育音像教材出版发行的管理和协作工作，建立教育系统较为完善的音像出版体系，疏通发行渠道。

三、深化广播电视教育改革。办好高、中等广播电视教育，办好电视职业高中。加强广播电视非学历教育。加强广播电视教育的教学改革，提高教育质量和办学效益。积极推动广播电视教育与函授教育和自学考试的沟通，建立有社会主义中国特色的远距离教育体系。

四、深入开展学校电化教育。高、中等师范院校应分别开好电教公共课和电化教育基础课。普通高等学校、中等专业学校要大力推广电化教学。60%的城市中小学和县城中小学、50%的乡镇中心学校设有电教室（组），并按二类以上（含二类）标准配齐电教设备器材和所需电教教材，开展电化教学活动。职业技术学校和成人学校，也要根据条件，配备电教设施，开展电教活动。促进农村教育综合改革和“燎原计划”的实施。要加强中小学计算机辅助教学的指导与管理。

五、建设一支又红又专的电教队伍。

六、从总结经验入手，搞好电教基础理论、应用理论研究。

七、加强电教学科建设，办好电化教育专业。

八、加强民族地区电教工作，充分发挥电化教育的优势，为民族地区农村推广实用技术服务。

九、制订电教设备的技术质量标准，促进主要电教设备国产化。

十、扩大电化教育的对外交流活动。

撰稿人　董爱平　柏　云

审稿人　邢纯洁

县级电化教育发展迅速

1991年我国县级电化教育发展较快。据年底统计，全国已有70%的县建立了电教机构。广播电视大学已在全国1500多个县（市）中建有电大工作站。已开播的县及县以上教育电视收转台511座，比1990年增加约50%。全国教育系统已建立4158座卫星地面接收站、46123个教学放像点，大多数分布在县和县以下地区。县内各级学校配置的幻灯机、投影仪、录音机、电视机等设备数量也有较大增长。

电化教育在农村中小学师资培训，开展农村实用技术培训等方面发挥着越来越重要的作用，所取得的教学成绩和经济效益也较过去有较大提高。福建省邵武市（县级市）农村电化教育自1988年以来，坚持播放、培训、辅导三结合，讲究实用，注重实效，取得了明显的经济和人才效益。据1991年底统计，全市3年来推广应用技术29项，新增产值4200多万元。农业新增产值中，有50%是靠科技进步取得的，而其中三分之一又是普及电化教育产生的效益。

为鼓励近年来涌现出的一批积极开展电化教育工作，并取得突出成绩的县，1991年6月7日国家教委发布了《关于表彰全国电化教育先进县的决定》，对福建省邵武市等32个县进行表彰。

为进一步推动全国县级电化教育的发展，7月，国家教委会商有关省、自治区、直辖市，选定34个县（旗）作为全国电化教育综合实验县。目的是发挥电化教育在农村教育综合改革中的作用，进一步探索县一级开展电化教育的经验。各省、自治区、直辖市还确定了省级电化教育实验县。电教实验工作已在全国广泛开展。

全国实验县的名单如下：

北京市：昌平县

天津市：武清县

山西省：太谷县、汾阳县

内蒙古自治区：鄂托克前旗、敖汉旗

辽宁省：建平县

吉林省：龙井市、蛟河县

黑龙江省：嫩江县、讷河县

上海市：川沙县

江苏省：泰县

浙江省：龙游县

安徽省：亳州市

福建省：连城县、邵武市

江西省：弋阳县、宜春市

河北省：平泉县

山东省：滕州市、莱芜市

河南省：开封县

湖北省：公安县、红安县

湖南省：郴县、桂阳县

四川省：广汉市

贵州省：大方县、赤水县

云南省：泸西县

陕西省：蒲城县

青海省：平安县

新疆维吾尔自治区：阜康县

为了加强对县级电化教育工作的管理，充分发挥县内各电教单位的作用和综合效益，1991年6月17日，国家教委印发了《县电化教育中心设置暂行规定》，要求各县在县电教馆、县教育电视收转台、广播电视大学县工作站、广播电视中专县工作站等单位的基础上，组建县电化教育中心。辽宁省建平县、浙江省龙游县已率先建成，并取得较好的效果。

撰稿人　刘雍潜
审稿人　邢纯洁

电化教育教材建设与评比

《国家教委1991年工作重点》规定：认真抓好电教教材的规划和落实工作。元月召开的全国电教处长会议提出："八五"期间要重点抓好电教教材建设。

国家教委为推动电教教材建设，1991年组织了两次全国性评比。全国普通高等院校优秀德育电教教材评比，在各省、自治区、直辖市及有关部委推荐的133部参评录像片中，共评出一等奖2部，二等奖4部，三等奖10部。全国九年制义务教育优秀电教教材评选，改进以往的评选方法，突出综合配套的思想，不评单片，最少评一个学期课程的配套电教教材，评投影、幻灯、录音、录像等多媒体的综合运用和合理选择。共评出一等奖1部，二等奖6部，三等奖9部。

国家教委组织的九年制义务教育电视系列配套教材，已通过地理、生物、物理、化学、美术等学科的选题计划。小学自然学科电视教材已开始在学校实验，征求意见。国外电教教材的引进工作也在进行。

经全国电化教育工作会议讨论，11月22日，国家教委发出《关于进一步加强电教教材建设的意见（试行）》，对涉及电教教材的10个方面的问题作了明确规定。全国各省、自治区、直辖市、各部委电教部门积极传达、贯彻全国电教工作会议精神，纷纷制订电教教材建设规划和实施方案，加快普教、职教等各类电教教材制作步伐，电教教材建设出现良好势头。

附1　获全国普通高等院校优秀德育电教教材评比一、二等奖目录：

	教材名称	制作单位
一等奖	大学生思想修养（九）—谈审美	桂林冶金地质学院
	奉献之歌	西南财经大学
二等奖	自然辩证法（三）—问题观察与实验	南京师范大学
	世界文明瑰宝—中国古代科技	西安交通大学
	世界屋脊上的通讯兵	解放军通讯指挥学院
	激荡的1840	中央电教馆

附2 获全国九年制义务教育优秀电教教材评选一、二等奖目录:

	教材名称	制作单位
一等奖	小学数学一年级第一学期电教教材	沈阳市大东区教师进修学校
二等奖	小学语文一年级第一学期电教教材	人民教育出版社、福建幻灯制片厂
	小学自然四年级电教教材	福建省电教馆
	小学自然四年级电教教材	湖南省电教馆
	初中三年级生理卫生电教教材	福建省电教馆、福建师大附中
	初中二年级英语电教教材	福建省电教馆
	小学音乐二年级第二学期电教教材	人民教育出版社

撰稿人 刘雍潜
审稿人 邢纯洁

成立中国电化教育协会

经民政部批准，1991年9月26日，中国电化教育协会正式成立。根据有关部委及省、自治区、直辖市的推荐，选出理事51人。国家教委副主任邹时炎任名誉会长，国家教委电教司司长邢纯洁任会长。协会成立大会通过了《中国电教协会章程》和1991-1992年工作计划要点。

中国电化教育协会是全国性电化教育的群众性、学术性社会团体。其宗旨是，团结全国各类电教研究组织和电教工作者，以马列主义、毛泽东思想为指导，坚持四项基本原则，贯彻党和国家关于教育和电教工作的方针政策，积极开展电教的协作、研究、交流和推广工作，为发展我国的电化教育，促进教育改革，提高教育质量，发展教育事业做出贡献。

该会的主要任务是：宣传电化教育的意义和作用，推动社会各方面关心支持电化教育工作；规划、协调和组织电化教育研究，举办各种学术活动，推广电化教育研究的成果和经验；为教育行政部门对电化教育的决策提供咨询服务；协同有关部门培训电化教育管理干部、教师、理论研究人员和技术人员，编辑出版书刊和资料，交流电化教育信息；加强与国际有关组织的联系，开展学术交流活动；完成国家教委委托的任务。

撰稿人 刘雍潜
审稿人 邢纯洁

编制完成九年义务教育《小学自然》电视教材

一套九年义务教育《小学自然》电视教材已于1991年初编制完成。这部拥有91集近1000分钟的电视教材，是在全国27个省、自治区、直辖市的电教馆和部分师范院校电教中心等35个制作单位的参与下，从1988年下半年起，历时两年半时间完成的，经过北京、山东、辽宁和河南等省、市小学的试用，一致认为符合教学需要。编制与九年义务教育全日制教学大纲相配套的大型系列电视教材，在我国尚属首次。

一、《小学自然》电视教材选题的确定

1987年9月，国家教委电教局和中央电教馆在洛阳召开的全国电教馆馆长会议上，研究了中小学电教教材的建设问题。根据此次会议精神，国家教委中小学教材办公室和中央电教馆于1987年底开始酝酿编制"中小学自然科学知识大全"，1988年初联合向国家教委领导提出《关于录制"中小学科学知识电视系列大全"电视片的报告》，得到国家教委领导的支持。1988年5月，经国家教委批准成立了领导小组，由初教司、中学司、教材办、人教社和中央电教馆组成，中央电教馆为牵头单位。经领导小组研究，起草了《关于编制"中小学科学知识电视系列片"工作意见（草案)》，提出了编制的目的、原则和计划，提出首先编制小学自然电视系列片。5月下旬组成了编委会，着手拟订选题和提要。

1988年6月，编制工作领导小组在昆明召开的研究落实"小学自然电视系列片"的编制协作会上，再一次征求各方面的意见，认为当前应集中力量搞好紧密配合九年义务教育教学大纲的教材，建议首先编制《小学自然》电视教材，为此，决定改为"小学自然电视教学系列片"，当时共确定选题120个。同时，经领导小组研究决定由中央音像教材出版社承办该片的组织工作。1991年初，在审查时正式定名为《小学自然》电视教材。

二、《小学自然》电视教材的编制组织工作

1988年9月，当第一批文字稿本和分镜头稿本送审时发现了编稿中的一些问题，为此，同年10月中央电教馆在烟台举办了观摩研讨会；为了保证电视教材质量和统一，11月，决定设立本系列片的总导演和总编辑。

1988年11月，编委会为该片确定选题的详细提要，并将小学语文课中有关自然的选题内容划出，另行列入小学语文电视教材系列。

为了统一制作单位的步调，发挥总导演的作用，使摄制目的、样式和风格一致起来，中央音像教材出版社于1988年12月底发出了《总导演阐述》和《关于撰写导演阐述和电视教材使用建议的通知》。

为了保证电视教材的质量，1989年1月召开编委会，审定了全部文字稿本和分镜头稿本，提出具体修改意见，返回制作单位进行制作。在制作过程中，为了帮助基层解决遇到的困难，中央音像教材出版社先后在1989年3月至5月、11月至12月两次派出由总编辑、总导演和部分编委组成的巡回指导小组分别在上海、武汉、西安、北京、天津、江西、江苏、贵州、云南等省市进行巡回辅导，使片子的质量有了较大幅度的提高。

在1989年春夏之交的政治风波之后，编制工作领导小组及时地提出了对青少年学生的思想政治教育问题，认为在传授自然科学知识的同时，要特别注意向学生“进行共产主义信念、社会主义思想、爱国主义精神的教育”，提出“要寓思想品德教育、信念教育于学科教育之中”。1989年7月25日，中央音像教材出版社就编制工作的进展情况，向领导小组作了工作汇报，特别是就结合教学内容利用生动有趣的屏幕形象进行思想教育，提出在该套电视教材的质量评价标准中增加思想性标准，思想性应包括：爱国主义教育；共产主义人生观教育；辩证唯物主义教育；艰苦奋斗、勤俭节约教育；爱护环境教育等等。上述思想教育的要求，已分别体现在电视教材的各集之中。

由于广大电教工作者的努力，率先完成的《青蛙》和《蚂蚁》于1990年9月5日在首届全国优秀电教教材评选中，分别被评为基础教育优秀电教教材一等奖和二等奖。

三、《小学自然》电视教材的审查工作

由国家教委中小学教材审定委员会办公室组织的全国小学自然学科审查委员先后三次对《小学自然》电视教材进行了审查。

1989年12月底，第一次审片会在河南郑州举行，审查了37集，通过34集；1990年6月，第二次审片会在山东淄博举行，审查了50集，通过25集；1991年1月，第三次审片会在北京举行，连同前两次未通过的共32集，经过三次审查，共审查91集，通过83集，尚有8集需复审。

小学自然学科审查委员会审定原则如下：

1.符合《九年制义务教育小学自然教学大纲》的要求和自然学科的教学目标。

2.内容具有科学性，观点正确。

3.能结合教材内容进行思想品德教育、爱国主义教育和国情教育。

4.一般能体现时代精神，反映我国科技的新发展。

5.符合小学生的年龄特征，具有趣味性、启发性，做到了寓教于乐，有利于培养小学生的逻辑思维能力和动手能力。

6.体现了声像教材的特色，基本上做到了画面简洁、明快，音乐优美，解说亲切，三者和谐统一，给学生以美的教育。

7.发挥了声像教材能突破时间、空间局限的优势，解决了教学重点，突破了教学难点，弥补了其他教学手段的不足。

8.使用方便，有的可整体使用，有的则可分段或组合使用。

在这83集中有些地方还存在以下不足之处：有的内容不够简练；有的内容欠生动；有的解说比较平淡，有的语音不够规范；有的字幕不够醒目；个别的选题欠妥当，未突出声像教材手段的特点。以上不足之处，应在今后的试用过程中不断修改，使之完善。

四、《小学自然》电视教材开始试用

按照国家教委的决定，凡进入课堂的教材，经审查合格后，必须在部分学校进行一段试用，以便更广泛地听取师生意见，加以修改，使之趋于完善。

为了尽快在小学试用，试用工作采取了边审查边试用的做法，在第二次审查后，中央音像教材出版社于1990年8月底，确定在北京、沈阳和山东青州的10所城市、郊区、农村的小学试用。1991年3月，参加试用的学校在北京举行试用研讨会后，又扩展到60所小学试用。1991年11月，在山东青州召开小学自然电视教材试用工作研讨会，会上除观摩各地教师的优秀录像课外，还在当地进行了现场观摩课，交流经验。此项试用工作计划于1992年5月结束。

撰稿人 周贵存 丁 新
审稿人 孙天正

发展中的中国教育电视台

一、发展概况

1985年9月，我国试验开通卫星电视频道，当时试播了中央广播电视大学的课程，取得了好的效果。在此情况下，国家提出了利用卫星电视手段，在更大范围内开展教育的要求。经国务院批准，国家教委与邮电部合作，于1986年7月1日开通了第一个卫星电视教育频道，并进行了试播，10月1日正式播出。每天播出17个小时的电视教育节目，为普及九年制义务教育培训中小学师资。

、1987年10月6日，国家教委成立了中国教育电视台，隶属国家教委，负责卫星电视教育节目的播出、发射和部分教育节目的编辑制作。在开通第一个卫星电视教育频道的基础上，为了扩大教育面，1988年11月，中国教育电视台又开通了第二个专用的卫星电视教育频道，重点开展职业教育和面向农民的实用技术培训。

1990年9月，国家编委在《关于国家教育委员会所属事业单位机构的批复》中，将中国教育电视台列为国家编制单位。台长由国家教委副主任邹时炎兼任，下设办公室、总编室、播出技术部、信息专题部，现在工作人员已达到80人。

1988年以来，中国教育电视台通过两个频道播出两套卫星电视教育节目，每天播出30小时。内容有：以成人学历教育为主，同时开展大学后继续教育的中央广播电视大学课程；以培训中小学师资为主的中国电视师范学院课程；以培养农村中等专门人才为主的中央农业广播电视学校课程；为提高农村劳动者素质，以农村实用技术和管理知识为主的中国燎原广播电视学校课程。此外，还有“教育信息”专题节目，中小学教育节目，幼儿教育节目，藏语节目，以及与财政部、对外经贸部、机电部等部门合作举办的不同层次规格的岗位培训节目。1991年，中国教育电视台分别播出中央广播电视大学课程2824小时，中国电视师范学院课程2930小时，中国燎原广播电视学校课程303小时，中央农业广播电视学校课程294小时；同时还播出自办节目3640小时，共计9991小时。至1991年底为止，中国教育电视台总计播出各类课程和教育节目4万余小时。

中国教育电视台的观众逐年增加。据1991年的统计，自试播以来，各类学员和收看人数累计分别是：中央广播电视大学招收全科生161万多人，已毕业学生129万人，非学历教育的参加者超过300万人，其中单科或多科结业生达200余万人；中央农业广播电视学校招收注册学生190万人，其中培养农业中专毕业生53万多人，单、多科结业生近百万人；收看中国电视师范学院的中等师范专科和高等师范专科课程的学员近120万人，收看中小学学校管理讲座的有近百万人；1990年7月1日开播的中国燎原广播电视学校的课程节目，为农民打开了致富之门，深受农民的欢迎，收看的总人数已超过3000万人。

二、地方教育电视台、站建设

国家对各地教育电视台、站建设采取“谁建站、谁管理、谁受益”和“小功率、多布点”的方针，实行从实际出发，因地制宜的政策。因此，各地卫星电视教育网络的建设得到了迅速的发展。截止1991年底统计，各级台、站的建设情况如下表：

地方教育电视台、站、网点汇总表

单位名称	教育电视台、收转台					省市教育频道	卫星教育电视接收站	教学放像点
	县以上（含县）台总数	其中		乡镇台	在建台			
		省级台	地市级台					
北京						1	6	1410
天津	8					1	18	149
河北	5				3		145	1414
山西	42		6	1	7		150	1884
内蒙古	6		1	5	17		119	1510
辽宁	8	1	3	18	4		541	700
吉林	3		1	12	5		112	1200
黑龙江	9		1		3		34	672
上海						1	32	1009
江苏	1				3	1	200	3056
浙江	2				1		104	2000
安徽	12		2	10	14		187	1484
福建	15			21	7		112	1530
江西	44		4	7	34		180	1524
山东	11		1				780	4000
河南	38		1	6	16		210	2500
湖北	39		5	3	18	1	172	2130
湖南	27		2	21	6		166	2476
广东						1	62	2114
广西	60		1		23		115	1303
海南							28	118
四川	54		3	9	48	1	268	5802
贵州	18		1	3			264	1118
云南	72		12	10			208	1864
西藏	4	1	3	7	1		88	24
陕西	17		3	3	39		231	981
甘肃	4		1		6		117	1366
青海	1				4	1	26	223
宁夏	4	1			2		146	400
新疆	7	1	4		15		30	157
合计	**511**	**4**	**55**	**136**	**276**	**8**	**4851**	**46123**

三、努力提高播出质量

中国教育电视台的主要任务之一是保证安全和正常的播出。首先要求传送系统要有高质量、可靠的性能。为此，中国教育电视台成立后，立即着手利用世界银行150万美元贷款，购置了一套世界80年代末期较先进的上行播出系统。这套设备于1987年通过投标订货，1990年开始安装运行，一年来该系统运行正常。其中播出室从设备安装到调试，都是由中国教育电视台播出技术部承担，为国家节约了大量开支。为了避开地面微波线路对第二套节目的频率干扰，1991年经过反复试验，还调整了教育电视信号传送的下行频率，使播出节目的传送质量得到了明显的提高。此外，在保证传送电视信号的同时，还进行了传送文字、广播信号的实验，目前已取得了阶段性的成果。

四、逐步办好自办教育节目

据1991年6月的统计，中国教育电视台几年来自办新节目3440小时。根据国家教委对自办节目要“少一点、好一点”的要求，中国教育电视台确定今后将按栏目规划自办节目，每年的节目量定为600～800小时。现在选定并已陆续播出的栏目有：以幼儿和幼儿教师为主要观众的“牵牛花”栏目，包括“巧孩子”、“故事会”、“万花筒”等小栏目；以中小学生为主要观众的“校园百花”栏目，包括“每周歌舞”、“音乐欣赏”等小栏目；通过生动活泼的课外活动，扩大中小学生知识面的“第二课堂”栏目，包括“小知识”、“小技能”等小栏目；帮助家长培养教育孩子的“家长学校”栏目，包括“两代人”、“一事谈”等小栏目；以及对青年学生进行爱国主义教育的“神州新貌 ”和面向社会进行终身教育的“教与学”等栏目；此外，还有每年与一个省市联合举办的“六一儿童节”、“教师节”专题文艺节目。

五、开办“教育信息”栏目

根据国家教委《关于中国教育电视台开办“教育信息”栏目的通知》要求，中国教育电视台创办了“教育信息”专栏节目。从1989年5月26日起首次播出，每周一次，至1991年底共播出135期，其中1991年共播出信息259条，专题53部。各级教育行政领导和基层教育工作者普遍认为，“教育信息”的“透明度大，看到的层次多，能促进教育事业的深入发展”。为了进一步办好“教育信息”，中国教育电视台于1991年8月和11月先后两次召开座谈会，讨论制订出改进和提高节目质量的规划。1991年国家教委办公厅先后发出《关于建立教育电视通讯员站的通知》、《关于利用广播电视开展教育宣传报道工作的通知》等5个文件，为办好“教育信息”栏目提出了明确的要求。中国教育电视台也积极采取了措施，充实人员，增添设备。目前从事“教育信息”栏目工作的人员，由开办时的两名发展到1990年成立信息专题部，1991年可以同时派出4个采访组，并且在全国建立了13个通讯员站，采访的信息覆盖面和信息量有了明显增加。该台录制的《扎根山区的优秀教师——禹长荣》、《湖南郴县廉政兴教》、《大学生重点工程考察纪实》等片分别获全国教育好新闻二、三等奖。此外，《希望之路》、《泰安农村教育国际研讨会》、《宁蒗教育改革纪实》等专题片的外文版，已赠送到几十个国家和地区，获得了好评。

六、出版《中国教育电视》报

中国教育电视台于1987年12月21日，出版了第一期《中国教育电视》报（试刊）。在该期报纸上刊登了中国教育电视台将于1987年12月22日开播藏语电视节目的消息，以及国家教委副主任何东昌、国家民委副主任卓加在试播藏语节目座谈会上的讲话。《中国教育电视》报的任务是，预告节目播出时间、内容，反映收看网络建设情况，探讨音像教材建设等。截止到1991年12月19日，共出版79期，每期出版近万份，起到了沟通中国教育电视台与地方教育电视台站之间的桥梁作用。1991年8月1日，新闻出版署正式批准《中国教育电视》报编入国内统一刊号（CN11-0195），每周一期，四开4版，全国公开发行。为祝贺《中国教育电视》报正式创刊，1991年12月25日，国务院总理李鹏题词："积极采用现代技术，促进教育事业发展"。1991年12月22日，国务委员兼国家教委主任李铁映题词："努力发展电视教育，为人民服务"。国家教委副主任何东昌题写了报名，副主任邹时炎撰写了发刊词。《中国教育电视》报于1992年1月正式创刊。

撰稿人　孙保怡

审稿人　柴永广

师 资 管 理

全国民办教师工作出现新局面

民办教师是我国农村中小学教师队伍的重要组成部分，他们在艰苦的条件下为我国农村基础教育及社会发展作出了重大贡献。抓好民办教师工作，妥善解决民办教师工作中存在的问题，是关系到我国农村普及九年制义务教育的大事，对此，各级政府都十分重视，做了大量积极而卓有成效的工作，创造了许多好的经验和做法。1991 年，国家教委在中小学教师队伍建设方面，重点抓了民办教师工作，取得了积极的成效。

一、召开全国民办教师工作会议

为了推广和交流各地经验，研究确定民办教师工作的方针政策，1991 年 2 月，国家教委在河南郑州召开了全国民办教师工作会议。各省（区、市）教委主管民办教师工作的教委主任、人事处长及部分省（区）人事厅局有关同志参加了会议。国家计委、人事部有关负责人应邀出席。国家教委副主任邹时炎、人事部副部长程连昌到会并作了讲话。

这次民办教师工作会议是建国以来首次专门研究民办教师问题的全国性会议。会议总结了建国以来民办教师工作的历史经验，提出了“八五”、“九五”期间我国民办教师工作的总体规划，明确当前和今后一定时期国家教委关于民办教师工作总的指导思想是：适应教育事业发展的需要，减少数量，提高质量，改善待遇，加强管理，统筹解决民办教师问题，进一步调动广大民办教师教书育人的积极性，促进我国农村基础教育事业的发展。

根据上述指导思想，提出了今后民办教师工作的主要任务和基本方针政策：

（一）进一步搞好民办教师队伍的调整整顿

要逐步减少民办教师的数量，提高总体素质。要继续坚持“关（停止吸收新的民办教师）、招（师范学校定向招生）、转（从优秀民办教师中转公办教师）、辞退（辞退不合格的民办教师）”，统筹安排，配套实施，综合治理。

（二）加强制度建设，改善管理

民办教师工作要逐步规范化。进一步完善民办教师的资格认定和考核制度、任用制度和档案管理制度。民办教师原则上由县（市）教育行政部门统一管理，或县乡共管，以县为主。

（三）大力加强民办教师培训

各级政府、各有关部门要在培训基地和物质条件等方面为民办教师培训工作提供方便。民办教师的进修培训要从农村的实际出发，多种形式并举，以在职自修和短期集中培训为主。培训工作要坚持政治、业务并重的原则。

（四）进一步提高民办教师的地位和待遇

要逐步实现民办教师与公办教师同工同酬。各级政府和教育行政部门对民办教师与公办教师要做到“四个一样”：政治上一样待遇，工作上一样要求，组织上一样管理，生活上一样关心。在入党、评选先进、晋升职务、加入工会组织等方面，对民办教师与公办教师要一视同仁。在经济待遇上目前存在的差别要逐步缩小，逐步实现同工同酬。保证民办教师工资来源稳定可靠、按时足额兑现。要从当地的实际情况出发，改进和完善民办教师工资的统筹办法。有条件的地方可逐步实行乡筹县管或全县统筹、按月兑现。目前对民办教师工资待遇的基本要求是：(1) 在国家调整公办教师工资时，应相应增加民办教师工资；(2) 民办教师较多的地区，在一定时期内，可实行以县为单位的民办教师国家补助费总额包干制；(3) 各省区要分别规定不同经济水平地区民办教师工资的最低保证数。目前，以县（市）为单位计，不得低于该县公办教师平均工资额的2／3。

(五) 认真做好从优秀民办教师中选招公办教师的工作

地方各级政府要在每年国家下达的增人计划中，尽量调剂一部分指标用于“民转公”，有计划地从优秀民办教师中选招公办教师，要作为一项基本政策，坚持不懈。

二、划拨专项指标从优秀民办教师中选招公办教师

根据全国民办教师工作会议精神，1991年国家和地方政府划拨9万个专项指标用于从优秀民办教师中选招公办教师。1991年11月4日，国家计委、人事部、国家教委联合发出《关于从优秀民办教师中选招公办教师问题的通知》，使全国中断5年之久的“民转公”工作得以恢复。《通知》强调：在继续抓好民办教师队伍的调整、整顿、稳定、提高的基础上，国家将有计划安排一部分劳动计划指标，用于从优秀民办教师中选招公办教师。同时也进一步明确了地方政府的工作职责。各地积极贯彻落实全国民办教师工作会议和上述通知精神，紧紧抓住从优秀民办教师中选招公办教师这个关键环节，认真执行国家政策，贯彻公开公平原则，注重选招质量，努力做到将真正优秀的民办教师选招为公办教师。选招工作调动了广大民办教师教书育人的积极性，也推动了整个民办教师工作。

三、全面推动民办教师工作

根据全国民办教师工作会议精神，各级政府以“民转公”工作为契机，积极采取措施，加强民办教师的调整整顿、规范管理，重视民办教师的培训，坚决堵住进口，辞退不合格民办教师，妥善安置退休民办教师，解决病有所医、老有所养问题，进一步落实提高民办教师的地位和待遇。整个民办教师工作取得较大进展。统计资料表明：我国民办教师比重在进一步下降。70年代中期，民办教师总数曾达到491.4万人，占中小学教职工总数的52%。1988年底，民办教师总数还有310万人，占中小学教职工总数的30%。1991年底，民办教师共计263万人，占全国中小学教职工总数的25.7%。

撰稿人 管培俊 殷长春

审稿人 刘来泉

奖励全国优秀教师和教育工作者

1991年教师节，国家教委、人事部会同全国教育工会、中国中小学幼儿教师奖励基金会联合奖励全国优秀教师和教育工作者。

根据国家教委1988年发布的《嘉奖优秀教师和教育工作者暂行办法》（以下简称《暂行办法》）的精神，为鼓励广大教师和教育工作者长期从事教育事业，充分肯定他们为我国教育事业作出的突出贡献，激励广大教师和教育工作者的光荣感和责任感，扩大教师的社会影响，提高教师的社会地位，国家教委、人事部1991年5月联合下发了《关于认真做好1991年表彰优秀教师和教育工作者工作的通知》（以下简称《通知》），决定1991年教师节奖励全国优秀教师和教育工作者5000名，其中600名授予全国教育系统劳动模范称号，并享受省部级劳动模范待遇。为进一步做好奖励全国优秀教师和教育工作者的工作，1991年7月国家教委办公厅又下发了《关于认真做好1991年表彰优秀教师、教育工作者工作和颁发奖金的补充通知》。《通知》规定，奖励的范围，是近两年来在各级各类学校中从事教育教学、学校管理、服务工作特别是在德育工作方面取得显著成绩的教师、专业技术人员、学校和教育行政部门的其他职工。重点是在教学第一线的教师，又以中小学、幼儿园、职业技术学校教师为主。

评选条件按《暂行办法》的规定执行。获奖人员必须坚持四项基本原则，坚持改革开放，具有良好的职业道德，在献身于人民的教育事业中堪称表率，并具备下列条件之一者：（1）全面贯彻国家的教育方针，教育思想端正，关心学生德、智、体、美全面发展，在学生思想品德教育、培养人才方面，成绩卓著的；（2）在完成教育、教学和科学研究中积极改革，勇于探索，提高教育、教学质量方面有突出成绩的；（3）在学校管理和服务、学校建设方面有突出成绩的。

奖励名额的分配，原则上按照1989年底各地区教职工统计数的0.35‰左右分配给各省、自治区、直辖市，名额中的12%为全国教育系统劳动模范。各地在分配名额时，注意使不同层次、类别和系统的学校均占有适当的比例，对从事教育管理和服务工作的人员奖励数额控制在奖励总人数的10%以内。1991年华东地区遇到特大洪灾，为弘扬灾区广大教师和教育工作者在抗洪救灾中对党、对人民、对教育事业高度负责的精神和感人事迹，在不突破奖励总额的条件下，对江苏、河南、安徽等省共16名在抗洪救灾中表现特别突出的教师和教育工作者也予以奖励。

由国家教委、人事部会同全国教育工会、中国中小学幼儿教师奖励基金会组成奖励工作领导小组，由国家教委副主任何东昌任组长，国家教委副主任邹时炎，人事部副部长程连昌任副组长，统一领导评选工作并审批全国优秀教师、全国优秀教育工作者和全国教育系统劳动模范，其重点是对劳动模范人选的审批。领导小组下设办公室，负责日常工作并组织评审小组对获奖人选材料进行评审。各省、自治区、直辖市也成立了相应的机构，负责对本地区获奖人员审定和申报工作。

各地根据《暂行办法》和《通知》及有关文件精神，结合本地区制订的具体办法，在评选和申报工作中，坚持了正确的政治方向和政策导向，层层评选，逐级申报，坚持标准，严格评审，确保奖励工作的质量。

全国优秀教师和教育工作者奖励工作办公室及评审小组，对各省、自治区、直辖市报送的人选进行了严格的评审。8月28日经国家教委、人事部、会同全国教育工会、中国中小学幼儿教师奖励基金会组成的奖励工作领导小组批准，决定1991年教师节共奖励全国优秀教师和全国优秀教育工作者4978人。其中，授予全国教育系统劳动模范称号596人，全国优秀教师3845人，全国优秀教育工作者537人。

获奖人员中，女教师1402人，少数民族教师299人，共产党员3887人，民办教师161人。从学校类别分：高等学校385人；中小学3683人；幼儿园130人；职业技术学校（含中专、中师）334人；成人学校144人；特殊教育学校17人；教育行政231人；其他54人。从专业技术职务分：高等学校教授157人，副教授255人；中学高级教师756人，一级教师1072人，其他教师职务358人；小学高级教师814人，小学其他教师职务609人；教育行政与其他教学人员957人。从年龄结构分：30岁以下的233人；31−40岁的1019人；41−50岁的1826人；51−60岁的1785人；60岁以上的115人。

各省、自治区、直辖市党和政府也在教师节对教师进行了表彰奖励。据不完全统计，1991年全国县以上共表彰奖励优秀教师和教育工作者约35万人，其中除国家级奖励者外，省级奖励4.5万人，县（市）级奖励30万人。

奖励教师工作在我国已形成制度，1991年是第三次大规模奖励优秀教师和教育工作者，体现了党和政府重视知识、重视教育，对提高教师的社会地位，对尊师重教形成社会风气，调动教师教书育人的积极性，具有积极的影响，产生了良好的社会效果。广大教师和教育工作者表示决不辜负祖国的重托和党的殷切期望，要努力学习提高，在塑造人类灵魂的岗位上继续无私奉献，培养一代社会主义新人，为建设有中国特色的社会主义而努力奋斗。

撰搞人　谢志敏

审稿人　刘来泉

全国教育系统劳动模范、优秀教师和教育工作者名单

全国教育系统劳动模范

北京市

黄家灿（女）　北京市第十中学
田秀琴（女）　石景山区杨庄中学
文自林　昌平县第二中学
蒋家德　北京市中学英语教师培训中心
施春华（女）　海淀区五一小学
蔡建华（女）　房山区城关小学
李玉英（女）　宣武区实验幼儿园
万国安（女）　西城区职工大学
钟德成　北京电力技工学校
胡东成　清华大学
韩月秋　北京理工大学
王德隽　北京邮电学院
申玲达（女）　北京市工艺美术学校
袁行霈　北京大学

天津市

杨华铮（女）　南开大学元素所
寇世昌　和平区汉阳道中学
陈津生　河西区海河中学
陆秀敏（女）　河北区红星路小学
徐珮淑（女）　河东区一中心小学
邓其双　纺织局职工大学
秦德明　机械局电机技工学校
黄秀美（女）　南开大学幼儿园

河北省

李秀坤　乐亭县苇厂中心小学
周欣荣（女）　三河县高家庄小学
王春牛　沙河市康脑小学
马连树　东光县于桥乡小学
张俊岭　肃宁县南答中学
张文典　张家口市侯家庙中学
邓祥太　武安市第一中学
赵　沛　保定市第三中学
王曼君（女）　沧州市第三中学
张桂芳（女）　张北县第一中学
刘金兰（女）　万全县城关中学
吴永泮　平泉县第一中学
刘艳文（女）　唐海县一场中学
徐必成　石家庄市第一中学
张永昌　石家庄师专
窦瑞根　井陉县景庄乡杨庄学校
张文森　正定县教师进修学校
陆玉山　行唐中学
智素文（女）　元氏县槐阳镇中街学校
宋　郴　永年县第二中学
杨凤彬　安国县育红小学
詹　瑛　河北大学
魏安赐　河北工学院
任秉均　河北医学院
方高寿　河北化工学校
陈录恒　定州市第二职中
王占德　邢台市五中
许景荣　宽城县第二小学

山西省

常佩芝（女）　太原五中

李爱萍（女） 太原阳曲县马驼小学
靳　明（女） 太原南城区青年路小学
曾　健 长治二中
关永平 晋城师范学校
韩世明 雁北怀仁县二中
侯耀珍（女） 雁北应县水沟门小学
朱引平（女） 原平综合构建实验学校
吕旭光 平遥中学
郭书雷 介休职业中学
李胜杰 吕梁交口中学
郭灵华（女） 临汾永和城关小学
郑月亲（女） 新绛东厨学校
王莲叶（女） 临猗县直幼儿园
刘仁隆 山西省实验中学
张家治 山西大学
周兆清 翼城春雷中学
王世殿 大同南郊高山镇中学
白晋华 阳泉郊区教育局

内蒙古自治区

温梦玉（女） 呼市回民区贝尔路小学
铁　锁（蒙古）翁牛特旗巴汉他拉总校
朱振新 满洲里铁路中学
王　辉（女） 突泉县第一完小
乌　云（女）（日本）库伦旗第一中学
郭胜利 锡市伊利勒特苏木汉校
王希舜 察右中旗铁沙盖乡中学
李玉兰（女） 临河市第五中学
智珩丽（女） 东胜市实验小学
李竹英（女）（俄罗斯）满归林业局中学
曾繁辉 包头市教育局
江世煌 巴林左旗教育局
李学信 呼盟技工学校
孙国新 包头铁路工程学校
赵维章 内蒙古师范大学

辽宁省

刘雅彦 营口市第七中学
黄万书 大连市新金县第二中学
梁永祥（蒙古） 彰武大四家赵家教学点
王君满 辽阳市第一高级中学
郑晓光（女） 朝阳市第六中学
白廷贵（满） 朝阳市喀左县蒙族高中
云玉珍（女） 铁岭市第二高中
傅连华（女） 铁岭昌图县实验小学
王雅岩（女） 黑山县北关实验学校
石秀卿 鞍山台安县恒洞中学
张桂芬（女） 营口盖县榜式堡中学
于凤臻（女） 沈阳市三十一中学
程庆山 盘锦市实验中学
池秋实 抚顺市二十五中学
王桂芹（女） 阜新县新民乡革命小学
金竹花（女）（朝鲜）顺城区李石镇朝族小学
张文祥 锦西市连山区金星中学
吴兆麟 大连海运学院
张博言 丹东宽甸县第一中学
庄　敏（女） 锦西市南票区中学
刘富芝（女） 鞍山海城什司县中学
雒丽铭（女） 沈阳沈河区热闹路二校
马德麟 沈阳电力专科学校
安丰尧（满） 丹东市第二中学
马静娴（女） 锦州市第一职业高中
杜玉环（女） 大连甘井子金家街二小
刘积仁 东北工学院
张俊英（女） 本溪市群力小学

吉林省

李元昌 榆树市秀水乡二中
白琪瑞 长春市实验中学
王丽云（女） 长春市第九十一中学
谢淑媛（女） 东北师范大学附属中学
程丽芬（女） 桦甸市桦郊乡中学
汤亚力（女） 吉林市第七中学
陈玉贞（女） 吉林市昌邑区十三小学
尹　红（女） 四平市第十中学
路　跃 伊通小孤山镇路家小学
张铁琳（女） 辽源市第十七中学
王秉环（女） 浑江市建国小学
姜　华（女） 通化市二中

唐建成 通化市青少年宫
曲 直 大安市第六中学
丁万权 白城市第三职业高中
马艳芬（女） 扶余市实验小学
金凤今（女）（朝鲜）延吉市延新小学
张桂兰（女） 敦化市第一中学
毕世杰（女） 吉林大学

黑龙江省

梁瑞华（女） 哈尔滨市第一一三中学
兰少环 哈尔滨市复华小学校
史永军 哈尔滨市道里区农民中专
王秋媛（女） 齐齐哈尔市第二职业中学
张明琨（女） 齐齐哈尔市民航路小学
缪淑芬（女） 齐齐哈尔市龙江县第二中学
辛玉英（女） 牡丹江市纺织厂幼儿园
刘景林 黑龙江省桦南县第一中学
王传本 黑龙江省饶河县小佳河镇小学
何桂琴（女） 巴彦县育新小学
马明礼（满） 双城市幸福乡中心校
孟凡云（女） 黑龙江省绥化市尚志小学
刘晶莹（女） 黑龙江省海伦市第三中学
杨国庆 黑龙江省肇源县第一中学
陈玉华（女） 大庆市第十三中学
王 琥 哈尔滨船舶工程学院
翟瑞常 黑龙江八一农垦大学
房希光 绥化地区肇源技工学校
刘清顺 黑龙江宝清五九七农场直中学
段兰霞（女） 伊春林管局翠兰林业局第三中学
倪万忠 哈尔滨铁路局齐铁一中
于忠国 鹤岗矿务局中学
杨玉庚 牡丹江市宁安县教委
史殿臣 黑龙江省建筑工程学校
范丰利 牡丹江农垦卫生学校
陈守枝（女） 山河屯林业局教育局

上海市

董德长 上海第二医科大学
裴仁清 上海工业大学
章大章 上海铁道学院
万国伟 上海海运学院
马在田 同济大学
张大文 复旦大学附属中学
王春方 嘉定县第一中学
邬友仪 长宁区江苏路五小
杨瑞华（女） 松江县方塔幼儿园
郭子徽 普陀区少年宫
楼乔琪 上海设备安装公司技校
糜文娟（女） 第一仪表电子工业学校
忻佩妮（女） 上海纺织工业职大干校

江苏省

张杏英（女） 南京市建邺路幼儿园
朱礼良 南京市栖霞区江嵊小学
冷 静 丹阳市实验小学
刘志英（女） 金坛县洮西乡西王小学
陈龙宝 无锡市第六中学
周康年 无锡县天一中学
史永康 吴江县同里第二中学
詹寿余（女） 如东县蠙山小学
沈长生 如皋市教师进修学校
祁秉伊 江苏省海门中学
沈怡文 江苏省扬州中学
夏天林 泰县姜堰中学
肖晋宁 泰州市实验小学
杨瑞东 宝应射阳湖镇廖渔小学
曾金沙 涟水县中学
郭 毅 盱眙县实验小学
阎成米 泗洪县临淮乡二河小学
陈 庸（女） 宿迁师范学校附属小学
刘元龙 盐城市第一小学
许政昌 东台市东台镇中心小学
谭 锋 盐城市第一中学
高兴和 铜山县张集职业中学
孙其炯 新沂市邵店中心小学
宋 达 赣榆县欢墩镇太平小学
马松云（女） 东海县中学

倪振尧　中国矿业大学
孙忠良　东南大学
胡百良　南京师范大学附属中学
安桂荣（女）（蒙古）苏州市丝绸职业中学
马正艾　沛县杨屯乡教委会
徐效忠　常州市技工学校
唐荷根　南京白下职工中专校
张荣生　南通纺织工业学校

浙江省

童章财　淳安县屏门乡柳塘小学
张似男（女）　杭州上城区清波幼儿园
王子匡　奉化市鲒琦乡初级中学
周雪梅（女）　永嘉县峙口乡山仓小学
徐雄荣　湖州市第四中学
韦思珩　诸暨市高湖中学
沈雪香（女）　义乌市黄山乡岩下村校
袁明月　龙游县龙游中学
杨堂金　松阳县实验小学
林寿根　温岭县岙环镇焦坑小学
陈国辉　舟山市普陀区普陀中学
胡玉根　杭州市交通技工学校
唐晋发　浙江大学
樊德方　浙江农业大学
朱志立　嘉兴农业学校
徐炳焕　杭州外国语学校

安徽省

刘学华　肥东县鸽子笼小学
李光英（女）　合肥市宿州路幼儿园
毛玉兰（女）　淮北市杜集区房庄中心小学
陈衍翠（女）　蚌埠市迎河桥小学
程金保　芜湖市南陵县东河小学
徐少明　铜陵市第一中学
储东山　岳西县和平乡上畈小学
陈宪苗　怀宁县腊树初中
锁成娣（女）（回）涡阳县义门第一小学
李先伟　亳州市第二中学
刘爱芹（女）　砀山县屈楼小学
胡清安　宿州市第十二小学
陈汉炎　滁州市琅琊乡花元小学
邵凤清（女）　芜湖市马圹区马圹乡中心小学
桂松筠　六安师范专科学校
马成昌（回）　无为县第一中学
朱彭萱　宣州市里桥学区
杜福赠　青阳县酉华乡乐元小学
马传庚　安徽医科大学
钱湛芬（女）　华东冶金学院
冯克勤　中国科学技术大学
陈桂生　马鞍山市教育委员会
胡继银　霍山县教育局

福建省

陈一琴　福建师范大学
刘卓雄　宁德师专
黄光荣　福州师范
邱锡洪　福建供销学校
庄璋华　泉州华侨职业学校
庄水淡　厦门市同安一中
詹　仕　三明市第一中学
张更华　泉州市第五中学
林天从（女）　福州师范第二附属小学
冯水国　漳州市芗城实验小学
张瑞英（女）　莆田市城厢区第一中心小学
叶仁贵　浦城县官路学区
林仁光　寿宁县武曲学区
陈景琪　永定县合溪学区
翁木金（女）　福州市儿童学园
黄世楷　南安县教育局

江西省

邓庆余　南昌市第十七中学
熊中晰（女）　南昌市青云谱学校
汪桂香（女）　浮梁县新平乡茶培小学
赖艳萍（女）　萍乡市第六中学
李茂兰（女）　九江市双峰小学
吴兴华　湖口县中学
毛士忠　分宜县第二小学
朱丽君（女）　贵溪县第二中学

彭孝光　赣州市沙石中学
孙慧英（女）　南康县南康中学
何隆高　上饶县中学
周爱弥（女）　上饶市第二中学
贾国卿　高安县中学
方惠美（女）　樟树市清江中学
欧阳大富　吉安县固江镇小富小学
贺秀珍（女）　永新县实验小学
郁佩珍（女）　临川县一中
蒋敦杰　抚州市一中
王承浩　江西农业大学牧医系

山东省

聂在富　济南师范学校
沈延年　章丘县第一中学
徐新明　济南市历城区职业中专
刘兴荣（女）　平阴县实验小学
隋本熙　胶南市第二中学
姜正炜　即墨市教育局
徐恒溪　青岛市台东六路小学
李振华　沂源县实验中学
张　迪　枣庄市第三中学
高明山　利津县利津镇中学
吕占忠　莱州市第一中学
蔡志民　蓬莱县第二中学
杨丽霞（女）　长岛县实验小学
耿如亭　文登市七里中学
姜思义　寿光县教育局
李宝恩　潍坊市寒亭区实验小学
刘金华（女）　潍坊市潍城区工人新村小学
张则如　诸城市繁华中学
周长欣　莱芜市教育局
任宪功　新泰市第一中学
刘方印（女）　东平县实验小学
孔凡奎　济宁市郊区教研室
孙立仁　兖州县教育局
盛险峰　邹县第一中学
尹丽君（女）　德州市第五中学
刘桂珍（女）　乐陵市寨头堡找顾小学
肖爱珍（女）　邹平县第一实验中学
单宗梅（女）　莒县洛河乡陈岭小学
于欣苓　沂南县蒲汪中心中学
牟乃池（女）　苍山县实验中学
李格森　单县第一中学
商景玉　菏泽师范专科学校
李锡林　菏泽市教育局
石　华　临清市第一中学
张汝福　阳谷县第一中学
王树范　山东省高级技工学校
荆　涛（女）　胜利油田第二中学
钱新民　山东大学微生物所
王者生　石油大学
王浩丹　山东医科大学
马家骥　山东工业大学
孙天麟　山东师范大学
胡昌浩　山东农业大学
王益姝（女）　山东纺织工学院

河南省

袁华珍（女）　荥阳县实验小学
祝　允（女）　郑州二七区文教局教研室
牛　爽（女）　郑州九中
朱登海　开封高中
连新义　开封市尉氏县一中
王爱武（女）　伊川县县直幼儿园
侯景瑞　开封第二职业高中
张艳枝（女）　洛阳市青岛路小学
臧连章　洛阳市第二师范学校
段伸眉（女）　平顶山市一高
冯玉兰（女）　叶县龚店乡南村小学
王崇华　辉县市城关高中
孔庆烨　新乡市第一师范学校
刘金太　滑县赵营乡店子小学
闫素枝（女）　安阳市人民大道小学
王文清（女）　焦作市焦东路小学
赵玉芹（女）　孟县龙台学校
刘者孝　范县教育局
闫大生　漯河市人民西路小学

赵康化 禹州市第十高级中学
赵治民 义马市初级中学
李根保 鹤壁市高中
蔡勉英（女） 永城县王集乡中心小学
叶枝起 夏邑县李集镇中心校
王友芝（女） 民权县林七乡林西村小
张文星 西华县一高
刘顺兴 鹿邑县老君台中学
刑智强（回） 项城县实验中学
李厚坤 固始县二中
黄德惠 新县高中
杨　楠 信阳市十三小学
马玉本 南阳县二高
赵清芳（女） 南阳市七里园乡中心小学
代仙阁（女） 西峡县丹水镇一中
马金仙（女） 平舆县老王岗乡南闸小学
郑世斌 郑州大学数学系
李克煌 河南大学地理系
鲁公儒 河南师范大学物理学系
赖银生 河南农业大学
刘桂亭 河南医大病理生理教研室
李玉安 河南省实验中学

湖北省

陈依芳（女） 安陆王义贞镇白杨小学
陶北海 黄梅县分路乡中学
邓虹争（女） 湖北省监利中学
彭良福 湖北钟祥罗集镇教育组
孙开林 房县第一中学
蒲万海 丹江口市六里坪镇中学
余世修 武汉汉阳县蔡甸镇小学
席松涛 武汉市第六中学
樊哲银 秭归县白马岭小学
戴方兴 宜昌县高级中学
桓明贵 神农架林区第一中学
王兴伦 随州岩子河九道河小学
张锦果（女） 襄樊市二十四中
张家芹（女） 沙市市洪垸小学
孟荪兰 鄂西州来凤县第一中学
田庆寿（土家）鄂西州鹤峰县农业中学
曹树可 大冶大铺箕曹家垅小学
陈汉媛（女） 十堰市实验小学
许元英（女） 鄂州高中
简菊安（女） 宜昌市许家湾小学
杨耀清 荆门市沙洋中学
关士成（满） 二汽机关小学
李红梅（女） 武汉音乐学院
朱瑞赓 武汉工业大学
杨叔子 华中理工大学
陈荣华 孝感市小河镇大山小学
何吉祥 通城县黄龙乡教育站
胡春锦（女） 蒲圻市高级中学
戴诗亮 云梦县教育委员会
王俊昌 浠水县教育委员会
林国荃 江陵县教育委员会

湖南省

黄克易 郴县教委
郝清流 郴州市一中
曾岳生 怀化师专
石珍秀（女）（苗）花垣县雅西乡高务完小
肖子玲（女） 长沙市砚瓦池小学
周申全 浏阳县一中
黄存绍 中南工业大学
马积高 湖南师大
唐官前 双牌县上梧江中心小学
彭为烈 道县一中
肖家类 湘潭县古城乡联校
周德涌 湘潭钢铁公司职工大学
彭觉尧 衡山县四中
刘朴庵 衡东县城关小学
聂守明 湖南省粮食学校
杨德华 沅江市第四中学
谭迪熬 南县一中
石海泉 湖南省第一师范学校
刘建成 涟源市一中
周遇元 双峰县灯塔中学
王帮龙 醴陵市板杉中学

王赛艳（女） 桃源县漆河镇中学
罗瑞光 临澧县一中
阳恩成 隆回县建华乡中心小学
杨君大 邵东县皇帝岭乡红心小学
黄泽南 汨罗市教委
孟树国 岳阳市一中
吕学川 大庸市永定区教谊小学

广东省

霍奕宽（女） 广州市第十七中学
温惠恩（女） 广州市第十六中学
何就昌 珠海市斗门县第一中学
蔡　博 汕头揭阳华侨中学
马国雄 韶关武江区黄田坝小学
丘建华 广东河源市郊半江中学
王展浩 广东省惠州市第一中学
何景昭 广东省东莞市中学
陈坚仪 佛山南海县石门中学
汪全球 湛江遂溪县杨柑中学
林　虹 湛江吴川县梅岭小学
蔡桂楠 潮州市师范学校
刘简文 广东台山一中
黎建明 广东茂名第一中学
罗亦根（女） 广东封开江口中学
张　芸（女） 广东阳春春城镇一小
金式如 广东省深圳市实验学校
朱长龄 广东省汕头实验小学
刘利华 广东梅州兴宁龙田中学
刘海平 广东省清远市第一中学
李乙衡 广东陆丰甲子中学
郭修仁 广东中山一中
黄亨典 广东肇庆技工学校
蔡汉平 华南师大附中
温立志 华南师范大学
姜伯勤 中山大学
吴伟贤 广东水利电力学校
张存辉 广东行政学院

广西壮族自治区

王天福（壮） 崇左县江南第一小学
覃甲孟（壮） 上林县澄泰乡初级中学
吕治祥 融安县桥板乡学区
龚茂生 桂林地区高中
邱莲佳（女） 昭平县昭平镇第一小学
陈兴扬 桂平县第一中学
韦金仲（瑶） 凌云县朝里乡果立小学
韦造祥（壮） 东兰县大同乡弄甫小学
潘　勇（女） 南宁市十四中
方家直 柳州高中
张金忠 桂林市郊区团结中心校
陈少华 苍梧中学
罗丽柽（女） 合浦县常乐镇忠直小学
谭栋高 广西国营三门江林场中学
檀进发 广西医学院
李墨林 桂林冶金地质学院
陈焕楷 广西钦州农业学校
谭丕业 玉林地区农业机械学校

海南省

王玄中 海南省乐东县黄流中学
冯学梅（女） 海南省通什市第二中学
王信康 海南省陵水县本号侨民小学
杨善祯 海南省琼海县教育局

四川省

周琼华（女） 成都市树德中学
刘继钿 新都县太兴乡小学
李德安 彭县中学
段正英（女） 都江堰市虹口乡八角庙小学
徐开勤 成都市青白江区福洪中学
张有华（女） 重庆市市中区第一实验小学
龙绪禄 潼南县龙臧乡龙王庙小学
谭仲友 四川省重庆第一中学
梁显政 永川中学
万泗永 江津县先锋农业中学
李小玲（女） 重庆市沙坪坝实验幼儿园
张宝权 泸州化工学校
卢生柱 富顺县彭庙民办中学
杨松儒 德阳市什邡县禾丰镇中心校
胡天奎 遂宁市中区横山办事处文教

	办
董有敏	苍溪县三川区初级中学
黄应湘	乐至中学
林　玲（女）	资阳县城关镇第一小学
郑宗凯	内江铁路机械学校
赵启云	盐边县太田中心校
朱安生	乐山教育学校
王红兵（女）	犍为县新城小学
张体怀	盐亭县金安乡青凤村小学
罗华云	绵阳师范学校
杨通兰（女）	(土家)秀山县石耶乡青龙村小学
刘启文	名山县第一中学
唐玉先	开县中学
王群英（女）	云阳县耀灵乡中心小学
李荣贵	梁平县教育局
谢盛奇	垫江县第三中学
王绍芬（女）	江安县滥坝乡高潮村民小
饶公泽	屏山县柏杨乡小学
蒲恒周	南充县龙门中学
陈　林	仪陇县马鞍中学
寇益安	营山县教委
陈孝善	开江县沙坝乡鞍子小学
刘志兰（女）	邻水县鼎屏小学
郑文吉	通江县涪阳中学
斯　登（藏）	松潘县藏文中学
阿洛惹克（彝）	美姑县酒库乡中心校
左克庆	盐源县卫城中学
邓岱渊	四川省地矿局技工学校
徐　扬	西南交通大学
骆永珍（女）	成都中医学院
但冰如	西昌师范专科学校

贵州省

曾祥珊（女）	凤岗中学
梁忠凯	余庆县龙家小学
张永平	息烽县温泉乡天台民校
吴祖秀（女）	（布依）三都县城关小学
韩正全	榕江县朗洞学校
杨光墀（侗）	铜仁市茶店中心完小
李忠德	六盘水市民族学校
孙成敏	赫章县六曲河区中心小学
张仁耀	威宁县第一小学
叶甲山	贞丰县牛场中学
郭振中	贵州农学院植保系
杨天明	贵阳市教育科学研究所
谢正强	贵州商业专科学校

云南省

张恩福	富民县第一中学
陈淑平（女）	昆明市第三幼儿园
任顺成	水富县两碗乡石埝山学校
李远智（彝）	大姚县锁乡中心小学
丁志明（傈僳）	福贡县利沙底乡马吉几完小
陈从明	江川县大庄三街小学
李清秀	文山县攀枝花乡铜厂小学
李正锦（彝）	澜沧县谦迈乡完小
茶　越（彝）	大理市凤仪镇江西村公所外白塔小学
赵定河	保山地区施甸县职业技术中学
刘世云（彝）	云县安河完小
罗秉英	云南大学历史系
林玉波	云南师大数学系
马光翘（回）	个旧市大屯镇教育办公室

西藏自治区

多吉伦珠（藏）	西藏林芝县米瑞乡小学

陕西省

呼秀珍（女）	铁一局咸阳铁中
席伟儒	咸阳市彬县中学
党　磊	商州市中学
周犀灵	延安教育学院
石淑霞（女）	铜川市七一路小学
汪伟刚	宝鸡市虢镇中学
井改秀（女）	麟游县马家堡小学
藤登刚	平利县中学
杜如谨（女）	米脂县南关小学
王全印	澄城冯原职业中学

张莲秀（女） 西乡县罗家坝村小学
马　升 汉中地区教育局
周俊安 西安市旅游职业学校
雷　磊 西安市机械技工学校
牛文慧 长安县第七中学
屈梁生 西安交通大学
赵润芝（女） 延安医学院
吉殿威 陕西省农业学校
韩玉玲（女） 临潼县华清小学

甘肃省

吴鸿庆 兰州铁道学院
沈克勇 兰州市盲聋哑学校
张沛国 秦安县第一中学
郭毓杰 白银市第一中学
厉凯腾 甘肃省临洮中学
徐宏枢 环县第一中学
王自勖 静宁县李店中学
李士熙 甘肃省成县师范学校
任建基 张掖市小满乡中心小学
丁尔英 武威市蚂蝗小学
任天福 金塔县教育委员会

青海省

吕润海（土家）青海大通县宝库乡中学
赵怀珠 青海民和县峡门乡学区
王万菊（女） 青海海西州乌兰县实验小学

宁夏回族自治区

郑曼丽（女） 银川市唐徕回民中学
高　仰 彭阳县城阳乡刘庄小学
常信工 吴忠市教育局

新疆维吾尔自治区

哈帕尔(哈萨克)乌鲁木齐县沙尔达坂小学
符晋瑜（女） 克拉玛依市一中
马淑芳（女） 米泉县三道坝乡十二户小学
春晓光（锡伯）察布查尔县一中
努尔吉曼（女）（蒙古）博湖县一中附小
牙森·阿布拉（维吾尔）岳普湖县阿其克九村小学
阿布都克力木·艾沙(维吾尔)喀什师范学校
买买江·买提尼亚孜（维吾尔）策勒县恰哈乡小学
徐国谋 农五师八十五团中心校
杨玉芬（女） 农六师一〇九团学校
哈力克·赛甫力（维吾尔）托克逊县教育局

中国人民解放军

王笑惠（女） 解放军第八十九医院幼儿园
曾丽星（女） 南京军区福州实验幼儿园
陈美珍（女） 37501部队后勤部幼儿园
周国珍（女） 解放军通信指挥学院幼儿园

中国人民武装警察部队

马鸣春 武警技术学院训练部

全国优秀教师和教育工作者

北京市

崔孟明　王继芬（女）　黄　健
谢宗杰　柴　平（女）　赵继宗
聂家明（女）　庞双杏（女）　张　应（女）
关嘉熹（女）（满）　胡云婉
鲁　彬（女）　梁增玉（女）（回）
翁振豪　韩春荣（女）（回）
魏国昌　邹　倩（女）　周雅琴（女）
张秀英（女）　柯育壁　梅芙生
李云莉（女）　侯伟岑（女）　胡秉贤（女）
刘显洋　沈广会　孙行素（女）
王永华（女）　张立珍（女）　陈万泉
李　磊（女）　尹振水　吴兰新（女）
黄　镕　姜淑琴（女）　王振贵（女）
卢家玉　蒋瑞琴（女）　彭明友（满）
钟纯先　郑素霞（女）　郭明怀
冯改均（女）　解玉枝（女）　刘秀莹（女）
于　涵　杨维宁　朱　铭
赵自瑞　李长龙　梁心彝（女）
张文忠　吴大夫（女）　姚唐生
姬光武　王淑萍（女）　田毓增
赵明勇　张凤桐　韩素兰（女）
关　培（女）（满）　孔凡香（女）
牛彦玲（女）　刘淑玲（女）　史凤省（女）
曾　毅　刘美珣（女）　滕智明
宋再生　宋希仁　袁　卫
陈英俊　吴鹤华　熊　璋
孙逢春　刘　琦　许纪倩（女）
高焕文　杨遵仪　米景九
王斌瑞　陈在嘉（女）　马大龙
顾明远　郑光美　王福祥
韩经太　徐　燕（女）　肖胜喜
黄万纶　赵汝樵　李　骊
陈曦文（女）　黄津孚　武治华（女）
魏永林　鲁世勤（女）　管立志
周其庚（壮）　沈士团　仇春霖
王　润　袁志彦（女）　宁汉忠
李　雪（女）　赵廷胜　严丽萍（女）

天津市

舒　玮　谭郁彬　陈国武
张　健　王成芳（女）　肖金立
武　琮（女）　陈　辛　韩中二
汤文龙　张慈中（女）　宋玉昆
刘燕茹（女）（回）　孙玉河
徐世珩　李宁姿（女）　李平安（女）
岳鑫龄　田树人　齐占波
刘淑琴（女）　卢广和　张福增
马　森　李亚珍（女）　周文珠（女）
张淑萍（女）　田守彬　李佳惠（女）
陈　群　吴世炎　张凤英（女）
王廷孝　张　杰（女）　王辛铭
郁原鲁　胡宝宇　沈福林
赵奉堂　康　健　李锡寅
王淑珍（女）　叶依梅（女）　吴坤涛
王颂琪　王士强　李津来
张丽娟（女）　谷建泰　杨振玲（女）
范志凡（女）　王保节（女）　姜文湖
张兆骅　施鸿才　孔庆耀
李再兴　高凤玲（女）　周德昌
梁振远　刘华忠

河北省

何家庚（女）　张志磊（满）　胡光彩
聂壮梅（女）　欧阳新华（女）　贾振堂
李昌梅（女）　郭　静（女）　杨国忠
刘玉贵　王新山（女）　杨　威（回）
梁葆漪（女）　吴天慧　徐铁华
范钟鸣　韩益民　张秀女（女）
王式汶　白宝余　武好学

艾书平	贾廷丽（女）	赵怀萍（女）
朱运秋	任景祥	刘弼洲（女）
李　田	杨秀莲（女）	黄世澄
杨　洪（女）	邵荫华	周世忠
刘志勤（女）	康静萍（女）	王玉林
李宝宜	果顺纪	翁爱国
陈涌泽	李敬仁（女）	李兆序
刘东凤（女）	王爱伦（女）	王　唐
谷桂伶（女）	卢振铎	曹长利
岳素芳（女）	于绍文	赵志诚
李瑞芝（女）	高绍余	王世元
张永芹（女）	许景昌	胖焕宇
何柏林	毕德英（女）	刘素珍（女）
秦根柱	邓联璧	李秀华（女）
孙哲平	吴永诚	张振玉
李香泉	郑维勋	李建洲
刘玉顺	文宏勃	白仁廷
王景勤（女）	叶胜民	王俊书（女）
张国山	杜彦清	申　杰
刘云霖（女）	陈秀银（女）	申　瑛（女）
武金声	高运巧（女）	秦习恩（女）
王梦冬	崔友山	安庆全
李凤春	曹新华	安正伟
赵廷璞	张成吉	周炳南
刘锡淮	李　伟	叶昭华（女）
李可祥	王贵胜	赵文平
袁常胜	李永贵	孙喜和
李桂枝（女）	包志忠（满）	杨秀清（女）
杨北约	刘焕林	王长木
韩允增（回）	赵寿君	徐士杰
王之前	李泽发	杨实涵
王香玉（女）	董淑芬（女）	王友恒
李凤平	巴焕平（女）	张凤鸣（满）
翁化民（满）	郭守义	崔问津（满）
沈淑芳（女）（满）		尉宝增
方晓丽（女）	李玲改（女）	岳　华
李春迎	王焕生（女）	杨树华（女）
郭玉海	刘敬艳（女）	李欣荣（女）

王美荣（女）	慈汝秀	赵桂玲（女）
杨英杰	邵　辉	耿　斌
胡树田	杨登印	肖　鹏
杨胜利	李荣芳（女）	王性纯（女）
吴树元	齐立仓	和飞舟
高慧忠	朱红素（女）	刘晓岚
杨忠良	姬顺彬	张顺奇
尚喜潮（女）	李守权	张秀茹（女）
王志远	吴应明	耿连奎
华兴法	崔秀兰（女）	雷建章
黄素芳（女）	顾祝全	刘振永
庞其清	尹铁良	贾仁宽
董耐芳（女）	崔　翔	郝荣庭
梁绍成	王茂堂	周文夫
郭起成	吕秀芬（女）	王栓声
张景友	李耀宗	刘国民
杨廷平	李春生（满）	李顺广
张重吉	程守贤	刘文义（满）
孟宪和	郑东秀	马　毅（女）
郭生颖	王庆丰	崔治先
刘　国	甄义用	崔彦芳
李树欣	赵瀛振	叶振太
韩荣彦	白玉铎	卢云秀（女）
宋守信	王福海	刘作田
禹珍田（女）		

山西省

王锁荣	曹宝林	郭兆珠
李彩兰（女）	王怀珠	白佩黄
张黄秀	杨维汉	董书田
李芳林	李仰溪	郑福祥
贾笃宽	刘梦楼	王敬国
树成昌	赵　琴（女）	侯佑诚
张金兰（女）	冀长心	郭小龙
阎　革	韩培云（女）	赵秀云（女）
韩玉贵	李瑞英（女）	李莎莉（女）
刘桂云（女）	谢水芬（女）	侯淡冬
王在镐	王蕴霞（女）	梁靖云
杨秀琴（女）	李青山	崔瑞芝（女）

关　绚（女）　何荣生　张　权
华　维（女）　陈国辅　段生效
范爱琴（女）　张巨生　吕玉田
毕银贵　刘著汉　范章吉
米晓东　魏筱来　郭中虎
李书进　杜金茹（女）　秦进保
焦良延　皇甫志芳　康淑民（女）
夏平衡（女）　莫永清　原良珠
赵元龙　张培中　曹云鹤
周王花（女）　赵友义　张全魁
张立国　栗　纯　邢慧芳（女）
任　忠　张全龙　赵凤翎（女）
刘　平　倪文生　任继娥（女）
秦成全　乔双泉　张树斌
范其锁　杨应康　宋生彪
李建民　刘艳青（女）　刘来江
刘玉庆　宋乃英　姜秀声（女）
王哲爱（女）　王效文（女）　孟清英（女）
刘桂兰（女）　孟美莲（女）　蒋石文
朱秀莲（女）　陈玉婷（女）　杨拴存
田生荣　任世杰　高向敏
王全兰（女）　郭静文（女）　贾志清
王　椿　岳婵香（女）　赵明亮
刘学邦　刘俊莲（女）　马　骕
张海平　段协文　陈海奎
徐福保　亢国叶（女）　张永谊
魏玉柱　郭桂英（女）　王善北
郭　簃　任成文　翟记明
卢顺龙　张莲芳（女）　高向红
李关山　宋自知　麻建全
张俊彦（女）　张佐明　李建平
王文秀（女）　宁金城　原都喜
刘建设　段家骏　安志贞
杨方岗　何明威　冯子标
张云电　荆学民　董必礼

内蒙古自治区

贾秀荣（女）　祁云英（女）　王彦峥
李家植　王桂兰（女）　王凤凤（女）

梁彩霞（女）　王玉兰（女）（蒙古）
岳二莲（女）　田　鹰（女）（满）
李　常　张秀华（女）　林国钦
孙像辰　王素娟（女）　李国玉
仲宝珍（女）　孙国祥（蒙古）林在坤（女）
刘希忠　孟显庭　扎木言(蒙古)
卜庆发　司建华（蒙古)周继新
刘淑琴（女）　方　晗　袁恩德
王富贤（满）　谭玉春（女）　刘　红（女）
秦凤茹（女）　张福兰（女）
崔丽霞（女）（满）　德喜华（女）（达）
高常英（女）　李家顺　乌云嘎图（蒙古）
冬　梅（女）（蒙古）　伊国良（蒙古）
好特老（蒙古）　徐学芳（女）
韩宝林（蒙古）　包金山（蒙古）
韩　涛（蒙古）　吴　英（女）（蒙古）
柳拱平（女）　崔洪武　金　梅（女）（蒙古）
耿云声　张明远　诺尔金（女）（蒙古）
明根巴雅尔（蒙古）　祁培英（女）
云文清（蒙古）　闫玉莲（女）
郭　和　王玉英（女）　寇国良
项德祯　郭伟联　贾灵旺
吴云梅（女）　白文才　吴秀莲（女）
武　瑞　张治斌　王银安
李文斌　姬　娜（女）（蒙古）
李俊光　韩志兰（女）　付裕东
刘桂枝（女）　罗娜日苏（女）（蒙古）
李春华（女）　郭连生　林　曦
傅　亮　李敬尧　贾世俊
刘春荣　乐色音　（蒙古）
袁金花（女）　王凤英（女）　王桂春（女）
魏景芳（女）　李秀芳（女）　郝文志(蒙古)
王进希　朱贵海　宁汉坤
刘双金　乌云格日勒（女）（蒙古）
秘福民　关中凯（满）　赵凤琴（女）
舍布格（蒙古）王秉信　赵义昌
华肖耿　保乐日（蒙古）李魁梦
周井奎　伍镜池　张　杰

赵　俊　余时仲　张作相
文　健

辽宁省

齐凤桐　张　利　张海舟
李桂英（女）　王　敏（女）　董淑芹（女）
韩魁祥　齐延科　史宇光
王凤祥　王宏彬　艾　连
林长芬（女）（满）　陈宝智
白金铠　王真兰（女）　李伟男（女）
刘玉兰（女）　尹京灿（朝鲜）安　涛
代洪明　肖新民　林秀芬（女）
杨昌彦　温凤珍（女）　刘玉贤（女）
刘明月（女）　康长安（满）　张海燕（女）
崔恩萍（女）　佟桂珍（女）　史家林
王　军（女）　刘　康　吕　严
张天鹏　王朝晖（女）　欧阳广义
毕秀菊（女）　范淑彦（女）　秦豪壮
刘　薇（女）　郝德祥　刘祥福
石福英（女）　杜美英（女）　单　军
刘文科　宋　涛　赫修鉌
关玉和（满）　刘淑贞（女）　赵乃庆
范秀清（女）　苏立忠　刘能宏
高雨声　赵金城　吕红军（女）
王喜梅（女）　谷延凤（女）　杨秀贤（女）
贺传成　姚平经　郭文生
谷玉芳（女）　洪玉朴　高　辉（女）
赵成源（朝鲜）贾淑琴（女）　刘汉复
齐玉珍（女）　周师庸　李玉荣（女）
李秀芝（女）　吴英侠（女）　张雅芬（女）
于喜珍（女）　毛惠敏（女）　齐敬凯
姜孝忠　赵国锋（满）　王保琦
李兴庭　郭庆祥　董丹红（女）
单喜文　闵丽霞（女）　郝　礼
吴英杰（满）　林淑荣（女）（满）
赵广清（女）（满）　林桂芳（女）
毕绍中　陈秋明（女）　胡春安
陈长亭（满）　陈树荣　林明选
关光大（女）（满）　王善琴（女）
李同喜　李宝元（回）　侯常芬（女）
杨素华（女）（满）　王友琴（女）
高广昌　陈颖新（女）　陈宝珠
付　鹏　梁桂芬（女）　吴尚华
穆春芳（女）（满）赵桂兰（女）（满）
刘素珍（女）（满）门玉杰（女）
陈士安　李泽山　张明汉
刘丽文（女）　李英林（女）　王照亮
张传本　韩忠金　汪延华（女）
孙锦文（女）　郭雅丽（女）（满）
李春芝（女）　孟淑娟（女）　王凤德
陈　祥　苏福山（蒙古）关文达（满）
王丽华（女）　冷桂荣（女）　孙新群
牛　英（女）　陈淑兰（女）　许宝沛（女）
徐振宇　黄　荣（女）　栗荣华（女）
张晓兰（女）　张素梅（女）　李丰田
徐殿良　陈绍峰　杨　庆
梁桂玲（女）　马景华　殷景华
杜彩侠（女）　张承信　李　祯
宋丽杰（女）　李桂芬（女）　原　野（女）
高学明　王金凤（女）　郭凤鸣
李庆华（女）　贾云英（女）　任志臣（满）
张其喆　孙作妹（女）　赵　旭（女）
李玉英（女）　侯英华（女）　牟景义
王玉芝（女）　王怀平（满）　高宝侠
周凤英（女）　金艳芬（女）　韩维坤
王凤学　宋海奇（满）　侯金华（女）
赵贵彬　张云映（女）　刘丕权（满）
洪　涛　徐显军　于在勋
张振明　柳连吉　王继元
吴家宽　阎世庆　赵宝林
吴国华　王秀英（女）　王祥林
范瑞同　张建国　刘维业
庄素文（女）　李长宗　赵忠海
吴汉忱　董淑贤（女）　刘森林
张秀金（女）　杨丰卫　保路德（蒙古）
姬庆生　顾贞珍（女）

吉林省

郑秀春（女） 孙茂香（女） 晁振英
鞠孟贤（女） 徐凤云（女） 牟慧芳（女）
张国常 高继禹 刘忠馥（女）
韩吉忠 于河清 任伏江
唐淑琴（女） 赵彦筠（女） 孙国山
李芳新 张显超 聂毅（女）
武连菊（女） 周华（女） 吕中（女）
李振申 董天瑞 雷淑芬（女）
刘亚芝（女） 朱广久 徐光
马喜芝（女）（回）
吴国太 李荣华（女） 吴锡有（女）
赵谦翔 金玉珍（女） 赵继光
赵进春（女） 刘景声 王树金（女）
张艳蓉（女） 张立海 王淑华（女）
董富 赵玉琴（女） 王青林
张超 党光耀 李成恩
赵越 韩宝智 梁凤祥
马桂荣（女） 李春风 刘永安
刘艳民（女） 魏衣中 李文福
曲文余 周秀山 张颜菊（女）
杨慧中（女） 高景生 张玉华（女）
杨杰峰（女） 王树清 田中力
王玲玲（女） 冯春秋（满） 曹剑波（女）
尚德香（女） 徐凤兰（女） 王德谦
周福民 闻家贤（女） 张俊
曲连香（女） 刘力（女） 侯明忠
李桂清（女） 翟桂珍（女） 刘建义
王忠娥（女） 蒋桂云（女） 姜秀花（女）
都玉子（女）（朝鲜） 刘茂品
郑可（女） 郑军 赵忠义
邹秀凤（女） 杜占起 王丽琴（女）
谭亚华（女） 王立范（女） 高峰（女）
李莉（女） 宋秀霞（女） 刘淑辉（女）
李秀武（女） 李玉波（女） 于占琴（女）
巫兆明 王淑敏（女） 宋晓慧（女）
刘文武 董振生 董文霞（女）
初文刚 高虹 于双宁（女）
胡长林 王伟东（蒙古） 隋洪满
李艳芬（女） 张伟 尹哲洙（朝鲜）
李雅丽（女） 许惠淑（女）（朝鲜）
朴英淑（女）（朝鲜） 许玉善（女）（朝鲜）
朴承姬（女）（朝鲜） 陈海营
李惠玉（女）（朝鲜） 关雪洁（女）
连建设 杨美华（女）（满）
莫秀芬（女） 何桥 李得春（朝鲜）
张福全 方衡秀（女） 王琛
周祯 孙庭柱 姜秉楚（朝鲜）
栾学钢 伏洪德 王立祥

黑龙江省

陈光敏 杨树庄 侯振廷
隋双凤（女） 肖凤兰（女） 付纯孝
张焕腾 吴生 沈英奇
商恕 姜绍卿 刘振荣
赵荣伟 王奭宇 吴振波
韩德旺 郝世儒 藏树发
郑殿友 褚国刚 宋积东
王丽斌（女） 贾淑英（女） 姜玉琴（女）
王若平（女） 王春梅（女） 任若男（女）
吕金枝（女） 滕志滨 高颖（女）
徐宝珍（女） 宋滨义（女） 田凤林
塔春宇 陈书琴（女） 黄书菊（女）
赵长信 刘维汉
元炯子（女）（朝鲜） 杨铁平
朴柄周（朝鲜） 马治义
郝长红（女） 王建华（女） 马振泉
国晓华（女） 王树林 吴绍义
李秀娟（女） 张卫东 马瑞忠
陈春兰（女） 李延馥（女）（满）
陈文会（女） 张杰峰（女） 赵毓华（女）
张敬先 浦敬秋（女） 夏锁记
赫丽娟（女） 林凤亭 沙伟平（女）
朱占如 卜晓明 李新华（女）
孙连英（女） 邢项霞（女） 高玉华（女）
姜蕴达 谭国君 于庆良
栗桂芬（女） 唐耀舜 孙丰义
崔虹（女） 王金祥 陈凯（满）

于祥杰 阎恒菊（女）（满）
孙贵运 吴玉芝（女）（满）
孟广珍（女） 赵仲儒 毕诗文
王洪录 白玉芬（女）（满）
吕秀华（女） 聂守谦 姜国富
赵淑珍（女） 陆锦芳（女） 胡亚文（女）
马连富 贾炳忠 赵连彬（满）
苏悦钦（女） 杨易农 朱国华（女）
王德利 姜晓波（女） 张会民
倭尚文 曹玉珍（女） 金敬龙（朝鲜）
宋桂芬（女） 胡增业 赵清福（满）
刘升学 黄金山 倪余久
贲广成 苗建华 安茂森
孙桂馥（女） 齐智（女）
吴芳（女）（回） 尹德强
聂振华（女） 张真凤（女） 王长良
杨景（女） 周金玲（女）
高清芝（女）（满） 荀万祥
邵玉杰 王德祥 朱淑兰（女）
于淑清（女） 张永坤 许嘉兰（女）
薛悦华（女） 陈雷鸣 董丽君（女）
王凤（女） 傅润勤 俄秀珍（女）
冯抗美（女） 王丽华（女）（回）
姚亚琴（女）（回） 高环（女）（回）
王佐书 侯幼彬 许春向
盛志廉 杨兰生 胡恒章
张锡勤 车离 张雨奇
周欣荣 郝忠孝 魏天民（女）
吴成滨 郭守耕 王文举
周枫 牛犇犇 蒋裕斌
陈九年 于平英 李清蓝
石国珍（满） 周树基 郭素侠（女）
刘孝先（女） 刘春普 陈健
岑禄英 张叔珍（女） 王延玲（女）
鲍丽华（女） 赵永珍（女） 刘迎春（女）
崔桂珍（女） 李季（女） 吴瑛（女）
宋海波（女） 候淑清（女） 王秀华（女）
关世宏 林泽鹤 李桂英（女）

郭芸苓（女） 许凤华（女） 王长山
赵满城 王树森

上海市

金重远 蓝鸿翔 王悌福
金林祥 吴斌才 张嗣良
周善琼（女） 许晓鸣 薛秉源
曹恍 夏鹏 徐福缘
王保华 王德人 张侃渝
许一经 李荣东 卢醒庸
林丙义 陆庆宁（女） 沈幼伟
陈宗煜 刘巽琪 岳金凤（女）
庄英乔 陆维高 何世逵
沈菊英（女） 陈国屏 顾凤梅（女）
金广琳（女） 王觉康 金荣熙
王懋功 姚鑫莉（女） 顾启泰
范珊珊（女） 鲁慧如（女） 洪素雪（女）
张敏智（女） 刘凤英（女） 李美芳（女）
刘京海 王一鹏 于伟（女）
曹静芝（女） 吴惠娟（女） 孙幼丽（女）
朱家宝 朱鸣（女） 黄伟华
何念慈 尤伟 杨培金（女）
江招娣（女） 申向军 徐宗兰（女）
益志刚 雷兰芦（女）（畲）
宗炳尘 邓美华（女） 储玉群（女）
梁皓伦（女） 夏新金（女） 王林芳（女）
沈晓宏（女） 李静娥（女） 朱佩华（女）
陈孟华 鞠森 钱启岗
施兰芳（女） 张丽（女） 黄胜玉（女）
陆晓芳（女） 张瑞香（女） 林美芳（女）
秦德英（女） 陆伟荣 周前（女）
蒋观辉（女） 丁辉君 王明志
张庆毓 彭文怡 仇忠海
沈云金 成祖义 周澄屿
鲍旦生 杨家荣 陈炳福
张禄 樊超烈 郭天成
郭善泰

江苏省

周化友 徐保荣 周道钧

杨伟中	吴尚志	陆从林	袁炳飞	陆士才	曹慧丽（女）
张再禄	朱普庆	周俊生	朱学珂	邵永康	陈志仁
何宇凤	蔡华春	庄文行	汤仲尧	缪　铭	王祖荪
王廷彦	华约伯	王钟涛	钱建国	朱恒山	陆红生
王鹏如	程雄德	冯子才	王永武	桂　杰	王荫槐
孙剑勋	李　炎	张树人	吴文华	刘同泽	张连华
吴瑞祥	张冠生	晏玉炼	徐润华（女）	韩林章	张　鹏
徐斐然	李明章	李才扬	黄济全	龚学俊	吴　盘
姜映梅（女）	张再阳	汪镇平	汤凤美（女）	瞿世金	陈正举
周新泉	张乃荣	刘成阜	孙祥兴	禹良华（女）	陈明选
陆云翔	刘古宝	张锡清	徐达萍（女）	薛益泰	黄家宜（女）
仲志宏	李正伦	刘盛时	孟广仁	王才和	王伍群
李鹏武	顾大勋	翟洪贵	陈萍华（女）	方延辉	王凤桐
宋健民	曹茂喜	应勤杰	李兆亚	陈天林	杨伯龄
张基舒	沈乃珠（女）	徐惠琤（女）	卜廷才	徐金良	马希国
殷秀萍（女）	黄夏芳	王志兰（女）	郑厚祝	彭　成	李　响
卢　光（女）	石天慧（女）（满）		李月芳（女）	郭汝早	陶安良
周　洁（女）	冯惠愚	张春海	张家所	王金城	茆国良
张景彪	张鸿毅	王秀英（女）	华增英（女）	陶安富	李锦英（女）
黄本芳（女）	陆仰懿（女）	李　建	葛恒楚	王达芳（女）	程茂政
陈国政	朱允明	吴长宝	丁兰芬（女）	梁先超	蒯素华（女）
王金生	孔令仁	华腊明	陈昌福	朱耀元	沈　梧
张新坤	吴中善	顾正荣	刘玉珺（女）	王如泽	崔兴泉
王开保	韦春春	洪乃重（女）	张能干	王凤玉	詹于晶
金祥娣（女）	姚秀华（女）	吴琴珊（女）	李祝君	陈明堂	王其庆
张祖乙	董孝感	吕芹浒	魏加林	唐　瑛（女）	唐维英（女）
庄勤芬（女）	张丽娟（女）	朱国兴	汪明堂	彭方葳	崔荣友
顾爱华	丁谷怡（女）	陈加生	权启友	徐培臣	王国文
鲍溪英（女）	杨复辰	何凤楠（女）	刘体健	王脉田	刘呈义
张松茂	汪　桐	李细娟（女）	周保民	王凤梅（女）	贺文杰
万正义	李亚文	徐连生	李敬潮	李绍良	索庆云（女）
唐锡芬（女）	殷人俊	徐思源（女）	陈士奎	陈玉萍（女）	李忠勤
吴洪彦	王世球	曹　健	张瑞莹（女）	孙学文	徐永田
李景华	严俊康	杨传泳	王志秀	郭心斌	杜庆沂（女）
张洪鸣	周树南	陆如年	杨春才	王从连	邵景玺（女）
钱祖民	吴文章	顾云鹏	张治国	何元英（女）	李忠尧
芮　滋	施建平	陆胜利	张镜丹	熊正达	孙伯鍨
方定愚	许锦飞	朱伟中	于洪珍（女）	汪　信	丁道宏

郭　坤　蔡　兰（女）　林　瞰
林文同　赵守训　胡秀仁（女）
单　墇　谢惠民　徐益谦
张如宽　赵肯堂　王　慈
石中梁　孙照渤　刘荣云（女）
黄锡良　施与春　朱得天
印士达　汤齐林　蒋国瑞

浙江省

胡金妹（女）　洪静涛　章巧红（女）
陈筱瑛（女）　吴润莲（女）　汤关木
朱美琴（女）　吴筠飞（女）　戚志坚（女）
余承根　施丽仙（女）　曹才佑
袁云清　居水金　陈志明
戴健寿　谢松茂　施丽华（女）
杨振芳　王玉梅（女）　郑常娥（女）
周豫东　俞崇高　胡新荣
杨汉昌　叶善昌　施才娣（女）
周翔蓉（女）　郑素梅（女）　刘增民
谷玉燕（女）　郑祥淼　张更生
王孝钏　吴影秋（女）　雷建阳（畲）
郑祖武　林永明　林厚妙
张春香（女）　李祖我　薛锦春
马娟仙（女）　祁达礼　邢祖康
金明淇　沈静娟（女）　顾雅芳（女）
周建康　钱兆斌　章思道（女）
倪淑芬（女）　孙柏林　程均一
许尧樟　楼哉定　沈百南
张海山　潘守理　金志华
顾琅川　梁志刚　高利泉
王维君　张学贤　倪志明
陈玉嫣（女）　徐菊芳（女）　王浩成
张兆龙　宋安国　王汉洪
张余积　余沛生　毛须女（女）
许木干　郑朝臣　李仁美
赵慧敏（女）　雷玉仙（女）（畲）
苏鸿英　朱哲逊　郑青岳
许连铮（女）　夏海峰　张雅喜（女）
张明星　叶静长　李正友
毛坤元　陈人斋　潘荷花（女）
张幼妹（女）　许红娅（女）　刘世清
盛端芬（女）　桑秀芝（女）　黄达人
朱祖祥　楼宜嘉（女）　俞樟华
王祖樾　周戟王　杨敬朝
宗庆后　孙水芳　吴波麟（女）
夏济渊　刘育诚　朱旻初
吴凯胜　王焕斌　陈岩根
张金锵　吴积木　吕耀松
李君云　郑家裕　卢仁华
曹泽然　张金山

安徽省

武道友　黄振武　司应西
陶应林　江　鹏　王成彬
孙玉平　潘旭然　王晓平（女）
张应鹄　洪礼伟　解正启
李修虎　张本玉　张芝庭（女）
龚得铮　孙玉梅（女）　周建华（女）
程德瑜　王光敏（女）　胡志廷
窦远衢　刘相春（女）　牛春荣（女）
许守德　董淑清（女）　田德才
段业昌　王　玲（女）　李士娥（女）
杨传兰（女）　陆德元　徐友舜
吴延坤　夏加顿　王维芳（女）
王连英（女）　崔玉喜　崔淑芳（女）
郁朝发　徐印繁　胡本权
张德华（回）　杨卫平　唐尚瑞
徐素琴（女）　张晓恩（女）　汪昌锋
朱国经　夏友好　刘民主
罗发祥　程　雯（女）　王先华
郭予善（女）　范兴龄　李录良
朱子文　赵启云　陈　东
邹　阳　韩家骥　杨美华（女）
肖东平　李　平（女）　张　琦
高殿斌　张文艺　段继明
刘　勤（女）　徐伦才　王大鲁
嵇玉华（女）　马达鸣　付希超
段加强　梁永平　尹为鸾（女）

杨凤兰（女）　储北平
王惠媛（女）　殷　平　杨美琴（女）
徐　洁（女）　潘德安　吴同孚
韩墨斋　丁胜松　王仰明
刘芳胜　王绪信　高松江
方　忠　陈爱荷　刘耀林
周成琪　周和岭　何铁基
陈德安　王耕标　冯玉环
黄世堂　苏学武　王士杰
郝义方　李瑞坤　陈九成
马乃昌　王昌成　杨广志
韩文卫　李怀霞（女）　金震东
苏继政　张星北（女）　李家琮
余道胜　罗　红（女）　袁世业
杨　鸣（女）　许文业（女）　伍克君
瞿福海　吴少华　陈　峰
杨从义　李道香（女）　沈祥保
武勤学　贺义武　姚能金
刘大章　谢天明（女）　祖　庸
吴先良　钱源诚　林皇文
胡汝麒　孙瑞元　李茂萱
余恕诚　马建国　戈俊国
蔡立和　郑惠民（女）　王培康
尹光潜　吴锦林　陶合禄
张德凯　汪永辉　詹治壁
彭绍宽　崔从育　应吉芬（女）
徐文英（女）　许忠典　汪湘生（女）
石常太　杨　琦　杨家敬
郝元根　项义发　高崇康
李经太　王景森　蒋中福（回）
王和敏　孙明玉（女）　顾寿铭
潘明章　朱必忠　陈先举
王彦坦　王　镇

福建省

黄九如　林可容　吴锺红
陈玛添　张建国　陈行铨
王世孚　吴崇安　叶锦生
李燕丽（女）　张鸿刚　华如生
郑春德　陈嘉仪　林正馨
陈巽懿（女）　陈惟乐　陈瑞洛
施祖振　林传富　洪恒义
陈万枝　冯瑞庭　林金铭
林水木　庄国斌　王朝琴
陶　冶　庄杰杯　林清荣
陈景兴　王超凡（女）　何丽华（女）
赵南平　陈文廉　郑一平
王光松　柳伯玉　邱炳奎
赖汾扬　李如珍（女）　任明姑（女）
吴挺平　吴镐洛　郑　臻（女）
张学诚　吴昌澍　叶祥勇
陈子敌　林梅瑛（女）　李兰芬（女）
陈印奇　陈玉模　张增荣
郭廷民　黄萌莉（女）　郑元武
邹明炉　张义安　施凤燕
邱双美（女）　王坚强　黄圣杯
徐光汪　陈荣辉　黄卿初
郑迪彬　徐成龙　谢礼同
黄景川　郑柳堤　张新旺
杨华珍（女）（回）　徐华宇
张荣誉　杨兴义　宋祖伟
庄瑞英（女）　姚光涵　丁振清（回）
林国基　叶红珠（女）　邓启东
赖锡林　江茶兰（女）　温正福
邓良柏　刘崇灼（女）　叶素珍（女）
卢幼荣（女）　朱玉珍（女）　卢丽玲（女）
龚美霖（女）　詹美娥（女）　陈光瑞
潘庆德　马　鸣　廖炽昌
蔡天寿　曾德聪　陈训焘
郭葆銶（女）　吴依秋　王爱秀（女）
姚定华　黄成才　龚　培
俞朝晖　吴邦豪

江西省

万嘉勋　余　萍（女）　杨运象
卢中缘（女）　方　芳（女）
王小燕（女）（回）　舒永仁
陶寿铣（女）　王桂明（女）　胡爱春（女）

舒宝璋 王富银 庄其筠（女）
孙　萍（女） 苏锦箱 童明秀（女）
何伟华（女） 凌兴煌 淦方仁
胡家珍（女） 黄云从 李先鹏
施绪华（女） 徐勋烘 鲍虎朝
杨道凤 陈珍玲（女） 涂清鳔（女）
傅建平 孙　炜（女） 胡金华
徐三祥 刘月凤（女） 金义和
刘翼连 吕柏华 卢晓凡
肖群福 夏筱珠（女） 周小青（女）
钟添生 刘国明 郭莉莉（女）
谭　天 蓝玉招（女）（畲）
孙永伟 潘春秀（女） 赖　锦
戴存仁 胡中兴 刘华荣
陈运红（女） 李传栴 顾柱尧
洪文行 董武才 李月仙（女）
刘国祥 张　智 郑雪梅（女）
吴许心 蒋林祖 吴家成
孔德顺 吴福生 刘惠珍（女）
王维汉 王振帮 严先准
李　明 程红兵 梁启生
彭梅秀（女） 王仁太 熊九根
谢立群 雷声亮 周三南
卢辉士（女） 洪引欢 黄绍富
程赛月（女） 张万民 林瑞山
邓国芳（女） 文士英（女） 夏申甫
周瑞云 肖贞钧 宋水林
艾福英（女） 巫又岚 左行斌
黄春兰（女） 周华生 曾南元
吴朝云 何英长 刘惟坤
曲洪民（女） 刘恒昌 曾国华
吴金凤（女） 陈抗美（女） 郭开敏
陈裕德 吴会堂 喻建平
周帮国 洪任金（女） 费定晖
姚若浩 孙弘安 冀殿英
胡援成 姚　电 陈聿北
曾庆城 袁　征 邹志森
吴东兴 陈筱蓉（女） 吴元保

徐正春 毛赣华 谭海涛
王俭宝 王建忠 王长仁
邹盛清 周心贵 王充仁
王汝章 刘光仁 黄日耀
何寿乔 曾马南 刘小琴（女）
高小天

山东省

韩　常 马建中 贾象铠
王积民 杨瑞华 董　萍（女）
李　敏（女） 王绪宗（女） 刘其军
韩　伟（女） 尹道济 兰俊宝
梁继增 王茂根 董传才
赵　华（女） 孙公信 刘长华
王秀华（女） 张靖宇 张　愉（女）
李嘉评 陆瑞华（女） 赵冬梅（女）
袁秀珍（女） 王永福 王　勇
孙常坤 章宏开 吴素娟（女）
张成新（女） 邱仲伟（女） 焦泽山
徐国赞 唐念平 郭朋章
宫乃立（女） 王玉俭 张月华（女）
陈　玲（女） 王斌章 李荣茂
成士江 于世登 王福荣
武守舜 南其彩（女） 孙兆敦
陈　明 石毓基 李学骥
金树侠 曹永昌 马云亭
由辛基 金廷良 王永传
王惠兰（女） 褚衍华 张培迎
洪振伦 刘文俊 牛家骥
贾秀云（女） 陈召华 王星元
李益钦 纪保国 李琪瑞
陈增玉 张发德 滑学成
张焕南 王凤阁 王慎诚
胡春祥 李克纯 王传祥
刁建亮 初吉元 张宗德
周学君 孙希华 朱学忠
刘万镇 王玉梅（女） 姜秀芳（女）
葛功显 慕永和 范象坤
于开鸿 许日先 赵熙洋

刘崇渭	董文普	孙传珊	宋考金	李乃贤	李孟毅
鞠传忠	于东章	王明哲	赵书亭	庄肃钦	丁尔沛
周玉兰（女）	赵新怀	姜能春	王金战	黄宝善	孙迪武
郇庆华（女）	仝德周	房克正	刘光杰	吴殿更	邵玉文
张全孝	张永年	马明礼	张允启	孙恩联	庄　炜
王英华	李群峰	吴维成	徐兴晨	王友林	孙汝清
杜恒美（女）	戴化行	孟令华	谢亚非	刘　庠	杨福纯
于桂华（女）	朱　孟	杜家法	鲁统峰	张　伟	邓文珍
孙秉明	肖彭年	孙怀滇	钟从彬	闫先德	余全忠
王金殿	程清潭	官焕文	邵忠云	孙金梅（女）	徐玉祥
钱忠一	于建平	张桂香（女）	任宪峰	陈传铭	张喜亭
董清义	郭永礼	冯德业	王兆举	郭秀坤（女）	孔令柱
郭玉仁	翰德墉	周传成	苏庆梅（女）	梁衍振	王乃民
魏传栋	白锦森	董继松	赵效和	李鹏君	余惠资
亓尊圣	贺庆兰（女）	刘彦更	鲁洪连	张广荣	宿星辰
徐勤业	陈传军	周玉成	杨进田	张新平	李贵来
孟昭立	聂北利	许自新	田桂珍（女）	宋银芝（女）	刘青峰
刘春荣（女）	孔庆爱（女）	刘春玲（女）	殷春菊（女）	丁子正	仇志高
鲍广恩	刘德贵	王宪奇	陈荷桥	李秀芹（女）	王传仁
马长兰（女）	张玉书	高鹏云	刘子琴（女）	李恒忠	孙长坤
张伯礼	王延民	张元勋	衣恒勇	渠正文	李希敏
李坤方	王圣华	巩长德	白　衡	郑恩典	陈茂盛
任永华	韦忠兰（女）		董淑霞（女）	王守广	刘广如
张承翰	李华灿	张洪道	杨锡田	刘志军	周锡才
徐昭媛（女）	薛宪桥	张自修	傅桂兴	王光信	陈佩冬（女）
秦吉江	袁永道	席兰方（女）	李庆臻	张珍玉	巩庆海
刘学凯	刘秀英（女）	楚永熙	袁俊平	杨梅怀（女）	王守元
张自南	韩振金（女）	时齐升	王锡湖	钟美兰（女）	谢承基
曹明田	李德海	霍友忠	周天华（女）	周茂祥	戚道平
武治河	黄玉玺	田奎存	王少荣	王可钧	刘天兴
马环才	贾鸿斌	张玉堂	杨国振	刘科锡	胡玉高
李教华	颜世祥	王韵震	王瑞先	丁秀荣（女）	胡积滨
刘洪亮	刘合文	卢砚青（女）	张新同	赵春敏	单熙禄
姜坤崇	李武福	王世朋	赵妆汾	徐宝俊	高佃洪
安秀莲（女）	冯翠英（女）	严寅贤	金延章	张发泉	蔺振友
梁化栋	苏连信	王洪禛	孙殿儒	孟庆文	关忠宇
曾昭光	王佐新	郭继会	张继礼	滕怀运	周恒厚
田学江	刘金广	王婉如（女）	任继国	李观江	张玉庆

刘发春 马祥军 陈玉荣（女）

河南省

樊宪军 张雪屏 刘星
杨文祥 李爱（女） 徐建勋
肖居今 刘绍德 徐秀华（女）
贾协宾 张秀兰（女） 李靖靖（女）
秦国秀 马秀玲（女） 张照寰（女）
杨占兰（女） 王花兰（女） 张守曾
王方（女） 李九成 刘亚丽（女）
杜守英（女） 何艳霞（女） 孔淑蕊（女）
郝振东 郭登昌 王东海
王桂花（女） 李天兰（女） 于照莲（女）
韩玉璋 毛学礼 胡庆龄
丁万超 李淑芳（女） 王高星
李玉鹏 陈占强 韩曾平
田海棠（女） 李显 宋秋菊（女）
李建敏 薛松波 郭书智
张合伟 吉清珏 邢清安
孙凡（女） 朱广增 王守仪（女）
刘苹（女） 孙顺通 朱高松
张爱芝（女）（回） 刘玲（女）
李卫生 李成 申建民
侯二娥（女） 韩瑜晟 郭天林
赵鸣学 周华堂 刘国民
刘晓光 张宝霖 张贵斌
潘佐春 顾富荣（女） 李际钊
张福海 彭光垚 常彦祯
王素芹（女） 孔红霞（女） 畅玉民
李建华（女） 党桂枝（女） 赵凤兰（女）
赵铮（女） 武振北 张秀琴（女）
刘艳芳（女） 郭玉秀（女） 陶俊
赵言福 朱广东 武报昌
刘富强 马林 谷锡九
张菊梅（女） 张季媛（女） 吴钦萱
郭东升 李红新 申俊英（女）
刘凤鸣 苏琦书 郑小运
赵诠华 郑忠莲（女） 宋学忠
程志远（回） 李玉香（女） 胡会荣（女）
赵秀梅（女） 冯元恭 王庆
闫建国 李春兰（女） 米兴茂
刘鸿昕 吕志民（女） 张玉田
陈振双 王英堂 刘景素（女）
马庆华 张兆森 郭志刚
涂宗仁 赵秋玲（女） 吕付根
陈海莲（女） 杨清宇 张玉卿（女）
李玉枝（女） 李歧山 李喜爱（女）
胡振元 胥玉花（女） 袁宝铭
丁书良 米乃贤 吴德林
刘巧云（女） 贾国朝 桑国有
赵家安 朱光亚 李中亭
陈世录 张敏 郭小国
薛金法 王发禄 温福生
全为民 董家盈 杜增业
王荣太 朱爱荣（女） 黄连平
梁艳荣（女） 谷长山 王凤兰（女）
张家荣（女） 夏成道 朱运长
胡述琦（女） 雍茂官 杜心甫
张传璧 王金铸 徐树玉
唐运德 赵自清 毕明德
余伯平 陈丽（女） 刘剑峰
何兰英（女） 李学栋 王玉洁
张继朗 王学田 任传诗
黄朕 张传贵 刘美芝（女）
夏伯顺 涂纪超 李秀英（女）
耿守明 牛广才 田坤亮
罗明亮 刘保军 白红梅（女）
夏喜仁 路世民 文爱英（女）
王江波 周瑞林 李茂智
段耀明 付善娥（女） 黄传福
毕乐武 朱保华 丁书桓
曾晓辉（女） 司萍（女） 杨嘉友
王颖（女） 虎天佐 余乐（女）
申清章 柳学政 周百庆
郑定豪 曹印芳（女） 陈本强
夏俊 刘克立 赵天云
虞胜友 田志祥 丁声强

张友君　丁心林　张同榜
时玉璋　郭长华（女）　许照华
邹富合　刘玉富　李成巽
毛荣吉　赵永波　张殿聪（女）
陈合山　王国强　胡　峰
符明照　郭林法　朱广恩
周太祥　郑盘周　齐书林
陈运贵　吴桂林
王书恒（女）　张学东　靳顺有
陈瑞祥　宋晓君（女）　张天修
胡家宽　李松林　唐春生
袁富海　荣运志　岑桂英（女）
张玉枝（女）　陈付生　许平安
李明义　李继国　韩立民
麻爱菊（女）　樊绍忠　焦永均
王秀臣　董治国　王国印
王显庭　李金岗　叶高峰
李　民　王崇喜　卢士堂
何权衡　马相奇　李长松
宋建伟　毕天璋　周鸿钧
谢宋和　姜永嘉　吴勇军
李印清　胡为民　姚正祥
彭荣芝（女）　刘保瑞　郭裕德
张桂兰（女）　吕咏青（女）　张宜梅（女）
刘维民　王秀荣（女）　许建中
李志伟　黄　新　张　勇
孔庆成　马芸生　李文华
余静安　邬银龙　杨　莲（女）
刘晓进

湖北省

高厚华　屈锦涓　朱　洪
张国启　卢仁贵　周宝根
葛兰英（女）　石德全　马祥林
陈洪兰（女）　李顺之　叶云山
李弼盛　张德之（土家）
徐勋尧　周昌龄
聂运君（女）　刘　立　张乐群
刘官福　张祥诗　陈　锐
徐　超　罗炎桂　李细清
李宗义　周训斌　张远东
余帜昌　姚思训　施耀怀
张吉甫　徐戒三　周丹文
陈　群　陈利青（女）　张立稳
向　阳　蔡春祥　谭汉清
王文华（女）　范先友　刘惠芬（女）
张国业　沈　萍（女）　陆成刚
胡德广　刘国田　梁绍智
张素兰（女）　陈兴林　严化东（女）
张德琼（女）　方定忠　李　涛
石晓明　张承媛（女）　郑春香（女）
徐斌安　陈继先（女）　曾成兵
董家兴　高　松　胡家凤（女）
邓存湘（女）　戴永玲　何勋桂（女）
刁乃文　罗顺成　沈伯诚
吴时禄　杨雪芬（女）　许　正（女）
张千帆（女）　望运锡　高圣奉
彭名树　李元陵　张　军
黄达荣　余从孜　张业燕（女）
张国华　周其美（女）　童淑英（女）
路明旺　刘道德　彭同舟
杨泽忠　刘荟礼　王观明
李学忠　权江潮　冯甲山
周克明　姚明福　张福山
章强安　钟先立　赵正华
龚开香（女）　都仕贤（女）　黄平武（女）
龙远大　廖崇琚（女）　谭明毅
高继英（女）（土家）　冉正芳
冉正祁　梁佑宽（土家）
谭家炬（土家）龙发山（土家）
严奉现　张显政（侗）　梅孟良
杨仲池（土家）敖锡英　王祖送
刘石音　蔡二和　王金玉（女）
倪永祥　秦　娴（女）　叶旭林
张作良　蔡玉珍（女）　许昌万
袁宝良　向家美（女）　朱红奕
郭俊富　陈春莲（女）　曾祥炳

朱华山 李家志 翁春芝（女）
华　荣（女） 张信雄 余远景
王生动 彭先吉 梁杏珍（女）
罗会香（女） 刘邦云 施水松
康中典 袁书珍（女） 张致劲
唐雪莉（女） 沈先伦 朱国彩（女）
郭圣敏 吕方锦 王同林
田雨时 肖强烈 刘星英（女）
胡从新 冉红胜 童瑞洁（女）
谢升先 刘南陔 王顺安
李守翔 李习红 黄自强
张少如 刘家振 赵　侠
宋　扬 曾奇书 陶守德
王康健 聂国弼 陈维凡
严宏平 何国瑞 叶明训
陈　坚 吴秀桓 王时杰
游振东 李学恒 赵宗煜
樊　恽 钟兴水 赵钟鸣
李义天 晁定波 赵言辉
邓桂芳（女） 吴佩星（女） 邓芝梅（女）
王莲凤（女） 常秀兰（女） 胡曼莉（女）
陈卫平 程景星
李诺娅（女） 石可中（女） 吴正芳（女）
李家美（女）（回） 刘　闯
万慎忠 李常良 李重林（女）
陈淑兰（女） 黄明哲 刘友仲
黄新阶 杨崇新 邹治清
宁育明（女） 方淑琴（女） 刘胜华
饶林辉 胡孟生 赵章爱（女）
毛柏泉 张礼义 周奉来
汪福生 刘德三 许庆锐
汪长福

湖南省

刘祖茂 陈浩明（女） 刘忠东
陈贵华 何石根 徐适存
黎莉莉（女） 李伯乾 刘庭怀
刘新程 曾广勋（女） 周建国
王宁江（女） 李俊年 张驱美（女）
肖立行 颜惠兰（女） 杨培平
张天如 杨　端（女） 袁选球（女）
尹南英（女） 倪芬华（女） 刘树仁
洪能愚 田礼信 唐玉健
许雪映（女） 李维宏（女） 龚春梅（女）
沈茂生 齐湘雄 曾　亨
张　全 胡嗣辉（女） 阮惠玲（女）
丁桂芝（女） 何茂书 宋立南
罗松轩 周鹤凡 严钦明
曹应芝（女） 陈琢煌 唐湘桃（女）
张灿熙 隋国庆 罗茂光
陈寿秋（女） 黄祖圭 杜国烈
唐承斌 肖维元 李明珠
龙仕雄 彭双红（女） 龙斯旋
李正春 刘金纯（女） 李鹿萍（女）
何奎中（女） 周书芝（女） 陈惠畴
杨载田 陈熹昆 张鹏程
蒋明模 杨正斌（女） 李海涛
胡志昭 蒋国强 高克威
胡白云（女） 任修柏 李子玉
李登玉（女） 孙际清 李桃英（女）
冯晋文 祁梅芳 刘赤符
胡南云 翦梁材（回） 李瑞霞（女）
陈升发 吕继超 蒋解云
陈维凡 朱阳明
杨祖兰（女）（回） 旷筱炎
罗德先 陈代瑞 刘太光
刘小春 李浑然（女） 谭艳芳（女）
聂曼萍（女） 罗桂生 肖汉兴
马轶麟 徐芳香 彭建成
胡小平 周去非 莫柏青
刘中贤 吴德辉 田成仕
刘学申 王嗣佐（女） 廖国清
杨竹华 朱明勇 郑早春（女）
何英烁 文奇晰（女） 龚凯中
谌忠新 郭维香（女） 邓伟元
谭云凤（女） 邓奕瑜 李源洪
朱上正 李辉尤 焦守红（女）

肖晓屏（女）	刘　冰	何敬之
秦树鑫	蒋湘全	陈培典
张　林	蒋顺程	陈　凯
张玉莲（女）	唐遂民	周系焕
李国喜	欧雁宾	蒋先惠
廖普成	糜　健	曾笃恭
周伯达	粟长源	张荣兴
王晓瑜（女）	李鹊起	舒孝轩
肖润芝	宋泽成（侗）	李梦兰（女）
舒易胜（苗）	石庆禄（侗）	罗庚岭
张廷森	李婵梅（女）	文庆年
周志高	居培炎（女）	魏　明（女）
梁阜球	周红杰	邓德民
胡时明	陈历龙	邱清疆
曾宪光	龚子祥	吴天球（土家）
徐一元	邓兰香（女）（苗）	
杨树葆（土家）	向安民（苗）	陈克家
袁宏喜	蒋建敏	张淳源
吴德基（女）	彭明海（土家）	丁其敏
曾庆元	黄应恒（女）	王孟特
周清明	张成裕	李云霞（女）
黄天泽	何灿芝（女）	胡少康
李国勋	王庆云	李禹章
张友文	荣德明	余国藩
赖均平	丰宏斌	邵森林
罗祚绅	覃道怀	段德宝
曹建国	胡良甫	邓国生
蒋兴武	向丕林（土家）	
黄玉霞（女）（土家）		郭青峰
甄业成（白）		

广东省

麦月娥（女）	李麦浪（女）	邓婉球（女）
保汝勤（女）（回）		何镜芳
冯旭初	黄国铭	王若骞（女）
叶尔安（女）	陈永雄	刘海鹰（女）
叶炎富	林佩玉（女）	甘冠宏
吴舜玲（女）	邓福棠	柯正儿（女）
黄大威（女）	王淑芬（女）	黄礼逑（女）

邱世和	蔡明已	林邦荣
詹玉明	陈友光	苏章地
李晓青（女）	吴大纶	陈伦展
丁庆端	郑淑媛（女）	陈岱雯（女）
刘秀凤（女）	李科韬	吴储甦（女）
花扬玲（女）	黄振鹏	陈赛吟（女）
余小梅（女）	李淦文	潘新德
池达贤	黄传营	张发燕
陈明英（女）	刘桂兰（女）	胡永韶（女）
肖惠英（女）	丘罗安	黄欧民
叶东标	蔡俊腾	张金陵
陈可辉	陈珍元（女）	李永光
李远程	陈连豪	蓝仁坤
范宜潜	刘仪职	谢定波
张锡钦	钟歆胜	钟锡琼
谢柏兴	林建中	卢柏容
许子粦	钟百强	侯森发
陈　震	苏佳荣	林福棠
蔡爱英（女）	肖蕴珍（女）	何　钟
梁倩仪（女）	区志群（女）	赵细女（女）
梁瑞娟（女）	林建威	李杏婵（女）
杨宝珍（女）	黄培群	叶秀利
陈　贵	郭李芳（女）	林佩霞（女）
吴其桢	詹景芳	梁　海
钟　杏（女）	邱德铭	钟世焊
陈　倩（女）	辛　斌	张世智
卢春梅（女）	林木杰	池戈锋
吴兆钦	范璟璟（女）	杨寿固
陈宝华	邝凤翔（女）	林昭然
郑小羊（女）	廖陈泽	林友荷
彭永潜	刘世良	冯海连（女）
罗协平（女）	周桂珍（女）	马启康
梁卫东	方金莹（女）	梁敏灼
黄耀琼	郑福林	谭成伟
李亦芬（女）	谭妙燕（女）	刘丽君（女）
杨观禄	张瑞莲（女）	黄齐基
吴世基	何国业	彭明铨
朱天德	李伟英（女）	朱乾焕

黄一林　彭增劲　许　植
崔文忠　谭亚叶　麦瑞坤（女）
谢婉芳（女）　谢振华（女）　骆景元
李观女（女）　李木波　欧树昌
黎建雄　何鉴波　欧超庆
张福中　黄景中　胡伟文
刘蕴冰（女）　林鸿荣　高祖阶
肖子松　杨　播　冯翠芬（女）
何化万　杨超永　冼祖添
刘伯石　王荣杜　乔树德
沈茂琮　郑裕杰　沈冰痕（女）
王谦和　陈霭庭　杨书霁
蔡劲生　方维生　陈成岩
郭炳名　黄　滋　黄开南
梁世钧　张　超　张美源
黎兆文　林建英　谢甲明
张爱萍（女）　龚兰凤（女）　彭权群
卓一恒　李文英　王锦荣
李长胜　陈赞盛　郑佩萸（女）
黄闻健　张文贤　陈一岳
李允文　吕奎文（畲）　凌光鑫
颜　钰　程　宏　林大辉
吴中亮　李廷媚（女）　程　飙
孙　建　陈树功

广西壮族自治区

吴甲斌　甘永才（壮）　张继霖
黄任凡（壮）　农显炳（壮）　黄定明（壮）
苏宝义（壮）　周治定（壮）　杨海荣（女）
谭植镇　陈恒钰　马有望
黄梅英（女）（壮）　卢连英（女）（壮）
曾崇光　邱明珍（苗）　左朝文（壮）
吴继光（壮）　张昌怀（侗）　韦善极（壮）
廖玉清（女）　莫国毅　覃柳青（壮）
胡万兵　阳济生　何盛斌
文庆城　唐元助　邓榕珍（女）
曾海荣　成春先　何应瑞
钟子盛　赖运森　李裕泰
林庆松　杨南鸿　何　华
陈家友　梁宇萍（女）　梁光衡
覃钖远　曾克毅　严尚平
陈拔云（女）　杨秩兴　卢耀珍（女）
蒋先全　李嘉驹　李伟坚（女）
黄京猷　梁兴煜　梁文东
廖瑞芳（女）　吴炎敏（女）　邱永秀（女）
陈宗礼　赵务良　范家莲（女）
宁兆思　梁雄芬（女）　陈善华
孔志坚（女）　吴红锋（女）　吴炳春
宋为儒　方雄汉　沈　政
张荣金　黄子胜（壮）　黄少军（壮）
杨安时（壮）　邓红梅（女）（壮）
郑展勋　罗宝珠（女）（壮）
文旭东（壮）　李建忠（壮）　赵　峰（壮）
谭德辉（毛南）　邹治敏　冉孟华
刘世隆　陈战帝　罗　教
梁贵群（女）　兰美英（女）（壮）
梅　玲（女）　张欣烈　邓徐英（女）
黄丙有　卢鸿甲（壮）　卢周琳（壮）
朱蔓莉（女）　卢玉芳（女）　覃振安（壮）
张文军（女）　莫汉中　赖立祥
王书荣（侗）　兰庆武　成晓萍（女）
黎承运　周锐坤　黄碧珍（女）
蒙群芬（女）　钟文豪　梁海英（女）
罗国源　吴廖远　周雪松（女）
李桂珍（女）　毛秀芳（女）　蓝日星（壮）
黄耀光　冯冠之　杨福瑞
农辉图（壮）　彭懿紫（女）　严永顺（女）
林宝全　杨家通　钟庆贤
关俊峰　林永安　丘永友
王志业（壮）　吴龙海　杨群英
王厚业　江　能　韦继禄
吴光文　陈光旨　苏　培

海南省

林俊澜　黄闻汉　王魁让
王政和　张志标　邓　干
林开贤　邱德民　谢　云
陈良敏　李国良　张文昭

柳其位　林道琪　肖丽芳（女）
黄丕钧　黄积荣　符振才（黎）
程为虎　陈焕强　张德拉（女）
陈鸿博　赵力群　高荣泰
林良花（女）　梁定贵

四川省

薛月琴（女）　万鄂祥　曾仕禄
张传斌　柯长荣　王元国
周胜富　杨乾敏　刘昭棠
朱邦谊　古开国　宋泽良
薛粤孝　曾孔玉（女）　刘瑞祥
王洪斌　吴长会　钟科明
田光泽　马正光　胡守从
周先荣　余厚生　余恢毅
胡德纯　苏延贵　谭焕章
李成学　何德林　张容生
李洪友（藏）　周述文　陈代贵
陈本胜　廖正淑（女）　何斯宣
周雅德　刘述成　李宗惠（女）
陈洁芳（女）　达鹏福（回）　杨早彬
刘　山　谢中央　董华富
胡宗彝　李国寿　赵文淑（女）
季选民　郑玉英　马玉成
宋文田　吕一林（女）　徐述云（女）
陈明英（女）　李天墀　冯秀清（女）
张流芳　贯　镛　郭开明
刘茹眉（女）　胡兴玉（女）　周　谐
邓章敏（女）　何春溶　徐佩华（女）
李继奎　李天嫦（女）　苏纪容（女）
龚万碧（女）　何　平（女）　张书杰
郑世渊　周通明　葛　华（女）
杨伦友（女）　陈文建　罗安淑（女）
张光容（女）　邓安华　雷世礼
周国堂　龚方程　童登蔚（女）
杨智煌　杨美金　唐崇德
邓文岚　胡静虎　王力军
陈达昭　谢本固　李清平（女）
徐大荣　柳　林　刘明江
李华年（女）　朱万林　张彦爵（女）
蒋先玉　王明高　吕道承
王石桥　钟家铭　林建柱
田陪陪（女）　黄建国　高纯良
李英杰（女）　刘秋珍（女）　王德全
严红卫（女）　赵继华（彝）　吴锡相
杨三秀（女）　庄景莲（女）　陈启江
陈绍兴　黄伯澄　叶永龙
魏明绰　蒋天寿　吉华芳（女）
田　明　王运培　廖乾化
赵永公　肖隆胜　胡雨春
李志祥　陈朗清（女）　梁光荣
罗达纯（女）　郑立权　吴鸿鸣（女）
唐明亮　肖忠琼（女）　马宁国（彝）
代周玉（女）　郭泽嗣　汪　清
王甸策（女）　刘正华（女）　王旭辉
余广琪　严道康　刘益清
蒲星余　李良明　张宁华（女）
廖广和　胡帮达　陈素芳（女）
刘秀莲（女）　吕占辉（女）　周封鲁
廖化铜　毛家容　李开健
李良玉　王章华　刘汉蓉（女）
吴效志　李开蓉（女）　蒋成铭
李俊祥　张开先（女）　刘明福
李　萍（女）　张子杰　尹全育
蒋明远　方太良　胡荣生
陶光生　黄绍渊　吴锡荣
高万金　邢子兴　向茂硕
冯万绪　徐思敬　李文藻
陈　常（苗）　刘根初　邓生云（苗）
戴廷政　刘中慧（女）（土家）
肖世良（土家）　孙靖邦　郝锡强
曹大普　陈家榴（女）　张光生
林　强　余宗祥　吕恒才
冯亚非（女）　李芝美（女）　杨子丹
许小因（女）　潘学富　陈光培
肖成煌　蒋　平　魏大银
柳德军　周开华　张季康

王正贵　冯大权　陈代清
汪光莲（女）　李咏雪（女）　韦延河
赵友铨　余步墀　李琪林（女）
李万祥　刘辉龙　徐亚兰（女）
王化模　高同祜　赵言兴
赵大哲（女）　李从虎　李绪萱（女）
宋志敏（女）　吴必永　李贵清（苗）
袁廷丹（女）　周兴仪（女）　黎久新
王维舟　杨培植　温家绪
杜林芳　杜福隆　侯正邦
刘延生　乐无一　李秉贵
李德先　唐仕全　易文英（女）
刘尧荣　邱　秋　曾令钧
马荣兴　韩天合　刘文瑞
陈隆琼（女）　周祥平　李中平
雷子碧（女）　程远术　王泽英（女）
向可琼（女）　王定国　刘宽迪（女）
余显文（女）　吴作兴　李康先
黄华珍（女）　陈大玉　李培均
王友莲（女）　袁启东　徐良邦
罗泽海　颜英邦　尹文彬
童其政　李柏林　罗匡胤（藏）
吴大真　余承英（女）　柏淑娟（女）
张启树　王守一　吴章贵
张仲贤　王兴培　李国均
李顺炎　王达伦（彝）　沙福泉（回）
林淑珍（女）　邱敏果（彝）　比机尔日（彝）
张方震　廖德惠　李众立
李耀根　潘保昌　滕福生
刘荣光　向仲怀　徐天池
李素华（女）　李　权　冉昌光
古天祥　易宗富　苏祥茂
赖允熙　李贞义　蒋和秀（女）
甘　牛　杜文兴　陶元鎏
简德华　颜少先（女）　刘才珍（女）
刘国瑞（白）　郑国玺　王　佳（女）
赖培恭　张华修　杨　明（女）
宋拾隆　杜珊明（女）　周光华
许廷星　朱子训　邱本达
邓润生　谢崇贵
泽射哈姆（女）（藏）　徐天之
张秀琼（女）　刘光治

贵州省

唐慰常　张启绵（女）　马　青（女）
王福林　岳桂珍（女）　马平荣（女）
付思莲（女）　周瑞民（女）　申　朴（仡佬）
穆云强　肖元瑶（女）　卢光碧（女）
杨德忠（侗）　黄在萍（女）　郭仁高
刘国学　赵碧琼（女）　杨子忠
赵继辉　欧阳桓（侗）　熊　平（女）
龚晓玲（女）　朱仲明　李新民
班殿达（布依）　杨幼麟　沈联方
熊　斌　李崇政　赵勇吾（女）
宋树高　周社林　龚定蓉（女）
桂来忠　刘大振　陶学英（女）
谢佳江　潘锦辉（苗）　胡朝主（苗）
龙玉元（苗）　欧文铨　杨德兴
蔡亚非（女）　王安维（女）（苗）
梁正梓（侗）　帅武权　龙荣总（苗）
游所能（壮）　陈嘉璧（女）　陈　钟
莫帮秀（女）（水）　王　健（布依）
王廷均（水）　石禄恒　刘兆鑑
王祖芬（女）　张丽芳（女）　王贵勤
杨槐林　王家勋　卢照华（彝）
黄书绅　郑德礼（侗）　宋素珍（女）
余远达　胡心朴
曾庆兰（女）（苗）　李开中
石维祥　王敏魁（女）　黄明琪
程宣智（女）　杨承祖　冉启科
崔瑞平　杨多贤　刘　强
王天富　肖贤彩　刘仁俊
戈拱嗣　刘上升　刘福智
陈新瑜　杨习伦　龙汉清（苗）
涂世刚（土家）　黄承昌

云南省

李伯芳（女）　罗佳玲（女）　段加友

李绍明 沙志昭（女）（回）
周金碧（女） 朵智林（女） 陈志聪
孙素斋（女） 李自禄 普文建
陈必贵 倪国民 李可金
蒋永明（女） 周正文 唐玉尧（女）
石月云（女） 吴兹编 王成德
方明德 朱绍直（苗） 李潜能（彝）
燕智谋 张国先 缪志和（女）
张学龙 刘宝华 洪纯华（女）
刀应良 任之忠 陈国舜（彝）
张洪军 武继宏 李志学(哈尼)
杨万春（彝） 裴金莲（女） 杨忠
吴宏有 张伦 杨建南
蒋榜顺 金福芝（女）（回）
陶光寿（苗） 施昆泽
李树萍（女）（哈尼） 杨正明（哈尼）
王恒华 谷光良 王宝元
李寿松 林韵芝（女） 喻显荃（女）
姜继忠 赵茂华（白） 赵银彩（女）
杜光汉（白） 马崇礼（回） 许德鸿
茶文映（彝） 李宗凯 张文锦
李徐芬（女） 林仕明 代金毅
赵亮星（纳西） 李开德
和学成（纳西） 刘时莲（女）
李灿生（白） 冯顺清（藏）
和履凤（纳西） 余诚忠（傈僳）
和庆之（纳西） 张临芳（女）
米美兰（女）（彝） 黄缔荣
李光荣 李朝芳 杨红军（佤）
汪林 吴积才 瞿怀忠
徐思淑 刘汉钧 张金升
徐芝（女） 朱正中 罗本仁
谢翠芬（女） 辛菊英（女） 尹绍玲（女）
杨富才 金攀（女）（景颇）
毛树森 罗德明 罗家祥
史绍葵 杨锡侯 陶正仁
尹泽远（白） 赵润山（白） 何亮（白）
王文星 张明沛

西藏自治区

杨德芳 旦增平措（藏）
次仁（藏） 诺尔白（藏）
扎西加措（藏）

陕西省

胡迈 张明兴 孙宏泉
张敬原 张永信 侯子成
王树森 李振亚 王培玉
吕清太 刘存祥 杨成军
徐兴义 杨恩绪 李耀先
张天琪 李长喜 贺掌彦
梁关勤 潘定民 张西芳（女）
任纪禹 赵安锁 韩秀芳（女）
李增学 蔡爱茹（女） 姚根果
薛娟芳（女） 常树民 盛祖源
阴志新 赵广兴 朱杨武
马占国 白振伦 刘兴运
徐宝彦 刘秀英（女） 张树凡
刘秀奇 张香玲（女） 李京玲（女）
罗启超 孙生玉 贺陇萍（女）
王明秀（女） 赵润元 王俊生
高德明 付改莲（女） 郑广泰
白兰（女） 刘永生 傅秀娥（女）
党世全 吴桂彦（女） 刘渊
刘复荣（女） 王中博 李高社
白越锋 穆育东 聂治国
曹兴伯 李志贤 相里忠祥
张龄 方群海 马德欣
刘玉凤（女）（回） 张昕（女）
华向孔 代定成 王光元
甘体樊 张有余（女） 宋志清
张兴林 全文庆 曾建国
赵建礼 袁良成 唐秀明（女）
赵振宏（满） 严国璋 申仲倩（女）
李过斌 宋育玲（女） 卫亚云（女）
于声民 孙民 刘英兰（女）
张耀平 高侠（女） 郝建
钱胜林 柏云义 陈以达

张翠珍（女） 李亚林 周佩清（女）
路迁善 吴汉民 于军果
郑水潮 王景灵 杨金山
施昌秀（女） 李东亮 储茂军
程中兴 马知恩 王世熙
陈　莹（女） 李建平 段其煌
申仲英 杨德昌 徐国华
刘修水 张厚川 刘发鸿
张定亚 惠　琪 李元镜（女）
权向明 王秀芳（女） 尉银星
高贯一 舒　煜 丁建华
王　莉（女） 曹惠琴（女） 顾丕仁
李长江 王国宾 张治勋

甘肃省

王治平 马建玺 单祥元
韩正国 庞生龙 吕　诚
朱正红 杨　正 姚　侃
陈学定 郝正里（女） 董晨钟
黄天申 赵宏谟 杨亚芳（女）
刘兰梅（女） 杨乃发 靳　芳（女）
李秀山（女） 祁文舟 陈亲泽
单金英（女）（满） 王素贤（女）
刘建华 高显敬 赵树全
何　琪 王平录 郭发荣
林秦生 王厚定 包效仁
吴建烈 贾效逵 高维峻（回）
尚伦东 史定嫣（女） 张　涛
李　磊 吴吉忠 方立国
王兴学 石长林 段炳坤
王永文 陈国玺 秦得荣
韩国琪 米志清 李志忠
贺伯钦 陈天柱 曾玉贵
李世明 戴奎学 李永年（回）
刘怀玺 张聚家 曹继武
杨德成 雷　军 窦世权
史公鉴 李志祥 马国强（回）
罗彦仁 李　仁（藏） 顿敬宗
曹录歧 王来志 杜晓东
杨发荣 张　琢 藏青华（女）
金荣兴 詹桂如 陈　昭
王曰湖 张国仁 胡登福

青海省

张仁杰 韩兆吉（撒拉）王昌新
杨　森 更朵旦周（藏）
窦文昭（女） 刘延竹（女） 权守录
李玉莲（女） 孙万云（藏） 周一敏（女）
扎　西（藏） 常维忠 王育忠
胡安良 周　义（藏）
索南尖措（蒙古） 李轶伦

宁夏回族自治区

李锦霞（女） 张玉芳（女） 王建忠
魏惠琴（女） 石淑珍（女） 苏利民
苟翠霞（女） 王成栋 马德宝（回）
葛服民 陈　峰 薛　斌
刘占保 刘立言（女） 马志富（回）
靳伟才 李振华 孙余铭

新疆维吾尔自治区

马德元（回） 王元兰（女） 尹永琨
阿依提拉汗·司马义（女）（维吾尔）
马　林 额尔德尼（蒙古）
李培良 呙心发
胡伦泰（哈萨克） 赛甫拉（哈萨克）
塔拉哈提别克（哈萨克）
米吉提·艾买尔（维吾尔）
依明·木沙（维吾尔）
程克美 潘菊花（女） 陈善华（女）
阿不都拉·吐尔逊（维吾尔）
湛东亮 王亚珍（女）
依不拉音·阿地（维吾尔）
肖　玲（女） 杨爱荣（女）（回）
张妙慧（女） 张竹萍（女） 袁文贵
周翠英（女） 梅　菊（女）
热衣汗·牙森（女）（维吾尔）
李凤妹（女） 孙秀萍（女） 高疏蛟
木拉提（哈萨克） 叶德力（哈萨克）
木拉塔力·达德（哈萨克）

库尔玛西·苏来曼（哈萨克）
热娜·保东（女）（维吾尔）杜　俊
艾山江·吐尔地（维吾尔）
布力汗（女）（哈萨克）
古丽卡西（女）（哈萨克）
卓蜀强　王路一
巴吾别克（哈萨克）　方树良
欧其尔加甫（蒙古）
摆琳瑛（女）（回）　郭绍华　易南轩
热比热木·努尔（女）（维吾尔）
哈力克·吐地（维吾尔）
阿不拉·尼牙孜（维吾尔）
对西汗·居马（女）（柯尔克孜）
海力力·衣不拉音木（维吾尔）
托合托洪（柯尔克孜）
帕提古丽·买买提（女）（维吾尔）
阿布力孜·阿不地热西提（维吾尔）
塔瓦库力·伊明（维吾尔）
马依尔·阿布地热合曼（塔吉克）
卡地尔·牙森（维吾尔）
阿布地克力木·热合曼提（维吾尔）
马木提·吐尔逊（维吾尔）

艾白都拉·尼亚孜（维吾尔）陈　莉（女）
买买提明·库尔班（维吾尔）孙强烈
华达伦　严雅琴（女）　田玉荣（女）
牛丛人　史汉光　王呈轩
米吉提（维吾尔）　贺孜尔（哈萨克）
李　华（女）　罗锦英（女）　涂华玉
史广亭　周希悯　张　新（女）
杨宏绍　王丽容（女）

中国人民解放军

胡国贤（女）　宋玉芳（女）　祝　荣（女）
李学琴（女）　李坤荣（女）　刘　晶（女）
沃妙蓉（女）　马瑞仪（女）　赵刚红（女）
罗英素（女）　杨桂英（女）　陈绍英（女）
羊淑娥（女）　黄兴仪（女）　李荣田（女）
杨　宏（女）　陈宏胜（女）　刘赛珑（女）
陈显治　赵锡武　苏慧慈
黄允华　李禹谟　罗　云
冯善忠　刘爱发　罗　侃
黄先祥　朱贵才　田启银
朱　青（女）　文学圣

中国人民武装警察部队

朱忠华　莫毅强

1991年教师节庆祝活动

一、表彰优秀教师和教育工作者

由国家教委、人事部会同全国教育工会、中国中小学幼儿教师奖励基金会在全国开展了表彰优秀教师和教育工作者的工作。评选工作是根据国家教委发布的《嘉奖优秀教师和教育工作者暂行办法》进行的。这次共表彰了4978名优秀教师和教育工作者，其中596名同志被授予"全国教育系统劳动模范"的称号，享受省、部级劳动模范待遇；4382名同志被授予"全国优秀教师"和"全国优秀教育工作者"称号。

表彰大会于1991年9月10日在人民大会堂隆重举行。各省、自治区、直辖市，人民解放军、武警总部的受奖教师代表及国家教委、人事部、全国教育工会、中国中小学幼儿教师奖励基金会的有关领导参加了表彰会。党和国家领导人李鹏、王震、康世恩、严济慈、洪学智等到会祝贺。国务委员兼国家教委主任李铁映主持了会议；人事部副部长程连昌宣读了《关于表彰全国教育系统劳动模范、全国优秀教师和教育工作者的决定》；党和国家领导人向优秀教师代表颁发了奖章；全国教育系统劳动模范、吉林省浑江市建国小学副校长王秉环代表受表彰的全体优秀教师发言。中共中央政治局常委、国务院总理李鹏代表党中央、国务院向全国各族人民教师致以节日问候，向这次受到表彰的全国教育系统劳动模范、全国优秀教师和教育工作者表示热烈的祝贺。

党和国家领导人与全体受奖代表合影留念。

二、大力宣传广大教师教书育人和社会各界尊师重教的事迹

通过新闻媒介，从中央到地方大张旗鼓地宣传了广大教师教书育人和社会各界尊师重教的事迹，许多报刊还作了系列报导。

三、组织录制了电视系列片《忠诚》

为了更好地宣传人民教师的先进事迹，激励广大教育工作者忠诚党的教育事业，使全社会进一步了解和支持教师工作，弘扬"尊师重教"精神，国家教委根据全国25个省、自治区、直辖市150余位各级各类学校先进教师的典型事迹，组织有关部门录制了电视系列片《忠诚》。江泽民总书记为该片题写了片名。该片共8集，由中央电视台在教师节期间连续播出。

四、举办全国优秀教师"园丁之家"活动

国家教委和中国中小学幼儿教师奖励基金会联合举办了全国优秀教师"园丁之家"活动。这次活动共设立云南、福建和北戴河3个营地，来自各省、自治区、直辖市的1000多名优秀教师先后参加了"园丁之家"活动。

撰稿人　海　滨

审稿人　张保庆

教师奖励基金会工作的新进展

截止1991年底，全国已有25个省、自治区、直辖市成立了教师奖励（教育）基金会。四川、陕西、贵州已建立了基金会筹委会。江苏、西藏正在酝酿筹建。全国有600多个市、县成立了教师奖励（教育）基金会。北京、上海、天津、湖北、辽宁、吉林、浙江等省市已基本建立了与中央、市县联系的三级教师奖励网络。

全国教师奖励（教育）基金会总共拥有基金约8亿元。其中，国家和省、自治区、直辖市基金会有2.5亿元，计划单列市基金会有0.55亿元，县（市）基金会有4.95亿元。

1991年各级教师奖励（教育）基金会开展了多种形式的表彰奖励活动，全国县级以上共表彰奖励优秀教师、教育工作者35万名，其中国家级表彰5千名，省级表彰4万5千名，县（市）级表彰30万名。同时，国家教委和省、自治区、直辖市组织了上万名优秀教师和教育工作者参加“园丁之家”活动，进行学术交流、参观游览和健康疗养等。山东、新疆等省（区）开展了表彰教师世家及尊师重教先进集体和个人的活动；天津、甘肃、重庆等省市出版了歌颂教师事迹的专辑；上海、湖南拍摄了电视专题片等。

做好基金运筹工作，结合各地实际与可能开展基金募集活动。1991年，全国集中支援灾区，除少部分省市开展了基金募集活动外，大部分省市重点做好基金的运筹增值。本着“利息就高，稳妥安全”的原则，通过金融机构，用存款、购置国库券、债券、股票等形式，使基金不断增值。

各级教师奖励（教育）基金会都制定了《基金管理办法》，接受财政、银行、审计、民政部门的监督。同时，对省市基金会工作人员进行了培训，制定了基金会工作人员守则，使基金会的自身建设不断得到加强。

撰稿人　韩云昌

审稿人　尹凤合

教 材 建 设

人民教育出版社
为我国教材建设作出新贡献

一、九年义务教育教材的编写与试验

（一）九年义务教育教材的编写

根据国家教委1988年9月发布的《义务教育全日制小学、初级中学教学计划（试行草案）》和24个学科的教学大纲（初审稿）以及国家教委关于义务教育教材的编写规划，人民教育出版社编写了九年义务教育“五·四”制和“六·三”制两套教材（以下简称义务教育教材），包括小学8个学科：思想品德、语文、数学、自然、社会、体育、音乐、美术；初中14个学科：语文、数学、物理、化学、生物、历史、地理、英语、俄语、日语、体育、音乐、美术、劳动技术。

这两套教材编写的指导思想是以马列主义、毛泽东思想为指导，全面贯彻国家的教育方针，体现“面向现代化，面向世界，面向未来”的精神和教育为社会主义建设服务的战略思想；体现义务教育的性质、任务和要求，面向全国大多数地区、大多数学校，着眼于大面积提高教育质量，提高全民族素质，培养社会主义事业和未来发展需要的建设者和接班人。

这两套教材的总体设计思想是编写具有整体性的以教科书为基础的系列化教材。除教科书外，还有教师教学用书、挂图、图册、幻灯片、投影片、实验手册、课外读物、课外习题集、录音带、录像带等配套教材。教科书体现了全国统一的教学要求，即教学大纲的要求，有利于使全体学生打下共同的、最必要的、扎实的基础。配套教材中有些品种如挂图、投影片等，是为了帮助教师教好、学生学好教科书的内容；有些品种如课外读物等，供条件较好的学校使用，有助于加深或拓宽学生的知识领域。这样设计的目的，是为了适应不同地区和学校师资、学生基础、办学条件的差异以及学生的爱好和特长的不同，有利于因地、因校制宜和因材施教。

这两套教材与以往教材相比，作了较大改革，有以下主要特点：

1.重视思想政治教育和道德品质教育，寓思想教育于学科教学之中。

2.正确处理知识的逻辑顺序和学生生理、心理发展的关系，建立更加合理的教材结构。

3.在传授知识的同时，注重发展学生的智力和培养能力。

4.重视理论联系实际，在基础教育中引入职业教育因素。各学科都留出10—25%的课时，以便学校、教师讲授乡土教材，补充联系当地实际的内容，使基础教育更好地

为当地社会主义建设服务。

5.教材内容难易适度，分量适当，富有弹性，使统一性与灵活性相结合。

6.图文并茂，生动活泼，具有可读性、启发性、趣味性。

这两套义务教育教材的编写队伍由教师、专家、专职编辑“三结合”组成，约400余人，其中专职编辑和教材专家200余人。各学科教材设主编、顾问。少数学科的教材由人民教育出版社同省、市教育部门或国外有关部门合作编写。

这两套教材在编写过程中，加强了科学研究工作，它是在总结建国以来教材建设和教学改革经验以及认真研究中小学各科教学现状和外国教材的基础上编写的。整个编写过程是边试验，边研究，边提高，并作为“九年义务教育教材的实验与研究”的研究课题列入国家教育科学“八五”规划。

(二) 九年义务教育教材的试验

这两套义务教育“五、四”制和“六、三制”教材，从1990年秋季起，在全国25个省、市、自治区小学、初中两个一年级开始，进行各科教材的首轮整体试验，之后逐年展开。其中北京市崇文区、辽宁省凤城县、河北省玉田县、内蒙古呼和浩特市、河南省鹤壁市、湖北省宜昌市、湖南省冷水江市、福建省闽侯县、四川省成都市、贵州省息烽县、黑龙江省佳木斯市为整体试验市、县。1990年秋参加试验的小学学生有21.4万人，初中学生有12万人。此外，还有部分市县自行安排了单科和整体试验，参加这类试验的中小学生约10万人。

这项教材试验的目的是检验教材能否体现义务教育的培养目标，是否符合义务教育教学大纲规定的教学目的、教学要求，是否有利于全面贯彻教育方针，为提高民族素质和培养社会主义现代化建设人才奠定良好的基础以及教材的科学性、教育性、适用性、可行性如何。为教材的送审和进一步修改创造条件。

为了搞好试验，各地逐级建立了义务教育教材试验领导小组，制定一系列措施：严格控制试验条件；正确理解和使用教材；记录试验情况，定期提供可靠的数据资料；搞好试验总结。

在教材试验过程中重视师资培训和教研活动。两年来，人民教育出版社召开两次全国性的试验工作会议，总结交流经验，部署试验工作。每年还按学科举办新教材研讨班，两年共举办15个学科29个教材研讨班(一级培训班)。直接培训教师、教研员约3000人。此外，编印《试教通讯》69期，刊登试教经验数百篇，还制作了90个课时的课堂教学录像带。两年来，编辑人员经常到各地培训教师，到试验点听课，听取对教材的意见。为了搞好试验，各地积极开展教学研究活动，普遍举办二、三级教材培训班，多层次、多渠道培训教师，保证了试验工作的顺利进行。

为了及时得到对教材的反馈信息，搞好教材的评估工作，以利于教材的修改和完善，从各地试验中选取城镇、农村的教师水平和学生程度具有代表性的重点研究班(样本班) 185个，作为教材试验的重点研究对象。要求样本班的教师、学生、家长、所在校领导每学期均要填写由人民教育出版社统一制作的调查表格，每学期末的考试均采用人民教育出版社命题的统一试卷。调查情况经输入计算机处理，取得了评价意见和试验效果的一些数据。综合这些数据，得到了如下统计资料：

教师对教材若干项目评价的综合统计

评价项目	评价综合统计
符合义务教育培养目标	认为符合的占90%以上
符合大纲规定的内容要求	认为符合的占90%以上
符合大纲规定的能力要求	认为符合的为80—90%
注意进行思想教育	认为注意的 文科为80—90% 理科为60—70%
联系生产和生活实际	认为做得较好的为70—80%
符合认知规律、激发学生积极性	认为做得较好的占70%
作业内容体现教学目的要求	认为做得较好的占70%
与其他学科的联系	认为做得较好的占50%

教师、学生对几项重要指标评价的综合统计

评价项目／评价者	对教材的喜爱程度	学习负担情况	教材的难易程度
教师	喜欢的占70%以上，不喜欢的很少。	认为负担一般的占60%，认为负担稍重的不超过20%。	认为难易程度一般的为65%—70%，认为稍难的，中学不超过20%，小学不超过10%。
学生	喜欢的占80%左右，不喜欢的很少。	同上	认为难易程度一般的为65%，认为稍难的，中学不超过20%，小学不超过10%。

根据上述情况和各级试验工作领导小组所作的试验总结，可以看出教材的适应面较广，样本班的选取也具有代表性，试验效果比较好，普遍反映各科试验教材的编写从总体看是比较成功的。它基本符合义务教育课程计划和各科教学大纲的要求，较充分地吸收了教学改革的一些重要成果，既保留了现行教材的一些优点又富有新意，因而受到广大试验教师和学生的喜爱和欢迎。

试验中反映出的主要问题是，部分学科的教材分量偏重、要求偏高，特别是对广大农村学校，还应适当降低难度，减少分量。

根据教材试验情况，人民教育出版社对各科教材进行了修改，并草拟了送审报告，送交全国中小学教材审定委员会进行审查。

二、修订现行高中教材

1990年3月国家教委发布了《现行普通高中教学计划调整意见》(以下简称调整意见)，对高中阶段的教学时数、复习考试、劳动技术教育等内容作了调整。对高中课程设置进行了改革，学科课程采取必修课和选修课两种形式，选修课又分为单科性选修和分科性选修。1990年4月国家教委又颁发了经调整后的11个学科的全日制中学教学大纲（修订本)。按照上述调整意见和修订后的教学大纲，人民教育出版社对现行高中教材进行了新编或修订，分为必修与选修，于1991年秋季开始供应。各科教材修订情况概述如下：

语文 必修课本六册。教学内容减少了文言文课文，精简了文言知识；新编选了现代文译文；进一步完善读写训练系列。此外，还编写了部分单科性语文选修课教材。

物理 必修课本两册，选修课本一册。删去物体平衡的知识；力学和电学部分，在必修课讲基本的知识和方法，选修课着重于提高，讲难度较大和综合性较强的内容；选修课教材增加了圆周运动和万有引力、动量和动量守恒、动能定理、抛体运动、电势能、带电粒子在匀强电场中运动、洛仑兹力、法拉弟电磁感应定律和楞次定律等内容。

化学 必修课本两册，选修课本一册。必修课增加了原初中化学中的部分内容，删去了核外电子的运动状态（包括电子排布式和轨道表示式）、离子的结构、金属键、硬水的药剂软化法、蒽、卤代烃等内容；把配位键、络合物的概念、磺化反应等改为选学内容。硫酸铜晶体结晶水含量的测定改为选做实验。化学反应速度和化学平衡、电解质溶液、胶体、铝的冶炼、糖类和蛋白质等以及相应的学生实验作为选修课的教学内容。

生物　高中生物必修课本保持了原高中生物课本的主要内容和编排体系，删去了脂类代谢以及基因的连锁和互换规律。新编写了高中生物选修课本，内容包括：生命的物质基础和结构基础、生物的新陈代谢、生物的生殖和发育、生物的遗传和变异、生命活动的调节、生物与环境以及有关的18个实验。

历史　将1990年版的《中国近代现代历史讲座》加以修订作为必修课本《中国近代现代史》（上下册）；将《世界历史》加以修订作为必修课本《世界近代现代史》（上下册）；新编了选修课本《中国古代史》。

地理　必修课本两册，选修课本一册。必修课的内容在“地球上的大气”部分增加了“大气的降水”一节。选修课的内容为区域地理，主要讲授中国地理和世界部分国家地理。人口教育课作为必修课开设。对《人口教育》教材作了修订。

英语　必修课本两册，选修课本一册。必修课教学内容在原高中英语第一、二册的基础上删去4课，移至选修课中。选修课教学内容在原高中英语第三册的基础上删去2课。

俄语　必修课本两册，选修课本一册。教学内容作了适当调整，三册共减少4课，150个生词，12篇阅读材料。

日语　原高中日语第一、二册为必修课本，第三册为选修课本。

数学　必修课本4册。由于修订后的数学教学大纲的教学内容、教学要求与现行数学教学大纲基本一致，因此，数学课本未作大的修订。

高中数学、物理、化学、生物必修课和选修课教材供应后，原较高要求的数学、物理、化学、生物等甲种本教材相继停止供应。

三、编写职业高级中学语文和数学教材

为适应职业高中不同专业培养对象的实际需要，以及职业高中开设专业门类多、行业岗位性强、变化快等特点，促进职业技术教育的进一步完善与发展，1990年12月国家教委发布了《关于制订职业高级中学（三年制）教学计划的意见》，人民教育出版社在进行调查研究的基础上，吸收了近几年职业高中教学改革的经验，新编了语文和数学教材，并配有相应的教学参考书，从1991年秋季供全国职业高中选用。语文共六册，每学期一册；数学共三册（文理通用），其中，第三册为选修教材，供需要数学工具较多的专业或四年制职业高中选用。

四、编写中小学国情教育读物

1991年3月，江泽民总书记作出要坚持不懈地对青少年、儿童进行近代、现代史和国情教育的指示。为了落实上述指示精神，国家教委制订了《中小学加强中国近代、现代史及国情教育的的总体纲要》（以下简称总体纲要）和《中学思想政治学科国情教育纲要》、《中小学语文学科思想政治教育纲要》、《中小学历史学科思想政治教育纲要》、《中小学地理学科国情教育纲要》（以下简称学科纲要）。总体纲要和学科纲要是对现行教学大纲和教材的思想教育内容的补充。为此，人民教育出版社修订了1989年版的《初级中学语文补充教材》和《高级中学语文补充教材》、《高级中学人口教育》，

新编了《小学语文阅读课本》(两册) 和《小学历史补充教材》。并出版了由国家教委组织、人民教育出版社承担编写的中小学国情教育课外读物，包括高中国情教育读本《世界之瑰宝　民族之骄傲》、《屈辱的岁月　奋斗的征程》、《新中国的光辉历程》、《东方巨人—重负与崛起》、《风云变幻的世界》。此外，1991 年 8 月国家教委、中国电视剧制作中心、人民教育出版社联合录制了国情教育电视系列片《神州吟》，为中小学生和社会各界提供了进行中国近现代史和国情教育的生动形象的录像教材。

撰稿人　张月仙

审稿人　吴履平　陈宏伯

高等教育出版社 1991 年纪事

1991 年，高等教育出版社在教材出版及完成各项经济计划指标等方面都取得了新的进展。同时，结合制定"八五"期间教材建设规划，按调整结构、优化选题、减少品种、提高质量的要求清理了选题。

一、1991 年的教材出版工作

1991 年在全社同志共同努力下，春秋两季教材准时出书率达到 100%，保质、保量按时出书，为保证教材"课前到手，人手一册"创造了前提条件。全年共发排 425 种书稿，计 12144 万字；共出书 1655 种，3540.9 万册，共 41616.1 万印张 (41.6 万令纸)；发行外语教学录音带约 4 万盒；制作教学录像片 4 部，共约 10 小时；发行教学录像片约 2000 盒；出版发行教学用软件两种，售出 75 套；总码洋 (产值) 11268.9 万元；税前利润 1197.6 万元。总码洋、总印张等指标均达到历史最高水平。

二、制定理工科本科"八五"期间教材建设规划

为制定理工科本科"八五"期间教材建设规划，在 1990 年调研工作基础上，根据国家教委提出的制定理工科"八五"教材建设规划的指导思想和有关意见，理科教材重点提高基础课程教材质量，积极组织应用性教材，合理确定教材的品种和数量；工科教材合理确定品种，抓好重点教材，完善系列配套，全面提高质量。组织编辑人员到教学第一线对教材使用情况及广大教师对教材建设的意见进行深入细致地调查研究，并与各学科或课程教学指导委员会协商，提出"八五"教材建设规划，报国家教委审批下达。理科规划为 304 种计 9580 万字，其中教材 232 种，占规划总数的 76.3%；工科规划为 311 种计 9134 万字，其中教材 207 种，占规划总数的 66.6%。理工科各学科或课程"八五"期间教材建设规划统计如下表：

理科各学科"八五"教材建设规划统计表

学　科	总种数	总字数(万)	教材种数	教学参考书、专著及工具书(种数)
数　学	77	1784	67	10
物　理	71	1970	42	29
化　学	60	2231	35	25
生　物	42	1725	36	6
地　理	27	860	25	2
信息与电子	6	245	6	0
计算机科学	21	765	21	0
合　计	304	9580	232	72

工科各学科或课程"八五"教材建设规划统计表

学　科	总种数	总字数(万)	教材种数	教学参考书、专著及工具书(种数)
数　学	14	399	11	3
物　理	17	471	7	10
化　学	34	1035	22	12
力　学	32	1194	17	15
热　学	16	437	10	6
机械设计	19	485	12	7
机械原理	17	480	8	9
金　工	18	362	17	1
制　图	29	610	25	4
电　工	41	1210	14	27
电　子	19	610	13	6
软　件	15	483	12	3
工程力学	8	265	8	0
工程热物理	17	553	16	1
生物医学	2	65	2	0
环境工程	13	375	13	0
合　计	311	9034	207	104

三、制定"八五"期间高等工程专科等教材建设规划

高等教育出版社与国家教委高等教育司、职业技术教育司、成人教育司相配合制定了"八五"期间高等工程专科、农林专科、中专及各类职业技术教育教材建设规划，见下表。

规　划　名　称	种数	字数(万)
工程专科教材建设规划	64	1780
农林专科教材建设规划(高教社负责出版部分)	14	500
中专教材建设规划	102	2451
工科类专业职业中专及成人中专教材	78	1845
服装、烹饪、文秘类专业职业中学教材	46	885
财经类专业成人中专教材	48	917
种植、养殖类专业职业中学教材	45	870

四、图书获奖情况

1991 年高教出版社的图书在各种评奖中共有 12 类 26 种获奖，获奖名称及书目如下：

获"全国'星火计划'丛书"优秀图书奖(一套共七种)：

《植物组织培养实用技术》　裘文达、曹孜义编著

《康乃馨茎头培养工厂化生产》　张丕方编著

《香蕉栽培及试管苗工厂化生产技术》　熊兆宽、伍灿林、许绪恩编著

《马铃薯茎头脱毒与微型薯生产》　王炳君、刘宗编著

《芦笋组织培养及育种中的应用》　周维燕编著

《葡萄组织培养及应用》　曹孜义、齐与枢编著

《无病毒良种草莓的培养及栽培管理》　覃兰英、徐光霞编著

获江苏省第三次哲学社会科学优秀成果奖二等奖：

《中古代经济思想教程》　蔡一编

获北京市第二届哲学社会科学优秀成果奖一等奖：

《英语教学法》　胡春洞主编

获北京市第二届哲学社会科学优秀成果奖二等奖：

《马克思主义文艺理论发展史》　吕德申主编

《英语阅读教程》(*1–4* 册)　韩志先等主编

获黑龙江省普通高等学校首届优秀教材评选奖一等奖：

《中国古代文学教程》(上、下册)　于非主编

《离散正交变换导论》　李金宗编

《日中科技会话》　肇永和主编

获 1991 年全国服装图书展评会"全国最佳服装图书"：

《服装学概论》 李当岐编著

在第三届“日月华杯”向全国妇女儿童推荐最佳优秀图书活动中被评为优秀图书：

《服装人体与时装画》 刘元凤著

服装系列丛书

《服装缝制工艺》 赵学舜主编

《服装结构制图》 赵学舜主编

《服装材料》 庞小涟主编

《服装机械知识》 隆承忠编

《服装美术设计基础》 丁杏子、杜炜编著

《冷盘制作技术》 周妙林、李炳权编著

《英文打字》 马德慧、王寿方、曹佩芳、马英合编

获北京市工业统计“七五”期间优秀教材二等奖及北京市化工总公司教材一等奖：

《无机化学》(上、下册) 曹素枕主编

获第五届中国图书奖评委提名表扬：

《固体物理实验方法》 王化馥、吴自勤主编

五、国际合作与交流取得了新进展

1991年，高教社先后组团访问了原苏联高等学校出版社和无线电与通讯出版社，与前者签署了出版《礼貌用语（俄汉对照）》等书的协议，与后者签署了会谈纪要。派员参加新闻出版署代表团对印度进行了访问，参加了马来西亚国际书展和深圳国际版权洽谈会。接待了日本熊本工业大学代表团、原苏联高等学校出版社代表团、原苏联俄语出版社人员及莫斯科大学人员来社访问。还与印度威利公司及中国台湾省儒林出版公司、苗藤出版公司、五南图书出版公司进行了版权贸易等方面的谈判。全年共达成版权转让协议等共17个，比1990年增长1倍；实际创汇近3.8万美元，比1990年增长了85%。全年共获外国出版商的翻译许可权25个。

此外，高教社印刷厂（天津）是全国定点印刷单位，在设备尚未全部到齐的情况下进行了试生产，一年来印装了100多种教材，用纸1万令，管理和技术水平都有了提高，为1992年扩大试生产打下了良好的基础。

撰稿人 张元直

审稿人 杨陵康 于国华

教育技术装备建设与勤工俭学

教学仪器设备行业管理

一、1991 年教学仪器设备生产发展情况

项目 / 统计	工厂数(个)	职工数(人) 合计	其中：技术人员	固定资产(万元) 原值	净值	定额流动资金(万元) 年末实际占用	年平均余额	工业总产值(不变价)(万元)	工业净产值(不变价)(万元)	产品销售收入(万元)	利润总额(万元)	税金总额(万元)	全员劳动生产率(元／人)	流动资金周转天数(天)
普教	621	31810	3595	24754.0	16619.4	24916.1	24210.7	54182.6	21546.8	49386.0	6398.2	2761.9	17492	270
高教	516	41265	6746	62523.5	44118.9	58525.7	54344.2	112665.9	46191.2	110296.6	24112.9	6751.4	27287	280

1991 年完成工业总产值（不变价）166848.5 万元，其中教学仪器总产值 45293.2 万元。利润总额完成 30511.1 万元，税金总额完成 9513.3 万元。

普教完成工业总产值在 1500 万元以上的省市及教学仪器厂有：浙江省、上海市、四川省、福建省、江苏省、广东省、湖北省、湖南省、成都市、江西省、宁波市、安徽省、沈阳教学仪器厂、河北省、山东省。

在委属高等学校中，产值超过 1000 万元的学校有：浙江大学、天津大学、清华大学、南开大学、南京大学、华南理工大学、东南大学和华东师范大学。

二、新产品试制

1991 年研制完成并通过国家教委鉴定的新产品有：

浮力原理演示仪　由湖南省湘潭市实验电机厂研制。获 1991 年秋季普教仪器展件订货会优秀新产品奖。

化学奥林匹克微型实验箱、学生劳技制做多用工具箱、知识奥林匹克愉快教育器材（儿童博士系列、知识超人系列和小小博士系列）由中央教育科学研究所和中国科学院核能研究所联合研制。

D3000 系列红外测距仪　由常州工业技术学院常州大地测距仪厂研制。

LCR 测试仪　由常州工业技术学院研制。

数字式照度计　由北京师范大学光电仪器厂研制。该仪器的性能优于国际上同类产品。

三、行业管理

为全面推动工厂的建设，加快产品、设备的更新改造，加强经营管理，提高产品质

量，国家教委于1991年8月29日发出《关于教学仪器设备实行定点生产的通知》，要求在主管部门的关心扶持下，使定点厂逐步成为教学仪器设备行业的骨干厂。这是国家教委在"质量、品种、效益年"活动中采取的重大措施之一。同时印发了《国家教委教学仪器设备生产定点厂考核条件（试行)》，国家教委定点厂将在各省、自治区、直辖市及计划单列市定点的基础上确定。

在标准化工作方面，1991年2月19日发布了《教学仪器和教学设备产品型号命名方法》、《教学仪器设备产品型号申请登记办法》和《教学仪器行业标准编号办法》，为加速行业标准的制定奠定了基础。1991年批准发布的12项行业标准如下：

JY0061—91	钟面模型
JY0118—91	小学简单机械实验盒技术条件
JY0119—91	小学物体沉浮实验盒技术条件
JY0122—91	小学磁铁性质实验盒技术条件
JY0123—91	小学静电实验盒技术条件
JY0124—91	小学电流实验盒技术条件
JY0127—91	教学测力计
JY0128—91	空盒气压计
JY0129—91	毛钱管(牛顿管)技术条件
JY0130—91	计数彩棍
JY0134—91	积木
JY0207—91	幼儿计算卡片

上述行业标准自1991年5月1日起实施。

与上述行业标准对应的教育部颁标准同时停止施行。停止施行的标准编号及名称如下：

JY61—80	钟面模型技术条件
JY127—82	弹簧秤
JY128—82	圆筒测力计
JY129—82	测力计
JY130—82	圆形测力计

1991年继续执行生产许可证制度。全年新颁发生产许可证79份（其中第一批54份），主要有：低频信号发生器、小型电动机模型、电磁继电器、演示电磁继电器、交流毫安表、直流微安表、滑动变阻器、人体头颈躯干模型、水螅解剖模型和双子叶植物茎模型等10种产品。还复查换证颁发生产许可证83份。产品有：直流安培计、直流伏特计、灵敏电流计、教学电阻箱、简式电阻箱、光具座和双缝干涉实验仪等7种产品。另外，还对1990年发证品种通过补检、补查，共颁发生产许可证14份。其中有：力矩盘、可调内阻电池、光具座和线路实验板。

1991年12月11日至14日在海南省海口市召开国家教委教学仪器生产许可证工作会议，传达全国工业产品生产许可证工作会议和第二次全国技术监督工作会议精神，对教学仪器设备行业"七五"期间发证工作进行了总结，向上海市、江苏省、浙江省、福建省、安徽省、吉林省、宁波市、武汉市、武汉教学仪器厂等单位颁发了生产许可证工作先进单位奖状，并向徐震等13位同志颁发了生产许可证工作先进个人证书。

1991年10月7日至11日，国家教委条件装备司在四川省广汉市主办了1991年秋季全国普教仪器优秀产品展评订货会。这是建立宏观指导下的教学仪器市场，把销售环节与生产环节结合起来，作为一个系统工程推行全面质量管理的改革措施。这次订货会成交额超1.2亿元，创历届订货会的最高记录。这次订货会主要有以下改革措施：

(1) 根据国家教委关于教学仪器设备行业

归口管理的精神，充分发挥省级主管部门的管理职能，由省一级统一组织供需双方参加的代表团；(2) 突出国优产品、委（部）优产品的地位，通过会议期间评出的206项优秀产品、113项优秀新产品，加强订货的导向作用；(3) 经过严格审查统一印制《参展产品目录》，未印入《参展产品目录》的厂家和产品不得参展，不得订货；(4) 实行供需双方代表团免费鉴证制度，保证订货质量，保护供需双方的利益；(5) 充分发挥中国教学仪器设备行业协会的桥梁、纽带作用；(6) 制定合理的收费标准，实行财务收支公开；(7) 取消预备会议，节省会议开支；(8) 清除摆地摊者，维护参展资格的严肃性。

四、质量及质量管理

1991年继续以质量为中心，强化技术监督，整顿购销环节，不让不合格产品进入学校。上半年，对双缝干涉实验仪等36个品种、40个规格的290个产品进行了强制性监督检测，平均合格率为87.6%。同时制定了小学用的5个实验盒的行业标准，通报批评了产品不合格事件，引起了巨大反响，提高了生产厂家的质量意识。1991年对小学用的5个实验盒进行的监督检测结果，合格率已达到96%，比1990年的合格率提高52.07个百分点。下半年，又对电流实验盒等10个品种的85个产品进行了补检，平均合格率达88.2%。

为加强教学仪器设备产品的质量管理，1991年12月12日又发出通知，决定对碰撞实验器等17个品种自1989年以来未取得监督检验合格证（包括检验不合格和未参加检验）的产品，再进行一次补检，以促进提高产品质量。

1991年暂停评选优质产品。

撰稿人 张润兴

审稿人 周克平

中小学勤工俭学与高等学校校办产业

一、中小学勤工俭学发展迅速

(一) 基本情况

1991年，全国中小学开展勤工俭学的学校有746722所，比上年增加13240所，开展面占学校总数的90%；有各类勤工俭学基地681915个，比上年增加62227个，其中校办工厂78049个，比上年增加795个，校办农场506921个，比上年增加54788个，第三产业网点96945个，比上年增加6644个。

中小学校办企业固定资产净值由上年的45.4亿元增加到53.5亿元，流动资金达87.8亿元，比上年增加23.9亿元。校办产业已初步形成了具有一定规模的骨干企业，很多校办企业开始向科技型、效益型转变。全国年纯收入10万元以上的校办企业达5821个，年纯收入100万元以上的校办企业达184个，其中浙江省杭州娃哈哈营养食品厂创利最高，年纯收入达3422.7万元。

勤工俭学经济效益明显提高。1991年各级教育部门进一步深化勤工俭学的各项改革，完善所有权和经营权分离的政策，全面转换校办企业的经营机制，增强市场竞争意识，坚持科技兴厂，经营开路，经济效益明显提高，全国勤工俭学年总产值达281.9亿元，比上年增加54.4亿元，年纯收入47.5亿元，比上年增加6.6亿元，其它经济指标也都均有不同程度的增长。学生人均收入达27.23元，比上年增加3.78元。1991年勤工俭学年纯收入超2亿元的省市有：江苏省、辽宁省、山东省、河北省、吉林省、四川省、黑龙江省、浙江省、湖北省、上海市、广东省。

勤工俭学收入对教育的投入不断增加。1991年全国勤工俭学收入用于补充教育经费达25.15亿元，比上年增加3.8亿元，占全年纯收入总额的55.7%。其中用于改善办学条件的资金达16.2亿元，比上年增加2.1亿元；用于教职工福利8.2亿元，比上年增加4.5亿元；为教师修建住房投入资金2.1亿元，修建面积达488万平方米；用于学生补贴1.1亿元，比上年增加0.1亿元。

1991年全国中小学校办企业向国家上交税金8.5亿元，比上年增加2.2亿元，占勤工俭学纯收入总额的17.8%。1991年全国中小学校办企业还安置了108.9万社会待业人员、教职工家属和退休人员等，为解决社会就业问题开辟了新渠道。

近些年来，勤工俭学坚持育人的正确方向，对学生进行劳动观点教育和劳动技能训练，并与职业教育紧密结合，为发展职业教育提供了资金和实习场地，促进了职业技术教育的大力发展。1991年安排学生参加劳动的勤工俭学基地达53.2万个，占基地总数的78%。

(二) 制定勤工俭学“八五”规划

为贯彻落实《全国教育事业十年规划和“八五”计划要点》的精神，促进中小学勤工俭学事业的进一步发展，1991年国家教委制定了《全国中小学勤工俭学“八五”期间发展计划要点》，提出了全国中小学勤工俭学的指导思想和奋斗目标。

“八五”期间勤工俭学的指导思想是：进一步解放思想，摆脱“左”的思想束缚，把勤工俭学作为一项基本制度纳入教育工作日程，继续坚定不移地坚持教育与生产劳动相结合的教育思想，执行“长期坚持，大力发展，深化改革，不断提高”的指导方针；继续贯彻从实际出发，因地制宜的原则；振奋精神，开拓进取，走科技兴厂、科技兴农的科学管理的道路；进一步推进生产经营管理改革，加强培训，全面提高校办企业的本质和活力。

“八五”期间全国中小学勤工俭学发展的主要目标是：

1.努力提高勤工俭学普及率。到1995年农村学校勤工俭学普及率争取达到90%，基本普及校园经济。各省、自治区、直辖市要有一个或几个开发校园经济的先进县，城镇学校勤工俭学普及率争取达到60%。

2.有计划、有重点，有选择地扶植、发展一批有一定规模的骨干校办企业。到1995年，年纯收入10万元以上的校办企业发展到300个。农村学校要办一批具有一定规模的校办农业基地，并逐步发展成为当地的农业科技试验中心、优良品种繁育中心和先进技术的示范中心。

3.全面提高勤工俭学的经济效益。到“八五”末期，全国中小学勤工俭学总产值，年纯收入在1990年的基础上增长50%以上，即总产值达340亿元，年纯收入达60亿元，平均递增7–9%。

4.积极发挥勤工俭学的育人功能。校办企业要积极创造条件为学校劳动及劳动技术教育提供基地。“八五”期间，全国中等以上城市要建立或完善1000个基本条件符合教学大纲要求的劳动技术教育中心。在农村，继续推广开发校园经济，开展劳动教育和劳动技术教育的经验，发展一批示范县。

5.努力为教育提供更多资金，大力改善办学条件。争创一批一流的教育质量、一流的教学设施、一流的校办企业、一流的教工福利的学校，勤工俭学收入用于补充教育经费五年累计不少于120亿元。

(三) 召开勤工俭学电话会议

为了进一步推动全国中小学勤工俭学的深入发展，1991年4月13日，国家教委召开了全国中小学勤工俭学电话会议。会上，吉林省副省长张岳琦、陕西省教委副主任张克俭、中共苏州市委副书记周治华、柳州市副市长郑久粲分别介绍了发展勤工俭学的经验。国家教委副主任邹时炎对“七五”期间全国中小学勤工俭学的发展情况进行了全面回顾和总结，提出了“八五”期间的奋斗目标和今后要着重抓的几方面工作，并宣布了《国家教委关于表彰1990年勤工俭学工作先进省市的决定》，对江苏、辽宁、山东、河北、吉林、黑龙江、四川、浙江等8省的勤工俭学工作予以表彰。国家教委副主任何东昌就进一步提高对中小学勤工俭学的认识，全面、深刻理解勤工俭学的深远意义讲了话。

二、高等学校校办产业有新发展

国家改革开放将高等学校的校办产业推向一个新的发展阶段。截止1991年末，全国普通高等学校共兴办各种科技开发的生产型的公司、工厂等企业3713个，其中校办工厂1588个，校办公司911个，校办农、林、牧场80个，其它（服务社、销售服务等）1134个。总产值（经营收入）达472036万元，年纯收入达71962万元，其中上交学校49841万元。上交国家税金19300万元。年创汇3769万美元。1991年国家教委直属36所高等学校基金收入达33735万元，其中校办公司、工厂、出版社的纯利润达15529万元。

高等学校校办产业的发展，1991年呈现出几个新特点。一是内涵有了新的发展。目前的校办产业主要是适应社会主义商品经济的发展，把学校的科研成果转化为商品，为促进经济建设服务。校办产业的主体是科技企业，以科研成果的商品化和产业化为特征，已发展成较高层次和水平上的教学、科研和生产的三结合基地。二是规模不断扩大，效益不断提高。三是产业类型和所有制形式多样化。有学校独资、与社会上的工厂企业联营、同外商合资等类型；有高技术产业，也有一般产业；有生产型的产业，也有科技咨询、情报资料服务等信息产业；有第一、第二产业，也有第三产业等。四是初步建立起新的运行机制。各高校产业以学校的科学技术优势为依托，以市场为导向，自由经营，自负盈亏。

撰稿人 邹 晶

审稿人 高炳章

高等学校实验室工作

截止1991年7月，全国（缺西藏）1019所普通高等学校中有实验室36136个，其中具有较先进仪器设备的校、系级分析测试中心实验室126个，计算中心237个，电教中心199个，国家重点实验室42个。建筑使用面积669.2万平方米。教学科研仪器设备461.13万台（件），原值为114.62亿元。实验室工作人员有13.76万人。1990–1991学年度开设教学实验项目546368个，完成384万个学时的工作量；承担科研课题39140项，完成4558万个机时工作量；开展社会服务35820项，完成2708万个机时的工作量。

为了认真总结实验室工作经验，国家教委于1991年10月22日至25日在清华大学召开了第二次全国高等学校实验室工作会议。86所各类高等学校主管实验室工作的校长，各省、直辖市教委、国务院有关部委教育司（局）负责人及教师代表共222人到会。国家教委副主任何东昌、朱开轩、邹时炎出席会议。会议交流了自1983年以来高等学校实验室工作的经验。其中有：开展实验教学改革，提高教学质量；自力更生，艰苦奋斗，建设和改造实验室；建立校、系中心实验室，搞好教学、科研和社会服务工作；加强实验队伍建设，提高工作水平；改革实验室管理体制，提高投资效益；采用计算机手段管好实验室仪器设备等方面的经验。会议宣布了国家教委的决定，表彰高等学校实验室系统先进集体215个，先进工作者304名。并为先进集体和先进工作者颁发了奖状、荣誉证书和纪念品。

这次工作会议充分肯定了“七五”计划期间高等学校实验室在仪器设备、设施的改善，数量和水平的提高，实验队伍的加强，实验教学的改革与承担科研、技术开发能力的提高，实验室管理改革以及实验室工作的理论研究和学术交流等方面所取成得的成就。同时指出，目前高等学校实验室的状况还不能适应国家经济建设和教育事业发展的需要，对高等学校实验室工作的地位和作用认识不足，管理体制没有理顺，管理机构不健全；教学实验室的建设与运行经费没有保障，教学实验质量滑坡；实验队伍人员老化，青年人思想不够稳定，专职技术人员编制不足等问题。在分析情况的基础上，国家教委提出了《关于加强高等学校实验室工作的意见》，要求：(1) 统一思想，提高认识，把实验室工作摆上重要的位置；(2) 加强领导，理顺管理体制，健全管理机构；(3) 认真做好实验室工作的“八五”计划，抓好计划的落实工作；(4) 重视和加强实验室工作队伍的建设；(5) 加强教学仪器经费的投入，并建立多渠道的机制，促进实验室的发展；(6) 加强实验室的管理，建立和健全各项规章制度，逐步实现管理的科学化、规划化和标准化；(7) 继续开展实验室管理和技术物资供应等方面的理论研究。

为了推动重点高等学校分析测试中心等实验室的建设和管理，经国家技术监督局同意，国家教委于1991年2月7日决定成立高等学校分析测试中心等开放实验室计量认证评审组。该中心通过了国家技术监督局的评审，已取得计量认证合格证书。中心将开展对国务院有关部委所属重点高校分析测试中心等综合开放性实验室的计量认证工作，并于1991年12月14日至16日对四川大学分析测试中心进行了计量认证试点。

撰稿人　李景奇
审稿人　周克平

中小学实验教学普及县工作

1991年，据对全国2100个县（市、区）的统计，已有205个县（市、区）普及了中小学实验教学。在统计的800537所中小学校中，已有175894所实验教学达标，其中一类达标29618所，二类达标50235所，三类达标88257所，其他类达标7784所。

1991年，各地认真贯彻全国中小学实验教学普及县现场会精神，做了大量工作。

四川省在现场会后，继续深入细致地开展实验教学普及县工作，已完成23个县的中小学实验教学普及县的验收工作。

辽宁、吉林省专门召开了会议，教委同财政厅联合发布中小学内部配套建设的文件，在全省开展实验教学普及县工作。1991年辽宁省已有8个县、吉林省有5个县中小学实验教学达标。

江西省教委修订了本省中小学理科仪器设备及音、体、美、劳等育人设施的装备标准，并逐项进行了经费测算，制定了《中小学实验教学普及县的实施意见》、《中小学实验教学普及县的标准》、《验收细则》和《奖励办法》等有关文件，并已完成4个县中小学实验教学普及的检查验收工作。

浙江省教委修改了"普教仪器奖励配备试行办法"，1991年共投资4000多万元，共奖配1000个乡镇教学实验室的仪器设备。现已有13个县及全省半数乡实验教学达标。

河南省调整了全省中小学实验室建设工作的做法，由实验室建设普及型转变为实验教学普及型，并召开专门会议，统一职能部门的思想认识，制订了普教实验室标准化建设和检查验收的实施细则，召开了实验教学普及县现场会，省教委已验收1个县，地、市级验收14个县。

天津市教委通过召开专门会议及参观调研活动，提高了各区、县教育局领导对实验教学的认识，拓宽了市、区、县装备部门的管理职能，统一了普及中小学实验教学规范，制订了普及实验教学实施计划，并培训了实验教学及管理人员。

存在的主要问题是：

个别省、自治区的主管部门对开展中小学实验教学普及县工作的认识还没有提高到应有的水平。工作机构不健全，职责不明确，人员不配套，经费无着落，工作进展迟缓。

撰稿人　李景奇

审稿人　周克平

学校图书馆建设

一、高校图书馆建设十年

从1980到1990年，我国高校图书馆从675所增加到1075所，馆舍面积从132万平方米增加到411万平方米（另有90万平方米在建面积），藏书总量从1.9亿册增加到3.7亿册，工作人员从1.7万人增加到4.6万人，年购书经费从0.52亿元增加到1.95亿元。

1991年10月11日，国家教委在北京召开了全国高等学校图书情报工作委员会成立十周年纪念大会。国家教委副主任邹时炎、第一届图工委主任、原教育部副部长周林及黄辛白等出席大会并讲了话。会上，向首都38所高等院校的170多位从事图书馆工作30周年以上的老同志颁发了纪念证，何东昌为纪念证题词："书海指航"。

全国高校图书情报工作委员会十年来对高校图书情报事业进行协调、咨询、研究和业务指导等做了很多工作。一是进行干部培训和专业技术职务评聘。历年来，全国和各地组织过馆长培训班、干部进修班、业务培训班和职称培训班。目前，全国高校图书馆工作人员中，担任高级专业技术职务的占4.8%，中级职务的占23.9%；具备大专以上学历的已达到61.8%。二是组织和推广"文献检索课"。为了提高师生的情报意识和检索文献的技能，促进文献资源的开发利用，全国高校图书情报工作委员会聘请有关专家成立了"文献检索课"系列教材编审委员会，共编写出版了系列教材24种。三是开展为用户的教育活动。目前全国已有500多所高校以图书馆为基地开展用户教育活动，其中有193所高校为本科生特别是研究生开设了必修课。1983年以来，有130万名以上的大学生学时不等地接受了培训。四是加强图书馆自动化建设。高校图书馆计算机应用经过十年的建设，一部分学校已进入应用阶段。为了进行统一规划和协调，实现网络化和资源共享，全国高校图书情报工作委员会聘请专家，于1988年成立了现代化技术委员会，协助图工委对高校图书情报工作现代化建设进行规划、组织、协调，对新技术应用进行咨询、指导、评价，现代化技术委员会组织实施了24项图书馆自动化研究项目，对各校应用计算机起了促进作用。到1990年底，全国高校图书馆共拥有小型计算机56台，微机749台。53所高校图书馆采用了小型机、微机局域网或多用户集成管理系统，实用的单机系统如流通、采访、编目、检索子系统已达到251个，还引进和自建250个数据库。

1991年10月14日国家教委印发了《关于开展普通高等学校图书馆评估工作的意见》，目的是加强国家及省（自治区、直辖市）教育行政领导部门及各级高校图书情报工作委员会对高校图书馆事业的宏观管理和指导，检查《普通高等学校图书馆规程》和其它有关规定的执行情况，促进各高校图书馆努力改善办馆条件，深化改革，改进工作，提高服务水平、学术水平和科学管理水平。

二、制订《中小学图书馆（室）规程》

国家教委于1991年8月29日发布了《中小学图书馆（室）规程》。《规程》包括总则、书刊资料、书刊资料的管理与利用、管理机构和工作人员、条件保障和附则共6章26条。

《规程》指出，图书馆（室）是中小学校的书刊情报资料中心，是为学校教育、教学和教育研究服务的机构。中小学图书馆（室）的工作必须贯彻国家的教育方针，利用书刊资料对学生进行思想品德、文化科学知识等教育，指导学生课外阅读，促进学生德、智、体、美、劳全面发展。并积极为师生提供书刊情报资料和教学参考资料。

《规程》要求中小学校应结合本校特点和实际情况规定书刊资料选购标准，要加强中小学图书馆（室）的管理、建立、健全规章制度，采取多种形式对教师和学生开展外借、阅览、宣传推荐等服务工作。各级教育行政部门应指定专门机构或专人负责中小学图书馆（室）的工作。中小学校长应直接领导本校图书馆（室）。图书馆（室）负责人应熟悉图书馆专业知识，工作人员应具备中等以上的文化程度和基本的图书馆专业技能。

三、成立图书馆工作委员会

为了加强中小学图书馆工作，国家教委于1991年9月26日决定在全国高等学校图书情报工作委员会的基础上，成立国家教委图书馆工作委员会，负责配合行政部门，对全国大、中、小学图书情报事业进行研究、协调、咨询和业务指导。同时考虑到全国高等学校图书情报工作委员会在国内图书情报界的影响和高等学校图书情报工作的特点，国家教委仍保留其名称。

国家教委图书馆工作委员会秘书处的办公地点在国家教委内，日常工作由国家教委条件装备司负责联系。

撰稿人　李晓明

审稿人　高炳章

教学仪器研究及技术服务工作

一、教学仪器研究开发

1991年，国家教委教学仪器研究项目计划安排课题99项，其中普教部分45项。通过鉴定的研究项目49项，其中普教部分39项。完成的项目中多为普及九年制义务教育用的实验盒、教具箱、系列化的通用仪器以及职业技术教育、劳动技术教育方面的新产品。高温超导体两个基本特征测量装置、散射光干涉演示装置、数控原理演示系统等高教成果积极应用国内最新科研成果，采用新器件新材料，属国内首创。《初中地理挂图》、《教室设备规范图册》和电影《玩与玩具》也已出版发行。

二、优秀教具和研究成果评选

（一）自制教具评选

受国家教委委托，由国家教委教学仪器研究所联合《人民教育》编辑部、北京市智发教学用品厂从1990年7月至1991年4月举办了国家教委第三届全国自制教具评选活动。

本届评选的学科范围除中学理科、小学数学、自然外，还增加了音、体、美、特教等共13个学科。计有43个省级单位申报了评选材料，各地选送了586项参评作品。

由国家教委教学仪器研究所、人民教育出版社、师范院校及中、小学校的51位专家组成7个评选组，在逐项表演、讲解、演示、实验的基础上，经过评议，以无记名投票的方式评选出获奖作品164个，其中一等奖10个，二等奖27个，三等奖127个。在获奖的作品中，河北省保定河北小学张国成老师利用易拉罐做的系列教具，上海市复兴东路第三小学的自然常识系列纸教具，江西电机厂子弟学校的快速组合立体几何教具，上海风华中学的微小压强多用计，江西广昌一中的竹制物理教具，广东省南海九江大同小学三年级学生集体采集的种子分类标本都很有新意，体现了自制教具的发展方向。1991年4月26日国家教委举行了授奖大会。

(二) 理科教具评选

北京理科教具发展中心（BTAC）及分中心主任会议于9月25日–26日在湖南省长沙市召开。会议期间为了鼓励教玩具的研究开发工作，表彰在产品设计、制作工艺方面有新颖性、实用性的优秀产品，举办了新产品展览和评选活动。由北京教具中心和各分中心代表组成的评选组，在申请参评的98个教玩具中，评选出29个获奖作品，其中浙江分中心的泡沫系列教具、北京教具中心的配对卡片、广西分中心的交通积木获一等奖。另10个作品获二等奖，16个作品获三等奖。

(三) 普教仪器优秀产品评选

1991年10月10日–15日在四川省广汉市召开的普教仪器优秀产品展评订货会上，由中国教学仪器设备行业协会与国家教委教学仪器研究所联合举办了优秀新产品的评选。全国共有384项1986年以后投产的新仪器参加了评选。经过专家评议和实验，评选出优秀新产品113个。与此同时，还评选出多年来在行业评比检测中一直处于领先地位，质量保持稳定的206个产品为优秀产品（其中一等奖16个、二等奖77个、三等奖113个）。

三、质量监督检验

国家教委教学仪器研究所检测室及其指导下的8个检测站，全年共检测40种产品，涉及375个工厂。其中为颁发生产许可证检测了10种产品，复检7种，受检产品平均合格率为87%。此外还发布了48个教学仪器行业标准。

四、技术培训

1991年，国家教委教学仪器研究所共举办了生物玻片技术、幼儿游戏与自制教玩具等不同类型的培训班11期。来自全国各地的教师、工厂生产骨干以及教育技术装备管理部门的技术人员共300多人参加了培训，普遍感到收获很大。有的培训班得到了联合国儿童基金会的支持。

撰稿人　王长毅
审稿人　冯振家

教学仪器设备的供应工作

1991年，是中国教学仪器设备公司(以下简称公司) 实现政企分开走上企业化道路的第三年。这一年公司按企业规律办事，注重社会效益和经济效益，注重市场调查和分析，正确处理与供货厂商、用户之间的关系，做到急用户所急，想用户所想，担当用户与厂家之间的媒介和桥梁，以价格合理、质量上乘的教学、科研仪器设备满足学校和科研单位的需求，受到用户好评。

一、1991 年任务超额完成

1991 年，公司各项经济指标超额完成。计划经营额 1 亿元，实际经营额 1.3357 亿元，超额完成 33.6%，人均完成额达 159 万元。计划利润指标 500 万元，实际完成利润指标 774 万元，超额完成 59%，人均利润额达 8.4 万元。费用率为 1.21%，流动资金平均周转天数为 45 天。全年出口创汇 256 万美元（结汇 120 万美元）。组织全国高教、普教定货会，供需直接成交 1.95 亿元。

1991 年，公司为全国各级各类学校提供仪器设备 15442 台（件），磁带 33 万盘，磁盘 7 万盘，为学校直接节省开支约 2200 万元。组织全国高教、普教订货会 3 次，电教会 1 次，使供需双方直接见面，减少了中间环节，为学校节约了大量经费。在高教、普教订货会组织管理的科学化、规范化方面又有了新的进展。对参展资格及展品质量严格把关，会前召开预备会，精心安排和准备，使全国范围的综合性会议组织得有条不紊，受到供货厂商和学校用户的好评。

二、坚持“为教育服务”宗旨，社会效益显著

1991 年，公司进一步建立健全内部运行机制，树立全公司一盘棋、全方位服务的思想。

（一）加强服务意识，以服务促经营

1.政企分开后，如何开拓进取，增强企业活力是公司面临的一个课题。公司一改过去坐等上门、吃“皇粮”的“官商”作法，实现观念的转变与更新，增强服务意识，举办各种形式的展示会，走出去征求用户意见，改进工作作风，提高服务质量。

2.“服务第一，以服务带动和促进经营”是 1991 年公司着力抓的工作之一。克服官商作风，讲求信誉的关键取决于服务。公司实行“闭环服务”，即将服务作为出发点和归宿点，尤其注意将售后服务落到实处。目前市场鱼目混珠，水货、假货充斥，个别用户在选购时有一定的盲目性。针对这种情况，公司注重咨询服务，在介绍产品技术特点的同时也指出不足之处，使用户对产品充分、全面的了解，便于根据自身的需求选购适用的产品，减少了经济损失。

（二）圆满完成国家教委交给的专项任务

1.国家教委领导出访非洲，安排公司提供一些教学仪器作为礼品，公司精心挑选了幻灯机、投影仪各 3 台。机器制造精美，质量上乘，性能优越，在当地很适用，得到该国有关部门的赞赏。

2.公司在承担援助刚果、朝鲜的任务中，从仪器设备的造型、包装到后期发运工作，都做到了准确、及时，没有疏漏，受到好评。援外工作的顺利完成，提高了公司的知名度，也为国家争得了信誉。

三、在新的业务领域不断进取

（一）在国际国内招标工作中大有起色，被誉为“投标信得过单位”

面对 1990 年众多品目中标，1991 年精心做好大面积履约结算工作。目前中标仪器设备全部交付使用，款项基本结清。在履约及随后的投标工作中，加强了投标工作规范化，加强了科学管理。中标及履约的成功，表明公司有参与国际国内竞争的实力。

（二）出口突破百万美元关

1.在全国教育器材出口行列中发挥主导作用。中国教学仪器在国际市场上占据应有的地位是公司出口工作的一个目标。迄今公司已与亚、欧、美、澳大利亚等十几个国家和地区建立了联系。同时，在国内与有关单位建立出口协作关系，制定出口代理优惠办法，筹建出口基地；参加了国际性展览会，打开国际市场。除日常业务外，积极参与国际招标并在援外项目、来料加工贸易上付出努力。1991年全年出口创汇突破百万美元大关，在全国教育器材出口行列中发挥了重要作用。

2. 参加国际教具联合会（WORLDDIDAC）与墨西哥教育部联合举办的国际教具博览会（Worlddidac Expo'91）。中国展品以品种丰富．适用性强、物美价廉在博览会上独树一帜，所有展品全部被留购，许多国家和地区的贸易商争做我方销售代理。博览会期间，公司与墨西哥、哥伦比亚、西班牙、荷兰、巴拿马、意大利、丹麦等10多个国家的30多家厂家建立了联系，尤其与拉美一些国家建立了密切的合作代理关系，找到了潜在的大市场。我国许多产品在国际教具博览会上具有相当的实力和吸引力，产品从质量、品目到适用性，与国际先进水平相比并不逊色，向世界展示了中国这个拥有1.8亿在校学生的大国在教学、科研仪器设备的出口方面参与国际竞争的实力。

公司是全国教学、科研仪器设备进口、出口的主渠道。今后要从目前的单一贸易型发展成技、工、贸相结合的实体，与全国各有关单位全方位合作，引进国外先进技术装备和教学科研仪器，进而促进教育仪器设备事业的的发展、开发、研制出自己高水平的教学仪器设备，出口创汇。

撰稿人　王建民
审稿人　杜学礼

教育国际交流和与香港、澳门、台湾地区的合作

改进出国留学工作

1991年，我国向55个国家和地区派遣了国家公费留学人员2495人。其中访问学者和进修人员2096人，占84%；硕士、博士研究生和联合培养博士生369人，占14.8%；本科生30人，占1.2%。至1991年底，在国外的各类留学人员约有10万余人。

一、改进出国留学选派工作

为了更好地贯彻、落实"按需派遣，保证质量，学用一致"的方针，1991年国家教委在调研、总结以往出国留学选派工作经验和问题的基础上，选择23所高校和2个部门作为改进选派工作的试点单位；于7月9日至12日在天津召开了部分高等学校（单位）改进公费出国留学试点工作会议，研究并确定了改进选派工作的具体措施和方案。10月11日至13日又在北京召开了国家公费出国留学选派工作会议，在全国范围内推广改进公费出国留学工作的措施。会后形成了《关于改进国家公费出国留学选派工作的意见》、《关于做好一九九二年国家公费出国访问学者选派工作的通知》等文件，并编印了《出国留学项目指南》、《赴欧洲各国留学指南》两本书。

在改进出国留学选派工作的同时，重视留学预备人员出国前的培训工作。8月7日至11日在长春召开了国家教委出国留学预备人员培训部工作会议，着重研究了对留学预备人员进行短期培训、外语强化教学和加强培训部自身建设等问题，表彰了近几年来在培训部工作中做出突出成绩的36名先进工作者，向他们颁发了证书和奖品。会后，国家教委9月16日发出《关于进一步加强出国留学预备人员培训部工作的通知》。

二、加强对国外留学人员的服务、教育和管理工作

1991年在国内和国外先后召开了一些国家或地区的留学生工作会议，分析国外工作的形势，研究向这些国家或地区派遣留学人员的方针及做好对留学人员的服务、教育、管理工作等问题。还广泛接触留学人员，通过召开座谈会和个别交谈，了解留学人员的学习、生活和思想情况，听取他们的意见和要求。

春节前后，共有8个委属高校校长率领的团组出国访问或参加国际会议。这些校长均看望了本校在外的留学人员，与他们座谈，介绍学校的发展变化，希望他们努力学习，早日学成报效祖国。

在重大的节日和纪念日前后，向我驻外

使领馆发送电影、录像带，以便教育处(组)组织留学人员开展活动。1991年共发送电影10部总计400个拷贝，录像带6805盘，录音磁带2560盘，各种宣传材料5000多册(套)。其中一些优秀的影视片，如《毛泽东和他的儿子》、《周恩来》、《开天辟地》、《大决战》、《焦裕禄》、《渴望》等深受留学人员的欢迎。

1991年夏季，我国淮河流域和长江中下游地区遭受了严重的洪涝灾害。广大留学人员身居国外，心系灾民，通过各种方式和途径向灾区人民送去海外学子的一份情意：他们有的将支票或现金寄送我驻外使领馆，有的将捐款直接寄往灾区或中国国际减灾十年委员会和中国红十字会；留学人员还将有关灾情和抗灾的消息张贴在校园内广为宣传；设立赈灾捐款站(箱)，走上街头举行赈灾义演，向海外侨胞和外国友人进行募捐。据不完全统计，在赈灾捐款活动中，留学人员共为灾区捐款约76.7万多美元。

撰稿人 陈泽滨 苗丹国
审稿人 王仲达

鼓励留学人员回国工作

一、表彰优秀留学回国人员

改革开放10多年来，我国向70多个国家和地区派遣了大批留学人员。至1990年底已有4万多名留学人员学成归来，投身于祖国的现代化建设。这批留学回国人员艰苦创业，努力进取，在生产、科研、教学、管理等方面发挥了积极的作用，正在成为各条战线的骨干力量。为了鼓励和弘扬留学回国人员热爱祖国，立足国内，开拓进取的精神，国家教委和人事部于1991年1月联合表彰了陈章良、马颂德、旭日干等310名在教学、科研、生产第一线做出突出成绩的留学回国人员。

在工作中做出突出贡献的回国留学人员表彰名单

马颂德	陈受宜(女)	沈文庆
韩启德	姚林声	李光友
冯克勤	黄洁夫	叶朝辉
许智宏	熊范伦	程　明(女)
程心俊	曾荣树	董远达
左焕琮	沈承德	袁亚湘
李维业	邢瑞昌	张荣茂
李福田	阮　力	吴长龙
王先彬	王世坤	张　远
郜爱平	戎嘉余	余吟山
唐朝枢	曹世龙	曾华荣
安芷生	王玉新(女)	程书均
周钧铭	汪　浩	向继洲
杨志伊(女)	姚定一	周　明
华　钧	李　栋	吴哲辉
涂时亮	董　奇	周　毅

萧仲骅	郑祖康	魏　群（女）	屠海令	马国馨	舒　展
郎四维	周　济	朱传琪	翁祖泽	汪乐江	马重芳
陈建平	祝家麟	余胜生	荣卫平	李荣志	赵庆章
刘　武	陈章良	田麦久	晏家丰	蔡国雄	吴锡飞
李新洲	杨　炽	曾　毅	杨　桂	龚振邦	薛禹胜
潘乃强	张广祥	龙以明	关振华	高绪珊	陈　竺
涂传治	李晓明	郑兰荪	杨明忠	李泉根	刘冠峰
吴大诚	文　兰	殷兴良	沈卫峰	孙　翔	刘又宁
陈世雄	刘纯强	童　真	秦麟征	叶华年	沙　斐
李　未	邵嘉格	苏志国	李德毅	卓新平	褚启人
罗承萍	赵　彤	舒启青	宋宝韫	刘益荣（女）	赵一凡
薛　奇	童勤义	厉建中	吕绳凯	周本宽	王立行
肖　刚	陈坤基	王胜今	关德林	胡幼华	胡　谋
柳光福	王庆人	王守仁	何鸣元	吴兆麟	庄松林
常耀信	庄益明	李尊贤	杨肇夏	徐嘉震	黄震华
冯　禹	顾秉林	郭建平	曹作良	易河清	徐韶辉（女）
张文显	胡东成	郑南宁	蒋登富	赵金城	钟义信
徐冠华	侯义斌	江　忆	许志琴	郝士明	夏晓阳（女）
彭立中	张启翔	史耀武	舒华英	孙运生	张生贵
刘西检	沈　正	夏　飞	李卫民	唐仁杰	李济生
席格庚	冯冠平	周海梦	翁宇庆	路凯旋	吴重光
边信黔	沈为平	郑伟安	王正志	刘国权	姜悦平
曹建明	钱文豪	沈　灏	胡性之	李真富	黄昆章
唐致远	罗登柏	陈超英	姬立军	李志明	汤云为
郭聿琦	彭群生	林贤郁	邱仁森	岳永德	胡文宝
金忠青	李安民	樊建人	黄朝恩	胡育筑（女）	陈华堂
孙照渤	乔世珊	李卫华	王继成	邝安祥	任正隆
徐博候	潘在桃	袁业立	龚联遂	黄宜坚	佘万能
韦胜阻	王循章	潘正风	黎亚元	刘化章	杨淑雯（女）
李　华	毛蕴诗	屈良鹄	尹　军	耿信笃	陈偕雄
刘先琳	李赞东（女）	张　源	康庆德	谢立新	石康杰
袁士义	沈德忠	王　利（女）	程家安	李宗智	孙　胜
邓子新	石广仁	修　璐	苏　格	桑国卫	马瑞昆
杨振海	谭万忠	殷福珊	朱　果	赵铁桥	王　勇
郑　荃	陈孝良	骆世明	刘晓程	刘长春	李　锐
柳冠中	周　廉	戴建平	王有为	李建中	雷小刚
王　韧	连建设	刘鸿飞	徐盛林	陈宏规	袁锐锷
沈祖尧	杨　虹（女）	梁昌洪	罗奇祥	高　军（女）	高锦章

曾庆余　陈海晏　孔天翰
张伯崇　罗　林　顾铭洪
张　涛　赖星华　杨光慈
傅　震　付兴华　佟树生
程元荣　夏洪山　钱倚剑
席焕久　饶平凡　郎义东
旭日干　穆世成　侯晋川
金之庆　卢德勋　吴兴惠
郭贵春　国毓智　巴　根
林毓材　李德中　梁　力
汪锡沧　马　军　董广新
甘遵义

二、组织招聘团出国招聘留学生

由国家或单位公派出国的一部分攻读博士学位的留学生在最近几年内正陆续完成学业，或做完博士后研究。为争取其中较多的人尽快回国工作，1991年国家教委先后组织了三个招聘团出国招聘留学生。3月12日至4月2日赴日本，10月23日至11月18日赴英国、法国，11月21日至12月15日赴德国、荷兰、比利时、瑞士。国内20个部门、地方和单位负责人事工作的同志分别参加了招聘活动。三个招聘团在7个国家留学生比较集中的城市，共召开座谈会72次，接触各类留学生2000多人，向他们宣传国内形势和国家对在外留学生的政策，介绍用人单位急需人才的情况。通过个别交谈，有120多名需要由国家安排工作的博士生选择了国内工作单位，并初步确定了回国时间。至1991年底，这部分人中已有40多人回到国内，其余的也将陆续回国工作。

三、为留学回国人员提供科研工作资助费

1990年下半年，国家教委首次为在国外获得博士学位后回国工作的留学人员提供科研工作资助费。1991年，又进一步完善了有关资助的规定及实施办法。一年内共为536名留学回国人员提供了1500万元的资助费。

四、从多方面开展为留学回国人员的服务工作

1991年国家教委留学服务中心帮助安置了158名学成回国的留学生，为1563名访问学者和进修人员办理了回国后的各种手续，为2159名短期回国的留学人员办理了再出境手续；编印了两期《国内用人单位人才需求信息》，向国外留学人员提供了近4500个专业人才需求的信息资料；与《中国青年报》、《光明日报》、《科技日报》合办了“留学生服务台”、“留学生专栏”及“留学归来”征文活动，共刊出了150多人的择业信息，发表征文53篇。

撰稿人　陈泽滨　李　玲
审稿人　王仲达

做好与留学工作有关的教育外事工作

1991年与出国留学工作有关的教育外事工作得到加强，各种友好往来活动进一步开展：

一、开展中英友好奖学金项目评估活动

由中国和英国双方专家组成的中英友好奖学金项目评估小组1月23日至2月11日在英国，3月3日至27日在中国开展评估活动，共走访了9所英国大学、13个国内

单位，与正在英学习和业已回国的150名该奖学金项目人员、近30名英方导师和20名国内单位的领导进行了交谈，提出了对该奖学金项目的评估意见。

二、举办原赛德尔奖学金生研讨会

4月13日至15日在杭州举办了原赛德尔奖学金生研讨会。该奖学金是德国赛德尔基金会设立的，自1981年以来已向国家教委提供设备及拨款3000多万马克，奖学金名额近300名。此次研讨会旨在进行学术交流，同时纪念双方合作10周年。出席会议的中外专家共100人。

三、出席美国第43届NAFSA年会

5月24日至27日，国家教委留学生司和清华大学、复旦大学外事办公室的同志共3人应邀出席了美国第43届NAFSA年会。此次大会的议题是评估全球性教育交流及效果，与会的有50多个国家的教育界人士。我方与会人员除重点参加有关中美教育交流分组讨论外，还广泛接触了较有影响的美国教育行政部门和大学的负责人，以增进相互了解，探讨恢复和发展双边交流的可能性。

四、举行中英友好奖学金计划委员会第六次年会

6月16日在香港举行了中英友好奖学金计划委员会第六次年会。该委员会主席、中方首席代表朱开轩主持会议。中英双方代表团的成员及奖学金项目发起人包玉刚的私人代表出席了会议。本届年会总结并研究了1990——1991年度奖学金计划的执行情况和有关的各类问题。为推动香港与内地的教育交流，会议前后，朱开轩等访问了香港理工大学、中文大学等8所学校和职业教育培训中心，分别会见了包玉刚、霍英东、李嘉诚、安子介等知名人士，与他们进行了友好交谈。

五、接待了5个来华访问的团组

6月11日至30日接待了长期关照我国留学人员的日本知名友好人士访华团一行11人。

9月11日至21日接待了来华主持1992——1993年度我国家公派赴新加坡留学人员英语选拔考试的新加坡考试小组一行2人。

9月15日至27日接待了美国中西部地区校长访华团一行4人。

9月19日至10月3日接待了泰国大学部常务副次长波特·沙边猜博士一行6人。

10月22日至31日接待了多年来辛勤指导我国在日留学生学业的日本中国留学生导师代表团一行10人。

撰稿人　陈泽滨

审稿人　王仲达

成立出国留学工作研究会

由全国近80所高等学校，23个省、自治区、直辖市，30多个中央部委以及中国科学院、国家教委留学服务中心等100多个出国留学工作管理机构在自愿的基础上组织起来的群众性学术团体——中国高等教育学会出国留学工作研究专业委员会（简称出国留学工作研究会）9月3日宣布成立，并在天津南开大学召开了为期3天的成立大会及第一次学术研讨会。该研究会的宗旨是：贯彻我国改革开放政策，组织全国从事出国留学工作管理和研究的人员开展研究和学术交流，探讨出国留学工作的科学规律和发展战略，不断提高出国留学工作管理人员的政治业务素质和工作水平，为加速我国社会主义现代化建设服务。

大会通过了出国留学工作研究会章程。根据章程规定，经充分协商，会议选举产生了第一届常务理事，并推选了会长和副会长清华大学副校长杨家庆为会长，任命了秘书长、副秘书长。成立大会后，举行了第一次学术研讨会。

撰稿人 陈泽滨

审稿人 王仲达

接受来华留学人员

1991年，国家教委通过政府渠道接受来自101个国家的1828名外国留学生。1991——1992学年在华外国留学生共有3645名，其中本科生1883名，硕士研究生284名，博士研究生50名，普通进修生1242名，高级进修生178名，学者8名。他们分别来自116个国家，分布在全国14个省、自治区、直辖市的85所高等学校中学习。在政府接受计划之外，全国有27个省、自治区、直辖市的140多所高等学校通过校际交流或其它民间渠道共接受外国长、短期留学人员8000多人。

1991年，继续接受发展中国家特别是非洲国家高层次的来华留学生。在录取的非洲学生中，高层次学生已占88%，其余为医学本科生和按协议规定接受的个别国家的少量本科生。为贯彻上述方针，全国共有29所高等学校的34个专业以英语授课，接受了来自18个国家的116名来华留学人员。

1991年，为增进外国中文教师对中国的了解，提高他们的教学水平，国家教委首次设立了外国青年中文教师项目奖学金，向法国、英国、美国、加拿大、意大利、日本、德国从事中文教学工作的青年教师提供，通过我驻外使领馆邀请他们来华参加在北京语言学院举办的1991年外国青年中文教师暑期培训班，进行汉语语言教学方面的培训。同时，还安排他们访问、参观了一些文化古迹。外国学员认为收益很大，要求国家教委今后继续举办此类培训班。

1991年10月，国务院学位委员会批准下发了《关于普通高等学校授予来华留学生我国学位试行办法》。此办法的制定和颁发，对促进我国高等教育的国际交流与合作，保证我国普通高等学校授予来华留学生学士、硕士和博士学位的质量，具有重要的作用。

1991年，经与财政部协商，国家教委调整了政府奖学金生的学习生活费。调整后的本科生、硕士和普通进修生、博士生和高级进修生的生活费标准分别为每人每月320元、350元和380元人民币。对此，许多外国驻华使馆来照会表示感谢，留学生也非常满意。

随着我国改革开放形势的发展，全国高

等学校自行接受政府计划外来华留学生的数量，尤其是汉语生的数量增加很快。为维护我国教育在国际上的声望，使高等学校自行接受外国留学生的工作沿着正确的轨道健康发展，1991年，国家教委决定对全国已开办外国人汉语短训班的高等学校进行资格评审，确定了19条评审标准，并在北京、上海、江苏进行了评审的试点工作。

1991年，为提高对来华留学生的管理水平，保证留学生的培养质量，国家教委要求全国接受外国留学生的高等学校建立规范化的管理工作制度。具体要求是全年工作程序化、日常工作标准化、规章制度健全化、管理体制正常化，并于1991年5、6月连续举办了两期留学生办公室负责人的学习班。建立规范化工作制度的要求，受到各有关省、自治区、直辖市教委、高教局和高等学校从事留学生工作干部的赞同，上海、江苏、天津、北京都进行了本地区的贯彻落实工作。

1991年，在全国分地区开展了来华留学生工作的研讨，即对来华留学生招生、提高留学生预备汉语教育质量以及按教学规律搞好来华留学生教学工作等问题进行了研究。1991年11月，在山东济南召开了全国留学生管理干部研讨会，进行专题研究和交流，提出了对新时期留学生工作的设想。通过此次研讨会活动，深化了大家对留学生工作几个主要方面问题的认识，有益于推动各校留学生的教育、管理工作。

撰稿人 严美华
审稿人 赵永魁

互派专家和教师

1991年，我国通过政府途径向25个国家派遣教师62人，其中汉语教师32人，其它专业教师30人。至1991年底，我国由政府渠道派出的教师共有167人，分别在43个国家的75所高等学校或中等学校任教。

1991年，我国共有558所高等学校，分别从43个国家和地区聘请了外国文教专家和一般外籍教师来华工作。据1991年底统计，1990——1991学年我国教育系统共聘请外国长期专家1305人、短期专家2377人次，另有141名专家是根据政府间文化教育交流协议被聘请来华任教的。国家教委直属高等学校在1990——1991学年共聘请389名外国长期专家、1573名短期专家和224名一般外籍教师。

撰稿人 姜明宝
审稿人 王百哲

多边教育交流与合作

1991年，国家教委派出直属高等学校和直属单位专家、学者和有关人员1554人次到国外出席了1004个国际学术会议；上述单位在国内举办了76个国际学术会议，出席会议的外国专家、学者和有关人员2204人次。

1991年，国家教委与联合国开发计划署的合作继续进行。正在执行的合作项目有3个，分别是初中英语教材编写项目、西南地区中学英语师资培训项目和大学管理人员培训与研究项目。根据开展项目活动的需要，国家教委派出项目有关人员34人次出国考察、培训；接待外国专家36人次来华讲学。

1991年，是国家教委与联合国儿童基金会开展1990——1994周期合作的第二年。正在执行的合作项目有7个，利用联合国儿童基金会援款近380万美元。共派出7个团组、47人次出国考察和参加有关会议；接待2个团组、15人次来华考察。1991年11月，在北京举行的项目中期审评会议上，国家教委获得了130万美元的追加经费，分别用于加强贫困地区小学教育项目、远距离教育项目、教材编写与印刷项目和教具的研制与开发项目。

1991年，国家教委与联合国人口活动基金继续开展了1990——1994周期第二年的合作项目活动。正在执行的合作项目有3个，它们是大学人口研究与培训项目、中学人口教育项目和农民学校人口教育项目，利用联合国人口活动基金援款109.6万美元。共派出7个团组、71人次出国考察，10人次出国讲学、进修；接待了2个团组、9人次来华考察，安排了27名外国人口学留学生来华学习。

1991年，国家教委首次与世界卫生组织进行了合作。从1991年5月开始，双方共同开展了为期4年的“北京大学人口学培训与研究中心”合作项目。该项目的宗旨是在北京大学为世界各地培养人口学硕士学位研究与教学人员。世界卫生组织对该项目的总投入为30万美元。

撰稿人　田小刚

审稿人　王百哲

双边教育交流与合作

1991年，我国与周边国家的教育交流与合作得到进一步巩固和发展。朝鲜普教部长李宗周、蒙古教育部副部长恩赫图布辛、巴基斯坦大学拨款委员会主席安沙里分别率领教育代表团来华访问，对于继续保持双方教育部门领导人之间的直接接触和对话，互相通报各自的教育发展情况，巩固传统的友好合作关系起了积极作用。根据有关领导同志的指示，国家教委向朝鲜黄继光中学提供了价值40万元人民币的教学仪器设备，并安排了该校校长一行访华，取得了良好影响。此外，还邀请了缅甸吴奈温夫人来华访问，对进一步推动两国教育交流起了促进作用。1991年，我国与老挝、越南的教育交流与合作关系也得到恢复和改善。当年11月，老挝教育部长沙曼一行访华，与何东昌副主任签署了中老1992——1993年教育合作计划，使中断了十多年的双边教育交流关系正式修复。与越南的教育交流与合作有所改善，双方为尽快签署双边教育交流协议正在抓紧进行有关准备工作。

1991年，我国积极开展了与非洲国家的教育合作。国家教委按协议向坦桑尼亚、喀麦隆派遣了7名教师，发运了实验室设备和教学用品。为了开拓新的项目，1991年12月，国家教委副主任邹时炎率教育代表团访问了马里、塞内加尔，科特迪瓦和尼日尔四国，就今后几年与非洲国家的教育合作项目的布局等问题提出了方案和意见。此外，浙江农业大学、河海大学代表团先后访问了喀麦隆、马达加斯加、塞内加尔、尼日尔、刚果和加纳等非洲国家，分别与马达加斯加、塞内加尔和加纳三国的有关高等学校正式签署了校际交流协议。

1991年，我国还分别向坦桑尼亚、圣多美和普林西比提供了价值2万元人民币的教学用品。

1991年，我国还积极开展了与其他国家的教育交流与合作。1991年5——6月，国家教委副主任滕藤率教育代表团访问了古巴和墨西哥；同期，国家教委副主任朱开轩率教育代表团访问了原苏联、保加利亚、捷克和斯洛伐克及南斯拉夫。1991年11月，国家教委副主任柳斌率教育代表团访问了澳大利亚和新西兰，并与澳大利亚政府签署了中澳教育交流与合作谅解备忘录。同年，国家教委邀请葡萄牙教育部长卡尔内罗、阿尔及利亚大学部秘书长奥玛尔率教育代表团访华；还邀请了埃塞俄比亚等国教育部外事负责官员访华，考察我国教育情况，商讨双边教育交流事宜。根据1990年签署的《中日教育交流会议纪要》，1991年，国家教委先后派出中国高等教育规划考察团和地方教育行政官员研修团访日；接待了日本文部省教育官员代表团访华，从而进一步沟通了两国教育部门之间的了解，增进了友谊。1991年，我国与美国的教育交流按照中美教育交流协议也得到正常开展。

1991年，国家教委共派出62个教育代表团组出国访问，其中副部长级以上团组5个；邀请并接待了62个外国教育代表团组来华访问，其中副部长级以上团组8个。

1991年，国家教委共派出专家、学者2427人次出国考察、讲学、任教、合作研究和参加学术会议；共接待外国专家、学者2598人次来华考察、讲学、任教、合作研究和参加学术会议。

1991年，我国与有关国家继续进行和新启动的双边教育合作项目84个。

1991年，我国与有关国家政府部门签署的双边教育交流与合作协议（包括执行计划、会谈纪要、备忘录等）共33个。

撰稿人 徐永吉

审稿人 赵永魁

对外汉语教学

1991年，我国的对外汉语教学工作蓬勃发展。据不完全统计，全国已有120多所高等学校开展对外汉语教学工作，接受来我国学习汉语的外国留学生已达1.6万人。海外华侨、华人子弟及驻我国外交、外企人员及其家属学汉语的人数也在增加。1991年11月，北京、广州、集美三所华侨补校专门召开工作研讨会，对有关华文教育的各个方面问题进行了广泛深入的探讨。为了给外交人员学习中国语言文化提供舒适的环境和极好的物质保障，北京外交人员语言文化中心新建了一座设备先进、功能齐全、装饰典雅的教学大楼。1991年，中央电视台第二套节目中新开办了“学汉语”节目；中国国际广播电台向全世界播放的“教汉语”节目在原来的基础上，已增至18个外语语种。

1991年，国家对外汉语教学领导小组办公室除扶持出版了一批一般汉语教材外，还组织落实编写海外操闽、粤方言的华人使用的汉语教材任务，重点落实了编写以广东话、潮汕话、客家话为媒介的汉语教材；召开了文化类教材评审会，评选出16个文化类教材、读物项目列入国家对外汉语教学领导小组办公室1991——1993年的教材规划。此外，还加强了声像教材的制作。

1991年，汉语水平考试经过多年在国内试用、修正和完善，已开始向海外推广。1991年6月，汉语水平考试在新加坡首次试点，有128人报名参加；1991年10月，在澳大利亚进行了汉语水平考试试点，有40人参加；1991年12月，在日本进行了汉语水平考试试点，有331人参加。这三次试点均获得很好的效果。

1991年，世界汉语教学交流中心教师研修部举办了5期培训班，共培训国内外青年中文教师61名，其中海外汉语教师41名，国内教师20名。此外，1991年4月，在汕头大学举办了泰国华文教师培训班，有40名泰国教师参加。该培训班得到了广东省侨办和汕头市侨办的支持，培训班举办得很成功，产生了较大的影响。

为实施《对外汉语教师资格审定办法》，1991年5月，国家教委成立了国家教委对外汉语教师资格审查委员会，负责领导对外汉语教师资格审查和证书颁发工作。该委员会起草了《国家教委对外汉语教师资格审查委员会组织章程》（征求意见稿）和《<对外汉语教师资格审定办法>实施细则》，并聘请专家组成了非常设性的专业考评组和外语考评组，负责对外汉语教师资格试点考试的命题工作。1991年7月，国家教委对外汉语教师资格审查工作会议在哈尔滨举行，有16所高等学校参加了这次会议，会议讨论、研究了实施《对外汉语教师资格审定办法》的具体问题，并部署了当年的审查试点工作。1991年12月，对外汉语教师资格审查试点在京、津、沪三个地区同时进行。参加试点考试的有北京大学、北京师范大学、中国人民大学、北京外国语学院、北京外交人员语言文化中心、南开大学、天津师范大学、天津外国语学院、复旦大学、华东师范大学、上海外国语学院等。

1991年，我国继续开展了汉语教学的国际交流与合作。4月，中国语言教学代表团首次参加西班牙国际语言教学博览会，向大会介绍了中国对外汉语教学情况。9月，中国大学校长代表团访问菲律宾，对菲律宾的汉语教学情况进行了考察。11月，菲律宾华文教育研究中心举办华语教学讲习会，邀请中国对外汉语教学学会会长吕必松教授担任主讲人，主讲第二语言教学，受到热烈欢迎。12月，对外汉语教学发展中心、中山大学、杭州大学联合组团参加了香港语文教育学院举办的第七届国际语文教学研讨会。

1991年，世界汉语教学学会的会员国别和人数又有增加。到1991年底，有29个国家和地区共556人。学会秘书处加强了《会员通讯》的编发工作，还加强了世界汉语教学学会会刊《世界汉语教学》杂志的编辑力量，进一步提高了杂志的学术水平。1991年3月，中国对外汉语教学学会在上海召开了第三届理事会第二次会议，修改了《中国对外汉语教学学会章程》，制定了今后理事会换届改选的办法，决定了举办第四届全国对外汉语教学讨论会的有关事项。

撰稿人　宋永波
审稿人　赵永魁

民间教育国际交流

一、聘请外籍英语教师来华任教，办短期英语培训班

1991年，中国教育国际交流协会为地方院校聘请了长期英语教师和专家50名。其中，英国海外志愿服务社29人，在20余所地方院校中任教；美国退休教师21人，在18所院校中任教。

1991年，协会举办暑期英语教师培训班32个，分布在31个城市，参加培训班的国内英语教师3400人。暑期培训班聘请外籍短期英语教师242人，其中美国英语学会教师180人，美中教育服务机构62人。

以上两项聘请的长、短期英语教师共292人，实际在华人数比1990年略有增加。

各地教育部门，特别是中学英语教师对暑期培训班反映很好，认为是快速提高中学英语教师英语听说能力、掌握英语教学方法的好办法。为此，交流协会于1991年10月在长沙召开该项目评估会，肯定了各地好的做法，研讨了值得注意的问题，为今后开设新点提供了有益经验。

二、派出和接收留学人员

通过交流协会派出的留学人员均由与协会有交流关系的国外民间组织提供经费。1991年由于世界经济不景气，各民间组织经费也遇到一些困难，加上其它原因，整个派出人员及派往国家均有减少。1991年共派出51名留学人员，其中国际文化交流协团34人，日本霞山会5人，中加高中后职业教育项目12人。

1991年通过交流协会接收的长短期留学人员共60人，比1990年略有下降。其中日本霞山会派来的长期进修人员5人，国际文化交流协团派来参加语言短训班的55人。

三、组派出国代表团

1991年协会共派出团组19起，103人次。

代表团在出国考察中取得了许多第一手材料，为进一步扩大交流，提高对外交流的效益创造了有利条件。

1991年派出的团组中有一半是工作访问。如参加澳大利亚AFS项目的年会，中加高中后职业教育合作项目指导委员会会议和第二次中国修学旅行促进会议，其目的是了解对方组织和工作程序，不断完善和改进交流项目，因目的明确，效果较好。出席中、日、美国际研讨会的中国代表团借助这次研讨会的讲坛，对建立国际新秩序问题进行了广泛的讨论和交流，达到了宣传自己、了解对方、广交朋友的目的，促进了美、日代表对我国国内和对外现行政策的了解和理解。在1991年派出的团组中有的是探索性的。如季羡林、李滔等以民间身份访问南朝鲜大学学园和其它南朝鲜民间组织，就是探索一条适合与南朝鲜进行民间教育交流的路子。

四、接待来华团组

1991年共接待来华团、组34起，350人次。团组数略少于1990年，但人数有大幅度增加。在接待来华团组时，注意做好对外宣传工作，使外国朋友正确理解我国政策，消除他们的疑虑。泰国代表团访华前，对中国有些不正确的看法，通过对我国的实地考察，彻底改变了看法，认为中国社会稳定、市场繁荣、人民友好、教育发达。

为了提高接待来华团组的实效，除安排他们参观访问外，更主要的是与他们谈项目或进行项目评估。如1991年借美国英语协会访华的机会，在湖南长沙与其共同举行了暑期项目评估会，就暑期班《专业合格证书》、学员生活管理和其它问题进行了讨论，对做好该项工作有一定指导意义。

五、在国内主办或合办国际研讨会

在国内召开适应我国社会和教育、学术发展需要，国际间学者和教育工作者感兴趣的国际研讨会是对外交流的最好形式，它可以把各国代表汇集一起，对某一问题进行研讨，是一种花钱少、信息多、促进了解、广交朋友的好形式，所以协会近年来非常重视举办有实际效益的国际研讨会。1991年共举办或参与举办了4个国际研讨会，它们是中加高中后职业技术教育讨论会、亚太地区教科文俱乐部协会联盟北京研讨会，第二届蒙古学国际研讨会和民间教育交流国际研讨会。

其中，民间教育交流国际研讨会是在纪念中国教育国际交流协会成立10周年之际，于11月14日～16日在北京召开的。来自美国、加拿大、英国、法国、日本、新加坡、泰国、香港、澳门等国家和地区的代表以及我国代表70多人参加了会议。雷洁琼副委员长会见了海外代表。会上，中外代表对民间教育国际交流问题充分发表了自己的意见。多数代表认为：增进了解、促进合作、加强友谊、共同发展，是交流的目的，也是时代赋于我们的重任。

六、召开第二届第二次协会理事会，并出版了《中国教育国际交流》大型画册

到1991年，中国教育国际交流协会已走过了10年的历程。为了总结10年的工作，展望未来，协会于1991年11月12日～13日在北京召开了第二届第二次理事会。到会代表共57人，其中理事42人，理事代表9人，特邀代表和顾问6人。会议由黄辛白会长致开幕词，李滔作了两年来工作总结和今后工作总方针的报告。会议还请国家教委副主任滕藤和中国人民对外友好协会会长韩叙作了关于当前国际形势、人民外交和民间教育国际交流等问题的重要讲话。上海、辽宁、天津等地方协会和少数民族地区国际交流协作会代表在会上介绍了他们的工作经验。到会代表经过热烈讨论，就如何加强协会与地方分会的联系，如何开辟与周边国家的交流合作，如何加强教育部门和经济部门的联系等问题取得了一致意见。

为了纪念中国教育国际交流协会成立10周年，协会编辑出版了大型画册《中国教育国际交流》。该画册收入了全国除台湾外30个省市和少数民间交流的资料和照片，是一个图文并茂，把纪念意义和资料价值融为一体的大型画册，也是介绍协会和全国各地方协会，了解全国民间教育国际交流的工具书。

七、其它交流项目

中国教育国际交流协会和日本家长教师会以及日本"凯尔"的交流合作日趋扩大。1991年日本"凯尔"向中国河北省、海南省6个县的贫困地区2000多所小学赠送3600箱学习用具，并将继续向我灾区安徽省，以及甘肃、山西省的贫困地区学校赠学习用具。

受日本教科文俱乐部协会联盟的委托，协会翻译出版了第一届亚洲儿童艺术节儿童画展获奖作品中文版本，并已发往有关地区。

撰稿人　张德安
审稿人　倪孟雄

与香港、澳门、台湾地区的教育交流与合作

一、与香港地区的教育交流

1991年，内地高等学校与香港高等学校学者之间的交流继续增加。仅据国家教委直属高等学校的不完全统计，赴港访问、讲学、合作研究、参加学术会议和进行其他学术交流活动的学者及有关人员达1100人次。香港高等学校来委属高等学校访问、讲学、参加学术会议和进行其他学术交流活动的学者和有关人员达240人次。

1991年1月，国家教委副主任滕藤率教育代表团赴香港参加邵逸夫先生向内地高等学校捐款仪式，并访问了香港的大学和中学。12月，滕藤同志出席了在香港召开的第一届制造技术国际会议。

1991年，国家教委共邀请香港10个代表团来内地访问。来访的人士中，既有香港著名的企业家，又有香港大专院校的校长、中学校长、香港职业训练局的负责人，以及香港7所专上院校学术交流部的负责人。他们在内地，游览了名胜古迹，观赏了祖国的大好河山，参观了一些乡镇企业，对内地实行改革开放以来取得的巨大成就有了切身的了解。香港教育界的访问团组还与内地教育单位进行了学术交流活动，通过访问加强了相互间的了解，扩大了内地与香港之间的教育合作与交流。

1991年，香港邵逸夫先生继续向内地高等学校及中小学校赠款，向同济大学、东南大学、四川大学、重庆大学、北京语言学院、北京科技大学、东北工学院、福州大学、宁波师范大学、海南大学、杭州大学、温州师范学院、苏州大学、广西师范大学、上海中学、杭州外国语学校、四川省自贡市蜀光中学、江西省婺源县第二中学、福建省武夷山第一中学、北京市第二实验小学、天津市岳阳道小学、上海市嘉定县普通小学、

上海逸夫职业技术学校赠款 3200 万港元，用于兴建教学楼、图书馆、科学馆等。

1991 年 11 月 18 日，霍英东教育基金会在人民大会堂举行成立五周年庆典，国家主席杨尚昆出席庆典活动。

二、与澳门地区的教育交流

据不完全统计，1991 年，国家教委直属高等学校赴澳门访问、讲学、任教、合作研究、参加学术会议和进行其他学术交流活动的学者和有关人员近 76 人次；澳门教育界来内地访问的人员达 30 人次。

当年，应澳门大学、濠江中学等单位邀请，内地教授、专家应聘到澳门任教。

1991 年 3 月，国家教委副主任滕藤应邀率中国大学校长代表团赴澳门出席澳门大学成立十周年庆典活动。同年 6 月，国家教委副主任朱开轩率教育代表团访问了澳门大学。

三、与台湾地区的教育交流

1991 年，两岸教育交流日趋活跃和广泛，台湾教育界人士来大陆访问的人数日益增多，而且层次不断提高。仅据国家教委直属高等学校的不完全统计，共接待台湾教育系统来访人员（包括大学生）2149 人次。台湾淡江大学派出由校长赵荣耀、副校长林云山率领的访问团来福建、天津、北京访问。由台湾展望基金会组织的台湾高等学校学者大陆访问团，不仅人数较多，而且层次较高，在来访的人士中，既有高等院校的人士，又有从事普教、幼教的人士；既有教师、管理人员，又有学生。他们有的来大陆进行学术访问，有的进行讲学交流，有的进行参观访问，还有的是应大陆高等学校邀请，专程到大陆参加学术会议。他们在大陆受到教育界同行的热烈欢迎和亲切接待。

1991 年，大陆高等学校共招收台生 80 人，他们中除本专科生外，还有硕士研究生、博士研究生和预科生。40 年来两岸教育领域长期隔绝的局面已被打破，对台教育交流取得了明显的进展。

由于台湾当局对大陆学者赴台湾进行学术访问与交流仍设置种种不合理的、带有政治歧视性的限制与障碍，大陆学者难以赴台湾进行访问与交流。台湾当局对访台的北京协和医科大学校长顾方舟夫妇及 5 名大陆中医进行无理对待，甚至要进行“通缉”。鉴于大陆学者赴台的安全得不到保证，因此，1991 年两岸教育界的交流仍然是单向的。

撰稿人　丁雨秋　张　栋
审稿人　王百哲

教育科学研究

中国教育学会1991年主要工作

1991年，中国教育学会积极开展群众性的科研、科普、学术交流、教改实验、咨询服务和对外交往等工作，为教育发展和改革作出了贡献。

一、召开第四次会员代表大会

1991年8月16日至19日在北京召开中国教育学会第四次会员代表大会。会议任务是：学习江泽民"七一"讲话，总结工作，研究今后的任务；进行换届改选。160多位会员代表出席了会议。

国务委员、国家教委主任李铁映因到灾区视察工作，特让转达他对大会的问候和支持。国家教委副主任何东昌出席了开幕式并讲话说，中国教育学会在坚持社会主义方向，贯彻教育方针，团结教育战线广大同志，推动教育事业发展和改革以及开展群众性的学术活动等方面，做了大量有益的工作，希望学会在今后能发挥更大的作用。张承先会长作了题为《总结经验，深化改革，为培养社会主义事业接班人而奋斗》的工作报告。报告总结了学会4年来主要成绩和经验：(1) 坚持正确的政治方向，明确新时期的教育方针。根据李铁映的指示，先后召开了4次座谈会，就新时期教育方针的意义、制订教育方针的理论依据、内容和表述等问题开展了讨论，形成了一个书面意见供决策参考。(2) 积极推进教育教学改革。从克服教育脱离经济建设和社会发展的实际需要、片面追求升学率的弊端入手，由各学科的改革实验发展到学校整体改革实验，由教育内部的改革实验发展到与社会上经济体制、科技体制相结合，建立协调发展、相互促进的运行机制的改革实验，都收到很好的效果。(3) 增强服务意识，提高服务质量和效益。学会强调为教育决策服务，为教育实践服务，为基层服务，努力把学会办成普及教育科学知识和群众性教育科研活动中心，并为优秀人才脱颖而出创造条件等。《报告》指出，学会存在了解学术动向、加强学术指导不够等问题，并建议今后加强和改进学会工作。

二、继续研究深化教育改革问题

(一) 关于减轻学生负担的研讨

1991年8月11至14日在北京召开了第五次全国学术讨论会，研究如何全面贯彻教育方针，减轻学生学习负担，使学生在德智体几方面都得到生动活泼主动发展的问题。与会同志指出，学生负担过重的问题，是当前全面贯彻教育方针的主要障碍。要解决这个问题，必须端正办学指导思想，变应试教育为全面素质教育，解放教师、学生的精神束缚，为学生创造生动活泼主动发展的环境，使他们乐学、会学。要改革考试制度。要发挥教师的主导作用。教法和学法要同步改革。要重视因材施教与分类推进。要使知识基础不同、智商不同、各具特长的学生在完成共同学习任务的同时，个性特长、兴趣爱好也能得到发挥和施展，成为社会所需的具有不同专长的人才。

中国教育学会历史教学研究会于1991年10月在南京邀请了日本、美国和台湾的学者就如何使学生生动活泼主动地学好历史课进行了研讨。美国专家等介绍的非智力因素的培养和发展等经验，使与会者耳目一新，深受启发。

小学语文教学研究会于1991年4月在青岛举办中青年教师教学观摩活动，示范了在教师主导作用下发挥学生的主观能动性，如何处理语文教学与思想教育关系和培养学生阅读能力等，受到与会者的欢迎。

（二）关于大面积提高质量的研讨

教育学研究会教学论专业委员会1991年召开4届年会，研讨大面积提高教学质量问题。与会者取得新的共识：(1) 转变观念是大面积提高教学质量的前提。(2) 课程改革是大面积提高教学质量的核心因素。(3) 提高教师素质是大面积提高教学质量的重要条件。

（三）关于高中毕业会考的研讨

教育管理研究会高中校长委员会于1991年10月在兰州召开第二届年会。多数校长认为，高中会考的目的是全面提高教育质量，促进学生全面发展，其指导思想正确，整体意义积极。已经实施会考制度地区的校长联系实际论证了会考的好处主要有：(1) 由于会考面向大多数学生，有利于使学生较全面、扎实地掌握基础知识；(2) 会考提供了统一的学科标准，有利于对教学质量的评估，提高了一般中学办学的积极性；(3) 会考成绩得到社会各界承认，从而使一般中学的学生有明确的学习目标，有利于发展学生的特长；(4) 会考把实验课、劳技课、体育课和社会实践等内容纳入考查范围，有利于学生的全面发展。同时，也提出了宣传不够，配套措施不完善等问题。

三、弘扬民族文化与教育改革的研讨

中国教育学会于1991年11月与云南教育出版社联合召开了第三次全国中青年教育理论工作者以弘扬民族文化，深化教育改革为主题的研讨会。与会同志认为，我国在数千年的历史发展中形成了独具特色的民族文化，博大精深，源远流长，是祖先留给我们的极其丰厚、珍贵的精神遗产。弘扬民族文化应立足于当前教育改革需要，保持教育改革的民族特色。教育工作者应研究民族文化对培养“四有”新人的作用，加强国情和爱国主义教育，培养青少年的民族自尊心和民族精神；培养青少年的爱国主义精神和自强不息、团结友爱的人际关系等。

教育学研究会德育专业委员会1991年10月召开年会，对民族文化传统的继承和发展问题作了深入的讨论。与会同志认为，民族传统文化集中体现了民族精神，具有跨时代的魅力和生命力。在教育改革中，我们应汲取、继承民族文化中优良传统，如重视“德治”；追求理想的人格、讲信念等。大家还认为，民族传统文化对于现代人的培养具有其独特的促进作用，关键是要善于因势利导，能为学生树立乐观进取的品质，能为人的现代意识提供正确的价值导向。

四、家庭教育与教育社会化的研讨

（一）关于家庭教育的研讨

中国教育学会与中华全国家庭教育学会等5个单位联合，于1991年5月在宁波象山县召开了全国家长学校学术研讨会，探讨了家庭教育的地位、作用、方针、内容等问题。与会多数同志认为，当今社会随着传播媒介的大众化、多渠道，大量信息被青少年所感知，社会影响逐渐增强，社会的发展已到了学校、家庭、社会必须三结合的时代，家庭教育比之学校和社会教育，拥有自己的特有的性质，为了使家庭教育纳入科学化轨道，与学校教育同步贯彻教育方针，目前各地兴办家长学校，提高家长教育水平和素质，使家长树立为国教子的正确的思想，优化社会的育人环境是十分必要的。与会同志参观了全国第一批家长学校之一的石浦镇中心小学家长学校。

(二) 关于校外教育的研讨

校外教育研究会于1991年11月在上海召开了校外小组培训研讨会。与会同志回顾了近几年我国的校外教育，已逐步形成校外的社会教育网络，每年有200多万少年儿童参加各种校外兴趣小组活动，培训项目已达100多个，这对开发少年儿童智力、增长才干，培养良好的思想品德等方面发挥了重要作用。大家认为，要努力探索新时期校外教育培训工作的规律、方法，只有坚持理论探讨，并使实践经验上升到理论高度，才能促进校外教育的培训工作走向科学化和规范化。研究会组织力量编辑出版了《中小学生(幼儿) 兴趣小组活动参考纲要》。正与中国少年儿童出版社合作编辑一套《少年宫与中小学校兴趣小组活动丛书》。

五、国情与爱国主义教育

(一) 关于国情和历史教育的研讨

历史教学研究会于1991年10月在南京召开学术年会，主要研讨国情和历史教育。与会同志认为，在历史教学中贯彻"两史一情"教育必须抓好一根主线——爱国主义教育；处理好几个关系——国情教育和马克思主义教育的关系，国情教育和弘扬民族精神的关系，国情教育与唯物史观的关系等。教学方法应多种多样化，要加强分析对比，讲出特色。

(二) 关于国情和地理教学的研讨

地理教学研究会于1991年10月在西安召开综合年会，研讨了地理教学中的国情教育。与会同志认为，地理学科是进行国情教育的主干课程，具有强烈的思想性和教育价值。通过课程教学使学生达到知国、爱国和报国的目的。要以正面教育为主。教师授课要能说之以理、动之以情，以达到良好的实效。

六、编辑出版《中国农村教育的崛起》

为纪念《义务教育法》颁布5周年，反映中国农村教育发生的深刻变化，介绍各地探索有中国特色的农村教育改革的先进经验，在国家教委支持下，中国教育学会编辑了《中国农村教育的崛起》一书，由人民教育出版社出版。万里委员长题写了书名，张承先、何东昌题词，柳斌作序。

撰稿人　宋静常
审稿人　郭永福

1991年中国高教学会主要学术活动

1991年中国高教学会围绕国家教委的中心任务，在深化改革高等教育的重大理论和实践问题方面开展了内容丰富的学术活动。

一、召开高教学会全国第六次秘书长会议总结工作

1991年3月在成都召开了中国高教学会第六次秘书长会议，总结交流了高教学会及其团体会员成立8年来的工作经验和存在的问题。通过讨论，会议对一些问题形成了比较一致的看法：(1) 高教学会八年来始终坚持了四项基本原则。高教学会的会刊《高等教育学报》和团体会员办的刊物坚持了正确的政治导向和学术导向。高教学会和各级研究会围绕国家教委的中心工作，在理论上就如何加强党的领导、坚持社会主义道路和培养又红又专的人才等重大问题开展了一系列的研讨活动。广大会员更自觉地坚持科学研究的社会主义方向。(2) 高教学会的研究网络已经基本建成。到1991年，全国已有27个省、自治区、直辖市、15个国务院部、委成立了高教学会，组建了21个全国性的专业（学科）研究会。全国大多数高校都纳入这个网络。高教学会已形成了一支专兼职科研人员相结合、多种类型、各种层次、遍布全国的群众性科研队伍；各级各类学会有了固定的办公地点，比较稳定的经济来源，必要的设备和一套科学的工作制度；学会搞了一些科研课题、招标、评估等工作。(3) 高教学会通过开展学术研究活动，给教育行政部门起了咨询和参谋的作用，协助教育行政部门开展了业务管理工作，积极配合教育行政部门举办多种类型的培训班和研讨班；采取各种形式普及高等教育的科学知识，承担教育行政部门委托的各项任务。大家认为，高教学会工作的基本经验可概括为：学术活动是根本，依靠群众是基础，物质条件是保证，自力更生是前提，领导支持是关键。

二、各专业学会、研究会开展的学术活动

（一）开展加强德育和思想政治工作的研究

商业高教学会于1991年6月召开了商业高校德育工作研究会。会议代表一致认为，进一步落实德育首要地位，关键还是各级领导思想到位，特别要从院系两级领导班子思想上统一认识。要充分认识到和平演变与反和平演变斗争的长期性，要建立学校全员、教学全过程的德育首位意识。要有一支政治素质好、事业心强、相对稳定、精干的、以专职为骨干、专兼职结合的德育工作队伍。应从培养目标、内容、措施、手段、评估等方面逐步建立一套完整的德育科学体系。

能源部电力高教学会于1991年6月中旬召开了以如何解决学生深层次的思想问题为中心的学术讨论会。与会代表认为，学生的深层次问题是道路问题，这是当前学生思想深处的主要困惑点。要坚持对学生进行历史唯物主义教育、革命的人生观教育、代表们经过广泛交流，总结了沈阳电力专科学校和其他高校这几年解决学生深层次思想问题的经验：(1) 要坚持理论灌输。并结合当前国内外的形势发展提出问题，对学生做出有针对性和说服力的解答，逐步使学生坚定社会主义的信念。(2) 要正确总结历史经验。通过对中国百年近代史、70年的建党史、40年的建国史的学习，使学生认识到中国为什么只有社会主义道路才是唯一正确的选择。(3) 要坚持与社会实践结合，与工农群众结合。要说明大学生只有置身于工农群众和沸腾的社会生活中，才会认识国情、民情，才能找到自己正确的成长道路。(4) 坚持“管——教——导”三位一体的教育方法。“管”，就是从行为管理入手；“教”，即用思想教育塑造；“导”，即是完善政策导向。许多代表认为，这个经验具有一定的普遍意义，值得学习推广。

（二）开展正确理解、贯彻党的教育方针的学术研讨活动

全国高等工程教育研究会在1991年11月就高等工程教育如何深刻理解和全面贯彻新时期教育方针为主题召开了学术讨论会。代表们认为：为了培养千百万社会主义的建设者和接班人，我们必须从红与专、政治和业务的统一的高度加深对新时期教育方针的理解，全面提高教育者和受教育者的思想政

治水平和业务素质。大家认为，德育是解决大学生的政治方向、为谁服务和如何做人的问题，解决为社会主义现代化服务本领的问题。体育是保证学生从事学习、劳动和工作的物质基础，应当成为全面发展教育的基础。根据深化教育，教学改革的基本要求，全面提高教育质量。

广东省高教学会于1991年就教育与生产劳动相结合的性质、特点、意义和必要性及其应采取的对策等问题，组织了专题讨论会，为教育行政部门提供了《关于广东省高等学校实行教育与生产劳动相结合的咨询方案》。一些同志认为，教育与生产劳动相结合的基本含义是：生产劳动者要接受学校教育，学校教育要与生产劳动有机地结合起来，向学生传授现代生产上所需要的科学技术知识和技能，组织学生参加必要的生产劳动，使脑力劳动与体力劳动相结合，知识分子与工人农民相结合。为此，高等学校必须高度重视和充分认识教育与生产劳动相结合在我国两个文明建设中的作用，切实加强领导；要切实做到教育管理与生产劳动管理同步共振；要重视高校学生的科学研究活动和社会实践活动；办好校办工厂，实行厂校挂钩，建立劳动教育结合体。

(三) 开展关于教育如何更好地为社会经济建设服务等问题的学术活动。

中国航空教育学会于1991年10月在西北工大召开了高校办学效益问题研讨会。与会代表感到，在“质量、效益年”里，共同研讨高校办学效益问题是很有意义的。李鹏总理关于“根据现代化建设的实际需要，把教育工作的重点放在提高教育质量和办学效益上来”的指示是我们开展提高办学效益研究的指导思想。开展这方面的研究，必须坚持理论与实践的结合，以促进深化教育改革的应用研究为主。会议认为：教育效益与办学效益是反映学校投入与产出的关系，即在人才培养过程中对人、财、物的投入量与学校所培养人才的质量、数量之间的关系。我们的研究不仅要有理论性的探索，而更要重视应用性、可行性和实效性的探讨。对于提高教育效益和办学效益的主要对策，大家认为，就是要增强“效益”意识，增强党性原则，提高管理干部素质，促使各级领导自觉认真贯彻党和国家的教育方针，落实国家教委的高教发展方针。为此，必须充分依靠和加强教育行政管理部门的宏观调控与指导，并开展办学效益的评价。

宁夏高教学会于1991年8月召开了所属专业研究会秘书长会议，研究高校如何为经济建设和社会主义建设服务的问题。会上，代表们肯定了学会为宁夏经济建设，为高等教育的改革和发展，为两个文明建设服务的做法富有成效。1991年1月和6月，宁夏高教学会围绕“宁夏黄河经济231工程”召开了两次大型学术研讨会。研讨内容广泛，论文涉及到资源开发利用、保护生态平衡、控制人口增长、中低产田改造、建立纯井灌区、培养技术性应用性人才、教育经济研究、加强精神文明建设等各个方面，从各个不同角度为发展“黄河经济”实施“231工程”献计献策。自治区常委和政府领导出席了研讨会；光明日报作了题为“高校开启人才库，宁夏奏响振兴歌”的报道，给予肯定和鼓励。

云南省高教学会于1991年7月召开了主题为“高校校办科技产业的体制政策研究”的第八届学术年会，省教委正副主任参加了讨论会。代表们听取了全国高校校办科技产业研讨会的有关精神，大家感到：校办科技产业最重要的是坚持教育与生产劳动相结合；校办企业有利于科研成果转化为产品，迅速为社会经济服务；有利于提高教育质量和青年学生的成长。省教委主任张继康提出校办科技产业要引进高科技，促进经济发展；高校可以单独办科技产业，也可与地县联办；可以采取知识入股，用科研成果占领市场。为此，云南省教委安排400万元贷款支持校办科技产业的发展。与会代表通过交流与讨论，获得了较多的信息，开阔了眼界，认识到高校科技产业是高校为社会经济服务的一种重要手段，应积极把它搞好。

福建省高教学会1991年在厦门组织了闽南高校与中外企业合作的研讨会。会议就高校与中外企业如何在人才培养、科技攻关、技术协作、教学与生产实践、情报信息等方面的合作与交流等问题进行了讨论，取得了积极的成果。

三、一些学会、研究会举办了各种培训班和研讨班

高校基建学会于1991年7月中旬至8月中旬由所属研究会先后举办了4期主管基建的副校（院）长及处（科）长研讨班，来自全国200所高校主管基建工作的各级干部300余人，其中院校级干部近100人参加了研讨。全国基建学会正副理事长王文友和王荫国分别作了《高等学校校园规划及绿化》和《基建工作程序及修订普通高等学校建筑规划面积指标情况》的学术报告。

中国航空教育学会在1991年5月举办了教育科学研究办法研讨班。研讨班着重学习了马克思主义的方法论与教育科学研究；教育科学研究的系统方法，教育科学研究的主要教学方法及应用。来自18个会员单位的20多位高教研究室的教育科研人员参加了研讨学习。

四、高教学会的科研队伍不断发展

1991年高教学会又相继成立了美育研究会、产学合作教育研究会、出国留学工作研究会、高校保卫学研究会和高校医药教学研究会。中国外语教学研究会也加入了中国高教学会。截至1991年底，高教学会团体会员已发展到68个。根据国务院43号令《社会团体登记管理条例》规定，高教学会已在民政部进行了复查和登记，取得了法人资格；下属一些团体会员也分别在各自的地区民政部门进行了注册登记。

撰稿人　许人纯

审稿人　郝维谦　许德贵

国家教委主办的报刊

中国教育报

《中国教育报》为适应教育改革和读者的需求，从1991年1月起由每周三刊改为每周四刊，星期二、四、六、日出版。在这一年里，《中国教育报》在坚持正确的政治方向、为教育战线广大教师和教育工作者服务、增强报纸的指导性和可读性方面，取得了新的进步。

一、宣传贯彻党的基本路线，坚定教育战线干部群众的社会主义信念

1991年，《中国教育报》重点宣传了邓小平关于建设有中国特色的社会主义理论，江泽民《在庆祝中国共产党成立七十周年大会上的讲话》。通过宣传报道，进一步统一教育战线广大干部、教师的思想，提高执行党的基本路线的自觉性，坚定在党的领导下走建设有中国特色的社会主义道路的信念。

为了让群众自己教育自己，《中国教育报》与深圳市教委联合于1990年8月至1991年9月举办了“深圳杯”社会主义纵横谈征文活动。共收到应征稿件近2000篇。经初选见报91篇，从中评选出一等奖2篇，二等奖5篇，三等奖15篇，鼓励奖25篇。一些优秀征文在报上发表后，成为广大教师对学生进行社会主义教育的辅导教材。

为了配合《中共中央关于制定国民经济和社会发展十年规划和“八五”计划的建议》的发表，报社组织了《学习有中国特色的社会主义理论笔谈》，约请12位专家学者就《建议》的12条内容分别作了专题论述。

1991年11月9日，《中国教育报》发表了喻权域的《中国为什么选择社会主义——论三个“时间差”》的文章，对社会主义的宣传有理有据，编辑部收到了大量的读者来信认为这是进行社会主义教育的好材料，许多学校将此文印发给师生员工学习。

1991年，《中国教育报》文艺版贯彻党中央关于“一手抓整顿，一手抓繁荣”的方针，对一批反映党的光辉历史、歌颂英雄模范人物、对青少年进行爱国主义和社会主义教育的优秀电影《毛泽东和他的儿子》、《周恩来》、《焦裕禄》，优秀图书《浩然正气》、《中华英烈传》等进行评介和推荐；对文艺界出现的某些错误观点和不好的作品，发表批评和评论文章，受到了中宣部文艺局和全国文联等单位的表彰和奖励。

围绕纪念中国共产党成立70周年，《中国教育报》集中宣传了教育战线的一批先进党组织和优秀共产党员，并与青岛第三制药厂联合举办了“信雁杯”建党70周年征文活动，开辟了“党旗飘飘”、“峥嵘岁月”、“在党的阳光下成长”、“先锋颂”等栏目，连续发表50余篇征文作品。

在高等教育方面，突出了高校党建工作的宣传。4月27日和6月27日分别在一版头条报道了宋平、李铁映关于高校党建工作的讲话，并发表了社论《集中精力搞好高校党的建设》。在新闻版开辟了专栏，连续报道一些地方和高校加强党的建设的经验。

1991年12月前后，集中宣传了全国高校教书育人会议先进集体和先进个人的事迹。

在基础教育方面，报道了一批德育工作的典型经验和先进人物。6月1日一版头条发表了江泽民总书记关于坚持对青少年进行近现代史和国情教育问题给国家教委领导同志的信，并配发社论《提高青少年政治素质的根本大计》。之后，及时组织编发了多篇关于近现代史和国情教育的参考资料。

二、配合国家教委的中心工作，宣传教育为经济建设服务，推动各类教育的改革和发展

1991年年初，《中国教育报》报道了国家教委1991年工作会议精神，并先后全文发表了李铁映在会议上的报告《努力建设有中国特色的社会主义教育体系》，何东昌《在国家教委1991年工作会议上的总结》，配合了各地对这次会议精神的传达贯彻。

为纪念《中华人民共和国义务教育法》颁布实施5周年，《中国教育报》配合国家教委和全国人大常委会部署的执法检查，发表了题为《基础教育要上一个新台阶——纪念＜中华人民共和国义务教育法＞颁布5周年》的社论，报道了吉林省、北京市等地方政府依法治教、河南省依法保证教育经费实现"两个增长"、湖南省依法保证所有适龄儿童都能接受法定的学校教育年限等一批实施法令的好典型。

围绕基础教育的改革，《中国教育报》及时传达了国家教委关于推行普通高中毕业会考制度和开设选修课的意见，突出报道了各地全面贯彻党的教育方针、克服片面追求升学率的不良倾向，引导和教育学生全面发展的先进典型；宣传了沈阳、贵阳，桂林等地改革初中招生制度的经验，辽宁营口、山东招远等县、市改革高中招生制度的经验，以及上海青浦县顾泠沅实验小组等单位进行教学改革、提高教学质量的经验。

对高校科技工作，《中国教育报》突出宣传了邓小平关于"科学技术是第一生产力"的著名论点。在新闻版开辟了"在高校科技战线"专栏，发表了《陈延熙为农业增产鞠躬尽瘁——30个省市推广增产菌增产粮食150亿公斤》、《侯义宾发明无键盘输入技术》等消息。并发表了国庆专稿《我国高校科技大军战功赫赫》，集中报道了我国高校在国家"七五"科技攻关中所取得的一系列重大成就，以及为国民经济的发展作出的重要贡献。

积极宣传农村和城市的教育综合改革。在职业教育方面，及时报道了全国职业技术教育工作会议精神，发表了社论《把大力发展职业技术教育方针落到实处》。全文发表了李铁映和何东昌在会议上的讲话。11月14日发表了《国务院关于大力发展职业技术教育的决定》并配发社论《职教事业大有希望》。在农村教育方面，重点宣传了农村教育综合改革和实施"燎原计划"的成果。在城市教育方面，围绕城市教育综合改革，重点报道了职业高中、中专、技校的改革措施和经验，并及时报道了12月国家教委在常州召开的全国城市教育综合改革经验交流会议精神。

关于成人教育的宣传，突出了以岗位培训为重点，围绕落实国家教委等5部委《关于开展岗位培训若干问题的意见》，报道了江苏等地及沈阳飞机制造厂等单位全面开展职工岗位培训的经验。关于扫盲和农村成人教育，发表了安徽、吉林、广东等省的扫盲消息，宣传了这些地方全民重视、齐抓共管搞好扫盲工作的经验。11月16日，报道了国家教委在郑州召开的全国扫盲农村成人教育工作会议精神。

三、及时报道教育战线的抗灾斗争

1991年夏季，安徽、江苏、河南、湖北等省发生了特大洪灾，给教育战线造成了非常严重的损失。《中国教育报》记者及时赶到各灾区，发扬顽强拼博的精神，深入灾区第一线，采写了大量稿件，迅速反映了灾情和抗灾斗争，给灾区师生和全国读者以鼓舞和教育。

《中国教育报》在《振奋精神，加强领导，团结协作，战胜灾害》标题下，报道了李铁映察看河南灾情、慰问灾区群众和国家教委派慰问组奔赴灾区慰问师生的消息：宣传了国家教委接连发出的紧急通知，要求各地积极组织高校师生抗洪救灾，认真检查中小学校舍，确保安全，以及做好灾区中小学秋季开学工作等指示精神；以《社会主义是靠山，洪水无情党有情》为题，长篇报道了灾区各级党组织对受灾群众的深切关怀和救助；报道了国家教委干部、职工和北京、上海等地师生向灾区师生捐款捐物的事迹；报道了安微、江苏等省千方百计保证9月1日按时开学的消息；宣传了蚌埠坦克学院等高校师生抗洪抢险的事迹。其中由本报安徽记者站记者汪祺军采写的报道《铁甲雄师新一代》获全国记协举办的抗洪救灾新闻评选三等奖。在抗灾斗争中，本报记者共采写抗洪救灾稿件98篇，发表77篇。

四、宣传各地尊师重教情况，反映教师关心的话题

《中国教育报》抓住春节和教师节的时机，集中报道了李鹏、王震、李铁映等党和国家领导人以及各地党政领导向广大教师祝贺节日、亲切慰问的消息。针对教师普遍关心的住房问题，先后发表了《房，房，房——关于教师住房的调查与思考》、《安得广厦千万间——来自高校集资建房的报道》、《25万户教职工乔迁新居》等长篇报道或消息，既如实反映教师们的住房困难和解决这一问题的难度，又宣传各地党政部门为解决教师住房所采取的措施及取得的可喜成绩。针对民办教师待遇偏低、队伍不稳定的现实，发表了长篇通讯《伟哉，大业凡人——献给全国的民办教师》，歌颂广大民办教师为我国基础教育事业所作出的宝贵贡献，以及他们艰苦奋斗、执著追求、无私奉献的高尚品德。这篇由本报记者冯树林采写的文章，在全国民办教师中引起了强烈反响，报社收到了大量写给作者的感谢信。2月7日一版头条发表的消息《党和政府关心300万民师》，报道了全国民办教师工作经验交流会议上介绍的10年来民办教师工作取得的成绩。为了使报纸更加贴近教师，在星期刊开辟的整版《教师专页》和一版特稿栏目，着力反映广大教师的精神风貌、业余生活和他们关注的问题，为教师答题解惑。

五、宣传教育战线优秀人物，让他们的高尚精神发扬光大

1991年，《中国教育报》宣传优秀共产党员模范事迹的有：记述“中国的保尔”吴运铎的特稿《把一切献给党》；记述热心青少年教育的老将军孙毅的通讯《将军的脚步》；记述毛主席的儿子毛岸英为国捐躯英雄事迹的特稿《光辉人生》；记述老共产党员张培英献身校外教育的通讯《光辉人生，英名长存》等。宣传优秀知识分子模范事迹的有：《钱学森传略》、《两弹元勋邓稼先》、《张颖清的全息世界》和记述著名数学家吴文俊的特稿《独领风骚》等。宣传优秀教师模范事迹的有：记述山西省平顺县芦苇池小学全国优秀教师张有才的《太行魂》；记述江苏省灌南县北陈集杨圩小学校长、民办教师潘祥明的《永不熄灭的生命之火》；记述广州市小北路小学教师肖娅嬿的《站在新的制高点上》；记述西安交大留学归国博士、青年教师侯义斌的《我的事业在祖国》。还报道了30多位受国家教委等单位表彰的全国有突出贡献的博士、硕士学位获得者、回国留学人员和优秀大学生的主要事迹，在教育战线产生了很好的影响。

六、探索教育新闻改革，提高宣传质量和编校水平

1991年《中国教育报》加强了宣传工作的计划性，做到报道思想明确，重点突出，节奏鲜明。在发表江泽民总书记关于加强中国近现代史和国情教育的指示的宣传之前，组织了若干篇稿件作舆论准备和前后配合。6月1日发表指示信时配发了社论，还连续发表几篇专访，介绍各方面人士的学习体会，以后又报道了十几篇落实这一指示的典型经验。

集中组织力量，打好几个宣传战役。1991年，《中国教育报》对建党70周年、对全国人大会议和全国政协会议、对抗洪救灾等，进行了集中的宣传。在抗洪救灾的宣传中，编辑部与各地记者站紧密联系，组成了抗灾报道的网络，保证了及时反映抗洪救灾的情况。

提倡和鼓励记者深入实际采写新闻，报道基层的现场新闻和新鲜经验。1991年，《中国教育报》许多记者深入基层第一线，腿勤、手勤，吃苦耐劳，写出了大量的好新闻。山东记者站站长鞠庆友坚信"脚板底下出新闻"，坚持不到现场不写稿，全年在基层采访、调研达200多天。江苏和安徽记者站的几位记者多次冒着危险赶赴抗洪第一线采访，快速向编辑部发来了大量生动感人的抗洪救灾消息。

努力把星期刊办出特色。《中国教育报》从1991年元月开始增出星期刊，从版式设计到具体内容都作了精心安排。发表了《中国的智慧海》、《藏学——璀璨的明珠》、《黄河：民族魂》、《长城：前天、昨天……》、《"锦绣中华"壮国魂》等弘扬民族文化的作品。发表了一些反映现代生活、描绘大千世界的具有知识性、趣味性、娱乐性的作品。如描述现代青少年生活的《孩子们的七彩世界》；描述现代老年人生活的《晚霞里，那一片绿洲》；描述当今外国人在中国生活的《在东方这片热土上》等。星期刊开辟了"校长特写"栏目和"教师专页"等，反映校长、教师的先进事迹，并发表他们对社会和教育的看法、意见和建议。

增加信息量，精心编校，提高质量。1991年，《中国教育报》在扩大信息量方面，第一，精编来稿，压缩长稿，适当综合同类稿件，扩大了版面信息量；第二，新闻的报道面不局限在教育战线，尤其是星期刊把报道触角伸到其他领域和社会生活，使读者感到眼界大开；第三，编辑部着力增强报纸新闻的时效性，版面上一两天内的消息比例增加。报纸运用新闻图片和撰写言论的宣传量也有增加，并采取了一些措施减少差错，编校质量明显提高。在1991年4月举行的首都20家大报编校质量抽查评比中，《中国教育报》荣获第3名。

七、继续开展与教育有关的各项活动，密切报纸与读者和社会的联系

1991年，《中国教育报》与《中国少年报》等单位继续联合举办由各地中小学生参加的"让精神世界更美好"读书活动。5月，在南通市召开了第二届读书活动总结表彰大会。这届读书活动，全国29个省、自治区、直辖市有700多万中小学生参加，共评出组织、个人金奖100名，银奖200名，园丁奖400名，优秀奖5000名。11月，在北京召开了第三届"让精神世界更美好"读书活动开幕式，全国政协副主席杨成武、国家教委关心下一代工作委员会主任张文松等出席了开幕式并讲话，希望把这项活动搞得更好。

《中国教育报》开展了出刊1000期的纪念活动。1991年4月4日，《中国教育报》出刊第1000期。4月2日，报社分别召开了首都新闻界和教育界人士参加的纪念座谈会。中宣部副部长徐惟诚、李彦，国家教委副主任何东昌、滕藤出席座谈会并讲话，肯定了《中国教育报》自1983年创刊以来所取得的成绩。4月4日，又发表了编辑部文章《当好教育界的喉舌——本报出刊1千期致读者》，并刊登了著名书画家启功、沈鹏、李仲耘、康雍等为此而作的题词和绘画。

1991年，《中国教育报》与人民教育出版社联合举办了第三次"支援革命老区教育义务讲习团"活动。这次活动在革命老区河北省赞皇县举行，讲习团成员有全国"五一"劳动奖章获得者、吉林省特等劳动模范赵润，全国中小学德育先进工作者、北京市劳动模范黄家灿等12人。石家庄地区13个县、市的教育部门负责人和部分中小学校长共150多人参加听讲。讲习团成员介绍了教育工作经验，对老区教育给予的关心和支持，受到河北省教委和石家庄地区党政领导的称赞。

《中国教育报》的外事活动。应前苏联《教师报》总编辑谢列兹涅夫的邀请，由社长李兆汉率领的中国教育报社代表团于5月23日至6月7日访问了前苏联的莫斯科、列宁格勒和基辅3个城市，走访了前苏联国家教委、教育科学院和莫斯科动力学院以及几所有特色的中等学校，增进了相互了解和友谊。

八、加强队伍的政治思想建设，提高记者和编辑人员的整体素质

1991年，中国教育报社把自身的政治思想建设放在首位，要求工作人员必须具有较高的政治觉悟、思想理论水平和较强的新闻业务能力，成为又红又专的新闻工作者。通过政治学习和开展"学习焦裕禄，做合格的新闻战士"活动，全体工作人员的社会主义信念更加坚定。由于队伍的政治热情饱满，斗志旺盛，因而报纸的质量不断提高，经营管理工作得到加强，报纸的发行量从1990年的44万份提高到1991年的46万份。6月，报社开办了为广大读者服务的北京春雨教育书店。

经报社研究决定，湖南、山东、河南、江苏、吉林5个地方记者站被评为1991年度先进单位，鞠庆友等22位地方记者被评为先进个人，陈志伟等47位社内工作人员受到了表彰。

撰稿人　韩其洲

审稿人　李兆汉　俞家庆

《人民教育》杂志

1991年，《人民教育》杂志继续努力宣传党和国家有关教育工作的方针、政策，努力使刊物贴近学校，贴近教师。力求提高刊物水平，办出特色。在宣传报道工作上突出了以下几个重点：

一、及时、准确地传达党中央、国务院关于教育工作方针、政策及国家教委工作部署，使刊物发挥指导教育工作的作用

刊登领导同志的重要文章。第7—8期合刊刊登了中共中央总书记江泽民致国家教委领导同志关于坚持不懈地对大、中、小学学生进行中国近现代史和国情教育的指示信。《人民教育》为此加了"编者按"指出：江泽民同志的信体现了党中央对教育事业和青少年成长的关怀和期待，对推动我国教育事业的健康发展，对培养有理想、有道德、有文化、守纪律的社会主义新人，乃至对全社会的精神文明建设，都有着重要指导意义。第3、第5期和7—8期合刊刊登了国务委员兼国家教委主任李铁映的3篇重要讲话:《大力发展职业技术教育，促进我国经济建设和社会发展——在全国职业技术教育工作会议上的报告》、《在纪念<中华人民共和国义务教育法>颁布五周年座谈会上的讲话》、《社会主义教育的一个重要课题——在贯彻落实江泽民总书记关于近现代史和国情教育指示座谈会上的发言》。1991年，还刊登了国家教委副主任何东昌的《当前农村教育的形势和任务》、全国人大教科文卫委员会副主任张承先的《要使教师自觉地用<规范>来指导行动》、国家教委副主任柳斌的《适当发展数量，大力提高质量》、邹时炎的《搞好岗位培训，建设好校长队伍》、王明达的《积极推进农科教结合》等文章。

有针对性地发表社论、评论，对基层学校的工作予以指导。1991年，《人民教育》发表的重要社论有:《用五年左右时间培训上百万中小学校长》、《可喜的转机，艰巨的任务》、《高中教学的重要改革措施》和《把进行近现代史及国情教育的工作落实好》。其中发表在第1期的社论《用五年左右时间培训上百万中小学校长》，及时传达了国家教委关于培训中小学校长的最新指导精神，提出了五年培训百万校长的宏伟目标，并指出了校长培训工作的原则、方法和步骤。江苏省教委要求各县、校把该文作为中小学校长培训的必读材料。

适时刊登国家教委的重要文件，及时指导学校的工作。1991年，《人民教育》刊登了国家教委的8个重要文件:《中小学加强中国近代、现代史及国情教育的总体纲要》(初稿摘要)、《关于实施<现行普通高中教学计划的调整意见>和普通高中毕业会考制度的意见》、《全国中小学校长任职条件和岗位要求（试行)》、《中学生体育合格标准实施办法》、《中小学教师职业道德规范》、《关于在普通高中开设选修课的意见》、《小学生日常行为规范》及《国家教委、人事部关于当前做好中小学教师职务聘任工作的意见》。这些文件刊登在刊物上，便于干部教师及时学习并用以指导工作。如第9期赶在中小学开学初刊登了《中小学加强中国近代、现代史及国情教育的总体纲要》(初稿摘要)，满足了各校开“两史一情”课的需要，受到基层学校的普遍欢迎。

二、宣传报道各地教育教学改革的典型经验，推动教育教学改革

1991年，《人民教育》报道了安徽省农科教结合的经验、上海闸北八中“成功教育”的经验、江苏省常熟市发展教育服务乡镇企业的经验、深圳市教育发展与改革的经验、云南省宁蒗彝族自治县经济与教育协调发展的经验。其中朱世和、鲁永琦、高文元合作采写的《农科教结合在安徽》一文，比较系统、深刻地报道了安徽省农科教结合的经验。详细介绍了安徽省农科教结合的由来、农科教统筹的内容和结合的形式、农科教结合取得的成效、推行农科教结合的基本经验、进一步搞好农科教结合需要解决的问题等内容。这篇文章在《求是》、《安徽教育》同时刊登，反响很大。《新华月报》和《安徽日报》均予转载。

1991年，《人民教育》发表了中央教育科学研究所吕敬先《小学生语文能力整体发展实验》、华中师范大学教授姜乐仁《小学数学启发式教学实验的探索》、上海市青浦县教学教改实验组《按教育规律办事，让所有学生都有效地学习》、江苏省南通师范第二附小李吉林《情境教学的理论与实践》等教学改革的典型经验，这些经验反映了近10年来我国中小学教学改革的成果，体现了中小学教学改革的正确方向，对各地中小学的教学改革起了示范作用。

三、表彰教育战线的先进人物，弘扬改革探索和无私奉献精神

1991年，《人民教育》报道了一批教育战线代表人物的先进事迹。其中有主管教育工作的领导干部，如记述原湖南省副省长王向天的《共产党人当以解天下之忧为己任》；有学校的党支部书记和校长，如记述天津汉阳道中学党支部书记寇世昌的《把党的温暖送到教师心坎上》、上海市光明中学副校长郑谷兰的《神圣使命》、河北省保定地区容城一中党支部书记师宗仁的《给你一片清纯的天地》；有奋斗在祖国各地的优秀教师，如记述西北柴达木教师安桂香、何文芳、巴桑、秦淑娟的《骆驼草》、东北辽宁邵德林的《大山之子》、华东扬州徐国英的《点点心血润新蕾》。还有记述在抗洪救灾中保卫学校、保护学生的英雄教师的《园丁抗天歌》和在教材编写岗位辛勤工作的无名英雄的《铸造未来人才的人们》。

四、提高专栏质量，扩大刊物容量，增加信息量

为了提高刊物的可读性和实用性，更好地为干部、教师服务，1991年，《人民教育》力求把专栏办出特色，注意扩大刊物的信息容量。

专栏文章有一定的质量。如《把中原三十万民办教师队伍建设好》一文，介绍了河南省各级领导重视民办教师工作，坚决贯彻“堵、减、招、转、安”方针，积极创造条件，把民办教师数量压下来，依靠政策提高民办教师待遇，强化管理建设好民办教师队伍的经验，对各地做好民办教师工作很有启发。又如《探索者的足迹》一文，介绍四川省成都师范学校六年整体改革的经验，很有特色。这所学校从教学结构上进行调整，把必修课作为教学活动的主体，把选修课作为教学活动的重要组成部分，把课外活动作为教学活动的有机组成部分，把社会实践作为职前教育的必要环节，取得了可喜的成果。

1991年，第6期开始办新栏目“教育信息”，发表了近百例有正确导向作用的、有启发性的、有参考价值的教育教学改革信息，受到广大干部教师的欢迎和好评。

1991年，《人民教育》教育文艺副刊的几个栏目侧重在提高稿件质量、增强刊物可读性方面下功夫。“红烛”专栏在首都各报刊中率先发表了介绍科学家邓稼先少年时代事迹的报告文学《两弹元勋》，引起宣传报道邓稼先事迹的连锁反应。“教育杂谈”专栏发表的《计白当黑，以少胜多》、《耳光·放羊·剑箫之美》等杂文，受到杂文界同行的好评。“难忘的老师”专栏发表的著名作家孟伟哉回忆老师的文章《不忘恩师》和作家、诗人刘国正的《从几页诗笺谈起》、郭洪波的《年逾古稀忆师恩——访著名音乐指挥家李德伦》等文章，记叙了启蒙教师在这些名家成长过程中所起的重要作用，情真意切，受到教师们的欢迎。

撰稿人　刘堂江

审稿人　朱世和

《中国高等教育》杂志

1991年，《中国高等教育》杂志继续贯彻党的十三届四中全会以来的指示精神，力求全面准确地宣传党的基本路线、教育方针和有关政策。刊物紧密配合国家教委的工作部署，在宣传上突出了坚持四项基本原则、加强党的建设和思想政治工作、深化高等教育改革等内容，提高了刊物的思想性和指导性，取得了较好的效果。

一、深入宣传加强高校党的建设

《中国高等教育》在加强高校党建工作方面全年共发表了30篇文章。这些文章着重研讨了如何充分发挥高校党组织的政治核心作用，如何加强高校各级党组织的组织建设和思想建设。为了及时宣传全国高等学校党建工作暨优秀思想政治工作者表彰会议的精神，《中国高等教育》在第9期上编发了党建工作专辑，刊登了李铁映、吕枫的重要讲话，选登了清华大学、天津大学、四川大学等一批高校的党建工作和思想政治工作经验。编辑部还撰写了评论员文章，强调高校党的建设关键是狠抓落实，要在斗争实践中进行思想建设和组织建设，不断提高党员的思想政治素质和党组织的战斗力。

二、宣传加强高校思想政治工作，全面落实德育的首要位置，培养又红又专的合格人才

《中国高等教育》在加强高校思想政治教育方面全年共发表了34篇文章。加强近现代史和国情教育是社会主义教育的一个重要课题。《中国高等教育》在第7、8期上及时发表了江泽民总书记致李铁映、何东昌的信，信中指示国家教委要坚持不懈地对大、中、小学生进行中国近现代史和国情教育；并刊登了李铁映关于落实这一指示的重要讲话。

如何认识和落实德育在学校工作中的首要位置，是广大高教工作者普遍关心的问题，《中国高等教育》在第10期上发表了汪家镠、吴树青的论述文章，引起较好的反响。《中国高等教育》还围绕加强马克思主义理论教育，组织学生参加社会实践，解决青年学生深层次思想认识问题，刊登了一批经验文章，宣传了中共湖北省委高校工委、郑州大学等部门和院校的经验。为了配合当前高校深入开展人生观教育，《中国高等教育》与中国人民大学联合召开了人生观问题理论研讨会，并报道了研讨会的内容。《中国高等教育》还十分重视对加强青年教师思想政治教育和政工干部培训的宣传，刊登了山东省教委、江苏省委高校工委等单位的有关文章。

三、大力加强深化高等教育改革的宣传

《中国高等教育》积极宣传党中央、国务院和国家教委关于深化高教改革的指导思想和方针政策，全年发表了国家教委负责人有关深化高教改革的重要讲话和文章14篇。这些文章及时将国家教委的有关政策精神直接传达到基层，对指导高教改革工作起了积极作用。

《中国高等教育》还发表了80多篇有关高等教育进行治理整顿、深化高教改革的文章。这些文章就优化高教层次结构、招生分配制度改革、高校科技工作要面向经济建设主战场、改革政治理论课和文科教学等方面的问题进行了深入的探讨和研究，为深化高校改革提供了理论依据。

四、加强马克思主义理论的宣传，深入批判资产阶级自由化思潮及其思想理论基础

为了配合当前对青年学生进行坚持社会主义道路教育和树立正确人生观教育，《中国高等教育》加强了马克思主义理论的宣传，刊登了《中国走社会主义道路是历史的唯一选择》、《“主观为自己，客观为别人”辨析》等理论文章。同时，根据国内外形势，特别是意识形态领域的动向，针对资产阶级自由化思潮、民主社会主义思潮、西方社会思潮在青年学生和教职工中的影响，在第11期上编辑了题为“认清民主社会主义的本质，坚持科学社会主义”的一组文章。这些文章，科学地分析批判了那些反马克思主义的政治观、历史观和价值观，批判了资产阶级的“民主”、“自由”、“人权”观点和个人主义、拜金主义，澄清了一些师生的模糊认识。

五、抓住重点，搞好成人高教和中专教育的宣传

《中国高等教育》在“成人高教”专栏中全年共发表了18篇文章。着重宣传加强党的建设，发挥党组织在成人高校的领导作用；端正办学指导思想，制止“三乱”（乱办学、乱收费、乱发文凭）；加强教学管理，提高教育质量。在这个栏目里发表了王明达的《做好今年成人高校招生工作，促进成人高校治理整顿》和董明传的《总结经验，明确方针，改革和发展成人高等教育》等重要文章。《中国高等教育》在“中专教育”专栏中全年共发表了23篇文章。着重宣传坚持把德育放在首位，提高学生的政治思想素质；按需办学，主动适应经济建设和社会发展的需要；开展对中专教育的评估，促进中专教育改革。在这个栏目里发表了王明达的《积极推进面向农村的各类中专招生和毕业生分配制度改革，为科教兴农服务》和浙江省教委、计经委《深化中专教育改革，适应经济、社会发展的需要》等重要文章，这些文章对中专教育改革起了很好的指导作用。

撰稿人　陶蔚扬
审稿人　杨曙望

北京市教育

普通教育

一、概况

1991 年北京市普通教育学校基本情况

单位：人

学校类别	学校数(所)	毕业生数	招生数	在校学生数	教职工数 计	教职工数 专任教师
一、普通中学	691	126 688	159 599	432 208	66 566	41 337
高　中	282	34 428	28 589	93 728		9 975
初　中	409	92 260	131 010	338 480		31 362
二、农业、职业中学	176	19 964	16 781	47 742	9 361	5 361
高　中	174	19 864	16 518	47 366		5 361
初　中	2	100	263	376		
三、工读学校	6	197	189	541	446	173
四、小　学	3 482	132 544	148 300	1 013 268	69 426	56 443
五、特殊教育学校	18	330	567	2 823	778	576
六、幼儿园	3 761	133 788	172 884	402 699	49 472	18 788

1991 年，北京市基础教育坚持解放思想、推进改革、依法治教的方针，各部门相互配合，共同努力，求严、求实，各项工作进展顺利。

九年制义务教育检查工作圆满完成。《义务教育法》颁布 5 年来，北京市采取有力措施，坚决、全面地贯彻执行，在实施九年制义务教育方面取得了突破性进展。

调整、巩固、发展了职业技术教育。1991 年，城镇职业高中经调整，数量减少。独立设置的职业学校由 30 所增加到 43 所。农村职业教育有所发展。复查评估了省级重点职业中学。加强了职业教育中心的建设，形成市、区（县）、学校三级职业教育网络。

干部、教师队伍建设得到加强。1991 年，市教育局印发《教育思想学习文选》，组织干部、教师开展学习、讨论。暑假期间，组织 8 个骨干教师学习班。评出市级中青年骨干教师 1241 人，学科带头人 475

人；区县级中青年骨干教师5746人，学科带头人1869人。在全市搭起了骨干教师联系网络的框架，为在“八五”期间全面提高北京市中小学干部、教师队伍素质奠定了基础。

中小学内部管理体制改革进一步深化。1991年，北京市努力巩固教育体制改革和学校内部管理体制改革的成果，完善、健全各项政策、制度，使改革向纵深发展。继续巩固、完善和深化以发展中等职业教育为主的教育结构改革以及学制、教学计划、教学内容、教学方法的改革实验，积极稳妥地推进招生考试制度的改革，努力提高教育质量和办学效益。1991年，北京市普教系统学校内部管理体制改革在全市各级各类学校中全面推广。

教育投入继续增加，办学条件进一步改善。1991年，全市小学校舍竣工124424平方米，为解决中学不出现二部制问题的校舍改造工程实现了年底开工10万平方米的目标。远郊区县建起一批教职工宿舍。新学年开学前后，校舍危房全部抢修完毕。1991年，市教育局还为边远山区中小学配备了教具箱和电化教育教材包。

1991年，北京市部分地区、部分学校教育质量还很低，远郊农村地区职业技术教育仍处于较落后状态，中小学全面贯彻教育方针的工作存在薄弱环节，部分学校管理水平低下，教师素质亟待提高。

二、贯彻实施《义务教育法》取得突破性进展

1991年，北京市分两个阶段对全市5年来贯彻实施《义务教育法》情况进行了全面检查。6月～8月，市政府各有关部门、各区县进行自查，并提出自查报告。9月，市检查组分九路对每个区县进行了为期一周的检查。检查期间，北京市广泛深入地开展了《义务教育法》的学习和宣传活动。检查工作推动了各级政府及有关部门执法责任的落实，推动了全市按规划标准实施九年制义务教育和分级管理体制特别是乡（镇）管教育的落实，推动了中小学校认真贯彻《义务教育法》，端正办学思想，加强学校管理和教师队伍建设。

10月，全国人大常委会北京检查组对北京市实施《义务教育法》情况进行检查。检查报告认为北京市贯彻执行《义务教育法》的工作走在了全国的前列，5年来，各级政府把基础教育纳入法制的轨道，基本形成了依法治教的局面，从而保证了《义务教育法》的贯彻执行，使基础教育取得了突破性进展，党的教育方针得到比较全面的贯彻。

1991年，北京市小学布局趋于合理，学龄儿童入学率为99.5%，14岁人口初等教育普及率为95.7%，小学毕业年级学生毕业考试语文、数学双科及格率为99.8%，教师学历达标率为90.7%，业务能力合格率为95%，毕业年级学生体育达标率为93.3%，生均占有校舍建筑面积4.58平方米，教学仪器装备率为88.7%，图书共有1673.3万册，生均16.8册。初中布局也基本合理。初中入学率为99.3%，在校学生巩固率为98.92%，毕业年级学生中考平均及格率为84.8%，教师学历达标率为75.9%，业务能力合格率为85%，毕业年级学生体育达标率为91.7%，生均占有校舍建筑面积9.23平方米，教学仪器装备率为90.2%，图书共有847万册，生均27.5册。

（一）各级党委、人大、政府高度重视《义务教育法》的实施

北京市各级政府的负责人都把发展教育列为主要任期目标，纳入本地区社会经济发展总体规划。从1985年开始，连续7年以每年为教育办10件实事的形式，解决了大

量实际问题。从1987年起，市人大常委会坚持年年对贯彻《义务教育法》的情况进行检查和监督，并形成制度，使法律、法规的要求和目标逐步得以实现。

（二）基础教育走上依法治教的轨道

北京市为贯彻落实《义务教育法》，广泛深入地开展了宣传工作，《义务教育法》逐步深入人心，为依法治教打下良好的思想基础。此外，还制定了一系列规章和行政措施，保证《义务教育法》的实施；并对市政府各有关委、办、局的职责做了具体规定，各区县也做出相应的规定，使义务教育切实纳入了法制轨道。

（三）“地方负责、分级管理”体制的形成调动了地方办学的积极性

北京市认真落实“地方负责、分级管理”的规定，极大地调动了地方办学的积极性。由于领导体制的落实，使多渠道筹措教育经费得到保证。《义务教育法》规定教育经费要实现“两个增长”，北京市进一步明确规定了第三个增长，即“使按在校生人数平均的教育事业费的公用部分实际上逐年增长”，使办学条件的改善有了可靠的物质保证。

三、全面贯彻教育方针，努力提高基础教育质量

（一）开展教育思想的学习和讨论

1991年，北京市中小学教育贯彻“全面育人、减轻负担、提高教育质量”的总要求，组织干部、教师开展教育思想的学习和讨论，转变干部、教师的教育观念。1991年3月，市教育局编印13万册《教育思想学习文选》，发至每个干部、教师，同时下发了《关于组织我市普教系统干部、教师学习教育思想的通知》。暑假期间，市教育局分别组织了全国著名中学校长讲座和全国著名小学校长讲座，600余名中学校长、500余名小学校长学习了全国名校的教育、教学和管理工作经验。10月，市教育局又组织全市校长、教师座谈讨论转变教育思想问题，并通过北京人民广播电台及《北京教育》杂志连续报道各校学习和讨论教育思想的做法及体会。学习和讨论教育思想活动的广泛深入开展，对北京市中小学教育、教学改革工作起到了有力的促进作用。

（二）落实“四落实、两纠正、一检查”要求

1991年，北京市普教系统全面贯彻教育方针，五育并举，在端正办学指导思想上提出“四落实、两纠正、一检查”作为阶段性具体目标（简称“四二一”。四落实：落实按教学计划和规定的课程设置开齐课程；落实学生按规定参加劳动、社会实践和军训；落实学生每天一小时的体育活动；落实市教育局关于加强普教系统作风建设的五项规定。两纠正：纠正个别存在的体罚、变相体罚和侮辱学生人格的行为；纠正个别存在的教育教学工作中的弄虚作假和学生作弊现象。一检查：各级各类学校对本校学科教学工作进行一次深入的检查，总结经验，分析问题，研究制定提高学科教学质量的措施），以此衡量学校全面贯彻教育方针的实际情况，推动了全市教育质量的提高。在各区县自查的基础上，市教育局分两次检查了全市各区县中小学落实“四二一”的情况。各校针对检查中发现的薄弱环节，建立、健全教育、教学管理制度。注重师德建设。各区县树立了一批办有特色的学校和优秀教研组、爱生模范、优秀校长等。

（三）推进普通高中两项改革

贯彻普通高中教学计划调整意见和实行普通高中毕业会考制度是国家教委在普通高中阶段进行的两项重大改革。1991年3月，市教育局针对执行普通高中教学计划调整意见中的困难和问题召开高中教学研讨会。请北京师范大学二附中、朝阳中学介绍实施高中教学计划调整意见的经验。提出解

决数学、物理课在规定时间内完成教学任务的办法。明确要坚定不移地执行教学计划调整意见，执行中要坚持周活动总量不能突破、必修课课时数不能突破、选修课要真正做到选修等三项要求。11月，调查表明，多数学校严格执行教学计划、认真开设劳动技术教育课，保证平均每天一小时的体育活动时间。6月24日，按照《北京市普通高中毕业会考实施方案（试行）》，在高一年级正式举行地理课毕业会考。全市参加考试的学生共31363人，及格者（含补考）为30798人，及格率达98.3%。为顺利推进改革，1991年市教育局还在通县二中、地安门中学进行高三分流实验；在东城区所有普通高中进行高三年级开设职业指导班的试验；与市教科所及东城区和崇文区教育局、试点学校共同进行高中选修课设计与实施的研究。

（四）推广“快乐教育”经验

1991年，北京市继续推广“快乐教育”经验，结合教育思想的学习、讨论，一大批学校取得明显成效。“快乐教育”经验的创始校北京市第一师范学校附属小学，也在实践中不断总结完善了自己的经验。1月29日～31日，市教育局召开教育思想专题研讨会。会议围绕“快乐教育”的实质，推广“快乐教育”经验的现实意义和普遍意义，实施“快乐教育”与提倡刻苦学习的关系等问题进行了研讨。会议要求各区县教育局要以进一步推进教育思想的转变、端正办学方向为根本，分层次、分类型、以点带面，推进学习“快乐教育”的经验。

1991年10月23日～26日，市教育局、崇文区教育局及北京市第一师范学校附属小学举办1991年全国快乐教育研讨会。国家教委副主任柳斌，北京市市长助理、市教育局局长陶西平等出席并讲话。代表们观摩了北京市第一师范学校附属小学的课堂教学和一至六年级学生的多主题周末俱乐部活动。会议认为，“快乐教育”的经验就是认真贯彻党的教育方针的经验，推动“快乐教育”就是推动党的教育方针在学校得到贯彻。

（五）加强示范性幼儿园建设

1991年，北京市教育局在对全市各类型幼儿园情况进行全面分析的基础上，结合几年来对各类型幼儿园管理的经验，确立了以加强示范性幼儿园建设，带动全市幼教工作整体水平提高的基本思路和工作方法，要求各区县教育局、各系统办好本地区、本系统的示范性幼儿园，起到示范作用。各区县教育局、各系统的领导十分重视此项工作，经常到幼儿园与有关部门共同研究改善办园条件，加强师资队伍建设，加强示范性幼儿园管理工作，使各示范园的园舍、设备初具规模，指导思想明确，管理水平和保教质量不断提高。

1991年4月23日，市教育局在中国工运学院幼儿园召开全市示范性幼儿园贯彻幼儿园工作规程现场会，介绍了该园为幼儿创设整洁、优美的物质环境，创设友爱、和谐的精神环境，创设自主、自由的活动环境，创设丰富多彩的学习环境，创设家园一样的教育环境的经验。要求各示范园把创设良好教育环境作为贯彻幼儿园工作规程的一项具体工作抓好、抓实。会后，全市各类幼儿园都根据本园实际，因地制宜为幼儿创设良好的物质环境，收到了较好的效果。

（六）校外教育蓬勃发展

1991年“六一”儿童节前，北京市完成了4处校外教育场所的翻建、重建工程。其中东城区少年宫内部设施齐全，教学设备先进，可同时容纳3000人参加各种活动，是目前全市最大的一所少年儿童校外教育场所。

1991年10月8日～11月5日，北京市教育局举办了首届北京市中小学生艺术节。

艺术节上举办了声乐、器乐、舞蹈、戏剧、曲艺、书法等12项比赛及艺术作品展览。全市中小学校、师范学校上百万名学生参加了艺术节的各项活动。艺术节上各种专场演出和比赛达105场，参加演出和比赛的学生近万人。

为进一步提高中小学校的合唱水平，并引导更多的词曲作家为中小学生谱写歌曲，1991年，北京市教育局、市音乐家协会、《北京日报》还共同主办了中小学合唱歌曲征集活动，征集到346首合唱歌曲。

四、调整职业技术教育

（一）调整和落实职业教育规划

根据党中央、国务院和市委、市政府关于制订职教十年规划和“八五”计划的指示，经过两年多广泛深入的调查研究，1991年完成了制订规划的任务。根据规划要求，1991年北京市教育局对全市职业高中教育进行了调整。独立设置的职业高中由1990年的30所增加到43所。城镇地区适当合并了一些专业重复、规模过小、办学不稳定、毕业生出路有困难的学校，全市总校数由1990年的221所（含职业高中班）调整为199所（含职业高中班）。同时对需求量减少、供大于求的专业适当压缩，如财经、医药卫生、文秘图书以及干部类专业所占比重由40%下降到30%。企业办学、联办专业所占比重由1990年的50%上升到60%。积极增加了社会急需的专业，特别是为大中型企业培养人才的专业，如商业服务、汽车制造、交通乘务、彩色显象管制造等。为了加强职教理论研究，1991年，市教育局在全市开展了职业高中发展战略研究，收到论文上百篇。

1991年北京市农村职业高中发展较快，招生达4815人，比上年增加11%。各区县集中人力、物力和财力，重点建设了一二所骨干示范校，并发挥其辐射作用，帮助和带动乡镇积极发展职业教育。

（二）建立职业技术教育中心

1991年夏，北京市职业技术教育中心6500平方米大楼竣工，并确定编制50人。7月17日，市教育局在职教中心召开现场办公会，研究确定了市职业技术教育中心的性质、任务、功能等问题。明确市职教中心的主要任务是负责全市职业教育的师资、干部培训，开展职教研究提供信息咨询服务。1991年，各区县也集中人力、物力、财力建成16个职教中心（学校），成为各区县职教支撑服务机构。12月17日，市教育局召开市、区县职教中心联网会，要求市、区县职教中心在师资、干部培训，职教教研、科研，信息服务三项功能上实行联网。1991年，首先在师资培训方面实行联网，开展活动。暑假和寒假，还分别举办了一期职业高中校长培训班。为了加强技术工人的培养，市政府要求城镇地区职业高中招生压缩到1.1万人左右，努力扩大农村地区招生。为此，5月下旬，市、区县、学校职教系统调整招生计划。根据社会需要，逐校逐专业严格审批，压缩需求少的干部类专业及毕业生出路有困难的某些自办专业，增加社会急需的技工类专业。

（三）拓宽毕业生就业渠道

1991年，职业高中毕业生1.9万人。职教部门积极争取计划、劳动、人事等部门和用人单位支持，广开就业渠道，毕业生当年对口录用率达92%，为拓宽职业高中毕业生就业渠道，1991年又安排了本市职业高中饭店服务和美容美发专业的53名学生到深圳远东大酒店实习，实习8个月后，经双向选择，留深圳就业。同时并积极与香港、日本等国家和地区联系，以打开职业高中毕业生劳务输出的路子。1991年3月～5月，市教育局受市人事局委托，承办进国家机关职业高中毕业生1200人的招干考试工作，完成了从命题、印卷、报名、考试、阅卷、登分等全部工作，及格率达98.9%。

(四) 增加职教经费投入

1991年，中央和北京市拨职教专款905万元，市教育费附加用于职教约1000万元；国家计委和市计委安排职业高中基建投资260万元，区县安排职教经费和配套基建投资超过中央和市拨款数；联办单位拨给学校的教学行政补助费由每生每年文科120元、理科150元增加到文科200元、理科250元；世界银行贷款4校240万美元落实市、区配套资金，这些投入改善了职业高中的办学条件。本年度，为加强管理，提高投资效益，教育、计划、财政等有关部门联合于4月22日～28日进行了职教经费检查，5月23日～25日进行基建项目检查，11月12日～15日进行贷款项目的检查。

五、加强教师队伍建设

(一) 坚持德才兼备、又红又专的方向

北京市委、市政府和各区县党委、政府在认真总结经验教训，进一步提高认识的基础上，加强了对教师思想政治工作的领导。

一是建立了教师思想政治工作的领导体制。市委教育工委设立普教处，各区县党委加强了教育工委或教卫部的建设。学校党支部发挥政治核心作用，校长把教师思想政治工作列入工作计划。全市形成了市、区县、学校三级由党委统一领导，党、政、工、团和教代会齐抓共管教师思想政治工作的体制。

二是健全了教师政治学习制度，要求做到学习计划、组织、内容、资料、时间五落实。在学习《关于社会主义若干问题学习纲要》时，加强了形势、政策教育和社会主义信念教育，开展了教育思想的学习与讨论。在学习《中小学教职工职业道德规范》时，结合贯彻本市发布的加强普教系统作风建设的五项规定，广泛开展了师德教育活动。

三是组织教师参加社会实践活动，使教师亲身了解社会主义建设的各项成就。组织青年教师赴山区、老区体验生活，激发教师热爱社会主义的感情，增强建设祖国的使命感。

四是制定了表彰奖励制度。市政府每两年表彰一次模范校长、模范班主任、先进教育工作者和“教书育人、为人师表”先进个人。此外，在评定教师职务、评选特级教师、聘任教师和考核教师工作等方面，都把政治思想和“教书育人、为人师表”的实际表现作为首要标准。

五是树立了一批又红又专的先进教师典型。通过出版优秀教师事迹汇编，组织优秀教师事迹报告会等方式，宣传他们的先进思想、先进事迹，号召广大教师向他们学习。

上述工作的落实，使本市教师队伍中涌现出一批热爱教育事业、又红又专的优秀教师。

(二) 抓好师范教育和继续教育两个环节

“七五”期间，市政府加快了师范院校的建设。18所中等师范学校净增校舍面积5.7万平方米；为5所市属高等师范学校增加了基建投资和教学设备专款。目前，全市的师范院校已具备年输送6000名新教师的能力，基本保证了中小学教师的来源。

为了改善师范院校的生源，北京市在提高师范生待遇的同时，充分发挥舆论导向作用，动员优秀中学毕业生报考师范院校，并对工作做得好的区县、学校给予重奖。同时，在试点的基础上，先后在6所市属重点中学举办了高师预备班，现已有两届学生。这些学生都是经中考选拔上来的优秀学生，他们的入学平均成绩高于市重点中学入学平均成绩。由于是自愿报考、定向培养，他们的专业思想比较稳定，学习质量也优于同届学生。从1990年起，市政府决定每年安排一定数量的非师范院校毕业生和硕士生到中学任教，两年来已吸收非师范院校毕业生411名，硕士生59名，成为教师队伍中的一支新生力量。

“七五”期间，北京市对在职教师进行了大规模的教材教法培训、学历达标教育和《专业合格证书》考试。目前全市小学教师的学历达标率为90.7%，初中为75.9%，高中为69%；此外还有4000多名教师正在进修，近一两年内就能取得合格学历，中小学教师的学历教育任务已经基本完成。针对教师培训工作的现状和今后的需要，北京市把培训重点转移到学历后的继续教育上来。通过继续教育使全体教师的政治思想素质和教育教学能力有较大幅度的提高。

北京市实施中小学教师继续教育的基本思路是：面向全体教师，注重素质提高；加强基本建设，狠抓工作落实；建好师资队伍，保证教育质量。

(三) 加强骨干教师和青年教师的培养

北京市培训骨干教师的具体措施是：(1) 举办骨干教师研修班，学习新技术革命的新学科知识，使骨干教师开阔眼界，更新知识。(2) 组织骨干教师参加各种类型的教学研究课、示范课、观摩课，研讨当前学科教学中的重大课题。(3) 对个别学科的骨干教师采取特殊的培训措施。如连续五年每年拨专款组织200名中学政治教师到全国各地考察；与澳大利亚合作建立中学英语师资培训中心，四年来对1500名中学英语教师进行了较高水平的强化培训，还先后选送133名中学外语教师出国进修；为音乐教师每月举办专场观摩演出，并为音乐教学带头人举办个人音乐会等。(4) 市政府拨专款出版《北京教育丛书》，鼓励骨干教师和学科教学带头人总结教改经验，著书立说，第一批计划出版100本，目前已出版68本。(5) 从具有较高思想政治觉悟、师德修养和业务水平，教育教学成绩和科研成果显著，在教育界有较高威望的优秀骨干教师中评选特级教师。

对青年教师的培养，北京市采取了以下做法：(1) 新教师必须在上岗第一年接受120学时的继续教育。培训的重点是专业思想、师德规范和教育教学方法。(2) 为青年教师配备指导教师，建立青年教师见习制度，规定听课、讲课、评课任务。(3) 每年开展全市性青年教师教学评优活动，树立典型，总结推广他们的经验。(4) 建立考核和表扬、奖励制度，对有突出贡献的青年教师破格提拔。1991年市政府专门表彰奖励300名优秀青年教师。

撰稿人　耿　申

审稿人　汤世雄

高等教育和中等专业教育

一、概况

北京市1991年普通高等学校、中等专业学校基本情况

单位：人

学校类别	学校数(所)	毕业生数	招生数	在校学生数	教职工数 计	教职工数 其中专任教师
一、普通高等学校	67	43 492	43 614	154 024	97 757	43 434
研究生		5 790	5 914	17 084		
本科		31 014	30 452	119 951		
专科		6 688	7 248	16 989		
二、中等专业学校	118	17 515	16 790	55 718	14 884	6 525
中等技术学校	98	12 857	12 691	43 625	12 349	5 243
中等师范学校	20	4 658	4 099	12 093	2 535	1 282

1991年北京高校成人高等教育基本情况

单位：人

学校类别	学校数	毕业生数	招生数	在校学生数	教职工数 计	教职工数 其中专任教师
函授部	44	17 435	13 355	47 298	1 302	326
夜大学	49	7 143	6 805	24 870		
干部专修科	30	1 525	858	1 741		

1991年，北京的高等教育事业在党的十三届七中全会精神指引下，贯彻党的一个中心两个基本点的基本路线和党的教育方针，全面深化改革，扩大开放，高等教育事业有了新的发展和提高。1991年，全市全日制本专科生的招生数比上年增加4%，研究生的招生数比上年增加4.6%。到1991年底，全市高校中共有专任教师35523人，其中教授3012人，副教授9866人，讲师13142人。有高级职称的专任教师比上年增加2.2%，占专任教师总数的3.6%。高校中还有专职科研人员7438人。全市高校1991年新增校舍面积37.5万平方米，使高校校舍总面积达到955.1万平方米。在高教事业的建设发展中，全年的主要工作重点有以下几方面。

(一) 坚持社会主义办学方向，把德育放在学校工作的首位

1991年，北京高校在市委、市政府的领导下，把马克思主义理论课作为重点课程来建设，贯彻落实加强马克思主义理论课建设的有关措施，并筹集50万元作为课程的教学、科研基金和建设费用。继续重视和加强大学生的生产实习、社会实践和军训工作。市属高校已拥有定点实习单位311个，有一半以上的学校实现了一个专业一个实践基地的目标。继1990年建立昌平大学生军训基地之后，1991年又兴建了大兴县军训基地。北京高校全年有2万余名大学生参加了军事训练。各高等学校还通过组织形式多样、丰富多彩的活动，来活跃学生生活，起到教育引导作用。全年先后组织了大型优秀毕业生报告会，参加东郊兴修水利挖湖、挖河，植树义务劳动，赈灾募捐，大学生科技文化节、艺术节、夏令营等活动，均收到良好的效果。

(二) 积极推进改革，全面提高教育、教学质量

1991年，北京高教改革的一项重点内容是市属高校内部管理体制改革全面展开。在前两年北京工业大学、北京师范学院改革试点的基础上，1991年3月市政府在北京师范学院召开了改革现场会。会后市属高校分四批推开。根据市领导提出的有关指导思想，围绕着健全、完善校内领导体制，实行教育目标责任制，实行干部教师聘任制，实行工资总额包干和校内结构工资制等四项改革内容，大胆深入进行改革。到1991年底市属24个办学实体全部进入了改革的轨道。

1991年，北京一部分高校还在继续深入进行“产学合作”的改革试点工作，参加试验的学校由3所增加到5所，内容有了深化，质量有了提高。还有一批高校开展了教育评估检查，提高教学质量的活动，有效地提高了培养质量。

(三) 优化育人环境，开展创建“文明校园”活动

1991年，中共北京市教育工委和市高教局共同决定在全市高校中开展这项工作，其主要内容有：(1) 优化育人环境。包括优化校园政治环境，加强广播、校刊、宣传栏等宣传阵地建设和对社团组织、群众活动的管理和引导，搞好治安保卫工作，促进学校的稳定；优化教学环境，保证教学秩序运转正常，教学场所整洁有序，各种设备齐全完好；优化生活环境，搞好校园绿化美化和环境卫生。(2) 加强学生文明行为的教育、管理，讲究公共道德和品质修养。(3) 建立良好的学风、校风。这项活动是一项综合性的工作，市高教局研究制定了《北京高校文明校园检查评估标准》，各高校都成立了领导小组，还分片组织了“文明校园建设协作组”，互检互促，积极开展创建活动。

撰稿人　李　壑
审稿人　耿学超

二、深化改革，转换机制，全面提高教育质量

1991年，北京市高教改革的一项重要内容就是市属13所高校的内部管理体制改革全面推开。根据北京市委、市政府围绕健全、完善校内领导体制，实行教育目标责任制，实行干部、教师聘任制，实行工资总额包干及校内结构工资制等四项重要改革内容，实现启动内部活力，调动广大教职工的社会主义积极性，建立起坚持方向，提高质量，优化队伍，鼓励贡献，协调一致有生机活力的内部管理运行机制，是这项改革的主要目标。

(一) 改革的进度

北京市属高校的内部管理体制改革最早是由北京工业大学和北京师范学院进行试点的。从1983年开始，北京工业大学率先进行了改革，市长陈希同亲自过问试点情况，并于1988年召开了试点工作会议，肯定了北京工业大学的改革方向，同时决定扩大试点范围，由陆宇澄副市长来抓北京师范学院的改革。从1989年到1990年底的两年中，北京师范学院的改革也取得突出的成效。北京市政府认为，在市属高校中全面推行和深化内部管理体制改革的时机已经成熟，遂于1991年3月在北京师范学院召开改革现场会，明确了改革的指导思想，动员全体高校积极投入，深化改革。会后，市政府批转了市高教局关于市属高校全面推行和深化内部管理体制改革的请示报告，对指导思想、主要内容、步骤和应注意的问题，作了明确的规定。并组成了以陆宇澄副市长为组长的市属高校改革领导小组和由市委教育工委、市政府文教办公室、市机构编制委员会办公室、市人事局、财政局、高教局等6个单位组成的联合工作小组，推进改革工作。

参加改革的高校首先抓了校内试点，经高教局检查基本合格后，制订学校总体改革方案。凡试点没有达到要求的学校，必须重新补课，只有在试点工作作好的基础上，才允许学校在面上推开。学校总体改革方案经市联合工作小组审核，按成熟一个、批准试行一个的原则，分期分批批复，保证了改革的基本质量。截至1991年12月，市属13所高校25个办学实体的改革总体方案已全部批复，并抓紧在校内实施。市属高校已全部进入深化内部管理体制改革的轨道，机制转换已开始体现。

到1991年底校内推开的进度为：校内应实施改革的单位512个，已全部实施的有316个，占61.7%；已经启动正在深入的有168个，占32.8%；尚未启动的有28个，占5.5%。

(二) 推动的主要步骤

1.根据各校的实际情况，将学校分成四批分别进行动员、部署，并规定各批的工作进度。

2.市有关部门根据国家有关文件的规定，逐校审定编制、工资总额和确定增资额度。

3.围绕“怎样抓好校内试点”、“如何制定教育目标责任制”、“如何真正搞好聘任制和考核工作”、“如何合理制订结构工资方案”、“如何理解转换机制”等问题分别组织了五次专题研讨会，反复强调改革指导思想，统一认识，交流经验，培训干部。

4.1991年3月之后，市委、市政府领导四次集中听取高校改革工作进展情况汇报，及时指导，使改革沿着正确方向发展。

5.各校均把改革作为一项中心工作，确定1～2个单位进行试点，党政主要领导亲自抓动员、抓学习、抓方案、抓实施、抓经验，取得领导改革的主动权。因此思想发动比较深入，改革方案研究得比较细致。如在试点工作中，北京经济学院贸经系组织干部、教师学习讨论27次，修改方案3次；北京财贸学院组织教职工学习讨论15次，修改方案8次。由于宣传、动员、发动工作做得比较充分，提高了干部和群众对改革目的、意义的认识，逐步形成了广大教职工支持改革，投身改革的局面。

(三) 转换机制所产生的初步效果

1.通过改革，进一步健全了校内领导体制，理顺了党、政、群之间的关系，使三方面的作用得到进一步增强。在实践中，各校都做了不少探索，取得了一定经验。如一些学校根据自身特点，制定或修订了《关于进一步加强党委领导下的院长负责制意见》、《关于系主任、系党总支书记职责》、《学校党政机关职责范围》、《改进和加强院系

（处）两级领导干部思想作风建设的意见》等文件，进一步理顺了党政各级部门之间的关系，明确了职责分工。

在改革中，许多学校对一些难以承担改革任务，缺乏开拓精神的中层和基层领导干部进行了较大幅度的调整，加强了各级领导班子的建设。对过去难于触动的机构也进行了调整，共精简了行政机构 11 个，教学机构（含实验室）28 个。

这次改革总计制订出了校级文件 304 件，系部处级文件 729 件，强化了管理、提高了工作质量和工作效率，使学校逐步走上了依法治校的轨道。

2.教师的教学工作量普遍有所增加。长期以来，多数学校由于没有进行严格认真的定编、定岗、定结构、定任务的工作，致使队伍结构不尽合理。有些学校教师队伍学科结构性超编严重，有的教师长期没有教学任务或教学任务极少，但有的课程长期缺编，教师超负荷运转或常年外请外聘。还有年龄结构不合理、同步老化，后继乏人的矛盾突出。有的学校行政人员长期比例失调，超编更为严重。

这次改革，各校都在改革方案中明确提出要使师生比例逐步达到 1∶7。学校在实行聘任制时，强调各类人员要满负荷上岗，使教师人均任课时数从每周 4 学时提高到 5.5 学时。实际效果是，已实施改革方案的单位，教师人均任课时数一般提高了 25% 左右。其中联合大学自动化工程学院提高了近 40%；联大文理学院提高了 37%；北京工业大学提高了 36.4%；经济学院提高了 30%。

3.实行干部、教师聘任制，择优聘任上岗，提高了在岗人员素质，起到了优化队伍作用。长期以来，学校人事管理模式单一，使得干部只能上不能下，人员只能进不能出，待遇只能高不能低，相互不能有差距。形成了一种铁交椅、铁饭碗、铁工资、“有人没事干、有事没人干、提职齐上阵”，缺乏竞争机制而又难以解决的局面。有的部门人满为患，为了提职取得工作量，不分素质优劣轮流上岗，严重影响教学质量和科研水平的提高。

从北京工业大学和北京师范学院率先改革试点到各校全面推开的两年多的时间内，高校对干部和教师实行岗位聘任制，坚持岗位素质（政治素质、业务素质、能力）要求，择优上岗。例如北京农学院畜牧系原有教职工 70 人，聘了 60 人，有 10 人未聘；联大中医药学院中医系原有 51 人，有 11 人在系内未聘。据初步统计，市属高校中在校内进行岗位流动人员有 485 人；实行校内退休的有 227 人；调出校外的人员有 627 人；到目前在校内待聘的有 142 人。四项共 1481 人，约占市属高校全体教职工总数的 9%，若将校内独立核算单位的人员从总数中扣除，比例数已超过 10%。

4.实行校内结构工资制，在分配上打破平均主义。由于长期以来校内存在着大锅饭、平均主义现象，在分配上干与不干、干多与干少、干好与干坏一个样，淡化了业绩和贡献，严重挫伤了广大教职工的社会主义积极性，致使学校出现教学疲软、科研滑坡、管理松弛的现象。这次改革，多数学校比较彻底地打破了分配上的平均主义。根据市高教局对各高校改革后分配制度方面变化的调查，下表可反映发生的一部分变化：

学校＼月收入＼职务	教授级			副教授级			讲师级		
	月平均	最 高	最 低	月平均	最 高	最 低	月平均	最 高	最 低
北京工业大学	370.5	492.4	246.7	364.5	563.8	220.8	299	444.3	173.2
北京师范学院	386.2	557.5	303.9	299.8	323.2	250.8	212.4	264.1	181.3
北京建工学院	376	485	317	322	407	189	277	370	168
联大自动化工程学院				346.5	471.9	278	305	409	205
联大纺织工程学院				313.6	387.5	223	260	339.5	163

从以上几个学校校内分配的情况可以说明转换机制带来的变化。过去同层次人员的月收入拉开30～40元的档次，心理上就难以承受，所产生的矛盾就相当大。可是现在同层次人员月收入相差最多的达343元，在校内却是相对平稳的。说明随着机制的转换，教职工的观念也在逐步变化。尽管改革中还有许多问题需进一步探索，如科学的质量考核办法，管理岗位满负荷工作的标准等，但按新的机制运行，干与不干、干多干少、干好干坏在分配上大不一样。在各校的分配中，普遍出现了有些高职人员拿了低酬，有些低职人员拿了高酬的情况，打破了分配上的论资排辈和收入只能高不能低的传统习俗。业绩和贡献逐步主导了分配，鼓励着教职工奋发向上，开拓进取。

5.实行教育目标责任制，促进全面教育质量不断提高。实行教育目标责任制，保障了教育工作是学校经常性中心工作的地位。各校围绕中央对教育工作的一系列重要指示，全面贯彻落实党的教育方针，培养德、智、体全面发展的社会主义建设者和接班人；结合本校的办学任务和实际情况，制订具体的教育目标，并将目标自上而下层层分解，落实到相关部门和岗位，形成目标责任体系，既有当年任务，又有前进目标，并建立了相应的考核办法。这次改革中，各校制订的前进目标总计共有433项，各系、部、处制订的前进目标共1134项．各校拟订的目标中，均把落实德育放在了首位，加强马克思主义理论和德育教育，加强生产实习和社会实践，加强教学基础建设，狠抓课程建设和队伍建设，以推进教育、教学改革作为重点。由于校内党的系统、党政干部也有明确目标、责任和考核制度，对加强党的建设，推进政治思想工作等方面，也起了较强的作用。

撰稿人　林浦生

三、北京市属中专学校全面开展内部综合配套改革

在1984年市委、市政府批准6所学校6年试点工作的基础上，北京市属中专学校内部综合配套改革工作，于1990年6月全面铺开，到1991年底，全市52所学校中，有51所学校全部进入改革轨道。一年来，这种以校长负责制、教育目标责任制、教师干部聘任制和工资总额包干及结构工资制为主要内容的新机制，正在各校稳定运行，并已初见成效：群众的积极性调动起来了，学校内部的激励因素大为增长，工作质量和工作效率、教职工的主人翁精神、竞争意识和责任心等都有明显提高，学校整体工作出现好的势头。

继1990年32所学校进入改革轨道后，1991年，中专改革联合工作小组对其余学校继续进行核定编制、工资总额包干标准及审批改革方案工作，推动19所学校进入了改革轨道。5月召开了以实行聘任制和结构工资为重点的经验交流会，推动了全市中专学校“四制”的建立和健全。7月，高教局组织51位中专学校党委书记、校长，分成10个小组对改革学校进行互相检查，共查阅了1686份改革文件，抽查了229个科室、60个班组的改革情况，召开了126次座谈会，有854人参加座谈。通过检查，确定有44所学校已基本实施了改革方案，占被检查学校的94%。8月召开了有110名书记、校长、教师代表参加的研讨会，结合改革实践中的问题，对教育目标责任制指导思想、内涵、教育目标的确立与分解、教育目标责任制的考核进行了广泛的交流与讨论。11～12月对尚未实施改革的学校又逐校进行了复查验收。在检查的基础上，根据改革好坏、实施早晚、创收多少等原则，将市政府给中专学校的改革补助经费分档次拨给39所学校，共102万元。

（一）北京中专学校内部综合配套改革的特点

1.把中专学校改革试点的经验和北京市中小学改革的经验结合起来。市属中专学校综合配套改革是在认真总结6所中专学校6年来试行内部管理体制改革、试行各种新制度经验的基础上，学习了北京市中小学实行结构工资制等改革经验后，全面铺开的。改革的主要内容、步骤、原则与方法，既有一般教育改革的性质，又有明显的中专学校专业教育的特色。因此，中专学校的内部改革推广比较顺利和稳妥。

2.把内部管理体制改革和贯彻党的教育方针，全面提高教育质量结合起来。中专学校内部综合配套改革，始终把教育目标责任制作为核心，与内部管理改革的其他三项制度同时推出，同步实施。其他三项制度都以促进教育目标的实施为基本目的，教育目标责任制的实行也离不开其他三项制度。这就使中专的改革始终保持改革的正确方向，始终以调动教职工积极性、全面贯彻和具体落实党的教育方针为中心奋斗目标。

3.把内部综合配套改革与综合办学水平评估结合起来。国家教委1991年发出文件要求在全国开展普通中等专业学校教育评估工作，而办学水平评估指标体系和教育目标责任制的实施是完全一致的。因此，在一些开展评估的学校中，始终把内部综合配套改革和办学水平综合评估作为相互促进、相互渗透的一件事来做，改革推动评估，评估促使改革不断深入，取得了明显的效果。

4.把教育行政部门的积极性与中专学校办学主管部门的积极性结合起来。中专学校的主要办学体制是部门办学，因此，在改革中，在积极加强综合管理，推进中专改革的同时，十分注意调动办学主管部门的积极性，齐抓共管，各主管局都成立了改革领导小组，主管局长亲自挂帅，带领各业务处室领导深入学校，帮助学校解决改革中的困难，有力地推动了中专学校改革的进程。

（二）北京中专学校的内部综合配套改革已经初见成效

1.完善了校内领导体制。通过改革，市属52所中专学校已全部明确领导体制，其中有43所学校实行校长负责制，9所学校实行党委（或总支）领导下的校长负责制。各校都制定了校长工作条例、党委工作条例和教职工代表大会工作条例。行政工作有人管，政治思想工作有人抓，群众参政议政，民主管理意识增强，决策的速度快了，指挥的力度大了，工作效率有所提高。如北京无线电工业学校是有40年历史的老校，“文革”中元气大伤,长期以来,干部严重老化,各项工作没有起色；通过改革,旧貌换新颜,领导班子做到四化，中层干部平均年龄由51.5岁降到43.6岁，教职工积极性调动起来了。1991年，在全市教学检查、“五月鲜花”文艺汇演、体育等各项工作中都名列前茅。

2.学校管理显著加强，提高了对教学质量控制的有效性，教育目标进一步落实。学校内部的各个系统、科室、班组、个人，都围绕全校的教育目标，制定了具体目标和实施计划，开始逐步克服计划管理中缺乏明确目标和责任的弊端。各校都不同程度地建立了比较系统的管理制度和考核、奖惩办法，有的建立了50多项制度，实行数年，已初步规范化。不少学校建立了专门的考评组织，一些学校还建立了督学委员会、督导组(室)等，加强了日常的教学检查。通过目标管理，学校培养目标具体落实，尤其是对德育放在首位，很多学校采取“一岗二责”(本岗业务职责与育人职责)，制定各门课程的德育大纲等各种形式，把“教书育人、管理育人、服务育人”落实到每个教职工，全员参与，德育的意识大为加强。

3.教师从事教学的积极性明显提高，工作量普遍有所增加。过去，由于吃大锅饭，干多干少一个样，教师教学积极性不高，工作量很少，个别学校教师工作量平均一周才2课时；尽管如此，与此同时，不少学校又常年外聘教师任课。改革以后，各校认真定编、定岗、定责，以岗划档，多劳多得，在实行聘任制时，强调满负荷上岗，全市教师人均周课时由改革前的6.37课时增加到7.98课时，提高了25.27%。其中，第二轻工业学校由人均7.9课时增加到11.7课时，提高了48.1%；计算机工业学校由6.2课时增加到8.33课时，提高了34.35%；商业学校由6课时增加到10课时，提高了66.6%；无线电工业学校由5.7课时增加到9.63课时，提高了68%。

4.促进了教职工队伍的优化组合和人员的合理流动。过去有人不干事，有事没人干，现在是人人有责，人人负责，各尽职责。改革一年半以来，市属中专学校在校内进行岗位流动的人员520人，待聘人员530人，共约占市属中专学校教职工总数的11%。其中无线电工业学校、第二轻工业学校、农业学校及第二商业学校的待聘人员分别占全校教职工总数的8.48%、10.06%、8.9%、10.46%。各校待聘人员情况各异，分别采取了相应的培训教育、试用等措施，促使人员合理流动，增强了竞争机制。

5.打破了平均主义，工资拉开了档次，多劳多得，优质高酬，稳定了教师队伍。以机械工业学校、化工学校、第一轻工业学校、农业学校为例：高级讲师人均月收入分别为394.2元、377元、339.5元、348元，高级讲师月收入最高和最低之差分别为112.5元、68元、25.9元、164.8元。讲师人均月收入分别为331.3元、329元、292元、297元，讲师月收入最高和最低之差分别为178.8元、103元、180.2元、189.5元。激励强度0.78至1之间。

6.有力地推动了教学和科研工作。通过改革，提高了各校领导及广大教职工进行技术开发和科研的积极性，教师主动下基层。工艺美术学校一部分教师，组成金罗盘工业设计研究所，为北京国际邮电局营业厅进行室内设计，受到国际友人的赞誉。戏曲学校杂技班学生参加国际比赛，多次获得金奖。粮食学校教师主持和参与设计了五个面粉厂，还主持设计了一个粮库的粉尘治理项目，建校27年来第一次得到科研经费，成果已通过技术鉴定，粮食学校的声誉在全国粮食行业大增。农业学校在全国214所农业学校综合办学水平评估中，被评为A等一级。

撰稿人　谢幼琅
审稿人　朱兆勇

成人教育

一、概况

1991年各级成人学校基本情况

单位：人

学校类别	学校数(所)	毕业生数	招生数	在校学生数	教职工数	
					计	其中专任教师
一、成人高等学校	90	17 569	12 221	32 539	12 840	5 154
广播电视大学	2	5 254	1 786	5 278	667	283
职工高等学校	50	6 893	5 201	14 702	4 335	1 912
农民高等学校						
管理干部学院	34	3 400	3 664	7 501	7 194	2 608
教育学院	2	1 654	1 056	3 402	491	244
独立函授学院	2	368	514	1 656	153	107
普通高校举办						
函授部						
夜大学						
干部专修科						
二、成人中等专业学校	130	20 953	27 160	55 147	8 934	3 891
广播电视中专	1	6 838	7 115	17 540	682	326
干部中专	8	75	303	430	855	266
职工中专	85	5 828	13 353	22 482	4 405	1 719
农民中专	16	5 849	4 612	11 354	712	341
教师进修学校	20	2 363	1 777	3 341	2 280	1 239
三、成人中学	523	7 543	11 057	22 167	5 154	2 524
职工中学		7 249	9 054	15 793	5 154	2 524
农民中学		294	2 003	6 374		
四、成人技术培训学校		1 576 260				
职工技术培训学校		1 275 512				
农民技术培训学校	272	300 748				
五、成人初等学校						
职工初等学校						
农民初等学校						
其中：扫盲班						

制表人　张道明

1991年，北京市成人教育认真贯彻落实市教育工作会议精神，解放思想，深化各项改革，学习宣传《北京市职工教育条例》，大力开展岗位培训，各方面工作取得新成绩。

据1991学年度统计，北京地区有各级各类成人学校1731所，其中成人高等院校90所（不含普通高校举办的函授、夜大学），成人中等专业学校130所，成人中学523所，社会力量办学716所，农民技术学校（乡成人学校）272所。1991年各类成人学校总数比1990年增加242所。1991年共培训各级各类人员254.9万人次，比上学年度增加44万人次。以岗位培训为重点的各类技术培训达187.9万人次，其中参加岗位培训的有97万人次。各类成人高、中等院校培养了大专以上毕业生17569人，中专毕业生20953人；非学历教育培训了29.1万人次。高等教育自学考试1991年共有12万考生，报考24万科次。成人教育的师资队伍和管理干部队伍的素质逐年提高，全市有成人教育教职工3.1万人（含社会力量办学、技术教育教职工2.4万人），其中专职教师1.15万人；有高级职称的955人，中级职称的3514人。全市18个区县已有13个建立了区县成人教育中心。

二、召开全市成人教育工作会议，认真总结“七五”期间北京市成人教育事业的发展成就和改革经验

1991年7月24日，北京市成人教育局召开全市成人教育工作会议。会议认真总结了北京市成人教育“七五”期间的发展成绩及存在问题，提出了“八五”成人教育发展规划。北京市成人教育局局长尤文作了题为《解放思想、深化改革、开创首都成人教育新局面》的工作报告。

北京市成人教育在“七五”期间取得显著成绩。各级各类成人学校已达1700余所。有767.1万人次参加了各类各级成人教育，比“六五”期间的484.3万人次增长58%。培养了8.23万大专毕业生，7.35万中专毕业生，5万高中毕业生。1987年～1990年，全市有206.2万人参加各类岗位培训，标志着成人教育工作重点初步转向了岗位培训。农民教育共扫除农村青壮年文盲3万人。有21万专业技术人员接受了继续教育，有22.3万北京市民参加了琴棋书画、服装裁剪等社会文化生活教育。“七五”期间成人教育初步形成了以岗位培训为重点，基础教育、学历教育、继续教育和社会文化生活教育并举的新格局，为“八五”成人教育事业进一步发展奠定了基础。

市成人教育工作会议上，提出“八五”期间成人教育要进一步解放思想，奋力开拓；增加投入，改善条件；提高教育质量，强化教育管理；加强法制，依法执教。大会还向获得全国职工教育先进单位荣誉称号的北京第一机床厂、北京市汽车摩托车制造公司、北京市焦化厂、北京市第六建筑工程公司、北京市琉璃河水泥厂、北京市颐和园管理处、北京市钟表眼镜公司职工学校颁发了奖状和荣誉证书。

三、大力推进岗位培训工作

从1986年以来，北京市认真贯彻国务院批转国家教委《关于改革和发展成人教育的决定》精神，大力宣传岗位培训，制定措施推进岗位培训，取得比较显著的成绩。

（一）召开全市岗位培训工作座谈会

1991年2月27日至3月1日，北京市成人教育局召开了北京市岗位培训工作座谈会。会议传达贯彻了1990年12月全国岗位培训工作座谈会和1991年2月国家教委工作会议的精神，市成人教育局局长尤文在题为《大力开展岗位培训，不断提高劳动者素质》的报告中，对全市岗位培训工作开展五年来的情况进行了全面总结，会议讨论了《北京市开展岗位培训的总体规划和实施意见》（征求意见稿），市建委、税务局、房管局、粮食局、公用局、市化工集团、首钢公司等单位介绍了开展岗位培训工作的经验。

副市长陆宇澄在讲话中强调：对岗位培训，各部门、各单位要从培养、提高人员素质的战略高度来认识，认真抓好，否则质量、效益就是一句空话。会议确定，全市岗位培训工作由市成人教育局归口管理，代市政府统筹协调。

（二）抓好岗位培训工作的制度建设

1991年，在总结岗位培训开展五年来的经验的同时，重点提出了抓好岗位培训制度建设的要求，并以旅游、税务、工商银行、饮食等10个行业和大兴、海淀、丰台、通县4个区县为试点，分别提出了岗位规范教材编审颁发制度、岗位规范培训考核使用制度、岗位规范考核发证制度、岗位规范检查评估制度等8项配套制度。

（三）开展《红色证书》的试点工作

1991年，分别在丰台、海淀区开展《红色证书》的试点工作。1990年11月，海淀区政府批转了区岗位培训领导小组办公室制定的《关于在乡镇企业中实行〈红色证书〉的方案》。海淀区成人教育局对全区乡（街道）企业各级各类干部和工人进行了摸底调查。其中，街道企业领导干部未经任何培训的占75.2%，工人中有51.2%也未经过培训。1991年海淀区共办干部培训班7期，培训441人，加上已培训的400人，从而使1609名领导干部中的841人经过培训取得《红色证书》，占应培训数的51%。《红色证书》的试点工作将对全市开展乡镇企业干部培训起推动作用。

四、加强成人教育法制建设，依法治教

（一）《北京市职工教育条例》发布实施

1991年6月15日，北京市九届人大常委会第27次会议审议通过了《北京市职工教育条例》（以下简称《条例》），并于11月1日起实行。《条例》的发布标志着北京市成人教育的管理逐步走上了依法办学、依法治教的轨道。为了学习贯彻好《条例》，北京市成人教育局提出了贯彻《条例》的具体意见，并通过会议、培训等形式学习贯彻。

7月8日～9日，北京市成人教育局组织区县成人教育局长、市政府各委办教育处长及综合局教育处长、市成人教育局处级以上干部参加的《条例》学习班，统一认识，逐条领会。市成人教育局对全市学习贯彻《条例》作出部署，提出了市和区县及委办系统要分别制定《条例》实施细则和办法。

9月，市成人教育局印发了《关于深入学习宣传〈北京市职工教育条例〉的通知》，并与市人大常委会、市政府文教办合编了《北京市职工教育条例导读》。

10月29日，北京市人大常委会、北京市人民政府召开了全市实施《北京市职工教育条例》动员大会。副市长陆宇澄、市人大常委会副主任夏钦林作了动员报告，北京市成人教育局局长尤文对全市贯彻实施《条例》工作提出了具体意见。

会后，各系统、各地区、各学校相继召开了实施《条例》的动员大会和教育工作会议，对《条例》进行宣讲和学习。

（二）深入贯彻《北京市社会力量办学管理办法》（以下简称《办法》）

1.制定配套政策，加强管理。《办法》发布以后，北京市成人教育局认真抓贯彻落实工作，截至1991年4月，朝阳、宣武、海淀、丰台、通县、昌平、密云等区县政府相继召开了本区县贯彻落实《办法》会议，其中有部分区县结合本地区实际制定了相应的实施意见。市成人教育局在制定了贯彻《办法》实施细则后，1991年分别会同有关局制定了《北京市社会力量办学试行收费标准》、《北京市社会力量办学财务管理暂行规定》、《北京市社会力量办学招生广告管理暂行规定》、实行《北京市社会力量办学许可证》和《结业证明》制度，发出了《关于对北京市社会力量办学〈许可证〉实行年度检验制度的通知》。

2.依法监督检查，积极引导社会力量办学健康发展。1991年对社会力量办学进行严格的复查登记，对非法张贴办学广告的学校进行全面调查，共查出150家未经市成人教育局批准的办学单位。经宣传教育，有136家办理了申请办学手续。对复查登记符合办学条件的学校发放了《办学许可证》。1991年9月12日，在《北京日报》上公布了获得《办学许可证》的704所学校名单，并公布了城近郊区成人教育管理机构的监督电话。由于在加强管理监督检查的同时，积极宣传政府支持民办教育的方针政策，1991年社会力量办学又有新的发展，学校由1990年的492所发展为716所，增加224所，其中社团办学已达332所，私人办学384所，共培训35万人。

3.统一收费标准。社会力量办学原没有统一的收费标准，为避免乱收费、多收费的现象，北京市成人教育局制定了《北京市社会力量办学试行收费标准》，经市物价局批准，自1991年8月1日起执行。收费标准分为文化补习、外语、文化艺术、职业技术和其它五大类29个层次104个科目，对各类各层次的每个科目的课时或学年收费都做了明确的规定。

(三) 加强执法监督

北京市成人教育局于1991年8月16日印发了《北京市成人教育执法检查工作暂行规定》。《暂行规定》要求市和区县成人教育行政部门必须严格按照国家有关法律、法规和规章确定的职权范围，在所辖行政区域内行使成人教育执法监督检查权，基本任务是监督检查各级各类成人学校或有成人教育任务的机关、团体、企业事业单位以及公民个人对成人教育法律、法规和规章的执行情况，纠正违法违章问题，并依法进行行政处罚。

五、提高学历教育质量，加强教学质量检查

(一) 开展成人院校教育评估工作

继1990年对7所成人高校试评估后，1991年又对60所成人高校进行了全面评估，并总结出许多学校的好经验，极大地促进了学校的全面建设。为成人中专学校评估工作做了准备，于11月制订出了中专校评估工作的指标体系，成立了北京成人中专校评估工作领导小组，印发了《关于开展成人中专校评估工作的意见》，为1992年进行评估奠定了基础。

(二) 成人高等教育《专业证书》教学班复查结束

7月8日～9月30日，对成人高等教育《专业证书》教学班进行了复查，参加复查的共36所成人高校的56个专业，核查学员21800人，已结业16800人，在校生5000人。对15%因年龄偏低、不符合参加学习要求的学员已劝其退学，已结业的发给了学习证明。

(三) 对16所试办成人高校进行考核验收

根据国家教委规定，北京市成人教育局委托北京市高等教育自学考试委员会办公室对北京16所试办成人高校进行了考核验收。6月30日～7月7日，16所学校的2240名学员参加了考试。共考核14个专业的50门课程，考试62门次。在参加考试的2240人中，有1723人次及格，及格率为76.7%。及格率在66.7%以上的学校有13所，占参考学校的81.25%；及格率在66.7%以上的课程有45门次，占参考门次的72.6%。

(四) 成人中专学校开展教学质量检查

教学质量检查的主要方式是统考、抽考和专业模拟考试。

统考，主要课程是成人中专校教学计划中规定的政治理论课。1991年统考了政治理论课，有4640人参加，及格率为85%。

抽考，以全市统一专业教学计划和教学大纲为依据，抽考教学计划中的主干课程(每个专业10～20门)。1991年举行了两次抽考，第一、二次抽考分别有2700人和22700人次参加，总及格率为70%。

专业模拟考试，以检验财会专业学员技能操作为主。是学员实际动手能力的考核。1991年组织了两次全市性会计模拟考核，有5000名学员参加，总通过率为94%。

六、继续教育不断发展

1991年，是国家人事部确定的“继续教育宣传年”。为宣传继续教育，扩大社会影响，北京市科技干部局和北京市继续教育协会开展了多项活动。10月至12月举办了前进中的北京继续教育事业图片展；4月～10月与北京电视台共同制作了《学海征帆——前进中的北京继续教育事业》专题录像片，并编印了《发展中的北京继续教育》画册。

(一) 印发了《北京市专业技术人员继续教育十年规划和“八五”计划》

规划的指导思想是坚持马列主义、毛泽东思想，面向现代化、面向世界、面向未来，为实现北京市国民经济和社会发展十年规划和第八个五年计划服务。

继续教育的总任务是：2000年前要建立健全继续教育的管理体系和实施体系，提高质量，使继续教育工作向科学化、规范化、法制化方向发展；建立一支结构合理、高水平的专业技术干部队伍，重点是培养专业技术骨干和学科带头人，提高专业人员的整体素质，健全管理体系，完善继续教育制度，加强理论研究和教材教法研究，加强继续教育基地和师资队伍建设。

(二) 试行专业技术人员继续教育登记制度

北京市科技干部局决定从1991年10月起试行专业技术人员继续教育登记制度。凡专业技术人员参加继续教育，需在《继续教育登记手册》中注明学习时间、学习内容、考试考核成绩等。专业技术人员的聘任工作将参考其参加继续教育的情况。这项制度在朝阳区、昌平县、机械局、化工集团公司、农科院、卫生局等20个区、县、局、总公司试点。

七、农村成人教育蓬勃发展

农村成人教育进一步向基础教育和实用技术培训发展。1991年共有21940名农民接受文化基础教育，其中参加扫盲学习的20422人，有38.2万人次接受了各种实用技术培训，有17.3万人次的农民参加了《绿色证书》等形式的岗位培训。

(一) 召开扫盲工作表彰大会，搞好扫盲巩固提高工作

4月，召开了全市扫盲工作表彰大会，共表彰6个扫盲先进区县，8个单位，北京监狱受到特别表彰，评选出37个扫盲先进个人。

表彰会上对扫盲工作提出了新的要求。副市长陆宇澄在讲话中指出：要严格扫盲质量，巩固扫盲成果，二年扫盲三年巩固，将扫盲工作纳入制度化、规范化、经常化的轨道。1991年各郊区县、乡镇基本做到了工作不停、学习不断，普遍组织了脱盲学员学习脱盲巩固课本和实用技术。年底前，通过对14个郊区县和部分乡、村的检查，脱盲学员绝大多数能读《北京日报》(郊区版)。

(二) 完善乡成人学校建设

1991年重点抓了乡校达标工作。北京市政府农办、文教办、市成人教育局制定了《北京市乡（镇）成人学校基本标准》，并于6月在通县西集乡召开了乡校建设现场会。用市政府拨的100万元专款重点扶持了30所乡（镇）成人学校。

撰稿人　罗亚辉
审稿人　尤　文

天津市教育

概况

1991 年各级普通学校基本情况

单位：人

学校类别	学校数(所)	毕业生数	招生数	在校学生数	教职工数 计	教职工数 其中专任教师
一、普通高等学校	26	16 341	15 662	53 241	28 686	10 704
研究生		1 282	1 139	3 343		
本科		10 107	9 632	38 375		
专科		4 952	4 891	11 523		
二、中等专业学校	73	12 264	11 074	37 203	10 086	4 627
中等技术学校	62	9 297	9 405	29 955	8 540	3 873
中等师范学校	11	2 967	1 669	7 248	1 546	754
三、普通中学	697	98 014	137 062	367 201	50 076	34 727
高中	170	21 434	22 333	66 195		7 158
初中	527	76 580	114 729	301 006		27 569
四、农业、职业中学	95	8 926	10 532	27 474	3 854	2 611
高中	86	8 494	9 006	25 887		2 539
初中	9	432	1 526	1 587		72
五、工读学校	3	51	73	156	210	61
六、小学	3 232	117 856	132 025	865 455	58 307	47 762
七、特殊教育学校	14	157	366	3 280	553	381
八、幼儿园	296	76 534	75 111	147 317	8 962	4 606

1991年各级成人学校基本情况

单位：人

学校类别	学校数(所)	毕业生数	招生数	在校学生数	教职工数 计	教职工数 其中专任教师
一、成人高等学校	47	13 772	12 011	36 644	7 100	2 891
广播电视大学	1	3 233	3 200	7 585	273	94
职工高等学校	37	3 841	4 572	13 321	4 810	2 080
农民高等学校						
管理干部学院	8	833	865	1 754	1 565	525
教育学院	1	1 487	317	1 797	452	192
独立函授学院						
普通高校举办						
函授部		2 687	1 581	5 968		
夜大学		1 491	1 405	6 120		
干部专修科		200	71	99		
二、成人中等专业学校	114	6 623	12 320	29 352	4 285	1 977
广播电视中专	2	811	900	7 857	92	37
干部中专	18	1 318	1 324	2 227	952	367
职工中专	65	4 243	7 928	15 807	2 552	1 195
农民中专	10	151	2 034	3 095	388	199
教师进修学校	19	100	134	366	301	179
三、成人中学	16	466	1 375	1 299	150	72
职工中学	8	230	651	815	108	57
农民中学	8	236	724	484	42	15
四、成人技术培训学校	1 408	340 623	317 331	64 242	1 051	660
职工技术培训学校	5	2 912	2 877	2 512	23	7
农民技术培训学校	1 403	337 711	314 454	61 730	1 028	653
五、成人初等学校	77	2 514	2 394	1 101	9	8
职工初等学校						
农民初等学校	77	2 514	2 394	1 101	9	8
其中：扫盲班	73	2 227	1 018		6	6

制表人　刘　毅　海飞平　王树藩
汇　总　王　挥

基础教育

一、85%地区实施九年义务教育

《义务教育法》颁布五年来，到1991年，天津市已在85%的地区实施了九年义务制教育。其中市区实施面已达100%。农村地区，在1984年全面普及初等教育的基础上，从1986年开始，采取"统筹规划、突出重点、保证质量、分步实施、滚动推进、不断提高"的工作方针，实施九年制义务教育。1991年，农村地区又有43个乡镇经过验收达到义务教育的标准要求，累计已有159个乡镇实现了九年制义务教育，占全市乡镇总数的71.6%，人口覆盖率达到73.4%。

（一）依法治教，执法意识普遍增强

天津市、区、乡（镇）各级政府和各部门，对教育的战略地位的认识和执行义务教育法的意识普遍有所增强，切实把教育作为振兴民族、发展经济的大政列入了党、政工作的重要议事日程，纳入了本地区经济和社会发展总体规划。市、区（县）、乡（镇）政府做到了在安排经济时，检查生产时，调查研究时都不忘教育，努力使《义务教育法》家喻户晓，深入人心。各单位在认真学法、用法的基础上，1991年对照《义务教育法》的要求，普遍开展了自查活动。汉沽区区委、区政府发动全区师生入户宣传《义务教育法》，并要求区属18个部门以及企业、街道、乡镇都要认真学法、用法，对照《义务教育法》的要求，自查执行情况。区财政局重点自查了教育经费是否落实了"两个增长"情况。通过检查发现《义务教育法》颁布五年来，全区教育经费总拨款数虽然年年高于本地区财政增长，而1990年生均公用经费增长未达到要求，他们立即决定在1991年设法补上。区劳动局经过自查，为了控制和杜绝学生流失，严格了招工手续，严禁在校学生就业。区公安局把维护学校的安全和正常教学秩序作为贯彻《义务教育法》自查重点，连续几年坚持和加强对学校周围的巡逻，保证学生的安全和校内外的治安。由于执法意识增强，学校、社会、家庭形成了依法治教的合力，做到相互配合，各尽其责，如发现有的学生不到校学习，教师、街道以及村干部一起进行工作，直到学生返校学习为止。汉沽区自1989年以来，学校学生无一流失。1990年以来，学校无一人犯罪。1991年天津市小学入学率，市区达100%；农村达到99.88%；巩固率达到100%。

（二）教育投入不断增加，办学条件继续改善

1991年，在国拨教育经费方面：(1)预算内事业性经费实际投入50544.1万元，比1990年增加7587.8万元，增长17.66%，高于财政收入9.18%增长幅度。(2)普教事业费实际支出为46015.7万元，比1990年增加3349.2万元，增长7.85%。(3)年生均经费，中学生为531.13元，比1990年增加40.32元，增长8.21%；小学为232.11元，比1990年增加10.93%，增长4.94%。

1991年预算外支出总数为15812.1万元，相当于财政预算内教育经费总支出的29.94%，其中用于改善办学条件和职工福

利两项共计 9418.1 万元，占支出总数的 59.56%。

农村地区从 1990 年起，普遍建立了人民教育基金制度。1991 年已有资金 1881.5 万元。为了加快普及九年制义务教育的步伐，1991 年，市政府继续按 1984 年规定精神，拨危房改造专款 1200 万元。对申请实现达标的每个乡镇拨教学仪器设备补助费 10 万元。1991 年，两项共补助专款 1630 万元。市政府还根据扶贫的决定，对边、少、山、洼、穷地区在专项补助分配上给予照顾。

在社会集资办学方面，1991 年农村 12 个区县共集资 1.29 亿元。共新建、翻建、大修校舍 30.2 万平方米，新置和修复学生课桌椅 8.88 万套，充实价值 1076.1 万元的教学仪器和文体设施。到 1991 年，凡实现九年制义务教育的乡镇学校都能根据教学大纲的要求完成数学、物理、化学、生物等学科的演示和分组实验的要求。有些学校还增设了微机房、语音室、电教室等。各城区共投资 7791 万元，改造危房 29.5 万平方米，使全市危房率下降到 0.3%。

(三) 注重教师队伍整体素质的提高

天津市实施九年制义务教育，重视师资队伍建设。改变了过去教师严重缺编、教师水平过低，民办教师居多数的局面。从 1987 年以来，采取委托培养、定向招生和扩大农村招生数量等办法，共为农村补充高师毕业生 3345 人，占全部高师毕业生的 58%。到 1991 年，农村地区小学、初中、高中教师的学历合格率分别提高到 93.22%、78.34%和 58.51%。并有 14%的小学教师、20%的初中教师达到了比国家规定高一级的学历。

在实施义务教育时，市教育局注意边远县学校教师的配备。蓟县是天津市最边远的县，绝大多数学校地处山区。1991 年选派 140 名大、中专毕业生到该县山区教书育人。至此，全县山区中小学教师已按编制全部配齐。蓟县政府关心教师的工作和生活，自 1988 年以来，多渠道集资 1288.42 万元，用来改善办学条件，不少乡、村为教师统一建起了家属宿舍，已婚教师住私产房的发给住房补助费。县财政还拨出专款给予教师进山补助金。各级党组织从政治上关心教师成长，1990 年以来，山区、半山区教师已有 19 人光荣加入中国共产党。仅近三年，全县山区教师有 358 人次受到县级以上单位表彰，其中 91 人受到国家教委和市政府表彰。

(四) 教育质量稳步提高

1991 年，天津农村基础教育的小学毕业率、普及率均保持在 99%以上，中学毕业合格率为 89.25%，比 1990 年提高了 1.25 个百分点。

在实施义务教育中，天津市各级政府和教育部门把控制学生流失作为一件大事来抓，坚持常抓不懈，从 1986 年起，采取了综合治理措施。1991 年又做了以下工作：

在教育外部：(1) 不断强化地方政府责任，各区县把巩固在校生、制止学生流失列入实施九年义务教育乡、镇达标、评选文明乡（镇）和主管乡（镇）长政绩考核的重要内容。(2) 公安、司法、工商、劳动、乡镇企业等单位与学校紧密配合，共同执法，控制学生流失。(3) 严格招工制度，禁止使用童工和辍学学生。(4) 对流动学生实行校、乡（镇）、区（县）三级审批制度，各级教育行政部门及时准确掌握学生升级、留级、休学、复学、转学、退学等情况，防止和控制学生在流动中流失。(5) 继续执行流失学生逐级周报和月报制度，做到层层负责。

在教育内部：(1) 进一步端正办学指导思想，强化学校内部管理。(2) 继续实行学籍管理办法，郊县以区县为单位，对中小学生实行逐生验印制度，按级统一编号，以号定届。(3) 进一步提高师德水平，强调厚爱后进生。学校干部带头，责任落实到人，严格控制留级人数，对旷课生及时进行家访。(4) 开展丰富多彩的课外活动，提高劳动技术课教学质量，提高学生学习兴趣，防止一些学生因厌学而流失。(5) 加强评估导向，把学生的巩固率作为评价学校和教师的重要指标。

由于采取以上措施，全市初中学生流失率由 1985 年的 5.1%降至 2%；小学生流失率一直控制在 1%以下。农村地区初中生流失率由 1985 年的 11%降至 1991 年的 3.23%。

二、采取坚决措施，减轻小学生课业负担

小学生课业负担过重，是困扰天津市基础教育的一大难题，严重影响少年儿童健康成长，成为全面贯彻教育方针的一大障碍，引起了社会各方面的普遍关注。为了解决这个问题，天津市连续几年下大力气做工作。采取的措施是：

(一) 切实落实国家教委的规定

天津市人民政府把减轻学生的课业负担列入为城市人民办好十件实事之一来抓。市教育局自 1990 年春季开学以来，认真贯彻国家教委《关于减轻中小学生课业负担过重的若干规定》，主管小学的副局长为首组成专题调研组到河西区、南开区部分学校进行蹲点调查。与此同时，市教卫委会同市教育局对市内 6 个区和塘沽区 20 所学校进行了调查。并在面上开展了“千份问卷调查”活动，广泛听取学生和家长对学生课业负担情况的反映。在调查研究的基础上，1991 年下半年开始制订了具体措施：(1) 各学校必须按照教学计划安排学生一日学习；课程、课时不得随意增减，要精心组织学生课外参加社会实践活动、班队活动和兴趣爱好活动，保证学生每天一小时的体育活动。(2) 取消各区组织的毕业统考，小学毕业考试由学校命题，阅卷。要严格考试纪律、确保学生的毕业质量。各级教育行政部门要对小学毕业考试进行指导和检查。(3) 严格控制学生作业总量。一年级不留书面作业。日作业量，二年级不超过半小时，三、四年级不超过 45 分钟，五、六年级不超过一小时。凡整日上课的学校，一至四年级不留家庭作业，五、六年级的家庭作业也要控制在 1 小时内。除寒暑假以外，各年级不得在星期日和重大节日布置家庭作业。(4) 学校要严禁滥印、滥发、滥订、滥用复习资料。普教系统内部停止编印、发行和使用小学课堂练习册、习题集等复习资料，学校也不得组织学生统一订购、使用复习资料。(5) 未经市教育局批准，普教系统的任何部门、单位和个人都不得开办或接纳其它部门以在校小学生为对象的各类型的文化补习班和提高班。

为了保证这些规定要求落实，不少学校建立了领导干部对学生课业负担情况的监督制度；建立校长与学生代表和学生家长对话制度；学校建立“学生作业量表”填报制度，并建立奖惩制度。

(二) 总结推广典型经验

天津市、区 (县) 教育局总结了一批减轻学生负担的典型经验。

塘沽区实验小学减轻学生课业负担，实施“愉快教育”。针对学生作业量大、负担过重、体能和技能下降的状况，学校对教学进行了整体改革，在不增加课业总量的前提下，采取了学生作业全部坚持“限时、分层、校内完成”的做法。

塘沽区实验小学还对课程进行了大幅度调整。按照上午上课，下午 45 分钟作业课，其它时间全部用来开展课余活动的原则进行安排，全校 1700 多名学生全部参加了自己喜爱的兴趣小组活动。

南开区玉皇阁小学，从1987年起，在减轻学生课业负担方面开展“周三无作业、周末愉快过”的“愉快教育”活动。每天在6节正式课中，抽出一节课作为作业课，学生全部作业在这个时间内完成，学生在其它时间参加兴趣小组活动，寓教于乐。学校还从校办厂利润中拿出3万元购置设备，组建了书法、绘画、无线电、舞蹈等23个课外兴趣活动小组。学校还出资聘请书法、绘画专家来校指导。该校近千名学生全部参加了兴趣小组活动。国家教委督导团在该校视察时评价说：“学校还给了孩子们的金色童年。”该校学生毕业率始终保持100%。

(三) 开展课余活动，丰富学生生活

学生的课业负担减轻后，有较多的时间开展有意义的课外活动。南开区教育局在全区五万多名中小学生中深入开展了“让精神世界更美好”的读书活动，全区106所中小学都建立了读书指导小组，20个街办事处都建立了读书活动委员会。该区还采取政府、学校、社会支援和家长赠送的办法，先后集资50多万元，在全区1200个教学班实现了班班有图书角；学生写读书心得、征文、书评万余篇，成立读书小组4000多个。读书活动丰富了学生课余生活，扩大了知识面，精神面貌发生了可喜的变化。

河西区各学校在减轻学生课业负担的基础上，开设了艺术教育课。在全区范围内开展了课内外、校内外相结合的艺术教育活动。截止到1991年，各校兴建了艺术社团400多个，在国际、国内艺术展览竞赛中获奖作品达7000多件，向艺术院校、专业团体输送艺术人才400余名。形成了以少年宫为中心，以学校为主阵地、社区为依托的艺术教育格局。几年来，共培养艺术小骨干3万多人，为115个来中国访问的外国代表团演出，受到了赞扬。

天津市小学生课业负担过重的问题，校与校之间发展不够平衡，各级政府行政部门正在进一步采取措施解决。

三、积极推进德育工作

(一) 加强教师的思想政治教育

1991年1月，市教育局制定《天津市中小学德育日常管理暂行规定》，明确了领导、教职工的职责。组织10万多名中小学教师学习社会主义理论，进行社会主义教育。5月，召开普教系统会议，发布《关于加强普教系统教师思想政治工作的意见》和《普教系统教师思想政治工作评估方案》。通过形势报告会、德育研讨会、社会调查等形式，促进干部、教师对德育工作的重视，提高了理论水平、政治素质和教书育人的自觉性。教师节时，150名普教系统优秀教师思想政治工作者受到表彰。国家教委编发了题为《天津市重视中小学教师思想政治工作》的简报，对这项工作给予肯定。

(二) 进一步加强学校德育工作的管理

1991年，贯彻市教育局制定的中、小学、职业学校、中等师范学校和幼儿园五套德育大纲以及初中10个学科的德育纲要，在德育的途径、教育内容和方法上进行了有针对性的试验研究。政治课改革实行初、高中学生操行评定量化，操行评定工作操作手段的计算机化实验获得成功。10月，市教育局在南开区临潼路中学召开中小学校园育人现场会，推广该校优化育人环境、规范德育工作的经验。

(三) 利用课堂教学进行“两史一情”教育

1991年，市教育局制定《关于加强中小学各学科中国近现代史和国情教育的意见(初稿)》以及中学政治、小学思想品德、中小学语文、中小学英语、中小学历史、中小学地理、中小学数学、中学物理、化学、生物、小学自然、中小学音乐、中小学美术等15个学科的“两史一情”教育意见。电教研究室编制出声像教材目录配合学科教学。各学科开展研究课、观摩课，进行经验交流。河西区教育局还制定《课堂教学加强史情教育的达标标准》及《学科单元教学加强史情教育的要求》，选定19所中、小学为试点校，涉及13个学科，并举办“两史一情”教育研究周。

(四) 配合课堂教学，组织以德育为主要内容的各种教育活动

在建党70周年之际，市教育局举办歌咏比赛，全市120万中小学生参加。组织中学生观看话剧《周恩来在南开》，观剧学生达76000多人，写出观后感54000余篇，其中347篇被评为优秀。1991年全市中小学共出板报14703期，手抄报74268份，召开主题班队会、师生对话会等2174次，举办知识竞赛269次，进行社会调查3672次，参观访问882次，文艺演出1205场，收到了较好的教育效果。

(五) 动员社会力量，拓宽德育渠道

天津市设有中小学教育协调委员会。全市18个区县都建立了相应的组织。基本形成了一委（协调委员会）、三层（市、区县、街乡）、两条线（政府系统和教育系统）的组织网络。共增派干部、教师766人参加社区教育工作。已有校外辅导员13000多人，社会实践基地4323个。全市共编写乡土教材9种。南开区编《我爱南开》、塘沽区编《大沽炮台》、河北区编了《奋进中的河北》、河西区编了《河西历史遗址遗迹》、北郊区编了《革命干部回忆录》等。有的区还由街道、居委会工作人员、老同志及学校教师、学生组成的“知史讲史宣讲队”，增强了教育的实效性。全市统一编写了中、小、幼儿家庭教育大纲，对家庭教育内容、要求作出规定。共开办各类家长学校1329所，做到有教材、有教师、有场所、有固定时间、有教学计划。9月份，市教育局和市妇联联合表彰了60所优秀家长学校。

(六) 在重点中学和高中阶段进行政治方向教育

市教育局在教育中掌握四个要则：一是理论灌输，二是参与实践，三是答疑解扣，四是提炼升华。学生通过自身参与，了解历史，认识国情。河北区教育局创办青年党校，在高中学生中进行共产主义理想、信念教育和党的基础知识教育。几年来，共有3000余人参加党课学习，600余人提出入党申请。1991年全市有区、县级学生党校3个，1141人参加学习。校级党校182个，16502人参加学习。青年团校461个，73969人参加学习。各中学普遍建立了学马列小组，共计1409个。这些学生中的政治团体，一般由学校党支部书记任校长，政治课教师、德育干部和团干部任辅导员，比较系统地学习马克思主义基本知识，学习辩证唯物主义常识，使学生受到教育，坚定社会主义信念，热爱党，热爱劳动，尊重工农，沿着正确的人生道路健康成长。

一年来，全市有69.65%的中学生、52%的小学生参加社会实践活动。共开展“两史一情”教育活动3万余次，参加活动达21万人次。通过教育，进一步激发了广大师生爱党、爱国、爱家乡的情感，更坚定了社会主义信念。涌现出市级三好学生6147人，其中，中学优秀学生干部1029人，三好学生标兵39人（小学19人），三好班集体42个（小学20个）。全市中小学生先后三次大规模支援灾区，仅第三次对口支援就捐献120万元。通过上述教育活动，师生感情深处发生了很大变化。

职业技术教育

1991年，天津市职业学校调整到95所(市区64所，郊县31所)。全市高中阶段各类职业技术学校与普通高中招生人数之比为1.33∶1（市区为1.96.∶1)。

为适应天津市产业结构和技术结构的变化，1991年，调整了职业学校布局和专业设置，对重复设置，需求量又不大的幼教、幼儿营养专业坚决压缩和停招。新增设了高速线材、安全管理、汽车制冷、商业经营、文物博物、农村医士、变电运行、建筑机械、计算机金融、邮电线务、润滑脂、仪表车工等19个专业。

积极发展联合办学，逐步形成多层次、多形式、多规格的办学体制。在办学层次上，除有初中后四年制的职业技术专业班，三年制、二年制的职业高中技术班，一年制的初中职业技术班，高中后二年制的职业技术专业班，成人职业技术专业班外，在市区继续试办高三分流定向性的职业技术教育。在办学形式上，除发展与行业、企事业单位联合办学外，又积极扩大定向培养、委托代培等办学形式，调动了企事业、部门办学的积极性。形成一校与多个单位联合开办多种专业的新格局。

全面开展职业学校办学水平综合评估和第二批省级重点职业高级中学的认定工作。1991年，市教育局颁布《天津市职业学校办学水平综合评估方案》(试行稿)，对全市中级职业学校的办学水平进行综合督导评估。在各校自查、区(县)自评推荐出申报第二批重点校的基础上，市人民政府办公厅、市教卫委、市教育局有关领导组成评估领导小组，由市教育局教研室、人事处、基建处、计财处、体卫处等有关7个处室的人员及部分职业学校校长组成的评估小组，对申报的职业学校进行评估，并经局长办公会通过、市教卫委同意，报市人民政府审批，认定了天津市财经职业中等专业学校、天津市渤海职业技术学校、天津市静海职业中等专业学校、天津市电子计算机职业中等专业学校、天津市护士职业中等专业学校、天津市武清县职业中等专业学校、天津市塘沽区第二职业中等专业学校为第二批省级重点职业高级中学。

深化教学改革，突出实践性教学环节，建立起教学、实习、生产、科研和服务“五位一体”的教学体制。1991年对全市职业教育各专业教学计划进行修订和完善，统一审定颁发相同专业教学计划。深入开展教学专题研究和教学指导，制定各科课堂评优标准。为加强学生技能训练，注意职业教育实习基地建设，改善了职业学校实习设备和场地条件。全市已建实习基地62个，10所省级重点职业技术高级中学所设专业都按要求配置了设备，工科实习基地达到每人一个工位。

农村地区加快发展中等职业技术教育，中级职业学校达29所。同时，拓宽办学渠道，已有10所职业学校实现与乡镇政府和效益好的企业的联合办学。针对天津市农村职业学校适应城郊型农村发展需要以及地区经济特点，继续推进“农、科、教”结合。在武清县、静海县和宝坻县初步做到农、科、教统筹联合办学。部分职业学校已成为新技术推广的实验基地。结合当地经济发展，引进46个实用技术推广实验项目，获得初步成果。为使教育更好地为当地经济建设服务，积极探索职业技术教育在结构、教育内容和教育方法上的改革，初步形成了基础教育、职业教育和成人教育的三教统筹协调发展的新格局。

撰稿人 王 挥 刘 津

审稿人 张凤民

普通高等教育

一、概述

1991年，天津市普通高等教育事业贯彻"坚持方向、稳定规模、调整结构、深化改革、改善条件、提高质量"的方针，继续加强和改进学校思想政治工作，提高了办学水平和教育质量。

1991年7月，天津大学纺织分校撤消，学校总数减至26所。在校本科生较上年减少2.2%（市属高等学校减少2.2%）；专科生减少3.4%；在校硕士研究生（含研究生班）减少8.9%；在校博士研究生增加3%。在校研究生、本科生、专科生的比例为1：11.48：3.45。

继续优化学科专业结构，适应经济和社会发展需要。工科、农科招生比例上升，师范、医药、艺术类招生与上年基本持平，财经、文科、理科招生略有下降。国家任务中的中医学、针灸学、临床医学及师范类大部分专科专业面向天津市郊区、县招生和分配。根据人才预测和供求情况，暂停天津师范大学新闻学、天津理工学院应用物理等6所学校的11个专业招生。全市普通高等学校（含大学分校）招生与上年比较，本科生增加5.2%，专科生增加4.1%，硕士研究生（含研究生班）减少1.8%，博士研究生增加16.8%。招收委托培养生1896人、自费生139人、教师本专科64人。天津市属高等学校与河北、北京、山西、内蒙古、山东、安徽、浙江、陕西、黑龙江和甘肃等10个省、自治区、直辖市进行普通本专科对等交换培养，共招生213人，上述10省、自治区、直辖市在天津招生222人。天津大学机电分校特殊教育部首次招收6名聋哑学生，实行单独考试和单独编班，用手语教学。

1991年，全市普通高等学校（含大学分校）专任教师中有教授661人，副教授2811人，讲师4855人，助教2036人。

1991年度市属普通高等学校教育事业拨款10431万元，较上年增加14.93%，学校从计划外收入中补助教育经费535.5万元，占财政预算拨款的5.13%。市高教局在经费管理中重点保证教学环节的资金，业务费较上年增长27.4%。市高教局对学校修缮项目、大型设备、批量仪器购置和后勤福利设施购建等，实行按计划立项、事前审查预算、事中监督检查、事后分析评估的管理办法，当年市属高等学校购置教学仪器设备和图书总值1889.6万元，新增万元以上设备113台件、图书11.4万册、期刊4.4万册。

二、坚持办有中国特色的社会主义大学

1991年10月，中共天津市委组织部、市委教育卫生工作委员会和市高教局党组联合召开了天津市高等学校党建工作会议。会议提出，进一步深化教育体制和科研体制改

革，动员并组织教育和科研力量，面向国民经济的主战场，充分发挥科技、人才和智力优势，努力出成果，出人才，探索办好有中国特色的社会主义大学的有效途径。为此，确定加强党建工作的重点是：(1) 进一步加强领导班子的思想作风建设。首先要解决好领导干部的政治立场问题，加强团结，提高马克思主义理论水平，加强后备干部队伍建设。(2) 继续加强学校党支部建设，每年抓好三分之一。校级领导继续坚持每人重点抓好一两个支部，抓好支部书记培训。从坚定共产主义理想和社会主义信念、严格遵守党的组织纪律、增强原则性和斗争性三方面入手，加强党员的党性修养。(3) 继续加强党员骨干队伍建设，把政工队伍、理论队伍、学生骨干队伍和党员教师队伍培养成为办好社会主义大学的中坚力量。

加强对社会实践工作的领导。中共天津市委决定成立高等学校生产实习和社会实践工作领导小组，市委副书记、常务副市长张立昌任组长，市委常委王成怀、副市长钱其璈任副组长，负责对全市高等学校学生校外实习和社会实践进行指导、协调，制定有关政策。领导小组办公室设在市高教局。1991年，天津市各高等学校先后组织学生参加各类社会实践团队400多支，90%在校生参加了社会实践活动。市高教局、市委教卫工委、共青团天津市委等单位组织了三项暑期社会实践示范活动，一项是组织500名师生分4路参观考察天津市13个科研院所；一项是组织100名学生到公司、企业开展"百岗挂职、百业调研"活动；一项是部分学生干部考察延安。各学校广泛开展了社会服务、基层调查、义务劳动、义诊咨询。南方部分地区发生水灾后，组织学生参加运送救灾物资，动员师生踊跃为灾区人民捐款捐物等活动。各学校共收到学生社会实践活动的调查报告、论文、心得体会2万多篇。全市高校评选出42个社会实践先进集体、246名先进个人，48篇社会实践活动征文获奖。

加强教学过程中的德育。年初，市高教局提出，将德育贯穿和渗透到教学全过程，促使德育理论教育与德育实践紧密结合起来，大力推动教师教书育人以及管理育人、服务育人工作。为此，多次邀请马克思主义理论课、德育课和其他基础课、专业课教师座谈、推荐典型经验。马克思主义理论教学按照课程确定了教育重点：《中国革命史》着重进行没有中国共产党就没有新中国的教育；《马克思主义原理》着重进行马克思主义科学世界观的教育；《中国社会主义建设》着重进行改革开放中坚持社会主义方向的教育；《世界政治经济和国际关系》着重进行热爱社会主义祖国的教育。思想教育课着重开展了社会主义道路教育、人生观教育和"两史一情"教育。市委教卫工委和高教局组织编写了《形势与政策教程》。为思想教育课教师举办了形势政策教育培训班。调整、充实并按学科完善了思想教育课教材编写组织。

理论骨干队伍更加壮大。1991年中共天津市委教卫工委牵头，各学校参与组织，以课题为龙头，采用聘请"带头人"的方式，建起了一支近千人的高校理论骨干队伍。要求这支队伍带头研究、宣传马克思主义理论；带头抵制各种错误思潮并研究和回答深层次的思想理论问题；带头在政治理论课中教书育人。国家教委和中宣部对此给予了肯定。为了加强对这支队伍的培养和建设，建立每季度一次的"带头人"例会制度，研究热点难点；组织"带头人"分期分批到企业、农村、部队以及特区、开发区、重点工程参观考察；组织理论骨干参加重点课题研究和咨询活动，为领导机关科学决策提供信息基础和依据；保证活动经费，在工作、生活等方面予以照顾，等等。1991年，高等学校理论队伍完成20多个重点研究课题，用马克思主义基本观点帮助干部师生释疑解惑，发挥了积极作用。

高等学校图书馆加强精神文明建设，通过第二课堂的引导，把德育渗透到读者中去。3月，召开全市高等学校图书馆工作评估总结大会，表彰22个读者服务先进集体和73个先进个人。各学校根据评估中发现的问题，制定了“堵、导、管”的改进方案，“堵”即把好进书关；“导”即通过报告会、研讨会、展览、咨询等宣传方式进行导读；“管”即通过建立和执行规章制度，开展管理育人。12月召开了馆长研讨会，讨论了发挥图书馆加强对学生思想、政治、品德教育的职能，由封闭转向开放，由被动服务转向主动服务，提高服务内容的层次等问题。

10月，市高教局发出《关于加强高等学校教学过程中德育的通知》，要求各学校加强领导，总结教学过程中加强德育的经验，结合专业和课程的实际，制定相应的措施，健全配套的制度；号召全体教师、干部以为祖国培养合格人才的高度责任心和荣誉感，积极投身于这项工作。广大教师、干部踊跃参加了研究和实践。12月27～28日，市高教局召开了专题讨论会，研讨了加强教学过程中德育的意义、作用、内容、方式、方法和应该具备的条件。各学校共推荐120多名教师、干部交流了结合不同课程、不同教学环节对学生进行德育教育的做法和体会，一些经验得到推广，教书育人成为更多教师的自觉行动。

三、加强基础建设，深化教学改革

(一) 加强课程建设

1991年6月，天津市高教局发出《关于做好天津市高等学校课程建设工作的通知》，制定了《天津市高等学校课程建设评估实施管理办法》和《天津市高等学校课程建设评估指标体系及标准》，决定把课程建设作为今后教学改革工作的重点。要求从1991–1992学年度初开始，各学校可申报一门需要重点建设的基础课，同时还可申报已经达到课程建设评估标准、需经评审认定资格的课程。成立了课程建设和评估领导小组，下设课程建设委员会和专家评审组。对市属学校经评审确定的重点建设课程，高教局拨出专款支持建设。对于部委属学校申报的课程，高教局向其主管部门提供评估的结果和建议。在规定期限内完成规划目标的，授予课程建设达标证书并给予奖励，反之则取消资格并停止下一年申报。按照这一部署，全市高校进行了重点建设课程的申报和评审工作。9月12日，高教局召开高等学校课程建设工作会议，进一步提出用3至5年时间，使重要的基础课和主干课达到合格标准，其中20–30%的课程达到优秀标准。

(二) 加强教研室建设

天津市把加强基层教学组织的建设做为把党的教育方针落实到实际工作中的重要保证，通过总结和推广先进经验，制定规范化条例，开展评估等方法，推动了全市高等学校教研室工作的开展。天津中医学院和天津大学率先在校内推行《教研室工作条例》。6月，市高教局召开高等学校教研室工作经验交流会，天津中医学院、天津大学、天津师范大学等6所学校介绍了校、系抓教研室工作和教研室加强自身建设的经验。高教局提出，在学校工作中为教研室服务就是为教学、科研、育人第一线服务，要求树立校、系工作为教研室服务的思想观念，在研究和制定改革的办法、措施时，认真考虑其是否有利于教研室的建设。教研室要通过课程建设、教材建设、师资队伍建设、科学研究和学科建设、实验室建设、教书育人、教育研究和教学法研究等项工作，完成自身的职责和任务。高教局拟订《天津市普通高等学校教研室工作试行条例》(草案) 和《教研室工作水平评估试行标准》(草案), 在各高等学校进行讨论, 为大面积实施进行准备。

(三) 进行考试改革

天津市一些高等学校改革考试内容和考试方法取得经验。首先, 改革旧的考试方式, 使考试更加有利于对学生学习态度和真实水平的考察。天津医学院采取模拟考试和口试; 天津师范大学闭卷笔试与抽答口试相结合和闭卷笔试与论文答辩及讲评相结合; 天津大学分校口试与笔试相结合等, 重点是帮助和促使学生全面掌握本学科全部内容。第二, 命题向标准化过渡, 考试过程趋向科学合理。高教局组织大学英语、中国革命史、高等数学等课程的统考, 某些课程实行校内跨专业、跨学科统考。试题来源多样化, 天津纺织工学院等学校从外地院校征集试题, 对一些课程实行校内非任课教师命题。题库建设取得进展, 天津商学院制定全面推行试题库计划, 预计到 1994 年使试题库覆盖全部课程。第三, 学校建立校系考试工作领导小组, 制定严格的考试制度。天津大学对命题、监考、阅卷、成绩管理、考试纪律、监考人员职责、不及格学生教育工作等都作了详细规定, 还从教书育人方面对教师提出要求。天津第二医学院每个教研室都成立考试小组, 负责试题抽取、安排监考、流水阅卷、评分和试卷分析等工作。有的学校把个别科目的合格标准适当上提, 有的实行平时、期中、期末三段综合评分办法, 收到激励学生、稳定教学秩序的效果。第四, 开展考试工作研究。用科学的方法研究考试工作的规律, 从成绩分析、考场情况、师生心态等方面入手研究考试内容和考试方法, 一些研究成果已应用于考试工作的实践, 一些经验在校内推广, 促进了其他课程考试改革的开展。

12 月, 市高教局召开高等学校考试改革经验交流会, 天津大学、天津大学分校、天津商学院、天津师范大学等 8 所学校介绍了加强考试管理、改革考试方法、建立试题库等方面的经验。高教局就全市高等学校考试改革作出了部署, 以整顿考试秩序为突破口, 进行考试各个环节的配套改革。

(四) 校园综合治理

1991 年, 天津高等学校的学生宿舍工作由上年的治理整顿转入常规管理, 加强了文明宿舍建设。各学校按照《天津市高等学校学生宿舍工作条例》, 健全了校系宿舍管理组织。上半年开展了自查、互查, 下半年进行复查, 评选出宿舍工作先进学校 4 所、先进集体 53 个、先进个人 76 名。在此基础上, 进行了整顿教室工作, 以创造文明、整洁、安静、有序的学习环境, 促进学风、校风建设。通过校园综合治理, 学生违反校规校纪人数较上学年明显减少。

在“创三好、争先进”活动中, 高等学校共评选出 160 名市级三好学生、46 名优秀学生干部和 44 个先进集体。

(五) 加强体育课内外一体化建设

天津市 80%的学校制定了体育改革方案, 普遍制定了体育教学规范条例和体育锻炼规范条例、体育考核办法和体育实践课管理办法, 并建立了授课质量检查制度和体育合格奖励制度。坚持体育活动面向全体学生, 共开设项目 100 多个, 10 万多人次参加了各种体育活动。10 月 6 日, 天津市举行了第三届大学生运动会, 来自全市高等学校的 3000 名运动员参加。有 8 人次打破 7 项天津市田径纪录和天津市大学生运动会田径纪录, 南开大学代表队获团体总分第一名。

天津市高等学校高水平运动队部分项目接近或达到国内一流水平。南开大学女子排球队列全国第 11 名, 并再次获得全国大学生“兴华杯”排球赛冠军; 天津财经学院女子篮球队进入全国甲级队前10名；天津理工学院女子手球队在全国锦标赛上获第10名；23名田径选手达到或保持运动健将或进入全国同类项目前20名；天津外国语学院女子国际象棋选手宁春红获亚洲锦标赛亚军，被授予国际大师称号；天津财经学院田径运动员王丹在东南亚青年田径锦标赛中获女子铁饼冠军。

四、高校科技为社会和经济发展服务

(一) 增加科技收入，发挥高校优势

1991年，全市普通高等学校通过各种渠道拨入科技研究与发展经费4966.4万元，比上年增加16.9%；从事科技活动人员24523人，其中研究与发展人员8751人；列入学校一级科学研究年度计划的理工农医学科研究与发展课题共2232项，比上年增加5.4%，基础性、应用性和开发性研究课题的比例为1∶2.29∶0.51，其中，国家“八五”科技攻关项目33项，国家“八六三”高技术项目19项；列入学校一级科研年度计划的人文、社会科学研究课题共225项，其中国家级课题12项，部委级课题18项，省市级课题116项。出版理工农医类科学专著114部，发表学术论文4358篇，其中在国外学术刊物上发表607篇，全国性学术刊物上发表2501篇；出版人文、社会科学类著作585部，译著61部，发表学术论文1684篇，其中在国外学术刊物上发表54篇，全国学术刊物上发表607篇。有217人次出席国际学术会议，交流论文246篇；有736人次出席在国内召开的国际学术会议，交流论文747篇。理工农医类科研成果通过鉴定258项，其中国际水平101项，国内首创56项，国内先进95项。共获得理工农医类成果奖励109项，比上年增加69.2%，其中国家发明奖3项，国家科技进步奖3项，部委科技进步奖72项，省、自治区、直辖市科技进步奖31项；获得社会科学研究成果奖励136项，其中部、委、省、市、自治区级奖励99项。

1991年，南开大学校长母国光教授和天津大学余国琮教授当选为中国科学院学部委员，至此，在津学部委员增至10人，其中高等学校8人。母国光领导的课题组在国际上首创黑白胶片作彩色摄影取得成功，并进入实用阶段，被列入“1991年度中国十大科技新闻”之一。

(二) 产、学、研结合，促进科技成果转化

天津市高教局重视组织和推进高等学校与社会的广泛横向联系，各学校注意发挥自身专业优势，积极开展与企业部门的合作，科技工作重心向经济建设主战场转移，促进了高校科技工作的开展。1991年，市高教局贯彻全国高校科技工作会议精神，以推动科技服务、促进成果转化、加强学科建设、保持科技发展后劲为重点，加强对学校科技工作的领导和与社会的协调配合，召开了加强高校为大中型企业服务研讨会，组织高等学校赴其他省区和天津市郊区（县）进行科技协作洽谈。11月，市高教局与市经委联合召开了推进工业企业、高等学校合作暨科技信息发布会，市委、市政府负责人，全市首批进行改革试点的117家大中型企业，各高等学校和市政府有关部门的负责人近500人出席会议，发布高校科技推广项目118项，学校与企业就合作项目进行了洽谈。会上决定由市经委、高教局继续组织企业与学校开展一系列行业（专业）双向科技信息发布活动，共同组织大中型企业与学校研究部门分批对口挂钩，结成对子，逐步建立长期稳定的合作关系。为推动厂校合作向纵深发展，成立由市经委、计委、科委、高教局、各工业局、各学校负责人组成的天津市推进工业企业、高等学校合作协调指导小组，市委常委王成怀、副市长李慧芬、钱其璈任顾

问。由市有关部门的科技处长组成协调指导小组办公室，由市工业技术开发服务中心和市高校智力开发中心负责日常工作。1991年，天津市高等学校共推广科技服务课题263项，其中应用项目132项，科技服务131项。共签定技术转让合同169项，转让成交金额741.4万元，其中向国营大中型企业转让75项，占转让总数44.4%。

天津市高等学校科技工作坚持面向经济建设，为"科技兴市"做出了贡献，在服务经济的过程中学校也取得了较好的效益。天津大学开发高技术产品，实行教学科研、开发生产、经营服务一条龙的新型管理体制，制定一系列有利于校办产业发展的政策和校内科技成果转让的办法，吸引校内科技成果流向校办企业，在校内建立科研开发生产联合体，以高新技术产品为龙头，发展有竞争力的拳头产品。学校的包醛氧淀粉、TDG乳胶和具有新型塔内件的高效填料塔等三项成果，分别在本校制药厂、化工实验厂和填料厂转化为产品，占领国内市场并打入国际市场。除校内转化外，还与20多个省市、50多个大中型企业建立了长期稳定的协作关系，近两年科技成果转化率达90%，已形成生产力的占30%。天津大学校办工厂1991年创产值5000万元，利税达1400万元。

南开大学大力兴办科技产业，创办了新技术实业集团公司。开发出甜菊糖、新型催化剂、新型离子交换树脂与吸附树脂等新产品。集团公司利用技术优势先后与8个厂家实行联营，并与香港、深圳合资在蛇口建立威达食品化工有限公司，在香港建立涌涛食品化工有限公司，与泰国合资建立暹罗甜菊糖有限公司。南开大学在"七五"期间发展起来的科技发展总公司已建有3个合资企业和2个校办工厂，并牵头成立了华光新技术材料实业公司、生物化学科技开发公司。学校近两年开发的高技术产品为国家节省外汇1000万美元。

天津市高等学校为"科技兴市"、"星火计划"发挥越来越重要的作用。天津财经学院加速培养实用型外向型经济人才，学院关于外向型经济、经济技术开发区、天津港保税区、国际贸易、吸收外资、国营大中型企业经营机制等方面的研究，为市政府决策提供重要的参考。天津农学院大力发展新型农业技术，与郊区、县建立稳定的关系，为乡镇长举办农业理论知识培训班，增强以理论知识指导大农业生产的能力。市高教局与市技术市场协调小组办公室共同对高等学校科技市场工作人员进行培训，提高经营管理水平，以适应高校技术市场不断扩大的趋势。

撰稿人　刘　毅
审稿人　武善谋

普通中专教育

1991年普通中专教育主要进行了合格评估和深化教育改革，推进了中专教育的进步和发展。

一、对学校的合格评估

为搞好这项工作，天津市第二教育局发布了《普通中专学校合格评估指标体系》及其《说明》。评估按准备、自评、复评、总结4个阶段进行。历时4个多月，完成38所中专学校的复评工作，实现了合格评估的预期目标。据20所学校统计，在评估过程中，新增用于校舍建设、购置仪器设备、图书资料、体育器械的费用达2000万元。有15所中专学校的办学条件得到了明显改善。还有几所校舍过少的中专学校，主管部门已决定搬迁或扩充。

二、深化教育改革有进展

1991年，天津第二教育局重点总结了橡胶工业学校“211”教学体制改革经验和冶金机电工业学校师资队伍建设试点经验，并使这两个学校的经验在面上全部推开。

橡胶工业学校“211”教学体制改革方案是经天津市第二教育局批准，列为工科学校综合教学改革重要试点之一。其基本构成是把学生在校学习的四年分为三个阶段：第一阶段为文化课和专业基础课的教学阶段，用两年时间在校内完成。第二阶段进行调研性实践教学，到学校实践教学基地的生产现场实施教学。第三阶段为操作性实践教学和技术员工岗见习性实践教学，这一段除考试考核，毕业答辩外，其余的也都在工厂里进行。这种教学改革是把过去传统的“念书本”获得专业知识和能力，改革为从亲身参加生产实践中去获取实际知识和能力。目前，橡胶工业学校在文化基础课教学和实践教学都已进行了一个循环的实践，总结出一套较为完整的经验和作法。为全面推广橡胶工业学校经验，以点带面，加快中专学校教学体制改革步伐，市第二教育局于1991年7月份在橡胶工业学校召开了教学改革现场交流会。有40多所中专学校的校长、教务科长、教研室主任和各委、办、局教育处长200人参加。《光明日报》作了专题报道。会后，不少学校都订出本校的教改方案，申请为试点单位。经过认真筛选，又确定了天津铁路工程学校、化工学校、大港石油学校、仪表无线电学校为试点学校。以上新的试点学校已进入试点方案实施阶段。

1991年市第二教育局总结了冶金机电工业学校师资队伍建设经验。冶金机电工业学校重视师资队伍建设，从1988年起，坚持每年有计划地安排教师下厂实践锻炼，目前已有87人次到工厂进行锻炼，其中有5人下厂3次，12人下厂2次，学校专业基础课和专业课教师平均实践年限已达4.6年，达到评估A等标准。该校几年来，坚持教师有计划地下厂实践的做法，使学校师资队伍的素质有了明显的提高。目前，大学本科毕业的教师已由原来的26%上升为85%，并有研究生7人，高级职称教师25人，中级职称教师55人，还有国家级专家1人。承担科研课题11项，已获国家专利2项。另外，学校还为领导机关和兄弟学校输送干部和教师共50多人。有15人次评为全国、部级或市级劳动模范和先进工作者。

三、加强体育课教学和群众性体育活动

围绕贯彻实施《学校体育工作条例》和《学校卫生工作条例》，1991年，市第二教育局用两个月的时间开展全市中专学校体育卫生工作评查活动。在此基础上，召开天津市中专学校体育卫生工作会议，总结交流3所学校的典型经验，评选表彰20个体育卫生工作先进单位，20名先进体育教师，19名先进卫生工作者。同时还发出《天津市中专学校贯彻〈学校体育工作条例〉实施意见》、《天津市中专学校贯彻〈学校卫生工作条例〉实施意见》、《天津市中专学校体育合格标准及中专学生体育合格标准实施办法》等三个文件。1991年，天津市普通中专学校获市春季长跑三连冠，NEC国际马拉松接力赛第一名，在全国青少年藤球比赛中获第三名、第四名。

天津市第二教育局中专处供稿

审稿人　史万铎　丁沪玲

成人教育

1991年，天津市成人教育坚持主动服务于经济建设，继续治理整顿，深化教育改革，取得了一定成绩。

一、宣传贯彻法规

1991年，天津成人教育认真贯彻1989年、1990年市人大常委会通过的《天津市专业技术人员继续教育规定》和《天津市职工教育条例》。市工农教育委员会分别召开了有各区县局和企业领导参加的全市宣传贯彻两个法规的动员大会，副市长钱其璈、市人大副主任石坚到会作了报告。会后，各区县局相继召开了各种会议，以种种形式宣传法规的精神，并结合本部门实际，以法规为依据，加强领导，健全机构，落实经费，制订规划，使职工教育逐步走上了法规建设的轨道。市建材局所属76个单位的行政一把手全部担任了职工教育领导小组组长，并制订了以法治教的五条措施。市邮电局用于职工教育的经费达48.2万元，占职工工资总额的2.9%。全市有137家企业被市政府命名为天津市职工教育先进单位，其中有11家企业被评为全国职工教育先进单位。

二、开展岗位培训

1991年，天津市岗位培训，以行业为主导，以企业为主体，根据本市经济建设发展的需要，围绕"质量、品种、效益年"活动，重点抓了四类人员的培训：一是对企业决策人员进行现代化管理知识的培训，二是对专业技术人员进行更新知识和创造性思维能力的培训，三是对经营销售人员进行销售知识的培训，四是对技术工人进行专业知识和操作技能的培训。全年参加各种岗位培训教育的有599533人，其中企业领导干部、管理干部45755人，专业技术人员92691人，技术工人304216人，其他人员156871人。通过培训，提高了职工素质，促进了经济发展。东亚毛纺厂技术人员，经过培训后，设计出新式毛衣260多种，其中60多种已投入生产，使企业扭亏为盈。天津市复印机设备公司，由于提高了销售人员的业务素质，在市场萎缩，销售受阻的情况下，及时提出对策，采取措施，仅1991年3月，就签订4000台复印机的销售合同，相当于全年销售量的66.4%。

三、深化企业教育综合改革

1991年，天津市企业教育综合改革有了新的发展。一是经国家教委批准为企业教育综合改革试验的9个单位都已制订实施方案，全面开展试验。二是完善了企业教育动力机制，使培训、考核、使用、待遇有机结合，融为一体。天津碱厂对65个工种，132个岗位的5020名技术工人进行了本等级达标应知应会的考核，对其中1274名达标考核优秀者，又进行了升级考核，考核合格且业绩也合格者，给予晋升一级工资，对达标补考仍不及格的25人，下浮半级工资。三是加强培训基地建设，完善技能培训条件。天津铁路分局为提高职工操作水平和实际能力，已建成了电务、机务、工务、车务、车辆、供电等技能培训基地，使学员能模拟现场实际进行练兵操作，为深化岗位培训，创造了良好的环境。四是推广先进经验，促进职教改革。1991年全市9个企业教育综合改革试验单位都被评为市职工教育先进单位，其中5个被评为全国职工教育先进单位。一年来，市第二教育局多次召开现场会，推广实验单位的改革经验，推动了企业教育的改革和发展。

四、整顿成人教育学校，深化教育改革

(一) 整顿成人教育

根据国家教委安排，第二教育局要求成人高校开展查办学思想、查机构、查管理、查规模、查质量、查政策法规执行情况，并制定整改措施。在自查自改的基础上，对37所成人高校进行了全面检查，提出了整改意见，促进了成人高校的工作。

针对电大工作站布局分散，管理不严，条件较差等问题，市第二教育局对市广播电视大学工作站的办学指导思想、站（校）管理体制、教育教学管理、办学条件等方面进行了检查验收，至1991年底，经检查组验收合格的有29个，对不合格的站（校）限期达标，经努力仍达不到规定条件的，则予以撤消。

针对专业证书教育发展过快，某些环节掌握不严等问题，市第二教育局与市人事局联合发出《关于贯彻国家教委、人事部〈关于成人高等教育“专业证书”教学班复查清理工作的通知〉的通知》，对各办学单位进行全面复查和清理，控制了办学规模，保证了教育质量。

对成人中专学校，开展了合格评估工作，建立了评估机构，下发了《关于开展天津市成人中专学校评估工作的通知》，并在95所成人中专学校开展了自检、自评、自改活动，通过整改加强了学校的管理，优化了教学环境。

社会力量办学方面制定了《天津市社会力量办学管理暂行办法》实施细则，并据此对282所学校重新进行了登记工作。已有195个办学单位获得了新的办学许可证；对不具备办学资格和条件的53所学校予以撤消；对部分达不到办学条件的学校予以缓登。

(二) 调整专业结构

为提高办学效益，适应企业需要，天津各级各类学校合并了一些长线专业，增设了国际贸易、精细化工、食品工业等20多个企业急需的短线专业，并对技术经济、金融、护理等专业进行了调查摸底和可行性论证。在课程设置方面，普遍增加了马克思主义基础理论课、职业道德教育课，经济类专业增加了市场学、经营管理学等课程。

(三) 深化教育改革

成人中专学校为加强实践性教学环节，全年调整了20多个专业的教学计划，完成了工业会计，计算机应用基础等10门课程教材的编审工作。在启发式教学、实践性教学，以及良好的非智力因素培养等方面都有新的突破。

为增强学校服务功能，提高办学效益，成人高校除继续办学历教育外，还开展了第二专业教育、大学后继续教育、单科及格证书教育、专业证书教育，以及岗位培训等。共培训了85106人，其中单科班结业45884人，专业证书班结业15756人，岗位培训结业11967人，继续教育结业2105人；成人中专学校办了多种形式的培训班，共培训40874人，其中专业证书班结业3661人，岗位培训结业20604人。

五、发展农村成人教育三级办学网络

天津市已基本建立了以区县成人中专学校为龙头，乡镇成人教育中心为重点，村（厂）办学为基础的农村成人教育三级办学网络。至1991年底，全市12个区县都建立了农村成人中专学校。全市225个乡镇中，有218个建立了乡镇成人教育中心学校。其中67所已达到了天津市一类校标准。村办学校达2586个，占村总数的66.7%。一年来，参加各级各类成人学校（含培训中心）

学习的农民、干部、乡镇企业职工有337711人。静海县成人中专、蓟县马伸桥乡成人教育中心等4所成人学校被授予全国先进校。

天津市进行的“燎原计划”、“人口教育”、“绿色证书”三项试点工作取得了新的进展。已确定20所乡镇成人学校为“燎原计划”试点单位。其中宝坻县袁罗乡被授予“燎原计划”先进乡。天津市承担的国家人口教育项目试点工作，已制定了项目实施方案，确定了6所区县成人中专为人口教育试点校，7个乡镇成人学校为联系点，并举办了首期人口教育项目干部、师资培训班。扫盲教育取得了可喜成绩。武清、西郊、东郊三个区县被授予全国扫盲先进单位。

撰稿人　海飞平

审稿人　缪礼寅　刘贵顺

河北省教育

概述

1991年各级普通学校基本情况

单位：人

学校类别	学校数（所）	毕业生数	招生数	在校学生数	教职工数	
					计	其中专任教师
一、普通高等学校	50	23 705	23 925	75 002	34 644	13 226
研究生		299	224	653		
本　科		10 904	10 844	42 982		
专　科		12 502	12 857	31 367		
二、中等专业学校	216	36 590	39 256	109 718	24 175	11 957
中等技术学校	133	23 413	25 705	72 752	17 757	8 495
中等师范学校	83	13 177	13 551	36 966	6 418	3 462
三、普通中学	5 321	587 482	832 784	2 221 308	201 388	158 092
高　中	634	97 801	106 123	318 237		26 173
初　中	4 687	489 681	726 661	1 903 071		131 919
四、农业、职业中学	385	38 601	60 654	141 144	17 523	11 940
高　中	285	31 695	47 523	106 399		9 594
初　中	100	6 906	13 131	34 745		2 346
五、工读学校	1				7	2
六、小　学	48 414	906 613	1 253 229	7 243 459	294 223	272 475
七、特殊教育学校	51	154	1 033	2 815	676	485
八、幼儿园	2 725	888 456	1 039 000	1 314 743	51 596	44 745

1991 年各级成人学校基本情况

单位：人

学校类别	学校数(所)	毕业生数	招生数	在校学生数	教职工数 计	教职工数 其中专任教师
一、成人高等学校	48	21 443	16 246	53 318	11 144	3 907
广播电视大学	1	7 068	5 184	17 937	1 208	479
职工高等学校	21	2 394	2 178	5 555	3 265	1 313
农民高等学校						
管理干部学院	10	1 415	1 570	2 608	4 544	1 064
教育学院	16	5 147	2 998	11 017	2 127	1 051
独立函授学院						
普通高校举办						
函授部		3 969	2 986	11 794		
夜大学		1 274	1 286	4 256		
干部专修科		176	44	151		
二、成人中等专业学校	247	27 503	27 139	64 333	7 408	4 228
广播电视中专	4	594	1 342	2 929	88	55
干部中专	12	703	957	2 072	768	358
职工中专	47	2 275	4 778	10 758	1 999	993
农民中专	25	903	1 499	3 486	590	321
教师进修学校	159	23 028	18 563	45 088	3 963	2 501
三、成人中学	277	41 849	53 078	56 607	1 386	818
职工中学	173	15 034	14 746	17 279	1 147	713
农民中学	104	26 815	38 332	39 328	239	105
四、成人技术培训学校	37 146	5 101 354	4 722 216	4 247 203	32 753	10 543
职工技术培训学校	1 717	486 757	368 099	540 000	7 311	3 253
农民技术培训学校	35 429	4 614 597	4 354 117	3 707 203	25 442	7 290
五、成人初级学校	11 444	544 831	390 511	381 877	10 014	2 868
职工初等学校	148	32 235	17 735	19 358	289	181
农民初等学校	11 296	512 596	372 776	362 519	9 725	2 687
其中：扫盲班	8 227	268 286	166 083	170 275	7 735	2 037

1991年，河北省各级各类教育事业以党的十三届七中全会精神为指导，继续贯彻落实治理整顿，深化改革的方针。坚持教育的社会主义方向，把政治思想教育放在首位，全面贯彻执行党的教育方针。根据省委“科教兴冀”的战略，深化高等教育改革，实行产学结合、校企联合，提高教育质量，深入进行农村教育综合改革实验，直接为当地经济建设服务；加强基础教育，推进九年制义务教育的普及进程；整顿社会力量办学，实施“燎原计划”；制定并实施符合省情的教育事业发展十年规划和“八五”计划，为90年代全省教育的改革与发展奠定基础。

1991年，普通高、中等教育经过调整，发展规模趋于稳定。44所省属院校在校研究生539人，比上年度减少46人；在校本、专科生比1990年减少246人。中等专业学校比上年减少90所，中等专业学校在校生较上年增加2116人。职业中学比上年增加23所，在校生增加14417人。普通高中较上年减少24所，在校生增加0.58万人。高中阶段在校生中各类职业技术教育在校生占46.90%，居全国第14位。

加强基础教育，推进九年制义务教育的进程。1991年全省在园（班）幼儿比上年增加6.24万人，达131.47万人，居全国第5位。其中，小学附设学前班幼儿110.16万，占全部入园儿童的83.79%。全省小学比上年减少154所，在校生比上年增加18.87万人。1991年，全省7～11周岁学龄儿童入学率98.25%，比上年降低1.05个百分点；巩固率98.10%，比上年降低0.29个百分点；升学率为81.6%，比上年提高1.7个百分点；毕业率97.51%，比上年提高4.86个百分点。在校小学生辍学率为0.41%，降到历史最低水平。小学教育的各项主要比率都高于全国平均水平。初中比上年减少58所，在校生比上年增加13.95万人；升学率为36.76%，比上年提高4.86个百分点。

1991年，全省专任教师学历水平整个低于全国平均值。小学教师学历合格率84.76%，较上年提高5.75个百分点；初中教师学历合格率40.56%，比上年提高4.50个百分点；高中教师学历合格率39%，较上年增长1.7个百分点。小学、初中、高中专任教师合格率分别居全国第9、29、25位。普通高等学校据1990年末统计，地方所属院校具有研究生资历的教师占专任教师的10.8%，具有高级职称的教师占18.6%，其中正教授占高职比例的8.99%。

1991年，河北省教育经费中，国家性质的教育任务总投入261874.6万元，其中：国家财政预算内193266.9万元，占总投入73.8%，比上年度增长9.64%；各级政府征收并用于教育的税费43262.4万元，占总投入的16.52%，比上年度增长1.35%；企业办学经费14369.3万元，占总投入的5.49%，比上年度增长29.3%；勤工俭学和社会服务收入用于教育的经费及改善办学条件的资金10194.8万元，占总投入的3.89%，比上年增长24.38%；其他投入781.2万元，占0.3%。从1982年到1991年，全省多渠道集资近30亿元用于改善办学条件。本年度，农村教育费附加完成征收计划的92.45%，有些地、市完成不到计划应征额的1/3，缺口较大。全省校办工厂发展到5054个，创产值9.17亿元。校办农林牧副业总产值1.2亿元。勤工俭学总收入3015亿元，比上年增加20.58%。

1991年4月15日至17日，省政府召开全省教育工作会议，根据本省经济和社会发展总体蓝图，着眼于21世纪未来教育的发展，在调查研究的基础上，制定了教育事业发展的“十年规划”和“八五”计划，主要是：

实施九年制义务教育。在继续抓好幼儿教育，普及初等教育的同时，逐步实施初中阶段的义务教育，已普及小学阶段义务教育的地方，可在进一步巩固、完善小学办学条件的基础上，适时把改善办学条件的重点转移到初中教育上来。小学按时毕业率由60%提高到85%以上，城市和60%以上的农村基本普及初中阶段的义务教育，适龄人口的初中入学率达85%。

高中阶段的教育重点抓好城乡农职业高中的建设，实现每县至少办好一所综合性职业中学的目标，普通高中和职业技术高中在校生比例达到4：6。

高等教育要建立起与全省经济和社会发展相适应的包括普通高校、成人高校、高等自学考试相结合，地方高校与中央部委办高校一体化的高等教育体系，调整科类专业结构和学校布局，改革招生、分配制度，加强高校科研工作，为全省各条战线输送人才。

成人教育要以建立和完善企业培训制度为中心，重点培训在职职工和在乡知识青年，提高他们的科学文化和技术水平。在继续进行扫除文盲教育的同时，加强对农民的技术培训，提高劳动者素质。

基础教育

一、发展幼儿教育

全省依靠社会力量，多方集资，新建、改建、扩建了一批幼儿园（班），各地都有一批设备完善、标准较高的幼儿园。就是经济条件较差、人口居住分散的边穷地区，也因地制宜建起一些低费用、设施简易的幼儿活动站、巡回辅导站、幼儿游戏小组。承德地区滦平县等一些贫困县入园（班）率达到91.5%。6月，省教委召开了全省幼儿教育现场经验交流会，交流了各地办园（班）的经验，观摩了新城、涿州市的幼儿园、学前班。会后，沧州地区、唐山市、衡水地区等地市幅召开了经验交流会或现场会，推动全省幼教工作的深入开展。全省3～6岁儿童入园（班）率54%，比上年度增长2%。

幼教管理逐步规范化、科学化。1991年，省教委发出《河北省城市学前班管理暂行规定（试行)》和《关于幼儿园、学前班备案登记制度的补充意见的通知》。在上年调查研究的基础上，修改、完善《河北省幼儿教育条例》，根据《条例》努力改善办园（班）的条件和优化幼教环境。对小学附设的学前班，除配备符合标准的课桌椅外，还要求配有一架风琴和一定数量的体育器械、玩教具、图书等。全省县城以上的多数园（班）达到《河北省学前班评定标准》的基本要求。

由河北省教委与中央教科所合作进行的农村幼教整体改革实验，从1988年4月至1991年，历时共三年，第一期实验基本结束。年末联合召开了青县、沧县、南皮、滦平、兴隆和任丘6个试点县（市）参加的实验总结会议。该项实验探索了在不同经济类型的地区发展幼儿教育的途径，初步建立起有地方特色的农村幼儿教育体系，对全国影响较大。

二、推进九年制义务教育进程

（一）组织检查督导

1991年4月，河北省开展了《义务教育法》和《河北省普及义务教育条例》（简称《条例》）颁行5周年宣传月活动。3月，省人大办公厅、省政府办公厅联合制发了《关于开展义务教育法宣传、执法检查及表彰活动的通知》。4月初，省教委印发了《义务教育法学习资料》。6月，省人大、省政府领导同志主持召开了深入贯彻义务教育法电话会，成立了河北省执法检查领导小组，部署了执法检查工作。省教委组织了对省内6个地、市12个县（市、区）的执法情况抽查。下半年，省人大义务教育执法检查团又深入到唐山、沧州、石家庄3个市、6个县（市、区）进行了检查督导。为搞好检查督导，省教委在义务教育法颁布5周年宣传活动中，请省人大、省政府的领导发表电视讲话，召开义务教育座谈会，利用多种形式进行宣传。许多地方利用校长包村、教师包片、学生包户的办法，使《义务教育法》和《条例》家喻户晓。1991年12月，河北省人民政府在石家庄召开大会，授予唐山市人民政府等152个单位"义务教育工作先进集体"荣誉称号。

（二）进一步改善办学条件

1990年，省教委开始进行义务教育必备办学条件达标验收。标准由过去的"一无两有"提高到"八配套"。截止1991年底，全省有26个县（市、区）达到小学阶段义务教育必备办学条件"八配套"标准，其中10个县（市、区）达到九年制义务教育必备办学条件标准。据1990年统计，小学、普通中学、农职业中学危房面积所占比例分别为1.01%、1.25%、1.75%，均低于全国平均危房率。大厂回族自治县，1990年投资116万元，用于义务教育必备办学条件的改善，共新建校舍148间，维修教室727间，更新桌凳1665套，购置图书1.4万册，教学仪器2万台（件），音、体、美器材1.7万件。1991年，经省和廊坊市教委联合检查验收，主要指标均达到或超过省政府规定的标准，成为全省第一个实现达标的少数民族自治县。办学条件的改善使学生流失率有所下降。本年度全省小学、初中在校生流失率分别为0.4%和0.7%，全省中小学生流失率呈逐年下降趋势。

河北省小学、初中在校生流失情况统计

年　度	小学流失生占在校生%	初中流失生占在校生%
1987～1988	1.21%	5.07%
1989～1990	0.4%	2.75%
1990～1991	0.41%	2.71%

1991年初，省政府下达了九年制义务教育有限目标责任制，具体指标是：全省平均小学毕业生升学率80%以上，省辖市、市区小学毕业生升学率95%以上。到年底统计，全省小学毕业生升学率81.6%，省辖市、市区小学毕业生升学率98.7%，均超过规定指标。

（三）特殊教育事业有较大发展

1989年4月，河北省政府办公厅转发了《关于发展特殊教育的意见》，提出发展特殊教育的目标：到本世纪末，全省盲、聋、哑和弱智儿童入学率由不足10%提高到50%以上。省政府从1989年起，设立了特殊教育补助费，在财政困难的情况下，专门拨款100万元，扶持发展特殊教育事业；建立特殊教育师范学校，已连续三年共招生260人；省教委连续三年利用暑期举办了三期特教师资短训班，培训300余人；各地在有计划筹建特教学校的同时，提倡和扶持在普通小学举办特教班和随班就读；将特殊教育作为义务教育必备办学条件达标检查的内容之一。1991年，国家教委和省政府共计下拨特殊教育专项补助费195万元，新建特教学校11所。唐山市各区县普遍建立特教班，全市从事特教的教职工125人。保定、石家庄地区各县、市普遍开展随班就读，全省随班盲生近200人。1991年6月，国家教委在河北省召开盲童随班就读现场会，与会代表到晋县参观、考察。一致认为，随班就读符合我国实际，是发展农村特殊教育的新路子，应提倡、推广。

(四) 加强教材和师资建设

河北省教科所自1990年以来，组织力量承担国家教委委托编写《九年制义务教育小学复式教学教材》的任务，相继在省内近千所学校进行实验，成绩显著。1991年6月，国家教委中小学教材办公室与河北省教委联合在北戴河召开了有17个省区参加的九年义务教育农村复式小学课程教材改革研讨会。会上论证复式小学课程与教材的改革方案，得到国家教委领导和国内外专家的肯定。到1991年，已出版《语文》、《数学》、《生活与科学》实验本教材7种，《品德与社会》、《艺体》等油印本6种。为加强中小学劳动技术课教材建设，省教委组织编写了河北省普通中学劳动技术课教材和农业中学农林牧专业教材共30余种，整个编写任务拟用三年时间完成。1991年国家教委组织全国劳动、劳技课教材评选，河北省编写的小学《劳动》(农村本) 获一等奖；普通中学劳技课教材获三等奖。

1991年，河北省加强了中小学师资队伍的建设，加强学校的常规管理工作。制定中师理化生实验目录和仪器配备目录，并组织检查、落实；制定《小学教师继续教育暂行规定》和《关于进一步加强教师进修学校建设的意见》；组织中小学、幼儿教师教材教法和《专业合格证书》考试，共发《专业合格证书》31330份；制发《河北省普通中小学常规管理的若干规定 (试行)》，修订《河北省中小学书籍管理规定》。11月中旬，省教委召开河北省普通中小学优秀校长经验交流暨表彰大会，共表彰申竹箴等102名优秀校长。省委、省政府主要领导参加会议并亲自颁奖，使广大师生深受鼓舞。

(五) 全省实现了普及初等教育的任务

经河北省政府逐年检查验收，到1991年，全省173个县 (市、区) 全部达到国家教委规定的普及初等教育的标准。

三、强化中小学德育，开展艺术教育

1991年中小学德育工作的重点，是贯彻江泽民总书记关于加强中国近现代史和国情教育的指示精神，落实德育在中小学教育中的首要位置。3月，省教委在石家庄举办了“爱我燕赵、爱我中华”国情教育演讲比赛，增强了广大中小学生爱祖国、爱家乡观念。“七一”前夕，省教委还组织了全省中小学生纪念建党70周年知识竞赛活动，全省50多万中小学生参赛。按照国家教委统一部署，对各级教育行政干部、教师进行中国近现代史和国情教育培训，省教委及时转发了国家教委《中小学加强中国近现代史及国情教育的总体纲要》，各地中小学相关学科增加和渗透中国近现代史及国情教育内容。1991年11月下旬，省教委组织全省各地市教研员140余人，参加了中小学语文、政治、史地等7个学科的培训，在此基础上，组织编写出中学政治、语文、历史、生物，小学语文、数学、历史、地理等学科思想品德教育教师用书。4～5月，省教委组织了以歌颂党、歌颂社会主义为主题的中小学艺术节，开展歌咏比赛、书画、摄影展览等多种形式的艺术活动，并对100所艺术教育先进学校和200名优秀辅导教师进行表彰。

四、建立教育评价与教育督导制度

1987年，河北省教育学会、省教育科学研究所根据本省实际，开展了普通教育评价的实验研究。该项实验一直作为重点科研课题，1991年又被列为全国教育科学“八五”规划国家教委重点课题。从1987年到1991年，河北省教育评价课题组在实验学校的配合下，通过理论研究和科学实验，不断总结探索出衡量学校办学水平的标准和办法，初步建立起现代化教育的管理模式。这项研究的主要成果是：(1) 检验并完善了评价模式。该模式把指标体系分解到各个方面，与每位教职工的工作相结合，按管理目标和质量目标要求进行评价，有利于调动全体教职工的积极性。(2) 初步总结出一套评价普通教育工作的标准和方法，为教育行政部门考察学校和科学管理提供了依据。(3) 积累了普通中小学教育评价实践经验。(4) 推动了实验学校管理体制和管理方法的改革。石家庄市合作路小学开展评价实验后，教师写出论文和总结46篇，涌现出好人好事800多件。1991年该项实验已进入第五轮，评价方案边实验边完善。1991年3月和6月，省教委分别召开了全省教育督导工作经验交流会和教育评价研讨会。制发了《河北省完全（高级）中学评估方案》(试行)、《河北省小学、初中评估方案》(试行)。为加强对督导人员的管理，全省统一印发督学证，各级政府对所任命的督学颁发证书。

职业技术教育

1991年河北省职业技术教育较上年有新发展。中等职业教育管理体制得以初步理顺，各类职业技术教育之间的关系趋于协调，农村教育综合实验改革进一步深化，办学效益日益提高。

一、进一步完善职业技术教育有关政策

1991年4月，河北省委、省政府召开全省职业技术教育工作会议，国家教委和省委、省政府有关领导出席会议。会议强调：要把发展职业技术教育作为振兴河北的一项战略措施来抓；贯彻“教育必须为社会主义建设服务，社会主义建设必须依靠教育”的方针，解决好教育与经济结合的问题；增强协作意识，理顺关系，完善政策，促进职业技术教育的发展；强化政府统筹职能，提高办学的整体效益；加强领导，把发展职业教育列入各级政府的重要议事日程。会议总结交流了近年来河北省职教发展和改革的经验，确定了“八五”期间和今后10年内全省职业技术教育发展的总目标。对获鹿县等11个荣获“全国职业技术教育先进单位”称号的单位，苑书田等15名荣获“全国职业技术教育先进工作者”称号的职教先进集体和个人进行了表彰。同时对石家庄市第一职业中学等77个荣获“全省职业技术教育先进单位”称号，刘俊亭等83名荣获“全省职业技术教育先进工作者”称号的单位和个人也进行了表彰。5月，中共河北省委、河北省人民政府根据会议精神，联合发出《关于进一步加强职业技术教育的决定》。主要内容：(1) 各级党委、政府必须把发展和改革职业技术教育摆在重要的战略地位，纳入当地经济和社会发展的总体规划，制定职业技术教育的十年规划和“八五”计划。(2) 到1995年，省内各类中等职业技术学校的在校生数要占高中阶段在校生总数的50%以上；城市要发展企业办学和联合办学，重点办好高中阶段的职业技术教育；农村职业技术教育要与科技、农业结合，每县要集中力量首先办好一所职业技术学校；全省重点办好60所职业高中或综合职业技术学校、20所中专、20所技工学校，使之在办学规模、教学设备、办学质量和效益等方面达到先进水平。(3) 进一步完善职业技术教育管理体制。省和各地市政府成立由政府牵头，教育、计划、经济、财政、农业、科技等部门组成的职业技术教育领导小组，面向全省服务的中等专业学校、技工学校，由省统一规划；面向地市县的中等专业学校、技工学校、职业高中由地市统筹规划。(4) 办好河北省职业技术师范学院和河北省职业技术专科学校两所高等职业技术师范院校，逐年扩大对口招收中等职业技术学校毕业生的数额。(5) 各级政府从地方征收的教育费附加中，每年以不低于15%的比例用于发展当地职业技术教育。(6) 全省一切工厂、企事业单位招工，必须经过职业技术培训，各招工单位必须首先从专业对口或相近的各类职业技术学校的毕业生中择优录用或聘用；对专业不对口的部分职业学校的毕业生要进行必要的技术培训，然后择优录用；不足部分再从经过短期职业培训的人员中择优录用。劳动部门要制定各行业、岗位的资格标准，职业学校按标准制定教学大纲，安排教学，各用人单位按标准考核录用人员。(7) 技工学校实行的统包分配的办法。具有"先招工、后培训"的性质，其专业设置应主要考虑特殊和艰苦的工种，如矿山、井下、铸造、锻压等。技工学校不许从农村招生，特殊需要者必须经省政府批准，单列"农转非"户口指标，规定在所学专业岗位上服务的年限，并签订合同。不按合同办的取消其城市户口；从1991年起，中专、技工学校、职业中学、普通高中实行统一考试、统一招生、统一录取，劳动部门不再单独组织技工学校的考试；对回乡农村职业中学毕业生，当地政府要在农用生产资料供应、贷款等方面给予优惠支持。与此同时，省政府决定用贴息贷款8000万元建首批60所综合职业技术学校。此项贷款吸引地方职教资金1.5亿元以上。三河县投资1200万元，丰南县投资900万元建高标准综合职校。保定地区阜平、涞源、涞水、曲阳、完县、唐县、易县7个山区县，到1991年已建成职业高中(中专)、初中18所，开设了农学、林果、牧医、雕刻、土木建筑、地挂毯加工等专业，各职中为果农剪枝、疏果48000多棵，为家禽家畜防疫灭病2578例，接待农业技术咨询10200多人次，发放农业技术资料4500多份。各职中还通过校内校外和家庭实习基地进行新品种、新技术的开发和示范推广，各县林果产量和人均收入都有明显增长。

二、不断深化农村教改实验区综合改革

河北省农村教育综合改革实验到1991年已发展到12个县、1个地区。实验县、区所属乡（镇）100%都建有农业技术学校，90%以上的村有村技校。

4月11日至12日，国家教委与河北省政府在石家庄联合召开河北省农村教改实验区第五次工作会议，会议讨论、修改了《河北省教育委员会实施〔全国农村教育综合改革实验区工作指导纲要（试行)〕细则》等文件，部署了"八五"期间农村教改任务，确定"点上深化、面上开花"的指导思想，表彰了"燎原计划"先进单位和扫盲先进集体。11月下旬至12月上旬，省教委组织联合评估小组，对实验县进行检查评估，总的情况是：(1) 领导重视。12个实验县（市）及所辖303个乡镇都建有党政主要领导任组长的教改领导小组。阳原县21名县级领导实行"包一乡、蹲一村、抓两校、联三户、抓一厂"的制度。完县实行量化管理，考核干部政绩时，教改占30%。丰宁县从1991年开始，全民和集体企事业单位招工和县、乡选拔技术干部，从职校毕业生中录用，村级干部必须经过职业中专培训。(2) 增加教育投入，改善办学条件。自1987年以来，各实验县（市）在教育投入上做到了"两个增长"。据统计，最早确定为实验县的完县、阳原、青龙三县，1987 年县财政对教育的投入分别为 324.1 万元、367.5 万元、367.6 万元。到 1990 年分别达到 582.2 万元、625.3 万元、625.3 万元，分别增长了 79.6%、70.1%、70.1%。任丘市 1988 年至 1990 年财政教育投入分别高于收入增长率 5.8、0.9、3.5 个百分点。1991 年 12 个县（市）教育总投入 23214 万元，用于改善办学条件资金 6841 万元，分别比 1988 年增长 44%、73%。共维修校舍 85200 平方米，新建校舍 154382 平方米。(3) 注重乡土教材和实习基地的建设，从本地需要出发，编写出不同层次的劳动技术、职业技术、乡土地理、历史等教材，有的县还编写了商品生产知识、经济合同法和回乡中学生致富典型材料，作为补充教材；各实验县（市）都按要求配齐了学校的实习基地，有的县还划拨山场、荒滩和企业，作为学校实习、开发基地。(4) 三教统筹，协调发展。一是各实验县（市）进行了"五四"学制实验，范围逐年扩大。普遍在小学、初中阶段开设了劳动技术课，并对应届初、高中毕业生全部进行"三加一"培训，使学生离校前掌握一定的实用技术。1991 年，99%以上的应届初、高中毕业生接受了就业前的技术培训。二是职业技术学校在经济建设中发挥骨干和示范作用。南宫市第二职中组建林果、畜牧、食用菌三个承包集团，对乡、镇、村、户进行有偿服务。丰宁县利用职业学校技术优势，选定部分乡村进行经济管理、示范经营、技术培训等服务，示范户比一般农户粮食产量平均水平高 15%，1991 年示范村的人均收入比上年增加 143 元。1991 年实验县（市）职业学校共培训技术骨干 3.5 万人，建校外辐射点 677 个，推广新技术项目 127 个。三是"燎原计划"示范乡、村不断扩大，辐射能力增强。12 个实验县（市）的燎原示范乡由原来的 57 个增加到 108 个，有示范村 741 个，示范户 8.6 万个，有 70 多万人掌握了一门实用技术，共推广新技术、新项目 646 个。

河北省农村教改实验，经过近 5 年的努力探索，初步建立起农科教统筹模式。(1) 各部门共建综合职业技术学校或职业技术教育中心。许多县（市）把原来分属各有关部门的农业中学、职业中学、农民中专、技工学校、农技推广站、科技信息服务部等融为一体，一校多制，师资、经费、基地、设施统筹使用，提高办学整体效益。(2) 在乡级建立农科教服务部。完县 1990 年在 25 个乡镇建立科教兴农综合服务站，在河北农业大学指导下，县统筹小组协调农科教各家协作，开展除治柿蒂虫技术的培训和推广活动。全县柿子由 1989 年绝收回升到 1990 年的 200 万公斤，1991 年上升到 500 万公斤，收益 600 万元。丰宁县根据当地实际，建立教育经济技术中心和经济开发区两种模式。

1991 年，12 个实验县（市）有 393 个村人均收入超千元，向国家上交粮食 17.56 万吨。扶贫重点县完县，在连续两年遭受重大自然灾害情况下，1991 年工农业总产值 3.733 亿元（1990 年可比价），财政收入 1085 万元，农村人均收入 380 元，分别比 1986 年增长 136%、93%和 52%，已有 2.5 万户 9.8 万人摆脱了贫困，占贫困总人数的 92%。青龙县 1991 年工农业总产值、财政收入、人均收入分别达到 2.12 亿元、1891 万元、378 元，比 1986 年增长 44.8%、152.4%、31%。丰南县、获鹿县、藁城市、三河县和任丘市进入全省经济综合发展"十强"行列。其他县市经济和社会发展也跃上新台阶。

1991 年 12 月，河北省教委、科委、乡镇企业局共同确定南宫、兴隆、冀县、邢台、青县等 36 个县（市）为首批科教企综合发展实验县市。实验县市的主要任务是：进行县级科技、教育及有关系统综合配套改革试验，使科技、教育真正有效地转到以经济建设为中心的轨道上来，使乡镇企业的发展转到依靠科技进步的基础上来，为全省教育体制改革、科技体制改革、乡镇企业发展和科教兴县、兴市探索一条整体发展的新路。经过几年的努力，实验县成为全省不同类型区域内教育和经济综合发展的先进县市。

高等教育

一、坚持社会主义办学方向，把德育工作放在首位

1991年，省教委会同省教科工委深入各高等院校，认真抓好师生思想政治教育和校风校纪建设。(1) 树立典型，表彰先进。对黄碧臣（女）等6名全国高校优秀思想政治工作者和111名河北省高校优秀思想政治工作者大力宣传和表彰。省教委、省教科工委、团省委还共同组织了高校教书育人先进单位与先进个人评选。对高校学生社会实践活动的先进集体和个人进行表彰。(2) 加强对高校政治思想工作的理论研究与教材建设。1991年成立了河北省高校马克思主义理论课教学研究会，为改进和提高高校马克思主义理论课教学质量，组织全省高校马克思主义理论课教师，研究在新形势下马克思主义理论课课程建设问题。重新修订了河北省统编的马列主义理论课教材，省教委与省教科工委共同举办了高校政治辅导员培训班。(3) 强化大学生参与实践的意识。河北大学等4所高校406名文科高年级学生、教师参加农村社会主义教育运动，受到当地群众好评。

二、继续治理整顿，深化改革，提高教学质量

调整学校布局，提高办学效益。撤销达不到基本办学条件的石家庄工业职业大学、保定职业大学、衡水职业大学；把原河北农业大学邯郸分校、河北医学院邯郸分院改建为普通高等专科学校，直属省教委；将办学效益不高的石家庄大学与石家庄市教育学院合并，邯郸大学与邯郸电视大学合并，沧州师范专科学校与沧州地区教育学院合并，承德大学与承德教师进修学校合并。对省内部分高校名称做了规范。唐山大学等5所高校改称为高等专科学校，对河北水利专科学校等3所学校名称进行规范。河北大学、唐山工程技术学院、河北财经学院、河北商业专科学校、河北师范大学等校经批准从1991年度增设、扩大、改建部分专业，加强重点学科建设。河北农业大学的作物、果树、植保，河北工学院的高分子材料，河北轻化工学院的纺织工程和唐山工程技术学院的钢铁冶金6个学科为“八五”期间重点学科（专业）。1991年，省教委发出《关于加强和深化普通高等师范教育改革的意见》，对师范院校的办学方向、学校布局及专业结构、招生及分配办法，建立适应农村教改机制等方面提出具体要求。

1991年省内高校两次参加全国大学外语四、六级考试，参考学校33所，参考2.8万人，通过率比上年提高8个百分点，有的学校通过率超过65%。

三、加强师资队伍建设，改善教师生活环境

1991年，省教委举办助教进修班7

个，接收进修教师114人；在全国重点院校进修和访问学者116人；有6所院校举办研究生主要课程进修班，接收教师433人，其中省属高校342人；批准12所学校自办岗前培训班。

为缓解省属高校教职工的住房困难，改善生活条件，1990年底，在省长程维高的倡议下，省政府决定采取省、学校、个人三方集资的办法，用三年时间为省属高校建设20万平方米教工住宅。1991年3月至年底，石家庄18所省属高校已建成26栋1711套住宅。竣工面积达95876平方米，1700多名教工喜迁新居。

四、高等教育走上以全省经济建设为中心，实行产学结合、校企联合的道路

河北省高校从事科技研究工作的专(兼)职教师达5109人，其中高级科技人员1368人，建有20个研究所或研究中心和84个研究室，是省内一支重要的科技力量。1991年各高校有1024项科研成果通过鉴定，其中达到国际水平和国际先进水平的87项，国内首创184项，国内先进水平546项，有326项成果获国家或省、部级奖励。1991年，各高校承担各类课题1395个，投入科研经费1200万元，其中企事业单位委托占50%左右。已通过鉴定110项，其中85%达到或超过国内先进水平。

高校为经济建设服务，走产学结合、校企联办的道路是河北省高校改革的一大特点。已有唐山工程技术学院与冶金集团公司联合办学；河北轻化工学院与深县乡镇企业、省纺织公司联合办学；河北工学院与廊坊、任丘地区建立经济开发与教学协作关系；河北林学院与林业厅共建学生实习与社会实践基地等。各高校相继建立起科技开发服务机构，加速科技成果向生产力转化。近年，仅理工类院校就转让技术成果505项，为社会创造经济效益近10亿元，同时还为学校创收924万元。农林院校坚持教学、科研、推广三结合的办学方向，积极参加地方性区域开发治理和各级政府组织的集团承包。河北农业大学从1991年4月开始，结合教学派专家教授及科研人员到完县等8个贫困县实行科教扶贫。同年底，已举办各种类型技术培训班35期，培训人员近2000人次。该校还在8个县建立了小麦丰产栽培技术试验示范指挥田、稻麦复种示范区、小麦玉米增产配套技术示范区、红富士苹果高产示范园等20多个科技示范点，对大面积推广农业科技，提高农业经济效益起到示范、辐射作用。该校还把综合经济开发作为帮助山区人民脱贫致富的主要措施。科研教学人员帮助平山县制订了岗黄库区综合性经济开发规划；帮助安新县完成白洋淀芦苇系列艺术制品开发可行性研讨报告。近五年来，省内农林院校推广农业技术成果196项，使全省粮食增产30多亿公斤，皮棉增产4000多万公斤，干鲜果品增产4亿多公斤，累计经济效益30多亿元。1991年5月，河北省高校科技工作会议召开，会上，向荣获全国高等院校科技工作先进集体的河北农业大学作物遗传育种教研室和黄予南等7位先进个人及荣获省高等院校科技工作先进集体的25个单位和86位先进个人颁发了证书和奖品。

成人教育

1991年全省各类成人高校按隶属关系分，省属成人高等院校33所。本年招生14263人，毕业19270人，在校生48167人。县、乡、村农村成人办学面分别达到90%、100%、83%。

一、治理整顿，加强成人高等教育《专业证书》的管理

河北省成人高等教育治理整顿工作由1990年4月份开始至1991年7月结束，9月，省教委组织联合检查验收。主要问题有：有的学校擅自招收旁听生，超标准收费；个别学校举办专业证书班，先办班，后补报审批手续；有的学校规章制度不健全，在某些方面管理混乱，质量不能保证；学校专业布局不合理，重复设置；一些学校规模过小，办学条件差等。

上述问题经过一年多的治理整顿取得成效：(1) 端正办学指导思想，严格审批，许多部门和学校制定出学校发展规划和加强宏观管理的意见。(2) 加强成人高校管理，重新审核各项规章制度，进一步健全完善各项制度。(3) 理顺学校内部管理体制，杜绝乱办学现象。(4) 增加投入，改善办学条件。(5) 发展联合办学，已有纺织系统3所职工大学联合办学，唐山市业余工学院与唐山陶瓷联大联合办学，唐山钢铁公司职工大学与河北冶金职工大学联合建立河北冶金职工大学总校。

1991年4月，河北省教委根据国家教委、人事部有关文件要求，对已结业和正在办学的各类成人高等学校《专业证书》教学班，从办学指导思想、申报审批手续、招生录取、教学管理等方面进行复查、清理。河北省《专业证书》制度始于1988年，截止1991年共招生21075人，已结业19118人。先后在85个专业420个教学班进行了《专业证书》教育。由于在试办初期管理不善，有些承办院校擅自刊登广告招收学员，个别院校自行放宽招生条件，超越本身办学条件举办校外班。一些业务主管部门没有把《专业证书》纳入培训规划以致盲目办班造成不良影响。此次复查，在1989年初全面检查的基础上进行，省教委会同省人事厅组成河北省成人高等教育《专业证书》复查验收领导小组，深入到承办院校教学班查阅档案，抽考了教学班的课程，检查了部分学员的身份证和高中毕业证。经过半年多的自查、互查、评估和检查验收，使《专业证书》制度走上正规，趋于完善。(1) 明确了办学方向，主管部门制订出详细的办班计划和试行《专业证书》制度的具体意见，承办院校也把《专业证书》教育作为本校一项基本任务。(2) 严格管理制度，成立了省教委、劳动人事厅、计经委、财政厅共同组成的协调领导小组，教委成人教育处为具体办事机构；各业务主管部门统一管理本行业《专业证书》教育。(3) 严格招生条件，建立审验“三证”（毕业证、身份证、单位证明）制度。从1990年开始，组织全省统一考试。(4) 保证《专业证书》质量，各业务主管部门和承办院校共同研究课程设置和教学计划。承办院校选派有教学和实践经验的中级职称以上教师任教。省《专业证书》质量检查小组定期到各教学班检查，促进教学质量的提高。

二、发挥社会力量办学积极性

1991年，省教委会同有关部门对社会力量办学进行了整顿。年初，省教委成立了社会力量办学管理委员会，进一步完善社会力量办学的法规建设，印发了《社会力量举办高等教育暂行办法》、《社会力量办学广告管理暂行办法》，印发了社会力量举办高层次学校评估意见及评估标准，审核批准了57所学校办学或继续办学，停办了56所不合格学校，使社会力量办学健康发展。

三、完善自学考试制度

自1984年以来，自学考试共开设44个专业，先后有50多万人参加考试。全省已有本科、专科、中专毕业生31533人，4400多人获大专专业证书。1991年全省考生32万人，为历年最多，全年大、中专毕业生6625人。自学考试从无到有已成为培养人才的重要途径，获得了明显社会效益。(1)坚持自学考试为社会主义建设服务的方向。河北省根据经济建设和社会发展的需要设立开考专业。省物价局委托开考的物价专业已有442人大专毕业，322人获大专专业证书，相当于该局10年内国家分配和调入有大专以上学历干部的8倍，全省物价系统干部队伍的文化结构和业务素质明显改变。(2)坚持质量标准，严明考风考纪。为保证考试的质量，省教委狠抓确定专业开考计划，制定课程考试大纲和教材，建立题库，抽查鉴定考试题，严明考场纪律，把好毕业鉴定等各个环节。(3)坚持学用一致，把自学考试和干部、职工岗位培训结合起来，在全省44个开考专业中，有近30多个是部门委托开考的。自1988年省税务局委托开考税务专业以来，就有5500多名税务干部参加考试。(4)鼓励自学成才。河北省许多部门制定一些奖励政策，除定期组织助学辅导外，还联合社会团体、民主党派、离退休人员举办自学辅导学校(班)，1991年全省有200多所辅导学校(班)，近10万名自学者参加了不同形式的学习班。

四、搞好在乡中学毕业生技术培训

截止1991年，河北省有在乡初、高中毕业生750万人，约占农村劳动力的2/5。全省依靠县、乡、村三级成人教育培训网络，年平均培训人数可达600万。从1989年开始实行培训证书制度，对40岁以下的在乡中学毕业生进行培训和考核，凡在粮、棉、畜、禽、渔、菜、果、杂、会计、建筑等10项技术知识中，有一项以上技术知识达到助理农民技术员水平的，由省以上培训领导小组颁发统一印刷的培训证书。对获得培训证书者，可在承包、学习、贷款等方面享受优先照顾。到1991年，全省已培训在乡中学毕业生610多万人，培训率82%，有2万多名在乡中学毕业生获得了培训证书。经过培训的在乡中学毕业生普遍掌握了一至几项实用技术或专业技术，其中85万人成为科技致富专业户，20万人较系统地接受了种植、养殖、加工、修理、财会、建筑以及经营管理等方面的技术培训，有10万人加入农村专业技术研究会。各地还通过电视大学、农业函授大学、农业广播电视学校、成人中专以及与普通高等院校联合办班培养了中等人才36453人、高等人才9095人。有2.8万名在乡中学毕业生被评为各级精神文明建设先进个人。唐山市开平区培训中心同有关院校联合，先后举办了企业管理、会计、建设等7个专业的大专班11个，培养高等人才350名，相当于10年来国家分配的大专人才总和。他们还举办中专班16个，培训中专生530名。这些人已成为当地发展生产的技术骨干。

五、抓好扫盲后继续教育

1991年同1982年相比，河北省总人口中文盲由1300万人降到909万人，文盲率从 22.4%下降到 14.8%，青壮年劳动力受教育年限达到 7 年以上，居全国第 7 位。1991 年全省共扫除青壮年文盲 20 万，在扫盲活动中：(1) 各级主要领导亲自部署、动员和检查扫盲工作。各地层层实行有限目标管理责任制，任务落实到村。(2) 筹措扫盲经费。1991 年全省共筹集扫盲经费 850 万元，扫盲工作必备的物质条件得到了保障。(3) 根据农村经济发展和农民价值观念的变化，加强思想教育和宣传工作，形成脱盲光荣的社会风气。(4) 制定鼓励文盲主动参加学习的措施，调动其学习积极性。扫盲形式灵活多样，便于文盲参加学习，廊坊市编写《扫盲教练课本》、《扫盲识字课本》等教材。通过集中办班和发动学校师生送学上门、包教到人等方式，加快扫盲的进度。(5) 组成一支由成人教育干部、中小学教师、离退休干部参加的扫盲大军。

为巩固扫盲成果，1991 年省教委统编了扫盲后继续教育教材《学会读写算》，共发行 11 万余册，使脱盲人员人手一册。1991 年全省参加业余小学学习的有 20 万人，参加业余中学学习的 9 万人。

撰稿人 李 铭 高智军
审稿人 周治华

山西省教育

概况

山西省1991年继续贯彻党的十三届五中全会提出的治理整顿和深化改革的方针，坚持社会主义办学方向，不断深化教育改革，调整教育结构，加强师资队伍建设，改善办学条件，提高教育质量和办学效益，使全省各级各类教育事业逐步走向持续、稳定、协调发展的轨道。

1991年各级普通学校基本情况

单位：人

学校类别	学校数(所)	毕业生数	招生数	在校学生数	教职工数 计	教职工数 其中专任教师
一、普通高等学校	25	16 166	16 329	52 216	21 759	9 143
研究生		278	226	700		
本　科	12	7 294	7 977	31 743		
专　科	13	8 594	8 126	19 773		
二、中等专业学校	124	28 031	28 461	87 002	17 257	8 386
中等技术学校	100	17 539	19 180	61 283	13 951	6 719
中等师范学校	24	10 492	9 281	25 719	3 306	1 667
三、普通中学	3 823	459 264	484 436	1 433 605	141 771	109 390
高　中	404	71 023	78 497	234 346		18 109
初　中	3 419	388 241	405 939	1 199 259		91 281
四、农业、职业中学	372	35 769	41 692	89 235	10 924	7 296
高　中	236	26 219	31 286	64 031		5 427
初　中	136	9 550	10 406	25 204		1 869
五、工读学校	2	18	36	84	84	35
六、小　学	41 942	500 177	579 326	3 014 847	182 231	166 558
七、特殊教育学校	15	267	595	2 689	746	508
八、幼儿园	5 835	440 343	501 145	852 907	39 135	30 801

制表人　李威

1991年各级成人学校基本情况

单位：人

学校类别	学校数(所)	毕业生数	招生数	在校学生数	教职工数	
					计	其中专任教师
一、成人高等学校	42	11 760	10 508	36 889	6 945	2 732
广播电视大学	1	2 824	1 540	5 928	575	149
职工高等学校	23	1 454	1 384	3 743	2 145	977
农民高等学校						
管理干部学院	7	585	876	1 794	2 110	651
教育学院	11	3 699	2 526	7 324	1 916	888
独立函授学院						
普通高校举办						
函授部	(10)	2 539	2 779	14 525		
夜大学	(9)	628	1 355	3 491	199	67
干部专修科	(1)	31	48	84		
二、成人中等专业学校	184	39 971	30 938	71 853	5 927	2 890
广播电视中专	2	11 913	17 315	22 844	75	46
干部中专	1	80	172	265	71	31
职工中专	64	24 671	8 776	39 526	3 503	1 487
农民中专	3	32			5	1
教师进修学校	114	3 275	4 675	9 218	2 273	1 325
三、成人中学	505	17 748	14 331	21 803	2 377	848
职工中学	111	4 515	3 456	7 058	1 763	542
农民中学	394	13 233	10 875	14 745	614	306
四、成人技术培训学校	16 505	1 481 887	814 971	1 235 447	32 861	9 216
职工技术培训学校	801	385 199	25 031	358 972	10 593	3 162
农民技术培训学校	15 704	109 668	789 940	876 475	22 268	6 054
五、成人初等学校	9 894	166 001	182 945	212 714	6 446	2 238
职工初等学校	292	7 172	7 841	14 922	547	357
农民初等学校	9 602	158 829	175 104	197 792	5 899	1 881
其中：扫盲班	5 063	59 715	49 897	57 896	3 361	1 351

制表人　秦志伟

说明：1.成人高等学校的校数不包括普通高校举办的函授部、夜大学的校数。

2.成人职工中专部分，包括6所函授中等专业学校的学生数、教职工数和专任教师数。

1991年，全省小学招生数比上年增长3.85%，小学学龄儿童入学率为99.24%，小学教师学历合格率为84.58%，比上年提高6.08个百分点。全省已有45个县（市、区）和1022个乡达到实施小学阶段义务教育基本要求，分别占全省县（市、区）及乡镇总数的38.1%和53.5%。实施小学阶段义务教育地区人口为1935.6万，占全省总人口的66.5%，至此，全省已有一半以上的乡镇和2／3人口的地区实施了小学阶段义务教育。全省普通初中招生数比上年增长0.42%，小学毕业生升入普通初中的比例为81.16%，初中教师学历合格率42.07%，比上年提高6.27个百分点。全省有10个县（市、区）和270个乡镇达到实施初中阶段义务教育的要求，分别占到县（市、区）和乡镇总数的8.5%和14.1%；达到实施初中阶段义务教育基本要求的地区人口为733万，占全省总人口的25.3%。全省实施义务教育的工作取得了明显的成绩。1991年全省高中招生数基本和上年持平。初中毕业生升入普通高中的比例为21.12%。高中教师学历合格率为36.51%，比上年提高1.05个百分点。

1991年普通中专招生数基本和上年持平。在校生数比上年增长0.24%。平均每万人口的普通中专在校生为2.96人。普通中专专任教师数比上年增长1.1%，其中：高级讲师731人，占专任教师总数的8.72%。1991年全省职业中学招生数比上年增长8.1%，在校生比上年增长1.63%。专任教师数比上年增长4.59%。职业高中教师学历达标率为14%，比上年增加0.6个百分点。职业初中教师学历达标率为33.12%，比上年增加3.92个百分点。1991年高中阶段的普通高中教育与职业技术教育的招生比例为1：0.95。

经过三年的充实整顿工作，1991年全省有普通高校25所，其中：综合大学1所（本科），综合性的专科学校2所、工科院校5所（4所本科、1所专科）、农业院校1所（本科）、医药院校4所（3所本科、1所专科）、师范院校7所（1所本科，5所普通师专，1所职业师专），财经院校3所（2所本科，1所专科），短期职业大学2所，另有4所二级学院，1991年全省普通高校招生数比上年增长2.5%。在校生数比上年增长0.4%。平均每万人口中的普通高校在校生为17.5人。专任教师中具有高级职称的教师2112人，占专任教师总数的23.1%，比上年增加了0.2个百分点。1991年全省有13个承担培养研究生任务的单位（其中两个培养博士生单位）。1991年全省普通高校本、专科招生比例由上年的1：1提高到1：1.02。

1991年全省参加职工和农民技术培训的人数分别达到3.59万和8.76万人，参加青壮年扫盲班人数达5.8万人。成人初等教育在开展农村扫盲和初级技术培训以及为农民脱贫致富方面发挥着重要作用。

教育经费持续增长，办学条件明显改善。1991年山西省在筹措教育经费方面主要采取了以下措施：一是在治理整顿、紧缩财政、控制固定资产投资规模的情况下，继续采取保教育的政策。全省各级各类教育部门用于教育事业的经费总支出达98917.1万元（其中：高教经费支出12620.3万元），比上年增长7.77%，各级教育部门的教育事业费支出占全省地方财政总支出的16.29%。二是进一步调动广大人民群众和社会各方面的办学积极性，鼓励群众和集体集资办学和捐资助学。1991年全省集资办学总额达55946.5万元，其中：干部群众捐款9086.2万元，乡村集资35619万元，勤工俭学收入4853.2万元，其它收入6388.2万元，比上年增长37.23%。三是发挥各级各类学校的智力优势，开展多种形式办学和为社会提供服务，拓宽经费来源渠道，弥补经费短缺。1991年普通高等学校生均占用教育事业费支出3510.63万元，比上年增长15.58%。普通中学、职业中学和小学生均占用教育事业费支出分别为239.95元、337.29元、115.6元，比上年分别增长4.1%、12.14%、6.62%。

1991年在继续提高教育投入的基础上，大力改善办学条件，省拨教育基建投资实际完成额达7449万元（其中：高教4704万元，普教2745万元）比上年增长1.46%，完成计划额的108.1%。全省中小学新建校舍136.7万平方米，维修校舍143.2万平方米，基本实现了“班班有教室，人人有课桌凳”；全省中小学危房比例已由年初的1.54%下降到1%以下，实现“三配套”（教学仪器、文体器材、图书资料）的中小学由年初的48%提高到71.49%，购置教学仪器与文体器材224.3万件。到1991学年初，普通中学校舍建筑面积达到943.8万平方米，生均建筑面积为6.58平方米。

1991年全省高校校舍总面积达到237.55万平方米，比上年增长15.17%，远远高于在校学生的增长比例。生均建筑面积达到46.11平方米，比上年增加5.91平方米。

基础教育

1991年，山西省基础教育事业继续以实施九年义务教育为重点，下大力气加强中小学校常规管理，努力减轻小学生过重的课业负担，全面贯彻教育方针，同时在高中阶段进行普通高中教学计划调整和实行高中毕业会考制度两项重大改革，全省基础教育持续、稳定、协调地向前发展。

一、义务教育实施取得较大进展

按照《中共中央、国务院关于普及小学教育若干问题的决定》要求，山西省1990年已完成了普及初等教育的历史任务。1991年，根据《中华人民共和国义务教育法》的有关规定，山西省建立了实施义务教育检查确认制度，规定每年9月新学年开学后，省辖市人民政府、地区行政公署根据实施义务教育规划进度安排，对本行政区域内本年度应达到实施小学阶段或初中阶段义务教育基本要求的县（市、区）进行检查，确认其是否达到实施义务教育基本要求。检查确认工作以省人民政府文件中规定的小学阶段五条基本要求、初中阶段七条基本要求为依据，用定性分析和定量分析相结合的办法进行。1991年经各地、市认真组织检查确认，全省共有45个县（市、区）达到省实施义务教育基本要求，占全省县（市、区）总数的38.1%。达到实施小学阶段义务教育基本要求的乡（镇）有1052个，占全省乡（镇）总数的53.2%。实现小学阶段义务教育地区的人口为1928.4万人，占全省总人口的67.7%；全省有10个市（区）达到实施初中阶段义务教育基本要求，占全省县（市、区）总数的8.5%，达到实施初中阶段义务教育基本要求的乡（镇）306个，占全省乡（镇）总数的15.5%，实现初中阶段义务教育地区人口为802.7万人，占全省人口总数的28.2%。

1991年是《义务教育法》颁布实施5周年，根据全国人大常委会委员长会议关于对全国执行《义务教育法》情况进行检查的决定，山西省人大常委会和省政府5月组织省直有关部门30余人，分成12个检查组，深入全省所有地、市，对各地5年来执法情况进行检查。1991年7月17日，省教委主任宋玉岫受省人民政府委托，向省七届人大常委会第23次会议作了《关于我省贯彻执行〈义务教育法〉情况的报告》。省七届人大常委会通过了《关于进一步实施〈义务教育法〉的决议》，指出："5年来，我省各级人民政府认真执行《中华人民共和国义务教育法》和《山西省实施〈中华人民共和国义务教育法〉的办法》，为大力发展教育事业，做了大量基础性的建设工作，使全省的义务教育工作有了新的进展，取得了明显成绩。"同时就全省实施义务教育的组织领导、端正办学思想、师资队伍建设、经费落实和扶持贫困地区等方面工作提出了明确具体的规定和要求。10月，省政府办公厅，转发省教委《关于依法组织实施义务教育有关问题的意见》，就贯彻落实省人大常委会决议，进一步推进义务教育的实施提出具体意见。各级人民政府把义务教育工作纳入政府工作重要议事日程，从本地情况出发，健全和完善义务教育目标责任制，取得了明显成效。新绛县从1989年起，由县委书记王大高挂帅，在全县积极推行乡（镇）政府与乡（镇）初中（乡镇教委）、村委会与小学、学校领导与教师、校长与家长之间的四级义务教育职责合同制度，同时下大力气抓检查落实和奖惩兑现工作，使全县初步走上了依法管理义务教育的轨道，中小学办学条件得到很大改善，管理工作得到加强，全社会共同抓教育的合力初步形成，被评为全省实施义务教育成绩显著单位。

二、高中两项改革开始起步，高中教育出现良好发展势头

针对高中教育中存在的片面追求升学率，学生文理偏科、素质得不到全面提高等弊端，国家教委在认真组织试点的基础上，决定从1991年入学的高一年级起，在全国范围实行普通高中毕业会考制度和贯彻普通高中教学计划调整意见两项改革。1991年是这两项重大改革的起步阶段，山西省高度重视这项工作，省教委成立了以张原里副主任为组长，有关处室领导参加的高中教育两项改革协调领导组和高中毕业会考办公室，制订下发了《山西省普通高中毕业会考实施方案》、《山西省普通高中教学计划调整方案》、《山西省普通高中毕业会考管理暂行办法》等配套文件，确定了15所学校为高中两项改革试点学校。各地（市）、县也成立了相应的领导机构和组织机构。全省396所高中学校从1991年秋季入学的高一年级起，全部实行调整后的教学计划，开设必修课、选修课和活动课——实行有"三板块"组成的新课程结构。各地、各学校在经验不足，师资、教材、场地等办学条件方面存在许多困难的情况下，积极转变观念，克服消极、畏难情绪，争取当地政府的支持，采取多渠道解决开设选修课和活动课师资、教材、设备、场地等困难，使高中教学计划调整工作在全省各高中学校平稳、顺利、健康地起步，为全面推行两项改革、提高高中教育教学质量打下良好基础。

三、继续加强学校常规管理，努力提高中小学教育质量

1991年是全国"质量、品种、效益"年，山西省人民政府决定在全省各行业开展"管理年"活动。根据山西省中小学校管理薄弱的情况，省教委把加强中小学常规管理作为1991年全省基础教育工作的一个重点，采取了一系列办法和措施。(1)省教委在年初下发了《关于进一步加强管理，保证中小学良好教学秩序的通知》，对小学、初中、高中学校招生范围、班额、学生转学、借读手续等学校管理工作作出规定，要求各地严格执行。对全省高中一年级新生学籍全部实行报省统一备案、由省统一管理的办法，有效控制了重点中学班容量严重超额现象，全省中小学教育教学秩序基本趋于正常。(2) 制订中小学校长培训规划，提高中小学校长管理水平。按照国家教委关于在3至5年内对全部中小学校长进行一次普遍培训的要求，结合全省加强学校科学管理这一中心工作，省教委制订了中小学校长培训规划，决定用3年时间分三个层次对全省中心小学校长以上的中小学校长全部进行一次培训。由省教育学院培训省首批重点中学校长和县教师进修学校校长；地区教育学院培训高中学校校长和省示范初中、示范小学校长；其余校长由县教师进修学校组织培训。省教委组织编写出版了《中小学常规管理手册》，作为培训校长学习参考资料。许多地、市、县组织了中小学校长培训工作。(3) 控制初中毕业生返校重读工作取得明显成效。1990年省教委下发文件，对严格控制初中毕业生返校复读作出了具体规定，其中特别指出各地必须对非应届初中毕业生报考中专（中幼师）、首批重点中学实行必要限制。1991年各地、市在对所有应届初中毕业生建立学籍卡，严格区分应届毕业生和非应届毕业生的基础上，对非应届初中毕业生参加中考在报考志愿上作了必要的限制，晋城市规定不允许非应届毕业生报考中专（中幼师）、首批重点中学，雁北地区实行应届毕业生和非应届毕业生报考中专（中幼师）、首批重点中学按6∶4比例录取，其他地市也都对非应届毕业生在录取时实行了提高录取分数线的办法。在全省范围对非应届毕业生参加中考作必要限制，制止了前几年初中毕业生大量返校重读现象，全省初中学校复读班基本被取消，初中学校出现了较好的教育教学秩序。(4) 总结长治二中、阳泉一中等学校加强常规管理的经验。许多地方树立向管理要质量、向管理要效益的观念，从建立健全学校常规管理制度入手，建立了保证各项规章制度顺利实施的有效机制。长治市教育局1991年在全市开展学校管理升级竞赛活动，市里直接抓了市直学校、县区一中、厂矿中学等58所学校的升级达标检查评估工作，通过认真组织，有10所中学进入长治市一级管理学校行列，促进了全市中小学管理水平的整体提高。

四、全面贯彻教育方针，努力减轻中小学生过重的课业负担

（一）继续下大力气抓减轻学生课业负担工作

1991年下半年，省政府办公厅牵头组织有关部门对太原市城区7所小学学生课业负担情况进行了较大范围的调查，针对调查中发现的小学生课外作业量大、学生在校时间长、考试频繁、配套教材偏难等问题，提出了具体解决意见。省教委对中小学课外辅导资料过多过滥问题作出新的使用规定，要求从1992年春季起，各中小学校除高三和初三年级可继续使用由省教委批准出版的综合复习题外，其他各年级练习册、习题集一律取消，对已为学生预订了1992年春季各种复习资料、练习册或习题集的单位、学校，必须立即全部清退，对擅自组织和参与编写、印制、销售复习资料者要给予严厉处分。同时重申了中小学生在校时间、课外作业量及考试的有关规定。

（二）教育改革实验项目取得阶段性成果

1989年，省教委在考察、论证的基础上，在全省确定了21个单位进行中小学教育教学改革项目实验。几年来，在当地党委、政府的重视和支持下，实验单位的领导和教师勇于拼搏，大胆尝试，做了大量艰苦细致的工作，到1991年，经过三年一轮的实验，取得了初步成果。这些成果主要有：平定县的“初级中等教育办学形式实验成果”、灵石县的“农村小学布局调整实验成果”、阳泉一中的“高中开设选修课实验成果”、大同市城区十四小学的“减轻负担全面发展实验成果”、太原后小河小学的“城市小学劳动教育实验成果”、晋城市城区的“实施义务教育水平评估实验成果”等，为深化全省中小学教育教学改革提供了丰富而有益的启示。

（三）开展学校艺术活动，全面贯彻教育方针

1991年，组织举办了全省大、中、小、幼文艺汇演、美术书法作品展览和歌咏录像比赛活动，对全省中小学校全面贯彻教育方针、促进学校开展艺术活动产生了积极影响。全省文艺汇演共评出一等奖18名，二等奖30名，三等奖17名，美术书法作品展览共有449件作品参展。歌咏录像比赛也分别评出一等奖6名、二等奖9名、三等奖13名。

五、全面实施《幼儿园管理条例》

1991年12月，山西省人民政府发布了《山西省幼儿园管理实施办法》，这是全省关于幼儿教育的第一个地方行政法规。省教委转发了国家教委《关于改进和加强学前班管理的意见》，根据学前班保育与教育的基本要求，组织修订了省编学前班教材。省教委会同省人事局、省财政厅共同下发了《关于整顿和加强幼儿教师队伍管理的意见》，随后又下发了《关于幼儿教师预备资格考核的通知》，对全省未达到国家合格标准的幼儿教师进行预备资格考核。为了提高示范幼儿园质量，4月中旬，省教委对8所地、市级示范幼儿园进行了幼儿发展水平的评估，评估结果：良好3所，中上等5所。11月，组织不同类型地区的幼教干部、园长分赴上海、河北青县、天津等先进地区参观学习，在此基础上，召开了贯彻幼教法规试点工作研讨会。

职业技术教育

职业技术教育继续发展，中等教育结构日趋合理。“七五”期间，山西省在调整中等教育结构，大力发展职业技术教育方面取得了显著成绩，已经形成了以中专为骨干，职业中学为主体，高、中、初衔接配套，布局基本合理的职业教育体系框架。1991年在严格执行省人大发布的《山西省职业技术教育条例》的基础上，加速职业技术教育的发展和提高。普通中专作为职业技术教育的骨干力量，办学规模逐年扩大，办学效益逐步提高。

1991年4月，省教委、计委、劳动局、人事局、财政厅等5部门联合召开了山西省职业技术教育工作会议。副省长吴达才到会并作了重要讲话。会上传达了全国职业技术教育会议精神，交流了职业教育的典型经验，参观了太原市第一、第二职业中学、太原铁路机械学校、省计划统计学校、太原重型机器厂技工学校；表彰了29个职业教育先进个人，21个先进集体。会后省人民政府批转了省教委等部门《关于促进我省职业技术教育发展的若干意见》。会议促进了全省职业技术教育的发展。

全省职教工作会议之后，各地、市也分别召开专门会议，传达会议精神，提出当地发展职业技术教育的规划和措施。朔州市政

府成立了以市长董福山、副市长李尧为正副组长，由计划、财政等八部门主要负责人为成员的朔州市职业技术教育领导组。制定印发了《朔州市贯彻〈山西省职业技术教育条例〉的实施细则》。细则规定："凡市、县（区）向劳动人事部门申请用人指标的全民、集体事业单位和中央、省驻朔企事业单位，从1991年7月起，每年都要按各单位职工全年工资总额的5%缴纳职教经费"。并在银行建立了职业教育经费专户。运城地区提出要象抓经济工作那样抓好职业教育，象办重点高中那样办好职业学校。忻州地区在全区职教会议之后，各县也相应成立了由县长任组长，教育、科技副县长任副组长，教育、计划、劳动、人事、财政、科技、农业等部门的领导组成的县职业技术教育领导组。统筹解决职业学校的专业设置、资金投入、实习基地建设、政策配套等问题。

1991年，山西省职业技术教育工作认真贯彻全国、全省职教会议精神和"深化改革、完善政策、灵活多样、大力发展、加强评估、注重质量"的指导方针，在加强党的领导，坚持社会主义办学方向，加强思想政治工作，改善办学条件，提高教育质量等方面取得了成效。高等、中等、初等三个层次构成的职教体系框架正在逐步得到完善。整个中等职业技术教育阶段的在校生已达219032人，占全部高中阶段在校生总数的48.3%，比上年增长2.5%，与普通高中在校生之比达1∶1.07。职业技术教育正在对全省的社会发展和经济振兴发挥着重要的作用。

一、高等职业技术教育健康发展

1991年，全省高等职业技术教育继续采取优化结构、总量控制的原则，办学效益有所提高。在加强党的领导、加强思想政治工作，以教学带科研、以科研促教学，广泛开展社会实践和扩大对外开放与交流等方面迈出了新的步子。招生与毕业生分配制度也进行了一些改革。太原大学新增了劳动经济专业。省职业师范专科学校积极加强和外省、市兄弟院校的交流，并主动和附近职业中学联系，进行技术业务指导。该校还和当地林场、果园、农场及一些乡、（镇）、村建立了固定联系，为学生开展社会实践活动和提高技能创造了良好的环境。

二、开展普通中等专业学校教育评估工作

1991年，全省普通中等专业学校的工作主要围绕教育评估进行。年初，省人民政府根据国家教委《关于开展普通中等专业学校教育评估工作的通知》精神，成立了山西省普通中专教育评估领导组。省人民政府副秘书长罗广德任组长，省教委副主任韦道昌、省计委副主任孔繁珠、省财政厅副厅长原崇信任副组长。

5月29日，在太原市召开了山西省普通中等专业学校校长会议。会上总结交流了全省中专学校办学经验，研究了进一步发展和提高中等专业教育的政策和措施，对中专学校教育评估工作进行了部署和动员。6月，为保证全省中专教育评估工作顺利进行，举办了全省中专校长及各校评估办主任参加的评估培训班。通过培训统一了评估口径和计算办法；讨论制定了《山西省关于实施国家教委〈全日制普通中等专业学校办学水平评估指标体系〉的补充说明和规定》。9月，成立山西省普通中专合格评估专家组开始进行评估。合格评估采取一听、二看、三查、四议、五谈的方法，即在听取汇报、实地查看、调查评议的基础上与各地、市及主管部门有关领导交换初步意见或建议，以优化为目的提出整改方案。

参加这次评估的学校共83所，共评出合格学校45所，占54.2%；基本合格学校10所，占12%；暂缓通过的学校15所，占

18.1%；不合格的学校 13 所，占 15.7%。整个合格评估工作于 12 月 13 日结束。

这次合格评估与水平评估试点对全省中专学校各方面工作起到有力的促进作用。各校及主管部门积极筹措资金，改善条件。太原铁路机械学校是部属中专，铁道部和北京铁路局对该校的评估给予了极大的支持，仅 1991 年就为该校投资 170 万元；省煤炭厅为使所属省煤炭工业学校达到一流水平，划拨专款 50 万元用于购置设备等；山西银行学校在校领导的带领下，组织人力、物力、财力粉刷学生宿舍楼、校办公楼等校舍达 12800 平方米，油漆墙壁等公共设施达 1480 平方米；省粮食学校一直没有图书、实验楼，经多方努力，已破土动工，该校还筹措资金 40 万元用于购置实验设备；运城地区会计学校在评估过程中，主管部门和学校共投资 52 万元，增添设备、补充图书、维修阅览室等，学校变化较大。

与此同时，省中专教育评估领导组又抽调部分专家组成办学水平评估统考小组，于 12 月对全省工科、财经类 20 所学校进行了实验、实习统测，并拟于 1992 年元月进行文化理论课统考。在基本完成全省中专学校合格评估工作之后，省中专合格评估专家组又立即充实力量，进行培训，组建了山西省普通中专办学水平评估专家组，在试点的基础上，于 12 月对太原铁路机械学校、省计划统计学校进行了复评，为 1992 年全面开展办学水平评估奠定了基础。

三、召开职业中学校长会议，进行重点职业中学检查评估试点

为及时总结先进学校的经验，加强职业中学科学管理，于 9 月 17 日至 21 日在大同市召开了山西省重点、合格职业中学校长会议。与会同志参观了大同市第一职业中学、大同矿务局第一、第二职业中学，左云县综合职业学校、阳泉交通职业学校、昔阳县职业中学、大同矿务局等单位，交流了加强思想政治工作、深化教学改革、提高专业课师资水平、办好生产实习基地、加强实践性教学等方面的经验。会上讨论修订了《山西省职业中学加强科学管理的意见》；为 17 所验收合格职业中学颁发了证书；部署了重点职业中学的检查验收工作；根据《山西省省级重点职业中学检查评估试行标准》在大同矿务局第一职业中学进行了重点职业中学检查评估试点。通过评估，经报省人民政府批准，将阳泉市交通职业学校、太原市第一职业中学等 13 所职业中学列为第二批省级重点职业中学，报国家教委审批。

四、技工教育的新发展

1991 年，全省技工教育工作紧紧围绕调整结构、提高效益这个中心，以提高质量为重点，进一步深化改革，使全省技工教育又有了新发展。

为适应全省经济建设和社会发展的需要，结合专业设置的调整，有计划地发展了三个缺门短线工种（专业）的技工学校。即：偏关县技工学校、长治轴承厂技工学校、太原煤气化公司技工学校。目前，全省技工学校已发展到 103 所，在校生人数达到 42795 人。

为深化技工学校改革，突出对学生的技能训练，检查教学质量和毕业生的技能水平，1991 年对全省技工学校的车工、钳工、电工、井下电钳四个工种（专业）的应届毕业生实行了应知、应会统一考试，并实行毕业证书和技术等级证书的“双证书”制度。参加统考的学校有 47 所，毕业生有 3783 人，占应届毕业生总数的 3%。技术等级达到四级工的有 1393 人，占统考人数的 36.8%。

为更好地推广临汾电力技工学校和临汾市技工学校的办学经验，1991 年 12 月召开了山西省技工学校工作经验交流会议。制定了山西省《关于发展技工学校和就业训练中心的“八五”实施方案》。举办了全省政治理论课教师使用新教材培训班。1991年全省还验收了9所合格技工学校。目前，在验收合格的基础上正在进行重点技校的试点评估工作。

五、继续深化农村教育综合改革

近几年来，特别是山西省人民政府发布《关于加快和深化农村教育改革若干问题的试行意见》后，全省农村教育综合改革取得了可喜进展。1989年11月，省教委在长治市召开了全省农村教育改革经验交流会议，国家教委副主任王明达到会并作了重要讲话。这次会议对全省农村教育综合改革工作起了积极的推动作用。通过三年多时间各方面的不懈努力，全省农村教育综合改革已经有了一个良好的开端。有力地推动了教育与经济的协调发展，农村教育综合改革的试点逐步扩展，农村学校的办学条件得到较大改善。截止1991年10月底，除国家教委确定的临猗、大宁、壶关、代县等四个实验县外，山西省在全省73个县建立了104个燎原计划示范乡，确定了种植、养殖、农副产品加工等燎原计划项目120多个。各地、市涌现出一批教育综合改革的先进典型。吕梁地区、太原市和临猗、阳城、昔阳县及一批典型学校在农村教育综合改革中起到了积极的带头作用。例如，昔阳县委、县政府十分重视农科教基地建设，积极发展多功能经济实体。他们采用“上挂、横联、下辐射”的办法，通过县、乡、村各级各类学校，发挥出经验、出项目、出技术、出人才的优势，以一生带一户、一班带一村、一校带一乡，把科学技术普遍辐射下去，经济效益和社会效益十分明显。

为及时总结经验，研究明确工作任务和奋斗目标，省人民政府于1991年9月20日至24日在吕梁地区召开了山西省农村教育综合改革工作会议。省人大、省政府领导和各地、市文教副专员、副市长，教委（教育局）主任（局长），部分县长及省直有关厅、局的同志参加了会议。会议考察了吕梁地区部分县和太原市清徐县农村教育综合改革的典型学校和燎原计划示范乡，总结交流了农村教育综合改革的经验，研究明确了今后一个时期全省农村教育综合改革工作的任务和奋斗目标。省人民政府副秘书长罗广德主持了会议，吴达才副省长到会并讲了话，省教委主任宋玉岫受吴达才副省长委托作了会议总结。这次会议进一步推动了全省科技、教育兴农的发展战略的实施。

高 等 教 育

高等教育稳步发展，办学实力不断增强。通过继续认真贯彻“坚持方向，稳定规模，深化改革，优化结构，完善条件，提高质量”的指导方针，学校布局和教育结构进一步趋于合理，办学条件有所改善，办学活力不断增强。高等教育适应经济建设的自我调整、自我约束机制正在形成。

一、继续加强高等学校党的建设

山西省委历来把高校工作放在全省党的工作的突出地位。特别是1989年春夏之交政治风波之后，高校的工作更引起了省委和各级党委的重视。省委及时总结经验教训，决定全省高校一律实行党委领导下的校长负责制，从管理体制上保证了党对高校的领导。同时，省委每年召开一次高校党的工作会议。及时给高校领导干部、广大师生通报国际国内形势，介绍工农业战线改革开放的情况，研究高校需要解决的问题。对高校领导班子建设、思想政治教育、干部管理等重大问题，省委均以文件形式提出具体要求和明确任务。先后印发了《中共山西省委关于加强高等学校领导班子建设和干部管理的意见》、《高等学校党的组织工作细则》等文件。

1991年9月26日，省委又下发了《中共山西省委关于进一步加强和改善高校党的工作的意见》，要求进一步加强领导班子建设，使高校的领导权牢牢掌握在忠于马克思主义的人手中；进一步加强基层党组织的建设，增强基层党组织的战斗力和凝聚力；坚持和发展社会主义教育思想，用马克思主义占领高校思想阵地；进一步加强高校的思想政治工作，建设一支强有力的思想工作队伍；大力加强青年教师队伍建设，尽快提高他们的整体素质；认真搞好社会主义实践活动，引导大学生走与实践相结合、与工农相结合的成才之路。

根据省委宣传部、组织部和省纪委《关于组织各级干部学习中共党史和马克思主义党的建设理论的安排意见》精神，10月10日，省高校工委发出《关于学习中共党史和马克思主义党的建设理论的安排意见》的通知，对高校干部教师的理论学习提出具体要求。10月16日至19日，山西省委召开山西省高等学校党的工作会议。会议传达了全国高校党建工作会议精神。省委书记王茂林、副省长吴达才等讲了话。会议学习、讨论了山西省《关于进一步加强高校党的工作的意见》；交流了加强和改进高校党的工作和思想政治工作的经验；讨论修改了《山西省高等学校党务人员评聘政工专业职务试行条例》。为使专职政治辅导员工作逐步走向制度化、规范化和科学化，年底省高校工委发布《山西省高等院校专职政治辅导员工作试行条例》，对专职政治辅导员的配备与管理、职责、培训、考核、奖惩、待遇提出明确要求。

1991年下半年以来，全省高校以开好党代会为契机，加强党的建设。召开党代会前，省委对校级领导班子进行考察，在思想作风方面提出了新的要求，对院校党的基层组织进行了整顿。通过召开党代会，领导班子结构以及整体状况进一步改观，后备干部得到了落实，党员教育步步深入，学校团结向上的良好势头持续上升。

二、教学与实验室工作

根据国家教委《普通高等学校教育评估暂行规定》的要求，5月15日，为进一步深化高教改革，加强教学管理，提高教学质量，山西省教委下发了《关于在全省普通高等学校开展教学管理评估工作的意见》。决定两年内在全省普通高校开展教学管理评估工作。1991年底，评估专家组先后到试点单位太原师专、太原机械学院进行了实地考察评估，为1992年的全面评估积累经验，完善评估指标体系。9月9日至11日，太原工业大学召开了首次教学工作会议。试行教师工作规程和新的教学工作量计算办法，并以提高外语四级统考率为突破口，开展了整顿教学秩序工作，以提高教学质量。

加强和改进高等学校马克思主义理论教育。省教委要求各高校根据国家教委《关于加强和改进高等学校马克思主义理论教育的若干意见》通知精神，调整教学计划，切实保证马克思主义理论课的学时；调整、充实教师队伍，并注重队伍的培养提高；增加对马克思主义理论教研室的经费投入，增加图书、报刊、音像资料，改善教学条件，提高教学质量。并加强了对学生的近代史、现代史和国情教育。在中国革命史和中国社会主义建设课程中，增加近代史、现代史和国情教育的内容。

近年来，全省普通高校的实验室工作有了较大发展。全省普通高校实验仪器设备达到123703台件，总金额达1.81亿元。两万元以上仪器设备达1074台件，总金额6412万元。实验室面积达到135983平方米。实验开出率平均为79%。为总结推广典型经验，鼓励广大教师、专业技术人员积极从事实验室工作，8月14日省教委决定对山西大学分析化学实验室等8校10个先进集体和太原工业大学孙恩贵等18校24名先进个人进行表彰。为改善山西大学、太原工业大学、山西农业大学、山西师范大学、山西医学院等省属5所老校的教学、科研条件，省政府决定在"八五"期间拨教学、科研仪器设备专项投资4292万元。

三、高等学校科技工作

为贯彻落实《中共山西省委、山西省人民政府关于依靠科技进步推进经济发展的若干意见》和全国高校科技工作会议精神，进一步增强全省高校科技工作为经济建设服务的自觉性、主动性、适应性，6月8日省教委下发了《关于发挥高校科技优势为我省经济服务的若干意见》，要求全省普通高校进一步确立为经济建设服务的战略思想。要从本省和本校的实际出发，制定好"八五"规划和今后十年的科技规划，明确各自的任务和奋斗目标。要根据经济和社会发展的需求，结合学科专业建设的需要，把科研方向调整到为经济建设服务的轨道上来，通过为经济建设服务，带动学科专业的建设和发展；通过开展科技工作，促进教育质量的提高。

高校积极承担国营大中型企业委托的科技任务，是高校开展横向联合、进行合作研究的主要内容。据初步统计，"七五"期间，全省各工科类院校与100多个厂家签订了200余项科技项目。并取得一批较高水平的成果，而且这些成果很快实现了商品化。仅太原机械学院转让技术93项，成交额达244万元。山西农业大学先后向11家中型企业转让推广18项新技术，平均每年新增产值达3400万元。太原重机学院1985年以来，先后与全国60多个厂矿企业进行了科技合作，开展了百余项技术开发服务项目，其中面向大中型企业的占60%，1991年已与20多个企业签订技术合同36份，合同金额100多万元。为促进高等学校与大中型企业的结合，由省教委发起，与省经委、省科委、省教育家科学家企业家联谊会共同组织，于12月9日至10日，在太原工业大学召开了山西省高校科技工作面向国营大中企业座谈会。有14所高校的代表出席了会议。省教委副主任杨树国主持会议，省科委副主任高振波到会讲话。与会代表就高校科技工作面向大中企业问题进行了热烈讨论，会议交流了经验，互通了信息，对于进一步加强高校与大中企业的结合，促进大中企业技术进步，提高了认识，增强了信心，研讨了措施。会后，省教委下发了《山西省高校科技工作面向国营大中企业座谈会纪要》。

7月22日，太原工业大学精细化工研究所所长、教授，全国有突出贡献的中青年科学家，全国高校科技工作先进个人徐文旸同志逝世。太原工业大学做出向徐文旸同志学习的决定。省科委号召全省科技人员向徐文旸学习。原由徐文旸主要负责承担的"高科技'863'贮氢材料项目研究"，现由该校精化所承担并列入国家"八五"规划。山西医学院生理学科首批博士生李勇杰、张瑞新通过论文答辩，于1991年7月毕业。标志全省医药卫生人才培养达到一个新的水平。

1991年，全省普通高校投入科技经费1073.7万元。承担研究课题1249项。确认、签定的技术转让合同80项，成交金额152.6万元，当年实际收入121.9万元。有

81 项成果获得各种科技成果奖励。

四、出国留学工作

“七五”期间，山西省政府每年拨出专款约 150 万美元选派高等学校及科研单位的科技人员出国进修。仅教育系统利用省筹资金累计选派了 384 名高校中青年业务骨干出国留学。从 1989 年起，三年累计计划拨 90 万美元用于资助留学人员回国后改善教学和科研条件。1991 年，省筹资金出国留学领导组就“七五”期间选派留学生工作进行了回顾、总结，针对存在的问题，调整、完善了省筹资金留学政策与规定。

成人教育

1991 年，山西省成人教育在深化改革中稳步发展，初步形成了以职工岗位培训和农村实用技术培训为重点，扫盲教育、成人学历教育和非学历教育协调发展的格局，在科教兴农、兴晋富民中取得了显著的经济效益和社会效益。

一、成人高等教育

1991 年，山西在成人高等教育方面主要抓了治理整顿工作。根据国家教委的部署和要求，山西省从 1990 年开始，先后用两年的时间，经过宣传发动、学校自查、整改和检查验收几个阶段，基本完成了普通高校成人教育的治理整顿任务。通过治理整顿，各校进一步端正了办学思想，增加了对成人教育的投入，充实和改善办学条件，建立和健全了各项管理制度，治理“三乱”，妥善地处理了一些遗留问题，管理水平和教学质量逐步提高。经检查验收，举办成人教育的普通高等学校中，好的是太原工业大学和山西大学，比较好的是山西经济管理学院、山西师范大学、山西财税专科学校和太原师范专科学校，基本合格的是山西农业大学和山西医学院。

根据国家教委和人事部的部署和要求，1991 年抓了成人高等教育《专业证书》教学班的清理整顿工作。经过委托部门、承办学校的自查和省教委、省人事局的抽查，于年底以前完成了清理整顿任务。通过对全省两年来批准举办的成人高等教育《专业证书》教学班的清理，在 231 个专业、377 个教学班的 18231 名学员中，合格者 17449 人，不合格者 430 人，自然淘汰 352 人。不合格学员占学员总数的 2.36%。《专业证书》教学班的规模适当，教学质量也较好。

厂办职工大学试办高等职业技术教育专业班，1991 年有了首届毕业生。

二、成人中等专业教育

1991 年，山西的成人中等专业教育，主要以改善办学条件，加强管理，提高教育质量为中心，在改革中发展，在发展中深化改革。根据国家教委《关于开展成人中等专业学校评估工作的通知》精神，结合全省实际，制定了成人中等专业学校评估的指标体系和量化标准，省教委于 9 月在运城召开了全省成人中专学校工作会议，全面部署和安排了各类成人中专学校的评估工作。

1991 年省教委为了保证教学质量，狠抓了成人中专学校的教材建设，组织有关教师编写了山西省成人中专学校基础课通用教材。这套教材包括语文（文、理）、数学（文、理）、物理、化学、德育五科 12 册，总计 350 万字，并经省成人教育教材编审委员会审定通过，由山西教育出版社列为正式出版书目。

1991年，省教委配合国家教委成人教育司对山西会计函授学院、乡镇函授学校和省农业广播电视学校及其部分分校，进行了实地考察。省教委会同学校主管部门部署了省农业广播电视学校、省会计函授学校、省乡镇企业函授学校的地市、县区分校（函授站）的评估入位工作。经省教委审定，同意省农业广播电视学校的12所地市分校和88所县区分校入位，并予以备案。

在成人中专教育的招生制度方面，继续试行招收推荐生入学，同时，继续试行专业证书制度，已取得改革的初步经验。1991年各类成人中专学校招收推荐生2298人，中专专业证书专修班学员350人。

三、扫盲工作和农村成人教育

省政府于3月26日作出决定，奖励、表彰了在扫盲工作中作出杰出贡献的15个县区，即壶关县、平定县、大同市新荣区、晋城市郊区、山阴县、左云县、忻州市、代县、灵石县、平遥县、翼城县、稷山县、汾阳县、文水县、太原市北郊区，并授予"扫除文盲先进县"称号，号召全省向他们学习。5月6日，省人民政府办公厅转发了省教委《关于个人脱盲、高标准扫除文盲单位标准及检查验收的意见》。在各级党委和政府的重视和领导下，全省农村继续开展了扫除剩余文盲的工作，组织10余万人参加扫盲学习，基本完成本年度扫除文盲的任务。

1991年，全省组织以回乡初中、高中毕业生为主要对象的100余万农民，参加了以种植、养殖、加工业为主的实用技术学习和培训，促进了科学技术的推广和应用，为科技兴农、兴晋富民作出了积极贡献。在全省农村初步形成县、乡、村三级举办农村成人学校的体制，县办学面达31.5%，乡镇办学面达94.1%，村办学面达54.8%。

根据国家教委的部署和要求，山西省开始农村人口教育的试点工作，举办了人口教育培训班，对管理人员和教师进行了培训。25所P20项目的试点学校，已先后开课。省教委组织编写的《农村应用技术培训系列丛书》(44本) 已出版18本，其余将陆续出版发行。

1991年，山西省在扫除文盲活动中受到国家教委表彰和奖励。其中盂县教育局成教办主任张进仁被授予扫除文盲先进工作者称号，榆次市教育局被评为扫盲先进单位；还有3所学校被评为农村先进乡镇成人学校和先进村成人学校。它们是：临猗县牛杜镇农民文化技术学校、长治市屯留县八泉乡成人教育中心和陵川县曹庄乡东谷村农民文化技术学校。

四、职工教育

按照山西省职工教育管理委员会的统一部署，1991年，继续抓了以职工岗位培训为重点的培训工作，省教委积极配合有关行业和部门开展这项工作，并将其不断引向深入。各类成人高校也把职工岗位培训作为一项基本任务，积极承担了企业厂长、经理、"三总师"及其它各类职工干部的培训任务。

五、社会力量办学

1991年，在省政府的重视和社会各界的支持下，省教委、省工商局共同制定了《山西省社会力量办学招生广告管理暂行规定》；省教委和省公安厅转发了国家教委、公安部《关于社会力量办学印章管理的暂行规定》，并制定了补充规定；草拟了《山西省社会力量办学收费标准暂行规定》和《山西省社会力量管理暂行办法的实施意见》，逐步将社会力量办学纳入依法管理的轨道。

六、自学考试工作

山西省高等教育自学考试1991年得到全面发展，稳步提高。自学考试进入不断完善和科学管理的轨道，并取得了可喜成绩，其招生规模和办学质量有了长足的发展和提高。1991年举行了两次全省性统考，并开考了本科、专科和中专三个学历层次，总计37个专业，参加自学考试的总人数突破了21万。报考科次576559，实考科次576559。1991年，山西省共有4552人通过自学考试获得了大专毕业证书，有18人获得汉语言文学专业本科毕业证书。有4714人获得了中专毕业证书。

撰稿人 张忠政 李 威 张正义
任月忠 刘月琴 许建良
张泽民 贾真真
审稿人 宋玉岫

内蒙古自治区教育

概　　况

一、各级各类教育发展情况

1991 年各级普通学校基本情况

单位：人

学校类别	学校数(所)	毕业生数	招生数	在校学生数	教职工数 计	教职工数 其中专任教师
一、普通高等学校	19	10 050	9 779	31 348	14 577	6 562
研究生		99	92	241		
本　科		5 315	5 160	21 064		
专　科		4 636	4 527	10 043		
二、中等专业学校	101	15 356	18 021	52 090	15 488	7 374
中等技术学校	80	11 292	13 858	39 082	12 535	5 824
中等师范学校	21	4 064	4 163	13 008	2 953	1 550
三、普通中学	2 032	316 335	362 388	1 061 283	108 506	79 467
高　　中	410	63 419	67 508	199 329		16 670
初　　中	1 622	252 916	294 880	861 954		62 797
四、农业、职业中学	366	34 224	51 672	125 863	15 532	10 619
高　　中	214	18 725	27 819	63 305		6 562
初　　中	152	15 499	23 853	62 558		4 057
五、工读学校	2		97	212	152	27
六、小　　学	14 505	379 847	443 966	2 340 959	172 921	153 443
七、特殊教育学校	13	59	291	1 060	323	259
八、幼　儿　园	1 179	41 601	50 513	131 797	16 864	9 464

注：幼儿园各项统计数字不含学前班。

1991年各级成人学校基本情况

单位：人

学校类别	学校数(所)	毕业生数	招生数	在校学生数	教职工数 计	教职工数 其中专任教师
一、成人高等学校	21	13 105	6 468	24 615	4 090	2 047
广播电视大学	1	4 475	1 384	5 280	737	275
职工高等学校	8	1 404	868	3 097	805	411
农民高等学校						
管理干部学院	2	552	521	1 114	579	282
教育学院	10	3 409	1 931	6 169	1 969	1 079
独立函授学院						
普通高校举办						
函授部	(8)	2 649	1 182	6 930		
夜大学	(3)	489	441	1 744		
干部专修科	(3)	127	141	281		
二、成人中等专业学校	120	10 481	12 841	30 265	6 027	3 107
广播电视中专	2	2 146	2 692	10 271	390	194
干部中专	7	169	532	773	334	144
职工中专	48	4 840	6 126	12 526	2 619	1 201
农民中专	3	102	119	159	67	46
教师进修学校	60	3 224	3 372	6 536	2 617	1 522
三、成人中学	103	8 171	8 118	8 417	729	459
职工中学	103	8 171	8 118	8 417	729	459
农民中学						
四、成人技术培训学校	4 282	1 200 000	1 100 000	1 050 000	4 556	2 837
职工技术培训学校	127	90 000	70 000	40 000	1 328	785
农民技术培训学校	4 155	1 110 000	1 030 000	1 010 000	3 228	2 052
五、成人初等学校	3 132	175 125	61 819	149 840	2 127	532
职工初等学校	10	740	836	861	9	7
农民初等学校	3 122	174 385	60 983	148 979	2 118	525
其中：扫盲班	1 947	102 308		75 484	1 139	248

制表人　吴国谱

二、制订教育事业发展十年规划和“八五”计划

1990 年，按照国家教委和自治区人民政府的部署，全区各级教育部门开展了教育事业发展十年规划和“八五”计划的研制工作。1991 年，依据国家教委《中国教育发展和改革纲要（草案）1990—2000 年（送审稿）》和《内蒙古自治区国民经济和社会发展十年规划和第八个五年计划纲要》提出的任务和要求，自治区教育厅经过认真测算、综合平衡、多方论证、反复修改，完成了《内蒙古自治区教育事业发展十年规划和第八个五年计划》的研制工作。规划和计划突出了教育在自治区经济和社会发展中的战略地位，体现了社会主义建设必须依靠教育，教育必须为社会主义建设服务的方针；强调要坚持社会主义的办学方向，以教育改革推动教育事业的发展；提出了今后十年和“八五”期间全区教育事业发展的奋斗目标和主要任务及相应的政策和措施。

在研制《内蒙古自治区教育事业发展十年规划和第八个五年计划》的同时，制订了《内蒙古自治区 1990—2000 年义务教育规划》、《内蒙古自治区中等职业技术教育十年规划和“八五”计划》、《内蒙古自治区普通高等教育事业十年规划和“八五”计划》、《内蒙古自治区成人教育十年规划和“八五”计划》、《内蒙古自治区民族教育十年规划和“八五”计划》等各类教育事业的发展规划和计划。各盟市、旗县（市区）也普遍制订和完善了《实施九年制义务教育规划》，部分地区已报经当地人大常委会审议发布施行。

三、继续加强和改进学校的思想政治工作

1991 年，自治区教育厅把进一步加强思想政治工作，落实德育在学校工作中的首要地位作为一项重要任务，在全区教育工作会议上作了部署。各级教育部门和各级各类学校根据自治区的要求，把德育工作列入重要议事日程，切实加强了领导。主要表现在：

（一）德育机构逐步健全，队伍不断充实

自治区和大多数盟市教育行政部门相继成立了党委，有的增设了思想政治教育工作机构；高等学校和中专普遍设立了学生工作部（处）、学生科；许多中小学成立了以党支部为核心的德育工作领导小组，建立健全了德育工作制度，学校领导亲自兼任德育课。一支以专职为主，专兼职结合的德育工作队伍已基本形成。

（二）德育内容更加丰富，工作方法明显改进

各级各类学校在认真学习社会主义理论和江泽民总书记关于加强近现代史和国情教育的指示，积极进行反和平演变教育的同时，结合中国共产党建党 70 周年、辛亥革命 80 周年、“九 · 一八”事变 60 周年等纪念活动，广泛开展了各种形式的爱国主义、革命传统教育和“两史一情”教育。为了进一步落实以教学为主渠道的思想政治教育，自治区教育厅在组织贯彻《小学生德育纲要》和《中学生德育大纲》的同时，制定了《中等专业学校德育大纲》和《高校德育课教学大纲》，编辑出版了具有地区特色的德育教材《爱我中华爱我内蒙古》。各级教育部门和学校不同程度地重视和加强了在学科教学领域渗透思想政治教育，从理论和实践的结合上积极研究探索新的途径和办法，各类学校普遍加强了社会实践教育和劳动教育。大中专院校在组织部分学科专业的师生参加自治区社会主义教育工作团下乡、进村开展社会主义教育和科技扶贫活动的基础上，同地方挂钩，利用寒暑假共同组织返乡学生参加家乡的社会主义教育活动。学校和地方，采取灵活多样的形式，为学生提供了广泛接触社会

实践活动的机会，使他们在实践活动中受到了深刻的教育。全区中小学普遍开设劳技课或劳动课，约60%的学校达到了国家教委规定的“五有”标准。年内，全区有19所高校、44所中专、207所中学、89所小学的19.6万学生，接受了以军训为主的不同形式的国防教育。为了逐步完善德育评估督导机制，自治区教育厅制定了《中小学德育工作督导评估方案》，并组织盟市、旗县开展了自查、自评。广大中小学积极开展了学雷锋、学赖宁活动，使学校校容校貌和学生的精神面貌发生了明显的变化。

（三）高等学校马列理论课建设进一步加强

为了贯彻国家教委《关于加强和改进高等学校马克思主义理论教育的若干意见》，自治区高校工委和教育厅组织力量，对6所高校马列理论课教学情况进行了调查。在此基础上制定了贯彻落实的具体措施。一是进一步明确了马列主义理论课在德育工作中的地位和作用，在经费、编制及人员调入等方面采取了适当倾斜的政策。二是把马列主义理论课列为学校重点课程来建设，认真清理教材中的资产阶级自由化的影响。三是紧密结合新形势的特点和学生实际，调整课程内容，有针对性地进行教育，并逐步实行小班上课，以增强教学效果。四是加强师资队伍建设，分期分批安排青年教师参加社会实践和社会调查。五是改革教学方法和考试方法，适当增加作业和讨论，建立试题库，严格考试规范，加强教学质量检查评估。六是成立马列主义理论研究中心，围绕马列主义理论课教育和当前新形势下的重要课题开展科研，蔚成理论研究、理论批判、理论教育的风气。系统地加强马列主义理论教育，促进了学生政治思想觉悟的提高，坚定了学生的社会主义信念。1990至1991学年度，全区高校有2700多名学生参加了业余党校的学习，4645名学生向组织递交了入党申请书，学生党员数增加到359人。仅14所院校统计，大学生自发组织的马列主义学习小组有367个，参加学习的人数达6000多人，占在校学生数的22%。

基础教育

一、有计划地组织实施义务教育

（一）依法治教

《义务教育法》颁布以来，不少盟市、旗县把每年的1月份定为义务教育宣传月，采取多种形式广泛开展了宣传教育活动。阿拉善盟在1991年的宣传月活动中，印发《义务教育法》及《内蒙古自治区实施〈义务教育法〉办法》5万册，平均每3人一册，干部职工和城乡居民的普法面分别达到90%和50%以上。全区干部、群众通过学习《义务教育法》，增强了依法治教的法制意识，初步树立起三个观念：(1) 实施、接受规定年限的义务教育，既是国家对公民应负的职责，也是公民对国家和社会应尽的义务；(2)《义务教育法》同其它法律一样具有强制性，全社会必须遵守，不得违反；(3) 各级政府和办学单位，必须按规定提供实施义务教育所必需的办学条件。

（二）认真制订义务教育规划

全区各盟市、旗县（市区）、乡镇（苏木）都相继成立了义务教育规划领导机构，制定了工作方案，并坚持了以下原则：(1)

从实际出发，以条件定发展，以发展促条件；(2) 先小学后中学，规划到乡，算帐到校；(3) 分类指导，按地区、分步骤实施，不搞一刀切；(4) 自上而下宏观调控，自下而上归纳综合。到1991年，自治区教育厅通过各种渠道和形式指导，督促全区大部分盟市、100个旗县（市区），1600多个乡镇（苏木）完成了义务教育规划。自治区人民政府在各盟市规划的基础上，根据全区自然、地理、人口、经济状况和基础教育发展情况，经过反复测算、多方论证，制订出《内蒙古自治区实施九年制义务教育规划》。根据规划，1991年全区有400个乡镇（苏木）依法宣布实施初等义务教育，人口覆盖率约占35%。

（三）建立贯彻实施《义务教育法》的有效运行机制

实施义务教育是一项浩大的系统工程，涉及社会、学校、家庭等各方面，必须制定配套的政策、措施，建立起有效的运行机制。为此，1991年自治区教育厅组织力量，先后拟定了《内蒙古自治区实施义务教育工作方案》、《内蒙古自治区各级人民政府义务教育工作职责》、《内蒙古自治区乡镇义务教育评估实施方案》、《关于建立内蒙古自治区实施义务教育目标责任制的意见》、《关于建立内蒙古自治区实施义务教育档案制度的意见》、《关于建立内蒙古自治区义务教育辍学报告制度的意见》、《关于内蒙古自治区开展义务教育"宣传月"活动的意见》、《内蒙古自治区义务教育证书制度》等文件，进一步明确了实施义务教育的有关政策、措施。使全区实施义务教育的工作有法可依，有章可循，逐步建立起有效的运行机制。

（四）开展检查评估

根据全国人大常委会委员长会议关于检查《中华人民共和国义务教育法》贯彻实施情况的决定，1991年初，自治区人大常委会主任会议作出了关于贯彻全国人大常委会委员长会议决定的决议，并于4月下旬组成了以自治区人大常委会副主任沙驼为团长、自治区政府副主席赵志宏等为副团长的《义务教育法》实施情况检查团。自治区人大常委会办公厅和自治区政府办公厅联合下发了《关于开展〈中华人民共和国义务教育法〉贯彻实施情况检查的通知》，并于6月初召开全区电话会议，部署检查工作。全区各地按照检查通知的精神及电话会议的要求，于6月份普遍开展了自查。7月初至8月初，自治区检查团分成5个检查组，分赴全区12个盟市，重点抽查了40个旗县（市区）、62个乡镇（苏木）、15个（场）矿企业实施义务教育的状况，查看了98所普通中学、144所小学和40所其它各类学校的办学情况。9月中下旬，全国人大常委会委员熊复为组长、国家教委副主任邹时炎为副组长的检查组到内蒙古，主要抽查了赤峰市、呼和浩特市、包头市和乌兰察布盟等地《义务教育法》的贯彻实施情况。自治区和全国人大的检查，对指导和促进全区义务教育的发展，起到了积极的作用。

1991年，全区有12所企事业办的幼儿园被认定为自治区级示范幼儿园；小学学龄儿童入学率达到97%，流失率控制在2%以内，小学网点布局相对集中，基本覆盖了总人口；初中阶段的教育通过调整，结构布局日趋合理，能够满足83.9%的小学毕业生升学的要求；普通高中规模基本稳定；特殊教育也步入有计划发展的轨道，已有1000多名残疾儿童接受了不同程度的义务教育。

二、认真落实高中两项重大改革任务

对普通高中调整教学计划和实行毕业会考制度，是基础教育的两项重大改革措施。对此，自治区教育厅和各盟市、旗县（市区）教育部门做了大量的准备工作。

认真实施调整后的高中教学计划。一是制订实施方案。在调查研究的基础上，自治区教育厅制订了《内蒙古自治区关于实施〈现行普通高中教学计划的调整意见〉的意见》，为今后全区普通高中组织教学提供了依据。二是培训干部。自治区教育厅培训了盟市教育处（局）长、普教科长和96所高中和完中的校长、教导主任，并举办了地理课教学大纲师资培训班。各盟市也相应开展了多种形式的培训，为促进教育行政干部和教学管理人员转变观念奠定了基础。三是遵循“抓住重点、突破难点、分类指导、分步到位”的原则，积极组织全区各地都从高一年级开始贯彻执行调整后的教学计划。1991年秋季，必修课已开齐开足，德育进一步加强，劳技教育、社会实践教育基本到位。部分学校还积极创造条件开设了有利于发挥学生兴趣、爱好、特长的选修课。全区普通高中教育正逐步由应试教育向素质教育转化。

积极筹备高中毕业会考工作。根据国家教委部署，自治区决定，从1991年入学的高中一年级新生开始，在全区普通高中全面实行毕业会考制度。1991年3月，自治区政府批准成立了教育厅会考办公室，负责统一组织、实施和管理会考工作。各级人民政府和教育行政部门普遍加强了会考工作的领导和管理，建立了相应的机构，配备了工作人员。自治区教育厅制订了《内蒙古自治区试行普通高中毕业会考制度的实施方案》，在严格会考考籍管理、加强考风考纪建设、建立试场管理制度、完善考试监督机制等方面，采取了一系列措施。12月，自治区教育厅召开了会考工作会议，研究部署了全区的会考工作。会考的具体步骤是：从1991年入学的高一新生起，根据自治区教育厅颁发的调整后的教学计划组织教学，取消文理分科，学生学完一门课程开考一门，按年级分别参加各科的毕业考试或考查。考试科目实行全区统一命题，统一时间施考，统一组织阅卷评分，统一报告成绩。考查科目由学校根据教学计划和教学大纲，按自治区会考办公室发布的考查标准和办法组织实施，由盟市、旗县（市区）教育部门督促检查。在高三年级会考结束后，对参加全部课程会考成绩合格的学生，发给内蒙古自治区会考证书，记录考生在会考中各科考试和考查的等第成绩。

三、加强中小学体育、卫生工作，积极开展劳动教育

贯彻体育、卫生两个工作条例。为了促进中小学体育、卫生工作的健康发展，根据国务院批准颁布的《学校体育工作条例》和《学校卫生工作条例》，自治区教育厅制订了贯彻两个条例的《实施办法》，并采取相应措施贯彻落实：一是对中学生体育合格标准的落实情况进行了检查，在包头市、赤峰市和包头钢铁公司开展了把体育成绩列入学生毕业、升学考试成绩的试点工作；二是学习山西省临汾地区农村学校体育教学经验，在农村、牧区中小学积极开展了因陋就简自制体育器械和因地制宜开展体育课的活动；三是进行了学生体质调研，对全区10个盟市学生的体质与健康状况进行了监测，取得有效数据420多万个，基本摸清了全区城乡各民族学生的体质与健康状况。

促进劳动教育的制度化和规范化。内蒙古自治区中小学劳动教育从1987年起步，逐步形成了劳动教育与德育工作相结合、与勤工俭学相结合、与社会实践相结合、与课外活动相结合的局面。为了促进劳动教育制度化、规范化，1991年，自治区教育厅采取了三项措施：第一，加强了劳动教育的管理。表彰了中小学劳动教育3个先进盟市、2个先进旗县、14个先进中小学。制订了《关于劳技课基地建设审批工作的意见》，确定了建立劳动教育基地的指导思想和原则、发展目标和要求、申报和审批程序。第二，加强了教材建设。制订并发布了《高中劳技课教学大纲》；经自治区教材审查委员会审查，出版了初、高中农牧林区版和城市版劳技课教材。内蒙古人民出版社出版的初中一年级用《劳动技术》(城市版) 和初中二年级、初中三年级用《劳动技术》(城市版) 分别获全国劳技课教材二等奖和三等奖。第三，加强了基地建设。1991 年全区共筹集 60 万元，重点建设 40 个劳动教育基地，以适应学生劳技课实习和操作技能训练的需要。

四、抓紧师资队伍建设

1991 年，自治区各级政府和教育部门从培养、培训和管理入手，采取措施进一步加强了中小学师资队伍的建设。

师资培训。1991 年，全区中等师范学校共招生 4008 名。为使全区师资培训工作从以学历补偿教育为重点向继续教育为重点转移，采取分盟市、分学科、分授课语种的办法，对在职中小学、幼儿园教师进行了补偿教育和继续教育的测算。在此基础上，制订了《全区中小学幼儿园教师“八五”培训规划》和《开展中小学教师继续教育试点工作的意见》，确定了“八五”期间对全区中小学校长普遍进行岗位职务轮训的任务。全区中小学教师继续教育试点工作已经起步。与此同时，各地加强了教师的在职学习和提高，年内共有 4420 名教师获得专业合格证书，616 名教师通过中师自考获得中师毕业证，5500 名教师被录取为小学教师进修班和中师函授的新学员。暑期，自治区教育厅与美国英语学会继续联合举办了英语教师培训班。1991 年，全区小学、初中、高中教师学历合格率分别达到 72.3%、45.3%、41.9%，比上年分别提高 5、4.5、1.7 个百分点。

师资管理。1991 年，全区各地继续把师资管理摆在突出位置，开展了以下四个方面的工作。一是把教师的思想政治工作列入重要议事日程，加强了党建工作，开展了社会主义教育和师德教育，努力提高教师的思想素质。二是加强了师资管理制度的建设。自治区教育厅抽人深入 8 个盟市、15 个旗县 (市区)、95 所中小学调查研究，在此基础上，进一步完善了中小学教师定编、设岗、考核、调动等方面的政策和规定。三是坚持落实知识分子政策，不断提高教师待遇。1991 年教师节前，全区各级政府和教育部门对做出显著成绩的先进集体和个人进行了表彰；各地区想方设法筹集资金为教职工新建住宅，全区有 3000 多户中小学教职工迁入新居，教师住房难的问题逐步有所缓解；积极配合并顺利通过了人事部对全区教师职务评聘工作的复查、验收，基本完成了教师职务评聘转入经常化的准备工作。四是加强和改善民办教师的工作。全区各级政府和教育部门积极创造条件为民办教师办实事。呼和浩特市决定：从 1992 年起，每年为民办教师解决 200 个转正指标，增加月工资 10 元。乌兰察布盟察右前旗开始试行民办教师退休基金制度，在妥善解决民办教师老有所养的问题上，作了积极的探索和尝试。年内，国家和自治区分别下拨 2000 和 1000 个专项劳动指标，从优秀民办教师中选招公办教师。这些措施对稳定民办教师队伍，调动他们献身农村教育事业的积极性起到了促进作用。

五、多渠道筹措教育经费，进一步改善办学条件

1991 年，内蒙古自治区在遭受严重自然灾害，地方财政十分困难的情况下，有些旗县、乡镇 (苏木) 的教育经费投入仍比去年有所增加。地处偏远贫困的化德县提出“再难不难教育，再穷不穷学校，再苦不苦孩子”的口号，增加教育经费 50 万元。

加强教育费附加的收缴和管理。自治区人民政府发文修改了《征收教育费附加的暂行办法》。全区大部分地区对教育费附加的征、管、用实行目标管理，并进行审计监督，使教育费附加的收入显著增长。1991年，全区农村教育费附加收入3627.8万元，比上年增长260.9%。

加强勤工俭学的组织与管理。全区各地从实际出发，广开渠道，挖掘潜力，大力发展勤工俭学事业。乌兰察布盟要求全盟农区校校有土地，牧区校校有牲畜，城镇校校有企业。1991年，全区勤工俭学纯收入8402万元，比1990年增长1174万元，增长率为16.2%；全区中小学生人均收入23.46元，比1990年增长3.26元，增长率为16.1%；纯收入达到1000万元的盟市有3个，达到100万元的旗县有24个，达到10万元以上的学校有90个。

积极发动群众捐资助学。1991年，全区捐资助学收入4167万元，自治区人民教育基金总数已达375万元，年利息达40万元。“依靠人民办教育，办好教育为人民”的思想日益深入人心。

由于实行了多渠道筹措教育经费，中小学办学条件的改善取得了新进展。年内，全区中小学危房率由1990年的3%下降到2.4%，校舍砖瓦化程度明显提高，不少地区的校舍建设正向标准化过渡。1991年12月下旬，自治区政府在赤峰市召开多渠道筹措教育经费，改善办学条件现场会，表彰奖励3个盟市和9个旗县（市区）。

职业技术教育

1991年，是内蒙古自治区职业技术教育恢复和发展的第十个年头。为进一步落实职业技术教育的战略地位，更好地为自治区经济建设和社会发展服务，自治区人民政府把1991年确定为“职业教育年”，提出了10项目标和任务，制定了相应的政策和措施，并层层建立了责任制。一年来，经过各级党委、政府、教育部门和广大干部群众、职教工作者的共同努力，10项目标和任务基本完成，“职业教育年”活动取得了显著成效。

第一，集中力量建成了一批综合性、示范性的骨干职业技术学校。全区各地以“职业教育年”为契机，集中人、财、物力，努力改善办学条件，加强了骨干学校的建设。自治区教育厅根据国家教委《省级重点职业高级中学的标准》和《内蒙古自治区职业中学办学水平评估细则》，完成了第二批自治区级重点职业高中和首批盟市级重点职业高中的评估、认定工作。评出自治区级重点职业高中8所，盟市级重点职业高中33所。部分旗县的综合性职业高中也达到了自治区规定的办学条件标准。呼和浩特市第二职业高级中学等5校被国家教委认定为首批省（区）级重点职业中学。1991年底，全区已有自治区级重点职业高中13所，盟市级重点职业高中33所，基本达标的旗县综合性职业高中100所。这批学校在办学思想、办学条件、学校管理、师资水平、教育质量、生产经营能力和社会服务等方面都较好地发挥了示范作用，成为全区职教事业发展中的骨干力量。自治区级重点职业高中包头市第四职业高中，1991年创产值500万元，获纯利润50万元，比上年增长1.8倍。

第二，农牧民实用技术培训得到明显加

强。自治区政府要求，从“职业教育年”起，农村牧区职业技术学校都与当地的一个贫困乡（苏木）或村（戍查）签订脱贫致富合同，结合当地实际，选择3—5项“短、平、快”的实用技术项目，使科技培训、实验、推广形成一条龙，力争当年见到效益。按照自治区政府的要求，全区11个盟市（不含乌海市）的106所农村牧区职业中学与当地的152个贫困乡（苏木）、村（戍查）签订了脱贫致富合同，向农牧民推广实用技术320项。伊金霍洛旗畜牧职业中学为联系户刘栓柱提供地膜覆盖玉米技术，在当地严重干旱的情况下，使覆盖玉米出苗率达100%，亩产达到750公斤。全区职业中学利用寒暑假时间举办短期职业技术培训班6223期，共培训103865人次，超额完成了全年8.3万人次的培训任务。

第三，三项基本建设得到加强，为职业技术教育的发展增添了后劲。“职业教育年”活动的开展大大增强了各级党政领导发展职业技术教育的自觉性和紧迫感。各地从实际出发，采取积极措施，普遍加强了职业学校教师队伍、教材和实习基地的三项基本建设。年内，完成了高校对口招收农职业高中师资班的招生任务和第五期赴日研修生的选派任务；各盟市共举办职教干部培训班12期，培训职业中学校长和教导主任188人次。有的盟市根据不同专业的特点，采取“改、调、派、聘、培、留”的做法，基本解决了专业课教学急需的师资。各级电教馆（站）为91所职业中学配备了电化教学设备；各地组织力量为职业初中和实行“3+1”的学校编写了约百万字、万余册的乡土教材；开展了烹饪、幼师、服装、财会、农学5个专业的全区教学研究活动；制定、修订了12个专业类别和20多个专业的教学计划。全区已有50%的职业中学建成了与主体专业相适应的校内生产实习基地，有的已具有一定规模。伊盟杭锦旗农林职业中学建成了百亩农林、百亩果园、百亩鱼塘、百亩草场；包头第一职业高中建成了拥有60万元流动资金的仪表厂；乌兰浩特第一职业高中建成了10万平方米的汽车训练场地。到1991年底，全区职业中学年纯收入达20万元以上的有10所（其中有2所达100万元，2所达50万元），达10万元以上的有23所，达3–5万元的有64所。

第四，普通中专在深化改革中稳步发展。为充分发挥中专的优势和骨干作用，在“职业教育年”内，自治区教育厅加强了对中专的督导评估，制定了《中等专业学校办学水平评估指标体系》，完成了对全区77所普通中专的合格评估工作，其中，认定37所为合格学校，15所为基本合格学校，有25所学校被列为暂缓通过的学校。在督导评估的基础上，进一步深化中专的教育改革。自治区政府要求，每所中专都要挂靠一所职业中学，与之签订责任书，扶持职业中学搞好教学、科学实验、生产经营和社会服务。不少中专与职业中学加强了联系，签订了教学协作协议书，派出专业教师讲课，提供实验设备，帮助建立实习基地，确立实验项目。为了促进农村牧区经济发展，打开人才通向农村牧区的路子，在原有4所中专先行试点的基础上，逐步扩大了农牧林医类中专定向招生、不包分配的比例，年内，农牧类中专招收不包分配学生600人，促进了这类专业的技术人才向基层流动。

在“职业教育年”活动中，全区各地积极探索职业技术教育发展的规律，积累了一些办学经验。主要有以下几条：第一，提高认识，加强各级政府特别是旗县一级政府的统筹领导，不断完善领导管理体制，为职业技术教育增加投入，是发展职业技术教育的重要保证。第二，采取灵活多样的办学形式，根据需要因地制宜地设置专业，多层次、多规格地培训人才，是实现职业技术教育与经济建设紧密结合的关键所在。第三，实行“教学、实验实习、生产经营、技术推广、社会服务”一体化的办学体制，是职业中学提高人才效益、社会效益、经济效益的有效途径。第四，大力开展联合办学，不断深化教学改革，努力提高办学质量，是职业技术教育立足的根本措施。

高等教育

1991年，内蒙古自治区普通高等教育事业认真贯彻“坚持方向，稳定规模，优化结构，深化改革，改善条件，提高质量”的方针，以适应自治区经济建设和社会发展的需要。

一、加强宏观调控，搞好治理整顿

1991年，根据自治区经济、社会发展的需要与可能，从高等教育直接面向21世纪的战略高度出发，在深入调查研究的基础上，制定和完善了《内蒙古自治区普通高等教育事业十年规划和“八五”计划》，对全区高等教育事业的总体布局、发展规模与科类比例以及优化结构、深化改革、提高质量、增加投入等重大问题，作了统筹安排，进一步加强了宏观调控。按照国家教委的要求，对未达到设置标准的4所高校提出了治理整顿的意见，并采取了相应的措施。在自治区政府统筹安排下，自治区和地方匹配投资，为海拉尔师专和河套大学分别投资600万元和250万元，用于基础建设，使之尽快达标。对民主党派办的丰州联合大学和社会力量办的青山大学也制订了进一步整改的措施，并付诸实施。各教育学院附设的普通师范大专班将逐步停办，其招生任务将逐步转移到4所师范专科学校。

二、进一步调整教育结构，深化招生、分配制度改革

根据按需招生的原则，继续调减了研究生教育规模。1991年，自治区培养研究生的7所普通高校招收攻读博士、硕士学位的研究生93人，毕业101人。在校研究生人数由前几年的500多人减少到243人。

继续控制本科教育规模，适当发展专科教育。1991年，自治区所属18所院校招收本专科学生9206人，其中本科招生4721人，专科招生4485人。本专科比例大体各占一半，使人才培养和使用的效益逐步提高。

继续进行科类和专业结构调整。为使普通高等教育在整体比例关系上尽可能适应自治区经济建设的需要，1991年，对普通高等教育的科类和专业结构继续进行了调整。主要措施是：第一，采取暂停招生的办法，压缩了日语、应用数学、植物学、动物学、工业经济、学前教育等长线专业的办学规模。第二，适应需求，增设了科技英语，水土保持以及师范类的体育等专业。第三，拓宽专业口径，增强适应能力，将内蒙古工学院的计量与测试，机械制造、铸造、化工设备与机械、无机化工、工业与民用建筑专业、生物专业等学制由二年制改为三年制。第四，调整高等教育自学考试专业结构，关闭了统计、海关、价格、邮电、护士等专业，增设了工民建、财政、税收等专业。

进一步深化招生制度的改革。为了促进人才向下，区内农林医师等科类的本科专业仍实行全区统一录取，其中某些艰苦专业生源不足时，可适当降分，录取分数线下第一志愿的考生。区内各专科学校和大专班（除音乐、体育、美术专业外）的定向招生计划指标，经自治区综合平衡后分配到盟市，盟市据此统一划定本地区的最低控制分数线。定向招生录取的学生，毕业后必须按照所报志愿服从定向分配。

为促进农村牧区教育综合改革，对3个列为全国农村教育综合改革实验旗试行单独划拨招生指标，按略高于这3个旗近年来升学率、录取率的平均水平和当地经济建设的需要，单独安排招生计划。

在毕业生分配工作中，坚持贯彻“综合测评，择优分配”的原则，逐步完善了测评的指标体系，使测评结果更具科学性；同时坚持面向基层、面向生产、面向科研教学第一线分配毕业生，都收到了一定的成效。师范类毕业生全部安排在教育战线工作，定向生全部实行了定向分配。

三、高校科技主力投入为自治区经济建设服务的主战场

1991年，为贯彻全国高校科技工作会议精神和国务院批转的国家教委、国家科委《关于加强高等学校科学技术工作的意见》，内蒙古自治区大力加强了高校科技工作。一是自治区教育厅下发了《关于加强高等学校科学技术工作的意见》，提出了今后十年和“八五”期间全区高校科技工作的发展目标和基本要求，规划确定了重点研究领域和主攻方向，并就加强学术队伍建设、增加科技工作投入、加强科技开发和科技服务等问题，制订了导向性的政策和措施。二是组织专家论证了第一批重点科技项目，鉴定、验收、推广了一批科技成果，利用新增的科研经费，新上了14个效益显著的项目。三是积极筹备成立高校科学技术委员会和科研管理研究会，使科研工作逐步走上科学管理的轨道。与此同时，各高校加强了技术开发和科技成果的推广应用，促进一批新型科技成果直接为自治区经济建设服务。内蒙古大学的“静电技术处理甜菜种子”、“微机控制系统在水泥行业生产中的应用”、“丰产素的主要原料—复硝钠的研制和生产”、“电子蒙文排版系统”；内蒙古工学院的“高寒地区客车余热供暖装置”等，都是经济效益和社会效益很显著的项目。仅生产“复硝钠”一项就获利30多万元。“电子排版系统”在自治区印刷行业的技术改造中起到了龙头作用，1991年创产值300多万元。

四、加强实践环节，建立多种形式的“三结合”基地

1985年以来，内蒙古农牧学院从培养合格的社会主义建设者和接班人这一根本任务出发，坚持“以教学为主，统筹兼顾，双向受益”的原则，建立了以教学、科研、社会实践为内容，以产学合作为形式的“三结合”体系。近年来，已直接创造社会经济效益2亿多元，为自治区经济建设做出了较大贡献。1991年2月25日，《国家教委简报第25期》介绍了该院教学、科研、社会实践三结合的显著成效。自治区教育厅在全区高校进一步推广了农牧学院的经验，拨出经费90万元，重点抓了全区高校实习基地和劳动教育基地的建设。各高校学习农牧学院的经验，以科研为依托，发挥各专业特长，坚持“互惠互利，双向受益”的原则，通过技术推广、人才培训等服务方式，积极建立多种形式的“三结合”基地。到1991年底，共建立长期稳定的“三结合”基地50个，相对稳定的实习基地205个，短期联系的实习点155个。基地建设促进了实践教育环节的加强。在实践和实习中，全区高校年内开展科技服务项目54个，解决了自治区农牧业生产中的许多实际问题。

五、继续强化高校管理，坚持从严治校

1991年是内蒙古自治区高等学校实行综合治理，加强校风与学风建设的第二年。

为进一步落实自治区党委、政府办公厅批转的《关于进一步加强管理，从严治校的意见》，自治区高校工委和教育厅继去年对学生宿舍和食堂的管理工作评估之后，于10月中旬至12月底，又对全区高校的学籍管理工作逐校进行了检查评估。通过检查评估，各高校总结交流了经验，找出了差距，提出了整改措施，使学生管理、学籍管理和考试管理得到明显的加强。各高等学校普遍理顺了校、系两级学生工作领导体制；建立并充实了学生管理工作机构，实行了各类管理人员的岗位责任制；修订、完善了一整套强化学生管理的规章制度；注重和加强了学生管理档案的建设；严肃了考风考纪。学生的精神风貌、学习风气发生了显著变化。

成人教育

一、加强宏观调控，改革成人高校招生办法

第一，调减成人高校招生计划。成人高校招生计划由1990年12300多人调减为9661人。

第二，加强区外院校招生计划管理，调整专业招生计划。把经济建设不急需的长线专业招生指标调减下来，增加了能源、水利、农业等自治区经济建设急需专业的招生指标。

第三，实行按科类划线，强调专业对口，坚持按需培养。在1991年成人高校招生工作中，针对各专业录取分数线严重不平衡的情况，实行了按教育、管理、职工院校和电大等科类专业划线的办法。

第四，对于经济建设急需的专业和面向艰苦行业、偏远地区招生的专业，采取倾斜政策，积极组织生源，并在录取政策上予以照顾。

二、整顿成人中专学历教育，调整和撤并成人中等专业学校

针对成人中等专业教育存在的学校布局、专业设置不尽合理，办学条件改善缓慢，以及部分学校生源困难、办学效益低等问题。1991年1月，自治区政府转发了自治区教育厅、计委《关于进一步改革调整职工（干部）中等专业教育结构的报告》，对全区职工（干部）中等专业教育作了进一步调整：采取集中办学、联合办学等方式，撤并18所学校；将与普通中专合校的9所学校撤销建制；对7所学校暂停招生，要求按《成人中等专业学校暂行条例》，限期充实加强或改办为其它类型的学校。经过调整，成人中专由原来的86所调减为59所，基本上改变了战线过长、布局分散、专业重复、生源不足的局面。

三、大力推进岗位培训

1991年，自治区把岗位培训作为成人教育的重点，研究落实规划，认真组织实施，全区岗位培训工作呈现出积极发展的态势，主要表现在：第一，各级领导对岗位培训工作重要性和紧迫性的认识进一步提高，岗位培训工作已纳入各部门的议事日程；第二，积极试点，总结经验，加强了部门、行业间的横向联合与协作；第三，注重实效，使岗位培训与提高工作效率、经济效益相结合，推动了企业内部的改革。全区物资、邮电、商业、人事、银行、税务、轻工、交通和财政系统及14家大型企业，在广泛深入调查研究的基础上，摸清了从业人员素质和岗位设置状况，从实际出发，积极修订计划和规划，选择一批代表性强、有相当基础的企业进行了培训试点；同时制定了160多个主要岗位、关键岗位的岗位规范和相应的配套政策措施，完成了教材的选编和推荐任务。年内，全区有70多万干部、职工参加了培训。10月下旬，自治区召开了岗位培训经验交流会议，总结了前一时期的工作，明确了今后一个阶段内全区岗位培训的目标、任务和主要措施，对岗位培训向规范化、制度化发展起到了促进作用。

四、大力加强“燎原计划”示范乡的建设和农牧民文化、科技教育

1991年，全区有8万农牧民参加了扫盲学习，脱盲6.3万人，使青壮年文盲半文盲的比例由上年的6.6%下降到4%。全区县、乡、村三级农牧民文化技术学校已发展到9250所，比上年增加3510所，并在100个“燎原计划”示范乡设立了各种专业示范户和科技示范户，使农牧民培训初步实现了网络化。年内，有170万农牧民参加了不同层次的实用技术培训，其中52万人达到了家庭技术员的标准，30万人获得绿色证书。

五、农村牧区教育综合改革逐步深化

1989年，敖汉旗、奈曼旗、镶黄旗被确定为全国农村教育综合改革实验县，开展了“三教统筹”，农（牧）科教结合的试点工作。1991年，在评估、总结3个实验县的基础上，扩大了试点范围，全区又在每个盟市确定1个实验县。目前，各实验县基本健全了县、乡两级统筹领导机构，并重点抓了规划、经费、科技实验项目、师资和实习基地等5个方面的统筹领导。实验县以农职业中学和农牧民文化技术学校为依托，大力开展实用技术培训和科技项目推广，明显地推进了当地经济与科技、教育的有机结合，推进了经济振兴和农牧民脱贫致富。赤峰市元宝山区1991年工农业总产值达3.137亿元，比1985年增长247.4%；财政收入达4328万元，比1985年翻了两番；农村人均收入达到803元，比1985年增长70.5%。奈曼旗青龙山镇工农业总产值由1985年的601万元上升到1991年的1134.8万元，人均收入由365元增加到495元，分别增长88.8%和35.6%。

民族教育

1991年，全区各地继续贯彻“优先，重点”发展民族教育的方针，在经费投入、人员编制、校舍建设、设备购置及师资培训等方面采取了倾斜政策，使各类民族教育的发展迈出了新步伐。

一、民族基础教育得到进一步加强

“七五”期间，自治区政府每年拨出1000万元，加强“两主一公”（寄宿制为主，助学金为主的公办学校）建设，到1991年，全区所有牧区苏木中心校的办学条件得到很大改善，基本实现了“两主一公”，不少学校实现了“一无多有”，配齐了教学仪器、设备。1991年，全区民族中小学校有3653所，其中普通中学408所，职业中学35所，小学3210所。民族中小学校的布局经过调整，实行苏木（乡）中学集中到旗县办，嘎查（村）小学集中到苏木办，促进了教学质量的提高。哲里木盟民族小学毕业生升初中和初中毕业生升高中的比例分别比全盟平均水平高出4.9%和6%。全区民族初等教育的“四率”基本达到了自治区规定的标准。民族教育的师资通过脱产培训、开展教研活动等途径，其业务水平不断提高。一些地方蒙语授课教师学历合格率高于当地教师学历合格率，锡林郭勒盟小学教师合格率高出5.3个百分点，初中教师学历合格率高出6.7个百分点。

二、进一步改革和加强民族专业教育

改革开放10年多来，自治区的民族专业教育得到长足发展。到1991年，在101所中等专业学校中，有27所设置了民族班，少数民族学生占中专在校生总数的24.5%；全区19所高等学校中，已有10所设置了民族语言授课专业、民族班和民族预科班，少数民族学生占高等学校在校生总数的25.5%。民族专业教育的发展，一定程度上缓解了民族专业人才供需紧张的矛盾。为了使民族专业教育更好地适应经济建设的需要，自治区确定了“八五”时期调整改革民族专业教育的措施：第一，适当调减少数民族普通高中规模，通过改办职业高中或设置职业班等办法发展少数民族职业技术教育。第二，稳定中专和技工学校招收少数民族学生的政策，进一步调整民族中等教育结构。第三，根据需求情况，适当调减高等院校蒙古语文专业和师范类蒙古语文授课专业的招生数量，相应发展民族预科班，增加理工类专业的招生数量，逐步强化民族高等教育结构，积极培养少数民族管理人才和科技人才。

三、开展调查研究，加强民族教育的宏观指导

为了进一步端正民族教育的指导思想，提高民族教育的办学和管理水平，1991年自治区教育厅组织专人，历时4个月，深入8个盟市、4个大厂矿企业、38个旗县（市区）和县级办学单位、158所民族学校，就民族教育的办学指导思想、学校布局、授课用语、学校管理和教学质量的现状，进行了调查研究，写出《关于我区民族教育的调查报告》，在肯定成绩的同时，着重分析了当前存在的主要问题，提出了改进措施。在此基础上，修订了《民族教育发展十年规划》，拟定了《加强民族学校管理的意见》和《加强民族学校标准化建设的意见》并付诸实施；成立了民族教育教学管理协作研究中心，加强了民族教育研究工作。为下一步民族教育的改革、发展奠定了基础。

撰稿人　陈　联

审稿人　韩永久　秦政奇　朱成德

辽宁省教育

概况

1991年，辽宁省教育工作总的指导思想是，认真贯彻党的十三届七中、八中全会精神，坚持社会主义办学方向，积极深化教育改革，不断增强教育为经济建设服务的意识，注意提高教育质量和办学效益，促进各级各类教育事业协调发展。

1991年各级普通学校基本情况

单位：人

学校类别	学校数(所)	毕业生数	招生数	在校学生数	教职工数 计	教职工数 其中专任教师
一、普通高等学校	62	35 030	37 414	128 921	58 277	23 384
研究生		1 500	1 320	4 144		
本　科		18 925	20 600	82 910		
专　科		14 605	15 494	41 867		
二、中等专业学校	167	33 223	33 803	104 269	24 832	11 703
中等技术学校	136	24 739	24 702	75 381	19 963	9 061
中等师范学校	31	8 484	9 101	28 888	4 869	2 642
三、普通中学	2 478	538 391	696 406	1 887 654	187 373	135 487
高　中	387	81 694	89 799	264 234		21 872
初　中	2 091	456 697	606 607	1 623 420		113 615
四、农业、职业中学	613	49 550	58 782	151 572	21 253	13 464
高　中	551	45 553	54 572	144 432		13 081
初　中	62	3 997	4 210	7 140		383
五、工读学校	13	283	451	1 356	528	291
六、小　学	15 540	660 343	523 096	3 915 360	248 415	211 353
七、特殊教育学校	77	518	1 317	7 154	2 209	1 577
八、幼儿园	9 300	415 665	498 215	1 037 576	78 709	43 835

1991年各级成人学校基本情况

单位：人

学校类别	学校数(所)	毕业生数	招生数	在校学生数	教职工数 计	其中专任教师
一、成人高等学校	69	34 963	28 559	86 107	12 836	5 611
广播电视大学	3	8 002	6 953	20 477	1 894	803
职工高等学校	57	6 489	6 236	6 601	8 251	3 576
农民高等学校						
管理干部学院	7	776	1 306	2 900	1 578	637
教育学院	2	2 040	912	3 297	1 113	595
独立函授学院						
普通高等学校举办						
函授部		13 731	9 203	37 452		
夜大学		3 556	3 792	15 041		
干部专修科		369	157	339		
二、成人中等专业学校	263	28 947	29 321	77 410	13 027	7 352
广播电视中专	16	6 839	12 275	28 064	214	106
函授中专	1	42	187	474	22	7
职工中专	130	6 012	9 331	24 940	5 663	2 665
农民中专	23	2 003	3 103	8 550	876	513
教师进修学校	93	14 051	4 425	15 382	6 252	4 061
三、成人中学	620	49 502	47 795	58 546	3 263	1 804
职工中学	199	24 360	28 862	37 302	2 315	1 275
农民中学	421	25 142	18 933	21 244	948	529
四、成人技术培训学校	11 424	3 123 592	3 228 117	2 288 119	18 194	7 810
职工技术培训学校	697	1 087 850	1 019 005	513 053	5 179	2 136
农民技术培训学校	10 727	2 035 742	2 209 112	1 775 066	13 015	5 674
五、成人初等学校	3 701	167 333	115 104	125 158	4 617	1 747
职工初等学校	18	1 686	2 606	2 632	64	47
农民初等学校	3 683	165 647	112 498	122 526	4 553	1 700
其中：扫盲班	2 863	121 553	42 134	42 265	3 537	1 318

制表人 倪 蕊

基础教育

一、继续贯彻《义务教育法》，开始有步骤地实施全省普及九年制义务教育规划第二步目标

到1991年末，全省所有的城区和乡(镇)都基本达到了实施初等义务教育的办学条件标准，进入了全面实施初等义务教育的新阶段。1991年全省小学生入学率为99.02%，年巩固率为99.36%，毕业生的合格率为97.1%，"三率"稳步提高。中、小学生辍学得到进一步控制，辍学率分别为4.5%和0.64%，较上年有所下降。

按照全省实施初中阶段义务教育的"四、三、二、一"总体规划，第一批占全省人口40%的地区，约920所初中已从1987年至1990年开始实施义务教育，预期1993年达到验收要求。第二批约占全省人口30%的地区，约626所初中，475个乡镇，从1991年到1993年分批实施义务教育，预期到1996年达到验收要求。1991年全省有初级中学2091所，已有1125所初中实施初中阶段义务教育，占全省初中总数的54%。

为推动《义务教育法》的贯彻实施，省教委会同省人大教科文卫委组织全省各级人大和教委对实施义务教育的情况普遍进行了检查。在此基础上召开了全省九年义务教育工作会议，对全省进一步贯彻落实《义务教育法》提出了具体意见。1991年9月，全国人大常委会委员熊复和国家教委副主任邹时炎率领《义务教育法》检查组一行12人，对沈阳、大连、鞍山、锦州、本溪、朝阳等地贯彻执行《义务教育法》的情况进行了检查。1991年底，省教委对全省40%人口地区的920所初中进行了检查验收，有75%的学校达到了义务教育规定的标准。初中毕业生及格率为75%，年巩固率为95.55%。

二、认真落实德育的首要地位，中小学思想政治工作得到进一步加强

1991年，全省进一步贯彻落实省委、省政府《关于加强和改进中小学德育工作的决定》，通过组织实施《小学德育纲要》和《中学德育大纲》，使中小学德育目标、内容层次、途径方法、操作评定、领导管理等方面逐步达到规范化、科学化。各地普遍开展了德育十项基本制度和四种基地的建设。充分利用重要纪念日，如建党70周年、"九·一八"事变60周年等，对学生进行"两史一情"教育。通过组织参观、举办专题报告会、编写宣传材料、开展文艺活动等，因势利导、有的放矢对学生进行党史、爱国主义、集体主义、社会主义教育，取得比较好的教育效果。许多学校建立了"两史一情"教育展览室。

1991年全省各地继续深入开展学雷锋活动，把学雷锋同德育工作紧密结合，根据学生的特点，注意养成教育，培养学生从小形成良好的思想道德品质。6月，国家教委和共青团中央在辽宁省抚顺市召开全国中小学学雷锋现场会。会上，辽宁省介绍了"坚持开展学雷锋活动，加强中小学德育工作"的经验，并举办了辽宁省中小学学雷锋展览。

各地还加强了劳动教育。全省中小学校

普遍开设了劳动技术课，省编写了劳动课教材，有80%的初中建立了劳动技术教育实习、实验基地。

三、深化教育改革，由应试教育向素质教育转变

1991年省教委发出《关于辽宁省中小学教学改革的意见》，确立"八五"期间教育教学改革的试验项目，召开了省实验中学、沈阳134中学等32所整体改革学校参加的座谈会，总结了"七五"期间各校整体改革的成功经验，制订了"八五"期间整体改革方案。

为进一步深化城市小学的整体改革，召开了全省小学整体改革实验总结会，全面系统地总结了"七五"期间的改革成果，并对"八五"期间如何深化小学整体改革进行了研讨，明确了研究的主要课题。"八五"期间，小学整体改革实验学校遍布14个市，增加到40所。

为了突出农村特点，使城乡小学整体改革同步发展，1991年9月召开了农村小学整体改革实验学校研讨会。交流了"七五"期间的改革经验，研讨了"八五"期间深化农村小学改革的方向。

继全省城区和县镇全部取消小学升学考试之后，全省实行了初中升学统一考试和高中会考，逐步克服片面追求升学率的倾向。同时，进一步推广了营口、辽阳等地高中招生制度改革办法。国家教委对此给予充分肯定，并向全国转发了他们的经验。

1991年是辽宁省实行普通高中毕业会考的第二年。省教委对1990年秋季入学的高中生，统一进行了生物、地理学科毕业会考。生物学科平均成绩92.3分，及格率98.03%；地理学科平均成绩88.2分，及格率97.88%。省教委在推行高中毕业会考制度的同时，认真贯彻执行国家教委关于高中教学计划的调整意见，减少必修课，增加选修课。为此，省教委在辽阳举办了高中校长培训班。

1991年，各地认真组织实施了《学校体育卫生工作条例》，中小学体育达标率达到96.7%。在全国第三届华罗庚杯数学大赛上，锦西市化工一小六年级学生赵新华荣获金牌第一名，省教委特发电报祝贺。在日本神奈川第六届国际儿童画展上，辽宁省获得37块奖牌。

四、幼儿教育、特殊教育稳步发展

1991年全省有幼儿园9300所，在园幼儿达到103.8万人，比上年增加10.8%。全省43.5万名学龄前儿童接受了学前一年教育，其中农村儿童占65.7%。

1991年3月，省教委发出《关于实施〈幼儿园管理条例〉和〈幼儿园工作规程(试行)〉若干问题意见》的通知，提出了在新的形势下，全省幼儿教育的任务和应当采取的方针、措施。通过组织实施《幼儿园管理条例》、《幼儿园工作规程（试行)》等法规、规章，促进了幼儿教育事业的发展，幼儿园管理水平和保教质量有了明显的提高。为了加速幼儿园办园条件标准化建设，1991年4月，省教委制定了《辽宁省幼儿园办园基本条件》和《辽宁省学前班办班基本条件》，分别对城市和农村幼儿园、学前班的保教队伍、园舍设备、卫生保健、教育教学、行政管理、家长工作等方面的工作提出了具体的要求，使《规程》精神具有了可操作性。为加强对各类幼儿园的分类指导，1991年5月，省教委发布了《辽宁省个体幼儿园（班）托儿所管理办法》，针对个体园所的实际情况和存在的问题，提出举办个体园所条件、审批程序、经费使用、保教工作和处罚的具体规定。6月，省教委转发了《国家教委〈关于改进和加强学前班管理意见〉的通知》，强调指出：学前班不得以盈利为目的，小学附设的，不得列入勤工俭学项目；学前班的教育内容、形式和方法要符合幼儿身心发展特点和规律，防止小学化；城市二部制小学不得举办学前班。8月，省教委制订下发了《辽宁省示范性幼儿园标准》，突出了示范性幼儿园办园条件的规范化和科学化，强调发挥各类示范园的骨干作用，使之成为教研和培训的中心。

特殊教育开始纳入普及义务教育的轨道。1991年各类特殊教育学校已发展到77所，在校生7154人。

五、中小学办学条件得到进一步改善

1991年继续贯彻省政府《关于解决中小学教育经费的决定》，积极筹措、合理使用教育经费，使中小学办学条件得到进一步改善。1991年全省新增校舍41.2万平方米，占校舍总面积的1.8%。修缮校舍危房28.4万平方米，占校舍总面积的1.2%。危房面积较上年减少9万多平方米。全省又有2700所中小学实现办学设施标准化。全省小学有实验室6747个，音乐教室5173个，图书室6104个，生均图书5.6册，比1987年增加3.2册。还有电教教室453个，劳动室246个，美术室346个，微机室81个，有微机1049台，其它专用教室3035个。“三室”俱全的小学有4095所，其中乡（镇）中心小学1133所，占乡（镇）中心小学的84.7%。农村利用太阳能取暖校舍得到进一步推广，目前已新建、改建农村中小学太阳能校舍17.3万平方米。

电化教育事业有了突破性进展。全省卫星电视教育网络初具规模，至1991年已建成卫星地面接收站983个，电化教育试点学校已发展到900多所。

勤工俭学活动有了新的发展。1991年全省实现勤工俭学收益4亿元，比上年增加1亿元，其中补充教育经费1.5亿元。加强了教育经费的管理和审计工作，1991年共审计233个单位，审计金额38745.3万元，查出违纪金额376.1万元，经济效益74万元。

六、加强教师队伍建设，教师素质有了新的提高

加强了教师的政治理论教育和师德教育，对中小学教师普遍进行社会主义基本理论教育。在职教师的业务培训开始由学历达标转向综合能力达标。有50%的小学教师开始接受继续教育，通过苦练教学基本功和开展教材、教学研究，促进了教学实际水平的不断提高。全省小学教师学历达标率为90%，比1987年提高24个百分点。

加强了中小学领导干部的岗位职务培训，制订了培训规划。全省已有2.8万名中小学校长分别接受了教育管理专业学历和“专业证书”教育及岗位培训。

认真进行了民办教师队伍的整顿工作。全省已辞退民办教师6000余人，占民办教师总数的7.5%，节约人员经费开支600多万元。同时，经推荐、考试，又有2200名民办教师转为公办教师。

广泛宣传、大力表彰优秀教师，促进了尊师重教风尚的形成。全省有237名教师被评为全国优秀教师和优秀教育工作者，有296名教师被评为省优秀教师和教育工作者。

职业技术教育

一、以教育目标为依据，采用科学的方法，对全省98所中专和47所职业高中进行教育评估

1991年，根据国家教委《关于继续开展评估、认定省级重点职业高级中学的通知》和《省级重点职业高级中学的标准》，省教委制定了《辽宁省重点职业高中评估细则》。各市从1991年4月开始自评，10月省教委对47所职业高中进行了复评，评出全省重点职业高中64所，国家教委备案的省级重点职业高中36所。通过评估检查调动了各部门和企事业单位办学的积极性。据不完全统计，评估以来全省共为职业教育投资1.1亿元，有力地促进了职业高中办学条件的改善，学校的校风、校纪、校容、校貌也大为改观。1991年，全省有14所职业高中被国家教委认定为首批重点职业高中。全省高中阶段职业技术学校在校生达30万人，占高中阶段在校生总数的58%。

1991年省教委还根据国家教委《关于开展普通中等专业学校教育评估工作的通知》，下发了《关于我省普通中等专业学校教育评估工作的意见》，对98所中专进行了评估工作。有2所学校被国家教委、国家计委、劳动部、人事部、财政部等授予全国职业技术教育先进单位。

1991年8月，由国家教委及辽宁省教委等7个单位共同主办了全国职业高中"钢城杯"车工、钳工比赛，全国有25个省、市、自治区的98名选手参加。辽宁省作为承办单位，受到了国家教委等单位的好评。

二、制订并发布中专学校和职业高中《德育纲要》、《学生行为规范》等规范性文件，使职业技术学校的德育工作有章可循

1991年11月，省教委在抚顺召开了全省普通中专优化育人工作现场会。推广了抚顺煤校坚持全方位育人，不断深化教育改革，努力培养社会主义事业接班人的经验。

三、深入开展农村教育综合改革，积极推进"燎原计划"的实施

1991年，全省在实施农村教育综合改革和"燎原计划"中，认真贯彻国家教委《全国农村教育综合改革实验区工作指导纲要(试行)》和第二次全国"燎原计划"与农村教育改革实验县工作会议精神，紧紧围绕"点上深化，面上扩展"这一中心开展工作，并取得明显成效。

(一) 建立健全领导机构，制订教育综合改革规划方案

各实验县普遍建立了领导小组，下设办公室。全省14个市教委全部建立了农村教育改革管理机构。省拟在原实施"丰收计划"、"星火计划"、"燎原计划"协调小组的基础上，建立农科教统筹协调小组。12个省级实验县（区）和面上近30%的县（区）分别制订了教育改革规划方案。海城市提出"八五"期间要抓好一个"龙头"学校、10所实验校、10个示范镇、百个示范村、千个示范户。全省除海城、凤城、黑山、于洪、金州等5个国家级实验县（区）外，又建立了清源、铁岭、喀左等3个省级实验县。丹东市被确定为省级实验区。各实验县（区）按省制订的"一无两有三化十配套"和《"燎原计划"示范乡（镇）评估方案（试行)》的要

求，从示范乡（镇）抓起，全面加强基础框架建设。普遍制订了学校标准化建设规划，并积极组织实施。

（二）上挂横联下辐射，经济效益、社会效益显著

继续推动以龙头学校为轴心，上挂高等学校、科研院所，横联各部门单位，辐射千家万户的人才培训、科学实验、技术推广、生产示范和社会服务的网络建设。继续抓学校实验实习基地建设和推动各类学校参与农业生产开发。各实验县龙头学校分别与沈阳农业大学、省农科院等十几所高中等学校、科研院所挂钩，进行人才培养，推广农业新技术、新品种100多项，收到显著的经济效益和社会效益。

（三）继续探索各类学校办学模式改革

初中在一定阶段适当引进职业技术教育，在职业技术学校尝试建立教学、实习、生产、科技实验示范和社会服务一体化办学模式。海城市职业高中继续完善种植专业的"两段教学"的改革实验，即一年级学理论，二年级搞实习，三年级搞分流，一部分学生回家搞服装生产，一部分留在校办服务厂搞生产。

（四）抓示范乡（镇）建设，推动"燎原计划"实施

在实施"燎原计划"中，各地坚持从乡（镇）抓起，向上延伸；从点上抓起，向面上扩展。为此省教委印发了《关于当前"燎原计划"示范乡（镇）几项工作的通知》，并于1991年6月召开了会议。会后省教委又印发了《关于宣传推广黑山县常兴镇农科教中心、辽中县于家房初中和蔡伯街小学教育改革经验，加强"燎原计划"示范学校建设的通知》。为了有效推广上述单位育人、兴农、富农的经验，推动面上工作的健康发展，更好地实施"燎原计划"，省教委决定从1991年开始，利用冬季和初春农闲时间普遍开展对广大农民和初高中学生进行农业实用技术培训为主的"燎原之冬"活动，印发了《关于在全省农村开展"燎原之冬"活动的通知》，提出了"双十双五"的要求，即每年接受培训的农民和初高中学生要分别达到各自总人数的10%，以乡（镇）为单位，结合培训普遍推广五项农业实用技术，年末，推广的五项技术，增产增收要在5%以上。《通知》下发后，这项活动在全省蓬勃开展。省教委委托沈阳农业大学在海城市职业高中举办了"燎原之冬"骨干教师培训班，200多名专业教师接受了种植业等3类6个项目的实用技术培训。

（五）狠抓农村职业高中建设，积极为当地经济和社会发展培养适用人才

5个国家级实验县投资1200多万元，为县职业高中兴建1800万平方米校舍，大大改善了农村职业技术教育的办学条件。

1991年，全省农村教育综合改革实验开始向面上扩展。一是实验县数量由去年的5个增加到8个；二是从县的范围实验向地区发展；三是全省"燎原计划"示范乡（镇）由原来的159个增加到184个。

高 等 教 育

一、稳定规模，优化结构

辽宁省有高校62所，其中，中央部委属25所，省属18所，市属19所。1991年，通过调整、优化结构，普通高等学校办学规模基本稳定，杜绝了超计划招生现象，压缩了长线专业招生，对没有达到国家教委规定的办学设置标准的学校进行了充实、整顿。经过调查清理并报国家教委审批，到1991年底，全省在11所高校中，共有博士点74个；在24所高校中共有硕士点298个；本科专业418个；专科专业403个。1991年停止招生的本科专业有9个，因专业名称不规范，须改变名称的专业有20个。

二、加强教育教学管理

多年来辽宁省教委在高等教育中把加强教学管理，提高教学质量，培养高质量的人才作为长期的中心工作来抓，加强对教学工作的宏观管理、宏观指导，促进教学质量的提高。1991年在全省高等院校积极推广了沈阳电力专科学校坚持社会主义办学方向、从严治校的经验，注重加强了对高校的管理。省教委先后制订了《辽宁省普通高等学校教学管理规定（试行)》、《辽宁省普通高等学校研究生教学管理暂行规定》、《辽宁省普通高等学校学生行政处分规定（试行)》、《辽宁省普通高等学校学生转系（专业）与转学的规定》等规范性文件，保证了高校教育、教学管理工作有章可循。

1991年加强统测、统考工作，努力提高教学质量。继续实行外国语教学分类管理、分级测试工作，对不同类型学校的学生进行不同等级（二、三、四、六级）的测试，并组织了《中国革命史》和高等工程专科学校的《高等数学》的统考，促进了教风、学风的建设。

抓学位管理与研究生教学管理有成效。1991年制定了《关于加强对学士学位授予管理的几点意见》，并对锦州工学院等6所高校增设的11个专业的学士学位授予资格进行了审核。对16所普通高校成人高等教育学士学位授予工作提出了清理整顿的意见，转发了国务院学位委员会、国家教委《关于整顿普通高等学校授予成人高等教育本科毕业生学士学位工作的通知》，举行了成人高校本科生申请学士学位的外语和部分专业课学位统考，受到国务院学位委员会的好评。

三、加强学生思想政治教育

（一）积极总结、探索改革开放新形势下德育工作的特点和规律，增强对学生思想政治教育的针对性

1991年在全省35所高等学校中对400名研究生、本科生、专科生的思想状况及成长环境进行了调查，了解近年来大学生思想发生的变化及其原因，找出德育工作存在的深层次问题。同时，深入开展德育研究，先后召开全省和东北地区的高校德育工作研究会，认真探索当代大学生思想历程和发展变化规律，以及在新的国际形势下，高校思想政治工作面临的任务，进而增强了高校思想政治工作的针对性，促进了德育工作到位。

省教委印发了《关于纪念“九·一八”事变60周年，开展爱国主义教育的通知》，结

合江泽民“指示信”精神，向全省高校部署了利用形势政策课进行国情教育和爱国主义教育。省教委还举办了师资培训班，号召各校利用多种形式进行教育，收到了较好的效果。

（二）开展思想教育课评估检查

省教委会同省委宣传部联合下发了《关于加强高等学校思想教育课建设的若干意见》，制订了评估检查指标体系和操作性较强的评分办法。通过自评和互评，评出了抚顺石油学院等15所高校为思想教育课建设先进单位，并组织了经验交流。

（三）加强马列主义理论课的教学改革和课程建设

省教委组织修订了《中国革命史》、《马克思主义原理》两部教材；编写了《中国革命史教学基本要求》教学参考书；举办了世界政治经济与国际关系、中国革命史、马克思主义原理3门课教师的培训班和教学示范课；同时还重点在文科、财经类高校对哲学、社会科学等学科进行了清理，批判资产阶级自由化观点，用马克思主义加强学科建设。

四、继续组织大学生参加社会实践活动

1991年暑期，全省各级党政团组织按照中宣部、国家教委和共青团中央《关于1991年高等学校社会实践活动的几点意见》广泛组织了大学生开展社会实践活动。由省委高教工委、省教委、团省委组织的“为辽宁经济振兴献计献策”考察服务团，分别到大连、鞍山等地进行了社会考察。经过各级党团组织的努力，1991年暑期大学生社会实践活动取得了丰硕成果。据初步统计，全省10万多大学生组成千余个考察团、活动营参加了社会实践活动，写出调查报告、体会文章10万多篇，为振兴辽宁经济提合理化建议5000多条，承揽科研项目300多项，为灾区捐赠款物价值50万元以上。全省还组织500名高校青年教师和研究生到农村参加社会主义教育。

五、充分发挥高校科技重要方面军的作用，为经济建设作贡献

（一）继续开展基础性研究和高技术开发，重视成果产品化

全省高校共有科技人员44349人，其中具有高级职称的7405人，中级职称的16193人；从事科研与试验的人员为11322人，其中具有高级职称的3491人，中级职称的4639人。此外，还有1114名在校硕士、博士研究生从事研究活动。全省高校约有10%的科技人员从事基础理论研究。据1991年统计，全省高校共承担各级科技攻关课题194项，“863”高技术计划项目6项。在承担高新技术的同时，重视成果产品化，以东北工学院为核心的东工科学园区目前已有10多个高新项目，实现工业产值1300万元以上。

（二）发挥高校科技整体优势，为地方经济建设服务

1.全省高校重点围绕沈大公路沿线地区，开展了“科技兴鞍”、“科技兴锦”活动。鞍山市和锦县是省教委组织高校为地方经济建设服务的重点服务点。1991年5月，省教委同省高教工委、鞍山市委、市政府联合召开了“科教兴鞍”大会，同鞍山市政府签订了十年全面科技合作协议。省内30所高校优选了200多项科研成果在会上发布，吸引了鞍山市480多家厂矿、企事业单位前来洽谈，达成意向协议207项，人才培训11项。1991年8月，省教委又邀请了陕西、山东、上海、天津、江苏、湖北、黑龙江等7省的36所重点院校，在鞍山举行了高新技术成果发布会，发布成果300余项，签订意向协议126项。1991年，高校与鞍山市企业已有近百个项目开始实施并初见成效。沈阳冶金机械专科学校为鞍山农机厂上的碾

压法兰盘项目，预计年产值可达 2000 万元，利润 300 万元。

1991 年 4 月，省教委与锦县政府签订了 5 年“科技兴锦”协议。1991 年 10 月召开了“科教兴锦”工作会议暨高校科技成果发布会。省内 25 所高校发布科技成果 216 项，承接技术难题 28 项，签订意向协议 119 项。有 18 所高校与 23 个乡镇建立了长期合同关系。

2.“科教兴农”方兴未艾。沈阳农业大学在原有的辽南海城农业现代化综合实验基地、辽西建平科技扶贫基地的基础上，又相继开发了辽北昌图商品粮基地、辽东清原农业资源建设利用型基地和东陵区高效持久城郊型农业综合示范区 3 个基地，推广重大科技成果 40 余项，推广面积 1500 多万亩，推广优良畜禽 38 万头（只），增长粮豆 1.78 亿公斤，增产果菜 1.46 亿公斤，获经济效益 3 亿多元。熊岳农业专科学校推广高粱等新品种 5.6 万亩、获经济效益 7000 多万元。

3.为搞活大中型企业和乡镇企业服务。1991 年 7 月，省教委与省计经委、省机械局、省电子局联系、沟通情况，并组织机械、电子行业大中型企业等高校进行双向考察活动，制订了《辽宁省促进产学合作实施办法》。先期 10 所高校参加考察，近百家企业报名参加。同时积极为乡镇企业的发展注入生机和活力。沈阳市于洪区星火铸造厂在省教委和沈阳工业大学的帮助下，已由几人的小厂发展成为年产值达 100 多万元的企业。

成人教育

一、广泛开展各种形式的岗位培训

开展了岗位培训质量效益评估的试点工作，推进岗位培训逐步走向规范化、制度化。据对鞍钢职工工学院的调查，通过开展岗位培训和科研工作，为鞍钢创造经济价值 1000 万元。1991 年全省参加岗位培训的职工达到 500 万人次。农民实用技术培训坚持实际、实用、实效的原则，努力为农民致富服务。全省受到各种实用技术培训的农民已超过 500 万人次。

二、调整成人高等学校布局，开展成人中专教育评估

1991 年，全省成人高等学校已由上年的 83 所调整到 69 所，基本上解决了成人高校多年存在的规模小、条件差的问题，提高了办学效益。

1991 年，根据国家教委《关于开展成人中等专业学校评估工作的通知》精神，省教委进一步修订了《成人中等专业学校教育评估方案》，总结试点工作经验，在全省范围内开展了评估工作。参加评估试点的学校 50 所，占全省成人中专学校的 27%。经过学校自评，主管部门复评，省评估领导小组验收，共评出合格学校 24 所，基本合格的 15 所，不合格的 11 所。教育评估调动了各方面办学的积极性。各学校主管部门都不同程度地加强了对学校的领导，增加了投入，充实和改善了办学条件。仅丹东市已评估的两所职工中等专业学校的上级主管业务部门就给予增加经费 55.5 万元，抚顺 3 所学校增加投资 80 万元。学校通过评估，建立健全了各项规章制度，针对存在的问题，制订了整改措施，提高了学校的管理水平和教学质量。

三、加强成人高中教育管理

辽宁省1991年成人高中教育出现了继1986年以来又一新的高峰，全省年在学人数达81196人，毕业人数为35887人，两项均比上年有较大幅度的增长。

为了加强对成人高中教育的管理，省教委于1991年1月下发了《关于职工高中教育若干问题的补充规定》，对近年来出现的急需解决的问题作了新的规定，明确提出今后职工高中毕业（结业）考试改由省教委统一组织命题，各市教委负责考试组织和发证验印等工作。随后省教委组织建立了辽宁省职工高中毕（结）业考试题库，并于4月份正式启用。同时制订下发了《题库的管理和使用办法》，在全国率先实行了全省统一命题。不但统一了命题标准，保证了质量，而且也为职工高中教育的考试向会考制度过渡奠定了基础。1991年3月，省教委下发了《关于职工高中毕（结）业考试有关经费项目收支问题的通知》，从根本上解决了各市组织考试经费短缺和无收支标准的问题。1991年11月21至25日，国家教委成人教育司在辽宁省召开了成人高中教育研讨会，省教委作了题为《我们是如何开展职工文化教育管理工作》的经验介绍。

四、深化农民中专教育改革，更好地为当地经济建设服务

从农村成人中等专业教育更好地为当地经济建设服务这一总体目标出发，调整了专业结构，改革了招生制度，坚持理论联系实际教学，强化实践活动的办学途径，培养应用型的中等专业人才。省教委明确和理顺了农民中专县（市）办、县（市）管的办学体制。根据农村经济和农业生产的需要，强调农民中专必须开设农学、果树等为大农业服务的专业，在非农业专业中增设农业课内容并纳入教学计划。建立完善实验实习基地，注意培养学员的动手能力。在教学模式上立足长远、兼顾眼前，在办好学历教育的同时，充分发挥学校一校多能的作用。坚持办长班与办短班相结合，校内办班与校外办班相结合，学校单独办学与联合办学相结合；以学历教育为主体，同时举办农村急需的实用技术短训班。一年中，全省农民中专有毕业学员967人，农业广播电视学校毕业学员12000余人。这些人现已成为发展农村经济的骨干力量。

1991年9月，国家教委在辽宁省召开全国农民教育联系点第四次协作会，与会代表实地考察了瓦房店市农民中专和农业广播电视学校，国家教委对这两所学校的办学成绩给予了充分肯定。1991年11月，本溪县农民中专被国家教委评为全国农村成人教育先进学校。

五、对清理整顿社会力量办学工作进行验收

根据省政府《批转省教委关于对社会力量办学进行清理整顿意见的通知》精神，省教委于1991年初对各市社会力量办学清理整顿工作进行了验收检查，共检查了22个市、县（区）教委和37个办学单位。检查结果表明，社会力量办学清理整顿工作基本达到了预期目的，乱办学、乱收费、乱发证问题得到有效控制，清理整顿工作初见成效。在检查验收的基础上，省教委对26个社会力量办学先进管理集体、18个先进办学单位、56个先进管理工作者和26个先进教师进行了表彰。

根据省教委和省高等教育自学考试委员会联合下发的《关于印发〈辽宁省高（中）等教育自学考试社会助学管理暂行办法〉的通知》精神，省教委对举办高等教育自学考试助学活动进行了审批。对擅自以“辽宁新闻学院”名义在全国许多省份招生，并许诺“承认大专学历”的乱办学、乱登广告、乱收费的典型进行了认真的查处。

目前，全省社会力量举办的各级各类学校（班）共有1500余所，在学人数约31万人，举办专业81个。

六、扫盲工作取得实效

1991年全省共扫除文盲12.2万人，比上年增长2倍多，在15～45周岁人口中非文盲比例已达到98.5%以上。

1991年初，省教委在总结丹东等市扫盲后巩固提高工作的经验基础上，及时提出扫盲机构不撤、队伍不散、经费不减，继续签订学习合同、巩固三年、防止脱盲者复盲的措施。1991年全省有10万多脱盲学员参加文化技术学习，不仅巩固了扫盲成果，而且提高了广大脱盲者的文化科学技术知识和致富能力。

为贯彻《中华人民共和国残疾人保障法》，省教委、省残联于1991年1月提出，在残疾人中开展扫除文盲工作，并联合下发了《关于在残疾人中开展扫盲工作试点的通知》，要求各地认真做好残疾文盲的摸底调查工作，制订残疾人扫盲规划，搞好残疾人扫盲试点。丹东、辽阳两市率先抓了试点。从试点情况看，在残疾人中开展扫盲不仅受到残疾人本身及家属的欢迎，而且受到社会各界的高度重视，不仅有利于残疾人的生活、生产、劳动就业和平等参与社会活动，提高其地位，也有利于整个民族素质的提高和经济的发展。丹东、辽阳等市在开展残疾人扫盲工作中，在解决师资、教材和经费等问题上创造出许多好的经验和办法。在学习、培训、就业的结合上，也探索出了一些新的路子，为在全省更大范围开展残疾人扫盲工作提供了宝贵经验。

撰稿人　李东生　马　莹　苏焕平
审稿人　陶增骈

附

□沈阳市教育工作新进展

1991年，沈阳市认真贯彻落实"依靠科教、振兴沈阳"的战略思想和市教育工作会议的各项工作部署，教育工作有了新进展。

一、坚持社会主义办学方向，落实德育的首要位置，努力培养合格的社会主义建设者和接班人

1.在建立健全市、区（县）、校三级德育工作网络的基础上，重点抓了中小学德育工作制度和基地建设。全市中小学普遍建立了十项制度四种基地，学校德育工作开始走向经常化、规范化、制度化。

2.从反和平演变着眼和学生思想实际出发，调整充实了德育内容。1991年在抓好常规德育工作的同时，重点贯彻江泽民同志关于开展"两史一情"教育的指示，按照国家教委的部署，在大中小学普遍开展了"两史一情"教育。

3.改进了德育方法，拓宽了德育途径，增强德育工作的针对性和实效性。采取了学校、家庭、社会相结合，课内外相结合，各学科渗透，理论学习和社会实践相结合，"走出去"、"请进来"等方式，通过组织各种班团队活动，开展军训，举办艺术节、运动会及各种竞赛，进行寓教于乐、潜移默化的思想教育。1991年，各学校结合纪念"九·一八"60周年、辛亥革命80周年，普遍开展了各种形式的教育活动。结合捐助灾区，开展了"一方有难、八方支援"、"社会主义好"的教育，全市大中小学师生捐款260多万元，捐赠衣物达21火车皮、200多万件，收到灾区感谢信上千封。全市建立重点劳动基地700多个，全年安排学生参加劳动270多万人次。社区教育不断发展，全市已建立各种形式的社区教育组织643个、青少年校外教育实施基地3689个、家长学校1180多所。全国人大义务教育检查组检查沈阳教育工作时，认为沈阳市的社区教育为各地提供了很好的经验，应充分肯定，大力推广。

二、扎扎实实抓好以普及九年制义务教育为重点的基础教育，促进沈阳市民整体素质的提高

1.以建设示范学校，改造薄弱学校为重点，推进中小学校标准化建设。全年安排校舍基建工程28项，12万多平方米；安排校舍维修工程170多项，基本可以保证初中不出现二部制，小学二部制控制在3%以内。全市29所薄弱初中经过改造已有16所达到普及九年制义务教育要求的标准。扩建农村中小学实验室2.5万平方米。全市中小学达标率由去年的30%提高到50%，并建设了一批示范学校。

2.加强教育教学管理和科研指导，不断深化教学领域改革，树立典型，推动全市学校提高教育质量和办学效益。市、区（县）教育部门普遍加强了对中小学的督导、监控；研究部门继续进行35项省级、120多项市级教育教学改革实验；在全市大力宣传推广和平一校、铁路五校、蔡伯街小学、大西四校、134中学、于家房中学的各具特色的经验，收到较好效果。

3.全面部署、落实普及九年制义务教育第二阶段工作任务。沈阳市“普及九年制义务教育第一阶段的规划目标已如期实现。5个城区和100个农村乡镇全部进入实施初等义务教育阶段。小学适龄儿童入学率已达98.38%；在校生巩固率达98.91%；毕业生及格率达98.13%；全市已有174所初中、完中进入实施初中阶段义务教育，占初、完中的74%；初中在校生巩固率达98.02%；毕业生及格率达81.06%。全市进入实施九年制义务教育的人口覆盖率已达90%。普及九年制义务教育第二阶段开始实施。对沈阳市普及九年制义务教育工作，全国人大检查组给予较高的评价。

三、坚持以经济建设为中心，抓住教育与经济的结合点，主动参与振兴沈阳的“大合唱”

1.调整、巩固、加强职业技术教育。沈阳市成立了领导机构，统筹规划，指导全市职业技术教育工作；开展了“八五”期间劳动需求预测，从需求出发，调整职业专业结构；大力推动校企合作，培养人才，鼓励企业参与职业技术教育。部门和企业办学已达177所，占学校总数的77%，职业高中与企业联办的已占90%。开展中专和职业高中的评估，加强职业技术学校的规范化建设和示范、重点学校的建设。1991年经省检查评估，已有10所被评为省重点职业高中。目前，全市省重点职业高中已达14所，报国家教委备案的有10所。同时，还加强了中小学、职业高中的外语教学。

2.重点抓了地方高校的规范化建设。沈阳大学已向实体联合过渡，正在逐步调整合并重复的专业，端正服务方向，为沈阳经济发展培养中小企业、乡镇、区街企业急需的应用人才。市属各高校都在端正办学方向，增强内功，办出特色，发挥优势，实行教学、科研、生产三结合，在走自我创收、自我积累、自我发展办教育的新路子上，初步作了研究和探索。

3.继续实施“燎原计划”，推进“三教统筹”、农科教统筹的农村教育综合改革。重点抓好“燎原计划”示范乡镇，加速产科教中心和乡、村农技校建设，每个区县都有2～3所骨干乡镇农技校。全年新建符合建制的村农技校287所，参加培训达78万人次。

在部分乡镇进行了"绿色证书"制度试点。1991年安排了"燎原计划"贷款126.5万元，落实较大生产实验项目12个。

4.职工教育重点转向岗位培训。全市已制订出企业岗位规范1462个，扩大试点岗位23个，培训7种岗位的企业干部24272人，占企业干部总数11%。继续整顿成人高中等专业学校，开展评估和达标验收，调整专业，降低层次，进行高等职业技术教育试点。

5.巩固发展校办企业、校园经济，不断提高经济效益、教育效益和社会效益，为沈阳经济发展作贡献。进一步扩大勤工俭学开展面，全市已有校办企业2037个、校办农场921个。1991年，全市校办工业总产值达5亿元，利润达7000万元。在农村大力发展校园经济，开拓生产门路，也有一定进展。全市勤工俭学总收益突破亿元大关，比去年有所提高。校办企业的产品有12种被评为市优质产品；有7家校办厂被评为沈阳市明星企业，已出现6家外向型校办企业。市第二服装职业高中美卉服装厂年创汇人民币50.8万元。

(沈阳市教委供稿)

吉林省教育

概　况

一、各级各类教育发展情况

1991 年各级普通学校基本情况

单位：人

学校类别	学校数(所)	毕业生数	招生数	在校学生数	教职工数 计	教职工数 其中专任教师
一、普通高等学校	42	22 835	22 926	76 529	38 277	14 664
研究生		1 497	1 342	3 993		
本　科		11 851	11 899	47 497		
专　科		9 487	9 685	25 039		
二、中等专业学校	117	20 166	23 459	68 662	16 596	7 880
中等技术学校		14 881	16 975	49 139	13 682	6 447
中等师范学校	23	5 285	6 484	19 523	2 914	1 433
三、普通中学	1 947	342 984	450 101	1 240 197	120 457	86 460
高　　中	333	56 753	60 613	177 885		15 951
初　　中	1 614	286 231	389 488	1 062 312		70 509
四、农业、职业中学	335	55 791	63 767	144 345	15 275	9 724
高　　中	302	47 035	50 451	113 125		7 988
初　　中	33	8 756	13 316	31 220		1 736
五、工读学校	5	89	43	241	149	60
六、小　　学	10 708	443 960	400 720	2 672 351	179 756	147 729
七、特殊教育学校	30	342	611	4 507	1 464	1 024
八、幼　儿　园	2 536	255 927	285 963	453 474	32 679	20 163

1991年各级成人学校基本情况

单位：人

学校类别	学校数(所)	毕业生数	招生数	在校学生数	教职工数 计	教职工数 其中专任教师
一、成人高等学校	51	21 354	16 603	58 674	6 904	4 160
广播电视大学	2	4 549	2 971	12 543	1 339	1 433
职工高等学校	30	3 613	3 453	10 168	2 018	1 033
农民高等学校	4	215	127	247	261	131
管理干部学院	8	739	798	1 530	1 963	709
教育学院	7	1 124	373	2 443	1 323	854
独立函授学院						
普通高校举办						
函授部		10 091	7 747	28 285		
夜大学		808	1 068	3 293		
干部专修科		215	66	165		
二、成人中等专业学校	165	19 181	14 648	39 250	8 198	4 678
广播电视中专	2	999	1 707	3 478	240	114
干部中专	7	191	296	515	254	113
职工中专	76	5 531	7 761	20 384	2 757	1 405
农民中专	11	4 147	4 113	9 251	907	579
教师进修学校	69	8 313	771	5 622	4 040	2 467
三、成人中学	358	85 798	15 330	19 704	1 168	705
职工中学	223	49 342	11 491	14 463	916	558
农民中学	135	36 456	3 839	5 241	252	147
四、成人技术培训学校	6 706	1 003 355	1 069 364	1 141 002	13 983	6 307
职工技术培训学校	590	422 293	183 831	193 153	7 009	3 756
农民技术培训学校	6 116	581 062	885 533	947 849	6 974	2 551
五、成人初等学校	3 719	254 883	139 447	153 076	3 743	1 558
职工初等学校						
农民初等学校						
其中：扫盲班	1 723	95 138	58 606	67 020	2 297	897

二、加强学校的思想政治教育，着重抓德育工作的落实

1991年，全省继续贯彻《中共中央关于改革和加强中小学德育工作的通知》和省委《关于进一步加强和改进中小学德育工作的若干意见》，狠抓中小学德育工作的体制、内容、途径、队伍、领导等方面的落实。一是管理体制：在教育目标管理责任书中明确把德育作为一项主要内容，在教育督导评估中，把德育列为主要指标；继续完善教育行政、教研、科研、培训四位一体的德育工作指导和分工协作体系；认真总结和推广东丰县实行农村中小学党的工作由县教育局党委与乡镇党委双重领导的作法，加强了中小学党的建设；建立了中小学联席会议制度，协调各有关部门齐抓共管；省教委成立了关心下一代工作委员会，全省有8个地区建立了教委"关工委"；推广了辽源市社区教育试点经验，进一步优化了育人环境。二是狠抓队伍建设，提高中小学德育工作队伍的政治业务素质，组织中小学干部教师学习社会主义理论，省教委对各地学习情况和教师思想状况进行了检查和调研；深入开展以树立正确的教育观为主题，以"四师"（即师魂、师德、师观、师能）为主要内容的职业道德教育；加强政策导向，教师节期间全省又评出16名德育特级教师，表彰一批治理乱班、转变后进生成绩突出的中小学教师和教育工作者，表扬了一批坚持社会主义办学方向的优秀中小学校长。三是全面加强中小学德育工作，在"虚工实做"上下功夫。进一步抓紧《中学德育大纲》、《小学德育纲要》及中小学生日常行为规范的实施，制订了小学德育纲要实施细则；全省中小学普遍建立了每周升国旗制度，总结推广了一批认真贯彻《国旗法》，坚持通过升旗仪式进行爱国主义教育的典型；加强了中小学德育教材建设，"中学国情读本"、"小学国情十知道"等已列入教学计划；组织全省各地开发利用德育资源，四平市1991年开发29个德育基地，开辟1827个德育点。四是强化德育功能，发挥德育主渠道作用，省教委制定了《中小学各学科教学德育纲要》，在部分中小学开展学科渗透德育实验，已取得一定经验。五是结合学生特点，寓教育于各项活动之中。发动中小学师生支援灾区，据不完全统计，全省347.4万中小学教师和学生共捐款129.9万元，捐献粮食1238.5万公斤、粮票64.5万公斤、麻袋7.8万条。

高等学校继续以稳定为中心，有针对性地对师生员工进行形势和政策教育，引导师生认清社会主义商品经济条件下的正确人生追求。结合国际形势，组织师生学习《毛泽东选集》一至四卷（第二版）和江泽民总书记庆祝"七一"讲话，进行社会主义教育；评选了高校优秀思想政治工作者和优秀德育教育系列活动，调动了政工队伍的积极性；结合建党70周年，开展了多种形式的教育活动；切实加强了学生管理，严肃校风校纪，使高校思想政治工作进一步强化。全省高校涌现出学马列、学党章小组1197个，参加人数达17000人，占在校生总数的23.45%，要求入党的积极分子达2万多人。并涌现出一批"团风"、"爱民"等助人为乐、无私奉献的先进典型。

三、进一步加强师资队伍建设，提高教师素质

1991年，吉林省继续把师资队伍建设作为重点工作之一。全国人大检查团来吉林省检查教育工作以后，进一步加强了这项工作。开展了全省中等师范学校教育质量评估，确定长春、九台、榆树、永吉师范和吉林幼师为吉林省首批中等师范标准化学校，举办了中等师范学校校长培训班；组织了全省教师进修学校检查评估，评出17所一类学校；组织了全省教育学院联检评比，评出吉林市、四平市两所教育学院为"优胜单位"。基本完成了全省中小学干部、教师培养、培训的"八五"计划和十年规划。

进一步改革和加强了师范院校招生工作，下发了《关于改革与完善师范院校招生意见》，运用政策导向，鼓励优秀毕业生报考师范院校，献身教育事业；实行部属院校本科生提前录取，改革省属院校招收保送生的办法；增加了报考师范院校的面试，试办了高师预科班，改进了职业师资对口招生工作。针对吉林省教师素质偏低、数量不足，队伍不够稳定的现实，在第四季度省教委主任办公（扩大）会议上，重点讨论和研究了加速教师队伍建设的政策措施。

在提高教师社会地位和待遇等方面，吉林省狠抓了已经出台的各项政策的落实，注意总结和推广这方面的经验，推广了农安、双阳等地实行民办教师工资由县统筹，使民师工资拖欠问题得到较好解决的经验。在全省范围内开展了评选优秀教师活动，评出省级优秀教师1332人，优秀教育工作165人，国家级优秀教师和教育工作者155人，其中劳动模范19人。

1991年，吉林省中小学教师学历合格率分别为：小学85.5%，初中50.3%，高中54.4%。

基础教育

一、普及初等义务教育

1991年，全省933个乡（镇）已有798个基本达到普及初等（六年段）义务教育合格条件，城区学校合格率达91.7%。全省小学入学率为98.95%，毕业率为98.59%，巩固率为99.66%，普及率为98.88%，体育达标率为84.65%，小学毕业生升初中达90%，小学生流失率为0.28%。辽源市西安区、龙山区经省教委检查验收，乡乡合格，校校达标，实现了初等义务教育。在1991年，吉林省实施初等义务教育取得了突破性进展。但当前的主要问题是：普及初等义务教育发展不平衡，个别乡（镇）办学条件较差，在合格中仍有“三室”建设，内部设施，特别是图书配置等方面的不合格因素，城区小学存在二部制，“超级”大校和“超级”大班，部分贫困地区的复式教学等问题仍是薄弱环节和难点。

1991年，吉林省教委注意抓教育教学改革。在白城召开了全省小学教育改革现场会，推广白城明仁小学教师赵润的教改经验，促进基础教育由单纯的应试教育向素质教育转轨。并有组织地安排赵润到全省各地巡回报告；召开了学习赵润成果汇报会。在学科教学中抓了德育渗透，召开了研讨会和城镇小学学科德育经验交流会，修改了小学语文、数学、自然、地理、历史5个学科的德育纲要。开展了素质教育为主题的研究活动，评选优秀论文725篇。积极进行教学改革，在双阳县召开了吉林省“注音识字、提前读写”教改现场会，开展评选优秀课活动。中央教科所总结了吉林省自然课教学改革的经验，在伊通县召开了全国农村小学第三届自然课改革研讨会，伊通县在会上介绍了经验。积极组织义务教育新教材的试教工作，在吉林市召开了试教情况交流会，并组织试教教师统一备课和布置了下一步试教工作。1991年省教委通过检查评估，批准5所企业办的小学为吉林省第二批企业实验小学，至此，全省已有12所企业实验小学。

二、进一步加强初中学校标准化建设

1991年组织了全省第二批普通初中达标校建设的验收、评定工作。已初步建成达标校195所，其中5项主要指标分别是：投入经费4920元（不包括乡（镇）无价拨出的现成建筑材料），达标校学额年巩固率95%（三年巩固率88.4%），毕业年级会考及格率82.7%，专任教师学历达标率54.5%，实验室建设达标数309个、合格数167个。全省初中达标校建设自1988年始经过两批五次验收，现已建成773所，占全省初中总校数的43%。省教委制定了《吉林省九年制义务教育初中阶段必备办学条件标准和要求》、《吉林省九年制义务教育初中阶段验收细则》，经省政府批准试行。组织实施了初中二年级30万学生的历史、地理、生物学科会考和初三年级22.8万学生参加的毕业会考与升学考试，据对10个县（市）1000名初三年级学生试卷的抽样分析，A卷毕业会考及格率为78.6%，A+B卷升学考试及格率为67.4%。

三、农村初等教育整体改革实验

吉林省农村初等教育整体改革实验，是5年前按照联合国教科文组织援助项目进行的。1991年本着"巩固成果、深化改革、逐步推广"的基本要求开展工作。省教委调整了实验项目指导委员会和实验项目研究中心组，注意充实教研和科研力量。为总结5年改革的经验，6县12校进行了自检总结。1991年，实验工作把改革的重点放在了教学领域，在优化课堂教学、拓宽教育渠道等方面进行了许多有益的尝试，促进了教育与生产、生活相结合，促进了教育与农村发展、科学技术的实际应用相结合，增强了学校教育对社会发展的贡献。按照省实验项目的推广计划，1991年确定131所小学为省农村初等教育整体改革实验第二批试点校。目前，试点校已遍布全省农村各县，为1993年实验在省内全面推广起先行和示范作用。

四、加强小学艺术教育

1991年，全省小学艺术教育继续贯彻落实《全国学校艺术教育总体规划》，进一步加强对小学艺术教育的管理。主要做了6项工作：(1) 在1991年教育目标责任书中首次把艺术教育列为检查评估的内容之一。(2)"六一"国际儿童节期间，经过自下而上逐级推荐和考核，省教委命名60所小学为吉林省第二批小学艺术教育传统校，同时，全省各地、(州)、县（市、区）也相应地评定了一批地、县级小学艺术教育传统校。(3) 联合省有关部门从6月1日至2日，为庆祝建党70周年举办了吉林省首届中小学生艺术节。全省各类中小学、中等师范学校近300多万师生参加了这一活动，其中参加省歌咏比赛、文艺调演、美术展览三项活动的师生2万多人。有33所中小学获歌咏比赛一、二、三等奖，20所中小学获优秀合唱队奖；省文艺调演中，有126个节目分别获优秀节日奖、创作指导奖和文艺表演奖；在美术展览中，有291件作品获美展一、二、三等奖。通化、吉林、长春、辽源、四平获文艺调演团体优胜奖，磐石县的文艺节目获汇报演出奖。长春、通化、浑江、辽源获美展优秀组织奖。(4) 配合省文化厅举办了吉林省中小学生电影节。(5) 10月，省教育学院召开了艺术教育年会，并在吉林市永吉县举办了小学艺术教学管理和音乐教学观摩现场会，会后向全省发了会议纪要。(6) 9月，省教委对全省小学艺术教育状况进行了调查，草拟了吉林省各级各类学校艺术教育十年发展规划。

五、特殊教育取得新进展

1991年，全省特殊教育学校增加6所，总数达到34所；特教班增加44个，随班就读点增加318个，其中盲童随班就读点7个，聋童随班就读点34个；全省三类残废儿童在校生7971人，平均入学率62%，比上年提高23.9个百分点，全省基本消灭了县（市区）一级特教空白点。1991年，吉林省发展特殊教育事业抓了以下工作：(1) 3月21—23日，经省政府批准，由省教委、省民政厅、省残联联合召开了吉林省第二次特殊教育工作会议。会议总结了"七五"期间特殊教育的基本成就，研究确定了"八五"期间特殊教育发展的目标、任务、措施。(2) 加强特教师资、干部队伍建设。6月2—8日在四平盲童学校举办了全省第一期特教专兼职管理干部培训班，培训58人，促进了管理干部水平的提高。(3) 7月20—30日在长春特教师范学校举办了全省第二期弱智师资培训班，培训108人。8月10—18日在四平盲童学校举办了盲童随班就读师资培训班。(4) 下半年进行了第三次全省适龄残疾儿童情况的调查，基本摸清了各类残疾儿童底数，为制定“八五”规划提供了依据。此外，从5月份开始，在全省范围内，广泛开展了残疾人保障法和义务教育法的宣传。提高了全社会对残疾儿童实施义务教育的执法责任感，并于11月份对白城、通化、辽源、前扶、长春、浑江等地区的残疾儿童实施义务教育情况和新举办的特教班进行了检查。

六、幼教事业再跃新台阶

1991年，全省各级教育行政部门认真履行职责，发挥综合管理作用，推动了全省幼教事业又跃一个新台阶。1991年，全省幼儿园523所（含集体单位和社会力量办，下同），小学附设学前班8142个，入园（班）幼儿506858人，3-7周岁入园（班）率达40.6%，6—7周岁入园（班）率82.9%。现有幼儿教师25327名，其中有3733名教师在1991年取得专业合格证书，700余人在幼教函授班结业，教师学历合格率达89.35%，专业达标率达42.55%。各级教育行政部门为提高幼教行政干部和幼儿园园长的法制观念和管理水平，省幼教办公室于3月10日—18日举办了全省第4期幼教行政干部培训班，共培训县以上幼教行政干部及林业、煤炭、农垦、铁路等系统幼教负责干部80人。9个地区的教育行政部门根据省幼教办公室年初工作部署，积极培训各级各类幼儿园园长，提高以法治教观念。为尽快发展吉林省幼教事业，省幼教办公室修改了《吉林省幼儿教育事业发展规划要点》，拟定了《吉林省幼儿园管理办法》。经省政府同意，5月29日召开了协调单位联络员座谈会，有省计经委等12个协调单位的有关负责同志32人参加，会后建立了联络员联系册，形成了幼教工作管理的网络，发挥了协调单位的职能作用。省财政厅继续划拨幼教补助经费30万元，对全省近300处单独设置的中心幼儿园补助玩具和教具。省税务局和省校办公司提出从1991年起扶持幼儿园开辟解决经费的渠道，决定今后对幼儿园解决经费的有关报告将一事一办，及时审批。1991年6月17日—22日，省政协文教委员会负责人首次视察了长春市、延边州的18处幼儿园，在送省政府的视察报告中指出：各级政府要把幼儿教育纳入计划，每年拿出一定经费扶助幼儿教育，要把小区建设与幼儿园建设同步进行的政策落实到实处。4月，省幼教办公室印发了《吉林省幼儿园（班）教职工职业道德规范（试行）》，印发了吉林省幼儿教师职业道德标兵事迹材料汇编《爱的奉献》一书。5月，又组织了部分职业道德标兵赴全省9个地区巡回报告。省幼教办公室于3月制定了《吉林省示范性幼儿园评估标准》及《吉林省示范性幼儿园评估细则》，于6月10日—7月16日对原省级16处幼儿园进行检查评估，命名了长春市政府机关第一幼儿园等23个幼儿园为省级示范性幼儿园，为全省各级各类幼儿园树立了榜样。12月初，在国家教委召开的贯彻两个幼教法规经验交流会上，吉林省作了题为《协调和动员社会各界发展幼教事业》的发言。

七、教育督导工作取得新进展

1991年，全省教育督导工作取得新的进展。(1) 继续实行教育工作目标管理责任制。一是1991年4月25日，省政府、省教委分别与各市（地）、州政府、教委签定了《1991年教育工作目标管理责任书》。责任书对评估指标体系进行了调整，由三级指标减为两级指标，评估内容由上年的37项简化为32项。二是加强了研讨。由省组织各地撰写论文22篇，11月19—21日召开研讨会，从理论和实践的结合上研讨了有关问题，编辑出版了《吉林省教育工作目标管理实践与研究》一书。三是认真组织了年终检查。省教委受政府委托，组成5个检查组，检查18个县（市、区）、31个乡（镇）、134所学校。召开教师座谈会57次，问卷调查53次。检查结果：通化市获目标管理成绩优秀奖，其它地区获成绩显著奖，通化市、四平市、长春市获“职业教育年”活动单项奖。(2) 贯彻全国首届教育督导工作会议精神，进一步完善了教育督导制度。1991年5月，国家教委召开首届教育督导工作会议，报告中肯定了吉林省教育督导的做法和经验，舒兰县县长在会上介绍了经验。吉林省县以上单位全部建立了督导机构，74%的督学经过了系统培训。吉林省先后在各市(地)、州、大企业、部分县督学室主任和吉林省第四期督学培训班，传达了全国首届教育督导工作会议精神，印发了《教育督导暂行规定》和《普通中小学校督导评估工作指导纲要》，草拟了《教育督导暂行规定实施办法》、《吉林省教育督导工作“八五”计划》，高中、初中、小学督导评估方案。(3) 开展了《中华人民共和国义务教育法》的执法检查工作。根据全国人大委员长会议和省人大常委会分别作出对义务教育法执行情况进行检查的决定，省教委两次召开会议进行部署，在各地区普遍自查的基础上，省人大组织9个检查团，从7月30日开始，对各地区进行为期一周的检查。1991年9月12—27日，全国人大派出以原山东省副省长、全国政协委员马长贵为组长的检查组，对通化市、辽源市、长春市、白城地区进行了抽查后。对吉林省贯彻落实义务教育法的情况感到满意。

八、中小学勤工俭学

1991年，全省13195所中小学、农职业学校和中等专业学校中，有13001所学校开展勤工俭学活动，普及率达到98.6%，有96%的中小学生按照教学计划规定，参加了各种形式的勤工俭学活动。吉林省校办工厂发展到3116个，校办农、林、牧、副、渔场12141个，土地面积49.5亩，校办第三产业3413个。勤工俭学总产值12.12亿元，比上年增长17%；其中工业产值7.7亿元，农副业及其它产值2.5亿元，第三产业销售额1.91亿元。纯收入2.698亿元，其中工业纯利润1.07亿元，农副业及其它收入1.49亿元。勤工俭学生均收入64.70元。勤工俭学的收益用于补充教育经费1.55亿元，占总收入的57.4%，勤工俭学年纯收入超（含）10万元的校办企业226个，超（含）100万元的8个。勤工俭学收入超（含）100万元的县（市、区）35个，有20个县（市、区）超过400万元，有4个县（市、区）超800万元，有9个市(地) 州、区超1000万元。

1991年，吉林省及部分市、县勤工俭学分别受到国家教委和省财政厅表彰。4月13日，在国家教委召开的全国勤工俭学电话工作会议上，吉林省再次被国家教委命名为勤工俭学超2亿元的省份，副省长张岳崎代表吉林省政府介绍了开展勤工俭学工作的经验。4月15日，在全省勤工俭学工作会议上，长春、吉林、浑江、辽源等4个市，长春市朝阳区等17个县（区）被省教委、财政厅评为“七五”期间勤工俭学先进单位，长春市文教锅炉厂等400个集体和耿学文等400名个人受到表彰。省财政厅拿出100万元周转金奖励勤工俭学先进市、县校办工业公司。会上，副省长张岳琦对发展勤工俭学提出了继续提高对勤工俭学工作的认识，全社会都要关心支持勤工俭学和努力开创全省勤工俭学新局面的要求。

4月30日，省教委发出《吉林省中小学"八五"期间勤工俭学发展规划要点》。发展目标是：到1995年，校校达到有勤工俭学活动，有勤工俭学收入，有劳动教育基地；县县建立劳动教育指导中心和农业科学实验指导中心。力争在1995年底以前，全省59个县（市、区）勤工俭学收入都超过100万元以上。

1991年，在全省校办企业开展了质量品种效益年活动。省教委及有关部门采取倾斜政策，发展骨干企业。省学校生产教育管理处协调财政金融部门及科委拿出1500万元扶持骨干企业，还协调物资部门为校办企业解决钢材、生铁、焦碳等有色金属和非金属及燃料4000吨，木材2000立方米，提供科技信息367例。使全省10万元以上利润的校办企业由1990年的184户增加到226户。省利华制药厂生产的脑心舒和宁心宝两种医药保健品在国际老年用品博览会上分别获金质和银质奖；长春市文教锅炉厂有两个规格产品被国家教委评为优质产品，全省校办企业有4种产品被评为省级优质产品。全省中小学发挥学校的知识优势开发填补国家和省、市、县空白的新产品40项，增加产值5100万元，利润820万元，还投资233万元对109个项目进行技术改造，增加产值2345万元，利润296万元。

职业技术教育

一、开展"职业技术教育年"活动

经省人民政府决定，1991年为吉林省的职业技术教育年。3月22日，省政府召开了部署"职教年"活动的电话会议。4月，省政府批转了省教委、计经委、劳动厅、人事厅、财政厅联合起草的《关于开展"职业技术教育年"活动的意见》。省教委印发了《职业技术教育年活动方案》。5月，全省各市、县开展了"学雷锋为民服务周"活动，全省共有428所中等职业技术学校的49400多名师生参加，共在城镇街道组成为民服务一条街66条，深入村屯3800多个，深入街道居民及农家19400多户，做好事127000多件。9月，省政府召开了全省职业技术教育工作会议。会上，有44个单位交流了经验，省教委等5部门联合表彰了为发展吉林省职业技术教育事业做出突出贡献的83个单位和167名先进工作者。同时讨论了吉林省《职业技术教育十年规划和"八五"计划要点》。11月，省政府下发了《吉林省人民政府关于贯彻〈国务院关于大力发展职业技术教育的决定〉的通知》。

"职业教育年"活动受到了各市、地、州党政负责同志的重视，多数地、县成立了职业技术教育协调机构，很多县建立了主要领导同志联系职业技术学校制度，在"职业技术教育年"活动中，全省各地共利用广播、电视宣传374次，出版报刊801期，宣传栏1391块，宣传队伍106495人次，召开县（区）以上各种类型的会议662次。全省职业高中共新建扩建校舍37万平方米，扩大校园面积23万平方米，扩建改建实习场地91个，面积达851万平方米，总投入6700万元。职业高中的教学质量不断提高。在5月和8月举行的全国职业高中学生"太湖杯"烹饪比赛和全国职业高中车钳工技能比赛中，吉林省获二等奖1个，3等奖2个。在全省5月份举办的职业高中学生服装、幼师专业比赛上，选手们出色的表演和精美的服装设计、制作工艺都得到了专家和学者们的高度评价。

二、调整学校布局，加强管理与评估

根据全国职教会议精神，吉林省对农村职业高中的学校布局进行了调整，提出每县办1-2所的原则，并开展了定规模、定专业、定基本建设、定基地建设、定专业课师资培养的“五定”工作，为进一步提高职业高中的规模效益和教育质量，创造了条件。为进一步推动职业高中的建设，省教委制定了《吉林省省级重点职业高级中学办学标准评估方案》，并对部分较好的职业高中进行评估，经省政府批准，评选出11所省级重点职业高级中学。

发布中专教学管理规程。1991年，省教委发布《吉林省普通中等专业学校教学管理规程》，包括9章、75条，从教学行政管理、教学计划、教学大纲和教材、理论教学、实践教学、学业检查与评定、教师、教学管理评估等方面，对全省中等专业学校的教学管理工作提出了具体要求。统一制定了全省中等专业学校教学管理各类表式。

全省中专学校合格评估工作于1991年结束。全省独立设置的90所普通中等专业学校中，有30所学校为合格学校；有29所学校为基本合格学校；有15所学校为暂缓通过学校，这些学校近期内不得增设专业，限期二年内改善和提高；有7所学校评估不合格，从1991年起暂停招生，限期整顿提高；另有9所学校未作评定。

三、一年来职业技术教育主要成绩

一年来，通过“职业技术教育年”活动，职业技术教育得到大力发展。完成了74所农村职业高中的“五定”工作。为改善职业高中办学条件，全省共筹集6700万元，其中仅基建投资2000多万元，是1990年的5倍，教学仪器投资900万元，是1990年的3倍多。职工教育培训面不断扩大，全省共培训职工2443.76万人，占职工总数的69.63%，使全员培训率由上年的68%提高到74.4%。农民教育有新的进展，全省乡、村农民文化技术学校已增加到7104所，乡、村设校率分别达到96%和59.8%，培养初级技术员58.8万名，农户新型当家人27万名；“燎原计划”示范县由上年的14个发展到26个，示范乡由147个发展到248个。基础教育中的职业技术教育因素增强，小学仅劳动课开课率由上年的95%达到98.89%，初中由上年的75%达到99.4%，高中由上年的65%达到93.4%。

高等教育

一、强化教育与管理

1991年，省教委继续本着一手抓教育，一手抓管理的原则，加强了学生管理工作的规范化、制度化、目标化。11月，省教委首次组织检查评估小组，对全省42所高校学生管理工作进行了全面检查评估，评估的范围是《普通高等学校学生管理规定》，《高等学校学生行为准则》贯彻情况，评估重点是组织领导、管理措施、学生档案、校风校纪。检查评估结果，评选出先进学校6所、先进学生处（部）24个。通过对学生管理工作的检查评估，严肃了校风校纪，优化了育人环境。1991年全省高校校风校纪有明显好转，学生违纪率下降。

二、加强马克思主义理论课程建设

1991年，省教委制定了《关于进一步加强高等学校马克思主义理论教学的意见》，对课程设置、学时安排、教材和教学管理、教学方法、教师队伍建设等提出了要求。为进一步检查几年来理论课教学改革情况和学生对马克思主义基本原理掌握及运用能力。年底，省教委对全省高校中国社会主义建设课进行了统考，参加统考学生近万人。

三、普通高校第二批省级优秀课程验收评估

吉林省教委于1991年10—12月对全省普通高校进行了第二批省级优秀课程验收评估。省教委聘请有关专家，对11所高校申报24门课程逐一进行多环节的实地检查验收，共有11所高校的20门课程达到或基本达到验收标准。被省教委批准为优秀课程的有：吉林体育学院的体操学、运动解剖学。吉林职业师范学院的高等数学。延边医学院的生理学。延边大学的有机化学、现代朝鲜语。长春汽车工业高等专科学校的金属材料及热处理。吉林财贸学院的统计学原理、政治经济学、货币银行学、经济数学基础。长春建筑专科学校的建筑力学。长春冶金地质专科学校的岩石学。通化师范学院的现代汉语。长春光学精密机械学院的中国革命史、激光原理、大学英语、大学物理，算法语言。

四、高校文科清理工作

吉林省高校以清理哲学社会科学学科为重点，深入开展了文科教育改革。吉林大学重点抓了新闻、政治、法律等几个专业。东北师范大学教育系查阅了教育著作219部，重要报刊、杂志85种，主要教育论文2615篇，从中摘录文字30余万字，进行了研讨和整理，形成了两份研究成果。

在抓学科清理的同时，各高校注意结合学科建设，组织教师重点编写一些教学指导纲要，修订、编写了一批教材。吉林大学把这类选修课由20门增加到40门。各校还重点加强了对学生课余时间学习马列主义、毛泽东思想的指导，东北师范大学成立了100多个马列学习小组，参加学生近2000余人。各校普遍加强了实践教学和毕业生论文的指导工作。1991年12月，国家教委在吉林大学召开部分直属高校文科教改座谈会，吉林大学党委书记樊万清介绍了吉林大学文科清理情况。

五、吉林师范学院开展“师魂、师德、师能”教育

吉林师范学院是省属高校综合改革试点单位。1991年在总结十几年来办学经验的基础上，根据师范教育的特点，形成了以“铸造师魂、陶冶师德、培养师能”为基本内容的教育系统工程。他们以马列主义理论课和思想品德课为主线，将“三师”教育融入所有专业课和非专业课中，融入党团活动以至行政管理、后勤服务和校园环境建设等诸方面。校门口镌刻着一尊“师表”的巨石，数学楼上镌刻着“尊师敬业，励精自强”的校训，校内各教学楼、道路两旁悬挂着颂扬教师的名言名句，建造了纪念人民教育家陶行知的“师陶亭”；学校经常举办歌颂教育事业和人民教师的文艺汇演、主题报告会、演讲会和辩论会，出版有关教育问题和教育活动的板报、快报和学报，以多种方式对学生进行教师职业理想和职业道德教育。

在“师能”培训上，学校从加强师范性和实践性出发，修订了教学计划，调整课程设置。专业基础课在保证本门课程体系完整和吸收学科最新成果的前提下，坚决砍掉那些繁琐的、与学生毕业后从教关系不大的内容；加强了公共基础课和基本技能训练课的份量。这些措施实施后，通过对近两年毕业生质量进行实地考察，已经得到明显验证。

1991年6月27日，国家教委师范司和各省教委及26所高师院校代表对吉林师院的综合改革进行了全面检查，给予了较高的评价。

六、高等学校科技工作

(一) 高校科技扶贫初见成效

省教委于1991年6月做出决定以通榆县为试点，组织全省高校科技力量，做好贫困地区的科技扶贫工作。9月，由省教委副主任带队，组织吉林大学、吉林工业大学、东北师范大学等12所大专院校的科研处长及科技人员赴通榆县考察企业，发布科技成果，进行科技生产对接。首次对接会达成意向协议64项，经充分论证，落实了扶持通榆县的第一批科技项目8项，资助科研经费15万元。

(二) 首次评选省教委科技进步奖

1991年，吉林省教委首次评选科技进步奖，总共评出48项，其中，一等奖4项，二等奖19项，三等奖25项。在获奖总数中，数理自然基础理论成果9项，软科学研究成果1项，获奖人员266人。

(三) 召开全省高校科技工作会议

教委和省科委于1991年11月28—30日在长春召开了全省高校科技工作会议。全省34所高校分管科技工作的院校长、科研处长以及计经委等有关部门领导100余人参加了会议。会议总结了改革开放10年来全省高校科技工作的经验和成绩，研究部署了“八五”期间全省高校科技工作的任务，对科技工作成绩突出的24个集体和86名个人进行了表彰。

(四) 高校科教兴农成果进一步扩大

省教委于1990年组织吉林农业大学在农安县龙王乡建立了科教兴农实验基地，经吉林农大科技人员的艰苦奋斗，使龙王乡在1991年的农业总产值达到2887万元，比进点前的1756.9万元增加63.5%，比进点后的1990年，增加22.4%；粮食总产值达到6.74万吨，比进点前的3.99万吨增加68.6%，比1990年增加33.8%；玉米亩产由1990年的393公斤增加到504.6公斤；人均收入达到835元，比进点前的541.7元增长54.2%，比1990年增长16.6%；交售商品粮4.5万吨，比进点前的1.2万吨增加275%，比1990年增加12.5%；水稻种植面积由进点前的7500亩增加到1.8万亩，增加140%。

七、加强高校后勤工作

1991年，高等学校食堂的管理工作，抓了发展巩固伙食承包责任制，开展周到服务，正确引导学生消费，宣传爱惜节约粮食，收到明显效果。各高校注重调剂伙食的花样品种，加强伙食成本核算，食堂班组之间引进竞争机制，大部分学校达到主食4种，副食6种，小菜10种以上。炊事人员经常到学生中征求意见，满意率达到75%以上。省教委后勤办公室组织了烹饪经验丰富的专家和厨师录制了大灶菜50例，在全省高校食堂推广。黑龙江省、辽宁省教委也应用这部录像片来培训本省高校食堂的炊管人员。

成人教育

一、深化企业教育综合改革

1991年，吉林省在国家教委确定百家企业进行教育综合改革试点的启发下，又确定6家企业为省企业教育综合改革试点单位。这6家企业是：吉林省电力工业局、吉林省油田管理局、吉林炭素厂、石砚造纸厂、开山屯化学纤维浆厂、松江河林业局，连同国家在本省确定的长春第一汽车制造厂、吉林化学工业公司、通化矿务局、吉林造纸厂，全省共有10家企业进行教育综合改革试点。改革的目的是，结合本企业实际，认真吸收外来经验，逐步改革和完善企业内部教育、管理、教学体制，建立具有本企业特色的现代化的社会主义教育体系，实现企业职工队伍素质的全面提高，保证产品质量、培养合格的后备劳动大军，全面提高企业效益的目标。这项改革受到了企业的欢迎，适应了企业发展的需要。省教委于1991年12月召开企业教育综合改革试点单位座谈会，10个企业的代表在会上交流了各自的改革方案和起步项目，并向上级业务主管部门、教育管理部门提出了加强企业教育综合改革管理的希望和要求。

二、职工学历教育

1991年对全省32所普通高等学校举办的函授、夜大学教育进行了评估。东北师范大学等8所院校被评为先进单位，白求恩医科大学等16所院校被评为合格单位，还有8所院校未达到标准。省教委于1991年4月下发了《关于对全省成人高校、中专学校办学条件进行评估工作的意见》，并将延边职工大学、延吉市职工大学和石砚造纸厂职工大学合并为延边职工大学。经省委、省政府决定，撤销了吉林省工运管理干部学院和吉林省职工科技外语学院。

三、专业证书教育

1991年，专业证书教育没有招生，全年在校生仅有2万余人。为加强管理，1991年，省教委、省人事厅又一次共同组织了专业证书教育班复查清理验收，经查所设教学班基本合乎要求，教学质量能够得到保证。复查验收报告已上报国家教委和人事部。1991年，全省共有大专专业证书班毕业生3726人。

四、扫盲与农民教育

1991年，省教委加强了扫盲与农民教育的干部、教师队伍建设。6月，省人事厅、省教委下发了《关于农村乡（镇）成人教育专职干部工资待遇问题的通知》，规定乡（镇）成人教育专职干部与农村普通中学或中心小学校长的工资待遇相同，经县（市、区）教育行政部门任命为上述职务级别的成人教育专职干部，由县（市、区）人事部门审批兑现职务工资。9月4日，省教委发出《关于加强乡（镇）成人教育专职干部队伍建设的通知》，对乡镇成人教育专职干部的编制、领导关系、任职条件、主要职责、任用和管理、培训、待遇等做了规定。

为了推动全省乡（镇）农民文化技术学校的标准化建设，本着分类推进的原则，省教委在8月发出《印发〈吉林省乡（镇）农民文化技术学校建设标准〉的通知》，规定乡农民文化技术学校的建设分三类进行，并确立了各类的标准，同时作为“八五”期间建设的基本要求。1991年9月7日，省政府发布了《吉林省人民政府关于表彰在扫盲工作中做出突出贡献的集体和个人的决定》，授予长春市教委等71个单位集体扫盲奖，给予左中辉等191名个人扫盲奖，为王淑琴等16名同志记大功一次，为左中辉等175名记功一次。全国第四次人口普查表明吉林省文盲、半文盲占总人口的比率由第三次人口普查时的16.04%下降至10.49%，人口文盲率低于全国平均水平。1991年全省共扫除文盲210551人，农村文化技术学校培训857090人次，乡农民文化技术学校培训559998人次，各种社会力量办学培训214765人次，农村劳动力受到了程度不同的实用技术培训。1991年，蛟河市人民政府、浑江市八道江区人民政府，伊通农民中专、扶余市永平乡农民文化技术学校、东丰县四平乡农民文化技术学校和公主岭市毛城子乡太平沟村农民文化技校6个单位及2名个人受到国家教委的表彰。

撰稿人 杨胜超 李富忠等
审稿人 梁植文

黑龙江省教育

概　况

1991年是黑龙江省教育改革进一步深化，教育事业进一步发展的一年。年初，召开了全省教育工作会议，讨论通过了《黑龙江省教育事业十年规划和“八五”计划》。一年来，全省各级各类教育，按照教育事业“八五”计划的总体要求，紧紧围绕提高教育质量和办学效益这个中心，坚持正确的办学方向，深化教育改革，优化教育结构，加强队伍建设，改善办学条件，使全省教育事业迅猛发展，并取得显著成效。

1991年各级普通学校基本情况

单位：人

学校类别	学校数(所)	毕业生数	招生数	在校学生数	教职工数 计	教职工数 其中专任教师
一、普通高等学校	42	24 979	25 168	83 062	42 291	15 823
研究生		1 326	1 219	3 722		
本　科		12 965	12 845	52 809		
专　科		10 688	11 104	26 531		
二、中等专业学校	110	22 650	22 437	67 740	17 256	7 022
中等技术学校	80	15 175	16 541	47 821	13 497	5 170
中等师范学校	30	7 475	5 896	19 919	3 759	1 852
三、普通中学	2 797	512 633	626 083	1 789 871	177 879	130 661
高　中	578	81 462	93 146	272 615		23 086
初　中	2 219	431 171	532 937	1 517 256		107 575
四、农业、职业中学	462	43 023	60 281	142 415	20 314	12 267
高　中	444	41 834	57 135	136 631		11 959
初　中	18	1 189	3 146	5 784		308
五、工读学校	1	28	25	64	45	26
六、小　学	16 890	626 046	603 921	3 871 295	251 356	216 342
七、特殊教育学校	67	688	1 082	6 096	2 244	1 521
八、幼儿园	1 991	353 203	379 645	584 182	40 503	25 200

1991年各级成人学校基本情况

单位：人

学校类别	学校数(所)	毕业生数	招生数	在校学生数	教职工数 计	其中专任教师
一、成人高等学校	89	25 975	22 172	76 276	13 771	6 191
广播电视大学	2	6 082	4 447	14 971	2 920	1 181
职工高等学校	58	5 522	4 699	16 938	5 974	2 825
农民高等学校						
管理干部学院	10	1 659	955	2 490	1 990	749
教育学院	19	4 073	1 463	6 731	2 887	1 436
独立函授学院						
普通高校举办						
函授部		5 650	8 188	26 161		
夜大学		2 767	2 220	8 595		
干部专修科		222	200	390		
二、成人中等专业学校	360	63 518	49 488	128 552	15 937	8 663
广播电视中专	6	30 389	16 665	44 079	1 732	947
干部中专						
职工中专	210	11 201	19 479	46 677	8 260	4 160
农民中专	47	7 164	7 647	13 980	1 171	738
教师进修学校	97	14 764	5 697	23 816	4 774	2 818
三、成人中学	499	27 043	43 424	44 080	5 767	3 266
职工中学	448	25 686	40 930	40 723	5 423	3 115
农民中学	51	1 357	2 494	3 357	344	151
四、成人技术培训学校	9 672	3 930 000	4 140 000	2 360 000	20 000	
职工技术培训学校	1 186	1 140 000	1 260 000	320 000	10 000	
农民技术培训学校	8 486	2 790 000	2 880 000	2 040 000	10 000	
五、成人初等学校	6 458	190 303	203 926	194 098	16 050	7 359
职工初等学校	22	2 241	5 849	5 045	242	41
农民初等学校	6 436	188 062	198 077	189 053	15 808	7 318
其中：扫盲班	3 678	108 294	88 879	83 794	12 123	5 386

制表人　金莲芳

基础教育

一、切实加强学校德育工作，进一步推进德育首要地位的落实

1991年，加强了以“两史一情”为中心内容的爱国主义教育。全省中小学认真贯彻江泽民总书记关于对中小学生进行近代史、现代史和国情教育的指示精神，认真开展了“两史一情”教育活动。结合“庚子赔款”90周年、辛亥革命80周年、中国共产党成立70周年和“九一八”事变60周年等重大历史纪念日，通过电影、讲演会、报告会、知识抢答赛等多种形式，生动活泼地进行“两史一情”教育。加深了广大中小学生对近现代史和国情的了解和认识，增强了立志学习，振兴中华的爱国主义情感。

继续深入开展学雷锋、学赖宁的活动。省教委在3月下旬至4月上旬，集中开展了学习雷锋、赖宁活动月活动，组织中小学生学习雷锋、赖宁的英雄事迹，使全省中小学学雷锋、赖宁，争做社会主义新人蔚然成风。涌现出了象哈铁一校季洪波、红兴隆农管局291农场小学田文超等一大批雷锋、赖宁式的好少年。

加强了中小学德育工作实施《细则》的贯彻落实，进一步改变过去德育工作“四统一”（内容、方法、途径、评估）的教育模式，对中小学生按层次、循序渐进地进行了不同内容、不同形式的教育，收到了较好的效果。如佳木斯市实验学校全面实施《中学德育大纲》，初步形成了德育工作的“六化”格局，即德育目标层次化，德育内容系列化，德育途径网络化，德育评价程序化，德育领导体制实体化，德育管理制度化。同时，进一步抓了以贯彻中小学生日常行为规范为中心内容的养成教育。组织学生认真学习中小学日常行为规范，使学生基本做到会背、会讲、会用。在中学着重抓了清除吸烟、喝酒、赌博、斗殴等四种恶习的教育活动，学生的文明礼貌程度普遍有所提高，建立了良好的校园秩序。

进一步建立和完善社会实践、德育、劳动基地，加强学校、家庭、社会三结合教育。全省普通中学，按省教委要求，普遍与工厂、部队、村（屯）、街道联系，建立了固定的社会实践基地，组织学生深入进行社会实践活动。在加强德育工作中，各地都注重挖掘当地德育资源，建设德育基地，把德育基地作为爱国主义教育和革命传统教育的重要场所。全省中小学突出抓了劳动和劳动技术教育。目前，全省农村中学已普遍建立了劳动基地，城镇中学有1/3建立了劳动技术教育基地。哈尔滨、齐齐哈尔、佳木斯、牡丹江、大庆等市，还建立了劳动技术教育中心，对全市的劳动和劳动技术教育进行统一规划，统一实施，提高了劳动和劳动技术教育的效果。全省广大中小学，在抓好学校教育主渠道的同时，注意抓好家庭教育和社会教育，建立了学校、家庭、社会三结合的教育网络。目前，全省已有家长学校13000多个。军警民共建活动在全省中小学深入开展。各大中城市和一些县镇的中学都加强了国防教育，普遍开展了军训活动。

二、落实“义务教育法”，普及义务教育

利用《义务教育法》颁布5周年的有利时机，省教委进一步组织宣传学习贯彻《义务教育法》，在省人大、省政协组织领导下，开展了义务教育执法大检查，推动义务教育工作的开展，目前，全省100%的人口地区已完成了普及初等义务教育的任务。哈尔滨、齐齐哈尔、佳木斯、大庆、密山、肇州、龙江、勃利、富锦等占全省人口15%的地区，正在稳步实施九年制义务教育。

全省普通中小学的管理水平和学校面貌都有较大的提高和改善。1991年，省教委继续在普通中小学推行规范化学校建设工作，并把规范化学校建设作为提高教育质量，稳步推进九年义务教育实施的重要措施来抓。目前，全省已有32%的小学和30%的初中达到了规范化学校基本合格的要求。

中小学学生的流失率得到了有效控制。黑龙江省始终把控制中小学生流失率作为一项重要工作常抓不懈，1991年，在控制流失率工作上，除继续采取层层建立责任制，签订责任状，定期报告等行之有效的措施外，还在端正中小学办学方向，变应试教育为素质教育，积极引进职教因素，加强劳动技术教育，切实提高学校的吸引力上下功夫，使中小学生流失率得到了有效控制。现在全省小学生流失率已控制在2%以下，初中学生流失率降为7.5%，其中大兴安岭、密山、大庆、哈尔滨等市地降到2%以下。

三、深化教育改革，提高教育质量

1991年，举办了党的十一届三中全会以来首次全省中小学优秀教学成果展览。评选出100项“三优”（教材、自制教具、电教教具）教学成果，评选出了袁乃超、陈小军、徐同敏等一大批教书育人、大面积提高教学质量、积极进行教改的先进教师代表。教学改革百花齐放，硕果累累。

扩大了小学语文“注音识字，提前读写”的实验范围，目前全省实验面已扩展到75个市县、834所学校、3824个教学班、163616名在校生。省教委下发了《关于推广小学语文“注音识字、提前读写”教学改革经验的通知》，决定在全省进行推广。小学“三算”实验面也进一步扩展，目前，已有54个市县、1800多所学校、6000多个实验班开展这一实验。

农村中学教育改革得到了进一步深化。1991年，省教委制定并下发了《黑龙江省农村教育改革先进中学基本要求》和《检查评估细则》。并对68所农村中学试点校进行了检查评估。评出集贤县永安乡中学、讷河老莱中学、佳木斯红旗中学等12所农村教育改革先进中学，并在全省推广了他们的经验，推动农村中学教育改革的发展。

高中毕业会考工作开始稳步启动。省教委制定下发了全省高中毕业会考方案。开始实施调整后的高中教学计划。制定下发了地理、生物会考纲要和新的学生学籍管理档案，编写了高中毕业会考工作学习材料。

四、抓好普及和提高质量工作，积极推进幼儿教育和特殊教育的发展

1991年，全省幼儿园已发展到1991所，幼儿学前班13740个。全省4～6周岁儿童入园班率达到68%。加强对幼教各类人员的培训。1991年重点培训了幼儿园长。提高了幼儿园的管理水平和教育质量。

1991年在全面推进残疾少年儿童义务教育的普及工作中，集中力量抓薄弱环节，使特殊教育工作有了较大的发展。1991年，特殊教育学校（班）又增加4个，使特殊教育学校（班）达到100个；有15%的特殊教育学校达到了省特殊教育规范化建设标准。为了提高特殊教育质量，分别培训了120多名特教教师，有效地提高了他们的政治业务水平。深入抓了盲、聋、弱智儿童随班就读的实验和推广工作，1991年，盲、聋、弱智儿童随班就读的人数已由1990年的4000人发展到7000人。聋童随班就读发展到30多个市县，有300名学生；盲童随班就读已由1990年的28个市县，发展到50多个市县，全省7～15周岁的盲童入学率达到70%左右。目前，盲童随班就读已由小学随班就读，发展到学前教育和高中随班就读，在密山市和桦南县宣布基本普及盲童初等义务教育之后，1991年又有宁安、双城、呼兰、鸡西、阿城、海伦、讷河、勃利、逊克、绥棱、望奎、依安等十几个市县、区普及了盲童初等义务教育。与此同时，加强了盲童随班就读的教材建设，编写了《盲童随班就读教育指南》和《盲童随班就读教育百题问答》。

五、抓好教师培训，加强师资队伍建设

1991年，召开了黑龙江省中小学师资队伍建设工作会议。制定了“八五”期间师资队伍建设规划、《黑龙江省中小学教师继续教育暂行方案》、《黑龙江省中小学教师培训规划》、《黑龙江省中小学教师继续教育实施纲要》。抓了中小学教师继续教育教材的编写工作，现已编写出了小学教师继续教育12科教材。继续实施了校长、幼儿园园长培训规划。省教委召开了中小学校长岗位培训工作会议，下发了《黑龙江省中小学校长岗位培训规划》，并对全省7个中小学校长岗位培训试点单位进行了检查验收。

加强了对中小学教师队伍的管理。制定了《黑龙江省中小学教师考核办法》和《中小学教师职务岗位设置方案》，使教师职务评聘和考核制度得到进一步完善。制定了《清理整顿民办教师队伍方案》，并已开始清理整顿工作。继续从优秀民办教师中选招公办教师，1991年，全省选招了3000名。

继续抓了提高教师待遇的政策落实工作。1991年，重点抓了满30年教龄教师退休后发全薪的政策和全省教师工资待遇落实工作。继续表彰奖励优秀教师，1991年全省共表彰优秀教师和教育工作者600人。

六、多渠道筹措教育经费，努力改善办学条件

继续走依靠人民办教育的路子，多渠道筹措教育经费。全省通过多种渠道筹措的改善办学条件经费4.5亿元，并将筹措的资金集中用于改善办学条件，重点解决危房。在此基础上，把学校外部条件建设转向内部条件建设上来。1991年，下发了《1991～1992年全省中小学危房改造工程实施方案》，并专门召开会议进行部署。全省已形成了领导重视，全民动员，全方位启动抓危房改造工作的良好局面，并取得显著效果。1991年，全省共改造危房60.7万平方米，比1990年多翻建校舍39.7万平方米，同时又扩建校舍20.4万平方米。扣除1991年因受灾新出现的危房外，全省危房比例已下降到2%，已有90%的中小学达到砖瓦化。中小学校内部建设取得了较大成就，全省积极开展自制教具和学生捐献图书活动，1991年，共增添学生桌凳43.2万单人套，增添教学仪器63.3万件，体育器材12.4万件，购置图书349.7万册。

总结和推广了“燃池取暖法”。林甸县研制出的“燃池取暖法”，可以有效地改善农村学校冬季取暖状况，提高学校投资效益，节约教育经费。省教委及时抓住时机，在林甸县召开了现场会，并开始在全省10个市、县试点。

撰稿人　费秀天

审稿人　郑吉南

职业技术教育

一、发展职业技术教育的环境和条件进一步优化

1991年，为了促进全省职业技术教育的改革和发展，贯彻落实全国职教工作会议精神，更好地为经济建设和社会发展服务，遵照省委领导的意见，由省委、省人大、省政府、省政协的领导和省直15个单位的48名同志组成了全省职业技术教育联合调查组。从全省职业技术教育的现状入手，确定了办学体制、管理体制、体系框架、领导问题、教师队伍、教材建设、实验、实习基地、质量问题、经费问题、“先培训、后就业”的配套政策10个专题，在全省城乡进行了深入的调查，形成了《黑龙江省职业技术教育调查报告》。起草了《省委、省政府关于发展职业技术教育若干具体问题的规定》。还起草了《黑龙江省职业技术教育条例（初稿）》，经省政府法制局审核同意后，已列入黑龙江省人大常委会1992年立法计划，将于1992年10月1日发布实施。从而把职业技术教育纳入到法制的轨道，真正变成各级政府的自觉行为，以达到提高劳动者的素质、振兴地方经济的目的。

在深入调查研究和充分准备的基础上，省委、省政府于1991年11月26日至29日在哈尔滨市召开了全省职业技术教育工作会议，从政策上解决了“先培训、后就业”等实际问题，为职业技术教育的发展创造了条件。省委副书记周文华在会上作了题为《高度重视和大力发展职业技术教育》的讲话，副省长戴谟安作了题为《加强政府统筹，大力发展职业技术教育，为促进全省经济和社会发展做出贡献》的报告。会议作出了“关于表彰黑龙江省职业技术教育先进单位和先进个人的决定”，授予哈尔滨市道外区人民政府等45个单位为“黑龙江职业技术教育先进单位”称号；授予王世学等110名同志为“黑龙江省职业技术教育先进个人”称号。会议期间认真讨论了《省委、省政府关于发展职业技术教育若干具体问题的规定》和《黑龙江省职业技术教育条例（征求意见稿）》。1992年1月下发了《省委、省政府关于发展职业技术教育若干具体问题的规定》，对今后10年发展黑龙江省职业技术教育的方针、目标和任务、办学体制、管理体制、教育质量、经费、师资、实验、实习基地、服务体系、招生、就业及加强领导等问题作出了具体的规定。

二、深化中等职业技术学校的教育改革，不断提高教育质量和办学效益，为“科教兴省”服务

一是全面贯彻教育方针，坚持培训人才的政治思想标准，加强了德育和思想政治工作。组织中等职业技术学校师生重点学习了《关于社会主义若干问题学习纲要》、《马克思主义哲学学习纲要》，对学生认真进行了两史一情教育，激发爱国主义热情，坚定建设有中国特色社会主义的信念，推进了德育首要位置的落实。

二是发挥重点职业中学的典型示范作用，努力提高教育质量和办学效益。1991年至1992年初，经国家教委认定，哈尔滨第一职业高级中学等20所学校为省重点职业高级中学。这些学校在办学、教学、管理

等方面在当地起骨干、示范作用。在抓好重点职业中学的同时，1991年省教委下发了《黑龙江省农、职业中学规范化建设标准》(40条)，经市（地）检查验收有10%的农、职业中学基本达到了规范化标准。至此，全省经国家教委认定的省级重点职业高级中学共20所；省重点甲级职业中学13所；省甲级职业中学44所。这些学校通过评估后，办学方向更加明确，专业结构进行了调整，教育质量和办学效益得到明显提高。

三是在普通中等专业学校进行了办学条件评估工作，改善了办学条件；强化了学校的内部管理。省建筑工程学校投资100万元，修建了一个冰球场地，翻建了一座1000平方米的风雨操场；黑龙江银行学校自筹资金30万元，主管部门投入经费300万元，新建电化教室、体操房各一个。据对已评估的45所学校统计，总投资达1000万元，大大地改善了中等技术学校的办学条件。农职业中学也通过规范化评估，推动了办学条件的改善。同时对中等专业学校、农职业中学加强了宏观管理和分类指导。根据社会需要和学校自身条件，增设了短缺专业，拓宽了专业面。佳木斯市、鸡西市、鹤岗市、农场总局对农职业中学进行了专业结构的调整，统筹了骨干、长线专业，有利于办出专业特色，提高办学质量和整体效益，使学校发挥多功能作用。黑龙江省化工工业学校、牡丹江农业学校等4所学校增设了化工安全技术、良种繁育等4个专业。

四是继续完善了招生与分配制度的改革。普通中等专业学校继续实行定向招生、定向分配的办法。农业、农机、卫生、水产、工科、财经等科类学校，招收定向生1766人，比1990年增加25.4%；不断完善农业中专学校不包分配，给予招生、培养、使用的有关政策，招收不包分配学生690人；招收委托生1005人，比1990年增加89%。招生分配制度的深化改革，进一步打通了人才通向农村和基层单位的渠道。农业中专在深化改革中，为农村培养了“科教兴农”的人才。充分发挥了农业中专在师资、科研、技术推广与咨询服务方面的优势，为发展农业经济和农民致富服务。重点建立了校外科教兴农基点，组织专业教师下乡蹲点和参加集团承包。各农业中专学校参与基地县“燎原计划”和“丰收计划”的实施，开展了县校联合高产攻关；开展技术改造、技术服务工作，充分发挥校外基点的技术示范作用。

农村职业中学面向乡镇、村开展了委托和定向招生，同时充分利用生产实习基地，在人才培养、实用技术的推广、科学实验、科技扶贫、生产经营社会服务等方面，为“科教兴农”发挥了多功能作用。

三、农村教育综合改革工作取得新进展

1991年，黑龙江省的农村教育综合改革工作取得新进展。在基础教育积极引进职业技术教育因素，大力发展农村职业技术教育，抓好“三教统筹”的基础上，重点推进了农科教统筹结合工作。使全省的农科教统筹结合工作由自下而上的点上探索阶段发展到自上而下的面上启动阶段。

(一) 全面推进农科教统筹结合

省委、省人大、省政府对农科教统筹结合工作非常重视，由省委牵头，教育、农业、科技、计划、财政等部门组成农科教统筹结合调查组。从1991年6月至9月，对全省农科教统筹结合情况进行了调查。在此基础上，省委、省政府在讷河县召开了农科教统筹结合现场会议。省委副书记马国良在会上作了题为《坚持走农科教统筹结合的路子，为实现农业第二步战略目标而努力奋斗》的报告；省人大常委会副主任嵇华作了《依靠科教兴农推进农科教统筹是建设社会

主义新农村的必由之路》的讲话；讷河、龙江、密山、桦南等市县介绍了本地农科教统筹结合的经验。会议通过了《黑龙江省实施农科教统筹结合试行方案》，研究、部署了全省农科教统筹结合工作。会议决定以乡为基础，以县为重点推进农科教统筹结合工作，首先在10个农村教育综合改革实验县(市)，100个实验乡全面推进农科教统筹结合。这次会议标志着全省的农科教统筹结合工作已由以前主要由教育部门抓变成农科教各部门协同作战、齐抓共管；由单纯的部门行为变成政府行为。在1991年年底召开的省委六届八次全委会议上，正式印发了《黑龙江省实施农科教统筹结合试行方案》，并将农科教一体化列为全省推进的四个一体化之一，作为发展农业，加强农村工作和“科教兴农”的根本措施（其他三个一体化为粮牧企一体化，贸工农一体化和城乡一体化）。目前，农科教统筹结合的重大意义、巨大作用已被越来越多的党政领导和农业、科技、教育部门的同志所认识，并自觉地推进这项工作。1991年年底，在国务院召开的部分省农科教统筹结合座谈会上，副省长孙魁文代表省政府介绍了农科教统筹结合的做法。黑龙江省的10个实验县主要从以下几方面推进农科教统筹结合：一是统筹制定农科教结合实施方案；二是统筹安排实验、推广和开发的项目；三是统筹培训技术人才；四是统筹安排教学、科研、推广的技术力量；五是统筹使用实施基地、设施；六是统筹使用项目和培训经费。实施农科教统筹结合的基本形式有以下几种：一是以村办小学为依托，引入劳技教育内容，在村级实行农科教结合。在这方面比较有代表性的是龙江县白山乡八村学校。二是以乡镇普通中学为依托，把普通教育和职业教育融为一体，发挥一校多能的作用，在乡镇一级实行农科教结合。在这方面比较有代表性的是讷河县老莱中学。三是以成职联校或农职校为中心，站校一体化，实行农科教结合。这方面比较有代表性的是讷河县巨和乡的成职联校。四是以农民职业中专为龙头，全方位服务农村，在县一级实行农科教结合。这方面比较有代表性的是龙江县农民中专。五是围绕科技项目，实行多层次的农科教结合。具体做法是：农业出题目，科技列项目，教育抓培训。在这方面比较有代表性的是桦南县。六是以“三田一园”为阵地，实行农科教结合。七是以农业技术推广部门为依托，教育部门紧密配合，建立各类服务体系，实行农科教结合。此外，密山市还创造了综合中学作为实行农科教结合的依托阵地。它集“成教、职教、普教”于一身，既节省了财力、物力，又减轻了师资不足的压力。

（二）实施农科教统筹结合取得明显成效

从10个实验县实施农科教统筹结合情况看，已经收到了比较明显的成效，主要表现是：

1.为农村培养了一大批实用人才。如讷河县近3年累计培养各种专业技术人才和乡村管理干部4400多人，每年培训农民10万多人次以上，农村中学为当地培养2万多名爱农务农，有一定生产技能的毕业生。桦南县近3年共培养了207名实用技术人才。平均每乡168人，每村11人，短期培训农民技术人员1183万人，占农村人口的39%。目前，全县经县考核评定获农民技术员职称的就有1183人，平均每村4人，龙江县18.9万青壮年农民的平均受教育程度，由1987年的5.1年上升到7.2年，文盲半文盲率由1987年的4.7%下降到0.9%。

2.促进了农村教育事业的发展。农科教统筹结合为农村教育事业的发展带来了新的生机。讷河县1990年教育投资达1300万元，比1987年增长28.6%，其中农民集资近600万元。县建立职教中心1所，县直8个部门办起职业高中，乡镇办起成职联校，形成了职业教育群体。现已有专业课教师400多人，部门也形成了170多人的成人教育、职业教育的教师队伍。全县中级以上的技术人员60%是各级各类学校的兼职教师。这个县的农村中小学都建立了“三田一园”。龙江县近4年向教育投资9000多万元，比前4年增加2倍，其中县乡两级投入4182万元，占财政总收入的36%。密山市把职教中心作为农科教统筹结合的重点，由主管农业的副市长兼任校长，投资300多万元，扩建教学实验大楼，建立了种植、养殖、加工较为配套的生产实习基地。并上挂东北农学院、省民族干部学院、八一农垦大学等大专院校，横联农业、畜牧、水产、劳动、纺织等部门，进行联合办学，推广技术，辐射到示范乡、村、户，实行面对面的指导，为农民咨询服务。肇州县仅1990年全县用于改善办学条件的投资就达870多万元，使全县中小学校舍砖瓦化达95%。

3.加速了农业科技的应用普及。桦南县幸福乡职业中学，针对当地农民种果树缺技术的问题，主动开办了果树栽培技术培训班，请佳木斯农校4名高级教师讲课，还带来40多学生帮助果农剪枝，第二年增产50%。这所职业中学连续办了三期果树班，使全乡的果树种植面积由2000亩发展到4000亩。讷河县近几年形成了以职业技术学校为龙头，以实验田、示范田为桥梁，以一生带一户为纽带的科技推广网络和以县农业技术推广中心为依托，以乡镇综合服务站为枢纽，以村科技服务室为基础的农业综合服务网络，使全县推广农业科学技术40多项，完成实验、示范和“星火计划”项目48项，全县种植业新技术覆盖面达85%。

4.推动了农村经济的全面发展。讷河县1990年全县粮豆薯总产达7.04亿公斤，创历史最高水平；农业总产值达4.4亿元，比1987年增长17.9%；农村人均收入682元，比1987年增长42%；农村乡镇企业、畜牧业、庭院经济等其它产业产值占农村社会总产值的比重，由1987年的33%上升到54%。龙江县1990年在自然灾害较重的情况下，粮食总产突破5亿公斤，跨入我省10个产粮大县行列，农村人均收入达到644元，比1987年增长48.4%。肇州县连续3年粮食总产突破5亿公斤大关，1991年全县粮食单产达到402公斤。

撰稿人 冯玉龙

审稿人　郑吉南

高等教育

一、加强德育和思想政治工作，进一步稳定高校局势

全省各高等学校对广大师生普遍加强了政治形势、经济形势和民主法制的教育，进一步修订和完善了处理突发性事件方案和措施，加强了政治保卫工作，使全省高校保持了稳定的局面。

加强对高校师生进行爱国主义、社会主义、马克思主义基本理论及形势任务教育。结合历史纪念日活动，有针对性地对高校广大师生进行了近现代史教育，中国为什么必须走社会主义道路和为什么必须由共产党领导的教育，加深了师生对中国共产党的光辉历程的认识，增强了坚持党的领导的自觉性。各高等学校针对国际局势的变化对师生进行了一系列的专题教育，使广大师生加深了对和平演变现实危险和反和平演变的紧迫性认识，增强了抵御和平演变的能力。

开展社会实践活动，加强对学生进行国情教育。省教委在暑假期间，组织高校师生进行了大规模的以“接触实际，了解国情，受教育、长才干、做贡献”为主题的社会实践活动。全省高校有80%的学生参加了各种社会实践活动，加深了学生对我国基本国情的认识，为工农业生产做出了一定的贡献，并开辟了一些社会实践的新途径。

二、深化改革，提高教育质量

继续深化师范教育改革。进一步修订了师范院校的教学计划，端正为基础教育服务的办学思想，明确了培养目标和规格。有步骤、有计划地将师范专科的学制由二年制改为三年制，下发了师范专科学校三年制主辅修教学计划，改革了培养模式，培养一专多能的中学教师。在教学改革上，大力推广了绥化师范专科学校的“五练一熟”经验，对师范专科学校办学水平进行评估，加强了校际间交流，有效地推动了师范专科学校的教育教学改革，提高了教育质量。

加强了课程和教材建设。1991年，召开了全省普通高校课程建设工作会议，下发了《关于加强普通高等学校课程建设工作意见》。组织了28所高校900余名教师参观哈尔滨建筑工程学院的课程建设展览，有效地推动了普通高等学校课程建设工作的开展。1991年，对全省普通高校1977～1991年的教材建设情况进行了调查，结合实际，制订了《黑龙江省普通高校“八五”期间教材建设规划》。举办了黑龙江省普通高校1977～1991年教材建设成果展览，总结和推广了各普通高校在教材建设方面的先进经验。加强了对教材编写、出版等的管理，统一规划，统一管理。目前，全省大部分高校都已成立了教材建设委员会或教材建设领导小组。着重抓学校的教材建设。省教委认真抓了省级规划教材的评奖工作。明确规定省教委每四年进行一次优秀教材评奖工作。1991年，对省级规划教材进行了评审，从58种申报教材中，评选出省级一等奖15种，二等奖30种，并推荐15种一等教材参加全国优秀教材评奖。

加强了普通高校图书馆和实验室建设。继续贯彻了《普通高校图书馆规程》，并充分发挥图书馆工作委员会的指导作用，加强了对普通高校图书馆的管理。积极促进普通高校图书馆之间的协作，提高现有图书资料的利用率和高校文献资源的整体效益。召开了全省普通高校图书馆工作会议，修订和下发了黑龙江省普通高校图书馆评估方案。1991年，省教委组织进行了省内高校实验室工作先进集体和先进个人的评选工作，评选出哈尔滨大学、哈尔滨工业大学焊接实验室等8个单位，严以牧等11位同志为国家先进集体和个人，受到了国家教委的表彰，同时评选出省级先进集体18个，先进个人49名。通过评选工作，总结了各高校实验室建设工作的经验，进一步推动了实验室工作的开展。

加强了师资队伍建设。1991年，召开了黑龙江省普通高校师资队伍建设工作会议，下发了《关于加强普通高等学校师资队伍建设的意见》，把培养和选拔青年教师作为"八五"期间师资队伍建设工作的重点，提出了破格提拔高校中青年教师到高级职务岗位工作的安排意见，在1991年的高校教师职务岗位工作评审中，单独拿出了15%的高级岗位职数，提拔了一批优秀中青年教师。有计划、有步骤地开展对青年教师的培训，省教委先后举办了青年教师教育理论、硕士研究生主要课程学习班，共培训了青年教师400多人。加强了普通高等学校机构编制管理。1991年召开了全省高校编制工作会议，下发了《黑龙江省普通高等学校机构编制管理暂行规定》。

三、积极调整专业结构，分科类进行教育领域改革

按照国家教委关于普通高校专业清理工作的要求，省教委组织力量对建国以来全省高校的专业设置情况分科类进行了调查、清理。目前，28所省属高校有14所设有本科专业，共分10大科类96个专业，127个专业点。

分科进行了教学领域的改革。按照国家教委关于普通高校理科教育和文科教育的要求，重点对黑龙江大学的理科专业和文科中法学专业的改革方案进行调查论证。认真贯彻了国家教委《关于加强普通高校专科教育工作的意见》，对全省普通高等专科学校改革情况进行了调查，制定了《关于加强黑龙江省普通高等专科教育的意见》，指导专科学校做好各项改革工作。

省教委认真总结了东北农学院综合改革试点经验，进一步完善了农业院校招生制度、分配制度、培养模式的改革，根据农村的需要，培养"适销对路"的人才。

四、促进高校与企业联合，积极推动高校进入"科教兴省"主战场

为促进全省经济发展，省教委与省经委、省工商银行共同组织10个省直工业厅(局)、5个地市经济部门的47名同志考察了哈尔滨船舶工程学院、哈尔滨工业大学、东北林业大学、哈尔滨建筑工程学院、哈尔滨电工学院、哈尔滨科技大学、黑龙江大学等7所高等学校，经过洽谈，各地（市），省直厅（局）与高校进行406个项目的合作。各高等学校还直接与省内地（市)、县建立长期的科技协作关系，例如：哈尔滨工业大学与哈尔滨市、哈尔滨船舶工程学院与绥化市、东北林业大学与大兴安岭地区、东北农学院与巴彦等县、哈尔滨医科大学与大庆市等都建立了长期科技协作关系。

组织高校扶持贫困县，促进县域经济的发展。1991年，省教委继续组织全省高校扶持克东试点县，组织高校科技人员深入到克东县承担科技项目，进行技术咨询，开发新产品，到目前已完成15项，获得直接经济效益100多万元，提供科技经济信息120余条，有力地促进了该县经济的发展。为促进学校科技成果尽快转化，建立了黑龙江省高校科技开发周转基金，主要用于高校科技成果的二次开发和成果产品化，提高科技成果的转化率。

五、继续坚持并完善招生分配制度改革

在招生制度改革中，除继续坚持招收委托生、定向生、自费生、保送生等措施外，从1991年开始，又在部分院校招收了有实践经验的考生，并对边境地区、贫困地区在招生政策上实行优惠和倾斜。1991年，招收贫困县民办教师40人；为解决贫困县乡卫生院专科医生培养问题，在佳木斯医学院试办医学专科班，招生30人；在黑龙江水利专科学校试行招收有实践经验学生15人，主要招收8个贫困县乡一级农田水利施工管理人员。在师范院校毕业生分配中，省教委仍采取计划分配，面向农村、基层、边远地区的方针，重点保证毕业生按需分到农村及基层单位。1991年，共为贫困县分配本专科毕业生133人，占贫困县生源的80%。

撰稿人 费秀天

审稿人 郑吉南

附

□哈尔滨医科大学充分发挥老教师作用，加强师资队伍建设

哈尔滨医科大学重视师资队伍建设，始终把师资队伍建设作为一项战略任务常抓不懈，使师资队伍建设工作取得了显著的成就。目前，哈尔滨医科大学教师总数从1980年的1434人增加到3584人；教授、副教授、讲师、助教的组成由原来的20∶211∶570∶633，变成215∶432∶1290∶1597；教师队伍平均年龄也由49岁降至42.5岁；10年前，教师中具有硕士学位以上的教师数不足1%，现在已占10%；学术带头人由1981年的18人增至现在的74人，学术骨干由26人增至225人。哈尔滨医科大学在师资队伍建设上的一条重要经验就是尊重、相信、依靠老教师，充分发挥他们的作用。

一、认真落实政策，充分发挥老教师在师资队伍建设中的带头作用

哈尔滨医科大学建校较早，师资队伍中老教师所占比例相对较大。针对学校教师队伍中年断层、青黄不接，而老教师又较多的情况，在师资队伍建设工作中，制定了充分发挥学术带头人作用，建立一支老中青比例适当、结构合理，既有数量又有质量的又红又专的师资队伍的方针。以后又在学科发展建设五年规划中更明确提出“充分发挥第一梯队作用，坚持依靠第二梯队，重点培养第三梯队”的师资队伍建设方针，确立了作为第一梯队的老教师在师资队伍中的地位与作用。

为了调动老教师的工作积极性，学校认真落实党的知识分子政策，对老教师政治上信任、工作上支持、学术上尊重、生活上关心。从1978年以来，先后任用了一批老教师担任校、系、学科的领导职务，让他们有职、有权、有责，充分发挥作用。为了给老教师创造开展工作的条件，学校用重点学科经费和设备费等，为老专家、老教授先后建立了39个研究室，购置了必要的仪器设备。同时，还为老教师积极解决住房、子女就业等困难，解除他们的后顾之忧。

为了帮助老教师继续提高学术水平，开阔眼界，学校有计划地安排他们参加国内外

的学术交流。1981年以来，出国访问、考察、讲学、参加国际学术会议或短期研修的老教师已达227人次。

为了确立部分思想素质好、学术水平高、学术造诣深的老教师在师资队伍中的带头地位，1981年，他们在调查研究的基础上，在老教师中选拔了首批学术带头人，并本着"成熟一批确定一批"的原则，1988年后，又确定两批学术带头人。现在，哈尔滨医科大学的96个学科中已确定74名学术带头人，其中大部分是本学科工作多年的老教师。

近年来，老教师当中已达离退休年龄的人数增加，学校为了做到既不挫伤老教师的积极性，又不影响队伍的年轻化，根据工作需要，提拔一批中青年教师担任教研室主任、副主任，让部分老教师仍担任学术带头人，在教研室主任统一领导下发挥学术带头作用。

二、依靠老教师，逐步建立结构合理的教师梯队

哈尔滨医科大学积极发动老教师为改变师资结构和提高教师素质献计献策。该校病理生理学教授王孝铭，提出办中年教师专业回读班和从五年制首届毕业生中选拔优秀学生培养二年外语后留校，以解决第三梯队力量薄弱、外语水平低的情况，学校采纳了他的建议。事实证明，这些做法大大改变了师资队伍结构，对学校的长远发展有利。

学校还在各学科的梯队建设中，给老教师以主动权。如在研究生和本科生选留工作中，充分听取老教师尤其是导师的意见后再决定去留。在引进教师时，请学术带头人和教研室主任提出意见，并由老教师对拟调教师进行必要的业务考核。还利用部分老教师学术声望高的条件，通过他们为学校吸引和汇集人才。

三、发挥老教师的学术优势，提高中青年教师的学术水平

为了充分发挥老教师的学术优势，提高中青年教师的学术水平，学校先后制定了《关于从中青年教师中选拔培养学校骨干梯队的意见》、《关于选拔培养中青年教师学术骨干培养对象的几点意见》，请老教师把关，在各学科选拔确定学术骨干（即第二梯队骨干教师）和学术骨干培养对象（即第三梯队骨干教师），进行重点培养。

为了让中青年教师尽快在学术竞争中脱颖而出，该校许多老教师把中青年教师推到工作第一线。病理教研室学术带头人王吾如教授，为中青年教师的成长积极创造条件，她在培养学术骨干崔进的过程中，支持他独立承担国家级科研课题，让他担当硕士研究生导师，安排他组织管理教学，使崔进成长迅速，被破格提升为副教授，并被选为省青联委员。

在培养中青年教师中，哈尔滨医科大学还注意用老教师的学术思想去影响他们，创造一个适合人才成长的学术环境。该校近年来坚持定期学术活动制度，多次组织全校性的学术活动，聘请老教师举办学术讲座。近两年老教师中有14人在学校召开的学术会上作过报告。各学科也坚持了学术活动制度，在学术带头人的组织下开展文献抄读活动，研究讨论活动，教学法研究活动等。

四、发挥老教授的导师作用，加强对青年教师的全面培养

哈尔滨医科大学主要从以下几个方面加强对青年教师的培养。

第一，坚持岗前培训，加强青年教师的思想政治教育和业务培训。

针对刚来校的青年教师缺乏必要的思想和业务准备，不能很好的适应工作的情况，作出了《关于对新教师进行始业培训工作的决定》。首先集中进行岗前培训，然后，由各学科老教师做青年教师的导师，继续对青年教师进行一年的始业培训。

在组织岗前培训前，充分听取老教师的意见，制定了较为合理的培训计划。在岗前培训中，聘请教学经验丰富、教学效果好的老教师授课。新教师从老教师的讲课过程中，学到了优秀的思想品质、教学经验和方法，为从教奠定了良好的基础。

第二，把在职培养考核作为青年教师培养的主要形式。

哈尔滨医科大学在对青年教师培养上，采取了以国内、在职为主，国外、脱产为辅的方针。青年教师一来到教研室，就有一名指定的老教师做为导师对其专门培养。老教师要制定出青年教师的培养规划，培养规划与青年教师本人见面，并向青年教师提出具体要求。

针对青年教师缺乏业务基本功训练的情况，提出青年教师在助教期间要过好三关，即教学关、科研关、外语关（临床教师还要过好医疗关）。规定青年教师上讲台前必须进行试讲，老教师们注意青年教师科研和教学基本能力的训练，如安排他们参加一定时间的实验室准备工作或到基层卫生防疫站工作。为了提高青年教师的外语水平，有的老教师结合工作实际给他们指定文献进行翻译，再阅改，在老教师的言传身教和精心指导下，青年教师业务进步很快，有的已经在工作中崭露头角。

第三，树立超前意识，做好博士、硕士研究生的培养工作。

哈尔滨医科大学根据博士、硕士生毕业后大部分从事高教工作，其中一部分还要留校工作的情况，树立超前培养的思想，抓好研究生阶段培养，为教师队伍输送优秀青年教师。

在研究生培养阶段，依靠老教师中的博士、硕士研究生导师制定合理的培养计划，扎扎实实地进行研究生的教学、科研、医疗基本能力的培养。该校规定研究生在学期间，要在导师指导下，参加不少于3个学分的教学工作。由于在研究生阶段，青年教师已经打下了较为坚实的教学、科研和医疗工作基础，毕业后，他们很快就能胜任工作，目前，通过读研究生的途径来提高青年教师的素质，已成为加强青年教师培养的一种主要形式，越来越受到重视。该校通过发挥老教师作用，加强了导师队伍建设，提高了研究生的培养质量。

撰稿人　费秀天

审稿人　郑吉南

成人教育

一、职工文化、技术培训取得新成效

职工岗位培训继续深入贯彻落实国家教委等5部委《关于开展岗位培训若干问题的意见》，突出了政治思想和职业道德教育，强化了技能训练。围绕管理现代化和科技进步、设备更新、提高质量、提高经济效益和社会效益的需要，开展各种应急、专项等适应性培训。1991年参加各级各类培训的人员总计为317.3万人次，企业职工全员培训率为52%。试点企业的岗位培训正向着规范化、制度化的方向发展。岗位培训基本达到了以下标准：(1) 科学、合理地划分岗位系列，制定了关键岗位、主要工种的岗位规范；(2) 编写出培训计划、大纲和教材，并培训了师资；(3) 制订了干部、工人岗位培训具体实施办法，按培训计划要求实施培训，严格考核；(4) 在企业自主权的范围内，积极进行了劳动、人事制度的配套改革，主要岗位实行持证上岗制度；(5) 产业主管部门制订了《企业职工教育考评办法》，每年检查考评一次；(6) 主管部门和企业单位成立了岗位培训领导小组和按行业分级建立起岗位培训考核机构。

1991年，全省有职工学校448所，在校生4万多人，专职教师3115人。累计培养毕业生23.7万人。为充分发挥职工学校的作用，加强对全省职工学校的领导和管理，省教委、省总工会于1991年印发了《黑龙江省职工学校工作暂行规定》，对职工学校的任务、领导管理、教学、教师、学员等都做了明确要求。根据国家教委《关于改革和发展成人教育的决定》精神，自1985年以来，相继试办一批职工职业高中，将高中文化教育与中级技术培训有机结合起来，职工经过学习，文化知识达到简易高中毕业水平，专业技术达到中级技术（业务）理论水平，以适应生产、工作需要，并为职工接受高等职业技术教育打下基础。截止1991年，职工职业高中已培养毕业生8574人。

1991年，社会力量办学1504所(班)，开办80多个专业，在校学员15.7万人。自1978年以来，累计培训118万人。为了进一步贯彻执行国家教委、财政部《社会力量办学财务管理暂行规定》精神，1991年7月，省教委、省财政厅、省物价局联合印发《关于加强社会力量办学财务管理的补充规定》，进一步完善了社会力量办学的财务管理制度。省教委、省公安厅转发了国家教委、公安部《社会力量办学印章管理暂行规定》，加强了对社会力量办学的管理。近年来，社会力量办学逐步走上了法制轨道。全省58%的地市成立了社会力量办学管理机构，并形成分级管理机制，通过发放办学许可证、收费许可证等办法，控制乱办学、乱收费、乱发证等现象。1991年，全省社会力量办学年检合格学校1309所，停办108所（含自停），取缔23所，缓登64所。

二、职工（干部）大、中专教育稳步发展

1991年职工（干部）大、中专教育继续深化改革，在调整中得到稳步发展。

为了加强职工大、中专院校的德育和思想政治工作，省教委提出德育和思想政治工作的具体要求。近年来，职工大、中院校的领导提高了对思想政治工作的重视程度，思想政治工作队伍不断加强。1991年12月，省教委、省教育学院共同组织召开全省成人学校思想政治教育经验交流会，总结交流了成人学校思想政治教育的经验，进一步端正了办学与教学指导思想。

提高教育质量和办学效益，是1991年职工大、中专学校的重要任务之一。为了加强职工中专的宏观管理，促进学校各项教学基本建设，提高教育质量，全省职工中专进行了教学水平评估工作。在201所独立设置的职工中专中，有172所参评。经过自评、联评、省检查验收，鸡西矿务局职工中专等36所学校获教学优秀奖。评估工作促进了学校规范化建设和管理，调动、促进了教育管理部门积极性。

省教委适当地控制成人高校学历教育规模，进一步促进成人高校联合办学。1991年，7所成人高校停止招生，全省成人高校招生11564人。目前，成人高校规模趋于稳定，各项办学条件有了较大的改善，教学质量和办学效益有了显著提高。为了促进成人高等学校调整和联合办学，提高整体办学效益，省教委对调整联合任务较重的齐齐哈尔市的职工大学进行重点调查，促进联合办学工作。管理干部学院的调整工作已由省编委牵头，会同省教委拟定了调整方案。

1991年自学考试共开考43个专业，其中，中专12个专业、大专27个专业、本科4个专业。上半年，全省报考7.8万人，其中高等教育6.5万人，中等专业教育1.3万人，开考课程149门。下半年，全省报考8.2万人，其中高等教育7.2万人，中等专业教育1万人，开考课程156门。高等教育自学考试毕业生3459人，中等专业教育自学考试毕业生3000人。自学考试开考9年来，先后开考51个专业，累计参加考试34万人。截止1991年，全省在籍考生20万人，毕业生4.3万人。

三、办好三级农村成人学校

为搞好农村成人教育改革，充分发挥县、乡、村三级农村成人学校在科技兴农中的作用，1991年7月，省教委下发了《关于大力发展乡（镇）、村农民文化技术学校的意见》，9月召开全省农民中专教改研讨会，交流了农民中专教育改革经验，提高了三级农村成人学校的教育质量和办学效益。全省三级农村成人学校坚持为农业服务的办学方向，实行开放式、全方位办学，出现了一批不同层次的、有特色、有水平的学校。1991年，龙江县农民中专、讷河县巨和乡成人职业教育中心、双城市东官镇农民文化技术学校、五大连池市清泉村农民文化技术学校被国家教委授予全国农村成人教育先进学校。

1991年，全省有农民中专47所，在校生1.4万人，专职教师738人。累计培养毕业生3万余人，短期培训基层干部、农民技术员、农村各类专业人员5万余人。目前，已设置农学、兽医、园艺、农经管理、农村房屋建筑、农副产品加工、淡水养鱼等20多个与农村第一、第二产业相关的专业。农民中专实行多形式、多功能办学，办学条件不断改善，办学规模逐年扩大。一批学校已建成人才培训、科学实验、生产示范和科技服务的基地，许多学校开始转入教学领域的改革，努力培养应用型的农村建设人才。

乡办农民技术学校990所，覆盖全省85.3%的乡镇，其中一部分学校已达到了实体校标准。每年有100万青壮年农民在学校接受短期实用技术培训，有10余万知识青年接受初级系统培训。

村办农民文化技术学校1.2万所，占全省村总数的33.5%，一些学校已达到甲级民校标准。每年培训农村各类文化、技术人员200万人。

四、大力开展农村实用技术培训

1991年，全省农村成人教育工作的重点是农村知识青年实用技术培训。

1990年12月，省政府办公厅转发了省教委《关于在全省农村开展"燎原之冬"活动意见报告》。各地根据省政府办公厅的有关文件精神，加强领导，动员社会各方面力量，大规模地开展了以百万知识青年学技术为主要内容的"燎原之冬"技术培训活动，取得显著成效。1991年，共培训青壮年农民330万人，占青壮年农民总数的51%。其中，培训知识青年120万人，占知识青年总数的42.8%。广大农民通过实用技术培训，普遍掌握了1–2项实用新技术，每户有了一个种田的明白人，加速了农民致富过程，促进了农村两个文明建设。

近两年来，全省逐步建立健全了县、乡、村三级技术培训网络。县级培训以县农民中专和农业技术推广站为基地，重点为乡镇培养中专层次的各类人才；乡级培养以乡镇农民学校和乡农业技术推广站等为基地，重点培训村所需师资和专业户、种田能手等技术骨干；村级培训以村农民学校为基地，根据村生产方案，对农民进行实地培训。从农村对不同规格人才的需求出发，分别对农民实施短期实用技术培训；对农村干部、技术人员和知识青年实施农、牧业初等技术培训；对部分知识青年和干部实施农、牧业中等技术培训。培训中，实行长期班与短训结合，以短训为主；脱产培训与业余培训结合，以业余为主；面授与函授结合，以面授为主。同时，还通过燎原电视学校和农业广播学校等远距离教育形式进行培训。

在培训工作中，把技术培训同各地生产结构特点结合起来。平原产粮区主要开展农业高产技术培训；草原、半山区主要开展畜牧业技术培训；山区、林区主要开展育林、果树栽培等技术培训；大、中城市郊区主要围绕“菜篮子”工程开展培训。

许多县、乡建立了以政府领导人为组长，农业、科技、教育部门负责人参加的技术培训领导机构，将“燎原计划”、“丰收计划”、“星火计划”有机地结合起来，使“农科教结合”成为政府行为，并把培训方案、任务指标、责任制度落实到村。教育、农业、科技等部门协调一致，统一使用基地，联合开展培训活动。

五、扫除文盲成效显著

1991 年，全省各地根据全国和省扫盲工作会议精神，加强领导，动员社会各方面力量，再次掀起了扫盲识字热潮。全省共办扫盲班（组）8530 个，包教对子 8 万多个，参加扫盲学校的青壮年农民 14 万多人，占全省青壮年文盲总数的 80%以上。共扫除 7.1 万文盲。农村青壮年文盲下降到 3.7%，同时，各地认真开展了扫盲后继续教育活动。全省参加小学班、读书读报组、实用技术班等各种形式学习的脱盲农民 29.5 万人，占 1988 年以来脱盲农民总数的 89.3%，较好地巩固了扫盲成果。1991 年联合国教科文组织授予省教委“野间扫盲奖”(荣誉奖)；省编扫盲课本获全国扫盲教材荣誉奖；全省扫盲工作获国家教委 20 万元奖金；望奎县、密山市被国家教委授予全国扫盲先进县称号。

近两年来，针对许多地方过去扫盲质量不高的情况，省教委提出“高标准、高质量扫除文盲”的要求。确立了六条标准：(1) 农民、市民、职工文盲一起扫除；(2) 扫盲年龄逐步扩大到 45 周岁；(3) 各县逐步达到“有一个扫一个”；(4) 脱盲学员达到《条例》规定的“四会”质量标准；(5) 普通小学不再大批量产生新文盲；(6) 对脱盲群众全部实行多形式的继续教育。省教委用这些标准要求和规范各县扫盲工作，并采取措施抓好扫盲质量。过好扫盲“五关”：一是增强扫盲质量意识，过好扫盲质量关；二是摸清文盲底数，过好文盲普查关；三是抓好教学全过程，过好扫盲教育关；四是严格考试制度，过好扫盲验收关；五是注意扫盲后继续教育，过好扫盲巩固提高关。

各级党和政府逐步把扫盲与农村成人教育工作纳入领导日程，作为两个文明建设的一件大事来抓。各地形成了在政府领导下的教育、农业、科技和群团组织等部门的协调配合、齐抓共管的局面。为加强扫盲与农村成人教育规划和管理，各市（地）、县、乡(镇)、村普遍建立了农科教部门参加的扫盲工作领导小组。

撰稿人　单雪丽

审稿人　郑吉南

上海市教育

普通教育

一、概况

1991年，上海市制订并开始实施《上海市普教事业十年规划和"八五"计划》。一年来，上海市普通教育贯彻上海市教育工作会议精神，落实江泽民同志关于开展"两史一情"教育的指示，进一步加强学校德育工作，加强师资队伍建设，深化教育教学改革，解决中小学入学高峰，提高教育质量，取得了新的成绩。

1991年普通教育基本情况

单位：人

学校类别	学校数(所)	毕业生数	招生数	在校学生数	教职工数 计	教职工数 其中专任教师
一、中等专业学校	106	20 164	19 679	60 092	14 631	6 373
中等技术学校	95	16 101	16 729	50 720	12 944	5 459
中等师范学校	11	4 063	2 950	9 372	1 687	914
二、普通中学	705	134 271	179 453	512 423	67 093	42 047
高中	239	29 961	34 481	100 224		8 934
初中	466	104 310	144 972	412 199		33 113
三、农业、职业中学	76	15 803	21 122	39 666	4 861	2 374
高中		15 776	21 047	39 454	4 861	2 374
初中		27	75	212		
四、工读学校	15	460	616	1 534	793	340
五、小学	2 493	145 147	160 676	113 828	75 139	58 223
六、特殊教育学校	29	271	603	3 494	1 172	680
七、幼儿园	1 034	99 682	120 897	4 439	38 129	25 457

注：数字不包括市属后方基地单位。

二、开展“两史一情”教育，加强中小学德育工作

认真落实、广泛开展“两史一情”教育。根据江泽民总书记关于坚持不懈地对青少年儿童进行近代史、现代史和国情教育的指示以及国家教委《关于中小学加强中国近代、现代史及国情教育的总体纲要》的要求，上海市教育局制订并发出《关于对中小学生进行近、现代史和国情教育的意见》，对全市中小学生的“两史一情”教育作了部署和安排。各级教育行政部门、教师进修院校和中小学认真组织干部、教师学习江泽民同志的指示和国家教委的文件精神，并举办“两史一情”教育的讲座，提高干部和教师对开展“两史一情”教育重要意义的认识。通过课堂教学主渠道，加强对中小学生“两史一情”教育。中小学调整或增加课时，小学毕业班历史课从2节增至3节，高二历史课集中进行近代和现代史教育，人口教育列为高中必修内容，各区、县在“两史一情”教育时还安排乡土教育内容。结合纪念建党70周年、上海建城700周年、辛亥革命80周年和鸦片战争150周年，市、区县、学校开展了一系列教育活动，吸引了近百万学生参加“看图识史”、“在党的哺育下成长”等影视、诗歌朗诵活动，对学生进行中国人民反抗侵略的斗争史、中国共产党领导人民创建中华人民共和国的建国史教育，激发学生热爱党、热爱祖国、热爱家乡的思想感情。

加强对学生基本政治观点和道德行为规范教育。1991年，着重开展了社会主义教育。1991年我国部分省市遭受了特大洪涝灾害，根据国家教委关于上海等省市对口支援安徽灾区，帮助灾区中小学生按时开学上课的要求，上海市教育局与共青团上海市委组织开展“红领巾救灾行动日”、中学生“责任和奉献行动日”等活动，开展“一方有难，八方支援”、“情暖灾区，情系中华”的爱国主义和社会主义制度优越性教育。全市广大中小学生开展了形式多样的捐赠活动，共捐献了价值达676万元的现款、学习用品和衣物等，涌现了许多动人的事迹。开展了学生日常行为规范的教育，组织全市性的学校行为规范工作的对口检查，促进了学校行为规范教育工作的开展。

重视德育队伍和基地建设。举办了德育高级研修班、小学德育干部研讨班、少年宫主任培训班以及中学生干部培训班，提高德育教师和学生干部对德育工作重要性的认识，编写了《班团队活动指南》、《中学生干部读本》、《国情教育》等集子，为学校开展德育工作提供了资料。为进一步开发德育资源，推动爱国主义教育基地建设，上海市教育局与上海市委宣传部在烈士陵园联合召开了上海市中小学爱国主义教育基地建设现场交流会。通过积极开发，目前上海市已有162个革命遗址和纪念场馆以及14000个社会实践考察点和社会服务点向中小学生开放，这些基地在对中小学生进行爱国主义、社会主义和集体主义教育方面发挥了积极的作用。继续开展了高一年级学生军训、高二年级学生学农和高三年级学生社会考察活动。1991年秋季起，在市区小学一年级学生中实行统一校服制度，促进了学校和社会的精神文明建设。

优化社会育人环境。为加强校外教育机构的建设，上海市教育局召开了市校外教育工作会议，制订并发布《关于加强和改进校外教育工作的意见》和《少年宫工作评估标准》，利用校外教育阵地，为中小学德育工作服务。上海市教育局与共青团上海市委、上海市青少年保护委员会办公室（简称青保委）组建了学生假期办公室，统筹安排全市学生的寒暑假工作，加强了对中小学生寒暑假期间的活动安排和教育工作。召开了上海市中小学、中专职校学生普法教育工作会

议，增强了学生的法制观念，学生学法、知法、用法的自觉性有所提高，青少年学生的案发率比上年有所下降。为维护中小学正常的教学秩序，改善学校周围环境，保障中小学生健康成长与生命安全，上海市教育局与上海市青保委、上海市工商局等联合制订和发布了《关于加强中、小学校周围环境管理的通告》，学校门前统一设置了“学校周围禁止设摊、堆物、停车”的固定标牌，并对实施情况组织了检查，对改善学校周围环境、维护正常教学秩序和保障学生安全起了积极的作用。

三、开展执法检查，进一步推进实施九年义务教育

1991 年是《中华人民共和国义务教育法》颁布 5 周年。全国人大常委会组织对各地执行义务教育法的情况进行检查。为迎接检查，上海市各区、县于上半年普遍进行了自查。7、8 月间，上海市人大常委会对市和南市、虹口、松江、川沙 4 个区、县进行了检查和抽查。在此基础上，全国人大常委会检查组于 10 月来到上海市进行了检查。通过三个层次的检查，肯定成绩，发现问题，边查边改，进一步推动了上海市九年义务教育的实施。

1991 年，上海市市区小学继续处于入学高峰，郊县初中开始出现入学高峰，经过上海市各级政府和教育行政部门的努力，妥善解决了市区小学新增 4.1 万名新生、郊县初中新增 2.16 万名新生的入学问题，没有出现两部制。全市适龄儿童、少年的入学率基本达到 100%，基本普及了九年义务教育。特殊教育继适龄盲童全部入学后，1991 年适龄聋童的入学率也达 100%，在校人数分别为 148 名和 1394 名。弱智教育逐步健全，到 1991 年 11 月，上海市各区、县都设立了弱智校或辅读班，在校（班）人数为 1855 人。

1991 年，全市小学适龄儿童入学率为 100%，小学升初中入学率为 85.3%。中小学生流失现象已基本得到控制，初中、小学生的流失率分别下降到 0.13% 和 1.81%；巩固率分别为 98.91% 和 97.68%。幼儿园（教育部门办）、小学、初中、高中教师学历达标率分别为 84.8%、77.2%、80.7% 和 70.6%。

上海市教育局在贯彻《幼儿园管理条例》和《幼儿园工作规程》过程中，制定了《各区县幼教干部职责范围》、《幼儿园班主任工作意见》、《幼儿园分类标准》等有关制度，明确了职责，加强了管理。进一步理顺农村幼儿园管理体制，全市乡幼儿园大部分做到了从小学中独立出来，村办幼儿园进一步实行了村办乡管的办法。

上海市普教教育经费做到了两个增长。1991 年，市和区、县级财政对全市普通教育事业的实际拨款 97846.66 万元，比 1990 年净增 12165.93 万元，增长率为 14.2%，高于市财政收入 1.45% 的年增长率，超过了上海市九届人大四次会议通过的增长 7% 的指标。1991 年全市中学生生均支出为 658.95 元，比 1990 年增加 32.14 元，增长率为 5.13%。小学生生均支出为 364.51 元，比 1990 年增加 37.11 元，增长率为 11.33%。城市教育费附加 1991 年计征 22598 万元，农村教育事业费附加实征 3926 万元（含前年度补征的 754.20 万元），分别比 1990 年增加 6147 万元和 401 万元。全市校办企业纯收入突破 2 亿元。

在教育经费增加的同时，上海市还积极做好制止乱收费工作。1991 年初，国家教委召开了全国教育系统开展治理三乱工作的紧急会议和电视会议，上海市人民政府召开了全市治理三乱工作大会。根据国家教委和市政府的会议精神和工作部署，上海市教育局确定了全市普教系统具体的治理目标。

市、区、县各级教育行政部门都建立了纠风工作领导小组，明确规定中小学收费由市教育局统一归口管理。通过各方面的工作，清理了普教系统各种收费标准办法，将原来139项行政事业性收费逐项审查，报经市物价局批准立项为合法收费的有80项。上海中小学乱收费已基本得到控制。

中小学校舍设施、设备的改善为更好地实施九年义务教育创造了条件。1991年上海市共新建、改造、扩建各类教育校舍575所，面积达87万平方米。其中，市区完成8所弄堂小学改造的任务，新建校舍面积1.6万平方米；郊县改造陈旧校舍面积8.6万平方米，新建校舍78所。全市中小学的教学仪器设备的配备得到了加强，全市各级各类学校各学科教学仪器设备的投入达2450多万元。上海市教育技术装备部为全市中小学配备了近1500万元的仪器设备，包括50万元课程教材改革配套所需的仪器设备。郊县发展很快，完成了对乡（镇）中心小学实验室“七五”装备专项，实验室的开课率也达到了市规定的标准。

加强相对薄弱学校工作，提高教育质量。上海市各区、县普遍加强了对相对薄弱学校的工作。市教育督导室对此项工作进行了督导和回访，推进了本市提高义务教育质量、办好所有中小学的工作。一年来，由于各级领导重视，对各相对薄弱学校的领导班子进行调整和充实；调入骨干教师，加强师资队伍建设；各区、县共增加专项经费2000万元，用于修建校舍、购置设备等；采取多种形式，帮助学校提高管理水平和教学质量，相对薄弱学校的面貌有了改善，学生的全面素质有了提高，毕业班的合格率一般在90%以上，最低的也达80%左右。郊县年底按《上海市郊县普及九年义务教育验收标准（试行）》，开始了郊县九年义务教育验收工作。农村普遍建立了村校的校务委员会，进一步理顺和完善了农村学校的管理体制，促进了教育质量的提高。

重视民族教育，加强了少数民族学校的德育工作，深化教育改革，提高了教育质量。完成了第十批援藏教师的派遣任务。

四、开展课程教材改革试验，实施初中招生办法改革

在1990年完成九年义务教育各科课程标准的编订和中小学起始年级各科教材的编写、出版工作的基础上，上海市中小学课程教材改革从1991年9月起开始试验，以检验课程教材改革的科学性和可行性，为今后正式实施课程教材改革打下基础。

1991年的试验在全市21个区、县部分中小学校的起始年级进行。试验分两种，一种是各学科都试用新的课程教材的整体试验，一种是只在一个学科使用新的课程教材的单科试验。1991年，全市参加整体试验的中小学有60所，学生达12300多名。参加单科试验的有11个区和2个县，共计19门学科。

加强组织领导，开展培训工作。市、区、县和试验学校均成立了课程教材改革试验领导小组，加强对试验工作的领导和管理。举办了专题讲座，向参加试验工作的领导和教师介绍课程教材改革的目的、意义、内容和要求，并摄制成录像，在电视台播出，组织全市中小学教师学习。暑假期间，各区、县教育学院对担负新课程教材必修课、选修课、活动课教学的任课教师进行了学科专业培训，让教师掌握课程标准和教材教法，各区、县和学校还成立了评价小组，进行了专题培训，对课程改革方案、课程标准、教材以及配套措施等进行试验论证，评价其科学性、可行性、实效性。

做好试验配套工作。对试验工作的设备、经费、校舍等逐步配备和安排落实。1991年，上海市教育局安排了350万元给整体试验学校配置设备，并按每生50元拨给试验补助费；为区、县劳技教育中心配备200万元设备；拨款100万元，配建音乐教室80个；拨款85万元，配备计算机。同时，通过会议及各种舆论工具，向学生家长和社会进行了广泛宣传，统一思想认识，求得社会各方面的支持，以利于教改试验顺利进行。

《上海市市区初中招生办法改革方案》于1991年秋季正式开始实施，目的是促进学校端正办学指导思想，全面贯彻党的教育方针，缓解小学毕业生升学竞争的压力，减轻学生过重课业负担，促进学生德、智、体、美、劳全面发展，提高教育质量。实施办法是把重点中学初中部的招生学额分配给块内的各所小学，小学不举行全区统考，部分学校可自行命题并组织考试，学校按学生德、智、体、美、劳的发展情况综合评定，按片指标择优推荐（选拔）学生升入重点中学初中部，其余学生划片就近分配入学。1991年实施改革方案的小学有516所，占市区五年级升级考试学校总数的72.27%；涉及的学生有51661人，占市区五年级学生总数的76.98%。实行自行命题的小学有179所。

各级领导重视，加强对初中招生改革工作的领导。上海市委、市政府领导多次听取汇报，对初中招生改革作出“分步实施，分类指导”的指示。各区领导十分关心和重视初中招生改革，审阅本区初中招生办法改革实施方案和细则，了解工作进程，并给予具体指导。各区教育局均成立了领导小组，加强领导，严格把关，认真研究与制订了实施方案和细则，落实招生工作各个环节的改革措施。召开教师、学生、家长会议，广泛宣传、介绍，提高认识，统一思想。设立监督部门，以保证改革工作的顺利进行。

1991年上海市市区初中招生办法改革基本上做到社会认可，家长理解，教师支持。上海市实行初中招生办法改革后，减轻了部分学生过重的课业负担，缓解了校际竞争和部分学生、家长的精神压力；取消全区性统考，减轻了小学校长的压力，使校长能深入教学第一线，探索深化改革的途径和办法。

五、全面开展了学校体育卫生、科技、艺术等方面的教育

继续贯彻《学校体育工作条例》和《学校卫生工作条例》，上海市中小学校的体育卫生工作得到稳步发展。全市中小学生体育锻炼达标合格率保持在85%的水平，而且体育先进学校学生的优秀、良好率逐步提高。全市中小学生体质纵向比较形态指标提高较快，健康水平亦有提高。1991年，上海市开始实施《“防近工程”方案》，中小学生患近视率稳中有降。由于各级领导的重视，全市中小学校基本做到有符合卫生要求的饮用水供应。学校卫生合格率达95%，学校厕所卫生合格率达92%。

积极开展中小学课内外科技教育，中小学生的科技素质有了提高。除课内加强科技教育外，1991年，上海市中小学生的课外科技小组和校外科技教育有了较大的发展。到目前为止，全市已形成了市、区、校的中小学计算机教育网，10多万中小学生初通计算机知识，几十万名中小学生参与环境保护工作，建立了青少年环境保护宣传工作网。中小学生中传统的电子、航模、摄影等科技项目中注入了声控、光控、红外遥控等新内容，并开辟了宇航、新能源、超导等新项目。目前全市经常参加科技活动的学生达411288人，占全市中小学生的24.9%，全市共有1235所中小学开展了课外科技活动，共建立课外科技兴趣小组40254个。1991年，上海市举办了首届科技节，4万余名中小学生参加了科技节的重点项目之一

“上海的未来与我们”青少年科技系列活动。这一活动取得了较好的社会效益，进一步推动了中小学生科技教育活动。

1991年正式实施《上海市学校艺术教育实施规划》，各区、县也分别制定了本区、县学校艺术教育发展的规划。各区、县陆续成立了区、县艺术教育委员会、艺术教育工作领导小组，各校都有一名行政领导负责艺术教育工作，形成了市、区县、学校三级学校艺术教育管理系统。在教育系统内部健全了市、区县、学校三级艺术教学研究和业务管理系统，加强了各中小学的艺术管理。1991年举办了上海市首届学生艺术节，通过声乐、器乐、舞蹈、戏剧、曲艺、故事等专场演出和美术、书法、篆刻、工艺、摄影展览表演，集中反映了上海市学校艺术教育的成果。艺术节表彰和奖励了一批学校艺术活动开展得好的学校、优秀的创作作品、文艺节目，推动了全市学校艺术教育的开展。

1991年是五届全国人大四次会议通过开展全民义务植树运动决议10周年，上海市组织了全市中小学开展绿化知识普及宣传教育活动。编印了《青少年绿化普及知识资料》，培训了辅导教师，把学生学习绿化知识与参加社会实践结合起来，使全市中小学生绿化知识教育的普及率达99.4%，推动了学校绿化和校园文化建设。

六、加强师资队伍建设，全面提高师资素质

上海市教育局认真组织干部、教师学习社会主义理论和师德修养。各区、县和学校组织干部、教师学习《关于社会主义若干问题学习纲要（试用本）》和江泽民总书记在庆祝中国共产党成立70周年大会上的讲话，并把加强中国近代史、现代史和国情教育同学习社会主义理论相结合，坚定干部和教师特别是青年教师的社会主义信念，增强培养社会主义建设者和接班人的责任感和使命感，加强对党的基本路线的理解。同时，各区、县和学校积极开展师德教育活动，组织干部、教师认真学习和执行国家教委、全国教育工会的《中小学教师职业道德规范》和《上海市中小学教师职业道德基本要求》，提高广大教师尤其是青年教师的职业道德素质。上海市教育局还作出规定，要求普教系统各类学校严格按市物价局审批项目亮证收取行政事业费，不得组织整班补课和擅自订购课外书籍与资料，不得收取学生、家长钱物等。全市召开纪念伟大的人民教育家陶行知诞辰100周年大会。各校深入开展了形式多样的学习陶行知的活动，广大干部和教师受到深刻教育，增强了爱生观念，自觉发扬奉献精神，积极开展教育教学改革，努力为教育事业作出贡献，涌现了一批先进集体和个人。

加强岗位培训，提高业务素质和教育、管理水平。贯彻实施国家教委《全国中小学校长任职条件和岗位要求（试行)》，开展了多层次的校长岗位培训，分别开设了校长岗位基础培训班、校长岗位进修培训班、校长岗位研究培训班，共培训中小学校长400余名。同时，对660余名中小学教导主任、总务主任、人事干部以及幼儿园园长等进行了岗位培训。此外，还为一些区、县的中学校长送教上门。为贯彻执行《上海市中小学教师进修规定》，制订了《上海市中小学教师职务培训方案（试行)》，组织编写了教师职务培训的有关教材，开设《新时期中学教师修养》、《教育科学研究方法基础》、《中学英语课程教学的理论与实践》等电视教育课程，收看的人数分别达到5万、6万和2000余人。开设职务培训课程1307门次，参加培训的教师达52524人次。继续开展了专业合格证书考试，参加考试的中小学、幼儿园教师为4152人，考试及格并取得专业合格证书的有787人。配合上海市中小学课程教材改革，在各门学科的教师培训、进修中，渗透课程教材改革的内容。

开展教师专业技术职务评聘和续聘工作，实施教师周课时定额标准。1991年，上海市教育局制定并实施了《中小学教师续聘工作试行办法》，对首评后聘任期满的教师按照续聘要求进行续聘。开展了优秀中青年教师脱颖而出评聘高级教师的试点工作，有56名45岁以下的优秀中青年教师被破格晋升为中学高级教师。根据现行全日制中小学教学计划和教职工编制标准，1991年上海市教育局制订和发布了中小学、幼儿园专任教师周课时定额标准。教师周课时定额标准的实施，增强了教师的事业心和责任感，调动了广大教师的教育教学积极性。

表彰优秀教师和开展农村骨干教师家属"农转非"工作。1991年教师节，上海市开展了评选、表彰优秀教师的工作，共评选和表彰了第三届市园丁奖获得者2275人，其中中小学、幼儿园教职工1958人，占86.7%，另有5名被评为全国教育系统劳动模范，65名被评为全国优秀教师、优秀教育工作者，鼓励和促进了广大教职工教书育人的积极性和创造性。在上海市委、市人民政府领导的关心下，经过上海市教育局与有关部门共同努力，全市农村中小学原中教5级、小教3级教师家属的"农转非"遗留问题得到了妥善解决，有64名教师的家属办理了"农转非"手续。

做好师范招生工作，改善师范生待遇。1991年，上海市地方高师招生继续实行保送和选送的办法，生源质量有所提高，保送生质量比去年好，外语专业的生源比较多。为改变中师女生比例过高的状况，招生时采取对男生适当降分的措施，增加中师男生录取数。1991年上海市地方高师招生1852人，比去年增长9.2%。中师招生2241人，幼师招生515人。1991年，上海市委、市人民政府决定由市财政拨款，增加地方师范院校学生的奖励金，高师、中师的师范生分别提高了20元和15元，改善了师范生的生活待遇。

撰稿人 樊超烈 仇言瑾 顾剑华
审稿人 袁 采

高等教育

一、概况

1991年，上海高教系统广大干部和教职员工按照国家教委提出的"坚持方向，稳定规模、优化结构、深化改革、改善条件、提高质量"的指导思想，着重抓方向，抓规划，抓质量，抓效益，抓队伍，实现了高等教育在治理整顿中发展，在深化改革中提高的目标。

1991 年高等学校基本情况

单位：人

学校类别	学校数(所)	毕业生数	招生数	在校学生数	教职工数	
					计	其中专任教师
普通高等学校	50	36 879	35 326	124 945	69 599	24 501
研究生		2 936	2 717	8 020		
本科		22 856	21 323	88 214		
专科		11 087	11 286	28 711		

1991 年，上海普通全日制高校招收本专科生 32609 人，比上年略有减少；招收研究生比上年减少 3%。当年毕业生专科生也比上年略有减少；毕业研究生人数与上年基本持平。在校本专科生比上年减少 3.6%；在校研究生比上年减少 6%；整体规模基本保持稳定。在校研究生、本科生、专科生之比为 1 : 11 : 3.6，也与上年的 1 : 10.7 : 3.5 大体持平。

上海高校教职工比上年减少 1.4%。专任教师比上年减少 5%。其中教授 1419 人，比上年增加 6.7%；副教授 5758 人，比上年增加 1.7%；讲师 10122 人，比上年略有增加。专任教师中，高、中、初级职称的比例为 1 : 1.4 : 1 与上年 1 : 1.4 : 1.2 无大变化。专任教师与在校学生之比为 1 : 4.8。

1991 年，上海高等教育事业费达到 50984 万元，比上年增长 8.2%；基建投资 24793 万元，比上年减少 1.7%。

1991 年 9 月 14 日至 16 日，在上海市委、市人民政府召开的上海市教育工作会议上，发布了《上海市普通高等教育事业十年规划和“八五”计划纲要》，提出的主要目标是：(1) 上海高等教育要根据社会需要，在合理调整结构、大力提高质量的基础上适度发展，前五年基本稳定规模，后五年市属高校在校生规模年均增长 4%左右。到 2000 年全市高校总规模达 14 万人左右，其中市属高校约 5 万人。(2) 有一两所全国重点高校达到或接近世界一流大学的教学、科研水平，在沪部委属高校办成本部门一流或骨干学校，有两三所市属高校达到同类学校的全国先进水平，重点扶持一两所能起示范作用的高等专科学校。(3) 培养的人才适应经济建设和社会发展的要求，特别要适应上海开发、开放浦东和发展外向型经济的需要。具有较强的动手能力，较高的外语水平和具备计算机应用、操作能力。(4) 有效地实现教师队伍的新老交替。(5) 争取承担上海市青年科学基金和上海市自然科学基金三分之二左右的基础理论研究项目，获上海市科技进步奖数量占全市三分之一左右。(6) 制订相应的地方教育法规、实施细则和办法。

二、坚持社会主义办学方向，培养德、智、体全面发展人才

(一) 精神文明建设向纵深发展

1991 年，上海高校坚持两个文明一起抓的方针，以开展精神文明建设为重点，推动各项工作的展开。主要特点有：一是学校各级领导从培养未来建设者和接班人高度认识高校开展精神文明建设活动的意义。各校普遍制订了与学校发展十年规划和“八五”计划相配套的精神文明建设规划。上海财经大学提出“创一流大学”与精神文明建设同步进行的奋斗目标。复旦大学针对学生思想实际，开展了“社会主义与世界”、“社会主义与中国”、“社会主义与我”等专题活动。二是在创建过程中，把目标管理和过程管理结合起来考虑并实施。即由学校提出申请，市高教局组织中期检查，最终以平时累积的量化测评分与两年一次的期终检查评分相结合的办法评选高校文明单位，促进学校把创建活动贯穿渗透于日常工作中。1991 年全市有 28 所高校先后提出申请，占全市高校总数的 56%。而后开展的中期检查，对促进学校深入开展创建活动产生了积极作用。三是创建活动推动了学校全面工作。市高教局制订下发的文明单位建设标准中，借鉴了学校评估的经验，把机构落实、思想政治工作、校风校纪、校园综合治理、后勤管理等综合加以考核，产生了积极作用。1991 年，28 所申报创建文明单位院校在所在市、区县的卫生检查评比中全被评为优秀；校园绿化也全部被评为区以上绿化先进，其中 10 所院校获市级花园单位称号；计划生育工作均保持了先进水平；绝大多数学校完成或超额完成了义务献血任务指标。

（二）举办读书班，提高马列主义理论课骨干教师水平

为解决上海高校马列主义理论课教师的接班问题和适应当前变化着的形势下高校面临的任务，上海市教卫党委、市高教局决定在 1991 年和 1992 年举办五期马列主义理论课青年骨干教师读书研究班，学员总数 100 人左右。1991 年举办了两期，读书研究班取得了成效：(1) 青年教师明确了高校理论工作者在教书育人中坚持社会主义道路、抵制各种错误思潮的职责。(2) 找到了解决自身不足的途径。如哲学教师更重视接触实际，经济学教师主动学习哲学方法；中国革命史教师重视加强理论研究，史论结合。(3) 提高了科研能力。学员们从“当代大学生的精神追求和马列主义理论教育面临的任务——青年大学生对马列主义理论教育接受度”的课题研究中找到了当前高校马列主义理论教育的重点、难点和疑点，以及改进和加强这一教育的途径、方法和手段。

（三）多渠道、多形式地开展大学生社会实践活动

在 1990 年大学生参加社会考察、社会实践活动达到高潮以后，1991 年上海市大学生校外实习和社会实践活动规模进一步扩大，形式趋于多样化。(1) 社会实践活动趋向基地化和参与为社会服务型。1991 年，全市高校有 18.7 万人次参加了各种类型的校外实习和社会实践活动。10 万名大学生参加了暑期社会考察、社会实践。其中 30 多所高校近千名大学生赴江西上饶、吉安等近百个点，开展了以百户农民寻访录、百名革命老人回忆录、百所企业启示录、百个历史遗迹考察录等为主要内容的活动，同时以科技开发、医疗服务等为老区人民服务，建立了一批实践基地。上海医科大学、上海第二医科大学、上海中医学院、上海铁道医学院为当地近万名群众免费检查、治病，发放了价值 6000 余元药品。上海城建学院大学生的“井岗山市污水处理改造方案”，为该市节约资金 20 万元。(2) 大学生课外科技活动活跃。1991 年，有 30 所高校成立了大学生科技协会，2.3 万名大学生在 120 多个科技组织中学习，进行毕业论文或设计，开展了创造发明、科技服务、科技咨询等社会实践活动。完成论文 8000 余篇，科技作品 230 多项，有的已产生可观的经济效益。上海市举办的第二届大学生课外学术科技作品竞赛，有 63 人获奖，同济大学获团体总分第一。获奖作品还在首届上海市科技博览会

上展出，受到称赞，在全市高校巡回展中受到大学生的欢迎。在全国大学生“挑战杯”课外学术科技作品竞赛中，上海市获优秀组织奖，上海交通大学获团体总分第一名，上海高校大学生得奖数名列全国榜首。(3) 大学生在太浦河抗洪工程中经受锻炼。1991 年春夏，我国 19 省市发生建国以来罕见的特大洪涝灾害，上海高校大学生在投身实地抗洪救灾，参加灾后减灾募捐后不久，又有 18 所高校 8000 名大学生参加了上海青浦县境内的治理太浦河工程的全市大会战。

此外，上海高校 1991 年有 1.4 万名大学生参加了学农劳动，有 1 万多名大学生参加了为期两周至一个月的校内军训。

三、推进和深化高校改革，提高教育质量和效益

(一) 推进以综合改革为主要特征的新一轮管理改革

1991 年下半年，上海市部委属高校、市属高校均进行了综合改革的试点。继华东化工学院后，上海交通大学、上海海运学院等校分别经国家教委和交通部批准，试行综合改革。上海海运学院经广泛的调查研究和充分酝酿后制订了机关缩编、教师定岗聘任、分配拉开档次等为主要内容的改革方案。上海市高教局确定已进行工资总额承包改革的上海工业大学为市属高校综合改革的试点。

华东化工学院综合改革逐步完善、配套。1991 年，华东化工学院综合改革已进入逐步完善阶段。1985 年至 1988 年，该校进行了以理顺内部管理体制、健全科学决策和民主管理为主要内容的整体管理改革。近年来，又开展了以转变教育模式、建立适应社会需要的办学机制、教师队伍扬长分流等为主要内容的改革。1988 年至 1991 年，该校在改革方面的新进展主要有：一是建立“两段式”教育模式。在“面向企业为主，提高学生综合质量”的办学思想指导下，学校对一、二年级学生实施基础教育，在三、四年级实施专业教育，按“双向选择”原则将学生分流到各系、教科组。对四年级学生实施专业教学、思想政治教育、毕业实践“三个覆盖一年”的教育。1991 年，接受“两段式”教育模式的学生进入毕业班，标志着这一教育模式全过程完全接轨和新旧教育模式的转换已顺利完成。该校接受了基础阶段教育和“三个覆盖一年教育”的学生基本达到提高全面素质和动手能力的目的。二是建立以优化组合、扬长分流为核心内容的办学体制。与“两段式”教育配套，学校将擅长教书育人、学术研究、应用开发三方面工作的人员分别组合成教学、科研和科技服务三支队伍。教学组织上，建立了基础教育部和教科组。经过本人和学生双向选择的教师，分别进入上述部组；部分则参加科技开发工作，三支队伍间实行流动制。1990、1991 两年则建立完善了“岗位——职务——结构”的科学设置和公开竞争的制度。三是建立了“负责人——助手”式的干部制度。根据“对处削权、对系放权、院部分权、精简机构”的原则，撤销了原先处——科建制，组建了五大行政办公室，由上而下实行评聘，到 1991 年底共精简了 20% 的机关干部，而工作效率、质量则明显提高，受到广大师生员工的一致好评。

(二) 高校与企业合作教育进展迅速

1.拓宽了试点的学科领域和培养层次。1991 年，在原有 8 所专科学校教改试点和上海工业技术大学 1 所本科学校试点基础上，已把试点范围拓展到本科院校和全国重点大学的研究生教育；科类也从原先清一色理工科拓展到了其他科类，试点规模也有很大扩展。上海交通大学与上海市二轻局在模具研究所合作培养研究生，上海工业技术大学纺织学院已有 4 个专业、8 个班级与上海国棉二厂等5个企业实行了合作教育，原两个试点班级毕业生被企业一抢而空，深受企业欢迎和好评。上海电力学院的热动力专业则与上海石洞口第二发电厂进行了以综合改革为内容的产学合作教育。上海中医学院也与教学医院外的医疗机构加强了以提高学生临床诊疗能力为目标的教育合作。上述各校的试点，已在专业培养目标、课程设置、学制学时，理论教学与实践结合等方面进行了有益的探索。

2.确定4所高等工科专科学校开展专业教学改革。上海市高教局为加强专科教育，经反复酝酿、研究，已确定上海冶金专科学校的微机应用（轧钢生产过程自动控制）、上海化工专科学校的精细化工、上海纺织专科学校的服装、上海石油化工专科学校的有机化工等4个专业开展专业教育改革试点。改革以培养适应当前企业需要的应用型、多能型、工艺型人才为目标，以深化产学合作教育为途径，在招生、师资队伍、课程建设等方面实施倾斜政策，采取的配套改革措施有：允许试点专业中有100人不通过高考，从中专、职校及应届毕业生中直接选送入学；专业教师职称根据专科特色集中评审；连续三年每年拨款8万元资助试点专业课程建设和教材编写。目前，上海4所试点学校正在制定教学计划，落实合作教育基地，提出师资建设、教材建设等方面具体实施方案。

3.社会实践、实习基地规模进一步扩大。1991年，在社会各界共同关心支持下，在年初超原定计划完成建立230个实习基地后，又新建基地320个。年底全市高校与企事业单位共同建立的各类实习基地已达572个。其中理工医农类324个，文科97个，师范类116个，学农基地18个，文理科综合类17个，全市高校平均每一个专业均建有一个实习基地。1991年社会实践的另一特点是，文科类基地发展较快。上海市大学生社会实践、生产实习第二次联席会议提出了在解决理工科实习基地后，重点应放在缓解文科学生参加社会实践的矛盾上。上海市高教局把这一工作作为1991年基地建设的主要任务。经多方努力，到1991年底共建立97个文科基地，比原有的21个增加了3.5倍。文科实习基地占总数比例已达17%，大大缩小原与文科生占学生总数22.4%（不包括师范文科）比例极不相称的距离。1991年，还制订并实施了大学生平安保险、粮食供应、公交车船费用问题等法规性文件，完善了基地建设的配套措施。

（三）市属高校重点课程建设取得初步成效

上海市属高校中有10所学校的23门课程被市高教局确定为首批重点建设项目。其中理工类、医科类、文科类比例分别为47.8%、13%和39%，总经费为23.5万元。1991年5、6月间，上海市高教局将原参加项目审定的专家组成课程建设检查组，通过听课、座谈、查阅资料、实验演示等手段，对项目管理、经费使用、发展计划等建设成果及产生的示范作用进行深入检查。检查结果表明：首批市属高校重点课程建设已取得如下实效：一是已有19门课程完成原定目标建设计划，占总数82%，建设较好的和比较好的占82%。二是70%的课程改进了教学管理。在课程建设中，共制订教学大纲19个，编写教材和辅导材料39份，建立试题库9个，摄制录像105盘，从而促进了教学质量和效果的提高。其中上海工业技术大学的物理实验、制图，上海工业大学的物理，上海大学商学院的政治经济学和上海大学文学院的文献检索，上海农学院的有机化学6门课获得专家称赞。三是重点课程建设带动了学校的教学工作。有70%的市属高校已把重点课程建设推广到学校教学管理过程中去，并作出规划，安排了市级和校级重点课程建设，给予重点扶持。各校致力于重点课程建设的教师骨干队伍已经初步形成。

四、从战略高度出发，加强教师队伍建设

（一）动员全市高校各级领导从战略的高度出发，加强教师队伍建设

1991年，上海市高教局和各高校总结了前10年教师队伍建设的经验，提出了进入90年代后，上海高校教师队伍面临的学科骨干、学术带头人新老交替、青黄不接的严峻形势：高职称教师退休高峰即将来临，博士生导师等学科带头人年龄老化，中青年教师队伍存在不稳定因素等。为此，上海市高教局和上海高校在讨论、制订今后10年学校发展规划、计划时，把师资队伍建设放到了重要的战略地位专门进行研究。市教卫党委、市教卫办、市高教局于1991年3月23日联合召开了上海高校教师队伍建设工作会议，动员全市高校不失时机地抓紧培养中青年骨干教师，发挥中老年教师的核心、骨干作用，从而带动整个教师队伍的建设，并提出了一系列解决这一问题的对策、措施。

（二）选拔、建立青年教师骨干队伍

1991年，在上海50所普通高校首批选拔了200名优秀青年教师，并形成制度每年评议一次，每两年选拔一次，计划到2000年选拔和培养一支近千人的青年教师骨干队伍。选拔办法和程序是：(1) 由青年教师本人向学校申请，两名同行专家提出评议、推荐意见；(2) 所在教研室、系对申请人政治、业务表现进行审议；(3) 学校张榜公布，听取群众意见，校领导进行审核；(4) 市高教局组织学科专家进行评议，最后由市评选领导小组审定。

首批选拔出来的200名优秀青年教师有以下特点：一是政治素质好。其中中共党员131人，占总数的65.5%；132人曾有在基层参加社会实践的经历；二是业务素质强。其中博士及博士后42人，硕士11人，占总数的77%；具有高级职称者58人，占总数的29%；中级职称104人，占总数的52%。有56人为留学出国人员；三是绝大多数教师为教学、科研、教书育人骨干。其中不少人因工作成绩突出，获各种荣誉称号和奖励。

首次选拔优秀青年教师在上海高校和社会上产生了很大反响，各高校纷纷选拔了本校校级优秀青年教师，当年已形成市和学校共同选拔培养优秀青年骨干教师的良好发展势头。为创造促使这些优秀青年骨干教师尽快成长的良好条件，市高教局和各高校还进一步采取一系列鼓励培养措施：一是给优秀青年教师颁发荣誉证书和奖金；二是为他们配备学术水平高的中老年骨干教师为指导教师；三是给予申请科研项目、参加国内外学校交流、进修的优先权；四是优先考虑解决评聘高级专业技术职称、分配住房、解决夫妻分居两地等；五是组织他们参加暑期社会考察活动。1991年暑期，市教卫党委、教卫办高教局和教育工会组织全市38所高校的137名青年骨干教师分五路赴大庆油田、西昌卫星发射基地、第二汽车制造厂、延安、井岗山等地参观考察，提供深入实际、接触社会、了解群众的机会，增强他们的责任感和使命感。

（三）首次为中青年教师单独评审市级专业技术职务

为顺利实现学术带头人和骨干教师的新老交替，缓解高级职称教师青黄不接的矛盾，上海市采取的又一措施是，在前两年上海医科大学、上海第二医科大学试行的基础上，1991年首次在全市范围内为中青年教师单独进行高级专业技术职务评审。具体做

法是：(1) 规定年龄条件，不限晋升名额。凡45岁以下申请教授职称、40岁以下申请副教授职称的，符合条件者均可向学校申请，学校初审合格后报市高教局。(2) 市高教局统一组织专家鉴定申报者的代表性论著或科研成果。(3) 组织全市外语统考。(4) 市高教局组织学科专家评审组对初审及外语考试合格者进行面试答辩。由于首次单独评审体现了公开、择优和公平竞争的原则，因而受到了广大中青年教师包括学科组专家的欢迎和好评。1991年，全市共有300多名青年教师报名，学校初审后上报211人，有119人通过了外语统考。最后有77名优秀青年教师被择优晋升，其中晋升教授3名(其中有2人年龄不到40岁)，晋升副教授74名（其中有40人年龄不到35岁)。这项工作在上海高校青年教师中引起强烈反响，使他们感到“事业上大有奔头”，“不出国也大有前途”。

(四) 首次设立全市高校青年教师学术基金

近年来，华东化工学院、中国纺织大学、上海外国语学院等部分高校为扶植青年骨干教师和科技人员迅速提高学术、科研水平，已在校内设立青年教师科学基金、学术著作基金、教学基金或教材基金等，受到了教师和科研人员欢迎。1991年，为在全市范围内形成鼓励优秀中青年学术骨干和学科带头人脱颖而出的良好环境，上海市高教局专门拨款50万元，为40岁以下青年教师设立上海高等学校青年教师学术基金，并形成制度，以后每年拨款50万元，用于该项基金。基金的申报办法是：由各校科研管理和人事部门联合推荐40岁以下的优秀人才申报，市高教局组织专家论证，并组织教学、科研、人事部门联合会审。该项学术基金的特点是：(1) 明确以培养人为主，兼顾项目的先进性和科学性，项目经费单列后直接落实到青年教师手中，评审过程自始至终有人事部门参加；(2) 公开申报，为所有青年教师提供公平竞争的机会；(3) 着眼未来，实行跟踪管理，最终从中培养和造就学校骨干和学科带头人。1991年全市本科院校共推荐了71项课题，申请者大都具有硕士、博士学历，全部具有中、高级职称，有的已是学科带头人，年龄最小的仅25岁，从国外学成归来的占17%，申报学科涉及理、工、医、农、文各科。经评审，共批准了36个项目，批准数占上报项目的50.6%；其中文科12项，理工医农24项，基金获得者平均年龄为33.4岁。经费于当年7月全部落实到校，9月为首批获基金资助的36位青年教师举行了简单仪式。

此外，上海市科委从1991年起实施的培养青年科技人才为主的“上海市青年科技启明星计划”，首批入选的36名青年科技人员中，高校有14人，占39%。

五、加速发展科技“第一生产力”，积极投入经济战线主战场

(一) 高校科技成果获奖率继续领先

1991年度，上海高校共有104项成果获上海市科技进步奖，占全市获奖总数的31%，继续在全市领先。其中一等奖7项，二等奖39项，三等奖58项，一、二、三等奖分别占全市获奖总数的33.3%、39.4%和27%。获奖成果的特点：(1) 实用性、应用性进一步增强。华东化工学院经7年努力研制成功的“计算机辅助软件工程环境EASYCOPE”项目能大幅度提高劳动生产率，用于十一届亚运会成绩处理系统自动开发获好评，软件已出口创汇。复旦大学首创的“超导量子干涉器”，解决了超导电子学应用于实际的关键问题，打破了某些国家对该领域的垄断。上海科技大学研制的桥架式“上海四号机器人”成功应用于上海第二耐火材料厂、上海永新彩色显像管厂等多家企业，是国内目前研制和应用的较成功的机器人。(2) 环境保护领域科研进展很快。中国纺织大学完成的“甲醇精馏残液生化治理工艺”属上海市政府实事工程项目课题，运用于黄浦江上游治理污水工程不到一年，已节省自来水219万吨，减少向黄浦江排污1800吨，减少直接经济损失157万元。23所高校700多名教师、科研人员完成的“上海市区工业街坊（小区）环境污染状况与初步防治对象研究”，为上海市调整工业布局和工业产品结构，优化城市环境提供了40万个数据、70份报告和8个专题研究成果的重要科学依据。(3) 软科学研究成果累累。上海工业大学的“大中型橡胶骨干企业管理模式”成果成功应用于提高上海正泰橡胶厂的产品质量，使该厂23种子午线轿车轮胎通过欧洲经济委员会ECE标记确认，优质品率从11%提高到92%，14个月优价获利2700万元。

(二) 科技服务已上新台阶

1991年，上海高校科技服务收入总额达7.3亿元，比上年增长2倍。其中代表高校技术市场化、商品化程度的技术合同达2609份，交易额达8109.3万元，取得上海高校开展科技服务的首创纪录的最好成绩。其特点是：(1) 各校交易额普遍提高，据统计，交易额超过100万元的有16所高校，接近全市高校总数的1/3。其中上海交通大学、华东化工学院两校突破1000万元。(2) 技术合同交易转向上海市场。1991年高校向上海市企业及其他部门签订合同达总数的53.6%，也是近年来首次超过半数。(3) 技术对外扩散区域主要分布于江浙两省。与江浙两省签订技术合同占与外省市签约总数的30%以上。(4) 技术服务对象为大中型企业，1991年与这类企业签订合同占总数的42%。

(三) 高校科技产业首次进入高新技术开发区

1991年7月起，在上海市委、市政府关心支持下，上海市高教局、上海市科委、漕河泾新兴技术开发区三方联合筹备成立以孵化高校科技成果为己任的上海高创科技发展总公司，经努力，于12月24日正式成立。高校高新技术进入开发区的特点是：(1) 高教系统、科委系统联合起来发展高新技术产业。由高教系统牵头到科委牵头的开发区搞孵化，这在全国当属首创。到年底，已有12所学校的17个项目公司陆续进入开发区。(2) 利用开发区优惠政策孵化高校科技产业。高创公司租赁了占地3000平方米、建筑面积达1680平方米的科技创业村，为各项目公司提供了可供经营活动的落脚点。(3) 进区公司参照三资企业的运行管理机制。自负盈亏、自担风险。

(四) 科技攻关中标数创历史纪录

上海高校在上海市科技结合经济14项攻关项目招投标中，又一次发挥自己的综合优势，在强手如林、竞争激烈的情况下，1991年中标数占全市总项目数的37.7%，是历年来最高的年份，比1989、1990年分别高出10.2和8.1个百分点，包括非第一承担单位，高校中标率则达42%，继续领先全市其他系统。

六、加强教育国际交流，扩大对外开放

(一) 聘请外国文教专家走上科学管理轨道

全市高校通过使用“外国文教专家到职通知书”、“短期专家批准通知书”及开办培训班等措施，已实现外国专家聘请的系统化、科学化。1991年，上海29所高校聘请长期文教专家、外藉教师140多名，短期专家663名。聘请渠道从单一转向多样化；聘请形式由单纯讲学转向合作科研、培养高层次人才；聘请从只讲学转向与学校教学、科研结合，如德国西柏林技术大学与上海交通大学在光纤、机器人、计算机、图像处理等方面进行合作科研，从而促进了学校的新兴、重点学科的建设和发展。

（二）接受外国留学生向高层次方向发展

1991年，上海17所高校接受了947名外国留学生，还招收了1000余名短期外国学生。目前复旦大学、同济大学等9所学校已招收了攻读我国硕士、博士学位的外国留学生114人，分别在48个专业中学习。到1991年，已有100多名外国留学生获得上海高校颁发的硕士、博士学位。这一新的发展，不仅提高了我国高等教育在国际上的学术地位，也受到了所有留学生派遣国的普遍欢迎。

（三）出国留学逐步转向按需派遣

1991年，上海市主要采取的措施有：一是将派出留学所需经费由拨款改为贷款，加强了派出计划性；二是介绍推广了上海第二医科大学成组配套派遣和校内职能部门联合评审出国留学项目的成功经验；三是规范出国申请、审批程序和手续。部分市属院校以学科专业为主导的派遣方针得到有效贯彻，派出人员回归率也因此逐步上升，如上海第二医科大学、上海工业大学、上海大学的回归率分别从1989年的40%、89%、30%提高到1991年的80%、100%、100%。

（四）举办和参加国际学术会议日益频繁

上海市近年来举办国际学术会议发展较快，1991年，全市有19所高校举办了21个国际学术会议。复旦大学举办的城市研究和上海研究国际研讨会对上海浦东开发和城市规划具有很高参考价值。上海科技大学举办的中法双边光纤科学学术交流会，对学校了解当前国际科技发展前沿信息，进而发展光纤学科和开展光纤研究起到了积极作用。

另外，上海市高校教师出国参加国际学术会议近年来也发展较快。1991年，上海市高教局为培养中青年骨干教师，主动向市有关部门争取外汇，创造条件支持他们出席国际学术会议，13所市属高校有143人次出国参加国际会议，比往年增长较多。

（五）高校积极兴办高新技术型三资企业

上海高校自1985年起创办了上海交通大学——波利莫特模具有限公司后，利用外资工作发展很快，到1991年底，上海高校系统已有中外合资、合作企业21家，注册资本总值900多万美元，投资额1200万美元，吸收外资361万美元。1991年全年生产总值5400万元人民币，比上年增长57%；获利710万元人民币，比上年增长120%。高校兴办的三资企业有以下特点：一是大多企业技术层次较高。如软件开发、海洋气象导航、康复工程等。二是加快高校科技成果市场化、商品化步伐。通过合资，引进了资金和市场网络。三是规模小。平均注册资本约40万美元，从业人员约20多人。四是中方风险较小，高校大多以现有设施和技术入股，现金投资比例仅占1／3左右。

撰稿人　谢仁业

审稿人　杨德广　金同康

成 人 教 育

1991年各级成人学校基本情况

单位：人

学校类别	学校数(所)	毕业生数	招生数	在校学生数	教职工数 计	教职工数 其中专任教师
一、成人高等学校	98	19 662	14 845	54 246	13 254	6 266
广播电视大学	1	1 018	902	2 720	337	77
职工高等学校	49	7 404	4 511	15 052	9 028	4 220
农民高等学校						
管理干部学院	5	415	268	627	699	279
教育学院	12	1 648	796	2 712	3 190	1 690
独立函授学院						
普通高校举办						
函授部	31	9 177	8 368	33 135		
夜大学						
干部专修科						
二、成人中等专业学校	122	8 800	23 114	40 811	5 711	2 933
广播电视中专	1	2 024	4 215	7 024	45	26
干部中专						
职工中专	111	6 567	18 560	32 322	4 229	2 145
农民中专						
教师进修学校	10	209	339	1 465	1 437	762
三、成人中学	117	28 514	54 663	39 761	2 284	1 397
职工中学	117	28 514	54 663	39 761	2 284	1 397
农民中学						
四、成人技术培训学校	440	437 263	547 703	250 978	9 419	5 391
职工技术培训学校	440	437 263	547 703	250 978	9 419	5 391
农民技术培训学校						
五、成人初等学校	28	26 395	33 140	22 263	1 598	1 027
职工初等学校	28	26 395	33 140	22 263	1 598	1 027
农民初等学校						
六、扫　盲		31 344	34 563	34 563		
七、社会力量办学	533	340 000人次			1 471	229

制表人　李　庸　徐钦福

1991年，上海的成人教育工作积极贯彻落实党的十三届七中全会的精神，加强综合管理，深化综合改革，适当调整教育结构，努力提高教育培训质量，广泛深入地开展了岗位培训和实用技术教育，有效地提高了劳动者的素质，取得了明显的成绩。

1991年，上海市接受成人教育的总人数约逾200万。其中职工参加岗位培训的达163万人次；参加各级各类农村成人教育的农民近79万人次；各级各类干部、专业技术人员参加学习培训与接受继续教育的达40万人次。

1991年，全市共有各类成人高校98所，在校学生5万余名（不含外地高校招收的函授生，下同)，招生9023名，毕业1.1万余名；成人中专104所（不含教师进修学校、农民中专，下同)，在校学生42865名，招生17623人，中专毕业8664名，中专专修班结业5500人。区办业余中学23所，在校学生5万人次，参加初、高中文化统考的近7万人次，毕业结业近4万人次；乡镇文化技术学校219所，有近15万人次参加长年班的学习；企业职工政治文化学校1300多所，承担了百万职工的"双基"教育；社会力量举办的学校533所，就学人数达34万人次。全市参加高等教育自学考试的有52354人次，专科毕业1700人，本科毕业80多人；参加中等专业自学考试的有5.3万人次。

1991年，是实施"八五"计划的第一年，经过各有关部门的共同努力，上海的成人教育工作更适应社会与经济发展的需求，在改革和调整中继续得到发展。

一、广泛深入地开展岗位培训

1991年，上海市参加规范性岗位培训的达36.6万人，参加适应性专项培训的达97万人，均比1990年有不同幅度的增长。

干部、专业技术人员、管理人员和班组长、技术工人仍是岗位培训的重点。1991年，市成人教育委员会（简称成教委）首次举办有关委、办、局的教育处长研修班。各有关委、办、局的教育部门和区、县成教委也分别对成人教育干部进行岗位培训，受训面约达30%。各企业有1.2万名班组长接受了专项培训，约有30万名技术工人参加了技术等级培训，有0.2万名技师参加了考评。至1991年底，上海31万名班组长有29万余人接受了班组长管理知识培训，25万名班组长通过了能力培训考核，1.7万余名车间主任中有0.4万人参加了培训，培养了技师约0.6万名。

岗位培训的基础工作有了进一步的发展。至1991年，全市多数主要工种的岗位规范均已制订，还编写和出版了一定数量的岗位培训教材。其中市经委组织编写了《工人岗位规范（知识、能力）手册》，确定了3000多个工人岗位规范，有的已出版发行。

1991年6月，上海市成教委召开了上海市岗位培训工作会议，并会同有关部门联合发出《关于进一步开展岗位培训工作的意见》，明确了今后一段时间上海开展岗位培训工作的总要求。会上，还明确了106个关键岗位作为规范化岗位培训的试点项目，共涉及38个局（行业)。

二、加强了成人中、高等专业教育的管理

1991年，上海成人高教继续贯彻治理整顿的精神。上半年，市高教局对31所普通高校所属的成人高校进行了自查和评估；下半年，对独立设置的成人高校进行自查评估，对存在的"乱办学、乱收费、乱发证"的现象采取了有力的措施，并妥善处理了遗留问题。11所区属业余大学的教学管理工作从1991年起，由原市教育局管理逐步过渡由市高教局归口管理，计划2年内完成。

成人中等专业教育继续开展了学校办学水平的评估，得到了国家教委成人教育司的充分肯定。至1991年，上海已完成首轮65所成人中专校的评估工作。市教育局还对已评估的学校与中专专修班开设的82门学科进行了抽查考试，促进了成人中专教学质量整体水平的提高。

1991年，上海中、高等成人教育招生数的比例由1990年的1：1.63上升至1：1.8左右。表明上海成人高校的招生规模继续得到控制，成人中专教育继续得到发展，结构趋于合理。

三、以实用技术教育为重点的农村成人教育有进一步的发展

1991年，上海郊县接受各级各类农村成人教育的农民近79万人次，其中有15万人次接受了常年150教时以上的学习，64万人次接受各类短训或听讲座。近3万名初、高中毕业生、在乡知识青年均不同程度地接受了职前培训。

乡镇企业职工的适应性专项岗位培训和技工等级培训也有了迅速的发展，参加长年班技工等级培训的有7万多人。据不完全统计，至1991年，上海乡镇企业的初级工已占技工总数的60%左右，中级工占15%以上。

为提高教育质量，市教育局对实施实用技术教育的乡镇成人文化技术学校进行了办学水平的视导。至1991年，已视导107所，约占学校总数的50%。

四、继续教育有了进一步的发展

1991年，上海各级各类干部、专业技术人员接受各类继续教育的达40万人次。900多家大中型骨干企业的6000余名厂长、经理已有45%参加了较高层次的继续教育。

1991年，上海继续教育较为显著的特点：一是围绕配合“质量、品种、效益年”的活动展开；二是逐步被企业教育列为重点；三是金融保险、外经、外贸、涉外法律、涉外财会、旅游、城市建设等已成为继续教育的重要内容。

教学管理也有了进一步的完善，至1991年，大致形成了三类制度。一是学分考核制。企业针对需要和科技人员、管理干部的实际情况，将一些知识更新与补缺的内容，划成若干学分，有计划、有步骤地实施教育。二是合同制。企业结合新产品的试制和质量的提高，以课题研究的形式与专业科技人员签订合同，在进修时间、经费、资料与授课等方面提供方便。三是奖励制。对学习认真，经过进修，对提高产品质量、开发新产品、提高经济效益显著的予以奖励。

五、社会力量办学健康发展

1991年，上海共有533所由社会力量举办的学校，有34万人次在接受各类社会文化教育，为弥补国家办学的不足起了十分积极的作用。开设的科目灵活多样，内容已逐渐转向适应就业与转岗的需求。各类外语短训班继续保持发展，全年约有8万人次参加各级各类外语学习或培训。

老年教育形成网络。至1991年，上海已办起老年学校120多所，下设分校398所，有80%的街道开展了老年教育，近10万名老人接受教育，初步形成了“老有所学，老有所用，老有所乐”的良好环境。

1991年，上海还加强了对《上海市社会力量办学管理办法》执行情况的检查，采用自查与抽查相结合的办法，及时制止了数起违反《管理办法》的现象。至1991年，上海共有430所社会力量举办的学校获得办学许可证，约占学校总数的85%左右，比1990年的209所增加了221所。

六、积极开展企业教育综合改革实验

1991年，上海市的企业教育综合改革实验单位由1990年的12家，扩大至37

家。其中宝山钢铁总厂、上海石油化工总厂、上海港务局、上海制药六厂等12家企业被国家教委列为全国企业教育综合改革实验单位。

目前，参加实验的企业均已建立了以厂长为首的、各部门和车间负责人参加的企业教育委员会，大多设有培训中心，由生产经营管理、技术部门和劳动人事部门以及教育培训部门共同管理。各企业也均选择了一至二个改革实验的起步项目。这项改革实验的主要特色是：按岗位规范要求进行岗位培训，逐步形成比较完善的培训、考核、上岗、转岗的教育培训运行机制。

1991年，上海的17个企业单位被国家教委、国务院生产委员会、劳动人事部门等7个部门联合授予“全国职工教育先进单位”称号。

七、上海郊县高标准扫除剩余文盲

据1988年统计：上海郊县的非文盲率已达95.3%，但尚有15至45周岁男性文盲与15至40周岁女性文盲62960人，尚有26个乡、1185个村和企业未达到国家规定的标准。近两年来，上海郊县从自身的实际出发，开展了高标准扫除剩余文盲的工作，先后组织34563名文盲参加脱盲学习，至1991年，有31344人脱盲，使上海郊县的非文盲率上升为98.3%。1991年10月21日至26日，上海市人民政府组织有关部门，成立了上海市扫盲验收小组，对9县1区的30个乡镇、750名学员进行抽查验收。结果表明：脱盲学员及格率达80%以上，基本上做到了高标准完成上海郊县扫除剩余文盲的任务。

为了做好这项工作，市、县政府分别召开了扫盲工作会议，成立了扫盲工作领导小组，还与200多个乡镇政府分别颁发了坚持高标准扫除剩余文盲的有关文件。各县教育部门先后3次对文盲、半文盲的情况进行调查、造册，200多所乡镇成人学校承担了教学任务，市教育局组织编写了《扫盲工作手册》，指定了专门的扫盲课本，脱盲考试采取县统一命题，统一阅卷，统一发证，市、县二级验收的办法。验收按照国家教委具体步骤与要求进行。

据不完全统计，这次扫盲共花费数百万元，每扫除一名文盲，国家和集体要花费数百元，最少的是200元，最多的达500元。

撰稿人　徐钦福

审稿人　郭伯农

江苏省教育

概况

一、各级各类教育发展情况

1991年各级普通学校基本情况

单位：人

学校类别	学校数（所）	毕业生数	招生数	在校学生数	教职工数 计	教职工数 其中专任教师
一、普通高等学校	71	46 487	46 231	151 133	70 185	27 551
研究生		2 311	2 132	6 399		
本　科		22 401	22 137	89 318		
专　科		21 775	21 962	55 416		
二、中等专业学校	194	43 041	46 055	141 778	24 663	11 847
中等技术学校	159	34 013	37 617	116 557	20 008	9 560
中等师范学校	35	9 028	8 438	25 221	4 655	2 287
三、普通中学	5 588	798 862	505 005	2 886 385	245 312	176 613
高　中	995	126 716	141 984	416 077		33 587
初　中	4 593	672 146	363 021	2 470 308		143 026
四、农业、职业中学	402	48 779	72 587	170 385	18 775	12 158
高　中	402	48 608	72 408	169 859		12 122
初　中		171	179	526		36
五、工读学校	3	54	68	188	112	52
六、小　学	29 770	1 025 002	895 100	5 947 993	308 260	270 042
七、特殊教育学校	112	641	3 029	12 523	3 063	1 983
八、幼儿园（不含学前班）	20 992	526 873	734 849	1 486 376	76 132	62 037

1991年 各级成人学校基本情况

单位：人

学校类别	学校数(所)	毕业生数	招生数	在校学生数	教职工数 计	其中专任教师
一、成人高等学校	92	28 762	21 101	69 119	11 391	5 495
广播电视大学	1	8 108	6 052	16 549	3 311	1 448
职工高等学校	68	3 289	3 553	10 859	3 523	1 866
农民高等学校						
管理干部学院	11	654	587	1 081	2 309	764
教育学院	12	5 285	1 924	7 235	2 248	1 417
独立函授学院						
普通高校举办						
函授部		8 121	6 573	24 678		
夜大学		2 683	2 046	7 844		
干部专修科		622	366	873		
二、成人中等专业学校	249	39 385	34 737	102 982	11 475	5 705
广播电视中专	3	14 506	8 208	28 028	883	453
干部中专	6	1 930	1 519	3 265	257	109
职工中专	158	10 042	14 189	37 036	6 048	3 045
函授中专	2		329	3 279	102	40
教师进修学校	80	12 907	10 492	31 374	4 185	2 058
三、成人中学	767	105 185	114 476	135 710	6 030	3 519
职工中学	409	56 613	70 579	84 547	4 493	2 614
农民中学	358	48 572	43 897	51 163	1 537	905
四、成人技术培训学校	10 097	2 164 591	2 560 307	1 983 701	21 490	10 138
职工技术培训学校	995	384 556	504 077	375 825	13 193	6 924
农民技术培训学校	9 102	1 780 035	2 056 230	1 607 876	8 297	3 214
五、成人初等学校	4 666	271 231	283 565	283 966	6 232	3 631
职工初等学校	222	24 478	21 671	37 821	813	377
农民初等学校	4 444	246 753	261 894	246 145	5 419	3 254
其中：扫盲班	2 822	84 637	75 434	99 785	3 483	2 107

制表人 张晓林

二、全力抗洪救灾恢复教育

1991年夏季，江苏省遭受了历史上罕见的特大洪涝灾害，教育部门的损失相当严重，全省中小学倒塌和损坏校舍近400万平方米，损坏一批设备、图书资料，以及教育附加的减收、勤工俭学收入的减少，直接经济损失达9.92亿元。

洪涝灾害发生后，根据党和国家的紧急部署，江苏省委、省政府十分重视教育系统的抗灾复校工作。省长陈焕友在有关会议上反复强调，要保证不让一个孩子失学。各地根据省政府紧急通知的要求，把抢修校舍，确保中小学秋季按时、安全、全面开学，列入当地政府抗灾自救的整体计划，作为必保指标来加以落实。省教委先后5次部署全省教育系统抗洪救灾工作，各市、县教育行政部门积极组织广大师生奋勇抢救学校财产，努力把损失降到最低限度。由于安排周密、措施有力，暑假高校招生考试工作中，确保了全省9.23万名考生无一因水灾缺考，几十万份试卷无一缺损；暑假以后，全省中小学基本做到全部安全、准时开学。

经过各方面的共同努力，到1991年底全省已修复、重建被洪水毁坏校舍344.45万平方米（不含扩建面积12.83万平方米）。其中，新建73.13万平方米，翻建、改建95.71万平方米，大修175.61万平方米。累计投入修建资金44418.53万元，其中，各级财政安排8567.14万元，国内外捐赠款划拨给教育1703.09万元，教育费附加安排12131.03万元，社会各界和群众集资（捐资）14442.73万元，借款、贷款及赊欠7574.54万元。灾后校舍修复的标准和质量普遍高于灾前水平。

在江苏遭灾后，兄弟省、市教育部门和广大师生纷纷捐款、赠物全力支援。北京市少年儿童开展“手拉手，心连心，向灾区小朋友捐献一元钱、一斤粮、一件文具”的活动，共向江苏捐献222万元、110万公斤粮票、200多万件文具用品；福建省捐赠358.2万元、114.5万公斤粮票及一批文（教）具；上海、陕西、广西、新疆等地的教育行政部门也先后捐款，充分体现了社会主义大家庭的温暖。

普通教育

一、幼儿教育

1991年，江苏全省3至6周岁幼儿的在园人数以及幼儿园班级数均达到新中国成立以来的最高峰。据统计，全省各类幼儿园共21329所，（含非教育部门办园数，下同）幼儿园有班级54417个，比1990年增加1950个班；在园幼儿达187.7万人，比1990年增加22万人，是1949年的76倍。城市学前三年的幼儿教育已基本普及，农村幼儿的入园率达54%，全省连续6年普及了学前一年的幼儿教育。

幼儿教师队伍得到充实和提高。1991年全省幼儿园教职工总数已达88981人，比1990年增加1901人。幼儿教师学历达标率达63.87%，比1990年增加13个百分点；专业合格率达27.88%，比1990年增加4个百分点；获得国家教委专业合格证书者有13306人。

建立新的幼教管理体制。根据《幼儿园管理条例》和《江苏省幼儿教育暂行条例》的规定，1991年全省开始实行地方负责、分级管理、各有关部门分工负责、教育行政部门主管本行政辖区内幼儿园的管理工作的新的幼教管理体制。

实行幼儿园登记注册制度。1991 年，省教委发布《江苏省幼儿园（班）登记注册办法》和《江苏省举办幼儿园（班）登记注册制度》。凡在本省内举办的招收 3 周岁以上学龄前儿童的各类幼儿园（班），均要向教育行政部门、农村向乡（镇）人民政府登记注册，并报上一级教育行政部门备案。经审查合格的，发给《江苏省幼儿园（班）注册证书》；不合格的可先行登记，在限期内达到规定条件后再办理注册发给证书。教育行政部门进行定期或不定期的检查，对不符合办园基本条件，妨碍幼儿身心健康的，将酌情给予处理和整顿。

对幼教工作人员试行养老金保险。1991 年 2 月，江苏省在全国率先制定并试行幼儿园工作人员养老金保险制度，规定凡在本省城乡各类幼儿园（班）中从事幼教工作的集体性质的人员，均可本着集体多交、个人少出的原则，以个人、幼儿园（班）或通过主办单位，按中国人民保险公司江苏省分公司《幼儿园工作人员养老金保险条款（试行)》，向当地中国人民保险公司申请办理幼儿园工作人员养老金保险，以解决老有所养，对稳定保教队伍起了积极作用。

二、小学教育

1991 年江苏省小学教育改革的中心工作是采取切实有效的措施，把以升学为中心的应试教育转到以提高素质为核心的国民基础教育的轨道上来，使素质教育首先在小学教育阶段得到落实。

1985 年江苏省基本普及了小学教育后，义务教育正在按计划有步骤地实施。省教委对小学教育的状况进行了调查，并进行了多次专题研究。在此基础上，省教委发布了《关于当前小学教育改革的意见（试行)》，提出了素质教育的概念，对如何打好基础提出了“起点要低，面要宽，训练要实，要求要严，方法要科学”的要求。

江苏省的小学教育改革坚持分类要求、分层推进。课程改革全省分为三个层次：全省小学以课堂教学为中心，以提高课堂教学效率为目的，实行启发式教学，并严格教学常规，建立教学规范，重视教学过程的全面质量管理；改革试点小学、实验小学及有条件的小学，对现行教学计划的课程设置、课时安排和教材作适当调整，探索多种教学模式；全省开展面向未来的课程、教材改革研究，建立实验基地，探索符合国情省情的小学素质教育课程模式。

江苏省教委按《关于当前小学教育改革的意见（试行)》精神，1991 年以学习培训，统一认识和要求各地制定改革方案为重点。省教委分别举办了各县、区教育局长研讨班，教师进修学校教研、科研人员讲习班，实验小学校长培训班；各市、县、区也分类举办培训班、研讨会。各县、区制定了小学教育改革方案或意见，有的地区和小学已在目标研究、课程改革和考试、评价改革等项工作上起步。

省教委采用理论工作者、教育行政部门同志和小学校长三结合的方式，对现代素质教育理论开展了研究。1991 年召开了第一次素质教育研讨会，从理论和实践的结合上，对素质教育的概念、内涵和小学素质的目标、内容、构建方法以及实施途径等基本问题进行了研讨，在许多问题上初步取得了共识。同时开始小学素质教育目标的研究和制订，根据教育方针，从小学生身心发展规律和本省经济、社会发展的要求出发，形成了《江苏省小学生素质基本要求》初稿。

三、中学教育

（一）初中教育

1991 年 5 月，江苏省教委制定了《关于实施初级中等义务教育的意见》，提出了坚持标准、保证质量、搞好布局调整、优化学校管理、加强师资队伍建设、强化德育工作等10个方面的具体措施。1991年，全省11个省辖市的市区全部取消小学毕业生的升学考试，不同程度地实行就近入学。苏州、扬州、镇江、无锡、常州等5个市的小学毕业生，全部就近直升初中，各类初中都不再择优录取。苏州市在1984年就提出："办好每一所初中，教好每一个学生"的要求，几年来，他们坚持不懈地抓好薄弱初中建设，把提高合格率、控制淘汰率作为大面积提高教育质量的主攻目标，使市区形成了一个高水平、高质量、为社会所信赖的初中群体，从根本上解决了小学毕业生就近入学的矛盾。

(二) 德育工作

1991年，江苏省教委组织编写了《中学生国情教育读本》，同时在全省范围开展了中学生国情知识竞赛，有50多万名中学生参加。

1991年，在全省人民奋起抗洪时，省教委发出：《充分运用抗洪救灾事迹教育学生的通知》，要求各地收集整理抗洪救灾斗争中涌现的模范人物和先进事迹，编写乡土教材。新学年开学后，把"抗洪精神"教育作为思想政治教育的第一课，引导学生从抗洪救灾的伟大实践中，认识到共产党的英明伟大，社会主义制度的优越性。8月份，省教委选编了《风雨丹心——江苏抗洪救灾斗争事迹选》。各地通过"抗洪精神"教育，激发了学生"三热爱"的精神，他们踊跃向灾区捐款捐物，积极参加灾区人民重建家园的斗争。

(三) 高中教学

1991年，江苏省教委制订了全省普通高中教学计划，如下表：

年级 / 时数 / 学科	高一	高二	高三	授课总时数
政治	2	2	2	184
语文	4	4	5	392
数学	5	4	5	426
外语	5	4		306
物理	3	3		204
生物		3		102
化学	3	3		204
历史	2	2		136
地理	0/2	2		102
体育	2	2	2	184
劳动技术	每学年4周			432
社会实践活动	每学年安排2周。在劳动技术课、课外活动或学科教学活动的时间进行			
每周必修课总课时数	26/28	29	14	2 240
选修课	5/3	3	16	
课外活动	6 (体育锻炼3，其它3)	6 (体育锻炼3，其它3)	6 (体育锻炼3，其它3)	
每周活动总量	37	38	36	

上述教学计划从1991年秋季入学的高一年级开始执行。

按照国家教委和江苏省政府的要求，1991年省教委制定了《江苏省普通高中会考方案（试行）》，规定全省从1991年入学的高一学生开始实行高中会考，会考命题以国家颁发的全日制普通高中各科教学大纲规定的必修内容的基本要求为依据，着重考核学生掌握基础知识、基本技能和应用知识的能力。会考分考试和考查两种形式。考试科目共9门：语文、数学、政治、历史、地理、生物、物理、化学、外语。考查科目有劳动技术课、物理、化学、生物学科的实验操作。由省教委统一命题制卷、统一评分标准，统一考试时间。会考的阅卷、成绩登记和储存由市负责。会考成绩分为优秀、良好、及格、不及格四级，考查成绩分为合格和不合格两等。凡参加会考的在校生，会考成绩及格者，发给高中会考合格证书，作为社会招工、招干、参军的依据之一。高中应届生取得会考合格证书和高中毕业证书者，才能参加高一级学校的招生考试。6月，省教委对全省高一学生进行了历史学科的实验性会考。

1991年江苏省政府批转了省教委《关于制止举办高考补习班和接收复读生的报告》，指出：普通中学、农职业中学、中专校、教师进修院校、教育行政部门及其所属事业单位等均不得举办高考补习班，也不得为高考补习班提供办学条件。普通中学一律不得接收往届毕业生插班复读。所有在职的中等学校教师和各级教研人员不得到高考补习班兼课。对不执行规定并经教育不改的，不予晋升专业技术职务、不分房、不享受奖金待遇，直至给予行政处分。对不执行规定的学校，要追究学校领导的责任。《报告》还对社会力量办学问题以及加强教育督导工作提出了意见，对清退补习班和复读生作了具体部署。截止1991年寒假前，大部分中学的补习班、复读生已经清退，在外兼课的教师大部分已撤回。

1991年，部分学科竞赛获得较好成绩。5月南京师范大学附中学生夏西远在雅典第三届国际中学生信息学奥林匹克竞赛中获得银牌。7月，在波兰华沙举行的第23届国际中学生化学奥林匹克竞赛中，无锡一中学生倪浩获银牌。在1991年中国数学奥林匹克竞赛中，南京师范大学附中学生沈凯获一等奖。在第八届全国中学生物理竞赛中，苏州中学学生张弘获一等奖和实验最佳奖，无锡县梅村中学学生杨伟涛获一等奖。

四、师范教育

（一）中等师范教育

1991年，江苏中等师范教育在坚持改革中稳步发展。全省中等师范学校为小学、幼儿园输送8 648名毕业生，南通、无锡和晓庄师范学校还为小学输送120名大学专科程度的教师。

根据国家教委发布的《中等师范学校德育大纲（试行）》和《中等师范学校学生行为规范（试行）》，结合江苏中师德育工作的实际，1991年初，省教委下发了实施意见，进一步强化了德育为首的意识。学校的党组织切实加强对实施上述两个文件的领导，发挥政治核心作用；行政领导切实负责两个文件的组织实施，发挥行政部门在学校德育工作体系中的职能作用；全体教职员工视德育工作为已任，自觉把德育工作放在首位。在实施德育工作过程中，江苏中等师范学校从常规管理入手，对学生的行为习惯实行严格要求、严格管理、严格训练，并注重中师生的自我教育、自我管理，逐步养成良好的行为习惯和师德修养。

江苏中等师范教育从1989年起，分期分批实施国家教委发布的《三年制中等师范学校教学方案（试行）》，至1991年已全面推开。并初步建立了主动适应社会主义建设事业需要，主动适应小学教育发展改革需要的新机制。省教委在实施《教学方案》过程中做了以下工作：(1) 学习《教学方案》精神，更新教育观念，统一思想认识。(2) 结合江苏实际，制定贯彻《教学方案》的实施意见。(3) 有计划地对教师进行培训，改善教师知能结构，加强师资队伍建设。(4) 进一步改善仪器设备、校舍设施和活动场所等办学条件。(5) 组织编写了《陶行知教育思想研究》、《中外教育史话》、《小学教育研究方法》、《现代科技常识》、《实用文写作》、《农村应用经济数学选讲》、《小学玩具制作》、《书法教程》、《说话教程》、《形体教程》等10门教材，由江苏教育出版社出版发行。

试验培养专科程度的小学教师。1991年，南通、无锡和晓庄三所师范学校被纳入国家培养专科程度小学教师的试点计划。1984年，经江苏省政府批准，南通、无锡、晓庄三所师范开始了培养专科程度小学教师的试验工作，至1991年，南通师范学校已招生8年，毕业学生120人；无锡师范和晓庄师范已招生6年，毕业学生320人。三所学校在试验工作中，指导思想明确，坚定地面向小学，从招生入学到毕业分配，从制定教学计划到组织执教队伍，都按照培养专科程度小学教师的规格要求进行。在办学进程中，始终坚持把德育工作放在首位，强化学生献身小学教育事业的专业思想教育和职业道德教育，按照未来小学骨干教师所必需的知识和能力的要求进行培养，根据小学教师的职业特点进行严格训练。江苏省教委切实加强了试验工作管理和领导。要求试验班的培养目标是，德智体全面发展的、大学专科水平的、有较强教育教学能力的、并具有初步科研能力和行政管理能力的小学教师。试验班的办学形式有五年一贯制和三二分段制两种，为此省教委制发了两种学制的教学计划。各地方政府和教育部门为试验学校提供了经费和物质条件，尤其加强了师资的配备。经过几年的实践，该项试验取得了可喜的成绩。据调查，已经走上小学教育岗位的440名五年制师范毕业生正在显露潜在优势，部分人已经脱颖而出。

(二) 在职中小学教师和校长培训

1991年全省中小学教师培训，在善始善终抓好补偿教育的同时，逐步将培训重点由补偿教育向继续教育推进。

中小学教师的学历培训和补偿教育，是江苏省“八五”期间培训工作的重要任务，特别是对农村地区教师的培训任务更重。1991年各地普遍采取措施，帮助学员取得入学资格，对培训内容进行必要的调整，到年底为止，全省中小学教师学历培训毕业大学本科334人，大学专科4 951人，中等师范专科12 907人。自1987年起，全省每年有数万名中小学教师参加《专业合格证书》辅导与考试，至1991年，已经取得《专业合格证书》的高中、初中、小学教师分别有652人、3 111人和25 861人。

积极推进小学教师的继续教育。通过总结近几年各地开展继续教育的情况和经验，1991年初，江苏省教委制订了《江苏省小学教师继续教育方案》，要求小学教师培训工作的重点由学历教育向继续教育转移。并提出了开展继续教育的步骤和原则，培训内容、任务与分工，加强培训基地建设等方面的指导性意见。省教委参照小学教师继续教育方案，下发了《江苏省初中12科教师教学研究班（骨干教师培训班）指导性教学计划》和课程教学要点。各地组织多种形式的经验交流会、研讨会，围绕继续教育开展课题研究，推动了中小学继续教育工作的开展。

加强教师进修院校建设。1991年初，

省教委建立了小学教师培训中心，同时积极筹建中学教师培训中心，作为省教委的业务指导和参谋机构，加强对全省中小学教师培训工作的指导和协调。全省各乡（镇）都建有教师进修辅导站。各级教师培训机构上下贯通、横向协作，全省省、市、县、乡四级中小学教师培训网络初步形成。

为使教师进修学校逐步适应小学教师继续教育的需要，省教委组织力量，用3年多时间对全省73所经省备案的教师进修学校进行复查验收，在此基础上制订了《关于教师进修学校建设标准的意见》，进一步推动了进修学校的标准化建设。各教育学院、教师进修学校重视加强自身师资队伍建设，普遍设有附属中（小）学或挂钩中（小）学，建立了教师定期到中小学任课、听课制度，并与教研、科研、电教等部门加强联系协作，聘请学有专长的人和小学优秀教师做兼职教师。

中小学校长培训。1991年，江苏省教委成立了干部培训领导小组，并组织了试点工作经验交流会。江苏省被国家教委定为干部培训的先行省市之一。为落实《江苏省中小学校长培训规划》，省教委召开了全省中小学校长培训工作会议，进一步推动了全省中小学校长培训工作的顺利开展。

五、督导工作

江苏省自1988年设立督导室以来，经过“七五”期间，特别是1990、1991两年来的努力，教育督导工作已初步打开了局面。

（一）建立了督导机构，初步形成专兼职相结合的督导队伍

至1991年底，江苏全省已有11个市和85个县（区）建立了教育督导机构，分别占市及县（区）总数的100%及80.1%。其中南京市、镇江市、无锡市、淮阴市所辖的县（区）已全部建立了督导机构，省、市、县（区）三级督导网络正在形成。此外，中央部属的金陵石化公司、扬子石化公司、南化公司、南京钢铁公司、南京铁路分局等也相继成立了教育督导机构或配备了督导人员。

各地重视督学队伍建设。至1991年底，江苏省已有专兼职督学近500人。省教委聘请17名省兼职督学，并在民主党派中聘请了4名特约教育督导员。按照国家教委有关督学岗前培训工作的意见，根据“先培训，后上岗”的要求，省、市两级先后派出41名督导人员，参加了国家教委举办的督导研讨班学习；同时，还委托江苏省教育行政干部培训中心举办了县（区）督导人员培训班，已培训督学86人；一些市还自己组织了对督导人员的短期培训。南京市及所辖15个县（区）的督学中，90%以上经过了培训。

（二）开展督导评估工作

1988年和1990年，江苏省教委先后两次配合省人大常委会教科文委员会牵头组织的关于实施义务教育情况的检查。1991年上半年，按国家教委《普通中小学校督导评估工作纲要》等文件的要求，结合江苏省各地开展中小学督导评估工作的现状，部署了评估试点工作，确定无锡县、金湖县为试点单位。地方各级督导机构，在各级政府和教育行政部门的领导下，结合当地实际，开展了经常性的督导检查活动；不少地区针对当地中小学教育存在的带倾向性的问题开展专项督导，帮助下级政府、教育行政部门和中小学解决一些比较突出的问题；无锡市、南京市秦淮区、金湖县等督导室还对如何综合督导评估县（区）乡（镇）的教育工作、实施义务教育的工作和学校的工作方面进行了积极而有益的探索，取得了不少经验。

（三）制定了教育督导法规与制度

1989年底，江苏省人民政府批转省教委关于在全省试行教育督导制度的报告的通

知。1990年10月，江苏省教委拟定下发了《关于聘任兼职督学的暂行办法》。为了贯彻执行国家教委《教育督导暂行规定》，进一步落实江苏省政府批转的文件，保证督导机构行使“督政”、“督教”职能，1991年10月，省政府批准省教委关于统一教育督导机构名称和由政府颁发督学证的意见。1991年11月，江苏省召开了全省建国以来首次教育督导工作会议。会上，省教委向首批2名省专职督学、17名兼职督学、4名特约教育督导员颁发了督学证。

省教委积极开展教育督导评估理论和方法等课题的科学研究，在理论与实践结合开展研究的基础上，制定了《江苏省普通中小学督导评估指导方案》、《江苏省乡（镇）实施义务教育督导评估方案》。

职业技术教育

一、强化德育工作

江苏全省职业技术学校贯彻江泽民总书记关于加强中国近代、现代史及国情教育的指示精神，开展学雷锋为民服务活动，做了不少工作，取得了较好的成效。

各地利用地方德育资源，强化爱国主义和国情教育。苏州等市总结了近几年来开展近现代史和国情教育的情况，结合纪念鸦片战争150周年、太平天国革命140周年、中国共产党建党70周年，开展了历史知识讲座、演讲会等活动。盐城是皖南事变后新四军重建军部的所在地，当地的职业学校就组织学生参观新四军军部纪念馆等地，增强了学生的爱国情感和历史责任感。

1991年，全省职业技术学校开展了“学雷锋为民服务周”活动。首先在南京、苏州、扬州、徐州四市试点，并组织了上万名职业技术学校师生组成900个为民服务小分队走上街头，拉开了全省“学雷锋为民服务周”活动的序幕。这次活动采取集中和分散、大型和小型相结合的办法，主要包括4个内容：一是组织文艺宣传队，利用黑板报、广播、电视录像片及图片展览等形式，向社会各界广泛宣传职业技术教育的成果；二是开展职业技术教育、卫生健康、法律知识、农副生产、建筑室内装修等咨询；三是开展家用电器修理、自行车维修、服装裁剪、理发、修鞋、烹饪加工、管道安装、敬老助残、中英文打字等几十项为民服务活动；四是组织广大学生到车站、街道、公园、码头等公共场所打扫卫生；五是结合所学专业开展义务劳动。

二、办好重点职业中学

1990年国家教委发布《省级重点职业高级中学的标准》后，全省各地在原有骨干学校建设的基础上，对照《标准》抓紧建设。1991年，经验收，全省共建成40所省级重点职业中学。它们是苏州电子职业中学、常熟农副职业中学、无锡电子职业中学、常州第一职业高级中学、镇江烹饪职业中学、南京建筑职业技术教育中心、南通县职业中学、海安农业职业高级中学、扬州工业职业中学、金湖职业高级中学、盐城第一职业中学、铜山张集职业中学、邳县车夫职业中学、东辛农场职业中学、无锡轻工职业高级中学、常州刘国钧职业教育中心、南京经营管理职业技术教育中心、仪征工业职业高级中学、江阴职业高级中学、邗江职业高级中学、无锡机电职业高级中学、武进职业高级中学、常熟工业职业高级中学、南通职业高级中学、徐州第一职业高级中学、涟水职业高级中学、张家港职业高级中学、镇江机械职业高级中学、泗阳农业职业高级中学、苏州丝绸职业高级中学、南京安德门职业高级中学、溧阳职业高级中学、海门职业高级中学、泰兴职业高级中学、盐城南洋岸职业高级中学、海安双楼职业高级中学、淮安职业高级中学、如东职业高级中学、苏州旅游职业高级中学、句容高庙职业高级中学。

近两年，江苏省在抓好重点职业中学建设方面做了以下工作：(1) 紧紧围绕地方经济建设，办好重点职业中学。省教委对重点职业中学在专业设置、实验实习基地建设、办学形式及发挥学校多功能服务等方面提出了具体要求。许多学校在实践中办出了特色。全省农村职业技术教育的三种模式——亦工亦农模式、综合经营模式、专业生产模式，就是在农村重点职业中学办学实践中总结出来的。(2) 依靠各级政府和社会力量，加快重点职业中学建设的步伐。全省现有职业中学80%是经济部门自办或与教育部门联合办学的。城市有些学校是经济部门与教育部门共同投资建设，并配备必要的实验实习设备。农村学校，县（市）政府都充分调动各部门和联办单位及乡镇的积极性，有的修路造桥，有的给仪器设备，有的派专兼职教师，有的发动群众挖鱼塘，等等。常熟、南通、铜山、海安、武进、邗江等县（市）的部分重点职业中学都是在县政府的直接领导下，依靠社会各方力量建成的。(3) 从政策和制度等方面调动地方办好重点职业中学的积极性。如职业教育专项补助经费、引进外资主要用于重点职业中学建设，在干部配备、师资队伍建设上也给予优惠政策。

三、全面开展中专学校办学基本条件评估

开展中等专业学校办学基本条件评估，是1991年江苏省中专教育改革的中心工作。省教委制定了《江苏省中专合格评估指标体系及实施办法》，对评估工作的指导思想、目的意义、组织领导、计划安排和范围标准等问题提出实施意见。省、市、校都相继成立了评估工作的组织机构，并层层培训骨干。1991年2月至9月由学校和主管部门自评，边评估，边改革，边优化。10月至11月由各市教育局具体开展全省复评，省教委派专家组进行指导和协调。复评结束时，省、市分别召开了合格评估总结交流会，进行评估结果分析和向各方面反馈信息。

全省普通中专校159所中有106所参加评估。其中部委组织评估的部属学校7所，省教委组织评估的学校99所。根据国家教委关于中专合格评估分等标准，省评的99所学校中，南京铁路运输学校等32所学校为较佳级学校；南京海运学校等32所学校为合格学校；还有24所基本合格学校和11所不合格学校。对基本合格学校但未达标的项目以及不合格学校，拟于1993年组织复评，仍不合格者，将予以整顿。

通过这次评估取得了以下成效。(1) 推进了学校主管部门和地方政府重视中专教育，使之纳入本部门、本地区事业发展规划。据统计，在评估期间到校督促工作的中央部、委和省厅（局）领导共计52人次，到校参加复评的市政府领导45人次。通过深入学校了解情况、使他们进一步认识了中专教育规律。(2) 促进了办学条件的改善。在评估中，各主管部门千方百计增加投入，加快学校基本建设速度。据初步统计，1990年至1991年复评结束，全省共投入8 000多万元，其中：基建投资3 000万元，新征土地430亩，完成建筑面积12.6万平方米，添置教学设备2400万元，购置图书200万册。(3) 促进了学校管理水平的提高和整体工作优化。根据"促评比、促工作、上水平"的要求，各校在评估过程中，进一步端正了办学方向，针对管理上的薄弱环节，认真制定、修订、完善各项规章制度，使边评、边改、边优化落到实处。(4) 推动了校际横向交流和各校教育教学改革的深化。南京市抓中专合格评估，注意利用《中专动态》刊发各校评估经验，形成争创先进的局面。(5) 强化了教育和计划部门对中专校的宏观管理与调控。教育、计划部门通过制定评估标准，发挥评估的导向、调控作用，引导学校全面贯彻党的教育方针，端正办学思想，不断提高办学水平。同时结合评估中学校反映出来的问题，及时改进教育、计划部门的工作，加强对中专教育的指导与管理。

四、城市教育综合改革

1991年12月，国家教委在江苏省常州市召开全国城市教育综合改革经验交流会，全国100多个城市主管教育的市长和有关部门的负责同志到会，交流、讨论城市教育综合改革的经验和工作。常州、苏州、无锡三市在会上介绍了经验。

1985年《中共中央关于教育体制改革的决定》发布后，常州、苏州、无锡三市就酝酿城市教育综合改革实验工作。1987年，三市被列为全国城市教育综合改革实验市。1988年又被列为"双元制"职业技术教育模式试点市。全省还有5个大中型企业被列为全国企业教育综合改革试点企业。同时确定在14个企业进行教育综合改革试点。各市把城市教育综合改革纳入本市经济社会发展总体规划，制定改革方案，着重在4个方面进行了教育改革，一是优化教育结构，大力发展职业技术教育；二是进行教育管理体制改革，在政府的统筹下，加强教育部门同其他综合部门和行业主管部门密切配合，促进教育改革的深入；三是建立和完善"服务"与"依靠"的运行机制，实行招生、毕业生分配制度改革、企业经营管理制度和劳动人事制度的配套改革；四是深化教育教学改革，落实德育工作的首要地位，大力提高教育质量。

全国城市教育综合改革经验交流会后，江苏省政府又召开了全省城市教育综合改革工作会议，确定今后的总体目标是：通过城市教育综合改革由点到面地展开，使城市教育综合改革的发展达到一个新的水平。

会议确定江苏省城市教育综合改革的总的工作思路是：重点抓好苏州、无锡、常州三市教育综合改革的深化工作。三市要在现有改革的基础上不断深化，着重围绕适应建立苏南经济、科技新格局对人才结构多样化、高层次上积极探索：(1) 依托苏、锡、常火炬带，探索建立相应的高智力开发带；(2) 适应城乡经济一体化的趋势，探索建立城乡教育一体化的新格局；(3) 依据城市现有教育结构，在结构改革中探索建立完备的城市教育体系。同时，启动其他8个省辖市的教育综合改革工作。

五、教研和科研工作

1991年，江苏省成立了职业高中专业中心教研组。共建立机械、电子（电工）、建筑、服装、烹饪、化工、财会、幼师、多种经营等专业中心教研组，分别由南通县职业高中、苏州电子职业高中、南京建筑职教中心、常州第一职业高中、苏州旅游职业高中、徐州第一职业高中、无锡市工业学校、镇江京口职业高中、泰兴多种经营技术学校为牵头学校。

1991年5月，江苏省教委会同无锡市人民政府承办了由国家教委、国家旅游局、高教出版社等部门主办的全国职业高中、旅游学校烹饪专业技能比赛，全国有27个省、自治区、直辖市近300名学生参加了比赛。1991年下半年，江苏省还组织了全省职业高中机械专业车工钳工专业技能比赛，在此基础上，组队参加了在辽宁省鞍山市举办的全国职业高中机械专业车工钳工技能比赛，江苏参赛的4名选手全部获奖。

"七五"后期，省教委把"经济发达地区职业技术教育模式的研究"列为重点科研课题，省教委组织从事实际工作的同志和少数教育科学研究人员进行了探索。课题研究以江苏的经济和社会发展为背景，结合职业技术教育的实践经验，用理论假设与模式设计相结合的方法，对职业技术教育学制体系、管理体制、运行机制、教学体系等进行综合构建，探索以人才为中介，建立一组可操作而又相互作用的系统变量，从而建立起比较理想的职业技术教育模型。课题成果已于1991年由江苏教育出版社出版。

高等教育

1991年，江苏省增加了一所江苏财经高等专科学校。与1990年相比，毕业生、招生、在校生总数均略有增长。1991年，经国务院学位委员会和江苏省人民政府批准，成立了江苏省学位委员会。

一、狠抓校风建设，优化育人环境

江苏省在前几年深入贯彻《大学生行为准则》的基础上，将校风建设列为1991年高校管理工作的重点，召开了全省高校校风建设和学生管理工作会议，制定了《关于加强高校校风建设的意见》。全省高校都把校风建设当成学校的一项重要的基础建设。在广泛发动师生展开讨论的基础上，各校制定、修订或重申了以"求实、勤奋、团结"为主旋律的校风校训。南京大学在原"严谨、求实"的校训基础上，增添了"勤奋、创新"，体现出时代精神。通过努力，各校对校风建设的认识普遍有了提高，不少学校把校风建设列入"八五"计划和十年规划，党政主要领导亲自抓。一些高校抓校风建设已形成制度，有的还规定了"校风建设月"、"校风检查日"。多数高校从实际出发，大胆探索，创造了许多好的经验。常熟高等专科学校发动学生参加劳动，参与宿舍、门卫管理、既锻炼了学生的能力，又培养了学生的劳动习惯。一些院校以整顿考试纪律为突破口狠抓学风，使考试作弊现象大为减少。依照《1991年高校校风建设检查项目及评分标准》，11月份全省开展了校风大检查，南京大学等21所院校被评为校风建设先进单位。

二、抓文科教育管理，把握办学方向

1991年，江苏共安排省属高校文科科研和古籍整顿研究项目101项，下达经费48.4万元。在安排科研项目时，注意引导高校教师面向社会、面向实际，加强社会主义建设与改革开放中重大理论、实践问题的研究，为促进教学改革和培养合格人才服务。省教委组织拟订了一批关于坚持四项基本原则，反对资产阶级自由化的理论研究选题，发动教师撰文澄清理论是非，确保用马克思主义占领文科科研阵地。与此相配套，对省属高校社会科学类学报进行了清理，加强高校学报管理。在文科教学方面，省教委组织编写了政治经济学、文学概论、史学概论3门课程的教学基本要点印发各校贯彻实施。同时继续对中国当代文学、国际共运史和中国近现代史等3门课程的教学要点进行研讨，为教师搞好文科教学提供了依据。江泽民总书记关于要对青少年进行近现代史教育和国情教育的指示发表后，省教委及时组织院校领导和教育界专家研讨，提出了《关于加强中国近现代史教学的意见》，要求高校教师把历史与国情教育渗透到有关课程的教学中去。

三、学科与课程建设取得初步成效

“七五”期间，江苏投资600万元，在省属本科院校建设自然科学类重点学科36个。这些学科中原有硕士学位授权点31个，博士学位授权点5个，经过重点建设，36个学科全部获得硕士学位授予权，博士学位授权点增至12个。南京中医学院针灸科被列为国家级重点学科。1991年，省教委组织专家对这些学科进行了检查验收，评定A级学科14个、B级学科16个，C级学科6个，并向14个A级学科投资100万元补助费，使其努力达到更高的层次和水平。关于文科重点学科的建设，省教委在5所省属高校确定21个重点学科，并制定了《江苏省省属高校文科重点学科建设与管理暂行办法》，明确了重点学科设置、评选、建设与管理的标准和要求。

江苏省教育主管部门和各高校重视加强课程建设。先后制定了《关于进一步开展课程建设的意见》和《关于对课程建设检查评估的意见》。1991年全省高校开展课程建设的课程已有700多门，并初步取得成效。课程建设成果在江苏省第二届优秀教学质量奖获奖项目中占一半以上，其中有6项课程建设成果获国家教委优秀教学成果奖。

四、校外实习基地建设取得较大进展

针对近几年大学生校外实习越来越难的状况，江苏省政府决定把建立400个高校校外实习基地列为1991年度政府工作目标之一，批转了省教委和省计经委拟定的《关于加强和改进普通高校校外生产实习工作的意见》。省教委按照“分类指导、典型引路、政策导向、组织协调”的方针，向有关单位、部门和高校发出征询函件、表格3 000多份，召开各种座谈会20多次，并通过《中国教育报》、《新华日报》等广泛宣传，提高了全社会对这项工作的认识。东南大学、南京化工学院等高校领导亲自带队走出校门，联系实习基地。不少企事业单位和主管部门，从培养人才的高度出发，把接受高校学生实习当作企业义不容辞的责任。南化公司为此专门设立了培训实习管理科，并在下属二级厂教育科设专职培训员、车间设兼职培训员，形成了实习工作管理网络和一整套规章制度，使前来实习的大学生“政治思想有人问、技术操作有人带、学习生活有人管”。原来有一定基础的医、药院校临床实习基地建设，也有了突破性的进展，8所医、药院校与县以上医院挂钩、建立临床实习基地90多个，其中40多家医院作为长期稳定的教学医院已正式挂牌。经过各方努力，到1991年底止，高校共建立校外实习基地430个，分批在《新华日报》公布名单，解决了江苏高校近200个专业约2.1万名学生的实习问题。为了进一步巩固和发展已有成果，省教委和省计经委又拟订了《江苏省普通高等学校校外实习基地规范化建设的意见》。

五、加强师资队伍建设，培养青年学术接班人

1991年，江苏省高校专任教师中46岁以上、35～45岁、35岁以下3个年龄段的教师分别占教师总数的43.3%、12.4%和44.3%，这表明江苏高校教师队伍出现了明显的年龄断层。从教师队伍高级职务的年龄结构看，55岁以上的教授占77.9%，45～55岁的教授占21.4%，45岁以下的教授仅占0.7%；副教授中，50岁以上的占79%，40～50岁的占20%，40岁以下的仅占1%。针对这种状况，为加强培养和造就青年学术接班人，采取了如下一些措施：一是召开全省高校师资工作会议，使各高校在师资队伍的现状、“八五”期间师资队伍建设的指导思想和总体原则、完善教师聘任制、加强师资管理等方面取得了共识。会后，一些高校领导亲自深入系科、教研室（组）调查摸底，分析现状，研究对策、解决问题。二是实行政策倾斜，为优秀青年教师脱颖而出创造条件。省教委规定，省属高校35岁以下的青年教师晋升副教授、40岁以下的教师晋升教授，均不占各校高级职务总指标。省教委还拨出50万元建立青年教师科研基金，为培养造就青年学术带头人创造条件。1991年度共资助青年教师研究课题122项，其中自然科学类课题52项，社会科学类课题70项，三是奖励优秀教师，鼓励教师教书育人。1991年，江苏高校有26人荣获国家级优秀教师、优秀教育工作者和劳动模范称号，25人被评为省级优秀教育工作者，有70人获得江苏省第二届优秀研究生导师教书育人奖。还评出江苏高校第二届优秀教学质量奖184项，获奖教师267名，其中青年教师占23%，比上届有较大幅度增加。四是加强出国留学人员的选拔工作，使其纳入师资培养总体规划，择优按需选派，保证质量。

六、高校科技工作取得丰硕成果

1991年是国家实施“八五”计划的第一年，省教委把推动部、省属高校争取国家“八五”科技计划项目列为当年科技工作的重点。经过努力，被列入国家“八五”重点建设的实验室有南京大学内生金属矿床成矿机制研究实验室、近代声学实验室、医药物技术实验室，东南大学毫米波实验室。中国药科大学争取到国家级现代生物技术——酶工程技术开发示范基地。江苏高校在“八五”国家级科技项目中列入103项，获研究经费318万元，列入“863”高科技课题60项，获研究经费389.7万元。在江苏省省级科技项目中，高校系统共争取到各类课题研究经费519.8万元。省教委安排省属高校科技研究自然科学基金项目104项，资助总金额（包括切块经费）171.6万元。

1991年，江苏高校有782项科技成果通过鉴定。其中196项达到国际水平，174项为国内首创，335项处于国内先进地位。实现科技成果转让566项，成交额1813万元。全省高校有43项科技成果获江苏省政府科技进步奖，占总奖励项目的11.4%；有62个项目获国家教委科技进步奖，占获奖项目的8.7%；第五次国家自然科学奖高校系统获得33项，江苏高校占5项。

七、高校与企业科技协作进一步加强

为实现“科技兴省”的第二次战略转移，加快江苏省工业结构调整步伐，1991年，江苏省教委、省计经委联合发起、组织了较大规模的高校与企业科技协作活动。5月，省教委、省计经委联合发出了《关于进一步推进高校和企业科技协作的通知》，要求各市经济（行业）主管部门和高校认真组织、积极参加。成立了由省教委、省计经委及机械、电子、轻工、建材、化工、医药等12个省级厅局领导组成的校企协作领导小组。9月，省教委、省计经委召开了江苏省企业、高校科技协作动员大会。会上，组织64家企业与省有关厅局、各市经委代表对口参观考察了南京地区9所高校的130多个实验室和500多项科技成果，引起企业界合作的兴趣，会议期间达成科技合作意向项目近200项。会后，企业与高校竞相寻找合作伙伴。无锡、张家港、连云港等地的领导亲自带队赴高校洽谈，不少高校也由校领导带队到企业考察。仅一个多月时间，企业与高校就签订合作开发、人才培训、联合设计等方面的科技协作合同130多项，技术转让合同金额760多万元。11月底，省教委、省计经委再次召开全省企业与高校科技协作会议，总结交流经验，研究探讨会后高校与企业长期合作的途径和措施，同时进行高校科技成果展示和企业技术难题招标。到会代表1 500多人，29所高校展示科技成果898项，80多项企业技术难题大部分找到了合作攻关伙伴，共签订正式合同的意向性协议294项。

八、教育科研工作

江苏省从“七五”初期开始有组织地开展教育科学研究工作。1986年，确定省级普教研究项目45项，1987年又确定27项。另外参加国家和国家教委级的课题5项。同期，列入省级高等教育研究课题32项。列为国家教委和国家哲学社会科学“七五”课题子课题2项，列为省哲学社会科学“七五”课题的3项。

至1991年，上述多数研究项目已按计划完成，并有23项次获奖。其中，获全国教育科学优秀成果奖4项，全国教育优秀成果奖1项，获省教委教育科研优秀成果奖15项，省教育厅教育改革成果奖1项，省教育学会论文奖2项。主要获奖项目有：建湖县钟庄乡开展“中小学内部管理改革”的研究，历时10年，建立了以校长选任负责制、教师定编聘任制和岗位考核责任制为中心的学校内部管理体制，积累了丰富的经验，出版了《钟庄乡教育管理改革》专著和《钟庄乡教育改革之路》专辑。南通师范第二附属小学特级教师李吉林主持的，通过创设与教学内容相关的情境，激发起学生的学习兴趣，把知识的教学、能力的培养、智力的开发及道德情操的陶冶有机地结合在一起的研究成果已形成专著《情境教学实验与研究》。南京师范大学附属中学进行的“普通高中课程改革研究与试验”，南通市启秀中学李庾南进行的“自学、议论、引导”教学实验研究。泰州中学洪宗礼承担的“改革我国中学语文教材编排体系的理论研究和教学实验”等。

由江苏省教科所承担的江苏省教育发展战略研究，在“七五”期间完成了背景分析、数量目标、质量目标、结构目标、组织目标以及对策等研究报告。

江苏高等教育发展战略研究由江苏省教委高教局、省教科所高教研究室和苏州大学、南京师范大学等9所高校承担。这项研究对推动江苏高等教育持续、稳定、协调发展，有一定价值。

1991年，江苏已初步形成了省、市、县、校四级教育科研网络。全省11个大市中，有10个建立了教科所，有专职人员102人。64个县中，有24个县（区）建立了教科室。71所高校中有55所建立了高教研究机构，专职研究人员151人，兼职研究人员511人。大部分教育学院、中等师范学校建立了教育科研机构，部分中学、实验小学也成立了教科室。

成人教育

1991年，江苏省成人教育坚持“一要改革，二要发展”的方针，坚持社会主义办学方向，大力开展职工岗位培训与农村实用技术培训，深化教育教学改革，为实施“科技兴省”战略、推动江苏经济和社会发展发挥了重要作用。

一、扫盲工作

全国第四次人口普查表明，江苏是全国文盲在千万以上的五个省份之一，15周岁以上文盲总数为1 155万人。其中，15~40周岁的文盲为227万人。为了加快扫盲步伐，各级党委和政府坚持把扫盲作为大政列为考核干部政绩的重要内容。盐城市政府把扫盲工作列入年度目标，全年组织3.6万文盲学习，2.7万人脱盲。泰兴县政府组织扫盲工作队，到有千人以上扫盲任务的乡镇进行重点指导。文盲率较高的高邮，市委、市政府召开市四级干部大会进行动员，落实扫盲措施。

省教委把扫盲工作列为年度工作目标，并把扫盲入学、脱盲及脱盲人员继续学习的指标分解下达到各市，各市、县也将指标层层分解，最后落实到村组。省教委印发了《关于进一步加强扫盲工作的意见》，要求把扫盲教学任务落实到农村中小学和成人学校及教师个人，同时加强管理，严格验收，确保质量。1991年，江苏共组织15.4万文盲、半文盲参加学习，其中脱盲9.7万人。11月份，省教委表彰51个扫盲先进乡镇和100名先进个人。由于扫盲工作抓得扎实，6月，国家教委转发了江苏扫盲工作经验材料，年底又对江苏扫盲工作进行了奖励。为巩固和拓展扫盲成果，年内全省还组织12.3万人参加业余小学学习，9万人参加业余初中学习。

二、农村实用技术培训

一年来，围绕科技、教育兴农发展战略，江苏省农村成人教育大力开展各类实用技术培训。在全省培训的332万农民中，有300万人至少学到了一项实用技术；32 827人被聘任为乡（镇）、村（厂）农副工技术员；2 238人有技术革新成果受到县级以上奖励。

为了充分体现培训的“实际、实用、实效”的原则，各地坚持从当地实际出发，当地需要什么就培训什么。苏北自然资源比较丰富，发展农副业生产得天独厚，这个地区举办的28 260个技术培训班中，绝大部分是传授农副业技术知识的。连云港、徐州等市一些地区技术培训也瞄准当地经济优势，促进了“一乡一品”或“一乡多品”经济格局的形成。苏南地区把乡镇企业职工作为培训的重点，根据调整产业结构，加快技术改造、深化企业改革、提高经济效益的需要，从培训管理干部、生产骨干入手，逐步扩大培训范围，全年培训乡镇企业各类人员119万人。培训中把技术培训和岗位培训结合起来，把职工培训和“质量、品种、效益年”活动结合起来，收到了比较好的效果。在一些地方，通过对企业职工的全员培训，使企业生产顺利渡过了经济疲软的难关。回乡初、高中毕业生技术培训工作进展较快，全年培训的人数达115万人，占技术培训人数的1/3。宜兴、东海、赣榆、丹阳、大丰、金湖等县（市）实行初、高中毕业证书、技术培训证书双证齐发等措施，使应届回乡初、高中毕业生技术培训率达到90%以上。

江苏还把技术培训和“燎原计划”贷款项目结合起来，注意围绕一个项目，培训一批人才，开发一个产业（产品）、致富一方农民。近三年来，全省围绕214个贷款项目共举办培训班2 528期，培训技术骨干10 965人，并有418项实用技术在农村得到推广，直接受益的农户达77 779户，产生经济效益1.5亿元。无锡市从1988年实施“燎原计划”以来，试点范围从33个示范乡镇扩大到40个乡镇，“燎原计划”示范项目由48项增加到120项，并逐步形成了产前技术培训，产中咨询指导，产后销售、加工一条龙的社会服务体系。经济效益和社会效益都比较明显。

三、乡镇成人教育中心校建设

1991年，在遭受特大洪涝灾害的情况下，江苏省克服重重困难，新建乡镇成人教育中心校64所，使全省这类学校总数达1 871所，占乡镇总数的91%；新建村农民文化技术学校524所，使这类学校总数达17 155所，建设面达到48.2%。

一年来，地方政府和教育行政部门共投入2 200多万元，用于乡镇成人教育中心校的建设。到年底，全省这类学校校舍建筑面积已达60.6万平方米，已有课桌凳12万套，教学仪器3万件，其中电教设备2 740件，图书资料95万册，共有专职教师4 911人，兼职教师23 431人。为了加强师资队伍建设，省教委委托南京农业大学、江苏农学院举办了乡镇成人教育中心校专业技术师资培训班，定向培养专业课教师96人。

各地把学校常规管理，创建合格成人教育中心校作为一项重要工作来抓，并根据省教委下发的《乡镇成人教育中心校评估要点》，制订实施细则，进行评估验收，实行规范化管理。在此基础上，各地制订了创建合格（示范）成人教育中心校的实施办法。宜兴市已有17所成人文化技术学校按农村初中规格独立建制。11月，省教委在江阴市召开了全省乡镇成人教育中心校建设经验交流会，对办得比较好的49所学校进行表彰和奖励，省财政拨出35万元专项奖励经费。

四、职工教育的领导管理

1991年，为纪念中共中央、国务院《关于加强职工教育工作的决定》发布十周年，经省政府批准，省教委、省委组织部、劳动局、人事局、计经委、总工会联合召开了全省职工教育工作会议，总结交流各地，各部门职工教育的经验、研究讨论职工教育十年规划与“八五”计划，表彰奖励60个职工教育先进单位和96名职工教育先进工作者，省委副书记孙家正到会，副省长吴锡军代表省委、省政府讲了话。连云港、扬州、南通等市，以及省电力局、纺工厅、供销社等部门也先后召开了职工教育工作会议。南京、盐城、常州等市还举办了职工教育十年成果展览和新闻发布会，录制放映了反映职工教育成果的电视片。

南京市为了加强职工教育的领导，市人大通过了《南京市职工教育条例》，常州市以市长令发布了《加强成人教育管理的决定》。省商业厅等部门制定了有关成人教育的暂行规定。连云港市政府领导与市主管部门及县区负责人、各主管局与企业、企业与车间、车间与班组，都层层签订了目标责任书。盐城市把职工教育纳入到市县国民经济和社会发展计划，落实到每一个基层单位，提高了管理水平，该市年终检查表明，与市政府签订责任书的16个部门，有14个完成了任务。

为了加强职工教育管理，省教委委托江苏教育学院举办了两期科级职教干部培训班。一年内，各市共组织3 000多名职工教育管理干部系统学习《成人教育学》、《成人教育心理学》、《成人教育管理学》，提高了他们的思想水平与业务工作能力，目前已结业1 500余人。

五、成人高校治理整顿和成人中专评估工作

1991年，省教委下发了《关于做好成人高校治理整顿工作的通知》。提出了全省成人高校布局调整方案。还按照国家教委部署，组织了对成人高等教育《专业证书》教学班的检查和复查验收。在南京、苏州等地的部分职工学校进行了培养目标、教学计划、课程设置、教学内容、教学方法等一系列改革，力求培养工艺型、应用型的人才。

成人中等专业教育，主要抓评估工作。年初，省教委确定在徐州、无锡的4所成人中专校进行试点，并下发了《关于开展江苏省成人中等专业学校评估工作的通知》，召开了全省成人中专评估工作培训会议，组织部分市教育局和学校赴外省学习考察。年底，评估试点单位已从4所扩大到29所，评估工作正逐步展开。

六、企业教育综合改革已经起步

1990年，国家教委确定江苏省南京汽车制造厂、国营七三四厂、南京肉类联合加工厂、仪征化纤联合公司、无锡第二棉纺织厂为全国百家教育综合改革实验企业。1991年，省教委又选定金陵石化公司等14家企业作为省级企业教育综合改革实验单位。苏州、无锡、常州、南京也选择了若干企业作为地方教育综合改革试点单位。目前，全省已初步形成国家——省——市三级企业教育综合改革实验网络。企业领导重视这项工作。仪征化纤公司成立了由总经理任组长、分管科技、劳资教育的两位副总经理任副组长的公司教育综合改革实验领导小组。无锡市的六家地方试点企业，把教育综合改革纳入厂长任期目标和企业经济承包。在企业教育综合改革的推动下，为了引导技术工人岗位成才，有些试点企业采用培训、考核、使用和待遇四挂钩，改革人事、用工、分配制度。南京汽车制造厂的新厂区规定：生产工人和技术工人，都要接受岗位培训，经考试合格后方可上岗，享受岗位津贴。南京肉联厂编写了覆盖全厂主体工种的264个规范标准，制作了《生猪屠宰加工操作技术》教学录像片。仪征化纤公司投资兴建了焊工、驾驶员、厨师3个技能基地。无锡第二棉纺厂把子弟小学从厂内迁出，腾出校舍建立机电一体化技术工人实习培训工场。

1991年，据对全省676.6万职工的统计，参加50学时以上各类学习的职工有290.4万人，比1990年增加35.6万人，全员培训率达42.8%，比1990年增长3.8个百分点。

撰稿人　马征里　金连平
韦忠连　赵桂丽
成尚荣　唐厚元
殷天然　孙征龙
陈宗伟　马　斌
徐子敏　汪　仁
冯荣坤　李世恺

审稿人　陈乃林　金鱼为
蔡霖村　张　仁
袁云亭　张　行
王世华　李步斗
万锁网

浙江省教育

概况

1991年各级普通学校基本情况

单位：人

学校类别	学校数（所）	毕业生数	招生数	在校学生数	教职工数 计	教职工数 其中专任教师
一、普通高等学校	30	13 401	13 699	42 625	17 559	7 958
研究生		293	259	796		
本科		5 558	5 585	22 641		
专科		7 550	7 855	19 188		
二、中等专业学校	127	21 140	21 880	61 450	12 690	6 280
中等技术学校	98	15 070	15 380	42 150	9 800	4 760
中等师范学校	29	6 070	6 500	19 300	2 890	1 520
三、普通中学	3 381	460 100	660 100	1 807 400	118 700	92 356
高中	535	79 000	76 500	242 800		17 570
初中	2 846	381 100	583 600	1 564 600		74 786
四、农业、职业中学	343	34 700	44 600	100 400	9 900	6 680
高中	335	33 800	43 800	98 200		6 610
初中	8	900	800	2 200		70
五、工读学校	2	37	50	150	68	39
六、小学	29 674	656 400	578 500	3 626 300	149 600	134 953
七、特殊教育学校	42	142	784	3 963	847	639
八、幼儿园	11 242	364 500	471 900	857 100	41 700	34 400

1991 年各级成人学校基本情况

单位：人

学校类别	学校数(所)	毕业生数	招生数	在校学生数	教职工数 计	教职工数 其中专任教师
一、成人高等学校	53	10 569	6 282	19 958	3 489	1 705
广播电视大学	2	3 066	2 262	5 603	1 349	604
职工高等学校	24	869	776	2 101	796	432
农民高等学校						
管理干部学院	2	20	71	130	226	88
教育学院	7	2 371	1 130	4 821	1 118	581
独立函授学院						
普通高校举办						
函授部		3 367	1 436	5 386		
夜大学	18	694	457	1 822		
干部专修科		182	150	95		
二、成人中等专业学校	114	7 481	9 056	24 098	3 737	1 828
广播电视中专	13	3 176	4 495	10 411	393	170
干部中专		36	93	227	6	
职工中专	52	1 583	3 954	7 024	1 743	878
农民中专	2	29	74	154	21	11
教师进修学校	47	2 657	440	6 282	1 574	769
三、成人中学	305	25 503	35 272	47 536	888	427
职工中学	135	17 031	23 904	34 019	648	299
农民中学	170	8 472	11 368	13 517	240	128
四、成人技术培训学校	4 985	1 306 093	1 330 000	995 414	6 389	2 255
职工技术培训学校	763	153 771	175 758	129 336	2 458	1 150
农民技术培训学校	4 222	1 152 322	1 154 242	866 078	3 931	1 105
五、成人初等学校	3 890	123 764	120 452	120 892	1 238	245
职工初等学校	76	1 972	2 843	3 548	25	5
农民初等学校	3 814	121 792	117 609	117 344	1 213	240
其中：扫盲班	3 301	85 751	79 181	84 348	1 107	228

制表人　徐可效

基 础 教 育

1991 年浙江省基础教育事业以提高教育质量和办学效益为中心，各项工作都取得了长足的进展。

一、基础教育持续、稳定、健康发展

1991 年浙江省小学学龄儿童入学率达到 99.3%，在校学生年巩固率达 99.5%，14 周岁儿童小学毕业率达到 95.73%，小学毕业班学生升初中比例达到 89.4%。初中学生流失率控制在 4.9%。全省区有 1921 个乡镇（占全省乡镇总数的 57.4%）、2754.46 万人口（占全省人口总数的 64.9%）的地区宣布实施了九年制义务教育。

中小学布局调整取得了较大成绩。1991 年共撤并小学 2132 所，复式班比上年减少 2549 个，小学、初中班额、校额均有提高。普通高中招生继续得到有效控制，1991 年招生 7.6 万人，是 1987 年以来招生最少的一年。

特殊教育进一步发展。全省特殊教育学校在校生达到 3 963 人，比上年增长 15.1%。学前教育事业发展迅速，在园幼儿比上年增长 14%。1991 年 3 月，省政府下发了《关于明确省托儿、幼儿教育事业领导管理体制问题的通知》，规定幼儿教育由省教委归口管理，进一步理顺了幼儿教育的管理体制。

全省小学专任教师中，达到中专、高中毕业及以上学历的 97 180 人，占专任教师总数的 72%，取得专业合格证书的 7 242 人。小学专任教师中有中学高级 37 人，小学高级 14 111 人，小学一级 69 310 人，小学二级 36 308 人，小学三级 3 379 人。全省初中专任教师中，达到大学专科及以上学历的 46 367 人，占专任教师总数的 62%，取得专业合格证书的 1 354 人。初中专任教师中有中学高级 419 人，中学一级 11 596 人，中学二级 34 537 人，中学三级 16 767 人。全省高中专任教师中，达到大学本科及以上学历的有 8 783 人，占专任教师总数的 50%，取得专业合格证书的有 181 人。高中专任教师中有中学高级 1 901 人，中学一级 4 708 人，中学二级 7 593 人，中学三级 1 766 人。全省中小学在编民办教师 2.64 万人，代课教师 4.2 万人，均比上年有所减少，公办、民办、代课教师结构渐趋合理。

1991 年全省勤工俭学发展迅速。开展勤工俭学活动的学校数已占总校数的 80.2%，有 96%的学生参加了劳动。全省有勤工俭学基地 14 707 个，比上年增加 1 180 个，增长 8.7%。全省校办工农业总产值达到 25.1 亿元，比上年增长 46.4%；勤工俭学总收入达到 2.6 亿元，比上年增长 27%；上缴国家税金及教育费附加 1.2 亿元，比上年增长 48.4%；补充教育经费 0.85 亿元，比上年增长 16.2%。

二、积极推进九年制义务教育的实施

根据实施九年制义务教育规划和分类指导的原则，年初省教委在苍南县召开了第五次义务教育研讨会，重点研讨经济和教育基础相对薄弱地区如何实施义务教育，如何进一步提高教育质量和办学效益等问题。会议指出，当前经济和教育基础薄弱地区在实施九年制义务教育过程中出现的主要问题是:

一部分县普及初等教育成果不够巩固，教育质量普遍较低；教育经费十分紧缺，办学条件较差；代课教师数量膨胀，学校网点布局不够合理，留级量比例较高，超龄学生较多，小学特别是初中生流失严重，办学效益低下；一些地方中小学事业发展速度和比例不够合理等。针对这些问题，会议经过充分研讨，提出了如下意见和建议：(1) 坚持实事求是，一切从实际出发，按教育发展的规律办事。(2) 要进一步明确和重申宣布实施九年制义务教育的原则和条件。(3) 要正确处理好小学与初中、义务教育与高中教育的关系。(4) 合理调整布局，控制留级和流失学生，减少超龄学生比例，加强教育内部的科学管理，提高办学效益。(5) 树立正确的质量观，努力提高教育质量。

为了推进义务教育课程教材改革，省教委在前几年组织九年制义务教育教学计划、各学科教育纲要和教材编写的基础上，从1991年秋季开始，在慈溪市观城区、绍兴县柯桥区和诸暨市三都区小学和初中起始年级进行试教。参加试教的小学生共148个班、4 067人，初中学生100个班、4 993人。为了保证试教工作的顺利进行，省教委成立了试教领导小组，三个试验区也相应成立了试教小组，并配备了专职干部。省、市(县)两级还先后多次组织了试教区的教育行政干部、教研员和全体任课教师的培训，总计受训人数达1 910人次。试教情况调查表明，由于课程门类和课时适当减少，且课程目标层次明确，教学要求恰当，可操作性强，能适用于不同学力的学生，因此试教区普遍反映新教材好教乐学，学生课业负担适中。10月，全国中小学教材审定委员会组织了各学科审查委员及专家160余人，对浙江省组织编写的九年制义务教育各学科教育纲要进行了认真的审查，与会委员和专家对浙江的工作予以充分肯定，并原则通过了审查。

随着九年制义务教育的逐步实施和社会主义精神文明建设的加强，对规范学生着装提出了要求，同时随着城乡经济的发展和独生子女的增多，也为规范学生着装提供了可能。为此省教委于5月向各地发出了《关于在中小学中逐步推行学生服的通知》，要求各地加强对规范学生着装积极意义的宣传，统一师生和家长的思想，为逐步推行学生服创造有利条件。经过一段时间的酝酿和筹备，10月成立了由省教委、省轻工业厅等10部门组成的浙江省推行学生服委员会。委员会提出，各级教育行政部门要把推行学生服与全面实施九年制义务教育结合起来，用5～10年的时间，逐步做到全省小学、初中、师范学校学生在服装款式、面料、颜色等方面的统一。学生服定型和试点工作正在进行中。

三、进一步完善高中会考制度

高中会考自1988年试行以来，已逐步进入正常实施阶段。每年全省参加普通高中会考的有近130万人科次，1990、1991两年合计有16万高中毕业生获得了《浙江省普通高中会考证书》，有52个单位依据会考成绩进行招生、招干和招工，涉及毕业生4.97万人次。全省高中学科质量数据库初步建立，每年发布的全省会考统计参数正逐步在高中教学、评价、管理工作中得到应用。

10月，由浙江省教委主任邵宗杰主持的国家教委教育科研“七五”重点课题“高中会考合格证书制度系列研究”在杭州通过国家级鉴定。这项研究始于1988年，其目的是为浙江省实施高中会考制度提供理论指导和技术支持，研究过程与会考实施过程同步展开，研究内容具有很强的实践性。由全国教育科研规划领导小组办公室组织的鉴定委员会，对课题研究报告及附件进行了认真审阅和质询，并邀请了部分教育行政部门和学校的同志进行座谈调查。鉴定委员会认为课题组对高中会考制度的实施进行了比较全面的理论探索，研究成果的主要结论可靠，实践效果显著，课题研究达到了预期的目的，为在全国实行会考起到了积极的推进作用。鉴定委员会还对考试纲要、合格标准、命题原则、实验操作考查办法、等第划分、利用会考信息评价教学，以及控制市（地）评卷误差等方面的研究成果给予了充分肯定。

四、努力把浙江建设成珠算之乡

算盘和珠算是中华民族的优秀文化遗产，是我国劳动人民对人类文化财富的一大贡献。为了进一步继承和发挥民族优秀文化，积极地有步骤地推广“三算”（笔算、珠算、口算）结合和珠算式心算的教改经验，把浙江建设成珠算之乡，省教委于1990年8月发出了《关于加强小学珠算教学的通知》。到1991年底，全省有24万名小学生在系统地接受珠算教育；进行“三算”结合教学的班达1 632个，学生54 520人；有67个县（市、区）开展了珠算式心算教学的试验。慈溪市鸣鹤镇中心小学以“三算”结合为基础，创造性地加以发展，形成了一种独特的珠算式心算教学，已取得令人瞩目的成绩。该校学生在市、省、全国各级珠算比赛及海内外的技术表演中，屡次名列前茅。1991年4月，该校学生南下广州、深圳、香港表演，以惊人的成绩使人们赞叹不已。学校已培养出的69名珠、心算俱佳的小“神算子”中，有9人已跻身珠算能手一级（我国珠算最高等级）行列。为了进一步推进此项教改实验，省“三算”培训中心积极开展教师培训工作，1991年全年培训318人次，并为云南、广西、安徽等省委托代培11人。

撰稿人　顾　玮　鲁林岳

审稿人　徐可效　何　欣

职业技术教育

1991年浙江省职业技术教育认真贯彻落实全国、全省职业技术教育工作会议精神，坚持在发展中深化改革，在改革中求发展，使职业技术教育不断发展，改革也迈出了新的步伐。

一、深化农业、林业、水产中专招生制度改革，促使毕业生通向农村

1991年，全省农业中专招收了在农村劳动两年以上，有实践经验的乡、村农技术员和知识青年115人，毕业后由国家分配到农业基层工作。另16所农口中专共招收不包分配的学生700人，毕业后立足家庭，服务乡村。嘉兴农校继续深化招生分配制度改革，采取县校共管办法，从制度上保证毕业生从过去的就业型转变为创业型，真正成为社会主义新一代农村建设者。此项改革得到了国家教委、农业部的肯定，并于6月底在嘉兴召开了中央各有关部门、各省市教委负责人参加的中专教育为农服务的经验交流会。

二、开展中专学校合格评估

1991年，根据国家教委关于在全国中等专业学校开展评估工作的要求，浙江省组成中专教育评估领导小组，对全省87所中专（其中部属学校4所、省地方属学校83所）进行合格评估。在87所参加评估的学校中，除体育学校3所、艺术学校4所等国家教委会同国家体委、文化部另订合格标准，暂不下评估结论外，其余80所学校经省中专评估领导小组审定，合格的学校58所，占72.5%，基本合格的14所，占17.5%；暂缓通过的8所，占10%。对合格的学校由省教委、省计经委发给合格证书，对基本合格和暂缓通过的学校暂不发证书，指出其不足和存在问题，限期改进提高。通过评估，促进了各级政府及主管部门加强对中专的领导，改善办学条件。据44所学校不完全统计，在评估过程中共争取到省有关部门投资1 355万元。扩大征用土地80余亩。评估有利于提高学校的管理水平和办学效益，使中专教育更好地为当地经济建设和社会发展服务。

三、对全省重点扶持的10所示范性职业中学补助经费进行审计、评估

为用好有限的国家职教补助经费，集中力量，突出重点，提高资金使用效益，促使职业学校尽快上新台阶，1991年省教委对全省重点扶持的10所职业中学补助经费进行了审计、评估。具体做法：一是统一思想，明确意义：二是对照条件，提出项目；三是组织力量，立项评估论证；四是领导审核，确定数额；五是加强管理，定期检查评估。为保证这项工作顺利进行，还专门制订了《关于加强示范性职业学校建设责任协议书》，由省教委与职业学校主管部门签订协议，明确双方的任务和职责，并规定当地政府的配套资金不少于1∶1。审计、评估结果是，截止1991年9月地方政府已配套资金578.9万元，大大超出了协议书的的要求，达到国家补助资金的3.4倍。目前这10所学校实验设备得到了充实，办学条件也有了较大的改善。如舟山市沈家门职业中学原来仪器设备比较缺乏，现利用补助资金购置了一批机床设备和钳工台等，使学生实习条件有了很大改观，提高了学生的动手能力，学生毕业后受到社会的普遍欢迎。这些职业学校的示范作用，推动了全省职业教育的发展。

四、组织全省“职教之星”报告团活动

为加强职业技术教育的宣传，促使各级领导和各部门重视职业技术教育，促进职教事业发展，从1991年2月开始，在省职教领导小组的领导下，省教委组织了“职教之星”报告团巡回报告活动。参加报告团的共有36位历届职业高中毕业生，他们毕业后在劳动岗位取得了出色成绩，为当地经济发展作出了贡献，在社会上有较大的影响。巡回报告活动历时11天，全省有65个市(地)县（占全省97个市、地县的67%)、7.5万余人听了报告。“职教之星”报告不仅向教育界，而且向社会各界生动地宣传了全省10年职业技术教育发展的成绩，宣传了职业技术教育在我国社会和经济发展中的地位和作用。报告也使广大职校学生和应届初高中毕业生受到了生动教育。

五、开展城市职业教育改革

1991年全省城市职业教育有很大的发展，全省城市职校招生数已达13 480人，占职校招生总数的29.14%。如宁波市城区职校招生数已占高中阶段招生数的61%；绍兴市政府成立了由市级各综合部门和有关业务部门参加的、市长任组长的教育改革领导小组，协调解决以城市职业技术教育为重点的各项重大事宜。为办好城市职业教育，宁波市政府决定每年拨出70万元专款用于职教建设，重点抓好城市职业高中建设。杭州市规定每年用于市区职教专项经费200万元。

六、农职业中学为科教兴农服务

1991年，农村职业高中进一步端正为农服务的办学方向，有力地开展科教兴农服务活动，并涌现了一批直接或间接参与实施

“燎原计划”。为科教兴农服务的好典型，如江山市农村职业技术学校在当地农业部门的指导下，与当地农户联合搞了42亩吨粮试验田，平均亩产达到1 085公斤，增产幅度达35%，被国家教委命名为“科教兴农学校”。嘉兴农校与嘉善干窑乡联合搞了以节约化肥、农药、用水、种子为主要内容的200亩高产畈也取得较好成效。遂昌县农职校认真开展科教兴农，已成为当地农业、科研部门科教兴农的主要力量，他们坚持为当地经济建设培养人才，举办各种培训班12次，结合农时季节举办农业技术培训班11次，放映农业科技录像32场，受培训人数达1 352人，全县31个乡的农业技术推广都有该校师生参加。

七、技工教育进一步提高和发展

办学条件有了改善。全省技工学校1991年占地面积112万平方米，建筑面积57.9万平方米，分别比上年增加6.7%和7.2%；教学经费3 432万元，教学设备3 090台（套），分别比上年增加18%和15%。1991年共招收新生9 420人，在校生为22 445人（均含国家计划外招生），分别比上年增加22.2%和14.5%。按照省政府的文件精神，部分艰苦工种（专业）增加了向农村招生计划。杭州市扩大了从市郊农村和市属县招生范围，从而缓解了一些技工学校招生困难而企业又急需补充技术工人的矛盾。

1991年底，全省有技工学校专业教师2 748人，比上年增加4%。省劳动厅与浙江工学院职业技术师范系、能源部杭州钻探机械厂联合举办了第二期车、钳专业生产实习指导教师培训班和第二期车、钳工种技能强化培训班，参加培训的教师共31人。

为了加强技工学校的教学管理，提高教学质量，省劳动厅决定从1991年起对部分工种（专业）实行毕业统考。当年实行统考的有车工、钳工、电工、烹饪及相应工种(专业)，参加统考的学校67所、学生3 296人。全省技校毕业生实行“双证”的覆盖面进一步扩大，1991届毕业生由工人考核委员会进行技术等级考核的人数占毕业生总数的86.7%，比上年增加24个百分点。

1991年全省技校生产实习教学条件进一步得到改善，生产实习教学质量有所提高。生产实习工厂（场、店）的设备现有2 597台（套），比上年增加14%；年产值(营业额) 3 037万元，税利351万元，分别比上年增加76.2%和48.7%。

撰稿人　陆玲娣　肖中男

审稿人　钱根珊　徐可效　何　欣

高 等 教 育

1991年浙江高等教育的工作贯彻“坚持方向、控制规模、调整结构、深化改革、充实条件、提高质量”的方针，主要抓高等学校的调整、整顿和深化改革，进一步提高教学质量，积极开展科研等方面的工作。省委专门召开了两次书记办公会议，就高校布局和专业结构、高校工作的领导和管理体制、高校科研工作、继续为经济不发达地区培养人才、稳定青年和骨干教师队伍等问题进行了讨论，并提出了方向性意见。

一、调整学校布局、提高办学效益

鉴于浙江省高等学校存在重复布点、部

分高校办学条件差、效益低的问题，根据国家教委关于调整、整顿的意见，1991年浙江省对杭州农业专科学校、浙江政法专科学校进行了调整。

杭州农业专科学校于1984年由杭州市创办，并于当年招生，先后设立农学、园艺、畜牧、茶叶、淡水养殖专业，这些专业均和浙江农业大学等高校重复设置。而浙江省对高等农业人才的需求，浙江农业大学等校完全可以满足，加之该校条件差、师资不足，导致学校刚开始办学，就困难重重，难以发展，1988年起未再招生。经国家教委、浙江省政府同意，撤销杭州农业专科学校。

浙江政法专科学校于1984年创办，1985年开始招生，由浙江省司法厅主管。学校办学以来，始终处于一校一系一个专业(法律专业)的状况，同时，杭州大学、宁波大学也设置法律专业，布点偏多，效益低，学生分配也出现了一些困难。而浙江省法律成人教育的任务繁重，且培训网点分散，各自为政，缺乏统筹，为此，浙江省政府决定撤销浙江政法专科学校，改建为浙江政法管理干部学院，将省级各类法律干部培训机构并入该院。

二、加强高等专科教育工作

按照国家教委《关于加强普通高等专科教育工作的意见》精神，浙江省教委会同省政府办公厅、省委高校工委、省计经委召集各专科学校，总结了前阶段办学经验，探讨今后的办学思路。几年来，浙江工学院浙西分校在坚持社会主义办学方向和办出专科特色等方面已经初步走出了一条路子：(1)学校坚持正确的办学方向，注重思想政治工作，较好地解决了毕业生为谁服务的问题；(2)加强学生动手能力的培养，从实际出发制定教学计划，充分发挥了依靠大企业(衢州化学工业公司)的优势，使毕业生具有较强的动手能力；(3)思想政治工作与严格管理相结合，实行目标管理制度和经济责任制考核，建立起良好的校风、教风、学风。

三、进一步加强和重视高等学校校外实习和社会实践工作

浙江省普通高校校外实习和社会实践工作在1991年又有新的进展。根据省委办公厅、省政府办公厅《关于加强和改进高校校外实习和社会实践工作的通知》的精神，各高校首先将建立相对稳定的校外实习基地作为加强实习工作的重点来抓。经各高校与接受实习单位协商，省政府批准杭州制氧机厂、杭州锅炉厂、杭州齿轮箱厂、杭州汽轮机厂、杭州玻璃总厂等30个单位为浙江省高等学校首批校外教学综合基地。

积极开展高校实习工作的评估。1991年在杭州电子工业学院、杭州高等专科学校、宁波大学、浙江医科大学杭州分校、浙江农业大学、杭州师范学院、湖州师范专科学校等7所学校进行了评估试点工作，反应良好，为第二年在各高校普遍进行这项工作作了准备。

四、高校科研继续贯彻“经济建设必须依靠科学技术，科学技术工作必须面向经济建设”的基本方针，取得了可喜的进展

1991年全省理、工、农、医类高校共有7 033人从事科研活动，其中教师4 908人，占教师总数的62.5%，承担各项各类科研项目3 400项，其中国家“八五”科技攻关项目50项，“863计划”项目30项，国家自然科学基金项目367项，共获得科研经费6 442万元。另外，为促使科研成果尽快转化为生产力，高校还承担应用推广和科技服务项目347项，获得经费628万元。签定技术转让合同228个，成交金额470万元。

1991年全省高校共鉴定科技成果361项，出版科学专著117部，发表学术论文5 979篇。有221项科技成果受到国家、省和有关部门的奖励，其中自然科学奖2项，国家发明奖3项，国家科技进步奖3项，国务院各部门科技进步奖50项，省科技进步奖85项。

五、继续实行高师专科提前单独招生的改革

1991年全省9所高师院校中面向市（区）的专科专业全部实行提前单独招生，即在高中毕业会考的基础上，增加教师素质与专业素质的面试，经德智体全面衡量后择优录取。文科、理科、外语等类专科专业共录取新生2 868人，占高师本专科招生数的56%。这项招生改革工作试行三年，已初见成效。1991录取人数与报名人数达到1：14.1，高师院校有了较大的选择余地。学生的全面素质有明显提高，新生专业思想比较巩固，纪律性强，学习积极性高，组织活动能力及其他从事教师工作的基本技能也比历届新生好。绍兴师专首批提前招收的学生，已于1991年7月毕业，这批学生全部服从分配，愉快到达任教岗位，并很快胜任工作，有不少人表现突出，普遍受到了当地教育行政部门与中学的欢迎。高师提前招生开辟了师资通向农村的渠道。提前招生的全部指标定向到县，招收农村户口考生不得低于招生总数的85%，对偏僻山区、海岛水乡的考生给予优惠照顾等措施，都有利于改变目前城乡师资不平衡的状况。

六、继续实行高师三年制专科的主辅修制

1991年，根据全省中学教师的需求情况和为进一步适应农村中学教学改革的需要，浙江师范大学、湖州师专、绍兴师专、丽水师专、台州师专的政教（政史）专业，湖州师专、绍兴师专、丽水师专的物理教育专业，绍兴师专、丽水师专、舟山师专的数学教育专业，浙江师大，台州师专、舟山师专的化学（生化）教育专业，温州师院的生物教育专业，舟山师专的中文教育专业，浙江师院大学的体育（体育与卫生保健）教育专业，学制均由二年改为三年，实行主辅修制，培养目标为能胜任初中两门课程教学的师资。1990年，统一修订了高师专科政史教育专业、生化教育专业、物理教育专业的三年制教学计划；1991年，又统一修订了高师专科中文教学计划，供各高师院校的改制专业参照执行。

七、采取有效措施，改善高师英语师资队伍现状

十几年来，浙江省中学英语师资一直比较缺乏。针对这一情况，1991年浙江省采取了以下措施：

1.有计划、有步骤地搞好师资培训工作。通过全国、华东和省三级高师师资培训中心，培养出一批学术骨干与学科带头人，使教师队伍中高级职称比例有所提高，同时提高了青年教师的教学业务水平和学历层次。尽力创造各种条件，选派各层次教师出国进修，或聘请外籍教师任教。

2.抓科研、促教学。大力支持与鼓励高师英语教师开展教学科研，面向中学并为当地经济建设服务，在科研经费上给予优先考虑。

3.改善办学条件，稳定师资队伍。利用世界银行贷款的援助与师范教育补助费等各种渠道，逐步改善英语教育专业的办学条件，为教师创造一个比较良好的工作、学习、生活环境，既稳定现有的师资队伍，又吸引高质量的外语人才到高师院校任教。

撰稿人　叶　宏　周晓英　周加敏

审稿人　徐可效　何　欣

成人教育

1991年，浙江省成人教育根据全省经济和社会发展的需要，进一步加强政治思想教育，深化农村成人教育改革，大力推进岗位培训工作。

一、加强德育和思想政治工作

各级各类成人学校普遍开展了反和平演变教育，热爱中国共产党、热爱社会主义、热爱祖国和形势任务教育等。省教委加强了对成人高校、成人中专的政治理论课教学的管理。省教委规定：成人高校学历班必须开设两门政治理论课，全省实行统一的教学计划和大纲，并将哲学课列入全省统考课程；各类成人中专统一设置政治理论课，使用全国统编教材。省教委于8月召开了成人中专政治理论课统编新教材研讨会，对新教材的体系、特点、重点和难点作了研讨，对各校教师进行了培训。为纪念中国共产党成立70周年，省教委于6月底举办了在杭成人高校、成人中专"庆七一"文艺会演，同时配合赈灾，组织全省成人高校、成人中专开展向灾区人民送温暖的募捐活动。这些活动的开展，增强了凝聚力，促进了学校良好政治空气和校风的形成。

二、继续深化农村成人教育改革

农村成人教育以大力加强乡（镇）村成人文化技术学校的建设和提高农村成人教育管理队伍的素质与管理水平为重点，有计划地扩展实施"燎原计划"，推广"三教"统筹、农科教结合的经验，促进了农村教育改革，使其更好地为农村经济建设和社会发展服务。

为提高成人教育管理干部的素质，省教委于4月至6月连续举办了两期市（地）、县（市）教委成教科（处）、股（科）长培训班，开设了政治理论、农村经济、行政管理、"星火"、"丰收"、"燎原"计划、学校管理等课程，每期脱产学习1个月。各地教育行政部门把乡（镇）成人教育专职干部、教师的调配和培训列入了教委工作的议事日程，全省大部分市、县也举办了成教干部培训班。

各级教育行政部门进一步重视乡（镇）、村成人文化技术学校的建设。1991年已建乡（镇）成人文化技术学校1930所，占乡（镇）总数的60.22%；村成人文化技术学校5205所，占行政村总数的12%。全省在乡（镇）、村两级成人文化技术学校参加学习的农民达461万多人次。同时，出现了一批办学条件较好、办学成绩显著的学校。1991年省教委表彰了18个扫除文盲先进单位，27所先进乡（镇）、村成人文化技术学校和50名扫除文盲先进个人。上虞县教委、宁海县人民政府被评为全国扫除文盲先进单位，海盐县欤城乡、德清县钟管镇和萧山市航民村的成人文化技术学校被评为全国先进乡（镇）、村成人学校。10月，省教委在宁波市召开了第四次全省乡（镇）成人文化技术学校联系点会议。宁波市教委在会上介绍了经验，主要有：(1) 教委主要领导将成人教育列入教委的议事日程，列入教委工作的总体规划，列入自己的调研项目，为成人教育干部、教师排忧，为成人教育工作解难。(2) 在人、财、物方面给予支持和保证，建好一批骨干乡（镇）成人文化技术学校，使其起到窗口、示范和带头作用。(3) 下决心充实、调整、加强成人教育干部、教师队伍，坚持每年一次对县、区成人教育干部的政治、业务培训。(4) 坚持学政治、学文化、学技术相结合，把成人学校办成既是对农民进行社会主义思想教育，建设精神文明的阵地，又是开展科技、文化教育和培训，进行教学、生产、试验、科技咨询服务的中心。宁波市的经验反映了浙江省农村成人教育近几年来有了突出的进展，显示了成人教育在农村深化改革中大有作为，使与会人员进一步树立了信心，增强了责任感、事业心。

全省各地有计划地扩展、建设“燎原计划”示范乡（镇），1991年已发展到71个县（市）的227个乡（镇）。“燎原”项目经过三年的试验和开发，取得明显的经济效益和社会效益，扩大了影响，培养了一批受当地欢迎的人才，促进了当地经济的发展。至1991年8月，浙江省已使用国家教委通过中国科技财务公司下拨的“燎原贷款”851万元，共落实项目121个，前三个年度项目总产值达8 987.38万元，产生利税966.06万元。除了使用“燎原贷款”的项目以外，市、县还分别搞了一些“燎原”项目，这项目因地制宜，针对性强，见效快，铺开面广，深受当地政府和农户的欢迎。在“燎原贷款”发放过程中，省教委做了大量的调查研究和定项、催息、还贷工作，使前三个年度的付息率达94%，保持了较好的信用。一些市、县还对“燎原贷款”的管理制订了规定和办法，建立了检查、督促机制，使贷款真正用得上、用得好。

德清、绍兴两县农村教育综合改革工作取得进展。为迎接国家教委的检查验收，这两个县都对农村教育综合改革工作进行了自查。自查结果表明：两县都十分重视这项工作，由县政府主要领导挂帅，动员各有关部门通力协作，创造良好的教育综合改革的社会环境，促进普教、职教、成教的协调发展；农、科、教各部门密切配合，全县教育综合改革步步深入，成效显著。

三、进行《安子介现代千字文》成人识字教学实验

1991年6月，省教委受香港著名爱国人士、著名语言文字学家安子介先生的委托，采用《安子介现代千字文》在浙江农村进行了农民成人识字教学的实验。实验单位选择在经济发展水平较低、青壮年中的非文盲率离高标准扫除文盲的要求还有较大距离的常山、青田两县。在4个乡（镇）开设5个教学班，参加学习的文盲、半文盲农民112人。省教委建立了实验课题组，领导实验工作，在实验的各个阶段先后举办了4次师资培训和研讨班。实验所在的县、乡（镇）都成立了实验工作领导小组和教学研究小组，负责实验指导和开展教研活动。各实验点的教学工作历时5个月，所有教学均在工余进行，实际教学时间200课时。实验取得了可喜的效果。经实验课题组对随机抽取的44名学员进行识字、读句段、组词、阅读报纸等综合测试，有81.8%的学员掌握了1 580个以上汉字，43%的学员识字量超过1 975个汉字；有79.5%的学员能读懂报纸上的短文，一些学员还能写信、记日记。实验的成效在当地引起了很大反响。实验表明：用《千字文》的教材形式，结合“劈文切字”的识字方法，是一种成人识字教学的有效途径。

四、大力推进岗位培训工作

省教委于3月召开了全省岗位培训工作座谈会，传达贯彻全国岗位培训工作座谈会精神，研究、布置全省的岗位培训工作。12月，省教委又召开了全省岗位培训经验交流会，对各地、各行业、企业在开展岗位培训中的基本做法和经验进行了总结交流。两次会议促进了全省岗位培训工作的开展。1991年，全省参加学习的职工由1990年的88万人增加到99.8万人，占职工总数的27.58%，其中参加岗位培训的职工由1990年的72万人增加到85.9万人，占职工参加学习人数的86.2%。一些地区和业务主管部门召开了职工教育工作会议和岗位培训经验交流会、研讨会。全省20多个系统（行业）制定了部分关键岗位的规范，选编了适合行业、企业特点的各种培训教材，加强了岗位培训的基础建设。

1991年，由省教委牵头会同省劳动厅、省计经委、省人事厅、省总工会组织了两次职工教育先进单位评比表彰活动。上半年组织了评选、推荐全国职工教育先进单位的活动，湖州丝绸印染厂等19个单位荣获全国职工教育先进单位称号。第四季度又开展了评比全省职工教育先进单位的活动。年底，省教委等5个部门联合召开表彰大会，表彰杭州农药厂等100个省级职工教育先进单位，颁发了奖牌和证书。两次评比表彰活动，也是两次较大规模的宣传和发动，不但有力地推动了全省职工教育和岗位培训，而且有机地配合了“品种、质量、效益年”活动。

五、开展成人高校和成人中专学校办学评估

9月，省教委召开全省成人高等教育治理整顿工作会议，部署有关工作。省属普通高校成人教育的治理整顿工作，在各校自查的基础上，完成了学校之间的互查工作，并向国家教委写出了报告。独立设置的成人高校也完成了学校自查工作。省教委还分别协同全国总工会、能源部、中国纺织工业部丝绸总公司对杭州、宁波、温州3所工人业余大学、省电力职工大学、富春江职工大学、浙江丝绸工学院等院校进行了办学评估与检查。省教委于年初建立了成人中专评估领导小组和评估专家组，5月进行了评估试点，6月下发《浙江省成人中专办学水平评估指标体系》。各市（地）教委也相应建立了成人中专评估组，对市（地）属成人中专进行了评估试点。各成人中专普遍开展了评估自查。成人高校和成人中专的治理整顿和评估，对促进学校进一步端正办学指导思想，改善办学条件，加强管理，提高教育质量，起到了积极作用。

撰稿人　白锡定

审稿人　金建雄　徐可效　何　欣

安徽省教育

概况

一、各级各类教育发展情况

1991 年各级普通学校基本情况

单位：人

学校类别	学校数（所）	毕业生数	招生数	在校学生数	教职工数 计	教职工数 其中专任教师
一、普通高等学校	36	19 607	20 246	63 427	27 091	11 586
研究生		521	512	1 468		
本　科	19	8 832	9 886	38 103		
专　科	17	10 254	9 848	23 856		
二、中等专业学校	136	30 539	27 643	78 981	15 712	7 863
中等技术学校	91	19 534	19 523	56 414	11 314	5 482
中等师范学校	45	11 005	8 120	22 567	4 398	2 381
三、普通中学	4 373	630 301	795 272	2 233 807	167 999	130 708
高　中	619	85 705	90 125	274 432		20 880
初　中	3 754	544 596	705 147	1 959 375		109 828
四、农业、职业中学	572	47 482	68 653	170 379	15 631	11 063
高　中	346	27 576	39 375	92 235		6 445
初　中	226	19 906	29 278	78 144		4 618
五、工读学校	3	24	112	88	103	
六、小　学	34 802	1 043 703	1 007 525	6 173 324	294 908	270 066
七、特殊教育学校	23	164	418	2 186	453	315
八、幼儿园	1 678	294 340	375 993	598 630	20 944	17 644

1991年各级成人学校基本情况

单位：人

学校类别	学校数（所）	毕业生数	招生数	在校学生数	教职工数 计	教职工数 其中专任教师
一、成人高等学校	28	17 541	14 251	43 013	4 470	1 954
广播电视大学	1	4 723	3 571	9 951	603	175
职工高等学校	15	1 579	1 524	3 909	1 621	798
农民高等学校						
管理干部学院	3	695	386	824	588	203
教育学院	9	3 376	3 113	8 290	1 658	778
独立函授学院						
普通高校举办						
函授部		5 377	4 337	14 791		
夜大学		1 731	1 320	5 248		
干部专修科		60				
二、成人中等专业学校	121	20 195	16 197	42 639	3 276	1 537
广播电视中专	9	4 438	5 079	14 705	354	113
干部中专	16	1 158	1 974	3 345	476	235
职工中专	47	1 938	2 187	5 301	1 470	733
农民中专	3	540	297	1 529	41	23
教师进修学校	46	12 121	6 660	17 759	935	433
三、成人中学	122	17 332	20 554	25 646	698	391
职工中学						
农民中学						
四、成人技术培训学校	1 988	599 099	406 520	415 220	746	372
职工技术培训学校						
农民技术培训学校						
五、成人初等学校	5 776	425 417	491 495	608 967	693	435
职工初等学校						
农民初等学校						
其中：扫盲班		405 219	457 114	577 620	615	386

二、灾后教育恢复工作

1991年夏，安徽省遭受了特大洪涝灾害，教育系统损失惨重。全省有2万多所学校800多万平方米的校舍受到损坏，其中倒塌校舍136万平方米，新增一级危房305万平方米，教学设备、图书资料、实习基地等大量被毁损，直接经济损失达10.96亿元。面对灾情，省教委坚持从实际出发，将教育的灾后恢复与生产自救、深化改革、提高办学效益结合起来。省教委对灾区教育工作重点抓了三个环节：(1) 确保学校全面按时开学；(2) 抓好灾区校园重建，提出“三年恢复”的目标；(3) 组织对口支援。在全省一致努力下，各地中小学校于9月1日全部开学，学生按时上课。在水毁校舍的修复重建中，制订规划，通盘考虑学校的布局调整和办学条件的配套建设。各地采取筹、贷、挤、捐、赊等办法，共筹集资金3.19亿元(其中教育救灾专款9 700万元)，修复、重建校舍408.6万平方米，占因灾损坏校舍的50%。其中重建校舍69.4万平方米，修复一级危房112万平方米，添置课桌46.95万套。全省大中小学积极贯彻学校体育、卫生工作两个条例，加强灾区学校的防病治病工作，灾区学校没有发生大的疫情，特重灾区和重灾区的学生流失率也控制在常年水平，灾区的少年儿童没有因灾而失学。11月下旬至12月上旬，省教委派出14个督导检查组，分赴16个地市，深入42个县、149个乡镇、520所学校，对全省灾后中小学教育进行督导检查，并及时发出了检查结果通报，对灾区教育的恢复和发展起了推动作用。

三、深化农村和城市教育的改革

安徽省农村教育改革的思路是：根据农村经济、社会发展需要，以兴农为目标，以科技为动力，以教育为载体，以提高劳动者素质为重点，对整个农村教育进行统筹规划，实行“三教统筹”和“农科教”结合，建立结构合理、相互沟通、协调发展、适应农村经济、社会发展的教育体系。具体做法是把农村教育纳入地方经济、社会发展的轨道，将经济发展、人才培养、科技开发紧密结合，以中等职业技术学校和农民文化技术学校为骨干（包括农村中小学和其他教育设施），联合高等学校和农科部门的站、所、场，广泛开展扫盲、实用技术培训和科技服务，形成农村人才培训和科技开发推广的网络，使农村经济发展转移到依靠科技进步和提高劳动者素质的轨道上来。

城市教育的改革则按“经科教”结合的原则，发展行业、企业的联合办学，逐步做到“政府牵头、社会为主、多方参与、共同育人”。中等以下教育坚持把培养初、中级人才和技术工人以及合格的劳动后备力量作为办学的主要目标；中等专业学校以培养中级技术和管理人才为目标，突出动手能力的训练；成人教育则以岗位培训为重点，努力发展继续教育；同时充分发挥城市教育对农村的辐射作用，城乡结合，共同发展与提高；全省14所普通高校进行充实整顿，高等教育的层次、专业结构均得到了调整。

基础教育

1991年，安徽省的基础教育在大灾之年仍有新发展。全省7～11周岁学龄儿童入学率达98.4%，在校学生巩固率达98.4%，应届毕业班学生毕业率达96.9%，毕业班学生升学率达70.4%，分别比1990年提高0.2、0.5、1.1、1.9个百分点。经省政府检查验收，全省又有4个县级单位（枞阳县、庐江县、凤台县、淮南市潘集区）普及了初等教育。至此，全省普及初等教育的县、市、区已占总数的93%。

1991年安徽省基础教育工作有如下特点：

一、加强德育工作，结合国情、省情、乡情、灾情，全方位开展教育

为了解中学德育工作现状，探索德育新途径，1991年秋，安徽省教科所在合肥、芜湖、马鞍山等12个地市、105所学校进行了以中学德育工作组织领导和骨干队伍状况为中心的调查。经过调查分析，对德育工作提出改进建议，强调德育要适应中学生身心发展特点，要建立起以学校教育为主导，家庭、社会共同参与的开放的多方位德育系统。一些地区和学校也对德育工作进行了探索和尝试。马鞍山市开展了中小学德育工作整体改革试验，建立德育管理系统，开展德育评估，摸索出“全员参与、全程管理和实效化”的工作经验。

1991年，安徽省联系灾情对中小学生进行爱国主义和集体主义教育，开展“手拉手、心连心”和“向灾区同学献爱心”的捐赠活动。省教委还组织编写了《大灾之年看社会主义》和《奉献》两本有关抗洪救灾工作中涌现的英雄人物和典型事例的书，作为全省中小学生秋季开学后思想政治教育的课本。送国家教委审查后，又被推荐给全国作中小学生思想教育参考书。

二、切实抓好义务教育

在1987年初版的基础上，1991增订重印了《义务教育法制与管理文件汇编》。这本书论及体制改革、义务教育管理、器材设施等7个方面，较全面地覆盖了实施义务教育各方面的法规、文件，对指导义务教育起了积极作用。

1991年，安徽省积极探索贫困地区普及小学教育的路子，省教委帮助贫困县培训了项目学校的校长和教师，指导枞阳、岳西等项目县编写《种植业》、《养殖业》等乡土教材，使教育更好地为经济建设服务，从而促进了义务教育的开展。

1991年，省教委发布《安徽省实验小学基本标准》，以典型示范带动各类小学办学水平的提高。在城市小学开展了“愉快教育”的改革实验，并召开研讨会，从理论与实践的结合上探讨有关问题。黄山市坚持实践陶行知教育思想，加强劳动教育，开辟劳动基地，取得了良好的教育效果和社会效果。宿州市坚持教育管理体制改革，将全市小学下放到街道办事处管理，调动了全社会办学积极性，扭转了教育经费不足的局面。

示范初中的建设，1991年也取得了显著成绩。天长三中、蚌埠三十一中转变后进生工作效果显著；安庆四中、阜阳九中积极开展教学改革和德育评估方法改革；合肥四十二中进行“六三”学制和“五四”学制对比试验均有成效。示范初中有力地推动了一类地区普及九年制义务教育的达标工作。

三、发展特教、幼教、电教事业

1991年，省教委修改了《关于发展特殊教育的几点意见》，制订了《安徽省特殊教育事业十年规划和“八五”计划》(草案)，将特殊教育纳入义务教育轨道，并联合省残联，组织了对蚌埠、安庆等6个地市的特教检查。同时，对部分示范幼儿园进行了视导评估，进行了弱智幼儿和正常幼儿混合编班的“一体化”教育改革实验，试点园由1990年的一所发展到两所，受到国内外专家和同行的肯定。还组织编写了学前班教材，已于秋季使用，力求在纠正幼儿教育小学化倾向方面作出有益探索。

1991年，安徽省成立了小学教科书难点电视教材评委会和全省普教系统电教检查评估小组，并根据灾情，摄制了四部电视纪实片，其中《安徽省教育系统灾情汇报》译配成英语，提供给联合国救灾总署，增进了国际社会对安徽省教育灾情的全面了解。

1991年，全省普教实验室建设有了新进展。新增全椒、涡阳、黄山区、东至、固镇、桐城、广德、萧县8个县(区)实现农村中学实验中心网络化；在霍邱、枞阳等贫困县组织了小学实验室建设试点工作；在全国率先将以工代赈资金投向教育，新建了一批高质量标准化的教室、实验室和实验中心；在1991年4月的全国第三届自制教具评比中，安徽省有6个作品获奖，总成绩居全国第三位。

四、加强中学教育教学管理，推进中学教改

1991年，在马鞍山市召开了省属重点中学管理规范化工作会议，讨论了《安徽省重点中学办学的基本要求(初稿)》，参观了马鞍山二中管理规范化现场，促进了重点中学规划化管理。1991年，在全省中学全面贯彻《安徽省普通中学学籍管理规定》，同时对各中学办补习班的情况进行了调查，明令禁止普通中学在校内办全日制补习班，对教师外出兼课也作出了加强管理的规定。

1991年秋季开始，在全省普通高中一年级执行调整后的高中教学计划，开设必修课和单科性选修课。如马鞍山二中开设了“物理思维方法”；桐城中学开设了“文史知识”等5门选修课。根据国家教委要求，省教委制订了《安徽省普通高中毕业会考试行方案》，决定从1991年高一起实行高中会考制度。

1991年，全省农村中学加强了劳动技术课教育。一些地方新编了初中劳动技术课教材。如宣城地区结合当地农村特点和需要，编写了《林果栽培》等劳技课教材，并注重实践考核；肥东县在《九年制义务教育规划》中明确要求各乡村划拨3至5亩农田作为中学劳技课实践基地，宿县夹沟区皇殿初中应用所学知识，帮助农民对小麦白粉病进行防治，取得成效。其水稻试验取得的新品种，糯香稻亩产达400至500公斤，紫血糯达250公斤，为当地农业发展作出了贡献。

1991年，安徽省有109所中学开展了计算机教育，其中83所中学开设了计算机课，26所中学开展了计算机小组活动。这些学校共有计算机1652台、计算机专职教师66人、兼职教师146人，有306名教师接受过培训。已有12200名学生在中学阶段受到了初步的计算机教育。

五、制订评估方案，开展督导工作

省教委从实际出发，在总结各地经验的基础上，制订了《安徽省农村小学办学水平评估指标体系》、《安徽省普通初中办学水平评估方案》、《安徽省基础教育先进县评估基本标准》、《安徽省地辖市、县城城区创建文明城市教育专项评比细则》，同时起草了

《安徽省普通高中办学水平评估方案》、《安徽省中等学校办学水平评估方案》、《安徽省县级教育工作评估方案》、《安徽省乡（镇）教育工作评估方案》等四个文稿，发给各地征求意见。这些评估方案和指标体系连同各地、市、县制发的具体标准或实施细则，初步构成全省教育督导的“软件”体系，促进了依法治教，为教育督导工作提供了依据。

1991年5月，省教委进行了1989-1990年度省辖九市创建文明城市教育专项的终结性检查评比工作，开展了评选行业精神文明建设标兵活动。6月又配合省人大进行了关于《义务教育法》贯彻执行情况的检查。下半年对灾后中小学教育进行了督导检查。全省很多地、市、县也都开展了各具特色的教育督导活动，促进了目标管理，推进了教育改革。

六、多形式、多层次地开展师训工作，提高教师队伍水平

按照“分级负责”的原则，省集中力量办好教师进修学院，加强中学师资的培训。6月，省教委发出《安徽省中学教师进修高等师范专科有关专业教学计划实施方案》。各院校认真把好入学、教学、毕业关，逐步实现招生、计划、大纲、教材、考试五统一，并严格坚持毕业证书验印、核发及抽考、统考制度，提高了教学质量。全省已有28 129人获得中小学教师考核合格证书。

同月，省教委下发了《关于加强小学教师进修学校建设的意见》，对进修学校的办学规模、校舍面积、人员编制、经费和设备等作了具体规定，准备于“八五”中期分批对全省进修学校办学条件进行“达标”验收。

全省还充分利用卫星电视教育，大面积培训小学教师。目前有卫星电视中师在校生1.97万名，全省评选出卫星电视教学5个优秀集体和10名先进个人。

1991年举办了高中学历的在职小学教师补学教育理论课程培训班，对《小学儿童教育心理学》进行统一考试，全省已有283万名小学教师4门教育理论课程全部考试合格。

中小学教师职后继续教育试点工作也取得了进展，分别于4月、11月召开了试点工作总结会，对继续教育的培训目标、课程设置、培训原则等进行了探讨、论证，编写了教学计划和大纲。全省6所进修（师范）学校首批举办9个小学教师继续教育试点班，有248人经过培训结业，另有90名学员在合肥、蚌埠教育学院的中文、数学两专业脱产学习也已结业。

七、勤工俭学收效大

1991年，安徽省校办工业总产值为4.6亿元，勤工俭学纯收入为1.024亿元，分别比1990年增长21.2%和16.9%。全省开展勤工俭学的中小学校由1990年的27 449所发展到28 649所，占总校数的71.8%。全省勤工俭学收入用于补助教育经费部分为4 540.5万元，其中3 054.2万元用于改善办学条件，促进了地方教育事业的发展。

职业技术教育

一、农村职教系统奋起抗灾，为灾区生产自救服务

1991年夏的特大洪涝灾害使全省2/3的农职业中学受淹，学校校舍倒塌，设备损坏，尤其是生产实习基地受到严重毁损。全省102个“燎原计划”试点乡镇几乎全部受灾，67所牵头农职业中学利用“燎原计划”贷款605万元建立的生产实习基地大部分被毁，沿淮行蓄洪区的颍上、阜南、凤台、寿县、霍邱等县农职业中学损失尤为严重，个别学校损失达百万元以上。灾情发生后，安徽省职业技术教育系统干部、教职工奋起抗灾，保护校产，努力把灾情减至最低限度。省教委及时研究、制订恢复灾区职业技术教育的规划，坚持恢复与发展并重的方针，省教委、省财政厅紧急下拨120万元职教专项补助经费，重点用于灾区职业中学水毁校舍的修复，鼓励非灾区、轻灾区对灾区、重灾区，城市对农村实行多种形式的对口支援，各地职业学校也自立更生，重建校园。9月1日，全省各类职业学校按时开学。

灾后，省教委作出部署，要求农职业中学在恢复灾后教学、重建生产实习基地的同时，充分发挥职业学校在人才、技术方面的优势，广泛开展为灾区送技术，积极帮助灾区进行生产自救活动。各地职业学校通过建立科教救灾服务队、免费送技术资料、举办生产自救培训班、帮助重灾户发展庭院经济等形式，在科教救灾中发挥了积极作用。长丰县庄墓职业中学以学校教学、生产实习基地为依托，主动配合县扶贫办和农科教组织，为灾后重建的庄墓新村40多户扶贫户提供食用菌种和大棚蔬菜栽培技术，开展科技咨询服务，使该村户均增收200元。蒙城县三义职业中学组织了120人的科教救灾服务队，分赴全县54个乡镇开展技术指导，进行技术示范，促进当地生产的恢复。

二、城市职业技术教育改革进一步深化

(一) 进一步推行行业归口联合办学

全省把推行行业归口联合办学作为发展城市职业技术教育的重要措施，首先抓好芜湖、马鞍山两个省辖市的联合办学。1991年，芜湖市市区10所（处）职业高中分别与市化工、机械、电子、医药、纺织、服装等12个行业实行了行业归口联合办学，马鞍山市职教中心行业归口联合办学也由1个行业发展到5个行业。两市在推行行业归口联合办学中实行了“四个为主”：(1) 联合办学的管理以行业为主，根据不同行业的特点，分行业成立联合办学管理委员会（董事会），协调解决联合办学中诸如招生计划、专业设置、教学安排、实训及毕业生的考核录用等重大问题。芜湖市成立了12个由行业第一把手担任负责人的管理委员会（董事会），各行业共抽调近30名专业技术人员到学校任教或担任管理干部；马鞍山市职教中心也先后与市机械、电子、冶金、建材、交通等5大行业成立了联合办学董事会。(2) 实训经费的投入以行业为主。芜湖市机械、电子等行业向职业中学提供的仪器设备价值达90多万元。通过联合办学，芜湖市共建立校外实习基地77个，校内实训室34个，实训工位1 500个，平均2.8名学生拥有一个实习工位，“双元制”试点班学生保证每天每人一个工位；马鞍山市职教中心除校内5个实训车间外，也建立了固定的校外实习车间5个。(3) 培养目标以行业和企业的需要为主。学校与行业共同制订各专业教学大纲、教学计划，共同选编教材，共同培训学校管理人员和专业师资。芜湖市规定，电子和机电“双元制”试点专业以培养四级技工为目标，理论教学与专业实训课时比例分别达到3∶7和1∶1。(4) 招生和毕业生考核录用以行业为主。芜湖市规定，职业学校的专业设置和招生计划，必须根据企业需要，与行业共同确定，经联合办学管理委员会同意，由市计委、经委、教委、人事局、劳动局联合下达。录取新生除一般招生条件外，对其中少数面试和技能加试成绩优秀的考生优先录用。录用前的考核也以行业和企业为主，学校配合，劳动部门组织，对有些供不应求的专业毕业生，首先满足办学单位的需

求。对“双元制”试点专业的毕业生的考核录用实行毕业证书和技术等级证书制度，两证俱全者享受国家规定的有关待遇，不参加当年社会招工考试，由劳动部门和企业根据考核等级直接录用。

（二）深化城市劳动制度、教育制度的配套改革

在1991年1月全国职业技术教育工作会议上，合肥市作了题为“教育、劳动部门紧密配合是发展城市职教的有效机制”的发言，被国家教委授予全国职业技术教育先进单位。11月，合肥市劳动局发文明确规定“1991年的劳动指标主要用于择优录用市属职业学校应届毕业生和经市劳动局批准企业办的职业技术短训班结业生。”淮北、铜陵等市政府要求劳动部门从招工用人指标中，切出专项指标，解决职业学校毕业生的就业录用；安庆市政府责成有关部门制订出优先录用职业中学毕业生的政策，不仅使当年职业中学毕业生90%以上被录用，而且使待业的历届职业学校毕业生得到妥善安置。1991年，安徽省8个省辖市职业中学应届毕业生的录用率均在85%以上。

三、一批职业教育后进地区和学校出现转机

1991年，省教委在认真调查研究的基础上，对后进地区的职业技术教育提出“扶持、补台、上坡”的方针，取得了实效。宿县地委、行署要求各县、市首先集中精力办好1至2所示范性职业中学，为加大对职业教育的投入，地委、行署提出了7条筹措办法：(1) 列入各级财政预算；(2) 从城乡教育附加费中提取适当比例；(3) 从城市建设维护税中安排20%；(4) 对校办企业实行减免税政策；(5) 收取一定学费；(6) 鼓励社会团体和个人捐资助学；(7) 利用国家贷款。各县市由政府牵头，会同有关部门建立职业技术教育发展基金，实行收支两条线，由财政部门收集，教育部门安排使用，审计部门监督实行。1991年，宿县地区的职教工作取得了明显进展，阜南、利辛、六安等县的职业教育在遭受严重洪涝灾害的情况下也有所发展，一些多年招不到学生的学校，第一次超额完成招生计划。

四、中专教育评估取得初步成效

1991年5月，省教委转发国家教委《关于开展普通中等专业学校教育评估工作的通知》，并发布《安徽省普通中等专业学校办学水平评估指标体系（试行)》，部署全省中专学校开展合格评估工作。10月，成立安徽省普通中专教育评估委员会，有30多个省直部门成立评估领导小组，组织所属中专学校开展合格评估的自评工作。全省除去招生不满5年的中专学校、艺术体育类和附属卫生类学校暂缓评估外，参加评估的71所学校，有35所达到国家教委发布的合格学校标准，17所达到基本合格标准。在评估工作的促进下，全省中专的办学条件得到了较大改善。评估期间，各中专学校为改善办学条件，投资达3 500万元，其中各级政府和业务主管部门拨款1 128万元。全省中专学校共新建和改造校舍48 425平方米、运动场地69 128平方米，添置实验实习仪器和体育设备价值达355万元，新增图书16.5万册，用于发展校办产业的投资达384万元。同时，各类中专学校在自评过程中，坚持“边评估，边整改，边优化”的原则，普遍加强了德育工作，完善了教学常规管理、行政管理与后勤管理等方面的规章制度，强化了管理工作的实施环节，建立了考核与激励机制，使学校管理工作出现了新局面。

高 等 教 育

一、抓实思想教育，支援灾区人民

1991年全省各高校采取分层次、多形式的措施，组织广大党政干部和师生员工进行坚定社会主义信念和抵御和平演变的教育。一些院校还召开思想政治教育研讨会，编辑出版论文集，同时采取理论课教师兼任年级辅导员办法，定期到学生中了解情况、交流思想。一些院校组织了学马列和毛泽东著作小组及研讨会，对学生思想中存在的一些深层次的认识问题进行探讨，学生学习和研究马列、毛泽东原著的兴趣十分浓厚。1991年1月，省教委联合省高校工委、团省委等6单位举办了"跨世纪的工程，创世纪的一代"大学生有奖征文，共收征文190余篇；5月又举办了安徽省第五届"大学生之春"文艺调演，还举办了全省大学生运动会，丰富了学生生活，促进了学生的全面发展，使思想政治教育形式多样化，寓教于乐，校园文化的建设显得生机勃勃。

当全省发生特大洪涝灾害时，省教委会同有关单位发出《紧急通知》，号召高校师生投入抗洪救灾，并明确将这项工作纳为社会实践活动的主要内容。1991年，全省各校都进行了2至3次的向灾区捐款捐物活动，医科院校组织了50多批近1000多人次的医疗队奔赴灾区，合肥工业大学、安徽农学院等院校为灾区捐赠仪器设备和小麦、油菜良种，支援灾区人民恢复工农业生产。

二、调整教育结构，提高办学效益

为适应安徽经济建设和社会发展需要，省教委对部分高校和专业设置进行了调整。将合肥外语专科学校并入合肥联合大学，作为该校的外语部；将安徽大学植物学本科专业调整为生物化学本科专业，国民经济计划管理学本科专业调整为企业管理学本科专业，并增设会计学专业；在安徽农学院恢复原皖南农学院（已撤办）设立的经济林本科专业；安徽师范大学增设计算机科学本科专业。同时还对皖西、淮南、合肥联合大学和蚌埠高等专科学校等新建院校的骨干专业设置及办学方向的确立进行了论证；对一些办学条件较差、专业设置混乱的学校进行了专业设置论证和审核；新建了26个专业点，其中高等工程类15个，经济类7个，艺术及外语类4个。在对全省高等学校本、专科专业设置清理和审核的基础上，印发了《安徽省普通高等学校专业设置目录》，以强化专业设置方面的规范化和目标化管理。

为适应基础教育和职业技术教育的需要，省教委对芜湖和淮南师范专科学校试行主辅修制的办学经验进行总结，计划从1992年起，逐步将试点经验向全省24个三年制师范专业点推行。

1991年，省教委组织了有关专家和管理人员对省属重点院校的教学管理进行了重点抽查，对重点学科的建设进行了全面检查，并对安徽师范大学等4所师范院校的数学分析课进行了全面实测和评估。

为加强师资队伍建设，提高师资队伍业务素质，各校重点安排了部分青年教师学习硕士研究生主要课程，同时还开展了安徽省第二次优秀教学成果和首届优秀文科教材的评选奖励活动。

三、加强科学研究，加速成果转化

1991年全省高等院校出版专著（教材）315部，其中社会科学专著200多部；发表学术论文5 375篇，其中自然科学方面论文3 600多篇，论文总数比1990年增长11%；鉴定科技成果160项，其中48项达国际水平，28项达国内首创水平，62项达国内先进水平，有3项成果获国家级奖励，67项获省部级奖励，科技成果金额达842.5万元，当年实效收入达353.2万元。

为了加快高新技术为经济建设服务的步伐，中国科技大学、合肥工业大学、安徽农学院和安徽大学组织了一批科研成果进入合肥科技工业园，实现科研成果向生产力的转化。省教委大力鼓励各高校开展科技兴农服务，1991年5月组织了安徽大学等7所院校负责人赴宿县地区考察，同有关部门建立科技合作关系，并建立了良种推广示范基地。以安徽农学院为主，组织一批高校与地区定点联系，开展了50项有关科技兴农和支持乡镇企业发展的项目，并取得了实效。

四、群策群力，抗洪保考

1991年全省普通高校招生工作，是在遭受特大洪涝灾害的严峻形势下进行的。高考期间，正值汛期高峰，许多道路、桥梁被冲毁，交通中断，试卷难以运出，一些原定考场被水围困或淹没，考生安全及准时应考均受到严重威胁。在此特殊情况下，各地本着“不论灾情有多严重，高考不能受影响”的原则，认真细致地做好各项服务工作，研究出各种应急措施，准备多套方案，制订细致、可行的计划，对考场设置、考生护送、饮食住宿、监考教师的培训、试卷保密、保管、接送等工作一一作了具体安排，保证了全省168 000多名考生按规定时间，分别在83个考区的5 721个考场顺利参加了全国统考，全省无一考生因洪涝灾害或工作失误而缺考，为此，国家教委授予安徽省“抗洪保考”特别奖。

1991年，安徽省从准考证号码的随机编排、考生特征及志愿信息的输入、客观试题的阅卷、统分、数据分析到录取投档，初步实现了计算机管理。考生志愿也由计算机打印出来贴在考生档案袋上，清晰明确，有效地避免了涂改志愿的现象。

五、完善政策，做好毕业生分配工作

1991年5月，省政府转发了国务院1990年有关高校毕业生问题的两个文件，并结合全省实际，作出具体规定：“确保高校毕业生分配所需计划范围内的增人指标。”为加强基础教育，允许确实需要大专毕业生而又满编的中学由主管部门批准先超编进大学生，然后按原定编制逐渐从自然减员中核减，“允许少数急需毕业研究生而又满编的事业单位，经主管部门批准超编进毕业研究生”。同时对毕业生入户问题也作了明确规定。

1991年5月，国家教委在合肥市召开第二次全国毕业生分配计划协调会。随后，合肥市长召开专门会议制订了引进毕业生的4条规定：(1) 1991年预备接收比1990年增长15～20%数量的大专院校毕业生。(2) 全国重点高校毕业生不论何地生源，只要所学专业是合肥市需要的都积极接收。(3) 鼓励合肥市机关事业单位在编制范围内接收全国重点院校毕业生，部分事业单位经市政府批准，可先进人后解决编制。(4) 合肥市各企业单位对接收全国重点院校毕业生要做到进得来、留得住，为他们发挥专业特长创造有利条件。

为鼓励师范毕业生勤奋学习，安徽省决定师范院校本科按4%、专科按2%的比例选拔品学兼优的毕业生，全省共评选出

118 名“双优”师范毕业生，由各级教育行政部门指令性分配到师范学校、重点中学或职业中学，充实教师队伍。

1991 年，安徽省 42 所高校（含在皖部队高校地方班）共派遣毕业生 19 128 人，全省共接收安排毕业生 17 632 人，分配工作实行“五公开，一监督”，排除不正之风的干扰，受到毕业生欢迎。

成人教育

一、对成人高校进行整顿、清查，提高办学效益

为加强成人高等教育工作管理，使其在规范化、制度化轨道上健康发展，1991 年省教委印发了《安徽省普通高等学校成人教育工作暂行规定》，对 19 所普通高校成人教育工作进行了全面检查验收；同时，全省独立设置的成人高校也完成了自查工作。通过检查，进一步调整布局、完善条件、优化结构、加强管理，提高办学效益。一些部属院校也顺利通过了主管部门的教育评估。省成人高校治理整顿工作领导小组还在深入调查研究的基础上，对省电视大学 1986–1988 年招收的单科生、双科生问题提出明确的处理意见，国家教委已将此意见批转全国参照执行，这项工作定于 1992 年 5–6 月进行检查验收。

1991 年还进行了高等教育《专业证书》教学班复查工作。复查清理的范围是 1988 年以来举办的各类成人高等教育《专业证书》教学班，以及在校和已结业的学员。复查清理工作分自查、验收、总结三个阶段，自 6 月起至 10 月结束，基本上达到了总结经验、完善管理办法、强化管理措施、提高教学质量的目的。

1991 年，全省各类成人高校招生继续实行全国统一考试、统一划线录取，初步完善了报名、考务、制卷、考试、阅卷、登分统计、录取等各个环节工作，并特别注重抓考风考纪。省教委印发了《关于加强成人高校招生考试中的安全保密、严肃考纪、端正考风及考务管理工作的意见》。考试期间，省教委抽调了 80 多名干部、教师分赴全省 16 个地、市巡视考试工作。录取工作坚持原则、条件和标准，并进行入学复试，保证了新生质量。

二、加强对社会力量办学的管理

1991 年进一步加强了对社会力量办学的管理与指导，具体措施是：(1) 严格办学审批程序、加强对举办高层次教育学校的资格审查。(2) 加强办学许可证和印章管理，省教委重新统一制作了“安徽省社会力量办学许可证”，并实行统一编号，要求各地重新审查社会力量办学资格，统一换发办学许可证，不符合条件的令其停办，收回其原办学许可证。(3) 加强招生广告管理，省教委、省工商局印发了《安徽省社会力量办学招生广告暂行规定》，有效地制止了虚假广告面世和乱登广告现象。(4) 加强证书管理，强调社会力量举办的各级各类面向社会招生的非学历教育的学校一律不得发毕业证书、结业证书，不能与学历教育证书混淆，只能发结业证明。1991 年，对全省各类成人学校学历教育毕业证书继续实行统一验印，严格毕业生资格审查。

三、成人中专教育的改革与评估工作

（一）改革考试科目，扩大生源渠道

为适应经济发展对人才的需要，安徽省

从实际出发，1991年对成人中专学校入学考试进行了两项改革：将原来文理分科改为文理不分科；将原来入学考试5个科目改为统一考政治、语文、数学3个科目。通过上述改革措施，1991年成人中专学校在招生人数和入学成绩等方面均取得突破性进展，1991年报考人数达31 000多人，录取新生14 000多人，考试单科平均成绩提高5分。

(二) 结合学校实际，制订评估方案

根据安徽省业余、函授、广播电视等远距离教育学校数目虽少，但生源广阔，而且决定全省成人中专教育质量的特点，1991年制订了《安徽省成人中专学校远距离教育评估指标体系》和《安徽省全日制成人中专专业学校评估指标体系》，并作为省成人中专学校评估工作实施意见的配套文件下发至各校。评估工作实行定量与定性相结合，以定量为主，对不同类型学校实行分类评估，其重点是评估办学条件和教学管理，力求实现标准化。

四、自学考试不断发展

安徽省高教自考开考26个专业，中专自考开考7个专业。自1984年下半年开考以来，累计报考100余万人，220多万科次，设立在籍生档案约25万份。目前，自考设有专业证书、课程合格证书、基础科、专科和本科毕业证书等规格，应考者既能按行业和岗位需要选考有关课程，也能按学历规格选考，初步形成了多层次、多学科的教育网络，为有志青年提供了一条坚实的成才之路。

全省各地十分重视自考工作，各行署、市均有专人负责。目前，全省各地、市、县配备自考工作人员200余名，绝大部分列入专业队伍，评定了职称。主考院校和委托开考的24个主管厅局都建立了自考办公室，先后制订了考试、考务管理细则，加强社会助学管理及有关自考毕业生的使用等一系列规章制度和文件。1991年还召开了自学考试研究会第二届年会，共征集论文、调查报告、总结等186篇，编辑出版了《安徽省高等教育自学考试论文集》和《安徽省高教自学考试在前进》两本书。

1991年安徽省自学考试有如下特点：(1) 新考生急剧增加；(2) 报考经济类和法律专业的考生数大幅度上升；(3) 参加社会助学的考生数上升；(4) 学历层次提高，年龄下降。目前，自学考试逐渐被社会承认，许多部门将其作为在职培训、提高职工素质的重要途径。实践证明，自学考试确实为社会培养了一批有用之才。

撰稿人 张守祥 宋 淮 邓英达 檀智明 沈玮玮 钱业荣 时光明 檀 俊 朱 彤 薛守学 吴富信 张 杰 马肇栋 黄学敏 汪红兵 吴金辉 琚仲达 章裕英 徐庆功 陈永远 王 峰 吴 正 胡桂芳 章仲涛 吴宏兴 徐守贵

审稿人 朱仇美 王世杰 吴之季 吴 炜

福建省教育

概　况

一、各级各类教育发展情况

1991年各级普通学校基本情况

单位：人

学校类别	学校数(所)	毕业生数	招生数	在校学生数	教职工数 计	教职工数 其中专任教师
一、普通高等学校	33	18 395	17 713	55 365	20 710	8 892
研究生		425	403	1 122		
本　科	13	7 053	7 527	29 844		
专　科	20	10 917	9 783	24 399		
二、中等专业学校	104	19 331	20 140	59 435	11 429	6 022
中等技术学校	79	12 534	13 274	39 644	8 289	4 193
中等师范学校	25	6 797	6 866	19 791	3 140	1 829
三、普通中学	1 401	251 595	422 600	1 131 293	95 073	74 326
高　中	408	45 691	61 756	166 236		13 870
初　中	993	205 904	360 844	965 057		60 456
四、农业、职业中学	281	24 102	38 680	79 690	9 214	6 285
高　中	268	22 261	35 553	73 037		5 865
初　中	13	1 841	3 127	6 653		420
五、工读学校	1				5	3
六、小　学	19 387	515 231	592 822	3 426 106	174 977	152 815
七、特殊教育学校	22	78	662	1 870	434	326
八、幼 儿 园	9 753	461 255	512 928	804 658	34 646	30 588

1991年各级成人学校基本情况

单位：人

学校类别	学校数(所)	毕业生数	招生数	在校学生数	教职工数 计	教职工数 其中专任教师
一、成人高等学校	20	8 726	7 482	26 415	2 330	1 147
广播电视大学	2	5 088	2 744	10 229	672	271
职工高等学校	9	837	786	3 399	451	273
农民高等学校						
管理干部学院	4	609	628	1 229	505	222
教育学院	5	262	481	1 095	702	381
独立函授学院						
普通高校举办						
函授部		1 515	2 323	8 824		
夜大学		296	496	1 483		
干部专修科		119	24	156		
二、成人中等专业学校	194	8 160	14 564	27 728	5 008	2 689
广播电视中专	4	1 769	4 244	6 875	301	32
干部中专	80	1 296	2 850	5 660	1 309	652
职工中专	33	2 617	4 792	10 876	860	494
农民中专	1	113	78	170	22	20
教师进修学校	76	2 365	2 600	4 147	2 516	1 491
三、成人中学	129	4 065	7 222	12 842	483	196
职工中学	76	2 913	5 591	9 911	456	179
农民中学	53	1 152	1 631	2 931	27	17
四、成人技术培训学校	5 447	1 591 693	1 751 877	1 634 801	5 379	3 289
职工技术培训学校	383	225 644	223 956	214 746	2 858	2 501
农民技术培训学校	5 064	1 366 049	1 527 921	1 420 055	2 521	788
五、成人初等学校	13 213	375 729	312 462	427 340	2 945	422
职工初等学校	66	2 540	2 773	4 122	42	13
农民初等学校	13 147	373 189	309 689	423 218	2 903	409
其中：扫盲班	7 280	258 454	173 070	266 432	1 511	178

二、江泽民总书记看望厦门大学师生

1991年12月19日，中共中央总书记江泽民在出席厦门特区建设10周年庆祝活动期间，前往厦门大学看望师生员工，并与学校师生座谈。他说：党中央对青年一代是寄予厚望、充分信任和充满信心的。对你们要求严格一些，也是意在激励。未来世界谁主沉浮？就是青年一代。青年一代肩负的责任很重。实现社会主义现代化建设的宏伟目标，需要全国人民努力奋斗，青年人更要立志贡献自己的力量。他强调青年要经受必要的锻炼，一个人一辈子一帆风顺是没有的。经过一定的坎坷曲折，对自己的成长也并非坏事。青年们眼光要放远些。要干一行爱一行学一行，学了以后还要与实际相结合，理论联系实际。江总书记衷心感谢教师的辛勤耕耘。他说，教育是伟大的事业。历史经验证明，一定要把教育搞上去，国家才能够昌盛。

三、省政府召开全省教育工作会议

1991年5月16日至18日，省政府在福州召开了全省教育工作会议，学习领会李铁映在国家教委1991年工作会议上的讲话，分析和认识教育形势，讨论了全省教育事业十年规划和“八五”计划，明确教育工作奋斗目标和任务。贾庆林省长在会上讲话强调各级政府要真正把发展教育放在战略位置，即使在经济遇到暂时困难时，宁可挤掉其他项目，也要保证教育事业的发展；各级教育部门、学校要以培养合格人才为目标，落实德育首位，全面提高教育质量和效益。各级政府应实实在在抓好几件事：一是教育规划、二是初中教育、三是职业技术教育、四是教育投入、五是师资队伍建设。

在省委、省政府的领导下，教育系统认真贯彻全省教育工作会议精神，落实全省教育事业十年规划和“八五”计划编制的年度工作和规划指标。各项教育事业朝着持续、稳定、协调的方向发展。

1991年，省委、省政府决定为城乡人民办好15件实事中有4项是关于教育的。一年来，省教委把这4项实事作为工作重点，调动人才、物力、财力，把实事落实、取得圆满成果。

一是改建福建中医学院教学楼危房。这一项目的设计与施工预算方案已经完成，投资已落实，并于9月28日开始施工。预计1992年竣工交付使用。

二是拨出专款继续解决中小学“一无两有”问题。1991年，全省用于危房改造资金6 720万元，其中省财政安排1 200万元，地、县财政拨款以及教育附加费等投入5 520万元。危房率已由3.88%降到1.44%，提前超额完成任务。

三是解决省属高校中青年教师住房问题。共计多渠道集资1 267万元，其中省财政拨款500万元。现已投入设计施工，预计可建住房3.8万平方米，解决526户中青年教师的住房问题。

四是加快农村扫盲。全省计划脱盲25万人。省政府拨出200万元专款，补助各地开展扫盲工作。各级政府和教育部门以及社会集资扫盲经费980万元。发动和组织2.8万名教师和4万多名中小学生参加扫盲。1991年，全省已脱盲26.1万人。省政府批准在泉州市郊新建一所盲童学校，投资140万元，已经省计委立项，即将动工建设。

四、加强学校思想政治工作和德育工作

1991年，福建省大中小学思想政治工作和德育工作继续得到加强。各类学校认真组织师生学习江泽民总书记庆祝“七一”的重要讲话。高等学校加强马克思主义理论教育，开展学马列、学党章等活动；并引导学生正确认识东欧和苏联的剧变，坚定了广大师生的社会主义信念。在总结1990年大学生社会实践工作的基础上，开展了有5万名学生参加的暑期社会实践活动。各高校还开展了学雷锋、创建文明宿舍等活动。

中小学德育工作以贯彻落实省委《关于加强和改进中小学德育工作的意见》，从抓制度建设、德育机构、体制、队伍、基地、教材等方面入手，落实德育首要位置。一年来全省各级教育行政部门在同级党委宣传部的领导下，加强了教师的社会主义理论学习，省教委组织了5期包括地（市）教育局长和进修院校、中专、中学领导与理论骨干600多人参加的理论读书班。省委宣传部和省教委还联合对今后建立理论学习制度提出了具体要求，并明确将中小学教师纳入干部全员培训计划。各地普遍抓紧德育管理机构建设，福州、三明、宁德、漳州、龙岩等5个地（市）成立了政教科，一些县（市、区）成立了政教股，配备了专职干部。全省中小学基本上建立了以党支部为核心、校长全面负责、全体教师都是德育工作者的德育工作新体制。各地（市）共投入德育工作专项经费33万元；建立了一批固定的校内外德育基地，其中省级德育基地7个，各地、市、县（区）和学校的德育基地近千个。全省中小学开展创建“文明学校”活动，总结推广了三明市建设文明片区的经验。发动社会齐抓共管，形成社会、家庭和学校密切配合的青少年教育网络。全省建立了100个军警校共建示范点和1 300多个军警校共建点。

加强“两史一情”教育，做到有大纲、有教材、有教学计划。省教委和小学德育研究工委会编印《中国近现代史和国情教育资料选编》5 000册，发至学区供教师使用；还重印发行了1990年出版的《知我中华、爱我中华——小学国情教育讲话》一书，供教师进行国情教育时使用。并在《福建教育》和《小学教育学改革与实验》等报刊撰文指导“两史一情”教育，在《福建教育之窗》开辟“国情教育探讨课”专栏。以编发简报和开现场座谈会等形式，介绍推广了福州、莆田、浦城、宁德、鼓楼、台江等市、县（区）贯彻《总体纲要》部署早、抓培训和基地建设、学科渗透史情教育观摩研讨、系列活动，学生人人讲故事等做法和经验。

为纪念小学思想品德课开设10周年，全省各地选送15节优质录像课，从中确定6节报送参加全国教学观摩研讨活动。其中一节获全国优秀奖，两节获全国展播奖，三节获参评奖。

切实抓好少先队教育工作。省教委与团省委联合组织开展纪念少年英雄张高谦牺牲30周年和黄淑华献身10周年的活动；召开驻闽部队、公安、武警优秀校外辅导员座谈会和表彰会，表彰了10个少先队校外辅导先进集体和40名优秀校外辅导员，并首批聘任44名校外辅导员，发给聘任书。同时，还印发了《加强校外辅导员工作的意见》，以更好发挥校外辅导员在培养少年儿童中的积极作用。

五、多渠道集资办学取得好成绩

1991年，福建省各级政府坚持把发展教育事业放在重要地位，增加对教育的投入，同时积极开展多渠道筹措教育资金，并加强教育财务管理，提高资金使用效益，使各类学校办学条件进一步得到改善。

1991年，全省教育经费总共支出167 580.1万元（包括财政预算内教育经费，各级政府用于教育的税费，企业办学教育经费，勤工俭学和社会服务收入及其他属于财政性质的教育经费），比上年增加13 828万元，增长8.99%，占全省国民生产总值3.13%，占全省国民收入3.76%。其中：地方教育事业费支出数为117 174.9万元，比上年增加10 733.3万元，增长10.08%，达到财政对教育拨款增长高于财政收入的增长数。其中：人员经费88 987.4万元，比上年增加9 176.9万元，增长

11.49%，高于教育事业费增长数；公用经费 28 196.5 万元，比上年增加 1 556.4 万元，增长 5.84%。

1991 年，全省地方教育预算外资金收入 62 337.1 万元，比上年增收 6 941 万元。其中：(1) 社会服务及勤工俭学收入 5 567.3 万元，比上年增收 858.1 万元。为支持勤工俭学的开展，1991 年继续利用"时间差"发放教育事业周转金 1 300 万元，支持 70 个项目，仅中小学勤工俭学一项用于改善办学条件就比上年增加 633 万元。(2) 农村教育事业费附加征收 17 635.7 万元，比上年增收 1 441.5 万元，增长 8.9%，超额完成省定指标 17.59%，按全省农业人口计算平均每人征收 6.77 元，占农村人均纯收入 0.82%。(3) 学费杂费收入 8 446.3 万元，比上年增收 508.8 万元，1991 年制定了《关于调整普通高等学校收取学费和住宿费标准的通知》和《关于中等职业技术教育学校收取学杂费和住宿费的暂行规定》，提高了非义务教育阶段的收费标准，增加了投入。(4) 捐资助学收入 26085.7 万元，比上年增加 6 277.9 万元，其中；华侨、港、澳、台同胞资助 10 979.8 万元，比上年增加 4 235.4 万元。

在校学生平均教育费用，普通高等学校生均教育费用 3 097.43 元，比上年增加 148.24 元，增长 5.03%，其中：生均公用经费 1 256.62 元，增加 36.32 元，增长 2.98 个百分点；普通中学生均教育费用 322.18 元，比上年增加 18.66 元，增长 6.15 个百分点，其中：生均公用经费 79.29 元，比上年增加 3.01 元，增长 3.59 个百分点；小学生均教育费用 157.92 元，比上年增加 14.37 元，增长 10.01 个百分点，其中：生均公用经费 18.18 元，比上年增加 0.32 元，增长 1.79 个百分点。1991 年，全省新扩建中小学校舍 124.67 万平方米（其中：中学 41.32 万平方米，小学 77.26 万平方米），维修危房 35.87 万平方米（其中：中学 16.96 万平方米，小学 18.02 万平方米），年末中小学危险校舍从 1990 年 51.45 万平方米（其中：中学 25 万平方米，小学 11.38 万平方米）下降到 22.04 万平方米（其中：中学 9.93 万平方米，小学 11.38 万平方米），危险校舍面积占校舍总面积的比例下降到 0.97%（其中：中学 1.34%，小学 0.8%），进一步改善了办学条件。

基础教育

一、开展《义务教育法》执法大检查

1991 年是《义务教育法》发布五周年。从 4 月至 9 月福建在全省范围内开展了一次规模较大的执法检查活动。检查组肯定了福建省在实施义务教育的步骤、经费筹措、师资培养等方面取得较大的成效。

到 1991 年底，全省已有 742 个乡镇宣布全面实施初等义务教育，占全省乡镇总数的 75.1%，覆盖人口达 2 200 多万，占全省人口总数的 74.2%；全省已有 16 个市辖区、186 个乡、镇（场）宣布实施初级中等义务教育，覆盖人口达 778.2 万，占全省人口总数的 25.77%。

全省用于义务教育的财政拨款基本上达到"三个增长"的要求。社会捐资助学，5 年来共集资 10.39 亿元，有效地改善了办学条件，新建、扩建校舍面积 876.64 万平方米。师资队伍建设得到加强。5 年来共培养中等师范和师范专科毕业生 3.58 万人和 3.92 万人；小学专任教师学历达标率为 77.4%，初中专任教师学历达标率为 80.2%。

二、义务教育 6 项督导评估

到 1991 年止，全省有 10 个县（市）接受省督导评估组的检查，其中 9 个县（市）达到优级水平；有 2/3 的县（市）开展了自查，并有一些县（市、区）通过或即将进行地（市）组织的初评。实践证明，督导评估已成为推动县（市）实施《义务教育法》和省《实施办法》的有效手段，有利于增强全民教育意识，提高各级政府依法治教的观念，促进基础教育战略地位、法律地位的进一步落实；有利于强化教育管理，促进义务教育管理逐步走上制度化、规范化的轨道。

目前，福建省省、地、县三级督导网络已初步建立。全省除石狮市外，其余所有县（市、区）都已成立了督导机构，编制数达 540 名，已上岗的专职督导人员 295 人，兼职督学（含特约督学和民主党派特约督导员）14 人。在现有督导人员中，大多数参加了督导培训班的学习。国家教委发布《教育督导暂行规定》后，省普教督导室经过学习，结合本省督导工作的实际，拟定了《福建省实施＜教育督导暂行规定＞的办法》(初稿)。大多数地（市）督导室建立了督导例会制度，定期组织地、县两级督导人员学习文件、交流经验和研究协调工作。专项督导、随访督导也开始起步，1991 年专门组织人员到困难较多的县（市）进行调查研究、专项督导，并写报告提出措施，向有关方面反映。

三、加强教育与教学管理及改革

（一）幼儿教育管理

1991 年，省教委对幼儿园进行了登记注册。目前全省已有 130 486 个幼儿园（班）按规定进行了登记，有 1 708 个园（班）首批进行了注册；同时，制订了《福建省各级实验幼儿园评定标准》，加强对实验幼儿园的管理和指导。1991 年，采取各种形式加强师资培训，全省幼儿园专任教师中具有高中毕业以上学历的占 53.28%，比 1990 年提高了 1.71 个百分点。此外，积极抓好国家教委确定的实施《幼儿园工作规程》试点园福州幼儿师范学校附属幼儿园的工作，组成专家指导小组具体指导试点方案。

（二）提高农村小学领导班子管理水平

在省教师奖励基金会支持下，省教委组织 80 多位农村小学校长到三明、福州实地学习学校管理经验和行政管理理论知识，并在《福建教育之窗》举办专题讲座，提出当好农村小学校长 10 条基本要求：(1) 确立为农村教育事业做奉献的职业意识；(2) 全面掌握学校情况，指挥若定；(3) 深入教学第一线，取得领导教学的发言权；(4) 抓好教学常规，掌握教学规律；(5) 着力抓好校风建设，重视优化育人环境；(6) 重视积累教育信息资料，建立健全档案管理制度；(7) 善于协调人际关系，团结教师增强内聚力；(8) 重视校群关系，依靠社会力量办好学校；(9) 率先垂范，做师生的表率；(10) 注意发挥学校优势。省教委还总结福州鼓楼区办好一般小学的经验，组织各地（市）初教科长前往考察学习。提出中小学生参加社会活动和竞赛的管理规定，保证学校教育管理和教学工作正常进行。

（三）初中教育取得新成就

1991 年，省教委继续将初中教育作为一个重点来抓。7 月，省教委会同省人大教科文卫委邀请全省 10 个人口较多的县的有关人员座谈初中建设问题，以推动全省初中教育的发展。各地也积极采取措施增加投入、落实管理。漳浦、莆田和仙游等县都把实现九年制义务教育、加快发展初中教育列入干部任期目标责任制，并作为考核各级党政班子政绩的重要内容。在筹措教育经费方面，莆田县提出对于实施义务教育所需要的事业费和基本建设投资，各级人民政府应按《义务教育法》第十二条规定负责筹措，并要求各级政府对教育的投入，切实做到“三个增长”。漳浦县委、县政府制定了《关于统筹使用农村教育事业费附加，加快初中建设的决定》，对农村教育事业费附加的管理和使用进行了改革尝试。

通过各地教育部门的共同努力，1991年福建省初中教育有了新的发展，全省新增独立初中47所，小学毕业生升初中的比例比1990年提高5.68个百分点。普通初中万人口在校生达321人，比1990年增加24人。全省初中毕业生的巩固率较1990年提高4.8个百分点；初中毕业会考及格率比1990年提高2.5个百分点。

(四) 稳定普通高中规模

根据国家教委有关精神，1991年，福建省普通高中发展以稳定规模、提高质量为主要任务。省教委在对各地、市部署调整布局、注册登记的基础上，对各地、市申报注册登记的学校，进行了审核，批准337所高中登记注册，未同意注册登记的学校暂停普通高中招生。在稳定规模的同时，注意从管理入手提高教育教学质量。各地学校认真落实《福建省普通中学教学常规管理暂行办法》，不断完善各项工作的规章制度，加强管理，教学质量得到稳步提高。1991年高考录取分数线理科重点线为527分，比1990年提高9分；本科线501分，比1990年提高7分；文科重点线为479分，比1990年提高20分。1991年，在国际中学生奥林匹克学科竞赛中，连续4年获奖牌，三明一中林诚又获得化学国际竞赛金牌。

四、加强师资队伍建设

1991年，全省各级教育部门普遍加强对教师的思想政治教育，提高师资队伍的政治素质。省教委组织全省92所重点中学的校长集中举办读书班，学习中央有关文件和江泽民总书记庆祝“七一”的讲话，听专题报告，收看有关录像，使参加学习的校长们进一步提高反和平演变的思想意识，明确了在学校加强德育工作，加强“两史一情”教育，培养社会主义建设者和接班人的重大职责。

为鼓励青年教师热爱本职工作，1991年省教委举行了第四次评选省级中学优秀青年教师活动，有191位教师获得这个称号。

职业技术教育

一、召开第二次全省职业技术教育工作会议

经省政府批准，省教委、计委、经委、农委、财政厅、人事局、劳动局联合于5月18日至20日，在福州召开了第二次全省职业技术教育工作会议，会议传达、学习了全国职业技术教育工作会议精神，总结、交流了全省职业技术教育发展与改革的经验，研究确定了“八五”计划期间和九十年代发展职业技术教育的目标、方针，讨论了职业技术教育如何更好地为福建的改革开放和经济建设服务的措施和办法。会后，各地（市）也相应地召开了会议进行贯彻落实，各级领导普遍加强了对职业技术教育的领导，进一步调动了社会各方面力量的办学积极性，促进了全省职业技术教育的发展。

1991年，全省各级教育部门在有关部门的支持下，扩大职业高中招生计划。各地都采取措施，做好招生宣传，提高了广大干部、群众对大力发展职业技术教育重要性的认识。广大初中毕业生踊跃报考职业高中，有些专业的报考人数超过招生计划的10倍。最后，各地（市）都超额完成了省下达的职业高中招生任务。

1991年，全省高中阶段各类职业技术学校招生数比1990年增加6 192人；招生数已占高中阶段招生总数的52.62%；在校生数已占高中阶段在校生数的49.4%；全省教育部门办的城市职业高中每校平均规模达562人，县（镇）职业高中每校平均规模270人，农村职业高中每校平均规模达190人。全省职业高中流动率为5.16%，比1990年降低了0.84个百分点。

二、强化质量意识，进一步提高办学水平

为适应开发区和“三资”企业用人素质的要求，培养各个层次的生产和管理人才，1991年，福建省沿海地区的职业中学，开设或加强了化工、电子、服装、鞋帽、涉外财会、旅游、烹饪等专业。

继续搞好省级重点职业高中评优工作。1991年10月下旬完成了第二批省级重点职业高级中学评选工作，三明职业学校、厦门电子职业学校、漳州职业学校、莆田湄洲湾工业职业学校、福州财政金融职业学校、福安职业学校、南平职业学校、晋江职业学校、福州旅游职业学校等9所职业高中经推荐报省政府批准为省级重点职业中学。同时，普通中专学校合格评估工作已在全省铺开，7月各中专学校完成了自评和以主管部门为主的初评工作，下半年开始转入省级复评阶段。

重视实践性教学，培养学生动手能力。1991年全国职业学校“太湖杯”烹饪比赛，福建厦门旅游职业学校陈兴凯获二等奖，福州十二中黄勇、厦门旅游职业学校高献伟、福州十二中阮琦获三等奖；全国职业中学机械专业技能竞赛，有1人获二等奖，2人获三等奖。

三、建立全省性职业技术教育服务体系

1991年5月，经省编委批准，成立了福建省职业技术教育中心，开展编写补充教材、师资培训、信息交流、咨询服务等工作。

为使职业技术教育更好地为外向型经济服务，进入国际劳动市场，省职业技术教育中心与省中福国际劳务合作公司联合成立了福建国际劳务合作人才培训中心，对出国劳务人员进行思想道德、专业技术的教育培训，增强了劳务人员在国际劳务市场的竞争力，也为全省职业高中毕业生拓宽了就业门路。1991年，该中心已先后组织了5批服装、建筑类劳务人员的培训工作，经培训合格的劳务人员已赴新加坡、香港、澳门等地工作。

为加强职业技术教育的理论研究和学术交流，经省民政厅同意，将福建省职业教育研究会和福建省中专研究会合并，成立福建省职业技术教育学会。经省新闻出版局批准，将内部刊物《福建职业教育》改为有内部准印证的《福建职业技术教育》，面向全省中专、职业中学师生和广大职教工作者。

四、农村教育综合改革实验初见成效

1991年10月24日至11月8日，国家教委农村教育综合改革实验县工作检查组，对福建省闽清、晋江、永安、沙县、建阳5个全国农村教育综合改革实验县的工作进行了检查，肯定5个县（市）在农村教育综合改革上各具特色、各放异彩、工作扎实、效益显著。

自1987年上述5县开展这项实验工作以来，党政领导高度重视，先后成立了农村教育综合改革领导小组，下设办公室，形成了农科教等部门紧密配合，统筹协调的新的管理体制。各县都制订了农村教育综合改革实施方案。增加教育投入，各县都保证了教育经费的两个同步增长，并多方集资筹措教育经费，普遍加强了学校教学、科研、生产的基地建设，为实施"燎原计划"、中小学开展劳动技术教育及科技推广试验提供了必要的物质基础。深化农村教育改革，探索农科教结合的模式。有的以职业学校为中心，把县、乡、村农业科技推广工作和科技示范户联成一体，促进农、科、教三个部门的结合，共同试验、推广"燎原"项目。但农村教育综合改革中也存在"实验"与"示范"点上的工作深化不够，面上未进一步扩展，管理工作有待加强，特别是检查、总结不够等问题。

高等教育

一、继续做好普通高校充实整顿工作

1991年，福建省高等教育工作继续贯彻"坚持方向、稳定规模、优化结构、深化改革、改善条件、提高质量"的工作方针，进行充实整顿工作。首先，对普通高等学校的布局进行调整，办学效益有所提高。撤销了厦门职业经济学院、闽东职业大学和南平职业大学等3所办学条件差的职业大学，同时在宁德师专和南平师专成立了职教部；兴化职业大学、莆田师范大专班、电大分校和教师进修学院合并成立莆田高等专科学校。其次，充实高校的办学条件，师资队伍得到加强。根据《普通高等学校设置暂行条例》规定，对办学条件未达到规定标准的17所省属普通高校的检查结果统计，1988年至1991年间，基建投资约达5 100万元，增加校舍11.2万平方米；增加专任教师约500人，其中增加高级职称教师约130人；投入购置教学仪器设备、图书资料专款约950万元；基建与设备的总投资约6 050万元。至1991年底，有9所学校的师资和校舍面积均已达到国家规定的最低标准；漳州师院、黎明职大、漳州职大、福州师专、集美师专、泉州师专、龙岩师专等7所学校高职称教师比例已经达标；但仍有部分在建校舍尚未完工；还有1所学校的专任教师数量及校舍面积未达标。目前，一些学校的校舍、师资在总的数量上虽已达最低标准，但结构不合理，不配套；专业结构也不够合理，专业布点重复，效益低；有的专业办学条件还很差。

二、认真加强高等学校科学技术工作

1991年，福建省高校把大多数科技力量组织到为国民经济服务的主战场，同时，组织精干力量，特别是支持有较深造诣，有拼搏精神的中青年骨干，选择有应用前景、有竞争优势的重点科研项目进行攻关。全年科研经费总投入为3 721万元。省教委1991年设立了优秀青年教师科技基金，用21万元支持省属院校优秀青年教师和学成归国的青年科技人员开展科技攻关，其中承担自然科学攻关项目12项，社会科学的科研项目6项。省教委还投入10.5万元，支持高校参与科技兴农活动。一年来，全省高校共完成科技成果160项，其中，达国际水平的有福建农学院张可池、张大闪研究的"新型特制杀虫粉炮及其生物原粉”，福州大学康积行研究的“喷雾罐铝圆块国产化”等 21 项；国内首创的有福建师大实验中心陈金铠、杨文琴等人研究的“重铬酸明胶全息术”等 20 项；国内先进水平的有 81 项。共有 113 项科研成果获奖，其中获国家科技进步奖 1 项，中央部委科技奖 15 项，省级科技进步奖 39 项，地方科技奖 59 项。福州大学的“喷雾罐铝圆块国产化”、福建农学院的“新型特制杀虫粉炮及其生物原粉”与“水稻簇矮病毒的性质、发生和控制”等一批成果已经开发应用，并收到了显著的经济和社会效益。全省高校共签订技术推广合同 30 项，成交金额 71.1 万元。

三、筹建元洪学院

1991 年 2 月 6 日，国家教委批准函复省政府，同意筹建由林氏家族倡议并投资兴建的元洪学院，校址设在福清市宏路镇。该学院建成后为本科层次高等学校，近期规模为 2 000 人，远期规模为 4 000 人，面向福建省招生，毕业生由国家统一分配。省政府成立了筹建领导小组及其办公室。经省内外专家学者制订并论证的办学初步方案业已完成并交林氏家族，第一期征地 500 亩的工作也已完成。

成 人 教 育

一、成人高校治理整顿初见成效

到 1991 年 5 月，全省成人高校治理整顿第一阶段的自查自纠工作结束。检查结果表明，全省各类学校都能遵守国家有关政策规定，没有发生严重的“三乱”问题。但存在的主要问题是：有 6 所学校招收超前生、旁听生、试读生共 549 人。有 3 所院校违反有关规定，在校内举办自学考试脱产全日制助学辅读班、“专修班”，办考与办学不分，命题与辅导不分，学习年限长达 2 至 3 年，查出这类学员 859 人。有 3 所普通高校成人教育未归口管理，非学历教育审批不严。6 所学校举办非学历班 15 个，共计 666 人，学习时间超过国家规定期限。有少数学校在举办“专业证书”教育中，对学员入学条件把关不严。根据第一阶段检查情况，省教委部署了下一阶段成人高校治理整顿的三大任务：(1) 充实办学条件，强化教学管理。组织力量逐校核实办学条件的量化指标，把独立设置的职工业余大学作为重点，充实办学条件措施，取得了较好效果。福州业余大学新建了一座 2 700 平方米的教学行政用房，福州工人业余大学年经常费投入由 10 万元增加至 15 万元，三化职工业余大学调配了 7 名高级职称人员，福建经济管理干部学院投入 180 万元新建图书馆一座，等等。同时，狠抓学风、考风、校风和教学秩序的整顿，从严治校。全省普通大学的成人教育实行归口管理，克服了无计划办学、突击办学、重复办学等不良现象，保证了函授、夜大师资力量。1991 年继续对全省成人高等教育毕业证书、专业证书实行统一验印。(2) 认真搞好联合办学。三明市率先在三明业余大学、电大分校实行联合办学，做到班子、地点、人员三统一；莆田市把电大分校并入了莆田高等专科学校；南平业余大学与福建林学院实行联合办学。(3) 复查清理高等教育《专业证书》班，清理重点是：审批手续、入学条件、教学质量等。各主管部门和承办学校经过 3 个月的自查后，省教委首批验收了厦门大学、福州大学、福建经济管理干部学院、福建财会干部管理学院的17个专业、35个教学班，促进了《专业证书》教育向规范化方向发展。

二、加强成人中专教育管理

为保证全省成人中专教育健康发展，促进教育质量的提高，1991年，省教委主要采取了两项措施：

(一) 加强教学管理

制订了《关于成人中专学校教学管理工作的几点意见》。要求学校必须端正社会主义办学方向，加强思想政治工作。认真抓好教学管理，切实保证教育质量，要求各地(市) 教委和业务主管部门切实加强领导，帮助学校解决实际问题，协助省教委检查、督促学校抓好教学管理。一年来，全省成人中专学校根据文件要求，普遍开展了自查、总结工作，建立健全了有关的规章制度。

(二) 开展成人中专学校评估工作

制定了《关于福建省成人中专学校评估工作的实施意见》，要求各校通过评估，认真总结经验，针对薄弱环节，采取措施。各校主管部门重视评估工作，许多县的分管县长担任了评估领导小组组长，省卫生厅、省总工会部署了评估工作。8月，省教委、省农业厅联合组织了有关教师、专家对省农业广播电视学校进行了评估。该校在评估工作的推动下，充实了领导班子，增加了教师编制，拨款20万元加层建了10间办公室，添置了声像教学设备。上半年，省教委还对全省59所成人中专学校的40多个专业在校生进行抽考，参考人次达4 000多人，及格率达87%以上。

三、高等与中等专业自学考试工作取得新进展

1991年，全省共有78 731人报名参加高等教育23个专业、中等教育6个专业的357门课程的自学考试，报考人次为182 606人次，实考率比上年提高7个百分点。全省共发放43 246张学科合格证书。共有5 214人获得了毕业证书。同时，还有216人领取了专业证书。

一年来，福建省认真贯彻国务院颁布的《高等教育自学考试暂行条例》，采取措施，进一步加强自学考试工作。(1) 加强管理，对全省原开考的法律、财政、会计三个专业的考试计划作了修订，过渡并执行了全国统一考试计划。还对金融、公安管理、汉语言文学、教育学专业的课程设置作了调整，对相应课程的考试大纲也重新作了修订。新建试题 (卷) 库3门，补充或修订、调整的试题 (卷) 库48门。对24门课程的试卷作了定量统计分析。(2) 严格把好考试各环节的质量关，进行了计算机管理考务考籍工作尝试，已完成了报名汇总、编排考场考室、登分建档、各项统计数字、成绩通知单、毕业生名册等项工作。突出抓好组织考试工作人员的培训和考风考纪工作。严格考籍管理规定，把好毕业审定关，没有乱发一张毕业文凭。(3) 进一步加强社会助学工作。到1991年底，省、地、县自考办已经形成教材供应网络，基本上满足考生用书需求，出现了一批综合服务、形式多样的考生活动中心、助学辅导中心，开展了考前课程辅导(以公共课为主) 音像电视辅导、学习小组、资料咨询、经验座谈等活动。受全国考办委托，筹备了11月中旬在福建省召开的全国部分省、市及有关部委社会助学工作座谈会。(4) 召开自学考试委员会第七次会议，形成了《关于进一步加强自学考试工作的若干意见》，以省教委、省考委文件下发。

四、积极开展农民文化技术培训

全省广泛开展农村成人政治文化技术教育，1990～1991年度，全省实用技术培训136.6万人，其中长班10.7万人，短班

125.9 万人，为振兴农业培训了大批人才。逐步完善三级办学网络，县一级成人教育中心达 40 所；乡镇文化技术学校达 937 所，占全省乡镇总数的 98%；村级办学面达 92%以上。

积极开展农村成人电化教育，确定邵武市等 12 个县（市）作为全省首批电化教育综合实验县。目前全省县一级有 36 个卫星地面接收站，乡镇一级有 380 个音像教学点。1991 年，省教委与电大联合摄制的《缝纫识字》、《庭院农业》等 1 920 分钟录像片，部分已分发到乡村教学点，深受群众欢迎。

撰稿人 张凯民 潘家坤
陈 晃 吴卞华
张榕光 戴 颖
审稿人 傅宗弼

江西省教育

概况

1991 年是“八五”计划实施的第一年。江西省各级教育行政部门和各级各类学校坚持社会主义办学方向，把培养社会主义事业的建设者和接班人作为教育的根本宗旨，在调整教育内部结构、深化教育改革、充实改善办学条件以及提高教育质量和办学效益等方面做了大量工作，取得了一定成绩。全省教育事业持续、稳定、协调发展，呈现出蓬勃生机。

1991 年各级普通学校基本情况　　单位：人

学校类别	学校数(所)	毕业生数	招生数	在校学生数	教职工数 计	教职工数 其中专任教师
一、普通高等学校	29	17 529	17 406	56 790	25 651	9 073
研究生		212	139	407		
本　科		7 036	6 977	29 272		
专　科		10 281	10 290	27 111		
二、中等专业学校	102	24 336	23 525	61 474	13 809	6 209
中等技术学校	72	12 431	14 441	37 529	10 387	4 235
中等师范学校	30	11 905	9 084	23 945	3 422	1 974
三、普通中学	2 798	551 814	651 576	1 859 541	133 845	109 632
高　中	561	86 533	87 989	266 877		20 042
初　中	2 237	465 281	563 587	1 592 664		89 590
四、职业中学	379	33 860	57 526	127 500	13 033	8 114
高　中	320	27 288	45 790	101 943		6 978
初　中	59	6 572	11 736	25 557		1 136
五、工读学校	1				10	2
六、小　学	27 612	854 152	793 240	4 303 034	240 043	224 131
七、特殊教育学校	12	118	333	1 369	286	218
八、幼儿园	4 141	192 732	283 249	394 487	20 013	15 780

1991年各级成人学校基本情况

单位：人

学校类别	学校数（所）	毕业生数	招生数	在校学生数	教职工数 计	教职工数 其中专任教师
一、成人高等学校	28	12 433	10 074	32 115	4 589	1 997
广播电视大学	1	3 377	3 593	10 330	721	306
职工高等学校	17	1 538	1 450	4 365	1 367	752
管理干部学院	3	782	858	1 642	1 137	241
教育学院	7	2 984	1 147	4 830	1 364	698
独立函授学院						
普通高校举办						
干部专修科			23	23		
函授部		3 148	2 577	9 067		
夜大部		604	426	1 858		
二、成人中等专业学校	157	6 477	6 311	24 840	4 260	2 276
广播电视中专	2	262	1 564	3 140	88	69
职工中专	54	2 081	2 477	6 465	1 849	919
干部中专	4	174	161	400	250	105
农民中专	2	12				
教师进修学校	93	2 479	1 107	11 324	1 994	1 146
函授中专	2	1 469	1 002	3 511	79	37
三、成人中学	113	12 806	13 794	20 973	746	456
职工中学	96	12 143	13 401	18 558	742	452
农民中学	17	663	393	2 415	4	4
四、成人技术培训学校	5 121	465 474	558 706	565 169	1 986	665
职工技术培训中学校	113	37 394	34 170	31 961	747	403
农民技术培训学校	5 008	428 080	524 536	533 208	1 239	262
五、成人初等学校	6 857	223 132	246 396	282 185	3 883	708
职工初等学校	6	595	392	475	2	2
农民初等学校	6 851	222 537	246 004	281 710	3 881	706
其中：扫盲班	5 538	197 669	207 527	234 920	3 453	465

制表人 胡 军

一、教育事业规模不断扩大，为全省经济和社会发展培养了大批专业人才和劳动后备军

据统计，1991年全省普通、成人学校招生266万人，在校学生772.95万人，教职工46.22万人，其中专任教师37.93万人。在校学生和教职工占全省人口总数的20.92%。全省教育规模的总体水平高于全国的平均数，每万人口中各类学校在校学生在全国所占位次分别为：普通高校第14位，成人高校第21位，普通中专第24位，高中第15位，初中第5位，职业中学第10位，小学第11位，幼儿园第14位。特别是基础教育和职业技术教育在全国具有一定的发展优势。

同时，教育事业的发展紧紧围绕全省经济和社会发展的需要培养了大批专业人才和劳动后备军。1991年，全省各级各类学校共培养、培训毕业生239.49万人，其中高等、中等专业学校毕业生（含成人高校、成人中专）60 775人。为全省各行业输送了一批合格人才，有力地促进了全省经济和社会的发展。

二、德育工作首要位置在各级各类学校得到进一步落实和加强

广大中小学校以革命传统教育为主导，以爱国主义教育为核心内容，充分利用江西是老革命根据地的有利的德育条件，深入开展了具有本省特色的爱国主义教育和国情教育，中小学德育工作正逐步走上制度化、专题化、系列化的轨道。1991年，结合辛亥革命80周年、中国共产党建党70周年、“九一八”事变60周年等重大历史纪念活动，在各级各类学校采取多种形式较广泛开展了“两史一情”教育，认真组织广大师生学习了江泽民总书记庆祝“七一”的重要讲话。教育广大师生从国际形势变化中，看到我们坚持四项基本原则的正确，更坚定了师生坚持党的领导、坚持走邓小平同志开创的建设有中国特色的社会主义道路的信念。高等院校进一步优化育人环境，继续深入地开展了以“五有十无”为中心内容的校风建设，并逐步向经常化、制度化、规范化阶段发展，通过检评、复查、抽查等方式，对17所高校进行了校风检查，并在全省高教工作会上表彰了8所文明学校。

1991年，全省基础教育得到充实和加强，办学条件继续得到改善。中等教育结构改革取得突破性进展，农村教育综合改革不断深化。普通高等教育在充实整顿中稳步发展，并积极参与科技兴农、科技兴企和高新科技开发、支援老区建设等，使科技直接为经济建设服务。扫盲和实用技术培训也取得新进展。各级各类教育事业的持续、稳定、协调发展，为全省教育事业的“八五”计划与十年规划的顺利实施奠定了坚实基础。一个布局比较合理，结构比较协调，适合省情特点的教育体系正在逐步形成。

基础教育

一、《中华人民共和国义务教育法》执法检查

1991年是《中华人民共和国义务教育法》颁布5周年，全国人大和省人大在全省范围内进行了《中华人民共和国义务教育法》执行情况大检查，各地本着边查边改的原则，着力解决了一些实施义务教育中存在的实际问题，有力地促进了全省义务教育的实施。

遵照全国人大常委会委员长会议关于在全国范围内检查《义务教育法》贯彻实施情况的决定精神，省人大常委会于4月15日召开主任扩大会议，作出了《关于检查<义务教育法>贯彻实施情况的决定》。决定指出了执法检查的目的和意义，并就学习、宣传、检查的重点、步骤与方法等提出了具体要求。主任会议之后，省人大常委会召开了联席会，进行动员和布置，省人大教科文卫委员会和省教委成立了省《义务教育法》执法检查办公室，整个执法检查为三个阶段：一是宣传发动阶段，时间为4月下旬到5月下旬；二是自查、互查和抽查阶段，县、乡两级大都在6月下旬完成，地（市）对县的抽查，基本在6月底或7月初结束，省对地市的抽查在9月中旬进行；三是总结整改阶段，地、市、县大都在7月底前完成，省的总结在10月下旬结束。

全省各级人大和政府在党委的领导下，每一阶段的工作都抓得紧，做得实，通过自上而下、自下而上历时6个多月的检查，基本摸清了情况，肯定了成绩，总结了经验，发现了问题，明确了方向，达到了预期的目的。这次执法检查，有以下四个特点：(1)领导重视，多方面配合。从省到乡，检查工作都在各级党委的领导下，人大牵头部署，政府组织实施，各方配合进行。各地都成立了执法检查领导小组。(2)学习宣传《义务教育法》贯穿于检查始终。各级人大和政府都重视运用各种工具，采取多种形式广泛进行学习、宣传。省教委专门拟发了义务教育宣传提纲，在全省开展了义务教育宣传月活动。(3)步骤有序，重点突出。各地在执法检查中都按省人大常委会确定的宣传发动、自查互查和抽查、总结整改三个阶段进行，采取自查与抽查相结合的办法，把重点放在自查上，放在农村实施义务教育的薄弱环节和落实义务教育的规划上。各地还结合实际，制订了具体的工作方案，使县、乡两级的自查互查，基本做到了不漏一村,不掉一校；地市进行了重点抽查。(4)查改结合，效果明显。各地在检查中，本着“边查边改”的原则，从实际出发，实事求是，既肯定成绩和经验，又提出问题，做到边查边改、边落实措施。各级政府和教育主管部门通过检查，进一步改善办学条件，使一些长期悬而未决的问题得到了解决。

10月9日至23日，以全国人大常委会教科文卫委副主任刘冰为组长的全国人大《义务教育法》检查组来赣，听取了省人大常委会和省政府的汇报，重点抽查了宜春、吉安地区和南昌市实施《义务教育法》情况，并对全省开展的执法检查提出了很好的指导意见。省人大常委会要求省政府根据全国人大检查组提出的意见和建议，拿出切实可行的具体整改措施。在省七届人大常委会25次会议上，省教委主任黄定元受省政府委托，汇报了全省贯彻落实义务教育法的21条整改措施情况。省人大常委会经认真审议省政府汇报后，作出了《关于进一步贯彻实施<义务教育法>的决定》。

《义务教育法》执法检查，有力地促进了全省义务教育的实施。到1991年底止，在基本普及小学教育的基础上，全省已有1 017个乡（镇、场）依法宣布实现初等义务教育。占全省乡镇总数的52.8%，其中25个县（市、区）已全部实现。初级中等义务教育的实施有了新的进展，全省97个乡镇实现了初级中等义务教育。中小学生流失现象已得到较好控制，初中、小学学生的辍学率分别下降到4.4%、2.26%，已控制在国家教委规定的范围以内；年巩固率分别提高到96.4%、98.3%。全省小学适龄儿童入学率继续稳定在98.2%。教学研究工作有了新进展，农村小学的复式教学研究总结了许多好的经验，得到了国家教委的好评。

二、改善中小学办学条件

中小学实验仪器装备和电化教育工作紧密配合实施义务教育步伐的需要。在全省开展了推行普及实验教学县的工作，并抓了南昌、南城、宜丰、德安4个试点县，全省出现了建设实验教学普及县的热潮。1991年全省实验室仪器总投入经费1 480余万元，共完成231所中学、3 882所小学的实验室仪器配备，其中地市自筹购买仪器经费达1 060余万元，比1990年增加了1倍，使中小学办学条件得到明显改善，有力地促进了基础教育的发展，中小学实验室“建、配、管、用”的经验得到国家教委的肯定和推广。1991年，全省开通了27个教育电视台，编制了九年制义务教育电教教材。到1991年底，全省已累计开通了49个教育电视台。

中小学校舍建设在1990年取得显著成绩的基础上，又上了一个新台阶。1991年，中小学危房改造和校园“六配套”建设继续走“依靠人民办教育，办好教育为人民”的路子，取得了新的成绩。1991年全省筹集中小学校建设资金3.99亿元，比上年增长12.07%；新建、改建、维修面积已竣工296.85万平方米，比上年增长8.91%，中小学危房比例由上年的0.62%下降到0.39%，一、二类危房已全部消除。全省累计有1 256个乡镇实现校园“六配套”，约占全省乡镇总数的67.4%。中小学教工住房列入工作重点，省政府下发了《关于加快解决学校教工住房有关问题的通知》，批转了省教委等部门《关于进一步改善城市中小学教工住房条件报告》，省教委就省政府的《通知》制订了有关实施意见，全年城区中小学建成教工住房1 236套，春节前后，全省有一大批中小学教职工喜迁新居。这项工作得到了国家教委的表扬，《中国教育报》在头版头条介绍了江西解决教职工住房的经验。

中小学勤工俭学活动出现好势头，全省已建立学生劳动基地16 973个，勤工俭学总值达34 567.1万元，比上年增长77.6%。连同高等学校，1991年全省勤工俭学产值已突破亿元大关。勤工俭学活动的广泛开展，对全面贯彻党的教育方针，加强学生的思想品德教育和劳动教育，改善办学条件，起到了重要的作用。

三、全面贯彻教育方针

(一) 加强德育工作

1991年，省教委组织开展了革命传统教育优秀论文评选活动，组织编写了《革命传统教育实践与理论探讨》一书，会同省委宣传部召开了全省中小学革命传统教育经验交流会。结合重大历史纪念活动，在广大中小学校采取多种形式广泛开展了“两史一情”教育，认真组织广大师生学习了江泽民总书记庆祝“七一”的重要讲话，在全省中学生中举行了《党在我心中》作文竞赛，评选出了一批感情真挚、叙事生动的优秀作文。

继续开展了省级“三好”学生、优秀学生干部的评选，经过层层推荐，省教委审查批准了省“三好”学生670名，其中高中337名，初中333名；省优秀学生干部97名，其中高中49名，初中48名。

(二) 艺术教育

为了更好地贯彻实施《全国学校艺术教育总体规划》，推动全省中小学校艺术教育工作的发展，省教委艺术教育委员会于4月至11月举行了江西省第二届中小学生合唱节，合唱节共分小学、初中、高中、农村、师范5个组进行，得到了各地市教育行政部门和学校的高度重视与支持。在各地市预赛的基础上经过专家认真评选，有5个队获得了一等奖，10个队获得了二等奖，11个队获得了三等奖。

（三）实行高中毕业会考

为了全面贯彻党的教育方针、克服高中教学中的严重偏科现象，减轻学生过重的学业负担，1991年，省教委先后制订和下发了《现行普通高中教学计划的调整意见》和《实施普通高中毕业生会考制度方案》。规定从1991年入学的高一新生开始，执行调整后的高中教学计划，并同步实行高中毕业会考，为全面推行高中两项改革奠定了良好的基础。

四、加强师范教育和师资队伍建设，教师队伍素质明显提高

师范院校学生的培养和中小学教师的培训工作在1991年又有新的进展，为全面提高教师队伍的整体素质，保证中小学校的教育质量提供了重要前提和保障。继1990年对全省教育学院评估后，又对全省88所教师进修学校进行了全面检查评估，促进了教师进修院校的建设。1991年，全省举办中小学校长培训班两期，培训2000多人。教师进修院校共有函授脱产生5000人，电视师范生35000人，各种短训班、继续教育试点班20000人，《专业合格证书》考生15000人。通过各种途径的培训，全省中小学师资队伍素质有了改观，中小学专任教师学历达标率得到提高。1991年，普通高、初中专任教师学历达标率由上年的35.5%、44.6%分别提高到36.77%、47.65%；职业高、初中专任教师学历达标率分别在上年18.19%、29.92%的基础上提高到18.57%和34.51%；小学专任教师学历达标率提高了7个百分点，由上年的67.1%提高到74.09%。继续招收了2400名小学民办教师和100名中学民办教师进中师学习。同时，通过"堵、招、转、辞"的规范化管理，民办教师比例逐年下降。1991年，在各地市评选、推荐的基础上，省教委组织了有关处室，经过认真的考察、评选，由省人民政府批准公布了张富等96人为第二批中小学特级教师。

职业技术教育

1991年，全省职业技术教育有较大发展。全省高中阶段的职业技术教育招生已占整个高中阶段招生数的47.97%，比1990年提高0.67个百分点；在校生所占比例也提高了0.07个百分点，达到42.52%。其中，职业中学校数379所，比1990年增加53所；在校生12.75万人，比1990年增加1.07万人；毕业生3.39万人，为社会各行各业培养了一大批中级技术人员、管理人员和城乡劳动者。

农村教育通过"三教统筹"与农科教结合，促进了当地经济与社会的发展，一批示范性职业技术学校办出了特色。一些普通中学引进职教因素，进行"3+1"试点，为当地经济建设与社会发展培养了大量实用型人才，涌现出象弋阳县烈桥乡初中、宜丰县新庄乡初中等一批先进典型。在国家教委1991年工作会议上，副省长陈癸尊介绍了全省实行三教统筹、农科教结合，改革农村教育，促使教育为当地经济建设服务，办好教育为人民的经验。

一、召开了全省职业技术教育工作会议

7月11日－14日，省教委、计委、劳动、人事、财政等部门联合在南昌召开了全省职业技术教育工作会议。省委副书记、省长吴官正、副省长陈癸尊、省人大副主任裴德安、省政协副主席金立强等先后到会。国家教委副主任柳斌也到会作了重要讲话。

会议传达贯彻了全国职业技术教育工作会议精神，总结了10年来全省发展职业教育的经验，确定了今后职业技术教育发展的工作方针和任务。会上，省长吴官正就发展职业技术教育，对各级党委和政府提出了明确的要求。要求各级党委和政府提高对职业技术教育工作的认识，要把职业技术教育列入各级党委政府的重要议事日程，采取有力措施，象抓中小学危房改造那样抓好职业技术教育工作，使全省职业技术教育有一个大的发展。

会议提出“八五”期间全省职业技术教育的发展方针为：积极发展、巩固提高、注重实效。会议强调，要充分调动社会各方面的办学积极性，逐步形成全社会办职业技术教育的局面。发展职业技术教育的主要责任在地方，关键在县、市、区，上级各有关部门要给地方政府必要的统筹和决策权，要支持他们办好职业技术教育，要保护各地的办学积极性。要通过10年努力，使全省的职业技术教育形成从初级到高级、行业配套、结构合理、形式多样又能与其它教育相互沟通、协调发展的职业技术教育体系。

会上宣布成立了江西省职业技术教育工作协调领导小组，由副省长陈癸尊任组长，教委、劳动厅、人事厅、财政厅、科委、农办、农牧渔业厅、林业厅等部门负责同志为领导小组成员。并联合表彰了30个全省职业技术教育先进单位，省教委表彰了30个先进单位和147名先进工作者。还为6个受全国表彰的职业技术教育先进单位，3个科技兴农先进学校和10名先进工作者发了奖。

二、省级重点职业中学建设

1991年11月4日至7日，在奉新县召开了全省示范性职业中学校长座谈会，首批21所示范性职业中学和34所办得较好的职业中学校长参加了座谈会，会上总结了省示范性职中办学经验，明确了今后的办学方向。根据国家教委有关文件精神，经各地市人民政府申报，省人民政府审查、批准，南昌市第一职业中学、景德镇市陶瓷职业技术高中、萍乡市宣风职业中学、崇义县农林技术学校、泰和县职业技术高级中学、奉新县冶城职业中学、弋阳县农业技术学校等7所学校被国家教委认定为省级重点职业高级中学。

三、开展对中专学校合格评估工作

全省中专学校合格评估工作，按照国家教委《关于开展普通中等专业学校教育评估工作的通知》精神和国家教委有关会议的统一部署进行，历时6个月。6月12日，省教委在南昌铁路机械学校召开了全省中等专业学校教育评估工作会议。会议明确了评估工作的目的、意义，讨论通过了《江西省中专学校合格评估指标体系》，部署了中专学校合格评估任务。会上，成立了全省中专评估工作领导小组，省教委副主任倪少成任组长，省政府办公厅、省教委、省计委、省财政厅等有关部门领导任副组长。在全省72所普通中专学校中，由部委直接进行合格评估的部属学校3所；已由农业部、国家体委、公安部分别进行了评估的省、地（市）属学校11所；办学水平综合评估试点，免去合格评估的3所；没有校舍，暂不评估的3所；与大专联合办学，暂缓评估的4所；待另定标准评估的文艺学校1所；尚未达评估年限的新校7所；未招生学校2所；其余38所学校参加了省合格评估。

至11月底，首批38所受评中专学校，按照国家教委职教司发布的《普通中专合格标准和基本合格标准》，结合实际情况，最后评估结果为：合格学校16所，基本合格学校13所，暂缓通过3所，不合格学校6

所，合格和基本合格学校 29 所，占参评学校的 76.3%，暂缓和不合格学校 9 所，占参评学校的 23.7%。

四、召开全省中专思想政治工作会议

为了贯彻落实全国中等职业技术学校德育工作会议精神，改进和加强中专德育工作，12 月省教委、省委宣传部联合召开了全省中专思想政治工作会议。各中专学校及其主管部门科教处、地（市）委宣传部、地（市）教育局的负责同志参加了会议。会上表彰了思想政治工作先进集体 9 个，先进个人 18 名。会议讨论修改了《进一步加强和改进我省中等职业技术学校思想政治工作的意见》。江西银行学校、电力学校、樟树农校、萍乡煤校、第一林业学校、上饶地区卫生学校在会上介绍了经验。

五、抓农村教育综合改革工作

为加强农村教育综合改革实验工作，8 月 12 日，省教委成立了农村教育综合改革实验县和“燎原计划”工作领导小组。省教委主任黄定元任组长，副主任周绍森、倪少成任副组长。职教、普教、成教、计财等处室负责同志为成员。11 月 7 日至 20 日，国家教委农村教改实验县工作检查组对宜丰、弋阳、宁冈、井冈山等 4 个全国农村教改实验县进行了工作检查。

高 等 教 育

1991 年，普通高等教育贯彻“坚持方向，稳定规模，优化结构，深化改革，改善条件，提高质量”的方针，在充实整顿中稳步发展。1991 年，在原有工作的基础上，经过调查研究和反复论证，提出了高校充实调整方案，并着手在学校布局、专业设置上进行调整、充实工作，旨在教育结构不断合理的基础上争取办学质量和效益的提高。高校招生分配进一步深化改革。高考招生逐步走上了考试标准化、手段科学化、工作法制化的轨道。毕业生分配坚持以计划为主的统一分配政策，与劳动人事、工资制度改革配套进行。在招生、分配制度的改革上，不断寻求人才通向农村、基层和经济建设最需要的地方的路子。

一、坚持德育放在首位

1991 年，全省高等学校进一步坚持了社会主义办学方向，健全了政治工作责任制，加强了学生思想政治工作。普遍开展坚定社会主义信念、反对和平演变的教育，组织广大学生深入学习《关于社会主义若干问题学习纲要》和江泽民总书记庆祝“七一”的讲话，并在《纲要》学习结束后，组织全省 4 万名高校学生参加以《纲要》为主要内容的全省统考。通过学习，提高了学生的思想认识，振奋了革命精神，同时促进了马列主义理论课和思想政治教育课的建设。学生自觉开展的“学马列、读好书”、“学雷锋、创新风”活动，在 1990 年的基础上有了新的发展，一个良好的政治空气正在高校形成。在学生中要求入党的人数不断增加，据统计，到 11 月底为止，全省高校有 6 千余名学生向党组织递交了入党申请书，其中已有 570 余人光荣加入了中国共产党。

高校社会实践工作有了加强，学生参加暑假社会实践活动人数之多、效果之好也是空前少有的。很多学校学生参加暑期社会实践的人数达到 90%以上，有的学校甚至达到 98%以上。江西农业大学组织 2200 余名学生在 40 多位教师、干部带领下，分赴全省90个县市、412个乡镇、1 200个村庄，开展以"追寻红军足迹、向工农兵学习、坚定社会主义信念"为主题的社会实践活动，在社会实践中，师生参加了抗旱救灾劳动，为2 000多名农民解答了生产难题，写出了2 326篇调查报告和体会文章。

为了更好地掌握高校学生的思想状况，探索高校德育规律，改进和加强高校学生思想政治工作，在省委宣传部、省教委领导下，成立了"江西省大学生思想状况调查与研究"课题组，对20所高校的3 000名学生进行了问卷调查研究。经过半年多的工作，汇集了大量数据和情况，写出了一批研究论文，为今后做好学生思想政治教育工作提供了大量有价值的信息、资料和较为可靠的依据。

二、继续开展校风建设

1991年全省高校校风建设有了新的进展。绝大多数学校对校风建设更为重视，作为学校重点工作来抓，健全组织，制订计划，采取措施，讲究实效，逐步向校风建设经常化、制度化、规范化方向发展。

省委宣传部、省教委在总结前几年校风建设经验的基础上，制订了《江西省普通高等学校校风建设基本标准》，经过几上几下征求意见、反复研究修改后，于1991年11月正式下达高等学校。要求学校结合本校实际情况，制订实施方案，按《基本标准》进行校风建设。并计划用三年时间对全省每所高校进行一次校风建设"达标"检查评估。校风建设检查评估分为优秀、通过、暂缓通过三等。对提出申请、通过检查评估符合基本标准的学校，颁发"江西高校校风建设文明单位"匾牌；对已通过并获得优秀成绩的学校，予以奖励；对暂缓通过的学校，延至下次再行检查评估，问题严重的予以通报批评，促其尽快达到基本标准；对已通过和获奖的学校，下一年度仍要抽查，如不符合文明单位称号的，则要取下牌子，限期整改。

1991年12月，分别不同情况，采取检评、复查、抽查三种方式，对17所高校校风建设进行了检查评估。江西农业大学、九江师专、江西财经学院、抚州师专、南昌航空工业学院、宜春师专、华东地质学院、江西医学院等8所学校已达到基本标准，由省委宣传部、省教委颁发了"江西高校校风建设文明单位"铜匾。

三、搞好教学科研工作

1991年在继续开展教育思想、教学内容和教学方法的改革中，重点抓了课程建设。高校普遍把课程建设作为提高教学质量的基本建设来抓，确定了一批重点课程，增加了课程建设的投入，进行了课程评估，有的学校还作出了课程建设十年规划，有计划有步骤地进行课程建设。省教委继续重点抓了马列主义理论课、大学外语和高等数学等课程的建设，促使教学质量不断提高。全省高校学生参加全国英语四级考试，1985级学生通过率仅8.8%，1988级学生通过率达到34.5%，1989级学生（1991年考试主要对象）通过率上升到38.8%。

根据省高教"八五"规划，一个重点是实施高校"441"工程，即集中力量建设好四个省重点专业（学科），组织4个新兴学科科研课题联合攻关，培养一支较高水平的中青年教师骨干队伍；一个重点是实施科技兴赣"杜鹃花"计划。1991年经过组织专家评审，已确定江西大学生物（动物）专业、江西工业大学锻压工艺及设备（金属塑性加工）专业、江西农业大学作物学（作物栽培与耕作学）专业、江西师范大学化学（有机化学）专业为重点建设的专业；江西大学的物理化学中稀土催化，江西工业大学的固体力学中非线性连续介质力学和计算结构力学，江西农业大学的动物生产学中畜品种优化、产品深度加工和集约化生产工艺，江西师范大学有机化学中高分子合成材料，为新兴学科的科研攻关方向。省教委要求通过五年的努力，使这些重点专业（学科）达到国内同类专业（学科）的先进水平。

1991年开始实施“杜鹃花”计划以后，已取得明显成效。据不完全统计，全省高校在1991年科技兴农、科技兴企的项目有近80项，为农村培训技术人才4 600余人次。全年通过鉴定的科研成果有128项，已获得国家科技进步奖1项、国家发明奖1项、中央部委科技进步奖16项、省科技进步奖20项，省教委还表彰了高校优秀社会科学研究成果96项和优秀科技成果22项。

四、充实整顿高等学校

根据国家教委的部署，1991年在充分征求各方面意见的基础上，进一步修订了《江西普通高等学校充实整顿方案》，经省人民政府同意后开始实施。对达到标准的6所学校，进一步充实和改善了办学条件；对师资已达标、校舍（土地）未达标的12所学校，省直接拨款的均已增加了投资，部门或地市主管的，督促主管部门采取相应措施、限期达标；对办学条件均未达标的5所短期职业大学，其中3所由主管地市增加基建、设备投资，力争1992年条件成熟后，报批高等专科学校，1所改为二级学院，1所拟予撤消。通过充实整顿，使全省高校布局趋于合理，办学条件得到较快改善，为今后高等教育发展创造了有利条件。

五、加强教师队伍建设

全省高校对教书育人工作很重视，采取措施在教师中广泛开展教书育人活动，取得了较好的效果。省委宣传部、省教委、省教育工会为了进一步推动教书育人工作，在1991年教师节联合表彰了10个教书育人先进集体和40名教书育人先进个人，并组织教书育人先进事迹报告团到全省高校巡回演讲，在高校产生了良好的影响。省教委还表彰了一批优秀班主任和班主任工作先进单位；又与省电视台联合拍摄了电视系列片《高校人杰录》，宣传一批老教授教书育人、为人师表和献身教育事业的先进事迹，激励和教育了广大中青年教师。

根据“441”工程的要求，省教委已着手建立130名中青年骨干教师档案，采取一些优惠政策鼓励他们尽快成长。对35岁以下优秀骨干教师晋升副教授，40岁以下优秀骨干教师晋升教授，一律不占学校的指标，促进优秀中青年教师脱颖而出。除已设“高校优秀教学成果奖”外，从1991年起又设立了“高校优秀教材奖”，并在全省高校评选出10本优秀教材，以充分调动教师积极性。

江西省始终把青年教师的培养作为一项战略任务来抓。1991年，省教委又表彰了29名高校优秀青年教师和6所在青年教师工作中做出显著成绩的高校，并着力抓了高校青年教师岗位培训工作，组织编写、出版了高等教育学、大学班主任工作、大学教学理论与方法、大学生心理学等4门课的培训教材，采取多种形式进行培训，到年底止，全省共完成了2 425名高校青年教师岗位培训任务。

六、改善高校办学条件

1991年全省高校事业经费有所增加，生均经费为2 151.81元，比上年生均经费增加49.5元；生均公用经费972.56元，比上年生均公用经费增加25.79元。江西省高校生均经费为1990年全国高校生均经费的70%。

1991年基建投资增长幅度较大，包括中央补助、省财政拨款、地市及学校自筹在内，共投资3 466.6万元，比上年高校基建投资增加824.6万元，增长31.2%。由于省政府实行了减免税费政策，采取了财政拨款、学校自筹、教工集资等多种渠道筹集建房资金，在解决教工住房问题上取得了可喜成绩。据统计，全年筹集建房资金 2 065 万元，动工兴建教工宿舍 10.68 万平方米，已竣工 6 万余平方米，解决了近千户教工住房问题。

1991 年高校仪器设备也得到充实，由上年 83 902 台件，价值 13 135 万元，分别增加到 88 503 台件，价值 13 414 万元。图书馆藏书由上年 981.3 万册，增加到 1 006.2 万册。

成人教育

江西省成人教育逐步转向以岗位培训为重点的轨道，对成人学历教育实行控制规模，注重提高质量，大力开展扫盲和实用技术培训成为 1991 年全省成人教育工作的主旋律。

一、农民教育

(一) 坚持不懈地抓紧抓实扫盲工作

1991 年 4 月，省政府发出《关于继续做好扫盲工作的通知》，要求全省组织 35 万人参加扫盲学习，确保脱盲 15 万、力争 20 万（其中妇女脱盲 10 万人)。同时，对 1990 年脱盲的 20 万人要继续组织其学习，巩固提高。根据省政府要求，各地（市）先后召开了扫盲工作会议，下发文件，将扫盲任务层层分解，落实到人；继续将扫盲工作列入各级政府目标管理，建立“双线承包”责任制，动员各方面的力量特别是组织农村中小学师生参加扫盲工作，采取集中办班、分散教学、送字上门、包教保学等多种形式开展扫盲工作。万载县还进行了“安子介现代千字文扫盲教育”试点工作，参加实验班学习的 20 名学员（其中妇女 8 人)，经过 20 天时间的汉字集中学习和语言训练，能读报纸、念文件、看广告、写简单的条据。北京国际汉字研究会还派人专程到万载县实验班考察，当场对脱盲人员进行了考核，结果全部及格，其中优秀率 55%。据 11 个地市上报数统计，1991 年 1～12 月全省共组织 35 万人参加扫盲学习，脱盲 28 万（其中妇女脱盲 14.6 万人)，超额完成省政府下达任务的 40%。

增加投入，为扫盲和农村成人教育创造条件。为了增加对扫盲和农村成人教育的投入，主要抓了三件事。一是增加经费投入，要求各地认真落实省教委、省财政厅关于筹集农民教育经费的若干规定，1991 年全省用于扫盲和农村成人教育的经费达 340 万元。二是编写了《江西省农民文化技术课本》（上、下册)，上册供扫盲对象学习使用，已出书；下册为脱盲后的巩固提高教材，完成了初稿的编写工作。三是加强师资培训工作，6 月和 9 月，省教委分别派出部分扫盲专职干部和教师，参加中央教科所、国家教委举办的培训班学习；各地市还先后组织所辖县（区）教育局成教股长及部分乡镇的扫盲专干进行培训。

进行考核、验收，确保扫盲质量。1991 年 9 月省教委发出《关于做好 1991 年农村个人脱盲考核工作的通知》，同时，制定了《江西省农村个人脱盲标准及考核内容要求》以及江西省农村个人脱盲考试试卷（样卷)。按照省教委要求，各地认真组织脱盲人员进行了考核。县教育局会同有关部门对扫盲工作进行了抽查。在各县进行自查的基础上，全省 11 个地市有 9 个地市组织力量对本地市 1991 年的扫盲工作进行了检查，通过检查和评比，表彰了一批扫盲工作先进集体和先进个人。此外，赣州市人民政府、万载县人民政府、新干县金川镇农民文化技术学校、新余市渝水区姚家村农民夜校，由于扫盲工作成绩显著，被评为全国扫除文盲先进单位；南昌县塔城乡中心小学教师万洪文、赣县五云乡五云村农民赖宗林，被评为扫盲先进个人，受到国家教委表彰。

(二) 抓好脱盲后的巩固提高工作，积极开展农村适用技术培训

全省乡（镇）、村农民文化技术学校得到进一步发展，全省现有乡（镇）农民文化技术学校 1 472 所，村级农民夜校（班）11 125 所（个）。全省各地以乡（镇）、村农民文化技术学校为主要阵地，组织农民学文化、学技术，在 1990 年脱盲的 20 万人中，组织了 14 万人参加巩固提高学习；100 万人（次）接受了各种形式的农村适用技术培训，大面积提高了广大农民的文化素质和科技水平。

二、成人中等教育

(一) 改革成人中专招生

为了适应农村建设的需要，省教委作出规定：从 1991 年起对高中毕业的农村回乡知青报考农业类成人中专学校（含广播电视中专农业类专业）的考生实行免试入学，为成人中专教育面向农村开辟了新路。此外，根据全省经济发展的需要，对部分专业进行了调整，增设了电器修理、服装等应用性专业。为了提高生源质量，省教委有关部门编写出版了成人中专考试复习资料。

(二) 加强教学管理

为加强教学管理，提高教育质量，对全省成人中专学校进行了抽查考试。共抽查了 5 360 名学员，考试合格率达到 79.3%。抽查了中专专业证书班学员近 200 人，合格率达 76.5%。并对 1988 年以来省教委组织的历次抽查考试进行了统计分析，并就抽考情况和问题发了通报。同时，组织审订了 1991 年招生的各专业教学计划 71 个，增设了思想品德教育课。各成人中专教学协作组还开展了各种教学研究活动，修订了部分普通课教学大纲。

(三) 对成人中专学校进行评估

在对现有成人中专学校摸底的基础上，根据国家教委《关于开展成人中专评估工作的通知》，制定了《江西省成人中专评估指标体系》。召开了各地（市）教育局参加的成人中专评估工作会议，研究了贯彻办法。转发了国家教委关于开展成人中专评估的文件，并提出了江西省成人中专评估工作的步骤、方法。确定从 6 月起，对省政府批准的 55 所独立设置的成人中专开始评估，到 11 月中旬以前各校完成申请、自评，12 月起进入评估阶段。

(四) 理顺成人中学的管理体制

全省现有职工学校（成人中学）206 所，在校学员 21 529 人。为了加强地方政府对成人中等学校的管理，省教委制定了关于审批成人中学及验印的办法。规定从 1991 年起，成人高中、初中分别归口到地（市）或县教育行政部门审批。成人高中学生入学及毕业考试由地（市）教育部门组织。毕业证书由地（市）教育部门验印。

三、成人高等教育

(一) 普通高等学校成人教育治理整顿工作结束

江西省有普通高等学校 22 所。其中举办函授、夜大学的有 7 所，共设函授专业 37 个，夜大学专业 43 个，在校生 9 281 人。根据国家教委《关于普通高等学校成人教育治理整顿工作的若干意见》，从 1990 年 6 月开始对省属普通高等学校的成人教育进行治理整顿。各校自查工作结束以后，1991 年 9 月省教委抽调人员分成三组逐校进行验收。

(二) 加强管理干部学院、职工大学、职工业余大学的建设，改善办学条件

1991 年，省教委制定了《江西管理干部学院、职工大学、职工业余大学设置标准(征求意见稿)》，对管理干部学院、职工大学、职工业余大学的办学条件，如规模、师资、校舍面积、图书、实验设备等提出了要求。各校根据《设置标准》，制定"达标"方案。其中，南昌市工人业余大学已集资 170 万元兴建教学大楼，宜春市职工业余大学集资 40 余万元兴建教学大楼，江西经济管理干部学院造价达 900 万元的教学办公综合大楼也即将竣工。

(三) 对成人高等教育《专业证书》教学进行复查清理

根据国家教委、人事部《关于成人高等教育试行"专业证书"制度的若干规定》，省教委会同省人事厅于 1988 年开始在部分厅局、学校试办专业证书班。1988 年至 1990 年共批准 45 个厅 (局)、32 个学校试办 160 多个专业证书班，共招学员 7 007 人。

为了确保成人高等教育的规格，根据国家教委、人事部《关于成人高等教育<专业证书>教学班复查清理工作的通知》精神，在 45 个厅 (局) 对专业证书班自查的基础上，省教委、省人事厅从部分厅局、学校抽调人员进行复查验收。重点对办班审批手续、入学条件、教学质量等方面进行检查。对于少数不合条件的学员及时进行了处理。

(四) 继续开展成人高校校风建设

1991 年 6 月省教委召开了全省成人高校校风建设研讨会。对 1990 年制订的评估标准进行了修订。同时，检查办法也由 1990 年以前统一检查改为先由学校申报的方法。检查结果分优秀、基本通过、暂缓通过三个等级。对往年已经评为先进的学校进行复查。如发现退步者，则要求限期整改或取消先进称号。对未申报检查的学校，则进行重点抽查。

年底，省教委在学校申请检查的基础上，对部分学校进行了检查，对 1990 年被评为校风建设先进单位学校进行了复查。检评结果，江西电力职工大学、江西机械职工大学、新余钢铁总厂职工大学、吉安地区职工大学被评为 1991 年度全省校风建设先进单位。1990 年被评为校风建设先进单位的江西行政管理干部学院、江南财经管理干部学院、南昌飞机制造公司工学院继续保持全省校风建设先进单位称号。

(五) 审订教学计划，对部分课程进行了抽查考试

1991 年对全省各类成人高校 116 个专业教学计划进行了审订备案工作。编写了《共产主义品德教程纲要》。

为了检查教学计划执行情况，省教委对普通高校夜大学、管理干部学院、职工大学、业余大学各专业所开课程进行了抽考。参加抽考的学历教育班有 103 个，计 3 268 人，专业证书班有 67 个，计 2 534 人，共抽考 81 门课程。学历教育、专业证书教育的及格率分别为 75.7%、84.4%。

四、社会力量办学

1991 年 4 月，召开了全省社会力量办学研讨会。会议收到论文 30 余篇。交流了全省社会力量办学 10 年来所取得的成绩，研究了当前存在的问题。

对民办高等学校的办学情况进行了调查。全省现有民办高校 5 所。办学形式有全日制、业余、函授三种。1991 年招生数达 5 078 人；其中，职业教育 1 091 人，继续教育 3 987 人。学制均在 1 年半以内，学习期满成绩合格者颁发结业证书。国家不承认学历，不包分配。

1991 年 10 月，省教委、省公安厅转发了国家教委、公安部发布的《社会力量办学

印章管理暂行规定》。要求省属社会力量办学的各级各类学校和教育培训机构进行登记，按《规定》的要求重新刻制新印章。并对这些学校和培训机构，颁发由省教委统一印制的"江西省社会力量办学许可证"。

撰稿人 胡 军 何少加 邓 弘
梁必骞 钟显东 张莱宗
傅小军
审稿人 黄定元 周绍森 倪少成
胡寿根 李国祥

山东省教育

综　述

一、1991年教育事业发展概况

1991年是“八五”计划的第一年，山东省教育工作全面贯彻党和国家的教育方针，落实“科教兴鲁”的战略决策，在治理整顿的基础上深化教育和内部管理改革，各级各类教育事业稳步发展，教育质量和办学效益进一步提高，在教育为经济建设服务方面迈出了新的步伐。

1991年各级普通学校基本情况

单位：人

学校类别	学校数（所）	毕业生数	招生数	在校学生数	教职工数	
					计	其中专任教师
一、普通高等学校	49	35 202	36 761	109 094	46 839	17 825
研究生		702	694	2 001		1 317
本　科		15 251	15 946	64 341		
专　科		19 249	20 121	42 752		
二、中等专业学校	240	45 259	52 092	155 092	31 842	15 617
中等技术学校	172	28 384	36 336	110 814	24 129	11 532
中等师范学校	68	16 875	15 756	44 278	7 713	4 085
三、普通中学	6 310	1 152 984	1 291 702	3 729 801	329 927	253 428
高　中	650	153 951	163 967	482 352		38 695
初　中	5 660	999 033	1 127 735	3 247 449		214 733
四、农业、职业中学	562	79 815	120 287	276 294	33 497	20 664
高　中	500	75 606	113 019	259 148		19 268
初　中	62	4 209	7 268	17 146		1 396
五、工读学校						
六、小　学	59 976	1 438 463	1 569 866	8 151 472	447 368	414 924
七、特殊教育学校	99	739	2 297	9 194	2 690	1 728
八、幼　儿　园	38 512			2 319 440	114 303	96 129

制表人　王景华

1991年 各级成人学校基本情况　　单位：人

学校类别	学校数(所)	毕业生数	招生数	在校学生数	教职工数 计	教职工数 其中专任教师
一、成人高等学校	54	40 382	26 409	104 560	12 669	4 926
广播电视大学	2	11 980	6 042	29 242	4 215	1 576
职工高等学校	30	2 870	3 621	11 093	4 643	1 692
农民高等学校	1					
管理干部学院	5	964	1 229	3 701	1 190	405
教育学院	16	8 806	4 440	15 913	2 621	1 253
独立函授学院						
普通高校举办						
函授部	(34)	12 642	8 842	35 410		
夜大学	(32)	2 645	2 195	8 992		
干部专修科		475	40	209		
二、成人中等专业学校	356	66 103	90 895	232 549	18 516	9 174
广播电视中专	2	1 334	793	2 440	57	17
干部中专	22	1 781	2 802	6 441	721	383
职工中专	178	36 492	70 000	170 000	10 709	5 246
农民中专	32	2 764	6 010	13 277	1 293	782
教师进修学校	122	23 732	11 290	40 391	5 736	2 746
三、成人中学	119	13 595	12 463	22 005	668	272
职工中学	55	10 820	9 077	16 023	362	87
农民中学	64	2 775	3 386	5 982	306	185
四、成人技术培训学校	30 914	3 036 560	2 710 212	2 928 030	39 138	14 084
职工技术培训学校	312	159 177	88 954	118 466	2 400	1 417
农民技术培训学校	30 602	2 877 383	2 621 258	2 809 564	36 738	12 667
五、成人初等学校	21 566	480 311	459 233	522 513	17 116	4 699
职工初等学校	487	13 550	14 080	16 513	641	223
农民初等学校	21 079	466 761	445 153	506 000	16 475	4 476
其中：扫盲班	17 666	338 397	297 596	329 546	13 070	3 582

制表人　王景华

1991年，全省适龄儿童入学率为98.44%，巩固率为98.12%，小学毕业升初中的比例为78.9%。全省99.4%的乡镇依法实施了义务教育，其中实施初中阶段义务教育的乡镇已占总数的23%。各类高中阶段职业技术教育在校生占高中阶段学生的比例为52.6%。全省普通高校中，省属高校38所，在校生7.46万人；中央部委属院校11所，在校生3.44万人。1991年，全省农村青壮年非文盲率已达94%。

二、召开全省教育工作会议和全省职业技术教育工作会议

为贯彻全国职业技术教育工作会议和国家教委1991年工作会议精神，1991年4月1日至4日，山东省人民政府在济南召开全省教育工作会议。同时省教委、省计委、省劳动局、省人事局、省财政厅联合召开了全省职业技术教育工作会议。会上，副省长宋法棠作了题为"深入贯彻'科教兴鲁'战略方针，把我省教育提高到一个新水平"的讲话；中顾委委员苏毅然作了题为"迎接职业技术教育新阶段"的报告，省委副书记高昌礼作了会议总结。会议期间，省委书记姜春云在听取了省教委关于会议情况的汇报后，对教育工作发表了重要意见。

会议以中共十三届七中全会和省委五届六次会议精神为指导，认真研究讨论了《山东省教育事业"八五"计划和十年规划（草案)》、《山东省人民政府关于大力发展职业技术教育的决定（讨论稿)》、《山东省职业技术教育事业十年规划和"八五"计划要点》和《关于加强中小学管理的意见》。会上，省政府有关部门的负责同志分别部署了1991年的教育工作。还对职业技术教育先进单位、先进个人，高校科研工作先进单位、先进个人和第二批城镇校舍验收合格单位进行了表彰奖励。

三、学校德育和思想政治工作得到了普遍加强

1991年，根据省委的统一部署，全省各级各类学校普遍开展了社会主义教育活动，结合纪念辛亥革命80周年、中国共产党建党70周年、"九·一八"事变60周年，广泛开展了爱国主义教育和革命传统教育，坚定了广大干部师生建设有中国特色社会主义的信念。

加强了中国近现代史和国情教育。制定了中小学开展近现代史和国情教育的具体意见，编写了国情教育读本，在全省推广了国情教育试点经验。各地、各学校还普遍开展了学雷锋、学赖宁活动。

普通高等学校加强了马克思主义理论教育。拟定了关于进一步加强和改革马克思主义理论课教学的实施意见，结合反对资产阶级自由化教育，有重点地对哲学、社会科学课程教材和报刊进行了清理。重视加强了学校政工队伍和马克思主义理论队伍的建设。

全省大中专学校和普通中学普遍开展了学生的社会实践活动，根据专业培养目标和基本规格要求，将教学实习和社会实践列入教学计划。校内实践性教学环节进一步加强，实验课开出率逐年提高。为促进高等学校社会实践活动的开展，省政府制定发布了《山东省普通高等学校学生校外实习和社会实践的暂行规定》，全省建立起高校实践基地800多个。中小学教学、劳动和社会实践基地建设也有了新的进展。

四、多渠道筹措教育经费，办学条件进一步改善

坚持多渠道筹措教育经费，增加教育投入。1991年，全省教育事业费支出21.8亿元，比上一年增长9.47%，高于经常性财政支出的增长比例。计划安排预算内教育基建投资比上年也有所增加。城乡教育费附加征收数额为9.2亿元，比上年增长20%。城镇中小学校舍改造有较大进展，全省已有

55个县市区和1个市区单位完成了城镇校舍改造任务。高校青年教师住房建设速度加快，全年累计完成投资2049万元，施工面积8.3万平方米，年内竣工面积2.7万平方米。

五、教育为经济建设服务迈出了新步伐

积极组织高校科技力量进入经济建设主战场，参与产业结构调整，促进企业技术进步，参加经济开发区和高新技术园区建设，参加黄淮海平原农业开发和科技扶贫，大大加强了高校与社会的联系、与企业的横向联合。1991年全省高校共取得自然科学重要技术成果451项，其中具有国际先进水平的60项，属于国内首创的142项，达到国内先进水平的199项。有14项重大成果分别获得国家自然科学奖、发明奖、科技进步奖和星火奖；120多项成果获得省部级科技进步奖。推广科技成果近200项，累计新增产值7.2亿元。

县以下教育通过实施“燎原计划”，促进了教育与经济协调发展，全省已建立64个“燎原计划”示范县和400个“燎原计划”示范乡。举办扫盲班（组）3.5万个，有45.7万人参加了学习，利用乡（镇）、村农民文化技术学校举办长班培训学员89万人，通过举办实用技术短训班培训学员200万人次。有250万农民在村级农民文化技术夜校接受了文化技术培训，大大提高了广大劳动者的文化和科学技术素质。

六、制订山东省教育事业“八五”计划和十年规划

根据全省“八五”计划和十年规划的要求，省教委从全省教育工作的实际和经济建设的需要出发，在认真调查研究、广泛征求意见的基础上，于1991年9月制订完成了《山东省教育事业“八五”计划和十年规划》。

规划对“七五”教育计划的执行情况进行了总结。指出：“七五”期间，全省教育工作取得了巨大成就，各级各类教育事业稳步发展；教育改革不断深化，进一步明确了教育为社会主义建设服务的方向；师资队伍建设取得一定成效；多渠道筹措教育经费，办学条件明显改善。

“八五”期间各类教育事业的发展指标是：

1.小学入学率、巩固率、毕业率分别达到99%、98.1%、98.8%，比1990年提高0.4、0.2、0.5个百分点，在校生820万人。初中招生130万人，在校生达到380万人，比1990年增加60万人，平均年递增3.5%。小学毕业升学率达到88%。全省70%的乡镇实施九年制义务教育。普通高中招生16万人左右，在校生达到50万人。

2.职业中学招生12万人，在校生达到30万人，比1990年增加6.76万人，平均年递增5.24%。普通中专招生6万人，在校生达到18万人，比1990年增加3.15万人，平均年递增3.92%。各类中等职业技术教育在校生占高中阶段在校生的比例达到55%。

3.普通高等学校招生4.1万人，在校生12万人，比1990年增加1.21万人，平均年递增2.15%。

4.成人高等教育招生3.3万人，在校生12万人。成人中等教育招生8万人，在校生22万人。专业证书和岗位培训五年共培训600万人次，扫除文盲100万人。

规划对全省今后10年教育发展总的要求是，到本世纪末，基本建立适应社会主义现代化需要，面向21世纪，具有中国特色符合山东实际的社会主义教育体系的基本框架。全省实现九年义务教育，城市、县镇普及高中教育；发展职业技术教育，使农村新增劳动力接受不同年限的职业技术教育和培训；高等教育持续稳步发展，形成适应社会主义现代化建设需要的完整体系；成人教育建立起面向现代工业经济发展，学科门类齐全，服务范围广，适应能力强的培训体系，全省扫除青壮年文盲；各级教师队伍都达到具有良好政治业务素质；教育经费建立起以国家拨款为主，渠道多样，稳定可靠，满足需要的体制，各级各类学校办学条件、教学手段标准化，学校管理规范化。

基础教育

一、扎扎实实地推进义务教育的实施

《中华人民共和国义务教育法》颁布以来，山东省进行了认真的宣传贯彻，制定了实施办法和实施规划，进行了大量卓有成效的工作，全省初步建立起一整套义务教育的运行机制，有效地促进了义务教育的实施。

一是宣传教育机制。全省上下运用各种舆论工具和宣传形式，大张旗鼓地宣传《义务教育法》。各地把学习《义务教育法》列为干部学法的重要内容，纳入普法规划，努力使《义务教育法》家喻户晓，增强了全社会依法治教的观念。二是法规制度机制。山东省人大、政府先后制定了《山东省实施＜中华人民共和国义务教育法＞办法》、《山东省县（市、区）和乡（镇）义务教育的实施程序》等一系列法规制度。全省上下建立了比较完整的义务教育档案制度、适龄儿童依法入学制度、学生辍学报告制度、义务教育证书制度、督导评估制度等，规范和保证了义务教育工作的实施。三是目标责任机制。各级政府负责人把实施义务教育列为任期目标，作为考核干部政绩的重要内容，层层签订了义务教育责任书，把义务教育的法律责任落实到政府、社会、学校、家长各个方面，确保按期完成。四是督导评估机制。山东各级人大、政府，每年都对义务教育进行督导视察，发布评估通报。通过制度化的督导评估，使义务教育实施水平不断提高。五是奖惩激励机制。各级政府每年对实施义务教育成绩突出的单位和个人进行表彰奖励；对实施不利的进行批评；对造成失误的追究有关人员的责任。

由于建立有效的运行机制，全省义务教育工作进展较快。1991 年，全省又有 403 个乡镇实现了初等义务教育，覆盖人口 1 330 万人；有 35 个乡镇实现了初级中等义务教育，覆盖人口 92.8 万人。高密县率先在全省以县级为单位，实现了初等义务教育，并经县人民政府审查后，省教委复评批准，予以公布。

1991 年底统计，山东全省除微山湖区和临沂地区比较贫困的 10 个乡镇外，全省 2 457 个具有办学职能的乡镇和街道办事处，已有 2 443 个宣布实施了不同年限的义务教育，占乡镇总数的 99.4%，其中有 569 个乡镇宣布实施初级中等义务教育，占乡镇总数的 23.2%。

二、实行普通高中毕业会考

为了全面贯彻教育方针，落实高中教学计划，加强教学管理，克服文理偏科现象，全面提高教学质量，山东省根据国家教委《关于在普通高中实行毕业会考制度的意见》，确定自 1991 年秋季入学的高中一年级开始，在全省实行普通高中毕业会考制度。为此，山东省教委于 1991 年 11 月 25 日，发出《山东省普通高中毕业会考实施意见》，对会考工作的指导思想、组织领导、方法步骤、管理等作出明确规定，提出具体要求。

会考工作指导思想，一是有利于全面贯彻教育方针，加强学校管理，大面积提高教学质量；二是有利于减轻学生负担，促进学生德、智、体诸方面协调发展；三是在保证学生知识结构合理的基础上，有利于学生爱好特长的发展；四是使普通高中的教学质量有一个比较统一的衡量标准，在较大区域内具有可比性；五是有利于为高校输送具有坚实基础知识，又具备专业培养素质的合格新生。

普通高中毕业会考，由省教委统一组织领导，市（地）、县（市、区）分工协作，共同实施。

三、教育改革取得明显进展

农村中小学内部管理体制改革试点逐步扩大。惠民地区实行的以办学单位和教师双向选择为主要内容的校长负责制、教师聘任制、岗位责任制改革，已在全省许多市地的乡镇推广，为农村教育事业的发展注入了生机和活力。中小学教学领域的各项改革也取得了显著成绩。诸城“五四”学制改革已完成了第二轮的实验任务，得到了中央教科所等部门的肯定。“五四”学制改革实验已扩大到全省 8 个市地、45 个县市的 238 所学校、1 694 个教学班，共计 8.7 万名学生。许多县市围绕加强劳动技术教育，试办了职业初中，进行了初三分流、初四分流、“三加一”等改革探索。中小学课程、教材和教学方法也都围绕减轻学生负担、开发智力、为经济建设服务等进行了大胆改革。

1991 年，山东省继续对招生考试制度进行了改革，在全面贯彻教育方针、减轻中小学生负担、纠正片面追求升学率方面起到了较好的作用。在基本普及初中的地方，取消了重点初中，实行了小学毕业生不再进行升学考试，直接划片就近升入初中。对高中招生考试制度，针对片面追求升学率的倾向，进行了高校招生指标分配到市、地的改革尝试。并主要推广了招远市把录取名额同初中的办学总体水平挂钩的经验，引导乡镇和学校由升学竞争转变为办学水平的竞争，从而提高了基础教育的总体水平。

山东省初中在校生近年来，一直保持在 300 万人以上，初中毕业生保持在 100 万人左右，而初中毕业生升学率仅为 35%左右，因此中考招生的竞争十分激烈。由于缺乏有力的措施，不少地方初中复读严重，学生负担过重，教师压力大。在这种形势下，山东烟台市招远县大胆进行了中考招生制度改革，在对学校办学水平评估的基础上，将评估结果与中考招生名额分配挂钩。1991 年，招远县的中考招生制度改革进一步完善。县教育局建立了乡镇—学校—教师—学生四级连锁式评估体系，并分别制定了相应的评估标准。建立了以县教育督导室、教育科学研究室、乡镇评估小组为主体的上下结合、自评与他评相结合的评估网络；制定了形成性评估与终结性评估相结合的评估方法；按步骤进行评估，依据评估成绩，分配招生名额；举行统一招生考试，确定录取名额。省教委认真总结了招远县的经验，并在全省予以推广。1991 年，全省已有 40 多个县市参照招远县的做法进行了中考改革。其他县市也在积极试点，并逐步推开。

在总结前 10 年重点高中招生加试体育经验的基础上，山东省从 1991 年起，首次在全省范围内对普通高中考生统一考试加试了体育，并将体育考试的成绩按 50%的比例记入学生升高中考试的总分。1991 年，全省有 394 848 名初中毕业升高中的考生参加了体育考试。考试项目男子为：引体向上、立定跳远、1000 米跑；女子为：一分钟仰卧起坐、立定跳远、800 米跑。由于各级领导的重视，组织严密、措施得力，全省高中招生的体育考试工作井然有序。

普通高中招生加试体育，是山东省进行的一项改革，对于促进学校全面贯彻教育方针，培养学生德智体全面发展，有着十分重要的意义。

四、加强管理，调整布局，提高农村中小学教育质量

（一）临沂地区狠抓学校常规管理，提高教育质量

在农村中小学校舍改造完成以后，临沂地区把教育工作的重点及时转到加强教育管理，提高教育质量上来，以学校常规管理为突破口，带动了全区教育综合管理水平的提高。

在具体工作中，他们重点抓了四个环节：一是“定”，即制定标准。根据省教委的要求，结合本地区的实际，制定了各项管理标准。对学校五室（教室、寝室、仪器室、实验室、图书室）四化（绿化、美化、经济化、路面硬化），对教师和学生教与学的各个环节都提出了具体明确的要求，制定了详细的量化标准。二是“知”和“行”，即在全区上下开展了学规范、用规范的活动。首先抓了“知”，要求教师、学校干部人人懂规范，学生人人会背常规要求；再就是狠抓了“行”，在学、背的基础上，指导学生从点滴做起，严格要求，严格训练，逐步养成良好的习惯。三是“查”，即定期分项检查落实。先是重点查校容、校貌、校风、校纪等表层、中层的管理；1991 年又重点查了学生的学用常规、师生思想工作和优化教育、教学过程等深层次的管理。四是“评”，即开展评比。按所定标准、要求，严格检查，逐项划分，然后加以综合评估，评出各级规范化学校。目前已评出地区级规范化学校 139 所，县级规范化学校 496 所，予以挂牌命名表彰。

通过近两年的工作，临沂地区学校管理水平明显提高，一部分学校开始形成了自己的管理风格和特色。临沂一中全面打基础，因材施教培育人才，在全面贯彻党的教育方针，提高教育质量方面做出了成绩。

（二）惠民地区调整农村小学布局

惠民地区针对农村小学规模小、办学效益不高的实际情况，1991 年对农村小学布局进行了调整，将全区农村的 4 552 所学校调减为 3 480 所。调整本着既有利于提高教育质量和投资效益，又方便少年儿童就学的原则，采取适当集中、扩大规模的办法，把农村小学分为乡镇中心小学、学区定点小学和村小教学点三类。调整后乡镇中心小学和学区定点小学 1 280 所，村小教学点 2 200 所，使全区学校布局渐趋合理，为提高教育质量创造了良好的条件。

农村小学布局的调整，一是减少了复式班。全区复式班学校的比例由 59%下降到 27%，基本达到了取消四级复式，减少三级复式，高年级不复式，低年纸二级复式的要求。二是建立了农村小学布点新格局，形成了以乡镇中心小学为核心，学区小学带村小的管理体制。惠民地区规定村小教学点隶属于定点小学，由所属定点小学统一管理，并执行定点小学统一制定的教学计划、活动安排。三是缓解了短线学科教师紧缺的状况。调整后，实行了教师由定点小学统一管理，统一使用的办法，短线学科教师可以担任几个村小的教学任务，从而使 90%以上的农村中小学按教学计划开足、开齐了课程；四是提高了投资效益。按将学校建成规范化学校的标准计算，调整后可节省资金近亿元，加快了学校规范化建设的步伐。

五、学校艺术教育工作

近年来，山东省从贯彻教育方针，培养学生全面发展的要求出发，狠抓了学校艺术教育工作。1989 年成立了山东省教委艺术教育委员会，并在省教委基础教育处配备了专职干部抓艺术教育工作，省教研室配齐了

专职音乐、美术教研员。各市地教育行政部门也加强了对艺术教育工作的领导，相继建立健全了艺术教育领导管理系统。1991年底统计，全省已有15个市地、4个大企业、45个县区成立了艺术教育委员会，有11个市地、两个大企业设置了专职音乐、美术教研员。全省初步形成了学校艺术工作从上到下有领导分管、有机构负责、有专兼职干部去抓，有教研员研究的局面。

为了使学校艺术教育制度化，山东省制定发布了艺术教育的有关配套文件。在1990年颁发的《山东省学校艺术教育实施方案》的基础上，1991年又研究制定了《山东省中小学艺术教育示范县标准》和《山东省艺术教育示范学校标准》，在全省中小学掀起了争创示范县、示范校的热潮。

为了推动学校艺术教育的开展，山东省在全国率先实行了在普通高校招生中对有一定艺术专长的应届高中毕业生，经专家考核后，在录取时给予适当照顾的招生改革试点，受到高校的欢迎和支持，引起了各级教育部门和学校对艺术教育的重视。同时，山东省艺术教育委员会还组织了丰富多彩的艺术活动。为推动全省中小学群众性歌咏活动的开展，1991年举办了山东省中小学生歌咏（录像）比赛，开展了优秀校园歌曲征集活动。

六、继续加强中小学校长培训和教师队伍建设

1991年，中小学校长培训工作又有新的进展，在1990年试点的基础上，总结推广了莱芜等地的经验，为全面开展中小学校长岗位培训作了准备。截至1991年底，全省参加岗位培训的中小学校长达到1.02万人，占应培训人数的1/3以上。

针对高初中教师学历达标率偏低的突出问题，大力开展各种形式的在职教师培训。1991年，全省高中、初中和小学教师的学历达标率分别由1990年的36.5%、35.9%、77.7%、上升到39.5%、41.6%和85.2%。

“七五”以来，山东省小学教师培训工作取得了很大成绩。到1991年，全省具有高中、中师毕业及以上学历的小学教师为353 554人，占小学教师总数的85.2%，小学教师学历培训的任务已基本完成。“八五”期间，小学教师培训工作重点将由以学历补偿教育为主的培训转到以继续教育为主的培训。1991年，小学教师继续教育试点工作取得进展。为保证试点工作的顺利进行，省教委发布了《山东省小学一、二、三级教师岗位职务培训教学方案》，确定了培训内容、教学计划，制订了教学大纲，组织编写了《小学教师师德修养》、《小学教育教学知识讲座》和小学语文、数学、史地、自然教学研究等材料。试点工作坚持自学为主、业余为主、短训为主和理论联系实际的原则，收到了良好的效果，为全面开展小学教师继续教育提供了有益的经验。

1991年，山东全省共有小学民办教师247 301人，占教师总数的比例达39%，民办教师量多、比例大成为山东教育工作中的一个突出问题。为了减少民师数量，降低民师所占比例，同时调动广大民办教师的积极性，提高其政治、文化和业务水平，山东省确定在全省中等师范学校招生中继续招收民办教师。

七、加强教育督导评估工作

为了加强对全省教育工作的督导评估，促进学校规范化建设，提高教育质量和办学效益，1991年5月，省教委根据国家教委发布的《普通中小学校督导评估工作纲要》和《关于实施＜普通中小学校督导评估工作纲要＞试点意见》的要求，结合全省教育工作的实际情况，制定了普通高中、初中、小学和幼儿园4个督导评估试点方案。

这4个方案以学校整体工作为评价对象，以学校管理科学化为重点，既是学校经常性自我评估的基础，又是教育督导部门进行教育教学工作日常检查、督导、综合评估的依据。

试点方案出台以后，省教委根据方案的要求，于1991年10月组成督导评估组，对烟台市二中、四中、牟平一中、大窑中学、烟台一中和南通路小学进行了督导检查。

这次督导评估试点是建国以来山东省组织的首次比较严格的教育督导评估。督导过程中，评估组人员采取听、看、查、访、问、议等方式，共听课13节22人次，查看了学校的教学设施，查看教学资料627份，走访教职工68人次，进行教师、学生问卷238人次，召开教师、学生座谈会54人次。督导评估后，召开专门会议，与学校中层以上干部和市、区教育局的负责同志交换了意见，并充分听取了学校和教育干部对《试点方案》的意见。

督导评估系列方案的制定和督导试点的开展，促进了学校坚持社会主义办学方向，全面贯彻教育方针，优化学校管理，全面提高教育质量。对促使政府及教育行政部门加强对学校的领导，解决办学中的实际问题，引导社会、家长关心支持学校工作起到了十分重要的作用。

八、发布《幼儿园管理条例》实施办法

为贯彻落实《幼儿园管理条例》，1991年8月23日，山东省省长赵志浩签署山东省人民政府1991第21号令，即《山东省实施＜幼儿园管理条例＞办法》。《办法》确立了山东省学前教育事业领导管理体制为："实行地方负责、分级管理和有关部门分工负责"，教育部门主管的原则。《办法》将全省幼儿园发展的规划分为两个阶段，即1995年前，在城市普及学前一年教育，3岁以上幼儿入园率达到85%以上；农村基本普及学前一年教育，3岁以上幼儿入园率达到60%以上，其中经济条件好的地区要达到85%以上。2000年前，城市和农村3岁以上幼儿入园率分别达到90%和80%以上，其中经济条件好的农村达到90%以上。

《办法》还对幼儿园办园经费的筹措、师资队伍的建设、保教质量的提高、奖惩标准等都做了明确规定。《山东省实施＜幼儿园管理条例＞办法》是全省管理学前教育的法规性文件，它的发布、实施，对全省学前教育事业走上以法治教的轨道，加强科学管理，起到了很大的促进作用。

职业技术教育

根据全省经济和社会发展的实际需要，山东省在统筹规划、合理布局的基础上，1991年又增设4所普通中专、10所职业中专，使全省普通中专的总数达到240所。

一、举行职业教育宣传月活动

为总结宣传党的十一届三中全会以来全省职业技术教育发展取得的成绩、经验，进一步推动全省职业教育工作的开展，1991年3月6日，省委宣传部、省教委、团省委联合发出通知，确定5月在全省范围内广泛开展职业教育宣传月活动。

5月，全省各地开展了大规模的宣传活动。省教委举行了新闻发布会，向省内外新闻界通报了全国和全省职业教育工作会议精神，介绍了全省职业教育发展情况。为了使职业教育宣传工作扎实有效，省教委还专门召开了市地教育局职教科长会议，重点部署职业教育宣传工作，强调要借宣传月的东风推动全省职业教育工作再上一个新台阶。

各级教育部门和职业技术学校结合自身特点，组织了丰富多彩的宣传活动。有的通过举办科技一条街、科技咨询、职业教育便民服务进行宣传；有的派出宣传车、宣传队，通过发送科技资料进行宣传；还有的通过组织职业技术学校学生作品实物展览、图片展览、学生技能表演等进行宣传。为期一个月的职业教育宣传月活动搞得轰轰烈烈、有声有色，充分展示了山东省职业技术教育的生机和活力，收到了良好的效果。

二、山东省省级重点职业高中评估

根据国家教委统一部署，山东省积极开展了省级重点职业高中的评估认定工作，在1990年评估的基础上，1991年又评估、认定出第二批48所职业高中为省级重点职业高中，使全省省级重点职业高中达到66所。重点职业高中的评估，有效地促进了职业高中的建设，对全省职业技术教育的发展起到了明显的推动作用。

（一）促进各级党政领导进一步重视职业技术学校的建设

省级重点职业高中的评估、认定，引起了各地党政领导的高度重视，不少地市的市长、专员亲自组织学习国家教委发布的《省级重点职业高级中学的标准》，并组织专人到学校找差距，研究改进措施。从各县评估情况看，县政府都把发展职业技术教育作为振兴当地经济的重要措施，把改善办学条件、提高教育质量、创办省级重点职业高中列入议事日程，作为一件大事来抓。如禹城县主要负责同志多次听取县职业中专的新校建设和旧校搬迁工作的汇报，对学校选址、规划、建设等环节及时进行指导，在财政紧张的情况下，投资1 300万元，高标准建成了县职业中专。

（二）促进了职业技术教育有关政策的落实

省教委把贯彻落实已有的职业技术教育政策作为评估的一项重要内容。各地在落实有关政策的同时，还根据实际，制订了一些新的政策、规定。如肥城县规定，凡大专院校毕业生，到农村职业高中任教5年以上者，其农村户口家属可以“农转非”，较好地稳定了农村职教师资队伍。

（三）进一步端正了职业技术学校办学的指导思想，促进了教育观念的转变

各地各校面向经济建设的办学思想已成为各有关方面的共识。通过评估，使经济发展靠科技，科技进步靠人才，人才培养靠教育的思想更加深入人心。

（四）改善了职业学校的办学条件

各地、各职业学校都把改善办学条件作为搞好评估、认定工作的重要任务。全省职业学校的校舍、建筑面积、实习实验设备、图书资料等都得到较大程度的改善。据参加省级重点职业高中评估的52所学校统计，近两年来用于学校硬件建设的投资达到1.2亿元，平均每校达200多万元，其中有10所学校投资在500万元以上，3所学校投资超过1 000万元。目前，这批学校平均占地面积89亩，平均建筑面积16 237平方米，平均拥有图书33 801册，实验开出率都在94%以上。生产实习基地建设也得到加强，其创收平均每校达16万元以上。教师队伍得到进一步充实，许多学校调配了一批在当地学有专长、又有实践经验的科技人员，平均每校拥有高级职称教师8名，中级职称32名。

（五）教学、生产、试验、推广及社会服务多位一体的办学体制得到进一步完善

各校始终把德育工作放在首位，将思想

政治工作融汇于学校各项工作之中，加强了职业道德和职业纪律教育。这批学校积累了一定的办学经验，培养出了一批有文化、有道德、懂技术、会经营管理的毕业生，获得较好的社会效益，它们正逐步成为当地人才培养、科学试验、技术推广、生产经营及社会服务的重要场所。如胶州市职业中专师生走出校门与县乡（镇）、村挂钩，开展多项服务，积极参加到农科教结合工作之中，先后帮助农户修剪果树5万余株，供良种1万公斤，培训各类技术人员1 080人次，编印实用技术资料5 600余份，咨询服务1 300人次，推广新技术25项，销售食用菌种4 600公斤，生产平菇1.55万公斤，在当地经济建设中发挥了较好的作用，赢得了较好的社会声誉。

三、鲁西北职业教育工作会议提出全省职教发展新思路

1991年7月3日至6日，省教委在德州市召开了鲁西北职业教育工作会议。会议分析了全省职业教育工作发展的形势，特别讨论了东西部职业教育发展的差距问题，提出了“三项改革”、“四项服务”的职业教育发展新思路。

“三项改革”是：进一步深化职业教育办学体制的改革；深化职业学校教学体制改革；深化招生制度改革。

“四项服务”是：在继续培养、培训农村科技人才的同时，抓紧科技副乡（镇）长、科技网（片）长和科技村主任的培养、培训工作，为强化农村科技管理体系和推广体系服务；坚持培养培训乡镇企业领导人员、管理人员和专业技术人员，为乡镇企业上水平、上等级、上质量、上档次服务；加速对农村基层卫生组织在职人员的岗位培养和乡村医生的培养，为全省实现2 000年人人享受初级卫生保健的目标服务；做好农村基层干部及其后备力量的培养培训工作，为加强农村基层组织的政权建设服务。

“三项改革”、“四项服务”的提出，进一步明确了职业教育的发展方向，从而形成了今后一个时期山东省职业教育工作的基本思路和指导思想。

四、农科教结合取得新成就

近年来，山东省在振兴农业和农村经济的过程中狠抓“农科教结合”，以促进农村经济发展为目的，以推广先进科学技术为动力，以搞好教育培训、提高农民文化科学技术素质为依托和保证，把经济发展、科技推广、人员素质的提高结合起来，使农业、科技、教育部门的人力、物力、财力得到综合利用，形成了强大合力，取得了最佳整体效益。

山东省依靠科技进步振兴农村经济大体经历了“科技兴农”、“科教兴农”、“农科教结合”三个阶段。1987年，实施“科技兴农”战略方针，全省16个市地中有9个市地成立了科技兴农领导小组，有114个县（市）配备了科技副县（市）长，占县（市）总数的85.7%；有1 431个乡（镇）配备了科技副乡（镇）长，占乡镇总数的58.3%；70%左右的行政村配备了科技村主任。部分市地还成立了科技顾问团，以提高领导科技兴农的决策水平。全省各地都把科技兴农作为打破农业徘徊被动局面，使农业再上新台阶的重大战略措施来抓，干部、群众的科技兴农意识普遍增强，全省上下基本形成了各行各业支持科技兴农，依靠科技进步振兴农业的热潮。1988年，实施“燎原计划”，教育进一步进入农村经济建设主战场，农村职业技术教育、成人教育蓬勃发展，在改变农村人才结构、提高劳动者素质方面，发挥着越来越大的作用，出现了“科技兴农”的新局面。在此基础上，部分地区积极探索农科教紧密结合的路子，潍坊、淄博、惠民等地还制定了农科教结合实施方案，全省涌现出了一批认识自觉、领导得力、运行机制健全、成效明显的先进县市，使农科教三家由“单兵种”作战发展到“多兵种”配合的“集团作战”，把科教兴农推到了一个更高的层次。综合各地创造出来的典型经验，全省的农科教结合在具体做法上初步形成了各具特色的四种模式：

（一）以发展职业技术教育为中心实行结合的平度模式

平度市根据当地资源优势，划分五个不同类型的经济区（即：南粮、北果、东油、西棉、中间菜），然后根据区域经济特点和人才需求，设置不同类型的职业技术学校，以市职业教育中心为龙头，以 5 所职业中学为主体，以成人教育为补充，初步建成了县、乡、村三级相互衔接，农、工、商专业兼备的、覆盖全市的职业教育网络。各类职业学校坚持面向农村、农户和联合体的生产需要设置专业，实行定向招生，强化实践教学和技能训练，为第一线培养有技术的劳动者和经营者，并将教学试验示范、科技推广、经营管理结合起来，向农村进行技术辐射。在管理上实行“三统”、“三分”，即：统一领导，统一规划，统一管理办学；分口预测人才需求，分口提供办学经费，分口使用人才。目前，全市职业教育已发展到 14 个专业，在校生 4 500 多人。以职业教育为中心，带动全市 45 处乡镇、1 600 多个村都建立了农民文化技术学校，参加各类职业培训学习的青壮年 23.7 万人，占全市青壮年总人数的 52%。

（二）以成人教育为主体实行结合的莱芜模式

莱芜市在抓好普通教育、职业教育的同时，突出抓了成人教育。短期人才培训、中期和长期人才培养三个层次紧密结合，建起了以政府办学为主，部门、企业联合办学为辅，农民自办业余学校为补充的纵横配套、协调一致的农民成人教育网络。市里设立了成人教育局，并办起了成人技术教育学校，主要为乡、村两级培训农技师资，沟通与上级科研、教学单位和市级部门的联系；乡镇有农民文化技术学校 28 处，主要是培训各村科技骨干和示范户、带头户，配合乡镇农业部门，开展科技服务；村级农民文化技术业校 879 处，本着“农闲多学，农忙少学，急用先学”的原则，面向广大农户，传授农业实用技术，提供科技服务。与此同时，农业部门办起了农业技校，林业部门办起了流动林校，畜牧部门办起了养猪、养兔培训班，各企业也都结合实际办起青工岗位培训班，还有众多的自办、联办成人学校和培训班，目前全市社会力量所办成人教育学校已达 190 个。另外，全市还建有卫星电视转播地面接收站 42 个，建立固定放像网点 465 处，定期将卫星转播的有关农业科技教育录象向广大农民播放。全市 42 万名青壮年劳动力普遍参加了技术培训，其中 80%掌握了一至二项实用技术，有 1.5 万名农民技术骨干获得了资格证书。

（三）以农业科技服务体系为依托实行结合的诸城模式

诸城市是全省深化农村改革，发展社会化系列服务的先进典型。在农科教结合工作中，这个市把农业技术推广中心建成了技术力量集中，培训、检测设施完善，科技试验、示范、推广有机结合，技术物资供应配套的新型综合服务实体。全市以市农业技术推广中心为龙头，在各乡镇和村普遍建起了相应的农业技术服务中心或农业科技服务大院，集中农业、科技、教育、物资等各部门的人财物力，把科技推广和技术培训融为一体，在为农民提供全方位服务中促进农科教结合，使全市向高效农业的方向发展。

（四）以科物政集团承包为基础实行结合的禹城模式

实行这类结合的县市，主要是围绕农业开发项目的实施，实行科物政（科技、物资、行政领导）集团承包，带动人才培训体系和科技服务体系的建成。禹城县从1988年开始，实行科物政集团承包，共组建27个承包集团，分别承包了27个项目，承包各种开发面积累计达80多万亩，覆盖19个乡镇，涉及500多个村和6万多个农户，分别占全县村户的50%和60%。这些承包集团围绕开发项目的实施，以科学技术为核心，以物资供应为基础，以行政领导做保证，积极开展科技成果推广应用和农业技术培训，促进了农科教的紧密结合。近几年先后有43个国家及省地科研单位、大专院校的400多名科研人员、专家教授到该县承担科研项目和举办农业科技讲座，传授农科技术，县乡两级共举办农民技术员培训班110期，农民受训人数每年达24万多人次。全县先后培养出农民技术员1 300多名，达到了村村有农民技术员，每村有5～10个科技示范户，初步形成了以国家、省、地驻禹城科技人员为指导，以当地专业科技人员和农民技术员为主体，以科技示范户为补充的“土洋”结合的科技队伍。

高等教育

1991年，高等教育通过调整结构，层次、学科结构趋于合理，拓宽了专业面，增强了适应性。通过对办学条件、办学水平的检查评估和验收，教育质量、办学效益得到明显提高，全省评选出27个重点学科、15个重点实验室，进行重点配套和支持。高校的招生改革，除了继续实行定向招生、定向分配、本科招生指标分配到市地和师范院校单独提前录取之外，还在农业院校试招了有两年以上实践经验的高中回乡毕业生，打开了农业院校毕业生通往农村的路子。

一、召开山东省大学校长工作研讨会和全省高校科技工作会议

山东省大学校长工作研讨会于1991年7月23日至30日在青岛召开。全省49所普通高等学校和8所省属成人高校的院校长参加了会议。省委常委、宣传部长苗枫林，副省长宋法棠，省政协副主席丁方明和省委高校工委、省教委的负责同志出席了会议。会议的主要内容是：学习江泽民总书记在庆祝中国共产党建党70周年大会上的讲话，传达贯彻全国高校党建工作会议精神；交流坚持社会主义办学方向，反对和平演变，加强学校管理，深化教育改革，积极主动地为社会主义现代化服务等方面的经验。会议期间，苗枫林、宋法棠讲了话。代表们围绕反和平演变，深化改革为社会主义建设服务，加强高校管理和提高大学校长素质等问题进行了深入的研究探讨，并对黄岛经济开发区和青岛啤酒厂进行了实地考察。

1991年9月，省教委、省科委、省计委、省经委在济南联合召开了全省高校科技工作会议。会议的主要议题是按照邓小平同志关于“科学技术是第一生产力”的指示，进一步研究全面落实全国高等学校科技工作会议精神。总结回顾“七五”期间山东高校的科技工作；研究全省高校“八五”科技计划，明确今后高校科技工作的发展目标、指导思想、主要任务和政策措施；表彰在高校科技工作中做出优异成绩的先进集体和先进工作者。省委副书记马仲才、副省长宋法棠到会讲了话。省教委、省科委、省计委、省经委的负责同志作了专题发言；青岛市、烟台市、胜利油田和山东大学、山东工业大学等单位在大会上交流了经验。与会代表分组讨论了山东省政府《关于加强高等院校科技工作的决定》，对《山东高校"八五"科研发展计划要点》提出了修改意见。

大会对山东大学晶体研究所等33个做出突出贡献的高等学校科技先进集体和邓从豪等132名有突出贡献的先进科技工作者予以表彰，分别授予"山东省高等学校科技工作先进集体"和"山东省高等学校先进科技工作者"的荣誉称号。

二、第二届普通高校优秀教学成果评选

为了进一步推动省普通高等学校教育管理和教学改革工作的开展，1991年12月15日至20日，省教委组织进行了第二届普通高校优秀教学成果评选，聘请了高等学校23位专家组成了评委会。共评出省级奖99项，其中一等奖11项，二等奖42项，三等奖46项。这次评选是在各高校评选校级优秀教学成果的基础上进行的。全省高校教职工申报校级优秀教学成果近千项，申报者2 000多人，评出校级获奖成果近500项，有136项被推荐参加了省级评选。

这次评选出的优秀教学成果，有在教学内容、教学方法、教学制度等方面坚持更新、改革取得的成果；有根据教育目的、对象和环境在教书育人、从严治校、因材施教、全面发展方面取得的成果；有在专业(学科)、课程、师资队伍、实验实习基地、教材以及坚持教学、科研、生产三结合方面取得的成果；还有在调整改造专业、编制教学文件、组织教学工作、推动教学改革、实行科学管理等方面取得的成果。

三、发布高校教学实习和社会实践暂行规定

为加强普通高校校外教学实习和社会实践工作，1991年9月，山东省人民政府发布了《山东省普通高等学校校外教学实习和社会实践暂行规定》。指出搞好高校校外教学实习和社会实践，是全社会的共同责任和义务。对大力支持高校学生实习和实践的先进单位要予以表彰奖励；对借故不支持工作的，要给予严肃的批评。

《暂行规定》明确了各有关单位和人员的职责。要求高等学校要全面加强该项工作的计划与管理；接受单位要为学生提供上岗机会和学习、生活条件，加强对实习学生的组织和指导。要求本着"就地就近、互惠互利、专业对口、相对稳定"的原则，大力加强高等学校学生实习和社会实践基地建设。高校的主管部门对此要做出具体规定和安排，制定有关政策并采取有力措施。高校应努力为基地单位提供技术、信息、人员培训等方面的服务，加强互惠合作。

《暂行规定》发出以后，各地、各部门和普通高校积极行动。1991年底统计，全省建成高校教学实习和社会实践基地800多个。

四、加强高校青年教师队伍建设

近年来，山东省委、省政府采取多种措施，切实加强高校青年教师队伍建设，政治上严格要求，业务上精心培养，生活上尽力帮助，千方百计地为其解决工作、生活中的困难，使大批青年教师成为教学和科研骨干。

为加强高校青年教师的思想政治工作，山东省对高校青年教师普遍进行了马克思主义理论教育。山东大学党委要求文科青年教师必须通读《马克思恩格斯选集》、《列宁选集》、和《毛泽东选集》等原著，并对全校600多名青年教师集中进行了理论培训。为使青年教师在社会实践中受到锻炼，1991年，全省组织500多名高校青年教师分赴全省16个市地的93个乡镇、170多个村庄参加农村社会主义思想教育；组织2 000多名青年教师到基层参加了社会实践锻炼；分期分批组织全省1万名青年教师到69个先进企业和乡镇进行短期社会考察。通过这些活动，使广大青年教师了解了国情民情，提高了教书育人的自觉性。此外省里还注意用先进典型教育青年教师。青岛海洋大学青年教师王成海、叶立勋为祖国海洋科教事业献身的事迹报道以后，省委、省政府极为重视，在全省1万多名高校青年教师中开展了以实际行动向王成海、叶立勋学习的活动。

为了使高校青年教师掌握高等教育基本理论和教学技能，更好地适应高校教育工作，省教委发出通知，决定对1985年及以后大学毕业进入高校任教的青年教师进行高校教师职业岗位培训。省教委委托省高师师资培训中心负责全省各类高校青年教师岗位培训的具体组织工作。各高校青年教师的岗位培训使用统一的教学计划，统一组织考试。考试合格者，由省统一发给岗位培训合格证书。省教委规定，高校青年教师岗位培训合格证，作为确定或晋升教师职务的必备条件之一。

山东省还采取一切措施改善青年教师的生活工作条件。1991年，省教委从省属本科院校中选拔100名优秀教师，作为学科带头人和学术骨干的培养对象，在科研和业务的进修方面给予经费资助。许多高校从科研经费上对青年教师进行照顾，目前全省已有20多所高校设立了青年教师科研基金，总额达85万多元。在专业技术职务评定中，山东省对青年教师实行了倾斜政策，省里规定：40岁以下的青年教师破格提拔副教授或45岁以下的教师破格提拔教授，均不受指标限制。

为了尽快解决高校青年教工住房问题，山东省委、省政府在全省财力比较紧张的情况下作出决定，从1991年起，利用3年的时间筹集8 800万资金，集中建设高校青年教工住房4 350套，24万平方米，以缓解教工住房矛盾。当年省属27所高校已投入资金3 800万元，其中自筹1 089万元，计划续建、新建住宅15万平方米，已竣工2.7万平方米。12月31日，山东省委书记姜春云参加了山东师范大学青年教工住宅楼的奠基仪式，并召开座谈会，听取青年教师的意见。

附

□石油大学实行产学结合，服务、育人双丰收

1991年石油大学从学校实际出发，与驻地大企业胜利油田合作，共同探索产学结合的路子，以育人为中心，教育、生产、科研、人才交流协作发展，收到了明显的服务和育人效果。具体做法是：

1.成立企校合作委员会。由胜利石油管理局和石油大学的主要领导，以及双方有关处室的负责同志20人组成。下设办公室，设在油田教育处，负责企校合作的日常工作。制定了企校合作委员会章程，规定了委员会的宗旨、组织、职权、义务等。还签署了企校合作协议书，确认了人才培养、科技合作、技术咨询和生产方面的具体内容。

2.制定产学结合试点方案。试点工作首先在学校物探专业和管理局物探公司对口进行。试点方案的基本特征是：学生的培养两头在校内，中间在校外的三明治模式，又称“3+0.5+0.5”模式。即学生在校期间用3年的时间学习基础课和技术课；用0.5年的时间到物探公司参加生产劳动，从施工准备到施工结束，完成一个完整的周期；实习结束后学生回到学校再学习0.5年的专业课、选

修课。

3.建立相对稳定的实习基地。石油大学有15个本科专业、3个专科专业，每年有1 000名学生需要参加实习，为此学校和油田的各单位建立了对口实习关系。

4.厂校合作攻关。几年来，学校与胜利油田科技合作项目有50多项，其中有联合承担的国家科技任务，有合作或委托研究的，也有松散的联合研究，都产生了可观的经济效益。如共同承担的“七五”国家科技攻关项目“牛庄油田油藏描述技术研究”，取得了重大成果，经国家技术鉴定认为达到80年代国际先进水平。学校与油田联合承担的总公司呈东油田区块堵水技术，通过鉴定两年来，累计增产原油44 451.5吨，获经济效益3 600万元。

另外，石油大学还与中原油田、大港油田、辽河油田、大庆油田以及齐鲁石化公司、东营市、淄博市、滨州市等地方和企业开展了科技联合，都取得了显著的经济和社会效益。

成人教育

一、复查清理成人高等教育专业证书班

根据国家教委、人事部有关文件规定，山东省确定自1991年开始对全省高等教育专业证书班进行复查清理，用一年左右的时间完成省直各业务主管部门委托普通高校、成人高校举办的专业证书教学班的审批手续、学员入学资格、学籍管理、教育质量等方面的审查任务。

1991年5月16日，省教委、省人事局发出通知，要求复查清理工作，首先由委托办学单位及学校自查，对符合规定的要逐班、逐人进行登记；对不符合规定的要根据清理原则进行处理；对弄虚作假的学员要坚决清退。自查结束后委托单位和承办学校，要写出书面报告报省教委。

在各单位、学校自查的基础上，1991年10月开始，省教委、省人事局组织力量对复查情况进行了检查验收。本着总结经验、肯定成绩、找出问题、制定措施、纠正不足的原则，做了大量的工作。整个复查清理工作将于1992年5月完成。

二、制定乡镇农民文化技术学校示范校标准

近年来，山东省通过大力开展农村文化技术教育，乡镇农民文化技术学校有了较快的发展。1991年，全省已有2 300多个乡镇办起了农民文化技术学校，占全省乡镇总数的比例达到93.6%，有每年培训300万人次的能力，在培养农村乡土人才和专业技术能手，促进农村经济发展和两个文明建设方面发挥了十分重要的作用。为了指导和带动农民文化技术教育向高水平发展，更好地为“富民兴鲁”服务，省教委确定在全省开展示范乡镇农民文化技术学校评选活动，并于1991年6月17日制定发布了山东省乡镇农民文化技术学校示范学校标准，共四个方面的内容。

1.领导与管理。学校要建立校委会，由乡镇主要领导任负责人，教育、农业、科技、财政、青年、妇女等有关部门主要负责人任委员。乡镇主要领导同时担任校长，副校长由县教育行政部门任命，建立和完善各项规章制度。

2.规模与设施。学校独立设置，占地

10 亩以上，校舍建筑面积 800 平方米以上，有不低于 54 平方米的标准教室 3 个以上，建有卫星地面接收站，教室、办公室、图书仪器室等设备齐全。

3.师资与经费。有专职教师 5 人以上，并聘请足够的相对稳定的兼职教师。乡镇教育费附加中提取 5%用于学校日常办学，并采取自筹和勤工俭学补充经费不足，其余不足部分由乡镇政府解决。

4.办学效益。长班两个以上，年短训班培训 2 000 人次以上，有计划地对学员进行政治、法制、生活、文化、科技等方面的培训。并组织进行科学试验。

三、农业广播学校会计分校学员认定考试

根据国家教委、农业部《关于改革农业广播电视学校管理体制及有关问题的意见》的精神，1991 年 7 月，山东省组织力量对原中央农业广播学校山东省会计分校 1987 级学员进行了认定学历的考试。

考生的范围是，参加 1987 年原中央农业广播学校会计分校统一招生考试，被正式录取，并按教学计划学完全部规定课程，经原学校考试合格的注册学员。考试科目共 3 门：计算技术、会计学原理、乡镇工业会计。考试于 1991 年 9 月 15 日进行。全省共有会计分校毕业学员 47 261 人参加了考试，有 32 000 余名学员通过了认定考试，领取了成人中专毕业证书。

四、企业职工教育

山东是一个工业大省，有国营、集体企业职工 720 万人，乡镇企业从业人员 960 万人。近年来，山东省确立了“科教兴鲁”的战略决策，把经济建设切实转到依靠科技进步和劳动者素质提高的轨道上来，加强了企业职工的培训。省教委从大教育观念出发，统筹安排、合理决策企业职工教育。在一手抓在校“接班人”培养，不断为经济建设输送合格劳动后备力量的同时，狠抓就业后人员的培养、培训，大力提高“当班人”的文化技术素质，有效地促进了经济的快速发展。

山东省委、省政府在企业职工教育工作中，建立了省教委统筹协调，省职工教育办公室负责落实的管理体制。全省各级共配备专职职工教育干部 2 万余人。形成了高等教育、中等教育、专业技术教育和短期文化技术培训等多种层次、多种形式的职工教育体系。为了使职工教育制度化，省政府规定，把职工教育纳入企业承包经营责任制和厂长、经理任期目标责任制，作为 5 项必包指标，与其他经济指标一起考核奖惩。烟台、济南、枣庄、潍坊等地市还颁发了《职工教育管理条例》等地方性法规。

在职工教育的奖金投人方面，山东省采取多渠道筹措，建立了比较可靠的经费来源机制。省政府规定，职工教育经费按企业职工工资总额的 1.5%提取；属于企业技术进步项目的培训费用，在企业自有资金中列支；工会会费按 25%～37.5%的比例用于职工教育。10 年来，全省投资 20 亿元，新建校舍 302 万平方米，建起包括职工高校、职工中专、职工学校、培训中心在内的各级各类学校 2 082 所，形成年培训能力为 100 多万人次的培训网络。

山东省注意加强职工教育的师资队伍建设。从经济管理、技术部门和普通学校抽调了一批懂经济、懂技术、熟悉教学业务的人员充实职工教师队伍。全省共配备了 1.9 万名专职教师和 4 万名兼职教师，形成了一支专兼结合的职工教师队伍。

结合企业劳动制度和工资制度的改革，山东省逐步实行了“先培训、后就业”、“先培训、后上岗”、“先培训、后任职”等持证上岗制度。为鼓励职工岗位成才，还实行工人考工晋级制度。1987 年以来，全省已有 7 428 名技术工人经过培训考核被聘为技师。全省每年有200多万名职工参加各类学习，企业办学面达80%以上，年培训率达30%以上。

山东省职工教育始终遵循“面向企业，服务经济”，“实际、实用、实效”的办学指导思想，紧紧围绕产业结构调整、技术改造和新产品开发，以岗位为主、技能为主开展了多层次、多形式的岗位培训。按岗位规范要求，对全省近万名大中型企业领导干部、23万名一般干部和46名专业技术人员进行了岗位培训。对全省25个主要行业1 114个工种的1 754个岗位制定了岗位规范标准，并开展了培训。

到1991年，山东省10年累计培训职工1 500万人次，各类职工院校向生产第一线输送了30多万名大中专毕业生。全省工人队伍的文化程度普遍提高了两个学年以上，实际技术水平提高了两个等级以上。

撰稿人　王景华

审稿人　马　钊　郭思民

河南省教育

概况

一、各级各类教育发展情况

1991 年各级普通学校基本情况

单位：人

学校类别	学校数（所）	毕业生数	招生数	在校学生数	教职工数	
					计	其中专任教师
一、普通高等学校	49	27 627	27 908	82 776	38 008	14 764
研究生		386	324	986	567	567
本科		10 473	10 910	43 052	25 194	9 625
专科		16 768	16 674	38 738	12 247	4 572
二、中等专业学校	172	45 327	52 420	144 130	25 388	12 167
中等技术学校	128	24 274	29 437	81 611	18 439	8 187
中等师范学校	44	21 053	22 983	62 519	6 949	3 980
三、普通中学	7 369	987 618	1 254 784	3 576 569	286 955	235 358
高中	854	159 556	164 969	487 980	55 255	38 263
初中	6 515	828 062	1 089 815	30 885 89	231 700	197 095
四、农业、职业中学	539	52 599	82 803	177 690	19 130	13 370
高中	483	42 154	68 115	149 831	17 780	12 219
初中	56	10 445	14 688	27 859	1 350	1 151
五、工读学校	3	15	40	120	71	33
六、小学	42 455	1 618 620	1 647 236	9 440 184	406 325	379 312
七、特殊教育学校	60	124	1 229	3 743	975	671
八、幼儿园	2 087	834 281	1 050 482	1 315 725	30 468	19 753

1991年各级成人学校基本情况

单位：人

学校类别	学校数(所)	毕业生数	招生数	在校学生数	教职工数 计	教职工数 其中专任教师
一、成人高等学校	51	25 858	22 025	70 824	8 205	3 914
广播电视大学	1	6 270	6 454	16 669	2 049	915
职工高等学校	29	2 215	2 605	6 809	2 411	1 244
农民高等学校						
管理干部学院	4	786	667	1 370	1 337	502
教育学院	17	5 678	2 758	10 675	2 408	1 253
独立函授学院						
普通高校举办 函授部 夜大学 干部专修科	30(处)	10 909	9 541	35 301		
二、成人中等专业学校	234	23 764	29 381	85 341	14 033	7 330
广播电视中专	6	6 353	12 098	22 307	3 690	1 693
干部中专	1	1 486	3 194	5 403	1 875	918
职工中专	63	3 372	3 531	8 975	2 264	1 155
农民中专	32	1 540	4 334	7 994	1 352	727
教师进修学校	132	11 013	16 224	40 662	4 852	2 837
三、成人中学	429	56 621	69 760	63 451	323	256
职工中学	138	40 550	52 627	49 509	315	249
农民中学	291	16 071	17 133	13 942	8	7
四、成人技术培训学校	16 188	2 382 063	2 302 612	1 680 345	4 334	2 736
职工技术培训学校	734	277 451	346 243	244 031	2 033	1 342
农民技术培训学校	15 454	2 104 612	1 956 369	1 436 314	2 301	1 394
五、成人初等学校	14 572(班)	768 879	769 373	678 087	3 467	2 638
职工初等学校	30(班)	4 633	6 281	6 281	10	10
农民初等学校	14 542(班)	764 246	763 092	671 806	3 457	2 628
其中：扫盲班	10 144(班)	547 394	583 499	504 868	2 448	1 805

制表人　贾正国

二、江泽民总书记视察郑州大学

1991年2月10日，中共中央总书记江泽民在省委书记侯宗宾、代省长李长春等省委、省政府和国家有关部委负责同志的陪同下，视察了郑州大学，询问了学校的专业设置、课程建设、学生实习等情况，在听取三名学生代表和学校负责同志的汇报后，就青年学生的成长问题讲话说，对青年人、青年学生既要满腔热情，又要严格要求。刚才侯宗宾同志介绍，你们学生打着“学习雷锋，重新塑造大学生形象”横幅，开展学习雷锋活动，这就很好。青年学生是我们的子弟，我们要爱护他们。“人非圣贤，孰能无过”，青年人犯了错误，改正了就好，只要我们做思想政治工作，青年人是完全可以信赖的，老同志有责任帮助青年人进步。

三、召开全省教育工作会议

1991年3月22日至25日，河南省教育工作会议在郑州召开。全省各市、地分管教育工作的市长、专员和计划、劳动、教育、人事部门的负责同志，省属和驻豫高等院校的党委书记、校（院）长及省直各部门负责教育工作的同志参加了会议。会议传达了全国职业技术教育工作会议和国家教委1991年工作会议精神，讨论和制订了河南省教育事业十年规划和“八五”发展计划，重点研究了本省职业技术教育发展的目标、方针及政策措施，部署了1991年全省的教育工作。

省政府对开好会议十分重视。省长李长春主持召开省长办公会议，专门听取省教委的汇报，对发展职业技术教育和如何开好全省教育工作会议作了指示。副省长范钦臣到会并根据省长办公会议精神讲了话。

会议重点讨论和部署了发展与改革河南教育事业的几项主要工作。

（一）适应振兴河南的需要，始终把教育摆在优先发展的战略位置

河南是拥有8 600万人口的大省，经济社会发展水平落后，重要原因之一是劳动者的素质偏低。要从根本上解决问题，并在九十年代更有所作为，就必须始终坚持把教育摆在优先发展的战略地位。要积极执行“科技兴豫，教育为本”的战略方针，进一步加强对教育工作的领导，继续增加对教育的投入，进一步确立以各级财政拨款为主，多渠道筹措教育经费的观念和体制。

（二）发展教育要以职业技术教育为突破口，大力发展多层次、多形式的职业技术教育，培养实用技术人才

到本世纪末，要使企业新增职工基本上都能受到必需的职业技术教育，使农村绝大多数劳动者能够获得必需的实用技术培训。“八五”期间，全省职业技术学校招生数占高中阶段招生数的比例要达到50%以上。当前，要努力办好现有各类职业技术学校，职业中学、技工学校要改善办学条件，扩大办学规模，办好一批示范性骨干学校。要在义务教育的适当阶段，因地制宜地引进职业技术教育因素。要办好各种职业技术培训机构和成人学校，对知识青年广泛开展多种形式的职业技术培训。

（三）全省教育工作的重点转到全面提高教育质量上来，努力做到“办好教育为人民”这篇大文章

各级各类学校必须把德育摆在学校工作的首位，坚持社会主义办学方向，加强领导，健全队伍，完善政策导向，保证德育工作真正落到实处。必须深化教育改革，调整教育机构，改革教育思想、教育内容和教育方法，加强教育工作的宏观管理和指导。加强师资队伍建设，提高教师教书育人的水平，继续改善教师的工作与生活条件。完善各级各类学校管理制度，建设良好校风，优化育人环境，促使青少年健康成长。

（四）制订好河南教育事业发展的十年

规划和“八五”计划

要运用科学的方法，从省情和各地实际出发，坚持因地制宜、实事求是、量力而行和分区规划、分类指导的原则。要以国家的方针、政策和国民经济发展的目标为依据，力求使教育事业的发展与社会政治、经济人口和科学技术的发展相适应。1991年是实施“八五”计划的第一年，要用优良的工作实绩为教育事业十年规划和“八五”计划打下一个良好的基础。

会议上表彰了13个筹措教育经费、改善办学条件先进市、地，19个“五项”督导检查复查工作先进单位，15个基本扫除文盲县、市，103个职业技术教育先进单位和139名先进工作者。

四、教育部门全力抗灾，恢复教学

1991年5月中旬至7月上旬，河南省豫南地区多次遭受暴雨、冰雹和龙卷风的袭击，地处淮河流域的信阳、驻马店地区尤为严重，灾情是历史上所罕见的。这次灾害给教育事业带来的损失有：一是全省共倒塌校舍18.3万平方米，受灾学校6400所，造成新危房40.7万平方米，倒塌围墙13.5万米，损失桌凳95900套（单人），损坏仪器设备19.2万件，图书40.1万册，直接经济损失1.57亿元。其中信阳地区受灾的学校就有2348所，占全区中小学校的64.5%，倒塌校舍2613间，造成新危房6684间，冲倒围墙2.5万米，损坏桌凳22800套，图书6万册，仪器设备10.7万件，影响勤工俭学收入230多万元，直接经济损失2400万元。二是部分教师特别是民办教师灾后生活待遇难以落实，尤其是民师工资中的乡村统筹部分难以落实，仅信阳地区就有2.6万名民师筹不到工资，有的地方出现了民师申请辞职，外出谋生的现象。在受灾严重的县，还有一些“双缺户”、“三光户”教师。如淮滨县受灾教师中就有“双缺户”547户、“三光户”189户。三是因部分学生家庭受灾后生活困难，信阳地区就有20余万学生无力交付书杂费，有些学生因家庭生产自救，父母不让其上学。四是受灾后对征收教育费附加和捐（集）资办学极为不利。在南部地区遭受洪涝灾害的同时，北中部地区又受到严重旱灾侵扰，夏秋作物大面积减产，给学校教育造成了不同程度的困难。

面对灾害，河南省教育系统在党中央、国务院和省委、省政府的领导下，在人民群众的大力支持下，展开了抗洪救灾斗争，使灾区教育在较短时间内得到全面恢复和发展。一是灾区学校全部按时开学。215万灾区中小学生已有97%以上按时到校学习，校园内国旗飘扬，书声琅琅。二是教师队伍基本稳定。各级政府采取多种办法，千方百计帮助受灾地区教师解决实际问题。原来提出辞职的教师，已全部重返学校。三是受灾学校大部分得到了修复。截止10月底，全省已新建校舍14.7万平方米，占倒塌校舍的84%；修复危房33.95万平方米，占新增危房的83.43%，损坏的课桌凳已基本修复。河南教育救灾工作得到了国家教委、省委、省政府的充分肯定，李长春省长多次赞扬省教委的救灾工作做的好。

（一）各级党委和政府十分重视教育救灾工作

灾情发生后，中央政治局委员、国务委员兼国家教委主任李铁映亲临信阳灾区慰问师生，指导教育抗灾救灾工作，并倡议在教育系统广泛深入开展“人人捐献一元钱、一斤粮、一件衣”的活动。省委书记侯宗宾、省长李长春多次到受灾最重的信阳、驻马店等地区察看灾情，慰问灾区的群众和教师，并主持抗灾救灾现场办公会议，研究部署救灾工作。李长春强调：我们决不能因为受灾，使两个地区出现一批新文盲，要及时维修校舍，保证按时开学。省政府拨出用于灾区房屋建设的1 500万元中，用于水毁校舍的修复就达432万元；省财政拿出5 000万元解决灾区干部、教师的工资（包括民师的国补部分）；省民政厅从社会捐助款中拿出150万元，中央补助河南省520万元；地、市、县在财政十分紧张的情况下，仍拨教育救灾款330万元。

（二）灾区的群众竭尽全力支持灾区教育

洪涝灾害可以夺走人民群众的生命财产，却扑不灭人民群众办教育的热情。群众说：不能受灾一季，产生文盲一代。在豫南，数十万农户宁肯自己度“粮荒”，不让孩子学业荒；宁肯自己无房住，不让孩子住危房；宁肯自己衣食住行难，不让民师为生活作难。淮滨县对民办教师实行“三优先”，即优先发放民师工资的国补部分，优先发放救灾物资，优先安排住房建房。息县杨店乡徐庄村支部书记、村长为维修学校每人捐资500元，及时修复了村小12间危房。固始县对150个重灾学校学生的书杂费实行了减免，其中40所特重灾学校的8 520名学生全部免了书杂费。信阳地区376户“三光户”教师，已有266户解决了住房；减免了11.4万名重灾学生的书杂费；民办教师的待遇也大部分得到了落实。

（三）全省教育部门和学校师生员工全力抗灾恢复教育工作

省教委为支持灾区教育采取了多种措施。教委主任徐玉坤及其他领导先后五次深入灾区察看灾情，及时向灾区拨出150万元专款。为落实李铁映的指示，省教委召开专门会议，动员各市（地）教育行政部门，城市及县城大中小学校，发扬“一方有难，八方支援”的社会主义协作精神，广泛开展了捐献“一元钱、一斤粮、一件衣”的活动。据统计，全省各地对口支援灾区人民币378万元、粮票151.5万公斤、粮食13万公斤、衣物136万件，其中在郑州高校对口支援特重灾区固始县85万元、粮票68万公斤、衣物90万件。为了支援灾区，许多师生把平时省吃俭用的钱奉献给灾区的中小学生。灾区的教职员工不顾自己的房屋倒塌，庄稼被淹，日夜战斗在校园里，抢修校舍，保护校产。淮滨县王岗乡毛庄学校地处行洪区内，被围困长达一个多月，校长郅金龙自家房屋被淹，小麦被冲，坚持每天驾船检查校舍，看护校产。固始县陈淋镇联合学校共有22名教师，倒房的就有12户，这22名教师在校长余静安的带领下，露天垒灶，吃住在校一个多月，整理校园，清点校具。省教委大力宣传了灾区教育工作者丢小家保大家的先进典型，宣传共产党员在抗洪救灾中的模范带头作用，宣传社会主义制度的优越性，进一步提高了广大师生对社会主义制度优越性的认识。

（四）各地给予灾区大力支持

在恢复灾区教育中，国家教委派出慰问组到河南进行慰问，并拨出310万元的救灾款。国家教委还确定辽宁、河北对口支援河南灾区教育，这两个省教育部门和学校把河南的困难视为自己的困难。辽宁省捐献了人民币261万元，粮票95万公斤、物资1 800吨，沈阳铁路局为运送救灾物资免收运费。河北省捐赠50万元人民币和价值34万元的救灾物资。此外，中国科学仪器公司捐助20万元、人民教育出版社捐助了价值10余万元的图书。

基础教育

一、积极推进九年义务教育的实施

河南省政府1991年批转省教委《关于进一步实施义务教育的若干意见》，要求首先实施初等义务教育，然后实施九年义务教育。鉴于河南是一个农业大省，经济和教育发展比较落后，普及九年义务教育的任务十分艰巨，省教委确定了全省实施义务教育总的指导思想是：积极创造条件，以条件定发展；分类指导，分期实施；以县组织，落实到乡。为指导普及初等义务教育工作，省教委制订了《普及初等义务教育的基本要求及检查验收办法》，决定对市、地实行“中期”和“末期”两次检查验收，一半以上的县（市、区）达标后，申请“中期”检查，所有县（市区）达标后申请“末期”检查。同时，省教委确定了经济和教育基础都比较好的100个乡镇为义务教育建设示范乡（后增加至104个）。为确保示范乡建设的顺利发展，省教委制订了首批义务教育示范乡1991年度工作要求，并对100个义务教育示范乡的负责同志和部分学校校长进行了培训。从年终检查情况看，100个义务教育示范乡的建设完成了年度工作要求。1991年，全省适龄儿童入学率和巩固率均保持在98%以上。

二、加强德育，全面贯彻党的教育方针

1991年，省教委以加强近现代史和国情教育为重点，采取切实措施，落实德育在各项工作的首要位置。一是结合国际形势的变化，组织全省广大师生学习江泽民总书记关于进行中国近现代史教育和国情教育的指示，加强对中小学生进行“两史一情”教育。省教委组织编写了《简明国情教育读本》，把国情、省情教育纳入中学的正式课程。省教委委托河南省教育学院先后举办4期国情教育培训班，对部分重点中学校长、市（地）县教育行政部门负责同志计470人进行国情教育培训，全省各地培训国情教育骨干30多万人。二是围绕建党70周年、纪念辛亥革命80周年，举办报告会、座谈会、演讲会、歌咏比赛等，开展丰富多彩的教育活动。三是加强了学校少先队工作，评选出河南省“十佳少年”，制订了河南省开展向赖宁学习的三年规划。四是在全省开展了德育评估试点工作，有力地促进了德育首要地位在中小学校的落实。全省各地党委和政府都进一步建立健全了德育工作机构，加强了对德育工作的领导。

郑州市委、市政府建立了领导联系学校制度，主要领导都有1-2所定点联系学校。自上而下都把德育工作作为一项系统工程来抓，并在实践中逐步建立了两条互相配套协作的德育工作管理体系。一条是各级党委和政府直接领导的，由有关部门参加的德育工作领导组织。市委、市政府组成了郑州市德育工作领导小组；各县、区党委和政府也都成立了以主管教育书记或县、区长为组长的德育工作领导小组，主要负责督促、检查、帮助领导和组织协调社会各方面对中小学进行思想品德教育。另一条是教育部门内部的管理体系。市教委设立了宣教科，县、区教育局成立了政教股，中学成立了政教处，小学由辅导员或教导主任主抓德育工作。两条系统构成了互相促进、齐抓共管的

格局。在学校教育方面，着重抓了教书育人、管理育人、服务育人和环境育人，选拔了一批年富力强、精力充沛、素质较高、事业心强的人从事德育工作。在社会教育方面，市新闻、出版、文艺、影视等部门，积极采取措施为中小学生提供丰富健康的精神营养；公安、司法、工商、广播电视等部门不断加强对社会文化事业的管理，取缔反动、淫秽出版物和声像制品，及时依法打击只顾牟利，无视社会效果、严重毒害青少年的不法行为。截止1991年底，全市已建立起二七塔等市级德育基地30个，县、区级德育基地56个，以学工、学农、学军为主要内容的社会实践基地860多个。在家庭教育方面，市委、市政府明确规定各机关企事业单位要把家长教育子女的成效列为评选本单位先进个人的条件；各县、区还把管教孩子作为"五好家庭"、"十星级文明农户"的重要内容；各学校经常举办不同规模的家长培训班或家长学校，组织家长学习教育学、心理学以及怎样教育子女的基本知识。市教委和妇联又联合成立了家庭教育委员会，进一步加强了对家庭教育的指导。

全省中小学还加强了学校管理、体育卫生、艺术教育、劳动和劳动技术教育工作。1991年，省教委在全省中小学校开展了争创"千秋杯"评选中小学管理先进校活动，并对4000多名中小学校长进行了培训，提高中小学校的管理水平和教育教学质量。认真落实《学校体育工作条例》和《学校卫生工作条例》，完成了全省学生体质、健康监测工作；成立了河南省教委艺术教育委员会，动员全社会的力量，加强学校的艺术教育工作，加强了劳动和劳动技能教育，使广大中小学生在德智体等方面得到健康全面的发展。新乡市教科所以减轻学生作业负担为宗旨，以提高教育质量为前提，选择小学生作业量的最佳控制为突破口，在新乡市第一师范附小开展了"小学生最佳作业量"实验研究，取得了明显的成效。探索出了全面贯彻教育方针，端正办学指导思想，促进学生全面发展的新路子。

三、中小学教师队伍建设得到进一步加强

1991年，河南省继续把师资队伍建设当作教育工作的重点之一，采取措施，加强领导，落实教师队伍建设的战略地位。

（一）切实加强思想教育，努力提高中小学教师队伍的政治素质

多年来，河南省始终把加强中小学教师的思想政治工作摆在师资队伍建设的重要地位，组织广大中小学教师学习马克思主义的基本理论、党的基本路线、党和国家的教育方针和社会主义教育理论，引导教师坚持四项基本原则，树立良好的职业道德，做到教书育人，为人师表。信阳地区在加强中小学教师队伍思想教育过程中，结合教师队伍的思想实际，着重进行树立"三心"、"三气"、"三风"的教育。"三心"，即：爱国心，事业心，自尊心。"三气"：一是"有志气"。二是"不服气"，承认落后，但不承认无能，先进地区能办到的事，信阳地区也一定能办到。三是"争口气"，为教育界争气，为老区人民争气。"三风"是：团结之风，勤学之风，苦干之风。

（二）继续坚持多形式、多层次、多渠道的培训方针，提高中小学教师的业务素质

1991年，中小学教师培训工作以电视师专自学考试为重点，全省首次考试及格33701人次，平均单科及格率达77%。中小学教师《专业合格证书》考核，由于考前培训工作扎实、考试组织严密，全省参加考试4.5万人，7.3万多科次，及格30059人、42914科次，单科及格率为58.1%，比上年增长7.8个百分点。全省取得各类《专业合格证书》的人数已逾万人。中小学教师

学历和专业合格率，高中增长到41%，初中增长到34.9%，小学增长到81.3%。全年中等师范学校招收民办教师7 000人，师专招收1 000人。

（三）继续注重中师和教育进修院校建设

1991年，省教委对第一批18所中师标准化学校进行了检查验收，已有14所学校达到或基本达到标准化建设的要求。三年来，用于标准化建设的投资达4 419.6万元，其中省投资1 825万元，市地投资2 594.6万元。新建项目81个，新增建筑面积37.4%，大部分学校校舍已经配套，建成了教学楼、图书楼、实验楼和艺术楼。18所中师用于购置仪器设备的投资达252.4万元，购置58万元的图书资料，图书总数已达117万册。教学仪器、体音美电教设备、图书资料基本满足了教学需要。各市地和学校重视中等师范学校师资队伍建设，并采取在职学习提高与离职进修相结合的办法，培养了一大批中青年教师和学科带头人，18所中师的教师学历达标率在82%以上。学校的管理水平、德育工作、领导班子建设等也取得了较大成绩。与此同时，省教委再确定18所中师学校进行标准化建设，计划用三年时间，省每年投资700余万元。

四、中小学办学条件继续得到改善

1991年，河南省遭受严重的洪涝、干旱、冰雹等自然灾害，但筹资办学仍然取得了可喜的成绩。全省筹资总额达19.71亿元。其中征收教育费附加6.38亿元，社会群众集资、捐资9.62亿元，勤工俭学及创收1.97亿元，中小学杂费、学费其它收入1.74亿元。全省共改造维修危房68.07万平方米，改造旧房196.81万平方米，年终危房下降到12.75万平方米，危房比重在0.5%以下。新建校舍394.89万平方米，新建学校3 365所，新建楼房3 879幢，实现“六配套”的学校达47 383所，占总校数的96.1%，建成示范性小学校2 500多所。还涌现出一批“三季有花、四季常青”的花园式学校。与此同时，及时将改善办学条件的工作重点转向充实教学设施，提高教育教学质量上来，全年共新添教学仪器389.58万件，新添图书资料1 016.4万册。

继续采取“一比三、三三制”的住房建设方法，解决城市中小学教师住房难问题。各地用于中小学教职工住房建设的投资达4 064.9万元，建房面积16.38万平方米。

省教委会同省监察、财政、审计部门，从1991年4月至7月，对全省1990年度教育资金管理使用情况进行监督检查。这次教育资金监督检查，涉及各级教育主管部门、单位和学校共48 460个，检查面达95%以上，检查资金总额达38.06亿元，其中，预算内教育经费15.49亿元，预算外教育资金19.65亿元，教育基建投资2.92亿元。全省共查出有问题资金1.44亿元，占检查资金总额的3.8%（其中：违纪资金1.04亿元，占检查资金总额的2.7%），并进行了整改，处理违纪人员1 198名。针对查出的问题和薄弱环节，研究制定和完善了各项规章制度，重新明确了领导及财会人员的职权范围，严格了资金管理。特别是针对固定资金管理和教育费附加等方面存在的漏洞和问题，制定了《固定资产管理办法》、《城乡教育费附加征收管理使用办法》、《校办企业管理规定》等制度，成立了民主理财小组、资金管理稽查小组等组织，有效地加强和完善了监督机制。各地还重视加强财会队伍的思想作风和业务建设，全省调换财会人员682人，选配充实360多人，举办财会培训班500多期，培训财会人员1 800人，财会人员的政治、业务素质明显提高。

职业技术教育

1991年是省教委确定的全省职业技术教育年。全省增加农职业学校59所，与上年相比，招生增加1.91万人，在校生增加2.16万人。为了改变全省职业技术教育相对薄弱的状况，更好地为全省经济和社会发展服务，中共河南省第五次代表大会提出了“发展教育要以职业技术教育为突破口”的方针。刚来河南工作不久的李长春省长于2月23日主持省政府常务会议，专门听取省教委关于贯彻全国职教会议精神的汇报，并就如何发展职业技术教育作了指示。省政府常务会议要求，把发展职业技术教育作为今后一个时期教育工作的重点，明确发展职业技术教育的目标和任务，为建立从初级到高级、行业配套、结构合理、形式多样，与其它教育互相沟通、协调发展的职业教育体系打下良好的基础。要动员各行各业、社会各种力量办职业技术教育，逐步形成多渠道、多层次、多形式的办学体制；制订优惠政策，努力增加职业技术教育的投入。根据职业技术教育的特点，提倡和扶持各类职业技术学校发展校办工厂，走教育与生产相结合、“校产合一”的道路。有关方面要在产销和税收方面给予优惠政策，加强职业技术教育师资队伍建设；职业技术教育的发展、改革与劳动、人事制度的改革配套进行。1991年起，技术学校毕业生和各类职业高中毕业生一样，坚持不包分配、择优录用的原则，企业招收工人，均向社会上受过职业教育的毕业生公开招考，平等竞争。搞好职业技术教育的实习基地建设。为加强对职业技术教育工作的指导和协调，省政府成立了由省政府主要负责同志任组长、分管文教工作的副省长为副组长、有关厅局负责同志参加的省职业技术教育工作协调小组，并于1991年6月初发出《关于大力发展职业技术教育的决定》。

省教委认真贯彻省委、省政府指示精神，确定城市以巩固提高为主，重点发展农村职业技术教育的工作方针，并采取分类指导的办法狠抓落实。年初，召开全省教育工作会议，中心议题是研究职业技术教育，特别是农村职业技术教育如何突破。实行目标管理责任制，将职业技术教育发展目标层层分解到各市、地。6月上旬省教委在许昌召开全省职业技术教育工作会，抓住典型，总结经验，进行推广。年终，省教委分五路进行检查评比，对郑州市、南阳地区等10个职业技术教育先进市、地进行表彰。

全省发展职业技术教育的意识普遍增强，各市、地的主要领导都亲自主持召开有关会议，研究解决职业技术教育发展中的有关问题。同时进一步调整、充实了原来的职教领导机构，成立了职教协调领导小组。各地采取措施，认真解决职业技术教育发展中的实际问题。安阳市政府对统筹职教经费提出了5条渠道：一是城镇按职工工资总额的5%实行统筹；二是农村每年人均一元钱征集；三是各级财政列支职教专项经费，要求市财政每年列支50万元，县和郊区列支20万元；四是各县区从提留的教育费附加中划出20%，乡镇从留用部分中划出5%，用于发展当地的职业技术教育；五是各职业学校充分利用自己的优势，开展勤工俭学和社会服务活动，创收养校。各市（地）普遍采取了“改、调、招、留、请”的办法，解决职业学校专业课教师、实习指导教师缺乏的问题。有的市还组织职业技术教育专业课教师讲师团，帮助职业学校提高专业课师资水平。在解决职教实验实习场地方面，各地要求企业事业单位积极接纳职业学校学生实习；农村的“七所”、“八站”要为学生实习免费开放；县乡政府要划出一定的山坡、林场、田地、水面作为实验实习场地。在毕业生的安置上，各地都制定了一些优惠政策，优先安置职业学校毕业生。由于政府部门统筹，大大增强了办职业技术教育的合力。许昌市委、人大、政府、政协非常重视职教事业的发展，市长王日新亲自抓职教，并成立了由市政府牵头的市职业技术教育管理委员会，从宏观上加强对全市职教工作的领导，实行五个“统筹”管理。一是统筹制订培训计划，统一安排培训任务。市职教管委会统一组织人事、劳动、计委、教育等有关部门进行劳动力需求预测调查，一年调查一次，一次预测三年，切实掌握需求情况，为按需设置专业、培养人才奠定基础。二是统一学籍管理，市职教管委会把职业培训工作纳入整个中等、高等学校招生之中，实行统一报名、统一填报志愿、统一考试、统一录取、统一学制、统一颁发毕业生合格证。三是统筹培训经费，除各办学单位自筹经费外，市政府按照职教生均经费高于普通高中、低于普通中专的原则，规定每生每年平均经费500元，实行总额包干。四是统筹安排实习场地。各职业学校（班）提出实习意见和实习对口企业，市职教管委会召开对口企业及其主管部门负责人会议，协调有关实习问题，并要求对口企业免费承担实习任务。五是统一招工用人标准。市政府规定，从1990年起，市内各系统、各单位招工时，报名者必须持有职业技术学校培训合格证，否则，不准报名。对经过职业技术培训的合格生，只要专业对口，招工时不再进行文化通考，只进行专业技术和体质考核。市政府还决定由劳动部门拿出一定数额的招工指标(1991年毕业生的15%划拨)，按比例分到各职业学校（班)，对其中的品学兼优者直接分配工作。由于各市（地）采取的措施有力，自1985年以来农业中学招生逐年滑坡的现象初步遏止。1991年全省各类职业技术学校在校生占高中阶段学生总数的比例达到43%，完成了省政府确定的责任目标。

1991年全省确定辉县市第一高级中学等12所学校为河南省省级重点职业高中，郑州市服装学校等31所学校为省第二批示范性职业学校。同时完成了对全省中等专业学校的办学条件评估复评工作，调动了学校的办学积极性，增强了学校的办学活力，提高了办学效益。

高 等 教 育

1991年，河南省在继续加强高校党建工作和思想政治教育的同时，做好专业调整、校风校纪整顿、教学质量评估、充实整顿等工作，充分发挥高等学校的科技优势，为“科技兴豫”服务。

一、加强思想政治教育，优化育人环境

按照省委的统一部署，各高校结合实际，集中时间，有计划、有重点、分层次地组织广大教职员工学习《关于社会主义若干问题学习纲要》。开展了庆祝中国共产党成

立70周年活动，对广大师生进行热爱党、热爱社会主义祖国教育和革命传统教育。江泽民总书记在庆祝中国共产党成立70周年大会上的讲话发表后，各高等学校把学习《讲话》精神列入重要日程，精心组织，加强指导，做到领导和党员带头学。新学期开学后，各高校都集中一段时间组织学生认真学习，并把讲话精神渗透到教学、教育活动的全过程。各高校开展了形式多样的形势教育，使广大师生更加热爱社会主义祖国，更加珍惜安定团结的政治局面，维护了高校的稳定，形成了学马列、学毛著、学邓小平等革命前辈著作的热潮。据不完全统计，全省高校共建学马列小组3 000多个。

继续把组织大学生参加社会实践活动当作加强高校德育工作的一项重要工作来抓。1991年暑期，省教委采取分散、集中相结合的办法，组织全省8万多名大学生，以“拜工农为师，做革命传人”为主题，深入生产第一线，参加社会实践活动。省委宣传部、高校工委、省教委、团省委联合部署，分别在革命老区新县、中原油田、郑州花园口等地举行了开营仪式。全省高校普遍组织考察团、建设营，开展了多种形式的活动。大学生社会实践活动期间，正值淮河流域洪水肆虐。省教委组织全省高校的180多个救灾小分队和2万余名返乡大学生把灾区做为第一社会实践课堂，以“灾区是我家乡，灾民是我亲人”为口号，与广大干部群众和解放军官兵一起奋战在抗灾救灾第一线，为帮助灾区重建家园、重建校园作出了贡献，也使大学生受到了一次热爱党、热爱社会主义的教育。河南医科大学建设营的大学生们利用自己学到的知识，在洪水之中走乡串村，为当地老百姓防病治病，受到当地政府和群众的赞扬。

为了加强高等学校校风校纪的建设，优化育人环境，河南省教委要求全省高等学校开展校风校纪自查和对整顿情况进行检查，对河南大学等17个校风校纪建设综合先进单位、洛阳工学院等5个校风校纪单项先进单位进行了表彰。与此同时，积极贯彻全国、全省社会治安综合治理工作会议精神，加强了高校社会治安综合治理。中央社会治安综合治理委员会第27期《社会治安综合治理动态》加编者按，向全国推荐了河南省高校的做法。

二、调整学校布局和专业结构

根据国家教委“把高校整顿工作的重点转移到调整学校布局和层次、科类、专业结构，使其逐步趋于合理，保证高等教育长期稳定协调、健康发展”的要求，河南主要抓以下几项工作：一是在调查研究的基础上，重新修订了河南省高等学校整顿调整方案。二是对全省普通高校现有专业进行了清查整顿，停止招生27个专业点，减少招生22个专业点，调整服务方向3个专业点，规范名称7个专业点。三是组织人员对13所重点整顿院校和部分单项条件不合理的院校进行检查验收。近三年来，这13所高校新增土地面积505亩，新增图书45.24万册，新增仪器设备总值2 000余万元，新增校舍面积12.9万平方米，学校领导班子和师资队伍也得到了加强。四是抓好郑州大学和黄河大学的合并工作，经国家教委和河南省政府批准，黄河大学已经并入郑州大学，重点加强郑州大学工科建设，使之尽快成为文、理、工科全面发展的综合性大学。省政府成立由胡笑云副省长任组长、范钦臣副省长任副组长、省有关部门负责同志参加的领导小组。目前，合并方案已开始实施。五是集中力量，重点扶植，形成一批在全国高校中具有一定优势的学科和专业，以改变河南省高等教育比较落后的现状。1991年，国务院学位委员会批准河南新增博士生导师3个、硕士点6个。在对1988——1990年省高校重点学科目标完成情况进行检查的基础上，本着“突出重点，实事求是，量力而行”的原则，又评选出郑州大学的基础数学、河南大学的英语语言文学等 19 个学科为 1991——1993 年省重点学科，并采取目标管理的办法，对年度目标的完成情况进行考核检查，在经费上予以重点资助，使省重点学科在教学、科研等方面得到迅速提高。六是学校领导班子得到了加强，教师质量有了提高。全省现有高校专任教师 14 551 人中，有副教授以上 2 779 人，具有高级职称的占教师总数的 20%，中级占 34%，初级占 46%。

三、发挥高校优势，投入“科技兴豫”主战场

河南省高校积极落实“科技兴豫，教育为本”的方针，科研工作面向经济建设的主战场。1991 年，高等学校共承担科研项目 574 项，完成科研项目 100 余项，其中有 34 项通过省级以上的鉴定，有 44 项成果获得省级奖励和表彰。在国家科委、省科委共同组织的全国科技成果交流交易会上，省教委展团有 100 多项科技成果参展，成交 20 多项，成交额 800 余万元。为了发挥高校在“科技兴豫”中的作用，促进科学技术长入经济，尽快转化为现实的生产力，省教委组织郑州大学、郑州工学院等 6 所科研能力较强的院校科研处长，于 1991 年 3 月赴鹤壁市对“科技兴鹤”情况和一市两县的主要企业进行了考察，并就一些科研项目的转让和推广达成了协议。积极组织高等学校的高技术成果进入郑州和洛阳高技术开发区，目前已有河南大学等几所院校的计算机开发中心、生物工程中心等近 10 家高技术企业在郑州、洛阳高技术开发区注册，办理了经营执照。

四、完善高校招生制度，狠抓考纪工作

河南省教委采取做好考前宣传，加强资格审查，严格报名手续和考场纪律等措施，严防替考和舞弊，使 1991 年成人高校招生违纪人数比上年下降 15%。同时增加普通高校招生录取工作的公开程度，邀请省人大、纪委、监察厅等机关、新闻单位和学生及家长到录取现场监督。省教委 1991 年认真抓好新生入学的资格清查，受到国家教委、省委、省政府的肯定和广大群众及考生的欢迎。招生工作结束后，一些学校和群众反映，发现有冒名顶替入学等现象，省教委对此十分重视，多次召开办公会议进行研究，并及时向省委、省政府提出清查意见，得到省委、省政府的支持。为此，省教委采取 4 项措施对入学的新生进行普遍复查：一是将准考证、报名登记表、学籍档案中的照片和有关材料认真核对，发现问题，重点审查；二是进行文化复试，成绩出入较大的列入重点复查对象；三是进行个人简历、家庭、社会关系等情况的问卷调查；四是发动学生检举揭发，建立举报箱，公布举报电话。在各级党委、政府以及纪检、公安、监察、人事部门的积极配合下，全省共清查出 611 名不符合入学资格的学生，全部予以清退。

成人教育

1991 年，河南省继续对成人高等教育进行治理整顿，大力扫除青壮年文盲，培训回乡知识青年，为当地经济建设培养实用人才。

一、以治理整顿为重点，加强管理，提高成人高等教育的质量和效益

一是对普通高等学校举办的成人高等教育进行治理整顿。1991 年，普通高校普遍开展了成人高等教育自查、互查工作。省教委先后制订治理整顿工作实施方案、验收意见和标准，分解成 4 大部分 63 项内容，量化为 1 000 分。并组织 20 多人的检查验收队伍，从 4 月开始，用近两个月的时间，在对河南中医学院等 3 所学校进行验收试点的基础上，分 3 路对 23 所普通高校的成人高等教育进行检查验收，通过自查、互查和验收，这些学校的办学方向进一步得到端正，“三乱”现象得到制止和纠正，查出的 153 个问题已逐步解决。对查出 1986 年以后擅自发放的 4 363 个进修、代培毕业证书，声明不作学历依据或责成收回。同时，针对存在的问题建立健全制度 84 种，采取改进措施 46 项。二是以端正办学思想、改善办学条件、调整学校布局和专业设置、提高办学质量和效益为重点，对成人高校进行治理整顿，并制订成人高校调整方案。三是制订省直干部院校调整意见。为了加强对 51 所省直干部院校的领导和统一管理，省委、省政府成立了以省委副书记吴基传为组长、副省长范钦臣为副组长的河南省直干部院校领导小组，并组成两个调查组进行了为期两个多月的调查。针对省直干部院校在布局、管理体制和教学等方面存在的一些急需解决的问题，省直干部院校领导小组决定本着需要与可能相结合的原则，对省直干部院校进行调整。四是对全省 1988 年以来试办的成人高等专业证书教学班进行了全面的复查、清理、验收，通过验收基本合格的教学班 275 个，学员 20 004 人，对不符合条件的 128 名学员全部予以清退。五是继续开展对社会力量办学的清理整顿、检查评估、发放办学许可证、加强招生广告审批等工作，进一步充实、完善各项规章制度，对符合条件、办学指导思想比较端正的学校，分期分批在报纸上予以公布，便于社会监督。对“三乱”现象比较严重的学校进行通报批评，限期整改，并停办了新乡市成人高教自修辅导学校等 4 校（站）。

二、扫盲工作取得新成绩

一是广泛深入地开展扫除文盲宣传活动，动员全社会关心、支持、参与扫盲工作。省教委先后编印了《马学武扫盲直观教学》画册、《河南省基本扫除文盲单位验收工作手册》、《扫除文盲工作资料汇编》、《河南省扫盲暨农村成人教育经验材料汇编》等，还在省农业展览馆举办了河南省扫盲农村成人教育成果展览。各市、地也都采取措施，加强扫盲宣传活动。驻马店地区的地、县、乡各级领导分别撰写文章，发表讲话，号召全社会支持扫盲工作。社会有关部门也都积极参加宣传。各级团组织开展了“让同龄人都上学”的扫盲堵盲活动，动员广大青年参加扫盲和实用技术培训。各级妇联组织开展了“学文化、学技术、比成绩、比贡献”的双学双比活动。每年的“九 · 八”国际扫盲日期间，全区通过组织“扫盲宣传一条街”、回乡知青和优秀学员报告团、文艺汇演、设立“扫盲识字路卡”，利用广播、电视、大小会议等多种形式进行宣传教育。二是继续实行扫盲目标管理。年初，省扫盲工作领导小组将省政府下达的扫除 30 万文盲的任务分解下达到各市、地，列入各级政府的目标管理，并组织人员检查责任制的落实状况，及时将工作进度、任务完成的情况、存在的问题予以通报，同时向省人大报告，接受监督。驻马店地区把扫盲任务层层分解到村，通过政府对政府、政府对教育、教育对教育三个渠道层层签订目标管理责任书，把任务承包到人。汝南县实行县、乡、村“三长”负责制；西平县实行县四大班子包乡，书记、乡长包片，一般干部包村，村干部包组，组干部包户的办法，把扫盲工作的责任落实到各级政府和领导干部；泌阳县付庄乡政府规定，对完不成扫盲任务的村干部，下届不得留任；遂平县政府向全县农村干部发出了想千方百计、串千家万户、坚持把扫盲工作搞上去的号召，对完不成任务的乡教管站站长、中小学校长免去职务。汝南县教体局对扫盲专职干部、教师实行“奖二罚三”制度，成绩突出的月工资上浮20%，不能按时完成任务的，月工资下降30%。一些地方制订乡规民约，让群众自己约束自己，鼓励自己。泌阳县一些乡、镇把文盲名单张榜公布，让群众自我监督，入班学习。三是加强扫盲队伍建设，提高师资水平。全省农村乡（镇）扫盲管理干部、教师有9 683人，平均每个乡镇4.5人；行政村专兼职教师91 303人，平均每村1.9人，均比上年有较大增加。省、地（市）县、乡分层次、分期分批对扫盲干部、教师进行了培训，受训人数达90%以上。

1991年，全省扫除文盲54.7万人，有106万名脱盲学员接受了各种形式的扫盲后继续教育。经验收并报省政府批准，宝丰等11个县（区）为基本扫除文盲单位，全省157个县（市、区）中已有96个达到国务院规定的扫除文盲单位标准。1991年11月13日至17日，国家教委在郑州市召开全国扫盲农村成人教育工作会议，推广了河南省扫盲工作的经验，对扫盲成绩显著的河南、四川、贵州等省和1990年获联合国教科文组织“克鲁普斯卡娅”国际扫盲奖的河南省西平县进行了表彰奖励。

三、加强回乡知青培训和农民文化技术教育

省政府把每年培训100万回乡知青的任务列入河南省国民经济与社会发展十年规划和“八五”计划，继续实行目标管理。教育、农业、科技等有关部门各司其职，加强合作，1991年共培训回乡知青125.6万人，其中教育部门培训75.9万人，分别超额25.6%和26.5%完成省政府下达的培训任务。经过培训，现有79 327人担任农民技术员，72 160人担任基层干部，15 631人被选聘为扫盲教师，38 041人被录用为乡镇企业职工，176 786人成为农村专业户、重点户和科技示范户，一年来回乡知青共获各级科研成果1 566项。

农民教育坚持学文化、学政治、学技术三结合和“实际、实用、实效”的原则，全省有350多万农民参加了各种形式的技术培训班和文化政治学习，毕（结）业329万人。农民教育在推广当地适合的实用技术和促进农村两个文明建设中，发挥着越来越大的作用。

撰稿人 贾正国 介 新
孙增福

审稿人 徐玉坤

湖北省教育

概况

一、各级各类教育发展情况

1991 年各级普通学校基本情况

单位：人

学校类别	学校数(所)	毕业生数	招生数	在校学生数	教职工数 计	教职工数 其中专任教师
一、普通高等学校	62	39 685	40 714	136 046	65 038	24 763
研究生		2 248	2 103	6 157		
本　科		20 736	21 299	84 042		
专　科		16 701	17 312	45 847		
二、中等专业学校	225	47 525	52 415	150 103	28 081	14 217
中等技术学校	190	35 367	43 191	123 425	23 043	11 277
中等师范学校	35	12 158	9 224	26 678	5 038	2 940
三、普通中学	4 560	573 360	813 679	219 7046	206 295	160 528
高　中	623	112 332	115 139	338 448		30 020
初　中	3 937	461 028	698 540	1 858 598		130 508
四、农业、职业中学	491	34 956	55 960	137 997	17 389	12 077
高　中	344	26 876	37 002	91 296		
初　中	147	8 080	18 958	46 701		
五、工读学校	7	68	69	197	119	55
六、小　学	31 710	917 711	1 023 167	6 154 958	334 667	295 177
七、特殊教育学校	45	183	955	2 778	865	569
八、幼 儿 园	3 060	406 121	596 147	923 363	51 591	34 505

1991年各级成人学校基本情况

单位：人

学校类别	学校数(所)	毕业生数	招生数	在校学生数	教职工数 计	教职工数 其中专任教师
一、成人高等学校	76	48 054	27 205	103 142	10 796	4 604
广播电视大学	16	14 402	5 308	27 875	2 223	866
职工高等学校	37	3 085	2 204	6 116	4 015	1 679
农民高等学校						
管理干部学院	8	1 306	1 041	2 088	2 139	860
教育学院	14	7 527	3 113	9 136	2 379	1 163
独立函授学院	1	1 248	798	2 997	40	36
普通高校举办						
函授部		16 768	12 570	46 873		
夜大学		2 814	1 957	7 657		
干部专修科		904	214	490		
二、成人中等专业学校	280	39 744	30 118	68 518	12 818	6 468
广播电视中专	2	1 778	1 717	3 643	37	15
干部中专	13	750	445	1 610	534	242
职工中专	174	21 329	19 776	42 709	8 844	4 297
农民中专	44	4 912	4 620	9 988	1 435	849
教师进修学校	47	10 975	3 560	10 568	1 968	1 065
三、成人中学	60	21 279	21 141	8 328	405	258
职工中学	22	6 130	7 083	3 360	217	156
农民中学	38	15 149	14 058	4 968	188	102
四、成人技术培训学校	4 585	1 698 303	1 211 550	828 562	9 825	4 071
职工技术培训学校	180	92 223	57 713	43 228	2 222	1 168
农民技术培训学校	4 405	1 606 080	1 153 837	785 334	7 603	2 903
五、成人初等学校	3 951	230 072	224 659	226 759	4 992	1 651
职工初等学校	60	6 532	10 806	10 193	120	104
农民初等学校	3 891	223 540	213 853	216 566	4 872	1 547
其中：扫盲班	2 820	184 957	143 391	140 875	4 453	1 386

制表人 张文斌

二、确定年度教育工作重点

湖北省教育委员会1991年工作会议于2月28日–30日在武昌召开。会议传达和贯彻国家教委1991年工作会议精神，讨论和修改全省“八五”教育事业计划，研究和部署1991年的教育工作。出席会议的有省教委负责人、专职委员，各地、市、州教委主任、普教职教科长，林区及综合改革试点县教委主任，部分大型厂矿、企业有关负责人。省教委主任孙德华主持会议就年度工作作了报告，副省长韩南鹏到会就制订教育“八五”计划的指导思想等问题作了讲话。

经过充分讨论，会议确定“八五”期间全省教育事业发展总的指导思想是：始终坚持教育的社会主义方向，认真贯彻教育方针；紧密联系本省实际，在稳定规模的前提下有选择地发展数量，进一步调整内部结构，深化教育改革；努力改善办学条件，大力提高教育质量和办学效益。其基本任务是：扎扎实实发展基础教育，使初等教育基本达到义务教育的要求，城市和经济发达地区基本普及九年义务教育；大力发展职业技术教育，使其招生人数与普通高中招生人数的比例达到1.28：1；稳步发展普通高等教育，进一步调整布局，优化结构，加强重点；多形式、多层次发展成人教育，继续整顿成人学历教育，积极推进岗位培训，基本扫除农村青壮年文盲，广泛开展以回乡初、高中毕业生为主要对象的实用技术培训。

会议要求各级教育部门在1991年，要把学校思想政治工作放在首位，继续保持学校局势的稳定；切实抓好九年制义务教育的实施，抓好教育综合改革，提高效益，强化教育为经济服务的功能。

撰稿人　李文春

三、教育系统抗灾救灾，按期复校开学

1991年6–7月，湖北省遭受洪水灾害。全省有67个县（市）、13054所中小学受灾，占中小学总校数的34.65%，涉及中小学生350万人，占全省中小学生数的42%；倒塌校舍43万平方米，新增危房160万平方米，损坏课桌凳16万多件，仪器设备29万套（件），大批勤工俭学基地被淹没、冲毁，直接经济损失达1.9亿元。

灾情发生后，省教委号召全省教育工作者组织抗灾自救，并先后分10批，共派出31个工作组、100多人（次）深入灾区学校，了解灾情，帮助救灾。为了保证9月1日按时开学，省政府召开专员、市长、州长会议，提出应急措施：充分利用现有校舍，实行二部制；挤公房，借民房，分散上课；有组织地将灾区学生分散到附近中小学临时借读；对积水难退、交通不便的自然村（户），组织教师送教上门等。8月14日至15日，省教委召开地、市、州教委主任会议，贯彻省政府会议精神。为帮助各地救灾复学，省财政拨出500万元教育救灾专款，省教委从预算内教育经费中挤出500万元，董必武教育奖励基金会捐赠10万元，中央补助790万元。各级政府和教育部门采取教育经费挤一点、群众集一点、干部职工捐一点、有关部门借一点、物资部门赊一点、建筑部门垫一点、银行储蓄所贷一点等办法，全省筹措用于学校救灾资金累计达1亿多元，其中，全省各级教育行政部门和各级各类学校的干部和师生共捐款182.4万元，粮票15.58万公斤。省政府组织“情系楚天”赈灾义演，资助教育220万元，国家教委组织“手拉手、心连心”赈灾义演捐款100万元。陕西省教育系统捐赠人民币68万元及价值70.8万元的教学仪器、14万余件衣物、9.5万件学习用品。江西九江市捐赠价值17万元的物资，广东东莞市教委捐款12万元。

9月1日，全省有4725所中学按时开学，占中学总数的99.74%，入学中学生有1782069人，占中学生总人数的99.79%；

有32300所小学开学，占小学总数的99.81%，入学小学生有6076116人，占小学生总数的99.89%。没有按时开学的14所中学和56所小学也于9月上旬陆续开学。

在这场抗灾救灾斗争中，孝感市大山村小学民办教师陈荣华为抢救两名触电学生英勇牺牲。10月7日，省教委、省董必武教育奖励基金会决定，授予公安县三袁初级中学等36个单位和李书安等130人为湖北省教育系统防汛抗洪救灾先进集体和先进个人。

撰稿人　张杰　雷方圣　胡崇新

基 础 教 育

一、普及九年制义务教育

1991年，湖北省已基本普及初等义务教育。小学学龄儿童入学率达到98.7%。小学生年巩固率和应届毕业生率分别达到97.9%和97.5%；小学生平均及格率和全科及格率分别为87.8%和77%，留级率也控制在5%以内。全省小学生毕业率，城市达95%以上，平原地区达90%，丘陵地区达85%，大山区达80%。12–15岁儿童入学普及率达95%。小学毕业生升入初中的比例由上年的75.6%上升到78.2%，初中毕业生升入高中的比例为33%。中小学学生流失现象得到有效控制。全省城镇小学毕业生的升学率为98.3%，城市基本普及了初中教育。特殊教育发展迅速，学校数比上年增加11所，招生数和在校学生数分别比上年增长11.2和22.4个百分点。近年来幼儿教育发展迅速，1991年度有正规幼儿园3060所，在园幼儿92.34万，其中小学附设学前班的幼儿55.36万人，分别比上年增长20.8和35.1个百分点。

经省政府批准，从1991年起，每年9月为全省义务教育宣传月。在1991年第一个义务教育宣传月活动中，武汉市教委举行新闻发布会，编印了《学习宣传〈义务教育法〉问答》，举办了普及九年制义务教育知识竞赛，省市电视台转播了决赛实况。荆州地区印发义务教育宣传材料8万余份，利用广播电台宣传301个小时，利用电视台宣传100个小时。郧阳地区行署召开纪念《义务教育法》颁布五周年电话会议。各地开展义务教育宣传月活动，具有三个特点：(1)领导重视、措施落实。各地有领导小组，有活动计划，有的地方还实行包村包户的宣传责任制。(2)内容实在，重点突出。各地抓住实施义务教育的重要意义，各级政府及有关部门、学校、家庭、社会的权利和义务等重点内容，并结合集资办学、改善办学条件、灾区开学工作、处理违法事件、建立和完善义务教育的乡规民约等问题进行宣传。(3)形式多样。各地宣传活动做到墙上有标语，街头有活动，电视里有影，广播里有声。

1991年12月24日至28日，省教委受省政府委托，对宜昌市普及九年制义务教育进行了检查评估。近几年，宜昌市政府把义务教育当作“科技兴市”的基础工程来抓，逐步形成由政府统筹，市人大监督检查，市教委、计委、财政、税务、建委、劳动人事等部门分工负责实施义务教育的格局。区、乡都制定了实施义务教育的规划，分管教育的区、乡长都有自己的管理目标。教育经费年年增加，郊区4个乡把财政收入主要用在教育上，在教育内部强化学校管理，德育工作做到有组织、有人员、有教材、有基地、有活动。学校努力端正办学指导思想，开始把升学教育转为素质教育，全市取消了重点初中；初中招生不择优；不举行小学升初中的升学考试，严格执行教育计划，按教学计划开齐课程，开足课时；认真开展教育教学改革，教学质量稳步上升。全市小学入学率达到99.5%，年巩固率为99.5%，合格率为98.1%，14周岁小学普及率为98%，小学阶段毕业率城区为98.9%，郊区为95.5%；小学毕业生升初中的升学率为99%，年巩固率城区为99.7%，郊区98.9%；初中阶段毕业率为98.5%，按时毕业率城区为98.9%，郊区95.6%，18周岁青年初中普及率城区99%，郊区88.4%。经过评估，宜昌市达到了省定的实施义务教育的合格要求，省教委报请省政府同意，已于1992年2月10日批准宜昌市为普及九年义务教育合格城市。

二、继续进行中小学教育教学改革

1991年，湖北省继续进行小学布局调整，推进联村办学，提高办学效益。小学校数比上年增长2个百分点。普通中学结合学校布局调整和校舍规范化建设，逐步减少不足6个班的农村初中的数量，提高规模效益，适当控制高中规模。全省普通中学比上年减少177所（其中初中154所），在校学生数初中增加10.4个百分点，高中增加1.2个百分点。

从1981年秋季开始，湖北省中小学有计划、有组织地开展了多种教学改革实验和教学研究活动，把端正教学指导思想贯穿于教学改革的全过程，注意提高学生的思想政治素质、道德素质和文化科学素质。主要实验和教学研究项目有：华中师范大学第一附属中学、武汉市第二师范学校附属小学等校全面贯彻教育方针，建立德育工作新体系；荆州中学、潜江市实验小学在语文等学科中加强思想品德教育，保证德育的首要地位；红安、武昌等县（市）中小学加强劳动教育，探索教育同生产劳动相结合的路子；黄冈中学发挥教研组群体优势，提高课堂教学质量；荆州地区中小学对学生分类指导，注重做好后进生转化工作，枝江县董市第一中学、枣阳市第二中学等校探索各科教学协调配合，共同育人的途径；湖北省武昌实验中学、应城市实验小学等校开展多学科的综合改革，从纵向和横向两个方面互相配合、协调发展等。1991年9月21日至23日，省教委在武昌召开全省中小学教学改革交流会。副省长韩南鹏到会讲话。会议提出：今后10年湖北省教学改革的目标是：要在基本实现九年义务教育的同时，进一步端正教育指导思想，贯彻落实德智体全面发展的教育方针，大面积提高中小学教育质量，真正实现中小学教育由应试教育向素质教育的转变。教学改革的总任务是：既要面向全体学生，坚持全面发展，德育领先，又要因材施教，发展学生特长；既要严格基础知识和基本技能的教学和训练，又要全面开发学生智力，培养能力；既要强化教学常规管理，又要形成活跃的教研风气，开创教学改革的新局面。教学改革的主要内容是：深化德育研究，进行"五四"学制实验，渗透职教因素试验，课程与教材改革试验，教学管理、教学指导和教学方法的改革试验，教学评估的研究与实施，高中毕业会考的改革试验等。会上，省教委和董必武教育奖励基金会对湖北省武昌实验小学等32个教学改革先进集体和钱展望等87名教学改革先进个人进行了表彰奖励。1991年11月，省教委下发了

《关于我省中小学教学改革若干问题的意见》。

三、督导检查全省重点高中

1991年11月6日至12日，省教委对全省除郧阳地区、鄂西自治州、十堰市、神农架林区以外的80所重点高中就贯彻执行1991年8月省教委发出的《关于贯彻执行普通高中教学计划等有关问题的通知》精神，调整教学计划、清退复读生等方面进行了督导检查。11月下旬至12月，省教委又派出6个检查组先后分赴荆州、黄冈、孝感、襄樊、鄂州等地、市的25所学校进行抽查。

检查结果表明，在实施调整现行普通高中教学计划工作方面，多数学校措施有力，开齐开足了必修课，开设了选修课，各校还根据本地本校实际，开设了活动课，通过多种形式对学生进行思想政治教育，强化了劳动教育和社会实践。在制止重复教育、清退复读生的问题上，受检的80所学校可分三类，第一类是坚持全面贯彻教育方针，面向全体学生，全面提高教育质量，多年来不招复读生，不办复读班。如黄冈中学、沙市第三中学、宜昌地区夷陵中学、公安县第一中学以及武汉市城区的多数重点中学，有的学校虽在开学初办了复读班，但收到省教委的有关文件后，立即进行清退，同复读班彻底脱钩。第二类是清退不彻底，复读班虽然迁出学校，但有少数教师仍在复读班兼课。第三类是违反有关规定，检查过后，复读班又回到学校，比较突出的有监利中学、石首市第一中学、武穴中学、荆门市第一中学。对这4所学校，省教委决定：取消重点中学称号，省教委停止专款补助，取消1992年高等学校招收免试保送生资格，学校和校领导不得评为先进集体或先进个人。以上处理意见在一年内有效，一年后是否取消，视学校改正情况而定。1992年2月17日省教委对检查情况发出了通报，并对进一步制止重复教育作出了规定。

四、中小学师资及校长培训

（一）中小学教师培训

“七五”期间，湖北省中小学师资培训工作取得显著成绩。全省46万名中小学教师，通过各种形式培训，有13万人获得《专业合格证书》，有8万人获得师范类大中专毕业证书。截止1991年，全省高中、初中、小学教师的学历达标率分别达到46%、52%、81%。教师的政治、文化、业务素质得到较大提高。

1991年6月，省教委召开全省中小学师资培训工作会议，总结、交流了“七五”期间师训工作的成就和经验，研究制订了全省中小学师资培训工作“八五”规划。规划提出，在“八五”期间，全省中小学师资培训工作要坚持政治思想教育与文化专业知识、教育教学能力培训一起抓，把政治思想教育放在首位，坚持面向中小学校、面向全体教师，分类培训，突出骨干和短缺教师培训；坚持多层次、多形式、多渠道和业余为主、短训为主、自学为主的培训方针，努力建设一支坚持社会主义办学方向、师德高尚、业务精良、结构合理，适应教育教学需要的中小学教师队伍。要求到1995年，全省普通高中教师本科毕业的达到65%，职业高中文化课教师本科毕业的达到60%；普通初中教师专科毕业以上的达到70%，职业初中的文化课教师专科毕业以上的达到60%；90%以上的小学教师达到中师毕业以上文化程度。中小学教师学历合格后，再进行新教师培训、职务培训和骨干培训三个层次的继续教育，到1995年，争取全省40%左右的小学教师、20%左右的中学教师获得职务培训合格证书；骨干教师达15%以上，其中小学教师达到专科（师范类）毕业以上的占5%左右，初中教师达到本科毕业的占10%左右。

(二) 中小学校长岗位培训

湖北省中小学校长岗位培训工作在1990年作准备、抓试点的基础上，扩大试点，逐步推进。

1991年6月省教委召开全省干训工作会议，传达了全国中小学校长队伍建设与培训工作会议精神，交流了沙市、江陵、红安、汉川等4个试点市、县的经验，讨论全省中小学校级干部岗位培训实施办法。9月，省教委委托湖北教育学院、省教育干部培训中心举办中小学校长岗位培训教学管理研讨班，研讨了培训的指导思想、培训内容、办学形式和质量要求。

11月21日，省教委印发《关于全省中小学校级干部岗位培训的实施办法（试行)》及5个附件。其基本要求是：坚持理论联系实际，按需施教，学用结合，注重实效的教学原则，培训方式以业余自学为主；将农村中小学校长培训列为主体；将培训、考核与任用结合起来。开齐课程，开足课时，保证质量，增设具有地方特色的教学专题，严格教学管理，开展干训督导评估。同时，省教委建立中小学校长岗位培训工作情况报告制度，规定办学资格必须经过审批。

湖北教育学院和省教育干部培训中心根据省教委的部署，1991年为各地、市、州、县举办5期干部培训师资备课班，开设“马克思主义基本理论”、“教育政策法规”、“教育学科知识讲座”、“学校管理”等4门课程，共有310人参加学习。9月，成立了中小学校长岗位培训4门课程的中心教研室，省、地（市、州）两级教育学院负责干部培训的骨干教师89人参加了教研活动。荆州、黄冈、孝感等地区按省要求成立中心教研组，并开展教研活动。

在进一步抓好沙市等4个试点市县总结试点经验的基础上，1991年把重点放在农村中小学校长岗位培训工作上，并将试点单位扩大到38个县市。

(三) 试办中学教师进修专科预科班

1991年，省教委在荆州、武汉等地市的9所教育学院试办卫星电视师范专科中学教师预科班，首批招收1000多人。招生对象是：参加本年全国成人高考，达到一定分数线，年龄在28周岁以下、教龄在5年以上（县级以上教育教学先进工作者不受此限制)，专业对口、学用一致、品行端正、身体健康的农村中学（重点是初中）在职教师。招收专业为政治、汉语言文学、数学、英语、历史、地理、生物等7个专业。预科班按文科、理科编班教学，采取脱产、函授、自学相结合，文科班学制半年，理科班学制一年，预科班各门课程考试成绩及格，方能转入卫星电视高师对口专业学习。

(四) 小学教师学历后继续教育

湖北省小学教师经过教材教法培训、专业合格培训、学历补偿培训，到1991年，全省小学教师学历达标率已达到80.62%。为了及时将小学师资培训由学历补偿教育转到以提高政治思想素质和教育教学能力为主的继续教育，1990年成立小学教师继续教育研究课题小组，通过调查研究，确定在汉川、嘉鱼两县开展继续教育的研究和试点，经过一年多的工作，两县编辑出版了《小学教师继续教育研究报告》一书。湖北教育学院和省小学教师培训中心举办了试点班。1990年在沙市、黄石两所教育学院试办了小学教师进修专科班，招收90人。1991年又将试点院校扩大到武汉和宜昌市两所教育学院，在校生达到225人。1991年10月8日，省教委印发《湖北省小学教师继续教育实施方案》。《方案》提出：现阶段小学教师继续教育的对象是：取得中师（含其他中专）毕业及其以上学历者，取得教师《专业合格证书》者，1986年底以前教龄满20年并获得教师专业职务者。继续教育按照面向多数、分类培训的原则，开展新教师培训、职务培训、骨干培训。继续教育内容以针对性、实用性、超前性和科学性为原则，以实际需要为依据，以提高素质为目的。省教委要求各地1991年下半年都要开展小学教师继续教育试点。

(五) 特级教师管理

湖北省现有特级教师498人，其中，中学307人，小学92人，幼儿园7人，教研室57人，中师23人，进修学校6人，盲聋哑学校2人，农职业中学4人。

为了加强对特级教师的管理，1991年3月15日，省教委发布《湖北省特级教师管理暂行规定》，要求特级教师必须成为师德的表率、育人的模范、教学的专家；明确特级教师的主要任务是搞好教育教学和教研工作，应承担示范课、观摩课、研究课等任务，原则上不得脱离教育教学、教研岗位。教育行政部门或学校主管部门应定期对特级教师进行政治和业务考核，对不符合特级教师条件的，撤销其特级教师称号。《暂行规定》提出对小学特级教师每人每月补贴20元，中学教师补贴30元。特级教师退休、病休时，其补贴费可作为计算退休费和病假待遇的基数；离休时补贴费照发。特级教师经县以上教育行政部门或学校主管部门同意，在接受国家和省交给的中小学教育教学、科研任务后，可根据实际需要享受一定期限的学术假。特级教师达到国家规定的离退休年龄后，确因工作需要，由本人申请，经所在单位和县（市）教育行政部门同意，报地、市、州教育行政部门或学校主管部门批准，可适当延长其离、退休年龄、但最长不得超过5年。全省特级教师人数应控制在中小学教师总数的千分之一以内，以后每2-3年可在控制数内评选、补充。

五、继续筹措教育经费，实施经费项目管理

1991年，湖北省通过征收教育费附加、集资、捐资等形式，共筹集教育救灾资金近2亿元，修复校舍10281所，计138万平方米。

大力发展勤工俭学。1991年，全省开展勤工俭学活动的中小学达35280所，有校办产业的学校23319所，占总校数的67.2%。有校办工厂3107个，学农基地面积32.2万亩，第三产业网点8978个，校办企业有职工5.46万人，固定资产资金1.94亿元，流动资金2.56亿元。1991年勤工俭学创产值11.94亿元，纯收入2.05亿元，分别比上年增长18和12.7个百分点。全省学生人均收入23.72元，比上年增加2.62元。校办企业职工人均创产值21478元，人均创利3601元。勤工俭学纯收入用于补充教育经费1.2亿元，占当年国拨教育经费的10%；新建和维修校舍147.4万平方米；师生政策性补贴和个人福利2839万元。

实施教育经费“项目”管理。湖北省从1988年开始，经过试点和条理化两个阶段之后，1990年提出普通教育补助专款实施“项目”管理的总体目标，要求将37个山区县（市）现有的1658所初中调整到1100所左右，其中重点建设可容纳在校学生总数65%以上的骨干初中600所，净增加初中教学班5600个，增加在校学生28万人，使小学毕业生升初中的比例由1988年的67.8%提高到80%左右，促进全省义务教育平衡发展。到1991年底，全省有33个山区县（市）已经实施“项目”管理，总投资达1亿多元，其中，中央和省补专款2100万元，地方自筹8000多万元，已完成400个子项目的建设，新建砖混结构校舍40多万平方米，建成一批规范化校舍。在总结前段山区实施“项目”管理经验的基础上，省教委召开了全省中小学校舍规范化建设工作会议，研究部署在平原地区实施此项工作的问题。

撰稿人 普教处 师训处

雷礼金 曾庆宏
苏以权 边 边

职业技术教育

一、继续贯彻积极发展的方针

湖北省中等职业技术教育，继续贯彻积极发展的方针，同时抓紧进行现有学校的改革和建设，注重专业结构调整，逐步适应本地经济建设和社会发展的需要。

1991年，全省各类中等职业技术学校招生数比上年增长9.5个百分点，与普通高中之比为1.09∶1；职业技术学校在校生占高中阶段在校生总数的49.7%，与高等学校在校学生之比为1.16∶1；开始改变比例倒挂的现象。此外，全省技工学校173所，比上年增加13所，在校学生达9.32万人。职业技术教育的崛起，使全省中等教育结构发生了根本变化，中等教育基本形成了普通教育与职业技术教育双轨并行的格局。

1991年，湖北省农职业中学校数增加40所，在校学生增加8955人，同时，各地普遍开展小学、初中、高中后短期职业技术培训，全省65%的中小学毕业生受到不同形式、不同程度的培训。

各类职工技术学校的办学条件有了改善。"七五"期间全省职业高中新增教学仪器、设备价值2000多万元；专业课教师由1985年的每班平均0。82人，增加到1990年的1.5人；多数学校有校内外实习基地。1987年以来，有6所学校（中专1所、技校1所、职业高中4所）接受世界银行贷款250万美元，用于添置教学仪器、设备。1990—1991年，湖北省批准19所学校为省级重点职业高级中学，其中7所被国家教委认定为首批省级重点职业高级中学。

二、职业技术教育在发展中深化改革

湖北省职业技术教育的改革，一是推进部门办学和联合办学。目前，全省各类中等职业技术学校中，各业务部门和厂矿企业自办的占50.2%，城镇职业中学由教育部门与行业部门联合办学的专业已占专业总数的60%。二是逐步完善内部管理运行机制。为提高办学的整体效益和办学水平，宜昌地区率先对校点布局、专业设置、招生和毕业生去向进行统筹，区内9个县的重点职业高中分别与地区有关部门联合办学，组织跨县（市）招生，既为各县培养急需人才，又避免专业设置重复，这种做法已推广到全省其它地区。中专、技校改革封闭的办学模式，采取定向招生、委托培养等方式为多种所有制培养人才。农业中专学校招收农村不包分配学生，打通中级技术人员通向农村基层的渠道。农村职业高中以科技兴农为中心，实行"上挂"高等学校、科研单位，"横联"县有关部门，"下辐射"各乡镇的办学模式，改革招生办法，改革教学内容和方法，为农村培养中、初级人才。各职业中学普遍开展"办好一个骨干专业，抓好一个拳头产品，培养一批合格人才，推广一批实用技术，致富一片乡镇"的活动，成效显著。钟祥县长寿职业高中几年来共毕业876名学生，其中235人担任村乡干部，350人为各种农业技术员，80%的回乡学生跨入致富行列，仅长寿镇籍的学生成为万元户的就有170人。三是加强实践性教学环节，提高学生专业技能水平。1991年，湖北省职业学校学生两次参加全国技能（烹饪、车钳工）比赛，8名选手全部获奖，获一、二等奖各2名，三等奖4名。

三、强化为经济建设服务的功能

湖北省各级各类职业学校积极开展培养科技致富带头人活动。《湖北省国民经济和社会发展十年规划和“八五”计划纲要》中提出力争在“八五”期间使每个农户有1人掌握1–2项先进适用的农业技术的要求，省政府于1991年8月发出《关于全省开展为农户培养科技致富带头人工作的通知》，决定在全省开展为农户培养科技致富带头人工作，要求各级政府形成“政府领导，统一规划，部门负责，分头实施”的组织形式，以乡（镇）为单位开展工作。省政府确定38个乡（镇）为试点乡，并于11月召开省直各部委办、（厅局）、共青团、妇联、省军区负责人，地（市、州）专员、市长、州长参加的试点乡（镇）工作会议。省教委制订了教育部门“八五”期间为农村培训500万科技致富带头人的总体规划，并在第二季度地、市、州教委主任例会上作了部署，并委托华中农业大学开办一年制农村实用技术教育师资专修班。在基础教育中渗透劳动技术教育内容，开展小学、初中、高中毕业后的短期职业技术培训，在344所农村职业中学开办适应本地经济建设需要的专业近200个，1991年毕业学生2.5万余人。农村成人教育也紧密围绕培养科技致富带头人开展工作，现有县办农民中专44所，农民技术培训学校4405所，农民初等学校（含扫盲班）3891所，全省农村已初步形成县、乡、村三级农民技术培训网络。省教委确定潜江、红安等12个农村教育综合改革实验县（市）为教育部门培养科技致富带头人的试点单位。

四、进一步深化农村教育综合改革

1991年4月，省教委召开全省农村教育综合改革工作会议，提出“八五”期间全省农村教育综合改革的指导思想、工作方针及目标任务。会后，在全省推广潜江市、洪湖市永丰乡及武汉市慈惠农场的经验，综合改革实验县由4个扩大到12个，其他县（市）都确定1–3个乡（镇）进行改革实验。在省教育学院举办全省农村教育综合改革试点乡（镇）长培训班。已开展试点的县（市）、乡（镇）均采取“由点带面、自下而上、先易后难、由内到外”的方法，注意把教育综合改革与创建教育先进县（市）、乡（镇），实施“燎原计划”和培养科技致富带头人等项工作结合起来，使教育内部改革向外部延伸，单项改革向综合改革推进，点上改革向面上改革扩展，低层次统筹向高层次统筹过渡，宏观改革与微观改革结合。同时，加强教育综合改革的理论研究，使改革实验在科学理论的指导下进行。

五、召开全省职业技术教育工作会议

为总结成绩和经验，推动全省职业技术教育更快发展，省政府于1991年12月23–25日在武昌召开全省职业技术教育工作会议。副省长李大强到会与代表座谈，副省长韩南鹏讲话，省教委主任孙德华作工作报告。襄樊市、宜昌市、公安县政府和云梦县劳动局、宣恩县职业高中等单位介绍了发展职业技术教育的经验。会上表彰了武汉市第一职业教育中心等50个职业技术教育先进集体和孙志刚等200名职业技术教育先进工作者。会议对湖北省《关于大力发展职业技术教育的意见》和《职业技术教育发展十年规划和“八五”计划》进行了讨论。

撰稿人　职教处　梁树志

普通高等教育

1991年，湖北省地方院校35所，在校生47886人。与上年相比，工科、林科、财经、政法、艺术类招生的比例略有提高，其余则略有下降。

一、建立高校教学研究立项制度

为进一步加强高等教育教学工作，使普通高校优秀教学成果奖励工作规范化、制度化，从1991年起，湖北省高校开始建立教学研究课题立项制度。具体要求是：教学研究课题每年立项一次；设立省属高校教学研究基金，资助其教学工作者开展教学科学研究工作；各校都要建立本校教学研究立项制度，并设立教学研究基金；申请教学研究项目的对象是教师、教辅人员和教学管理人员；经审定立项的才能参加优秀教学成果奖的评选。1991年由各校申报，经专家评审，全省共立项375项（其中省属院校75项），并落实了项目补助费。各校也相应审定了本校教学研究重点课题和项目，划拨了研究费，有些学校还设立了教学研究基金。省校两级教学研究立项制度的建立，调动了广大教师进行教学研究和教学改革的积极性。

二、加强高校教学工作

1991年3月，省教委制定《关于高等学校加强教学工作，提高教学质量的意见》。《意见》从办学指导思想、校风建设、教学环境、师资队伍建设、教材建设、教学业务管理、教学改革、教学业务经费和教学工作领导等9个方面，提出了40条意见。

省属高校重点学科建设开始起步。1991年，省教委在湖北大学、湖北工学院、湖北农学院、湖北医学院、湖北中医学院、武汉音乐学院等6所省属院校，确定了中国文化史、中国古代文学、生态学、有机化学、发酵工程、高分子材料成型工学、产品质量检验、作物遗传育种、医学病毒学、口腔科学（内科）、外科学（泌尿外科、胸心外科）、针灸学、内经学、伤寒论、作曲及作曲理论等15个学科为湖北省属高校首批重点学科。

首批15个重点学科，是根据全省经济建设和社会发展对培养高级专门人才的需求，本学科的发展趋势和具有学科优势等情况综合评议审定的。15个重点学科均已形成或正在形成具有一定特色的专业研究方向，有较好的教学、科研工作基础，拥有一批学术造诣较深的学术带头人和学术骨干。15个重点学科中，有硕士点11个（其中博士点2个，具有博士导师资格的学科点2个）。省教委要求，经过5年或更长一段时间的建设，博士点学科要向国家级或部级重点学科的目标努力，硕士点学科要创造条件达到博士学位学科授予点的水平，非硕士点学科要达到硕士点学科的水平。为此，省教委制定了《湖北省高等学校学科建设管理暂行办法》及有关文件，列出专款用于重点学科建设，召开了重点学科五年建设规划专家论证会。各院校分别成立了由主管院校长参加的重点学科建设工作领导小组，确定了学科带头人，制定了学科建设五年规划。重点学科建设正在有计划分步骤地进行。

三、高校实验室工作的新发展

近几年来，全省高校实验室有较大发展。1991年全省高校共有实验室2307个，比1985年增加1099个；实验室面积61.8万平方米，比1985年增加1.7倍，实验室装备总值由1985年2.5亿元增至7亿元；多数高校利用各种渠道的投资相继建成了一批现代化的实验中心、测试中心、计算中心和电教中心。

实验室队伍得到充实和提高。全省高校实验室工作人员已达1.3万人，比1985年增长1倍；其中正副教授、高级实验师1583人；实验技术人员占实验室人员总数的比例，由1985年的41%提高到83%。

实验教学水平进一步提高。各校在深化教学改革中淘汰了一批过时的实验项目，采取比较科学的分组实验，增开了一些综合性和设计性的实验项目，有的学校积极进行实验教学方法的改革。向学生开放实验室。全省高校的实验开出率平均已达91%。各校在抓好实验教学的同时，还认真探索和总结实验教学的规律，近两年来，全省高校已有几十项实验教学成果通过专家鉴定，其中20多项实验教学成果被国家教委和省教委评为优秀教学成果奖。

实验室在科研中发挥了重要作用。据不完全统计，“七五”期间全省高校共承担科研任务2.55万项，其中获省部级以上科技成果奖1050项，属于国家自然科学奖、科学发明奖、科技进步奖三大奖的共34项，科研成果中获专利400多项，共向社会转让科技成果2000多项，据测算，创经济效益近40亿元。仅据1990年统计，全省高等学校实验室承担科研项目5335项，累计实验时数4亿多小时，承担社会服务项目1.4万余项，累计实验时数1.4亿小时。实验室建设的加强还为本省高校重点学科建设和高层次人才培养创造了条件，为全省65个重点学科（其中国家级重点26个），347个硕士点，122个博士点，17个博士后流动站提供了高水平的实验技术。

为肯定实验室工作的成绩，鼓励广大实验室工作者进一步做好实验室工作，使全省高校实验室工作有一个新的进展，1991年12月省教委决定，对41个实验室和47名实验室工作者分别授予“湖北省高等学校实验室工作先进个人”称号。其中，华中理工大学计算中心等15个先进集体和湖北医学院病毒研究所张俊英等19人被国家教委授予先进集体和先进个人称号。

四、聘用短期外国文教专家工作

“七五”期间，全省40余所高等院校共聘请短期文教专家2152人次。这些短期专家在高校教学和教研中为湖北省高等教育事业的发展和经济建设作出了贡献。

省教委对外国专家聘用工作主要抓了两方面工作：一是抓提高思想认识，要求各院校将聘请短期文教专家纳入外国专家聘请工作的总体规划、院校的整体发展规划、地方引进国外智力工作规划和地方经济发展规划。二是抓总结交流，促进平衡发展。目前，聘请短期外国专家的院校主要是在鄂部委院校。省教委提出今后聘用短期外国专家要“四大转移”：(1) 从邀请外国专家来华短期访问向开展实质性学术交流转移。(2) 从单向学术交流向双向学术交流转移。(3) 从合作科研向联合进行新产品开发转移。(4) 由单纯的讲学、科研向技贸结合转移。

撰稿人 周一志 张建军
杜海鹰 孙望安

成人教育

一、农村扫盲教育继续发展

1991年，湖北省扫盲工作成绩显著。“七五”期间，全省农村认真坚持不懈地开展扫盲工作，采取全日制普通小学和乡(镇)、村成人文化技术学校办班，社会力量办班以及包教包学等形式扫盲。据1990年全国人口普查，全省文盲、半文盲占总人口的比例由1982年的23.1%下降到15.8%。1990-1991年度，全省举办的扫盲班比上年增加1000多个。参加扫盲学习的比上年增加8.5万人。脱盲184957人。全省各县、市都已达到国务院规定的基本无盲单位的标准，并有52个县、市青壮年非盲率达到95%以上。为巩固扫盲成果，1990-1991年度全省各地组织54万多人参加扫盲后文化技术教育。1991年，荆门市、宜城县教委被国家教委授予扫盲先进单位，姚守斌、任旭东被授予扫盲先进个人。国家教委认为湖北省近几年政府和教育部门重视，措施得力，扫盲成绩比较显著，决定奖励15万元。

二、乡镇成人文化技术学校发展迅速

1991年全省已建乡镇成人文化技术学校1578所，占乡、镇总数的95%以上。学校占地面积达13327亩，建筑面积726532平方米，校舍建设投资6837万元，教学设备投资3303万元。有专职教师3889人（其中民办教师1068人），较稳定的兼职教师11284人。近几年来，省教委组织编写乡镇成人文化技术学校技术课本37种，省广播电视大学、省电教馆还录制和制作了部分电教片。接受文化技术教育的人数持续上升。培训时间在一个月以上的达20万人，短期培训的达160万人。1990-1991年度，培训回乡小学、初中、高中毕业生20万人，协助和支持乡镇企业培训职工32万人，组织妇女学文化、学技术104万人，开展政治思想教育104万人。几年来，学员中被评聘为农民技术人员的有51022人，学员担任基层干部的有1000多项技术推广项目得到各级有关部门的肯定和奖励，校办厂（场）创纯利990万元。

三、县办成人中专学校在改革中前进

“七五”期间，全省县办成人中专由1984年的24所发展到57所（不含教师进修学校、职工中专学校和武汉市属学校），设有为当地经济建设服务的专业53个，招生规模达5000多人，1991年在校学生13000多人，历届毕业生共17000多人，形成了县办成人中专、乡（镇）办文化技术学校、村办文化技术教育班的农村成人学校网络。

1991年11月，省教委、省农政厅、省财政厅联合召开湖北省农村成人教育工作会议，总结“七五”期间的工作，讨论和部署了“八五”期间农村成人教育工作任务，并授予兴山县成人中等专业学校等8校为先进县（市）成人中等专业学校，洪湖市永丰乡成人文化技术学校等103校为先进乡（镇）成人文化技术学校，来凤县接龙桥区沙坨乡（村）成人文化技术学校等20校为先进村办成人文化技术学校。1991年受国家教委表彰的农村成人教育先进学校有：兴山县成人中等专业学校、汉川县成人中等专业学校、洪湖市永丰乡成人文化技术学校、汉川县丁集乡成人文化技术学校、来凤县接龙桥区沙沱乡（村）成人文化技术学校。

四、职工教育为创建“质量效益型”企业服务

湖北省职工教育，逐步为创建“质量效益型”企业服务，武汉钢铁公司已走上新路，取得了经验。

武汉钢铁公司的职工教育坚持企业的社会主义方向，逐步走上为“质量效益型”企业服务的发展道路，带动了职工教育自身的改革和发展。他们的做法，一是坚持把教育放在武钢经营战略地位，运用政策导向，使教育直接为武钢的生产经营服务；二是建立以质量为核心的职工教育体系，使教育发挥最佳服务功能；三是更新观念，不断坚持教育改革实践，使职工教育的路子越走越宽。武钢公司10年来累计培训职工45万人次，年平均全员培训率达35%；职工大中专院校毕业7606人，技校毕业5239人。1990年与1980年比较，职工有中等（含高中）以上文化程度的由35%上升到49.3%，专业技术人员由8.9%上升到12.8%，工人平均技术等级由3.11提高5.21，其中高级工比例由0.8%上升到27.8%，工人技师占0.3%。职工队伍素质提高，为武钢创建“质量效益型”企业奠定了人才基础。1991年，国家教委等7部门联合授予武钢“全国职工教育先进单位”称号。

五、继续治理整顿成人高校

1991年6月，湖北省教委印发《关于我省成人高等学校治理整顿工作的实施意见》，要求用两年时间继续对全省成人高等学校进行治理整顿。

1991年上半年，省教委组织对29所省属普通高校举办的成人高等教育进行检查验收，同时配合国家教委等部委检查验收了在鄂部属高等学校举办的成人高等教育；组织地、市、州教委对普通高校、成人高校、自修大学在各地的近300个函授站、校外班进行了检查，撤销了完全不具备条件的函授站、校外班30多个，对合格的站（班）颁发了办学许可证。

1991年全省成人高等学校共开设360个专业（含重复专业）。

据61所（其中29所为普通高校举办的）成人高校统计，新增校舍面积54910平方米，新增教学仪器设备价值920余万元。同时，师资和管理干部也得到充实和加强，普通高校新增成人教育管理干部59人。

1991年，省教委制定了《关于加强成人高等教育管理有关问题的规定》，对招生计划、招生区域、设点办班、办学形式、教学管理、毕业发证和各级教委管理职责等作了规定；会同有关部门制定了《关于成人教育招生广告管理的规定》，加强招生广告的管理；制定了《成人高校在校生转学、转专业的若干规定》和新生统一在省教委注册的制度，严格学籍管理。成人高校毕业证书由省教委统一验印，杜绝乱发文凭的现象；会同财政、物价部门制定收费项目和标准，防止乱收费现象发生；抓紧“三乱”案件查处，提高了依法办学的自觉性。

撰稿人　成教处　武钢公司教委
审稿人　陈德清　谈云龙　罗成杰

湖南省教育

概况

一、各级各类教育发展情况

1991年各级普通学校基本情况

单位：人

学校类别	学校数(所)	毕业生数	招生数	在校学生数	教职工数 计	其中专任教师
一、普通高等学校	45	27 067	28 132	90 624	37 198	14 225
研究生		767	678	1 998		1 261
本　科		10 966	11 447	44 216		
专　科		15 334	16 007	44 410		
二、中等专业学校	140	35 438	35 173	98 504	20 868	9 107
中等技术学校	108	23 087	24 685	72 206	17 001	7 120
中等师范学校	32	12 351	10 488	26 298	3 867	1 987
三、普通中学	5 177	627 009	914 226	2 570 349	204 377	163 110
高　中	857	129 589	148 909	439 093		33 362
初　中	4 320	497 420	765 317	2 131 256		129 748
四、农业、职业中学	503	40 306	60 615	135 783	14 974	10 023
高　中	373	30 372	51 231	118 066		8 886
初　中	130	9 934	9 384	17 717		1 137
五、工读学校	1				28	14
六、小　学	48 343	1 009 493	1 140 603	6 876 287	328 005	305 729
七、特殊教育学校	14	82	628	1 616	502	364
八、幼儿园	3 686	623 472	751 144	1 041 573	47 761	38 371

1991 年各级成人学校基本情况

单位：人

学校类别	学校数(所)	毕业生数	招生数	在校学生数	教职工数 计	教职工数 其中专任教师
一、成人高等学校	37	44 616	25 229	70 803	5 689	2 569
广播电视大学	1	19 118	7 262	19 899	998	336
职工高等学校	24	4 344	3 516	9 495	2 425	1 198
农民高等学校						
管理干部学院	4	1 291	1 609	2 895	1 062	445
教育学院	8	5 681	5 120	13 425	1 204	590
独立函授学院						
普通高校举办						
函 授 部		8 145	4 724	16 103		
夜 大 学		5 887	2 940	8 867		
干部专修科		150	58	119		
二、成人中等专业学校	269	57 612	62 497	196 155	10 287	5 461
广播电视中专	10	19 760	29 412	65 871	1 081	495
干部中专	32	826	1 301	2 549	1 107	511
职工中专	81	9 592	12 137	25 909	3 255	1 594
农民中专	40	3 079	5 294	10 077	1 581	921
教师进修学校	106	24 355	14 353	91 749	3 263	1 940
三、成人中学	599	88 945	49 421	68 564	4 556	2 001
职工中学	121	11 206	10 486	13 094	1 841	644
农民中学	478	77 739	38 935	55 470	2 715	1 357
四、成人技术培训学校	17 301	1 727 901	1 565 821	1 442 211	26 898	10 223
职工技术培训学校	524	128 275	124 101	108 099	4 244	2 215
农民技术培训学校	16 777	1 599 626	1 441 720	1 334 112	22 654	8 008
五、成人初等学校	13 820	390 713	402 463	452 882	14 951	5 213
职工初等学校	76	8 850	7 240	5 657	553	200
农民初等学校	13 744	381 863	395 223	447 225	14 398	5 013
其中：扫盲班	11 038	291 335	236 729	286 430	11 074	3 551

制表人 杨晓北

二、湖南教育督导工作

(一) 继续开展对县市政府教育工作的督导评估

为推动九年制义务教育的实施，促进全省农村教育综合改革的深入开展，1991年，湖南省教委在前两年已督导评估10县市教育工作的基础上，组织督学、专家、教育行政干部115人，分5个督导团，于5月、10月、11月先后对衡东县、长沙县、汨罗市、江华县、绥宁县、澧县、慈利县、攸县、龙山县政府的教育工作进行了督导评估。先听取县（市）政府汇报、再抽样调查并逐项评估。在9个县、市共考察了211个乡、镇，963所学校，占9县市乡镇总数的73.3%。这次督导评估是根据湖南省教委1989年9月发布的《湖南省县市教育督导评估方案（试行)》进行的。评估结果，9县、市均进入先进等级。1991年12月31日，省教委决定授予上述9个县、市为教育工作先进县（市)，并给予每县（市）5万元工作奖金。

(二) 首次开展乡镇教育督导评估

湖南省教委于1991年4月制订了《湖南省乡镇教育督导评估方案（试行)》，在全省首次开展了乡镇教育督导评估工作。督导评估的重点是考察乡镇政府在农村经济和社会发展各项工作中，是否始终把教育放在优先发展的战略地位，党和国家的教育方针是否得到贯彻落实。同时，考察乡（镇)、村两级办学职责是否落实，广大干部群众办教育的积极性是否调动起来，办学条件是否有较大改善；尊师重教是否形成风尚；教育质量是否明显提高；九年制义务教育、农民文化技术教育是否稳步发展。全省14个地、州、市通过试点，组织力量对300多个乡镇政府的教育工作进行了督导评估，并于11月底前推荐了其中49个教育工作先进乡镇由省表彰。12月，省组织力量完成了对这些乡镇的抽样核查工作。

(三) 全面开展中小学生思想品德评价

湖南省教委于3月发出高中、初中和小学的学生思想品德评价方案（试行)。上半年在全省648所中小学校、3245个教学班、16万名学生中进行了试点，下半年在全省中小学校普遍推开，并将这项工作纳入了高校招生和高中毕业会考两项改革的内容，推动了党和国家有关加强中小学德育工作的法规、制度的贯彻落实。

(四) 进一步加强教育督导机构和队伍的建设

按照国家教委《教育督导暂行规定》,《湖南省义务教育实施办法》关于“县级以上教育行政部门设置教育督导机构”的规定，湖南省县以上各级把教育督导机构建设作为完善现代教育管理体系的重要环节，严格选配教育督导人员。至12月底，全省14个地、州、市和93个县（市、区）建立了教育督导室。省、地、县三级共有专职督学254人，其中省级有正、副主任督学4人，正副处级督学5人。省教委于9月8日至11月14日在湖南教育学院举办了第二届督导人员岗位培训班，有地、市、县、区的60个督导人员参加学习。培训班坚持理论与实践相结合的教学原则，采用专兼结合、以兼职为主的办法解决教师问题，先后请25位同志就31个教学专题举办了讲座。理论学习结束后，由省地两级组织学员分批参加了各地、州、市对乡镇教育的督导评估、中小学生思想品德评价、攸县和龙山县教育督导评估、学校督导评估等实践活动，提高了学员从事教育督导工作的基本能力。

撰稿人　王展经

审稿人　沙省之　周衍桐

三、开展教育审计工作

1991年初，省教委召开了各地、州、

市教委主任、各大专院校校长和审计部门负责人参加的教育审计工作会议，贯彻了李鹏总理关于审计工作的重要讲话和国家教委审计工作会议精神，研究部署了全省教育系统1991年内审工作任务，统一了思想。一年来，内审机构组建、内审人员配备取得了明显的进展。截至年底，全省14个地、州、市，125个县市区教委（局），36所省属大专院校，8个委直单位共183个单位，有147个建立了审计机构，共配备专职审计人员236名，兼职审计人员940名。其中，地、州、市教委都建立了审计机构。初步形成了领导重视、群众理解、审计人员安心审计的局面。

积极开展各种类型的审计工作。据14个地、州、市教委和19所省属大专院校审计机构统计，当年审计单位（项目）3288个，比上年增加1572个。审计金额8.4亿元，查出违纪违规金额2286万元，已追还侵占挪用资金488.6万元。全省有很多单位在开展财务收支审计的同时，还开展了评价内部控制制度和经济效益审计，后勤承包审计，基建工程项目的预算审计。对湖南省教育救灾款（物）进行了追踪审计。省教委组织了全省各地、县教育部门内审人员联合有关部门对增加教育经费审计调查了104个县市（区），2821个乡镇，追踪审计调查行政部门、财政、税务等单位392个，查出上年全省共少安排教育经费1.29亿元，省教委写出了《关于我省教育费附加的审计调查报告》和《关于我省1990年落实教育经费五项规定情况的审计调查报告》，为领导宏观决策提供依据。

加强审计队伍建设，提高审计工作质量。1991年省教委派出5批33人到省外参加各种培训。举办了一期有33人参加的大专院校审计部门负责人学习班，丰富了专业知识，坚定了搞好教育内审的信心。在提高审计质量方面，着重抓了三项工作，一是制度建设。省教委制定了《湖南省教育系统内部审计工作实施办法》、《湖南省教育系统内审工作上台阶三年规划》、《定期审计制度》，各单位制定有关配套内审制度313个。基本上做到了有章可循。二是把地县教育主管部门和省属大专院校分成19个审计协作小组，对一些重要项目进行联审，并定期交流工作经验，定期组织检查内审效果等协作活动，使各单位之间相互促进。三是实行年终考核。1991年末，省教委组织两个小组，历时25天，分赴14个地州市教委、19所高校、26个县市（区）教委，对一年来审计工作进行考核评分，并在全省教育系统进行通报。在此基础上，评选出教育系统内审工作先进集体18个，优秀个人47名，并进行了表彰。

撰稿人　萧如旺　侯荣建
解新民　熊安华
审稿人　沙省之　周衍桐

基础教育

一、依法实施义务教育

1991年8月省七届人大常委会第24次会议通过和发布了《湖南省义务教育实施办法》，为推进全省九年义务教育提供了法律保障。为纪念《义务教育法》颁布五周年，省政府召开了纪念大会，省教委、省司法厅和省人大教科文卫委员会联合召开了新闻发布会。并在全省城乡开展了《义务教育法》和《实施办法》的宣传活动，各地以乡镇为单位修订了义务教育规划，各级人大组织了执法检查。总结推广了江华瑶族自治县发展农村教育的经验，帮助105个少数民族乡镇建起了寄宿制中心小学。

1991年，全省小学适龄儿童入学率、年巩固率、毕业率分别为98.37%、98.35%、99.85%。没有普及小学教育的最后4个县中有新化、桑植、通道3县基本通过了普及小学教育的验收。全省小学升初中(含职业初中)的比例达到76.74%，比1990年增长3.8个百分点。

各地继续多渠道集资改善办学条件。1991年中小学共新建校舍105万平方米。1991年6至7月份，湖南省部分地区遭受严重水灾，仅常德、益阳、岳阳、大庸4个地、市，就有3546所学校受灾，倒塌校舍9.31万平方米，造成新危房48万平方米，冲走或损坏课桌椅8.17万套，仪器2.44万件，图书22.05万册。灾情发生后，国家教委、财政部拨专款630万元，省教委安排296万元，在长沙市的各高等学校捐款40万元。广东省支援现金562万元。山西省支援现金81万元。另外还捐集粮票17.5万公斤、图书112万册、文具182万件、衣服176万件。灾区各级政府、学校和广大群众共同努力抗灾救灾，保证了灾区学校迅速重建，9月1日全部按时开学。

根据全省农村教育工作会议要求，省教委在上年各地自下而上修订义务教育规划的基础上进行汇总，制定出全省教育规划，主是内容是：全省3516个乡镇级单位分三步完成实施九年义务教育。第一步，经济发达、办学条件较好的1992个单位到1995年实现，覆盖总人口的35%；第二步，经济条件一般，有一定教育基础的2122个单位到2000年实现，覆盖总人口的60%；第三步，经济贫困、文化基础较弱的102个单位要在2000年以后逐步实施，覆盖总人口的5%。

二、采取措施落实德育的首要地位

1991年，湖南省教委制订并发布了高中、初中、小学学生思想品德评价方案(试行)。《方案(试行)》发布后，省教委召开了地、州、市教委和试点学校负责人参加的实验工作培训会议，要求各县(市、区)在1991年上半年选择几所德育工作基础较好的高中、初中和小学的毕业班学生中进行试点，取得直接经验。6月又召开了《方案》试点座谈会，总结交流经验，部署下半年在全省中小学全面实施试行方案的工作。8月，又发出《关于全面实施中小学生思想品德评价方案的通知》，要求学校秋季开学后都要按照要求对毕业年级学生搞好总结性评价。同时，还制订并发布《湖南省中小学德育工作基本要求(试行)》，作为全省中小学开展德育工作的依据。

加强中国近现代史和国情教育工作。江泽民总书记关于对青少年进行近现代史和国情教育的指示发表后，省教委召集部分中学、小学和幼儿园教师及教育行政干部座谈如何贯彻落实的措施。9月，下发了《关于在中小学加强中国近代、现代史及国情教育的意见》，要求各级教育行政部门和中小学校认真组织学习，制定规划，在有关学科教学中充实近代、现代史和国情教育的内容，抓好教研人员和教师的培训，抓好典型并进行推广。省教委将小学低、高年级、初中三年级、高中一至三年级的国情教育读物列为学生必读的补充教材，高中历史学科普遍增开中国近代、现代历史讲座，组织中小学教师学习《中小学国情教育讲话》，还编写出版《卫我中华，浩气长存》的补充教材。

撰稿人　郑际平　伍国保

审稿人　周衍桐　沙省之

三、深化教育教学改革

1991年全省中小学有单项的、单科的或综合的、整体的教改实验项目2142个，其中省级重点课题15个，地、州、市级重点课题374个。

学制改革和教材实验。从1990年下学期开始，冷水江市进行了九年制义务教育的教学计划、课程设置和教材的改革试验。从1991年下学期开始，永州市进行了五·四学制的改革试验。两市都已取得了初步的试验成果，为1993年下学期在全省实行九年制义务教育新教学计划和新教材提供了经验，为建立和推行新学制奠定了基础。

改革德育工作。广大中小学教师和教育科研人员围绕提高学生的思想品德素质的目标，对学校德育观、德育内容、德育途径和方法如何改革进行了研究，对优化德育环境、形成学校德育与家庭教育和社会教育相结合的德育网络进行了探索。隆回县建华学区的"创设良好育人环境，提高学生思想品德素质"的实验研究，成效显著，曾多次受到国家教委、团中央和省、地、县的表扬和奖励；临澧县教委的"寓德育于各科教学之中"的实验，历时8年，已初步形成比较系统、科学的教学体系。

深化考试改革。1991年，经省政府常务会议讨论通过，出台了完善高中毕业会考和高考招生改革的5条政策：(1) 地、市三好学生、优秀学生干部的评选比例由原来的0.5%扩大到2%，应届高中毕业生在高中阶段被评为地、市级三好学生或优秀学生干部，高考录取时可降低10分投档；(2) 应届高中毕业生思想品德被评为优秀等级的(评优比例控制在学生总数的20%以内)，高考录取时可降低5分投档；(3) 高中毕业会考成绩优秀，且会考相关科目中有一科达95分以上的学生，高考录取时可降低10分投档；(4) 应届高中毕业生在高中阶段连续三年思想品德评价为良好等级以上，参加全省奥林匹克中学数学、物理、化学和信息竞赛获一、二、三等奖者，高考录取时可分别降低20分、15分、10分投档；获省级以上科技发明创造个人项目一、二等奖者，高考录取时可分别降低20分、10分投档；(5) 应届高中毕业生高考录取人数不低于应届生在参考总人数中所占的比例。这些改革政策和措施的导向作用是：(1) 遏制重复教育克服偏科现象，促进大面积提高教育质量。湖南省高中毕业会考已实施三年。1991年高中三年级123109人参考，九科平均成绩为73.7分，九科都及格的达74.27%。(2) 充分体现德育的价值，促进德育首位的落实。(3) 鼓励学生平时主动活泼地学习，发展个性特长。

改革教学方法。以提高课堂教学效率为目的的教法改革实验，已在全省城乡中小学广泛开展，其中“语文单元整体教学”实验，“数学引导探索法”实验，“中学英语学、导、用教学法”实验，以及质疑教学法、“四自”教学法、五步导读法、尝试教学法等等，都已取得明显的成效。

推广教改成果。1991年湖南省教科所举办了5期教学改革骨干培训班，共培训560多人，各地、州、市还进行了二级培训，共培训教学改革骨干3860人，为大面积推广教改成果创造了良好的条件。1990年第一次教改经验交流会确定在全省推广的“注音识字，提前读写”、“复式教学”、“三算结合”、“自学辅导”、“童话引路”，1991年推广面已达18640个教学班，并取得了较好的效果。通过评选，1991年又确定临澧县的“寓德育于各科教学之中”、汨罗市的“教育目标管理”、湘潭市的“班级管理”为湖南全省推广的项目。

切实办好重点中学、实验中学。1991年省教委召开了6所实验中学校长会，专题研究如何进一步办好实验中学的问题。还在岳阳市一中举办了省重点中学、实验中学校长研讨班，就端正办学思想、大面积提高教育质量等问题进行研讨，对重点中学、实验中学办成高质量、有特色、出经验的学校起了促进作用。

1991年，在湖南省进行了第二次中小学教改教研成果及经验评奖，各地、州、市上报教育研究成果和教学改革经验183项，评出了优秀成果和先进经验78项，其中，一等奖6项，二等奖29项，三等奖43项。

撰稿人　刘先捍

审搞人　周衍桐　沙省之

四、整顿中小学教育秩序，加强学校管理

严禁重复教育。省教委发出文件重申普通中学（职业中学、中专）教师进修院校不得举办任何形式的复读班和招收复读生。普通中学不得挂其它部门团体举办复读班的牌子，严禁在职教师和教研人员到复读班兼课，并规定了处罚办法。还向有关地、州、市教委发出限期核实查处重复教育的通知，组建14个检查组赴各地、州、市检查了制止重复教育情况。全省已解散复读班528个，清退在校复读生5千多人，返还复读费1000万元，引起了社会很大反响。

严格学籍和毕业证书管理。全省建立起省、地、县三级学籍管理网络，明确三级的管理职责和权限，严格控制超计划招生和留级现象，普遍实行一个学生一个学号制度。同时对普通中学毕业同等学力作出规定，制止了学籍、学历认定中的混乱现象。

省教委与省新闻出版局还联合行文，就中小学复习资料管理作出规定，对学生用书进行清理，同时加强了省编教材的管理，重视省编教材建设，教材质量有所提高。

五、举办中小学幼儿园艺术节

湖南省教育、文化、广播电视、新闻出版和妇联等部门联合举办了中小学幼儿园艺术节。参加活动的师生1000多万人次，创省内历届同类型艺术节最高纪录。艺术节共设中小学合唱录像节目、中小学音乐美术课调教、幼儿园录像节目、文艺调演、书法美术作品评比及展览，学校艺术教育先进集体评选及表彰等6个项目。最后，评选出特等奖3个，一等奖70个，二等奖120个，三等奖212个。此外，70个艺术教育先进集体受到表彰。

撰稿人　郑际平　伍国保

审稿人　周衍桐　沙省之

职业技术教育

一、围绕经济建设实行农科教结合

1991年，继续调整中等教育结构，中专、中技、职业中学各类职业技术教育共招生11.86万人，比去年增长17%；在校学生28.8万人，增长10%，占高中阶段学生总数的比例为39.6%，提高2.8个百分点。经国家教委批准，确定了12所省级重点职业高中。总结推广了怀化地区深化农村教育综合改革、发展职业技术教育、办好农科教中心的典型经验。进行中专学校办学水平评估，使全省中专学校的管理、办学条件和教育质量都发生了变化，新增校园面积557亩，新建校舍40.8万平方米，扩大运动场20.8万平方米。全省97%的乡镇办起了农民文化技术学校，培训农民455万人次；通过验收，确定了489所示范乡镇农校，同农业、科技部门配合，帮助812个乡镇建起了农科教中心。组织高等学校积极参与科教兴农，农学院、林学院等学校帮助郴县、江永、双牌等县进行科技开发，取得了显著的经济效益和社会效益。

二、开展创示范乡镇农校活动

为了推动乡镇农校建设，使之更好地为当地经济建设服务，湖南省在原来创合格乡镇农校的基础上开展了创示范乡镇农校活动。开展的步骤是：(1) 制订示范乡镇农校11条标准，包括办学体制、办学任务、领导班子、基地建设、学校产权、师资队伍、经验来源、管理制度、办学效益、农科教结合等方面的内容。(2) 制订评估细则。省教委向各地、州、市、县发出《关于印发〈湖南省示范乡镇农校检查验收细则〉的通知》，各地按照《细则》规定的七大类33项指标狠抓落实。(3) 各级进行评估。学校自评，县市初评，地市复评，省教委抽查验收。1991年底，全省14个地、州、市评估合格的489所示范乡镇农校，省教委抽查验收50所，合格的有48所。

通过开展创示范乡镇农校活动，促进了乡镇农校自身建设和当地经济的发展。据省里抽查的50所示范乡镇农校统计，共有校舍面积79892平方米，校均1597平方米；生产实习基地6124亩，校均122亩；图书资料137520册，校均2750册；教学仪器价值337383元，校均6748元；专职教师428名，校均8.5名；兼职教师500名，校均10名；经费投入404.28万元，校均8.09万元。

农校建设的加强，增强了为当地建设服务的能力。省抽查的50所学校，1991年共办班850期，培训基层干部、回乡初、高中和高小毕业生及农民56607人，经营生产项目371个，建立推广示范点985个，开展技术咨询732135人次。汨罗市长乐镇农校原来只有两间教室，三间住房，三名教师，一个教学班和一些简单的教学设备。在开展示范乡镇农校活动中，镇政府投资20余万元，新建了一栋三层1200平方米的教学楼，修缮配套设施211平方米，划拨生产实习基地392亩，添置图书杂志3000余册，仪器设备价值5000多元，教职工增加20人，其中专职教师19人。近两年共办长班6个，中班17个，短班135期，培训15470人次。长乐镇原来粮食亩产连续七年在400

公斤左右徘徊，为此，镇农校举办吨粮田培训班4期，培训1.2万人，推广杂交早稻4000亩，喷施稀土微肥早晚两季稻26000亩，测土配方模式栽培1万亩，当年全镇14241亩早晚稻达到亩产1021公斤。棉花原来亩产仅27.75公斤，种植面积不到100亩，总产仅4000多公斤。农校举办棉花技术培训班70期，印发资料8000多份，全镇15个村逐村上技术课4至5堂。当年全镇种棉达5000多亩，亩产皮棉达101公斤。

湖南省创示范乡镇农校的特点是：

1.领导重视，部门配合。桂阳县委县政府就乡镇农校建设召开了5次会议进行专门研究，并督促县编委下发《关于成立乡镇农民文化技术学校的通知》，给全县40个乡镇（场）农校定编191人。娄底市为乡镇农校设立了市长奖励基金4万元。冷水滩市政府近二年发动市级有关部门为乡农校筹集建设资金96.5万元。邵东县教委1991年拨出30万元加强乡镇农校建设。

2.创示范乡镇农校与农科教结合，为当地经济发展服务。省政府规定，乡镇农科教中心要以乡镇农校为依托。长沙市的71所、株洲市的26所示范乡镇农校都是乡镇农科教中心的依托点。长沙县双江乡农校1986年10月创办，当时校舍简陋，设备奇缺，基地甚少，无专业课教师。实行农科教结合后，乡政府要求八站三办一校（即农科站、农机站、农电站、经营管理站、林业站、兽医站、水管站、文化站、多种经营办、企业办、计生办、乡农校）形成合力，使办学经费、校舍、生产实习基地、师资等问题得到了较好的解决。学校逐步建成校舍2800平方米，生产实习基地175亩，配备专职教师15名，建成卫星电视接收站1个、饲料加工厂1个、实验猪场一个。学校有固定资产100万元，柑桔、猪场、饲料加工厂年创利润5万元。学校条件好了，为农服务的能力也强了。该校共办班82期，培训劳动力达7000人，占全乡劳动力的95%。1988年全乡稻谷产量3460万斤，1991年为3980万斤。农民纯收入由1988年的477元提高到600元。

3.创示范乡镇农校与实施“燎原计划”结合。全省自1988年实施“燎原计划”以来，投放“燎原计划”贷款共537万元，共获利润429万元。郴县接受三批“燎原计划”贷款107万元，获纯利138.7万元。澧县中武乡农校贷款5万元，自筹配套资金8.5万元，建设小水果良种繁育基地和优良兔种繁育基地，1991年产值达1.5万元，获利润1万元。该校围绕实施“燎原计划”共培训1025人次，推广科技项目15个，对全乡的生产起了积极的作用。

4.创示范乡镇农校重点抓社会效益和经济效益。黔阳县硖洲乡农校1991年共培训各类人员1876人，还建立了粮油作物、林果经济作物、畜牧水产三个课题组。学校建设的肉鸡生产线，销售种鸡74600只，收入142910元。全县20%的农户喂养了农校提供的良种鸡，创收14.5万元。农校帮助农民培训水稻栽培的“双两大”（双段育秧、两季寄插、大蔸大行）技术人员，仅推广的8760亩晚稻就增产粮食200吨。该校还对农民进行杂交育种技术培训和宣传，1991年推广杂交育种702亩，创收21万元。

撰稿人　罗元保　罗春晖

审稿人　沙省之　周衍桐

高等教育及普通中专教育

一、高等教育在调整中稳定发展

1991年根据湖南省教育事业“八五”计划和十年规划，以及《普通高等学校设置暂行条例》，对一些办学条件较好的学校增加投入，充实条件，加快了发展。对确实不具备条件又没有投资来源的学校实行停办或合并，湖南科技大学并入湖南中医学院，撤消了原湖南科技大学的全部专业；湖南大学邵阳分校与邵阳工业专科学校合并，同时在1990–1991年，撤并了省属院校布局不合理、社会需求量少的专业点32个，改变专业方向6个，新增设湖南急需人才的专业12个。全省高校招生比1990年增加2.7%，其中省属院校招生18075人，比上年增长1.99%。全省高校在校生比1990年增加0.47%。

各高等学校思想政治工作进一步加强，把落实德育放在首位，作为重要的工作来抓，思想政治工作出现新转机。1991年上半年，着重对广大学生进行国情教育。暑期，由省委组织部、省科教工会、省教委联合举办了全省高校领导干部学习班，联系实际讨论高校面临的形势和任务。省教委组织了题为“沿着革命先辈足迹前进”的大学生夏令营活动，60名优秀学生从长沙出发，途经浏阳文家市、江西安源、井冈山、南昌，参观革命纪念地，访问革命前辈，受到了革命传统教育。各学校还组织了社会实践活动。湖南医科大学每个年级在教学计划中安排4周时间，每次组织400多师生到临澧新安、合口和长沙县8个乡镇，100个村及8个厂矿，以各种形式为群众服务，同时开展社会调查。衡阳医学院从1990年起，在依靠集体经济致富的衡南县潭子山镇工联村建立社会实践基地，学生轮流去基地参加集体生产劳动和社会调查，每批时间2–3周。另外，全省还开展了评优表彰活动，评选表彰了90名优秀思想政治工作者，其中10名获得全国普通高等学校优秀思想政治工作者称号，并首次评选省级“三好学生”64名。

湖南省高校治理整顿收到明显成效。一是对普通高校的成人教育进行了评估和检查，省教委制定了《湖南省普通高等学校成人教育办学水平与治理整顿评估标准》，逐校进行评估验收。全省33所有成人教育的学校基本上形成了成人教育与全日制教育协调发展的良性循环，教育质量不断提高。省教委还制定了《湖南省普通高等学校成人教育函授、夜大学学籍管理的暂行规定》、《湖南省普通高等学校授予成人本科毕业生学士学位实施办法》，进一步健全管理制度。二是加强教研室的建设。全省高校有1000多个教研室。各高校制定了《教研室工作规程》，调整了领导班子。省教委从1990年起，在全省高校开展了创优秀教研室的活动，1991年9月召开首次高校教研室建设经验交流会，表彰了82个优秀教研室，并制定了《关于加强高等学校教研室建设和管理的意见》，促进这一工作的制度化、规范化。三是清理整顿了高等学校的各种学会协会、研究会等群众团体。湖南高等教育学会重新进行了登记，凡教育教学方面的研究会、管理学会一律改为高等教育学会的专业委员会，并制定下发了《湖南省高等教育学会管理工作暂行条例》，促进了学会的健康发展。

继续深化高等教育教学改革。1991年，主要抓了三项改革。第一，招生改革。重点进行高考科目设置的改革试验，由原来的文科和经、理、工、农、林、医两类改为文史、理工、化生、财经地质4个科目组，考试由7门改为4门，减轻了学生的负担，收到了良好的社会效果；同时从职业技术学校对口招收了400名教师举办职业技术学校专业课教师班；农、林、医、师范高等学校还实行了定向招生，以确保农村和边远山区对专门人才的需要。第二，推进学科专业的综合改革。5月，在湖南农学院召开专题座谈会，交流了各校经验。专业改革从德育、知识结构、技能结构和实施教育的环节上综合设计，形成新的教学体系和教育机制，培养全面发展的人才。国防科技大学计算机专业、湖南大学机制专业、湖南农学院园艺系在这项改革上已经取得了初步成效。湖南农学院本着“加强基础、拓宽专业面、增强人才适应性”的原则，首先在园艺系进行“按系招生、加强实践、拓宽专业、按需定向”的改革试验，果树、蔬菜、园林三个专业合并招生，前三年统一开课，第四年根据社会对人才的需求按专业定向分流，实施了新的教学计划和培养方案，改革进展顺利。第三，在高等师范院校全面推行教育教学改革。省教委制定了《关于深化师范专科教育改革的意见》，坚持面向农村初中办学。强调坚持社会主义办学方向，加强专业思想教育；实行主辅修制，培养一专多能的人才；渗透劳动技术教育，强化教师职业技能训练；改革教育实习制度，建立稳定的教育实践基地等。岳阳师专在学习零陵师专改革的基础上，深入调查了30多所农村初级中学教育教学情况，制定了《开设职业技术教育课程方案》、《历史系综合改革方案》、《课程建设及课程改革方案》、《关于开办音、体、美提高班的意见》，正在组织实施。

1991年，湖南省高等学校科技工作出现了新局面。一是召开了建国以来首次高校科技工作会议，系统地总结了改革开放以来高校科技工作的经验，表彰了34个科技工作先进集体和138名先进科技工作者，制定了《湖南省教委关于加强高校科技工作的意见》和《八五期间省属高校科技规划要点》。决定设立省教委科技开发中心，增加科研和重点学科建设经费，设立青年教师科技基金、科技成果奖和学术专著补助经费；二是组织高等学校参加了省会首届“科技兴湘”活动周。在长沙市的14所高校近5000人参加，其中院校领导43人，教授专家160多人。同时参加了科技成果展览会、技术贸易洽谈、学术报告会，大力宣传科学技术是第一生产力。在这次活动中，14所高校全部获“组织优胜奖”，省教委高教处被评为“最佳组织奖”。三是获得一批科技新成果，全省高校已承担各种课题3000多项。1991年省教委下达课题237项，争取省科委下达的项目133项。一大批科技成果获国家和省、部级奖励，湖南大学的沸腾燃料装置获省科技进步一等奖。中南工业大学王淀佐教授、湖南大学俞汝勤教授、湖南医科大学姚开泰教授新当选为中国科学院学部委员。

撰稿人　蒋易春

审稿人　周衍桐　沙省之

二、普通中等专业学校办学水平评估

1991年，湖南省对普通中专学校办学水平进行了评估，使全省中专教育出现了前所未有的变化。

一是促进了办学条件的改善。据统计，1991年全省104所独立建制的普通中专学校，通过开源节流，创收节支等增加投入

1.43亿元，扩大校园面积557亩，新建改建校舍41万平方米，扩建、新建运动场地20.8万平方米，新增1865万元的教学仪器设施，新增图书54万册、阅览室座位5157个。在这次评估中，中国烟草总公司和省烟草分公司给湘潭烟草学校一次性解决基建投资800万元，建教学楼、图书馆、运动场等；省农业部门和省、地各级财政为所属的12所农校增加投入1040万元，新建、维修校舍8万多平方米，添置160多万元的仪器设备，扩建运动场1.04万平方米。

二是促进了学校管理水平的提高。首先，加强领导班子建设，约45%的学校调整加强了校级领导，把一批事业心强、懂业务、会管理的干部安排到了校级领导岗位。12所农校的领导班子调整后平均年龄由52岁下降到48岁，大专以上学历由原来的18.46%提高到63.7%。其次是结合评估普遍建立健全了规章制度。教学、学生、师资、财务、食堂、卫生等方面都做到有章可循；从校长到教师，从各科室到各教研室，人人都有明确的职责分工，使学生宿舍、食堂等难于管理的问题比较好地得到了解决。株洲铁路电机学校在后勤、物质等方面还引进了日本的“定置”管理先进方法，在全省中专学校进行推广、并收到了良好的效果。

三是评估激发了中专学校的凝聚力，调动了广大教职员工的积极性。各校普遍反映，通过评估，学校讲团结、讲贡献的多了，热爱学校安心本职工作的多了。益阳地区卫生学校为了较大幅度改善办学条件，100多名教职员工拿出个人的积蓄并动员亲友集资近100万元。省轻工业学校、怀化卫生学校、常德农校等部分学校发动教职工集资，人均1000多元，每校平均集资10多万元。不少教职工放弃假期休息，加班加点不计报酬，积极主动为学校作贡献。

四是促进了领导对普通中专学校的重视。省属学校主管厅局90%以上的主管厅级领导，地属学校60–70%的地市主管教育的领导，都先后几次深入学校听取汇报并进行现场办公，为学校办实事。

撰稿人　袁翠珍

审稿人　沙省之　周衍桐

成　人　教　育

一、高等教育自学考试

湖南高等教育自学考试，1991年以加强管理、提高质量为中心，主要作了以下工作：

一是调整了开考专业。省自考办在1991年年初和年末，分别组织了无损检测和价格学专业的考试后，上述两个专业停考。根据有关自学考试重点发展专科教育的精神，从1991年上半年第14次考试起，历史和农业经济管理专业的本科段停止接收新生；第14次考试增开了公安管理，10月举行的第15次考试增开了中药两个专科层次的专业。

二是注重了命题工作。省考办从第14次考试起，改变了原来“大集中小分散”组配试卷的办法，全部统一集中组配试卷，减少了泄密的可能性。

为了保证命题质量，既坚持按全日制普通高校同层次同规格的要求，又突出自学考试的特点，严格掌握好及格线。1991年全国土建类专业委员会分别抽查评估了湖南省自学考试的汉语言文学专业和工业与民用建筑专业的部分试卷，给予了较高的评价。

1991年12月，省教委组织了专家、教授对申请学士学位的数学、英语、会计、语言文学、历史、法律、计算机及应用和农业经济管理等8个专业的16门课程所用的大纲教材、考生答卷及论文等作了一次全面的评审，一致认为以上专业的课程设置和考试标准均达到了全日制普通高校同专业本科结业水平，自学考试毕业生的质量是可靠的。

三是加强对实践技能考核的管理。1991年省自考办先后组织了计算机与应用、工业与民用建筑、机电一体化、中医医疗等专业的785名考生，1278科次的实践课程考核和本科段的7个专业353名考生的毕业论文（设计）答辩。在总结经验的基础上制订了《湖南省高等教育自学考试实践课程考核、毕业考核管理办法》。

湖南省全年自学考试累计报名280951人，比上年增加58901人；开考631594科次，增加145456科。

共发单科合格证书162388张，有4213人获专科毕业证书，432人获本科毕业证书，128人获中专毕业证书。

撰稿人　黄素绥

审稿人　沙省之　周衍桐

二、农村扫盲工作

1991年，湖北省农村扫盲工作出现了新的局面。

一是层层建立扫盲承包责任制。1990年底，省教委将1991年全省20万扫盲任务下达到各地州市。各地、县层层签订扫盲承包责任书，将任务落实到人，并纳入考核、评比的重要内容。1991年初，益阳地区行署提出了创高标准扫除文盲地区的目标，分管教育的副专员刘向东与各县（市）分管教育的副县（市）长签订了扫盲目标责任书。娄底市政府在全市实行扫盲工作的“三包一奖”责任制，市政府领导分片包乡、乡镇领导分片包村、村委会干部分户包人；凡按期完成扫盲任务的，给予50至100元奖金；否则，从干部年终考核的总分中扣除15分。衡山县开展创高标准扫除文盲乡镇的竞赛活动，参赛乡镇与县政府签订了承包合同，并由人大监督执行。

二是党政领导亲自抓扫盲。全省14个地、州、市、111个县、市（区）和3430个乡（镇）建立了由党政领导挂帅，有关部门参加的扫盲工作协调领导小组，定期进行研究、部署、检查、总结，形成了党政统筹、部门配合、社会参与的扫盲工作的新格局。永顺县党政领导都有自己的扫盲联系点，县委书记邓德芳在联系点石堤镇办起19个扫盲班，县长王承荣在联系点松柏乡办起29个扫盲班。嘉禾县委书记齐大德主持召开有县、乡、村三级干部和有关部门负责人参加的扫盲动员大会，全县有2156名乡村干部、1387名中小学师生投入扫盲。

三是结合农村社教搞扫盲。各地普遍把扫盲纳入农村社教的内容，作为社教的一项基础工作来抓。一方面，在扫盲教学中，贯穿社会主义思想教育，使农民在学习文化的同时，树立爱国主义、社会主义、集体主义思想；另一方面，充分利用社教工作队开展扫盲。年内，全省有近3万名社教工作队员参加了扫盲。双峰县委社教领导小组专门发文，要求社教队员蹲点的村全部办起扫盲夜校，并把扫盲任务完成情况作为评选优秀社教队员的条件之一。凤凰县都里乡是一个文盲充斥的苗族乡，为改变这种状况，驻乡社教工作队在全乡办起8所扫盲夜校，使385名文盲脱盲，全乡社会风气明显好转，农业生产大幅度增长。

四是进一步把扫文盲与扫科盲结合起来。各地根据农业生产和农民生活的需要，因地制宜开办各种实用技术扫盲班，使学文化与学技术、扫文盲与扫科盲、治愚与治穷结合起来，激发了文盲的学习积极性。临澧县文家乡开办10个柑桔技术扫盲班，把柑桔栽培和保鲜技术编进扫盲课本，请农业技术员和柑桔示范户担任扫盲教师，使373名文盲脱了盲，又掌握了科学种桔技术；当年全乡柑桔产量达11万多公斤，柑桔收入过千元的农户达800多户。

五是着力堵住新文盲的产生。不少地方把3月和9月定为劝学月，组织辍学少年儿童家长举办《义务教育法》学习班，开展劝学活动。对招收、雇用童工的单位和个人，采取了必要的处罚措施，责令其停止招用。冷水滩市珊瑚乡通过开展劝学活动，使85名小学流失生返校复课，并为65名家庭确有困难的小学生减免学杂费1876元；他们还发动中小学师生捐款1384元，资助13名辍学儿童重新就学。澧县政府明文规定，对有学习能力而不读完小学的，每年收取扫盲押金20至40元；为方便小孩入学，学校对家务重的小学生给予一定照顾；允许失学儿童中途插班。通过采取上述措施，全县小学生巩固率达99.5%。

1991年，湖南省各地共筹措扫盲经费960.34万元，落实扫盲教材68.3万册，投入扫盲人员23.55万人。全省共办扫盲班19552个，参加学习的文盲达46.04万人，其中脱盲30.97万人，为年计划的154.06%。各地举办巩固提高班8063个，使21.37万人受到了扫盲后的继续教育。

撰搞人　石灯明

审稿人　沙省之　周衍桐

附

一所颇具特色的民族学校

湖南省龙山县民安第一小学是一所少数民族聚居地区的完全小学，1991年有120名教职工，其中少数民族教师86名，占全校教职工总数的71.7%，有38个教学班，学生2230名，其中少数民族学生1656人，占学生总数的74%。该校从1987年以来，坚持德育为先导，教学为中心，优化学校管理，进行教育教学改革，在大面积提高学生素质的教学实践中展露了特色。

一、把德育放在首位

民安第一小学建立了德育领导机构。一名副校长主抓德育，教务处、教研室、少先队总部、校外辅导站层层检查落实，共同实施德育方案。

对学生进行严格的养成训练。主要做法：一是以《小学生日常行为规范》为准则，制定《小学生一日常规》和《小学生行为习惯系列要求》，把《规范》具体化，使学生明确行为标准；二是常年坚持《门卫制度》和每周一次的“文明班”评比制度，坚持“一日三查”（查出勤、查课内外纪律、查卫生），培养学生的时间、效益和纪律等观念，树立集体荣誉感。

德育内容系列化。该校制定了《思想品德教育系列》，把思想品德教育内容落实在每一节思想品德课堂上，并渗透于各科教学活动中。

教育渠道立体化。该校运用各种教育因素，组建了学校、家庭、社会三结合的教育网络，先后建立了五个校外辅导站。如龙山水电局的校外辅导站，为学生假期生活设置了阅览室、游艺室、学习室，组织学生旅游，举办儿童书画比赛、越野比赛等活动，使学校德育工作得到延续；举办"家长学校"，每期以年级组定期为"家长学校"开课两次，把教育目标、教育教学方法讲述给家长，让家长配合学校共同教育好下一代；建立"家校联系簿"，沟通教师与家长、学校与家庭之间的联系，使学校教育与家庭教育默契配合。

二、加强管理，探求教改新路子

民安小学的主要做法是：师资培训经常化。近5年来，该校对教职工的培养，立足于"经常"二字。如一年一度的党的知识讲座，每周定时的政治理论学习，双月的教育教学理论讲座，一学期一次的教育教学经验交流会和教师论文评比，促使教职工在教育教学实践中得到提高；同时，学校组织教师到北京、杭州、武汉、长沙、益阳、桂林等地参观学习，并把外地教授请进学校讲课，拓宽教师视野，不断得到业务更新。

"点、线、面"结合的行政分工管理。该校领导按其分管的工作，各自有一个点，确立一条线，抓好一方面。校长把点定在三年级，以师生的思想工作为线，统筹全面；主管德育工作的副校长，以六年级为点，以全校数学学科为线，以教务处为面。各项工作密切配合，通力协作。

抓常规教学，奠教改基础。该校坚持教学常规和流程管理，做到：备课从严，上课求实，作业求精，辅导求细。严格执行"单元过关制"、"学期测评制"和"量化评估制"。

定实验课题，教改不断深入。1989年以前，该校以研究课堂教学结构为突破口，进行教学法研究，探求教育教学整体改革的路子；1989年下学期开始，他们在湖南师大教育心理学研究所的指导下，进行"学法协同指导、学习习惯协同培养"的实验，在实验中，实行"点面结合，全面推进"，做到学校有主攻项目和实验点，教研组有研究专题，教师人人有教研小课题。到1991年，实验已初步取得效果。

三、创立集体观念的好校风

五年来，该校开创了"德育为首，五育齐上"的新格局，"团结、勤奋、求实、创新"的新校风。连续四年获州"文明卫生"单位；1987年获全省"点燃理想之火"读书大奖赛集体一等奖，并获"湖南省群众体育先进集体"称号，该校少先队201中队被团中央命名为"勤巧小队"；1989年被评为州"关心下一代工作先进单位"；1990年被评为"湖南省文明卫生先进单位"，并获省德育成果二等奖；1991年被省教委、文化厅、广播电视厅、新闻出版局、妇联等单位联合授予"湖南省学校艺术教育先进集体"。

近几年，该校学生在全国青少年日记大奖赛中获二等奖；在"新蕾杯"全国农村小学生作文大奖赛中获一等奖；在全国各类刊物上发表文章38篇，获奖23篇；该校教师在全国刊物上发表文章32篇，获奖21篇。石维孝、黎艳、陈思亮等教师荣获省优秀教师、州模范班主任、省少儿工作优秀工作者等称号。

撰稿人　范松柏　周志军

审稿人　沙省之　周衍桐

广东省教育

普通教育

一、概况

1991年，广东省普教系统认真贯彻执行党的十三届七中全会精神和国家教委的工作部署，坚持教育的社会主义方向，全面贯彻教育方针，提高教育质量，不断深化和完善管理体制改革、农村教育综合改革和教学改革，继续抓紧校舍、师资、教学设备三大基本建设，努力探索形成广东教育特色的路子，保持广东省普教各项事业持续、稳定、协调地向前发展。

1991年普通学校和成人初、中等学校（含教育学院）基本情况 单位：人

学校类别	学校数(所)	毕业生数	招生数	在校学生数	教职工数 计	教职工数 其中专任教师
小学	24 633	877 430	1 337 393	7 789 333	336 576	283 465
初中	2 996	591 590	758 299	2 022 810	182 901	113 265
高中	826	113 317	121 255	359 955		25 562
农业、职业初中	8	2 657	3 309	8 240	19 612	445
农业、职业高中	542	68 589	79 568	205 929		14 193
幼儿园	6 335	976 754	1 134 615	1 657 423	68 626	45 115
特殊教育学校	19	113	622	2 352	469	328
中等师范学校	44	10 938	11 205	31 815	4 534	2 646
教育学院	13	5 143	3 134	7 142	2 535	1 206
教师进修学校	93	4 227	4 069	8 895	3 068	1 584
成人中学	449	38 163	72 841	87 520	1 684	773
成人初等学校	4 143	576 736	518 504	665 340	3 679	808

（一）中小学德育工作得到进一步加强，优化了育人环境

1991年，广东省中小学校从培养社会主义事业的建设者和接班人的高度，围绕落实德育的首要地位问题，加强了中国近、现代史教育和国情教育，进一步改进和加强了中小学德育工作。

进一步总结推广潮州市德育工作经验。国家教委于3月5日至8日在广东省潮州市召开有全国各省、市、自治区教委、教育厅（局）的负责同志，全国14个计划单列市和广东省19个市主管教育的党政负责同志参加的全国中小学德育工作座谈会，学习推广潮州市教育、公安、街道等部门、单位齐抓共管加强中小学德育工作的经验。广东省也根据这次座谈会的精神进一步加强了中小学德育工作，提出“全国学潮州、潮州怎么办？广东怎么办？”的新课题，使潮州德育工作的典型经验深深植根于全省的教育工作之中，并得到了发扬光大。

认真开展“二史一情”教育。为贯彻落实江泽民同志3月9日关于加强中国近、现代史和国情教育的指示精神，广东省及时转发了国家教委关于加强“二史一情”教育的一系列重要文件，研究制定全省的实施方案，部署试点和面上工作。从暑假开始，先后举办了4期以“二史一情”教育为主题的德育干部培训班，共培训中小学校长、德育工作干部400多人。重视发挥有关学科，特别是中学思想政治课和小学思想品德课的主渠道作用，结合省编教材实际发出了《关于加强中学思想政治学科结合教材（广东版）加强国情教育的意见》，总结和推广了一批试点学校的经验，于11月召开了广东省中学政治学科国情教育实施工作会议并组织了经验交流，同时举办了骨干培训班，为各市、县培训政治教师、教研员400人。

实施中学生德育考核办法，强化德育政策导向和在升学上的作用。广东省教育厅、广东省招生委员会密切配合，从1991年高考、中考开始，将中学生德育考核与升学挂钩，在全国率先试行统一的德育考核办法。首先，省教育厅和省招生委员会联合发出《关于切实做好中学生德育考核工作的通知》，要求各地在教育教学工作中，把德育工作放在首位，并作为升学录取工作的一项重要内容进行考核；在高考和中考招生时，省教育厅和省招生办联合派出德育考核小组进驻录取场，对考生的德育项目逐个检查考评，收到了较好的效果。

认真抓好全省普教系统干部、教师的社会主义理论学习。结合苏联、东欧形势的急剧变化，广东省普教系统认真组织干部、教师学习时事政策，开展社会主义理论学习、培训。省委主管教育的常委方苞、广东省教育厅厅长许任之、副厅长周国贤于8月13日至23日带队到东莞市抓点，指导东莞举办了有400多名中小学干部和教师骨干参加的学习社会主义理论培训班。该班采取理论联系实际的办法，一方面参观当地社会主义经济建设所取得巨大成就，一方面学习建设有中国特色的社会主义理论，解决政治方向、办学方向和个人努力方向等深层次的认识问题，效果明显，计划在1992年向全省推开。

继续深化中学思想政治课和小学思想品德课改革实验。3月下旬，中南6省区中学政治课教改经验交流会在珠海市召开，广东省选送3个优秀教学录像和4篇论文参加了会议交流并获好评。6月，广东省小学思想品德课教学经验交流会暨1991年年会在肇庆市召开，并组织了教改论文评选，评出一、二、三等奖分别为3、5、16篇。11月中旬，广东省中学政治课教研会1991年年会在广州召开。还举办了广东省第二届中学政治课教改论文评选，收到各地优秀论文

137篇，分别评出一、二、三等奖3、6、12篇。

1991年，广东省教育厅还与有关部门一起，通过开展形式多样的群众性活动，陶冶学生情操，推动中小学德育工作向前发展。7月举办了广东省中学生法制知识竞赛和法制夏令营；8月举办了广东省第二届中学生优秀歌手大赛；还举办了全省性的少年儿童大型艺术花会以及以纪念中国共产党诞辰70周年为主题的全省中小学生歌咏大赛等活动，并结合纪念建党70周年、辛亥革命80周年和太平天国起义140周年，进一步开展了爱国主义教育和社会主义教育。由于各地采取了有力措施，进一步把德育工作落到实处，使全省中小学生的良好道德风尚和精神风貌得到了发扬，青少年违法犯罪现象得到了有效控制。

(二) 进一步深化基础教育管理体制改革和教学改革

全面开展基础教育管理体制改革，充分调动各级各方办学管校的积极性。目前，广东省基础教育分级办学、分级管理的体制基本落实，学校内部管理体制改革已全面开展。至年底止，有97%的学校实行了“两聘两制”，46%的学校同时实行了“一包一奖”。管理体制改革，进一步调动了各级政府和全社会办教育的积极性，增强了学校内部的活力和生机，并拓宽了教育经费来源渠道，逐步形成了以财政拨款为主，多渠道筹措教育经费的格局，为改善办学条件提供了一定的物质保证。管理体制的改革，还充分调动了教师教书育人的积极性，提高了教师的社会地位和经济待遇，并使教师队伍得到了优化，素质得到了提高。

逐步深化教学领域改革，全面提高教育质量。按照全面贯彻教育方针的要求，广东普教系统大力加强和改进了学校的教育和教学工作。1991年，广东省中小学教学改革多项措施已经出台，在省内外有较大影响的项目就有50多个，内容包括学制、教学计划、课程设置、教学内容、教法学法、教学手段、考试评价等，特别是以启发式为中心的教学方法改革已初步形成气候。顺德县西山小学教学整体改革实验已产生较大影响，成为广东省小学整体教学改革的一个典型。12月，广东省召开了中小学教学工作会议，总结“七五”期间的教改成果，部署“八五”期间的教学工作发展与改革的主要任务和工作措施。这一年，全省教育质量有所提高，参加全国数学、物理、计算机等多项竞赛，均获得好名次；广东省中学生田径队参加全国中学生田径赛，成绩排在前列；教育教学科研工作也取得一定成果，丁有宽小学语文教材，全国已有25个省市的20多万学生试验。丁有宽是广东省潮州市六联小学特级教师；几十年来，他坚持进行“教书育人，转化差生”和“读写结合”，系列训练”两项教育科学研究和教育改革实验，先后把20多个差班或乱班转变为先进班，把近300名后进生转变为优秀生，出版了《小学语文读写结合法》等4本专著和“读写结合”全套教材及配套的教学参考书、练习册。根据国家教委的部署，广东省积极探索初中招生制度改革，并开始在普通高中实行毕业会考制度。

(三) 继续改善办学条件，促进教育事业发展

坚持不懈地抓好校舍改造和建设，中小学校舍危缺状况有了较大的改善。自中共广东省委、省政府在1990年提出用两年时间改造全省中小学所有校舍危房以来，全省各级党政部门、广大人民群众热情高涨，全力以赴进行中小学校舍危房改造，中小学校舍改造和建设取得了突破性的进展。1980年全省中小学校舍仅有2300万平方米，校舍破危，严重不足。经过10多年的艰苦努

力，多方集资达68.62亿元，新建维修校舍达3000多万平方米。仅在1990年和1991年两年间，全省共筹集投入改造危房校舍资金就达24亿多元，拆建大修校舍共1316万平方米，已竣工的学校共有17676所，占有危房学校数的97.54%，使广东省中小学校舍危房率下降到0.32%。这是近10年来广东省中小学校舍改造建设规模最大、成效最好的一次。

不断充实教学设施设备。经过近10年的不断添置，广东省中小学现有常规教学仪器价值近2.4亿元，电教设备9000多万元，体育设备9500多万元，图书4000多万册，计算机8400多台。按照国家教委的标准要求，全省所有的重点中学以及75%的一般高完中（含职中）、45%的初中、25%的小学配齐或基本配齐了教学仪器设备。电化教学已逐渐成为广东的教学特色，全省已有400多所中小学开设了计算机课，有的学校和教育行政部门已逐步开展计算机辅助教学和管理。中山等市还设立了英语、电教和计算机教学研究中心。另外，地理园、生物园的建设也取得了较好的成绩，全省108所重点中学和54%的一般高完中，已建起地理园和生物园并用之辅助教学；全省中心小学基本建设了“四室一场”（即图书阅览室、教具仪器室、体育器材室、少先队部室和运动场），经济条件好的地区70%以上的小学也建设了“四室一场”；按标准基本配齐体育器材的完全中学和中心小学约占72%，初中和村小也不同程度增添了体育器材和扩大了体育场地。1991年，广东省中小学校大力开展勤工俭学活动，全省勤工俭学开展面达85%，收入达到2亿元，大部分用于改善办学条件和进行再生产。

（四）加强师资队伍建设

认真抓好各级教育学院、师范学校和教师进修学校等师资培养培训基地建设，采取多种形式培养培训教师，教师学历达标率有了较大提高。目前广东全省中小学（含职中）幼儿园教职工队伍共63.57万人，其中专任教师48.78万人，占教职工总数的76.73%。教师学历达标率：小学86.6%，初中69.18%，高中45.58%，职业高中21.03%，与1985年相比，分别提高17.29、39.19、6.38和2.19个百分点。教师的思想政治工作和继续教育逐步得到重视和开展。1991年，小学骨干教师岗位职务培训班全面开办，共招生8846人；全省中小学校长培训试点班举办22期，参加培训校长2680人。教师队伍素质得到了较大提高。1991年，广东普教系统有24名教师被评为全国劳模，其中16人被授予人民教师光荣称号，8人被授予全国教育系统劳动模范，另有184人被评为全国优秀教师和教育工作者。9月，广东省召开了普教先进集体和先进工作者代表大会，表彰了200个先进集体和800名先进工作者。通过一系列的评优奖先活动，充分调动了广大教师教书育人的积极性。

（五）搞好外事工作，扩大对外交流

目前，广东省教育厅已和日本、美国、英国、澳大利亚、泰国、芬兰、德国等国家以及香港、澳门地区的10个官方机构和15个民间机构的教育组织建立了友好关系，对外交流日益活跃。据统计，一年来，共接待了27批共200名外宾，聘请了16名外籍教师到广东省部分教育学院、中学任教。同时，组织了22批共150多名干部、教师、学生出访考察和进行教育、体育、文艺交流，其中派往国外进修教师16人。

二、基础教育

（一）义务教育

1991年，广东省义务教育事业持续、稳定、协调地发展。小学教育在1985年基本实现普及以后，又得到进一步巩固提高。

全省小学已发展到24633所，比上年增加23所；在校生778.9万人，比上年增加31.6万人；适龄儿童入学率为99.22%，比上年下降了0.07个百分点；年巩固率达98.75%，比上年提高0.44个百分点；流失率为0.86%，比上年下降0.08个百分点；留级率为4.2%，比上年下降1.13个百分点；毕业生升学率为88.19%，比上年提高0.63个百分点。初中教育有计划地发展，全省初中有2996所，在校生202万人，比上年增加4.3万人；流失率为3.83%，比上年下降0.10个百分点；毕业生升学率44.97%，比上年提高0.45个百分点。

为了贯彻持续、稳定、协调发展的方针，在总结全省5年来实施九年义务教育经验基础上，根据各地实施的情况，广东省教育厅向省政府提出了《关于调整我省实施九年义务教育规划的意见》。1月，广东省教育厅厅长许任之代表省政府向省人大常委会作了《关于我省贯彻执行〈义务教育法〉情况的汇报》。省人大常委会第二十次会议通过了《关于修改〈广东省普及九年制义务教育实施办法〉第二条款的意见》。根据《实施办法》的要求，以及中央和省关于制订十年规划和"八五"计划的建议和纲要，结合广东省的实际，由下而上，重新修订了《广东省普及初中阶段义务教育规划》，报省政府审批转发。按调整后的规划，全省将经过三个五年计划，到2000年基本实施九年义务教育。

为使普及初中阶段义务教育规划有步骤地组织实施，根据国家教委要求，制定了《广东省普及初中阶段义务教育标准及检查验收办法》。广东省教育厅对普及初中阶段义务教育的学校布局、规模、办学条件、师资、经费以及验收办法，提出了明确要求，指导各地按质按量地普及初中阶段义务教育。

5月，广东省教育厅与省人大教科文卫委员会联合发出《关于开展〈义务教育法〉颁布5周年宣传教育活动的通知》，并印发了义务教育宣传标语20条。各地开展了各种形式的宣传教育活动，很多市、县领导发表了《义务教育法》颁布5周年的电视讲话。通过一系列有规模、有声势的宣传活动，使各级领导和全社会对《义务教育法》有了进一步的了解和认识。

10月，全国人大根据委员长会议的决定，组织了由全国人大常委会委员熊复率领的检查组对广东省进行《义务教育法》执行情况的检查。通过对全省9个市、近30个县（区）、40个乡（镇）、40多个管理区、100多所中小学（含少数师范学校、职业学校、特殊教育学校）的检查，认为广东省贯彻执行《义务教育法》工作扎实、成绩显著，各地学校坚持社会主义办学方向，把德育工作放在首要位置；全省危房改造有了突破性进展，办学条件有了根本性的改善，分级办学、分级管理体制落到了实处。这次检查，进一步推动了广东省义务教育的实施，使各级政府对贯彻执行《义务教育法》有了进一步的认识。由于各级党政的高度重视和广大人民群众的大力支持，广东省普及九年义务教育的步子又迈进了一大步。至年底止，经过检查验收，全省又有12个县（区）普及了初中教育，加上原来已经普及初中教育的30个县（区），全省共有42个县（区）普及了九年义务教育，占全省县（区）总数的35%。

（二）普通高中教育

普通高中经过调整后，规模基本稳定。1991年，广东省普通高中有826所，比上年减少11所；招生12.12万人，比上年减少0.32万人；在校生35.99万人，比上年减少1279人。由于一些地方学制变动，教学班数由上年的6972班增加到7059班，因此虽然招生数减少，但实际在校生数减得不多。

1991年广东的高中教育，主要是贯彻落实普通高中调整教学计划、实行毕业会考两项改革措施，加强学校管理和抓教育教学质量的提高。根据国家教委要求，全省按调整后的教学计划开课，并加强历史、地理的教学，将“二史一情”教育紧紧结合在各学科的教学工作之中。按规划，毕业会考制度在1991年秋季入学的普通高中新生中开始实施，为此，广东省教育厅印发了《广东省普通高中实行毕业会考制度的意见》。为了实施两项改革，提高认识，转变观念，6月中旬，广东省教育厅召开了普通高中两项改革工作会议，研究和部署调整教学计划和高中会考实施工作。为了适应这两项改革的需要，广东省教育厅还印发了《广东省普通高中学生学籍管理暂行办法》，加强普通高中教育教学管理，保证了普通高中毕业会考制度的顺利实施。此外，广东省加强了美育工作和人口教育工作，开设了“美育基础”选修课，引导学生提高审美能力，培养高尚健康的爱美情操和良好行为习惯，发挥学生艺术爱好、特长和才能，并根据国家教委调整教学计划的意见，将人口教育列为高中一年级必修课，在上年40所中学试点的基础上，在面上中学普遍铺开。

(三) 幼儿教育

1991年，广东省共有幼儿园6335所，比上年减少1134所，有44322个班（其中小学附设学前班24785个），在园（班）幼儿165.74万人（其中小学附设学前班幼儿93.63万人），比上年增加15万人，教职工6.86万人。广东省在发展幼教事业的同时，加强了对幼儿园的建设和管理。2月，广东省教育厅、物价局与广州市教育局、物价局对广州市四种不同类型共12所幼儿园的收费情况作了调查，起草了关于加强幼儿园收费管理的意见。接着，省政府办公厅发出了《关于加强托儿所、幼儿园收费管理的通知》，加强了对托幼园所收费的管理。3月，根据国家教委的要求总结了顺德县幼儿教育工作经验，写成论文报送在山东召开的国际农村教育研讨会。5月，印发《广东省幼儿园评估标准（试行)》，规定到1993年6月底为首次评估，今后每两年评估一次，做好幼儿园的分类定级。5月27、28日，省及广州市顾委、人大、政协、政府负责人焦林义、方少逸、王屏山、欧初、肖鸣、赖竹岩、杨资元、李兰芳等以及佛山市党政领导共50余人，分5个组视察慰问了广州市东方红幼儿园、桃源上街幼儿园、番禺北城幼儿园、越秀区机关一幼、广州纸厂幼儿园、广州自来水公司幼儿园、广州松岗西幼儿园、南海县盐步镇幼儿园、东秀村幼儿园。“六一”期间，省教育厅向梅县、蕉岭、大埔、丰顺、兴宁、平远、五华、连平、和平、龙川、紫金、惠东、龙门、源城区、连县、连山、连南、阳山、云浮、罗定、广宁、新兴、封开、郁南共24个山区县教育部门办的示范性幼儿园赠送大型体育器械和教玩具，并派人赴清远和新兴慰问。6月，广东省教育厅采用委托、联合办班、举办讲座等形式，对幼儿教育干部进行了大面积的培训，对全国《幼儿园工作规程》试点园东方红幼儿园和幼儿师范附属幼儿园的试点工作进行指导，并拨款添置教玩具、设备及提供研究活动的经费。在学前班管理工作方面，推广了广州、湛江、江门等市整顿学前班的经验，并于11、12月用问卷形式调查了占全省县（区）总数1/3的42个县(区）学前班工作现状。

(四) 特殊教育

1991年，特殊教育学校由上年的16所增加到19所。新筹建特殊教育学校8所。新增普通小学附设弱智班15个，全省共达

65个。在校学生由上年的1872人增加到2352人。一年来，省级财政用于发展特殊教育的基建投资150多万元，中央下拨广东省特教补助款90万元。3月，省民政厅、省体委和省教育厅联合派出以弱智学生为主的17名运动员参加在福州举行的第二届全国弱智奥林匹克运动会，广东省代表队共夺得金牌10枚、银牌5枚、铜牌12枚，金牌总数名列第四。5月，省教育厅与省残联、省电视台等13个单位联合发起的“扶残、助残、献爱心”活动月，全省募得资金共1000多万元，收到了良好的社会效果。省残疾儿童教育基金会拨款5万元慰问全省16所特殊教育学校及普通小学附设的49个弱智班师生。全省评选优秀残疾儿童154名，于“六一”儿童节给予表彰。5月30日，广东省教育厅与广州市教育局、广州市妇联在广州儿童活动中心联合举办省残疾儿童联欢活动，广州市、佛山市残疾学生代表共200人参加，省人大常委会副主任杨立、省教育厅副厅长陈锦铎以及省政府、省计委、省财政厅和市教育局、市妇联等有关单位领导出席了活动并讲了话。7月，省教育厅、省残联在广州联合举办首次残疾学生夏令营，广州、佛山、梅州、江门、肇庆、湛江、茂名、韶关、中山、珠海、汕头等11个市的优秀残疾儿童和香港代表以及带队教师共100人参加，省人大常委会副主任杨立、省教育厅副厅长周国贤、省残联理事长文焕新及有关单位领导出席开幕式并讲话。夏令营形式多样，内容丰富，受到社会各界的关注和好评。7月下旬，省教育厅在台山召开聋校语文教材研讨会，全省6所聋校的语文教师代表及校长、教导主任、语文教研组长共50人参加，研究聋校语文教材的改革问题。8月，省教育厅与省儿童福利会、广州市教育局在广州联合举办弱智学校（班）教师培训班，邀请北京师范大学、山东昌乐特殊师范学校的特殊教育专家讲学，省、市参训教师共100人。9月，全省评选先进特殊教育工作者38名，给予表彰。10月，省教育厅在五华县布置盲童随班就读试点工作。

三、职业技术教育

1991年，广东省有职业高中542所，比上学年增加29所；连同在普通中学办的职业高中班，共有4632班，比上学年减少11班。共招生7.96万人，比上学年减少0.54万人。毕业6.86万人，比上学年增加0.44万人。在校学生20.59万人，比上学年减少0.58万人。职中连同中师、中专和技校，其招生数与普通高中招生数的比例为52.2∶47.8，在校生数与普通高中在校生数的比例为49.6∶50.4，均高于全国平均水平。另有职业初中8所，在校生8240人。专任教师共有14193人，比上学年增加240人，平均每班3.06人。其中，大学本科毕业的占21%，专科毕业的占68.5%。

省委、省政府对发展广东省职业技术教育和农村教育综合改革十分重视，4月17日至22日，在江门市召开了有省直各有关厅局，各市主管教育的负责人，各市教育、劳动、财政部门负责人，以及实施“燎原计划”的15个试点县的主管负责人参加的广东省职业技术教育会议。会议传达了全国职业技术教育会议精神，总结交流职教经验，研究和部署发展广东省职业技术教育的方针、政策和措施，明确了今后一个时期广东省职业技术教育的基本任务、要求和指导思想，以加快广东职业技术教育发展的步伐，适应广东省社会主义建设事业的需要。这是继1986年全省职教会议后广东省职教工作又一次重要会议，对“八五”期间广东省职业技术教育的发展具有重要指导意义。9月3日，中共广东省委、广东省人民政府发出《关于发展我省职业技术教育若干问题的意见》，提出：（1）贯彻落实“教育必须为社会主义建设服务，社会主义建设必须依靠教育”的指导方针，积极调整教育结构，以适应广东省经济和社会发展的需要。(2) 实行职业教育与基础教育、成人教育统筹，教育与农业、科技统筹，积极推进农村教育综合改革。(3) 发动社会各方面的力量，改革和发展城市高中阶段的职业技术教育。(4) 大力发展各种形式的职业技术培训。(5) 各级政府要逐步增加对职业技术教育经费的投入，多渠道、多形式扩大办学经费来源，改善办学条件。(6) 坚持贯彻“先培训，后就业”的原则，促进职业技术教育的发展。(7) 加强职业技术学校师资队伍建设。(8) 加强对职业技术教育的领导。《意见》是今后一个时期发展广东省职业技术教育的一个重要指导性文件。

广东省教育厅根据省委、省政府的部署，将发展职业技术教育作为1991年普教工作的主要任务之一，重点抓紧抓好。在各级政府和有关部门的支持和配合下，在认真上好基础文化、专业课的同时，大力创办学生实践基地。目前，所有的职业中学均有自己的生产实习厂场，学生边学习边实践，既掌握一定的专业知识，亦具有一定的技能。学校也积极开展产、经、销一条龙管理，既培养了适应当地经济发展的初、中级技术人才，又为学校增加了经济收入，为进一步办好职业学校提供了物质保证。目前，广东的职业技术教育呈兴旺发展之势。经广东省人民政府批准，国家教委认定，1991年有19所学校为省级重点职业高中。

1991年，农村教育综合改革试验点也由上年的两个实验县116个示范乡镇发展到两个市15个县228个镇（乡），示范点遍及91个县（区）。省重点抓两市74个乡镇的综合改革试点工作，并由省高校工委从23所高校中抽调83名中青年干部、教师到试点挂职，推动了教育和农业、科技的结合和协调发展。6月，广东省教育厅在韶关市召开了全省城镇社区教育工作座谈会，推广韶关、广州市荔湾区、江门、湛江等城镇社区办学的经验，积极探索实践开展城市教育改革的经验和路子。

四、成人教育

1991年，广东省成人初、中等教育，认真贯彻落实“科技、教育兴农”的战略方针，努力提高劳动者思想文化科技素质，在促进城乡社会主义两个文明建设中发挥了积极作用。

（一）农民教育

各地在1990年国际扫盲年的大好形势推动下，进一步贯彻落实国务院《扫除文盲工作条例》，继续扫除剩余文盲。一年来，全省各地先后组织了青壮年中文盲半文盲6.4万多人参加扫盲学习，有5.8万多人脱盲，基本完成省规划本年度的扫盲任务，使全省15—40周岁的青壮年中的文盲率从1985年的2.4%下降到0.72%。全省绝大多数的乡（镇）、管理区的青壮年非文盲率都达到国务院规定的95%以上的要求。各地在基本完成扫除文盲任务后，积极开展扫盲后和对初、高中回乡毕业生的继续教育。全省举办农村成人初等学校4143所，共14632班，在校学生66.53万人，毕（结）业57.63万人；农村成人中等学校449所，1513班，在校学生8.75万人，毕（结）业3.81万人。另外，全省有1601个乡（镇）办起了乡（镇）农民文化技术学校，办学面占全省乡（镇）总数的90.7%，较上年增加5个百分点；管理区一级的办学面达67%，也较上年增加1个百分点。目前，全省乡（镇）成人文化技术学校建制为初级中学的有271所，建制为中心小学的有684所；有专用校舍22.18万平方米，有生产实习农场24882亩，工厂建筑面积51369平方米；有专职教师1585人，兼职教师1.57万人。教学设备日渐完善，部分地区还采用较先进的电化教学。一年来，参加乡（镇）、管理区两级长短班学习总人数达450多万人次，较上年增加50多万人次。其中参加长班学习的有70多万人，结业64万多人。通过培训，有效地提高广大农民思想文化技术素质，促进了农村经济的发展和加快山区脱贫致富步伐。此外，还选择15所条件较好的成人校，开展P20项目人口教育，先后有600多人参加人口教育培训。

（二）职工教育

1991年，参加50个课时以上学习的干部有64万多人，毕（结）业有52万多人，参加学习人数占全省干部统计总人数的38%，较上年增加7个百分点。其中参加高中文化学习的有0.91万多人，毕业0.5万多人；参加初中以下文化学习的有0.11万人，毕（结）业762人；参加资格岗位培训的有16.8万多人，结业10.2万多人；参加适应性岗位培训的有32.9万多人，毕（结）业121万多人。参加学习人数占职工总人数的33%，较上年增加10个百分点。其中参加高中文化学习的有1.2万多人，毕业0.74万多人；参加初中以下文化学习的有0.59万多人，毕业0.45万多人；参加资格岗位培训24万多人，结业19万多人，参加技术等级岗位培训22.8万多人，结业17.8万多人；参加适应性岗位培训有80多万人。职业教育专有校舍257.9万平方米，较去年增加35万平方米，增加13.5个百分点；职工人均占有校舍面积为0.43平方米，较去年增加0.05平方米。专职教师10326人，较去年增加636人，占职工总人数的1.7%。职工经费年度总支出为3.11亿元，较去年增加0.7亿元，占职工工资总额的1.8%，较去年增加0.2个百分点，比国家1.5%的要求高出0.3个百分点。

五、师范教育

1991年，广东省有44所中等师范学校，毕业生共1.09万人；招生共1.12万人，比上年增加610人；在校生共3.18万人，比上年增加946人。除广东外语师范学校和广东艺术师范学校的招生录取由省教育厅审批外，面向全省招生的广州幼师、江门幼师和东莞师范、中山师范体育班的招生录取也由省统一审批。其余各师范学校的招生录取则由市教育行政部门审批。广东省中师曾在1985年制定过统一的招生面试要求，但由于近年来中师进行整体改革，贯彻新教学方案和强化基本功训练，原面试要求已不适应。为此，省教育厅对中师招生面试要求作了必要的修订，强化了作为一名小学教师的基础素质要求。为了纠正近年来中师保送上高师的毕业生人数大大超过了国家规定的标准，直接影响了小学新师资补充的做法，省招生办发出通知，强调中师保送生上高师院校的比例不得突破国家规定的标准，同时，保送生档案需经市教育行政部门加具意见方能生效。这对控制中师保送生人数和杜绝保送工作中出现的“走后门”现象起到重要的作用。

1991年，广东省有13所教育学院，毕业生共1.33万人（其中脱产5143人）；招生共4290人（其中脱产3134人）；在校生共1.25万人（其中脱产7142人）。为了进一步办好教育学院，解决教育学院人员编制问题，省政府转发了省教育厅《关于进一步办好教育学院若干问题的意见》；省编委和省教育厅联合下发了《广东省市级教育学院人员编制标准（试行）》，这两个文件对稳定教育学院起了良好的作用。全省教育学院在继续做好学历补偿教育的同时，为全省中学教师继续教育工作的开展做了一系列的准备工作。省教育厅先后组织制定出中学教师继续教育的5个层次、12个专业的教学计划和12个专业、300多门课程的教学大纲，并在广东、肇庆、韶关三所教育学院开办了中学骨干教师继续教育试点班，摸索开展中学教师继续教育的路子。

1991年广东省有93所教师进修学校，毕业生共1.12万人（其中脱产4227人）；招生共1.20万人（其中脱产4069人）；在校生共4.65万人（其中脱产8895人）。根据国家教委的要求和省教育厅的工作部署，广东省教师进修学校在"八五"期间有计划地逐步开展小学教师继续教育。1991年的工作重点是以小学骨干教师岗位职务培训为突破口，推动整个小学教师继续教育的开展。省教育厅组织制订出小学骨干教师岗位职务培训的教学方案和教学大纲，并先后举办了三期小学骨干教师岗位职务培训教材备课会和一期教师进修学校校长学习班，培训全省教师进修学校的校长和教师初步掌握小学骨干教师岗位职务培训的内容、形式和方法。全省教师进修学校根据省教育厅的统一部署，于10月中旬全面开办小学语文、数学骨干教师岗位职务培训班，办班形式有脱产、函授和业余，全省共招生846人。

撰稿人　陈　钢　彭红光

审稿人　林受之

高等、中专教育

一、概况

1991年，广东省高等、中专教育认真学习贯彻党的十三届七中全会精神，全面贯彻执行党和国家的教育方针，进一步治理整顿教育环境和秩序，深化教育内部改革，稳定办学规模，取得了新的成效。

1991年高等学校、中等专业学校基本情况　单位：人

学校类别	学校数（所）	毕业生数	招生数	在校学生数	教职工数 计	教职工数 其中专任教师
一、普通高等学校	41	33 873	31 704	95 833	38 416	15 470
研究生		1 246	1 163	3 178		
本　科		12 760	13 934	55 260		
专　科		19 867	16 607	37 395		
二、中等技术学校	177	29 484	32 182	92 128	15 780	7 477

1991年，广东省有普通高校41所，其中部委属院校11所，省属院校30所；本科学校25所，专科学校16所。按学校类型分，综合大学9所，理工院校6所，农业院校5所，医药院校5所，师范院校7所，语言院校1所，财经院校3所，艺术院校2所，体育院校1所，民族院校1所，短期职业大学1所；当年全省普通高校共招生

31704人，其中本科生13934人，专科生16607人，研究生1163人，在校生达95833人；向社会输送毕业生33873人。全省有普通中专学校（不含中师）177所，1991年共招生32182人，在校生达92128人，共输送毕业生29484人。全省51所独立设置的成人高校（不含教育学院，下同），加上一些普通高校举办的函授、夜大学、干部专修科在内，1991年共招收成人学历教育本、专科学生22644人，在校生达74253人。全省有成人中专学校183所（不含教师进修学校，下同），当年共招生24910人，在校生有60141人。高等、中专教育自学考试认真贯彻“改革、完善、提高、发展”的方针，取得较大发展。至1991年底，全省已开考了23个大专专业，6个本科专业，12个中专专业，1991年上半年报考人数有82856人，下半年达108507人，是全省自1984年开考以来报考人数最多的一年。当年有5047人获得自学考试毕业证书，其中专科3537人，本科186人，中专1324人。此外，还有港澳台考生1783人先后参加了广东省的自学考试，已有20人取得了大专毕业证书。

1991年成人学校基本情况

单位：人

学校类别	学校数（所）	毕业生数	招生数	在校学生数	教职工数 计	教职工数 其中专任教师
一、成人高等学校	51	38 476	22 644	74 253	7 038	3 196
广播电视大学	3	9 984	6 584	24 768	2 209	858
职工高等学校	35	6 017	4 086	11 987	2 294	1 132
独立函授学院	13	13 310	4 290	12 500	2 535	1 206
普通高校举办						
函授部		4 432	3 859	14 389		
夜大学		4 166	3 640	10 193		
干部专修科		567	185	416		
二、成人中等专业学校	183	19 259	24 910	60 141	5 199	2 729
广播电视中专	3	2 257	4 411	7 680	13	13
干部中专	9	1 112	1 214	2 541	194	89
职工中专	123	10 884	12 046	32 663	3 341	1 694
农民中专	48	5 006	7 239	17 257	1 651	933

制表人 郑建辉

二、加强学校思想政治工作，坚持社会主义办学方向

在1990年贯彻中央有关文件和全国、全省高校党建工作会议精神，普遍加强党建工作和思想政治教育工作的基础上，1991年广东省高等、中专学校进一步采取措施，加强学校思想政治工作。10月，省委召开全省高校党建工作会议，要求各校认清形势，采取措施加强学校党的建设，发挥党的核心作用和战斗保垒作用，把学校建设成为抵御和平演变，培养社会主义事业建设者和接班人的坚强阵地。各校认真学习、贯彻党建会议精神，想方设法进一步加强学校党建工作和思想政治工作。佛山大学等校为使思想教育工作在原有基础上得到完善和更扎实地开展，采取“党政到位”、“三个课堂”（即马列主义理论课和思想品德课、校园文化建设，形式多样的社会实践活动)、“两个层次”(一是校一级有计划地组织的教育活动，二是班级结合实际组织实施的教育活动)、“班为基点”的措施，收到良好效果。针对苏联剧变引起部分师生员工思想上困惑的情况，省高教主管部门积极推动各校认真组织学习中央有关指示精神和江泽民同志纪念“七一”讲话精神，开展形势教育，举办专题辅导报告会，提高了广大师生员工的思想认识，稳定了学校的政治局面。在加强思想教育的同时，认真总结高校学生参加社会调查实践活动的经验，并积极采取措施，使学生的社会实践向广度和深度发展。1991年暑假，中央宣传部、国家教委和共青团中央在广东省宝安县召开全国高校学生社会调查实践活动座谈会，广东的经验得到肯定和赞扬。此外，全省各高等、中专学校还进一步加强了马列主义理论课师资队伍和政工队伍的建设，以及政治理论课教材的建设工作，挑选了一批优秀毕业生分配到高校担任政治理论课的教学、学生政治辅导员和党团工作，并对这些毕业生进行了岗前培训，提高其政治、业务素质；举办了马列主义课青年教师培训班，使学校马列主义课教师队伍和政工队伍得到加强和提高；根据我国经济发展“八五”计划和十年规划纲要，以及江泽民同志纪念“七一”讲话中关于加强近代史教育的指示精神，重新修订出版了《马克思主义原理》、《中国革命史》、《社会主义建设》、《法律基础教程》和中专《思想品德教程》等一批教材。进一步加强校园文化建设，丰富学生文娱生活，寓教育于娱乐之中。为庆祝中国共产党成立70周年，全省各高等、中专学校普遍开展了多种形式的宣传、文娱活动；“七一”前夕，省高教主管部门组织广州地区的高校举办了“党在我心中”文艺晚会，使广大师生在娱乐中增强对党的感情，坚定跟党走的决心。

三、合理调整、优化教育布局和结构

根据中央和国家教委有关治理整顿、合理布局、优化教育结构的指示精神，1991年广东高等教育，在上年工作的基础上，进一步采取措施，完善了佛山大学与佛山师专、西江大学与肇庆师专、韶关大学与韶关师专、嘉应大学与嘉应师专的合并工作，使之成为既有职业技术教育，又有师范教育的综合性的地方大学，较好地适应了地方经济、社会发展的需要；经过充分论证与多次协商，并报国家教委批准，将广东建筑工程专科学校与广州城市建设学院（筹）联合办学，成立华南建设学院，发展规模为3000人，当年实行本、专科生兼招；经国家教委批准，雷州师范专科学校正式改办为湛江师范学院，学院发展规模为3000人，近期内实行本、专科并存，以后逐步扩大本科规模，缓和了粤西地区高等师范教育较薄弱的状况；经过一段时期的筹备，东莞理工学院（筹）正式开始招生。经过调整、合并，全省普通高校数由1990年的45所降至41所。中专教育方面，1991年增设了顺德工业中专学校，根据占山县社会经济发展的情况，将该县排球学校，溯源电子学校、占山医院卫校等3所中专学校合并为占山联合中专学校。全省高等、中专学校的整体布局和结构初步走向合理。此外，广东高教主管部门还根据全省经济建设和社会发展的需要，按照合理布点，优化结构的原则，对省属高校的本科专业和1991年新增设的本科专业，以及1992年需开设的本科专业，进行了全面的清理和审核；对全省普通中专学校的专业进行了调整，减少长线专业，增设短线急需专业，使全省高等、中专学校的专业设置逐步趋向合理化。

四、治理整顿，优化育人环境

认真整顿考风考纪，保证各类考试质

量。高考前，省招生部门主动派员前往各市、县与当地协同做好考试的各项准备工作，除了挑选素质好的监考人员外，还对监考人员进行了考前培训教育工作，考试期间，抽调各院校的纪检书记组成工作组，到各市加强检查监督，省政府领导和省教育主管部门领导亲临考场巡视，指导考试工作；严肃查处违纪人员和事件，对成人招生考试中违纪的600多人次进行了严肃处理，并通报全省，促进了考风考纪的好转。认真贯彻国家教委《关于普通高等学校充实整顿验收工作的通知》精神，采取自查和抽查相结合的办法，全面检查各高校的办学条件，并制定出充实改善办学条件的措施。继续整顿和完善成人高等、中专教育，制定了《广东省成人高等、中等专业教育事业计划管理暂行条例》，加强对成人教育事业的计划管理；对全省管理干部学院、职工业余大学学员5000多人进行期末统考、抽考；对普通高校成人教育实行毕业证书验印制度；对各类专业证书班进行复查、清理和验印工作，有力地制止了“乱招生、乱办学、乱收费、乱发文凭”的不良现象。各校进一步加强校风校纪建设，一手抓好学生思想、学习、生活等方面教育管理的“软件”工作，另一手抓好校园环境美化，改善后勤设施，提高服务质量的“硬件”工作；省高教局还组织学校开展了学习北京航空航天大学先进管理经验，进行爱粮节粮教育、创建文明校园等活动；广东机械学院等校针对学生中存在的不遵守作息制度，宿舍脏乱差，浪费粮食和水电等现象，开展以“加强校风建设，优化育人环境”为主题的“五按时”（按时起床、早操、按时上课、自习，按时午睡、午起，按时课外活动，按时熄灯就寝）、“三节约”（即节约粮食、水、电）、“二整洁”（宿舍内务整洁、公共场所整洁）活动，学校风气明显好转。

五、深化教育内部改革

制定了《广东省高等教育事业十年规划和“八五”计划要点》。改革教育经费分配办法，试行优校优投。从1991年开始，省属高校的教育经费分配，在“人员经费包干，公用经费综合定额加专项”结构的基础上，增加“优校优投”部分，同时，为了弥补教育经费的不足，省属高校将基金收入的7%上缴省高教局，由省高教局根据各院校的情况调剂安排。改革和加强招生计划的管理，招生期间在录取现场设立招生计划审核组，各校录取新生，首先要到计划审核组核实招生计划数，录取审批前，先审核招生计划的完成情况，经计划审核组盖章方可办理录取新生的审批手续，有效地控制了超计划招生和计划外招生现象。继续改革、完善高校毕业生分配工作的有关规定，坚持对毕业生进行综合测评，择优推荐，实行公开毕业生分配的方针政策、公开分配制度和纪律、公开需求信息、公开毕业生综合测评结果、公开分配建议计划、公开毕业生分配去向等六公开做法，做好用人信息的收集、发布工作，普遍开展毕业就业指导，毕业生报到率高。

六、加强教学工作，提高教学质量

为促进高校教学管理工作，1991年初，召开了广东省普通高校教学工作会议，印发了《关于加强普通高等学校教学工作的意见》，要求各院校突出教学工作的中心地位，千方百计提高教学质量。各校认真贯彻会议和文件精神，提出了坚持社会主义办学方向，加强对教学工作的领导，提高教学质量的措施，全省近20所高校建立了院校领导定期听课，定点联系班级的制度，全省高校出现大抓教学工作，加强教学管理，改革教学内容和方法，提高教学质量的新局面。广州金融专科学校是中国人民银行所属的一所普通高等专科学校，该校立足教学改革，强化科学管理，建立了校、系、教研室领导三级听课制度，规定听课时数，并定期公布各级领导的听课情况，定期进行教学评比，从而改进了学校的教学工作，教学质量明显提高。各校还积极抓好统考工作，多次组织学生参加全国、全省的统考和测试，以统考促进学校教学水平的提高。抓好教材建设，编写出版了《体育基本理论》、成人大专《物理学》等教材。积极开展体育工作，实施了全省大学生体质健康状况监测和“大学生体育合格标准”的试验，举办了广东省第三届大学生运动会和第一届全省中专学生田径运动会。开展高等、中专学校办学水平评估，评估内容既包括教学、科研工作，也包括思想政治工作、管理工作和基本建设等工作，设计了几十项指标，通过评估推动了学校的全面建设。

七、大力推进科技开发工作

1991年，广东各高校认真贯彻全国高校科技工作会议精神和广东省委、省政府《关于依靠科技进步推动经济发展的决定》，在组织精干队伍，稳定地开展基础研究和发展一批学科前沿优先领域的同时，努力把主要科技力量逐步向经济建设主战场转移，通过加强横向联系、举办科技成果洽谈会、参加全国信息发布厅展览、印发《广东省高等学校可供推广转让科技成果简介汇编》等活动，用请进来，走出去的办法，促进高校科技成果向生产力转化。据统计，1991年全省有500多家工厂、企业参予了高校近300项成果的洽谈，全省高校向工厂、企业转让(合作)的科技成果有100多项；与280个单位签定了合作或转让合同。华南农业大学在开展科技开发、科技兴农，振兴农村经济方面取得了较好的成绩，该校赴广东英德、花县、高要、宝安等4个县的科技兴农实践队，半年内开展系列兴农项目56项，获直接经济效益80多万元，技术咨询2500多人次，举办各类培训班22期，培训人员2492人次，为当地引进优良品种14个，编写各类农科资料20种，对促进当地农村经济发展起了良好的推动作用。1991年广东全省高校共开展科研项目3787个，当年共有189项科技成果获省、市以上的奖励，其中国家发明奖三等奖1项，四等奖2项；国务院有关部门科技进步奖一等奖5项，二等奖9项，三等奖15项；省市自然科学奖和科技进步奖一等奖9项，二等奖48项，三等奖97项。全省高校鉴定的科技成果中，有50项达国际先进水平，57项属国内首创，113项达到国内先进水平。1991年全省高校共出版科学专著125部，在国内外学术刊物上发表科研论文3336篇，在基础数学、光学、高分子化学、基础医学、植物遗传学等方面取得了一批具有国际先进水平的研究成果。

八、加强师资队伍建设

1991年全省高教系统把师资建设问题摆在学校工作的重要议事日程，积极开展师资培训，许多高校成立了师资培养办公室，系里也设机构或人员负责师资培养工作，研究制定师资培训的长期和近期计划，省高教主管部门配合各校先后举办了助教进修班、研究生课程函授班等多种培训班，选派教师出国进修、留学等，通过培训提高教师的业务水平，全省高校师资培训工作逐步走向制度化、规范化。通过选留优秀毕业生和引进有专长的优秀人才，不断充实师资队伍，1991年全省高校共选留628名优秀毕业生补充师资队伍，其中毕业研究生186名。认真落实知识分子政策，调动教师教书育人的积极性，在复查和总结经验的基础上，开展新的专业技术职务评聘工作，全省高校新增补了高级岗位职数566个，中级岗位职数570个。积极开展评优工作，1991年全省高教系统共评出31个教书育人先进集体和247名教书育人先进个人，4名全国教育系统劳动模范，22名全国优秀教师和优秀教育工作者，这些先进集体和个人分别受到中央和省有关部门的表彰。

九、积极开展教育对外交流

在外事工作中，广东高等、中专教育认真做好派出去和请进来的工作，并在对外交往中，注意做好宣传、介绍广东高等教育发展与改革的情况。省高教局通过《外国留学生在广东高等院校》等录像片和画册，广泛进行宣传扩大对外影响，广交四海朋友，进一步发展对外教育、学术交流与合作，先后与泰国、新加坡、印度、日本、苏联、德国、瑞士等国家建立了新的交流协作关系。1991年全省高教系统共接待来访外宾35批258人，出访227批470人次。此外，积极研究、完善对外国文教专家和外国留学生的各种管理制度，注意调动他们工作和学习的积极性，1991年，在广东高校任教的外国文教专家和教师有152人，在广东高校就读的外国留学生有400人。

撰稿人　李　敏　郑建辉

审稿人　周鹤鸣

广西壮族自治区教育

概　况

一、各级各类教育发展情况

1991年各级普通学校基本情况　　单位：人

学校类别	学校数(所)	毕业生数	招生数	在校学生数	教职工数 计	教职工数 其中专任教师
一、普通高等学校	25	11 849	11 112	37 184	16 516	6 737
研究生	(7)	161	105	316		
本　科	13	5 230	4 898	20 578		
专　科	12	6 458	6 109	16 290		
二、中等专业学校	124	24 357	24 637	72 024	16 001	7 105
中等技术学校	98	17 103	17 107	49 458	12 569	5 243
中等师范学校	26	7 254	7 530	22 566	3 432	1 862
三、普通中学	2 772	382 712	544 937	1 490 791	111 071	83 600
高　中	442	59 495	78 199	225 690		15 258
初　中	2 330	323 217	466 738	1 265 101		68 342
四、农业、职业中学	221	16 917	34 121	78 548	7 067	4 829
高　中	181	13 836	27 706	63 009		4 007
初　中	40	3 081	6 415	15 539		822
五、技工学校	108	10 900	11 600	33 000	5 402	2 944
六、工读中学	1	19	33	41	40	24
七、小　学	15 790	725 957	1 063 958	5 775 518	227 491	199 811
八、特殊教育学校	8	19	261	751	179	145
九、幼 儿 园	1 565	620 710	810 137	973 590	27 688	20 852

1991 年各级成人学校基本情况

单位：人

学校类别	学校数(所)	毕业生数	招生数	在校学生数	教职工数 计	教职工数 其中专任教师
一、成人高等学校	24	9 912	12 705	30 507	4 160	1 931
广播电视大学	1	2 699	4 148	10 907	736	303
职工高等学校	9	972	1 234	2 771	978	470
管理干部学院	4	731	685	1 445	754	279
教育学院	10	3 261	4 201	8 485	1 692	879
普通高校举办						
函授部	(9)	1 317	2 068	5 780		
夜大学	(6)	829	269	974		
干部专修科	(1)	103	100	145		
二、成人中等专业学校	138	14 702	25 504	58 134	5 316	2 897
广播电视中专	2	913	1 845	4 970	309	140
干部中专	21	1 128	2 353	4 835	789	388
职工中专	39	4 364	4 450	11 643	1 488	839
农民中专	2	167	160	335	50	36
函授中专	2	2 307	4 121	7 821	318	74
教师进修学校	72	5 823	12 575	28 530	2 362	1 420
三、成人中学	195	5 253	8 371	11 983	318	66
职工中学	10	894	1 972	2 684	89	25
农民中学	185	4 359	6 399	9 299	229	41
四、成人技术培训学校	9 233	2 210 421	2 486 340	2 533 782	4 911	1 096
职工技术培训学校	138	25 514	231 641	217 199	1 255	282
农民技术培训学校	9 095	1 984 907	2 254 699	2 316 583	3 656	814
五、成人初等学校	5 601	198 830	237 206	282 347	9 902	443
职工初等学校	24	1 593	4 583	4 633	10	10
农民初等学校	5 577	197 237	232 623	277 714	9 892	433
其中：扫盲班	3 479	107 525	107 513	126 141	6 394	157

二、召开自治区教育大会

中共广西壮族自治区委员会、自治区人民政府于 1991 年 5 月 15 日至 19 日在南宁召开了全区教育大会，研究把发展科学技术和教育事业放在首要位置，使经济建设转移到依靠科技进步和提高劳动者素质的轨道上来。参加大会的有全区各地、市党委书记，各级政府分管教育的负责人，各地、市教育、计划、劳动、人事、财政部门负责人，部分企业的负责人，各普通高校，部分成人高校、中专、技工学校、职工中学、普通中小学、幼儿园长，自治区党委、人大常委、人民政府、政协的领导以及自治区各部、委、办、厅、局的负责人共 600 多人。

国家教委副主任何东昌、王明达，国家民委副主任江家福出席大会并讲话。何东昌代表中共中央政治局委员、国务委员兼国家教委主任李铁映和国家教委向大会表示祝贺。自治区政府主席成克杰作了题为《发展和改革教育，为实现我区经济和社会发展的第二步战略目标而奋斗》的讲话；自治区人民政府副主席李振潜作了题为《教育必须为社会主义现代化服务、为人民服务》的讲话；自治区教委主任侯德彭作了《我区教育工作的形势与任务》的工作报告。大会期间，与会代表交流了教育发展和改革的经验，主要有：柳州市的《教育要发展，出路在改革》，横县的《深化农村教育改革，为横县经济建设和社会发展服务》，浦北县的《加强领导、统筹“三教”，积极开展农村教育综合改革》，桂林市的《努力建设中小学德育的新格局》，柳州钢铁厂的《企业的发展需要教育，厂办教育要为企业服务》，象州县的《让卫星电视教育在山区开花》，广西农学院的《端正办学思想，主动适应农业建设需要，培养合格人才》，钦州农校的《坚持社会主义办学方向，注重培养实践技能，打开人才直接通往农村之路》，柳州机械工业技校的《搞好整顿改革，创建一流技校》，柳州市第一职业高级中学的《深化学校改革，提高办学效益》，百色市第二职业中学的《端正方向，按需育人》，浦北寨圩中学的《积极引进职业技术因素，促进农村经济发展》，岑溪县的《兴办教育科技经济开发区办好职业中学，为我县经济提前翻番培养人才》，贵港市的《党政重视，群众支持，各方配合，搞好中小学危房抢修工作》，河池地区行署的《全面提高农民思想文化素质，为农村经济社会发展服务》等。

大会期间，自治区教委、计委、劳动厅、人事厅、财政厅作出《关于表彰广西壮族自治区职业技术教育先进单位和先进工作者的决定》，向柳州市政府等 33 个单位和韦保中等 133 名同志颁发了奖状。

与会同志讨论了《中共广西壮族自治区委员会、广西壮族自治区人民政府关于教育发展与改革的决定》、《广西壮族自治区人民政府关于大力发展职业技术教育的决定》、《广西壮族自治区人民政府关于多渠道筹措教育经费的暂行规定》等重要文件。与此同时，对自治区教委草拟的《关于加强和改进学校德育工作的决定（讨论稿）》、《关于加强和改革基础教育、实施九年制义务教育的意见（讨论稿）》、《关于进一步加强少数民族教育工作的意见（讨论稿）》、《关于加强中小学教师队伍的意见（讨论稿）》、《广西教育事业十年规划和“八五”计划纲要（讨论稿）》等 5 个文件进行了讨论和修改。

大会以后，全区各地立即贯彻大会的精神，有 80%以上的地、市、县召开了教育大会，不少县、市的乡镇也分别召开了教育大会，出现了“五长”（县、市长、区乡镇长、局长、校长、村长）共同落实教育“到位”和“转轨”的政治局面。据不完全统计，全区传达贯彻自治区教育大会精神召开的会议共 564 次，听传达的有 700 多万人次，印发学习资料72万份，各地落实教育大会精神出台的政策性文件171份。

会后不久，中共广西壮族自治区委、自治区人民政府正式下发了《关于教育发展与改革的决定》、《关于大力发展职业技术教育的决定》和《关于多渠道筹措教育经费的暂行规定》等文件。

《关于教育发展与改革的决定》根据“八五”期间和本世纪末广西经济、社会发展的需要、对自治区教育事业发展与改革的重大方针、政策和措施提出了九条要求。(1) 提高认识，树立教育为本的思想。(2) 切实把教育转到为本区经济建设和社会发展服务的轨道上来。(3) 各级各类学校要坚持把德育放在学校工作的首位，坚持学校的社会主义性质，促进学生的全面发展，培养合格的社会主义建设者和接班人。(4) 调整教育结构，切实加强基础教育，大力发展职业技术教育，稳步发展高等教育，调整学校布局，优化层次、学科、专业结构。(5) 搞好统筹结合，改革和发展农村教育，要实行“三教”统筹，使基础教育、职业技术教育、成人教育相互沟通、协调发展，实行农、科、教结合，加强农村教育综合改革实验。(6) 继续采取特殊政策和措施，加快发展少数民族教育事业。(7) 加强教师队伍建设，优先发展师范教育，加强校长和教师的培训提高工作，进一步完善教师队伍管理制度。(8) 多渠道筹措教育经费，进一步改善办学条件。(9) 进一步加强党对教育工作的领导。

基 础 教 育

1991年，全自治区继续努力实施《义务教育法》，制定了《广西壮族自治区义务教育实施办法》，推动了基础教育的发展。

全区适龄儿童入学率达97.53%，巩固率达97.86%，小学毕业生升学率达66.18%，分别比1990年提高0.74、0.39、2.61个百分点，毛入学率111.72%，流失率2.14%，分别下降2.86、0.17个百分点。小学教职工中，除专任教师外，另有代课教师7.1万人。小学教师学历达标率为79.72%，专业合格率15.99%。普通中学中，有高中79所，完中363所，初中2330所；小学附设初中班1698个班。中学除专任教师外，另有代课教师9390人。全区有私立中学136所（其中高中37所，初中99所），在校学生2.8万人（其中高中9000人，初中1.9万人）。初中专任教师学历达标率49.48%，专业合格率10.09%；高中专任教师学历达标率55.97%，专业合格率8.06%。学前教育除幼儿园外，还有学前班2万多个，在班学龄前儿童75万人；私立幼儿园124所，在园幼儿5674人。

1991年基础教育主要抓了以下工作：

一、深入宣传贯彻《义务教育法》

1991年是《义务教育法》颁布实施5周年。自治区主席成克杰，自治区政协副主席、教委主任侯德彭分别在广西《基础教育研究》发表文章，向全区各族人民提出进一步贯彻执行《义务教育法》的要求。与此同时，自治区人大常委会还发布了《广西壮族自治区〈义务教育法〉实施办法》。为扎扎实实地落实《实施办法》，自治区教委发出专门文件，并印发了有关宣传提纲、标语口号及学习资料，发至全区村以上学校，供干部和师生学习宣传。桂林地区所辖10个县都举办了学习、宣传《义务教育法》培训班，培训骨干4.1万多人，印发宣传资料86万多份，并在每个县确定1-2个乡(镇)作为实施《义务教育法》的试点。玉林地区在贵港市召开了全地区经验交流会，总结交流了各县（市）5年来贯彻执行《义务教育法》的经验；研究了进一步修订全地区普及义务教育的规划和初中布局工作，讨论了如何进一步调动社会力量捐资助学，继续改善办学条件。广西教育学会举办了《义务教育法》知识竞赛，有30多万人参赛；自治区普法办公室还将《义务教育法》列入普法教育的重要内容之一，自治区教委为此撰写了有关学习资料并印发近30万册。

各级人大、政府组织有两千多人的检查队伍，深入全区各地检查或抽查了全区5年来贯彻实施《义务教育法》的情况，总结了经验，找出了存在的问题，制定了“八五”和今后十年实施《义务教育法》的规划。经过检查或抽查，自治区人大总结了广西贯彻《义务教育法》的8条经验：一是广泛、深入、持久地学习和宣传《义务教育法》，提高广大干部群众对依法治教、实施义务教育重要性的认识；二是从实际出发，制订实施规划，逐步使实施义务教育规范化、制度化、法制化；三是充分调动群众办学的积极性，多渠道筹措教育经费；四是发挥企业、社会办学的积极性；五是积极发展职业技术教育，切实转变办学指导思想；六是划拨劳动基地，办好校办企业，搞好勤工俭学；七是认真贯彻落实分级办学、分工管理的教育管理体制；八是对少数民族地区和贫困山区采取特殊措施，实行办寄宿制民族小学、民族中学“一条龙”的办学形式，帮助民族地区和贫困地区普及义务教育。

二、抓好贫困地区小学教育实验项目

贫困地区小学教育实验项目，是国家教委和联合国儿童基金会共同确定的一项改革项目，全区共有10个县（自治县）72所小学参加实验。此项实验从1990年开始至1991年，我方共投入资金26万元，联合国儿童基金会投入26.5万元，按实验计划要求，1991年广西共举办县、乡、村三级培训班17期，培训干部450人；举办家长学校共培训家长3万人次；举办项目学校校长培训班1期，培训80人；举办脱产70天至半年的师资培训班13期，培训教师530人；请专家演讲、外出考察、教学改革经验交流等15次，参加人数达2000多人次。通过多层次、多种形式的学习，实验地区的教师学历达标率由上年的74.9%上升到80%。实验项目学校办学条件及办学效益得到一定的改善和提高。其中，新建校舍1920平方米，维修校舍2992平方米，添置课桌凳2.4万多套，购置教学仪器及体育器材等价值16.9万元。入学率、巩固率、毕业率、普及率分别达到95.3%、98.8%、85.1%和90.1%，分别比上年提高3.8、7.4、4.7和0.8个百分点。10个县中的龙胜、昭平、马山等县（自治县）已通过验收，达到普及初等教育的基本要求。

三、进一步改善办学条件

1991年，自治区人民政府发出《关于多渠道筹措教育经费的暂行规定》，全自治区各地在1989年至1990年掀起多渠道集资抢修中小学危房的基础上，再度掀起多渠道筹措教育经费、改善办学条件的热潮。玉林地区等16个地、市、县成立了多渠道筹措教育经费、改善办学条件领导小组和办公室，广泛进行宣传发动。据统计，1991年全区又集资3.83亿元，其中地、市、县、乡财政拨款10235.71万元，占26.7%；按“三税”缴纳的教育费附加4428.32万元，占

11.6%；征收中小学生建房费 7096.34 万元，占 18.5%；征收农村教育费附加和农村人口捐资 5141.62 万元，占 13.4%。新建回建校舍面积 173.2 万平方米，其中钢混结构校舍面积占 69.47%。全区中小学危房，1990 年占校舍面积的 3%，到 1991 年底，已全部经过抢修。许多中小学还添置了一批教学设备，目前全区中小学配套达标的有 3338 所，课桌椅达标的有 8933 所，体育设施器材达标的有 2420 所，劳动设施达标的有 7013 所，已有 7082 所中小学校园向美化、绿化、经济化、园林化方向发展。

在改善中小学办学条件的同时，幼儿园特别是示范幼儿园的办学条件也得到了较大的改善。钦州市筹集经费 200 多万元，全部用于改善办园条件，使全市所有的幼儿园舍全部更新。合浦县公馆镇通过财政拨款和集资，用 30 万元新建了一所比较完整配套的中心幼儿园。柳州车辆厂等 3 家工厂，每个厂拨款建幼儿园的经费均超过 100 万元，其中车辆厂 140 万元，全部用于改善幼儿园舍条件。在农村，改善幼儿园办园条件已出现好势头。桂林地区 53 所幼儿园共集资 80 万元，添置桌椅 3100 套，购置大型玩具 54 件，风琴 140 台，图书 7000 多册，玩具 7200 套。由于各地大力改善幼儿办园条件，促进了城乡幼儿教育事业的发展。

四、采取多种形式，积极发展城乡幼儿教育

在城镇，以教育部门办的幼儿园为示范，政府各部门办的为骨干，社会各行业办的为主体，私人办的为补充的多种形式办园，逐步解决城乡幼儿入园难的问题。在全区城镇，教育部门办的幼儿园占 21.88%，各行业办的占 68.83%，私人办的占 9.29%。在农村，则以乡办幼儿园为骨干，小学办学前班为主体，村办或私人办为补充，大力发展学前一年的教育。学前班入班儿童达 68 万人，占农村入园（班）总人数的 69.84%，占 6 岁儿童总数的 65%。合浦县各乡、村共办幼儿园 64 所，学前班 647 个，3–6 岁幼儿入园率达到 40%，其中 6 岁幼儿入学前班率达到 99.8%，普及了学前一年教育。少数民族聚居的百色地区采取教育部门办，厂矿企业办，集体单位办与私人办并举的办法，充分发挥各方面办园的积极性，全地区 3–6 岁幼儿入园（班）率达到 31.6%，其中 6 岁儿童入班率达 68.6%，高于全自治区平均水平。

1991 年，广西基础教育有了一定的发展，取得很大成绩，但还存在一些问题，主要是小学教师逐年锐减的趋势尚未得到有效的控制，1991 年全区小学教师减少 4875 人，同时，小学在校学生增加 17 万人。为弥补小学公办教师的不足，全自治区各地聘请小学代课教师达 7.3 万人，既加重群众的负担，又无法保证教学质量。

职业技术教育

1991 年，广西中等职业技术学校比上年增加 18 所。在校学生比上年增加 19.26%，招生比上年增加 10.92%，毕业生比上年略有增加。专任教师中，有高级职称的教师1064人，中级职称的教师3729人。全区有技术学校108所，在校生33000人，年内招生11600人，毕业10900人，教职工5402人，其中专业教师2944人；职业高中增加11所。

1991年，自治区人民政府发布《关于大力发展职业技术教育的决定》。与此同时，认真总结和推广柳州市、横县、浦北、博白、百色市实行教育综合改革、大力发展职业技术教育的经验，表彰了一批职业技术教育先进单位、先进个人、科教兴农先进学校、中等职业技术学校回乡务农优秀毕业生，大大推动了全区职业技术教育的发展。全区有50%以上的市、县根据自治区人民政府《关于大力发展职业技术教育的决定》的要求，结合本地实际，制定了具体政策和措施。全区各级人民政府普遍增加了对职业技术教育的投入，据不完全统计，当年各地投向职业高中的专项补助费达1700多万元，拨给职业高中的实验实习基地达175.49万平方米，大大增强了职业技术高中的培养能力，职业技术中学越办越好。柳州市第一职业高中、桂林市第一职业高中和浦北县第一中等职业技术学校等一批职业技术中学被国家教委认定为自治区级重点职业高级中学。以上三校和梧州市第二职业高中、北海市第一职业高中、横县职业中学、博白县职业技术学校、永福县职业中学、柳州机械厂职业高级中学被自治区认定为示范职业高级中学。同时，建成了广西第一个年产值超过千万元、税利超百万元的横县职业中学实习基地缫丝厂。

农村职业技术教育有新的发展。1991年，自治区教委继续把发展农村职业技术教育作为重点，积极采取各种有效措施，推进农村职业技术教育的发展。年初，自治区教委在博白县召开了地、市和实验县职业技术教育工作会议，贯彻落实全国职业技术教育工作会议精神，推广博白、浦北、横县进行教育综合改革、大力发展职业技术教育，为发展本地社会和经济建设培养人才的经验。参加会议的有各地市主管教育的领导、教育局长以及各县主管教育的副县长、教育局长共150多人。对照先进经验，讨论修订了发展职业技术教育的计划和措施。各地、市、县在人力、财力、物力及土地等方面支持农村职业技术教育的发展。各县投向职业高中的专项补助费达1100多万元，加强农村示范职业高中的规范化、科学化、标准化建设，促使发挥其先进性、示范性和实效性的作用。与此同时，积极扶持老、少、边、山、穷地区发展职业技术教育，把少数民族聚居的象州、百色、龙胜、防城、融水、罗城等县（市）作为重点，积极扶持首先办好一批职业技术中学，除给予财力的支持外，还在办学上加强指导，帮助他们克服各种困难。

职业技术教育教学质量有明显的提高。为了加强职业技术学校学生动手能力的培养，提高教学质量，各地采取了许多有效措施。一是加强实验实习基地建设。自治区投入职业中学的实习基地建设经费达450万元，各地投入达800多万元，增拨土地11.19万平方米。1991年全自治区职业高中共有实验实习厂、场、店383个，种植实习基地822.8万平方米。工科、文科类学生实习时，做到每人一个工位，农科类学生保证每人达到0.05亩以上种养基地面积，保证了学生实习训练的顺利进行。同时，各校还积极与校外厂、场及专业户、科技示范户挂钩，建立校外实习基地，保证学生毕业实习的训练基地。二是制定技能训练计划和方案，加强领导和组织管理。自治区教委要求职业高中的技能训练时间应占总课时的30%以上，技艺性较强的专业，应达到40%以上。各职业高中遵照要求，制订出教学实习、生产性实习和毕业实习的训练计划，明确训练的目的、要求和训练步骤。学校还成立了实习训练领导小组，有组织、有计划地对学生进行校内外操作实习训练。通过强化技能训练，大大提高了教学质量，95%以上的工科、文科类学生学期结束取得了专业技术合格证书，大部分学生达到了专业技术等级要求。三是抓好专业技能比赛，促进职业高中技能训练的健康发展。根据国家教委的部署，自治区教委于4月和8月分别在桂林和柳州两市举行职业高中烹饪和机械类专业的技能操作比赛。从参赛的24人中各选出4人分别参加全国比赛，比赛结果，广西的朱海刚、唐春龙分别获烹饪专业比赛三等奖，董必胜、刘建斌分别获车工比赛三等奖。四是进行"双证制"的试点，促进职业学校技能训练，提高学生技能水平。1991年自治区教委和劳动厅要求各地要执行自治区政府《关于大力发展职业技术教育的决定》中关于职业技术学校要实行"双证制"的规定。区教委在柳州、桂林两市职业高中进行试点。柳州市教育部门会同劳动部门组成考评委员会，对职业高中毕业生进行专业技能等级考核；桂林市挑选部分专业的部分学生与当地技工学校学生一起参加考核，考核合格者，由劳动部门发给专业技术等级证书。自治区劳动厅在58所技校41个工种5500名毕业生中试点，按国家标准，通过应知应会考试，有4913名毕业生获三、四级工证书，占考生总数的89.33%，对获得技术等级证书文化知识及专业理论考试又及格的毕业生，均发给了"双证书"。

职业技术教育师资队伍进一步得到加强。1991年，主要采取了如下措施：(1)抓紧培养职业中学专业教师队伍，继续在广西农学院、广西师范学院等5所高等院校10个专业开办职业师资班，共招生315名。(2)加强在职教师的进修培养。选送部分职业高中专业教师到江苏、湖南、天津、浙江等省市进修；选送68名学历未达标的职业高中专业教师到广西农学院培训；各地、市举办了职业中学专业教师短期培训班。(3)继续落实职业技术中学教师的各项政策，普遍采取上浮工资一级，优先安排家属工作和子女上学，改善住房、交通条件，鼓励高校毕业生和其它部门的专业技术人员到职业学校任教。部分学校还采取结构工资和劳务补贴等办法，调动广大教师的积极性，搞好教育教学工作。

职业高中的专业教材建设进一步得到加强。1991年，自治区教委牵头组织广西农学院、广西林学院、广西科技情报所、广西科协、广西农业学校、柳州牧医学校等单位的专家70多人，编写出农村职业高中农科类专业21门共26种教材，由广西科技出版社出版，1991年已印刷发行16万册。改变了全区农村职业高中长期无自编专业教材的落后局面，受到广大师生和社会的欢迎。

高等教育

1991年，广西普通高等学校比上年增加1所。在校学生比上年减少953人。本专科在校学生结构由上年的 1 : 1.5 调整为 1 : 1.4。普通高校专任教师中具有教授职务资格的 170 人，具有副教授职务资格的 1516 人。普通高校可招收攻读硕士学位研究生的有广西大学、广西师范大学、广西医学院、广西农学院、桂林冶金地质学院、广西中医学院、广西艺术学院等 7 所院校，共有硕士学位授予点 64 个，广西医学院儿科可招收博士研究生。

1991 年，广西高等教育主要抓了以下工作：

一、加强党的建设工作

1991 年上半年由自治区党委组织部牵头，成立了有自治区党委宣传部、自治区教委参加的专门小组，深入各高等学校就党建工作和领导班子进行调查和考察，并对高校后备干部进行摸底。在此基础上，自治区党委组织部、宣传部和自治区教委于 9 月 13 日至 16 日在南宁联合召开了高校党建工作会议。传达贯彻全国高校党建工作会议和《中共中央关于加强高等学校党的建设的通知》的精神，并结合广西的实际情况，研究和讨论如何进一步加强高校党建工作。自治区党委书记赵富林、副书记丁廷模以及自治区政府主席成克杰、副主席李振潜等到会作指示，并召开座谈会，听取汇报和建议。丁廷模强调指出：要从政治上、组织上、工作作风上加强高校领导班子的建设；进一步加强党的思想建设，坚持马列主义、毛泽东思想在高校的指导地位；加强骨干队伍建设，充分发挥他们在办好社会主义大学中的中坚作用；大力加强党支部建设，充分发挥党支部的战斗堡垒和党员的先锋模范带头作用；加强对高校党的工作的领导。

会后，全区各学校积极贯彻，做了三件实事：一是认真总结了多年来各校领导班子在思想上、政治上和工作作风上的经验教训，发扬成绩，克服缺点；二是加强学校党支部的建设，调整充实党支部的领导，加强党支部的组织生活，提高党支部的战斗能力；三是积极培养骨干，发展党的组织。

二、思想政治工作

全区高等学校普遍开展社会主义教育。由自治区党委宣传部和区教委发出关于在全区高校进行社会主义教育的通知，要求高校进行社会主义优越性教育、近现代史教育、国情教育等教育活动。为了搞好这一工作，区教委首先在广西农学院进行两个多月的试点，在取得一定经验的基础上，召开了全区高校社会主义教育现场会，全面推广了广西农学院的经验。各高等学校先后建立了社教工作领导小组或办公室，并指定校级一负责人兼任组长或办公室主任，并抽调得力的师生骨干专抓这一工作。根据高校社教的需要，区教委还选编 5 本有关社会主义教育学习资料，印发 25 万多册，做到高校教职员工和学生人手一册。

加强高校政工干部队伍建设。(1) 在广西师范大学建立了政工干部培训中心，分期分批培训高校班主任、政治辅导员、团总支部书记、系总支副书记等。培训中心开办了高校学生工作人员学历提高班、马列主义学习班、学校政工研究班、德育教材改革研究班等。1991 年共举办了两期，每期 45 人，为期两个月。(2) 组织本科院校学生处处长(学工部长) 到珠江三角及广州部分高校考察，了解改革开放的成就，开阔眼界，提高思想认识。(3) 广泛开展优秀思想政治工作者评选活动，调动政工队伍的积极性。(4) 举办思想政治教育专业本科班，1991 年，共招生 25 名。

加强高校马列主义公共理论课的调查研究和指导工作。组织各高校有关专业课教师互相听课，交流经验，开展各种研讨活动，取长补短，共同提高。5 月至 8 月举办两次马列教师讲习班，交流推广先进经验。两次请北京等有关专家教授讲课，先后参加讲习班的教师达110多人。为了加强马列课的针对性，更好地回答学生提出的热点问题，先后组织数批马列主义教研室主任到外地考察，以便从理论和实践的结合上回答学生提出的各种问题，提高马列课教学效果。

认真进行教师的思想政治工作。总结推广了广西大学举办的青年教师马列读书班、组织青年教师参加社会实践、下乡下厂、挂职锻炼等方面的经验，同时分期分批选送马列课教师参加自治区党校脱产学习，提高他们的理论水平和讲课能力。

组织大学生参加社会实践，并逐步做到制度化、规范化、基地化。一年来，各高校组织师生参加社会实践的共9万多人次，他们到农村、工厂、工地，边学习，边工作，与工农同吃同住同劳动生产。通过社会实践，加强了区情、国情的了解，增进了工农感情，锻炼提高了自己。解决了在学校无法解决的许多深层次的思想问题。

普遍建立了高校党校。全区24所普通高校原有的业余党校全部改为党校。一年来，参加党校学习的教职员和学生骨干共达1.5万多人，其中申请加入中国共产党的积极分子达4410人（其中学生占86%）。

三、深化改革，促进“转轨”

1991年7月28日至8月8日，区教委在北海市召开了全区高等院校领导会议，讨论研究高校如何“转轨”问题。区党委副书记丁廷模到会作指示。通过讨论，并分析在“八五”和未来10年中广西经济、社会发展对各种人才的需求情况，大家进一步认识到，地方高校的主要任务就是要为本区的经济建设和社会发展服务，必须在办学指导思想和培养目标上真正转移到为经济建设和社会发展服务的轨道上来。会后许多学校重新修订计划和规划，在教学、科研等领域进行许多改革：(1) 调整了专业结构，扩大了专科招生，适当压缩了本科招生。(2) 再次减少了长线专业招生，扩大了短线专业招生。(3) 增强了应用型人才的培养。(4) 拓宽专业口径，增强专业针对性和适应性。(5) 师范专科学校普遍实行双学科专业和主辅修试点。(6) 加强科教兴农。仅下半年全区就有13所高校先后与各地、市、县签订了一批技术合作协议和合同，广西农学院先后组织有关系科主任和科技人员到8个地、县考察，并洽谈、签订10多个兴农合作协议和合同。(7) 开设乡镇企业干部培训班。经自治区政府研究决定，在广西大学等5所院校举办乡镇企业大专班，为乡镇企业培养管理干部和科技人员，并实行单独招生，学制三年，地方承认大专学历，打通人才通向乡镇企业的渠道。

四、科研工作

一年来，全区高校科研工作有了新的发展。在某些领域的基础研究方面有所突破。如：广西大学的高能物理、基础数学，广西师范大学的非线性科学、数学，广西大学麦结华教授的数学研究成果等。在科技应用研究方面初步形成广西独特的方向，如广西大学的计算力学、磨削、稀土合金、太阳能利用，广西医学院的血红蛋白、肝癌防治、蛇伤防治、蛇毒研究，广西农学院的水稻杂交、生物技术研究，桂林冶金地质学院的隐伏矿床研究等。许多科研成果开始转化为经济成果。广西农学院的水稻杂交技术在广西大面积推广后获得成功。该院承担的河池地区4个县100多万亩粮食综合增产稳产技术项目，完成原定项目增产任务的205%。另外，该院培育的芒果优良品种“桂香芒”、“紫花芒”及“多效好农药”、“高效复合肥”等，不但在广西大面积推广，而且已推广到广西周边省区，均获得很好效果；该院研制的“8817”农药，获得了农业部的出口许可证。广西大学的变性淀粉系列产品、水利系统模拟试验、化工厂废气脱硫技术等，广西师范大学的复合稀土精肥等，均在国内许多省区试验取得良好效果。高技术研究在全区高校科研中也开始有了新的进展。如广西农学院的“高效固氮大豆、牧草根瘤菌研究与应用”、“黄牛胚胎工程”、“水稻白叶枯瘤菌致病基因鉴定与克隆”等几个项目，在全国“863”项目进入“八五”计划的答辩中获得优良评价。广西医学院的“在分子水平上对血液遗传病学研究”，在国际上也占有一席之地。广西师范大学研制的“微控光跟踪橡胶拉力试验机”，已通过了国家鉴定，并列入国家的1991年“星火计划”项目。为了使更多的科技成果尽快地转化为生产力，全区高校科技成果产业化的工作已经起步，各有关高校已积极与区内大中型企业建立关系，合作攻关共同开发科技的新领域。

五、成人高校治理整顿

广西教委继续贯彻落实关于成人高等学校治理整顿工作的有关文件精神，并切实采取各种有效措施，主要是：(1) 对柳州职工大学等5所成人大学进行考核验收；(2) 对全区39所高校1991年录取的8640名成人高校新生的入学资格进行复查；(3) 对独立设置的成人高校的29个专业、38门课程进行了抽查统考；对区外高校在广西设置的函授辅导站工作做了调查；(4) 开展对毕业生毕业证书验印工作；(5) 对《专业证书》教学班进行了全面的复查；(6) 对高等教育层次的社会力量办学单位进行了年审验证。与此同时，制定了必要的规章制度。通过治理整顿，进一步加强了成人高等教育的教学和管理，使成人高校办学的兴奋点逐步转移到提高教学质量和办学效益上来，更好地为自治区的经济建设和社会发展服务，促进了成人高校的健康发展。

成人教育

一、坚持不懈地扫除文盲

1991年，广西的扫除文盲工作得到了持续的发展。本年度脱盲人数比上一年增加1.05万人。新增脱盲县有凤山县、东兰县，2人被评为全国扫盲先进工作者。年内，主要抓了以下几项工作：(1) 制定扫盲十年规划和“八五”计划。根据第四次人口普查存盲数据，自治区制定了扫盲十年规划和“八五”计划，并从1991年起每年扫除文盲12至15万人，全区在2000年前基本扫除青壮年文盲。(2) 完善承包责任制。年初，自治区教委向各地、市教育局下达扫盲任务，各地市逐级分解到乡和村，层层承包，由教师与扫盲对象签订合同，限期脱盲。(3) 进行检查表彰。自治区人民政府向全自治区发出关于组织检查扫盲工作的通告。大部分地、市、县开展了扫盲检查。3月16日自治区人民政府办公厅发出《关于表彰全区扫盲先进单位和先进工作者的决定》，5月在全区教育大会上，以区人民政府名义表彰10个扫盲先进单位和190名先进个人。有9个地、市以行署、市政府名义也召开了扫盲先进表彰会。推动了扫盲工作的开展。国家教委组织检查组对广西的扫盲工作进行考核验收，给予了肯定。

二、农村成人教育

1991年，全自治区乡（镇）农民文化技术学校发展到1249所，比上年增加207所，占乡镇总数91.20%。开设50多个专业，近100门课程，基本上满足了农民学政治、学文化和学技术的需要。浦北县泉水乡农民文化技术学校、玉林市南江镇镇忠村农民文化技术学校获全国先进农村成人学校奖；由区教委组织编写的《农民文化技术课本》获全国扫盲教材荣誉奖及中南五省区优秀科技图书三等奖。1991年，主要做了以下几项工作：(1) 检查评估。4月组织地、市成教科长和部分县专职干部30多人，分成9组，对全区14个地、市的36个县（市）69所农技校的办学条件和办学效益进行检查评估。(2) 积极参与实施"三个"计划和教育兴农活动。大多数农技校能紧密围绕本地经济特点和经济发展项目，结合实施"星火"、"燎原"、"丰收"3个计划，广泛开展实用技术培训。据评估的69所乡（镇）农技校的统计，一年来共办班4305期，培训农村劳动力459941人次，所在乡（镇）人均收入比上一年增加105元。全年全区有430.14万人接受了培训，毕业结业198.49万人，许多人掌握了1至2项农业实用生产技术，走上了脱贫致富道路。(3) 开展农村成人教育理论研究。6月18日至20日全区部分乡镇农民文化技术学校第二次协作会在资源县梅溪乡农民文化技术学校举行。共有10所乡镇农民文化技术学校的代表参加会议，探讨了乡镇农技校改革和发展的途径，磋商了会后交流、协作项目。10月28日至30日在防城港区举办桂南两地（玉林、钦州地区）、一市（北海市）、一港区（防城港区）成人教育研讨会，对加强今后合作，提高成人教育研究水平，为振兴当地经济服务等问题进行了研讨。会上提交论文22篇。(4) 培训干部。一是派出去培训。8月派人参加联合国教科文组织亚太地区总办事处在朝鲜平壤举办第六届亚太地区扫盲和扫盲后继续教育人员培训班；11月参加国家教委和联合国教科文组织亚太地区总办事处联合在福州举办的全国扫盲与农村教育人员培训班；组织部分地、市、县主管农村成人教育领导10人考察江苏农村成人教育。二是区教委举办培训班。12月底在南宁举办全区地、市、县成教科、股长培训班，参加培训有101人。学习中央和自治区有关加强农业和农村工作的决定，统一思想、明确任务和目标，使农村成人教育更直接有效地为当地经济和两个文明建设服务。会上区教委领导作了报告，还邀请江苏省4位成人教育工作者介绍了经验。三是委托广西农学院、广西农校、钦州农校和柳州畜牧学校培训乡（镇）农技校教师345人。(5) 抓紧教材编写。区教委组织编写扫盲后《实用语文》、《实用数学》试用课本，供脱盲对象学习使用。还编写农村实用技术教育系列教材，种、养和加工17门类，作为乡（镇）农技校统编教材。

三、职工教育

1991年，全区普遍进行了十年职工教育工作总结和表彰，自治区召开了职工教育总结表彰大会，表彰58个先进单位（集体），22名职工教育优秀领导干部，57名优秀教师，63名优秀工作者。柳州钢铁厂、南宁手扶拖拉机厂、梧州松脂厂、自治区供销社等单位被评为全国职工教育先进单位。自治区，各地、市、区直各单位都制定了职工教育"八五"规划。1991年，全区参加高等教育学习的职工有3.3万人，参加中专教育学习的有3.2万人，参加初、高中学习的有0.61万人，参加岗位培训的有7.5万人，参加技术等级培训的有13.3万人，参加适应性培训的有41.7万人。全区大中型企业领导干部的岗位培训任务已完成32.48%，小型企业领导干部的岗位培训任务已完成60%。

1991年，全区241.36万名职工中，参加各类培训人数达876146人，培训面达36.29%。其中，参加岗位资格培训的111972人。在862014名干部中，参加各类培训的231315人，培训面达26.83%，其中，企业领导干部和管理干部159161人，专业技术干部434582人，其他干部145537人。在1551637名工人中，参加各类培训的641463人，培训面达41.34%，其中，班组长46334人，技术工人484902人。工人参加岗位培训的625819人，其中，参加资格培训75009人，技术等级培训133329人，适应性培训417481人。

四、高等、中等教育自学考试

1991年，制定了广西自学考试“八五”规划，自学考试工作得到了加强，有了新的发展。全区开考高等教育自学考试本科段专业2个，专科段专业17个，中专专业7个，总考试课程为169门次，累计报考12.5万人次。报考课程为25.5万科次。专科毕业生3573人，中专毕业生1576人。8年累计专科和中专自学考试毕业生共21796人。1991年，主要抓了以下几项工作：(1)加强宣传工作。广西教育报出版了自学考试专版两期，共发行3万份。利用庆祝全国自学考试制度建立10周年，广西举办自学考试8周年的时机，通过召开表彰会、新闻发布会、拍摄录像和照片，以及撰写文章、专著等进行宣传，扩大影响。(2)搞好教材资料供应。全年共计发行教材资料82种共121315册，比上年增长3倍多。(3)实行巡视员制度。10月份，从自治区教委机关、各主考学校及有关部门，选派了20多位同志到地市进行巡视，促进了考务管理，严肃了考风考纪。(4)召开表彰会。12月24日，自治区教委、自治区考委在南宁市召开全区自学考试表彰大会，自治区教委、考委做出《关于表彰全区自学考试先进单位和先进个人的决定》，表彰自学考试先进单位24个，自学考试社会助学先进单位13个，重视安排使用自学考试毕业生先进单位5个，自学考试先进工作者54名，自学考试社会助学先进工作者10名，自学考试优秀毕业生24名。(5)努力改善办学条件。筹建自学考试业务楼，购置了文字处理系统及印刷机械，逐步改善办考条件，为本区自学考试的不断发展创造条件。

五、成人中等专业教育

1991年5月，广西区教委召开了全区成人中专学校教改联系点第四次会议，总结交流了加强成人学员政治思想工作和职业道德教育以及抓好教学管理，提高教学质量的情况和经验，进一步端正办学指导思想，落实德育在学校教学中的首要位置。

六、广西成人教育协会

1991年12月在南宁召开第三届成人教育协会年会，进行改选换届及理论研讨，经与有关单位协商，共推举产生理事57人，常务理事37人。聘请广西教育学会会长、广西高教研究会会长余明炎为顾问，自治区政协副主席、教委主任侯德彭任会长，教委副主任甘幼坪等7人为副会长，秘书长由副会长黎汉光兼任。

民族教育

1991年，各级各类学校在校的少数民族学生达302.62万人，其中普通高校在校少数民族学生1.17万人，占在校学生总数的31.73%；成人高校在校少数民族学生0.48万人，占在校学生总数的20.42%；中等专业学校在校少数民族学生2.47万人，占总数的34.3%（其中中等师范学校在校少数民族学生0.8万人，占总数的39.14%）；普通中学在校少数民族学生58.07万人，占在校学生总数的38.97%；职业中学在校少数民族学生2.4万人，占在校学生总数的30.54%；小学在校少数民族学生237.54万人，占在校学生总数的41.13%；幼儿园在园少数民族儿童12.81万人，占在园儿童总数的13.16%。各级各类学校少数民族教师总数达112342人，其中普通高校少数民族专任教师1217人，占专任教师总数的18.06%；成人高校少数民族专任教师273人，占教师总数的14.14%；中等专业学校少数民族专任教师1572人，占教师总数的22.13%（其中中等师范学校少数民族专任教师550人，占教师总数的29.54%）；普通中学少数民族专任教师28667人，占教师总数的34.29%；小学少数民族专任教师80613人，占教师总数的40.34%。

1991年寄宿制中小学民族班又有新的发展。9月3日，经自治区人民政府批准，恭城瑶族自治县举办全寄宿制民族高中一个班，50人，学制四年；民族初中一个班，50人，学制三年；民族高小2个班，100人，学制三年（均连续招生）。办班经费由自治区从民族机动费中安排，并列入年度预算。至此，全自治区已有5所地区高中，24个山区贫困县、民族自治县举办了寄宿制中小学民族班。年内，全区在校寄宿制民族高中班111个班，学生5460人；寄宿制民族初中班50个班，学生2473人；寄宿制民族高小班132个班，学生6567人。全区有11所普通高等学校继续举办大学民族预科班，年内共招生630人；另有3所大专院校招收民族体育预科班30人。有20所中等专业学校附设民族中专班，实行定向招生、定向培养、定向分配，主要为边远地区和特别贫困地区培养急需的中、初级专业技术人才。

1991年，根据李铁映1990年到广西视察的指示精神，为了探索少数民族教育改革的新路，使少数民族教育更好地为少数民族地区经济建设服务，为人民脱贫致富服务，自治区人民政府研究决定，选择在少数民族聚居的金秀瑶族自治县三角乡中心校（瑶族）、象州县中平乡古磨小学（壮族）、融水苗族自治县杆洞乡中心校（苗族）、滚贝乡中心校（侗族）、中寨乡中心校（多民族）等5所学校进行小学阶段文化教育与职业技术教育早期结合的实验。实验的目的主要是，在加强基础文化知识教育、逐步提高文化课教学质量的同时，对少数民族学生进行职业技术教育思想和职业技术技能的教育，让少数民族小学生在毕业时，既学到教学大纲所要求的文化基础知识，又学会一至两门适应当地经济发展需要的实用生产技术，使教育为当地群众脱贫致富服务。经过一年的努力，各实验学校的工作取得了较好的成绩。

三角乡中心校：所在乡的乡政府把属乡政府所有的1530亩林场以及学校周围的25.7亩山地划拨给学校，作为生产和实验基地。根据当地的经济、生产特点，学校把药材、水果种植作为开发项目。县教育局组织人员为学校编写了《绞股兰栽培技术》教材。年初，学校即在三年级以上的班级开设劳动技术课，在语文、数学、自然等科的教学中渗透职业技术教育因素，结合职业技术课的内容，师生在实验基地内种植绞股兰、黄柏、茶辣、黄莲、白果、三华李、楠李等药材和果树。素有“南方人参“之称的金秀绞股兰，原为野生植物，学校试验种植0.2亩，年内收割了两次，获得了人工种植的初步经验。

中平乡古磨小学是村完小，村委会给学校划拨800多亩林场和5.5亩实验基地。学校开设养兔及水稻、甘蔗、水果种植等职业技术课，编写了《实用养兔技术》、《水稻与甘蔗种植》、《荔枝栽培技术》、《白果栽培》等教材。根据学生年龄等特点，学校对各年级渗透职业技术教育的内容作了安排，三年级学习种白果，四年级学习养兔，五年级学习种葡萄，六年级学习种荔枝、甘蔗、水稻等。经过论证，学校把养兔作为重点开发项目。年初，从外地引进哈白免、青紫兰、獭兔等兔种，年底发展有种兔82只。学校教会学生养兔技术后，逐步向各农户辐射，现在养兔正逐步成为当地群众脱贫致富的一项生产项目。

杆洞乡中心校：乡政府给学校划拨37亩生产实验基地。根据该乡地处高寒山区，适宜种植茶叶的特点，学校决定把种植高显茶作为重点开发项目。从春季学期开始，即在四年级以上的班级中开设劳动技术课，每周上专业课两节。

滚贝乡中心校：落实51.7亩生产实验基地。确定水果种植为职业技术教育渗透教育的主要内容。从春季学期开始在四年级以上的班级中渗透职业技术教育。在离校一公里的基地上搞种养联合开发，基地上种植水果，办小酒厂，并进行综合利用，使学生学到了实用技术，又增加了学校经济收入。

中寨乡中心校：落实了生产实验基地35亩，鱼塘10亩，选定林业生产、水果种植和养鱼作为职业技术教育渗透的主要内容。在中高年级开设劳动技术课。学校办有木工厂，拥有固定资产7万余元，年产值25万元，纯收入3万元左右。

在搞好民族小学实验的同时，积极开展少数民族地区教育综合改革实验。年初，自治区选定融水苗族自治县、防城各族自治县作为自治区级民族教育综合改革实验县。通过实验，建立起基础教育、职业技术教育和成人教育统筹结合，农业、科技、教育协调发展的新机制，实现教育转轨，为民族地区培养素质较好的劳动后备力量。一年来，两县党政部门高度重视把此项实验列为重要的议事日程。分别成立了以县委和县政府主要领导人为组长，各有关部门负责人为成员的教育综合改革领导小组，结合各自的地理、经济、教育特点制定教育综合改革实施方案，落实了生产、实验基地，编写适合当地生产发展需要的实用技术教材，为改革实验工作的进一步开展奠定了基础。融水苗族自治县，把县职业中学、民族中学、汪洞乡成人文化技术学校以及12所小学作为第一批实验学校。分别给各校落实实验基地共180.3亩，生产基地399亩。自治区给该县下拨65万元作为民族教育改革实验经费，县、乡两级财政配套66万元，共投资131万元，用于实验学校的校舍建设和实验项目开发，各实验学校分别选定了适应当地经济发展需要，能帮助群众脱贫致富的骨干项目。县职业中学选定食用菌的栽培和林业生产技术，民族中学种桑养蚕，白云中心校种植猕猴桃，永乐中心校种植甘蔗、沙田柚等，按照实验方案逐步予以落实。防城各族自治县，根据本县的实际情况，把本县的峒中、板八、那峒、江平4个乡（镇）中心校和华石农业技术学校确定为实验的重点学校。选定玉桂、八角、水稻、甘蔗、水果种植和海水养殖作为开发项目，并结合项目开发渗透职业技术教育。板八中心校在700亩生产实验基地上种上玉桂。那峒中心校已经培育了3亩多的玉桂苗，从整地、播种、管理都由师生自己动手，使学生初步掌握了育苗的全套技术。江平镇成人教育中心校举办水产养殖训练班，向群众推广海水蟹虾混养技术，由于注重了三教统筹，初步发挥了教育为经济服务的功能，受到了当地党政和广大群众的好评。

撰稿人　覃盛裕
审稿人　李　林

海南省教育

综　述

一、各级各类学校发展情况

1991 年各级普通学校基本情况

单位：人

学校类别	学校数(所)	毕业生数	招生数	在校学生数	教职工数 计	教职工数 其中专任教师
一、普通高等学校	5	2 314	2 525	7 639	2 947	1 236
研究生		18		8		
本　科		796	1 427	4 947		
专　科		1 500	1 098	2 664		
二、中等专业学校	26	3 376	4 473	11 177	2 298	1 111
中等技术学校	18	1 804	2 713	6 501	1 379	640
中等师范学校	8	1 572	1 760	4 676	919	471
三、普通中学	474	73 859	89 594	247 601	26 054	17 993
高　中	179	16 897	19 039	55 964		4 262
初　中	295	56 962	70 555	191 637		13 731
四、农业、职业中学	44	3 552	5 031	11 843	1 507	1 038
高　中	42	3 219	4 617	10 869		969
初　中	2	333	414	974		69
五、工读学校						
六、小　学	4 659	90 664	177 649	1 010 528	47 642	40 656
七、特殊教育学校	1		45	45	28	13
八、幼 儿 园	306	61 169	72 630	109 285	5 158	3 626

注：私立普通中小学、幼儿园数字另表统计，不计入本表。

1991 年私立普通中小学、幼儿园基本情况

单位：人

学校类别	学校数(所)	毕业生数	招生数	在校学生数	教职工数 计	教职工数 其中专任教师
总　计	67	932	2 045	3 564	167	138
高　中	1		77	192	13	9
初　中			64	137	12	7
小　学	3		49	156	5	5
幼 儿 园	63	932	1 855	3 079	137	117

1991 年各级成人学校基本情况

单位：人

学校类别	学校数(所)	毕业生数	招生数	在校学生数	教职工数 计	教职工数 其中专任教师
一、成人高等学校	5	3 870	2 210	5 800	466	247
广播电视大学	1	561	192	513	100	60
职工高等学校	2	212	116	237	83	41
农民高等学校						
管理干部学校						
教育学院	2	971	923	2 498	283	146
独立函授学院						
普通高校举办						
函授部		1 618	492	1 408		
夜大学		456	420	930		
干部专修科		52	67	214		
二、成人中等专业学校	27	3 187	3 121	6 754	990	492
广播电视中专			228	248		
干部中专						
职工中专	7	666	813	1 568	198	95
农民中专	3	99	180	392	91	47
教师进修学校	17	2 422	1 900	4 546	701	350
三、成人中学	1	124	74	122	4	3
职工中学	1	124	74	122	4	3
农民中学						
四、成人技术培训学校	180	33 272	38 461	40 661	9	5
职工技术培训学校	2	387	303	303	9	5
农民技术培训学校	178	32 885	38 158	40 358		
五、成人初等学校	271	15 962	17 237	88 558	21	
职工初等学校						
农民初等学校	271	15 962	17 237	88 558	21	
其中：扫盲班	1 562	6 505	7 068	54 604		

二、召开全省教育工作会议

1991年3月16-18日，中共海南省委、省政府在海口市召开全省教育工作会议，省长刘剑锋、副省长辛业江分别在会上作题为《加强政府统筹，办好特区教育，促进我省经济建设和社会发展》和《振奋精神，埋头苦干，把我省教育工作提高到一个新水平》的重要讲话，省教育厅副厅长谢峰在会上传达全国职业技术教育工作会议和国家教委1991年教育工作会议精神。会议总结了海南"七五"期间特别是建省以来的教育发展状况和经验，研究制定《中共海南省委、海南省政府关于进一步发展我省教育事业的指示》、《海南省教育事业十年规划和"八五"计划》，部署1991年和今后一个时期海南的教育工作。会议把目前海南省教育工作中亟待加强的坚持社会主义方向，大力发展职业技术教育，抓好改造中小学危房，努力改善办学条件等作为重点进行研究和部署。

三、调整充实领导班子

为了落实各项教育工作任务，省委、省政府调整充实省教育厅的领导班子，1991年7月27日，海南省人民代表会议常务委员会第十七次会议决定：符鸿合任海南省教育厅厅长，9月1日和5日，省政府又分别任命裘森芳、吴月珍为副厅长；9月18日，成立中共海南省教育厅党组，符鸿合任党组书记，谢峰、裘森芳、吴月珍、吴世淑为党组成员，加强了教育工作的领导。

四、切实加强高校党建工作和思想政治工作

1991年，省教育厅整顿和加强了高校党组织，充实了各高校党政领导班子的力量，共配备校级领导8人。10月，召开全省高校党建工作会议，传达全国高校党建工作会议精神，并经省委批准正式成立中共海南省高校工作委员会，辛业江任书记，符鸿合、裘森芳任副书记，加强了高校党建工作和思想政治工作的领导，继续稳定了高校局势。

五、增加系统经费的投入

1991年，海南省各级各类学校教育总投入58975万元，比上年总投入增长22.22%，其中：国家教育经费51598万元，占总投入的87.49%；学生、家长个人负担的教育投入4867万元，占总投入的8.25%；社会捐资，华侨、港澳台同胞资助用于教育的投入2510万元，占总投入的4.26%。

六、加强师资队伍建设

1991年，全省教师学历合格率，小学、初中、高中分别从1990年的80.3%、51.3%、31.9%提高到90.5%、62.7%和33.8%；全省5所普通高校专任教师中具有高级职称的已占26.6%，中级职称的占37%。教师的政治、业务水平都有了一定的提高。1991年，省教育厅审批了包括高校、中专、中小学和幼儿园800个单位的专业岗位设置方案。这一年，首先完成教师专业技术职务补缺评聘工作，共评聘各级各类学校高、中级职务1577人，其中高校101人，中专95人，中学601人，小学幼儿园780人；其次，还完成了全省教师聘任期满考核、重新聘任工作，从而调动了教师教书育人的积极性。教师节前夕，省教育厅还评出140名优秀教师和先进教育工作者，其中获国家表彰的全国劳动模范4名、全国优秀教师23名、全国优秀教育工作者3名，从而调动了教师的工作积极性，为提高教育质量提供了良好的条件。

七、电教和教学仪器建设

1991年，全省电教教仪经费共408万元（其中基层自筹58万元）。全省中小学教学仪器设备总值达2000万元，新建卫星电视地面接收站8个，全省达到28个。省教

育厅电教处还通过接收卫星电视、省际交流等方法，编制电视教材720个小时，中小学教学幻灯片500多片，录音带40多小时，为学校播放，发行电视教材500小时。省电教处编制的《万泉河之潮》、《南湾猕猴》等两部电视教学资料片分别获海南省国庆电视专辑二、三等奖，农职业教育电视片《西瓜优质栽培新技术》普遍受到师生的好评。初中生物电视教材《被子植物的分类》稿本在中南西南电视教材评审中获得优秀奖。9月，经省政府批准成立海南省教育电视台，以1000瓦功率、38频道开播教育节目，为发展全省电化教育提供了条件。

八、抓好“纠风”工作

省教育厅领导对“纠风”工作十分重视，把它当作一项重点工作来抓，8月8日成立了“纠风”领导小组，由厅长符鸿合任组长，两位副厅长任副组长，下设办公室。制订了《海南省教育厅纠正行业不正之风工作方案》，重点查纠了以下六个方面：一是中小学乱收费和重点中、小学高价计划外招生问题；二是省属高校、中师学校违章招收计划外委培生、自费生，乱收费、乱办班的问题和各种预算外收入的不合理使用问题；三是高校和中专学校招生、毕业生分配、教师职务评聘等热点方面存在的问题；四是各级教育行政部门在改造校舍经费批拨、使用和基建立项、管理等方面存在的问题；五是成人教育和社会力量办学（班）的审批、广告管理、文凭证书发放方面的问题；六是违反规定滥编滥印、乱销售复习资料和试题试卷问题等。方法是采取自查自纠，边整边改，整章建制。对以权谋私、违法乱纪行为，则组织力量严肃查处。

近年来，海南省教育虽然取得了很大成就，但在教育事业发展上还存在诸多困难和制约因素。主要表现是：一些学校的政治思想工作还比较薄弱；办学条件仍然较差；职业技术教育仍然是一个薄弱环节；片面追求升学率的倾向还未得到根本解决。

基础教育

一、幼儿教育

1991年，全省有幼儿园306所，比上年减少94所，其中教育部门办的21所，其他部门办的220所，集体办的65所，共3122个班，其中小学附设1747个；在园幼儿109285人，其中小学附设幼儿班的幼儿61329人；3–6周岁幼儿入园（班）率为24.56%；6周岁不足7周岁幼儿入园（班）率为53.21%。教职工中，园长241人，教师3628人，保育员657人，其他工作人员632人。另有私人办的幼儿园63所。

1991年，省教育厅认真贯彻《幼儿园管理条例》和《幼儿园工作规程》（试行），结合海南省实际制订了《海南省贯彻〈幼儿园工作规程〉实施细则》（试行），印发各市、县教育部门和幼儿园贯彻执行。还召开全省幼儿教育研讨会，交流各市县贯彻幼儿教育两个法规的情况。

为了总结经验，表彰先进，推动全省幼儿教育事业的发展，6月1日，省妇女儿童工作协调委员会授予海口市儿童少年工作协调委员会、海南铁矿教育处幼儿园等26个单位为"海南省儿童少年工作先进集体"；授予陈桂芳、布兴杨等40位同志"海南省优秀儿童工作者"称号。

二、特殊教育

1991年，全省有聋哑学校1所，这所学校创办于1989年，校园占地面积60亩，校舍建筑面积4333平方米；1991年开始招生，招收3个小学班，学生45人；教职工28人，其中专任教师13人。

三、中小学教育

（一）实施九年制义务教育

1.九年制义务教育得到巩固和提高。1991年，全省小学在校生占全省总人口的15.4%；学龄儿童入学率为98.8%；在校生巩固率为97.5%；毕业率为98.36%；12–15周岁儿童少年普及率为99.4%；15周岁少年受完小学教育的有75%，还有18.3%在小学就读，4.7%为文盲、半文盲；小学毕业生升学率为79.37%。全省初中在校生占全省总人口数的2.93%；初中毕业生升学率为49%；举办少数民族学生寄宿班，初中38个，小学41个。现全省平均约每1000人口有一所小学（或教学点），每1.2万人口有一个初中教学点，基本做到边远山村有教学点，管区有完小，乡镇有初级中学，除极少数地区外，全省绝大部分地区的学校布局基本上趋于合理。海口市和文昌、琼海、白沙等县的部分乡镇率先推进初级中等义务教育。

2.制订实施《义务教育法》办法。省教育厅在省人大教科文卫工委的指导下，根据《中华人民共和国义务教育法》规定，结合海南的实际情况，制订了《海南省实施〈中华人民共和国义务教育法〉办法》。《办法》已由海南省人民代表大会常务委员会第十九次会议于1991年11月23日审议通过，12月16日公布施行。

3.控制中小学生流失。省教育厅采取各种措施，防止学生流失，降低流失率。据统计，1991年，全省小学生、初中生流失率分别从上年的1.04%、4.4%降到0.95%和3.3%，但高中生流失率则从上年的1.8%升到2.1%，职业中学在校生流失率从上年的5%降到4.6%。

4.开展教育督导和评估。1991年，省教育厅制订了《海南省乡镇教育督导评估指标》，有计划地开展义务教育的督导活动。主要结合"纠风"工作的重点查处了乱收费和滥印滥卖复习资料的问题。同时，各地还结合实际查处了一些违法案例，其中有侵犯教师权益案例，侵占学校校舍土地案例，校内校门摆摊影响学校秩序案例等。12月，省教育厅又根据国家教委《普通中小学校督导评估工作指导纲要》的要求，在琼海县加积中学进行评估试点，取得了经验，准备在1992年按计划对全省进行督导评估。

（二）加强中小学德育工作

1.理顺和完善各级德育工作领导管理体制。1991年3月，省委、省政府召开全省教育工作会议，提出"全面贯彻教育方针，坚持社会主义方向，把德育放在学校工作的首位。"会后，省教育厅召开了全省班主任经验交流会、德育工作座谈会、研究会，部署落实1991年中小学德育工作；各市、县委和政府建立了由分管书记、市县长牵头、有关部门负责人参加的青少年德育工作联席会议制度，统一领导和规划市县的中小学德育工作，制订政策措施，动员和协调社会力量为中小学生的健康成长创造良好的社会环境；各市县教育局建立了行政主要负责人抓德育工作，分管行政领导具体抓德育工作的领导管理体制，把德育摆在各项教育工作的首位；各地中小学校（学区）建立党组织，并充分发挥学校（学区）党组织的政治核心作用和保证监督作用，逐步实行校长负责组织实施德育工作的体制；各中学建立了德育工作领导小组，由学校分管校长和政教处或教导处抓德育工作，共青团配合；小学由分管校长和教导主任抓德育工作，由少先队组织配合；在理顺和完善领导管理体制的同时，加强对中小学德育工作的督导评估，推动了德育工作的开展。

2.加强德育工作的基本建设。一是加强学生行为规范和规章制度建设。各地学校按照学生日常行为规范的要求，结合本地区、本校实际，修订了学生校内外各种行为常规；各中小学校还根据省教育厅颁发的学生学籍、考勤、考核、奖惩等四项规定，结合本校实际，制订了各项实施细则和管理规章制度，把思想教育与严格校风学风结合起来，使德育成为学校经常性工作，促进了良好校风学风的形成。二是加强教材建设。为了使学生了解省情，省教育厅教研室编写了《海南历史》和《海南地理》两本乡土教材，作为初中学生必修教材；为了让学生了解我国国情，选用了国家教委推荐的初中《国情教育读本》、《小学生国情十知道》等专题资料，作为学生必读读物；为了加强初中学生青春期教育，组织编写了《人口与青春期教育常识》；有些市县也根据自身的能力和需要，组织编写和选用了一些补充材料、资料。三是加强校外教育阵地和实践基地建设。不少学校采取与当地驻军、厂矿、农村、革命纪念场馆挂钩的办法，在本地区建立了爱国主义教育、革命传统教育基地和学军、学工基地等。

3.加强德育队伍建设。一是配备人员，建立德育工作网络。全省各级教育行政部门都配备有德育工作经验和行政管理能力的干部，具体负责对学校德育工作的日常行政管理，各中学（学区）都成立德育工作机构和共青团组织，配备管理人员，统筹安排学校德育工作。多数完全中学建立了年级管理制度，加强对本年级学生的教育和管理。各地小学普遍建立少先队组织，学区配备总辅导员，完全小学配备大队辅导员，班级配备中队辅导员。学生中成立了学生会、班委会、团支部、少先队等组织。这样，学校的德育工作做到了有人抓有人管，形成网络。二是加强德育队伍思想建设，提高德育工作者的思想素质和业务水平。一年来，省教育厅根据上级指示精神，召开各种座谈会、研究会、交流会，开展中学思想政治课和小学思想品德课的教学评比、论文评选活动，开展德育大纲实施试点活动，组织德育工作干部、教师对学校德育工作进行研究，提高了德育工作者的业务水平，同时也摸索了新时期中小学德育的新思路和新方法。三是制定政策措施，稳定德育队伍，鼓励教师终身从事德育工作。例如，在教师职称评聘工作中，把德育工作作为重要评聘条件；定期评选优秀教育工作者和优秀班主任；组织老教师对青年教师传、帮、带；各地根据学校经济收入情况，不同程度地提高班主任津贴；1991 年，省教育厅评定中小学特级教师时，专门安排评选小学德育和中学政治课特级教师；各市县结合本地实际制订鼓励教师从事德育工作的有关政策，许多学校团队干部享受了学校中层干部的岗位津贴和政治待遇，调动了教师的积极性。

4.优化育人环境。依靠社会力量齐抓共管中小学德育工作，把优化育人环境作为社会的共同责任，使全省的中小学德育工作初步形成学校内外教育网络，创造了一个良好的育人环境。宣传文化部门把加强中小学德育工作作为精神文明建设的重要内容来抓，一方面加强新闻出版部门建设，在电视、广播中设立各种适合中小学生的栏目，在图书出版部门成立天涯丛书编委会，为中小学生出版国情省情图书，提供优秀的丰富精神产品；另一方面抓治理整顿，成立各级社会文化管理委员会，制订管理规定，不断清除诱发学生违法犯罪的各种黄色书刊、音像制品；此外，还指导学校开展军校、厂校、场校、村校共建精神文明活动，组织各种文化艺术节、文艺比赛等。政治部门把重视中小学德育工作作为稳定社会的大事来抓，采取各种措施预防和控制中小学生违法犯罪，组织严打活动，打击违法犯罪分子，为学校德育工作创造良好的外部环境；政法部门的干部每学期都亲临中小学校，给学生作专题法制报告；举行宣判犯罪分子大会，组织中小学生参加，接受教育。司法部门积极指导各地开展普法教育，组织学生学习法律基本知识，提高了中小学生遵纪守法的自觉性。一年来，全省中小学生违法犯罪情况得到了控制。据统计，在校中小学生犯罪人数控制在180人以内，约占在校学生总人数的万分之一点三。共青团抓好学校共青团和少先队工作，举办团干部、少先队辅导员培训班，组织少先队辅导员技能技巧竞赛活动，学雷锋、学赖宁，争当特区好少年活动，“全国红领巾读书读报奖章活动”等。组织离退休干部成立关心下一代工作协会，配合学校对学生进行革命传统教育。环保部门在学生中开展环境教育，举办环境与人类征文竞赛活动。科协部门配合学校开展科技活动，培养学生爱科学、学科学的志趣。教育工会配合学校开展教师职业道德教育和教师扶贫活动，指导学校民主管理工作。体委配合教育部门，举办中学生田径运动会和各类体育单项比赛，促进学生身心健康。妇联协同教育部门，协调学校教育与家庭教育的关系，指导学校办好家长学校，普及家庭教育的科学知识。近年来，全省家长学校发展速度较快，仅琼海县就成立家长学校280多所。

(三) 积极开展教研活动

1991年，海南省教育厅教研室先后成立了小学语文，中学政治、语文、数学、化学、历史、地理、生物、英语等学科教学研究会，制订了研究会章程，开展了教研活动。12月，省教育厅教研室承办了中国教育学会中学语文教研会在海口市举行的中南片1991年研讨会，60多位来自河南、湖南、广西、广东、广州市及海南省的教育界专家学者，总结交流了语文科教学经验，并到海口市一中进行教学观摩。与会代表围绕“如何在中学语文教学中加强思想政治教育和国情教育”这个会议主题进行讨论，在讨论中大家普遍明确：中学语文教学要加强思想政治教育，必须发挥“三主”作用和“三强化”。“三主”，即课堂教学的主渠道作用，教师教育的主体性作用和学生自我教育的主动作用；“三强化”，即课内和课外结合的强化，理论和实践结合的强化，教学内容和教学方法结合的强化等。

通过教研活动，促进了教学质量的提高。1991年，省教育厅教研室组织学生参加全国初中数学竞赛联赛，获奖的57名，其中一等奖17名，二等奖40名；参加全国奥林匹克竞赛海南初赛，获一等奖2名，二等奖3名，三等奖5名，海南中学刘宁翔、黄凤茹参加全国复赛，分别获三等奖和四等奖；林峰等三位同学赴广西桂林参加全国中学生物理竞赛决赛，三人均获三等奖；海南省又以经济特区的名义参加1991年全国计划单列市初三英语竞赛，获一等奖10名，二等奖20名，有三位教师获全国优秀指导教师奖。年初，组织全省小学奥林匹克数学竞赛，获团体奖5名，个人满分奖1名，一等奖2名，二等奖92名，三等奖211名，有102名免试入海南中学初中一年级就读。

(四) 进行普通高中毕业考试改革

海南是全国率先实行普通高中毕业会考试点省份之一。1988年，省教育厅、省考试管理中心按照国家教委要求，结合本省实际，制订了《海南省普通中学学籍管理暂行办法》、《海南省普通中学考勤暂行办法》和《海南省普通中学成绩考核暂行办法》；调整了教学计划，确定了会考标准，制定了会考实施办法，采取统一命题，统一考试，统一评卷，并用计算机统一处理和储存会考成绩的办法。经过三年来的试验，至1991年，已完成了第一轮（三年）会考改革试验。1991年，省教育厅、省考试管理中心再次修订了9个学科会考标准，使会考在科学化管理方面迈出了新的一步。第一轮会考共有160367人参加。在历时三年的9门学科会考过程中，一次通过率为76%（13648人），补考通过2164人，最终计有15812名学生取得9门学科及格以上等第，会考及格率为88.4%。会考成绩按A、B、C、D、E(不及格）五个等第划分，获得这五个等第的分别为18%、22%、29%、25%和6%。

（五）中小学危房改造

1991年，中小学校舍的危房改造工作成绩显著。全省共筹集资金9878万元用于中小学校舍建设，比上年增长15.6%。共新建钢筋混凝土结构校舍32.6万平方米，使全省中小学校舍总面积达到426.6万平方米，其中钢筋混凝土结构校舍面积255万平方米，占总面积的59%。危房面积由上年的75万平方米降到65万平方米，危房比重降到15.4%。

（六）中小学勤工俭学情况

1991年，海南各级教育部门和各中小学校以种植为主，拓宽经营渠道，发展第三产业，全省勤工俭学出现了持续稳定发展的局面，教育效益、社会效益和经济效益都比较显著。据统计，1991年，全省中小学勤工俭学的开展面达85.5%，学农基地4504个，作物种植面积达8.19万亩，校办工厂73个，第三产业网点765个，勤工俭学总产值5197万元，纯收入1609万元，比上年增长13.8%。海口、琼海、琼山、文昌等4个市县的纯收入超百万元。为了总结推广经验，6月，省教育厅勤工办在定安县和乐东县召开全省中小学勤工俭学现场会，并参观了定安县一些中小学校办工厂、商业服务点和乐东县的一些中小学校办农场；12月，又进行全省勤工俭学大检查，进一步推动了勤工俭学的开展。这一年，许多单位和个人，工作突出，成绩显著，琼海县教育局等32个单位被评为省中小学勤工俭学先进集体，占林等21人被评为省中小学勤工俭学先进工作者。

（七）中小学体育卫生工作

1.组织承办全国中学生田径比赛。国家教委决定1991年全国中学生田径赛于8月21–23日在海南中学举行。这是海南省首次承办全国性体育竞赛。共有24个省、市、自治区代表队的运动员472名、裁判员140名、连同教练员、工作人员近千人参加，进行了36个项目的比赛。海南省体育健儿在这次赛会中共夺得6枚金牌（并列第二），并获男子团体总分第四名和体育道德风尚奖。比赛期间组委会还组织运动员学习和测验《中学生日常行为规范》。国家教委对本次赛会工作表示满意，给予充分肯定，认为整体水平超过往届。

2.认真施行《国家体育锻炼标准》。1991年，全省中小学在施行《标准》方面有了新的发展。施行率达68.8%，达标率为58.9%，分别比上年提高了10.9个百分点和11.8个百分点。

3.认真抓好课余训练，办好各种体育竞赛。省教育厅和省体育局除了加强原6所培养体育后备人才试点校的课余训练外，还对原有的传统体育项目学校进行评估，重新命名。第一批命名有田径、排球、篮球、乒乓球、游泳等项目学校31所，同时，加强了这些学校的课余训练，提高了运动水平。8

月，全国中学生田径赛中，田径传统校——加积中学3名运动员共获金牌4枚（全省获金牌6枚）。12月27日至30日，省第四届中学生田径运动会在琼山县华侨中学举行，有25所学校600多人参加，琼山中学获团体总分第一名，海南中学获亚军，海口市一中获季军；共有7人2队10次打破9项省中学生田径运动会纪录，跳、跑、投三大项目的纪录都有所刷新。此外，还有海南农垦中学学生李卫国代表中国中学生参加1991年7月在匈牙利举行的世界中学生“田径杯”比赛，分别夺得三级跳远（成绩15.56米）、男子标枪和男子4×100米的金、银、铜牌各1枚。

4.学生体质调研工作。1991年3月成立以省人民政府办公厅、教育、体育、卫生、民委、科委等分管领导参加的学生体质调研领导小组，确定海口、琼山、乐东、保亭等4市县和海南大学、海南师院、海南医学院（筹）、通什师专为监测点，制订了监测工作计划和方案。4月，对监测点的7—22岁的12800名大、中、小学生进行体质健康监测，完成了有效卡片10800张，送国家教委作为独立样本卡片，并建立海南省独立样本卡片10800张，为学校卫生工作科学管理提供了依据。这一年来，由于做好卫生宣传和预防工作，学生体质有所提高，学生沙眼、肠寄生虫发病率从上年的19.4%、22.5%分别下降为18.75%和21.35%；近视眼、龋牙、贫血、营养不良等常见病也只分别占17.17%、29.5%、28.1%、17.48%，同上年相比均有所下降。

（八）中、小学师资队伍建设

1.加强师资培训基地建设。1991年，省教育厅制订了《加强教师进修学校建设意见》，继续加强学校管理，认真抓好学生基本功训练，整顿和健全学校中心教研组，聘请特约教研员，形成教研网络，积极开展教学研究，组织各科统考，严格把关，提高教育教学质量。

2.开展中小学教师继续教育工作。1991年，省教育厅在教师学历合格率普遍提高的情况下，将工作重点转移到岗位培训上，开展教师继续教育工作。召开了全省中小学教师继续教育工作会议，制订了《海南省中小学教师继续教育工作意见》，组织海南教育学院和通什教育学院到20所中学进行调查研究，制订中学教师继续教育规划，开展继续教育试点。并根据全省继续教育的任务要求，组织编写小学语文、数学一级教师培训教材。

3.加强中小学校长培训。1991年，省教育厅制定了《海南中小学校长岗位培训三年规划》，计划从1991年开始，用三年时间将全省现任中小学校长轮训一遍。组织海南教育学院和通什教育学院编写了中学校长5门课的培训教材和《中小学行政管理学》。在海南教育学院和通什教育学院举办6期中学校长培训班，培训中学校长276人。

4.组织全省中小学、幼儿园教师参加《专业合格证书》考核。1991年，参加考核的有1840人，开考科目有54门课，初中、高中、小学、幼儿园教师合格率分别为37.2%、51.2%、39.2%和93.2%。

职业技术教育

中等专业、职业技术教育稳定发展。为了促进全省海洋开发，1991年2月18日省政府批准三亚市创办海洋学校。截止1991年底，全省中等专业、职业技术学校在校生人数占整个高中阶段在校生人数的比例达31.4%，招生人数占26%。各中等专业学校经过评估，正制订整改措施，加快改善办学条件，努力办出特色。

一、普通中等专业教育

(一) 中等技术学校

1991年，全省中等技术学校共开设农学、畜牧兽医、热带作物、植物保护、经营管理、财务会计、机电、财政、税务、卫生、医疗、舞蹈、琼剧、美术、体育等47个专业。为了加快海南对外开放，培养外向型经济建设人才，部分中专学校增设了一些新专业，如对外贸易、外贸电脑、外贸公文秘书、贸易经济等专业。许多学校积极拓宽专业的覆盖面，增设一些短线专业。同时，充分利用成人高校现有的办学条件培养中等专业人才，举办了普通中专班。海南5所成人大学举办普通中专班招收应届初中毕业生281人，为扩大中专办学规模的新路子作了有益的尝试。

进行中等专业学校评估。1991年，省教育厅认真贯彻国家教委《关于开展普通中等职业技术学校教育评估的通知》精神，成立了评估领导小组，派人参加国家教委举办的评估工作培训班学习，制订了《海南省中专学校合格评估的实施方案》，确定以海南省银行学校为试点；通过试点评估，总结经验，又结合实际，制订了《海南省中专合格评估指标体系》。11月，开始在全省12所中专学校全面评估，总结经验，肯定成绩，找出差距，有力地促进了改革和办学条件的改善。如海南银行学校通过评估后，主管部门增拨60万元，购买了1万册图书，装备两间较先进的电化教室，同时，对学校的规模、师资等问题，都进行研究，订出了整改措施。

办学条件改善。截止1991年底，全省中等专业学校校舍建筑总面积达20.46万平方米，其中当年建筑面积1.56万平方米；学校图书藏书达25.40万册，比上年增加4.17万册；实验室的仪器已开的时数占应开时数的73.33%。

(二) 中等师范学校

1991年，省教育厅根据海南省教育事业发展“八五”计划的要求和海南省教育工作会议的精神，着重抓好以下几项工作：

加强思想政治工作。1991年，各中等师范学校切实加强了对德育工作的领导。一是根据中小学教师职业道德规范和《中师德育大纲》的要求，修订实施德育规划；二是结合国际形势的变化，组织师生学习江泽民庆祝“七一”的讲话，学习中国近代史、现代史，使师生深刻地认识到走有中国特色的社会主义道路的优越性，坚定了共产主义信念；三是组织新生军训，学习军事知识，学习中师生守则和中师生行为规范、校风校纪和校训，使学生提高坚持四项基本原则的自觉性和纪律性；四是抓好校园文化建设，创造一个整洁、美丽、幽雅、文明的校园，优化育人环境。全国中师联合检查团对海南省中等师范学校的校园文化建设给予高度的赞扬。

深化改革，努力提高教育质量。1991年，各中等师范学校认真贯彻国家教委发布的《中等师范学校三年制教学方案》，做到必修课、选修课、课外活动与社会实践有机结合，省教育厅组织编写了《马克思主义哲学基础》和《师德教育》两本选修教材和《生理卫生补充》等乡土教材，还制订了中师各学科基本功的要求等，下发各校。省教育厅先后举办了全省中师生美术展评、中师生文艺汇演、参加全国中师生作文比赛等多种形式的活动。参加全国第二届中师生作文比赛获一等奖和三等奖各1个，参加全国中师生美术作品评比获二等奖2个和三等奖7个。省教育厅为了提高中等师范学校教学质量，首先整顿和健全中等师范学校的中心教研组；其次，聘请各学科特约教研员；第三，召开中师、教师进修学校教研会35次，进行教学研究和教学经验交流；第四，组织语文、数学、教育学、心理学和函授各学科的统考，把好质量关。

办学条件进一步改善。1991年，全省中等师范学校生均基建投资209.38元，比上年增加71.9元，增长52.33%；校舍建筑面积达到12.47万平方米，其中当年建筑面积3361平方米，正在施工的5800平方米；学校藏书达47.25万册，实验仪器已开的时数占应开时数的79.28%。

二、中等职业技术教育

1991年，全省农、职业中学共开设应用电子、农学、热带作物、动物饲养、畜牧兽医、果树栽培、种桑养蚕、机电、轮机驾驶、家用电器、海水养殖、捕捞、服装剪裁、工艺美术、财会统计、旅游等29个专业。10所技工学校共开设电工、电力、汽车驾驶、邮电、电子、机电、统计等30个专业。

继续办好示范学校。1991年，省教育厅继续办好海口市第一职业中学（原海口六中）、陵水县职工中专、儋县大成职业中学、文昌县文西中学和农村职业中学等示范学校。一是组织教师反复学习《国务院关于大力发展职业技术教育的决定》、全国职业技术教育工作会议和省教育工作会议有关文件，组织学校领导、教师到广州、厦门、杭州、广西等地参观学习，进一步提高了认识，端正了办学的指导思想，把立足点从升学教育转向素质教育和职业技术教育，为学生直接就业打好基础。二是组织教师深入当地农村进行调查研究，了解农村的状况和农民的要求。三是调整教学计划和专业、课程设置，文化基础课占总课时30%；专业课和实用技术课占70%；生产实习课占专业课和实用技术课50%。四是建立实习基地，加强实践环节，注重学生动手能力的培养。专业技能训练贯穿整个教学过程，边学边用，及时反馈，提高学生技术技能。

开展评估工作。1991年，省教育厅开展职业中学评估，进一步促进职业中学加强管理，提高了学校办学的社会效益和经济效益。如儋县大成职业中学和琼中黎族苗族自治县湾岭职业中学，支持为当地农村经济、为科技兴农脱贫服务的办学方向，扎扎实实地开展职业技术教育，成绩显著，受到国家教委的表彰，前者被授予全国职业技术教育先进单位，后者被通报表扬。为了树立典型，推广先进，省政府还根据国家教委有关文件精神批准儋县大成职业中学、乐东职业中学和三亚职业中学为省级重点职业中学。

继续进行农村教育综合改革，实行“三教统筹”，切实抓好职业技术教育。1991年，部分市县在巩固提高普及初等教育的同时，适当在普通教育中引进职业技术教育因素，抓好中小学生离校回乡前的实用技术培训。如白沙县针对教育对象的三次分流，对全县中小学强化职业技术教育：一是在小学高年级每周开设一节职业技术课，渗透职业技术教育内容，使学生在小学毕业前学到一些基本的生产实用知识。二是在全县初级中学一、二年级每周开设两节职业技术课；同时，在部分乡镇初级中学实行“初三分流”，通过统考，择优录取一些学生到县重点中学读初三，参加升高中、中专考试，其余的留在本校，在学完国家教委规定的基础课程的同时，强化职业技术教育，进行实用技术培训；在另部分乡镇初级中学试行“三加一”教育，对读完初三考不上高中的学生再进行一年职业技术教育，使学生在毕业前掌握一、二门生产实用技术。三是在高中一、二年级每周开设三节职业技术课，高中会考后挑选一部分学生复习参加高考，另外一部分则集中半年时间开展农业技术教育和劳动技能训练，掌握一技之长，使升学无望的学生致富有门，这种做法，博得学生、学生家长和社会的欢迎。

进行调查研究，发展职业技术教育。海南省副省长辛业江亲自主持召开发展海南职业技术教育工作座谈会，会后派出两个调查组，分别到海口、陵水、儋县、乐东、三业等市县20个学校和单位，对如何进一步推动全省职业技术教育发展问题，进行深入的调查研究，并写出职业技术教育调查报告。

高等教育

一、思想政治工作

(一) 加强政工队伍建设

各高校都成立思想政治工作领导机构，组织专门队伍，制订完善《班主任工作条例》、《政治辅导员职责及其工作管理条例》、《关于加强“教书育人”、“服务育人”工作的若干规定》等规章制度，加强思想政治工作规范化、制度化建设；6月，省高校工委组织“教书育人”先进事迹报告团巡回演讲，介绍经验，提高了政工人员的思想素质和工作水平；同时，加强政治辅导员管理与考核，如海南师范学院建立政治辅导员考核制度，从德、能、勤、绩等方面进行全面考核。

(二) 完善和加强“马克思主义理论”、“德育”和“形势政策”等理论课程的建设

各高校在教学上都遵循人的基本认识规律，特别是青年学生的成长规律，使学生的思想认识和行为操作达到统一协调。如华南热带作物学院根据思想教育的长期性和阶段性相结合的特点，在加强“马克思主义理论”课教学和日常政治思想教育的基础上，还在一年级开设“大学生思想修养”和“法律基础”等课程，引导学生认清时代的要求与历史责任，端正学习目的和态度，培养优良的学风、校风，以适应从中学到大学的转变，为大学期间的健康成长打下良好的基础；二、三年级开设“人生哲理”等课程，主要是帮助学生学会运用马克思主义，把握正确的人生方向，培养开拓进取的精神，提高认识和抵制各种错误思潮能力；四年级开设“职业道德”、“理想、前途、成才”等专题讲座，帮助学生树立起报效祖国，振兴中华，艰苦创业，实现四化的远大抱负，自觉地把自己的

前途与国家的命运紧密联系在一起，积极走与工农相结合的道路。

(三) 教育形式多样化

各高校结合庚子赔款90周年、辛亥革命80周年、中国共产党建党70周年、“九·一八”事变60周年等纪念日，以及国际形势的变化，组织师生学习党的十三届七中、八中全会文件和江泽民总书记庆祝“七·一”的讲话，邀请省政府领导、琼崖纵队老战士到校作形势报告，进行革命传统教育、爱国主义教育，进一步提高师生对和平演变与反和平演变的认识，增强坚持社会主义道路的信念。开学初，组织新生军训，对学生进行军事教育和纪律教育；暑假又组织学生参加社会实践活动，引导学生认识社会，了解国情、省情、民情，加深与工农的感情，走与工农相结合的道路。

(四) 严格学生管理，搞好学风校风建设

各高校认真贯彻《普通高等学校学生管理规定》和省教育厅贯彻该规定的实施细则，如海南大学修订《海南大学学生管理补充规定》，严格学籍管理，严肃考纪考风；华南热带作物学院和海南医学院（筹）实行领导轮流值班制度和检查制度，经常深入课堂、宿舍、饭堂检查了解情况，发现问题，及时解决。同时各校还开展文明宿舍、遵纪守法先进集体、三好学生和优秀学生干部等评比活动。1991年，全省有722名学生被评为“三好”学生，285名学生被评为优秀学生干部，有300多名学生被吸收参加中国共产党；海南大学还首次设立了黄氏奖学金和林海华纪念奖学金，有11名学习成绩优胜者获奖。对那些违纪的学生也进行严格处理，从而大大促进了学风校风的好转。

二、进行专业清理

省教育厅根据国家教委《关于认真进行普通高等学校本科专业清理工作的通知》精神，自1990年底开始进行清理，至1991年初完成，并将清理结果上报国家教委。国家教委于1991年7月公布了海南省《普通高等学校本科专业设置清理审核结果》，确认了海南省高校共设本科专业28种，其中海南大学设应用电子技术等11个本科专业，海南师范学院设汉语言文学教育等8个本科专业，海南医学院（筹）设临床医学1个本科专业，华南热带作物学院设热带作物栽培等8个本科专业。为加强全省高校专业设置的宏观管理工作，省教育厅4月发布《海南省普通高等学校专业设置暂行管理办法》，使本科专业管理从此有章可循，结束了过去专业没有归口管理的现象。

三、深化教学改革

(一) 修订教学计划和教学大纲

各高校都根据海南人才需求“多品种、小批量、宽口径”的特点，全面修订教学计划和课程教学大纲。华南热带作物学院完成了农业部委托制订的热带作物、农产品贮藏加工本专科专业5个教学计划，以及8个本科专业、9个专科专业教学计划，68门课程教学大纲的修订工作，并明确规定政治理论课、体育、外语等基础课必须占总学时的25%，以保证这些课程正常教学。海南大学对应用电子、农学、财务会计等专业口径、方向、培养目标进行调整，同时，重新修订其他专业的课程教学计划，改革教学组织形式，按通用基础与专业方向两个阶段进行教学。海南师范学院根据师范特点修订专科计划以适应两年制改为三年制的需要，并增开音乐、美术、“三字一话”（毛笔字、钢笔字、粉笔字和普通话）等培训中学教师基本功的进修课程。海南医学院（筹）为了适应农村基层的需要，按照国家教委对本科五年制主要课程教学要求，修订1991级本科教学计划，调整了授课和实验时数的比例，修订了医学专科三年制计划，使原来两年半的理论学习、半年的实习调整为一年基础、一年临床、一年实习，增加了预防医学、护理技术课程，努力培养实用型的农村基层卫生事业人才。

（二）采取措施，加强教学管理

1991年，省教育厅制订了《加强我省高等学校实践教学工作意见》，各高校也根据《意见》和国家教委有关规定，修订了《教师工作规范》、《优秀教学奖评选暂行办法》、《课程管理办法》、《教师考核积分办法》等制度，加强了教学管理。海南大学除了修订教学管理规章制度外，还发挥教学咨询委员会的教学咨询作用，从教学计划、课程、学籍、教材建设等四个方面加强各教学环节的管理。在教学过程中，各高校还组织教师互相听课，进行教学观摩、定期检查、评估和加强教学实践等，有效地提高了教学质量。

（三）开展教育评估活动

1991年，省教育厅认真贯彻国家教委《普通高等学校教育评估暂行规定》，更好地指导全省高校评估工作，除组织人员到上海培训外，还制订了《海南省高校教育评估工作的实施意见》和《海南省专科专业的评估方案》，并召开高校教务处长和教研室主任会议，研究上述《意见》和《方案》。一年来，各高校根据这些文件的要求，开展了单项评估工作，海南大学进行了教师质量评估和部分课程评估；通什师范专科学校进行了主讲教师教学水平评估；海南医学院（筹）积极准备开展办学条件评估等。通过教育评估，促进了各高校办学水平的提高。

四、科技工作的发展

（一）面向特区经济开展科研活动

据统计，1991年，全省普通高等学校共承担各类科研课题102项，各个课题都能如期完成计划进度，部分课题取得了显著的阶段成果，一些课题已完成并通过鉴定。华南热带作物学院有6项科研成果获农业部1991年科技进步奖，其中“橡胶热作种质资源主要性状鉴定评价”和“橡胶树阶段发育研究和幼态无性系利用”等两项获二等奖；“海南岛作物种质资源考察与评价”、“橡胶树桑寄生化学防除技术研究”、“橡胶树黑团孢叶斑病流行规律及防治研究”和“商品硫化胶乳的研制”等4项获三等奖；还有青年教师林文权利用落地橙研究果酒“奥尔斯橙皇酒”取得突出成果，被中国科技协会授予第四届青年科技奖。海南大学教师研制的菠萝果脯及系列产品正在定安县凉果厂投产，研制生产琼脂卡拉胶技术已取得实质性进展；杂交水稻“海优33号”及淡白鲳（美洲产）的引种试验成功都组织了技术成果鉴定，并正在大面积推广。海南师范学院也有15项科研成果获得省级嘉奖。与此同时，加强了社会科学研究，开展学术活动，出版论文、著作，并办音乐会、画展等，发挥了社会科学研究的作用。据统计，各高校在国内外各种刊物上发表论文265篇，作品46篇，出版著作和教材11部。

（二）积极开展科技扶贫

全省各高校在抓好科技工作的同时，加强科教兴农、科技扶贫工作。如华南热带作物学院自1988年至1991年止，在全省19个市县建立起科技服务点180个，派出科技人员1100人次至农村、农场进行技术指导，派出9名中级科技人员到9个市县担任市、县长，通过他们把科技成果迅速推广转变为生产力，推广科技成果50项，推广面积达百万亩，年经济效益超亿元；在培养人才方面，该院近三年来共增设6个海南急需专业，举办乡镇干部培训班4期，培训165名乡镇干部，举办短期技术培训班168期，培训农村技术骨干1050名。

五、普通高等学校招生工作

1991年，国家教委决定海南省、云南

省和湖南省实行高考改革。根据国家教委的要求，海南省第一次在会考的基础上改革高考制度。高考科目分四组：第一组，政治、语文、历史、外语；第二组，数学、语文、物理、外语；第三组，数学、化学、生物、外语；第四组，数学、语文、地理、外语。在各高等院校的积极配合下，认真组织，严格管理，比较圆满地完成了招生任务。1991年，全省共有23435名考生，比上年增加2975人，其中往届生8479人，比上年增加1279人；普通高等院校录取5103人，其中国家任务录取4840人，完成计划100.3%；定向招生计划289人，录取207人，完成计划72%；委托代培生录取173人，完成计划73%；自费生录取88人，完成计划90%。

在整个招生工作中，省考试管理中心采取一系列有效措施，严格管理，保证改革顺利进行。(1) 认真指导填报志愿，使报考各科目组考生的数量和质量与该科目组招生数的比例基本平衡。(2) 认真抓好统考的考风考纪，保证统考顺利进行。(3) 把好评卷、登分的质量关，保证统考成绩的可信度。(4) 转换分数拉开分数距离，有利于学校选拔人才。(5) 实行“三公开”的录取办法：公开招生政策、规定，公开录取指标，公开录取分数线，并在《海南日报》上公布录取名单。录取时，请纪检、监察机关派人进驻录取场，对招生录取工作进行监察。实行电脑投档，实行全封闭。场外设置信访组，沟通与群众联系，增加了录取透明度。

通过改革，已取得初步成效：克服学生的偏科现象；减轻学生的负担；会考成绩在录取中具有一定的参考价值；招生院校录取到具有专业特长的新生；改善了农、林、医等冷门院校的生源质量。录取结束，社会平静，考生、家长对这项改革满意。1991年，省考试管理中心荣获国家教委“积极推进招生改革”奖和“招生宣传工作”奖；儋县招生办和华南热带作物学院招生办被评为全国先进单位。

六、开展体育竞赛活动

1991年12月5日至7日，海南省第二届高等院校、中等专业学校田径运动会在海南师范学院举行，共有5所高校和16所中专学校参加。比赛结果：海南大学夺取高校组桂冠，华南热带作物学院、海南师范学院(师院体育系不计入团体总分名次) 分获高校组二、三名；海南师范学院还获“体育道德风尚”奖。这届运动会打破纪录项目多，人数多，分布面广，共有66人次，3个接力队打破30项省高等院校纪录，海南师范学院的吴智敏、蔡于江和海南大学的何小妹、韩丽琴等4人达到国家一级运动员水平。

成 人 教 育

成人教育不断巩固发展。成人教育经过治理整顿，以岗位培训为重点，正逐步走上规范化、制度化的健康发展轨道，出现了新局面。

一、发展成人中专教育

在保证质量的前提下，积极发展成人中

专教育。1991年2月7日，省政府批准海南港务局成立海南航运职工中专学校，这所学校既为学历教育，又办职工岗位培训。

二、坚持以岗位培训为重点

1991年，海南各级教育部门继续坚持以岗位培训为重点，有计划、有步骤地提高干部、职工的政治素质和业务水平。多层次、多规格、多渠道培养人才。据统计，全省参加培训的干部、职工达13万人次。

三、实施“燎原计划”，积极发展农村成人教育

国家教委批准琼海、白沙县为海南省实施“燎原计划”农村教育综合改革实验县。1991年，省教育厅在认真总结这两个县经验的基础上，再在每市、县抓三个乡（镇）做为实施“燎原计划”示范乡，经过努力，点上经验在面上推广，效果良好。据1991年年终统计，全省共有县办农民中专学校3所，农业广播电视中专2所，乡（镇）、管区办的农民文化技术学校978所，有专、兼职教师1291人，参加培训的有22.5万人次。

四、扫盲教育

1991年，全省尚有文盲半文盲154626人。为了有计划地完成扫盲任务，省教育厅制订了《1991年至1995年扫盲规划》，并编写扫盲课本8万册免费发给学员学习。这一年，全省各市、县举办扫盲班1562个，参加学习的有54604人，经过考核已有32151人脱盲。在扫盲工作中，涌现出一批先进单位和先进个人，屯昌县教育局被评为全国扫除文盲先进单位，成教股长吴坤南被评为全国扫除文盲先进工作者，白沙黎族自治县七坊镇农民文化技术学校和三亚市临高管区农民文化技术夜校被评为全国农村先进乡（镇）成人学校。

五、成人高等、中专学校招生和自学考试

1991年，全国有成人大专学校104所、中专学校32所在海南招生，大专学校计划招生2842人，报考9981人，录取2450人；中专学校计划招生3609人，报考2277人，录取1691人。1991年，全省高等、中专教育自学考试共开考33个专业（本科5个、专科21个、中专7个）。上半年报考人数3826人（累计9553科次），其中大专3368人（8765科次），中专458人（788科次），大中专单科合格率为71.42%。下半年报考人数4440人（11785科次），其中大专单科以上4248人（11244科次），中专246人（541科次）；大中专单科合格率为68.54%。1991年，全国高等教育自学考试指导委员会在北京召开庆祝高等教育自学考试制度创建10周年大会上，海南的杨森、王锋和、李自贝等3人被授予“自学考试优秀毕业生”光荣称号。符传义、梁敏（女）获得全国“残疾人自学成才”奖金。海口、儋县、通什市、琼海、琼山、屯昌、海南省财税厅和海南省司法厅中华全国律师函授中心海南辅导总站等被评为省级自学考试先进单位；吴世炳等24人被评为省级自学考试先进工作者；杨森等24人被评人省级自学考试优秀毕业生。

六、严格考风

1991年6月，海南省考试管理中心向全省发出通知，决定对1991年成人高考中257名考试作弊考生分别进行处罚，对其中99名考生给予扣除该科所得分30%或50%的处罚；73名考生给予取消当年考试资格，3年内不得参加全国统一考试的处罚，并建议有关单位对违纪的党员考生给予警告或严重警告的党纪处分，对违纪的国家工作人员考生给予警告或记过行政处分。《通知》中还强调，成人高考系全国统一考试，全社会应自觉养成尊重考试，严守考纪考风，以促成一个公平竞争的环境。

七、社会力量办学情况

海南省教育厅坚持“一要整顿、二要发展”的方针，自建省以来，共批准社会力量办学55所，为各部门输送了一批急需的实用型人才，深受用人单位的欢迎。为了鼓励各民主党派、人民团体以及公民个人办学，1991年下半年，经过严格审查，批准了省民革主办的海南特区职业函授学院和省计划厅高科技发展总公司主办的海南证券投资培训中心等7所函授学院（校）和培训中心（班），为海南特区经济建设培养急需人才。社会力量办学过程中，有一部分函授学院（校）办学指导思想不端正，借办学之名谋取私利。为此，省教育厅经过调查研究，撤销了（含注销）海南国防商务培训学校等26所函授院校，并在《海南日报》上公布。余者再进行审查评估，具备条件者重新颁发办学“许可证”，继续招生，不具备条件者，则取消办学资格。如海南大学成人教育学院与吉林省长春市科文部联合举办非学历函授教育，面向全国招生，违反国家教委规定，则坚决制止，并责令其在《中国青年报》声明招生广告作废，有效地刹住了乱办学、乱发文凭的不正之风。

撰稿人　唐和亲

审稿人　符鸿合　谢　峰　裘森芳　吴月珍　吴世淑

四川省教育

概　况

一、各级各类教育发展情况

1991 年各级普通学校基本情况　　单位：人

学校类别	学校数（所）	毕业生数	招生数	在校学生数	教职工数 计	教职工数 其中专任教师
一、普通高等学校	60	42 875	43 553	156 726	65 468	24 652
研究生	(26)	1 984	1 859	5 397		
本　科		21 651	22 327	89 776		
专　科		19 240	19 367	61 553		
二、中等专业学校	284	51 489	55 759	157 660	37 381	16 209
中等技术学校	174	30 047	34 863	97 895	27 642	11 112
中等师范学校	110	21 442	20 896	59 765	9 739	5 097
三、普通中学	6 168	1 071 471	1 278 299	3 831 698	317 871	245 671
高　中	1 153	153 956	191 447	551 914		44 007
初　中	5 015	917 515	1 086 852	3 279 784		201 664
四、农业、职业中学	596	50 378	85 017	199 863	26 278	16 043
高　中	511	44 035	79 163	180 310		15 002
初　中	85	6 343	5 854	19 553		1 041
五、工读学校	14	298	209	398	292	161
六、小　学	73 621	1 538 669	1 338 447	8 815 871	480 138	426 052
七、特殊教育学校	54	64	757	3 021	848	663
八、幼 儿 园	14 966	824 178	1 220 476	1 908 604	81 025	65 534

1991年各级成人学校基本情况

单位：人

学校类别	学校数(所)	毕业生数	招生数	在校学生数	教职工数 计	教职工数 其中专任教师
一、成人高等学校	81	42 770	37 562	109 242	12 992	5 738
广播电视大学	3	11 417	9 760	27 848	1 244	345
职工高等学校	48	3 965	3 984	9 988	5 300	2 413
农民高等学校						
管理干部学院	11	1 855	1 825	3 288	2 475	968
教育学院	18	7 816	7 211	18 925	3 314	1 636
独立函授学院	1	2 862	2 015	7 889	659	376
普通高校举办						
函授部		9 501	8 590	28 606		
夜大学		4 759	3 850	12 105		
干部专修科		595	327	593		
二、成人中等专业学校	305	37 182	40 850	118 224	11 371	5 381
广播电视中专	3	29 421	28 888	87 103	1 438	499
干部中专	6	1 214	2 218	5 628	736	274
职工中专	74	3 449	6 554	15 290	3 058	1 378
农民中专	25	755	1 588	3 943	808	446
教师进修学校	197	2 343	1 602	6 260	5 331	2 784
三、成人中学	964	51 051	50 249	88 763	5 848	4 267
职工中学	123	17 805	12 943	16 552	1 303	676
农民中学	841	33 246	37 306	72 211	4 545	3 591
四、成人技术培训学校	21 164	9 759 976	5 782 488	5 843 248	23 784	13 607
职工技术培训学校	376	158 553	125 999	136 735	3 409	1 767
农民技术培训学校	20 788	9 601 423	5 656 489	5 706 513	20 375	11 840
五、成人初等学校	10 551	1 104 823	813 361	1 100 998	19 308	9 734
职工初等学校	21	16 380	22 328	22 328	194	54
农民初等学校	10 530	1 088 443	791 033	1 079 670	19 114	9 680
其中：扫盲班	8 381	844 764	530 263	729 504	15 972	8 068

制表人　龚德宣

二、1991年教育工作会议

1991年初，四川省召开了全省教育工作会议，讨论进一步发展教育事业的问题。要求各级党政领导把教育放在优先发展的战略地位，充分发挥教育在社会主义建设事业中的重要作用。省长张皓若在会上作报告指出：抓好教育工作是各级政府领导班子的集体责任。要求各级主要领导亲自抓，分管领导重点抓，分工管其它工作的领导配合抓。政府领导要把教育发展做为任期目标，把工作落到实处，才算政府工作有成绩。搞不好教育，要在主要负责人中查原因。

各级政府贯彻省委、省政府的要求和工作会议精神，进一步强调了发展教育事业的紧迫性和重要性，重视工作落实，在社会各方面的配合和支持下，使各级各类教育在年内得到持续、稳定、协调、健康地发展。

1991年，在总结"七五"教育工作的基础上，制定了《四川省教育事业发展的十年规划和"八五"计划纲要（送审稿）》。

三、教师队伍建设

1991年，全省中小学校长岗位培训进一步扩大了培训试点规模。全省已有20个市（地、州）举办了中学校长岗位培训班，为保质保量完成"五年内将全省中、小学校长普遍轮训一遍"的任务，省教委将当年培训两万名中小学校长的任务层层分解下达到各地，并将这项工作作为考核各级教育行政部门和培训单位工作业绩的内容之一，加强了指导和检查验收合格证书发放制度，确保了这项工作健康发展。

全省中小学专任教师学历合格率，小学为77.73%，初中为46.8%，高中为54.05%。

根据关于加强专业技术队伍建设促进中青年专业技术人员迅速成长的精神，省教委下发了《关于加强优秀青年骨干教师队伍建设的通知》，制定了选拔和培养优秀青年骨干教师的具体规划。全省召开了普教战线青年教师队伍建设经验交流会。并分别制定了中小学、高校教师职务评聘工作的意见。1991年，省评审委员会对高校上报的1320份材料进行了评审，共通过946人，其中教授261人，副教授685人。部分有评审权的学校还评审通过了一批教授、副教授任职资格。全省高校教师总数中有教授965人，副教授5006人，讲师10024人，助教7773人，教员884人。1991年教师节，全省受到全国表彰的优秀教师、优秀教育工作者共380名，其中46位同志被授予全国教育系统劳动模范称号，省表彰的优秀教师、优秀教育工作者512名，优秀中小学校长100名，中小学特级教师484人。此外，省教委还会同省委宣传部、省教育工会表彰了一批高等学校教书育人的先进集体和个人，并对省属高校80多位先进工作者用奖励指标晋升了一级工资，评选推荐了170多位作出突出贡献的专家接受国务院的政府特殊津贴。四川省还根据国家教委下达给的"民转公"专项指标，省教委与省人事厅、省计经委联合制定了《关于从优秀民办教师中选招公办教师问题的通知》，全省从优秀民办教师中选招3600名为公办教师。

四、教育经费不断增长

1991年，四川省国家财政预算内教育经费支出27.55亿元，比上年（下同）增加2.2亿元。其中：教育事业费支出23.17亿元，增加0.93亿元；教育基建支出0.74亿元，增加0.06亿元。

全省多渠道筹集预算外教育经费12.73亿元，比上年增加2.23亿元。其中，社会服务及勤工俭学2.24亿元，征收农村教育费附加4.45亿元，征收专控商品附加费0.09亿元，征收中小学危房改造费0.18亿元，农业税附加0.14亿元，城市维护费0.2亿元，社会捐集资助学1.43亿元，学生个人交纳的学费、杂费1.75亿元，其他2.25亿元。1991年，企业投入教育经费1.25亿元，由于调整合并以及隶属关系的改变，减少0.02亿元。

预算内教育经费支出中用于普通教育改善办学条件资金9.82亿元，其中，用于改造危房资金2.1亿元。

1991年，全省普通教育校舍建筑面积6689万平方米，比上年（下同）增加276万平方米。其中，中等师范学校增加5万平方米，普通中学增加143万平方米，农职业中学增加20万平方米，小学增加69万平方米，教育学院及教师进修学校增加4万平方米，特殊教育、幼儿教育及其他教育增加35万平方米。普通教育学校占地面积22869万平方米，增加701平方米。

1991年，全省普通教育共修建校舍363万平方米，其中，新、扩建268万平方米，消除危房面积73万平方米。到年底，全省尚有危房面积32万平方米，占校舍总面积的0.48%，下降0.07个百分点。

全省普通教育共拥有各种教学设备价值10亿元。其中，两万元以上的设备共计价值0.91亿元，教学仪器设备达2.28亿元，中小学实有学生木制（含钢架）课桌凳1534万单人套，图书资料2738万册，其中，当年新购置347万册。

五、德育工作的首要位置得到进一步落实

省教委继续贯彻执行四川省委、省政府《关于加强中小学德育工作的决定》和省人大《关于加强中小学德育工作的决议》。年初，省教委和省委宣传部联合下发了《关于在全省中小学校开展学习党的十三届七中全会精神和纪念中国共产党建党70周年、辛亥革命80周年、太平天国革命140周年教育活动的通知》。各校继续抓了《小学德育纲要》、《中学德育大纲》、《小学生日常行为规范》、《中学生日常行为规范》的试行工作。省教委在6个市（地）选择了12所学校（中小学各6所）作为省教委抓好德育工作的联系学校，建立了中小学德育工作定点联系制度，继续总结经验，以点带面，推动全省中、小学德育工作的进程。

继续通过学科教学等多种途径和形式，对学生进行历史和国情教育。各中、小学组织教师收看了社会主义理论学习辅导讲话、中国近代现代史和国情教育电视讲座，当年秋季开学后，用了一个月的时间，组织教师学习《中小学加强中国近代现代史和国情教育的总体纲要，（初稿）》及有关学科教育纲要，为教师搞好国情教育起到了指导作用。

加强德育基地建设。四川省人大于1990年底通过《关于加强中小学德育工作的决议》。1991年，省教委进一步抓了社区教育委员会、关心下一代协会的试点工作，努力把学校教育、家庭教育和社会教育有机结合起来，以逐步形成三结合的育人网络。

高校思想政治工作继续坚持以马列主义教育、爱国主义教育为核心，分层次、有针对性地开展思想政治教育工作。下半年，省教委先后召开专题会议，传达中央精神，布置形势教育工作，研究制订切实可行的措施，提供思想教育专题材料，并多次到高校检查落实，收效明显。全省大多数学生通过学习，人生观、价值观向正确方向转化。广大学生主动参加社会实践，许多毕业生主动要求去基层，去艰苦的地区工作。1991年，全省分配大学生39000多人，分配方案宣布三天内离校的学生人数达95%。

六、民族教育

1991年，四川民族自治的甘孜、阿坝、凉山3个州，黔江地区和马边、峨边两县共有幼儿园189所，在园儿童57886人；小学8376所，在校生794057人，其中，少数民族学生44083人；普通初中303所，在校生175280人，其中少数民族学生85705人；普通高中114所，在校生34185人，其中，少数民族学生13670人；职业中学32所，在校生9845人；中等专业学校30所(含中师14所)，在校生13535人，其中少数民族学生6426人；普通高校5所（含师范专科学校3所)，在校生4262人；各级各类成人教育学校1340所，在校学员近20万人，有8个县达到基本扫除文盲的要求，使民族自治地方基本扫除文盲的县达到21个。

民族地区的教育形势进一步好转。占民族自治地方人口60%的条件较好的县、乡，已经或即将普及初等义务教育。占民族自治地方人口30%的彝、藏族聚居的农区及半农半牧区的教育事业普遍走出了谷底，开始进入稳步发展的新阶段。占民族自治地方人口10%的牧区，教育出现了新的转机。后两类地区教育的总体发展水平还比较低，但随着普遍展开寄宿制或半寄宿制乡完小建设，办学社会环境继续改善，开始显示了较好的发展前景。阿坝藏族羌族自治州的金川县和黔江地区的酉阳县实现了基本普及初等教育。川西民族自治地区对144个乡(镇）进行了基本普及初等教育验收。这样，民族自治地区累计基本普及初等教育已达11县、208个乡（镇)，覆盖的人口约占民族自治地方总人口的55%，其中阿坝、甘孜、凉山三州约占40%，比上年提高5个百分点以上。民族自治地方7–12岁学龄儿童入学率、巩固率、毕业率分别达到78.6%、95.6%、96.77%。少数民族学龄儿童入学率达到69.3%。民族自治地方内条件较好地区的23个县中，已有17个县的入学率达到90%以上，其余的6个县基本上都在80%以上；彝、藏族聚居农区、半农半牧区的23个县中，16个县的入学率在50–80%之间；特别困难的牧区9个县中，多数县的入学率在30–70%之间。这种状况充分说明了后两类地区普及初等教育的艰苦性。

1991年，四川省召开了全省牧区教育工作会议，推动了甘孜、阿坝、凉山三州少数民族聚居地区的乡中心完小建设。当年新建寄宿制乡完小81所，累计已建设500余所，占规划总数600所的80%以上。重点、普通、乡寄宿制三类学校小学生增长27.8%，占民族学生数的比重由20.3%提高到24.4%。没有学校的乡由13个减为5个，新增村小68所，没有高年级的乡中心小学也有所减少，凉山由66所降为51所。已普及初等教育的地方，正在积极规划实施九年义务教育，开始重视了初中的单设和分设。黔江地区原有戴帽初中185所，1991年单设了84所，实行三分开的95所，拆并6所。

四川省彝、藏族中小学双语教学的发展思路受到了全国少数民族语言文字工作会议的肯定。按两种模式实行双语教学的学校共有1564所，学生达115048人。其中，实行彝汉双语教学的747所，学生达59207人；实行藏汉双语教学的879所，学生55841人；以民族语言教学为主模式的中小学268所，在校生达14612人。完善并实践发展规划，执行教学计划和培训师资的工作有所加强，教材的编译、审定、预订工作得到了改善，教学质量明显提高。

民族教育的教师队伍建设得到了进一步加强。普通中小学专任教师中，少数民族教师占教师总数的44.8%。各地区还着手抓了骨干教师的培训和中小学校长的培训。阿坝州举办了一届极富特色的一师一校的培训班。

民族教育经费来源渠道拓宽，校舍设备改善。黔江地区征收教育费附加和社会集资达1300万元。阿坝州教育费附加比上年增长 83.2%，社会集资、捐资增长 18.6%。甘孜、凉山的勤工俭学纯收入分别比上年增长 26.65%和 24.9%。1991 年民族自治地区共新增校舍建筑面积 16 万平方米，净增 3%，新增图书 14 万余册。

民族教育改革逐步深入，教育管理进一步加强。各地普遍实行分级办学分级管理。部分地区开始进行了“三教统筹”、“农科教结合”的改革实验。乐山市制定了《民族地区中小学常规管理要求》，阿坝州开展了小学质量跟踪管理试点工作。

基础教育

一、中小学教育

1991 年，全省 7–11 周岁学龄儿童入学率为 96.5%，比上年提高 0.15 个百分点，其中农村儿童入学率达到 95%；在校小学的巩固率为 97.6%；小学毕业生的升学率为 71%，比上年提高 7.5 个百分点；初中毕业生会考平均及格率为 65.98%，比上年提高 1.68 个百分点，高校录取的学生中，应届高中毕业生的比例由上年的 46.5%上升到 50.5%。

1991 年是《中华人民共和国义务教育法》和《四川省义务教育实施条例》颁布五周年。四川省教委、司法厅和省法制建设领导小组办公室联合发出了《关于做好〈义务教育法〉宣传工作的通知》，省人大、省政府都专门发出通知，要求各地切实做好贯彻执行《义务教育法》和《条例》的自查工作，省人大于 9 月对德阳、重庆、遂宁、阿坝等地进行了重点检查，促进了义务教育的实施。1991 年又有乐山市的金口河区、黔江地区的酉阳县、阿坝州的金川县、攀枝花市的盐边县、雅安地区的汉源县等 5 个县(区）经检查验收达到基本普及初等教育要求，全省已有占人口总数 95%以上的 173 个县（市、区）实现了初等教育的基本普及。成都市、德阳市、乐山市已开始了对部分乡普及六年制义务教育和普及九年制义务教育的检查验收。

继续开展了由国家教委和联合国儿童基金会组织从 1990 年开始的为期 5 年的“加强贫困地区小学教育”实验项目工作。在成都培训了县、乡两级项目主任 110 人，10 月在仪陇召开了项目经验交流会，要求项目县、乡加强档案资料的建立和建设。

继续采取措施严格控制中小学生流失。对全省 21 个市、地、州控制中小学生流失工作进行了考核评比。1991 年全省小学生流失率为 1.7%，初中为 5.7%，高中为 2.7%，比上年有所下降。

二、普通高中教育

省教委认真执行国家教委《现行普通高中教学计划的调整意见》，5 月召开了普通高中教学工作会议，对市、地、州教委主任(局长)、教育处（科）长和教研室主任进行培训。通过《教委导报》对普通高中执行调整后教学计划和实行高中毕业会考两项改革进行了系列的宣传和指导，组织教育行政部门有关干部、教研人员、高（完）中校长、教导主任和高中教师收看了普通高中教学改革电视讲座。省教委下发了《关于贯彻国家教委〈现行普通高中教学计划的调整意见〉的补充通知》，举办了语文、数学、英语、历史、地理5个学科的培训班。在反复讨论、征求意见的基础上，制定了《四川省普通高中毕业会考实施方案》并报省政府审批，草拟了《四川省普通高中毕业会考实施细则（初稿）》并下发征求意见。为了作好全省普通高中教育规划，省教委5月制订了《四川省普通高中教育发展与改革的十年规划》和《四川省重点中学评估方案》，7月，省教委召开了部分重点中学校长汇报交流研讨会，提出了首先在一部分重点中学通过改革办出特色的问题。

三、幼儿教育

1991年，全省18237（含非教育部门办，下同）所幼儿园中，有教育部门办的712所，其他部门办的2025所，集体办的11942所，公民个人办的1411所，在园幼儿比上年增加44.46万人。含有季节性幼儿园2147所，在园幼儿73429人。教职工总数84760人，其中园长3569人，教师68506人，保健员3234人。季节性幼儿园教养员2402人。

经省人民政府批准，省教委于6月下发《四川省幼儿园登记注册管理办法》，各地根据《办法》的精神，结合本地实际，制定了实施细则，对现有幼儿园进行了考核和发证工作。

四川省继续组织学习、宣传、贯彻《幼儿园管理条例》和《幼儿园工作规程》，省教委翻印了上述两个文件和有关讲座内容，以帮助全省幼儿园和幼儿教师从政策上，理论与实践的结合上理解和实施《条例》和《规程》。11月份省教委在乐山市召开了全省幼教工作会议，着重对乐山市实验幼儿园试行《规程》和乐山市中区建设和办好乡中心幼儿园进行了现场参观学习。

加强示范性幼儿园和乡中心幼儿园建设。1991年初，省教委制定了《建立乡（镇）中心幼儿园的基本要求》和《关于做好示范性幼儿园检查验收工作的通知》，同时要求各市、地、州制定“八五”期间分期分批建设和办好县示范性幼儿园和乡中心幼儿园的规划和年度计划，并作为目标管理的一项重要指标，要求各地对示范性幼儿园逐步进行检查验收。全年共有45个县（市、区）示范性幼儿园经检查验收达到合格标准，建设起乡（镇）中心幼儿园1997所。

四、特殊教育

1991年，全省有盲聋哑学校2所，聋哑学校45所，盲校1所，弱智学校6所，特殊教育学校比上年增加8所；有特教班287个，比上年增加58个；其中盲生班14个，聋哑生班156个，弱智儿童辅读班117个；在校学生比上年增加586人，有盲生123人，聋哑生1670人，弱智学生1228人。

四川省重视特殊教育工作。要求大力发展特殊教育学校（班），将特殊教育事业发展切实纳入实施九年制义务教育轨道，做到统一规划、统一领导、统一实施、统一检查验收。继续对特殊教育工作实行目标管理，省教委要求50万人口以上，1988年以前基本普及初等教育的县（市、区），年内要兴办特殊教育校（班），消灭特殊教育空白点。1991年贯彻国家教委有关会议精神，组织成都、重庆、绵阳、乐山等市及所辖部分县（市）赴江苏考察学习特殊教育。在江津、邛崃、新都、江油、犍为等5个县（市）开展了盲童随普通班就读的试点，成都市锦江区、新都县、重庆市中区开展了弱智儿童随普通班就读的试点，取得了一定的经验。为进一步推动特殊教育事业发展，促进特殊教育学校（班）办学质量的提高，省教委6月在江油市召开了全省盲、聋教育经验交流会，总结、交流各地发展特殊教育的经验。

1991年，乐山师范特教部继续招生，共招收聋教专业和弱智教育专业学生各45名。根据省教委的布置，成都市盲哑学校和重庆市聋校继续为川西、川南和川东、川北地区各培训两期聋教新师资。成都市盲哑学校还举办了首届盲童随班就读师资培训班。成都、重庆、乐山、内江、宜宾等市、地还结合本地实际，采取以会代训，办培训班等多种形式对弱智教育新师资进行培训。

特殊教育科研。省教科所先后在成都市实业街小学、重庆市沙坪坝区新立小学、乐山市沙湾小学等校确立了省、市、县（区）、校四级共管的教育科研课题，研究弱智教育的课程设置、教学方法、职业训练等问题。由省教科所、省教委基础教育处、乐山师范特教部共同承担的《对弱智儿童学校（班）课程设置和教法研究》被列入国家教育科研“八五”青年课题。省特殊教育研究会第二届二次年会10月在重庆市召开，来自全省各地的盲、聋、弱智学校（班）和教育行政部门的特殊教育教学管理人员相互交流经验，共同研究了特殊教育发展、教育教学改革等问题。

五、勤工俭学工作

全省勤工俭学继续保持发展势头。1991年实现纯收入2.52亿元，比上年增长20%；学生人均纯收入达到19.4元，增长25.65%；其中，补充教育经费1.39亿元，比上年增长19.5%。省教委对各地勤工俭学工作进行了考核评比，涪陵、内江、重庆、万县、德阳、雅安、凉山、成都等8个地、市、州获1991年度考核评比一等奖。德阳市委、市政府历来重视勤工俭学工作，连续3年市委、市政府均在年初安排部署，年终检查评比，推动了全市勤工俭学的发展，1991年全市学生人均纯收入达38.36元，仍保持全省之冠。

各有关部门大力支持勤工俭学工作，为校办企业的发展创造了良好条件。绵阳市财政局1991年再次为校办企业的发展提供100万元周转金。重庆市经委拨款10万元给勤工俭学管理部门建立了校办企业新产品开发基金，低息贷款50万元支持校办企业开发新产品。

职业技术教育

一、基本情况

1991年，四川省职业技术教育坚持调整、巩固、提高的方针，事业有了较大发展。全省职业技术学校招生比上年增长11.6%。各类职业技术学校招生数和在校生数分别占整个中等教育的48.1%和45.8%。职业高中招生比上年增加13693人，增长20.9%；在校生比上年增加21751人，增长13.7%。职业高中招生数和在校生数分别占普通高中和职业高中招生总数、在校生总数的29.3%、24.6%。中等专业学校招生比上年增加3154人，增长9.9%；在校生比上年增加4153人，增长4.4%。

二、职业中学

（一）大力宣传，深化认识，落实措施

1991年，全国职业技术教育工作会议

闭幕后，四川省教委、劳动厅、人事厅、财政厅、计经委于2月底联合召开了全省职业技术教育工作会，总结了四川省职业技术教育10年发展的经验教训，认真研究了今后10年的发展目标、任务及政策措施，为职业技术教育的健康发展奠定了良好的基础。1991年7月，省人大公布了《四川省中等职业技术教育暂行条例》、使四川省职教走上了依法治教的轨道。国务院《关于大力发展职业技术教育的决定》发布后，四川省教委发出了贯彻执行《决定》的通知，要求各地大力宣传，认真贯彻落实。省教委机关刊物《四川教育导报》加强了对职教工作的宣传、报道；开展了全省职校“学雷锋为民服务周”活动。通过各种形式的宣传，让职教方针政策深入人心，让全社会都了解、关心、支持职业教育事业。

四川各地党政领导关心职教、支持职教，为职教事业的发展办实事。内江市委书记亲自起草文件，制订职业教育发展的优惠政策，组织市级各部门检查评比各县政府落实情况，把大力发展职教的工作做得深入、扎实。绵阳市的职教专项补助费，从1990年的50万元增加到90万元。宜宾地区行署召开了首次全区职教工作会，设立了职教机构，配齐了专职干部，安排职教专项补助费20万元。仁寿县县委、县政府对发展职教下了“义无反顾，破釜沉舟”的决心，近4年为职业中学投入715万元，划拨土地130多亩。通江县县委书记注意研究职业技术教育，多次写文章在省、地有关刊物上发表。中江县县区两级近3年共投资400多万元，使全县4所职业中学的面貌大为改观。

(二) 狠抓重点，带动一般，分类指导

1991年，四川集中力量办一批重点职业中学，在已有33所省级重点职业中学的基础上，又检查评估了各地申报为省重点职业中学17所，其中认定9所为第2批省级重点职业中学。同时上报国家教委认定省级重点职业中学4所。重点扶持5所地方政府重视、办得较好的农村职业中学，使之成为农村职教发展的开路先锋。“七五”期间，引进世界银行贷款扶持的7所中专、职业中学，现已形成了一定的培养规模和能力，办学效益逐年提高，为城市职教发展提供了经验。各地还采取多种途径加强重点职业中学干部的培养，探讨管理经验，研究如何发挥示范带头作用。充分调动了地方办重点职业中学的积极性。自贡市釜溪职业中学接受世界银行贷款后，市政府投资已达300多万元，配备了素质较高的校级领导班子，充实了师资队伍，使学校成为规划整齐、校舍漂亮、设备先进、管理良好的省级重点职业中学，在世界银行贷款项目学校检查评估中，多次受到国家教委、世界银行官员、专家的称赞。射洪县政府为办好射洪县中等职业技术学校，决定3年投入270万元，1991年已投入90万元。宣汉县政府1991年一年完成了原定3年完成的改善毛坝职业中学办学条件的任务，使毛坝职业中学通过了省组织的重点职业中学检查评估。

四川省77%的职业中学在农村、县镇。农村职业技术教育是整个职教工作的大头，是重点，更是难点。前几年，着重抓了端正办学方向、改善办学条件，使农村职业中学特别是农林类专业滑坡的趋势得到了有效的控制。1991重点放在边远山区和民族地区。5月在通江县召开了山区职教发展改革研讨会，学习、研究了通江县在自然条件艰苦、经济落后、教育水平不高的情况下，大力发展职业教育，促进了当地经济进步的经验。省教委提出了“学通江、赶怀化、抓山区、保平坝”的口号。对民族地区职业技术教育，提出降低重心，从初级职业教育着手，从民族地区实际出发，稳步发展的原则，在经费、师资方面给以特殊的优惠，扶持民族职教起步。国家教委在云南召开的全国少数民族、边远地区职教座谈会上，四川省凉山州的"低重心、慢滑坡、稳步发展民族地区职业教育"经验，得到了国家教委的肯定。

1991年，四川省县镇和农村职业中学农林类专业招生21516人，占县镇和农村职业中学招生数的38.1%，万县、黔江、宜宾、涪陵4个地区占50%以上；"七五"期间，农林类专业在校生从1985年的4.77万人降至1989年的3.85万人，自1990年起，又开始上升，1991年在校生已达4.8万人。农林类专业课教师1991年共1678人，比1989年增加291人。具有专科以上学历教师的比例从1989年的54.7%上升到70.1%。

(三) 深入调查，深化改革，加强管理

深入调查研究，总结各地办学新经验，是1991年职教工作的一大特点。省委书记杨汝岱、副省长韩邦彦多次深入职业技术学校视察工作。省教委领导及有关人员在1991年内先后去过200多所职业中学、中专了解情况。一些市地的同志不仅深入到本地的职中，还到兄弟市、地、州、县学习考察。

结合职教特点进行德育工作，是近几年各级教育部门和各职校深化研究的课题。1991年全省职业中学在实施中学德育大纲的基础上，进行国情教育、"四职"（职业道德、职业理想、职业意识、职业纪律）教育、"四农"（学农、爱农、务农、兴农）教育，使学生树立热爱家乡，立志建设家乡的志向；增强自豪感，学好建设家乡的本领。各职业学校采用主题班会、社会调查、辩论会、演讲会，走上工作岗位和回乡务农的职业高中生报告会、技能表演、竞赛、社会服务等丰富多彩的形式，寓教于学，寓教于乐，为开展德育工作创造、积累了许多新鲜经验。

职业中学招生办法的改革，对职业中学提高巩固率和教育质量起到了较大的作用，经过几年的试点，摸索了一些经验。概括起来就是：统考看志愿（即改"以分取人"为在文化达到一定水平基础上，以考生志愿为主进行录取）；定向靠推荐（即根据建设事业的需要，把招生指标分配到区、乡、由区乡推荐，学校考核合格后录取）；走读看条件（即在学校附近招收志愿回家务农，家庭又有一定生产实习条件的学生入学）。改革招生办法以后，使职中走出了招不进、留不住、学不好的困境，形成了愿学者进得来、进来的学得好、毕业后用得上的良好局面。

在探索建立主动适应经济和社会发展的内部运行机制方面，乐山市创造了"宽、实、活"的办学模式，取得了一些经验和初步的效益。1991年底，经省组织专家鉴定，认为这个模式为发展农村经济、深化农村改革、建设社会主义新农村作出了积极的贡献，是一条具有中国特色的发展技术教育的成功之路。

三、中等专业教育

1991年，中等专业教育的工作重点是进行办学条件、办学水平的评估，以评估促进中专的全面发展，大面积提高办学水平。据不完全统计，自1989年开展评估工作以来至1991年，全省中专基建投资共1.64亿元，新建校舍44万平方米，约占原有校舍的15%；设备投资5千多万元。1988年全省中专在校生8.43万人，1991年在校生9.79万人，增长16.13%，校均学生数从499人提高到563人。

经过合格评估，达到合格标准的中专学校60所，达到基本合格的学校23所。

省对中等专业学校的办学水平综合评估的部署是，将参评的100多所学校分为农村类、卫生类、财经类和工科类4个大组，分别由省农牧厅、省卫生厅、省计经委和省教委牵头负责组织。1991年已分别在9所中专校进行办学水平评估复评试点。

经过评估，自贡、内江等市已着手研究市属中专的校点及专业调整问题，乐山市供销学校已并入四川省供销学校，另外新批准建立省劳改警官学校和攀枝花市经济学校。

根据省职称改革工作领导小组的部署，对中等专业学校教师职称评审工作，制定了政策，进行了工作安排，并组织晋升高、中级职务的教师2000多人进行了外语考试。

为进一步探索中专招生分配制度的改革，根据民族地区、贫困地区的要求，在省机械工业学校和泸州化工学校进行招收委托预科班的试点，共招学生90人。另外，经有关部委批准，省气象学校、重庆河运学校、西南工业学校，四川航天学校也招收了委托预科班，共200人。

四、农村教育综合改革实验

省教委根据省政府的要求，于1991年上半年对全省150个“燎原计划”示范乡、22个农村教育综合改革实验县进行了检查。全省累计检查79个乡（镇），283所各级各类学校，达到了摸清情况，进行指导，促进工作的预期目的，在检查和总结经验的基础上，进一步扩大了农村教育综合改革和实施“燎原计划”的范围，新建了德阳、涪陵两个地区级农村教育综合改革实验区以及米易、开江、万县、开县、阆中、德昌、绵竹、遂宁市中区、泸县、眉山、珙县等11个农村教育综合改革实验县（区），同时，又确定了一批“燎原计划”示范乡，进一步扩大了全省农村教育综合改革实验和实施“燎原计划”工作的影响，为全省大面积开展这项工作奠定了基础。

高 等 教 育

一、调整专业结构

1991年，四川省高等教育通过几年的治理整顿、充实提高，进一步明确并贯彻“坚持方向、稳定规模、优化结构、深化改革、改善条件、提高质量”的方针，发展规模基本稳定。全省高校本专科在校生比上年略有增加；研究生增加4.6%，其中博士生增长比例较大，招生213人，在校生656人，比上年分别增长44.9%和19.9%。按照国家教委要求，四川省教委对高校本、专科专业设置状况做了清理，停止了未经批准、擅自设置的专业的招生，部分长线专业实行了减招、停招或隔年招生。通过调整，全省高校本、专科专业种类分别由上年的217种和305种减少为210种和271种；本、专科专业点分别由上年的487个和620个下降为471个和571个。理科、文科等长线专业招生比重有所下降，社会需求量大的工科、医科专业招生比重有所上升。为适应全省中等职业技术教育发展的需要，经省人民政府批准，成立了四川农大职业技术师范学院，培养农村职业技术教育师资，并逐步将学院办成培养师资、推广技术、职业技术教育研究的中心。近期招生规模为900人。

二、继续深化教育教学改革

全省高校结合学校实际制定与实施十年

规划和“八五”计划，普遍加强了管理，校风、学风进一步好转。许多院校召开了全校性的教学工作研讨会，学习新时期的教育方针。各学科领域的改革已逐步推开，不少院校在总结前几年教学改革经验的基础上，进一步加强了重点学科、重点专业、主干课程、重点实验室的建设；加强了实践性教学环节，建立了一批产学结合基地和社会实践、生产实习、顶岗实习基地；开展了新的办学和培养模式及管理体制的探索。西南农业大学继续进行综合改革试点；所有农业院校坚持举办招收有农业实践经验的农村青年、不包分配的农技专科班；成都中医学院试行集传统师承教育与现代学校教育的长处于一体的教学改革试验；重庆大学的合作教育计划，电子科技大学的产学结合计划，都已在组织实施。为主动适应经济建设和社会发展需要，部分高校还总结和推广了按系招生，分类教学，分流定向培养的办法。省教委还对全省高校体育课程和成都地区10所本科院校教材工作进行了评估，均取得了较好的效果。

三、教育科学研究

全省高校继续深入贯彻经济建设必须依靠科学技术，科学技术必须面向经济建设的战略方针，在组织精干队伍持续、稳定进行基础性研究和高技术研究的同时，切实把主要科技力量投入到国民经济服务的主战场，多渠道争取科研任务和科研经费；进一步实行教学、科研、推广三结合，加速科技成果转化；采取了一系列措施，加强组织管理，科技工作取得了显著成绩。据30所高等学校统计，1991年共开展科学研究项目5923项，比上年增加4.92%；从各种渠道拨入的科研经费1.23亿元，比去年增长27.3%，其中，省属院校获得科研经费达800多万元，比上年增长33%；重庆大学、电子科技大学、西南交通大学、四川大学、成都科技大学当年获得科研经费均在1000万元以上，其中重庆大学、电子科技大学两校在2000万元以上；全省鉴定高校科技成果600项，比去年增加7.34%；推广科技成果608项，比去年增加60.42%，推广科技成果增加的经济效益达31.38亿元（其中省属院校15.98亿元），比去年增长59.8%，年经济效益在100万元以上的推广项目148项，比上年增长43.68%；获四川省科技进步奖108项，占全省奖励总项目数的33.3%，其中省属院校获奖38项，占全省高校获奖总项数的35.2%，是历年来获得省科技进步奖项数最多的一年；获国家发明奖、国家自然科学奖、国家级科技进步奖17项。

四川省高校哲学社会科学研究按照“坚持方向、突出重点、统筹兼顾、量力而行、协调发展”的原则，在积极开展本学科领域研究的同时，围绕高等教育自身的改革和发展、高等学校如何加强马克思主义理论教育以及区域经济、社会发展等方面的理论问题和实际问题，组织协作研究。据统计，全省高校已有48个项目列入四川省哲学社会科学“八五”科研规划，占该规划已列项目总数的52.1%，共承担全国中华社会科学基金项目、国家青年社科基金项目29项。

四、研究生教育和学位工作

1991年，全省有26所高等学校具有学士学位授予权，涉及215种专业，486个专业点；硕士授予单位52个（其中科研机构23个），硕士点489个（其中科研机构44个），博士授予单位20个（其中科研机构3个），博士点136个（其中科研机构3个）。硕士、博士学位，学科授权点遍及11个学科门类。6所高校建有国家重点实验室5个、专业实验室1个；13所高校有23个国家重点学科；9所高校建有12个博士后科研流动站，共有博士和硕士指导教师2791

人。至1991年止，全省27所高校已累计招收14届研究生19358人，其中博士生1006人，硕士生和研究生班学生18352人；累计毕业研究生达13202人，其中博士300多人，硕士1万余人。

四川省加强了研究生教育和学位工作的统筹规划和管理；1991年9月，经国务院学位委员会同意，四川省人民政府批准，成立了四川省学位委员会，下设办公室（挂靠省教委），负责处理学位委员会的日常工作。

师范教育

一、中等师范教育

1991年，四川全省中等师范学校专任教师中，有大学本科毕业以上学历的2953人，学历合格率为57.94%；高级讲师732人，讲师1373人，分别占专任教师总数的14.36%和26.94%。

扩大中等师范新教学方案试点。1991年1月，省教委在成都召开中等师范教育新教学方案扩大试点工作会议，决定将试行国家教委发布的《三年制中等师范学校教学方案》的学校由5所扩大至全省各市、地、州，共计25所。

1991年，省教委加强了中等师范学校办学条件标准化建设的进程。3月中旬和下旬，省教委组织人员分赴涪陵、达县、万县、黔江、南充、内江等地、市25所学校调查研究，帮助各地、市核定保留学校的办学规模，明确当地中师调整任务，修订建设规划。省召开了全省中师标准化建设工作会议，确定37所学校为首批实现办学条件标准化建设的学校并落实具体基建项目和基建投资。

加强中师短缺学科教师培养培训工作。1991年，省教委委托省舞蹈学校举办了中师舞蹈教师培训班，为16所试行新教学方案的学校培训急需的舞蹈教师。为解决中师音乐、美术学科教师数量严重不足的问题，全省首次向本省7所师范专科学校音乐、美术专业保送20名中师毕业生，并规定这批学生毕业后均回中等师范学校任教，以充实中师艺术学科教师队伍。

二、中小学在职教师培训

1991年，全省教育学院共招收在职教师进修本科学历的学员973名，进修专科学历的学员6238名，占教育学院招生数的99.9%。1991年毕业本、专科学员7816人。现有本科在籍人员734、专科在籍学员6082人。1991年，招收成人中专师范专业学员2091人。

1991年，按照省教委关于“八五”期间四川省中小学在职教师培训工作的要求，制定了实施的具体目标和措施。大力抓紧中学教师学历补偿教育，努力提高初、高中教师学历合格率，积极开展中学教师继续教育试点工作；善始善终完成小学教师学历补偿教育扫尾工作，将小学教师培训工作重点转向继续教育。

1991年，四川省加强了中小学教师继续教育工作，突出在师德修养、教育教学能力方面对教师进行培训。5月，国家教委在四川绵阳市召开了全国小学教师继续教育工作研讨会。会议充分肯定了绵阳市市中区教师进修学校的基本经验，推进了全省小学教师继续教育工作的法规建设。9月省教委、省人事厅联合发布了《四川省小学教师继续教育暂行规定》，明确提出了全省小学教师继续教育的指导思想、任务、原则、内容、途径，规定了在职小学教师每5年内应接受继续教育的相应学时。10月，省教委又在广安县召开了全省小学教师继续教育试点工作经验交流会，提出了小学教师培训由学历补偿教育为主转变到以继续教育为主。

举行中、小学、幼儿园教师《专业合格证书》考试。1991年，四川省教委举行了全省高中、初中、小学、幼儿园教师四个层次的《专业合格证书》文化专业知识考试及初中教师的英语、音乐、体育、美术等学科的专业技能考试。高中教师参加考试476人次，及格183人次；初中教师参加考试8596人次，及格3657人次；小学教师参加考试30321人次，及格11127人次；幼儿园教师参加考试17248人次，及格14613人次；初中英语、音乐、美术等专业学科教师参加考试297人次，及格284人次。

1991年1月，省教委对9所接受世界银行贷款的教育学院执行中学师资培训项目工作的情况进行自审自查。1月下旬，世界银行高级教育专家理查德·德思丁先生由国家教委有关人员陪同对上述9所贷款项目学院1990年度执行情况进行检查，充分肯定了项目学院为中学举办实验员培训班，努力发挥贷款效益的作法。11月，省教委开展了接受国家教委对上述教育学院项目工作进行中期评估检查的组织工作。国家教委评估小组在万县教育学院、重庆教育学院和四川教育学院进行实地检查并听取项目学院的汇报，对教育学校使用贷款的管理工作给予肯定。

三、高等师范教育

1991年，全省高等师范教育规模略有发展。全省17所高等师范院校、5所非师范院校师范部和部分普通高校师专班共招生13688人，其中，本科3919人，专科9769人；毕业学生13881人，其中，本科4030人，专科9851人；在校学生达41814人，其中，本科15487人，专科26327人。

进行师专学校的合格评估。1991年，四川省教委发出《四川省师范专科学校合格评估暂行办法》和《四川省师范专科学校合格评估指标体系（试行稿)》，从办学条件、教育质量、管理水平、办学效益等四个方面开展评估。在13所师专自查、自评的基础上，由教委组织专家小组对绵阳师专进行了合格评估的试点。在评估试点的基础上，预定在1992年正式开展评估，至1995年省师专评估结束。

组织师专课程统考。为了了解师专课程教学情况，探索检测与评估师专教学质量的方式和途径，促进教育质量的不断提高，省教委组织了全省师专现代汉语课程统一测试，参加测试的学生达1084人。同时，参加了国家教委组织的全国师专英语专业综合测试，接受测试的学生达800多人。通过对测试成绩的分析，比较全面地了解了各校有关课程的教学质量，为深入进行教学改革提供了依据。

1991年，继续选拔师专优秀学生升入本科院校学习。全省共选拔221名师范专科学生升入本科院校学习，其中，中文专业51名，数学专业51名，物理专业46名，化学专业45名，英语专业28名。

成 人 教 育

一、成人高等、中等专业教育

1991年，四川省成人高等、中等专业教育狠抓治理整顿，进一步调整学校布局，稳定学历教育规模，大力发展以岗位培训为重点的非学历教育，努力提高教育质量，取得了显著成绩。

(一) 进一步治理整顿成人高等中等教育

1991年5月，省教委组织检查组，对14所省属普通高校成人教育的治理整顿工作进行检查验收，并向国家教委报送了省属普通高校成人教育治理整顿工作基本结束的专题报告。省教委还部署与检查了成人高等教育《专业证书》教学班的复查清理工作。在各院校和委托办班部门自查清理的基础上，省教委与省人事厅联合对全省30多所普通高校和成人高校内及分设在成都、重庆、内江、涪陵、万县、乐山、自贡、泸州、宜宾、达县、德阳、南充、凉山等13个市、地、州的《专业证书》教学班进行了检查验收。省教委还部署了全省成人中等专业学校的评估工作。

省教委进一步加强成人高等教育招生的指导和调控。1991年，拟定了《四川省成人高等教育和成人中等专业技术教育"八五"规划要点》(草案)，规划在"八五"期间累计培养成人本、专科毕业生17.5万人，中专毕业生22.5万人。同时，编制落实了1991年四川省成人高等教育事业计划，省属院校招生2万余人。通过招生计划的宏观调整，促进了学校布局层次、科类、专业结构的调整，压缩了部分供过于求的长线专业，开设了一些急需的短缺专业。

(二) 深化教学改革，抓好教材建设

1991年，四川省成人高(中)等院校从成人学习特点和实际工作岗位要求出发，坚持理论联系实际的原则，加强了教学的针对性和适用性，提高了学员分析和解决问题的能力。受国家教委委托，省教委组织有关部门和院校的人员，完成了"工程制图"、"音响技术"和"电动及电热具"等3门职工大学、成人中等专业学校教材的编审任务。

(三) 积极发展农民中专教育和加强农业广播学校的管理

全省26所县办农民技术学校，在保证质量的前提下，积极发展农民中专教育。犍为县有19所农民中专学校举办农民中专班，1991年招生1103人，在校学生2553人，比1990年增加35.1%。同时举办了专业技术班和实用技术短训班，共培训1.5万多人，比1990年增加50%。

加强对农业广播电视学校的管理。1991年，经过审定有关教学计划和教材，抽考主要基础课和专业课，基本上完成了对四川省农业广播电视学校1987、1988级1万多名学员的学籍认定工作，同时，对部分市、地、州分校进行了办学机构的审批工作。

(四) 成立成人高等教育研究会

1991年4月13日，四川省成人高等教育研究会成立大会、第一届理事会在成都召开，推选倪晴、徐宗征为名誉理事长，林寿荣为理事长，董显明为秘书长。研究会挂靠在四川大学成人教育学院。1991年，已开展对四川成人高等教育发展战略规划的研究工作。

二、扫盲教育

1991年，全省下达扫除文盲40万人的计划，实际扫除文盲84.5万人。德昌、马边、峨边、汶川、酉阳等9个县（区）达到基本扫除文盲标准。全省累计有182个县（区）、7493个乡（镇）达到国家规定的基本扫盲标准；有110个县的青壮年非文盲率达到95%以上；全省15周岁至40周岁人口中的非文盲率由1990年的92.36%上升到93.9%。四川省扫盲工作受到国家教委通报表彰和奖励，安岳、开县、武胜3县被评为全国扫除文盲先进单位。

1991年4月，张皓若省长签署了四川省人民政府第21号令，发布《四川省〈扫除文盲工作条例〉实施办法》，对扫盲对象、标准、规划、目标、领导、管理和措施等，作了具体规定。

1990年11月至1991年4月省教委与《四川农村报》联合举办了扫盲教育知识讲座和有奖知识竞赛活动，《四川农村报》共刊登14讲，着重宣传了党和政府重视扫盲、扫盲工作的成绩、经验和扫盲的方针政策，强调了扫盲的长期性、艰巨性和重要性，进一步动员全社会关心支持扫盲工作。参加学习讲座和知识竞赛的，遍及机关、学校、企事业单位和乡村组。这一活动在全国尚属首次，效果较好，受到国家教委有关领导的好评。

三、农民文化技术教育

1991年，各地继续加强各级农民文化技术学校的建设，广泛开展了实用技术教育，参加各级农民文化技术学校各种技术班学习毕（结）业的有987万人，一大批农民接受了法制、人口教育和社会文化生活教育。乡（镇）农民文化技术学校达到6578所，比1990年增加493所，占全省乡（镇）总数的75%以上。其中达到农村初中或小学建制要求的1977所。村农民文化技术学校（班）办学面达村总数的25%。许多农民文化技术学校在办学育人中，注重深化改革，增加办学资金投入，推行电化教学，提高教学质量，增强了广大农民吸收和运用科技能力，推动了农村生产发展和经济效益的提高。

为进一步推动乡（镇）农校的建设和发展，省教委决定第二批省基点农校由原来的50所增加到100所。1991年，各地进行了第二批基点乡（镇）农校的检查验收和申报工作。由市、地、州教委主任（教育局长）会同农业科技等有关部门同意，对农村教育综合改革，实施“燎原计划”和基点校，一并进行了检查验收。与此同时，各地继续抓紧了乡（镇）农校规范化建设，加强了教学管理、教材建设和师资培训工作。1991年，省教委举办了两期（其中一期与贵州省联合办班）成人教育专业理论知识学习班。

1991年6月27日至7月13日，联合国教科文组织亚太地区点办事处和中国教科文组织全委会在成都联合举办亚太地区扫盲和继续教育人员培训班，由四川省教委承办。参加培训的有亚太地区14个国家的成人教育专家、联合国教科文组织官员及10个省市的观察员共70人。培训班人员考察了四川省德阳市市中区、广汉县和什邡县的一些乡（镇）成人学校，对中国和四川省的农村成人教育给予极高的评价。

四、职工教育

1991年，全省在全民和集体所有制企事业单位和部门的934万名职工中，开展了以岗位培训为重点的各级各类政治、文化、技术的学习培训。全年参加50学时以上学习的职工326.78万人，占职工总数的34.95%，其中参加岗位培训的（资格培训、技术等级培训、适应性培训）283.46万人。其中，企业领导干部和管理干部

16.8万人（资格性培训的5.4万人）。各类专业技术干部参加学习培训的有5.86万人。四川化工总厂、成都无缝钢管厂、乐方汽轮机厂、重庆红岩机器厂、重庆第八建筑公司和中国银行重庆支行等企业，被国家教委列为全国教育综合改革实验企业。

1991年6月，全省有15个企事业单位受到劳动部、国家教委、国务院生产委员会、人事部、全国总工会、中国职工教育协会和职业教育协会、中国成人教育协会等7个部门的联合表彰，被授予“全国职工教育先进单位“的称号。这些单位是：国营长虹机器厂、第二重型机器厂、长城特殊钢铁公司、四川长征制药厂、成都无缝钢管厂、泸州老窖酒厂、泸州天然气化工厂、四川省万县市电池厂、乐方汽轮机厂、重庆市职工大学、攀枝花钢铁公司、第五冶金建设公司、中国西南航空公司、国营长安机器制造厂、重庆职工联合学校。

根据国家教委等五部委《关于开展岗位培训若干问题的意见》，按照“积极稳妥、突出重点、按需施教、保证质量、注意实效、逐步完善、形成制度”的方针，改革职工教育的管理体制和运行机制，实行以行业为主导，企业为主体的岗位培训管理体制，初步形成统一规划、分级办学、各有侧重、协调发展的办学格局。同时，以面向生产、面向企业为出发点，以干部岗位培训、工人技能培训及工程技术人员的继续教育为主体，开展了以短期、业余、自学和以适应性培训为主的学习培训，较好地解决了工学矛盾，调动了办学单位、教学单位和学员的积极性。省教委还选择了一部分大中型企业，试行对新上岗（含转岗）人员实行“先培训，后上岗”的岗前培训制度，对在岗人员需要持证上岗的实行经培训、考核合格后持证上岗的制度。

五、社会力量办学

1991年，省教委进一步贯彻“鼓励支持、积极引导、加强管理、清理整顿”的方针。据不完全统计，全省社会办学3417所，在学人数38.03万余人。经过初步的清理整顿，社会办学乱招生、乱收费、乱发文凭的问题得到初步解决。

全省自学考试规模稳步发展。1991年，为适应社会需要，四川省新开了法律（本科）专业，至此，全省开考专业已发展到本科5个、专科30个、中专7个（含已合并的2个专科、2个中专专业）。全年报考人数47.1万，比1990年增长24%，有17.4万余人获得了一门以上课程的合格证书，10602人获得大专毕业证书，391人获得大专层次的专业证书，846人获得中专毕业证书，97人获得中专层次的专业证书。全省累计报考人数（不计重复）已接近一百万，取得一门以上课程合格证书的在籍考生达29万人。

撰稿人　彭润商　何庆庆　李　岚
审稿人　王可植　纪穑缘

贵州省教育

概况

一、教育事业发展概况

1991年，贵州继续深入贯彻治理整顿、深化改革的方针，教育事业得到协调发展，在适应全省经济、社会发展方面前进了一步。

1991年各级普通学校基本情况　　单位：人

学校类别	学校数(所)	毕业生数	招生数	在校学生数	教职工数 计	教职工数 其中专任教师
一、普通高等学校	24	7 626	7 607	25 796	12 401	5 371
研究生		57	17	55		
本　科	9	3 758	3 528	14 800	9 051	3 697
专　科	15	3 811	4 062	10 941	3 350	1 674
二、中等专业学校	110	17 342	19 074	54 777	11 595	5 768
中等技术学校	81	11 550	13 142	37 376	9 011	4 255
中等师范学校	29	5 792	5 932	17 401	2 584	1 513
三、普通中学	1 632	273 068	348 927	1 002 278	72 836	57 074
高　中	389	41 007	47 645	134 771		10 270
初　中	1 243	232 061	301 282	867 507		46 804
四、农业、职业中学	230	15 230	26 053	59 194	5 376	3 713
高　中		7 988	15 701	34 468		2 288
初　中		7 242	10 352	24 726		1 425
五、工读学校	3	66	60	92	50	30
六、小　学	20 597	522 735	849 749	4 338 459	185 082	168 364
七、特殊教育学校	9	33	229	778	214	172
八、幼儿园	1 286	86 323	130 915	227 629	11 844	9 817

1991年各级成人学校基本情况

单位：人

学校类别	学校数(所)	毕业生数	招生数	在校学生数	教职工数	
					计	其中专任教师
一、成人高等学校	20	7 220	5 681	16 686	3 313	1 536
广播电视大学	1	2 512	2 263	6 036	930	417
职工高等学校	6	465	430	1 138	533	240
农民高等学校						
管理干部学院	5	843	581	1 342	781	351
教育学院	8	1 697	1 199	2 728	1 069	528
独立函授学院						
普通高校举办						
函授部 夜大学		1 703	1 208	5 442		
干部专修科						
二、成人中等专业学校	26	2 973	4 930	6 953	1 187	584
广播电视中专	1	1 387	1 736	1 981	289	92
干部中专	4	337	351	800	183	68
职工中专	17	1 233	2 647	3 709	596	346
农民中专						
教师进修学校	4	156	196	463	119	78
三、成人中学	5	73	112	328	47	23
职工中学	4	73	60	276	41	19
农民中学	1		52	52	6	4
四、成人技术培训学校	753	311 617	208 801	216 451	1 923	368
职工技术培训学校	31	9 797	9 488	10 247	286	117
农民技术培训学校	722	301 820	199 313	206 204	1 637	251
五、成人初等学校	791	246 544	334 541	383 066	5 295	2 208
职工初等学校	4	684	635	625	93	92
农民初等学校	787	245 860	333 906	382 441	5 202	2 116
其中：扫盲班	686	239 990	327 282	368 611	4 830	1 879

制表人　王碧海

基础教育得到加强。幼儿教育在园幼儿从 1990 年的 19.19 万人发展到 22.76 万人，增长 18.6%；小学在校学生达 433.84 万人，学龄儿童入学率达 90.09%；初中在校学生从 1990 年的 83.19 万人发展到 86.75 万人，增长 4.28%；普通高中在校学生从 1990 年的 13.34 万人发展到 13.47 万人。

职业技术教育得到大的发展。农职业中学在校学生从 1990 年的 5.21 万人，发展到 5.91 万人，增长 13.43%，其中职业高中学生从 1990 年的 2.82 万人发展到 3.44 万人，增长 21.99%；普通中等专业学校在校学生从 1990 年的 5.35 万人发展到 5.47 万人，增长 23.28%。各类高中阶段职业技术学校在校学生占整个高中阶段在校学生总数的 46.23%。

普通高校规模得到控制，在校生从 1990 年的 2.69 万人（不含研究生）调减到 2.57 万人，减少 4.46%，使学校办学条件的紧张状况有所缓解。

成人高等教育得到调整，其中学历教育在校生从 1990 年的 1.32 万人（不含高校举办的函授、夜大学学生，下同）减少到 1.12 万人，减少 15.34%；非学历教育的短期岗位培训学生则从 1990 年的 0.62 万人发展到 0.9 万人，增长 45.16%。成人中专的短期技术培训人员从 1990 年的 11 万人发展到 21.64 万人，增长 96.73%。成人高教正从学历教育为主向以短期岗位培训为主转轨。

二、增加教育投入，改善办学条件

（一）全省教育事业经费实际支出情况

1991 年，贵州省教育事业费银行支出数为 69935.3 万元，实际支出决算数为 70130.8 万元。在教育事业费实际支出数中，人员经费为 53598.8 万元，占教育事业费支出的 76.42%，比 1990 年增加 4356.1 万元，增长 8.85%；公用经费 16532 万元，占教育事业费支出的 23.57%，比 1990 年增加 138.7 万元，增长 0.85%。实际支出比 1990 年实际支出数增加 4494.8 万元，增长 6.84%。

1991 年全省教育经费支出总额为 74260.5 万元（教育事业费 69935.3 万元加教育基建投资 4325.2 万元），占全省国民生产总值的 2.59%，占全省财政总收入 17.35%，占全省财政总支出的 13.92%（教育事业费占全省财政总支出的 13.11%）。1991 年和 1990 年相比较，财政预算内教育经费增加幅度不大，原因是由于 1991 年贵州遭受特大洪涝灾害，各级政府主要考虑救灾。对教育投入相对减少。但大灾之年，人民群众集资办学热情高涨。1991 年教育基建投资总额达 11067.6 万元，比 1990 年增加 4525.77 万元，增长 69.18%。

1991 年，每个学生占有教育事业费实际支出（生均经费）分别为：普通高校为 3047.83 元，比 1990 年增加 217.41 元，增长 7.68%；中师学生为 1133.44 元，比 1990 年增加 1.46 元，增长 0.12%；普通中学为 174.36 元，比 1990 年增加 9.44 元，增长 5.72%；小学生为 80.88 元，比 1990 年增加 6.17 元，增长 8.25%。

（二）教育事业预算外经费支出情况

1991 年，全省中小学预算外总收入为 10777.4 万元，占普通教育事业费的 17.75%；中小学预算外支出为 6522.8 万元。全省高等学校“学校基金”总收入为 1257.1 万元，其中上年余额 640.7 万元，本年收入为 616.4 万元；“学校基金”支出为 634.3 万元；“学校基金”年末余额为 602.8 万元。

（三）全省教育事业基本建设完成情况

1991 年全省教育事业基本建设贯彻执行“高等学校重点搞续建工程建设，中小学重点搞水毁校舍恢复建设和配套建设”的原则，年度计划共安排投资12245.6万元，到年底实际完成11067.6万元，占安排投资的90.38%。其中国家预算内投资（包括国家各种专项补助、地方非营业性基建基金、不发达地区发展资金和少数民族地区补助费）3028.96万元，完成2779.19万元，占安排投资的91.75%；自筹投资（包括地方各级机动财力自筹资金和部门、单位自筹资金）7025.13万元，完成6391.74万元，占安排投资的90.98%；其他资金（包括捐款和群众集资）2191.52万元，完成1896.69万元，占安排投资的86.55%。

1991年全年房屋施工面积共计858775平方米，其中高教154908平方米，普教703867平方米；房屋竣工面积共计544996平方米，其中高教60182平方米，普教484814平方米。

1991年全省教工住宅完成投资2416.13万元，占总完成投资的21.83%；住宅施工面积211746平方米，占总施工面积的24.66%；住宅竣工面积140937平方米，占总竣工面积的25.86%。

经过一年的努力，办学条件得到进一步改善，特别是水毁校舍恢复得较快，使大灾之后各级各类学校能够很快顺利进行正常的教学和生活。

三、召开全省农村教育工作会议

贵州省人民政府于1991年12月17日至20日召开全省农村教育工作会议。会议通过学习贯彻党的十三届八中全会精神，总结了党的十一届三中全会以来，特别是“七五”期间贵州农村教育工作的成绩和经验，研究制定了改革和发展全省农村教育的政策措施。会议强调：

1.各级党政领导应充分认识农村教育是振兴经济、实现“两个翻番”、脱贫致富的重点和难点，必须把依靠科技教育振兴农业的重要任务放在突出的位置，真正落实教育优先发展的战略地位，把教育纳入农村经济、社会发展的总体规划，使农村教育持续、稳定、协调地向前发展。

2.改革和发展农村教育，必须建立政府统筹、农科教结合、“三教”协调发展的运行机制。落实基础教育由地方负责，分级办学、分级管理的原则，理顺教育内外部关系，把智力开发、科技开发、经济开发融为一体，在人、财、物等方面做到有关部门互相配合，各展其长，形成合力，使教育、科技、经济有机地结合起来，为振兴农村经济、脱贫致富服务。

3.大中专院校要主动为农村教育改革和发展服务，要根据农业和农村现代化建设的需要，调整专业结构和教学内容，为农村职业技术教育提供师资和技术指导。要改革招生和毕业生分配制度，打通人才流向边远贫困地区的渠道。

4.各地要采取切实有力的措施，制订规划，有计划、有步骤、分期分批地培养、培训中小学校长和教师，强化各类学校的常规管理，努力提高教育质量和办学效益。

5.要全面贯彻党的教育方针，进一步加强中小学德育工作，加强马列主义、社会主义、爱国主义和集体主义教育，开展勤工俭学和社会实践活动。改革传统的教育模式，努力探索教育、科研、生产三结合的路子，加强教育思想、教育理论、教育内容、教育方法的研究，深化农村教育改革。

四、教育战线抗洪救灾取得巨大成绩

1991年6月底至7月中旬，贵州各地先后遭受了百年未遇的特大洪水灾害，学校受到严重损坏。全省受灾中小学3535所，其中校舍倒塌的有530所，倒塌校舍18.22万平方米，造成新危房79.49万平方米，倒塌围墙9.85万米，损坏课桌凳5.88万套、教学仪器82.9万件、图书23.9万册、实习实验基地12.89万亩，因灾死亡学生5人，造成直接经济损失1.03亿元。

灾情发生后，省委书记、省长及各地县党委和政府的领导同志都亲自深入受灾学校慰问师生，部署抗灾救灾工作。各有关部门为学校救灾大开“绿灯”，采取修复危房、重建校舍、搭建临时教室、借用公私房屋等措施，不仅保证了全省中小学在秋季新学期到来时全面开学，而且小学适龄儿童入学率达到90.09%，比1990年上升了0.34个百分点，初中、高中、职业中学在校学生分别比1990年增长4.28%、0.97%、13.4%。

为了帮助灾区中小学重建被洪水冲毁的校园，中央拨给贵州救灾专款600万元，天津市教卫委员会对口支援200万元捐款和10套教学仪器，云南省教委捐赠100套小学教具，贵州省人民政府拨出接收的捐赠款400万元，各地县财政安排学校救灾专款1120万元，群众捐资集资977万元，加上省财政原安排的中小学校舍维修费1500万元，共计4898万元，修复了因水灾造成的有危险校舍的学校1141所，计27.5万平方米，重建水毁校园486所、17.48万平方米。

五、民族教育事业继续发展

据1991年统计，贵州省小学、普通中学、农职中学、中等专业技术学校、中等师范学校以及高等学校在校少数民族学生共达180多万人，占在校学生总数的1/3，接近全省少数民族人口占总人口的比例。

为发展民族教育事业，贵州省根据本省的民族特点和地方特点，采取了一系列特殊的办学形式和方法。贵州少数民族居住的地方山高谷深，交通极为不便，大多处于经济贫困、教育落后的状况。为了使这些地方的孩子入学念书，政府建立了寄宿制的民族中小学和民族班，确定名额到少数民族边远乡村招生，对家庭经济困难的学生实行补助，在教学中因材施教，积极进行“双语教学”（本民族语文和汉语文）实验，努力使少数民族学生进得来、留得住、学得好；还针对农村少数民族人口居住分散的特点，兴办了大量的小学一至四年级的教学班点，方便少数民族子弟入学。

为加强民族地区小学师资队伍建设，在黔东南、黔南、黔西南3个自治州和毕节、铜仁、安顺地区，优先、重点办好8所中等民族师范学校，相对集中地投入人力、财力、物力，新建、扩建包括教学楼、图书楼、艺术楼、实验楼、宿舍楼等，面积11万多平方米，购置了300万元的教学仪器和图书资料。目前，8所中等民族师范学校已初具规模，共有在校学生5800人，其中少数民族学生占75%，从1986年到1991年已输送毕业生8965人，这些毕业生90%以上分配到民族地区乡村小学任教，80%分配到边远贫困民族乡村任教。

为了使民族教育更好地服务于民族地区经济建设，对17个民族贫困县的职业技术教育进行重点扶持，帮助每个县办好1所综合性示范性的民族职业技术学校，投资千余万元，建成校舍5万平方米，17所民族职业技术学校已拥有800多亩实习实验基地，在校生达4000人，其中少数民族学生占73%。学校采取长期培养和短期培训的方式，为民族贫困地区输送了农林、畜牧、兽医、果蔬、农机、建筑等农村实用人才8296人，大部分成为乡村科技骨干和“土财神”，为那里群众的脱贫致富发挥了作用。

为了培养少数民族较高层次的人才，还积极发展民族高等教育事业。全省建立1所民族学院、3所民族师范专科学校和1所民族医学专科学校，还在部分高等学校开设了少数民族班（预科班），专门招收少数民族子弟。除此之外，从1980年开始，在高考招生中实行对贵阳、遵义、安顺3个城市的少数民族考生降10分，对其他地区的少数民族考生降20分参加录取的办法，全省普通高等学校录取少数民族考生数占录取总人数的比例由1979年的8.5%上升到1991年的33.7%。大批的少数民族干部和专业技术人才不断涌现，在社会主义建设的各个岗位上为民族地区的稳定和繁荣作出了巨大贡献。

基础教育

一、中小学德育工作不断加强

1991年，中小学德育工作督导评估结果表明，全省中小学德育工作不断加强，中小学德育工作薄弱的状况开始改变。

（一）教育内外部对学校德育工作重要性和紧迫性的认识有了很大提高

各级党委、政府先后召开了不同类型的中小学德育工作会议，建立了由党政领导为负责人的德育工作领导小组。党政领导分工联系学校，帮助和指导学校抓德育工作已形成制度。许多地方把学校德育工作列入了党政干部的岗位责任制，使党政部门对学校德育工作的领导逐步落到实处。中小学普遍建立了校长主管德育工作，党支部发挥政治核心作用的领导体制，德育组织机构逐步建立健全，64%以上的高、完中和一部分初级中学设置了思想政治教育处。中小学已建立了一支由校长负责，党、政、工、团、班主任、年级组长和政治教师组成的德育工作队伍。多数中小学德育工作管理逐步走向制度化、科学化，制定了既符合上级文件要求又切合本校实际的德育总体规划和实施计划，学校管理的各项制度不断健全、完善。各地中小学都按教学计划开设了政治课、思想品德课和时事政策教育课，充分发挥课堂教育主渠道的作用。绝大多数教师能按教学大纲要求施教，做到讲授观点正确，注意联系学生思想实际，收到较好效果。

（二）重视加强师德教育，发挥师德的示范作用

各地采取多种形式组织教职工学习《中小学教师职业道德规范》。许多地方层层开展师德演讲活动，组织优秀教师深入学校巡回演讲。许多学校结合本校实际制定了师德规范细则，使广大教职工有了共同努力的方向。中小学中诸如校长主动少拿奖金，多上课或代课不拿超课时费，教师用钱、粮、衣物等资助家境贫困学生，用慈母般的爱心转化差生等事例层出不穷。

（三）学校、社会、家庭三结合的教育网络开始形成

各地中小学除坚持了已形成制度的家长会、家访、信访等与家庭联系的方式外，不少学校还实行学校开放日、校长接待日。52.6%的中小学建立了家长委员会，举办了家长学校。许多学校与周围的机关、单位、街道办事处等建立了固定联系制度，共同做学生的政治思想教育工作，开始形成多层次、多渠道、多形式齐抓共管德育工作的网络。

（四）中小学德育工作取得明显效果

各地在抓学生品德教育的同时，重视了对学生的政治和思想教育。多形式、多渠道对学生进行四项基本原则和爱国主义教育。

据对全省1825所德育评估学校的不完全统计，一年来，有1543名学生受到省及省以上的表彰，6651人受地区级表彰，14300多人受县级表彰。好人好事达100多万人次。学生操行评定合格率达97.45%，其中，优良率达59.3%。各地还涌现出一大批赖宁式的好少年。如贵阳市白云区麻堡小学学生莫兵，临危不惧，勇救落水儿童，被评为全国"百名好少年"之一，荣获勇敢奖；贵阳市白云区牛场小学学生钟毕，冒着生命危险，救出摔倒在铁轨上的83岁老人，被全国少年英雄评委会评为"中国小英雄"。他们的事迹在当地传为佳话，成为中小学生学习的榜样。

二、普及初等教育工作向前推进

1991年，全省小学在校生数与1990年接近，7-11周岁适龄儿童入学率达92.67%，比上年上升1.34个百分点，7-12周岁适龄儿童入学率为90.7%。石阡、务川、钟山区、兴义市4个县（市区）通过了普及初等教育验收。至此，消除了六盘水市和黔西南州两个普及初等教育的空白地区；遵义地区成为继贵阳市之后的第二个全部普及初等教育的地区；全省基本普及初等教育的县（市、区）达到51个，占全省总县数的59.3%；普及初等教育县的人口占全省总人口的59%；另有一部分乡经过验收，实现普及初等教育。在推进普及初等教育的基础上，普通初中有所发展，1991年比上年增加40所，增长3.32%；在校学生比上年增加3.56万人，增长4.28%。高中规模基本稳定。

1991年是《义务教育法》颁布实施5周年，根据全国人大常委会委员长会议决议和省人大常委会主任会议决议，由省人大牵头，在全省范围内对《义务教育法》颁布五年来的实施情况，从下列五个方面进行了检查：(1)几年来如何从本地实际出发，依法实施一定年限义务教育的情况；(2)小学、初中贯彻国家教育方针的情况；(3)实施义务教育所需经费的落实情况；(4)师资队伍建设情况；(5)地方负责、分级管理体制的落实情况。在各地自查的基础上，省、地（州、市）进行了抽查。检查中贯穿了对《义务教育法》的宣传和边查边改。通过检查，提高了广大干部、教师、家长的执法意识，促进了基础教育的发展，使全省在大灾之年适龄儿童入学率反而有所上升。

三、特殊教育有较大发展

1991年全省特殊教育有较大的发展。截止1991年底，全省共有特殊教育学校9所。30个县（区）办起了特殊教育班点52个，比1990年增加42个，增长4.2倍。有盲聋哑、弱智在校学生778人，比1990年增长21.56%。1991年全省还分别举办了1期盲、聋哑、弱智师资培训班，培训各类特教师资76人；举办弱智儿童鉴定人员培训班1期，培训鉴定人员28人；安顺师范学校成立了特殊教育师资培训部，面向全省招收首批聋哑专业学生20人。

四、幼儿园登记注册工作初见成效

1991年5月、11月，根据国务院批准发布的《幼儿园管理条例》和国务院办公厅《关于明确幼儿教育事业领导管理职责分工请示的通知》精神以及《贵州省幼儿园（班）登记注册的暂行规定》，由省教委牵头，组织省物价局、财政厅、编委、卫生厅、妇联、工会、城乡建设环境保护局等单位，对全省9个地（州、市）、25个县（市、区）的115所幼儿园（班）进行了幼儿园登记注册工作的抽查，检查结果表明，全省幼儿园登记注册工作已全面展开，进展顺利，并初见成效。

1991年，全省有幼儿园1286所，学前班3790个，登记的幼儿园、学前班数为95%，其中基本合格已注册的幼儿园为

80%，责令停办的幼儿园为2%。全省有90%的县办起了示范性幼儿园，每个县都办了乡中心园。

1991年，全省在园幼儿227629人，与1985年相比，在园幼儿增长87.5%，幼儿入园率从1980年的2.2%上升到1989年的10.8%，1991年又达到15%，近两年的速度超过了前10年。

幼儿教师队伍得到加强。全省有幼儿教师11844人，20—30岁的占60%，高中毕业、幼师毕业以上文化程度占57.5%，受过专业培训的占35%。幼儿师范教育得到发展，全省中等师范学校幼师班和贵阳幼儿师范学校共有幼师班32个，在校师生1750人，职业高中幼师班有20个，在校生1000人。

通过多渠道集资，幼儿园办学条件得到改善。仅1990—1991年两年，全省用于改善办学条件，新建和改造危房的经费就达1200万元。

职业技术教育

一、职业技术教育概况

1991年，贵州省认真贯彻落实国务院关于大力发展职业技术教育的方针，经过治理整顿，继续深化改革，挖掘潜力，扩大招生，全省各类中等职业技术教育均稳步地发展。职业高中发展到116所，在校学生比1990年增加6158人；职业初中82所，在校学生比1990年增加840人；技工学校80所，在校学生比1990年增加1954人；中等专业学校110所，在校学生比1990年增加1246人。全省中等职业技术学校在校学生已占整个高中阶段在校学生总数的46.23%，比1990年增长1.37%。

二、中等专业学校合格评估

1991年，贵州省进行了中等专业学校合格评估工作。合格评估分准备、自评和复评三个阶段。准备阶段为4月初至5月中旬。制订了《贵州省普通中等专业学校合格评估（鉴定）指标体系》，4月，先后召开贵阳地区和专州中专校长会、主管厅局业务处长联席会，正式部署合格评估工作；4月15日，省中专评估领导小组、省教委发出《贵州省中等专业学校合格评估实施意见》，5月举办了为期3天的评估研讨班，各校派出专人学习指标体系。自评阶段为5月中旬至8月底，绝大多数学校如期上报自评报告；各校对自评工作均较重视，自评工作有相当信度，主管部门和地方政府重视和切实关注中专评估，不同程度地给学校增加了投入。复评阶段为9月下旬至11月中旬。9月28日省评估领导小组、省教委发出《关于对普通中等专业学校合格评估进行复评工作的通知》，10月3日至5日试点专家评检组对贵州电力学校进行复评试点，提出评检报告，10月8日至10日召开复评研讨会，宣讲《合格评估工作要点》，而后8个专家评检组64人分赴8个专州，首批40所中专校复评，10月20日至11月2日8个专家评检组先后转移至贵阳地区36所中专校复评，至

11月中旬全部完成，并作出各专家组评检工作总结。通过评检，76所中专校中，B级76分以上的有22所，占29%；C级60－76分（不含76分）的有44所，占58%；D级60分以下（不合格或暂缓通过）的有10所，占13%。

合格评估是对全省中专教育事业的一次大鉴定、大检阅、大交流。其评估效应是明显的：

1.对照指标体系，学校摸清了家底，充分认识了自我，实事求是地总结办学经验，看到自己的优势、特色，增强了办好学校的信心，同时也找到了存在的主要问题和不足之处，明确了努力方向。

2.通过评估对学校的领导班子、师资队伍、设施设备、教学文件、制度建设及基本教育质量有了全面、客观、深入的了解，主管部门进一步加强对学校的领导，支持学校的建设，改善办学条件，提高教育质量；教育行政部门针对学校对国家有关文件和规定的贯彻执行情况及存在的不足，加强改善宏观管理工作。

3.增强了“校兴我荣，校衰我耻”的荣辱观念和参与意识，调动了学校群体的积极性，绝大多数学校在制度建设和强化管理等方面都跨度不等地上了一个新台阶。

4.提高了中专学校的知名度，产生一定的社会影响，增强了中专学校教职工、学生的自豪感和荣誉感。

高等教育

一、加强思想政治工作

1991年贵州省高等学校贯彻执行了中央关于加强和改进政治思想工作，加强高校党的建设的指示精神，把坚定正确的政治方向放在第一位，坚持教育必须为社会主义建设服务，教育必须同生产劳动相结合，培养德智体全面发展的社会主义建设者和接班人。各高等学校把德育放在首位，思想政治教育工作得到了加强，广大师生员工的精神面貌很好。

为了向社会展示当代大学生的精神风貌，1991年5月3日至6月5日，由中共贵州省委宣传部、高校工委、省教委、团省委主办，团省委、省学联承办，在贵阳市举行了贵州省首届大学生校园文化活动月。活动月期间，共组织了包括声乐、器乐、舞蹈、美术、摄影、书法、知识百科、曲艺、小品等内容的比赛13项，召开了首届校园文化理论研讨会。全省二万余名大学生直接或间接投入了活动月的活动，占全省大学生人数的80%以上。2000余人次的大学生直接参加了各类比赛。贵州电视台为活动月专门录制了15集共200余分钟的专题节目在全省播映，收到了良好的效果。

二、开展高校充实整顿前期工作

1991年，根据国家教委《关于部分普通高等学校充实整顿工作的意见》和中共贵州省委、省政府的有关指示精神，省教委为进一步把“坚持方向，稳定规模，深化改革，优化结构，改善条件，提高质量”的工作方针落到实处，坚持思想要积极，态度要坚决，行动要稳妥，措施要有力的指导思想，会同省计委、省财政厅等部门进行一系列调查研究，分别召开各高校、各地（州、市）教委（教育局）、省直有关部委厅局负责人及7个民主党派负责人座谈会，同时还征求了有关地委、行署的意见，在广泛听取意见的基础上，经过综合分析，按照国务院《普通高等学校设置暂行条例》的要求，向省委、省政府呈报了贵州省高等学校充实整顿的建议方案。建议适当调整学校布局，调整专业设置，优化高等教育内部结构，做到稳步适度发展数量，不断提高教育质量，加强科学技术工作，逐步形成具有自己特色的社会主义高等教育体系。

三、高校科研、教学改革

1991年，贵州省高等学校特别是本科院校，进一步重视科学技术工作，积极开展科学研究、科技开发和科技推广服务。高等学校、科学研究机构、厂矿企业的结合（产学研结合）得到加强，科技成果推广应用引起各方面重视。为进一步加强高等学校科学技术工作，发挥相对优势，办出自己特色，经多方调查研究和同行专家评审论证，确定了全省高等学校首批重点学科共11个，分布在8所本科院校。

1991年，全省高等学校继续重视教学内容和教学方法的改革，狠抓提高教学质量。各高等师范专科学校进行了主辅修教学试验，以求主动适应社会对人才培养的需要。全省高等学校自下而上，组织了第二届优秀教学成果评奖，总结交流了教学改革的经验。在全省高等教育系统开展了首次实验室先进集体、先进个人评选和奖励，推动了高校实验教学和整个实验室工作。各高等学校还严格学生成绩考查和考试，加强学籍管理，继续实行毕业证书验印制度，使整个学风、校风建设取得成效。

四、聘请外籍教师工作走向科学化管理

1991年，贵州省16所高等学校聘请了美国、加拿大、英国、日本、澳大利亚、新西兰、荷兰、爱尔兰等8个国家的外国文教专家、外籍教师45人次，对提高高校外语教学水平起到了促进作用。

1991年6月，根据国家外专局召开的全国聘请外国文教专家目标管理工作会议精神，确定贵州大学、贵州工学院、贵阳医学院、遵义师范专科学校分别作为对外国文教专家进行目标管理和教学评估工作的试点单位。11月7日召开全省高校外事工作会议总结目标管理和单项教学评估试点工作，全面推行目标管理。会后，各聘外院校均建立了以校长为组长的评估领导小组，外语系（科）、外事办（组）、教务处、总务处、保卫处等有关部门密切配合，按规定和要求开展工作。截止1991年底，16所聘外院校中已有11所院校完成了1991年度外国文教专家、外籍教师评估工作并写出了书面总结。

通过评估，评出了外国专家、外籍教师教学工作中的先进人物，给予表扬；也对表现一般的外国专家、外籍教师予以促进。这样，既充分调动了外籍教师的工作积极性，提高了聘用效益；同时也完善了我方的有关管理制度，明确了各部门的职责，使外籍教师管理工作逐步从经验型管理向科学化管理迈进。

五、继续改革招生、分配制度

1991年贵州省共有77741名考生，经过文化预选考试，有38413人取得了参加全国普通高等学校招生统一考试资格。省内外普通高等学校共有279所在贵州省招生，招生计划总数为12254人，实际录取新生12214人，完成总计划数的99.7%。继续执行了各项招生照顾政策。新生中有少数民族青年4117人，占33.7%，已接近全省少数民族人口占总人口34.6%的比例。对在全省三个民族自治州所属各县和民族自治县连续工作满15年以上汉族干部和公办中小学教师子女，省属院校照顾录取61人。归侨及其子女照顾录取15人。地区级“三好生”、优秀学生干部、体育优胜者共录取722人。为鼓励考生报考农学及其他艰苦专业，对第一志愿填报贵州农学院享受10分或20分（贫困县考生享受20分）照顾录取129人，对第一志愿填报贵州工学院采矿、地勘、水工专业享受10分照顾录取45人。录取残疾青年41人。在国家任务招收的11520人中，有定向生3217人，占28.4%，其中有近1/3左右的定向生定向到边远贫困县，这部分大多是享受降低20分后录取的。

1991年贵州共有国家统一分配的大中专毕业生、毕业研究生29000多人，由省里分配的有25458人，其中省外高校2387人，省内高校7157人，毕业研究生147人。另外，国家计划内招收的自费、电大和函授普通专科班毕业生1200多人。毕业生人数比上年增多，分配任务十分艰巨。为克服困难，省毕业生分配部门配合有关部门采取多种办法，疏通分配渠道，采取供需见面会等多种形式，广泛收集信息，与此同时要求学校做好深入细致的思想政治工作，增强毕业生的正确择业观念，树立毕业生服从国家需要到基层、到生产第一线的思想，使毕业生分配、派遣工作顺利完成。

成人教育

一、完成20万人扫盲任务

1991年，国家教委布置贵州省扫盲20万人，截至8月，全省已脱盲221255人，超额完成计划的10.6%。省政府委托地区行署、州（市）政府验收，经省政府批准为基本扫除文盲的单位有：兴仁县、六枝特区、晴隆县、紫云县、织金县、贞丰县。省教委于12月3日至5日在织金县召开全省扫盲农村成人教育工作会。会议贯彻了全国扫盲农村成人教育工作会议精神；总结了全省“七五”期间扫盲和农村成人教育的经验，讨论修改了“八五”期间扫盲和农村成人教育规划，布置1992年扫盲和农村成人教育工作。会上，省教委表彰了1991年度扫盲先进工作者30名，发了证书和奖金。

二、成人高等教育治理整顿工作

根据国家教委《关于普遍高等学校成人教育治理整顿工作的若干意见》的精神，贵州省在1990年工作的基础上，对举办成人教育的贵州师范大学、贵州财经学院、贵州工学院、贵州农学院、贵阳中医学院等5所普通高校进行了全面认真的治理整顿。通过各院校自查并写出自查报告，互相抽查，最后由省教委组织全面评估验收。通过治理整顿，全省普通高校的成人教育进一步端正了办学指导思想，教学管理、教学质量得到了明显提高，基本上制止了“乱招生、乱收费、乱发文凭”的现象，治理整顿初步达到了预期目的。

贵州成人高校治理整顿工作，根据国家教委《关于成人高等学校治理整顿工作的意见》的精神，在过去检查验收的基础上，又提出了进一步治理整顿的要求。全省现有6所职工高校，其中3所分别属于航空航天部、中国有色金属总公司。其余三所省属职工大学是：贵阳市职工业余大学、贵州机械职工大学、083职工电子工学院，这三所职工大学在治理整顿中办学条件已得到一定改善，加强了学校管理，保证了教育质量。现有5所管理干部学院根据国家教委的要求，正在研究进行调整。

三、“燎原计划”实施情况

1991年全省“燎原计划”贷款付息情况较好，除龙里农中、乌当区新场乡小学等存在一些具体困难外，其余均按期支付了利息。全省“燎原计划”示范县、乡的建设也得到一定的发展。据不完全统计已有26个县的53个乡在实施“燎原计划”。“燎原计划”贷款3年共计389万多元，各地自筹配套资金280万元，累计创产值4000多万元，创利税260多万元。推广农业新技术40余项，结合农民文化技术学校举办各类短训班，培训农民近80万人次。

四、农村成人学校人口教育项目（即P20项目）实施情况

农村成人学校人口教育项目（简称P20项目）是由联合国人口基金援助，联合国教科文组织执行，国家教委组织实施的国际合作项目。该项目规定，1990年至1994年期间，在全国25个省（直辖市）的735所农村成人学校实施人口教育。贵州省有25所农村成人学校被列为项目试点学校，其中项目中心学校5所。根据项目要求，本周期内，全省要使6万学员、乡村干部和农民接受最基本的人口教育，其中40%应是妇女。

为了有效地实施人口教育，贵州省成立了省人口教育项目管理小组，负责全省中学和农村成人学校实施人口教育项目的统筹、协调工作。省教委成人教育处确定一名副处长专门负责P20项目的日常管理工作。1991年各有关县、乡（镇）教育、计划生育等部门和项目学校都成立了人口教育项目领导小组，使项目的实施有了可靠保证。

1991年选送了5名教师参加成都市成人教育学院举办的全国人口教育骨干教师培训班。各项目学校也积极培训人口教育教师，据统计，1991年各项目学校共培训师资30余人。

各项目学校1991年内利用广播、墙报、挂图等形式，灵活多样地开展人口教育活动。据不完全统计，一年来全省各试点学校共举办人口教育培训班1450期，培训学员72545人次，收到了较好效果。

五、职工教育

1991年全省共培训职工491766人，占所统计职工总数的25.4%。其中岗位资格培训111118人，技术等级培训65727人，适应性培训260892人，职工高等教育25127人，职工中专21941人，高中以下文化基础教育3648人等。与1990年相比较，培训总人数净增37242人，培训面提高2.6%。职工年培训人数自1989年以来连续3年有较大提高，使全省职工培训自1982年以来累计总人数近350万人次，人均受培训1.75次。

六、高教自学考试工作

1991年是贵州省开办高教自学考试的第8年，是报考人次、科次最多的一年。各级自考办和主考学校以“治理、整顿、深化改革”的精神，深入贯彻执行《高等教育自学考试暂行条例》，坚持改革、完善、提高、发展的方针，狠抓考试质量，努力工作，圆满完成了一年两次考试及相关的各项任务。

春、秋季两次考试共有近8万人次报考近20万科次。比历史上报考人次、科次最多的1990年分别增加33%和54%。颁发单科合格证47376张，合格率为报考总科次的44%。全年共颁发本科毕业证40张、大专毕业证810张、中专毕业证521张。为社会主义经济建设培养和选拔了一批专门人才。

撰稿人 鲁源安
审稿人 符康荣

云南省教育

概况

1991 年各级普通学校基本情况　　单位：人

学校类别	学校数(所)	毕业生数	招生数	在校学生数	教职工数 计	其中专任教师
一、普通高等学校	26	13 350	13 543	43 501	17 142	7 628
研究生		175	120	406		
本科	12	5 910	5 793	23 828		
专科	14	7 265	7 630	19 267		
二、普通中等专业学校	139	23 378	23 578	73 545	13 965	7 105
中等技术学校	111	15 016	16 185	50 150	10 830	5 339
中等师范学校	28	8 362	7 393	23 395	3 135	1 766
三、普通中学	2 068	333 228	451 501	1 288 427	94 948	72 478
高中	497	55 550	64 628	184 068		12 654
初中	1 571	277 678	386 873	1 104 359		59 824
四、职业中学	216	22 136	58 022	94 262	6 511	4 357
高中	181	18 633	23 585	51 952		3 164
初中	35	3 503	34 437	42 310		1 193
五、工读学校	1	11	7	34	40	24
六、普通小学	30 231	619 452	817 446	4 425 655	191 296	174 411
七、特殊教育学校	9	147	373	1 523	305	225
八、幼儿园	1 097	181 952	251 423	342 039	16 509	12 372

1991年各级成人学校基本情况

单位：人

学校类别	学校数(所)	毕业生数	招生数	在校学生数	教职工数 计	其中专任教师
一、成人高等学校	21	11 145	6 329	19 943	2 844	1 297
广播电视大学	1	2 154	1 767	4 856	604	280
职工高等学校	13	323	248	595	834	362
管理干部学院	1	212	212	577	224	106
教育学院	6	2 180	804	2 958	1 182	549
普通高校举办		6 276	3 298	10 957		
函授部		5 001	2 070	8 006		
夜大学		920	698	2 160		
干部专修科		355	530	791		
二、成人中等专业学校	140	6 167	8 147	34 169	2 785	1 204
广播电视中专学校	3	3 096	1 140	18 551	427	115
职工中等专业学校	10	795	1 010	2 457	293	116
干部中等专业学校		116	1 009	1 693		
函授中等专业学校	2		3 923	8 855	185	35
教师进修学校	125	2 160	1 065	2 613	1 880	938
三、成人中学	9	3 192	5 250	5 526	118	87
高中	6	2 607	4 458	4 717	73	48
初中	3	585	792	809	45	39
四、成人技术培训学校	925	1 083 894	273 315	287 230	738	445
职工技术学校	24	14 131	17 054	17 804	134	72
农民技术学校	901	1 069 763	256 261	269 426	604	373
五、成人初等学校	332	228 033	6 645	282 409	368	229
职工初等学校		59	53	293	23	22
农民初等学校	332	227 974	6 592	282 116	345	207
其中：扫盲班	332	226 739		274 455	345	207

制表人　何开喜

基础教育

一、基本情况

1991年底，小学在校学生中学龄儿童为3663410人，入学率93.6%，比上年下降1个百分点，其中：农村学龄儿童入学率93.2%，比上年下降1个百分点；女学龄儿童入学率91.1%，比上年下降0.2个百分点；少数民族学龄儿童入学率90.9%，比上年下降0.5个百分点。本学年初学龄儿童入学率比上学年初下降的一个原因是计算方法与上学年有所不同。上学年的学龄儿童是7至11周岁，本学年是根据当地的入学年龄和学制分别计算。1990至1991学年，小学在校学生的年巩固率为94.6%，比1989至1990学年提高0.3个百分点。1991年，小学毕业生的升学率为63.3%，比上年提高2.7个百分点。1991至1992学年初，全省普通小学在校学生为4425655人，其中：女学生1971480人，少数民族学生1565233人。小学专任教师174411人，比上年增加252人。按学历分，达到学历规定的122318人，占70.1%，比上年提高4.4个百分点；其中，师范专业毕业的94050人，占76.9%。按职称分，中教高级34人，小教高级12133人，小教一级54495人，小教二级54186人，小教三级14098人，未评级的39465人。

普通中学在校生1288427人，其中：女学生538294人，少数民族学生356390人。普通高中专任教师12654人，比上年增加323人，按学历分，达到学历规定的6930人，占54.8%，比上年提高2.4个百分点；其中，师范专业毕业的5413人，占78.1%。按职称分，高级教师1308人，一级教师4105人，二级教师4147人，三级教师1237人，未评级1857人。初中专任教师59824人，比上年增加2917人，按学历分，达到学历规定的35037人，占58.6%，比上年提高6个百分点；其中，师范专业毕业的29763人，占84.9%。按职称分，高级教师376人，一级教师8185人，二级教师17729人，三级教师17303人，未评级16231人。

二、思想政治教育

（一）培训干部、教师，加强“两史一情”教育

省委宣传部、省教委于7月5日邀请了昆明地区大中小学及幼儿园部分教师和行政干部，座谈江泽民同志对青少年、儿童进行中国近现代史和国情教育的指示精神。大家一致认为，对大中小学生以至幼儿园孩子进行中国近现代史和国情教育，是坚持社会主义道路，进行现代化建设的战略需要，是加强青少年思想政治教育的重要任务，对推动我国教育事业健康发展，对培养有理想、有道德、有文化、有纪律的社会主义新人，从政治上造就跨世纪的建设者和接班人，具有重要意义。随后，省教委召开了地、州、市教委（教育局）领导和有关同志参加的专题会议。大家认真学习江泽民同志的指示精神和国家教委的有关文件。并部署了进行“两史一情”教育的有关事项。下半年，各地、州、市教育行政部门和学校普遍成立了近现代史及国情教育师资培训领导小组，具体负责该项工作的落实。省教委先后举办了三期培训班，培训骨干教师150多名，帮助他们深刻领会《中小学加强中国近代、现代史及

国情教育的总体纲要》(初稿)及有关学科教育纲要。为了让广大教师和教育行政人员了解《总体纲要》的精神，各地、州、市充分利用电教馆(站)和学校的电教设备制作录像、录音，供学校收看。在没有收看条件的地方，充分利用录音收听。并及时翻印了《中小学加强中国近代、现代史及国情教育的总体纲要》(初稿)和《中国近代史、现代史及国情教育师资培训讲座材料汇编》上、下册各10万册发到各地，保证这项工作的开展。

(二)建立国情教育基地，使对青少年进行中国近现代史和国情教育经常化、制度化

经省委、省政府同意，省委宣传部、省教委决定：在昆明地区建立近现代史教育点7个，即：云南陆军讲武堂旧址、昆明海口石龙坝水电站、昆明节孝巷中共云南省委地下党建党旧址、昆明西的聂耳墓及聂耳陈列室、昆明黑龙潭王德三、吴澄、马登云三烈士墓、云南师范大学"一二·一"四烈士墓及"一二·一"纪念馆、云南省博物馆云南现代史陈列馆；建立国情教育点5个，即：云南机床厂、昆明电缆厂、昆明西山区团结乡、昆明官渡区福保农工商联合公司、昆明晋宁郑和纪念馆，还以红军长征路过云南(即从昆明至寻甸县柯渡，再到禄劝县皎平渡"一条线")时留下的遗物及事迹，进行革命传统教育。

(三)在全省中小学生中开展禁毒教育

云南地处边陲，邻近国外毒品生产地，防毒、禁毒斗争的形势十分严峻。在全国人大通过的《关于禁毒的决定》和云南省发布的《禁毒条例》的精神指引下，省教委与省司法厅联合发文，部署了在学校开展禁毒宣传教育工作。首先，把学习、宣传、落实禁毒法规列为"二五"普法的第一课。加强宣传教育，提高全体师生认识。在宣传吸毒、贩毒危害性的同时，把禁毒教育寓于"两史一情"教育和丰富多彩.的校园活动中，使学生了解，伴随着毒品侵略，中国人民自鸦片战争以来经历的百余年屈辱史和斗争史，激发其爱国热情和抵制毒品的自觉性，筑起反毒、防毒的精神防线。其次，学校加强管理，建立健全各种管理制度，严抓严管，堵塞漏洞。依靠社会各方力量，做好家长工作，创造一个良好的育人环境，把学校建成禁毒斗争的坚强阵地。如瑞丽县弄岛小学，地处边境线上，为了保证师生不受"白色恶魔"的侵害，他们成立了由校领导、家长代表、学生代表、派出所干警等组成的禁毒领导小组；组织师生学习有关禁毒条例、观看禁毒录像，观看因吸毒而家破人亡的现场；利用校会、班会、队会，请公安干警作禁毒斗争的专题报告。学校还根据学生的年龄特点，举办生动活泼的防毒反毒知识竞赛，开展丰富多彩的课外活动，充实校园生活，严格住校生的管理。近几年，该校有200多名毕业生，无一人吸毒，415名在校生无一人抽烟，无一人品尝过毒品，20名教职员工无一人吸毒，受到了上级有关部门的表彰和群众的赞扬。

三、排危房建校成效显著

在云南，"教育为本，科技兴滇"的战略思想逐步深入人心。1991年，全省各级干部通过学习中央有关文件和云南省泸西集资办学现场会精神，认识不断提高，深切体会到要办好教育，首先要改善办学条件，为师生创造一个安全、健康、优良的学习环境。许多地方党政领导亲自抓教育，抓排危房建校中的老大难问题。如昭通地区召开"三干会"，研究部署排危工作，行署专员亲自动员、布置任务。昆明市宜良县县委书记深入学校了解情况，组织筹措资金，为教师新建及改善了196套教职工宿舍。

广大干部以身作则，带头捐献，集资办学。如会泽县大井乡党委书记赵增堂；在家

庭经济不宽裕，仅有存款250元的情况下，为动员群众集资，带头捐款100元，第二次又将剩余的150元连同存折捐给了学校。砚山县攀枝花铜厂小学校长李清秀，多年来带头捐款10多次，累计金额达5000多元。他们的行动激励和带动了群众集资办学的热潮。一些比较贫困的地区，从有限的地方财力中挤出较大比例的资金扶持教育。如昭通地区在"七五"期间每年对教育的投入只有100万元左右，1991年增至近500万元。全省41个贫困县之一的会泽县，1991年对教育的专项投入达245万元。分级办学和分级管理领导体制的不断强化，增强了各级党委、政府的教育意识，排危房建校工作的责任感也不断增强。许多地方在人员少、编制紧的情况下，建立了校改领导小组，配备了专职或兼职人员，开展对校舍的普查，制订排危和建校计划。各地根据省下达的排危工作目标，层层分解任务，逐级签订合同，明确职责，兑现奖惩，调动各级干部排危办学的积极性。各级财政部门主动为教育筹资开道，增加对排危建校的财政投入。有关部门提供平价建材，划给学校最好的土地，减免土地征收管理费和建筑设计费。如宣威县城建部门为学校作危房鉴定不收分文。全省各级人大主动加强对排危建校工作的检查督促，对推动和促进全省的排危工作起了重要作用。为了使校改工作所需资金有一个可靠、稳定的来源，各地从农村实际出发，拟订集资方案和补助奖励办法。一是充分发挥乡镇投资的主渠道作用；二是按规定收取教育附加费；三是向社会集资，动员当地机关、厂矿、事业单位捐资办学；四是灵活多样地采取集钱、集粮、集物和集劳的办法，发动群众集资办学。有的县乡还制定特定的法规，使集资办学工作走上经常化、制度化和法规化的轨道。各地在制订补助和奖励办法时，一般遵循三条原则：(1) 重点扶持贫困地区，不搞平均分配；(2) 坚持先集资后拨款；(3) 坚持鼓励先进，对积极排危建校的县、乡和学校，优先给予补助和奖励。各地在基建管理工作中摸索出了一套行之有效的办法，建立了基建工程审批制度和质量监督制度。如大理市教育局在下达计划和安排经费时，严格按照基建管理程序办理有关手续，即：有可行性论证报告，有校舍总体规划；坚持有设计才安排投资。又如东川市教育局实行"统一规划，统一规模，统一设计，统一投资，优选施工队，多方协调"的基建管理办法。昆明市在建校中特别注意把好"四关"，即设计关、施工队选择关、施工中的质量监督关和验收关，从而保证了工程质量，提高了投资效益。由于以上工作，到1991年12月底，全省中小学危房面积占校舍总面积的比例，已由1989年的4.88%下降为2.98%("七五"计划期间年平均下降0.8个百分点)。改善办学条件的资金大幅度增加，1991年共筹资50995.4万元，比上年增加35.6%。其中：中央和省补助专款10088.8万元，比上年增长27.6%；地、州、市、县、乡（镇）财政投入和教育费附加累计30681.3万元，比上年增长27.1%。校舍面积由1990年的2412.25万平方米增至2520.82万平方米，增加4.5%；新建扩建校舍111.98万平方米，比上年增加18.37万平方米；改造危房73.9万平方米，比上年多改建5.98万平方米。

四、普通高中会考第一轮结束

云南是国家教委确定实施普通高中毕业会考制度试点的省份之一，从1988年入学的高一年级新生开始实施，至1991年5月高中会考考试结束。按照实施方案规定，学生按年级分别参加各学科考试和考查科目的考查，全部合格者发给《云南省普通高级中学会考合格证书》。实行高中毕业会考制度的第一届学生共6029人。他们参加考试和考查，按不同类别地区学校的标准，有56972人符合规定，合格率为94.5%。这些毕业生领取了合格证书。实行会考，促进了学校全面执行国家教委制订的教学计划，学生能够全面地掌握基础知识，在一定程度上改变了过去偏科比较严重的现象。其次，会考把实验课、劳动技术课、体育课和社会实践都纳入考查范围，使过去只重视考试科目的现象开始得到扭转。第三，会考由省教研室命题，能够从省内实际出发，面向大多数学生，使大多数学生能扎实地掌握高中的基本知识。会考还促进了地县领导对改革中等教育结构的认识，促进了职业技术教育的发展。一些过去为了追求升学率盲目发展普通高中的地方，因会考成绩差，引起了震动，逐步认识到变升学教育为素质教育的重要性。

撰稿人　赵　蘋

职业技术教育

一、基本情况

《中共中央关于教育体制改革的决定》发布后，省委、省政府非常重视，主要领导同志亲自调查研究，一再强调教育必须为当地经济、社会发展服务。1990年6月，省委书记普朝柱在全省民族贫困山区经济教育发展现场会上，总结了宁蒗县的经验，明确提出依靠教育、科技发展农村经济的基本思路：治穷必须治愚，经济开发必须与智力开发相结合。省第五次党代会把“教育为本，科技兴滇”作为全省经济、社会发展的战略任务。该年底由省委、省政府召开的省农村教育工作会议，对农村智力开发作了具体部署，确定24个县和东川的3个乡作为试点。省委、省政府发布了《云南省农村智力开发试点县工作实施方案》。在1991年3月召开的省人大七届四次会议上，省长和志强在政府工作报告中强调，坚持一手抓经济开发，一手抓智力开发，使经济开发与智力开发相互促进，经济建设与教育事业协调发展。

一年多来，全省农村教育综合改革工作逐步深入，健康发展。24个试点县按照《实施方案》的要求，做了不少工作。主要是：开展了教育思想大讨论，参加讨论的教职工5.6万人，占试点县中、小学教职工总数的90%，全省约有25万中、小学教职工参加讨论，占总数的83%；建立了农村智力开发统筹协调领导小组和办公室；进行了智力资源普查，23个试点县建立了乡人才档案和县智力库，16个试点县制订了经济、社会发展规划和人才培养规划；举办了“三加一”职业技术培训班365个，学员1.4万多人，有5个县举办“六加一”班42个，学员1400多人，有14个县举办“六加X”班809个，学员3.15万人；县职中得到充实和加强，办起了与党校合一的乡镇职业技术学校285所，占试点县乡镇总数的86.7%；村级农民文化技术学校474所，1991年参加各种实用技术培训者127万人次。与此同时，许多非试点县也按照《实施方案》的要求，积极举办“三加一”班共441个，学员1.9万多人，举办与党校合一的乡镇职业技术学校606所，参加各种实用技术培训者近200万人次。

二、初步成效

(一) 传统的教育观念开始转变

过去学生上学是为了升学，受教育就是为了脱离农村，跳出“农门”，当干部，而回乡当农民、搞生产，似乎就不需要受教育；“手捏锄头把，何必学文化”成了一些人的“至理名言”。通过教育思想大讨论和农村教育改革的实践，干部、群众加深了振兴经济必须依靠科技、教育的认识。有的领导说，现在当干部要有两本帐，一本经济帐，一本教育帐；有的说，发展农村经济要当好“水官”、“路官”、“校官”；有的说，要搞吨粮田，就要培养能搞吨粮田的人；还有的说，要钱要物，不如要点好技术。学校教师的认识有了提高。有位中学校长很有感触地说，由于片面追求升学率，我们常常是升学多就“春光明媚”，升学少就”阴霾满天”，“教育发展，山河依旧”的“诸暨现象”相当普遍；有的教师说，愚昧和贫困是一对孪生姐妹，现在是改变这种状况的时候了；科教兴农势所必然，红土地的需要，就是我们的办学方向。有的初中毕业生原来认为，当农民有力气就行了，现在认识到，要在农村大显身手，非学到一技之长不可。

(二) 基础教育得到加强，九年制义务教育正在有计划、有步骤地实施

农村中小学举办“三加一”、“六加X”职业技术培训班，普遍开设劳动课和劳动技术课，实行教育与生产劳动早期结合，变单纯升学教育为素质教育。这个改革符合群众的根本利益，调动了干部群众办学的积极性。分级管理、分级负责的办学体制进一步落实。不少县建立了教育发展基金，制定了集资、捐资办法，办学条件进一步改善。一些基础教育比较薄弱的试点县采取特殊措施发展基础教育。许多试点县继续进行学校内部管理体制的改革，使基础教育的改革进一步深化，同时促进了职业技术教育的发展。

(三) 普遍举办初中后，“3+1”职业技术培训班

多数“3+1”班在开学前做到了校舍、基地、生源落实。省教委制订了教学计划，编写了两门文化课、三门专业技术知识课的教材。各县根据当地生产发展的需要，确定专业技术课的设置，自编乡土教材123种。不少县制订了“3+1”班管理办法，保证教学质量。“3+1”班经过一学期的实践，已初步得到群众的好评。

(四) 建立了县乡两级职业技术教育体系

试点县普遍采取措施，加强县职中的建设，改革专业设置和招生办法，加强与当地生产和群众的联系。一些县职中对回乡毕业生跟踪调查、辅导、扶持，使他们更好地发挥作用。在乡镇一级，建立与党校合一的职业技术学校，村一级建农民文化技术学校，既对党员、干部进行三基本教育，又开展职业技术培训，发挥了多功能作用。

(五) 抓对当年增产起关键性、突破性作用的实用技术培训规模空前

这项工作由于农业、科技等部门和各种组织重视，成绩显著。地膜覆盖、包谷营养袋育苗定向密植移栽、水稻双行条栽、烤烟规范化栽培、科学养猪等技术得到大面积推广，对粮食增产、经济增收起了积极作用。农村扫盲与实用技术培训相结合，也加快了脱盲步伐。

农村教育改革和智力开发试点工作，促进了教育观念的转变，促进了农科教的结合和教育内部普通教育、职业教育、成人教育的改革与协调发展，促进了教育与科技、经济的结合，得到广大干部、群众的拥护和支持。

撰稿人　黄映旭

附

□宁蒗县智力开发促进了经济发展

宁蒗彝族自治县地处滇西北高原，人们俗称小凉山。全县土地6025平方公里，人口19.6万，居住着彝、普米、傈僳、纳西等十几个民族和摩梭人。少数民族占全县总人口的77%。建国前，各民族的社会经济形态基本处于奴隶制社会和封建领主制社会，有的还保留着原始社会末期残余的痕迹和母系氏族社会的风俗。中华人民共和国成立后，直到1956年，经过民主改革，小凉山的各族群众才真正翻身做了主人。然而，由于人们普遍缺乏科学技术文化知识，农业生产条件较差，加上“文化大革命”的影响，小凉山几十年来的建设发展缓慢。到1978年，全县人均工农业总产值仅188元，人均财政收入仅5.8元，农民人均纯收入仅46元，是全国的贫困县之一和云南省有名的特困县。

1978年，党的十一届三中全会的春风吹进了小凉山，党中央给了各族人民一系列致富的好政策。县委、县政府的同志们重新认识县情，形成了一个共识，宁蒗的贫困落后，不仅是经济的贫困落后，更主要的是智力上的贫困落后。要改变经济的落后，人的素质是关键的因素，而基础教育是奠基工程。建国初期，1952年前，宁蒗县只有两所小学。1955年发展到14所，学生1000多人。到1986年，全县小学也只发展到287所，学生13284人，中学6所，学生2763人，适龄儿童入学率仅48%。这样的人才资源基础，如何能使经济迅速发展，于是发展教育，开发智力，成了启动全县经济和脱贫致富的关键，他们自觉把教育当作一件大事来抓。经过多次讨论，修改，制定了《宁蒗县中小学教育管理条例》，明确提出教育分工管理体制，岗位责任制和相应的考核办法。支持、关心教育逐步成为各族干部、群众的自觉行动。近10年，全县教育基础设施建设和智力开发共投资2775万元，其中，国家扶持占11.3%，县里投资占6.6%，人民群众的劳动积累和物质积累占82.1%。彝族西川乡筹建中学，乡党委书记带头捐款200元，乡政府10多个干部积极捐款2000多元。短时间内，全乡群众少的5角，多的达500元，共集资6万多元，乡财政拿出2万元，县里补助10万元，终于实现了兴学育人的愿望。经过维修、新建，全县校舍总面积由8万平方米扩大到16万平方米，而且砖木、钢混结构占48%，办学条件得到了很大改善。

考虑到群众生活贫困，学生入学困难，教师生活环境艰苦，而且校点分散，教育起点低，县里采取了一系列特殊政策和措施：

——从1984年起，从全县89个行政村(办事处)中，划出67个教育特困村，县里每年拿出30万元，给予特殊补贴；每月给在特困村任教的外籍教师补助40～56元；学生一律免交集体提留，免交学杂费，免费供给课本；每年分别给高低年级学生笔墨纸张费2元和1元，医疗费1元和5角；女学生报考初中和高中，分别照顾20分和30分录取。

——为提高特困山区学生的巩固率和合格率，把省、地拨给的办半寄宿制民族高小班的经费，灵活地办成全寄宿制示范班、重点班和半寄宿制普通班。示范班、重点班办在条件较好的县教师进修学校和中心完小内，集中食宿，选派素质好、能力强的教师进行教学和管理，学生补助费由省定的每生每月10元提高到20元。

——办好县民族中学。学校按全县12个民族比例定向招收农村户口的民族学生，食宿在校，每生每年给予120元生活费、60元行政费和8元寒衣补助费。先后毕业的高、初中生，升学率分别为41.5%和52.5%。

——加强师资建设。自1982年起，先后选拔在职教师和高、初中优秀毕业生69名，到大专院校和中等专业学校代培；从省内外引进具有大专以上学历或具有中专学历、教龄较长、经验丰富的中学教师共43名，缓解了全县师资缺乏的状况。

——引进先进地区办学经验和骨干力量。1988年春，宁蒗县与江苏省海安县签订协议，合办一所中学，取名"宁海中学"。由宁蒗投资75万元建校舍，提供全部教学设备和经费；海安县派出33名教师和管理人员，承担全部教学、管理业务，5年一轮换；宁蒗县给海安县选派来的教师一定的优惠待遇。1988年，该校学生参加全省统一命题的中考，一举夺魁，震动全县。先进地区的教学经验、治校方法给闭塞落后的宁蒗教育带来了新的活力，促进了普通教育的发展。

——深化教育改革，普通教育引进职业技术教育因素，为经济建设服务。全县各中小学普遍开设了劳动课和劳动技术课，进行果树嫁接、整形修枝、地膜覆盖、化肥农药使用、经济果木种植等农业技术教育。县一中还开设了果品加工、摄影、微机应用等课；民族中学开设了电工技术课。仅新法养猪技术一项，6所中学就培训了1067人，在校示范养猪194头。学生又把学到的技术传授给家人，促进了全县新法养猪技术的普及。全县中小学果园校地458亩，中学班均1.3亩，小学班均0.3亩，结合劳技课开展勤工俭学，每年收益7万余元，全县学生人均2.6元。1991年，全县共办94个"6+X"班（应届小学毕业生2777人全部参加了培训）、13个"3+1"班（招生481人，占应参训数的75%），还有72名往届生回校积极参加职业技术教育。

小凉山迎来了教育的春天，1991年小学适龄儿童入学率提高到78%，小学增加到400多所，在校生25000多人；中学11所，在校生5000人左右；教育管理逐渐加强，教学质量稳步提高，一大批受过现代文明教育的中小学生活跃在各民族村寨，成为建设新凉山的一代新型农民。

在开展职业技术教育中，小凉山农职业学校成绩最为突出。该校为小凉山经济发展培养了一大批急需人材，被当地群众誉为"致富学校"。

这所学校成立于1982年9月。他们的办学宗旨是，宁蒗缺什么人才就培养什么人才。如群众生活改善后，建房的多了，学校就开办建筑班。70多名初、高中毕业后没有考上高中、大学的学生，经过两年学习和实践，成了小凉山第一代建筑初级人才。宁蒗县木材资源丰富，他们就开办家俱木工班，培养木工技术工人。为加强牲畜的防病治病及良种培育，学校开办了牧医班，为群众驱除牲畜瘟疫，治好了滚崖的骡子，救活了难产的母牛，受到各族群众的欢迎。学校还瞄准全县脱贫发展经济的规划，开办了果树林业班。为适应经济发展需要，农职业学校对学制进行了大胆改革。既有二三年的专业，也有一年、半年、三个月的专业；既有正规的职业技术教育，也有十天半个月的短期实用技术培训。在课程设置上，把专业课比重增为60%，文化课比重减少为40%；教材内容上，增加了适合生产需要的内容，如语文课增加了农村应用文、说明文的教学，还补充了一些乡土教材。在教学中，边学理论，边让学生参加社会实践，适时把科学技术辐射到广大农村。招生制度也进行了大胆改革，自1989年起，免试招收一部分农村种养业的重点户和专业户中的回乡初、高中毕业生。学生入学后，学校根据每个学生家庭经济状况，与学生逐个签订毕业后人均收入增长数额合同。县里拨出10万元扶贫资金给学校，建立职业教育贷款基金。学生毕业时根据家庭情况制订致富计划，经学校论证后批准贷款，让学生带着技术和资金回乡搞经济开发。学校先后培养出500多名各类初级人才。他们不仅自己致富，还带动了各族群众脱贫致富。

——认真抓好成人的实用技术培训。宁蒗县委、县政府根据经济开发的需要，作出了在成人中开展大规模人才培训的决策。县成立人才培训领导小组，县委、县政府领导亲自担任组长，下设人才培训办公室，与县科协合署办公，县财政每年拨出专款支持此项工作。全县89个村公所均由党支部书记抓这项工作，还指定一名农技员协助。几年来县财政拨出专款，帮助16个乡镇建立科普文化学校，编写印发了《小凉山种植业实用技术》、《小凉山养殖业实用技术》、《小凉山庭院致富技术》等乡土教材约43万多字。还先后印发技术资料4万多份，开辟科技专栏660期，放映科普声像74场。1986–1991年，全县县、乡、村三级有关部门共举办各类培训班3307期，培训23万多人次。全县建立了县、乡两级人才档案，计17078人。1991年，经初步调查，在各族农民中，已涌现各类乡土技术人才10560人，科技示范户6200多户，约占总农户的42%。他们还对全县3860户农民进行了涉及46个科目的智力结构和家庭经济的调查登记，作了分户培训计划。并做到科技培训与扫盲结合起来进行。与此同时，还加强了干部职工的职业培训。

为了让宁蒗的经济发展再上一个新的台阶，他们还先后送出培养了568名大、中专毕业生，办起了中央农业广播学校宁蒗分校、农函大辅导站等，开设7个专业，招生417人，现已毕业回村178人。

教育事业的发展促进了人的智力开发，给小凉山带来了蓬勃生机。各族群众的科技意识普遍增强，各项科技成果得到普及推广。到1991年底，全县48万亩耕地中，推广农业科技成果的面积累计达45万亩，水稻、洋芋、荞子良种面积已普及达80%以上；地膜种植技术覆盖农户达37%，新法养猪技术推广率达53%；靠科技勤劳致富的农户占农户总数的21.5%。全县因地制宜，开发经济作物，促进粮食增产，制定了"3358"工程规划，即种植3万亩花椒、3万亩青梅、5万亩草果，粮食轮作8万亩。到1991年，已种植2.3万亩花椒、1.9万亩青梅、4.5万亩草果、粮食轮作5.6万亩，形成了县的经济骨干项目。县里还发挥资源优势，先后办起了木材纤维板、皮革、石膏制品加工业，提高了商品率，改变了过去出售原材料的状况，增加了地方财政收入。

撰稿人　赵　蘋

高　等　教　育

一、基本情况

全省普通高等学校26所，在校学生

43095人。成人高等学校21所，在校学生8986人。普通高校函授、夜大、干部专修科在校学生10957人中，本科1448人，专科9509人。

普通高等学校专任教师7628人，比去年减少126人。按学历分，研究生1365人，高等学校本科毕业生5592人，高等学校专科毕业及本专科肄业未满两年及以下的96人。按职称分，教授180人，占2.4%，比去年减少18人；副教授1339人，占17.6%，比去年减少64人；讲师2572人，占33.7%，比去年减少22人；助教2962人，占38.8%，比去年减少312人；有非教师职称的43人，占0.5%；无职称的532人，占7%。

成人高等学校专任教师1297人，比去年增加33人。按学历分，研究生140人，高等学校本科毕业生971人，高等学校专科毕业生及本专科肄业两年以上的169人，高等学校本专科肄业未满两年及以下的17人。按职称分，教授3人，占0.2%；副教授168人，占13.0%；讲师362人，占27.9%；助教512人，占39.5%；教员252人，占19.4%。

高等教育自学考试，1991年开考243科，报名130245人，合格人数48008人，本年毕业生达3531人。

二、高等教育逐渐适应经济建设的发展

普通高等院校选择科研重点，推动科技长入经济迈出了可喜的一步。许多高等院校从自己的优势出发，开展科技咨询、技术服务。云南农业大学进行了农科教结合的试验，他们结合教学，组织师生承包牟定县2万亩烤烟优质丰产技术推广，使上、中等烟的比例提高到80.9%，总产值从上年的998万元增加到1701万元。该校还组织7个系的111名教师、438名学生，共21支实习服务队，定点到14个县，巡回到19个县，开展技术服务。园艺系服务队深入到宁蒗县果农户，义务传授、推广苹果管理技术；一些教师分别到一些县和农村进行科技服务，推广冷浸田水稻湿润栽培、老果树高枝换头、测土施肥等技术，促进了当地经济的发展。云南工学院积极为乡镇企业发展培养、培训制糖、造纸方面的技术人员。昆明工学院坚持立足云南，面向有色金属系统国营大中型企业服务的方针（云南省30家大中型企业中有15家属有色金属系统），开展委托科研和技术服务。冶金系用一年多时间，帮助峨山县建成了年产4万吨的钢铁厂，一位教师连续几年进行技术承包，使峨山钢铁厂年创利200多万元。他们和52家省内外企业签订技术合同或专利实施合同，其中，国营大中型企业47家，占91.2%。云南大学为云南省有关企业进行技术服务达55项。

许多学校发挥自己的优势推广新技术、新品种，为振兴云南经济作贡献。云南农业大学在1990年推广种植大粒粳稻2号180多亩的基础上，1991年推广达近万亩，一般亩产达500—600多公斤，最高的接近900公斤，比当地品种增产20～30%。除去云南省各适宜地区试种推广外，安徽省肥西县等地区也引作晚稻试种，深受当地农户喜爱。试种的结果，一致认为大粒粳2号具有成熟早、耐寒、抗病、杆硬抗倒伏、穗大粒大、高产稳产，米质好、米饭爽口等优点。他们还将试验新品种粳香1号、2号推广到嵩明、龙陵、腾冲等地，比当地品种增产20～50%。昆明工学院1991年推广了烟叶发酵自动控制、新型钢索桥、冷弯成型机、矿井通风、黄金解析电解工艺、铜—钛复合板吊耳、环境评价、纸张水份定量微机系统等8项成果，签订合同21项，创造的经济价值约241.39万元。云南大学1991年技术转让总收入为97.2万元。

各高等院校为开发云南的自然资源，进

行专题研究。如昆明医学院提出了云南天然药物开发研究为首的5个研究重点方向。1991年底，学院党委研究决定成立昆明医学院天然药物开发研究中心，并把全院从事药物开发研究的力量，按药政法规定的药物开发研究的五大环节（即药物化学、药物毒理、药理药效、药物代谢动力学，药物临床疗效研究）重新组织，集中人、才、物主攻抗肿瘤药物、抗生育药物、云南土产名贵中药材研究，并拟订了全年奋斗目标。

师范院校根据农村教育改革的需要，努力培养一专多能的教师，实行主辅修制，调整课程设置；增加农村应用科学技术课程，积极为职业技术教育和“3+1”班培训师资。如玉溪师专的化学专业主修化学，辅修生物；物理专业主修物理，辅修电工电子技术。思茅师专从当地资源优势出发，开办热区开发专业，得到了当地经济、生产、计划部门的支持。

高校校办产业逐渐兴起。高校的高科技产业以商品的形式参与社会竞争。云南师大的实验化工产品是取得化工部允许生产的项目，太阳能的运用不仅服务于当地，还打入了西藏市场。云南工学院的粘接材料小批量生产已经打入国际市场。云南农业大学的香料、饲料，昆明医学院的口腔合成陶瓷材料已经成了一定的生产能力。云南大学已订出了校办产业的规划。1991年，高等院校校办产业81个，固定资金1615万元，流动资金1103万元，产值3245万元，上交利税198.36万元，纯收入372.36万元。

三、思想政治教育适应新形势的需要

自1990年以来，各大学重视思想政治教育，做到校、系、班层层有抓思想政治教育的班子，选拔素质较好的教师担任政工干部。各校基本上已经形成教书育人、管理育人的好势头。

各大学从以下几方面对学生进行思想政治教育。结合国际形势的变化进行社会主义基本路线教育；纪念鸦片战争150周年，举办研讨班，出黑板报，组织学生讨论，进行爱国主义教育；上好马列主义基础课，让学生结合实际进行讨论，加深对马列主义的理解，组织学生收看国情、省情录像，提高对社会主义制度优越性的认识；让学生参加社会实践，进行社会调查，树立为社会主义建设服务的思想。

撰稿人　赵　蘋

成　人　教　育

一、扫盲教育

1991年，云南省有60多万人参加扫盲学习，脱盲22万人。经省人民政府验收，到1991年底，达到基本扫除文盲标准的县、市有19个。

全省各地、州、市、县认真贯彻云南省第五次党代会的精神，把教育为本，科技兴滇摆在全省经济社会发展战略的首位，并认真贯彻国务院《扫除文盲工作条例》，成立了成人教育领导机构或扫盲协调小组。1991年，省政府拨扫盲专款200万元，全省各地、州、市、县、乡除教育经费中安排一定的扫盲经费外，相当多的地、县、乡还多渠道筹集经费，以保证扫盲教育顺利发展。

稳定扫盲干部队伍，提高专职干部素质。云南省用文件的形式明确扫盲专职干部的“人民教师”地位，并逐项落实工资、晋升和职称评定等政策。鼓励和支持专职干部参加函授、自学考试及进修，并为他们提供时间、教材和参加面授辅导的方便。省教委举办培训班，对扫盲专职干部进行生产技术培训，全省80%的专职干部掌握了两项以上生产技术。有的专职干部在技术培训和推广中已小有名气，有的已成为科技示范户。通过以上措施，云南省的扫盲专职干部队伍不断巩固，素质不断提高。

加强教学的组织及管理，提高扫盲效益。(1) 建立文化户口册，并根据规划目标和年度计划及文盲的居住状况，以及开展扫盲工作所具备的人力、物力，有重点地分期分批组织文盲入学。(2) 建立统计报告制度。一年报告一次脱盲人数、脱盲率及基本扫除文盲和基本扫除青少年文盲的单位。(3) 建立责任制、设立班主任。在扫盲工作中，把扫盲对象及其家庭的责任具体落实到乡、村、干部、成人教育专职干部、小学校长、扫盲教师。在各自包干的责任内负责“包入学、包巩固、包脱盲”。(4) 开展教学研究，提高教学效益。为克服扫盲“儿童化”的倾向，召开研讨会和经验交流会，开展扫盲对象的学习动机、心态、学习特点，汉字、少数民族文字混和使用，以及改进扫盲教学的内容和方法等的研究；还开展了用少数民族文字扫盲，音节识字、幻灯辅助教学等教学方法试验。省教委成教处编辑出版《学文化》，为学员提供读物，使扫盲的效率不断提高。1991年，全省复盲率从30%下降到20%。

二、农民技术培训

1991年，全省新建乡级农民文化技术学校307所。按规定，有校舍、有专职管理人员和专职教师、有实验示范基地、有教学和经营能力的乡级以上农民技术学校总计为901所。开设60多项技术培训，已培训300多万人次。

全省各农业技术学校根据当地经济建设的需要，特别是乡镇企业的人才需求，开设专业技术培训。如昆明市福海乡成人培训学校，为乡里开办的饭店培养上岗人才，举办厂长、经理培训班，并对全乡的个体户进行税法及文明经营培训。由于绝大多数的乡镇农民技术学校开设的培训是为农村开展多种经营，提高农作物及经济作物的收成服务的，因此越来越受到广大农民群众的欢迎。

撰稿人　赵　蘋

附

□禄丰县碧城镇农技校办出了成效

禄丰县碧城镇是云南省最早实施燎原计划示范乡镇之一，1988年镇里建立了农民文化技术学校，至今，先后开办过12个类别的实用技术培训344期，受训的农民群众达13097人次，取得了显著的办学效果。

一、买菜人成了卖菜人

碧城镇过去也种蔬菜，但耕作方式落后，品种老化，长期不能满足当地的需要。农民文化技术学校开办蔬菜种植培训班后，镇里的蔬菜不但自给有余，还卖出了本镇，销到了外县。村里居住着8户苗族群众，过去他们不会种菜，吃菜都是到坝子里买。农技校到村里专门为他们举办了蔬菜种植培训班，使苗族群众学会了种菜，如今买菜人变成了种菜人，并且学会了利用山区气温低，蔬菜晚熟的特点，专门种晚熟菜到坝子里卖好价钱。

二、背时货成了紧俏货

这几年，农民文化技术学校为适应当地经济发展和农民群众的需要，广泛开展了科学养猪、配合饲料的作用、家禽家畜疾病防治等实用技术培训，广大农民群众尝到了科学饲养家禽畜的甜头，增加了经济收入，也推动了为之配套的商品经济的发展。过去镇里经营配合饲料的饲料供应站，经营兽医药的畜牧兽医站都不景气，一年到头卖不出万把元钱的东西，已不愿再经营这些“背时货”，想改换门庭。如今，不到三个月就可卖出3万多元的货，配合饲料成了镇里的“紧俏物资”。

三、镇里有了果树村

碧城镇的气候条件十分适合发展林果业，农民文化技术学校针对这一特点开办了果树培训班。现在，碧城镇的果树已由过去的不到1000亩发展到了3000多亩，品种也得到改良。已有了“果树村”、“果树专业户”，还有了靠果树年收入达万元的农户。

四、人少坐不住到人多坐不够

农民文化技术学校建立初期，来参加学习的人不多也不积极，而且坐不住。为此，学校改变了教学方法，课堂面授主要抓答疑、解难两个环节，让农民群众带着问题来学，弄清楚问题产生的原因和解决问题的方法；把录像教学和实际操作结合起来，放一段、讲一段、实际操作一段，确保学员真正掌握，回到家里就能做，做了就有好效果。在办学方式上，既有请进来又有走出去。农忙时，学校领导和教师背着录像机，深入田间地头、小村山寨，针对一些群众急需解决的问题开办培训。这些措施的实行，使广大农民群众爱上了农民文化技术学校。现在，许多农民到镇里办事，都要到农技校问一问，什么时候办培训班？办什么内容？每次办班，报名的人都超员，教室里坐不下，站在教室外听也愿意，甚至70多岁的老婆婆都要来参加学习。

几年来，碧城镇农民文化技术学校为碧城镇的经济发展和农村成人教育作出了贡献，赢得了广大农民群众的心，也引起了各有关部门的重视。目前，碧城镇政府已决定为农技校建盖一幢790平方米的教学楼。农技校也在总结经验，寻找差距，研究如何围绕镇里的经济发展规划，进一步搞好农村成人教育，让科学技术的燎原之火燃遍碧城镇的村村寨寨。

撰稿人　姚　勇

三、治理整顿成人高等教育

1991年，云南省教委着重对15所成人高等院校（除教育学院外）进行专业证书教育的治理整顿和复查清理工作，并成立了云南省成人高等教育治理整顿协调领导小组。

省教委规定治理整顿的重点是：(1) 办学、招生、发证不符合国家教委有关规定，违章、违纪、计划外举办各种名目的学历教育班；未经统考自行招收旁听生、试读生、视听生，举办“超前班”，乱发毕业文凭；用函授、夜大招生计划，改变学制举办全日制普通班；自学考试主考学校举办待业青年在校学习的全日制辅导班，命题与辅导不分，办学与办考不分等。(2) 办学条件包括教学质量差，主管部门经费投入不足，专用校舍、仪器设备、图书资料不能适应办学需要，师资队伍不能满足所设专业的开设要求，成人教育未纳入归口管理，机构长期不健全。(3) 教学管理混乱，没有严格的教学计划、教学大纲。(4) 专业设置与社会需求脱节，重复设置专业，学校内部结构不合理，办学总体效益差。治理整顿分阶段进行，第一阶段学习有关文件，第二阶段自查互查，第三阶段验收。为使此项工作抓到实处，省教委组织制定了《普通高等学校成人教育治理整顿综合评估指标体系》，按指标体系开展评估。

检查验收的办法是点面结合，以点带面。1991年，着重抓了试点单位云南师范大学成人教育治理整顿互查评估工作。15所成人高等学校的管理专家分成办学条件、管理水平、教学质量三个小组，对口深入云南师范大学进行测评。首先，由学校主管领导作自查工作汇报，成教处长作自查评分说明，然后查阅有关资料，召开调查会和班、系主任座谈会和个别交谈了解情况。在摸索经验的基础上，对其他14所普通成人高校进行互查评估验收。整顿工作于1992年3月完成。

通过整顿，各成人高等院校进一步端正了办学思想，明确了办学方向，坚持面向贫困、边远、少数民族地区、山区的办学方向，积极采取措施，使成人教育更好地为经济建设服务。同时，逐步理顺了普通高校成人教育的管理体制，大多数学校已实行成人教育统一归口管理，成立了管理成人教育的职能机构，充实了管理人员，增加了对成人教育管理部门的投入，促进了成人教育的规范化、科学化管理，也促进了学校之间的学习交流，加强了横向联系。

撰稿人　赵　蘋

审稿人　蔡寿福

西藏自治区教育

概　况

一、各级各类教育发展情况

1991 年各级各类学校基本情况　　单位：人

学校类别	项目			所数	毕业生	招生	在校生	教职工数 计	教职工数 其中：教师
普通高等学校	合计			3	543	552	1961	1763	741
	其中少数民族				314	336	1282	750	292
	研究生								
	本科				118	369	1235		
	专科				425	183	726		
中等专业学校	合计			15	895	1117	4365	1237	631
	其中少数民族				665	821	3285	766	326
	中等技术学校			10	583	687	2554	775	370
	中等师范学校			5	312	430	1811	462	261
普通中学	初中	合计		42	4458	6245	17054	3179	1748
		其中	少数民族		3454	5036	13721	1721	977
			藏语授课				3468		422
	高中	合计		19	1317	1619	4748		596
		其中	少数民族		690	1108	2770		135
			藏语授课				503		16
三包中学	初中	合计		32	1890	2881	8382		927
		其中少数民族			1836	2815	8382		107
	高中	合计		7	285	472	1551		202
		其中少数民族			268	470	1551		9
职业中学	初中			1	13	22	22		
	高中			1	89	39	257		41
小学	合计			2652	8607	41748	168062（含学前班）	9399	8408
	其中	少数民族			7641	40641	160767	8485	7596
		藏语授课					156587		6710
幼儿园	合计			31	611	916	2668	288	161
	其中	少数民族					1091	183	121

二、1991年教育工作综述

西藏自治区党委和政府结合全区教育工作的实际，1991年重点贯彻落实全区党建工作会议、学校德育工作会议精神，全面贯彻落实教育必须为社会主义现代化服务、必须同生产劳动相结合、培养德、智、体全面发展的建设者和接班人的方针，坚持社会主义办学方向，加强各级各类学校党的建设，加强思想政治工作。加强对全区教育的宏观指导，特别重视藏语授课工作，采取多种措施，提高藏语授课质量。重点加强农村教育改革试点县的工作，加强师资队伍建设，特别注重提高少数民族教师的思想素质和业务素质。在加强教育管理和办学效益，促进教育为经济建设服务等方面，做了大量的工作，全区的教育事业有了新的发展。

在中央及各省市有关部门的关怀和大力支援下，内地西藏班继续发展。1991年内地初中班共招新生1242名，中专班招新生730人，高中班招新生271人，中师班招新生292人。到1991年底，内地西藏班共有在校生8999人，比1990年增加1300多名。

1991年5月23日，是西藏和平解放40周年纪念日。西藏自治区教委发出文件，要求各级行政部门和各级各类学校充分利用这一节日，向广大师生员工大力宣传和平解放40年来西藏各方面的巨大变化，宣传社会主义制度的优越性，宣传西藏教育事业的翻天覆地的进步和成就，从而对广大师生进行热爱祖国、热爱社会主义、热爱中国共产党的教育。举办了教育界知名人士座谈会，畅谈西藏教育事业40年来取得的巨大成就；配合庆祝活动摄制了《西藏教育40年》电视片，编印出版了《西藏教育》大型画册；举办了《教育四十年成就》展览等。通过这一系列活动，大大增强了广大干部、职工、教师、学生维护祖国统一、反对分裂、加强民族团结的自觉性，激发了教职员工教书育人、管理育人、服务育人和广大学生学习科学文化知识，建设社会主义新西藏的积极性和自觉性。

撰稿人　孙泽军　王乃儒

审稿人　刘庆慧

基 础 教 育

一、基本情况

1991年，全区幼儿园专任教师161人中，有102人具有初师、初中毕业以上学历，占专任教师总数的63.4%。在小学附设学前班380个，有学前班儿童6318人。全区小学比1990年增加178所；在小学总数中，公办501所，民办2110所，企业办学41所。小学教职工比1990年减少174人，教职工中少数民族占90.3%。小学专任教师比1990年减少98人，少数民族专任教师比1990年减少69人。小学少数民族教师占教师总数的90.3%。小学专任教师中具有中师、高中毕业及以上学历的3986人，占总数的47.4%。

1991年，全区普通中学中有完全中学19所。另有附设普通中学班的职业中学2所。初中专任教师中，具有高校专科毕业及以上学历的1153人，占总数的65.9%；高中专任教师中具有大学本科毕业及以上学历的430人，占总数的72%。

1991年全区适龄儿童入学率达54.4%，普通小学在校生巩固率达68.2%，毕业率达82.66%。

1991年全区小学有藏文授课班8007个。少数民族专任教师中，能用藏文分课程授课的教师6710人，占少数民族专任教师总数的88.3%。1991年普通中学藏文授课班122个。少数民族专任教师中，能用藏文分课程授课的教师438人，占少数民族专任教师总数的39.4%。

1991年全区普通中学校舍面积达43.4万平方米，比1990年增加5.8万平方米。普通小学校舍建筑面积达到85.4万平方米，比1990年增加8.5万平方米。普通中学危房面积2.94万平方米，比1990年增加0.54万平方米，占校舍面积的6.8%，比1990年增加0.4个百分点。普通小学危房面积8.9万平方米，比1990年减少4.6万平方米，占校舍面积的10.4%，比1990年减少7.2个百分点。

二、继续加强学校党建工作

1991年9月，西藏自治区党委组织部、宣传部和区教工委联合召开了全区第二次学校党建工作会议。会议传达了全国第二次高校党建会议精神，总结交流了一年来全区学校党建工作的经验，深入研究了进一步加强全区学校党建工作的有关问题，并制定发布了《中共西藏自治区委员会关于进一步加强学校党建工作的意见》。《意见》指出：(1)要切实加强各级各类学校领导班子建设。(2)要深入研究和认真进行社会主义思想教育。(3)各级地方党组织要进一步加强对教育工作的领导。会议对全区党建工作先进集体和优秀思想政治工作者进行了表彰。

三、开展农牧区教育综合改革实验

西藏农牧区教育综合改革实验工作的指导思想是：全面贯彻教育必须为社会主义现代化服务，必须同生产劳动相结合，培养德、智、体全面发展的建设者和接班人；加强党对教育工作的领导，把德育放在首位，坚持社会主义办学方向；端正教育思想、改革管理体制，调整教育结构，改进教学内容和方法，坚持“三教”统筹，实行农科教结合；要动员社会力量增加教育投入，逐步形成教育与经济、社会发展相互促进、良性循环的机制，提高教育质量和办学效益。

在进行调查研究的基础上，西藏自治区教委从1991年起，在拉萨市堆龙德庆县进行农村教育综合改革实验，自治区成立了领导小组，制定并下发了《关于在拉萨市堆龙德庆县开展农村教育综合改革实验的意见》。《意见》指出：堆龙德庆县农村教育综合改革实验，要端正办学方向，在指导思想上要由升学教育转到主要为当地经济建设发展服务的轨道上来；要由发展教育主要依靠国家逐步转移到依靠国家、集体和个人一起上，多渠道筹集教育经费，增加教育投入。第一、调整教育结构，把普及教育和发展职业技术教育与成人教育、各种技术短训结合起来，建立和完善“三教”统筹、农科教结合的农牧区教育体系。第二、所有学校要加强党的领导和党的建设，加强思想政治教育，培养学生的劳动观点、群众观点、阶段分析观点、集体主义观点等，建立学校、家庭、社会教育网络，逐步完善德育工作制度。第三、要充分调动各方面的积极性，在县、乡政府的领导下，加强农科教统筹结合，注意乡土教材建设和教育科研工作，不断总结经验，逐步深化改革。第四、教育综合改革实验要在教学基地、教学手段、劳动人事制度以及同教学、科研单位定点联系方面多下功夫。

拉萨市和堆龙德庆县也相继成立了农牧区教育综合改革领导小组，下设办公室。堆龙德庆县农村教育综合改革实验的主要做法：一是把教育列入县委县政府重要议事日程，落实教育的战略地位。成立了堆龙德庆县科教兴农委员会，由县委书记、县长、分管农牧业生产和教育的副县长担任正副主任，教育、农牧、计划、财政、卫生、宣传等部门负责人参加。各乡、村也都成立了科教兴农机构，设专人负责。二是坚持教育必须为社会主义现代化建设服务，教育必须与生产劳动相结合。三是坚持“三教”统筹，农科教结合，提高教育质量和办学效益。四是动员全县各部门、各级组织、各级干部和农牧民群众关心和支持教育，调动一切积极因素，利用各方面的力量，加速教育事业发展。五是为教育办实事。1991年，县财政为教育补贴17万元。为县职业技术学校划拨10亩实习基地，各乡村为公办小学划拨8亩试验田。在实施“三教”统筹中，首先提高基础教育水平，加速基础教育发展。其次把发展职业技术教育作为教育综合改革的突破口。第三是积极开展扫盲教育，把学习文化和学习农牧业实用技术结合起来。

目前，堆龙德庆县农村教育综合改革实验工作以县中学为中心，正朝着教育为农村经济发展服务的方向迈出了第一步。

四、宣传《义务教育法》，检查和促进基础教育发展

1991年6月至12月，西藏自治区教委抽调人员配合自治区人大常委会组成的全区检查《义务教育法》贯彻实施情况领导小组工作。经过长达半年时间的宣传、检查，从城市到乡村，从党政机关到地（市）、县、乡、校普遍掀起了学习宣传《中华人民共和国义务教育法》、重视基础教育发展的热潮。社会各界、农牧民群众关心教育、支持教育、为教育办实事的事例层出不穷。拉萨市城关区在宣传检查中，发现吉日办事处有14名适龄孤儿还未入学，在区委区政府及有关部门的关心帮助下，14名孤儿很快进了学校。群众称赞说：“当年的十八军又回来了。”山南地区浪卡子县群众在学习《义务教育法》后，自发集资办学校12所。日喀则市确果乡群众集资8万元，改善乡村民办小学办学条件。各级领导干部走到哪里，把《义务教育法》宣传到哪里，做到家喻户晓、人人皆知。农牧民群众学法、知法、懂法以后，以各种形式支持教育，送子女入学的积极性明显提高，促进了全区基础教育的发展。

五、重视藏语授课工作

1991年全区初中藏语授课试点工作已进入第二年。全区4个试点班的工作进展顺利，统考成绩好于往年，自治区教委于1991年8月在山南地区召开了全区第二次藏语授课试点班经验交流暨表彰会。为确保1993年后全区初中藏语授课班师资，自治区教委于8月成立了藏语授课师资调研组，经过一年时间的工作，对西藏大学藏语授课师资培养和培训现状及全区在职的中学藏语授课师资情况有了全面的了解，完成了《我区中学藏语授课师资情况的调查报告》，制定并下发了《关于我区1993年开办初中藏语授课班（征求）意见的通知》。1991年11月，自治区教委会同西藏大学组成了考察组赴内地对陕西、河北、安徽等省市的西藏中师班、高中班进行了考察，为选拔成绩优秀的学生保送到西藏大学学习，充实藏语授课师资队伍，提供了依据。

六、继续加强寄宿制学校建设

根据西藏的实际和基础教育的现状，自治区发展基础教育必须实行以寄宿制为主。1991年全区普通小学住宿生已达28121人，比1990年增加1170人，其中少数民族住宿生28049人，比1990年增加1098人，分别占在校生总数的16.7%和17.4%。普通中学共有住宿生8310人，比1990年增加

210人，其中少数民族7722人，分别占在校生总数的93%和47%。实行寄宿制教育、举办寄宿制学校，加速了全区少数民族人才的培养，为提高整个藏民族素质，吸收更多的藏族少年儿童入学，为发展全区的基础教育打下了坚实的基础。对边境地区和部分中小学少数民族学生继续实行“三包”（包吃、包穿、包住）政策和人民助学金政策。1991年全区普通小学有29137名少数民族学生享受“三包”待遇，比1990年增加3373人，占少数民族在校生总数的18.1%，有24477人享受人民助学金，其中少数民族24405人，占少数民族在校生的15.2%。普通中学在校生中有9933名少数民族学生享受“三包”待遇，比1990年增加952人，占少数民族在校生总数的60.2%。实行“三包”和人民助学金政策以来，提高了少数民族少年儿童入学的积极性，促进了基础教育的发展。

撰稿人　王乃儒

审稿人　刘庆慧

职业技术教育

为了使教育更好地适应经济发展的需要，1991年，西藏自治区进一步加强了中等专业教育，以农村教育综合改革为龙头，大力推进农科教多位一体，实行基础教育、职业技术教育和成人教育三教统筹，大力发展具有西藏特色的切合经济发展需要的职业技术教育。

一、调整内部结构，提高管理水平和办学效益

继1990年对中等专业学校评估后，各学校针对自身存在的问题和不足，认真进行了治理整顿。首先注重抓学校的思想政治工作，把德育放在首位。自治区卫生学校，在原来没有校党委的情况下，立刻配备人员，成立了校党委，使学校的党建工作落到了实处。在继续深入进行维护祖国统一，反对分裂及和平演变的思想教育的同时，进行社会主义教育和劳动教育。组织学生认真学习领会江泽民总书记的“七·一”讲话精神，并以文艺演出、讲演、社会调查等多种形式，引导学生加深对爱国主义和社会主义的认识，各学校还将思想政治教育列为教学计划，作为必修课程对学生进行考查、考核。自治区卫生学校为使思想政治工作落到实处，专门组织学生到曲水、林周、尼木、墨竹工卡等农牧区，深入实地进行调查，并为广大农牧民看病送药，使学生们了解了社会实际，增进了与农牧民群众的感情。

向管理要质量，向管理要效益。本着这个指导思想，各学校制订和修改了一系列教学计划和规章制度，进一步协调了各科室、部门间的关系，逐步优化了教育内部结构，调整了专业设置，以便更好地为本地经济建设服务。自治区银行学校制订了《西藏银行学校办学标准》、《学校五年计划》等一系列管理方案和规章制度，明确目标，严格管理，同时，又结合自治区经济发展需要，增加了农业信贷专业。各学校还结合实际，采取走出去、请进来的办法，交流先进经验，增强教育活力。1991年，拉萨市教委、拉萨市师范学校邀请了魏书生来拉萨讲学，产生了极大的反响，对今后西藏教育的发展产生了积极作用。自治区农牧学校与堆龙德庆县积极配合，抽调教师到县职业中学讲课，为农牧民办班，进行职业技术培训，充分增强了学校内部活力。此外，部分中等专业学校还在实习分配制度上进行了改革，改变了以往先实习后分配的做法，采取分配带实习的制度，使学生在实习过程中有考查、试用的因素，大大提高了实习的质量。

1991 年，各中等专业学校的办学条件有了很大改善，都程度不同地配备了图书馆(室)、电教室和电教设备，新建、扩建了教学楼、学生宿舍和教职工宿舍，美化了学校环境，学生和教职工的生活有了提高。

二、走企校联合、农科教结合的道路

1991 年，西藏自治区为巩固加强职业技术教育，增加招生量，拓宽专业范围，采取了走企校联合、农科教相结合的发展路子。拉萨市二中职业高中部成立于 1988 年，开办了财会、烹饪、服装设计、文秘、旅游等职业班。1991 年毕业生达 100 余人，又增加了打字、建筑职业班，在校学生增加到 203 人。为解决教育经费不足的矛盾，学校采取校企联办的方法，与厂家、企业直接挂钩，既解决了部分资金，又保障了学生就业。

为进一步促进职业技术教育的发展，1991 年 7 月，自治区教委召开了拉萨地区职业技术教育联席会议，对如何进一步办好职业中学进行了研究。(1) 职业高中的专业设置，必须适应本地区经济社会发展的需要，既要有长线专业，又要有短线专业。既要开办学制为二至三年的职业高中班，又要承办一些短期职业技术培训班。(2) 联合办学是解决“依靠”和“服务”的桥梁，是一种有成效的办学形式，应予以推广，除招收自谋职业的专业学生外，原则上实行联合办学。

堆龙德庆县把发展职业技术教育作为教育综合改革的突破口。7 月，成立了县职业技术学校。学校坚持人才培养、科技试验、技术推广、生产示范和经营服务密切结合的方针，发挥上挂、横联、下辐射的作用，开设了农学、园艺、农机、养殖、加工等专业。在原有 5 亩试验地的基础上，又给学校划拨 10 亩试验地，并先后修建了猪舍、温室、塑料大棚、培养室等。举办了民办教师培训、公办学校实验基地、辅导教师培训、缝纫编织、农业技术、蔬菜种植、养猪技术等 10 余期培训班。为了深化职业技术教育，全县在各小学高年级及普通中学都开设了劳动课和劳动技术课，引进了职业技术教育因素，使学生掌握基本的农牧业生产技能。

撰稿人　李明文

审稿人　刘庆慧

高　等　教　育

一、发展概况

1991 年，全区高校认真贯彻落实全区学校党建工作会议及学校德育工作会议精神，加强学校党组织建设，加强教育管理，努力提高教育质量和办学效益，并顺利地完成了首次全区高校管理水平评估工作，使全区高等教育继续稳步发展。

1991 年，3 所高校有 19 个系，29 个专业。专任教师中，有教授6人，副教授56人，讲师245人。学校校舍面积228794平方米，当年新增4051平方米，正在施工的还有7498平方米。

二、加强高校党建工作

1991年9月，自治区党委组织部、宣传部、教科工委、自治区总工会、自治区团委、自治区教育工会等六单位联合召开了全区第二次党建工作会议暨表彰大会。会议传达了全国高校党建工作会议精神，总结了自1990年7月第一次全区学校党建会议以来学校党建工作的经验，讨论了今后一段时间加强学校党建工作的意见。会上，表彰了高校3个党建工作先进集体和19位先进思想政治工作者。

根据党建工作会议精神，各校建立了党委领导下的校长负责制，充分发挥了校党委的政治领导核心作用；对党员进行了重新登记、考核评估，提高了党员的思想政治素质，加强了基层党组织的建设；西藏民族学院成立了业余党校，培训党员和入党积极分子。各级党组织和广大党员在新的斗争形势下立场坚定，旗帜鲜明，充分发挥了党组织的战斗堡垒作用和党员的先锋模范作用。

为了改变高校思想政治工作“一手软、一手硬”的状况，各校坚持把德育放在首位，并注意发挥党支部的领导作用和党员的先锋模范作用。首先，针对国际、国内形势，加强了思想政治工作的理论研究和教材建设，编写了《西藏宗教概论》、《民族理论与政策》等学习资料，对广大师生进行马克思主义的民族观和宗教观的教育；其次，结合马列主义基本理论课和思想政治课，对学生进行以反分裂、反和平演变，坚持四项基本原则为主要内容的爱国主义、社会主义教育，解决学生深层次的思想认识问题；再次，各校利用军训、社会实践等活动对学生进行思想政治教育。西藏民族学院语文系学生成立了马克思主义学习小组暨马克思主义学社，自觉学习马列主义、毛泽东思想，提高思想政治水平。

三、首次进行全区高校评估

根据国家教委关于进行高等教育评估的要求，4月22日至6月18日，自治区教科委进行了首次全区高校管理水平评估。评估团在检查、走访、收集资料的基础上，对学校的领导班子、思想政治教育管理、组织管理、群体管理、教学管理、科研管理、后勤管理、特别项目等方面进行了评估。评估结果表明，随着全区教育事业的发展，高校的管理水平有了很大的提高，教育管理机构逐步健全，管理队伍得到充实和加强，管理方式也向着制度化、规范化、科学化的方向发展。通过评估，各校加强了交流，高等教育中的一些问题得到了相应的解决。

四、坚持改革，提高办学效益

1991年4月19日，全区高校科技会议在农牧学院召开。会议总结了近年来高校科技工作开展情况，部署了今后一段时间的工作，并就如何根据西藏实际，发挥高校特点，搞好高校科技工作进行了讨论，解决了高校科技工作中存在的一些问题。

为了充分发挥高校干训部、函授部、夜大学的作用，到1991年底，3所高校举办了各种进修班、短训班、专业证书班、干部文化班等，在校生达349人。学校还开始招收自费生，到1991年底，有自费在校生19人。

1991年自治区教科委组织大学生参加社会实践活动。西藏农牧学院牧医系、农学系、林学系、水电系结合自身专业特点，组织学生进行兽医门诊、科技示范、作物推广、森林资源调查、水电普查等社会实践；西藏大学和西藏民族学院经常组织学生到校外调查、参观。教科委会同自治区团委组织大中专学生进行了社会考察，历时20天，考察3个地区的10多个县72个点。通过社会实践活动，大学生们增强了对社会的了解和社会责任感。

撰稿人　钟吉云
审稿人　刘庆慧

成 人 教 育

一、扫盲教育取得新成果

1991年，西藏自治区成人教育把扫盲教育列为重点工作，以乃东、堆龙德庆、那曲、林芝、江孜、扎囊、加查、当雄、墨竹工卡等10个扫盲教育试点县为龙头，在全区30多个县开展了扫盲教育。共投入扫盲经费12万余元，开办扫盲夜校1500多个。

加强扫盲工作的管理。根据各地的实际情况，采取在人口较集中的地区集体办班，在人口较分散的牧区实行家庭承包和党团员承包，在文化生活较活跃的城镇采取白天或星期天办班补课等多种形式开展扫盲工作。实行由自治区、地区、县、乡、村到个人的自上而下的层层落实、逐级管理的制度，并将具体扫盲、脱盲任务下达给各乡村和个人，由乡村负责验收和考核。1991年全区的扫盲工作收到了一定的成效，参加扫盲工作的30多个县下发的脱盲证书达10000多个。

4月，自治区组织了拉萨市7县1区的扫盲验收考试，发出考卷2000余份，共脱盲1313人，占参加考试人数的65%。

堆龙德庆县是扫盲教育的试点县，共有15-40岁青壮年文盲半文盲7000余人。1991年初，全县自上而下进行了动员，把扫盲工作列入乡村干部目标责任制和考核内容，实行乡村干部分片包干。在管理上建立了脱盲人数与报酬挂钩的承包责任制，注意把学习文化和学习技术结合起来，并积极组织人员编写农牧业基础知识、卫生常识、法律常识3本扫盲辅助教材。一年来，全县共开办扫盲夜校60余所，参加学习的学员达4000余人，有1500余人脱盲。

山南地区也将扫盲工作列入教育工作的议事日程，为各县扫盲班解决8000多册扫盲教材，并基本保证供应。各县配合青年团、妇联，举办了各种类型的扫盲夜校，约有13万余人（次）参加了学习。

二、进一步加强成人职业技术培训和在职培训工作

自治区以堆龙德庆县为试点，实行三教统筹和农科教相结合，进行农村教育综合改革实验，举办了农技、师范、缝纫等多种职业技术培训班。墨竹工卡县还创建了师资培训中心，1991年招收培养了农牧区民办学校教师22人。山南、日喀则等地也程度不同地开展了成人职业技术培训工作，开设了种植、草场保护、兽医等10余门专业课程。

各大学、中等专业学校也充分利用自身优势，大力进行大、中专教育的同时，积极开办各类培训班，招收在职人员进行文化补习和职业技术教育。西藏民族学院开办了文秘、档案、经济管理等培训班。银行学校、农牧学校等一些中等专业学校也挖掘潜力，调配师资，开展与本学校专业对口的各类培训班。

各企事业单位的职工教育得到继续发展。地质、气象、邮电、银行等部门十分重视在职职工的培训工作，经过努力，许多企事业单位的干部职工队伍的素质得到明显提高。

1991年，拉萨水泥厂、中国人民银行西藏分行还被自治区评为职工教育先进单位。

三、组织了自治区第14、15次自学考试工作

1991年，西藏自治区自学考试共开考法律、会计和藏语文三个专业，参考人数为2159人，发单科合格证书2000多个。

撰稿人 李明文

审稿人 刘庆慧

陕西省教育

概　况

一、各级各类教育发展情况

1991年各级普通学校基本情况

单位：人

学校类别	学校数(所)	毕业生数	招生数	在校学生数	教职工数 计	教职工数 其中教师
一、普通高等学校	47	29 020	29 075	99 999	51 284	19 434
研究生		2 077	1 906	5 699		
本科		17 799	18 549	72 612		
专科		9 144	8 620	21 688		
二、中等专业学校	109	19 931	21 108	61 595	17 491	14 956
中等技术学校	88	12 268	13 457	40 904	14 783	12 318
中等师范学校	21	7 663	7 651	20 691	2 708	2 638
三、普通中学	2 974	416 463	487 873	1 350 712	128 134	98 641
高中	617	88 996	103 933	304 671		23 974
初中	2 357	327 467	383 940	1 046 041		74 667
四、农业职业学校	256	28 306	37 767	75 498	9 353	5 595
高中	247	27 181	35 679	70 705		5 304
初中	9	1 125	2 088	4 793		291
五、工读学校	1	43	55	115	47	29
六、小学	36 963	448 442	660 302	3 639 861	194 719	177 956
七、特殊教育学校	11	112	242	1 294	367	251
八、幼儿园	902	450 768	544 872	670 298	24 102	17 974

1991 年各级成人学校基本情况

单位：人

学校类别	学校数(所)	毕业生数	招生数	在校学生数	教职工数 计	教职工数 其中教师
一、成人高等学校	42	20 419	17 481	49 845	6 636	5 132
广播电视大学	2	4 241	3 910	9 172	1 778	838
职工高等学校	31	1 081	1 380	3 374	2 783	2 284
农民高等学校						
管理干部学院	3	773	936	1 695	641	616
教育学院	6	4 040	2 486	6 882	1 434	1 384
独立函授学院						
普通高校举办						
函授部		8 197	6 154	21 227		
夜大学		1 431	2 299	6 971		
干部专修科		656	316	524		
二、成人中等专业学校	147	9 899	12 883	30 798	4 470	1 863
广播电视中专	3	2 909	2 770	7 717	379	44
干部中专						
职工中专	48	3 688	7 225	16 163	2 022	719
农民中专						
教师进修学校	96	3 302	2 888	6 918	2 069	1 100
三、成人中学	23	2 338	2 846	2 772	136	66
职工中学	21	2 058	2 236	2 402	114	49
农民中学	2	280	610	370	22	17
四、成人技术培训学校	7 163	127	103	78	1	
职工技术培训学校	316	4	4	4		
农民技术培训学校	6 847	123	99	74	1	
五、成人初等学校	5 900	332 447	257 678	287 986	6 060	1 407
职工初等学校	79	24 709	22 849	22 787	206	157
农民初等学校	5 821	307 738	234 829	265 199	5 854	1 250
其中：扫盲班	5 590	299 184	229 129	242 676	5 497	1 219
小学班	231	8 554	5 700	22 523	357	31

二、师范教育和师资队伍建设

1991年，省教委转发了国家教委制定的《中等师范学校德育大纲》(试行)、《中等师范学校学生行为规范》。各中等师范学校依照大纲要求，制定实施意见，全面安排学校的德育工作，使德育做到科学化、系列化、制度化。在全省师范学校推广了受国家教委表彰的长安师范学校、洛川师范学校的德育工作经验。通过中师学生行为规范的贯彻执行，加强了对未来教师的师德教育，促进了学校的管理工作，使中师学生行为规范的养成，贯穿于思想政治工作与教学管理的全过程。

各教育学院为加强德育工作，召开了院长联席会议，研究全省教育学院落实德育的实施计划，拟定教育学院系统加强和改进德育工作的意见。陕西教育学院等院校成立了德育研究室，开设德育课并列入教学计划，做到教师、内容、课时三落实。各校开展了近代史和国情教育、师德教育、理想教育和纪律教育。7月，省委宣传部、省委教育工委、省教委、省教育工会联合召开了全省中小学教师思想政治工作会议，提出了进一步加强中小学教师思想政治工作的意见和措施，宝鸡教育学院作了经验介绍。

从1990年起，陕西省在6所中等师范学校试点实施国家教委《三年制中等师范学校教学方案》(试行)，省教委对新方案的指导精神，必修课、选修课、课外活动、教育实践之间的相互关系进行了研究和部署。1991年5月，省教委组织6所中师校长对贯彻新方案工作进行了检查。10月在汉中师范学校召开贯彻新方案工作会议，总结推广6所试点学校在一年的实践中总结出的经验，并部署全省中等师范学校在1992年一律实行新方案。

5月，省教委为贯彻国家教委发布的《中学教师进修高等师范专科十二个专业教学计划》，召开了全省教育学院院长、教务处长会议，对实施新计划中如何开设思想政治课、教育理论课、体育课和地方规定课进行了讨论。会议决定，各校要严格执行国家教委发布的教学计划，开好专业基础课、教育理论课和思想政治课，体育课要列入教学计划。地方规定的课程经会议讨论，决定每个专业全省统一开2–3门为考试课，总学时不少于100小时，并商定了10个专业的22门课程内容与课时要求，安排了地方课教学大纲的编写工作。10–11月，分别召开了各专业地方课教学大纲编写与审稿会。12月，省教委正式印发了9个专业地方课的教学大纲（试行稿）。

1991年，陕西省师资队伍建设得到进一步加强。全省高校教师中35岁以下的青年教师占教师总数的51.7%。各校进一步重视对青年教师的思想政治教育。组织青年教师参加社会实践，陆续开办业余党校和政治夜校，对青年教师进行马克思主义理论教育、国情教育和革命传统教育，提高青年教师的思想政治素质。西安石油学院举办青年教师业余政治夜校，已收到较好的效果，并在全省高校推广。在中小学教师中开展以学历达标为主的培训工作。全年培训中小学教师8175人，其中中学教师3479人，小学教师4696人；短期培训约5000人（次）。培训中小学校长3000多人，1991年，小学教师学历合格率达到81.98%，初中教师学历合格率达到45.39%。逐步提高教师思想素质和业务水平。同时，在教师中表彰先进，树立典型，在教师节表彰奖励先进教师已形成制度。1991年，全省被评为全国优秀教师和全国优秀教育工作者156人（其中全国教育系统劳动模范19人）；243人被评为陕西省先进教师和先进教育工作者（其中陕西省级优秀教师、优秀教育工作者21人，享受省级劳动模范待遇）。12月，召开了高等学校教书育人先进集体、先进个人表彰大会。通过评选、表彰活动，进一步促进了全省教书育人、管理育人、服务育人活动的深入开展。

1991年，陕西省高等学校教师专业技术职务评审工作逐步走向规范化。省教委制定了《陕西省〈高等学校教师职务试行条例〉实施细则》、《关于试行高等学校教师教学工作量计算方法》和《学科评审组工作暂行规定》等文件，使职务评审工作由行政管理向量化管理发展，全年有889名教师经过评审获得高级专业技术职务。

三、电化教育事业有了新发展

1991年，全省有3个地市39个县教育电视台，收转台的筹建工作已基本完成。咸阳教育电视台在省教委和咸阳市政府的支持、各有关部门的合作下，于1991年6月11日建成正式开播。21个县教育电视收转台已建成投入使用。

6月11日，召开陕西省卫星电视教育现场会，提出了全省电教工作指导思想和“八五”期间卫星电视教育的目标任务。省教委制定出《陕西省1991－1995年电化教育发展规划》。为了使陕西省电化教育工作按照“加强、加快、见效”的指导思想健康发展，省教委于6月召开了陕西省普教系统第二届电化教育成果评选会，各地（市）选报参加全省评选的各类电教成果66件。由有关专家、教授、中小学高级教师组成评选委员会，对选报的电教成果进行了评选，共评出优秀电教成果28件。

四、勤工俭学和高校产业

1991年，陕西省中小学勤工俭学，农村以发展农业和校园经济为主，城镇以发展校办产业为主。全省开展勤工俭学活动的学校有39702所，占总校数的98%；全省勤工俭学总收益为9054.4万元，完成计划指标113%，比上年增加1526.1万元；全省在校学生人均收入17.79元，比上年增加2.59元。纯收入超千万元的地、市达到3个，西安市勤工俭学纯收入为2419.7万元。纯收入超百万元的县（区）达到36个，西安市碑林区达到348.8万元。按在校学生人均收入最高的县（区）是西安市新城区，达到101.98元。全省勤工俭学总收益分配中，用于补助教育经费3989.3万元，用于师生集体和个人福利1947.1万元。同时校办企业还安排教职工家属、子女2184人就业，解决了部分教师的后顾之忧。用勤工俭学收入为学生免收学杂费的学校4192所，免收学杂费和书本费的学校2356所，免收学杂费、书本费和文具费的学校2284所。享受各种减免费用的学生总计255821人，减免金额208.01万元，提高了学龄儿童的入学率、巩固率，促进了九年义务教育的发展。

1991年，陕西省高校产业进入了以科技产业为主体，并向高新技术产业发展的新阶段。3月6日，国务院发出《关于批准国家高新技术产业开放区和有关政策规定的通知》后，促进全省高校一批高新技术产业的兴办与发展。陕西省高等学校共有全民所有制具有独立法人资格的校办产业167个，其中科技产业37个，校办工厂62个，其他服务型企业65个，农林牧场3个。校办产业的总产值达到1.3亿元，比上年提高34%；创税金474万元，纯利润2398万元，进入学校基金1265万元。纯利润在500万元以上的有西安交通大学，纯利润在300万元以上的有西北工业大学，100万元以上的有西安电子科技大学、陕西机械学院、西安冶金建筑学院、陕西师范大学，其他院校在100万元以下、5万元以上不等。

五、体育卫生工作得到加强

1991年8月，在延安中学举行的陕西省第二届培养体育后备人才试点中学运动会，促进了中学体育教学工作的开展和中学生运动水平的提高。

学校卫生工作有所加强。1991 年初，省教委与有关部门组织了大规模的大、中、小学生健康体质调研工作，检查测试项目 28 项。通过这次测试、调研，基本掌握了全省大、中、小学生的身体状况，为今后学校卫生工作的决策提供了可靠的依据。

六、教育经费与教师住房建设

1991 年，全省教育经费投入有所增加。国家预算内教育经费支出为 8.36 亿元，依靠人民群众多渠道筹措经费 50845 万元，其中群众集资 19830 万元。生均经费大学生为 2756.96 元，中学生为 268.74 元，小学生为 94.32 元。省级财政从新增财力中拨出 2300 万元用于教育，基本上实现了“两个增长”。一年中，全省新建、改建校舍面积 191 万平方米，修缮危房 72.8 万平方米。

1991 年，全省普通高等学校和城镇中小学教师住房建设有了突破性进展。1991 年，省人大通过的省政府工作报告中决定在“八五”期间，由省财政拿出 1 亿元，解决教育部门所办各级各类学校的教师住房问题。省和地、县总投资在两亿元以上，可建教师住房 40 万平方米。7 月，陕西省人民政府批转省教委、省计委、省财政厅《关于“八五”期间解决知识分子特别是教师住房问题的意见的通知》后，各级党政部门把解决教师住房作为进一步落实知识分子政策，稳定教师队伍，发展教育事业的一件大事。汉中、咸阳、延安等地、市提出，“八五”期间地市财政每年拨 100 万元用于城镇中小学教师住房建设。汉中地区当年筹集建房资金 826 万元，施工面积 2.04 万平方米，建房 310 套。泾阳县采取多种形式，筹集 150 万元，征地 18 亩，新建教师住房 7300 平方米，其中庭院式住宅 3500 平方米，72 户；单元式住宅楼二幢 3800 平方米，61 户。在教师住房建设工作中，从资金筹集、项目安排到图纸设计、材料供应以及选址定点，有关部门都尽可能给予优惠。咸阳、宝鸡、渭南等市城建部门，按照省政府文件规定，免除了教师住房建设项目的城市配套费、商业网点费等有关费（税），从而加快了建设速度，充分发挥了投资效益。1991 年，省属高校和城镇中小学教师用于住房建设的个人筹资达 960 万元，占省属高校和城镇中小学建房投资的 16%，其中中小学教师个人筹资 777 万元，占城镇中小学总投资的 21.3%。

在陕西的中央部委高校、省属高等学校和城镇中小学教师住房建设，1991 年总投资达 9995 万元，建筑面积 35.14 万平方米，建房 5972 套。年底竣工面积达 11.64 万平方米，近 2000 名教职工迁住新居。

基 础 教 育

一、实施义务教育有较快发展

1991年，陕西省教委按照省政府提出的"稳步发展，分区规划，合理布局，有步骤实施"的原则，根据《陕西省国民经济和社会发展十年规划和第八个五年计划纲要》及国家教委的要求，制定了《陕西省教育事业十年规划和"八五"计划》，要求到本世纪末，除个别乡（镇）外，全面实施六年义务教育，60%以上的乡（镇）实施九年义务教育。

为使义务教育顺利进行，一是加强了党对学校的领导和师生的政治思想教育。省委教育工委拟订了《中小学党支部工作条例》，加强了党对县级直属教育事业单位的领导；在较大的中小学普遍建立党支部；在乡村，学校与村支部联合建立支部或总支。1991年8月，省委教育工委、省教委等有关部门联合召开全省中小学教师思想政治工作会议。各级教育部门和学校开展了适合中小学学生特点的各种教育活动，加强爱国主义、革命传统教育、国情教育和共产主义理想教育。对农村学生加强热爱农村、热爱农业、热爱农业科学技术的教育，引导他们充分认识发展农业对振兴经济和政治稳定的极端重要性，从小树立重农、爱农、立志务农的思想。二是创建农村示范小学和标准化小学。宝鸡市和渭南地区积极引导富裕农民办好教育，支持创建农村示范小学和标准化小学的活动。农村示范小学的标准是：(1)集资数大，建筑标准高，经费较充裕，教师待遇得到落实。(2)校园布局合理，活动场地宽敞，校容校貌整洁美观。(3)参照普及六年义务教育的一类标准，配齐了"四室一部"。(4)领导班子业务水平较高，教师队伍素质良好。(5)能全面贯彻教育方针，办学思想端正，教育质量较高。1991年，宝鸡市创建农村示范小学39所，渭南地区创建标准化小学33所。三是调整中小学，特别是初中布点。在中小学布局调整专题调查的基础上，省政府批转了省教委《陕西省普通中小学布点调整意见》，要求在经济条件较好的川原地区，2.5万人口以上的乡（镇）可设一所初中，其规模以18–24个教学班为宜；万人以上的乡（镇）只设一所，其规模不少于12个教学班；万人以下的乡（镇）可联办；居住过于分散的山区乡（镇）可设一所，其规模不得少于6个教学班。在陕南山区设区建制的县，可以区为单位合理布局，几乡联办。小学的布点，着重考虑就近上学的原则。提倡"四二"分段，完小能联办的尽量联办，居住分散的山区，可以兴办寄宿制学校，较好地解决了学生在校的食宿问题。为了使布点能够从宏观上得到控制，初中布点由市（地）教育行政部门审批，报省教委备案。四是集中力量建设乡办初中。1991年5月，省教委、省计委、省财政厅、省农牧厅联合在渭南地区召开现场会，推广了渭南地区狠抓乡办初中建设的经验。渭南地区根据实施初中阶段义务教育的规划，结合布点调整在初中校舍建设方面起了带头作用。全区在四年内集资8400万元，新建初中校舍38.2万平方米，建起标准较高的初中教学楼407幢，初中办学条件得到很大改善。一年内，全省已有1000多所乡办初中建起了质量高、耐久性强的校舍，面积达200万平方米。五是重点扶持贫困落后地区。省级有关部门在教育专款、老区建设款中划出了一定比例，用于扶持山区各类教育。设置特困山区小学生助学金，从省财政中拨出250万元，地、市、县财政匹配250万元，资助10万名家庭特困的小学生完成学业。

为了加强对实施义务教育的检查、评比，全省107个县（区）中已有102个县（区）建立了教育督导机构，共配备督学473人，开展了对各级政府实施义务教育的监督检查和对学校的督导评估。6月，省教委抽调专兼职督学分3个检查组，对商洛、渭南、榆林、延安、铜川、咸阳、宝鸡7个地市，以及所属的16个县、市贯彻《义务教育法》的自查工作进行了督导检查。同时各级督导机构协助各级政府，对本地区《义务教育法》执行情况进行了自查。

1991年，全省经过检查验收宣布依法实施六年义务教育的乡（镇）有378个，累计验收乡（镇）已达1249个，占全省乡（镇）总数的47.7%，比1990年以前的验收总数提高了14.5个百分点。全省学龄儿童入学率和在校学生的巩固率，分别达到98%和96%以上。小学毕业生升入初中的比例达到83.5%。

二、进一步改革普通中学教育

省教委为解决普通高中存在的文理偏科，知识结构不合理，学生课业负担过重等问题，从1991年秋季入学的高中一年级起实施国家教委发布的《现行普通高中教学计划的调整意见》。10月29日省政府批转了《陕西省普通高中毕业会考制度试行方案》，与《调整意见》同步进行。会考制度的试行，有利于学生全面发展，大面积提高教育质量。

为了进一步改革普通中学教育，陕西省以安康地区为典型，在普通中学渗透职业技术教育，作为“教育奠基、科技兴省”的突破口，拆除“独木桥”，兴建“立交桥”。经过几年的探索和实践，在职业教育方面，创造出了“专业式”（职中）、“培训式”（短训班）和“渗透式”等多种形式。“渗透式”是在普通中学保证完成教学大纲规定的基础文化课教学的同时，因地制宜地进行当地生产实用技术的培训与推广。1991年，全区已有95%的普通中学开设了职业、劳动技术课，有20%的普通中学把渗透职业技术教育序列化、制度化；开设各种专业47个，有劳动基地356亩，专兼职教师550人。近3年来，已为农村培养了6万多名实用技术人才，他们在开发当地经济，发展商品生产中，发挥了重要作用。

安康地区在普通中学渗透职业技术教育中遵循的原则和创造的经验是：(1) 坚持为当地经济建设和社会发展服务的指导思想，因地制宜地选择渗透项目，突出地方性、实用性、普及性和效益性。(2) 坚持灵活多样，不拘一格的渗透方式，一是把职业技术教育纳入劳动技术课，上课程表，进课堂；二是充分挖掘各学科的职教因素，注意理论联系实际；三是根据农事季节，适当举办多种短、平、快的实用技术讲座；四是开展毕业前的实用技术培训；五是与勤工俭学相结合。(3) 坚持政府统筹，农科教结合，切实解决渗透中的实际问题。

为了打开普通中学渗透职教因素的局面，10月上旬，省教委在安康召开了农村普通中学渗透职业技术教育工作现场会，推广了岚皋县民主中学和石泉县池河中学渗透职业技术教育的经验。岚皋县民主中学和石泉县池河中学，为培养农村需要的学生，在加强文化课教学的同时，根据当地经济的发展，开设了种植、养殖及农产品加工等课程，并举办各种技术培训班。采取的办法是在文化课教学间隙，穿插职业技术教育课；在学生毕业前夕，集中进行短期实用技术培训；对返乡毕业生进行短期实用技术培训；按农时季节，聘请有关技术人员到学校举办技术讲座；结合相关学科和勤工俭学开展职业技术教育，保证了职业技术教育的实施，实现了职业技术教育的系列化、制度化。

1991年，全省已有1927所初中，481所高中开设了劳动技术课，分别占初高中总数的80%和76%；有2122所普通中学使用了劳技课教材，1034所普通中学使用了乡十教材。有2136所普通中学建立了生产劳动基地，其中有工业生产基地的821所，有农业生产基地的1885所；农村普通中学每班平均农田0.1亩。除了加强劳动课和劳动技术课教育外，还采取初、高中毕业班分流，“三加一”或毕业后集中短训等多种办法，加强对学生技术知识与劳动技能的培养。

三、农村教育综合改革不断得到深化

(一) 农村教育综合改革有了新的突破

为了加强对农村教育综合改革工作的领导，省教委成立了农村教育综合改革办公室，制定了《陕西省贯彻落实〈全国农村教育综合改革实验区工作指导纲要（试行)〉的实施意见》，提出了《陕西省燎原计划示范乡建设的基本要求》；召开了全省农村教育综合改革工作会议，实施燎原计划工作会议；进行了农村教育综合改革的课题研究，推动了农村教育综合改革的深入发展。

陕西省从1988年开始确定渭南地区和韩城、蒲城、合阳、洛川、泾阳、宝鸡、南郑、城固、延安等9县、市为实验区、县，进行了农村教育综合改革实验。各实验县都把这一改革作为一项社会工程，提高认识，实行思想转轨，把经济建设转到依靠科技进步和提高劳动者素质的轨道，把以升学为目的教育转到主要为当地经济、社会发展培养人才、兼顾升学的轨道。在此基础上进行了以下改革实验：

改革教育结构，实行农村三类教育统筹，建立农村教育体系和技术培训网络。9个实验县的职业高中已发展到21所，在校学生11612人，高出全省职业中学所占比例9个百分点。每县至少有一所办得较好的农村职业高中，在为当地农村服务中发挥“上挂、横联、下辐射”的作用。9个县都有县级农技校或培训中心。275个乡镇普遍建立了乡的农技校，其中达到乡镇农技校办学标准的有58所，还有约50%的村建立了农技校或农民夜校。总共年培训能力达到30万人次以上。中等专业学校和农业大学也进行相应的改革试验，为农村培养人才。从1985年开始，陕西省在部分农业、卫生中专，试行招收农村青年，不包分配的制度，毕业后回农村由当地录用、聘用或自谋职业。现已发展到15所学校招生，在校学生1681人，已先后毕业600余人。1990年西北农业大学也进行了同样的大专层次的改革实验，现有在校学生120人。这一改革，在解决大学、中专毕业后留到农业第一线和提高农村的人才层次方面，是具有方向性的有益尝试。

进行农科教统筹结合的实验。各实验县程度不同地推行了农科教的统筹结合，洛川县政府设立了农科教统筹办公室，围绕烟、果、粮、油的科技推广和经济开发，实行了五个统筹，即农业、科技、教育三个方面发展规划和工作计划的统筹，农村各项培训任务的统筹，培训经费的统筹，培训单位、师资、设备的统筹和培训层次、培训对象的统筹。并对农科教及有关部门、学校、乡镇实行了目标管理。通过这一结合，促进了农民文化技术素质的提高和实用技术的推广应用，并促进了农村教育的改革和发展。

推行“燎原计划”。全省实施“燎原计划”的乡镇1234个，实施的学校17个，其中使用国家“燎原计划”贷款的乡镇115个，实施项目141项次，它是以“燎原计划”项目为中心，培养中、初级人才，提高劳动者的素质，促进农村发展。南郑县原有15个示范乡，有“燎原计划”项目68个，三年来，依托职业中学和县、乡、村农民技术学校举办各种培训1090期，培训人员达10万多人次，提高了技术，开发了产品，5个示范乡的农民人均收入都超过了600元。“燎原计划”项目的实施，提高了农民吸收运用科技的能力，使该县新涌现专业村110个，各类专业户1.9万多个，庭园经济户3.2万多个。

1991年，陕西省农民的文化素质发生了明显变化。农村青壮年中的非文盲率：1980年为65%，1988年为83.7%，1990年为93.7%。农民技术教育的发展，为农村实用技术的推广应用，创造了一定的条件。从1989年开始，评定农民技术职称，截止目前，全省已经取得农民技术职称的35441人，占全省农业劳动力总数的0.38%，其中：农民技师1762人，助理技师10790人，农民技术员18168人，助理技术员4721人。

职业技术教育

一、职业中学教育

1991年，陕西省职业技术教育得到充实和加强。全省省级重点职业中学由上年的5所发展到15所，职业中学在校学生比上年增加0.8万人。为进一步加强全省职业技术教育，陕西省人民政府11月6日发布了《关于加强和发展职业技术教育的决定》，《决定》对陕西“八五”期间和今后10年的职业技术教育提出了计划和要求。省教委组织人力，深入基层，广泛宣传，鼓励当地政府为职教投资，制定职教优惠政策，使一部分职业中学在教学、仪器、设施、实习基地建设、毕业生就业渠道等方面，都有了新的进展。在此基础上，省教委认真抓了省级重点职业高级中学的评估验收。1991年，洛川县农业职业中学、澄城县职业中学、柞水县高级职业中学、府谷县职业中学、汉中市第一职业高级中学、城固县第一职业技术高级中学、千阳县职业中学、白水县职业中学、咸阳市渭城高级职业中学、西安旅游职业学校10所职业中学全部达标，被省政府批准为省级重点职业高级中学。平利县西河农业中学、澄城县冯原职业中学、长武县高级职业中学被评为全国科教兴农先进学校。西安市艺术师范职业学校、洛川县农业职业中学、城固县人民政府等单位被评为全国职业教育先进单位。

为了加快农村职业技术教育的发展，省教委组织有关院校与农村职业中学挂钩联系，对口支持。高等学校根据省教委《关于开展高等学校指导扶持职业中学办学活动的通知》，结合各自专业特点和优势，积极开展指导、扶持职业中学办学的活动。西北农业大学为农村职业中学办学做了三件事：一是把为农业职业中学培养师资列入学校招生和人才培养计划，为职业中学师资班制定了专门的教学计划，增设了教育学、心理学、电化教育等课程。二是与洛川县农业职业中学订立了帮扶合同，1991年接收洛川县的进修专业技术干部70名，其中农职中教师12名，为洛川职中定向招收师资班学员5名。又免费或优惠提供了一些教材、教学挂图和仪器设备。与泾阳县职业技术学校达成意向协议，签订帮扶合同。三是筹建农业师范教育系，西北建筑工程学院与韩城市新农职业学校、柞水县分别签订了《关于建立函授辅导站的协议书》和帮扶协议书。学院给职业中学办学提供帮助，职业中学为学院学生实习、开展社会调查提供方便。西安冶金建筑学院和陕西师范大学分别成立了由学校领导成员任组长的帮扶领导小组。冶金建筑学院与安康市新安高级职业中学建立了帮扶关系；陕西师范大学与洛川县农业职业中学建立了帮扶关系，制定了扶持洛川县农业职业中学发展方案，从仪器设备、图书、师资、科技发展、技术成果转让等方面进行扶持指导。西安交通大学等高等院校也建立了由校（院）主要领导任组长的帮扶职中办学领导小组，主动与有关职业中学进行联系，在各方面支持职业中学办学。

二、中等专业教育

1991年，陕西省中等专业教育以提高办学水平和教育质量为重点，先后开展了办学水平评估和合格评估，通过评估加强了中等专业教育的宏观管理及业务指导。为保证评估工作的顺利开展，省教委成立了中等专业学校办学水平评估工作领导小组，制定了《陕西省中等专业学校办学水平评估指标体系》和《陕西省中等专业学校办学水平评估实施办法》，使评估工作有明确的方向性、科学性、客观性、可比性和可行性。根据《实施办法》，全省中等专业学校均成立了由校长、教务科长、专业科科长、教育研究室负责人和骨干教师组成的自评工作领导小组。通过自评，各学校对本校办学水平和现状进行了分析，找出差距，提出了改进和完善的措施。自评工作基本完成时，省教委选择两所自评搞得好的咸阳机器制造学校和咸阳市卫生学校进行了办学水平评估的试评。在试评的基础上，1991年5月，省教委先后对西安电力学校等5所学校的办学水平进行了复评。

1991年10月，根据国家教委关于开展普通中等专业学校教育评估的部署，省教委发布了《关于开展中等专业学校合格评估自查工作的通知》和制定了《陕西省中等专业学校合格评估基本情况表》等配套文件，将评估重点由办学水平评估转移到合格评估上来。1991年11月，全省中等专业学校合格评估自查工作全部结束。12月，省教委对榆林工业学校等49所学校的合格评估自查工作进行了复评，办学效益进一步提高。西安铁路运输学校被评为全国职业教育先进单位，陕西省农业学校、陕西省林业学校被评为全国科教兴农先进学校，9人被评为全国职教先进工作者。

高 等 教 育

陕西省普通高等教育事业经过调整、合并、撤销，省属普通高校由原来的25所减少到21所。通过重点调整，合理布局，普通高校教学质量和办学效益得到进一步提高。学校体育工作进一步加强，8月在省第九届运动会上，高校代表团在13个项目的比赛中，共获得金牌14枚、银牌17枚、铜牌15枚，破6项陕西省纪录，高校代表团还荣获体育道德风尚奖。

一、组织建设得到加强

领导班子进一步调整、充实。1991年针对90%以上院校党委到届和院校党政领导缺额较多的情况，省委教育工委专门抽调一些离退休老同志和高校后备干部，成立了高校党委换届办公室，集中精力抓高校党委的换届改选，使13所高校顺利召开了党代会和党员大会，选举产生了新的党委。同时，结合党委换届改选工作，调整、充实校级干部36人，解决了13所院校正职空缺问题，健全了院校党政领导班子，从组织上巩固和加强了高校党委和核心领导地位。

高校后备队伍建设。省委教育工委结合陕西省高校后备干部队伍的实际，制定了《关于加强高校后备干部队伍建设的意见》，提出了目标、任务、措施和考核、管理办法等。组织力量，逐一对高校后备干部进行了考察、调整和充实，确定了344名校级后备干部。并且有计划、有重点地安排了一批能够近期进领导岗位的后备干部到党校集中脱产学习，实行上下交叉轮岗锻炼，其中有13名后备干部被安排到地县锻炼。

干部培训。为了使这一工作制度化，省委教育工委制定了《陕西省高校领导干部1991－1995年培训规划》和《关于高校领导干部学习培训的若干规定》。经省委批准，成立了陕西省高校干部培训中心，先后举办了组织部长培训班、宣传部长培训班，共培训干部81名。

高校基层组织建设。省委教育工委组织人力在对全省高校基层组织状况进行了深入调查的基础上，制定了《陕西省高等学校系党总支工作试行条例》和《陕西省高等学校党支部工作试行条例》，对高校党总支的政治核心作用、保证监督作用以及党支部的战斗堡垒作用作出了明确规定。12月，召开了全省高校基层组织工作会议，进一步总结和交流了高校基层组织建设的经验，表彰了70名总支书记和支部书记。

1991年，全省高校系统开展建党70周年学习活动，青年学生中出现了“知党、爱党、跟党走”的好势头，要求入党的积极分子占学生总数的12.5%。

二、深化教育改革

1991年，陕西省高等教育工作以坚持方向、调整结构、深化改革、改善条件、提高质量为指导方针，针对国际形势变化和学校的实际情况，省教委要求加强和改进高等学校马列主义理论课教育。各高校调整了马列主义理论课教学计划，增加了学时，强调加强马列主义理论教育的针对性，提倡任课教师要敢于和善于回答学生提出的思想认识上的问题和现实中的实际问题。开展了形势教育，除学校党的领导亲自宣讲之外，省委、省政府14名常委和副省长按照联系高校的分工，也分别深入学校，了解情况，组织座谈，向师生进行形势教育。

1991年，陕西大学生社会实践活动有了新的发展。7月，省委、省政府召开全省高校社会实践工作会议，成立了由省委副书记任主任的全省高校大学生社会实践指导委员会。针对开展大学生社会实践中生产实习的管理协调、基地建设、活动经费等一系列问题，作出了《关于加强和改进高等学校生产实习和社会实践工作的决定》。《决定》的发布和实施，在一定程度上解决了大学生社会实践存在的选点难，落实经费难，选派指导教师难等问题。1991年，全省已建立相对稳定的大学生生产实习和社会实践基地238个。

1991年3、4月间，遵照省委指示，陕西师范大学政治理论教育系1988级一班57名学生，在6位教师的带领下，分赴三原、泾阳两县，参加农村社会主义思想教育，历时两个月，提高了师生对社会主义思想教育工作的认识，也促进了社会主义思想教育工作的进展。参加社会主义思想教育的学生进一步了解了农民，了解了农村干部，了解了农村，也了解了国情，学到了许多在学校学不到的知识。大学生参加社会主义思想教育工作，为高校开展社会实践活动，尤其是为深化文科教育改革，提供了新的经验。

7月，省委教育工委、省教委和团省委联合在延安创办了窑洞大学革命传统教育基地。延安窑洞大学举办了两期，以“学习延安精神，继承革命传统，明确历史责任”为宗旨，以报告、讲座、参观、座谈、讨论等为主要形式，学习和回顾中国革命的艰苦历程，接受革命传统和延安精神的教育。参加窑洞大学学习的1935名学生，来自省内28所高等学校和全国16个省市的65所高等学校。许多学生通过窑洞大学的学习，写下了肺腑之言：“我们的灵魂在这里净化，我们的信念在这里升华。”有的大学生说：“不到延安，就不能完全了解中国共产党的伟大，就不能完全懂得中国革命胜利成果的来之不易。”

8月，陕西省开展高等学校第二届优秀教学成果评审和奖励工作。共评出170项优秀教学成果，其中特等奖5项，一等奖35项，二等奖59项，三等奖71项。

三、科技工作取得显著成绩

1991年，陕西高校科技工作的中心是继续深入贯彻执行“经济建设必须依靠科学技术，科学技术工作必须面向经济建设”的方针，积极落实陕西高校、全国高校科技工作会议和陕西省第三次科技兴陕工作会议精神，在基础研究和高新技术开发研究，加强科技成果转化，动员、组织广大教师和科技人员投入经济建设和科技兴陕工作中，取得了显著成绩。

陕西高校参与自然科学科技活动的人员有28687人，科研经费达11774.8万元，其中横向科研经费5771.4万元，科研课题4850个，签订技术转让合同240项，到款金额978.7万元。全年出版学术专著232部，发表学术论文8163篇，鉴定技术成果519项，其中达到国际先进水平的138项，达到国内领先的171项；获得省部级以上科技奖励372项，获得国家级奖励22项，其中国家发明奖9项，国家科技进步奖13项。以西北轻工业学院为主研制的“面粗质次猪皮制革技术的研究”项目获得国家科技进步一等奖。1991年度陕西省科技进步奖156项授奖项目中，高等学校共获得60项，占全部授奖项目的38.7%，其中获得一等奖7项、二等奖21项。

1月至2月，省教委和省经委联合组织省内大中型企业与高校进行对口技术考察。省内机械、电子、化工、轻工、纺织、冶金、有色金属、建材、交通、医药、航空、航天、兵器、船舶等15个工交部门323家大中型企业的538位厂长、总工程师，分三批考察了西安交通大学、西北工业大学、西安电子科技大学、西北大学、陕西机械学院、西安公路学院、西北轻工业学院、西北纺织工学院的科研成果和部分实验室。高校共向企业介绍科技成果1500项，企业向高校提出技术难题303项。经过考察达成意向626项。截止10月底，已有146项签订了正式合同，企业提出的303项技术难题已汇编成册，部分难题已找到协作伙伴。组织大中型企业考察高等学校，在企业界引起了强烈反响。西安仪表厂总工程师江红生认为：省教委、省经委组织这次考察，对增强企业科技进步意识，振兴陕西经济，具有深远的战略意义。高等学校对这次考察反映也十分强烈。陕西机械学院机械工程系副教授薛乃夫认为：多年来，我们为成果应用耗费了不少旅差费，花了不少精力，但都效果不佳。这次考察活动，为我校科研成果转化提供了极大的方便，仅我们一项振动钻孔技术，就解决了几家工厂的难题。厂校双方都受益。

4月，省教委组团参加陕西省第二届技术成果交易洽谈会，参展院校33所，展出项目500项，成交总额突破一亿元，其中合同成交额4767万元，省教委参展团被评为先进展团，有143个项目获金、银、铜牌奖。榆林师范专科学校开发的“中华沙棘杏”天然补品，成交额达12万元，获银牌奖，被新闻界誉为“山窝里飞出了金凤凰”。

10月，陕西20余所高校的79项发明成果，参加了在西安举办的全国第六届发明展览会，其中44项成果获大会奖励，占陕西全省获奖数的42.3%，共获金牌奖2个，银牌奖16个，铜牌奖26个。西安交通大学王尚锦副教授和他的“节能转子”课题组以“全可控涡三元叶轮技术”获金牌和全国第六届发明展览会全国教育系统最高荣誉“耕耘杯”奖。用这项技术改造首都钢铁公司二号高炉七号鼓风机，使日产生铁能力从4000吨提高到5100吨，一年多产铁30万吨，年经济效益1.05亿元，并节约设备投资1400万元。

四、毕业生的分配工作进展顺利

1991年，陕西地区普通高校毕业生分配派遣工作贯彻了统筹安排、合理使用、加强重点、兼顾一般和面向基础，充实生产、科研、教学第一线以及学用一致、人尽其材的方针和原则，比较切合毕业生的实际，也符合陕西省国民经济和社会发展的需要。

年初，省政府发出了《关于做好1991年高等学校毕业生分配工作的通知》，强调要切实加强对高等学校毕业生分配工作的指导，并提出了关于毕业生分配的方针、原则和有关配套政策，以及强化计划管理和加强毕业生的思想政治教育的要求。各地市、各部门、各单位都有一位主要负责人主管此项工作，及时协调、处理有关问题。各高等学校及系（科）也都相继成立了由校、系（科）领导任组长的毕业生分配工作领导小组。有的学校和系（科）还吸收教师或辅导员参加。

1991年高校毕业生分配计划的编制采取上下结合的办法，即学校初步按专业提出对毕业生分配的建议，省级有关部门根据本省经济、社会发展对毕业生的需求和学校的建议，编制高校毕业生分配调整计划（草案）。3月，省召开了高校毕业生分配计划协调会，落实了分配计划的96.4%。许多院校还采取其他方式，进一步落实计划。西北建筑工程学院专门派干部赴甘、宁、青、新四省（区）联系落实毕业生分配方案；西安公路学院主动召开西北、华北区毕业生分配协调会；西安交通大学和西北纺织工学院采取了请用人单位来学校招聘毕业生的方法，落实计划，确定分配名单。

6月，省教委召开了陕西地区普通高等学校1991年毕业生调配派遣工作会议。要求各院校把分配的方针、政策、原则、纪律、分配方案和毕业生德、智、体综合考核的结果，向毕业生公开，使毕业生分配工作置于群众的监督之下。坚持就地就近、择优分配、特殊困难照顾的分配原则。

为加强毕业生思想教育工作，省教委编写了《面临选择—大学毕业生分配指南》，对毕业生关心的问题作了解答。各高等院校采取报告会、座谈会、录像电视、社会实践、心理咨询等多种方式，加强思想教育。西安公路学院等院校，在学生毕业前3个月分专业、按层次以讲课形式进行分配形势和分配政策教育，举办毕业生分配咨询活动，进行国情、省情教育，使毕业生自觉服从分配，主动到基层、到陕南和陕北最需要人才的地方去。

针对师范、石油、矿业、农林等专业毕业生的思想状况，采取学习文件、听报告、到基层参加社会实践等方式，进行专业思想教育。

1991年陕西省43所普通高等学校本、专科毕业生24534人的派遣工作进行顺利，社会反映好，毕业生满意。

五、开展后勤工作服务竞赛活动

1991年陕西省高等学校后勤工作，以开展服务竞赛为重点，抓服务育人，管理育人，深化改革。省教委和省教育工会决定，在全省高等学校广泛开展后勤工作服务竞赛，重点是学生食堂、宿舍、浴室、环卫管理及院校医院（所）。制定了管理项目38项，128条标准。全面达标的可评为省级后勤服务先进单位。各院校积极开展了服务育人，管理育人活动。西北工业大学起步较早，其服务育人的途径是：(1) 为全校提供良好的办学条件；(2) 以后勤人员自身的良好品德，给学生以潜移默化的影响；(3) 创造优美的生活、学习环境；(4) 约束、规范和协调学生的行为与相互关系。管理育人的措施是：(1) 制定《后勤工作条例和管理规范》，加强后勤工作管理；(2) 重视培养与提高后勤人员的政治和业务技术水平；(3) 加强学生宿舍管理，成立学生公寓管理委员会，制定《学生公寓管理细则》；(4) 吸收学生参加后勤民主管理；(5) 成立有学生参加的伙食管理委员会。

成人教育

1991年，全省青壮年非文盲率达到93.7%，107个县（市、区）全部达到了国务院规定的基本扫除文盲标准。职工岗位资格培训182505人，其中工人128970人，干部53535人；适应培训429163人，其中工人302379人，干部127234人。已建立起农民文化技术学校（中心）1万余所（个），参加学习的人员达到250多万人。

一、农民教育

巩固与提高扫盲工作。1991年，各地、市、县在扫盲中做了许多工作。宝鸡市教育局给每县增拨一万元扫盲经费；凤县、镇巴、紫阳等县在经济困难的条件下拨款数万元开展扫盲；凤县还建立扫盲督导制，形成双层扫盲领导机制。在扫盲中，扶风、洋县、合阳、延长等县被评为全国扫盲先进县，表彰了一批全国扫盲先进个人。省教委对扫盲进行了检查验收，在抓好巩固提高的同时，又建立了农村人口文化构成定期测报点，对在乡7周岁以上的农村人口分五个年龄段进行分类统计，开展扫盲摸底工作。

农民文化技术教育有了新的发展。全省县、乡、村农民文化技术学校达1万余所，省教委、省农办、省财政厅、省科委联合制定了《陕西省乡（镇）农民文化技术学校评估意见》，以推动全省农民文化技术教育的发展。全省各地创造了一些好的办学经验：宝鸡地区采取"校-站-实体"（农技校-农技站-咨询服务部）的模式，为农民提供配套服务，收到了比较好的效果；以华县为代表的渭南地区创办"文化大院"、科教文卫一体化，统筹规划，协调服务；以南郑县为代表的陕南大部分地区采用农技校同文化站或党校合办的形式；以洛川县为代表的一些县农技校与县办职业中学联合办学，一校两用。各级农民文化技术学校，以在乡初、高中毕业生为重点，大力开展实用技术培训。通过培训和示范，扶持专业户、科技户，培养农民技术员，带动周围群众致富。蓝田县成人文化技术学校，开设烹饪、电大英语师范、高中文化补习、餐厅服务4个专业。其中烹饪专业举办11期，结业学员2381人，从业于北京、上海、天津、广州、深圳、福建等26个省、市、自治区和日本、德国、比利时等国从事中国烹饪工作。1991年荣获全国农村成人教育先进学校称号。凤县平木乡农民文化技术学校，坚持"实用、实际、实效"的原则，围绕"四大商品"（花椒、苹果、药材、养牛）基地建设及农村实用技术，采取分散办学与集中办学的方法，突出"短、平、快"特点，文化和技术教育结合，提高农民文化、技术素质，为农村培养新型农民。

农村人口教育工作逐步开展。根据我国与联合国人口基金项目协议，陕西省50所农民文化技术学校为开展农村人口教育的项目受援学校，在这些学校中开设人口教育课，把人口教育的科学知识传播到广大农村。1991年，省教委成立人口教育项目管理组，要求各项目学校和项目学校所在地的各级教育行政部门都要成立项目管理。8月，省教委举办了陕西首届人口教育师资培训班。规定县办农技校人口教育的总时数为32学时，其中课堂理论教学26学时，社会调查及考核6学时；乡（镇）项目学校人口教育教学时数不少于15学时。教学采取开设人口教育课，举办短期培训班，分散教学、巡回教学等形式，将人口教育内容渗透到政治、文化、技术教育中，并与农村扫盲、农村计划生育结合起来。

二、职工教育

成人中等专业学校评估工作。1991年，陕西省教委根据国家教委《关于开展成人中等专业学校评估工作的通知》精神，结合本省实际，先后制定了《陕西省成人中等专业学校办学水平评估工作实施意见》、《陕西省成人中等专业学校办学水平评估指标体系》，作为学校办学水平评估的评价标准和检查依据。评估的重点内容是学校的领导班子、办学方向、办学条件、教学管理和教育质量。参加评估学校的范围是，凡经陕西省人民政府批准（国家承认中专学历）的职工中等专业学校（含业余）、农民中等专业学校、广播电视函授中等专业学校。为加强评估工作的领导，成立了成人中等专业学校评估工作领导小组，由省教委及部分省级业务部门的有关负责人组成。有关省级业务部门负责本系统成人中专学校的评估工作。各成人中等专业学校成立由学校主要领导负责的评估工作小组，负责本校评估工作。

成人高等学校治理整顿工作。1991年10月，省教委制订《陕西省成人高等学校治理整顿工作实施方案》，明确了治理整顿的指导思想和目标。成人高校治理整顿工作的基本要求是：对于办学条件差、规模小、效益低、质量得不到保证，或连续三年以上未招生的成人高校要进行整顿；办学规模达不到《成人高等学校设置的暂行规定》要求的，分别情况进行调整。专科学历教育在校生规模不足100人的学校，经论证确需继续举办的，可与其他同类成人高校联合办学，作为联合体的分校或办学点，取消其独立建制。确实难于继续举办、又无条件与其他成人高校联合办学的，可改变学校性质，开展相宜的成人非学历教育。学校领导班子、教师队伍、专业设置、专用校舍、图书资料、仪器设备、教学实习基地及经费等办学条件，其中一项或几项达不到《规定》设置标准的，在1991-1992年两年内增加投入，改善办学条件。在两年内达不到要求的，视具体情况减少或停止招生。对无专任教师、无固定校舍又连续三年以上未招生的学校予以撤销。这次治理整顿还要求认真地调整学校布局、科类结构和专业设置。对布局不合理的成人高校，下决心进行调整。调整的原则是，省级部门或行业只能根据本部门或行业的实际需要，办好1所成人高校；中小型企业举办的职工大学，应按行业或地（市）的需要，进行统筹规划，通过联合办学，逐步达到同一行业或同一地（市）办好1所学校。对科类结构不合理、开设专业条件不足或脱离实际需要而重复设置的专业，也必须进行调整。省级工业厅局或企业举办的职工大学，应主要开设技术、工程、工艺等应用型专业；管理干部学院应主要开设财经、管理类专业；教育学院应主要开设师范类专业；广播电视大学应根据实际需要和办学条件，开设利于实施远距离教学和保证教学质量的专业。同一行业（系统）或同一地（市）的成人高校，在专业设置上应各有侧重，突出各自的特点，避免重复设置，互争生源。在《实施方案》中，对违犯国家和省规定招生办学和颁发证书的成人高等学校，提出了处理办法。1991年，在省教委统一安排下，全省成人高校治理整顿工作已在各地各类成人高校中开展起来。

社会力量办学。1991年，全省社会力量办学的整顿工作逐步深入，部分地（市）已进入评估、验收阶段。12月13日，陕西省教委发布《陕西省社会力量办学管理试行办法》，规定了社会力量办学，实行分级管理、分级审批原则，明确了管理权限，制定了学校类型、办学条件、处罚标准等一系列法规性管理规定，将全省社会力量办学引导到健康发展的轨道，奠定了良好的基础。

撰稿人　柏建军　王掌印
审稿人　屈应超

甘肃省教育

概况

1991年各级普通学校基本情况

单位：人

学校类别	校数（所）	毕业生数	招生数	在校生数	教职工数 计	教职工数 其中：专任教师
一、高等学校	18	10 220	10 775	33 967	15 570	5 971
研究生		408	292	919		(428)
本科生		5 538	5 462	21 752		
专科生		4 274	5 021	11 296		
二、中等专业学校	115	16 086	16 148	49 702	12 371	5 947
技术学校	93	11 065	11 600	33 686	10 102	4 681
师范学校	22	5 021	4 548	16 016	2 269	1 266
三、普通中学	1 570	287 554	316 308	960 142	76 559	61 466
高中	480	65 501	62 918	201 277		14 033
初中	1 090	222 053	253 390	758 865		47 433
四、农业职业中学	187	12 847	21 759	47 098	5 234	3 431
高中	179	12 328	19 361	43 267		3 316
初中	8	519	2 398	3 831		115
五、工读学校	0	0	0	0	0	0
六、小学	24 196	305 521	421 549	2 431 110	133 429	126 070
七、特殊教育学校	7	58	200	870	233	155
八、幼儿园	554	107 187	157 558	267 388	9 887	6 066

1991年各级成人学校基本情况

单位：人

学校类别	校数(所)	毕业生数	招生数	在校生数	教职工数	
					计	其中：专任教师
一、成人高等学校	24	7 816	5 724	17 176	2 176	1 101
广播电视大学	1	3 966	1 414	5 503	180	49
职工高等学校	18	751	937	2 146	1 062	580
农民高等学校						
管理干部学院	1	210	120	325	218	123
教育学院	4	1 066	528	1 068	716	349
独立函授学院						
普通高校举办						
函授部		965	1 971	5 992		
夜大学		612	668	1 960		
干部专修科		246	86	182		
二、成人中专	97	7 706	10 999	26 793	2 781	1 230
广播电视中专	2	3 607	5 200	14 166	45	25
干部中专	6	181	790	775	272	91
职工中专	33	1 626	2 253	5 797	1 369	593
农民中专	2	53		98	25	6
中华会计函授						30
教师进修学校	53	979	964	1 935	951	485
三、成人中学	2	281	433	705	37	30
职工中学	2	281	433	705	37	
农民中学						
四、成人技术培训	1 951	632 996	534 386	473 966	1 589	604
职工技术培训	93	31 049	14 925	17 482	380	219
农民技术培训	1 858	601 947	519 461	456 484	1 209	385
五、成人初等学校		196 725	283 122	351 527	190	80
职工初等学校						
农民初等学校		196 725	283 122	351 527	190	80
其中：扫盲班		191 968	268 371	336 470	187	77

制表人　张长有　台衍博

1991年3月，甘肃省召开了全省教育工作会议，学习党的十三届七中全会的重要文件，传达贯彻国家教委1991年工作会议和全国职业技术教育工作会议精神，从甘肃的实际出发，讨论了全省教育事业十年规划和“八五”计划，研究了全省职业技术教育发展的具体措施和意见，安排部署了1991年的工作。

会议确定，90年代要继续坚定不移地把教育放在优先发展的战略地位，使经济建设逐步转移到依靠科技进步和提高劳动者素质的轨道上来；把德育工作放在首位，坚持教育的社会主义方向；以农村教育的改革和发展为重点，促进各级各类教育的持续、稳定、协调发展；坚持改革、开放，探索和完善适合甘肃省情的教育为经济建设服务的有效机制；增加教育投入，确保“两个增长”，建立以国家财政拨款为主，多渠道筹措教育经费的体制，大力改善办学条件。到2000年，形成与甘肃经济科技实力和社会文化要求相适应的教育规模和主动适应社会经济发展需要、结构比较合理、功能基本完善的社会主义教育体系。

1991年，全省开展了《义务教育法》的检查实施工作，通过检查，解决了一些义务教育法实施过程中存在的问题，促进了义务教育法的广泛宣传和实施，使普及九年制义务教育的工作逐步走上了依法治教的轨道。又有4个县普及了初等义务教育，4个市（区）普及了初级中等义务教育，全省普及初等义务教育的县（市、区）达到48个；普及初级中等义务教育的县（市、区）达到8个。全省学龄儿童入学率达到94.9%，小学升初中升学率达到83.7%，中小学教育的布局调整工作，取得了明显成效。

职业技术教育经过调整充实，中等专业学校和职业中学的专业结构有了明显改善，办学实力、办学效益和适应经济的能力得到进一步增强。与1990年相比，全省职业中学减少6所，但上等级的职业中学增加16所，招生数增加8.6%，在校生数增加4.6%，校舍、师资办学条件有了较大改善。1991年，全省各类职业技术教育占整个高中阶段在校生总数的比例达到37%。

高等教育的本科专业清理工作和学科、实验室建设取得成绩，高校质量评估工作逐步加强，办学效益和教育质量均有所提高。新增了5个专业，专业种类已达164个，科技兴农和科研成果的推广应用工作取得了新的成绩，完成应用科研成果99项。

成人学历教育经过整顿逐步理顺，成人高、中等教育的专业证书制度趋于完善，社会力量办学的管理工作得到加强，成人教育质量从整体上有所提高。1991年全省又有7个县达到扫盲县标准，文盲率由1990年的26%下降到24%。

1991年，继续探索、完善发展民族教育的路子，采取特殊措施，扶持发展民族地区的教育事业。73%的牧业乡有了寄宿制小学，民族地区学龄儿童入学率达到84%，比上年提高0.6个百分点。全省女童入学率达到91.1%，比上年提高1.2个百分点。

师范院校标准化建设取得新的进展，办学条件进一步得到改善，教育质量稳步提高。制定了师资队伍建设的“八五”计划和十年规划，提出了师资队伍建设的目标、任务和实施措施。多种形式、多种层次的师资培训工作广泛开展，高中、初中和小学教师的合格率分别由1990年的39.7%、39.6%和74.5%上升到40.8%、45.6%和79.1%。1991年教师节期间，省政府作出决定，将300多名获国家级和省级奖励的民办教师转为公办教师。

在改善基础教育办学条件，提高办学效

益和水平方面，按照“集资排危、设备配套、强化管理”三部曲，遵循依靠人民办教育的方针，继续动员社会各方面的力量，在自愿、量力的前提下，集资办学、捐资助学，又涌现出了一批集资办学的先进单位和个人，得到省政府的表彰。到1991年底，全省筹集办学资金近亿元。各地以配套建设为重点，大力改善基础教育办学条件。全省新建、改建和维修校舍60万平方米，危房比重由上年的5.85%下降到5%。40%的中小学完成了校园配套建设，84%的小学配备了数学教具箱，80%的小学配备了自然教具箱。庆阳地区完成了1021所窑洞学校的改建任务，彻底结束了甘肃窑洞学校的历史。教育费附加的征收工作进一步落实。省政府下发了《甘肃省农村教育费附加征收管理办法》，将教育费附加计征比例提到1.3%。全年征收教育费附加7916.6万元，比上年增长60.98%。与此同时，大力开展勤工俭学活动，全省中小学勤工俭学开展面达到85%，总收入2500万元，生均7元。

继续加强教育的宏观管理。省教委制定了甘肃省普通中学、小学督导评估方案，督导评估试点工作在各地普遍展开。各级各类学校都注重把日常管理与目标管理结合起来，学校管理工作得到加强。制定了加强中小学校长队伍建设的意见，通过对中小学校长培训，提高学校管理水平和教学质量。全省教育系统治理“三乱”的工作收效显著，乱办班、乱收费、乱发文凭的现象基本得到纠正，教育的内部环境有了较大改善。

撰稿人　马光荣　黎志强

审稿人　王松山　高维新

基　础　教　育

一、制定义务教育发展规划，加强义务教育法的检查实施

1991年，甘肃省制定了普通教育事业发展的十年规划和“八五”计划，并分别制定了“八五”期间全省幼教事业发展计划、特教事业发展计划、实施九年制义务教育区域规划和“三防”知识教育规划，并在全省开始实施。

在《义务教育法》颁布实施5周年之际，狠抓了《义务教育法》宣传学习和贯彻实施，确定5月为义务教育宣传月，在全省掀起了《义务教育法》宣传的热潮。省人大常委会、科教文卫委员会和省教委多次召开电话会议，部署《义务教育法》的检查实施工作，通报全国人大的检查情况，要求各地认真解决检查中发现的问题。编印了《义务教育法》宣传材料，把宣传工作落实到地、县、乡、村。组织人力对全省14个地、州、市的42个县（市、区）《义务教育法》执法情况进行了抽查。省教委对陇西县、临洮县、两当县、平凉市的普及初等义务教育进行了检查验收，对西固区、七里河区、敦煌市及金川区的农村普及初级中等义务教育进行了检查验收，保证了《义务教育法》按要求、有计划地实施。全国人大《义务教育法》检查组对甘肃省宣传、实施《义务教育法》的工作给予了充分肯定。1991年，加强了对贫困地区义务教育的指导和扶持，在8个县的64所小学进行了加强贫困地区小学教育项目实验工作，对学校领导和教师进行培训，提高项目学校的办学水平和管理水平，在贫困地区发挥示范指导作用。“希望工程”得到社会各界的普遍关注和支持，各地兴建了一批“希望小学”，许多失学少年在社会的救助下重新回到了课堂。

二、加强管理，提高办学效益

针对全省学前教育小学化，中小学生留级率高，高中严重超计划招生，乱编、乱印辅导材料，学生负担过重等问题，1991年省教委下发了《关于严格控制中小学生留级的通知》、《关于继续做好制止中小学生流失的通知》、《关于进一步发展学前一年幼儿教育的通知》、《关于全省普通高中统一编排学号的通知》和《关于加强中小学学生用练习册、寒暑假作业、辅导材料编写和使用管理的规定》等文件，有效地纠正了基础教育中存在的一些突出问题。中小学生的留级率普遍比上年下降，学前班和小学一年级混合编班教学的问题初步得到解决，乱编乱印练习册、辅导材料的现象得到彻底纠正，高中超计划招生得到控制。与1990年相比，独立初中增加103所，完全中学减少5所，小学附设初中班由1990年的3192个减少到2647个，减少17%；小学毕业生升初中的比例稳定在81%；初中毕业生升高中的比例由1990年的28%下降到27%，中学的布局和结构更趋合理。

三、积极支持特教、幼教事业的发展

在实施《义务教育法》的过程中，逐步把特殊教育纳入义务教育的轨道。1991年，省里给一些地市下拨了特教基建费和特教补助费，用于筹建特教学校，使其成为各地特殊教育的中心。特教学校由原来的5所增加到7所；特教班由原来的9个增加到23个。同时大抓随班就读教育和辅读班工作，提高残疾儿童的入学率。兰州市城关区新华小学特教班学生蒋雪琴，参加1991年7月在美国举行的第8届国际特殊奥运会，在田径400米和800米比赛中获得两枚银牌，为祖国争得了荣誉。

为了切实加强对幼儿教育的管理和指导，省教委制定了《加强全省幼儿教育工作的意见》和《甘肃省幼儿园分类评估标准》，经省政府批准下发各地，使幼儿园、学前班的管理逐步走向规范化、科学化。1991年，全省幼儿园达到554所，比上年增加33所，学前班达到4979个，比上年增加1305个，在园（班）幼儿达到26.7万人，4～6周岁幼儿入园率达到20%。加强了幼儿园的分类评估工作，在幼儿园注册登记的基础上，全省普遍开展了对幼儿园的评估，有效地促进了幼教法规的落实。

四、深化教学改革，提高教育质量

根据国家教委的要求，甘肃省决定从1991年新招高一年级开始，实行毕业会考。省教委制定了《甘肃省实行普通高中毕业会考制度的实施方案》，由省政府批准下发实施。同时制定了《甘肃省调整后的普通高中教学计划》、《甘肃省普通高中学籍管理办法》（试行）、《关于全省普通高中统一编排学号的通知》、《甘肃省普通高中毕业会考考务工作细则》（试行）等配套文件，完善了高中毕业会考制度。对各地、州、市教育行政部门干部、各科教学的骨干教师进行了培训，使会考方案、新教学大纲、教学计划从高一开始得到认真落实。

为了加强薄弱初中的建设，促进初中教育质量的全面提高，1991年对全省初中毕业生实行了毕业会考，并使会考与高中招生相结合，有效地促进了初、高中教育的有机衔接。

五、开展多种形式的思想政治教育，落实德育在学校教育中的首要位置

全省普遍开展了“两史一情”教育。按照国家教委制定的中国近代史及国情教育总体纲要，把“两史一情”教育纳入教学计划，在语文、历史、地理等学科教学中渗透现代史教育和国情教育。为了加强教学研究，省教委还举办了历史学科渗透“两史一情”教育研讨会，对历史学科如何贯彻《总体纲要》进行了认真讨论，拟定了实施计划。各地普遍开展了形式多样、生动活泼的社会主义理论和马列主义、毛泽东思想的教育。兰州一中开展的社会主义理论100题知识竞赛活动，使全体师生对社会主义理论的重大问题有了明确的认识；定西县组织学校开展的“学党史、知国情、明真理、争做革命事业接班人”的活动，使广大师生树立了热爱祖国、坚持走社会主义道路的信念；西北师大附中举办了党的基础知识竞赛、庆祝“七一”革命歌曲大奖赛、颂党爱党诗歌朗颂会、革命党人历史故事演讲会，开办了少年团校、青年学校，利用多种形式开展热爱党、热爱祖国、热爱社会主义的教育活动，使师生的精神面貌焕然一新。

全省德育工作会议后，省教委收集学校德育工作的有关文件和典型经验，编印了《学校德育工作手册》，发到各地、县教育行政部门和中小学。下发了《关于升降国旗的通知》和《加强中小学生行为规范教育的通知》，通过升旗仪式和日常规范教育，强化对中小学生的爱国主义教育和文明习惯养成教育。许多学校在开展这项教育中采取班级值周制度，既加强了学校的行为规范管理，又增强了学生自我管理、自我教育的能力。同时，还配合有关部门，在学校开展了绿化、环境、人口、“三防”等教育以及学雷锋活动和少年科技竞赛活动，表彰绿化、“三防”教育中的先进集体和先进个人，从各个方面落实德育在学校教育中的首要地位，使学校成为社会主义精神文明建设的坚强阵地。

撰稿人　李生金　何馨芳

审稿人　王松山　高维新

职业技术教育

一、加强农村职业中学的专业建设，建立与当地经济相适应的教学体制

从1988年开始的农村职业中学的专业调整与改造工作已取得了重要的进展。一是正式颁发了农业类9个专业的教学计划，新设专业具有要求规范化、内容综合化、教学过程实践化等特点，和原来的专业相比，更能适应农村实行家庭联产承包责任制的实际需要。二是省教委于1989年部署的调整、改造农村职中专业设置试点工作成效显著。1991年9月，省教委在庆阳地区西峰市召开了全省农村职业中学专业建设研讨会，总结了全省各地贯彻执行《甘肃省职业高级中学农业类九个专业教学计划》的有关工作，观摩了庆阳地区试点学校。会议对西峰市董志职中立足实际、精心规划、创建具有陇东特色的家庭经营专业模式化基地和教学程序的努力给予了高度评价。三是通过对实际工作的总结，明确提出了全省职业技术学校必须遵循的学校工作方针，即以育人为目的，以教学为中心，实行教学、生产、服务、建设四结合。四是在全省范围内初步形成了若干类具有地区经济特征的农村职中办学模式，主要有：以张掖市第一农中、金塔县职中、武威市永昌农中为代表的河西高效农业模式；以清水县白沙农中、徽县伏镇农中、成县农职中为代表的陇南山区多种经营模式；以合水县店子职中、西峰市董志职中、泾川县罗汉洞农中为代表的陇东家庭综合生产经营模式；以陇西县职业学校、清水县职教中心为代表的统筹办学、综合服务模式等等。由于所处地域不同，上述学校在教学内容和教学形式上各具特色，而它们所具有的共同特点是：(1) 各校大多建有规模较大的农场、果园，少则一二百亩，多则上千亩，已形成了规模生产的局面。(2) 各校都建立了校外职教服务区，合水县店子职中从1987年开始实行的“一校十村百户千亩田”活动，现已扩展到全县多数乡镇数万亩农田果园。全省各地学校也都陆续开展了类似的活动，建立了自己的服务区。据粗略估算，全省农村职中提供技术服务的农田果园面积总数已近百万亩。(3) 学校教育教学活动与社会生产、家庭经营紧密结合，学生边学习边生产，在当地农村建设中起到了带头、示范作用。(4) 学校结合教学建立的农业科技、农机、农用生产资料供应、植物保护、畜病防治等实习生产基地，成为当地社会化服务体系的重要组成部分。

二、开展普通中专合格评估，促进学校规范化标准化建设

根据国家教委关于开展普通中专教育评估的部署，甘肃省于1991年组织实施了对部分符合条件的普通中专的合格评估。为了做好评估工作，成立了由省政府副秘书长牵头，省教委、省计委负责同志参加的甘肃省中专教育评估领导小组；各办学单位和学校也相应成立了评估机构，具体负责评估实施；结合省情，制定了《甘肃省普通中专合格评估指标体系》和《甘肃省普通中专合格评估工作实施意见》及具体的实施细则，开发了微机软件；从省内部分中专学校抽借了30多名学校工作经验丰富、懂教育、善管理、政治素质高、业务能力强的同志，组建了评估工作专家队伍，并对他们进行了培训；在学校自评的基础上，组织专家分析汇总，审核定论，全面总结，认真进行复评。

全省接受合格评估的普通中等专业学校共有58所，占全省中等技术学校的62.37%。通过评估，进一步加强了各级领导和办学部门对中专教育的重视和支持，激发了师生的工作热情，调动了办学积极性，促进了学校的标准化建设。据不完全统计，为了搞好此次合格评估，学校自筹和主管部门追加的经费总数逾500万元，使办学条件在短期内有了较大改善。通过评估，也使有关管理部门较全面地掌握了中专教育现状的第一手资料，为今后规划、决策、指导全省中专教育的改革与发展提供了科学的依据。

三、进一步完善职教服务体系，做好各方面的管理、服务工作

1991年，全省职教管理和服务工作进一步走向正规化、系统化。一是正式组建了职业中学服装、电子技术和艺术师范三个专业的教学研究会，并着手筹建财会、旅游、建筑和农业类各专业的教学研究会，从而使面向职业中学的管理、服务工作初步形成了行政部门与专业研究组织相互配合、支持的新格局。二是组织了对16所职业中学的评估验收，其中10所达到合格学校标准（C级），3所达到示范学校标准（B级），武威市、平凉市、西峰市职业技术学校经国家教委批准，被列为首批省级重点职业高中。三是组织参加了全国职业中学烹饪、车钳大赛，取得了较好成绩。四是举办了全省上等级的47所学校校长和7个农村教育综合改革试点县教委主任参加的研讨班，总结了改革和发展农村职业中学教育的经验和成就，听取了省领导和部分学校专家教授的专题报告，使与会者得到很大的教益。

四、发挥职教“龙头”作用，促进全省农村教育综合改革进一步深化

农村职业技术教育的发展，不仅使全省中等教育的结构趋于合理，而且也带动了农村中小学教育、成人教育的发展和改革，使教育服务于经济建设的整体功能得到了加强。1991年10月，省人民政府在武威、张掖地区召开了首次全省农村教育综合改革工作会议，明确提出，“在进行农村教育综合改革的过程中，首先要抓住职业技术教育这个‘龙头’，在教育和经济的结合部上作文章”。根据会议精神，省教委在深化农村教育综合改革的总题目下，研制了10个项目的实施计划，其中，重点职中建设、“三后生”职业技术培训、农村中小学引入职教因素以及“燎原计划”等4个项目计划，都以职教为重要内容，体现了要使农村教育转变到主要为当地培养新型劳动者的轨道上来，使之成为振兴农村经济重要支柱的改革方向，对全省各地农村教育的综合改革起到了十分重要的作用。

撰稿人 闻志强 任全春

审稿人 王松山 高维新

高 等 教 育

一、教学工作得到进一步加强

(一) 教学评估工作全面展开

在1990年工作的基础上，1991年完成了对全省8所本科院校英语教学评估工作。通过评估，摸清了全省高校大学英语教学的基本情况，总结了经验，对发现的问题提出了改进措施，对每一所学校都写出了鉴定意见，有效地促进了本科院校大学英语的教学工作。开展了实验教学评估工作。各校根据省教委要求，组织有关专家，对本校实验教学工作质量进行了自我检查评估，并写出总结报告。省教委举办了第二届“神速杯”大学生计算机程序设计竞赛活动，推动了高等学校计算机教学工作。

(二) 教学改革进一步深化

在农业院校试行“按系招生，按类培养”的模式，拓宽学生专业知识面；商业院校建立了模拟实习实验室，重点加强学生从事商业活动的能力培养；师范院校广泛开展了“三笔字”和普通话训练及竞赛活动，全省师范专科学校开始试行主辅修制，改善学生知识结构，增加师专毕业生对农村义务教育的适应性。

(三) 教材建设得到重视

1991年，制定了《甘肃省高等学校教材建设“八五”规划纲要》，确立了甘肃省高等学校“八五”期间教材建设的指导思想和发展目标。进行了甘肃省高校教材选用情况调查，着手进行对高校教材选用工作的整顿。开展了第二届甘肃省高等学校优秀教材评奖工作，并将优秀讲义的评选列入本次评奖范围。

(四) 青年教师的岗位培训工作趋向制度化

针对高校师资队伍“断层”现象比较严重，青年教师急需稳定和提高的状况，甘肃省把青年教师的岗位培训作为贯彻落实《甘肃省高等学校“八五”师资规划要点》的一项具体措施和促进青年教师成长，全面提高青年教师素质，加强教师职业基本知识和基本技能的一种新形式。1991年5月和9月，省教委委托全省高师师资培训中心举办了两期青年教师岗位培训班。全省18所高校的94名青年教师脱产参加了培训。培训班主要开设大学教师修养概论、大学教学论、大学生心理学和大学教学技术与教学方法4门课程，每期时间为6周、200学时。培训期间，还聘请省内外专家和学有成就的中青年教师开办讲座和报告会，并进行专题研究和观摩教学活动。根据《规划》要求，从1991年开始，在全省高校普遍实行青年教师岗前培训制度。

为了促进全省高等学校师资队伍的建设，探索和建立适应本省高等教育事业发展的师资队伍管理体系，省教委于1991年11月，在西北师范大学召开了全省高校师资管理研究会成立大会。甘肃省高等师资管理研究会是一个群众性学术团体，旨在研究探讨高校师资队伍建设的理论和实践，探索高校师资管理的内在规律，在学习和借鉴国内外高校师资管理经验的基础上，研究建立适合甘肃省实际的高校师资队伍管理机制和模式，为省教委在高校师资队伍建设方面提供政策依据。

(五) 教书育人工作广泛开展

1991年，省教委把高校教书育人工作作为加强高校思想政治工作的一项重要内容，制定了《甘肃省高等学校教书育人工作条例》，对教书育人工作在高校中的地位、作用，教书育人的基本要求和基本方法，教书育人工作的组织领导以及教书育人工作的考核与奖励等方面做了明确的规定，推动了高校教书育人工作的广泛开展。举办了第二届高等学校教书育人评奖活动，评选奖励1988–1991年教书育人先进个人143名，先进集体15个。编辑、出版了《教书育人理论与实践》一书，从理论与实践的结合上，探索高校教书育人的方法和途径，宣传教书育人的先进典型。

二、科研工作取得新的成果

全省高校利用各自的科技优势，面向经济建设，继续开展具有应用前景的基础研究和对经济建设具有重要意义的应用研究，取得一批科研成果。

1991年，全省高校共出版专著90余部，其中自然科学方面59部，社会科学方面33部；发表学术论文3000余篇，其中自然科学方面2000余篇，社会科学方面近千篇。自然科学的研究成果获得省级以上奖励的有24项，其中国家自然科学奖、科技进步奖各1项，省科技进步奖18项，各部委奖4项。鉴定科研成果98项，部分成果达到了国内领先或国际先进水平。

兰州铁道学院主持完成的“图染色和参数的研究”，达到和接近国际先进水平。兰州大学主持完成的《甘肃脊椎动物志》，是一部利用大量化石资料和现代标本，全面介绍甘肃脊椎动物研究的专著，它以集一地区脊椎动物于一书的特点，形成自己独有的风格，属国内首创并接近或达到国际先进水平的行列，在教学、科研方面具有比较重要的价值，对国土治理、自然环境保护、恢复和改善生态环境以及农林牧副渔诸业的综合规划等，都提供了重要的科学依据。甘肃工业大学主持研制的“新型高压低噪声电液比例控制径向柱塞泵”获国家发明专利，具有替代进口高性能液压件新产品的水平，填补了国内空白，经小批量生产，年增收达114万元，经济效益显著。甘肃农业大学主持完成的国家教委优秀青年教师基金资助项目“羊肉生产系列化技术的研究”，提出了适宜甘肃省甘南牧区和临夏等广大农村条件的最佳杂交组合等一系列高效生产羊肉的配套技术，使羊肉生产水平比当地传统方式提高了24.3%，居国内同类研究的领先水平，在项目执行期间，每年增加收益1179万元，经济、社会效益显著。

三、加强了高校后勤管理工作

近两年，甘肃省高校后勤工作认真贯彻全国高校后勤工作会议的精神，坚持治理整顿，深化改革，深入开展“双增双节”活动和“三服务”、“两育人”（为教学服务、为科研服务、为师生生活服务；服务育人、管理育人）活动，加强职工的思想政治工作，在进一步完善承包责任制的同时，扎扎实实地作好基础工作，改善服务态度，提高服务质量。

一是举办了第二届全省高等学校“育人杯”烹饪比赛，促进了学校食堂饭菜质量的提高，调动了广大炊事人员学习专业技术的积极性；实施了《甘肃省高等学校会计科目》，促进了高校食堂财务管理的科学化、规范化，发挥了其正确反映食堂经营运行的核算监督的功能与作用。

二是在高校食堂开展了节粮、爱粮活动。1991 年 10 月，省教委根据中共中央发出的在全国范围内开展节粮爱粮活动的通知精神和省委省政府节粮、爱粮活动小组的要求，在高等学校食堂中开展了节粮爱粮活动。伙食部门广大职工积极行动起来，采取多种形式，宣传教育。一些学校根据高校食堂工作的特点，在采购、储存、加工和出售等方面采取了一系列措施，杜绝浪费现象；把节粮爱粮活动与服务育人活动结合起来，举办了浪费现象展览，从反面进行节粮教育；在食堂和餐厅设立了节粮监督岗，利用板报对餐桌上的浪费现象进行曝光；与此同时，各校采取措施，进一步完善规章制度，制定爱粮节粮公约，改善粮食储存条件，减少和消除粮食浪费的漏洞。

三是加强学校安全保卫工作。1991 年 11 月，省教委和省公安厅联合在兰州召开了全省高等学校安全保卫工作会议。会议传达了国家教委和公安部召开的国家教委直属高校安全保卫工作会议精神，总结交流了近年来全省安全保卫工作的情况和经验，分析研究了学校安全保卫工作面临的形势和任务，提出了进一步加强高校安全保卫工作，维护学校稳定的措施。

四、扩大对外交流，提高外事工作效益

（一）从实际出发，做好外国文教专家聘请工作

两年来，省教委本着实事求是的原则，对省属高等学校的外国文教专家聘请工作进行了统筹规划，合理地确定了各高等学校聘请外国文教专家的数量和层次。在聘请工作中，注意了聘请实效和保证急需。1991 年共聘请外国专家和外籍教师 9 人，聘请短期专家 23 人。

（二）组织高校教师出国进修、考察和参加国际学术会议

根据省属高等学校师资培训的需要和学科建设的实际状况，省教委在积极完成国家公派出国人员的组织选拔、审核申报工作的同时，组织省属高等学校教师出国进修、考察和参加国际学术会议。1991 年共派出国留学人员 13 人，参加国际学术会议 9 人次，出国考察讲学、进行合作研究 16 人，国家公派出国进修教师 6 人。批准来华留学 4 人，接待外国团组 2 个，派出访问团组 1 个。

（三）加强了以提高外教聘请效益为主的目标管理

为提高外国文教专家的教学水平，使专家教学管理工作规范化、制度化，开展了外语教学评估工作和聘请外籍教师效益评估工作。部分高校开展了自费留学审查工作。省教委根据国家教委发布的《关于具有大学和大学以上学历人员自费出国留学的补充规定》，明确了工作机构，健全了工作制度。

撰稿人　何开源　刘玉泉　何玉娥
周亚夫
审稿人　王松山　高维新

成 人 教 育

一、农村成人教育

(一) 扫除文盲教育

1991年，全省农村扫除文盲教育，在总结多年经验的基础上，着重抓了扫盲质量提高、扫盲及扫盲后技术教育。一是省教委制定下发了《甘肃省基本扫除文盲单位验收办法》，根据《办法》对扫除文盲县进行检查验收；二是继《农民识字课本》、《农村实用技术》和《农村实用数学》后，省教委组织拍摄60集扫盲及扫盲后继续教育电视系列教学片，1991年按计划完成了前10集的拍摄工作，为全省1008个乡镇电化教学点运用电化教学手段进行扫盲教学和扫盲后技术教育提供了教材。全省共组织43万人参加扫盲学习，脱盲19万人。经省政府验收批准，宁县、北道区、崇信县、临夏市、靖远县、高台县、临泽县等7个县（市、区）达到基本扫除文盲县标准。

(二) 文化技术教育

1991年全省共新办乡（镇）农民文化技术学校100所，农技校总数达到863所。共培训各类技术人员60多万人，其中，在乡初、高中毕业生的培训面达到75%以上。

对全省70多所农业广播技术学校进行了评估验收，其中有55所学校经省教委、省计委、省人事局审批，纳入了成人中等专业教育管理序列。全省农业广播技术学校共招生4478人，经省教委统考，验印发证的有943人。

对全省66所农业机械化学校进行了达标评估验收，其中25所学校经省教委、省农机局、省人事局审批，纳入了成人中等教育管理序列。农机学校共培训农机人员3.7万人。

(三)“燎原计划”工作

全省实施“燎原计划”试点县由1989年的25个发展到1991年的32个，示范乡发展到64个。引进国家“燎原计划”贷款500多万元，开发种植、养殖、农副产品加工等项目77个。据对33个项目的调查，共贷款203.4万元，配套资金799.5万元，总产值1484.34万元，总利税129.9万元。随项目培训人员16581人，推广技术78项，产生间接经济效益约800万元。

二、成人高等教育

纠正“三乱”，治理整顿。根据国家教委有关会议和文件精神，结合全省成人高等教育发展的实际，对全省普通高校（含部、委属院校）成人教育、独立设置的成人高等学校、成人高等教育专业证书教学班进行了一次全面、彻底、认真的整顿和复查清理工作，有效地制止了乱招生、乱收费、乱发文凭现象，保证了全省成人高等教育的稳步发展，为更好地端正办学指导思想，贯彻执行党的教育方针、政策，提高教学质量和办学效益，创造了良好的教学育人环境。

整章建制，加强管理，提高教学质量。省教委印发了《甘肃省成人教育质量评估试行办法》、《甘肃省成人高校教育考试条例》、《甘肃省成人高校在校生转学暂行规定》和《关于职工大学、管理干部学院学籍管理若干问题的暂行规定》，建立健全了各科目的教学大纲、教学计划以及一些科目的试题库；强化了统考制度，选派巡视员，分片巡视，进一步加强了对成人高等教育的宏观管理。

三、成人中等专业教育

加强教学管理，充实和完善办学条件，提高教育质量。1991年继续对庆阳粮食职工中专学校等8所成人中等专业学校进行教育质量评估。对省广播电视中专学校、省中华会计函授学校的部分分校进行了评估。对兰州工商职工业余中专学校等4所学校进行了检查整顿，着重调整审定了部分专业的教学计划。在开设工业企业财务会计、商业企业财务会计、机械、电子电器、工业企业管理、商业企业管理等专业的学校，执行了国家教委推荐的教学计划和部分课程的教学大纲。加强了对成人中专学校毕业证书的验印工作，有效地制止了乱发文凭等问题。

为了促进成人中专学校不断提高教学质量，省教委组织对成人中专学校进行了抽查考试。1991年抽考了26所学校，56门课程，3900多人。对省农业广播电视中专学校87级学员也进行了抽考，共抽考了5门课程，1700多人。

四、企业教育综合改革实验

1989年，甘肃省兰州炼油化工总厂、四〇四厂参加了全国企业教育综合改革实验。1991年9月召开了甘肃省企业教育综合改革实验研讨会，会议总结交流了试点企业的经验，讨论了如何把企业教育综合改革实验引向深入等问题。经省政府同意，确定兰州铁路局、金川有色金属公司、兰州化学工业公司、兰州电机厂、酒泉钢铁公司、靖远矿务局等7个企业为全省企业教育综合改革实验单位。

五、岗位培训

全省职工教育逐步向纵深发展，部分岗位规范标准逐步完善，持证上岗试点取得了新的进展。1991年全省参加各种培训学习的达647105人，占职工总数的33.4%。其中参加资格性培训的115615人，适应性培训的314196人，技术等级培训的126961人，高、中等专业教育学习的90333人。

撰稿人　马志荣　温攀玺

审稿人　王松山　高维新

青海省教育

概　况

1991年，青海省教育战线进一步端正社会主义办学方向，落实德育的首要地位，治理整顿，深化改革，强化学校管理，全面贯彻教育方针，努力提高教育质量，促进教育事业的稳步发展。

1991年各级普通学校基本情况

单位：人

学校类别	学校数(所)	毕业生数	招生数	在校学生数	教职工数 计	教职工数 其中专任教师
一、普通高等学校	7	1 864	1 743	6 042	2 952	1 437
研　究　生		10	4	5		
本　　科		1 052	1 097	4 324		
专　　科		802	642	1 713		
二、中等专业学校	38	4 038	3 523	10 594	3 113	1 606
中等技术学校	23	1 888	1 830	5 634	2 063	952
中等师范学校	15	2 150	1 693	4 960	1 050	654
三、普 通 中 学	486	63 598	73 703	218 086	20 317	16 196
高　　中	210	17 733	17 646	55 904		4 792
初　　中	276	45 865	56 057	162 182		11 404
四、农业、职业中学	67	4 521	5 258	7 458	675	470
高　　中	41	2 899	2 941	4 711		383
初　　中	26	1 622	2 317	2 747		87
五、工 读 学 校	1	8	8	22	30	18
六、小　　学	3 610	63 972	71 467	468 524	28 351	26 373
七、特殊教育学校	2	12	52	257	63	41
八、幼 儿 园	240	15 201	25 651	49 497	2 367	1 481

1991年各级成人学校基本情况

单位：人

学校类别	学校数(所)	毕业生数	招生数	在校学生数	教职工数 计	教职工数 其中专任教师
一、成人高等学校	3	1 073	741	1 580	719	317
广播电视大学	1	461	190	349	89	21
职工高等学校	1	42	60	139	239	99
农民高等学校						
管理干部学院						
教育学院	1	570	491	1 092	391	197
独立函授学院						
二、成人中等专业学校	18	1 094	1 408	2 986	526	257
广播电视中专	1	297	431	700	82	55
干部中专	2	65	104	144	77	34
职工中专	15	732	873	2 142	367	168
农民中专						
教师进修学校						
三、成人中学	4	121	156	403	41	35
职工中学			107	103	16	10
农民中学	4	121	49	300	25	25
四、成人技术培训学校	27	12 912	4 941	8 523	36	23
职工技术培训学校						
农民技术培训学校	27	12 912	4 941	8 523	36	23
五、成人初等学校	151	44 879	48 869	68 569	54	44
职工初等学校						
农民初等学校	151	44 879	48 869	68 569	54	44
其中：扫盲班	144	43 657	47 038	65 666	23	13

制表人　张晓乐

一、教育事业全面发展

九年制义务教育有了新进展。特殊教育纳入了义务教育轨道，在城市得到巩固发展，在农村开始办班，特别是办弱智教育班填补了青海省空白。大通、互助两个民族自治县基本普及了初等教育。至此，全省已有17个县区普及了初等教育，人口覆盖面达56.8%。少数民族学生占全省普通教育在校生数的32.21%，六州牧区的入学率、巩固率和毕业率分别达62.5%、95.1%、97.3%，分别比1990年提高2.5、4.4和6.9个百分点。各类职业学校在校生达24991人，占高中阶段在校生总数的29.7%。普通高校专业调整逐步到位，科研和教学水平进一步提高，高等学校为经济建设服务的意识和能力进一步增强。农牧民教育有了突破性进展，1991年全省组织8万余人参加扫盲，脱盲近5万人，完成国家任务的175%，全省基本无盲县达到8个。同时建成乡镇农民文化技术学校60余所。

二、德育工作进一步得到重视和加强

各级党委、政府和教育行政部门进一步加强了对德育工作的领导，建立正确的导向机制，基本形成了齐抓共管的局面。德育工作成绩已作为考核学校工作和教师评定职务的一个基本条件，片面强调智育，忽视德育，轻视体育的倾向明显转变。高等学校认真贯彻全国高校党建会议精神，加强了系科两级党组织建设，普遍建立了业余党校。为了加强近现代史及国情教育，省委办公厅转发了《教育厅党组关于对大、中、小学生进行中国近现代史和国情教育的通知》，省教育厅举办了国情教育师资培训班和全省中学生国情知识竞赛。在民族学校中开展了反对达赖集团分裂活动，加强民族团结的教育。小学、初中的国防教育试点学校由5所扩大到24所，高中、高校军训试点校由4所扩大到70所。

三、农村教育综合改革在点上深化，面上扩展

1991年召开了“分级办学，分级管理”经验交流会，分级办学的领导管理体制进一步落实。全省90%以上的乡镇成立了教育委员会，部分村设立了教育村长。各级领导增强了农科教统筹的自觉性，加强了组织领导，理顺了管理体制，农村教育综合改革不断深化，“燎原”计划示范乡开办实用技术培训班85期，培训8700人，推广科技项目38项。

四、编制了青海教育十年规划和“八五”计划纲要

90年代，青海教育事业的战略目标是构建与青海经济与社会发展要求相适应的、结构比较合理、功能基本完善的面向21世纪的具有地方和民族特色的社会主义教育体系。初步确定90年代各级各类教育事业发展的主要目标是：

1.大力普及九年制义务教育，西宁市区以发展职业技术教育为主，基本普及高中阶段教育；已普及初等教育的15个县市区普及初级中等教育；尚未普及初等教育的县，其中大通、互助、民和、化隆、循化完成普及初等义务教育任务，其余牧区各县入学率分别达到50%及80%以上。

2.大力发展职业技术教育，力争农村60%的新增劳动力接受程度不同的职业技术教育或实用技术培训，厂矿企业技术岗位新增职工，都能接受必需的岗位技术等级培训。全省80%的县都能有1所示范性的职业高中。各类中等职业技术学校学生达到高中阶段在校生总数的45%以上。

3.普通高等教育要为经济建设服务，合理调整结构，完善办学条件，大力提高质量，有重点地办好一部分代表青海先进水平的系科，全省普通高等学校在校生保持在7000人以上。

4.成人教育结合地区、行业特点，搞好职工文化技术学校和乡镇农牧民文化技术学校的建设，使脱盲青壮年继续学习初、中级实用技术，新增职工80%经过一定的专业技术培训，成人中高等学校规模，高校在校生2800～3000人，中专3500人。

5.民族教育分层次分阶段地实施九年制义务教育。州县所在地的城镇和农业区，执行全省九年制义务教育规划，青南牧业区普及3至4年教育，环湖牧业区普及5至6年教育，小块农业区和已定居的牧业乡，实施九年制义务教育。认真办好专设的民族大中专院校和普通大中专学校的预科班和民族班，力争少数民族在校生达到全省在校生总数的40%。

五、治理整顿，深化改革

治理“三乱”初见成效。根据中央和省的部署，对教育系统乱办学、乱收费、乱发文凭和复习资料等问题进行了治理。教育厅和省物价局等部门调整了中小学学杂费标准，制定了教育系统治理“三乱”的10项规定，加强了中小学生各类复习资料的管理，全省共清理乱收费项目105个，取消35个，降低了一批收费项目标准。

整顿了省外高校在青海的10个函授站、5所省内高校举办的成人教育和8所成人高校，撤销未达到办学要求的1个函授站和1所职工大学，加强了对成人大中专学校的学籍、教学、考试的监督管理。

加强了对社会力量办学的治理整顿，严格了社会力量举办补习班的审批制度。召开了社会力量办学及表彰会，制定了社会力量办学暂行管理办法实施细则及举办文化补习班的8条规定。

积极推行普通高中两项重大改革，调整了高中教学计划，对800余名高中教师进行了新大纲培训。制定了《青海省普通高中毕业会考试行方案》，成立了高中毕业会考领导小组，制定了会考标准，推动普通高中应试教育向素质教育转变。

清理教育行政法规1000余件。根据形势需要，分别废止和制定了一些法规和文件，使教育事业的管理有法可依。制定了关于企事业单位办学若干问题的意见，进一步加强了企事业单位办学的管理。加强了语言文字管理工作，制定了《青海省社会用字管理办法》。

六、教师队伍整体素质有了提高

根据中央宣传部、国家教委关于组织中等学校干部和教师学习社会主义理论的通知精神，组织教师认真学习社会主义理论。组织高校教书育人先进事迹报告团作巡回报告，中小学认真执行教师职业道德规范，加强师德教育。省教育厅举办中学校长培训班4期，培训校长177名，培训骨干教师200余名。成立了高校师资培训中心，63名高校教师参加省内外培训。全省有21名教师被评为全国优秀教师，104名被评为省级优秀教师。小学、初中、高中专任教师学历达标率分别为77.95%、48.68%、37.60%，分别比1990年提高5.49、3.23和0.1个百分点。

撰稿人　郭存福

审稿人　蒋焕东　赵宗哲

基 础 教 育

1991年青海省基础教育坚持社会主义办学方向，积极稳妥地实施《义务教育法》，加强宏观管理，深化教育改革，不断提高教育教学质量，推动全省基础教育持续、稳定、协调地发展。

一、落实德育首要位置，坚持社会主义办学方向

(一)加强领导，健全机构

为了加强中小学德育工作，省教育厅成立了德育处，教研室和教科所设置了德育教研员和德育研究员，各州（地、市）、县均成立了德育科或由专人负责德育工作，完全中小学普遍建立了政教处、德育处或德育工作领导小组，其他学校设立了专人负责德育工作。学校各部门都建立了相应的制度，明确了职责，推动了教书育人、管理育人、服务育人的工作。

(二) 开展了以爱国主义教育为中心的各项教育活动

全省各地中小学进一步健全升国旗、唱国歌制度，普遍开展学雷锋、学赖宁活动，中小学德育大纲的实施逐步走向正规，中小学日常行为规范逐步得到落实，寓德育于各科教学和各种活动之中的工作取得初步成效。针对国际形势的变化，各中小学把形势教育列入教学计划，增强了广大师生坚持四项基本原则，反对资产阶级自由化及反和平演变的自觉性，师生思想稳定、教育教学秩序井然。江泽民总书记关于加强中国近现代史和国情教育的指示信发表后，全省掀起了传达学习和贯彻落实的高潮。各地中小学将近现代史和国情教育作为一项基本教育内容，分层次、分阶段贯穿在学校教育的全过程。省教育厅先后举办了近现代史和国情教育培训班，全省中学生国情知识竞赛和以歌颂青海为主的歌咏录相比赛，组织编写了18万字的《爱我青海》一书，出版了青海地理和历史乡土教材。1991年各地教育行政部门和学校还结合中国共产党成立70周年、辛亥革命80周年、庚子赔款90周年以及“九一八”事变60周年等重要纪念日，深入开展了以热爱中国共产党为重点的爱国主义教育活动，使广大师生进一步了解了中国人民近百年来的屈辱史、斗争史，激发了民族自信心和自豪感，坚定社会主义信念。

(三) 努力探索在新的历史条件下加强德育工作的途径

为了优化育人环境，1991年省教育厅加强与有关部门的协调配合，先后发出《关于预防控制青少年学生犯罪若干问题的意见》、《关于进一步加强少先队工作的意见》和《关于创造良好环境，保护中小学生健康成长的意见》。4月，省顾问委员会协调14个单位的23位同志组成了青海省关心下一代工作委员会。全省各地还通过开办家长学校、组建校外教育委员会等措施，把团队工作纳入学校德育的总体工作之中，使校内外教育有机结合，形成了学校、家庭、社会三结合的主体教育网络。在教育内部，加强教师职业道德教育，落实《中小学教师职业规范》，制定了中小学德育教师职务聘任实施意见，并将德育工作成绩作为考核学校工作的一项基本依据和教师评定职务的一个基本条件，激发了广大教师教书育人、为人师表的积极性。德育和现代班集体建设试点工作积累了经验；20所德育试点学校的工作已取得阶段性成果。相关学科教学与其他学科有机渗透相结合、课堂教学与课外教育活动相结合、学校教育与社会教育相结合的学校德育工作新局面在全省初步形成。

二、广泛宣传、认真检查，积极推进《义务教育法》的实施

(一) 开展全省"义务教育宣传日"活动

为纪念《义务教育法》发布5周年和《青海省实施〈中华人民共和国义务教育法〉办法》发布3周年，3月1日，省政府批转了省教育厅《关于举办全省义务教育宣传月活动的报告》，全省各地也结合实际制定了宣传方案。4月10日至5月10日，全省有组织、有计划地开展了规模空前的宣传月活动，省教育厅召开义务教育新闻发布会，向省党政领导及社会各界通报了实施九年制义务教育的成绩和问题。《青海日报》专门开辟了义务教育宣传专栏，发表了评论员文章和副省长班玛丹增题为《提高全民族素质的根本大法》的署名文章。各地电视台、电台、广播站也开办了教育宣传专题节目。教育行政部门工作人员和数十万师生走上街头，开展宣传咨询活动。各地在宣传月期间，注重把宣传和为教育办实事结合起来，帮助教育部门和学校解决实际问题。发动和动员学龄儿童及失学儿童入学，解决拖欠的民办教师报酬，组织干部群众修补校舍围墙、平整校园、维修添置课桌凳。整个活动形式多样，富有成效，增强了各级党政领导，特别是乡村干部和广大群众的教育意识和执法守法观念，推动了尊师重教、捐资助学和学校内部管理等工作，为全省实施义务教育创造了良好的内外部环境。

(二) 认真检查全省实施《义务教育法》情况

根据全国人大常委会委员长会议《关于检查〈义务教育法〉贯彻实施情况的决定》和省人大的部署，全省各级人大和政府对本地实施《义务教育法》情况进行了认真全面的自查。1991年7月10日至30日，省人大、省政府、省政协、省教育厅分组对西宁市、海东8县及黄南、海北和果洛藏族自治州进行了检查。8月8日，省人大召开会议，听取了省政府和省教育厅贯彻实施《义务教育法》情况的汇报。在全面检查、认真总结的基础上，全国人大《义务教育法》检查组于9月20日至28日分组深入到西宁市、果洛藏族自治州、化隆回族自治县以及海晏、刚察、共和、湟中等地进行实地检查，听取了当地人大和政府的汇报，征求了教育行政部门和部分学校、师生的意见。9月27日，检查组与省人大、省政府有关领导召开座谈会。全国人大检查组充分肯定了青海广大教育工作者在自然条件艰苦、教育发展制约因素多的情况下，为推进基础教育事业发展、实施义务教育所做的艰苦的工作，高度赞扬了广大教师献身高原、无私奉献的精神。检查组认为，青海《义务教育法》执行情况的自查工作认真细致、实事求是。几年来，青海在全省、特别是民族自治地区实施义务教育，改造中小学危房、加强教师队伍建设等方面成绩显著，全省上下依法办教育的观念大为增强。检查组还就今后结合青海实际实施《义务教育法》、调整教育结构和学校布局、增加教育经费、征收教育费附加以及把特殊教育纳入义务教育轨道等问题提出了指导性意见。10月23日，在省七届人大常委会第23次会议上，省教育厅厅长马玉麟受省政府委托作了《关于我省实施〈中华人民共和国义务教育法〉和〈青海省实施义务教育法办法〉的情况汇报》，总结了5年来实施义务教育所做的主要工作，指出了存在的问题，提出了今后实施义务教育的总体设想。

(三) 普及初等教育工作获得长足发展

1991年5月和11月海西州、西宁市人

民政府及海东行署分别对海西州德令哈市、格尔木市，以及大通回族土族自治县、互助土族自治县的普及初等教育情况进行了检查验收。省政府及省教育厅组织人员进行了核查。检查和核查表明，上述地区的“四率”及领导管理、办学条件等方面达到了省颁标准。6月20日，省长办公会议通过了民和回族土族自治县普及初等教育的报告，并决定奖给民和县政府1万元。到1991年底，西宁市4区1县、海西州2市3镇、青海矿区、海东6县共17个县（区）普及了初等教育，人口覆盖面达56.8%，10个县（区）基本达到了普及初级中等教育的标准，人口覆盖面积达20.25%。

(四) 特殊教育纳入义务教育轨道，取得突破性进展

年初，省教育厅发出《关于1991年发展特殊教育具体要求》，要求各地对残疾儿童进行摸底调查，制定特教发展规划和年度执行计划，已经普及初等教育的地区，努力开办特教班或开展随班就读试点工作，其他州县都要着手搞好本地特教班的布点工作，逐步确立和完善各项规章制度。文件还规定：今后凡没有办特殊教育的县（区），均不能发给普及初等教育检查验收合格证和实施九年制义务教育合格证。11月5日至8日，省教育厅与省民政厅、省残疾人联合会在乐都县联合召开全省特殊教育现场会，总结各地举办特殊教育的情况和经验，提出今后工作的任务、目标和措施。乐都、湟中以及互助土族自治县、民和回族土族自治县等先后举办了特教班，结束了青海民族自治地区没有特殊教育的历史。特别是省特殊教育学校开办的两个盲生班和两个培智班，填补了青海省残疾儿童盲生教育和弱智教育的空白。1991年全省残疾儿童入学率为3.9%，比1990年增长1个百分点。目前，全省有特殊教育学校1所，聋哑学校1所，普通学校设特教班3个，语训点4个，社区服务活动中心1个，在校生340人，还有相当一部分残疾儿童在全省各类学校随班就读。全省基本形成了以省、市特殊学校为骨干，以特教班和大量的随班就读为主体的特殊教育网络。

《义务教育法》的宣传和检查以及普及初等教育的特殊教育的进展，有力地推动了全省基础教育事业持续、稳步的发展。1991年全省学龄儿童入学率为84.03%、巩固率98.4%、毕业率97.21%，分别比上年提高2.55、4.38和3.7个百分点，达到历史最高水平，为分阶段、分层次、分地区全面实施义务教育奠定了基础。

三、加强宏观管理，深化教育改革

(一) 总结经验，推动教育体制改革和学校管理工作

1991年6月19日至22日，省教育厅召开了全省分级办学、分级管理暨学校管理经验交流会，有23位各地政府领导和教育部门及学校负责人介绍了近几年落实分级办学、分级管理教育体制，改善办学条件，加强学校管理等方面的经验。经过几年的努力，全省各级政府进一步明确了管理教育的职责、权利和义务，把教育纳入经济发展规划，列入了目标管理。农村教育综合改革开始起步，职业技术教育因素引进中小学，基础教育为当地经济建设服务的工作日益受到重视。各地中小学继续推进和完善了以校长负责制为中心的教育内部管理体制改革，强化了学校的常规管理，使学校从经验管理开始转向科学管理的轨道。

(二) 加强劳动和劳动技术教育

1月20日，省教育厅印发了《关于我省中小学认真开展劳动和劳动技术教育的决定》，要求全省所有中小学从1991年春季开始，一律开设劳动和劳动技术课，列入教学计划，排进课程表；对毕业班学生要进行劳

动和劳动技术课考核，考核成绩作为升学和招工、参军的依据之一；把开设劳动技术课的好坏作为衡量学校教育教学效益的一个重要指标。《决定》发出后，引起各地教育行政部门和中小学的高度重视。1991年全省开展劳动和劳动技术教育的学校达到3052所，比上年增加1151所；劳动课达标的学校1569所，比上年增加300所，接纳学生参加劳动的基地达到723个，比上年增加200个。

(三) 进一步搞好企事业办学

12月17日至19日，省教育厅在青海铝厂召开了全省第二次企事业单位办学经验交流会，来自全省各企事业单位主管教育的领导同志及中小学校长70余人参加了会议。会议总结了1987年全省首次企事业单位办学经验交流会以来，各办学单位和企事业中小学在全面贯彻教育方针、深化教育改革、提高教育质量等方面的成绩和经验，讨论了《关于企事业单位办学的若干规定》和《关于进一步加强全省企事业办学工作的意见》，确定了进一步巩固、发展、提高企事业中小学教育的方针。会议期间，有11个办学单位和学校的代表作了大会发言，并且现场参观了青海铝厂中小学，青海桥头发电厂子弟学校，进一步拓宽了办好企事业中小学的思路。

(四) 加强对全省中小学学生使用练习册、假期作业、复习资料的统一管理

省教育厅规定，从1992年春季起，全省中小学学生使用的练习册、寒假作业及其它辅导材料由省教育行政部门编目，县(区) 教育行政部门在编目范围内选定1至2种，由各校在当地新华书店征订。初三、高三年级由省教材编审委员会审定一套习题集、练习册及辅导材料供各地选购。学校和教师不得擅自订购任何练习册、作业、试题等资料，违者必须清退，并追究学校领导和当事人的责任，同时取消有关人员在一定时期内评聘职称和晋级提干的资格。

四、加强教师队伍建设，提高师资素质

1991年是青海师资培训工作蓬勃发展、培训数量最多的一年。全省各地狠抓了中小学校长和以骨干教师、学科带头人为主的师资培训工作，进一步建立健全了培训制度，制定了年度和“八五”期间师资培训规划，使中小学教师继续教育工作走向制度化、正规化。1991年省教育厅举办了不同层次、多种形式的培训班，培训中小学校长和教师1389人。西宁、湟中、互助、平安等地集中举办了短期培训班，培训小学校长200余名，各地区还利用其他形式培训中小学教师3000余名。

在教育部门集中培训的同时，各地中小学采取鼓励教师在岗自学、函授学习、听课评课、业务练兵以及组织参加专业合格证和自学考试等办法，提高教师素质。12月23日至28日，省教育厅在各地组织幼儿教师大练兵活动的基础上，举办了全省首次幼儿教师技能技巧大练兵竞赛活动，全省有16个代表队的187名幼儿教师参加比赛，共决出集体奖12个、个人奖48人。

五、加强教研、督导工作

1991年各级教育行政部门积极贯彻国家教委《关于改进和加强教学研究室工作的若干意见》，加强教研室建设。到1991年底，全省各级教研室已达43个，教研员300余人。根据面上抓教学常规管理、线上抓教改、点上搞实验的原则，各级教研室积极组织开展多种形式的教学研究活动。小学数学三算实验，由原来的1所学校扩大到5所小学的14个班。小学语文“注音识字、提前读写”实验，已扩大到全省71所小学、158个班、7900名学生，首批实验的小学，已经完成一轮实验任务。九年制义务教材实验，在平安县的2所中学、3所小学进行。

全省各地中小学还积极开展了目标教学、复试教学、初中物理有序启动教学、小学思想品德课教改实验等。为了及时总结交流各地的教学改革经验，11月底，省教育厅召开了全省中小学幼儿园教学改革经验交流会及先进集体和先进个人表彰会。会议收到教学改革论文78篇，表彰教改先进单位29个，先进个人36名。

1991年进一步健全了教育督导机构，全省已建立州（地、市）、县督导机构37个，教育督导人员127名，初步形成了三级督导网络。根据国家教委《普通中小学校督导评估工作指导纲要》精神，省教育厅制定了《青海省普通中小学校督导评估试行方案》，并选定乐都县为全省开展中小学校督导评估工作的试点县，该县一中和二中为试点校。12月3日至5日，省教育厅在乐都县举办了试点工作人员培训班。

六、体育、卫生和勤工俭学工作

1991年青海省中小学体育卫生工作狠抓了《学校体育工作条例》、《学校卫生工作条例》的贯彻落实，制定了两个"条例"的实施办法。严格执行《中学生体育合格标准》，对普通高校录取新生逐个进行了"合格标准"的档案检查和身体素质测验。各地中小学加强课余训练，不断提高竞技水平，特别是加强了高水平试点学校和体育传统项目学校的管理与建设。在全国中学生田径比赛中，青海省代表队取得了较好成绩；省教育厅举办的全省中学体育传统项目学校比赛，也获得了圆满成功。3月10日至16日，全省开展了首次保护学生视力宣传周活动，宣传了防止近视眼工作的重要意义，改善了桌凳、灯光等环境条件，取得了一定成效。4月至7月，省教育厅组建三支检测队，圆满完成了国家下达的7～22岁汉族学生的体质健康监测任务，并且超额完成了回族、土族和撒拉族7～18岁学生的体质健康监测工作。

中小学的国防教育工作有了新进展。1985年省教育厅确定的青海师大附中等4所学校的军训试点工作取得成功。随着试点学校经验的推广，全省有70多所学校主动开展学生军训，并把新生入学教育与军训结合起来，收到较好效果。1991年省教育厅还与省人防办共同举办了"三防"教育师资培训班，"三防"教育试点学校由原来的5所扩大到24所。

中小学勤工俭学工作成效显著。6月27日至7月3日，西北西南地区勤工俭学协作会第五届年会在青海西宁召开，来自云南、贵州、陕西、甘肃、四川、新疆、宁夏等省区的82人参加了会议，国家教委副主任邹时炎到会。与会代表参观了海北、海南藏族自治州及西宁市等9所中小学开展勤工俭学的情况，讨论通过了《会议纪要》。全省各地教育行政部门和中小学校认真贯彻《纪要》精神，采取走出去参观学习、树立典型、推广经验、开发校园经济等措施，大力开展勤工俭学工作。1991年全省开展勤工俭学的学校达2453所，比上年增加727所，开展面达59%，比上年增长20.6个百分点。学农基地、校办工厂和第三产业服务网点共增加193个。全年勤工俭学总产值1922万元，比上年增加700多万元，生均勤工俭学收入6.96元，比上年增加3.14元。

撰稿人 董 林

审稿人 蒋焕东 赵宗哲

七、中小学校舍危房改造

1991年，省政府成立了中小学危房改造检查验收领导小组，副省长班玛丹增为组长，省政府办公厅副秘书长高昭平、财政厅副厅长权甲戍、教育厅副厅长蒋焕东为副组长。由省政府办公厅、教育厅、财政厅、计委、建设厅、建设银行、审计局等7个部门抽调22名同志，分成两个大组、4个小组，根据6条验收标准和签定的承包责任制协议书，先后到六州、一地、一市的31个县（区）、93个乡（镇）和街道办事处，对1988年至1990年中小学危房改造工作进行了检查验收。检查验收表明，原计划全省共筹集资金11857.6万元，计划改造危房面积56.62万平方米，实际集资15109.99万元（其中省财政补助4736万元，占31.34%；州、地、市、县财政自筹3488.93万元，占23.09%；社会及群众集资6885.06万元，占45.57%），改造危房面积65.4万平方米，超计划完成集资3252.39万元，超计划完成改造危房面积8.78万平方米。全省现有中小学校舍面积327.69万平方米（不含厂矿企业学校），比1986年增加40.79万平方米。其中，砖混结构为134.86万平方米，砖木结构65.93万平方米，两项合计比1986年提高了28.3%；土木结构126.91万平方米，比1986年降低了28.3%。实现"一无两有"、"六配套"的学校有2179所，占现有中小学数4096所的53.2%。目前，尚有危房23.65万平方米，占现有中小学校舍总面积的7.22%。几年来，全省中小学校舍发生了质和量的变化，学校在农村、牧区已基本成为当地最好的建筑物，使中小学办学条件上了一个新台阶。

这次集资改造中小学危房的声势之大，各级党政领导重视的程度之高，参加工作人员之多，发动群众之广，都是史无前例的。全省出现捐资万元以上的单位39个，捐资万元以上的个人13个，捐资千元以上的个人308个，百元以上的个人3394个，开创了以国家拨款为主，多渠道筹措教育经费的新路子。同时，使"分级办学、分级管理"的教育体制得到了进一步落实，使"人民教育人民办，办好教育为人民"的新观念在农村、牧区扎了根。在全社会树立了尊重知识、尊重人才、重视教育的良好社会风尚。

撰稿人　李彦海

审稿人　蒋焕东　赵宗哲

职业技术教育

1991年，青海省认真贯彻落实全国职业技术教育工作会议精神，结合青海实际，积极采取措施，加强宏观管理和统筹协调，制定发展职业技术教育的配套政策，促进了职业技术教育的发展。1991年，各类中等职业技术学校在校生总计27024人，占全省整个高中阶段在校生总人数的32.6%。为了推动全省职业技术教育的发展，主要做了以下几方面的工作。

一、宣传、贯彻、落实全国职业技术教育工作会议精神

全国职业技术教育工作会议后，青海省委、省政府责成省教育、计划、财政、劳动人事等部门，根据青海经济建设的实际，共同制定发展职业技术教育的配套政策，拟定了贯彻《国务院关于大力发展职业技术教育的决定》的意见，联合召开了全省职业技术教育工作会议，并决定成立青海省职业技术教育统筹协调领导小组，促成了海南州和乐都、湟中、大通等县职业技术教育统筹协调机构的建立，出现了大通、乐都、湟中等县委、县政府主要领导亲自抓职业技术教育的好势头。

二、增加了职业技术教育的投入

1991年，青海省在财政十分困难的情况下，省财政拨付40万元专款，作为发展职业技术教育的专项补助费，用于全省职业技术学校的实习基地建设和实验设备购置。各级地方财政积极增加对职业技术教育的投入，如乐都县政府决定将1991年征收的20万元教育费附加用于发展职业技术教育；贵德县投资30余万元给县职业学校修建教学楼；互助县投资50万元新建县职业技术学校；湟中县投资40余万元给县职业学校修建综合楼。全省其他地区也不同程度地增加了对职业技术教育的投入，逐步改善各地职业技术学校的办学条件。

三、同步改革劳动人事制度，认真做好职业中学毕业生的就业安置工作

各级劳动人事部门，按照“先培训，后就业”的劳动就业政策和“三结合”的就业方针，积极做好职业高中毕业生的就业安置工作，激发了职业学校学生学习积极性和学生家长送子女上职业技术学校的热情。西宁市划出240名劳动就业指标，择优录用职业高中毕业生。大通县劳动部门积极与用人部门协调，全部安置了历届职业高中毕业生。海北州劳动部门对州民族职业技术学校毕业生全部进行了妥善安置。西宁市第二职业中学宾馆服务和烹饪专业毕业生在1991年分配时供不应求。由于毕业生就业安置情况好于往年，职业学校招生的生源增加，生源素质也有所提高。

四、开展了普通中专办学水平的合格评估工作

为了搞好全省普通中专的规范化建设，提高管理水平和教学质量，根据国家教委关于中专办学水平评估的有关文件精神，对全省普通中专进行了合格评估。成立了青海省中等专业学校办学水平评估工作领导小组，由省教育厅厅长马玉麟任组长，省政府副秘书长高昭平任副组长，省教育厅副厅长程庆麟、省计委副主任吴正云、省财政厅副厅长权甲戌、省劳动人事厅厅长洛桑为领导小组成员，下设办公室，程庆麟兼任办公室主任。全省各中等专业学校的主管部门十分重视评估工作，积极增加投入，修建校舍，购置实习实验设备，增购图书资料，改善办学条件。据初步统计，近两年来，全省各中等专业学校主管部门投入改善办学条件的资金已达900余万元；各中专学校按照评估的指标体系，对办学条件、办学过程和办学目标进行了认真的自评工作，各校的师生员工按照指标体系逐项寻找差距，提出整改措施和办法，提高了学校的管理水平和教学质量。

五、进一步深化中专管理改革

1991年，在推广青海省商业学校教学全过程量化管理改革经验的同时，又在该校进行办学目标管理试点，并试行校长负责制、岗位责任制和结构工资制，探索了中等专业学校管理工作改革的新路子。

六、积极推进农村教育综合改革

1991年，在总结全省农村教育综合改革经验的基础上，继续在乐都、湟中两县进行农村教育综合改革实验，组织实施“燎原计划”，职业学校和农业中专师生深入“燎原计划”示范乡，开展社会经济调查，帮助制定社会经济发展规划，开办短期实用技术培训班，推广先进实用的农业生产技术，指导科学种田、科学养畜，使农业科技成果在示范乡里得到广泛推广，受到当地群众好评。并在“燎原计划”示范乡的普通中小学的教学中引入职业技术教育因素，开设劳动技术课，组织编写了适应当地生产特点的乡土教材。并进行了教学方法和教学内容改革。农村教育综合改革的试点经验，在全省范围内逐步推广。以大通县青林乡进行农村教育综合改革试点经验为素材撰写的论文，被收入1991年国家教委在山东泰安召开的农村教育国际研讨会论文集，摄制的电视录像专题片和拍摄的图片均被选用编入国际研讨会的音像资料。

七、加强各级各类职业技术学校的思想政治工作，将德育置于学校一切工作的首位

1991年，全省各类职业技术学校坚持社会主义办学方向，从反和平演变和迎接世界新技术革命挑战的高度出发，提高对加强思想政治工作重要性的认识，在普遍开展坚持四项基本原则教育、爱国主义教育、国情教育和近现代史教育的同时，结合职业学校的特点，进行职业道德、职业纪律和职业意识教育，逐步深入地加强思想政治工作，召开了全省普通中等专业学校思想政治工作经验交流会，编辑了思想政治工作经验文集，组织了全省职教系统学雷锋为民服务活动周，西宁地区有35所学校、300多名师生上街为群众服务，开展服务咨询项目60余项，接受服务、咨询的群众达3000余人(次)，受到社会各界群众的好评。

撰稿人　姚孝余

审稿人　蒋焕东　赵宗哲

高　等　教　育

1991年，青海省普通高等教育贯彻教育为社会主义建设服务，教育与生产劳动相结合，培养德、智、体全面发展的建设者和接班人的方针，深化改革、治理整顿，坚持社会主义办学方向，努力提高教育质量和办学效益，促进了全省高等教育事业健康稳步发展。

一、高等教育事业稳步发展，结构调整渐趋合理

1991年，全省7所普通高等学校在校学生比1990年减少172人，本、专科生比例为2.67∶1；少数民族学生2161人，占在校学生总数35.8%。1991年全省普通高校专任教师中，教授18人，副教授207人，高级职务占专任教师总数的15.7%，讲师522人，占专任教师总数的36.3%。学校共占地1300亩，固定资产总额9545万元，校舍建筑总面积28.7万平方米，图书馆藏书210.3万册。聘请外国文教专家和教师9人，公派留学生和访问学者9人。

“七五”期间，全省高校贯彻治理整顿的方针，合理调整内部结构，增强高校主动适应全省经济和社会发展需要的能力，制定了高校专业调整方案，1991年逐步实施到位。4个专业停办撤销；6个专业合并转向；7个专业调整了课程设置，拓宽专业面。为搞好专业调整工作，省政府划拨70万元专款，分两年由省财政核拨，用于高校部分专业调整后购置教学仪器及实验设备。在完成“七五”期间全省高等教育事业发展任务的基础上，1991年又组织制订了“八五”计划。

二、高校师资队伍建设进一步加强

高校深化教育改革与提高教育质量的关键在教师。师资队伍不稳定是高校存在的突出问题。高校的骨干教师大多是50年代末和60年代初毕业到青海工作的，同步老化和断层问题十分严重。省教育厅十分重视教师队伍的建设，1991年在青海师范大学正式成立了青海省高校师资培训中心。为使高校师资培训工作有计划、有保证地开展，决定从1991年起每年拨出一定专款资助高校师资培训工作，当年支付高校师资培训经费5.6万元，有63名教师参加了省内外高校师资培训。省教育厅在加强高校师资队伍培训中，特别注意培养中青年骨干教师，为全省高教事业的发展奠定了良好基础。采取的主要措施有：

1.在政治思想方面，通过各种途径加强对青年教师的教育，努力提高其政治思想素质。1991年高校普遍成立了以培养青年教师入党积极分子为重点的业余党校，对他们进行系统的马列主义和党的知识教育，深受教师特别是青年教师的欢迎，要求入党的青年教师倍增。为了增强教师教书育人的责任感和使命感，省委宣传部、省教育厅、省教育工会联合组织了省高等学校教书育人报告团，分别在6所高校为2500余名教职工做了报告，使广大教职工受到了很大的教育和启发。

2.在业务上以提高青年教师素质为重点，使其逐步成为教学、科研骨干。为了提高青年教师的教育理论水平和业务素质，1991年省教育厅和师资培训中心继续举办了以高等教育学、大学教学法和心理学为内容的岗前培训。经过培训，青年教师教育理论水平明显提高。几年来共培训了400多名青年教师，并给考核合格者颁发了证书，把岗前培训合格列为晋升专业技术职务的必备条件。

3.组织青年教师参加社会实践活动，帮助他们了解省情民情，接触工农，引导他们继续走与工农相结合、与实践相结合的道路。师范院校教师到中学实践锻炼，熟悉中学教育规律，积累教学经验已成为制度。据统计，高校青年教师1991年参加社会实践，到中学锻炼的共计160多人。

4.为青年教师创造条件，帮助他们脱颖而出。为了充分调动青年教师钻研教学的积极性，省教育厅1991年组织高校开展了青年教师教学竞赛和教学观摩活动，参加竞赛的教师占青年教师总数的80%以上。

三、改革管理体制，增强高校活力

1991年，青海省高等教育在招生制度、毕业生分配制度和后勤服务工作等方面的改革有了新的进展。

在招生方面，1991年在已实行英语、化学标准化考试基础上增加了物理、数学标准化考试。扩大了本科院校的录取权限，实行“根据志愿，按比例投档”的录取体制，停止了多年来“分段录取”的做法，突出考生志愿特别是第一志愿的重要性，在录取的本科生中，第一志愿录取率为77.8%。同时还改进了师范生招生办法，调整了民族预科生的招生范围，增大了保送生和定向生招生比例。

在毕业生分配方面，1991年全省共接受和分配省内外大学本专科毕业生和毕业研究生7997人，75%以上的毕业生分配到州、地、市、县生产、教学第一线，一次到位率高于往年，并出现了需求量回升，企业主动要人的好势头。为了严格执行分配工作纪律，各高校普遍实行了“五公开、一监督、一检查”制度（公开分配方针政策、社会需求信息、分配计划方案、毕业生志愿及分配结果，让群众和毕业生监督检查），增加了分配工作的透明度。并在制定分配计划方案时，采取德、智、体三项指标综合评分的办法，优生优分，并邀请同级监察部门参与分配，实施组织监督。

高校后勤管理工作改革，由食堂的管理改革，向车队、水电、校园（宿舍）、劳动服务公司等方面推开。1991年，主要采取由单一的行政管理改为实行经济承包责任制或财务包干、利润分成的办法。为了保证改革的顺利进行，省政府负责协商解决了高校学生灶照顾供应大米、青油、黄豆等主副食品，允许高校用粮票从粮站购买粮油等问题，以及汽车养路费实行半价的优惠政策。为提高后勤职工干部的文化业务素质，省教育厅先后组织培训炊事员100多人，举办高校后勤职工文艺会演和球类比赛、大锅菜比赛等；有36名高校后勤管理干部取得省高校后勤管理干部专业证书班毕业证。当年还招收后勤会计中专班学员44人。

四、深化改革，进一步加强和改进教学、科研工作

(一) 加强教学管理，促进教学改革

1991年在落实高校专业调整方案的同时，省教育厅组织各高校认真修订教学计划。在立足加强基础、强化实践、重视能力培养、突出专业特点的基础上，增加了课程门类，调整必修课与选修课的比例。在教学计划修订的过程中，各校在压缩必修课的基础上，普遍增开了选修课，选修课分限选课、任选课两类。选修课程设置大体分为：本专业比较高层次的课程，扩大学生知识面的相关学科课程，为培养学生能力而设的课程，并按所开课程情况调整配备教师。调整后的11个专业均已制订了新的教学计划，部分专业1991年已开始实施。

培养合格的中学师资是高等师范教育的根本任务。为了突出师范教育和教学能力的培养，省教育厅着手抓了师范院校的教材教法课的改革，组织召开青海师范大学、青海师范专科学校、青海教育学院三个学校的教学法交流会，提高教材教法课的质量，并由各学校确定教材教法课的教改课程，制定教改方案。

根据国家教委《普通高等学校教育评估暂行规定》的要求，省教育厅组织高校开展了教学效益评估、外国专家教学巡回评估和推广科技成果定量评估。

外语教学质量低是青海高校大学生培养工作中存在的重要问题之一。为了提高外语教学水平，省教育厅下发了《关于我省普通高校公共英语课程实行分级教学的通知》，对英语教学提出了具体要求。从1993年起实行本省等级考试。各院校都采取措施加强了外语教学工作，有的学校针对本校学生听力差、掌握词汇量少、阅读速度慢等问题，推行了教学改革方案。

1991年，全省普通高校普遍加强教学管理，进行教育教学改革，注重教材建设，各院校都召开了教学经验与学术交流会。青海师范大学针对本校教材建设存在的问题，重新修订了《青海师范大学关于加强教材建设和供应管理的暂行规定》，并编制了各学科课程设置及选用教材统计表，在全校范围内开展了选用教材质量评估活动，加强了教材管理工作的规范化。

(二) 科研工作持续发展、成绩显著

全省普通高校遵循以教学为主，抓科研促教学的指导方针，大力支持广大教师开展科研活动。各普通高等学校参加科研工作的教师逐年增加，已初步形成了一支具有一定科研能力和数量的科研队伍。1991年全省普通高校承担各级科研课题35项，其中国家自然科学基金项目2项，省科委项目2项，共资助科研经费36.2万元，该年完成并通过专家鉴定的25项。青海医学院“彩色多功能对比敏感度检测仪”、青海畜牧兽医学院“畜禽血营养酱油酿制方法的研究”和“畜血含铁营养酱酿制方法研究”三项专利成果，参加了国家科技管理中心举办的全国技术信息发布活动。为了调动广大教师的科研积极性，鼓励更多的人从事科研工作，省教育厅召开了青海省高等学校科研工作表彰会，给2名荣获全国高校科技先进个人称号、18名国家教委《荣誉证书》获得者、6项省级教育科学优秀成果项目获得者颁发了证书和奖金。高校有4名教师荣获“青海省优秀专家”称号。

五、强化思想政治工作，巩固安定团结局面，培养“四有”人才

（一）加强党的领导，坚持正确的办学方向

1991年，全省普通高校认真贯彻落实党的十三届七中、八中全会精神，以省委七届七次、八次全委会议精神为指导，紧密结合高校实际，狠抓党的建设，切实加强思想政治教育，增强了反和平演变的自觉性。为了落实系科两级党组织建设，绝大多数院校都明确了系党总支的任务和系主任的工作职责，制定了系党总支工作条例和系主任工作条例，强化了党组织的政治核心作用。1991年，各高校普遍召开了党员大会，提出了本校党委今后一个时期的主要任务和奋斗目标，把加强党员的思想政治教育，坚持正确的办学方向，作为党建的一项重要工作来抓。

（二）以爱国主义为中心进行形势教育

针对国际形势的变化，各院校深入了解师生思想动态，并根据教学特点，把形势教育列入教学计划。同时，把近代史和国情教育作为一项基本内容，贯穿在学校教育的全过程。结合“五·四”、“七·一”等纪念活动，分层次、有重点、形式多样地开展传统教育。组织广大师生投入抗灾救灾活动，结合实际在师生中深入进行坚持党的领导和坚定社会主义信念的教育，并在此基础上开展爱粮节粮宣传活动。在民族院校开展了反对分裂、维护祖国统一、加强民族团结的教育，开设了民族理论和民族政策课程，取得了良好效果。

（三）探索德育教育的路子，培养“四有”人才

按照中宣部、国家教委和团中央的统一部署，有计划地组织高校6000余名学生参加社会实践活动，撰写论文250余篇，调查报告5500余篇。实践活动的普及面、教育效果和社会效益等方面较往年又有新的突破，涌现了一大批虚心好学、勤于实践的先进典型。高校的11个先进集体（实践小分队）、32个先进个人、3项优秀成果，受到了省委宣传部、省教育厅、团省委的联合表彰。同时省委宣传部和省教育厅对10年来在全省各条战线做出成绩的36位省内外大学（研究生）毕业生进行了表彰。各院校还相继开展了学英模，以雷锋、焦裕禄精神建校育人活动。用先进典型教育引导大学生走与实践相结合、与工农相结合的道路，树立正确的人生观。一个学英雄见行动，创建文明校园、文明教室、文明宿舍、文明食堂、做好事、办实事的风气已逐步形成，学生违纪现象明显减少。

一年来，高校师生精神面貌发生了很大变化，局势稳定，出现了“三多一少”的新局面（高校学马列的人多了，学党的基本知识的人多了，申请入党的人多了，违反校纪校规的人少了）。据不完全统计，高校师生中申请入党的人数已达600多人，建立马列主义学习小组41个，党的基本知识学习小组21个。

撰稿人　万丽君

审稿人　蒋焕东　赵宗哲

成 人 教 育

1991年，青海省成人教育以党的十三届七中全会精神为指导，坚持成人教育一要改革二要发展的方针，认真贯彻落实党和国家关于成人教育方面的一系列方针政策，治理整顿、深化改革，多渠道、多层次、多种形式办学，促进了全省成人教育健康稳步的发展。

一、扫盲工作与农牧民教育

为了进一步推动扫盲工作，1991年采取了一些新的措施。省扫盲领导小组召开第三次会议，决定将每年9月定为全省扫盲宣传月，深入广泛地宣传扫盲工作的一系列方针和政策。为此，省教育厅编印了《扫盲宣传手册》供各地使用。各地先后召开各种会议，采取多种形式，利用各种宣传媒介，深入广泛地开展了扫盲宣传工作。省扫盲领导小组还研究通过了《关于青海省扫盲领导小组成员单位以县为单位建立联系点开展扫盲工作的意见》。之后，省教育厅、省妇联分别与祁连县和循化县研究制定了开展扫盲工作的安排意见，提出了联系县5-10年的扫盲规划目标；省委宣传部、省军区、团省委等单位在各自的联系县积极开展了工作。

8月上旬，在海北州海晏县召开了全省牧区扫盲工作会议。会议明确了牧区扫盲工作的基本思路，制定了牧区扫盲工作政策、措施和办法。副省长班玛丹增、省教育厅厅长马玉麟就全省扫盲工作重点逐步从农业区向牧业区转移作了重要讲话。自1989年全省扫盲工作会以来，各牧业州都对扫盲工作做了必要的安排布置，都在一定程度上，一定范围内开展了工作，所有这些都为大面积开展牧区扫盲工作，开创全省扫盲工作新局面奠定了基础。

年底，省扫盲领导小组组成检查组，分赴海南州、黄南州、湟中县、民和县，与州、县、乡政府领导和教育部门负责同志一起检查了7个县的扫盲工作。按全省统一安排，各州地市及所属县区，由政府组成检查组，对所属县区的扫盲工作进行了认真自查。年内全省共组织近9万人参加扫盲，脱盲5万人，完成国家下达任务的175%，省下达任务的105%。经海东行署检查验收，平安县达到基本无盲县标准，至此，全省基本无盲县（区）达8个。乐都县被国家教委授予“全国先进扫盲单位”称号，1名农民教育专职干部被国家教委授予”扫盲先进工作者”称号。

为使教育直接有效地为当地农村经济建设服务，省教育厅于4月上旬在乐都、湟源两县召开了东部农业区乡镇农民文化技术学校现场会。会议认为，在办学方向上，乡（镇）农民文化技术学校要面向本乡镇经济发展，坚持为当地两个文明建设服务和为农民脱贫致富服务，充分发挥政治教育中心、文化学习中心、技术培训中心和信息服务中心的作用；在管理体制上，要坚持在政府统一领导下充分发挥农、科、教、妇联、共青团等有关方面的作用，做到各负其责，各展其才、各尽其职、协同行动。在办学形式上，坚持短、平、快的原则，以短期培训为主兼顾长期班，长短结合；集中教学和分散讲学相结合，根据农时季节，收到立竿见影的效果。

年内在5所农村成人学校还开展了人口教育工作。人口教育项目学校所在的乡

(镇)政府将人口教育任务列入议事日程，成立了由政府负责人任组长，教育、妇联、团委、计生办、卫生、科协等部门负责人参加的人口教育项目领导小组和由校长、专兼职教师组成的人口教育教研组。各项目学校结合当地特点，一般采取短期培训和专题讲座的形式讲解人口知识。仅互助土族自治县双树乡项目学校1991年就举办人口教育培训班4期，接受培训的学员5634人次，其中妇女1799人次。为配合全省各项农牧民教育工作的开展，省教育厅编写了全省汉文版扫盲识字课本，修改了藏文版扫盲识字课本，写出了全省农民技术教育教材初稿和农村人口教育教材初稿。

全省农牧民教育有了新的进展，出现了喜人景象：东部农业区已步入扫盲同扫盲后巩固提高相结合，文化教育与技术教育并举的轨道。牧业区扫盲由点到面，已经全面铺开。特别是乡镇农民文化技术学校的发展，在教育外部，促进了乡镇一级政府对农科教的统筹，在教育内部，促进了成人教育、基础教育和职业技术教育的沟通。参加各类技术培训近10万人，参加各种形式科普培训6万人。新办乡镇农民文化技术学校32所，现共有68所。有2所农技校被国家教委分别授与“全国农村先进乡（镇）成人学校”和“全国农村先进村成人学校”称号。

二、成人大中专教育

1991年，遵照国家教委关于治理整顿成人高等教育的精神和省政府对这项工作的指示，继续对全省各类成人高等教育进行了治理整顿。普通高校成人教育治理整顿的重点是历年来举办的各种委托代培班和短期培训进修班的办学情况；独立设置的成人高校治理整顿的重点是办学条件、教学管理、办学效益等方面存在的问题；外省普通高校设置在青海的函授站治理整顿的重点是建站的审批手续、招生计划、办站条件、教学计划实施以及教学诸环节上存在的问题；电大治理整顿的重点是历年来招收旁听生（试读生）、单科生等有关问题。

上半年，对外省设在青海的函授站逐个进行了检查评估，交流了办站的经验，查处了存在的问题。撤销了武汉大学设在省工商局的函授站，对北京广播学院青海函授站提出了限期充实办学条件的意见；对省内各普通高校举办成人教育的情况，首先由学校组织自查并写出自查报告，然后组织检查组，逐校进行复查验收，从办班、招生、收费、教学、考试、发证等环节全面进行了检查评估，肯定成绩，查处问题，纠正了存在的问题，提出了改进意见；对独立设置的职工大学实行联合办学，以加强学校管理，提高办学效益。在1990年筹备的基础上，经省政府同意，国家教委批准，于1991年3月将青海重型机床厂职工大学等5所职工高等学校改为青海省联合职工大学。根据国家教委、人事部《关于成人高等教育〈专业证书〉教学班复查清理工作的通知》，对全省范围内举办《专业证书》教学班及通过其他途径获得的《专业证书》进行了全面复查清理。同时，进一步加强了1980年以来全省在职人员从省内外获得的成人大中专毕业证书的审核验印工作，有效地纠正了“三乱”现象，维护了国家学历教育的严肃性。

治理整顿达到了预定目标：加强了宏观管理，调整了专业结构，发展了各种非学历教育，促进成人高等教育更好地适应用人单位的需要；促进了职工大学联合办学，加强了教学研究，充实了办学条件，提高了教育质量和办学整体效益；加强了对函授站设站、招生、教学、发证工作的监督，强化了地方教育行政部门对函授教育的管理。

三、社会力量办学、职工教育

以西宁市为中心的社会力量举办职业技术学校、高级中学、文化补习学校、社会文化和生活教育以及自学考试辅导班得到进一步发展。目前已有50多所学校（班）、60多个学科门类。

1991年3月，省教育厅对全省社会力量办学检查工作进行了总结，分析了办学的现状，找出了存在的问题，提出了加强管理的意见。5月，召开了全省第一次社会力量办学工作会暨表彰会，总结了全省社会力量办学取得的成绩，提出了今后的任务及努力的方向，表彰了6个先进集体和8名先进工作者。会议还讨论修改了青海省社会力量办学管理暂行规定实施细则，并报省政府审定。针对高考补习班出现的问题，8月发出了《关于社会力量举办文化补习班若干问题的紧急通知》，对有关问题作出了明确规定。此后，检查了西宁地区4所公办学校和26所社会力量所办的高考补习班，纠正了存在的问题，有效地制止了"三乱"现象的蔓延和发展。

1991年，与有关单位一起开展了职工岗位培训工作、职工教育统计工作。加强了对职工高中办班、考试等工作的审批、把关、检查和监督。

撰稿人　阎　肃

审稿人　蒋焕东　刘　佑

民族教育

1991年，全省有专设的民族学校1526所，占全省普通学校总数的34.28%，其中民族高校2所，民族中专7所，民族职业中学2所，民族中学64所，民族小学1451所。普通学校的少数民族在校生24.64万人，占全省在校生总数的32.01%。全省用藏语文授课的小学762所，在校生50543人；中学37所，在校生9614人。用蒙语文授课的小学19所，在校生1777人；中学3所，在校生877人。全省6个自治州和农业区的5个自治县学龄儿童入学率为75.94%，其中纯牧区的入学率为40.36%。

1991年8月，省教育厅拟定了《青海省民族教育十年规划和"八五"计划要点（草案）》，提出了青海省90年代民族教育发展的主要目标和"八五"期间的基本任务。

一、拟定《青海省藏族高中教学计划的调整意见》

1991年1月，为了执行国家教委印发的《现行普通高中教学计划的调整意见》，并与全省普通高中同步实行高中毕业会考制度，省教育厅对1989年12月制定的《青海省全日制十二年制藏族中小学教学计划》（试行草案）高中教学计划进行了调整，提出了《青海省藏族高中教学计划的调整意见》。调整后的教学计划，除在时间安排、课程设置等方面进行了调整外，还对授课用语和采用的教材作了具体规定：藏族高中不论采用哪种语言为主授课（以藏语文为主进行教学，加授汉语文；或以汉语文为主，藏语文辅助进行教学，加授藏语文），都要按调整后的教学计划和教学大纲组织教学。藏语文采用5省（区）协作编写的教学大纲和教材，汉语文采用国家教委编写的少数民族汉语文教学大纲和5省（区）协作编写的汉语文教材。

二、召开玉树、果洛两州教育工作座谈会

1991年3月，为了贯彻省委第二次玉树、果洛工作会议精神，省教育厅召开了玉树、果洛两州教育工作座谈会。会议提出了发展两州教育的指导思想，即：坚持社会主义办学方向，强化教育意识，调动一切积极因素，调整学校布局和结构，抓好初等教育，重视扫盲工作，搞好“双语”教学，提高办学效益，使教育更好地为当地经济建设和社会发展服务。省教育厅为帮助两州发展教育事业，在“八五”期间将采取以下几项措施：(1) 隔年在青海师大附中举办玉树、果洛班，招收两州初中毕业的当地少数民族学生各25名，预科一年，高中三年。(2) 每年大、中专院校招生时，除了规定的现行优惠政策外，为当地少数民族初、高中毕业生增加定向生和保送生名额，并可在委培生名额上予以照顾；对从初中一年级起一直在当地就读、父母在当地工作10年以上的汉族职工子女在报考大中专院校时，录取分数线比全省汉族考生录取分数线降低20分。(3) 解决好民族中学和民族师范“双语”教学师资问题。教育厅除在分配师范院校毕业生时注意到这一特殊需要外，每年从两州当地少数民族青年教师中选拔10名，以委培方式保送到省内大专院校进行培养，毕业考试合格者，由教育厅验印后，承认其学历。(4) 争取在三年内对两州及其各县的教育局长和民族师范学校、民族中学校长及教导主任普遍轮训一次。(5) 省属师范院校和西宁市重点中学对口支援两州民师和民族中学。省教研室和督导室组织一定力量，每年到两州帮助工作20至30天。(6) 省教育厅将适时分别组织两州有关领导和教育局长、中小学校长和模范教师赴内地考察学习。(7) 争取在1991至1992两年内，下决心配齐两州民族师范学校和民族高中急需教师。(8) 省教育厅分配专项补助款时，对两州适度倾斜。1991年给两州划拨一次性专项补助款各10万元，主要用于20所乡民族中心完小购置教学仪器设备、图书资料和文体用品。

三、贯彻《关于在学校师生中进行反对达赖集团分裂活动，加强民族团结教育的意见》

1991年6月，根据国家教委《关于在学校师生中进行反对达赖集团分裂活动、加强民族团结教育的通知》精神，在全省藏族为主的大中专民族院校（班）以及藏族中小学师生中广泛开展反对达赖集团分裂活动、加强民族团结的教育。为了加强这一教育，省教育厅发出《关于在学校师生中进行反对达赖集团分裂活动，加强民族团结教育的意见》。《意见》要求全省各高校及以藏族为主的民族中等专业学校（民族班）和藏族中学，在相关的课程中要增加反对分裂活动，加强民族团结的内容。各类民族学校，要总结、宣传本校师生中以实际行动增强各民族团结的先进集体和先进个人，并要作出规定，使之经常化。

《意见》发出后，各有关学校认真贯彻执行，反对分裂活动，维护祖国统一，增强民族团结等方面的教育已成为常抓不懈的工作，并逐步走上制度化、正规化的轨道。

四、制定《青海省六州中等民族师范学校教学计划（试行）》

1991年12月，为了统一青海省六州（果洛、玉树、黄南、海南、海北、海西）中等民族师范学校的学制、课程设置、教材和教学要求，省教育厅制定了《青海省六州中等民族师范学校教学计划（试行）》。这个《教学计划》充分考虑六州的地区和民族特点，坚持面向牧区、面向少数民族、面向小学的办学方向和因地制宜地实行“双语”教学的原则。培养学生坚持党的基本路线，树立马克思主义民族观和宗教观，热爱祖国、热爱青海、热爱民族教育事业，并具备“双语”教学的能力。修业年限为4年。主要招收当年初中毕业的少数民族学生和具有同等学力的少数民族社会青年（含符合条件的民办教师）。课程设置包括必修、选修、课外活动和教育实践四部分。《计划》的制定，为加快民族师范教育发展，提高民族师范教育质量奠定了基础。

撰稿人 刘永成

审稿人 蒋焕东 赵宗哲

宁夏回族自治区教育

概　况

一、各级各类教育发展情况

1991 年，宁夏教育战线积极贯彻执行党中央、国务院关于教育工作的一系列方针政策，坚持教育必须为社会主义两个文明建设服务的方向，进一步端正办学指导思想，继续深化教育改革，努力提高教育质量和办学效益，各级各类教育事业稳步发展。

1991 年各级普通学校基本情况

单位：人

学校类别	学校数(所)	毕业生数	招生数	在校学生数	教职工数	
					计	其中专任教师
一、普通高等学校	7	2 400	2 334	7 926	3 586	1 621
研究生		14	8	28		
本科		1 056	1 057	4 358		
专科		1 330	1 269	3 540		
二、中等专业学校	26	3 898	3 857	11 457	2 996	1 444
中等技术学校	22					
中等师范学校	4					
三、普通中学	449	85 948	94 437	291 246	21 070	16 454
高中	135	20 733	19 635	60 774		4 031
初中	314	65 215	74 802	230 472		12 423
四、农业、职业中学	35	4 050	5 840	13 184	1 079	826
高中	34	3 573	4 180	10 180		761
初中	1	477	1 660	3 004		65
五、工读学校	1				26	11
六、小学	4 021	89 756	108 405	661 352	29 983	26 852
七、特殊教育学校	5	45	148	335	94	52
八、幼儿园	224	20 322	31 650	53 883	3 619	1 642

1991年各级成人学校基本情况

单位：人

学校类别	学校数(所)	毕业生数	招生数	在校学生数	教职工数 计	教职工数 其中专任教师
一、成人高等学校	5	2 884	1 806	5 251	879	387
广播电视大学	1	1 399	717	1 784	288	113
职工高等学校	3	481	400	1 199	301	150
农民高等学校						
管理干部学院						
教育学院	1	589	382	1 014	290	124
独立函授学院		208	45	528		
普通高校举办 函授部						
夜大部	(2)	174	262	726		
干部专修科	(1)	33				
二、成人中等专业学校	28	1 704	2 658	6 376	815	415
广播电视中专	1	50	989	2 405	21	2
干部中专		60		109		
职工中专	12	1 229	1 465	3 442	437	211
农民中专	2	74	110	186	39	9
教师进修学校	13	291	94	234	318	193
三、成人中学	30	647	385	535	80	37
职工中学	30	647	385	535	80	37
农民中学						
四、成人技术培训学校	485	161 930	108 207	78 517	553	82
职工技术培训学校	32	17 210	18 010	5 410	292	52
农民技术培训学校	453	144 720	90 197	73 107	261	30
五、成人初等学校	191	58 087	58 567	79 530	1 617	67
职工初等学校	9	1 200	1 100	1 890	50	32
农民初等学校	182	56 887	57 467	77 640	1 567	35
其中：扫盲班	182	56 849	57 467	77 520	1 567	35

制表人　杨文刚

1991年度重点抓了以下几项工作：制订了宁夏教育事业十年规划和“八五”计划纲要，明确了90年代和“八五”期间全自治区教育事业改革与发展的主要任务和奋斗目标；全自治区20个县（市、区）中有14个县（市、区）依法宣布实施了初等义务教育或初级中等义务教育，推动基础教育走上了法制轨道；各级各类学校的德育工作和思想政治工作进一步得到加强；农村教育综合改革和“231工程”在广大农村深入展开，进展显著；城镇中小学教师住房建设和回族聚居的南部山区增设教学点的工作取得明显成效；比较薄弱的职业技术教育、幼儿教育、特殊教育发展较快，教育结构趋向合理。所有这些，为开创90年代宁夏教育事业的新局面奠定了良好的基础。

二、制定宁夏教育事业十年规划和“八五”计划

按照国家教委的要求和自治区人民政府的部署，自治区教育厅把制定教育规划工作列为1990年度教育工作重点。从3月开始着手进行制订规划的有关工作，由教育厅厅长王凤峨和副厅长雒秀兰亲自挂帅，从有关部门和机关抽调得力干部，组成一支精干的工作班子，在认真调查研究、反复论证修改的基础上，五易其稿，于1991年9月完成了《宁夏回族自治区教育事业发展十年规划和第八个五年计划纲要》的制订工作，并报国家教委和自治区人民政府批准实施。

根据党中央的总体战略部署，适应宁夏经济、社会发展的需要，宁夏自治区教育事业发展的总目标是：到本世纪末，建立结构比较合理，功能比较完善，管理体制健全，适应社会主义现代化建设需要，面向21世纪，具有宁夏特色的社会主义教育体系的基本框架。

实现上述总目标，全区教育要达到的基本要求是：

——实现“两个基本”，完成“一项工程”。基础教育得到充分的重视和保证，全区基本普及初等义务教育，有条件的城市及部分发达的引黄灌区普及九年义务教育；各类职工岗位培训得到加强，在职职工的思想道德素质、文化知识素质基本达到上岗、任职的要求。完成“231工程”，在广大农村基本扫除青壮年文盲，大力开展实用技术培训，使每个青壮年农民都能掌握一到两门实用技术，培养和造就一代新型农民，为全面实施宁夏“黄河经济”战略构思，建设富裕、文明新宁夏服务。

——达到“两个比例”，做到“两个适应”。各类职业技术教育得到长足的发展，中等职业技术学校与普通高中在校学生的比例大体相当；少数民族学生尤其是回族女儿童的入学比例基本达到其人口相应的比例。各级各类教育结构得到优化，与宁夏经济、社会发展水平相适应；各类中初级专门人才的培养主要依靠本区培养，与宁夏国民经济和社会发展的需要相适应。

——达到“两个提高”，做到“两个健全”。各级各类学校的德育和思想政治工作切实加强，广大青少年学生的思想道德素质普遍提高，师资队伍质量显著提高。分级办学、分工管理的办学体制基本健全，全面落实。多渠道筹措教育经费的体制基本健全，办学条件基本实现标准化。

撰稿人　马　林　陈少娟
审稿人　王世福　周　卫　杨　炳

基 础 教 育

一、采取措施，加快普及义务教育的步伐

1991年，是《义务教育法》发布实施5周年。几年来，宁夏为贯彻实施《义务教育法》做了大量工作。

（一）广泛宣传《义务教育法》，不断增加干部、群众依法治教意识

《义务教育法》颁布5年来，各级人大常委会和政府都把学习宣传《义务教育法》作为一件大事来抓。通过书写标语、办报、出动宣传车、编写和印发宣传资料等多种形式，向社会广为宣传，扩大了知法面，强化了依法治教的意识。如中卫县、吴忠市《义务教育法》的宣传工作扎实，直接接受宣传教育的人数占全县（市）人口的77%；海原、吴忠两县、市对宣传《义务教育法》实行了乡包片、学校包教师、教师包家长的承包责任制；固原回族聚居地区还在阿訇会上及开斋节、古尔邦节的聚会上对《义务教育法》进行宣传学习；部分县、市把4月定为义务教育宣传月，使《义务教育法》的宣传工作做到了经常化、制度化。

（二）深入实际解决问题，制订实施义务教育规划

自治区教育厅多次组织调查组，由厅长带队，深入南部山区调查回族聚居山区基础教育的特殊困难和问题，及时决定用两年时间在南部山区增设299个教学点，解决居住分散的山区乡村适龄儿童就近入学的问题，加速回族聚居的贫困山区普及初等义务教育的进程。同时从实际出发，参照辽宁、山东等省的经验，多次召开会议，专题研讨实施义务教育的程序、步骤、要求，明确了认识，理清了思路。从自治区到各市、县普遍制订了实施义务教育的规划，坚持从当地实际出发，实事求是。大部分县、市规划先实施初等义务教育；一些特别困难的县、乡先普及三年义务教育。

（三）加强实施义务教育地方性法规和配套规章制度建设

自治区人民政府发布了《宁夏回族自治区基础教育分级管理暂行规定》，进一步明确了各级人民政府管理基础教育的职责权限，使中小学办学条件有了很大改善。同时自治区教育厅还拟定并送审了《宁夏回族自治区实施〈义务教育法〉办法》、《宁夏回族自治区实施初等义务教育规范化学校标准》、《宁夏回族自治区乡镇实施初等义务教育评估方案》、《宁夏回族自治区县乡实施义务教育程序规定》等法规性文件。各地、市、县(区）也都结合实际制订了贯彻落实的文件。

同时，义务教育课程教材（人教版）试验工作取得突出成绩，试验数据完整，资料充实，受到国家教委和人民教育出版社的好评。

（四）全国人大常委会检查组检查自治区《义务教育法》贯彻实施情况

根据全国人大常委会委员长会议《关于检查〈中华人民共和国义务教育法〉贯彻实施情况的决定》，宁夏回族自治区人大常委会积极进行了部署，印发了宣传检查提纲，并于1991年5-6月在全区范围内组织了较大规模的自查。9月20日至27日，全国人大常委会《义务教育法》检查组一行11人，由组长陶爱英（全国人大常委会委员、

全国人大民族委员会副主任委员）带领，来宁夏检查《义务教育法》贯彻实施情况。检查组听取了自治区人大常委会关于全区自查情况汇报和自治区人民政府关于贯彻实施《义务教育法》情况汇报，接着分3个组深入两地两市和11个县（市、区）50所中小学校进行了检查，召开了不同类型的座谈会，走访了学生家长，并与自治区人大常委会、政府、政协领导及有关部门负责人交换了意见。

检查情况表明，宁夏实施义务教育取得了进展：适龄儿童入学率和毕业率、初等教育普及率进一步提高，学生辍学现象已基本得到控制；多渠道筹措教育经费的体制已基本形成，教育经费基本实现了“两个增长”；教师的地位和待遇不断得到提高和改善；民族教育事业继续发展。检查组对自治区普及义务教育所取得的成绩给予了充分肯定，同时指出了存在问题，并对今后进一步贯彻实施《义务教育法》提出了建议。存在的问题主要有：(1)《义务教育法》的宣传有待深入，法律责任需进一步明确。分级办学的管理体制还不够落实，乡、村办教育的责任感不够强烈，需克服等待、依赖上面的思想。(2) 农村基本上没有依法开征教育费附加，开征的地方也没有严格按照国家有关规定征齐。(3) 回族儿童入学率低，回族女儿童入学率更低。(4) 教育经费增长速度赶不上人头费增长速度，公用经费逐年下降。

这次检查声势大、规格高、影响大，对贯彻落实《义务教育法》是一次有力推动，加快了全区实施初等义务教育步伐，促进了义务教育工作的健康发展。

二、进一步加强中小学德育工作

（一）着重抓好中国近、现代史和国情教育

1991年，宁夏认真落实江泽民总书记关于要在全国大中小学生中开展中国近、现代史和国情教育的重要指示，始终把德育工作放在首位，先后两次召开全自治区教育局长及教研室主任会议，就宁夏开展“两史一情”教育工作做了部署。结合纪念建党70周年、鸦片战争150周年、辛亥革命80周年，各学校普遍组织了以歌颂党和社会主义为中心内容的报告会、演讲会、知识竞赛、歌咏比赛等活动，提高了学生的民族自尊心和自信心，加深了对没有共产党就没有新中国，只有社会主义才能救中国，只有社会主义才能发展中国的理解。针对一些地区学生中存在的自发结社、吸烟等问题，进行了专题调查，并采取相应措施加以解决。

（二）全面贯彻党的教育方针，五育并举，把德育放在首位，努力落到实处

主要做法有：一是五育并重，德育为首。为把德育放在首位的要求落到实处，一些学校实行校长到位、教师到位、学生家长到位。发出了制止乱办班、禁止举办全日制补习班、纠正片面追求升学率的文件，创造条件加强音乐、体育、美术、劳动教育。二是建立稳定的德育工作队伍，基本上实现了德育教育有人管，德育工作有人抓，德育计划有人订，德育课有人教的“四有”要求。三是系统地开设德育课程，并结合实际开展学雷锋、学赖宁等多种形式的活动。四是结合实际，有计划、有重点地进行德育教育。银川市把德育工作分为三个方面、四个层次、五条渠道，逐个进行落实。五是把学校教育与治理外部环境结合。

三、加强管理，促进基础教育的全面发展

1991年，宁夏抓紧实施普通高中毕业会考，自治区教育厅组建了高中毕业会考办公室，举办4期培训班，经批准下达了《宁夏回族自治区普通高中毕业会考制度实施方案》；对举办全日制补习班和各种名目繁多的竞赛活动以及中小学生学籍等问题作出新

的规定；召开了全自治区幼儿教育工作会议，下发了《宁夏回族自治区关于加强全区幼儿教育工作的意见》，自治区教育厅还拟定了《宁夏回族自治区实施〈幼儿园管理条例〉办法》，开展了幼儿园、学前班的登记注册工作；特殊教育有了新的发展，除宁夏盲聋哑学校、银川弱智学校外，石嘴山市、吴忠市、中卫县各新建了1所聋哑学校，有的县在小学附设了特教班；完成了学生体质健康调研工作，共监测了34所学校的18000人；评选表彰了50名农村中小学优秀体育教师。

四、多渠道筹措教育经费的体制已基本形成

"两个增长"基本落实。《义务教育法》发布5年来，各地财政收入、教育支出、生均经费按《义务教育法》规定的"两个增长"已基本落实。在人均收入超过200元的农村地区征收教育事业费附加和城市征收三税教育费附加。群众集资办学，改善办学条件成绩显著。1988-1990年，自治区人民政府连续三年集中财力有计划地改善办学条件，进行大规模改造中小学危房，解决山区课桌凳不足的问题。采取国家补助、市县自筹与群众集资相结合的办法，三年共筹集资金1亿元，基本实现了"一无两有"和"六配套"（围墙、校门、厕所、水井（水窖）、操场、旗杆）。1991年又给南部山区拨专款146万元，增设216个教学点，解决回族儿童入学难的问题。

五、加强了师资队伍建设

通过多种途径特别是卫星电视培训教师，专任教师的学历合格率增长幅度大，教职工工资待遇提高，住房紧张状况有所缓解，民办教师比例下降。1990年统计，民办教师的比例从1986年的30.5%下降到20.41%。"八五"期间，小学教师学历合格率从66.7%提高到78.4%，中学教师的学历合格率从38.6%提高到68.1%，并在缓解教师住房困难等方面进行了卓有成效的工作，不仅稳定了教师队伍，也促进了尊师重教风尚的形成。1991年，自治区人民政府决定，采取多渠道集资的办法，集中解决一批城镇中小学教师住房难问题。全自治区共筹集资金1550万元，解决了1151户教师住房问题，相当于前5年的总和。年底，自治区人民政府又召开了现场会，交流了经验，安排了1992年教师住房建设工作。

撰稿人　张学礼　马　林

审稿人　王世福　周　卫　马维骕

职业技术教育

1991年，自治区教育厅组织力量，对15所农职业中学的办学指导思想、德育工作、办学条件进行了督导检查。8月，自治区教育厅、计委、劳动人事厅、财政厅、农业厅联合召开了全自治区职业技术教育工作会议，研究了发展职业技术教育的目标、任务和政策措施，拟定了《关于企业招收新工人实行"先培训后就业，先培训后上岗"的实施意见》，发布了《宁夏回族自治区合格职业中学标准》；认定了石嘴山市第一职业中学为省级重点职业中学，促进了骨干示范学校的形成。

盐池、吴忠两个农村教育综合改革实验县，在坚持农科教统筹、三教结合、深化改革、协调发展方面迈出了新步伐。吴忠市召开了农村教育工作会议，市政府与各乡(镇)、农场签订了《农村教育综合改革任务协议书》，下达了各项量化指标；有5所农村中学开设“3+1”农职业班，市职业高中附设1个农民中专班，全市有近2万名农民掌握了1–2项农村实用技术；制定了《吴忠市农村教育费附加征收管理使用暂行规定》，全年共征收农村教育费附加93万元。盐池县坚持走农科教一体化的道路，农业、科技、教育部门紧密配合，编印了《盐池县农村科普读本》，以乡（镇）农民文化技术学校为阵地，筛选推广了10多项农村实用技术，全县农村劳动力中有近70%的人基本掌握了1–2项实用技术，有效地促进了当地农村经济的发展，受到了国家教委检查组的表扬。青铜峡小坝乡等10个“燎原计划”示范乡，在三教结合方面也取得了较好的成效。

撰稿人 马 林

审稿人 王世福 周 卫 杨 炳

高等教育和普通中专教育

一、进一步加强思想政治工作，继续稳定高等学校局势

1991年，在国际形势纷纭复杂的情况下，宁夏采取有力措施，进一步加强高校的思想政治工作，巩固和发展高校安定团结的政治局面。一是召开了全自治区高校党的建设暨优秀思想政治工作者表彰会，交流了经验，表彰了17名高校优秀思想政治工作者。宁夏大学党委书记夏森被评为全国高校优秀思想政治工作者，宁夏大学副教授张海滨被评为全国教书育人先进个人。二是组织全自治区高校90%以上的大学生利用假期参加社会实践活动，加深了对国情、区情的认识，思想感情发生了可喜的变化。三是加强思想政治理论课建设，编写了4本系列教材，改变了过去上课没教材、内容不统一的状况，还清理整顿了文科教学，消除资产阶级自由化影响，确保马列主义、毛泽东思想的主导地位。四是组织了以“党在我心中”为主题的内容丰富、形式多样的校园文化节，举办了高校“三好杯”篮球赛和第十届大学生运动会，创造了良好的育人环境。1991年，宁夏各高校的教学、科研和生活秩序明显好于往年，师生情绪平稳向上。

二、调整结构，提高质量

1991年，宁夏继续抓紧大中专院校层次结构、专业结构、学科结构的调整工作。自治区教育厅、计委、财政厅联合拟定了《普通中等专业学校的现状、问题及调整改革意见》、《关于对全日制普通中等专业学校进行适当调整的报告》；深化教学领域的改革，实验教改已取得了阶段性的研究成果，教育质量不断提高。9月，主办了第二届西北五省（区）高校实验室建设与管理学术研讨会，进一步加强高校实验室建设，使其更好地为高校培训人才和承担科研任务服务。

三、高校科研工作

1991年，宁夏高等学校认真贯彻“科技工作必须面向经济建设”的方针，发挥高校学科比较齐全、人才密集的优势，面向经济建设主战场，积极开展科研工作，不断探索高校科技工作与经济建设结合的新路子，高校科技工作取得了可喜的成绩。

高等院校的科研机构有了较大发展。

1991年，高校理、工、农、医学科的科研机构已由1985年的5个发展到18个，大部分科研机构都确定了研究方向，高校科研队伍不断壮大，从事科研工作的人员达到306人。

高等院校的科研实力有所增强。1991年，高校开展的科研课题有212项，其中，自治区级课题和企事业委托课题与往年相比有了明显增长。高校获得的科研经费也有了较大增长。1991年，高校从各种渠道争取到的科研总经费为51.4万元。自治区高校通过竞争拿到国家自然科学基金课题12项。高校鉴定科技成果29项，转让科技成果6项，成交金额12.8万元。1991年，全区高校出版科技专著15部，发表学术论文381篇，其中，在国外刊物上发表8篇，在全国学术刊物上发表112篇。有22项科技成果获自治区科技进步奖和部委科技成果奖。

高校普遍树立了科技工作为经济建设服务的思想。随着科技体制改革的深入，高校开始把科技工作的重点逐渐转向经济建设的主战场。高校在持续稳定开展基础研究和应用研究的同时，加强了科技开发工作，一个以科技开发为重点，基础研究、应用研究、科技开发协调发展的科技工作新格局正在逐步形成。宁夏大学在1991年组织科技人员走遍银南地区，到工厂、企业考察，了解企业对科技的需求情况，在调查研究的基础上确定了6项技术开发项目。宁夏医学院在1991年对科技工作做了较大调整，利用基础研究实力比较雄厚的有利条件，围绕地方病防治和本地中药资源开发利用开展了一系列技术开发工作，已研制出“有毒工种保健饮料”并继续研制“枸杞冲剂”。科教兴农工作初见成效。1991年，宁夏农学院参加科教兴农的师生达300人次，足迹遍布宁夏山川。先后建立并巩固了彭阳、泾源两个科技扶贫点和永宁芦草洼、盐池四墩子等7个科技开发点。通过科技扶贫和科技开发，为社会创造直接经济效益400万元。1991年，召开了两次宁夏高校为发展“黄河经济”和实施“231工程”服务研讨会，提出了许多为发展“黄河经济”和实施“231工程”服务的具体措施和建议。

高等院校自主创办科技企业的工作开始起步。1991年，宁夏大学成立了科技开发中心；宁夏工学院成立了校办工厂和科技开发总公司，下设.计算机技术开发分公司；宁夏医学院成立了康复服务中心。这些公司、中心成立后，依托自身的科技优势，以校内科技成果转化为主，正在积极组织科技产品的开发。

1991年4月，自治区教育厅和自治区科委联合召开了全区高等院校科技工作会议。会议确定了“八五”期间宁夏高校科技工作的基本指导思想：(1) 高等院校必须把科研工作作为学校的一项基本任务。要精心组织，统筹安排，发挥应有的作用。(2) 要继续坚持科技工作面向经济建设的方针。高校要采取有效措施，把大部分科技力量有效地组织到为全区经济服务的主战场，同时要保持精干力量，持续稳定地开展基础研究工作，增加科技发展后劲。(3)科技工作要坚持教学、科研、生产三结合的方向。高等院校要以多种形式广泛加强与产业部门的联系。科研基础条件好的学校，要创造条件创办教学、科研、生产联合体和科技企业。

会议还提出了“八五”期间高校科技工作的主要任务和奋斗目标：(1) 发挥高校优势，积极争取各方面科研任务，使高校在“八五”期间承接自治区重大科研任务的比重有所提高，为全区经济建设解决一批关键技术问题，形成比较大的影响。(2) 进一步推动高等院校的科教兴农工作，为全区农业和农村经济办一批实事。(3) 大力加强科技成果推广应用工作。通过自主创办科技企业，向企业转让技术成果等多种形式，使高校科技成果尽快转化为现实生产力。

撰稿人 马 林 陆占光

审稿人 王世福 周 卫 吕 进

成 人 教 育

一、实施"231工程"初见成效

1990年9月，自治区党委和人民政府决定，在全区范围内实施以扫除文盲、扫除科盲，组织农民学习文化知识，学习科学技术，学习经营管理为内容，以造就一代新型农民为目的的"231工程"。一年多来，全区各级党委、政府带领广大干部和农民群众，以极大的热情投身于"231工程"，兢兢业业地工作，扎扎实实地落实，保证了工程的顺利实施。

贯彻"一堵、二扫、三提高"的方针，扫除文盲工作取得了显著成绩。各地首先下功夫加强基础教育，堵新文盲产生的渠道。实施"231工程"以来，全区农村参加各类扫盲学习的农民121588人，脱盲62742人。1991年山区7县又有29个乡（镇）达到基本扫除文盲标准，使基本扫除文盲乡（镇）增加到39个。

坚持"实际、实用、实效"原则，扫除科盲和实用技术的培训、推广工作进展顺利。各市县采用集中办班、分散培训、开展"科普之冬"活动，利用电化教育手段和田间咨询、现场观摩、典型示范等方法，大力推广当地适用的实用技术。一年来，全区共举办各种类型的科技培训班13474期，参加学习71万人次，有93345人经过考核达到脱科盲标准。科技示范乡（镇）发展到44个，科技示范村361个，科技示范户5586户，累计推广实用技术106项。

"231工程"初见成效，并已显示出巨大威力和强大生命力。通过"两扫三学"，数以万计的农民甩掉了文盲帽子，大批农民掌握了一两项实用技术，有力地促进了科教兴农战略的实施，全区科技进步对农业总产值增长的贡献份额提高到39%；1991年全区农业科技成果推广覆盖面积达614万亩，在严重霜冻、干旱和病虫害等自然灾害的威胁下，全区粮食总产量仍达到199.8万吨。

一年多来全区实施"231工程"的基本做法和经验，主要有以下几点：(1)广泛深入宣传"231工程"的内容和意义，提高干部群众的思想认识和参与意识，为工程的顺利实施打下坚实的群众基础。各地层层召开动员大会，造成声势，形成气候。(2)切实加强领导，为实施"231工程"提供保证。全区各级党委、政府主要负责同志从工程开始实施起，就在思想上、组织上和工作上高度重视，加强领导，形成了上下配套的工程指导体系。(3)制定切实可行的规划，明确任务和目标，激励广大干部、群众为实施"231工程"努力工作。在系统分析区情，经过反复论证后，全区《实施"231工程"10年规划》于1991年初由自治区政府发布执行。(4)在各级政府统筹下，有关部门密切配合，形成合力，使"231工程"更好地为实施科技教育兴农的发展战略奠基。(5)依靠基层，狠抓教材、师资和培训基地建设，为"231工程"实施创造条件。"231工程"办公室组织有关方面的专家、学者编写了《文化知识课本》和《科学技术与经营管理》两种教材，印刷50万册。自治区教育厅与农建委编写《粮食及油料作物栽培技术》等6个分册，印刷6万册，全部发到农民手中。目前全区已建成县、乡两级农业技术推广中心287个，基本形成了县、乡、村三级农民文化技术培训推广体系。

二、各类成人教育健康发展

1991年，宁夏对成人高等教育进行了治理整顿，严肃查处了无计划和超计划招生问题；统一实行了区内外成人大专学历证书审核验印制度，有效地防止"乱发证"的现象。积极与有关部门协调解决社会力量特别是民主党派办学中的困难。首次开展了成人中等专业学校的评估工作，制定了《宁夏回族自治区成人中等专业学校评估方案》、《宁夏回族自治区成人中等专业学校评估指标体系》、《宁夏回簇自治区成人中等专业学校学生学籍管理规定》。扫盲工作取得了很大成绩，编印扫盲课本20万册，1991年全自治区有10万人参加了扫盲学习，56847人脱盲，超额完成了年度计划。乡（镇）农民文化技术学校增加到238所，占乡（镇）总数的80%，而且基本达到了有教师、有教材、有教室、有桌凳、有培训计划的办学要求。自治区高等教育自学考试全年开考10个专业，春秋两次考试累计有11315名学员分别参加了89门课程的考试。全自治区已建成乡级卫星电视教育地面接收站146个，覆盖72%人口地区。至此，全自治区卫星电视教育收看网络基本建成，居全国领先地位。固原县被国家教委命名为全国电教先进县。

撰稿人　陈少娟　马　林
审稿人　王世福　周　卫　杨　炳

新疆维吾尔自治区教育

概　况

一、各级各类教育发展情况

1991 年各级普通学校基本情况

单位：人

学校类别	学校数(所)	毕业生数 计	毕业生数 其中:民族	招生数 计	招生数 其中:民族	在校学生数 计	在校学生数 其中:民族	教职工数 计	教职工数 其中:民族	专任教师数 计	专任教师数 其中:民族
一、普通高等学校	21	8 035	3 893	8 187	4 137	31 401	17 694	17 829	5 282	7 269	2 600
研究生		224	6	84	12	256	44				
本科		4 534	2 379	4 649	2 642	21 061	12 491				
专科		3 277	1 508	3 454	1 483	10 084	5 159				
二、中等专业学校	112	15 571	7 875	16 902	8 364	47 129	24 433	13 075	5 532	6 134	2 998
中等技术学校	90	11 209	5 023	12 439	5 486	35 726	10 176	10 638	4 053	4 787	2 126
中等师范学校	22	4 362	2 852	4 463	2 878	11 403	7 506	2 437	1 479	1 347	872
三、普通中学	1915	274 913	116 086	239 511	98 059	806 702	353 689	89 055	38 432	64 923	29 594
高中	752	79 664	29 659	77 525	34 476	246 950	99 363			19 488	7 723
初中	1 163	195 249	86 427	161 986	63 583	559 752	254 326			45 435	21 871
四、农业、职业中学	140	17 505	3 288	29 354	7 130	68 460	14 465	5 177	970	3 580	674
高中	137	16 420	2 544	25 794	5 065	62 085	10 394			3 366	588
初中	3	1 085	744	3 560	2 065	6 375	4 071			214	86
五、小学	7132	183 350	80 595	344 432	257 659	1955216	1388019	112 350	71 669	95 565	60 189
六、特殊教育学校	6	159	16	115	46	652	145	281	38	145	25
七、幼儿园	1153	67 539	9 773	89 381	14 426	161 439	28 594	12 688	2 517	6 412	1 163

1991年各级各类成人教育发展情况

单位：人

学校类别	学校数(所)	毕业生数		招生数		在校学生数		教职工数		专任教师数	
		计	其中：民族	计	其中：民族	计	其中：民族	计	其中：民族	计	其中：民族
一、成人高等学校	29	12 254	3 628	9 050	3 208	24 733	8 623	4 116	1 442	1 791	725
广播电视大学	1	3 085	751	1 760	639	5 109	1 797	1 009	286	364	124
职工高等学校	14	1 858	420	1 145	213	3 371	444	634	112	339	46
管理干部学院	2	647	337	516	266	1 022	533	500	186	200	92
教育学院	12	3 625	1 569	2 548	1 424	8 019	4 424	1 973	858	888	463
普通高校举办											
函授部(处)		552	15	805	51	2 234	250				
夜大学(班)		2 331	450	2 136	515	4 798	1 035				
干部专修班(个)		20									
教师本专科(班)		136	86	140	100	180	140				
二、成人中等专业学校	94	15 165	5 471	15 128	3 895	40 739	10 382	3 755	1 356	1 880	649
广播电视中专	3	5 567	2 171	3 462	612	13 287	2 931	503	88	231	43
职工中专	32	6 103	1 092	9 181	1 714	21 287	3 588	1 615	323	714	178
教师进修学校	59	3 023	1 755	2 108	1 225	4 619	2 468	1 637	945	885	528
社会力量办学		472	453	377	344	1 546	1 395				
三、成人中学	46	24 719	21 779	31 989	26 506	34 282	27 589	402	77	257	49
职工中学	46	3 976	1 036	6 127	644	7 483	832	402	77	257	49
农民中学		20 743	20 743	25 862	25 862	26 799	26 757				
四、成人技术培训学校	355	393 205	200 413	168 309	95 940	189 841	113 143	995		562	251
职工技术培训学校	42	45 317	5 450	17 830	2 786	22 622	3 850	730		354	104
农民技术培训学校	313	347 388	194 963	150 479	93 154	167 209	129 293	266		208	147
五、成人初等学校	766	151 171	137 323	93 513	90 172	148 981	141 446	662		438	417
职工初等学校		66 961	66 957	61 305	61 305	92 011	92 011	31		18	11
农民初等学校	766	84 210	70 366	32 208	28 867	56 970	49 437	631		420	406
其中：扫盲班	613	67 379	56 762	13 767	12 794	35 016	30 772	337		164	163

二、1991年教育工作会议

新疆维吾尔自治区1991年教育工作会议于3月26日至28日在乌鲁木齐市召开。自治区党委常委克尤木·巴吾东、自治区副主席兼教育委员会主任毛德华同高等院校(校)长、各地、州、市的教育局(处)长、区党委宣传部、科教部及部分业务厅、局教育处的负责人，共70余人参加了会议。自治区党委副书记贾那布尔到会讲话，回顾了自治区"七五"期间教育事业发展的成就和存在的不足，提出了自治区教育事业今后10年的初步设想和对策，以及1991年要着重抓好的几项工作。《讲话》提出的自治区教育事业今后十年发展的总的指导思想是:

坚持社会主义方向，深化教育改革，稳定规模，优化结构，强化基础教育，全面提高教育质量和办学效益，努力促使教育与自治区经济，社会发展互相协调，为自治区社会主义现代化建设培养合格人才和劳动者。毛德华副主席传达了国家教委1991年教育工作会议精神，会议学习了国务委员兼国家教委主任李铁映所作的报告。自治区教委副主任努尔提也夫在会上作了1990年区教委工作总结，提出了《自治区教育委员会1991年工作要点》。《工作要点》要求1991年全区教育工作要以稳定为中心，坚持社会主义办学方向，全面贯彻党的教育方针，落实德育首要地位；继续贯彻治理整顿、深化改革方针，调整学校层次、布局，加强师范教育和师资队伍建设，优化教育结构，改善办学条件。在各类教育中坚持以基础教育为重心，以民族教育为重点，切实抓好普及初等教育，推动九年制义务教育，努力提高教育质量和办学效益，推动各类教育事业更好地为自治区社会主义建设服务。自治区教委党组书记吴耀成作总结发言，认为要充分认识教育战线面临的严峻形势和艰巨任务，要增强历史责任感和紧迫感，为了搞好工作，要对党和国家的教育方针来一次再学习，再认识。

三、落实德育首要位置

(一) 组织对教育方针的再学习

中共十三届七中全会提出了我国国民经济和社会发展的第二步战略目标，确定了"科技兴国，教育为本"的发展战略，并对党的教育方针表述为"教育必须为社会主义现代化建设服务，必须同生产劳动相结合，培养德、智、体全面发展的社会主义建设者和接班人"。自治区教委党组在学习七中全会精神中，认识到在全区教育战线开展一次对党的教育方针的再学习、再认识的重要性和必要性，并作了部署。通过学习，各级教育部门提高了对党的教育方针的正确认识，从而增强了落实德育首要地位，全面贯彻党的教育方针的自觉性。

(二) 加强党委领导，建立健全德育工作机构和管理体制

自治区教委成立了政治思想教育处，部分地、州、市教育行政部门设立了德育处(科)，县级教育部门成立了德育工作领导小组，有的成立了教育党委，高等院校继续坚持和完善党委领导下的校长负责制，中小学执行党支部领导下的校长负责制，加强了党对教育工作的领导。目前，中小学内部初步形成了"一个核心"、"两个渠道"的德育工作管理体制。"一个核心"，是以党支部为核心。"两个渠道"：一是由校长、政教处、年级组，班主任组成的行政系统。校长主管德育工作，负责制定教育工作规划、计划、目标和规章制度，确定各类政工人员的职责范围，并督导检查，付诸实施。二是由党支部、工会、共青团、少先队组成的系统。党支部发挥政治核心和监督保证作用，配合校长做好德育工作。为发动社会齐抓共管，不少学校建立了学校、家庭、社会三结合的政

治思想教育委员会或家长委员会。

(三) 以马列主义政治理论课为主渠道，加强对学生的思想政治教育

马列主义政治理论课和中小学思想品德课，是对青少年学生进行政治思想教育的主要途径。为发挥其主渠道作用，自治区教委会同区党委宣传部对新疆大学等7所高校的政治理论课教学情况进行了调查，并于当年10月举办了全区高校马列部主任研讨班，传达了国家教委有关文件精神，研讨了高校政治理论课教学的改革问题。通过研讨提高了与会者对马列主义政治理论课在新形势下的重要地位和作用的认识，明确了政治理论课教学要坚持理论联系实际的原则，理论教学要正确阐述社会主义发生、发展规律，正确阐明国内外形势，不回避学生中深层次的思想问题，着重正面灌输和引导，帮助青年学生树立正确的人生观和科学的世界观。在加强政治理论课教学这个主渠道的同时，全区中等以上学校还在师生中组织学习江泽民总书记纪念"七一"的讲话，开展了对歪曲新疆历史的《维吾尔人》等三本书的批评，暑期组织学生参与社会实践等，使师生划清了马列主义民族观与资产阶级民族观的界限，唯物史观与唯心史观的界限，坚定了走社会主义道路，做社会主义事业建设者和接班人的信念，学生中出现了奋发向上、追求真理的热潮。据不完全统计，全区高校有近万名学生在200多个学马列和学党章小组中学习，有15%的学生参加了业余党校学习，很多学生提出了入党申请。

在中小学生中坚持进行了爱国主义、社会主义和民族团结教育，开展学雷锋、学赖宁等活动。教学中注意抓好主渠道——思想品德课教学，并寓德育于各科教学之中，收到了好的效果，全区中小学认真执行国旗法，坚持每周一次升国旗，唱国歌的活动。石河子、阿克苏、库尔勒、哈密等市制定了《升国旗仪式规范》。在民族团结教育中，民语和汉语学校之间普遍建立了友谊学校，友谊班级，友谊中队，开展联谊活动，互学语言，相互尊重风俗习惯，使"汉族离不开少数民族，少数民族离不开汉族"的思想，在各民族师生中深入人心。上述教育和活动，使各民族师生的爱国主义、社会主义的思想觉悟得到提高，并带动了良好校纪、校风、校貌的建立。助人为乐、尊老爱幼、拾金不昧等良好品德和动人事例大量涌现。特克斯县二中蒙古族女生许白为抢救落水的汉族同胞而献身，米泉县马场湖小学孙玉华同学为抢救8岁儿童而献出了生命，吐鲁番市恰特长勒乡中学生阿不乃提拾到6.5万元人民币后交给了组织等。

四、国家教委考察自治区民族教育

国家教委民族教育司和国家民委教育司联合派出考察组一行8人，于1991年9月16日至24日对新疆克孜勒苏柯尔克孜自治州的民族教育工作进行了考察。考察组实地察看了州属二县（阿克陶和乌恰县）一市（阿图什市）及州直属的中小学，牧区寄宿制学校和教师进修学校，慰问了捐资助学的模范人物，并同州党政和教育的领导、部分学校校长进行了座谈。听取了喀什地区的教育情况汇报。同自治区教委领导交换了意见。自治区副主席李乐辉接见了考察组，听取了考察情况汇报，并就发展新疆民族教育问题进行了座谈。

克孜勒苏自治州位于新疆最西端的帕米尔高原，全州38万人口，柯尔克孜和维吾尔族占36万，毗邻吉尔吉斯共和国，柯族跨境而居。由于地处边远，自然条件差，交通不便，信息闭塞，经济发展缓慢，发展民族教育存在不少困难，是新疆三个贫困地区之一。考察组在调查中发现克州教育结构单一，全州没有一所高等院校和中等专业学校，基本上是中小学一条龙。考察组认为，

要高度重视民族教育问题，把它放在国际大背景下来考虑，解决工作中存在的问题。克州教育要进一步端正办学指导思想，使开发教育与开发经济相结合，搞好三教统筹，树立大教育观念。要加强宏观指导，从民族地区的实际出发，实事求是地提出问题和解决问题，实施九年制义务教育应先保证小学的教学质量，在此基础上再适当抓一些重点初中；要抓紧抓好师资和行政管理干部的培养和培训工作。考察组表示，根据李铁映同志关于要认真研究新疆和西藏的民族教育问题的指示精神，将继续对新疆的民族教育情况进行调查研究。新疆的同志同意考察组对发展新疆民族教育提出的意见和建议。并提出如果国家教委和民委准备扶持经济落后地区，请考虑南疆三地州（克州、喀什和和田地区）和阿勒泰地区。

五、表彰优秀教师和优秀教育工作者

自治区教育基金会、区教委、区人事厅和区教育工会在全区开展了大规模的表彰奖励活动，并于教师节前夕召开大会，宣布表彰一批在教书育人、培养社会主义事业建设者和接班人的工作中，付出辛勤劳动、做出卓越功绩的各民族优秀教师和教育工作者，自治区党、政、军领导人贾那布尔、唐广才、陈西夫、曹达诺夫、扎义尔、库尔班阿里、富文、高焕昌、伯塔依等同近千名各族师生参加了表彰大会。区党委副书记贾那布尔发表了热情洋溢的讲话，受表彰的各族优秀教师和教育工作者共480人，其中少数民族168人，占43%，女教师144人，占37%；中小学教师295人，占76%。他们中有全国教育系统劳动模范11名，他们是：哈帕尔（哈萨克族），符晋瑜（女），马淑芳（女）、春晓光（锡伯族）、努尔吉曼（蒙古族、女）牙森·阿布提（维吾尔族）、阿布都克力木·艾沙、买买江·买提尼亚孜（维吾尔族）、徐国谋、杨玉芬（女）、哈力克·赛甫力（维吾尔族）；有依不拉音·阿地、肖玲等81名全国优秀教师和教育工作者；有陆月琴、再娜甫·阿不力孜等388名自治区级优秀教师和优秀教育工作者。

六、教育经费投入

1991年自治区教育经费156476万元，比上年增长13.6%。其中中央驻疆各级各类学校经费占26%，地方各级各类学校经费占74%。教育经费总额中，国家财政预算内教育经费占67.2%，比上年下降12.4个百分点（主要是生产建设兵团中小学由国家财政预算内教育经费改列为企业办学校教育经费）；各级政府征收用于教育的税和费占1.6%，下降0.6个百分点；企业办学校教育经费占26.6%，上升15.3个百分点；勤工俭学和社会服务收入用于教育的经费（只计算改善办学条件部分）占2.6%，下降0.1个百分点；其他属于国家财政性质的教育经费占2%，下降2.2个百分点。

教育经费总额中，自治区地方财政预算内教育事业费实际支出80788万元，比上年增长7.5%，全区地方教育经费支出中个人经费占75.4%，公用经费占24.6%。各类教育经费中的个人与公用经费比例情况是：高校个人经费占46%，公用经费占54%；中师个人经费占66.1%，公用经费占33.9%；普通中学个人经费占78.8%，公用经费占21.2%；小学个人经费占85.4%，公用经费占14.6%。

地方教育部门学校生均教育事业费，普通高校3601.45元，比上年增加181元，其中公用经费增加156.83元；普通中学419.77元，比上年增加28.59元，其中公用经费减少0.28元；小学223.79元，比上年增加7.39元，其中公用经费增加0.14元。

1991年全区教育预算外收入18464万元，比上年增长2.6%。其中地方教育预算外收入18053万元，相当于自治区地方财政预算内教育事业费的22.3%，比上年提高2.1个百分点。

1991年，调整了普通高校学杂费和住宿费标准：每生每学年学杂费标准由100元提高到150元（其中艺术院校或外语专业提高到200元）；住宿费标准由20元提高到50元（其中公寓式提高到250元）。新定了中等专业学校学杂费和住宿费标准：学杂费每生每学年艺术专业130元，工科、医药、体育、气象专业120元，财经专业100元，农业、农机专业80元，林业专业70元；住宿费40元（公寓式200元）。

教育基本建设。1991年自治区教育基本建设遵照治理整顿的总要求，继续执行“控制总量，调整结构，整顿秩序，提高效益”的方针，压缩一般性建设，加强重点建设，取得了成效，完成投资总计125.72万元，比上年减少了1.8个百分点。其中高等学校完成投资2313万元，占18.4%；普通中小学完成投资7998万元，占63.62%；中等师范学校完成投资682万元，占5.42%；职业中学完成投资463万元，占3.68%；其他1116万元，占8.88%。共建成校舍363643平方米，新增固定资产10066万元。其中高等院校基建竣工面积23913平方米。中小学竣工面积339730平方米。完成投资总计中住宅建设投资为2748万元，占总投资的21.85%，共建成住房49353平方米。

基　础　教　育

一、普及初等义务教育

1991年是《中华人民共和国义务教育法》颁布实施5周年，自治区教委会同由全国人大常委会委员杨海波和全国政协委员高戈率领的《义务教育法》实施情况检查组，对新疆乌鲁木齐、昌吉、石河子、喀什、克孜勒苏、吐鲁番等地、州、市及其所属9个县（市）、10个乡镇、34所学校贯彻执行《义务教育法》的情况进行了检查。检查提高了各级政府职能部门依法治教的意识，促进了普及九年制义务教育工作的发展。1991年经自治区人民政府批准，又有和静、托克逊、鄯善、奇台、吉木萨尔等县完成了普及初等义务教育阶段的任务。经验收，颁发了合格证书。至此，全区已有63个县（市）基本普及了初等义务教育，占全区县（市）总数的73.3%。从地、州看，已基本完成普及初等义务教育任务的有：博尔塔拉蒙古族自治州、乌鲁木齐市、阿克苏地区、吐鲁番地区、巴音郭楞蒙古族自治州、石河子市、克拉玛依市；部分完成普及初等义务教育任务的有：伊犁地区22%、塔城地区71.4%、阿勒泰地区71.4%、昌吉回族自治州87.5%、哈密地区66.7%、喀什地区66.7%、克孜勒苏柯尔克孜自治州75%、和田地区25%。1991年，全区小学在校生比上年增加9.8万人，适龄儿童入学率为95.8%（民族94.9%），比上年下降了1.7个百分点；小学毕业生升学率为88.4%，学生流失率，小学降到2.9%，初中降到3.5%，是历史最低的。

二、教育教学改革

中小学新教材师资培训。根据国家教委部署，自治区教委决定1993年秋季起在全区小学和初中一年级执行国家教委制订的九年义务教育课程计划和教学大纲，并使用人民教育出版社编写的九年义务教育教材，民汉语同步。为做好这项工作，区教委成立了新教材试验领导小组，并于当年5月下发了《关于九年制义务教育课程、教材试验及有关问题的会议纪要》，指出：从现在起，自治区和各地县教育行政部门和教研部门都要做好教师使用新教材上岗前的培训工作。自治区主要为各地培训骨干教师，各地、州、市、县要一级抓一级，务使1993年秋季开学前，小学、初中起始年级的教师普遍接受一次新教材的培训。自治区教科所遵照上述精神于8月在乌鲁木齐八一中学举办了一期小学语文、数学、中学生物、语文新教材师资培训班。全区各地、州、市、县，自治区各厅、局、生产建设兵团农业师、团的教研员、教师和教育行政干部500余人接受了培训。通过培训，学员们初步掌握了新教材的指导思想、内容、编辑意图、特点以及教学方法等，为他们返回地县承担三级培训任务打下了一定基础。

加强寄宿学校管理。1991年6月8日至11日，区教委在阿勒泰地区哈巴河县召开自治区寄宿制学校管理经验交流现场会，自治区党委副书记贾那布尔到会讲话，区教委副主任努尔提也夫主持了会议。会议组织参观了托里、和布克赛尔、吉木乃、布尔津和哈巴河等县8所寄宿制学校，收到经验交流材料30余份，哈巴河、吉木乃等县16个单位的代表向大会汇报了他们办好牧区寄宿制学校的经验、体会。与会者对区教委提出的《新疆维吾尔自治区牧区寄宿制学校管理条例》（讨论稿）和各地介绍的经验，就如何进一步加强管理，继续巩固和发展牧区寄宿制学校进行了讨论，提出了意见和建议。

选定“民汉（语）兼通”试点学校。为探索民族学校进行汉语教学改革的路子，自治区教委经研究决定选择10所民族中学进行“民汉（语）兼通”试点。试点学校的条件是：领导班子坚强，能正确贯彻党和国家的教育方针，重视汉语教学工作，有足够的汉语教师，且政治、业务素质较高，校内有良好的学汉语环境，学生有课本和课外读物，教师有教学参考书和工具书，学校有配套的语言实验室和实验员，根据这些条件，经学校申报，地、州、市教育行政部的推荐，自治区教委审定，确定伊宁市七中，哈密地区一中，阿克苏地区一中，吐鲁番市一中，阿勒泰地区高级中学，乌鲁木齐市五中、十四中、三十六中为自治区“民汉（语）兼通”试点学校。

三、教育督导

由全国人大常委会委员杨海波率领的《义务教育法》实施情况检查组一行12人于去年9月对自治区执行《义务教育法》的情况进行了检查，并同自治区党、政领导及有关部门负责人进行了座谈。检查组认为，在自治区党委和人民政府的领导下，新疆教育事业已走上稳步健康发展的道路，九年制义务教育正在天山南北分阶段、有步骤地实施，并在实践中创造了一些经验。阜康县推行“三教统筹”、“农科教结合”和实施“燎原计划”，把科教兴农方针落到实处的经验；米泉县古牧地镇提出的“两上一下”（把经济和教育搞上去，把人口出生率降下来）战略初见成效，成为自治区先进乡镇的经验；石河子市党政提出的“四抓”（抓对教育战略地位的认识，抓办学指导思想，抓教育行政部门和学校领导班子建设，抓舍得花钱办教育的典型）的经验，应予肯定，并建议在自治区推广。取得一定成绩的同时也存在差距，特别是要在本世纪末基本实施九年制义务教育，更需加倍努力。为此，检查组要求：(1) 进一步宣传和贯彻《义务教育法》，提高各族干部群众懂法、执法意识，同时开展对各级政府执法情况的评议，既评“民”，更要评“官”。(2) 全面贯彻党和国家的教育方针，坚持社会主义的办学方向，不断纠正片面追求升学率倾向，提高教育质量。(3) 努力增加对教育投入。在国家拨款的同时，地方上要认真组织教育费附加等征收工作，要培养自身造血能力，不要光靠输血。(4) 加强教师队伍建设，首先要办好师范院校，要从普及九年义务教育和发展职业技术教育角度改革师范教育，要注意解决教师的进修、学术交流、子女就业、住房、医疗等问题。自治区党委副书记贾那布尔、自治区人大常委会副主任张思学出席了座谈会，并讲了话。

1991 年 10 月 25 日至 12 月 27 日自治区教委受政府委托组成教育督导团，对伽师、麦盖提、玛纳斯三县教育进行督导。督导团听取了三县人民政府自查自评情况的汇报，查阅了有关文件和档案资料，深入部分乡镇和学校进行实地考察，召开各种座谈会听取意见，对部分师生进行测试等。在充分掌握情况的基础上，依据《新疆维吾尔自治区县（市）教育督导评估方案（试行)》要求，对各项指标逐项进行对照分析，评估计分，结果如下：伽师县、麦盖提县达到教育工作较好县的标准，玛纳斯县达到教育工作先进县标准。督导团对伽师县夏甫桃乡实行九年义务教育和农村教改的经验，对县政府抓职业高中教育的经验，对麦盖提县办好农村中心小学，发挥其“四中心”作用，巩固和发展“两教”成果的经验给予了肯定，对克孜勒阿瓦提乡支教模范玉苏音·买买提吐尔逊捐资 8.1 万元，建造乡中学的先进事迹提出了表扬。对玛纳斯县多渠道筹措教育经费，改善办学条件和“三教统筹”，“农科教结合”方面的成绩和经验作了肯定，对该县皮革厂重视职工教育，塔西河乡支教模范基帕然捐羊 100 只支教的先进事迹提出了表扬。同时，对三县教育工作中存在的问题提出了改进建议。督导检查在社会上产生良好反响，提高了三县党政领导和教育部门的依法治教意识，使他们对三县教育工作的现状有了更具体的了解，增强了搞好教育工作的责任感和自觉性。

四、教师《专业合格证书》考试

按照国家教委部署，1991 年是全国中学教师专业合格证书汉语系统考试最后一年，开考课程只剩 13 门，此后将由各省、区自行命题并组织考试。但新疆漏考与不及格的教师尚多，为使这一部分教师早日取得合格证书，区教委决定对已考过的课程通过订购兄弟省区试卷和自治区自行命题、制卷的办法，再进行一次考试。这样，汉语高中、初中 31 门课，小学 10 门课，幼儿园 7 门课，全部继续开考。各层次语种开考课程总共 173 门，较上年增加 84 门课。此外，汉语高、初中两个层次的体育、音乐、美术和英语教师的 9 门技能课继续进行考核。考试结果成绩较往年有明显提高。汉语 4 个层次报考 16730 人，实考 13080 人，及格 7302 人，及格率 55.8%，维语 3 个层次报考 8264 人，实考 3287 人，及格 1297 人，及格率 39.4%。以上各语种，4 层次考试及格率比上年提高 10 个百分点。

五、中小学教材出版

1991 年出版维吾尔文小学课本 107 种（其中再版 65 种)，中学课本 93 种（其中再版 76 种)；哈萨克文小学课本 97 种（其中再版 63 种)，中学课本 81 种（其中再版 65 种)；柯尔克孜文小学课本 76 种（其中再版 45 种)，中学课本 71 种（其中再版 55 种)；蒙古文小学课本 55 种（其中再版 40 种)、中学课本 41 种（其中再版 36 种)；锡伯文小学课本 42 种（其中再版 41 种)；汉文小学课本 159 种（其中再版 80 种、租型 12 种)，中学课本 223 种（其中再版 23 种、租型 197 种)。出版品种和印数与上年比较，维吾尔文增长8%和21%，哈萨克文增长16%和21%，柯尔克孜文增长23%和21%，蒙古文增长11%和3%，锡伯文减少5%和65%，汉文增长3%和2%。

六、中小学勤工俭学

1991年全区中小学勤工俭学取得较好成绩，经济效益进一步提高。总产值首次突破一亿元，达到10467万元，纯收入5757.4万元，分别比上年增长33.7%和27.9%。其中校办工业总产值6802万元，利润1099.6万元，比上年增长49.9%和36.4%，校办农业总产值3665.1万元，利润1463.2万元，比上年增长11.4%和28.2%，校办商业销售总额7293.1万元，利润3194.6万元，比上年增长45.7%和25.2%。从地区看，昌吉回族自治州纯收入超过1000万元；超过200万元的县、市有4个：昌吉市、沙湾县、玛纳斯县、米泉县；超过100万元的乡（镇）1个，米泉县古牧地镇学区。

1991年全区用勤工俭学收入补助教育经费3601万元，相当于全区中小学公用经费的36%。全区开展劳动技术教育的学校7273所，劳动课达标的5838所，比上年增加625个，现有校办工厂637个，比上年增长7%。校办企业有固定资产4039万元，流动资金2997万元，分别比上年增长22.17%和15%。

七、中小学危房更新改造

1989年自治区提出三年内基本消除中小学校舍危房任务。三年来，全区多渠道筹措资金3亿多元，更新改造中小学校舍危房158万余平方米，超额完成原计划的33.9%，1991年末，全区危房总面积由1988年的17.45%下降到2.96%，84个县市中有80个县市的中小学改善了办学条件，70余万名民族中小学生告别了“土房子”、“危房子”，搬进了宽敞明亮的新教室。为抓好这项工作，自治区于1989年成立了以自治区主席铁木尔·达瓦买提为组长的自治区中小学校舍危房更新改造领导小组，自治区人民政府批转了自治区教委《集中资金解决我区中小学危房问题的意见》，各地采取“国家补助一点，地方财政投资一点，群众集资一点和勤工俭学收入中拿一点”的办法广泛筹集资金。1989–1991年，全区仅群众个人捐资达9182万元，占地州自筹资金的50.3%，占更新改造危房总资金的28.9%。额敏县长乌拉孜·毛拉（哈萨克族）身患癌症，带病坚持领导校舍改建工作，并每年拿出一个月的工资捐资助学，和田县克然木·伊明，为教育捐资16万元。三年来个人捐资5000元以上的近300人。各级政府及有关部门更是把改造校舍危房当作份内事。仅万余人口的若羌县，一年内就筹资120万元用于危房改造，和静县政府把买轿车的钱拿来盖校舍。自治区教育、财政、计划、建设等部门每年都要联合召开专门会议，研究当年工作任务，布置中期检查和年末验收评比，并根据各自的职能范围，从筹措资金、确定建设规模、审批项目等方面提供方便。各地设计部门还减免校舍图纸设计费，物资部门则提供平价建筑材料等。

职业技术教育

一、职业中学

民族职业中学稳步发展。1991年，全

区有独立设置的少数民族职业中学24所，民汉合校的职业中学19所，在校学生1.45万人，占全区职业中学在校生总数的21.17%，它们中涌现出一批受当地群众欢迎的民族职业学校，如洛浦、墨玉、伽师县职业高中、策勒县大玛沟、伽师县夏普桃乡职业初中等。几年来，自治区在职教补助费安排、师资培养和培训、教材建设等方面向民族职业学校倾斜，仅1991年在国家和自治区职教基建和设备补助经费255万元中就有125万元用于民族职业学校，占总补助费的49%。年内，自治区教委举办4个民族职业学校师资培训班，开设植物保护、农畜产品储藏加工、工业与民用建筑、自然地理等专业，各民族职业中学教师125人参加了培训。委托中华职业社培训部在北京举办一期少数民族职教管理干部培训班，44名民族职业中学校长等管理干部参加了学习。

为宣传自治区职业中学教育发展成就，自治区教委于1991年5月在乌鲁木齐举办了自治区职业中学教育10年成就展览。自治区党委书记宋汉良为展览剪彩、讲话并题词。全区16个地、州、(市)、新疆生产建设兵团、乌鲁木齐铁路局、乌鲁木齐石油管理局共19个单位设置展览室，反映了新疆10年来职业中学教育发展的历程和成就，其中实物展品2000余种，内容从教学仪器、工艺美术、服装加工到各种农副产品。展出9天，接待观众2.9万余人次。

培训师资。委托区内普通高校举办职业中学师资培训班5个，共招收普通高中和职业高中毕业生152人，其中民族生125人。委托北京职业技术师范学院和新疆师范大学举办服装设计专业函授进修班（脱产）2个，招收在职教师40人。与新疆八一农学院农业管理干部分院联合举办家庭综合经营短期（一个半月）培训班，请专家、教授讲课，突出实用技能教学，收到成效。

学雷锋为民服务周活动。5月4日至12日，乌鲁木齐、喀什、石河子三市教育行政部门组织动员2.7万人次的职业中学师生上街开展学雷锋为民服务活动。师生们丰富多彩的便民优质服务受到了各民族人民群众的欢迎和赞扬，既提高了职业教育在社会上的声誉，也培养了职业中学师生为人民服务的职业道德观念。

二、中等师范生基本功比赛

为检验中等师范学校对学生进行能力培养和技能训练成果，促进中师生全面发展，自治区教委于5月29日至31日在石河子师范学校举办了自治区首届中师生基本功五项全能（读说、书写、音乐、舞蹈、美术）比赛。全区22所中师共派出32个队，分民汉两组参加了竞赛。汉族组团体前三名为：乌鲁木齐师范学校、石河子师范学校和新疆幼儿师范学校；民族组团体前三名为：新疆蒙古师范学校、石河子师范学校和塔城师范学校。个人前三名：汉族组张婷（女、乌鲁木齐师范学校）、蔡江宁（石河子师范学校）、张蜀江（乌鲁木齐师范学校）；民族组努力买买提（阿克苏师范学校）、图娅（女、新疆蒙古师范学校）、库加汗（女、石河子师范学校）。

三、中等专业教育

自治区中专教育研究会成立大会暨首届学术讨论会于9月在乌鲁木齐市召开。会议就中专教育的改革和发展问题进行了研讨，交流了办学经验。会上收到学术论文和经验材料71份，评出《中专学校特点及其管理浅析》（新疆邮电学校）、《关于创办文明农校几个问题的探讨》（新疆农业学校）等12份优秀论文。会议还部署了合格中专学校评估工作，训练了从事评估工作的骨干56人。区教委根据国家教委中专学校评估指标体系精神，结合自治区实际制定了《新疆维吾尔自治区中专学校合格评估指标体系》，要求各学校于11月底前完成自评，自评结束后由区教委会同主管业务厅局组成评估组进行复评验收，复评验收工作于12月份开始。预计1992年4月初结束。

四、农村教育综合改革和实施“燎原计划”

总结、推广实验县经验。几年来，自治区3个农村教育综合改革实验县之一的阜康县积累了一些农村教改和办学经验，自治区教委派员协助阜康县制订了《阜康县委、人民政府关于贯彻〈全国农村教育综合改革实验区工作指导纲要(试行)〉实施细则》和《阜康县农科教统筹协调实施办法》，并分别于4月、12月以区教委办公室名义转发各地。编辑出版了有28万字的《阜康县农村教育在改革中迈步》一书。为推广阜康等实验县的办学经验，区教委于6月组织吐鲁番市与阜康县、乡主管教育的负责人和教育部门的干部互相进行参观学习，交流办学和教改经验，取人之长，补己之短。

检查评估。根据国家教委的通知精神，区教委制定了《新疆农村教育综合改革实验区检查评估指标体系》。该指标体系分一级指标5项，二级指标18项，三级指标50项，是对《全国农村教育综合改革实验区工作指导纲要（试行)》目标和任务的定性、量化，并结合新疆实际确定了各类指标的低度限量。9月，区教委有关处室会同3个地州教育局干部组成检查组对全区3个实验县、6个示范乡、72所学校的农村教改工作进行了为期一个月的检查评估，促进了实验区教改的进一步开展。

为搞好“燎原计划”贷款项目工作，区教委发出《关于燎原计划贷款问题的通知》，安排了1991年度的贷款项目和办理手续，保证了当年项目的顺利实施。对1988年至1991年度310万元“燎原计划”贷款项目建设、经济和社会效益，以及还本付息等情况进行了调查，并据此撰写成《关于燎原计划专项贷款使用情况和今后进一步搞好贷款工作的设想》上报国家教委。

普通高等教育

一、招生工作

1991年招生工作贯彻执行“稳定政策，净化环境，加强管理，深化改革”的指导方针，进展顺利。报名参加高考的总人数为101562人（民族生36004人），通过预选参加全国统考的人数为55400人（民族生20504人），其中应届高中毕业生34631人，占62.51%。国家计划招生总数为13076人（民族生5212人），实际录取12791人（民族生5226人），为计划招生总人数的97.82%；其中国家任务11713人，委托培养473人，自费生252人。

本年招生有如下特点：(1) 在农、林、医、师专科层次继续实行定向到县的计划招生，以适应农牧区对各种人才的需求，共招4692人。生源计划由招生院校与地州共同商定并经区招办协调平衡，对教育基础薄弱和扶贫地区适当降低分数线或“不留空白”，受到当地党政和群众的欢迎。(2) 除汉文的语文、生物和民族文的语文、汉语、生物外，其他各课实行标准化考试。(3) 建立健全监督检查机构，考风考纪好于往年。

为适应新疆经济和社会发展需要，多渠道培养少数民族专门人才，应新疆要求，

1991年9月北京师范大学、北京农业大学等18所内地高校举办新疆民族班，共招收新疆少数民族学生452人。18所院校是"北京师范大学、北京农业大学、上海交通大学、上海医科大学、华东师范大学、中国纺织大学、东北工学院、天津轻工业学院、大连理工学院、西北师大少数民族师资培训中心、陕西师范大学、西北纺织工学院、西安电子科技大学、西安医科大学、西北林学院、河海大学、兰州大学。

二、编写《新疆地方史》教材

针对复杂的国际形势和民族分裂活动，自治区党委决定，在各级学校中开设《新疆地方史》课程，借此对学生进行爱国主义和民族团结教育，增强维护祖国统一，抵御和平演变意识。编写工作是在自治区党委直接领导下，由新疆史学家组成的《新疆地方史》编审委员会及编写组具体组织的。4月草拟提纲，8月完成初稿，经党政部门负责同志冯大真、吴耀成以及历史学家陈华、维吾尔·沙依然、刘志霄、依不拉音·穆提义、苏北海等审订，年内已送新疆大学出版社出版。

三、师资培训

1月,自治区首次普通高校教师培训工作会议在乌鲁木齐市召开。区党委副书记贾那布尔到会讲话。会议分析了全区普通高校师资培训工作现状，讨论制定了《关于加强自治区普通高等学校师资培训工作的意见》，并向各高校布置了制订"八五"师资培训规划工作。年内还委托区内外重点院校培训区助教进修班学员100人；委托新疆大学、新疆八一农学院、新疆医学院、新疆师范大学举办少数民族青年骨干教师进修班，招收学员166人，举办高校教师英、俄语EPT培训班，培训学员60人。此外，新疆高等师范院校师资培训中心正在积极筹建中。

四、破格晋升一批教授、副教授

1991年5月，自治区高校教师高级职务评审委员会破除论资排辈传统观念，在坚持标准、保证质量的原则下，评审并通过1名教授，28名35岁以下的青年教师晋升为副教授。28名破格晋升教师占全区已批准的646名副教授的4.33%，是本区高校高级职务破格晋升人数最多的一次。新疆大学物理系30岁的王鲁予，1982年新疆大学毕业，1990年获兰州大学博士学位，曾在国内外学术刊物上发表《电荷--磁单极子系统的角动量》等论文多篇。对当今物理学的热点方向，辨子群为杨--巴克斯特方程的解，提出了杨巴化的概念，发展了国际权威学者开创的方法，具有重要理论意义，属国际开创性工作，受到国内外著名学者赞誉，并被美国《教学评论》聘为评论员。新疆医学院维吾尔族教师帕尔哈提·阿不都，1989年获日本福冈大学博士学位、大学研究三等奖，在日本和汉医药学杂志上发表《陈皮及羟福朴的抗 leukotriene 作用》，对陈皮的药理作用的研究课题提出了有科学依据的新见解，达到国内外较高水平。新疆师大生物系33岁的马力，1982年毕业于新大，1989年获陕西师大硕士学位，曾用英文在国外学术刊物上发表《新疆雪鸡的御敌行为》及《新疆雪鸡繁殖生态研究》等多篇论文，受到国内外同行专家的好评。

五、高校科技

自治区高校在"科技兴新"方针指引下，积极投入自治区经济建设主战场，取得了可喜成绩。1991年，全区高校参加科技活动的有13016人，其中高级职称的1996人，投入科研经费380.9万元，取得了一批科研成果：出版科技和科普著作22部、教材24部；发表科研论文1639篇，其中在国外学术刊物上发表的73篇，在全国学术刊物上发表的357篇，在省区学术刊物上发表的

1209篇。当年鉴定成果74项，其中达到国际水平的1项，属国内首创的5项，国内先进的48项。有84项科研成果获奖，其中获国家科技进步一等奖1项，获国务院各部门科技进步三等奖1项，省区科技进步奖29项，地州市科技进步奖53项，为自治区现代化建设做出了贡献。

为加强高校科技工作，自治区教委会同自治区科委于1991年6月在乌鲁木齐市召开了自治区高校科技工作会议。会议交流了工作经验，研讨了政策、措施，对《关于加强自治区高校科技工作的若干意见》提出了补充修改意见，表彰了新疆大学数学系等10个科技工作先进集体，59名先进科技工作者，并为90名有突出贡献的老教授颁发了荣誉证书。

六、教育对外交流

1991年全区共派出进修生、访问学者93人，分别到日本、美国、苏联、澳大利亚、泰国、英国、德国进修或参加学术会议。批准111人自费赴美国、日本、苏联、澳大利亚留学。全区各高校先后从美国、英国、苏联、阿根廷、挪威聘请专家、教师22人，从事语言及技术教学工作，接受美、日、英、法、瑞士、新西兰、澳大利亚、土耳其等国到新疆学习语言、艺术、医学的留学生及家属45人。全区共接待外国教育代表团25批，120人。与日本私立大学协会签订了1991——1993年日方免除学费接受新疆75名进修生协议；与日本、加拿大有关方面协商，为自治区争取到了3个奖学金名额。为加强对外派遣管理工作，区教委先后召开了留学生管理工作会议和留学人员选拔工作会议，完善了管理制度。

七、师范院校毕业生分配

1991年，全区共有师范院校大、中专毕业生3552人。在3072名公费生中，内地师范院校培养的405人，区内师范院校培养的2667人；少数民族1778人，汉族1294人；本科生1460人，专科生1161人，中专生451人（不含地州中师毕业生）。分配工作贯彻了国家计划统一分配体制，坚持统筹安排，合理使用，加强重点，兼顾一般，面向基层，加强生产、教学、科研第一线和学以致用，人尽其才等方针和原则。分配结果：公费毕业生分配到地州市的2316人，占毕业生总数的75.4%；分到自治区业务厅、局的180人，占总数的5.9%；分到中央驻疆单位（含生产建设兵团）的535人，占总数的17.4%。计划内自费生，按自治区关于计划内自费生按生源地进行分配的原则，96%的毕业生分配到了地州市。由于领导重视，学校思想工作抓得紧，分配部门与有关部门配合协作好，1991年毕业生分配工作进展顺利，学生情绪稳定，遗留问题少，到8月底，毕业生分配工作基本结束。

成 人 教 育

一、成人高等教育

治理整顿。根据国家教委《关于普通高等学校成人教育治理整顿工作若干意见》，自治区附设在普通高校的成人高校自1990年下半年开始治理整顿，开展了自查、自检。在此基础上，自治区教委于1991年9月组织验收团，对附设在新疆大学、新疆工学院、新疆八一农学院、新疆医学院、新疆中医学院、新疆财经学院、新疆艺术学院、石河子农学院、石河子医学院、喀什师范学院、乌鲁木齐职业大学、塔里木农垦大学等14所成人高等院校进行了检查验收。检查验收表明：经过治理整顿，这些成人高校办学思想端正，教育投入逐年增加，办学条件逐步改善，教育质量不断提高。乱招生、乱收费、乱发文凭的“三乱”现象得到制止。

教学质量抽查。1991年元月自治区教委对全区职工大学、职工业余大学、管理干部学院、普通高校举办的业余（夜）大学等26所成人高校的89、90届208个班级共12527人次，进行了第五次成人高校教学质量抽查考试，其中少数民族学生2020人次。抽考科目134门，其中少数民族文字28门。抽考结果：及格10344人次，及格率82.3%。其中汉文考生10507人次，及格8821人次，及格率83.95%；少数民族考生2020人次，及格1523人次，及格率75.4%。抽考之后，又于3月份进行了一次补考，参加补考的1975人次，及格1440人次，及格率72.9%。抽考后，根据1983年教育部的规定，对31人作了退学或留级处理；有83人未发毕业证书；另有2人因违反考试纪律被取消毕业资格。

复查教育学院。1991年9月11日至24日，由国家教委师范教育司司长率领的全国教育学院复查组对新疆教育学院（含新疆广播电视师范大学）、伊犁、喀什、阿克苏、乌鲁木齐、昌吉、生产建设兵团、石油管理局、乌鲁木齐铁路局等9所教育学院进行了复查（重点是前4所），并顺道考察了新疆师范大学等20余所高、中等师范院校。复查组听取了各级政府及教育主管部门的工作汇报，并与200余名师生及院校领导座谈。9月24日复查组成员与自治区人民政府和自治区教委领导座谈，复查组认为：自治区各级政府重视发展师范教育，认识到位，投入较多，有一定倾斜，使全区师范教育有长足发展，已初步形成中小学师资培养和培训网络。并建议自治区进一步加强师资培养和培训基地建设，统筹规划，合理布点，采取措施，增加投入，加速师专和中师标准化建设。

举办《专业证书》班。根据国家教委、人事部和自治区教委、劳动人事厅的规定，自治区继续试行成人高等教育《专业证书》制度，《专业证书》教学班1991年继续招生，全区13所夜（业）大学、6所职工大学、2所管理干部学院、4所党校、2所教育学院举办了73个专业，录取《专业证书》教学班学员3550人，其中少数民族学员800人。

二、成人中等专业教育

对农业广播电视学校评估。1991年末，新疆农业广播电视学校已在全区11个地州，生产建设兵团各农业师（局）和72个县市建立了分校，共有在校学生1.33万人（其中民族生2931人）。针对办学中存在的问题，根据国家教委、农业部《关于改革农业广播电视学校管理体制及有关问题的意见》，自治区有关部门于1990、1991两年分两批对地（州）县两级农业广播学校分校（工作站）进行了评估验收。经评估，全区先后有85个农林广播电视学校分校通过了验收。它们中有伊犁、塔城、阿勒泰、昌吉、和田、阿克苏、吐鲁番、克孜勒苏、喀什、巴音郭楞等11个地州级分校，生产建设兵团10个农业师（局）分校和64个县市级分校。

社会力量办学。据对13个地州市统计（不包括和田、阿勒泰和克孜勒苏三地州），1991年全区有社会力量办学的学校（班）338所，固定教职工1490人，在校学生4.4万余人。截止年末，社会力量办的学校已累计为社会培训各类人员21.4万人。为提高办学水平，自治区教委于1991年11月举办了第三期社会力量办学主办人学习班，结业时有69人取得了《社会力量办学资格证书》。针对社会上乱办自学考试辅导班，不讲质量、乱收费以及办考、办学不分等问题，区教委于9月16日到20日对17个办学点进行了抽查，把其中办学条件有保证，办学思想端正的12个办学点纳入了招生计划。为加强管理，区教委、区公安厅联合制定了社会力量办学印章管理的实施办法，自1992年1月1日起启用教育部门统一刻制的新印章。社会力量办的学校（班）名称前必须加“民办”两字。

三、高、中等教育自学考试

高等教育自学考试。自治区第11、12次高等教育自学考试分别于1991年2月和10月举行，2月份开考16个专业（用汉、维吾尔、哈萨克三种文字分别开考）46门课程；10月份开考17个专业55门课程。根据自治区经济建设需要，1991年汉文增考俄语、行政管理和政治管理（均为专科）3个专业，人口学、海关、会计、财政、税收、法律6个专业于4月参加全国统考，有3077人报名，共361148科次。

1991年全区共有5159人获得高等教育自学考试毕业证书（第七届2173人，第八届2986人）。从1989年元月开考汉语言文学专业本科段以来，到1991年7月，全区已有85名考生考完了该专业计划规定的全部课程，成绩合格，有83名考生获得汉语言文学专业本科毕业证书。经全国考委批准，1991年授予阿里木·卡德尔（维吾尔族，托克逊县委书记）、庄峻（新疆生产建设兵团外办副主任）为全国自学考试优秀毕业生；授于郭宝珊（新疆生产建设兵团农八师副政委）为热心支持考生学习的先进个人。

8月20日至25日，西南、西北10省区自学考试协作会议在乌鲁木齐市召开。会上收到论文、经验介绍、专辑、录像等交流材料44份，并就进一步贯彻“改革、完善、提高、发展”的自学考试方针进行了商讨。

中等专业教育自学考试。自治区中等专业教育第8、第9次自学考试分别于2月和10月举行。4月又加考一次。全年报名7468人，报考11632科次。共有1804人毕业。

四、职工教育

1991年，全区有50万名职工在各级成人学校学习，其中参加岗位培训的有40万人，参加高、中等教育和文化基础教育的10万人。全年职工教育主要抓了如下几项工作。

（一）11月25日在吉木萨尔县召开了自治区地区性职工学校座谈会。会议总结交流了10年来地区性职工学校办学、学校管理和教学方面的主要经验，统一了认识，明确了今后工作方向。会议要求：进一步提高认识，认真办好和完善地区性职工学校；把思想政治教育摆在学校工作首位，切实抓紧抓好；坚持按需施教，学用结合，努力为经济建设服务；积极开展岗位培训；进一步加强学校管理，努力提高教学质量；重视少数民族职工教育和加强职工教育的理论研究。

（二）6月18日审查公布了新疆第一汽车厂职工学校、和田地区职工学校等第5批18所职工学校，至此，全区已有职工学校169所。

（三）西北五省区职工教育第七次协作会议在乌鲁木齐市召开，自治区人民政府副秘书长买买提·司马义到会讲话。会议交流了5省区职工教育经验，探讨了共同存在的问题。

（四）向乌鲁木齐市、自治区建材局、农业银行等20多个单位传达了全国岗位培训座谈会精神，推动、指导岗位培训工作。自治区党委组织部、区经委、交通厅、工商局、化工局、建材局、农业银行、供销社、保险公司等单位各自总结了10年来职工教育工作，表彰了先进，制订了“八五”职工教育规划，安排了当前工作，使职工教育走上与经济同步规划，共同发展的轨道。

五、扫盲与农牧民教育

1991年共有10万余人参加扫盲班学习，其中6.74万人脱盲。截止年底，全区16至40周岁青壮年文盲率已由1982年第三次人口普查时的22%下降到7.8%；96个县（市、区）中已有73个完成了基本扫除文盲任务，约占全区县（市、区）总数的76.04%。全年共有百万农牧民参加各种类型的文化和技术培训，截止8月，全区已有294个乡（镇、场）建立了农牧民文化技术学校。

年内，区教委对奇台、木垒、和静、托克逊四县的扫盲工作进行了复查验收，四县均达到了国务院和自治区规定的标准。自治区人民政府为奇台、吉木萨尔、和静、托克逊、鄯善5县颁发了“双教”（初等教育和扫盲）验收合格证书。8月5日，区教委在昌吉州召开了自治区农村成人教育工作会议，表彰了吉木萨尔等6个扫盲和农牧民教育工作先进县（市）及阜康县九运街等15个扫盲和农牧民教育工作先进乡。同年，昌吉市和温宿县被国家教委评为全国扫盲和农牧民教育先进县（市），哈密市大泉湾乡农牧民文化技术学校和于田县科克亚乡农牧民文化技术学校被国家教委评为全国先进农牧民文化技术学校，吉木萨尔县成人教育办公室张勋奇和轮台县成人教育办公室哈力克·玉山被国家教委评为全国扫盲和农牧民教育先进工作者。

民　族　教　育

一、五所民族中学教改实验

1987年起的五所民族中学单科教改实验，经过三年的努力，取得了效果。1991年5月，自治区教科所召开会议对三年来的实验工作做了总结。1987年教科所在南疆调查时曾对民族高一年级的学生教学成绩进行了测试，50分以上学生仅占2.85%，1990年在实验班级——喀什六中高一（1）班测试，及格率上升到61.3%。1989年全乌鲁木齐地区1461名民族高中生毕业考试，及格者83人，其中45名是乌鲁木齐实验中学实验班学生，占54.22%。1990年喀什地区和乌鲁木齐市汉语高考及格率分别为33.75%和51%，而喀什六中实验班为71.1%，乌鲁木齐市14中实验班为68.9%，实验班比平行班分别高21.1和32.5个百分点。教改实践不仅提高了教学质量，积累了教改经验，还培养了一批头脑清醒，善于学习思考，勇于改革的教改骨干力量。实验班也在实验过程中扩展，由3年前的12个班发展到45个；喀什、伊犁两地区由两个实验点扩大到40个点，123个实验班。总结会要求把原属3个地州市的五所民族中学的教改实验扩大到16个地、州、市；每个地、州、市确定一所民族中学和民族小学为重点，作为教改窗口学校；教改内容要深化，进一步抓管理常规和教学常规的建立、健全和实施，结合《自治区城镇中小学管理评价方案》的推行，努力提高管理水平。

二、试办蒙族高中汉语授课实验班

新疆地区蒙古族人口较少，蒙语文使用

范围有限，蒙语文出版物也少。为获取更多现代科技知识，克服蒙族学生易地就业的困难，近年来蒙族家长送子女上汉语学校者日众。为适应这种形势，博尔塔拉蒙古自治州第二中学自1988学年起在高中阶段的蒙族学生中试办汉语授课班实验，提高了教育质量，积累了经验，为新疆蒙古族教育的发展探索了一条新路。实验过程及做法：1988年秋，新学年开始时，从当年6个高一班中选出两个班，共90名学生作为汉语授课实验班。学生备汉、蒙两种文字课本，高一上学期授课以蒙语为主，汉语为辅；下学期蒙汉并重。学期结束时，有6名跟不上汉语授课的学生调入蒙语班，使实验班稳定下来。高二起改为汉语授课为主，蒙语为辅，主要课程都用汉语讲授。高三时又从中选出31人组成理科班，全部课程汉语讲授，蒙文课本作为参考资料。高三毕业后经自治区招生办公室批准，数、理、化用汉语参加全国统一考试，其他课程用蒙语参加全国统一考试。录取时以民考汉类考生对待。学校为实验班配备了民汉兼通的较强师资，有的还是全国优秀教师。

在1991年高考预选中，实验班84人中通过预考的有57人；四个蒙语班162人中预选通过的有55人。汉语理科班31人中有28人通过预考，其中24人被大专院校录取。实验班学生平均掌握汉字在2000—3000字之间，相当于汉族学生初中毕业时的汉语文水平，接近于自治区对民族高中生要求的“民汉兼通”水平。这些学生思维较敏捷，知识面较广，理解能力、分析问题和解决问题的能力都较蒙语授课班学生强。

撰稿人：周　越

审稿人：努尔提也夫

文 件 选 编

综 合 部 分

□禁止使用童工规定

(1991 年 4 月 15 日国务院发布)

第一条 为保护少年、儿童的身心健康，促进义务教育，根据《中华人民共和国宪法》，制定本规定。

第二条 童工是指未满十六周岁，与单位或者个人发生劳动关系从事有经济收入的劳动或者从事个体劳动的少年、儿童。

未满十六周岁的少年、儿童，参加家庭劳动、学校组织的勤工俭学和省、自治区、直辖市人民政府允许从事的无损于身心健康的、力所能及的辅助性劳动，不属于童工范畴。

第三条 劳动行政部门会同工商行政管理部门、教育行政部门、农业主管部门和企业主管部门以及工会、妇联，负责检查本规定的执行情况。

第四条 禁止国家机关、社会团体、企业事业单位（以下统称为单位）和个体工商户、农户、城镇居民（以下统称为个人）使用童工。

第五条 禁止各种职业介绍机构以及其他单位和个人为未满十六周岁的少年、儿童介绍职业。

第六条 各级工商行政管理部门不得为未满十六周岁的少年、儿童核发个体营业执照。

第七条 父母或者其他监护人不得允许未满十六周岁的子女或者被监护人做童工。

第八条 文艺、体育和特种工艺单位，确需招用未满十六周岁的文艺工作者、运动员和艺徒时，须报经县级以上（含县级，下同）劳动行政部门批准。

文艺工作者、运动员、艺徒概念的界定，由国务院劳动行政部门会同国务院文化、体育主管部门作出具体规定。

按前款规定批准招用的少年、儿童，用人单位应当切实保护他们的身心健康，促使他们在德、智、体诸方面健康成长，并负责创造条件，保证少年、儿童依法接受当地规定年限的义务教育。

第九条 劳动行政部门应当对招工工作加强管理，在办理录用和备案手续时，必须严格核查应招人员的年龄，不符合规定的，一律不予办理。

第十条 对违反本规定使用童工的单位或者个人，劳动行政部门应当责令其立即将童工送回原居住地。童工被送回原居住地所需费用，全部由使用童工的单位或者个人承担。

第十一条 违反本规定使用童工的单位或者个人，对被送回原居住地之前患病或者伤残的童工应当负责治疗，并承担治疗期间的全部医疗和生活费用。医疗终结，由县级劳动鉴定委员会确定其伤残程度，由使用童工的单位或者个人根据其伤残程度发给童工本人致残抚恤费。童工死亡的，使用童工的单位或者个人应当发给童工父母或者其他监护人丧葬补助费，并给予经济赔偿。

前款规定发给各项费用的具体标准和办法，由各省、自治区、直辖市人民政府确定。

对童工伤、残、死亡负有责任的单位和个人，由县级以上劳动行政部门给予行政处罚；构成犯罪的，由司法机关依法追究刑事责任。

第十二条 对下列违反本规定的人员，由县级以上劳动行政部门提请有关主管部门给予行政处分：

（一）使用童工单位的法定代表人（或者主要负责人）和直接责任者；（二）为未满十六周岁的少年、儿童核发个体营业执照的工商行政管理部门的行政负责人和直接责任者；（三）为未满十六周岁的少年、儿童介绍职业的职业介绍机构以及有关单位的负责人和直接责任者；（四）为未满十六周岁的少年、儿童做童工出具假证明的有关单位的直接责任者。

第十三条 有下列行为之一的，由县级以上劳动行政部门处以罚款：

（一）单位或者个人使用童工的；（二）父母或者其他监护人允许未满十六周岁的少年、儿童做童工，经批评教育仍不改正的；（三）职业介绍机构以及其他单位或者个人为未满十六周岁的少年、儿童介绍职业的；（四）单位或者个人为未满十六周岁的少年、儿童做童工出具假证明的。

对使用童工的单位，给予从重处罚，具体罚款标准由各省、自治区、直辖市人民政府规定。本条其余各项罚款标准由国务院劳动行政部门规定。

罚款一律上交国库。

第十四条 有下列行为之一的单位或者个体工商户，由县级以上劳动行政部门提请工商行政管理部门吊销其营业执照：

（一）企业和从事经营活动的事业单位以及个体工商户使用童工屡教不改、情节严重的；（二）未满十六周岁的少年、儿童领取个体营业执照的。

第十五条 有下列行为之一，违反治安管理处罚条例的，由公安机关给予治安处罚；构成犯罪的，由司法机关依法追究刑事责任：

（一）拐骗童工的；（二）虐待童工的；（三）强令童工冒险作业造成伤亡事故的；（四）对童工人身健康造成其他伤害的。

第十六条 按照本地区推行义务教育的实施步骤，尚不具备实施初级中等义务教育条件的农村贫困地区，未升入初中的十三至十五周岁的少年，确需从事有经济收入的、力所能及的辅助性劳动，其范围和行业应当严加限制，具体办法由各省、自治区、直辖市人民政府根据实际情况规定。

第十七条 各省、自治区、直辖市人民政府可根据本规定制定实施细则。

第十八条 本规定由劳动部负责解释。

第十九条 本规定自发布之日起施行。

□教育督导暂行规定

（1991年4月26日国家教育委员会发布）

第一章 总 则

第一条 为建立教育督导制度，加强对教育工作的行政监督，制定本规定。

第二条 教育督导的任务是：对下级人民政府的教育工作、下级教育行政部门和学校的工作进行监督、检查、评估、指导，保证国家有关教育的方针、政策、法规的贯彻执行和教育目标的实现。

第三条 教育督导的范围，现阶段主要是中小学教育、幼儿教育及其有关工作。

行使教育督导职权的机构可根据本级人民政府或同级教育行政部门的委托，对前款规定以外的教育工作进行督导。

第二章 机 构

第四条 根据国务院的有关规定，国家教育委员会行使教育督导职权，并负责管理全国教育督导工作，其主要职责是：

(一) 制定教育督导工作的方针、政策、规章；

(二) 制定教育督导工作的计划和指导方案；

(三) 组织实施全国的教育督导工作；

(四) 指导地方教育督导工作；

(五) 组织培训督导人员；

(六) 总结推广教育督导工作经验，组织教育督导的科学研究。

第五条 国家教育委员会设置教育督导机构，负责教育督导的具体工作。

第六条 地方县以上均设教育督导机构。

地方县以上教育督导的组织形式及其机构的职责，由各省、自治区、直辖市人民政府确定。

第七条 地方县以上各级人民政府根据本行政区域内教育事业的规模及其他实际情况，确定教育督导机构的编制。

第三章 督 学

第八条 行使教育督导职权的机构应设相应的专职督学，其任免按有关国家行政机关人事管理权限和程序办理。

第九条 行使教育督导职权的机构根据工作需要，可以聘请兼职督学。

兼职督学具有与专职督学同等的职权。

第十条 督学由本级人民政府或其教育行政部门颁发督学证书。

第十一条 督学必须具备下列基本条件：

(一) 坚持四项基本原则，坚持改革开放，忠诚于社会主义教育事业；

(二) 熟悉国家有关教育的方针、政策、法规，有较高的政策水平；

(三) 具有大学本科学历或同等学力，有十年以上从事教育工作的经历，熟悉教育教学工作业务；

(四) 深入实际，联系群众，遵纪守法，办事公道，敢说真话；

(五) 身体健康。

第十二条 督学应接受必要的培训。

第四章 督 导

第十三条 教育督导分综合督导、专项督导和经常性检查，由教育督导机构根据本级人民政府、教育行政部门或上级督导机构的决定组织实施。

第十四条 督导机构或督学根据国家有关的方针、政策、法规进行督导，并具有以下职权：

(一) 列席被督导单位的有关会议；

(二) 要求被督导单位提供与督导事项有关的文件并汇报工作；

(三) 对被督导单位进行现场调查。

第十五条 对违反方针、政策、法规的行为，督导机构或督学有权予以制止。

第十六条 督导机构或督学完成督导任务后，应向被督导单位通报督导结果，提出意见和建议。

第十七条 督导机构或督学提出的意见

和建议，被督导单位如无正当理由，应当接受，并采取相应的改进措施。必要时督导机构可进行复查。

第十八条 督导机构完成督导任务后，应向本级人民政府、教育行政部门及上级督导机构报告督导结果，提出意见和建议，并可向社会公布。

第五章 罚 则

第十九条 被督导单位及其有关人员有下列情形之一的，由其主管机关对该单位给予通报批评，对直接责任人员和单位负责人，可按干部管理权限给予相应的行政处分：

(一) 拒不执行督导机构和督学的督导措施的；

(二) 阻挠、抗拒督学依法行使职权的；

(三) 打击、报复督学的。

第二十条 督学有下列情形之一的，由其主管部门视其情节轻重，给予相应的行政处分：

(一) 利用职权谋取私利的；

(二) 利用职权包庇他人或侵害他人合法权益的；

(三) 其他滥用职权的。

第六章 附 则

第二十一条 各省、自治区、直辖市可根据本规定，结合本地区的实际情况，制定实施办法。

第二十二条 本规定由国家教育委员会负责解释。

第二十三条 本规定自发布之日起施行。

□县电化教育中心设置暂行规定

(1991年6月17日国家教育委员会发布)

为了加强对县电化教育工作的管理，以适应农村教育综合改革的需要，促进县电化教育事业的发展，特制定本暂行规定。

第一条 县（含县级市、旗）设立的电化教育机构可称为县电化教育中心（以下简称“县电教中心”），它是为各级各类教育服务的综合性电化教育机构，属教学单位，由县教育行政部门管理。

第二条 县电教中心的任务

(一) 制订本县电化教育发展规划、计划。对乡镇、学校开展电化教育进行业务指导。

(二) 利用卫星电视教育传输手段，为基础教育、职业技术教育、成人教育提供教学服务，为农科教统筹服务。

(三) 负责县教育电视收转台的技术管理、节目播出和卫星电视教育网点建设及管理工作。

(四) 收集、储存、提供本县所需要的电教教材、资料和信息。

(五) 结合本县教育、教学实际，进行电化教育教材和教法的应用研究。

(六) 负责本县电化教育器材的配置、咨询和维修服务工作。

(七) 负责广播电视大学、广播电视中专县工作站的工作。

(八) 负责本县电教人员的培训。

第三条 县电教中心的组织机构

(一) 县电教中心在县电教馆、县教育电视收转台、广播电视大学县工作站、广播电视中专县工作站等单位的基础上组建。中心建成后，仍保留原有各单位与上级部门的业务联系。一套机构，多种功能。

（二）县电教中心的级别、人员编制、内部机构设置，由各县决定。

（三）县电教中心负责人应由坚持四项基本原则，坚持改革开放，熟悉教育和电化教育全面工作的人员担任。

（四）要选拔政治素质较高，热心电化教育事业，并具有一定教学经验和专业技术特长的人员充实电教队伍。

（五）县电教中心的建设投资和日常事业经费应根据 1986 年国家教委、国家计委、财政部等 9 部委《关于利用卫星电视开展教育工作的通知》〔（86）教电字 003 号〕和 1989 年《地方教育电视台站设置管理规定》（国家教委 3 号令）的有关规定筹措，而且要把发展电教纳入到多种渠道筹集教育经费，改善办学条件的总体工作中去。

（六）县电教中心要逐步建立、健全各种规章制度和内部工作运行机制，使广播电视教育、学校电化教育和卫星电视传输网络的工作有章可循，协调统一。

第四条 各地可以根据本规定，结合本地区的实际，制订具体措施，因地制宜地开展工作。

第五条 本规定由国家教育委员会负责解释。

第六条 本规定自公布之日起执行。

□国家教委关于全国教育系统进一步加强语言文字规范化工作的通知

（1991 年 12 月 6 日）

1986 年以来，国家教委和国家语委在推动全国教育系统语言文字规范化方面做了大量工作，取得了一定成绩。尤其是在小学和中等师范学校推广普通话方面，收到了比较明显的效果。但由于有些单位的同志，包括教育行政部门的部分同志，对语言文字规范化的意义认识不足，对国家语言文字工作方针、政策贯彻不力，语言文字应用中的混乱现象仍然相当严重，特别是滥用繁体字的倾向未能得到有效的制止和纠正。为进一步贯彻执行国家语言文字工作方针、政策，增强各级教育行政部门和广大教育工作者的语言文字规范意识，切实纠正语言文字应用中不规范、不标准的现象，特作如下通知：

一、学校推广普通话，是培养未来“四有”人才文化素质的基本内容之一，必须列入学校工作计划，提出明确的目标和要求，建立必要的规章制度。到本世纪末，普通话应当成为城市幼儿园和乡中心小学以上各级各类学校的教学语言，多数地区还应要求成为校园语言。各级各类师范学校（包括承担师资培养任务的普通高校、民族院校）和职业高中幼师类、文秘类、公共服务类（旅游、商业、服务等）专业都要开设普通话课程，普通话不合格的毕业生，应进行补课和补考，待补考合格后，再发给毕业证书。用普通话进行教学是合格教师的一项必备条件，应当成为评估教学质量的一个内容。对语文教师说普通话的能力和水平应有更高的要求。

二、《汉语拼音方案》是经过全国人民代表大会正式通过的法定方案，也是拼写中国人名、地名、专名的国际标准。汉语拼音已经成为学生识字和学习普通话的有效工具，成为阅读和写作的辅助工具。各地小学要加强汉语拼音教学，并把它和推广普通话结合起来。“注音识字、提前读写”的试验应按国家教委的有关要求进一步推广。

三、各地教育部门要采取有效措施，加强管理，严格执行社会用字的有关规定。凡机关公文用字、图书报刊用字、信息处理用字、影视屏幕用字以及各单位、各学校的招牌、标语牌、商标、广告、证书、校徽、奖状等面向广大师生和社会公众的文字必须合乎规范。组织各类文化体育活动和各种会议(运动会、文艺演出、展览会、纪念会、庆祝会、商品交易会及各种竞赛等)的用字必须合乎规范和标准。各地教育部门所属的图书进出口公司，凡出口国内编印的图书、画报等，均需使用规范汉字，已经被简化了的繁体字，只能用在古籍整理出版、文物古迹、书法艺术方面。其他方面确需使用繁体字的，须经上级教育部门批准，并报省市语委备案。

四、各级各类学校要加强语言文字规范化、标准化教育，中等学校语文学科和大专院校中文系的有关课程要讲授新时期国家语言文字工作的方针、政策、任务以及语言文字规范化知识。要配合语文教学，净化校内用字，适当组织城市中学生和小学高年级学生利用假日和课余时间开展社会用字规范化的宣传和公共场所用字情况的调查活动，使学生在接触社会实践中，受到教育，增强用字规范意识。

五、各地教育行政部门要进一步提高认识，重视和支持语言文字工作，列入工作计划，切实把这项工作抓起来，要做到有领导同志分管，有机构和人员专管或兼管。同时定期对语言文字应用情况进行督促、检查，表彰先进，推动工作。各级领导干部要率先垂范，带头讲普通话，带头写规范字。

各地在制订或修改有关规章制度时，应列入加强语言文字规范化、标准化和贯彻执行语言文字政策、法规的有关内容。

基础教育部分

□国家教委关于加强中小学学生用练习册、寒暑假作业、辅导材料编写和使用管理的规定

(1991年4月16日)

1982年，教育部、国家出版局联合发出了(82)出版字第7号《关于出版学生复习资料等图书的规定》，1983年，教育部又发出(83)教中字016号《颁发关于全日制普通中学全面贯彻党的教育方针，纠正片面追求升学率倾向的十项规定(试行草案)的通知》。上述文件明确规定，不准编印对付升学考试的习题集、练习册；未经教育部审定，不得出版学生用复习资料和各种习题解答。1986年，国家教委、国家出版局、国家工商行政管理局又联合发出(86)教中小材字001号《关于严禁擅自编写、出版、销售学生用复习资料的规定》和其他有关文件。然而在一些地区，滥编滥印学生用复习资料的现象没有得到有效制止，少数地区甚至愈演愈烈。严重干扰了学校正常的教学秩序，加重了中小学生的负担，损害了中小学生的身心健康，成为诱发学生家长和社会不满情绪的一种社会公害。各级人民政府、教育行政部门和学校必须充分认识这一问题的严重性和危害性。为了认真贯彻中共中央、国务院《关于坚决制止乱收费、乱罚款和各种乱摊派的决定》，优化育人环境，必须采

取坚决有效措施加以治理。为此，特对中小学学生用练习册、寒暑假作业、复习资料的编写和作用等问题作如下规定：

一、根据基础教育改革的统一规划，我委正在组织编写出版满足教学基本要求、配有适量习题的九年义务教育各科课本和高中课本，以及适应教师教学需要的教学参考书。在新的课本出版发行后，各级教育行政部门、学校以及教师不得再组织编写、出版、使用除高二年级以外的各种形式的习题集或练习册。

二、当前，由于高三和初三年级使用的教材需要补充必要的练习，为满足教学需要，各省级教育行政部门可以根据本地区教学的实际情况，统一组织编写一套配合课本内容、习题数量要求适当、质量较高的习题集或练习册，供本省高三、初三学生使用(不得跨省发行)，其他各年级练习册一律取消。一些边远和少数民族占较大比例的省、自治区，根据本地区教学状况，需要由教材编写单位提供习题集或练习册的，经省级教育行政部门研究，提出申请，报国家教委统筹安排。

由于各地教育发展不平衡，为了满足部分地区教师教学的需要，有关教材编写单位和省级教育行政部门可在组织编写供教师使用的教学参考书中编入适量习题（不得超过全书内容的30%)，供教师教学选用。

中小学生使用的寒暑假作业由各省、自治区、直辖市教育行政部门按照适量、质高的原则组织编写，供本省学生使用。

三、各省、自治区、直辖市教育行政部门根据上述规定组织编写在本地区使用的练习册或习题集和寒暑假作业，由各省级中小学教材审查委员会组织审查，由省教委批准。需要跨省发行的练习册或习题集必须经国家教委批准，由国家教委中小学教材审定委员会审查。各省组织编写的练习册、习题集和寒暑假作业由定点出版社出版，定点印刷和发行。其定点社、厂、店以及相应的管理办法由各省级教育行政部门商同级出版部门提出方案，报省级人民政府批准执行，并报国家教委备案。各定点出版社的名单经汇总后，在中央一级报纸上公布。

练习册、习题集和假期作业的定价，根据低价微利的原则，参照课本定价标准，按印张定价，由省级教育、出版部门商同级物价部门确定。

定点出版社出版学生用练习册．习题集、寒暑假作业和教学参考书，均需报国家教委条件装备司教材管理办公室备案，并需在出版物的前言中注明批准和审查单位，以备检查。

四、中小学生统一使用的课本和其他教学用书，每学期由省级教育行政部门根据国家教委颁发的中小学用书目录和本地区使用教材的情况确定，在本省范围内予以公布，接受群众监督。练习册和寒暑假作业定点发行单位必须根据目录向县级教育部门征订。各中学只能根据县级教育部门的订书目录，选用一套经国家教委和省级教育行政部门审查批准的练习册或习题集。未经审查批准的一律不得做为教学辅导用书。各级教育部门和发行单位，不得向学校强行搭配销售目录外的出版物，学校和任课教师也不得要求学生购买其他练习册和复习资料。违者追究学校领导及有关人员责任。

各级教育部门的干部和教师，应遵守职业道德，自觉抵制不正之风，不得擅自组织和参与编写、印制、销售复习资料。违者将视情节轻重给予必要的处分，并取消其在一定时期内评聘职称和晋级提干的资格。

五、为了丰富学生课外活动，拓宽知识视野、开发智力，提高学生的思想道德素养和指导学生掌握正确的学习方法，社会有关单位和各界人士、各级教育部门、出版单位应积极编写和出版健康有益的课外读物。教育行政部门和学校可以向学生择优推荐，但必须坚持自愿的原则，不得强令学生购买，也不得通过开展评比和竞赛活动变相诱迫学生购买。

六、各省、自治区、直辖市教育行政部门应根据本规定的精神，制定本地区相应的管理办法，向社会公布。要制定举报制度，设置举报电话和举报箱，接受群众监督。并在每学期开学后一个月内，会同有关部门，对中小学学生用书情况进行检查。对违反规定的单位和个人要认真进行查处，并于每年10月底书面向国家教委报告检查和处理的情况。国家教委每学期将派人到各地专门抽查中小学学生用书情况，督促各地认真抓好此项工作的落实。

对于本规定贯彻不力，继续滥编滥印乱用复习资料的地区，国家教委将停止其在一定期限内编写和审查的资格，并追究该地区教育行政部门领导的责任。

□关于坚决制止中小学乱收费的规定

(1991年5月3日国家教育委员会发布)

第一条 为了认真贯彻中共中央、国务院《关于坚决制止乱收费、乱罚款和各种摊派的决定》，纠正行业不正之风，坚决制止中小学乱收费现象，特制定本规定。

第二条 按照《中华人民共和国义务教育法》及国家有关规定，小学、初中阶段的学生免收学费，只收取杂费；非义务教育阶段的高级中等学校可收取杂费和学费。杂费、学费的范围、标准和收取办法，由省、自治区、直辖市教育、物价、财政部门根据当地群众经济收入水平研究制订方案，报人民政府批准后执行。

第三条 中小学校对于确因学生家长工作、生活方面的特殊情况，需接收户口不在本地的学生借读时，必须经当地教育行政部门审查批准，可适当收取借读费。借读办法及收费标准由省、自治区、直辖市教育、物价部门制订。

第四条 学生正常转学，应按有关规定办理转学手续，学校除按规定的项目和标准收取费用外，不得向学生额外收取其他费用。

第五条 中小学校不得举办全日制复读班，或接收毕业生插班复读，不得搞“计划外”招生，向学生收取高额费用。有条件的学校在不影响正常教学活动的前提下，举办非全日制的业余文化补习班，应报当地县级以上教育行政部门批准，纳入成人教育系列管理。收费标准和办法由当地县级以上教育、物价部门研究制订。

第六条 学校应严格控制代购项目。学生课本和练习本，可以由学校统一代购，但必须本着自愿原则办理。学生本人及家长可以自行购买的物品，学校不要代购。确需代购的，学校必须按规定价格收取代购费，不得向学生加收手续费。代购款应及时结算并公布帐目。

第七条 学校不得为其他部门、单位代收各种费用。如确与学生有关的项目，如人身保险等，经学校研究，征得学生家长同意后，报当地县级以上教育行政部门备案，学校可协助办理。

第八条 中小学校开展勤工俭学活动，不得向学生收钱、收物充当勤工俭学收入。

第九条 社会捐资助学和群众集资办学，是筹措中小学教育经费，改善办学条件的一条重要渠道。集资办学应贯彻自愿、量力和群众受益的原则，按地方人民政府的有关规定进行。中小学校不得自行向群众和社会硬性摊派费用，也不得向学生征收集资费。

第十条 民办教师报酬，应由当地人民政府统筹解决，不得按学生人头向学生摊派。

第十一条 中小学校在每学期开学前，应把本学期经批准的收费项目、标准张榜公布，并可由各地人民政府通过广播、电视、报纸等新闻媒介，向群众广为宣传，接受广大群众对中小学收费情况的监督。学生及其家长有权拒绝缴纳未经批准的乱收费项目，学校不得因学生家长拒缴不合理的费用而拒绝学生入学。

第十二条 各级教育行政部门应加强对中小学收费工作的管理，坚持勤俭办学，提高经费的使用效益。要设置举报电话、举报箱，要会同有关部门对中小学收费情况进行监督检查。

国家教委每学期将派人到各地专门抽查中小学收费情况，督促各地认真抓好此项工作。各省、自治区、直辖市教育行政部门应于每年10月底，书面向国家教委报告收费与使用的情况。

第十三条 违反本规定、巧立名目向学生乱收费的学校，除退还学生全部乱收的款项外，还应追究经办人员和学校负责人的责任，并予严肃处理。

第十四条 各省、自治区、直辖市教育行政部门应会同有关部门，根据中共中央、国务院有关文件精神和本规定，结合本地具体情况，制订实施细则。

□中学生体育合格标准实施办法

(1991年5月16日国家教育委员会发布)

第一章 总 则

第一条 为促进中学全面贯彻《学校体育工作条例》，不断增强学生体质、促进其身心健康成长，特制定本办法。

第二条 本办法适用于普通中学、农业中学和职业中学的在校学生。

第二章 标准及评定

第三条 凡身体正常的学生，必须达到下列三项要求，方为体育合格。

(一) 体育课成绩及格；

(二) 参加《国家体育锻炼标准》测验，每一单项达30分；

(三) 早操、课间操和课外体育活动无故缺勤次数，一学年累计不得超过应出勤总次数的1/10；因病、事假缺勤次数，一学年累计不得超过应出勤总次数的1/3。

本条第二项规定的《国家体育锻炼标准》测验分为最低控制线，各省、自治区、直辖市教育行政部门可以结合本地实际，自行确定分数线。

第四条 每学年对学生进行一次是否达到体育合格标准的评定，不合格者，准予补考一次；补考后仍不合格，即为学年再评不合格。

补考仅限于身体素质测试或运动技术达标等方面的项目。因早操、课间操和课外体育活动缺勤而不合格者不予补考。

第五条 每学段对学生进行是否达到体育合格标准的总评。总评合格标准为：

(一) 毕业学年必须达到合格或再评合

格；

（二）第一、二学年有一次或一次以上达到合格或再评合格；

（三）五·四学制初中学段的第一、二、三学年有两次或两次以上达到合格或再评合格。

对学段评定不合格者，只发给肄业证书，并不得于毕业的当年报考高一级学校。

第六条 “三好”学生体育必须合格，同时体育课成绩在75分以上，《国家体育锻炼标准》测验总分在350分以上；先进班级学生体育合格率必须在95%以上，先进学校学生体育合格率必须在90%以上。

第七条 学校要建立学生“体育合格情况登记卡”。“登记卡”内容、式样由国家教育委员会制定，各省、自治区、直辖市教育行政部门统一印制。

“登记卡”要指定专人妥善保管，学生毕业时，“登记卡”在加盖学校公章后，存入学生档案。“登记卡”是决定学生可否毕业、报考高一级学校并被高一级学校录取的依据之一。

第三章 免予执行与降低标准

第八条 凡因病或残疾不宜执行体育合格标准的学生，可向学校提交免予执行体育合格标准申请书，填写有关表格，经学校核准后，可以免予执行体育合格标准。所填表格存入学生档案，这些学生可不再填写体育合格情况登记卡，但在毕业、报考高一级学校方面，与体育合格的学生同等对待。

学校定期张榜公布当年核准的免予执行体育合格标准学生的名单。

第九条 个别身体过于肥胖或瘦弱的学生，虽然平时能努力锻炼，但仍达不到体育合格标准，可向学校提交降低标准申请书，填写有关表格。降低标准的内容，体育课和《国家体育锻炼标准》中的仅限于身体素质测试或运动技术达标方面的项目，降低的幅度一般每个项目不超过10分。

第十条 学校对申请降低标准的学生要从严掌握，体育教师要认真考查申请人要求降低标准项目的成绩，是否比过去有提高；上体育课态度是否积极认真，并签署意见。班主任要考查申请人参加各种体育活动的积极性和进取精神，并签署意见。体育教师、班主任审查同意后，学校要召开专门会议讨论，通过后，张榜公布降低标准者名单、原因、项目及降低幅度。对不认真上体育课、不积极参加各种体育锻炼活动者不得同意降低标准。

第四章 学校及各级教育部门职责

第十一条 学校要把实施体育合格标准的测试、统计、评定、公布和检查等项工作，列入学校议事日程。要明确各部门及有关人员职责，建立健全有关管理制度，表扬、奖励认真实施体育合格标准的部门和个人。

第十二条 各省、自治区、直辖市教育行政部门要把施行工作列为教育督导内容并制定本地实施工作检查、评估和奖惩办法，定期督导检（抽）查，定期进行表彰和批评。

地（市、自治州）和县教育行政部门要加强对本地中学实施工作的直接指导，每年检查、评估各中学实施工作1至2次，表彰先进，督促后进。

第十三条 各级招生委员会办公室要严格执行本办法，不得接受体育不合格的应届初、高中毕业生报考高一级学校。

第五章 罚 则

第十四条 对在执行本办法中弄虚作假、徇私舞弊者，应视情节轻重，由学校或上一级教育行政部门，给予批评教育、行政处分。

第十五条 对不认真施行本办法，有敷衍失职行为的学校或教育部门，可由上一级教育主管部门给予通报批评。

第十六条 凡查明体育不合格或因弄虚作假而“合格”的应届毕业生，已被高一级学校录取，按《普通高等学校招生管理处罚暂行规定》，给予招生纪律处罚。

第六章 附 则

第十七条 各省、自治区、直辖市教育行政部门可以根据本办法，制定施行意见。

第十八条 本办法由国家教育委员会负责解释。

第十九条 本办法自1991年9月1日起在初中和高中的起始年级施行。初中和高中92届、93届毕业生以及“五四”制初中92届、93届、94届毕业生仍然可以执行《中学生体育合格标准的试行办法》。1994年9月1日起，《中学生体育合格标准的试行办法》废止。

□全国中小学校长任职条件和岗位要求(试行)

(1991年6月25日国家教育委员会发布)

一、校长任职的基本条件

(一) 拥护中国共产党的领导，热爱社会主义祖国，努力学习马克思主义。热爱社会主义的教育事业，认真贯彻执行党和国家的教育方针、政策、法规。关心爱护学生，刻苦钻研教育、教学业务。热爱本职工作。有一定的组织管理能力。团结同志，联系群众。严于律己，顾全大局。言行堪为师生的表率。

(二) 乡（镇）完全小学以上的小学校长应有不低于中师毕业的文化程度，初级中学校长应有不低于大专毕业的文化程度，完全中学、高级中学校长应有不低于大学本科毕业的文化程度；中小学校长应分别具有中学一级、小学高级以上的教师职务；都应有从事相当年限教育教学工作的经历；都应接受岗位培训，并获得“岗位培训合格证书”。

(三) 身体健康，能胜任工作。

二、校长的主要职责

(一) 全面贯彻执行党和国家的教育方针、政策、法规，自觉抵制各种违反教育方针、政策、法规的倾向。坚持社会主义办学方向，努力培养德、智、体全面发展的社会主义事业的建设者和接班人。按教育规律办学，不断提高教育质量。

(二) 认真执行党的知识分子政策和干部政策，团结、依靠教职员工。组织教师学习政治与钻研业务，使之不断提高政治思想、职业道德、文化业务水平及教育教学能力，注意培养班主任、中青年教师和业务骨干，努力建设又红又专的教师队伍。依靠党组织，积极做好教师和职工的思想政治工作。自觉接受党组织的监督。充分发扬民主，重视教职工代表大会在学校管理中的重要作用，注意发挥广大教师和职工工作的主动性、积极性和创造性。

(三) 全面主持学校工作

1.领导和组织德育工作。把德育放在首位，坚持教书育人、管理育人、服务育人、环境育人的工作方针，制定德育工作计划，建设德育工作骨干队伍，采取切实措施，坚持不懈地加强对学生的思想、政治、品德教育。

2.领导和组织教学工作。坚持学校工作以教学为主，按照国家规定的教学计划、教学大纲，开齐各门课程，不偏科。遵循教学规律组织教学，建立和完善教学管理制度，搞好教学常规管理。深入教学第一线，正确指导教师进行教学活动，努力提高教学质量。

3.领导和组织体育、卫生、美育、劳动教育工作及课外教育活动。确保学校体育、卫生、美育、劳动教育工作及课外教育活动生动活泼、有成效地开展。努力开展勤工俭学活动。建好学生劳动教育及劳动技术教育基地。

4.领导和组织总务工作。贯彻勤俭办学原则，坚持总务工作为教书育人和教职工服务的方向。严格管理校产和财务。搞好校园建设。关心学生和教职工的生活，保护他们的健康。逐步改善办学条件和群众福利。

5.配合党组织，支持和指导群众组织开展工作。充分发挥工会、共青团、少先队等群众组织在办学育人各项工作中的积极作用。

(四) 发挥学校教育的主导作用，努力促进学校教育、家庭教育、社会教育的协调一致、相互配合，形成良好的育人环境。

三、校长的岗位要求

(一) 基本政治素养

1.坚持四项基本原则与改革开放，把坚定正确的政治方向放在首位；

2.具有一定的马克思主义理论修养，能努力运用马克思主义的立场、观点和方法指导学校工作；

3.热爱社会主义教育事业，热爱学校，热爱学生，尊重、团结、依靠教职工；

4.实事求是，勤奋学习，作风民主，联系群众，顾全大局，公正廉洁，艰苦奋斗，严于律己；

5.对待工作认真负责，一丝不苟；

6.具有勇于进取及改革创新精神。

(二) 岗位知识要求

1.政治理论、国情知识：具有马克思主义基本理论和建设有中国特色的社会主义基本理论知识。具有中国近现代史和国情基本知识。

2.教育政策法规知识：在实践中领会、掌握党和国家的教育方针、政策的基本精神与中小学教育法规的基本内容。初步掌握与教育有关法规的基本知识。

3.学校管理知识：联系实际掌握学校管理的基本规律和方法，以及与学校管理相关的基本知识、技术和手段。

4.教育学科知识：学习马克思主义关于教育的论述，了解社会主义教育的基本特点和规律，具有教育学科基本知识。熟悉主要课程教学大纲及有关学科的教材教法。具有中国教育史常识，了解中小学教育发展与改革的动态。

5.其他相关知识：掌握与中小学教育有关的自然科学、社会科学基础知识，了解本地的历史、自然环境、经济与社会发展的基本情况以及民族与宗教政策等。

(三) 岗位能力要求

1.能根据党和国家的有关方针、政策、法规，制定学校发展规划和工作计划。

2.善于做教职工和学生的思想政治工作及开展品德教育。能从实际出发，采取有效措施，促进学生全面发展。

3.具有听课、评课及指导教学、教研、课外活动等工作的能力。具有指导教师提高业务水平和改进教学的能力。

4.善于发挥群众团体的作用。能协调好学校内外各方面的关系，发挥社会、家长对搞好学校工作的积极作用。

5.能以育人为中心，研究学校教育的新情况、新问题，并从实际出发，开展教育教学实验活动，总结经验，不断提高教育教学质量。

6.有一定文字能力，能起草学校工作报告、计划、总结等。会讲普通话。具有较好的口头表达能力。

□关于实施《现行普通高中教学计划的调整意见》和普通高中毕业会考制度的意见

（1991年7月29日国家教育委员会印发）

实施《现行普通高中教学计划的调整意见》（以下简称《调整意见》）和普通高中毕业会考制度（以下简称“会考制度”）是对普通高中课程、教材和考试制度进行的两项改革。这两项改革在部分省、市实施后已初见成效，实践证明，对提高普通高中办学效益和教育质量具有积极意义。但是，在改革过程中不可避免地会存在一些困难和问题。为了坚决、稳妥地在全国逐步推进这两项改革，特提出如下意见：

一、统一思想、转变观念、提高认识

在普通高中同时实施《调整意见》和会考制度的目的是为了全面贯彻教育方针，切实加强德育，纠正文理偏科和学生知识结构不合理的现象；使学生在全面打好基础的前提下，发展兴趣和特长，增强适应社会生产和生活的能力；进一步调动每一所高中的办学积极性，大面积提高教学质量。为此，各地教育行政部门和学校在实施两项改革之前，要组织干部、教师认真学习和领会《调整意见》和会考制度的基本精神，在改革的过程中，要重视引导干部和教师不断地转变教育观念和办学指导思想，把高中教育从应试教育转变为全面提高学生素质的教育，从只面向重点学校和升学有望的学生转变为面向全体学生。要切实改变以高考升学率作为评估学校教育质量唯一标准的观念，坚持抵制和纠正各种违背教育规律的错误做法。

同时，各地都要向社会和学生家长大力宣传普通高中的两项改革措施，以得到社会、家长的理解和支持。

二、切实加强领导，精心组织施工

1.各省、自治区、直辖市教委、教育厅（局）的主要领导同志要亲自过问高中改革工作。主管领导要亲自主持这两项改革工作，组织教育行政和教学研究等处、室以及招生考试机构，根据国家教委提出的关于两项改革的精神，结合本地情况，制定具体实施方案，采取切实可行的措施，解决所需的师资、选修课教材、专用教室和设备等问题。

2.各级教育行政部门要针对两项改革中的有关问题，选择不同类型地区和学校进行实验和研究，要把改革实践与科学研究结合起来，及时总结经验，加强分类指导。

3.各级教育行政部门要采取措施加强对教研部门的领导，重视教研队伍建设，充分发挥教研部门在两项改革中的作用。各级教研部门和教研员要自觉贯彻执行《调整意见》和会考制度，为高中两项改革作出新贡献。

三、加强教学管理和督导评估工作

1.各级教育行政和教学研究等处、室要互相配合，共同承担教学行政管理和教学业务指导工作。当前教学管理工作的重点是指导学校严格执行《调整意见》的各项规定，根据修订后的教学大纲和《关于在普通高中开设选修课的意见》，开设好必修课和选修课；指导、帮助学校开展课外活动和社会实践活动，对高中三年级的教学管理进行研究，以便对不同条件的学校进行分类指导。要建立严格的检查制度，定期检查学校执行《调整意见》和会考制度的情况，对随意更改教学计划，提前按照高考科目组分班教学，增加考试次数，和对会考成绩不作分析，只简单地进行排队、评比等错误做法，要进行批评、教育，予以纠正，错误严重者要通报批评。

2.各级督导部门要将《调整意见》和会考制度的执行情况作为督导内容，列入对下一级教育行政部门和学校工作综合督导评估方案的指标体系，必要时可组织专项督导。对违反两项改革精神的做法，督导机构和督学有权要求有关教育行政部门和学校限期改正。

四、认真做好与改革配套的各项工作

做好与改革配套的各项工作是贯彻落实《调整意见》和会考制度的重要措施。当前要进一步抓紧高等院校招生制度改革的试验；可与省（自治区、直辖市）内劳动、人事部门配合制定关于在招工招干时承认会考成绩，和对高三选修技术与职业课的学生要根据考核成绩择优录用的有关政策；要进一步充实和改善普通高中的办学条件，加强校内外教育设施和劳动基地的建设。

五、关于对《调整意见》的几点补充意见

1.从1991年秋季开始将思想政治课由每周2课时改为3课时，其中1课时用于时事政策教育。

2.从1992年秋季入学的高中一年级开始，在高中一年级开设世界史，高中二年级开设中国近代、现代史，每周2课时，教学大纲和教材将重新修订。

3.从1992年秋季入学的高中一年级开始，人口教育均为必修内容，总授课时数8-12课时。授课时间占用高一上学期的地理课和时事政策教育部分课时。

4.社会实践活动中的部分内容（主要为社会生产劳动）可以在劳动技术课的时间内进行，平均每学年不超过一周时间。

5.每门必修课每学期只举行一次考试(包括会考在内)。除会考外，各级教育行政部门不得举行任何形式的统考，教研部门不得组织统一“练习”，亦不得组织高考模拟测试。

六、关于对会考制度的几点补充意见

1.将会考成绩的记分办法暂统一如下：考试科目，原始得分用百分制，报告成绩用等级分，分四等，即优、良、及格和不及格；考查项目的成绩分两等，即合格、不合格。补考成绩一律记为合格、不合格。

2.高中一年级起始的外语课，在高中三个年级均为必修课，每周6课时。毕业会考的办法由各省、自治区、直辖市自行确定。

报考高等艺术院校的考生，凡通过普通高中9门课程的会考，并达到国家教委规定的等第后，可直接参加高等艺术院校及系科的专业考试。

各地高等师范院校招收保送生时，可将高中毕业会考成绩作为毕业生获取保送资格的一项依据。

会考补考由省、自治区、直辖市统一命题，制定参考答案和评分标准，统一考试时间。具体实施办法由省、自治区、直辖市确定，但要严肃补考考场纪律，建立严格的补考阅卷制度。

各省、自治区、直辖市务必在做好充分准备工作的基础上，积极稳妥地、有计划分阶段地实施《调整意见》和会考制度，力争“八五”期间在全国全面实施这两项改革。

□关于在普通高中开设选修课的意见

(1991年7月29日国家教育委员会印发)

选修课是允许学生根据自己的兴趣、志向进行选择学习的一种课程。在《现行普通高中教学计划的调整意见》(以下简称《调整意见》，中适当加强了选修课，它与必修课和课外活动、社会实践活动组成普通高中课程结构的有机整体，共同承担贯彻党和国家的教育方针，培养合格的高中毕业生的任务。

长期以来，选修课是普通高中课程结构中的一个薄弱环节，各地教育行政部门和学校对选修课的设置和管理都缺乏经验。因此，加强选修课的建设，使选修课的设置逐步规范、完善是普通高中课程改革的一项重要任务。当前，为了更好地执行《调整意见》，使各地各校开设选修课有所遵循，在我国普通高中选修课的指导纲要尚未制定之前，先提出以下意见，供各地参照执行。

一、开设选修课的目的

在学生学好必修课的基础上，开设选修课的目的是：

1.更好地发展学生的兴趣、特长，开阔视野，拓宽知识面，发挥学生潜在的能力，培养学生自觉钻研、积极进取的精神。

2.更好地适应社会多方面的需要，为学生高中毕业后升学或就业进一步打好基础。

二、开设选修课的原则

1.要加强学生的思想政治教育，有利于他们形成无产阶级世界观和人生观。

2.要有利于发展学生的特长，满足学生的不同兴趣爱好，充分体现因材施教的原则，有利于提高学生的素质。

3.要有适应社会生产和社会生活需要的课程，也要有适应部分学生进入高一级各类学校需要的课程。

4.要从实际出发，根据国情、省地情况和学校情况，确定选修课的科目。

三、选修课的内容和开设方式

总结几年来一些学校开设选修课的经验，根据选修课开设的原则，按照《调整意见》的安排，目前在普通高中可以有两种形式的选修课。

1.高中一、二年级开设的选修课（亦即《调整意见》中单课性选修课），从当前的需要和可能出发，可以分成以下三种类型：

(1) 与必修课相关的选修课。这类选修课的内容是相对应的必修课内容的拓宽和加深，但不能是高中三年级选修课的下放。这类选修课适合于对必修课学有余力的学生。

(2) 与必修课不直接相关的知识类选修课。这类选修课的内容可以是介绍新的科学理论，扩大学生的眼界，提高政治理论水平，丰富学生的知识；也可以是适应学生兴趣、爱好、特长的需要培养学生文化艺术修养，陶冶情操等。

(3) 技术类选修课。这类选修课根据学生的爱好和社会的需要而开设，是综合技术性的基础课程，其中有的带有初步职业培训的特点。

对上述三种选修课，各地、各校要统筹安排，不能只开设其中的一种。

2.高中三年级开设的选修课，主要分成两种类型：

(1) 分科性选修课，包括文科类（历史、地理）、理科类（物理、化学、生物）、外语类（英、俄、日语）、艺术类和体育类（这类选修课亦即《调整意见》中的分科性选修课）。这类选修课均有全国统一的教学大纲（除艺术类、体育类）。国家教委已委托人民教育出版社依据大纲编写了教材，供准备升学的学生选用。

(2) 技术与职业类选修课。通过开设这类选修课，对学生进行职业预备教育，为学生作好就业的技能、知识和心理准备。

此外，高中三年级还可继续开设发展学生兴趣、特长的选修课，供学生自由选择。

每门选修课开设时间应从实际出发，可长可短，可以是一学年、一学期，也可以是若干学时。

当前普通高中的选修课，对学生有两种不同形式的要求。一种选修课对某部分学生是必须选择学习的称为“指定选修课”（即必选课）。例如高中三年级为分流而开设的各类选修课。它对某些学生来说具有必修课的性质。另一种选修课学生可在教师指导下，按照自己的兴趣、爱好决定选择与否，可称为“任意选修课”（即任选课）。

四、选修课的师资、教材和设备、场所

建立一支选修课的教师队伍，编写供选修课使用的教材并解决选修课所需的必要设备、教室和场所是上好选修课的必要条件。各地教育行政部门和学校必须予以高度重视。

1.各级教育行政部门和学校要统筹规划，有计划地培养、培训和配备选修课的师资。可采取下列办法:

(1) 采取鼓励政策支持现任教师担任选修课教学。

(2) 通过各种途径聘请科研机构有关专业人员，大专院校、中专、中技、职高的教师，企事业单位和工厂技术人员担任选修课的兼职教师。

(3) 教育行政部门可统筹规划集中本地区各校能担任选修课的教师，组织巡回教师队伍，互通有无，相互支援。

(4) 通过各地的教育学院和高等师范院校，以在职或脱产进修的方式培训选修课的教师。

2.普通高中选修课的教材建设，应本着积极、稳妥的方针进行。目前阶段可由国家教委、省（自治区、直辖市）、地方或学校三级组织编写。国家教委组织力量编写高中三年级分科性选修课大纲和教材，并编写与高中一、二年级部分必修学科相关的选修课教材，经国家教委中小学教材审定委员会审查通过后列入中小学教学用书目录，供各省（自治区、直辖市）使用。省教委（教育厅、局）和地方或学校分别组织力量，编写不同类型、不同特色的选修课大纲和教材，分别在省、地方和学校范围内使用。经试用效果较好的地方性选修教材，经各省中小学教材审查委员会审查通过后，可在省内推荐使用；经全国中小学教材审定委员会审查通过后，可向全国推荐。

各出版社出版的用作选修课的读物需经各省（自治区、直辖市）中小学教材审查委员会审查通过后，方可作为普通高中开设的选修课试用教材，在本省范围内推荐使用。

3.选修课的设备和场地问题

各校可从现有设备条件出发开设选修课，并逐步添置增设选修课所必需的仪器设备，同时争取有关专业单位（如高等院校、中等专业学校、职业中学、科研机构等）的协作和社会的支持。

为了解决开设选修课所需要的教室，首先要立足于挖掘学校的潜力，充分发挥各种场、馆、室的作用，提高使用效率。例如可采取合理排课，一室多用等方法。今后，在新建、改建校舍时，应考虑开设选修课的需要，适当增加校舍面积。此外，还可采取校际联合和厂校挂钩等方式，解决教室和实习场地的困难。

五、选修课的管理

1.各地教育行政部门要逐步把开设选修课的工作做为各级教育行政领导部门和学校工作质量评估指标之一。加强督导评估，加强分类指导，对实施选修课成效显著的学校，要及时加以指导，帮助解决实际困难，纠正存在的偏差。

为了保证选修课的落实和开课质量，各级教研部门要加强对选修课教学的研究，改进教法，提高选修课的教学质量。

学校要加强对选修课的管理，要把选修课正式列入课表，要有专门的校领导负责选修课的科目设置、师资、教材、教室、设备等工作。

2.选修课的考核

(1) 对“指定选修课”(即必选课) 在课程结束时应进行考核。

(2) 对“任意选修课”可进行考查，也可不进行考查，只作选修与否的记载。

(3) 学生学习选修课的情况应记入学生档案，其成绩可作为高中毕业生升学和就业推荐的参考。选修课的成绩不影响学生的升留级。

各地教育行政部门，要根据本意见制订所辖地区开设选修课的实施方案，并在师资、教材、设备等方面创造条件，积极推动选修课的开设工作。

□国家教委、全国教育工会关于颁布《中小学教师职业道德规范》的通知

(1991 年 8 月 13 日)

加强教师的职业道德教育，提高教师的道德素质，是中小学教师队伍建设的一项基本任务，也是当前加强中小学教师思想政治工作的一项基本内容。教师队伍的思想、政治、道德素质如何，直接关系着我国能否培养一代社会主义事业建设者和接班人，各地必须予以高度重视。

为提高中小学教师队伍的职业道德水平，1984 年教育部和全国教育工会曾联合颁发了《中、小学教师职业道德要求（试行)》(以下简称《要求》)。几年来，广大中小学教师遵循职业道德要求，坚持社会主义方向，努力提高业务水平，在教学岗位上辛勤育人，为祖国的社会主义事业做出了新的贡献。实践证明，《要求》的颁发对中小学教师队伍建设起到了积极作用。但是，形势的发展和教育改革的深入对中小学教师队伍建设提出了新的要求。为此，国家教委和全国教育工会在总结试行情况的基础上对《要求》进行了修订，作为《中小学教师职业道德规范》(以下简称《规范》) 予以颁布。现将有关事项通知如下:

一、各地教育行政部门和教育工会要在当地党委的领导下，将组织学习、宣传、贯彻《规范》列入重要工作日程，切实抓好。在规划今后五年以至十年教师队伍建设时，要根据本地的实际情况，同时制定贯彻《规范》，加强教师职业道德教育的总体和每个阶段的计划，并提出本地对教师职业道德的具体要求，做到目标明确，措施具体，逐步落实，不断提高，使师德教育经常化、制度化。

二、贯彻《规范》，是对全体教师反复深入地进行教育的过程。通过教育要使教师从自身所肩负的历史重任的高度，认识制定《规范》的重要意义；明确《规范》是党和国家对教师应该具有的职业道德的基本要求，其核心是坚持社会主义方向，教书育人，精心培育德、智、体全面发展的社会主义新人；要提高教师遵守《规范》的自觉性，使教师联系工作、生活的实际，深入了解《规范》所含的具体内容，把《规范》作为指导自已行为的准则。

在师德教育活动中，首先要对《规范》进行系统讲解，组织教师逐条学习。同时，要把师德教育作为经常性的工作，结合不同时期思想政治工作的要求，突出重点，反复学习，务求收到实效。

在贯彻《规范》的教育活动中，要充分发挥群众自我教育的作用，形成社会舆论，激励广大教师不断提高师德修养的自觉性，人人身体力行。“教书育人、为人师表”活动，是一项具有广泛群众基础的自我教育活动，各地应继续深入开展下去。有一些地方运用老一代教育家高尚的师德典范，激励教

师学习楷模，规范自己，也是一种有效的教育形式。同时，各地还要充分重视在贯彻《规范》中涌现出来的师德高尚的先进典型，大力予以宣传、表彰。

三、各地应将教师学习、执行《规范》的情况，作为一项重要内容，列入对教师德、能、勤、绩的考核之中。在教师中评选各种先进人物，均应把执行《规范》的情况作为前提条件，即师德方面有缺陷的教师不得评为先进人物。各中小学校要通过定期的自我总结、群众评议等手段，对教师执行《规范》的情况作出评价。

四、各地要把贯彻《规范》的工作落实到每一所学校。学校党组织要把职业道德教育列入教师思想政治工作的计划中，发挥党组织战斗堡垒作用和党、团员的模范带头作用。校长要在行政管理工作中深入贯彻《规范》，使《规范》在教师的教育教学过程中得以落实。教育工会应积极发挥共产主义学校的作用，大力开展各种生动的群众性的师德教育活动，组织并启发教师认真学习、自觉执行《规范》，表彰先进，互学互勉，使《规范》的贯彻落实成为广大教师的自觉行动。

五、《规范》的基本要求亦适用于中小学职工。各地可根据《规范》，结合职工各项工作岗位的特点，分别提出具体要求。

根据学前教育、特殊教育与中小学教育的不同特点，各地可参照本《规范》，对幼儿教师、特殊教育教师职业道德作出补充规定或提出具体要求。

六、各地教育行政部门和学校，要认真纠正在师德方面存在的倾向性问题，对品德有缺陷的教职工要加强教育、帮助。对那些道德败坏、屡教不改，已丧失做教育工作者资格的，应按有关规定，严肃处理。

七、各级各类师范院校（含教师进修院校）应将《规范》同学校的培养、培训目标结合起来，贯彻落实到学校教育、教学活动中，以奠定师范生良好的职业道德基础，提高在职教师的职业道德水平。

中小学教师职业道德规范

一、热爱社会主义祖国，拥护中国共产党的领导，学习和宣传马列主义、毛泽东思想，热爱教育事业，发扬奉献精神。

二、执行教育方针，遵循教育规律，尽职尽责，教书育人。

三、不断提高科学文化和教育理论水平，钻研业务，精益求精，实事求是，勇于探索。

四、面向全体学生，热爱、尊重、了解和严格要求学生，循循善诱，诲人不倦，保护学生身心健康。

五、热爱学校，关心集体，谦虚谨慎，团结协作，遵纪守法，作风正派。

六、衣着整洁、大方，举止端庄，语言文明，礼貌待人，以身作则，为人师表。

□中小学图书馆(室)规程

(1991年8月29日国家教育委员会发布)

第一章 总 则

第一条 为加强中小学图书馆（室）建设，为学校教育教学服务，制定本规程。

第二条 图书馆（室）是学校书刊情报资料中心，是为学校教育、教学和教育研究服务的机构。

第三条 图书馆（室）工作必须贯彻国家的教育方针，利用书刊资料对学生进行政治思想品德、文化科学知识等方面的教育，指导学生课外阅读，促进学生德、智、体全面发展。中小学图书馆（室）应积极为师生提供书刊情报资料和教学参考资料。

第二章　书刊资料

第四条　学校应结合本校特点和实际情况规定书刊资料选购标准、复本量标准及剔旧原则。

第五条　书刊资料的配备结构应兼顾学生、教师的不同需求。

第六条　图书馆（室）的藏书，应包括有益于青少年身心健康发展的各类图书和报刊及供教师使用的教学参考书，教育、教学研究的理论书籍，中学图书馆（室）应备有应用型的书籍。

图书馆（室）应优先采集、收藏由国家教育委员会和省级教育行政部门评审推荐的图书。书刊定购前，学校领导应具体指导图书馆书刊订购工作。

第七条　图书馆（室）最低藏书量按附表一的规定执行。

第三章　书刊资料的管理与利用

第八条　书刊登录：图书馆（室）应建立书刊总括登录和个别登录两种帐目。

有保存价值的主要期刊应按年度装订成册，并进行财产登录。

第九条　书刊分类：图书分类应使用国家标准《中国图书馆图书分类法》；期刊分类应使用《中国图书馆图书分类法期刊分类表》。

第十条　书刊著录：图书著录应以国家标准《普通图书著录规则》为依据；期刊著录应以国家标准《连续出版物著录原则》为依据。

第十一条　目录设置：以卡片目录为主。中学图书馆（室）应设有书名目录和分类目录，条件好的馆可增设著者目录；小学图书馆（室）要设书名目录。

第十二条　图书馆（室）要本着勤俭办馆（室）的原则，加强管理工作，建立、健全书刊外借、阅览、丢失损坏赔偿等项规章制度及图书馆（室）的职责。

第十三条　采取多种形式对教师和学生开展外借、阅览、宣传推荐等服务工作，并发挥班级图书角、图书箱的作用。

第十四条　组织形式多样的读书活动，对学生进行课外阅读指导，包括图书和图书馆知识介绍、工具书使用方法、图书的选择和读书方法以及读书卫生知识等方面的指导。有条件的学校可以开阅读指导课并纳入教学计划。

第四章　管理机构和工作人员

第十五条　各级教育行政部门应指定机构或专人负责中小学图书馆（室）工作。

第十六条　校长应直接领导本校图书馆（室）。图书馆（室）负责人应熟悉图书馆专业知识，工作人员应具备中等以上的文化程度和基本的图书馆专业技能。

第十七条　中小学图书馆（室）要积极争取各级各类图书馆（含少年儿童图书馆）在业务上的辅导与支持。

第十八条　图书馆（室）工作人员编制最低数按附表二规定参照执行。

第十九条　中学图书馆（室）工作人员实行专业技术职务聘任制。

中小学图书馆（室）工作人员专业技术职务参照国家《图书、资料专业职务试行条例》评定。图书馆（室）的工作人员在调资、晋级或评奖时，应与教学人员和教育辅导人员等同看待。

第二十条　各级教育行政部门要落实中小学图书馆（室）工作人员的业务培训计划和措施，以各省、市教师进修院校为主，负责中小学图书馆（室）工作人员业务培训工作。

第五章　条件保障

第二十一条　中小学图书馆（室）应逐步设置藏书室（包括学生借书处）、学生阅览室、教师阅览室。有条件的中学应设置教师教学资料室。

第二十二条　馆舍

(1) 城市一般中小学图书馆（室）应根据学校规模、藏书数量和国家规定的面积指标逐步建立和完善藏书室、学生阅览室、教师阅览室。

中学图书馆（室）建筑面积计算方法：藏书室按每平方米藏书500—600册计算；教师阅览室宜按教师人数的1／3设座位。

小学图书馆（室）建筑面积计算方法：藏书室按每平方米藏书500—700册计算；教师阅览室宜按全校教师人数的1／4设座位。

中小学图书馆（室）学生阅览室座位占在校学生人数的比例宜按附表三的规定执行。

(2) 县镇乡村中小学图书馆（室）的规模由各地教育行政部门结合实际情况参照上述标准制定。

(3) 图书馆（室）应有良好的通风换气、采光照明、防火、防潮、防虫等条件。

第二十三条　设备

图书馆（室）应配备必要的书架、阅览桌椅、出纳台、报刊架、书柜、目录柜、文件柜、陈列柜、办公桌椅、装订设备、安全设备。有条件的中小学应配备视听、复印及复制等设备。

第二十四条　省（自治区、直辖市）、市（县）教育行政部门及乡（镇）人民政府在多渠道筹措教育经费的基础上，全面规划，统筹安排，保证中小学图书馆（室）购买图书的需要，同时鼓励社会和个人捐助。

第六章　附　　则

第二十五条　本规程由国家教育委员会负责解释。

第二十六条　本规程自发布之日起施行。

附表一：最低藏书量

	完全中学（学校类别）			初级中学（学校类别）			小　学（学校类别）		
	一	二	三	一	二	三	一	二	三
人均藏书量(册数)（按在校学生数计算）	30	25	15	25	20	10	20	15	5
报　刊　种　类	100	75	50	70	50	30	50	30	20
工具书教学参考书种类	200	150	100	150	100	50	100	60	30

附表二：图书馆(室)工作人员最低数

	学　校　类　别		
	一	二	三
完　全　中　学	3	2	1
初　级　中　学	2	2	1
小　　　学	1	1	0.5

附表三：学生阅览室最低馆舍要求

	完全中学（学校类别）			初级中学（学校类别）			小　学（学校类别）		
	一	二	三	一	二	三	一	二	三
学生阅览室座位占在校学生总数的比例	1/10	1/12	1/15	1/12	1/14	1/16	1/18	1/20	1/22

（注：附表所指“学校类别”，均由各地教育行政部门根据各校的基础及经费情况确定。）

□国务院办公厅转发国家教委等部门关于创造良好社会教育环境保护中小学生健康成长若干意见的通知

（1991年10月8日）

国家教委、广播影视部、文化部、国家体委、新闻出版署、全国总工会、共青团中央、全国妇联、中国科协《关于创造良好社会教育环境保护中小学生健康成长的若干意见》，已经国务院同意，现转发给你们，请贯彻执行。

关于创造良好社会教育环境保护中小学生健康成长的若干意见

国务院：

《中共中央关于改革和加强中小学德育工作的通知》指出，“关心和保护中小学生健康成长，不仅是教育部门和学校的职责，而且是全社会的责任和义务。要把社会教育、家庭教育同学校教育密切结合起来，形成全社会关心中小学生健康成长的舆论和风气”。为落实《通知》精神，创造良好的社会教育环境，保护中小学生健康成长，特提出以下意见：

一、各级教育、文化、科研、新闻出版、体育、广播影视等部门，群众团体和学校，要不断提高认识，从培养接班人的高度，明确自己的责任和义务，关心和保护青少年健康成长。要在当地人民政府的领导下，端正业务指导思想，把为中小学生创造良好的社会教育环境，提到重要议事日程，因地制宜，制订长远规划和切实可行的措施，并逐步形成制度，加强监督检查，总结推广先进经验。要造成强大的社会舆论，使社会各方面从不同角度为中小学生健康成长创造条件。

二、国家各有关部门和群众团体要千方百计地为中小学生组织各种健康有益的活动。要创造和利用一切条件，尤其是利用历史文物和革命文物等，对中小学生加强中国近代、现代史教育、国情教育、爱国主义教育、社会主义教育和革命传统教育。博物馆、展览馆、科技馆、纪念馆等要定期免费或低费接待中小学生集体参观。有关部门要定期举办有中小学生参加的艺术节、电影节及歌舞、戏剧、音乐、美术、书法等项活动。要经常组织专业演出团体为中小学生举办专场演出。要积极开展青少年科技活动，举办科普讲座、科技月（周）、科技夏令营、科技影视放映活动。全国定期举办青少年创造发明和科学论文评比。要在中小学广泛开展各种生动活泼、形式多样的体育活动。组织参观体育比赛，举办体育夏令营等。公共图书馆、科技馆、美术馆、文化馆、体育场（馆），每年要面向中小学生安排内容丰富、健康向上的开放项目，并给予优惠服务。各单位每年至少要面向中小学生免费开放1至2次。

三、新闻出版、广播影视、文化、教育、科技等一切从事精神产品生产的部门，要努力为广大中小学生提供更多更好的精神食粮。为鼓励更多的作家、艺术家、科学家、教师为中小学生创作教育性强、格调高尚的优秀作品，由新闻出版署、国家教委、文化部等单位主办，全国每三年评选一次优秀少儿读物，由中国儿童少年基金会设立的中国儿童少年读物奖励基金会对获奖者予以奖励；全国每两年评选一次优秀少儿影片，由国家教委、广播影视部、文化部等单位主办，委托中国儿童少年电影学会组织"童牛奖"评选活动，对优秀影片及其创作、生产人员等给予奖励；国家教委、共青团中央、文化部和新闻出版署每年"六一"前向全国少年儿童推荐"红领巾读书读报奖章活动"阅读书目，每五年表彰一次"红领巾读书读报活动"先进个人和先进集体；以后还将组织优秀少年儿童广播节目、电视片和优秀少年儿童歌曲等项评选活动。有条件的地方和单位，要逐步组织一支以退（离）休文艺、教育工作者和老干部为骨干的兼职评论队伍，定期对各种精神产品进行评议，做好舆论导向工作。各省、自治区、直辖市每年要重点扶植1至2部少年儿童影视作品的创作和生产。

四、要继续认真整顿文化市场，严禁编写、制作、出版、发行、销售、播发、租借对青少年有害的书刊、图片和音像制品。凡属已定性应取缔的，有宣扬反动政治观点、凶杀暴力、淫秽色情、封建迷信等内容的图书报刊要坚决销毁，对虽不属于取缔范围，但是格调低下，对青少年健康成长不利的图书报刊，要进行评论和批评，以抵制其消极影响。这类书刊不得向中小学传播。对少数经批准出版供研究使用但不适宜中小学生阅读的资料，应按照规定严格内部控制发行，任何单位和个人均不得将这类书刊销售、租借给中小学生阅读。文化、电影电视部门要对国产和进口的影视片、录像带和激光视盘实行严格的审查。对有社会价值和艺术价值，但有夹杂色情内容和容易引起少年儿童恐怖感的和不良行为的作品，或表现现实社会畸形现象的作品，应定为"少儿不宜"，对这类片、带、盘，要严格限制观看范围，不允许向中小学生租售，不许组织中小学生专场放映，不向未成年人（不满18周岁）出售门票，不允许进场观看；这类影片不缩制16和8.75毫米拷贝，这类录像节目，在社会上发行时，应标明"少儿不宜"，这类影视片也不提供给农村放映队和电视台播放。对有一定认识作用和艺术价值但不易为少年儿童理解，并可能对他们产生不良影响的影视片，电视台应安排在22时以后播放。

五、文化和工商管理部门要加强对公共文化教育娱乐场所的管理，严禁对少年儿童有害的演出、展览和各种形式的赌博活动。营业性电子游戏、台球等活动摊点的管理要定点定人，设点要尽量远离学校。营业性的舞厅、酒吧及其它中小学生不宜入内的场所，要禁止中小学生进入。各种营业性的民间文艺团体举办的演出、展览，必须经过文化和工商管理部门审批。对在公共场所宣扬封建迷信的看相、测字、算命、销售迷信物品者的摊点，公安和工商管理部门应坚决取缔。

六、各地要重视青少年活动场所设施的建设。要从当地实际出发，依靠社会力量，把青少年活动设施的建设纳入城乡建设规划，努力使中等以上城市都建有一定规模和数量的少年宫（家、站）、少年儿童活动中心、少儿图书馆、少年科技中心（馆、站）、儿童公园和剧院等少午儿童校外教育活动基地。各县、镇也应努力创造条件，建立少年儿童活动场所。任何单位不得侵占、挤占少年儿童活动场所。各地有关部门要加强对所属校外教育机构与活动场所的领导，不断端正业务指导思想，正确处理普及和提高的关系，组织各种活动应注意把思想性、知识性、趣味性结合起来，挖掘潜力，扩大容量，更好地为中小学生服务，对开展各项活动所需的经费、人力、物力应尽力给予保证。要定期评选先进校外教育机构，表彰优秀校外教育工作者。

七、重视家庭教育工作。帮助家长提高家庭教育水平，纠正错误的教育方法。有关部门要密切配合，建立家庭教育咨询机构，举办“家长学校”，积极组织广大教育工作者、专家、学者研究家庭教育理论和编写有关家庭教育的参考材料，举办各种家庭教育培训班和讲座、展览、咨询等活动，总结交流办好家长学校的经验，表彰优秀家长。

八、各地要充分发挥各条战线先进单位、先进人物、退（离）休的老干部、老专家、老教育工作者、老工人的作用。除举办先进人物报告会、先进事迹展览会等活动外，还要有组织有计划地引导中小学校与当地先进单位、先进人物建立经常性的联系。先进单位和先进人物所在的单位要热情接待中小学生参观访问，共同举办各种有教育意义的活动，中小学应邀请当地先进人物到校讲故事、做报告，参加学校活动，并可聘请先进人物做中小学的校外辅导员或兼职教员。

九、要运用法律手段，有效地保护中小学生健康成长。各地要加紧制订保护青少年的法规。公安、司法和工商行政管理部门要和有关部门配合，搞好社会治安和文化市场的整顿工作，消除诱发青少年不良行为的因素。学校要对中小学生进行法制教育，做好违法青少年的帮教工作。

十、公安、司法部门要根据有关法规对滋扰学校、破坏学校正常教学秩序的违法犯罪分子，予以严厉打击。

创造良好的社会教育环境，保护中小学生健康成长，是一项长期的、具有战略意义的任务。各有关部门要在当地政府的领导下，根据本意见的精神，结合当地实际，创造性地开展工作。要注意不断总结经验，调整工作部署，扎扎实实、持续地将这项工作做好。

以上意见如无不妥，建议批转各地区、各部门贯彻执行。

国家教委　广播影视部
文化部　国家体委
新闻出版署　全国总工会
共青团中央　全国妇联
中国科协

1991年8月13日

高 等 教 育 部 分

□国务院学位委员会关于授予具有研究生毕业同等学力的在职人员硕士、博士学位暂行规定

(1991 年 3 月 29 日)

总　　则

第一条　为多渠道促进我国高级专门人才的成长，进一步提高教育和科技队伍的素质，适应社会主义现代化建设的需要，做好在具有研究生毕业同等学力的在职人员中开展授予硕士、博士学位的工作，根据《中华人民共和国学位条例》、《中华人民共和国学位条例暂行实施办法》，特制定本暂行规定。

第二条　根据《中华人民共和国学位条例》第二条规定的精神，凡是坚持四项基本原则，热爱祖国，遵纪守法，品行端正，较好地完成本职工作，在教学、科研或专门技术上做出成绩，业务和学术水平已达到硕士或博士研究生毕业同等学力水平的在职人员(以下简称在职人员)，经所在单位同意，均可按照本暂行规定，向学位授予单位申请硕士或博士学位。

第三条　经国务院学位委员会批准有权向在职人员授予硕士、博士学位的博士学位授予单位，均可接受本单位和其它单位的在职人员以同等学力申请相应的学位。

第四条　向在职人员授予学位的学科门类为：哲学、经济学、法学、教育学、文学、历史学、理学、工学、农学、医学和军事学。

第五条　各级学位应达到的学术水平，以及进行资格审查、学位课程考试和论文答辩等有关事项，均按照《中华人民共和国学位条例》、《中华人民共和国学位条例暂行实施办法》和有关文件的规定执行。

向在职人员授予学位，应与向应届毕业研究生授予学位一样，做到坚持标准，保证质量。

第六条　在职人员以同等学力申请学位，应征得所在单位同意。所在单位应从国家需要和工作实际出发，为在职人员以同等学力申请学位创造必要的条件。

硕士学位的申请与授予

第七条　学位授予单位对硕士学位申请人进行资格审查及申请人需送交的材料，按照《中华人民共和国学位条例暂行实施办法》第六条办理。

申请人一般应是大学本科毕业并获得学士学位，已在本专业或相近专业工作三年以上，或经国家教育委员会批准举办的研究生班毕业工作两年以上，方可提出申请学位。申请人不得同时向两个学位授予单位提出申请。

为保证所授学位的质量，体现在职人员以工作为主，申请人在获得学士学位后，到获得硕士学位的期限，一般不得少于五年。

第八条　硕士学位课程考试，按照《中华人民共和国学位条例暂行实施办法》第七条的规定进行。考试内容须符合学位授予单位相应学科、专业攻读硕士学位研究生培养

方案规定的要求，并应达到该学科、专业毕业硕士研究生的水平。

申请人应在学位授予单位规定的期限内，通过全部学位课程考试。如有一门学位课程考试不合格，允许补考一次。补考须在全部学位课程考试结束后的两个月内进行。补考后仍不合格，本次申请无效。

第九条 申请人提交的硕士学位论文，应是在工作实践中由本人独立完成的成果(或同他人合作完成，其中属本人独立完成的部分)，表明作者具有从事科学研究工作或独立担负专门技术工作的能力。

硕士学位论文的评阅和答辩，按照《中华人民共和国学位条例暂行实施办法》第八条的规定进行。论文答辩应在申请人通过学位课程考试（或经审核认可其课程成绩）后的半年内组织进行。

博士学位的申请与授予

第十条 学位授予单位对博士学位申请人进行资格审查及申请人需送交的材料，按照《中华人民共和国学位条例暂行实施办法》第十条办理。

申请人一般应已获得硕士学位，并已在本专业或相近专业工作五年以上，近年来在全国或国际性刊物发表有学术论文或出版专著，或在技术工作中已做出创造性的重要贡献。副教授、副研究员及其他相应专业技术职务以上人员的学术水平，习惯上认为高于博士，一般不宜申请博士学位。申请人不得同时向两个学位授予单位提出申请。

第十一条 博士学位课程考试及要求，按照《中华人民共和国学位条例暂行实施办法》第十一条的规定进行。考试科目与要求须符合学位授予单位相应学科、专业博士学位课程的要求，应达到该学科、专业获得博士学位研究生的水平。

申请人应在学位授予单位规定期限内，通过全部学位课程考试。如有一门学位课程考试不合格，根据实际情况，酌情给予补考一次。补考须在全部学位课程考试结束后的两个月内进行。补考后仍不合格，本次申请无效。

第十二条 申请人提交的博士学位论文，应是在工作实践中由本人独立完成的成果（或同他人合作完成，其中属本人独立完成的部分)，表明作者具有独立从事科学研究工作的能力，在科学或专门技术上做出创造性的成果。

博士学位论文的评阅和答辩，按照《中华人民共和国学位条例暂行实施办法》第十三和第十四条的规定进行。

领导和管理

第十三条 学位授予单位的学位评定委员会在审查批准授予在职人员硕士、博士学位时，应与审查批准授予毕业研究生学位一样，严格审批手续，认真履行职责。

学位评定委员会应根据需要，配备专职人员，处理日常工作。

第十四条 学位授予单位接受在职人员以同等学力申请学位所需开支的经费，由学位授予单位参照研究生有关经费开支标准，做出合理的规定。开支的经费原则上由申请人所在单位支付。

第十五条 根据《中华人民共和国学位条例暂行实施办法》第二十四条的规定，申请人在通过资格审查后，为准备参加学位课程考试或论文答辩，可享有不超过两个月的假期。

博士学位申请人的所在单位应允许申请人到学位授予单位参加为期不少于三个月的与论文有关的科学研究工作及有关的课程学习。

第十六条 在职人员以同等学力申请并获得学位，表明本人的学术水平已达到所获学位的水平，具有相应学位的毕业研究生同等学力水平，但不涉及学历。

第十七条 港澳台人员以及外国人以同等学力申请硕士或博士学位的办法，参照本暂行规定办理。

第十八条 学位授予单位的上级主管部门，应加强对此工作的领导，对学位授予单位授予在职人员的学位质量有检查、监督的权力，有权督促学位授予单位的学位评定委员会纠正或撤销违反规定而授予的学位。国务院学位委员会办公室拟定学位质量评估和实施办法、拟定对向在职人员授予学位的学位授予单位进行监督的办法和程序。对不按照本暂行规定的要求授予申请人学位，不能保证学位授予质量的学位授予单位，国务院学位委员会根据情况做出暂停或撤销授权的决定。

附　则

第十九条 本暂行规定的实施细则，由国务院学位委员会办公室制定，报国务院学位委员会批准。

第二十条 本暂行规定经国务院学位委员会通过后发布施行，并报国务院备案。本暂行规定由国务院学位委员会负责解释。

□国家教育委员会高等学校理科学科教学指导委员会章程(试行)

(1991年4月15日)

为了加强和改进对高等理科教育的宏观指导和管理，进一步提高教育质量，促进高等理科教育更好地为社会主义现代化建设服务，国家教育委员会决定将高等学校理科教材编审委员会改建为高等学校理科学科教学指导委员会（简称学科教学指导委员会）。

学科教学指导委员会是在国家教委领导下，对高等学校理科各学科教学工作进行研究、咨询、指导的专家组织。

第一章　组　织

第一条 学科教学指导委员会按照一级学科设置，各学科教学指导委员会按课程或专业下设若干教材建设组。

第二条 各学科教学指导委员会设主任委员一人、副主任委员若干人。学科教学指导委员会的工作由主任委员主持、副主任委员协助。主任委员所在学校为该学科教学指导委员会主持学校。教材建设组设组长一人、副组长若干人。教材建设组的工作由组长主持、副组长协助。组长所在学校为该组的主持学校。学科教学指导委员会、教材建设组设秘书协助主任委员、组长工作。

第三条 学科教学指导委员会委员、教材建设组成员由国家教委从坚持四项基本原则、坚持改革开放、学术水平高、教学经验丰富、作风正派、身体健康的高等学校理科教师中聘请。学科教学指导委员会、教材建设组的秘书由主持学校在本校教师中聘请。学科教学指导委员会委员和教材建设组成员实行任期制，每届任期5年。

第二章　任　务

第四条 学科教学指导委员会的主要任务是：

（一）受国家教委委托进行理科教育重要决策前的研究，对理科教育全局性问题向国家教委提出意见和建议；

（二）审议理科教学文件，研究理科教学质量评估工作；

（三）研究理科教材建设工作，审议理科教材建设规划，监督理科教材质量；

(四) 研究理科教学改革，组织教学改革经验交流，推动和指导教学研究工作。

第五条 教材建设组在学科教学指导委员会领导下进行工作，其主要任务是：

(一) 研究课程或专业的教学工作，总结交流教学改革经验，参加教学评估，提出改进意见和建议；

(二) 编制课程或专业教材建设规划，参与规划的实施；

(三) 开展课程或专业教材的编审、研究、评介等工作。

第三章 工作方式

第六条 学科教学指导委员会、教材建设组根据国家教委下达的任务制定工作计划并报国家教委审批。

第七条 学科教学指导委员会、教材建设组按照国家教委批准的工作计划、经费数额组织活动；工作结束后将有关材料、总结报告等报国家教委。

第八条 学科教学指导委员会委员、教材建设组成员所在学校应积极支持他们的工作，提供必要的条件。各高等学校均应支持学科教学指导委员会和教材建设组的工作。

第九条 高等教育出版社参与制定理科教材建设规划，负责组织规划的实施。高等教育出版社派出编辑人员担任各教材建设组的联络员，保持与教学指导委员会、教材建设组的经常联系。

第四章 附 则

第十条 本章程自1991年5月1日起开始实施，其解释权、修改权属于国家教委。

□高等学校开放研究实验室管理办法

(1991年4月28日国家教育委员会发布)

第一章 总 则

第一条 为了加强高等学校开放研究实验室的管理，确保开放目标的实现，特制定本办法。

第二条 凡国家教育委员会批准的利用国家计划委员会装备投资或世界银行贷款兴建的国家重点实验室验收通过后，必须实行开放；在建的国家重点实验室具备开放条件的，经过批准，也实行开放。

第三条 开放研究实验室是根据国家科学技术、经济、社会发展需要，统一布点兴办的国家或部门层次的科学研究和培养高层次人才的机构。

第四条 开放研究实验室的基本任务是：创造良好的科学研究条件和学术环境，吸引、聚集国内外优秀学者及博士研究生，在科学技术的前沿领域开展高水平的基础性研究，促进新兴、交叉学科的形成和发展，培养、造就高层次科学技术人才。

开放研究实验室的发展目标是办成代表国家水平的科学技术中心和培养高层次人才的基地。

第五条 开放研究实验室以研究工作开放为主，同时实行仪器设备、设施及技术、图书资料、软件等条件的开放。

第六条 开放研究实验室由国家教育委员会统一领导，日常管理工作按隶属关系归口进行管理。

第二章 开放条件和审批程序

第七条 开放研究实验室必须具备下列

条件：

（一）研究方向明确，意义重大，在学科发展的前沿或有广泛应用背景的领域开展研究，近中期目标清楚，具有特色；

（二）科学研究成绩突出，在本领域居国内领先地位，能承担国家、行业和地区的重大科学技术研究任务；

（三）培养研究生优势与特色明显，并有突出成绩，能承担一定数量高层次人才培养任务；

（四）有能坚持正确政治方向、学术造诣较深、管理能力较强、学风正派、勇于开拓的学术带头人，有优秀的中青年骨干力量及与研究、教学工作相适应的实验技术队伍，各类人员结构基本合理；

（五）有一定数量具有当代世界先进水平的、经过国家技术监督部门认证符合计量标准的仪器设备和相应的实验辅助器材；

（六）管理水平较高，规章制度健全，有良好的实验房舍设施及供水、供电、供气、通讯、图书资料等物资支撑条件与学术环境。

第八条 高等学校中的国家重点实验室经国家验收后开放。具备开放条件的其它实验室，由学校提出申请，按程序报国家教育委员会批准作为部门开放研究实验室开放。并报国家计划委员会、国家科学技术委员会备案。

第三章 研究工作与人才培养

第九条 开放研究实验室主要开展基础性研究，应设立开放基金，公开发布基金指南，由国内外学者自由申请，经开放研究实验室学术委员会评议，择优支持。

在一个自然年度内，开放研究实验室的客座研究人员，不得少于固定专职研究人员总数的一半，开放课题要占一半左右。

第十条 开放研究实验室开放运行费主要通过竞争从国家科学技术委员会管理的“重点开放实验室运行补助费”取得；开放课题费主要由国家、部门和学校支持解决；一般研究经费应通过承担国家、部门、地区的研究课题解决。

鼓励外单位人员自带课题、经费来实验室从事研究工作。

第十一条 开放研究实验室资助的课题经费，按项目立帐，由课题申请人按预算计划安排使用。

基金开支的范围是：

（一）研究工作需要的材料费、小型配套设备购置费、仪器租用费、测试费、加工费以及水、电、气消耗费等；

（二）客座研究人员来室工作的津贴、交通及住宿补贴费；

基金课题完成后要及时决算。

对开放研究实验室的基金课题要定期检查，不能按期完成研究计划的课题可缓拨、减拨或停拨资助经费。

第十二条 基金课题的成果由开放研究实验室学术委员会进行评议。成果由开放研究实验室和研究者所在单位共享（或按协议分享）。申报奖励、发表论文要注明开放研究实验室和研究者所在单位名称，并将复制本送开放研究实验室。自带经费的课题成果归本单位所有，申报成果时须注明开放研究实验室名称。课题成果评审、鉴定后，总结、学术论文及原始资料等应立卷，交开放研究实验室存档。

第十三条 博士生、博士后教师及专职科学研究人员、技术人员通过申请开放基金，开展课题研究，提高水平。

第四章 管理体制与职责

第十四条 国家教育委员会负责对其批准的高等学校开放研究实验室实行归口管理。实验室的建设规划及工作目标的论证、建成后的验收、评估工作由国家教育委员会科学技术司牵头负责组织指导。建设过程中及日常管理工作中涉及人事、基本建设、技术管理与条件、财务、外事等各项工作分别由国家教育委员会的人事司、计划建设司、条件装备司、财务司、国际合作司负责指导并帮助解决实际问题。博士生的培养工作由高等教育司负责检查与指导。日常的办事机构是科学技术司。

第十五条 有关高等学校的主管部门在国家教育委员会的指导下，领导和管理所属高等学校的开放研究实验室。其主要职责是：受托组织国家重点实验室评议、建设验收；负责部门开放研究实验室的评议、审批；聘任开放研究实验室学术委员会主任和实验室主任；对开放研究实验室的发展方向和开放工作进行指导、监督、检查；核拨专职科学研究编制；帮助实验室筹措资金，改善研究条件。

第十六条 开放研究实验室是依托于学校的相对独立的科学技术研究与高层次专门人才培养基地，享受校内系、所级研究机构或校中心实验室待遇。依托学校对开放研究实验室开放目的、目标的实现负有重要责任。其职责是：对行政、政工、人事、外事工作实行领导；对实验室的业务工作进行指导、监督；对国有资产归口进行管理；对财务工作进行审计、监督；对投资效益进行评估；筹措资金，改善工作条件，提供业务和生活后勤保障；督促开放研究实验室在年终向国家教育委员会和主管部门报告工作。

第十七条 开放研究实验室设立学术委员会，负责审议开放研究实验室的研究方向、基金指南及基金课题，决定学术方面其它重大事宜。学术委员会委员由学校遴选，报学校上级主管部门同意后，由校长聘任。学术委员会主任经民主协商，报上级主管部门聘任。学术委员会正副主任要有1/3以上由校外人员担任，校外兼职人员要有足够的时间参与开放研究实验室管理工作。学术委员会中所在学校的委员不得超过委员总数的1/3。几个单位联合建设的开放研究实验室，联合单位的委员不得超过委员总数的1/2。学术委员会任期一般为3年，每次换届更换的人数不得少于1/4。

第十八条 开放研究实验室实行实验室主任负责制，对实验室的行政工作、科学研究、博士研究生教育、专职人员聘任、学术交流、资产、技术管理、环境安全、财务等实行统一管理。实验室主任的年龄一般不超过60岁，可以从国内优秀科学家中遴选，由学校报上级主管部门聘任；实验室主任在任职期间外出超过半年以上，依托学校应及时报学校主管部门指派人员代理或调整；副主任由实验室主任提名，报校长同意后聘任。实验室正副主任任期一般为3年，可连续聘任，但不得超过3届。

第十九条 开放研究实验室的依托学校和上级主管部门要为开放研究实验室配备必要的专职人员，用于建立技术等级与年龄结构层次合理的实验技术队伍和精干的研究队伍。

开放研究实验室可设立办事机构，或与系、所联合设立办事机构，聘任行政、学术秘书（可兼职），协助实验室主任处理日常事务。

第二十条 开放研究实验室的职责是：按照国家教育委员会各业务归口司局的管理条例、制度的有关规定，负责开放课题及经费管理、仪器设备管理；安排开放后勤工作；组织学术交流；执行各项规章制度并检查执行情况；按期报送年度总结与年度统计；配合上级有关部门完成评议、验收、评估等工作。

第五章 附 则

第二十一条 有关高等学校的主管部门及高等学校自行批准开放的实验室，可参照执行。

第二十二条 本办法由国家教育委员会负责解释。

第二十三条 本办法自发布之日起施行，国家教育委员会（87）教技字013号文下发的《国家教育委员会关于高等学校开放研究实验室暂行管理办法》即行失效。

□国务院批转国家教委、国家科委关于加强高等学校科学技术工作意见的通知

（1991年9月30日）

国务院同意国家教委、国家科委《关于加强高等学校科学技术工作的意见》，现转发给你们。这一文件总结了党的十一届三中全会以来高等学校科技工作的基本经验，提出了今后五至十年高等学校科技工作的指导方针、奋斗目标、主要任务和应当采取的重大措施，请结合本地区、本部门的实际情况贯彻执行。

国家教委、国家科委关于加强高等学校科学技术工作的意见

(1991年8月6日)

党的十一届三中全会以来，高等学校科学技术工作取得了很大成绩，在各项建设事业中发挥了重要作用。九十年代是我国社会主义现代化建设的关键时期，高等学校要认真贯彻党的十三届七中全会的精神，为实现国民经济和社会发展十年规划和“八五”计划的奋斗目标做出重大贡献。为此提出以下意见：

一、进一步提高认识，切实加强高等学校科学技术工作

高等学校担负着培养高级专门人才和发展科学技术的重大任务，已经成为我国科技事业一个重要方面军。不仅是基础性研究与高技术研究的一支主力，也是科技攻关、引进项目消化吸收、传统产业技术改造和高技术产业开拓中的重要力量。培养人才是高等学校的根本任务，科技工作是培养高级专门人才的一个重要手段，是高等教育不可缺少的有机组成部分，师资水平的提高，学科内容的更新，交叉、新兴学科的形成，都有赖于科技工作的开展。学生参加科技活动是引导他们了解国情、联系实际、参加社会实践的重要途径，不仅可以提高他们的科学素质和分析、解决实际问题的能力，还有助于进行思想道德教育。高水平的科研是高层次人才培养的基础，没有这个基础就不能解决立足国内培养的问题。各级政府部门要十分重视高等学校的科技力量，认真部署，关心和支持他们的工作，充分发挥其作用。高等学校必须高度重视科技工作，把它作为一项基本任务，精心组织，妥善安排，因校因地制宜地逐步开展，以不断提高培养人才质量和促进经济、科技与社会发展。

二、坚持党的基本路线，认真贯彻高等学校科学技术工作方针

高等学校科技工作要坚持党的“一个中心，两个基本点”的基本路线，认真贯彻“经济建设必须依靠科学技术，科学技术工作必须面向经济建设”和“教育必须为社会主义建

设服务，社会主义建设必须依靠教育”的战略方针。要根据国家总体部署，把高等学校大多数科技力量有效地组织到为国民经济服务的主战场，同时保持精干力量稳定持续地进行基础性研究和高技术研究；要实行教育、科技、生产三结合，加强与产业部门和研究单位的合作联系；要坚持改革开放，重视国内外的科技交流；要从实际出发，有计划、有重点、分层次、分类型安排科技工作，既要重视开拓性创造，攀登科学技术高峰，又要重视推广应用；要充分发挥科技人员的积极性，发扬自力更生、艰苦奋斗、团结协作、无私奉献的优良传统和爱国主义精神。这些都是长期以来高等学校科技工作的基本经验，也是今后应当继续坚持的工作方针。

三、根据国家需要和高等学校实际，确定今后十年科学技术工作的主要任务与发展目标

高等学校开展科技工作的基本任务是促进经济发展和提高科技水平与高等教育质量。今后十年，要加强联合，发挥优势，深化改革，增加投入，提高水平，加速成果转化，根据国民经济和社会发展十年规划和“八五”计划纲要，确定高等学校科技工作的任务与目标。总的设想，到本世纪末，要基本形成适应我国社会主义现代化建设需要，体现高等学校特色和优势，结构合理的科技工作总体布局，并建立良性循环的运行机制；解决一批经济建设、国防建设及社会发展中急需解决的重大科技问题，大力开展科技成果推广应用工作，使之转化为现实生产力，取得明显效益，并为长远发展作好储备；为国家培养输送一大批政治、业务素质良好的科技人才，造就一批年富力强的学科带头人；办好一批重点大学、重点学科，建设好一批先进教学科研基地，使博士生培养立足国内，一些科技领域进入世界先进行列。

各高教主管部门和高等学校都要从实际出发，制订好今后五至十年的科技工作规划，明确各自的主要任务和奋斗目标。不同教育层次、不同条件的学校在科技工作安排上应各有侧重，逐步形成特色。重点学科比较集中、研究生培养任务重，教学科研基础好的高等学校，要切实办成既是教育中心，又是科学研究中心，成为承担国家重大科技任务和培养高层次人才的主力，在提高我国科技水平与高等教育质量中起带头作用。一般本科院校也要积极开展科技工作，主要为地区经济建设和各行各业发展服务，争取在某些学科领域逐步形成自己的特点和优势，成为先进的教学科研基地。高等专科学校与新建本科院校主要进行科技推广服务工作，根据需要与条件可能，也应积极开展应用开发工作。科技力量能组织到重点攻关、高技术和基础研究项目中的是少数，大多数要投入经济建设急需的开发和推广应用。新建的学校要首先把教学搞好，科技工作不能要求过急，应根据实际情况，逐渐创造条件，稳步发展。

四、广泛动员高等学校科学技术力量，积极投入为国民经济服务的主战场

要进一步调动高等学校广大科技人员的积极性，面向生产应用第一线进行研究开发，为经济发展奉献力量。

各高等学校都要为振兴本地区经济建设服务，积极承担地区经济发展中急待解决的科技任务。各地高教主管部门要积极会同有关方面，组织高等学校为各行各业发展服务。

要认真贯彻党中央、国务院关于科技、教育兴农的指示，不仅农业院校，所有高等学校都要根据各自特点，为振兴农业做出贡献。要把“燎原计划”、“星火计划”、“丰收计划”结合起来，促使农村经济发展转移到依靠科技进步和提高劳动者素质的轨道上来，形成持续发展能力。在普遍开展为农业服务的同时，还要有选择地兴办一批试验县和乡，争取在全国形成一批向农村辐射科学技术的群网。

各级教育、科技主管部门要会同有关部门把高等学校优势力量组织起来，联合生产应用部门与科研单位，齐心协力抓好一批关系经济发展全局、综合性、前沿性的重大科技问题，以使我国某些产业的生产技术上一个台阶，产品质量上一个档次，并配合“火炬计划”办好一批在国际上有竞争力的高技术产业。

科技攻关是直接为经济建设服务的一项重大科技计划，高等学校要积极参与，做出较大贡献。

五、组织精干队伍，稳定持续地进行基础性研究和高技术研究

要充分发挥高等学校在基础性研究和高技术研究中的主力军作用，由于这类科研需要高水平人才稳定持续地进行，根据我国实际，在工作部署上宜相对集中，一般应以博士学科点为基本力量，形成一支精干的、布局和结构比较合理的科研队伍。

在计划安排上，要点面结合，分层次进行。抓好一批基础性研究和高技术研究的重点基地与重点项目，在经费和其他条件上优先保证，强化支持，使其能稳定持续地开展工作，以期取得突破或重大发展。同时对其他确有新思想、新苗头的研究工作也要重视并给予一定支持。

“八六三”计划是跟踪世界高技术前沿的国家重大科技计划，它与人才培养、学科发展关系十分密切。有条件的高等学校要积极争取承担任务，并注意及时将研究成果向生产应用转移。

六、大力加强科学技术成果推广应用，努力提高经济和社会效益

近几年来，高等学校科技成果推广应用虽有明显进步，但仍是薄弱环节。要从政策上予以推动，职称晋升应鼓励开发和推广应用；在力量部署和运行机制上要进行适当调整，并积极开拓资金渠道和转移途径，各级政府部门和有关方面应予大力支持，逐步形成科技成果转化为生产应用的良好环境与政策制度。

要继续办好杭嘉湖绍科技开发试验区。同时再选择不同类型地区，与地方政府合作，联合创办多种形式科技开发试验区。还要在条件适合的地区，科研实力雄厚的高等学校周围，与地方政府联办几个科技园区。这些开发区和园区，都要以科技成果转化为生产应用、促进经济社会发展为主要目的，同时也为学生参加科技活动和生产实践开辟新的场所。

创办高科技校产，既是为经济建设服务，又是一项重要改革。有条件的学校要扬长分流，组织部分人员，积极而又有选择地自行创办或与国内外企业联办科技企业，并根据其特点，实行与教学、科研不同的管理体制。有关政府部门要给予鼓励与支持。校办科技产业要有雄厚的研究开发力量作后盾，长期坚持不懈地逐步发展，努力创新，能不断推出新技术、新产品，保持高水平、高效益；必须与办学方向符合，尽可能为教学科研服务，发挥实践基地作用。

高等学校的重要科技成果，要积极争取纳入各级政府的成果推广计划。国家教委要在银行及其它有关部门支持下，利用贷款和筹集到的贴息资金及风险投资，有计划地抓好一批成果推广应用项目，推进科技成果商品化、产业化，促使形成一批有竞争力的新兴产业，用新技术改造一批传统产业。

七、统筹规划布局，集中力量办好一批重点教学科研和教师进修基地

根据《中共中央关于教育体制改革的决

定》提出的建设重点学科的要求，国家教委将会同有关方面共同规划、部署500个左右重点学科点的建设，在“八五”期间，利用世界银行贷款和其它渠道资金，给予程度不同的支持。各学科点都要认真规划，落实任务，搞好队伍建设，争取多方支持，改善工作条件。这些学科点要努力成为本领域培养高层次人才和科学研究的“国家队”。各省、自治区、直辖市和国务院各部门在共同扶植全国统一布局的重点外，还可根据需要与可能，有计划地建设自己的重点学科。

在基础性研究方面，要集中力量办好一批重点开放实验室。“八五”末期，建成100个左右国家重点实验室，50个左右部门或地区重点实验室。这些实验室都要面向社会开放，实行开放、流动、联合，引入竞争机制。各有关主管部门和学校要采取切实有效措施，把它们办成具有国内一流水平，在国际上也有一定影响的教学科研基地和学术中心。

为进一步适应培养经济部门需要的新型技术人才的要求和提高解决经济建设中重大综合性科技问题的能力，要在高等学校择优选点，逐步建设一批工程研究中心。这类中心要办成多学科结合、育人与科研并举、同产业界密切合作与联系的、以开展工程基础研究和综合性关键技术开发与试验为重点的、具有较强自我发展能力的新型基地。它应面向行业，源源不断地向社会扩散与辐射新知识、新技术、新方法，输送与培训新型技术人才。国家教委将会同有关方面制订今后五至十年的发展规划，并通力合作，分期分批实施。

八、重视科技队伍建设，抓紧培养造就年轻一代学科带头人

高等学校广大教学科研人员是国家的宝贵财富，是一支可以信赖和依靠的力量。要尊重知识，尊重人才，尽力改善他们的工作和生活条件，充分发挥他们的作用，重视和关心他们的成长，鼓励他们与实践结合，与工农结合，掌握马列主义、毛泽东思想的认识论与方法论，不断提高思想政治水平和业务工作能力。

目前，相当部分学科点面临人才新老交替和队伍结构不尽合理的问题。尽快造就一批能坚持社会主义方向、学术造诣深、学风好，且善于团结人的新一代学科带头人已是当务之急。各级教育主管部门和高等学校要作为一项紧迫的战略任务来抓，采取有力措施，为年轻拔尖人才脱颖而出创造条件。争取本世纪内，造就数百名国内外有影响的年轻学科带头人。同时还要尽快改善学科队伍结构，充分重视实验技术队伍建设。

现在，各地都有一些教学科研集体，工作开展得好，思想政治工作强，中青年成长也快，富有凝聚力和活力。要总结推广他们的先进经验。

九、争取多种渠道支持，增加高等学校科学技术工作的投入

要逐步改变高等学校科技力量与承担任务不相称、任务与经费不相称的局面。在发展与改革中，促进体制趋向合理，使高等学校的科技工作能更多地纳入国家、行业、地区等各个层次科技计划。“八五”期间承担的任务与得到的经费要比“七五”计划有较大增长。

较大幅度增加对高等学校基础性研究的投入。拨专款资助重点开放实验室，以维持正常运转与开放。逐年增加高等学校博士学科点专项科研基金，争取“八五”后期有较大增长，要适当增加自选课题经费，用于资助有新思想、新苗头而尚未得到基金资助的课题。特别是基础性研究实力雄厚的少数重点大学，应给予较优厚的事业费支持。

十、加强高等学校科学技术工作的领导与管理，进一步深化体制改革

各级高教和科技主管部门要会同有关部门加强对高等学校科技工作的领导和管理。认真贯彻党和国家的方针政策；制定规划，做好协调工作；组织重大项目联合研究开发；为学校科技工作疏通渠道，提供服务；组织国际合作与学术交流，促进横向联系；总结交流经验，制定规章制度，改进管理工作。国务院有关部门和省、自治区、直辖市高教主管部门，除直接管理本系统高等学校外，还应把组织其他高等学校为本行业、本地区发展经济服务作为一项重要工作。

随着事业的发展和改革的深入，高等学校科技管理工作任务日趋繁重。各校及主管部门要保证科技管理所必须的力量，抓好管理队伍建设，提高管理人员政治、业务素质和管理水平，并妥善解决他们的职称和待遇问题。

科技统计工作是对科技活动定量认识的主要手段，是制定政策、编制规划与计划、提高管理水平的基础和前提条件。省、自治区、直辖市高教主管部门和高等学校都必须充分重视这项工作，安排相对稳定的专人负责，确保统计数据的准确性和真实性，使科学管理和决策建立在坚实的统计基础上。

以推动科技成果商品化、产业化为基本宗旨的技术推广、成果转让、科技咨询、设计与试制、中间试验等科技开发服务工作，是高校研究与发展工作的延伸，是科技工作的重要组成部分，是当前要着力加强的一部分工作，在一般情况下，应由学校科技（研）处统一归口管理。对于设立校办产业管理处的学校，在科技产业管理方面，要与科技（研）处密切配合，相互支持，协调工作。

要完善奖励制度。对在各类科技工作中做出突出贡献者，都应给予相应的表彰和待遇。目前对于从事实验技术工作、成果推广应用和科技管理的人员，还缺乏应有的鼓励措施，要认真研究，建立合理的制度。

原有体制遗留的不合理现象要在发展与改革中逐步解决，形成合理布局和平等竞争的环境，完善投资政策和分配制度。

高等学校应坚决贯彻党中央的路线、方针，同全国人民一道，沿着建设具有中国特色的社会主义道路奋勇前进。要发扬成绩，克服困难，振奋精神，厉志图强，为实现我国现代化建设的第二步战略目标做出应有的贡献。

□关于教师编写教材若干问题的暂行规定

（1991年11月19日国家教育委员会发布）

1978年以来，为了全面加强我国高等教育各类专业的教材建设，原教育部和国家教育委员会制订了许多有关教师编写教材的政策性的措施，在《关于高等学校教材工作若干问题的通知》及《高等学校教材工作规程（试行）》等文件中，均有比较明确的规定。但由于这些政策，在相当一部分高等学校中未认真贯彻执行，加之教材稿酬标准偏低，出版遇到新的困难，都严重影响了教师编写教材，特别是教学经验丰富、有学术造诣的教师编写高水平教材的积极性。

为了充分调动教师编写教材的积极性，鼓励和支持教师编写高质量的教材，完成教材建设任务，现就有关问题规定如下：

一、凡教师承担国家教委、国务院各有关部门统一规划教材的编写任务和列入学校计划的教材（包括学校规划讲义）编写任务，学校应对其编写时间提供充分保证，并相应地减少其额定教学工作量，具体折算办法可由各校按实际情况规定。凡未制定教材编写折算工作量具体办法的学校，均应尽快制定。对教师在教材编写过程中所需的资料收集、调查研究及誊写、复印等工作条件，学校也要切实予以支持。

对担任国务院各有关部门课程教学指导(或教材编审）委员会委员及正、副主任委员，正、副组长和秘书的教师，可视其在课程教学指导（或教材编审）委员会中承担的实际工作量，酌情减少教学工作量。各有关学校对教学指导委员参加委员会组织的会议的旅差费要予以解决。

二、高等学校要采取措施鼓励教师积极参加教材建设，教师编写的教材、讲义，应作为教师职务评聘中要求的教学成果或科研成果送审。

要正确对待教学成果及教材建设成果在评聘高级教师职务中的作用。高水平的教学成果及教材建设成果，是评聘教授、副教授的重要条件。

三、关于教材的稿酬标准及其分配。

1.教材的稿酬标准按国家版权局1990年7月1日公布的各类图书稿酬新标准执行。教材的稿酬标准也应遵循优质优酬的原则，纠正有意压低教材稿酬标准的倾向。

2.各出版社及编辑部不得以任何理由、任何方式，从作者的稿酬中扣留。一经发现，应严肃处理。各校要从加强教材建设工作的大局出发，对编写教材的教师实行优惠政策，保证教材稿酬原则上归编译者本人，纠正层层扣留教材稿酬的现象。

凡由出版社提出或同意约请专人审阅教材书稿的审阅费，均由出版社付，不得从作者稿酬中扣留。编者在交稿前请人审阅的，由编者自行酬谢。

3.各校自编的讲义，可按学校实际情况，给编者适当数额的一次性补助，以资鼓励。

四、依法保护教材和讲义的著作权。

各级教育行政部门及各高等学校都要重视教材、讲义的著作权保护。要教育教师和科技人员，注意职业道德，尊重他人的知识成果和著作权。凡发现抄袭及剽窃他人知识成果的违法行为，均按《中华人民共和国著作权法》严肃处理。

五、建立并进一步完善教材的评奖制度。

1.国家教育委员会将坚持四年一度的全国优秀教材评奖制度，进一步完善和改进评奖标准及办法，各部门、各级教育行政部门及各重点高等学校，均应建立相应的教材评优奖励制度，给予荣誉和物质的奖励。适当提高奖励标准，与同级科研成果奖、教学成果奖同等对待。

2.凡获得国家级、部级、省级及校级奖励的优秀教材，应作为教师晋升职务的依据之一。

□关于普通高等教育教材编审出版选用若干问题的暂行规定

(1991年11月19日国家教育委员会发布)

十多年来，我国高等教育各科类教材建设，总的来讲发展是健康的，取得了明显的成绩。但是，近几年来普通高等教育各科类教材的编审、出版及选用方面出现了一些值得重视的问题，内容缺乏特色，质量较差的教材重复编写出版相当严重。尤其是部分地区出现的多人自愿联合，协作编写，凑足一定印数，资助出版，分摊包销使用的教材，质量问题更多。少数出版社片面追求经济效益，对教材质量把关不严。相当多的高等学校对教材的择优选用缺乏必要的指导和管理，甚至放任自流，致使一些质量不高或者质量低劣的教材（包括讲义）在教学中被选用。这些混乱现象已经给教学质量带来一定影响。为实现“八五”期间教材建设规划纲要提出的全面提高教材质量的要求，保证教学质量的不断提高，需要对普通高等教育各科类教材的编审、出版及选用加强宏观管理与指导，以利教材建设的健康发展，特制定本暂行规定。

一、国务院各有关部门要加强对口专业教材工作的指导和管理。

1.国务院各有关业务部门在国家教委的统一指导、部署下，要按照专业对口的原则，有领导有计划地做好分工负责的各科类教材编审出版及现有教材（包括统一规划及自编教材）的评价及教材选用的指导和管理工作，组织教学指导（或教材编审）委员会的专家教授和其他专家，对各专业主干课程的教材进行评价，为高等学校提供教材选用的依据，并促进教材质量的提高。

2.要加强对部属出版社的指导和管理，集中力量出好本部门分工负责专业的统一规划教材，原则上不出版编审出版分工以外的自编教材。

3.要加强对所属大学出版社的管理与教材选题的指导。要按照国家教委的有关规定，优化教材选题，指导大学出版社作好教材选题规划。必要时各部门另请专家审稿，把好教材质量关，坚决压缩无明显特色的重复品种。

4.国务院各部门统一组织规划编审出版的教材，在封面左上角标印“普通高等教育×××类规划教材”标志，各种非规划教材一律不得印此标记。

二、各地方教育行政部门要加强本地区教材建设的指导和管理。

1.根据国家教委颁发的《高等学校教材工作规程（试行）》及国家教委有关教材建设工作的文件精神，要加强对所属高等学校教材编审、出版及选用的指导和管理，切实保证出版教材的质量。指导学校选用好教材，不得用任何方式限定高等学校订购本地区编审出版的教材，实行地区“保护”。采用多种方式有计划地组织所在地区高等学校进行教材编审、出版及选用的经验交流。

2.会同省、自治区、直辖市出版管理部门作好本地区出版社（包括省属院校出版社）教材选题的审批，防止低质量重复品种教材的出版。

三、高等学校的教材建设是高等教育教材建设的基础，学校的领导要提高对教材建设工作地位和作用的认识，加强教材工作的领导和管理，全面贯彻《高等学校教材工作规程（试行）》及有关方针、政策。

1.要发挥本校学科优势，组织学术造诣深、科研成果显著、教学经验丰富的教师编写高质量的教材。不具备编写新教材的专业，应积极选用校外高质量的教材。新编教材应先印成讲义在教学中试用，待较为完善后再推荐正式出版。各高等学校要正确处理自编和选用教材的关系，不要片面强调本校教材的自给率（或自成体系）。

2.为保证教学质量，各高等学校应加强对教材选用的指导和管理，坚持择优选用的原则，优先选用优秀教材和各部门统一规划组织编审的教材。

3.各高等学校首先要保证完成国家教委及国务院各有关部门规划教材的编写任务，对承担编审任务的教师，给予各方面的支持，提供必要的工作条件。

4.各高等学校要加强对自编教材的管理和指导。教师个人编著或与校外合作编著的教材，如以本校教学为目的，需向本校申报，纳入学校统一规划。各学校要对本校统一规划的教材选题及内容质量进行严格审核，对无明显特色，内容与已出版的教材雷同，质量一般的，不应列入规划。凡需正式出版的教材，均应写成讲义，经过教学试用阶段（至少使用两届），经修改后才能交出版社审稿出版。

5.教师使用完教材后要及时填写教材使用情况表，由教务部门收集后寄送分工负责本教材规划部门或出版社，作为教材修订的依据。

四、各级各类出版社任何时候都要把教材的质量和社会效益放在首位。

1.教材的选题要按照国家教委和新闻出版署的有关规定进行申报审批。各地方出版社的教材选题都要经所在省、自治区、直辖市教育行政部门审核。各高等学校出版社的教材选题都要经学校教材委员会或教务部门审核同意后，向所属上级主管部门申报审批。

2.凡享受国家“大中专教材出版亏损补贴”以及各部委统一规划的各科类教材，一律不得以任何方式向作者或学校及下达任务的部委收取资助或要求包销，如经发现，有关主管部门要严肃处理，并追回或扣发教材亏损补贴。

3.各部委统一规划的教材，未经有关规划部门和出版社同意，一律不得转到其他出版社出版。已承担国务院各部门统一规划教材出版任务的出版社，要明确责任，保证按时出版，课前到书，不得中途借口拒绝完成出版任务。

4.按新闻出版署关于协作出书的有关规定精神，教师个人或数人联合编写的教材，不能以“协作出版”的名义或方式出版。凡出版的教材都要经发行部门发行供应，不能以任何方式要作者包销，各高等学校教材管理部门都有权拒绝接受包销的教材。

5.正式出版使用的教材一般每4至5年要修订一次。对那些教学使用效果差而无修订价值的教材，应予淘汰。

五、保护教材著作者的著作权益。

对剽窃教材原有版本（包括讲义）内容以及侵犯与著作权有关权益的行为，要依据《中华人民共和国著作权法》的有关规定进行处理。

六、本规定自发布之日起实行。

职业技术教育部分

□国务院关于大力发展职业技术教育的决定

（1991年10月17日）

党的十三届七中全会再次提出要大力发展职业技术教育，为了认真贯彻落实这一决策，特做如下决定：

一、高度重视职业技术教育的战略地位和作用

90年代是我国社会主义现代化建设非常关键的十年。进一步发展教育事业，推动科技进步是实现第二步战略目标并为下世纪经济和社会发展奠定基础的迫切需要。职业技术教育的规模和水平影响着产品质量、经济效益和发展速度。发展职业技术教育，不仅是提高劳动者思想道德和科学文化素质、实现社会主义现代化的一项具有战略意义的基础建设，而且对于进一步巩固以工人阶级为领导的工农联盟为基础的社会主义制度具有特殊重要的意义。因此，必须坚定不移地把教育事业摆在优先发展的战略地位，必须高度重视和大力发展职业技术教育。

党的十一届三中全会以来，特别是《中共中央关于教育体制改革的决定》公布以来，我国的职业技术教育有了很大发展。到1990年底，各类职业技术学校已发展到16000多所，在校生超过600万人，同时全国建有就业训练中心2100余所，每年培训待业人员90多万人；高中阶段各类职业技术学校和普通高中的招生数之比已接近一比一，中等教育结构单一的状况有了较大改变。

但是，目前我国的职业技术教育无论规模、规格和质量都还不能适应经济建设和社会发展的需要，在整个教育事业中仍然是很薄弱的环节。社会上乃至一些部门和地方的领导中还存在着鄙薄职业技术教育的现象；职业技术教育的有关法规和配套政策不健全，管理体制尚待进一步理顺，资金投入不足，办学条件差，支持职业技术教育发展的服务体系很薄弱；教育内部的改革和建设亟需加强，高水平的示范性骨干学校数量还太少，职业技术教育的专业设置和专业结构有些方面与社会需要结合得不够紧密等。这些困难和问题亟待认真研究解决。

因此，国务院要求各级政府和有关部门、广大教育工作者及社会各方面，从国家的全局和民族的未来出发，进一步提高对职业技术教育战略地位和作用的认识，采取有力的措施，齐心协力地大力发展职业技术教育。

二、积极贯彻大力发展职业技术教育的方针

（一）根据未来十年我国经济、社会发展的需要，在90年代要逐步做到：使大多数新增劳动力基本上能够受到适应从业岗位需要的最基本的职业技术训练，在一些专业性技术性要求较高的劳动岗位，就业者能较普遍地受到系统的严格的职业技术教育；初步建立起有中国特色的，从初级到高级、行业配套、结构合理、形式多样，又能与其他教育相互沟通、协调发展的职业技术教育体系的基本框架。

（二）90年代发展职业技术教育的主要任务是：

——努力办好现有各类职业技术学校。要有计划地对现有各类职业技术学校加强规范化建设，并集中力量办好一批起示范和骨干作用的学校。要挖掘现有学校的潜力，扩大招生规模，特别是扩大中等职业技术学校的招生规模，使全国高中阶段职业技术学校的在校生人数超过普通高中的在校生人数。

——广泛开展短期职业技术培训。要办好各地的职业培训中心（包括就业训练中心，下同），在有条件的城市，还可试办层次较高和专业综合性较强的职业技术教育中心。各类职业技术学校也应积极承担短期培训任务。要根据各地教育的普及程度和经济发展水平，对小学后、初中后、高中后不能升学的青少年在从业前进行多种形式不同程度的短期职业技术培训。

——在普通教育中积极开展职业指导，因地制宜地在适当阶段引进职业技术教育因素，在不同阶段对学生实行分流教育。城市可在高三分流，对一部分人进行定向性的或预备性的职业技术教育。农村可根据各地的情况，分别采取“三加一”（即三年初中教育再加一年职业技术教育）、初三分流、四年制渗透职业技术内容或办职业初中等多种形式发展初中阶段的职业技术教育。

——重视并积极发展对在职人员进行职业技术培训的成人教育。在不改变现行管理分工情况下，各级政府和有关部门要统筹规划，加强成人教育与职前的职业技术教育的密切合作。

（三）要制定相应政策稳定中专，支持它们深化改革，办出特色，提高质量，积极发挥中等专业学校在同类职业技术教育中的骨干作用。要加强技工学校和职业中学的建设，改善办学条件，提高教学质量。积极推进现有职业大学的改革，努力办好一批培养技艺性强的高级操作人员的高等职业学校。为适应对外开放的要求，各类职业技术学校要积极培养国际劳务市场需要的各种从业人员。

（四）在广大农村地区，要积极推进农村教育综合改革，实施"燎原计划"，实行农科教结合，统筹规划基础教育、职业技术教育和成人教育，采取更灵活的方式大力发展职业技术教育。

（五）我国职业技术教育要走符合国情的发展路子。要坚持分区规划、分类指导，因地制宜地确定具体发展目标。要重视并积极帮助老、少、边、山、穷地区发展职业技术教育。

三、采取有力政策支持职业技术教育发展

（一）我国职业技术教育必须采取大家来办的方针，要在各级政府的统筹下，发展行业、企事业单位办学和各方面联合办学，鼓励民主党派、社会团体和个人办学；要充分发挥企业在培养技术工人方面的优势和力量。要发展电视、广播和函授职业技术教育。各类职业技术教育机构的设立、调整和撤销均应按国家有关规定和审批程序办理。

（二）各级政府、各级财政部门、各有关业务主管部门及厂矿企业等要从财力和政策上支持职业技术教育的发展，努力增加对职业技术教育的投入。各级各类职业技术学校的业务主管部门要根据财力可能和事业发展的需要，商同级财政部门，制定本地区、本部门（行业）职业技术学校的生均经费标准。在国家政策规定的范围内，各地各部门应采取多种措施，扩大职业技术教育的经费来源。除国家投资外，要提倡利用贷款，有关部门要为职业技术学校使用贷款创造条件，并鼓励集体、个人和其他社会力量对职业技术教育捐资助学。

（三）各类职业技术学校和培训中心，应根据教学需要和所具有的条件，积极发展校办产业，办好生产实习基地。提倡产教结合，工学结合。政府和有关部门要在起步资金、条件设施、产销渠道等方面给予支持。

非义务教育阶段的职业技术教育，可以收取学费，用于补充教学方面的开支。

（四）各级政府和有关部门应该制定有关法规，采取必要的行政和经济手段，有步骤地推行"先培训，后就业"的原则。首先在专业性技术性较强的行业实行，进而争取尽快做到：在城市，未经职业技术教育、达不到岗位规范要求的一律不得就业、上岗；在农村，企事业单位（含乡镇企业）招工、招干及从事技术性强的生产经营工作，必须经过相应的职业技术教育。今后，各单位招工、招干应首先从专业对口的各种职业技术学校毕业生中择优录用，在对口专业合格毕业生尚未全部录用的情况下，用人单位一般不另行从社会上招用人员。政府和有关部门对回乡参加农业生产的职业技术学校毕业生，在贷款、农用生产资料等方面给予扶持和优惠。

凡进行技术等级考核的工种，逐步实行"双证书"（即毕业证书和技术等级或岗位合格证书）制度。应把技术等级证书或岗位合格证书，作为择优录用和上岗确定工资待遇的重要依据。在农村完善农民技术人员职称评定制度，并视条件逐步实行农民技术资格证书制度。

（五）要在充分利用现有相应机构的基础上，逐步建立健全职业技术教育的研究、教材出版、信息交流、师资和干部培训等服务体系。中央和各地的报刊、广播电台、电视台等应加强对职业技术教育的宣传报道工作。

要充分发挥中国职业技术教育学会、中华职业教育社等有关社会团体的作用。要加强与世界各国和地区及有关国际组织的交流与合作。

四、加强职业技术教育的改革和基本建设

(一) 各级各类职业技术学校要把德育放在首位。坚持不懈地进行四项基本原则和国情教育，进行爱国主义、社会主义、集体主义及共产主义人生观等思想政治教育。要注意根据职业技术教育的特点，切实加强职业自豪感、职业道德和职业纪律的教育，坚持严格要求，反复实践，扎扎实实地提高学生的思想觉悟和纪律观念。

(二) 要面向社会实际需要，合理规划职业技术学校的布局和专业设置。在农村，要重视办好直接为农林牧业服务，特别是与发展粮棉油生产有关的专业，同时也要注意培养其他各种专业技术人才。专业设置要适应农村经济需要和农民生产经营体制。在城市，要根据国家产业政策加强技术工人的培养。同时，要积极办好适应城市商业和各类服务业发展需要的职业技术教育。城乡职业技术教育专业的布点一般应在地（市）范围内统筹规划。

(三) 要改革教学内容和教学方法，突出实践性教学环节，加强职业技能训练；教学安排中要注意增强适应性、实用性和灵活性；职业技术学校在加强德育和智育的同时，还要重视美育、体育和卫生教育，全面提高教育质量。

(四) 要积极稳妥地改革中等专业学校和技工学校的招生和毕业生分配制度。应按照国家计划分配、用人单位择优录用和个人自谋职业相结合的就业方针，面向城乡多种所有制的需要培养人才，根据专业特点，合理安排毕业生去向，特别是要打开中级技术人才通向农村的渠道。计划、教育、劳动、人事等有关部门应积极配合，推进这项改革。

(五) 大力加强师资、实验实习基地和教材等基本建设。本着培养和培训、专职和兼职相结合的原则，多渠道地解决职业技术教育的师资特别是技能教师来源问题。要建立职业技术教育教师、干部的轮训进修制度。要制定职业技术教育教师的任职条件，完善教师专业技术职务评聘办法，逐步实行教师资格证书制度，采取措施逐步提高职业技术学校教师的待遇。要抓紧职业技术教育的教材建设，尽快解决各类职业技术教育对教材的急需。各级政府和参与办学的部门、企事业单位必须认真解决职业技术学校实验、实习设备和校内外实习基地。企业应该积极接纳职业技术学校师生到厂实习。县一级政府要负责安排一定土地、山林或水面给农村职业技术学校做生产实习基地。

五、加强和改善对职业技术教育工作的领导和管理

(一) 各级政府及中央与地方的各有关部门要对职业技术教育分工负责。按照《中共中央关于教育体制改革的决定》，国家教育委员会负责掌握职业技术教育的大政方针，统筹职业技术教育的发展，协调各部门有关职业技术教育的工作，统一部署和指导职业技术教育的改革。国家计划、劳动、人事、财政等综合部门应按照职责分工，做好人才需求预测、经费来源、毕业生就业录用和有关职业技术教育管理等方面的工作。

(二) 发展职业技术教育主要责任在地方，关键在市、县。因此，地方政府有权对职业技术教育进行必要的统筹和决策。在中央统一的方针政策下，由地方政府统筹安排本地各类职业技术教育的布局、专业（工种）设置、招生、毕（结）业生就业安置及中、长期规划。上级各有关部门应支持地方政府的统筹和决策。部门办在地方的学校，在首先满足本行业所需人才的同时，也应积极为当地培养所需人才。提倡部门和地方根据需要联合办学。

（三）要重视发挥各业务部门在发展职业技术教育中的作用。各业务部门除办好所属职业技术学校外，还要对本行业范围内的各类职业技术教育在学校布局、专业（工种）设置、办学标准、教学要求、质量评估等方面进行指导和协调；在实验、实习、师资、设备、教材、考核标准等方面给予服务和帮助。

（四）各地和各部门要落实和加强对职业技术教育的管理。要进一步完善职业技术学校内部的管理体制。高等职业技术学校原则上实行党委领导下的校长负责制；中等和初等职业技术学校原则上实行校长负责制并充分发挥党组织的政治核心作用；要把校长负责、社会参与和教师职工、学生的民主管理监督有机结合起来。

（五）要制定各类职业技术学校的设置标准和评估标准，逐步建立职业技术教育的评估制度。要加强职业技术教育的法规建设，逐步使我国职业技术教育走上以法治教、科学管理的轨道。

（六）各级政府要把职业技术教育纳入当地经济和社会发展的总体规划，使经济建设真正转到依靠科技进步和提高劳动者素质的轨道上来。要建立干部责任制，把职业技术教育工作列入有关考评内容。领导干部要亲自抓典型，要经常深入教育第一线，帮助基层解决实际困难和问题。

要十分重视职业技术学校领导干部的配备，要选派既懂教育、又有一定生产经营管理能力的得力干部到职业技术学校工作。

各级政府和各有关部门应按照本决定的要求，认真落实规划，采取措施，争取在90年代使我国职业技术教育有更大的发展和提高，为实现我国社会主义建设的宏伟目标，奠定更坚实的基础。

成 人 教 育 部 分

□中等专业教育自学考试暂行规定

（1991年6月12日

国家教育委员会发布）

第一章 总 则

第一条 为建立和健全中等专业教育自学考试制度，根据国务院发布的《高等教育自学考试暂行条例》的原则，制定本规定。

第二条 中等专业教育自学考试（以下简称“中专自学考试”），是对自学者进行以学历考试为主的中等专业教育国家考试，是个人自学、社会助学和国家考试相结合的中等专业教育形式。它是自学考试制度的一个重要层次，同时也是我国中等专业教育的组成部分。

第三条 中专自学考试的任务是：通过国家考试促进个人自学和社会助学活动，推进在职专业教育和从业人员就业前的专业培训，造就和选拔德才兼备的中级专门人才，以适应社会主义现代化建设的需要。

第二章　考试机构

第四条　全国高等教育自学考试指导委员会（以下简称“全国考委”），在国家教育委员会的领导下，同时管理全国中专自学考试工作。

全国考委管理中专自学考试的职责是：

(1) 根据国家的教育方针和有关政策、法规，制定中专自学考试的具体政策和业务规范；

(2) 指导和协调各省、自治区、直辖市的中专自学考试工作；

(3) 对中专自学考试工作进行检查、监督和评估。

第五条　中专自学考试主要是地方性事业。省、自治区、直辖市高等教育自学考试委员会（以下简称“省考委”）同时管理本地区中专自学考试工作。省考委的组成，应有一定比例的中专学校领导和教师参加。

省考委管理中专自学考试的职责是：

(1) 贯彻执行中专自学考试的方针、政策、法规和业务规范；

(2) 制定本地区的专业开考规划，审定开考专业、指定专业指导学校或组建专业指导小组；

(3) 制定和审定开考专业的专业考试计划、课程自学考试大纲，组织编写有关自学用书和自学参考资料；

(4) 领导和组织考试工作，颁发专业合格证书和毕业证书；

(5) 指导社会助学活动；

(6) 组织开展中专自学考试的研究工作。

省考委的日常办事机构可同时负责中专自学考试工作。

第六条　省、自治区人民政府所辖市、地区，直辖市的市辖区高等教育自学考试工作委员会（以下简称“地市考委”）同时管理本地区中专自学考试工作。

地市考委管理中专自学考试的职责是：

(1) 负责报名、考场安排等考试的组织工作；

(2) 配合有关部门组织开展社会助学活动，做好课程自学考试大纲和自学用书的供应工作；

(3) 会同有关部门组织安排实践性环节的考核；

(4) 管理应考者的考籍档案，颁发单科合格证书；

(5) 负责组织对毕业人员的成绩复审和思想品德鉴定工作；

(6) 在省考委关于开考专业的规划和原则指导下，根据本地区的需要和可能，提出开考专业申请。

地市考委有关中专自学考试的日常工作，由当地教育行政部门负责。

第七条　专业指导学校由省考委遴选专业师资力量较强的全日制中专学校担任。专业指导学校在中专自学考试工作上接受省考委的领导。其职责是：

(1) 受省考委委托，拟定专业考试计划、课程自学考试大纲；

(2) 参与命题、评卷，负责实践性环节的考核；

(3) 对考试质量进行研究分析；

(4) 办理省考委交办的其他有关工作。

专业指导学校应设立中专自学考试办事机构。参照国家教委、劳动人事部（85）教职字008号文件精神，根据任务配备必要的专职或兼职工作人员，所需编制列入学校总编制内，不另行增加。

省考委根据需要建立的专业指导小组，行使专业指导学校的职责。其组成由省考委自行确定。

第三章　开考专业

第八条　中专自学考试应根据经济建设和社会发展的需要，人才需求的科学预测和开考条件的实际可能，设置考试专业。要防止单纯为了满足个人学历的要求，盲目设置考试专业。

第九条　开考专业应有保证专业开考的专业师资力量、相应的工作机构、必要的专职人员、经费和保证实践性环节考核的必要条件。

第十条　开考专业的考试质量标准，应在总体上保证与招收初中毕业生的全日制中专学校的同类专业相一致。

第十一条　开考新专业，应经过有关部门和专家论证。专业考试计划须经省考委批准并报全国考委备案，在开考半年前向社会公布。

第十二条　用人部门要求开考本系统所需专业的，可委托省考委组织办理。任何单位和部门不能自行组织中专自学考试。

第十三条　跨省开考专业，须经有关省考委审核同意。有些特殊专业，可实行省际协作和委托开考。

第十四条　停考专业须经省考委批准并报全国考委备案。

第四章　考试办法

第十五条　凡中华人民共和国具有初中毕业文化程度或经过严格考核确认具有同等学力的公民，不受性别、年龄、民族、种族的限制，均可参加中专自学考试。

第十六条　报考人员可自愿选择考试专业，但根据专业要求对报考对象作职业上必要限制的专业除外。

提倡在职人员按照学用一致，理论和实践结合的原则选择考试专业。

各级各类全日制学校在校生不得报考。

第十七条　报考人员应按本地区的有关规定，到省考委或地市考委指定的单位办理报名手续。

第十八条　中专自学考试的命题由省考委统一组织。试题（包括副题）及参考答案、评分标准启用前属绝密材料。

第十九条　中专自学考试以地区、市、直辖市的市辖区为单位设考场。有条件的，经省考委批准可在县设考场，由县教育行政部门负责。

第二十条　中专自学考试实行单科累计制度。课程考试合格者，发给单科合格证书。不及格者，可参加下一次该门课程的考试。

第二十一条　中专自学考试同时实行中专专业证书、单科合格证书制度。中专专业证书的标准，应在本岗位专业知识上达到全日制中专同类专业专业知识相应的水平，符合本职工作对干部专业知识方面的要求。取得专业证书者继续参加本专业学历考试，可以免考专业考试计划中已及格的相同课程。

第五章　考籍管理

第二十二条　中专自学考试的应考者，取得一科合格证书后，应建立相应的考籍档案，其考试成绩长期有效，各省、自治区、直辖市之间相互承认。

第二十三条　在籍应考者因户口迁移、工作变动或其他原因需要转考或转专业者，可按有关规定办理转考或转专业手续。

转考或转专业后，原专业考试合格并与新专业相同或相近的课程，要求相同或高于新专业课程的，不再重复考试；原合格课程比新专业课程要求低的，应重新考试。

第二十四条　经批准停考的专业，在籍应考者可转入相近专业继续考试。无相近专业，应考者可重新选择其他专业参加考试。免考课程，按转专业的有关规定办理。

第二十五条 中专自学考试应考者符合下列规定，可以取得毕业证书：

(1) 考完专业考试计划规定的全部课程，并取得合格成绩；

(2) 完成规定的实践性环节考核任务；

(3) 思想品德鉴定合格。

获得中专自学考试毕业证书者，国家承认其学历。

第二十六条 中专自学考试应考者的毕业时间，一般为每年的6月和12月。

第六章 毕业人员的使用与待遇

第二十七条 中专自学考试毕业证书获得者，在职人员可以当干部（技术人员），也可以当工人。可由所在单位或其上级主管部门，根据工作需要，本着学用一致的原则，适当安排。非在职人员（包括农民），可在用人部门需要并有增人指标的情况下，通过考试考核择优录用和聘用。

第二十八条 中专自学考试毕业证书获得者的工资待遇：获得中专自学考试毕业证书后，新招收录用为国家机关、事业单位的人员，当干部的，要有一年的见习期，见习期间的工资待遇及见习期满如何确定职务工资问题，按国发[1989]82号文件关于中专毕业生的有关规定执行；新招收录用为工人的，按国家对工人的有关规定执行。原为国家正式职工，获得毕业证书后仍在机关事业单位工作，原工资低于上述新招收录用人员工资标准的，可按新招收录用人员的工资标准执行，原工资高于新招收录用人员工资标准的，仍拿原工资。

第七章 考试经费

第二十九条 县以上各级所需中专自学考试经费，按照现行财政管理体制，在当地财政部门核定的教育事业费中列支。

第三十条 各业务部门要求开考本部门、本系统所需专业的，须向当地自学考试机构提供考试补助费。所需费用，从按规定提取的职工教育经费中开支，不足部分在自有资金或预算外资金中解决。

第三十一条 中专自学考试所收缴的报名费，应用于自学考试工作，不得挪作他用。

第八章 社会助学

第三十二条 国家鼓励企业、事业单位和其他社会力量，根据中专自学考试的专业考试计划和课程自学考试大纲的要求，通过电视、广播、函授等多种形式开展助学活动。

第三十三条 各种形式的社会助学活动，应接受当地自学考试机构的指导和教育行政部门的管理。为保证命题与辅导分开的原则，主考单位和命题人员不得举办或参与助学的教学活动。

第三十四条 中专自学考试辅导材料的出版、发行，应遵守国家的有关规定。

第九章 奖励和处罚

第三十五条 有下列情形之一的个人或单位，可由全国考委或省考委给予奖励：

(1) 参加中专自学考试成绩特别优异或事迹突出的；

(2) 从事中专自学考试工作，做出重大贡献的；

(3) 从事中专自学考试的社会助学工作，取得显著成绩的。

第三十六条 中专自学考试工作人员和考试组织工作参与人员有下列行为之一的，省考委或其所在单位取消其考试工作人员资格或给予行政处分：

(1) 涂改应考者试卷、考试分数及其他考籍档案材料的；

(2) 在应考者证明材料中弄虚作假的；

(3) 纵容他人实施上述舞弊行为的。

第三十七条 中专自学考试应考者在考试中有夹带、传递、抄袭、换卷、代考等舞弊行为以及其他违反考试规则的行为，省考委视情节轻重，分别给予警告、取消考试成绩、停考1年至3年的处罚。

第三十八条 有下列破坏中专自学考试工作行为之一的个人，提请公安机关或司法机关依法追究法律责任：

(1) 盗窃或泄露试题及其它有关保密材料的；

(2) 扰乱考场秩序不听劝阻的；

(3) 利用职权徇私舞弊，情节严重的。

第十章 附 则

第三十九条 本规定由国家教育委员会负责解释。

第四十条 省、自治区、直辖市教育行政部门可以根据本规定制定具体实施办法。

第四十一条 本规定自发布之日起施行。

□社会力量办学印章管理暂行规定

(1991年8月21日国家教育委员会、公安部发布)

第一条 为了保护社会力量办学的合法权益，加强对社会力量办学印章的管理，根据《国务院关于国家行政机关和企业、事业单位印章的规定》制定本规定。

第二条 本规定所称社会力量办学，系指具有法人资格的国家企业事业组织、民主党派、人民团体、集体经济组织、社会团体，以及经国家批准的私人办学者举办的各级各类学校和教育培训机构（包括在社会上独立设置的补习、辅导、进修等教育组织，以下简称学校）。

政府机关及其职能部门、法院、检察院等直接举办或间接举办的面向社会（本单位以外）招生的非学历教育学校的印章，也按本规定管理。

第三条 学校用印章行使规定范围内权力，履行规定范围内的职责，并对由其产生的行为后果承担法律责任。

第四条 学校须经所在地的县级以上（含县级，下同）人民政府的教育行政部门根据有关规定批准后，方可刻制印章。各级各类补习班、辅导班、培训班、进修班等，不得刻制印章。

第五条 学校刻制印章，必须持教育行政部门出具的证明，到所在地的县级以上公安机关办理审批手续，经批准后，方可到指定的刻字社或工厂刻制。

第六条 学校印章的样式、尺寸。

一、学校及其所属职能机构的印章一律为圆形。

二、高等学校印章的直径为4.2厘米，其所属职能机构印章的直径为4厘米。中等（含中等）以下学校印章的直径为4厘米，其所属职能机构印章的直径为3.8厘米。

三、各级各类学校钢印的直径一律为3.6厘米。

四、学校印章所刊名称自左而右环行，中心部位刊五角星或校徽。

五、学校职能机构印章自左而右环行学校名称，职能机构名称垂直于学校名称自左而右横向排列，中心部位一律空白。

第七条 学校及其职能机构的印章所刊名称、刻章枚数，须以教育行政部门出具的证明为准，其他组织和个人不得擅自变动。

第八条 印章印文使用宋体汉字和国务院公布的简化字。民族自治地区的学校印章，应并刊汉字和当地通用的民族文字。印章文字较多，不易刻制清晰时，可适当采用通用的简称。

第九条 学校不刻制外文印章，确需刻制外文印章的，由省、自治区、直辖市教育行政部门批准。

第十条 学校印章须报教育行政部门和公安机关备案，并由教育行政部门正式行文启用。

第十一条 学校应建立健全印章管理制度，由学校法人代表指定专人保管印章，使用印章应严格审批。

第十二条 学校更改名称，应将原印章交到批准办学的教育行政部门，刻制新印章按本规定执行。

第十三条 印章丢失，须向同意和批准刻制印章的教育行政部门和公安机关报告，并声明作废。刻制新印章按本规定重新申请。

第十四条 学校终止办学，须将学校印章及所属全部职能机构的印章交到批准办学的教育行政部门封存。

第十五条 学校被停办，由批准办学的教育行政部门收缴印章，对拒不交出者，由教育行政部门提请公安机关收缴。

第十六条 各级教育行政部门应对学校印章造册登记，留存印底；对收缴和学校呈交的印章，应报请公安机关予以销毁。

第十七条 对未经教育行政部门同意和公安机关批准，擅自刻制学校印章者，由公安机关处以500元罚款，并收缴其非法刻制的印章。

第十八条 对未经公安机关批准，私自承制学校印章的工厂、刻字社或个人，由公安机关按《中华人民共和国治安管理处罚条例》第二十五条第二项的规定予以处罚。

第十九条 丢失印章和违反规定使用印章，应追究保管人员和学校负责人的责任；造成严重后果的，依法惩处。

第二十条 各地可根据本规定制定具体实施细则。

第二十一条 本规定由国家教育委员会和公安部负责解释。

第二十二条 本规定自发布之日起施行。

国家教委办公厅档案处整理

审稿人　马樟根

1991年教育大事记

1月2日 全国教育财务工作会议在广西南宁闭幕。国家教委副主任邹时炎出席会议并讲话。

1月3日 国家教委办公厅发出《加速师范院校标准化建设，培养合格的中小学教师座谈会纪要》。

1月6日 国家教委发出《关于加强普通高等专科教育工作的意见》。

1月8日～12日 全国省、市电教处长会议在北京召开。会议总结交流了我国电化教育工作的经验，研究制定了"八五"电教发展规划。国家教委副主任邹时炎出席会议并讲话（4月4日国家教委办公厅转发）。

1月10日 国家教委召开1991年高校毕业生和研究生分配工作新闻发布会。强调1991年高校毕业生分配以计划为主，坚持统筹安排、合理使用、面向基层、学以致用的原则，凡纳入国家招生计划的合格毕业生都予安排工作。

1月11日 国家教委发出《关于开展普通中等专业学校教育评估工作的通知》。

1月11日～13日 全国教育系统治理"三乱"工作紧急会议在北京召开。国家教委副主任何东昌、邹时炎到会讲话。2月5日，国家教委办公厅印发了何东昌、邹时炎等同志在全国教育系统治理"三乱"工作紧急会议上的讲话。

1月12日 李铁映召开中央及国务院15个部委教育司局长座谈会，讨论中央部门所属高校一些亟待解决的问题。

1月14日 国家教委发出《关于进一步加强高等学校学生宿舍管理的通知》。

1月15日 国家教委副主任柳斌出席北京市中小学校长会议并讲话。

△国家教委作出《关于表彰科教兴农先进学校和回乡务农优秀毕业生的决定》，并附发科教兴农先进学校名单和回乡务农优秀毕业生名单。

△国家教委发出《关于认定首批省级重点职业高级中学的通知》，公布了首批206所省级重点职业高级中学的名单。

△国家教委发出《1991年各类成人高等学校招生规定》和《1991年普通高等学校、教育学院举办大学专科起点的中等学校教师本科班招生规定》。

1月16日 国家教委发出《关于重申中国燎原广播电视学校办学宗旨和教学组织管理问题的通知》。

1月18日～21日 国家教委、国家计委、劳动部、人事部、财政部在北京联合召开全国职业技术教育工作会议。国务委员兼国家教委主任李铁映在开幕式上作了题为《大力发展职业技术教育，促进我国经济建设和社会发展》的报告。劳动部副部长李沛瑶、人事部副部长蒋冠庄和财政部副部长刘积斌在会上讲了话。国家教委副主任何东昌在闭幕式上作了讲话。会议的任务是学习、贯彻党的十三届七中全会精神，总结10年来我国发展职业技术教育的经验，进一步提高认识，明确今后发展职教的目标、方针和政策措施，并表彰了在发展职业技术教育过程中作出突出贡献的先进单位和先进工作者。1月25日，国家教委印发了上述领导同志在全国职业技术教育工作会议上的讲话。

1月22日 国家教委发出《关于高考改革有关问题的通知》。

△中央教育科学研究所科研成果展览会在北京开幕。展览会展示了10年来中央教科所在应用研究、基础理论研究和教育教学改革实验研究等方面所取得的科研成果。

1月23日 中央宣传部办公厅、国家教委办公厅发出《关于组织小学干部、教师学习社会主义理论的补充通知》。

1月23日～26日 国家教委1991年工作会议在北京举行。会议的中心议题是认真学习和贯彻党的十三届七中全会精神，研究和讨论全国教育事业十年规划和“八五”计划，部署1991年的工作。会议期间，国务委员兼国家教委主任李铁映作了题为《努力建设有中国特色的社会主义教育体系》的报告，国家教委副主任何东昌作了总结。

1月24日 中央宣传部、国家教委联合作出《关于表彰优秀大学毕业生的决定》。3月7日，国家教委发出《关于开展宣传学习优秀大学毕业生先进事迹活动的通知》。

△国家教委、国务院学位委员会联合发出《关于表彰在工作中作出突出贡献的中国博士、硕士学位获得者的决定》。

△国家教委、人事部联合发出《关于表彰在工作中作出突出贡献的回国留学人员的决定》。

1月25日 中宣部、人事部、国家教委、国务院学位委员会在北京联合召开全国有突出贡献博士硕士学位获得者、回国留学人员和优秀大学毕业生表彰大会。江泽民、李鹏、李铁映、杨白冰、雷洁琼、钱伟长等出席大会，并向受奖者代表颁奖。李铁映、何东昌在会上讲话。

1月25日～29日 全国教育审计工作会议在武汉举行。会议传达了全国审计工作会议精神和李鹏总理关于审计工作的重要指示，总结了1991年的教育审计工作，对1992年的工作提出了意见。国家教委副主任邹时炎到会并讲话。会议期间，成立了中国教育审计学会。

1月26日 慰问教师迎春茶话会在北京举行。王震、李铁映、李锡铭等领导同志与千余名优秀教师代表欢聚一堂。王震在茶话会上致辞。

△国家语言文字工作委员会举行《汉字简化方案》公布35周年座谈会。国务委员兼国家教委主任李铁映出席并讲了话。

1月27日～31日 全国考试工作会议在南宁举行。会议总结交流了“七五”期间考试工作取得的成绩和经验，提出了“八五”期间工作任务和长远的战略目标。国家教委副主任朱开轩到会讲话。会议确定“八五”期间全国将普遍实行高中会考。

1月下旬～3月下旬 国家副主席王震在广州、深圳、厦门、福州视察期间，多次召开中小学幼儿教师座谈会，对教育工作做了许多重要指示。

2月1日～3日，3月30日～31日 国家教委农村教育综合改革办公室在北京两次召开农村教育综合改革实验县工作评估方案研讨会。

2月2日 国家教委副主任滕藤、邹时炎、柳斌和全国政协教育文化委员会副主任黄辛白受国务委员兼国家教委主任李铁映委托，分别到南昌、信阳、大连、石家庄4所陆军学院看望在那里接受军政训练的3000多名北京大学、复旦大学1990级学生。解放军副总参谋长韩怀智中将等也受中央军委和三总部委托专程前往看望。

2月4日～8日 全国民办教师工作经验交流会在郑州举行。国家教委副主任邹时炎、人事部副部长程连昌、河南省副省长于友先在会上讲了话。会后，国家教委、国家计委、人事部、财政部于1992年8月6日联合发出《关于进一步改善和加强民办教师工作若干问题的意见》。

2月5日 《中国教育报》报道：国务委员兼国家教委主任李铁映近日在哈尔滨视察教育工作时与部分中小学校长、教师和22所高校党委书记、校长进行了座谈。

2月5日～8日 高等农林教育改革座谈会在山东泰安举行。会议就高等农林教育中若干重大问题进行了充分的讨论，提出今后5至10年内，高等农林教育应稳定招生规模，优化层次结构，进一步改革招生分配制度，以适应农村经济发展的需要。国家教委副主任朱开轩在会上作了总结讲话。

2月6日 为进一步贯彻落实《中共中央关于加强党同人民群众联系的决定》，国家教委党组发出《关于高等学校党政领导干部深入师生做好工作的几点意见》。

△国家教委发出《关于加强学生视力保护，做好近视眼防治工作的通知》。

2月7日 国家教委办公厅发出《关于加强中小学生竞赛活动管理的通知》。

2月8日 国家教委发布教学仪器《钟面模型》等12个行业标准。

2月9日 国家教委办公厅发出《关于在中小学校开展远足活动的通知》。

2月11日 全国教育系统治理"三乱"电视会在北京召开。国家教委副主任、国家教委治理"三乱"和纠正行业不正之风领导小组组长邹时炎到会并讲话。

2月19日 林业部、国家教委联合发布《林业部直属普通高等学校招收有实践经验人员的暂行办法》。

△国家教委发布《教学仪器和教学设备产品型号命名办法》、《教学仪器设备产品型号申请登记办法》和《教学仪器行业标准编号办法》。

△国家教委办公厅发出《九年制义务教育课程教材试验工作座谈会纪要》。

2月20日 国家教委副主任柳斌在新学期开学前约见光明日报、中国教育报记者，就1991年基础教育的任务和着重抓好的10件具体工作发表了谈话。

△国家教委办公厅印发《地方教育行政部门和直属高校办公室主任工作会议纪要》，同时发出《关于公文报送和督办的若干规定》和《关于进一步加强教育系统信访工作的几点意见》。

△国家教委办公厅转发全国政协医药卫生体育委员会、全国政协教育文化委员会《当前中小学体育工作中存在的主要问题及改进意见》。

2月21日 国家教委发出《关于做好高考科目设置改革试点工作的通知》。

△国家教委印发《高中毕业会考后普通高校招生全国统一考试工作实施方案（试行）》，并附发已实行高中会考的省适用的1991年高考范围。

△国家教委办公厅发出《关于成立国家教育委员会研究生工作办公室及启用其印章的通知》。

2月22日 农业部、国家科委、国家教委、林业部、中国农业银行联合成立的农科教统筹协调领导小组召开第三次会议，对1991年重点抓好的建立农村技术培训网络、逐步推进"绿色证书"制度、抓好农科教结合试点工作和进一步解决农村职教师资问题等四项工作进行了研究和安排。

△国家教委办公厅发出《农村成人学校人口教育项目实施意见》。

2月23日 国家教委办公厅印发《部分高校对1990级新生"体育合格标准"检查结果公报》。

2月23日～25日 国家教委在北京召

开委属企业厂长、经理会议。4月17日，国家教委办公厅印发了邹时炎在会上的讲话和会议纪要。

2月24日～27日 人民教育出版社在北京召开九年义务教育教材试验工作会议。国家教委副主任柳斌到会并讲话。

2月25日 国家教委发布《小学生日常行为规范》和《中学生日常行为规范》，从1991年春新学期开学后在全国中小学普遍施行。

△国家教委、人事部联合发出《关于中小学教师职务聘任工作中有关问题的通知》。

2月26日 国家教委发出《关于成人高等学校治理整顿工作的意见》。

2月26日～3月3日 由国家教委、文化部、广播影视部等7部门联合召开的全国少年儿童校外教育工作会议在广州举行。会议根据党的十三届七中全会精神，商讨了如何切实加强少年儿童校外教育工作，创造良好的社会育人环境，保护少年儿童健康成长，促进“八五”期间的少年儿童校外教育工作的阵地建设等问题。国家教委副主任柳斌到会并讲话。

2月27日 中央宣传部、国家教委、共青团中央联合发出《关于组织高等学校青年师生学习马克思主义青年读本的通知》。

△国家教委发出《关于高等学校重点学科建设与管理的意见》。

2月28日～3月3日 国家教委在江苏常州市召开1991年全国普通高校招生计划会议。

3月1日 国家教委发出通知，印发《普通高等学校工程专科教育的培养目标和毕业生的基本要求（试行）》和《普通高等学校制订工程专科专业教学计划的原则规定(试行)》。

△国家教委、国家计委、财政部发出《关于搞好1991年内地西藏初中毕业生升中专有关问题的通知》。

△国家教委办公厅发出《1991年教育审计工作要点》。

3月4日 国家教委发出《关于开展普通高等学校体育课程评估工作的通知》。

△国家教委发出通知，决定1991年继续在部分高等学校举办少数民族班。

△国家教委发出《监察部驻国家教委监察局监察对象职务名称表》。

3月5日 国家教委印发《研究生思想政治教育工作座谈会纪要》。

△国家教委发出《关于总结高等师范学校师资“七五”培训工作和制订“八五”培训计划的通知》。

△国家教委、财政部、国家物价局、新闻出版署联合发出《关于调整大中专教材价格的通知》。

3月5日～7日 全国中小学德育工作座谈会在广东潮州召开。会议就新形势下如何大力加强和改进中小学德育工作，进行了广泛的讨论和经验交流。会上介绍并决定推广潮州市搞好中小学德育工作的经验。国家教委副主任柳斌在会上作了总结讲话。

3月5日～9日 中国教育国际交流协会在厦门召开中国、加拿大高中后职业技术教育国际研究会，中加两国近70名代表参加，国家教委副主任王明达在开幕式上作书面发言。

3月5日～5月14日 第二期高校领导干部马克思主义理论进修班在北京开办。国家教委副主任何东昌出席开学典礼并讲话。

3月6日～9日 国家教委、西藏自治区人民政府联合在北京召开西藏自治区人才预测与规划工作会议。国家教委副主任何东昌、王明达，西藏自治区人民政府副主席马李胜、图道多吉，国务院有关部委和西藏自治区的代表，北京专家组成员共60多人出席。4月13日，国家教委办公厅印发了会议纪要。

3月8日 国家教委在北京召开全国中小学生近视眼防治工作电话会议。国家教委副主任何东昌、邹时炎出席会议并讲话。3月16日，国家教委办公厅印发何东昌、邹时炎的讲话及五省市“防近”工作经验介绍摘要。

3月9日 中共中央总书记江泽民致信国家教委负责人李铁映、何东昌，强调要对青少年学生由浅入深、坚持不懈地进行中国近代史、现代史及国情教育，使他们认识人民政权来之不易，提高民族自尊心和自信心。

△东北三省朝鲜文教材协作办公室和朝鲜文教材审查委员会办公室在北京召开会议，讨论朝鲜文教材编译、出版及东北三省朝鲜族教育协作等事宜。国家教委副主任王明达到会。

3月10日～14日 国家教委在北京召开全国师范院校公共课教育学教材改革研讨会。5月11日，国家教委办公厅印发了研讨会纪要和何东昌、邹时炎在研讨会上的讲话。

3月11日 第七届全国人大常委会委员长会议决定，对《义务教育法》贯彻实施情况进行检查，就这次检查的重点和组织实施作了部署。并决定检查由全国人大教科文卫委员会牵头，会同国家教委和有关方面共同进行。

△国家教委发出《关于做好高等师范专科学校招收中学民办教师工作的通知》。

3月11日～21日 中央政治局委员、国务委员兼国家教委主任李铁映在北京地区的北京大学、清华大学、中国人民大学、北京农业大学、北京航空航天大学、北京师范学院、北京医科大学、北京师范大学调查研究高校党建工作。4月15日至25日，又到天津、上海两地继续就高校党建问题进行调查研究。李铁映听取了三市党政领导和有关高校一年来党建工作情况的汇报，同大家一起讨论了如何在新形势下加强高校党建工作问题。

3月12日～16日 国家教委在成都召开1991年教育监察工作会议。

3月13日 国家教委办公厅印发《普通中等专业学校办学水平评估指标体系》(试行)。

3月14日 国家教委召开直属高校党建工作专题咨询会。清华大学、复旦大学、广州外国语学院、西安交通大学等10所委属高校的党委书记参加，滕藤到会讲话。16日，李铁映会见了出席会议的同志并进行了座谈。

△国家教委发出《关于不得擅自颁发高等教育毕业证书的通知》。

△国家教委办公厅发出通知，公布1990年国家教委优质产品评审结果和1991年评优工作计划。

3月15日 国家教委发出《试点中学培养体育运动后备人才暂行管理办法》。

3月16日 国家教委发出《“八五”期间教育财务工作要点》。

3月17日 1991年全国高等学校毕业生分配计划协调会在郑州举行。会上交流了高校毕业生供需信息，协商落实高校毕业生分配计划。国家教委副主任朱开轩到会并讲话。

3月18日 国务院总理李鹏在北京代表中国政府签署了《儿童生存、保护和发展世界宣言》和《执行90年代儿童生存、保护和发展世界宣言行动计划》。

△全国高校纪念巴黎公社120周年理论研讨会暨首都高校中青年马克思主义研究会成立大会在北京举行。中央政治局委员、北京市委书记李锡铭、国家教委副主任何东昌

出席会议并讲话。

△国家教委办公厅发出《关于分别编发中小学、中等师范学校和幼儿师范学校、中等职业技术学校教学用书目录的通知》。

3月20日 国家教委发出《关于委属院校今后三年内部审计工作"上水平"若干问题的意见》。

△国家体委、国家教委发出《关于授予100所体育传统项目学校为"1990年度全国先进体育传统项目学校"称号的决定》。

3月22日 国家教委、人事部发出《关于成人高等教育＜专业证书＞教学班复查清理工作的通知》。

3月23日 国家教委发出通知，试办七年制高等中医教育。

3月24日～4月1日 巴基斯坦大学拨款委员会主席安沙里访华。

3月25日 国务院总理李鹏在第七届全国人民代表大会第四次会议上作《关于国民经济和社会发展十年规划和第八个五年计划纲要的报告》。

△国家教委发出《关于对举办外国人短期学习班的高等学校进行评审工作的通知》。

△国家教委下达1991年普通中小学、中等职业技术学校、成人高等教育招生计划。6月26日，下达成人高教招生计划调整方案。

3月27日～28日 国家教委副主任何东昌、滕藤、邹时炎、王明达和有关司局的负责人听取上海、浙江基础教育学制、课程、教材改革方案的汇报。

3月29日 国务委员兼国家教委主任李铁映参加七届人大四次会议江苏代表团全体会议，就教育问题与代表们进行了座谈。

△国家教委副主任何东昌就教育改革问题与出席全国政协七届四次会议的教育界政协委员进行了座谈。

△国务院学位委员会发布《国务院学位委员会关于授予具有研究生毕业同等学力的在职人员硕士、博士学位暂行规定》及其实施细则。

3月29日～31日 中国高教学会第六次秘书长工作会议在成都举行。

3月30日 国家教委副主任王明达主持了全国扫盲协调小组成员会议。听取扫盲检查组对九省区扫盲情况检查的汇报，并研究今后的扫盲工作。广播影视部、农业部、林业部、解放军总政治部、全国妇联、共青团中央等部门有关同志参加了会议。

4月1日 国家教委办公厅发出《学校卫生人员培养工作座谈会纪要》。

4月2日 上午，国家教委和中央宣传部联合召开中国教育报出刊一千期座谈会。国家教委副主任滕藤和中宣部副部长徐惟诚、李彦出席。下午，国家教委副主任何东昌和首都部分大、中、小学和幼儿教师代表座谈，庆祝中国教育报出刊一千期。

△国家教委副主任朱开轩主持召开高校"863"专家委员会成员和国家教委科学技术委员会部分成员参加的高技术研究工作座谈会。

△国家教委发出《关于部分普通高等学校1991年暂停招生的通知》。

△国家教委与日本船舶振兴会关于设立"笹川良一优秀青年教育基金"协议书签字仪式在人民大会堂举行。何东昌和笹川良一分别代表双方致辞并签署了协议书。根据协议，将在中国北京大学、吉林大学、复旦大学、南京大学和兰州大学等5所高校设立基金，以资助这5所大学培养人文、社会学科及相关学科的在校生或毕业研究生。

4月3日 国家教委办公厅发出通知，重申不要成立"同乡会"一类学生团体。

△国家教委办公厅发出《全国教育科学研究十年规划和"八五"计划要点及实施意

见》和《全国教育科学“八五”规划课题指南》。

4月4日 国务委员兼国家教委主任李铁映看望出席七届全国人大四次会议的西藏代表，并就发展西藏教育事业，为西藏培养人才，促进西藏经济发展等问题讲了话。

△国家教委发出《关于推荐应届职业高中毕业生参加高考有关问题的通知》。

△国家教委办公厅发出《关于对视力监测制度具体规定的通知》。

4月5日 国家教委办公厅印发何东昌在社会主义理论学习电视辅导讲座上的讲话。

4月7日 中国中小学幼儿教师奖励基金会第五次理事会在北京举行。李鹏、李瑞环、王震、李铁映、费孝通、雷洁琼、周培源、苏步青等领导同志会见了出席会议的全体理事。国家副主席、基金会理事长王震、国家教委副主任何东昌在会上讲了话。基金会副理事长兼秘书长柳斌向理事会作了5年来的工作报告，并对今后工作提出了建议。

4月8日 国家教委发出《关于表彰1990年勤工俭学工作先进省市的决定》。

△国家教委办公厅通知，国家教委考试管理中心更名为国家教委考试中心。

4月8日～9日 国家教委在北京召开哲学社会科学研究生教育改革座谈会。何东昌、滕藤出席会议并讲话。11月8日，国家教委印发《关于哲学社会科学部分学科研究生教育改革的若干意见》。

4月9日 国家教委就执行《现行普通高中教学计划调整意见》和实行高中毕业会考制度举行记者招待会。有关负责人回答了记者的提问。国家教委副主任何东昌到会并讲话。

△国家教委发出《关于高等师范院校本科政治与思想品德教育专业改革的意见》。

△财政部、劳动部、人事部、民政部和国家教委联合发出《关于提高粮油统销价格和适当增加职工工资等问题的通知》。

△国家教委发出《关于成立国家教委关心下一代工作委员会的通知》。同时附发《致全国教育战线离退休的老教师、老专家、老干部的倡议书》和《国家教委关心下一代工作委员会1991年工作要点》。

4月10日 国家教委、人事部联合发出《关于高等学校继续做好教师职务评聘工作的意见》。

4月11日 国家教委、卫生部发布《普通高等学校招生体检标准补充规定》。

4月11日～12日 国家教委和河北省政府在石家庄市联合召开河北省农村教育改革实验区第五次会议。国家教委副主任何东昌、王明达，中共河北省委书记邢崇智出席会议并讲话。

4月12日 全国人大教科文卫委和国家教委在北京召开纪念义务教育法颁布五周年座谈会。国务委员兼国家教委主任李铁映在会上作了讲话。全国人大常委会副委员长彭冲在会上宣读了全国人大常委会委员长会议关于在1991年内检查《中华人民共和国义务教育法》贯彻实施情况的决定。

4月13日 国家教委、卫生部发出《〈普通中等专业学校招生体检标准〉补充规定》。

△国家教委召开全国中小学勤工俭学电话会议，对江苏、辽宁、山东、河北、吉林、黑龙江、四川、浙江8省在1990年勤工俭学工作中取得的成绩进行表彰。5月13日，国家教委办公厅印发何东昌、邹时炎在电话会议上的讲话。

4月15日 国务院总理李鹏签署国务院令第81号，发布《禁止使用童工规定》。

△国家教委发出《关于普通高等学校充实整顿验收工作的通知》。

△国家教委发出通知，印发《国家教育

委员会高等学校理科学科教学指导委员会章程（试行)》、《关于制定高等理科本科专业基本培养规格、教学基本要求和修订教学计划的意见》和《关于制定高等学校理科1991年至1995年教材建设规划的意见》。

4月16日 国家教委关心下一代工作委员会在北京成立。国家教委副主任何东昌任名誉会长，前教育部副部长张文松任会长，邹时炎任第一副会长。

△国家教委发出《关于加强中小学学生用练习册、寒暑假作业、辅导材料编写和使用管理的规定》。9月13日，国家教委办公厅发出《关于坚决制止中小学生滥用复习资料的紧急通知》。

4月17日 国家教委发出通知，公布1991年师资和校舍未达到要求的普通高校名单。

△中国产学合作教育协会在上海成立。清华大学、浙江大学、河北农业大学、首钢、宝钢、石油化工总公司、第二汽车制造厂等80个高校和企业集团为首批会员。全国政协副主席、上海工业大学校长钱伟长任名誉会长，北京工业大学名誉校长樊恭烋任会长。

4月18日 国家教委在北京召开全国各类成人高校招生考试考风考纪电话会议。国家教委副主任朱开轩、王明达在会上讲了话。

△全国内地西藏班（校）办学管理工作研讨会在天津召开。研讨会总结交流了各地近6年来举办西藏班的教学经验，就如何进一步提高教育质量，理顺办学中的各种关系，完善藏族学生的招生制度进行了研讨。国家教委副主任王明达出席了会议。

△国家教委办公厅转发中宣部副部长刘忠德、国家教委副主任邹时炎在全国工科高校电教研讨会上的讲话。

4月19日 国家教委发出《关于调整全国高等教育自学考试指导委员会正副主任的通知》。

4月20日～22日 全国高等学校文科教育改革座谈会在四川大学举行。会议就文科教育改革中，必须坚持社会主义方向，坚持以马列主义指导文科建设，自觉抵制资产阶级自由化的影响取得了共识。国家教委副主任何东昌、滕藤出席会议并讲话。9月2日，国家教委办公厅印发座谈会纪要及有关文件。

4月21日～25日 国家教委在浙江湖州市召开全国普通高中工作会议，总结实施《现行普通高中教学计划调整意见》和普通高中实行毕业会考制度两项改革的经验，制定改革配套措施。国家教委副主任邹时炎在会上作了讲话（国家教委办公厅6月21日印发)。

4月22日 国家教委发出《关于做好1991年硕士生录取工作的意见》。

4月22日～28日 第三届全国自制教具评选活动在北京举行。26日召开授奖大会。5月24日国家教委办公厅发出通知，公布获奖名单，印发邹时炎的讲话和评选活动纪要。

4月23日 国家教委发出《关于下达西北少数民族师资培训中心1991年招生来源计划的通知》。

4月23日～27日 国务院学位委员会办公室在武汉召开全国普通高校授予成人高教本科毕业生学士学位工作座谈会。朱开轩出席闭幕式并讲话。

4月24日 国家科委发出《关于内地高校1991年招收新疆少数民族学生的通知》。

△国家教委发出通知，号召高等学校广大学生向郭峰、唐春雨、欧阳泉平、陈帮清等四位张华式的优秀大学生学习。

4月24日～26日 由中宣部、国家教委、团中央联合召开的全国高等学校学生社会实践活动工作座谈会在广东宝安县举行。会议回顾了10年来我国高校开展大学生社会实践活动的发展过程，总结交流了各地开展活动的经验，研究讨论了今后的任务。国家教委副主任何东昌、中宣部副部长李彦、团中央书记处书记李克强参加会议并讲了话。

4月24日～28日 由国家教委和新闻出版署联合召开的全国普通高等教育教材工作暨第三次高校出版社工作会议在武汉华中理工大学举行，国家教委副主任朱开轩、新闻出版署副署长刘杲到会并讲话。据统计，“七五”期间，全国累计编审、出版高等教育教材1万余种。

△国家教委和新闻出版署联合在武汉召开全国大中专教材出版发行工作会议。8月1日，国家教委办公厅、新闻出版署办公室联合发出会议纪要。

△国家教委中小学教材办公室在昆明召开全国九年义务教育课程教材试验工作会议。国家教委副主任滕藤到会并讲话。

4月25日 国家教委办公厅发出《关于在中小学进一步开展爱国主义教育活动的意见》。

△国家教委办公厅发出《关于在中小学加强禁毒预防性教育的意见》。

4月26日 李铁映主任签署国家教委令第15号，发布《教育督导暂行规定》。

△国家教委发出《关于在学校师生中进行反对达赖集团分裂活动、加强民族团结教育的通知》。

4月27日 清华大学举行建校80周年庆祝大会。李鹏、宋平等中央领导同志为清华大学校庆题词，国务委员兼国家教委主任李铁映到会代表国务院和国家教委表示祝贺。

△国家教委副主任王明达主持召开成人高等教育治理整顿工作协调小组第5次会议。会上，通报了17个省、市治理整顿工作进展情况，讨论了互查验收和普通高校成人教育“四定”问题。

4月28日 国家教委发出《关于清理整顿普通高等学校分校（分院、教学点）的通知》。

△国家教委发布《高等学校开放研究实验室管理办法》。

△国家教委发出《关于1992年普通高考政治科（理工类）试卷中增加中国近代史考查内容的通知》。

4月29日 国家教委办公厅发出《关于全国高等学校毕业生就业指导中心正式对外办公的通知》。

4月30日 《中国教育报》报道：五一国际劳动节前夕，全国50名教育工作者荣获中华全国总工会授予的“五一劳动奖章”。

5月3日 中共中央总书记江泽民和国务委员兼国家教委主任李铁映分别会见美国加州大学伯克莱分校教授、南开大学数学所所长陈省身博士。

△国家教委发布《关于坚决制止中小学乱收费的规定》。

5月4日 共青团中央、全国青联、全国学联在北京举行座谈会，纪念五四运动72周年。江泽民、李瑞环、丁关根等中央领导同志在会前会见了参加座谈会的青年代表。李瑞环同青年代表进行了座谈。

△全国职业技术教育系统“学雷锋为民服务周”在29个省、自治区、直辖市的59个大中城市拉开帷幕。据不完全统计，全国参加学雷锋为民服务活动的职教师生共有百万人次。

△世界银行贷款重点学科发展项目院校长工作会议在北京召开，研究和部署项目的执行和管理问题。国家教委副主任朱开轩和

国家计委、财政部有关负责人到会。

5月4日～7日 全国高等教育自学考试指导委员会第三次全体（扩大）会议在北京举行。国家教委副主任何东昌、王明达在会上讲话。9月27日，国家教委办公厅印发了何东昌、王明达的讲话。

5月6日 高等教育自学考试制度创建10周年庆祝大会在北京举行。10年来，我国自学考试工作取得了显著成绩，全国累计参加过自学考试的人数约1500万，毕业生近53万。全国人大常委会副委员长严济慈出席了大会，国家教委副主任何东昌在会上讲了话（9月27日国家教委办公厅印发），会上表彰了一批优秀毕业生及热心支持考生的单位和个人。

5月7日 国家教委、国家科委、农业部、林业部联合发布《关于进一步组织高等学校科技力量为振兴农业作贡献的决定》。

5月7日～10日 中国联合国教科文全委会委托中央教育科学研究所在北京举办中国中小学教育改革评价方法研讨会。加拿大、瑞典、苏联等国及中国9个省市的27位代表参加。

5月9日 《中国教育报》报道：国家教委负责人近日发表谈话，重申严格控制以中小学生为参赛对象的各种竞赛活动。

5月9日～12日 全国中小学校长队伍建设与培训工作会议在山东省莱芜市举行。国家教委副主任何东昌、邹时炎在会上讲了话。6月20日，国家教委办公厅印发了会议纪要和领导讲话。

5月10日 国家教委、全国中小学幼儿教师奖励基金会联合发出《关于庆祝今年教师节活动的通知》。

5月13日 海关总署、国家税务局、国家教委发布《关于卫星电视教育所需进口录像机审批管理办法》。

5月13日～6月4日 国家教委副主任朱开轩率中国教育代表团赴苏联出席中苏教育合作工作小组第四次例会，并在会后赴保加利亚、捷克、南斯拉夫考察三国教育情况。

5月15日 国家教委发出通知，印发《对六省、市中小学教育工作“五查”复查的情况报告》。

△国家教委办公厅发出《关于1991年需由国家教委审批的专业名单执行问题的通知》。

△国家教委办公厅发出《关于渠县一些中学生出现自发结社组织情况的通报》。

5月15日～19日 全国教育经费项目管理现场会在湖北宜昌召开。国家教委副主任邹时炎出席会议并讲话。

5月16日 国家教委发布《中学生体育合格标准实施办法》。

5月16日～19日 第二次全国高等学校毕业生分配计划协调会在合肥举行。1991年全国54.9万名普通高校毕业生，6万名电大函授普通班和自费生毕业生，近3.5万名毕业研究生的分配计划已基本落实。

5月18日 国家教委办公厅发出《关于继续做好制止中小学生流失工作的通知》。

5月19日 21世纪中国数学展望会第二次学术讨论会在天津举行。国务委员兼国家教委主任李铁映致信祝贺。国务委员兼国家科委主任宋健到会讲话。

5月19日～24日 第三届国际中学生信息学奥林匹克竞赛在希腊雅典举行。中国参赛的3名选手获团体总分第1名，清华大学附中杨澄和上海延吉中学杨云和获金牌，南京师范大学附中夏西远获银牌。

5月21日 国家教委发出《普通中小学校督导评估工作指导纲要》和《关于实施〈普通中小学校督导评估工作指导纲要〉试点的意见》。

△国家教委、共青团中央、文化部、新闻出版署发出通知，公布1991至1992学年度“全国红领巾读书读报奖章活动”推荐书目。

△国家教委、人事部、劳动部、民政部联合发出《关于进一步做好高等学校、中等专业学校招收残疾考生和残疾学生毕业分配工作的通知》。

5月21日～23日 全国高校图工委在北京召开了常委会暨图书馆工作座谈会。7月8日，国家教委办公厅转发会议纪要和邹时炎在座谈会上的发言。

5月21日～24日 中学教职工思想政治工作汇报会在北京举行。国家教委副主任何东昌、中宣部副部长李彦出席会议并讲话。

5月21日～6月12日 联合国教科文组织第136届执行局会议在法国巴黎举行。国家教委副主任、联合国教科文组织执行局委员滕藤出席会议并作了发言。

5月22日 国家教委在北京召开“进一步改善师范生源，加强校风校纪建设”全国电话会议。国家教委副主任邹时炎在会上讲了话（国家教委办公厅于6月1日印发)。

△共青团中央、国家教委联合发出《关于加强高等学校共青团建设的意见》。

5月23日～26日 全国首次教育督导工作会议在北京举行。会议总结交流了“七五”期间教育督导工作的经验，研究贯彻《教育督导暂行规定》，讨论制订教育督导工作“八五”规划，部署了教育督导的有关工作。国家教委副主任何东昌、全国人大教科文卫委副主任委员张承先到会讲话，国家教委副主任邹时炎作了工作报告。

5月24日 国家教委发出通知，决定在中国人民大学进行招收先进模范青年的试点工作。

5月24日～6月1日 国家教委副主任滕藤率中国教育代表团访问古巴、墨西哥。

5月25日 由国家教委、劳动部职业技术教育中心研究所主办的德国“双元制”职业培训展览在北京西门子培训中心开幕。国家教委副主任兼职业技术教育中心研究所所长王明达、劳动部副部长令狐安等出席了开幕式。

△国家教委、人事部发出《关于认真做好1991年表彰优秀教师和教育工作者工作的通知》。7月22日，国家教委办公厅发出《关于认真做好1991年表彰优秀教师、教育工作者的工作和颁发奖金的补充通知》。

5月27日 中华人民共和国大学生体育协会和中学生体育协会首次工作会议在北京举行。国家教委副主任、大学生体协主席何东昌，国家教委副主任、中学生体协主席邹时炎出席会议并讲话。

5月28日 国家教委发出《关于做好第一届全国高等学校出版社优秀学术专著评奖工作的通知》。

5月29日 《中国少年儿童百科全书》出版座谈会在人民大会堂举行。中宣部副部长徐惟诚、国家教委副主任何东昌出席座谈会并讲话。

5月30日 国家教委副主任何东昌出席能源部沈阳电力专科学校现场会并讲话。

5月31日 中共中央在北京召开儿童工作座谈会。座谈会前，江泽民、李鹏、李瑞环、李铁映、丁关根等领导同志会见了1991年受表彰的全国儿童少年工作先进市县代表和全国优秀儿童工作者。李瑞环代表党中央在座谈会上发表讲话。

△国务院总理李鹏主持召开国务院第84次常务会议，讨论并原则通过了《中华人民共和国未成年人保护法（草案)》、《中华人民共和国收养法（草案)》。两项法律草案经修改后，提请全国人大常委会审议。

6月1日 国家教委在北京举行座谈

会，邀请首都教育、理论界人士就贯彻落实中共中央总书记江泽民关于加强近现代史和国情教育的指示进行座谈。王震、李铁映、胡乔木、孙起孟、雷洁琼等领导同志出席了座谈会。国家副主席王震、国务委员兼国家教委主任李铁映等在座谈会上讲了话。

△中德两国政府职业技术教育换文在北京签署。国务委员兼国家教委主任李铁映、德国经济合作部国务秘书西·冷格尔出席了签字仪式。

△国家教委办公厅发出《关于中小学国情教育课外阅读读物的通知》。

6 月 3 日　农村教育综合改革实验领导小组召开第二次会议。7 月 4 日，国家教委办公厅印发会议纪要。

△国家教委发出《关于进行第二届全国高等学校优秀教材评奖工作的通知》。11 月 28 日，国家教委办公厅发出补充通知。

△卫生部、国家教委在北京召开学生肠道寄生虫病综合防治研讨会，对学生肠道寄生虫病综合防治计划进行了讨论。

6 月 4 日　国家语委、国家教委发出《关于对中等师范学校普及普通话工作进行检查验收的通知》。

6 月 5 日　国家教委发出《关于表彰部分中等师范学校的决定》。

6 月 6 日　国家教委发出《关于大力发展乡（镇）、村农民文化技术学校的意见》。

△国家教委办公厅转发西藏、青海、四川、甘肃、云南五省、区藏文教材协作工作会议纪要。

6 月 6 日～10 日　国家教委、共青团中央在辽宁抚顺市联合召开全国中小学学雷锋现场会，学习抚顺市在青少年中开展学雷锋的经验，探讨在中小学如何深入开展学雷锋活动和加强德育工作问题。国家教委副主任何东昌、共青团中央第一书记宋德福在会上作了讲话，国家教委副主任柳斌作了大会总结。9 月 10 日，国家教委办公厅、共青团中央办公厅印发了上述三位领导同志的讲话。

6 月 7 日　国家教委发布《关于表彰全国电化教育先进县的决定》。

6 月 8 日　国家教委发出通知，下达《1991 年全国暑期毕业研究生分配计划》。

6 月 10 日　中央宣传部、国家教委、共青团中央联合发出《关于 1991 年暑期高等学校学生社会实践活动的几点意见》。

△国家教委发出《1991 年全国普通高等学校毕业生分配计划》。

6 月 11 日　中央民族学院建院 40 周年。国务委员兼国家教委主任李铁映前往祝贺，并与全国 12 所民族学院的代表进行了座谈。

6 月 11 日～15 日　国家教委政策法规司在北京召开教育政策法规工作会议。全国 30 个省、自治区、直辖市和 15 个计划单列市教委（教育厅、局）负责政策法规处室的领导同志近 50 人出席会议。何东昌、邹时炎分别就教育政策法规工作的指导思想以及教育政策法规队伍的建设讲了话。

6 月 12 日　李铁映主任签署国家教委令第 16 号，发布《中等专业教育自学考试暂行规定》。

△国务院学位委员会、国家教委发出《关于整顿普通高等学校授予成人高等教育本科毕业生学士学位工作的通知》，附发《全国普通高校授予成人本科毕业生学士学位工作座谈会纪要》。

6 月 13 日　国家教委办公厅发出《关于继续做好〈中外名人画像〉发行工作的通知》。7 月 6 日，国家教委办公厅发出《关于进一步做好〈中外名人画像〉征订、配备工作的通知》。

6 月 13 日～15 日　“基本教育与国家发展：中国和印度历史经验”国际研讨会在上

海举行。中印两国代表在会上介绍了各自发展基本教育的历史经验。中国国家教委副主任柳斌、印度人力资源发展部主管教育的副部长波迪亚先生等出席了会议。

6月14日 经国务院批准，国家教委、财政部发出通知，从1991年6月1日起，对高等师范等院校享受专业奖学金的学生增发生活补助费。

△国家教委发出《关于加强岗位培训管理工作的意见》。

6月15日 国家教委发出《关于国家教委直属高等学校开展第二次廉政大检查的通知》。

6月16日 中英友好奖学金计划委员会第61次年会在香港举行。该委员会主席、中方首席代表朱开轩主持会议。

6月17日 国务院总理李鹏在北京会见了应邀来华访问的联合国教科文组织总干事马约尔一行。国务委员兼国家教委主任李铁映、国家教委副主任何东昌、滕藤等参加了会见。

△国家教委副主任、中国联合国教科文组织全国委员会主任滕藤在北京与联合国教科文组织总干事马约尔举行工作会谈。

△国家教委发布《县电化教育中心设置暂行规定》。

△国家教委发出《关于改进和加强学前班管理的意见》。

△国家教委发出《关于对部分省（区、市）奖励、补助扫盲经费的通知》。

6月18日 国家教委发出《关于1991年各类成人高校招生录取工作有关事项的通知》，附发各类成人高校招生最低控制分数线。8月18日，国家教委办公厅又发出《关于复查1991年各类成人高校新生资格的通知》。

6月18日～24日 由中国国家教委主办的农村教育国际研讨会在山东省泰安市举行。包括中国在内的26个国家的140名代表及观察员参加了会议。会议收到国内外论文近90篇。国家教委副主任何东昌、联合国教科文组织总干事马约尔等出席开幕式并致词。会议主席、国家教委副主任王明达在闭幕式上讲了话。会议期间，代表和观察员参观考察了山东省莱芜市，对中国发展农村教育取得的成就给予很高的评价。

6月19日 首都举行报告会，80多所高校的5000多名应届大学毕业生听取了优秀大学毕业生先进事迹报告团的报告。中宣部副部长李彦、国家教委副主任柳斌出席了报告会。

6月20日 全国首届职工教育先进单位表彰大会在北京举行。北京第六建筑工程公司等303个单位荣获“全国职工教育先进单位”称号。国务委员兼国家教委主任李铁映出席会议并讲话。

6月20日～21日 1991年成人高校招生计划调整工作会议在北京举行。

6月21日 中央组织部、中央宣传部、国家教委、共青团中央、全国教育工会联合作出《关于表彰全国普通高等学校优秀思想政治工作者的决定》。

△国家教委办公厅发出《关于加强幼儿园安全工作的通知》。

6月21日～26日 全国高等学校党的建设工作暨优秀思想政治工作者表彰会议在北京举行。会议的任务是总结工作，交流经验，表彰先进，研究解决存在的问题，进一步推进高校党建工作。210名高等学校优秀思想政治工作者受到了表彰。会上，中组部部长吕枫作了题为《高等学校党组织要把培养合格的社会主义事业接班人作为自己的根本任务》的报告，中央政治局委员、国务委员兼国家教委主任李铁映作了题为《努力把高等学校党的建设提高到一个新水平》的报告。会议期间，中央政治局常委宋平同部分代表进行了座谈。国家教委党组书记何东昌在闭幕会上作了总结讲话。8月10日，中央组织部、中央宣传部、国家教委党组联合印发了李铁映、吕枫、何东昌在此会议上的讲话。

6月22日 中国关心下一代工作委员会、国家教委、共青团中央在北京举办革命老前辈与首都部分大学生共庆建党70周年座谈会，缅怀党的光辉历程，认识当前所应担负的革命任务。王平、康世恩、严济慈、王任重等领导同志出席了座谈会。

6月22日～26日 国家教委师范教育司在辽宁省沈阳市召开全国师范院校落实德育为首，全面提高教育质量座谈会。国家教委副主任邹时炎到会并讲话。国家教委主任李铁映在此座谈会情况汇报上作了重要批示。10月15日，国家教委印发了该座谈会有关文件。

6月25日 国家教委发布《全国中小学校长任职条件和岗位要求（试行)》。9月5日，国家教委办公厅印发邹时炎在学习《全国中小学校长任职条件和岗位要求（试行)》座谈会上的讲话及座谈会纪要。

6月26日 国家教委发出《关于表彰教育经费统计工作先进单位和先进个人的通知》。

△国家教委办公厅发出《中小学劳动教育情况通报》。

6月26日～30日 全国城市教育综合改革实验协作会在山东威海举行第一届研讨会。会议研讨了城市教育管理体制改革、增强市政府统筹决策权等问题。

6月27日 国家教委办公厅发出《普通高等学校本科体育教育专业教学计划》。

6月27日～7月1日 全国中专改革招生分配制度，为科教兴农服务座谈会在浙江嘉兴市举行。国家教委副主任王明达出席会议并讲话。9月5日，国家教委办公厅印发了会议纪要和王明达的讲话。

6月28日 李铁映在北京与参加全国高校党建工作会议的国家教委直属高校的代表进行了座谈并就高校党的工作发表了讲话。9月13日，国家教委党组印发了李铁映的讲话。

6月29日 第七届国际中学生奥林匹克俄语竞赛在苏联莫斯科结束。参赛的10名中国选手全部获得金牌，其中3名选手因成绩优异还获得由苏联提供奖金到苏联高等院校学习的奖励。

6月29日～7月9日 朝鲜民主主义人民共和国普教部长李宗固访华。

7月1日 中共中央在北京举行大会，庆祝建党70周年。中共中央总书记江泽民在会上作了长篇讲话。在谈到教育问题时，江泽民指出，百年大计，教育为本。教育是社会主义物质文明和精神文明极为重要的基础工程。它对提高全体人民的思想道德和科学文化素质，对培养一代又一代社会主义事业的接班人，具有重大的战略意义。我们必须加强教育工作，大力发展教育事业。

△国家教委发出通知，印发《普通高等学校本科专业设置清理审核结果》。

7月4日 国家教委发出通知，对部分普通高等学校提出限期整顿的具体建议。

7月4日～5日 经财政部批准成立的中国来华留学生奖学金管理协会在北京召开第一届理事会第一次会议，审核协会章程和奖学金的管理办法。理事会推举朱开轩任会长，杨庆华任副会长，孙敏任秘书长。

7月4日～6日 国家教委委属高校咨询委员会综合大学分组会议在北京举行。朱开轩到会听取意见并讲了话。

7月4日～8日 由中国红十字总会、国家教委联合召开的全国红十字青少年工作会议在青岛举行。国家教委副主任、中国红十字总会副会长邹时炎出席会议并讲话。会后，国家教委与中国红十字总会于1992年3月10日联合发出《关于进一步加强全国红十字青少年工作的意见》、中国红十字总会副会长孙伯秋的工作报告和总结报告、邹时炎的讲话。

7月5日 财政部、国家教委联合发出《关于对教育补助专款实行项目管理的通知》。

7月7日～14日 第23届国际奥林匹克化学竞赛在波兰罗兹市举行。中国参赛的4名中学生中，福建省三明市第一中学林诚、山东省济南市第一中学金宁和上海市华东师范大学第二附中江琪获金牌，江苏省无锡一中倪浩获银牌，团体总分名列第一。

7月8日 第22届国际奥林匹克物理竞赛在古巴哈瓦那结束，中国参赛的5名中学生均获得金牌。他们是：北京四中的夏磊、上海华东师范大学第二附中的任宇翔和王泰然、天津跃华中学的吕强和浙江绍兴一中的宣佩琦。

△国务院学位委员会、国家教委发出通知，批准中国金融学院等校为学士学位授予单位。

△国家体委与国家教委联合发出《体育运动学校办学暂行规定》、《体育运动学校学生学籍管理办法》和《三年制中等体育专业教学计划》。

7月10日 中央广播电视大学召开庆祝《中国电大教育》杂志创刊10周年座谈会。该杂志已出刊120期，发行410万册。

7月11日 《中国教育报》报道：国家教委负责人日前就中小学校暑期工作安排发表谈话。

7月12日 国务委员兼国家教委主任李铁映出席在南昌陆军学院举行的军队学员毕业和复旦大学90级学生军政训练结业典礼并讲话。

△国家教委办公厅发出《关于建立学校体育卫生研究中心的通知》，该中心设在中央教育科学研究所。

7月13日 国家教委副主任滕藤会见著名物理学家丁肇中教授，就进一步加强中国与欧洲核子研究中心的合作关系进行了交谈。

△国家教委副主任滕藤会见应邀来访的赞比亚、苏丹、津巴布韦、埃塞俄比亚、塞拉利昂和肯尼亚等6国教育部门负责派遣留学生事务的高级官员，介绍了中国接受留学生的工作情况，并希望在培养高级人才方面进一步加强同非洲国家的合作。

7月14日 参加军政训练的北京大学90级学生在解放军信阳陆军学院举行结业典礼。李铁映、迟浩田、朱开轩等领导同志出席了典礼仪式和有关活动。

7月14日～25日 第16届世界大学生运动会在英国谢菲尔德市举行。中国代表团共获得20枚金牌、17枚银牌、11枚铜牌，金牌总数位居第二。

7月15日 《中国教育报》报道：国家教委近日发出紧急通知，要求各地教育行政部门、中小学校认真做好抗洪救灾，确保学生安全工作。要求全国高等学校积极行动起来，组织师生参加抗洪救灾斗争。

△财政部、国家教委、国家民委联合发出《关于民族教育补助专款使用管理的通知》。

7月15日～23日 第23届国际数学奥林匹克竞赛在瑞典锡格蒂纳举行。由6名中学生组成的中国队荣获4枚金牌和2枚银牌，与苏联队并列金牌总数第一，团体总分名列第二。获得金牌的是：哈尔滨师范大学附中罗炜、北京大学附中张里钊和王绍里、湖北黄冈中学王崧。获得银牌的是：湖南师范大学附中郭早阳和北京大学附中刘彤威。

7月15日～25日 葡萄牙教育部长罗伯托·卡尔内罗一行应邀访问中国。与国家教委、国家体委就两国教育、体育方面的交流与合作交换了意见。出席了北京外国语学院葡萄牙语教学与研究中心成立仪式。22日，国务委员兼国家教委主任李铁映会见并宴请了葡萄牙教育部长罗伯托·卡尔内罗一行。

7 月 16 日 国家教委、人事部发出《关于当前做好中小学教师职务聘任工作的几点意见》。

△国家教委办公厅发出《关于组成第二届全国教育科学规划领导小组学科规划组的通知》。

7 月 18 日 国家教委发出《关于建议适当调整普通高校学杂费和住宿费收费标准的紧急通知》。

7 月 19 日 国家教委、公安部、商业部联合发出《关于普通高等学校录取新生证明（录取通知书）用章等手续的通知》。

△城市教育综合改革实验领导小组召开第二次会议。8 月 10 日，国家教委办公厅印发会议纪要。

△国家教委、财政部发出通知，决定从1991 年 9 月 1 日起，调整来华留学生奖学金生活费标准。

7 月 19 日～23 日 全国研究生工作座谈会在长春举行。国家教委副主任朱开轩出席会议并讲话。

7 月 20 日 《中国教育报》报道：国务委员兼国家教委主任李铁映日前视察了河南信阳洪涝灾区，传达了国务院对灾区人民的关怀。在视察途中，李铁映听取了河南省教委负责人关于受灾学校情况的介绍，并就有关问题作了指示。

△国家教委、国家计委、财政部、民政部、劳动部、人事部、中国社会福利有奖募捐委员会、中国残疾人联合会联合发出《关于切实做好“八五”期间残疾人教育工作的通知》。

△国家教委、国家物价局、财政部、劳动部联合发布《中等职业技术学校收取学费的暂行规定》。

△国家教委发出《关于在全国建立电化教育综合实验县的通知》。

△国家教委办公厅转发北京市教育局、共青团北京市委《关于禁止中小学生吸烟的几点意见》。

7 月 21 日～26 日 国家教委直属高校工作咨询委员会外语、师范分组会议在长春市先后召开。

7 月 22 日 民政部、卫生部、国家教委、国家计委、财政部、解放军总后勤部、全国妇联、中国社会福利有奖募捐委员会、中国残疾人联合会联合发出《关于确保完成残疾人三项康复任务的通知》。

7 月 25 日 国家教委在北京召开学习江泽民总书记庆祝中国共产党成立 70 周年讲话座谈会。国家副主席王震、国务委员兼国家教委主任李铁映等领导同志到会。王震、李铁映在会上讲了话。

△《中国教育报》报道：国务委员兼国家教委主任李铁映在视察江西南昌县血防工作时，就抓好疫区中小学生的血防教育作了指示。

△国家教委发出《关于今年秋季开学后在中小学加强近代、现代史及国情教育几项措施的通知》。

△国家教委发出《关于加强 1991 年普通高等学校招生计划管理，杜绝违纪现象的通知》。

7 月 26 日 国家教委发出通知，调整全国教育科学规划领导小组成员。

7 月 26 日～29 日 全国教育事业“八五”计划和十年规划工作协调会在吉林敦化市召开。

7 月 29 日 国家教委发出通知，印发《关于实施〈现行普通高中教学计划的调整意见〉和普通高中毕业会考制度的意见》和《关于在普通高中开设选修课的意见》。

7月28日～8月5日 全国教育科学"八五"规划重点课题评审会及调整后的全国教育科学规划领导小组第一次（扩大）会议在北京举行。国家教委副主任、全国教育科学规划领导小组组长何东昌出席会议并讲话。110余位专家对1331项申报课题进行了评审，初步确定了202项国家级、教委级重点课题。

7月29日～8月8日 国务院学位委员会办公室与国家教委研究生工作办公室在山东威海召开科学社会主义等3个专业学位与研究生教育评估专家组总结会议。13位专家参加，国家教委副主任滕藤到会并讲话。

7月31日 国家教委发出《关于进行培养专科程度小学教师试验工作的通知》。

8月3日 国家教委发出《关于加强和改进高等学校马克思主义理论教育的若干意见》。

8月5日 国家教委党组发出《关于制止一些地方利用宗教活动妨碍学校教育问题的通知》。

△国家教委、广播影视部、文化部、全国总工会、共青团中央、全国妇联、中国科协联合发出《关于改进和加强少年儿童校外教育工作的意见》。

△国家教委办公厅发出《关于加强地方教育电视台、站播放节目内容管理的通知》。

△国家教委发出《关于做好受灾地区中小学开学工作的通知》。

8月6日 国家教委党组发出通知，原则同意全国高等院校古籍整理研究工作委员会《关于组成第三届全国高等院校古籍整理研究工作委员会的报告》。

8月7日 国家教委、人事部、财政部联合发出《关于认真检查落实教师工资待遇有关政策的通知》。

8月7日～11日 国家教委出国留学预备人员培训部工作会议在长春举行。9月16日，国家教委发出《关于进一步加强出国留学预备人员培训部工作的通知》。

8月8日 国家教委与中国教育学会在北京召开大会，纪念我国早期的马克思主义教育理论家杨贤江逝世60周年。全国人大教科文卫委副主任委员、中国教育学会会长张承先、国家教委副主任王明达到会并讲话。

8月9日 国务院总理李鹏主持召开国务院第89次常务会议，讨论《中华人民共和国教师法（草案)》。会议原则通过了这个法律文件，决定在修改后提请全国人大常委会审议。

8月11日～14日 中国教育学会在北京召开第五次全国学术讨论会，研究如何全面贯彻教育方针，减轻学生学习负担，使学生在德智体几方面都得到生动活泼主动发展的问题。

8月13日 国家教委、全国教育工会联合发布《中小学教师职业道德规范》。8月26日，国家教委、全国教育工会就《中小学教师职业道德规范》的颁布实施联合举行新闻发布会。9月11日，国家教委、全国教育工会就发布《中小学教师职业道德规范》在北京举行座谈会，全国人大教科文卫委副主任委员张承先、国家教委副主任柳斌出席会议并讲话。

△国家教委、广播影视部、文化部、国家体委、新闻出版署、全国总工会、共青团中央、全国妇联、中国科协联合发出《关于创造良好社会教育环境，保护中小学生健康成长的若干意见》。10月8日，国务院办公厅转发了《意见》。

△国家教委、财政部联合发布《关于出国教师生活待遇的补充规定》，从1991年6

月1日起实施。

8月13日～15日 国家教委在长春召开全国中等职业技术学校德育工作座谈会。国家教委副主任王明达到会讲话（国家教委办公厅10月19日印发）。

8月13日～17日 国务委员兼国家教委主任李铁映在安徽省考察灾情，并视察了灾区的中小学。

8月15日 国家教委发出《关于做好1992年招收攻读硕士学位研究生工作的通知》。

8月16日～19日 中国教育学会第四次会员代表大会在北京举行。国家教委副主任何东昌在会上作了报告。中国教育学会会长张承先作了工作报告。会议修改了学会章程，选举产生了第四届理事会、常务理事会和正、副会长、秘书长。

8月17日 国务委员兼国家教委主任李铁映到中国科技大学，看望了该校干部和部分教授。

8月17日～20日 国家教委计划建设司在乌鲁木齐市召开了部分省、市参加的普通高等学校充实整顿工作会议，国家教委副主任朱开轩到会作了讲话。10月11日，国家教委印发了会议纪要和朱开轩的讲话。

8月18日 国家教委发出《关于开展高等学校出版社评估试点工作的通知》，附发《高等学校出版社评估指标体系（草案）》。

8月19日 国家教委转发安徽省教委和江苏省高校工委关于认真做好学校新学期开学工作的通知。

8月20日 国家教委发布《小学生日常行为规范》，从1991年秋季开学后在全国小学普遍施行。

8月20日～24日 1991年全国中学生田径运动会在海口市举行。国务委员兼国家教委主任李铁映给大会发了贺电。

8月21日 国家教委主任李铁映签署国家教委令第17号，公安部部长陶驷驹签署公安部令，联合发布《社会力量办学印章管理暂行规定》，自发布之日起施行。

△国家“七五”科技攻关成果展览在北京举行。“七五”期间，全国800多所高等学校近1.9万名教师参加了国家重点科技攻关工作，取得了一批重大成果。

8月21日～9月21日 全国中小学藏文教材审查委员会二届二次全体会议在甘肃甘南藏族自治州的合作镇召开。

8月22日 国家教委、国家语委、共青团中央联合发出《关于组织中小学生开展城市社会用字宣传和调查活动的通知》。

8月25日～28日 国家教委社会科学研究与艺术教育司在黑龙江省大庆市召开全国学校艺术教育工作座谈会。

8月27日 国家教委发出通知，发布《中小学加强中国近代、现代史及国情教育的总体纲要》（初稿）。

8月27日～29日 国家教委在广州暨南大学召开拉美问题科研工作研讨会。国家教委副主任滕藤到会讲话。国家教委办公厅11月11日印发研讨会纪要。

8月28日 国家教委召开全国教育系统抗洪救灾电话会议，部署中小学秋季开学工作。国家教委副主任邹时炎出席会议并讲话。

△中央组织部、中央宣传部、人事部、国家教委、解放军总政治部等11个单位联合发出通知，号召全国人民和全军指战员广泛开展向张培英学习的活动。

△中央宣传部、国家教委、文化部、民政部、共青团中央、国家文物局联合发出《关于充分运用文物进行爱国主义和革命传统教育的通知》。

△国家教委办公厅印发邹时炎6月13日在国家高级教育行政学院举办的第二期教

育学院教学管理研讨班上的讲话。

8月29日 《中国教育报》报道：国家教委副主任柳斌日前就新学年中小学工作发表谈话。

△国家教委发布《中小学图书馆（室）规程》。

△国家教委发出《关于教学仪器设备实行定点生产的通知》，附发《国家教委教学仪器设备生产定点厂考核条件（试行）》。

△国家教委办公厅发出《关于国家教委考试中心职责的通知》。

△国家教委办公厅发出《关于检查内地有关学校西藏班情况的通知》。

8月30日 国家教委发出《关于在高等学校学生中开展向灾区人民学习，发扬艰苦奋斗精神教育的通知》。

8月31日 国家教委党组在北京召开委属36所高校党委书记会议，部署做好开学后工作、维护高校局势稳定的问题。

△国家教委发出《关于加强自学考试工作的意见》。

△全国扫除文盲工作协调小组召开通气会，国家教委副主任王明达出席会议并讲话。会议就下阶段扫盲工作的一些具体问题及有关部门如何协调合作等进行了探讨。

9月1日 中共中央政治局委员、国务委员兼国家教委主任李铁映在今天出版的《中华英才》画报上发表了题为《谱写教书育人的新篇章》的文章。

9月3日 全国政协教育文化委员会在北京举行座谈会，庆祝即将来到的第七个教师节。李铁映、费孝通、雷洁琼、王任重等领导同志和北京市优秀教师代表出席了座谈会。全国政协副主席王任重代表全国政协和李先念主席向全国广大教师和教育工作者致以热烈的祝贺和崇高的敬意。

△中国高等教育学会出国留学工作研究专业委员会（简称出国留学工作研究会）成立，并在天津召开为期3天的成立大会及第一次学术研讨会。

9月4日 七届全国人大常委会第21次会议在北京闭幕。会议通过了《中华人民共和国未成年人保护法》等项议案。杨尚昆主席签署中华人民共和国主席令第50号，公布《未成年人保护法》。

9月9日 国务委员兼国家教委主任李铁映在北京会见了泰国教育部长卡·斯瓦斯迪·帕尼契一行，双方表示要进一步加强和发展两国在文化教育等领域内的合作与交流。

△国家教委副主任朱开轩就高等学校新学年应着重抓好哪些工作接受了中国教育报记者的采访。

△国家教委发出《关于制定高等学校出版社“八五”建设规划的意见》。

△为纪念国际扫盲日，联合国教科文组织在巴黎总部颁发扫盲奖，中国黑龙江省获联合国“野间扫盲奖”。

9月9日～11日 根据中英教育督导合作交流计划，在北京召开教育督导研讨会。

9月10日 国家教委、人事部、中国中小学幼儿教师奖励基金会、全国教育工会在北京联合举行教师节表彰大会，4978名优秀教师和教育工作者受到表彰。李鹏、王震、李铁映、康世恩、严济慈、洪学智等领导同志出席大会并为教师代表颁奖。李鹏总理代表党中央、国务院向全国1000多万名教师致以节日问候。

△国家教委、人事部联合发出《关于表彰全国教育系统劳动模范、全国优秀教师和教育工作者的决定》。9月23日，人事部、国家教委发出《关于全国教育系统劳动模范奖励升级问题的通知》。

△北京外国语学院建校50周年纪念日。9月6日，中共中央总书记江泽民为之题词：“继承和发扬延安精神，培养更多的外

语人才，为社会主义现代化建设服务”。

9月11日～13日 国家公费出国留学选派工作会议在北京举行。

9月12日 共青团中央、全国学联组织的“在成才的道路上”优秀大学生报告团在北京举行首场报告会。团中央第一书记宋德福、书记处书记李克强及中宣部、国家教委有关方面负责同志参加了报告会。9月24日，江泽民、李鹏等中央领导同志在中南海会见了报告团成员。

△国家教委在福州召开全国国情教育工作会议。国家教委副主任柳斌到会讲话。

9月13日 全国农村学校千名优秀体育教师表彰会在山西临汾市举行。国家教委副主任邹时炎、国家体委副主任张彩珍出席会议并为优秀体育教师代表颁发了荣誉证书。9月9日，国家教委办公厅、国家体委办公厅联合发出《关于表彰全国农村千名优秀体育教师的通知》。

△国家教委发出《关于聘请第三届全国中小学教材审定委员会顾问、委员及各学科审查委员的通知》。

△中国农业银行、国家教委发出《〈关于支持农、林中专和农村职业中学开展生产经营活动的联合通知〉的补充通知》。

9月13日～27日 全国人大《义务教育法》检查组检查了吉林省4个地区、10个县、16个乡镇、70多所学校实施义务教育的情况，认为吉林省基础教育开始走上依法治教的轨道。

9月14日～16日 国家教委、国家体委在山西省临汾市召开全国农村学校体育工作座谈会。11月15日，国家教委办公厅、国家体委办公厅印发了座谈会有关材料。

9月15日 全国数百万大中学校学生走出校门，参加由共青团中央和全国学联发起的“责任与奉献行动日”活动。以宣传、募捐、义卖、义务劳动等形式，支援灾区重建家园、恢复生产。

9月15日～19日 国家教委直属高校工作咨询委员会第二次全体会议在上海举行。会议总结了工作，讨论了国家教委直属高校教育事业发展十年规划和“八五”计划，就进一步办好委属高校的有关政策和措施进行了咨询，并就如何发挥委属高校优势，尽快参与浦东开发问题进行了讨论。国务委员兼国家教委主任李铁映、国家教委副主任朱开轩在会上讲话。上海市党政领导同志也出席了会议。

9月16日 江泽民总书记为全国农业中专学校会议题词：“发展全国农业教育为科技兴农作出贡献”。

△国家教委在北京举行结合重大纪念日进行近、现代史和国情教育座谈会。国家教委副主任柳斌出席会议并讲话。

△国家教委、财政部、人事部、劳动部联合发出《关于在普通高等学校招收先进模范青年试点工作的通知》。

△国家教委发布《普通、成人高等学校本、专科招生全国统一考试工作规则》。

9月16日～21日 1991年考试科研国际研讨会在北京举行。来自日本、南朝鲜、新加坡、香港等国和地区及各省、自治区、直辖市招生办公室等70余人参加了研讨会。国家教委副主任滕藤主持开幕式并讲话。

9月16日～22日 中国职业技术教育学会农村教育改革研究会成立大会暨农村教育深化改革研究会在云南省曲靖地区召开。

9月19日 国家教委、国务院学位委员会联合发出通知，决定普通高等学校本科毕业证书与学士学位证书恢复分别制发的办法。

9月20日 国家教委发出关于贯彻《教育系统开展法制宣传教育的第二个五年规划》的通知。

9月20日～24日 由国家教委艺术委员会主任赵沨任主任的1991年首届全国中小学生歌咏（录像）比赛评选委员会，对全国报送的200多个节目进行了评选，评出一、二、三等奖共56个。

9月21日 《中国教育报》报道：国务委员兼国家教委主任李铁映在北京同23名国家督学座谈。

9月23日 国家教委、新闻出版署发出《关于全国普通高等学校德育电教教材评选结果的通知》。

△国家教委办公厅发出《关于加强内地中专、高中西藏班（校）首届毕业班工作的通知》。

9月24日～28日 全国电化教育工作会议在内蒙古赤峰市举行。会议重点研究了如何进一步加强电教教材建设的问题。国家教委副主任邹时炎到会并讲话。9月26日，成立了中国电化教育协会并召开第一届理事会会议。

9月25日 李鹏总理为国务院学位委员会办公室编辑的《中国学位十年》纪念画册题词：尊重知识，尊重人才，进一步完善学位制度。10月20日，李铁映也为画册题词：尊重知识，尊重人才。

△全国人大《义务教育法》新疆检查组在结束了检查工作后，与自治区党委、政府及有关部门的同志进行了座谈。全国人大教科文卫委委员、检查组组长杨海波在座谈会上讲话。

9月26日 《中国教育报》报道：国情教育实施工作会议和义务教育教材（人教社版）试验工作会议在福州召开。国家教委副主任柳斌出席会议并讲话。

△国家教委办公厅发出《关于成立国家教育委员会图书馆工作委员会的通知》。

9月30日 国务院批转国家教委、国家科委关于加强高等学校科学技术工作意见的通知。12月7日，国家教委、国家科委联合转发了这个文件。

10月2日 《中国教育报》报道：以黑龙江省人大副主任嵇华和全国人大常委董耐芳为组长的全国人大《义务教育法》检查组10月下旬结束对福建省的检查活动时，充分肯定福建省实施九年制义务教育所作出的努力和取得的成绩。

10月4日 民政部、国家教委、国家语委和中国残疾人联合会联合发出通知，在全国推广应用《中国手语》。

10月5日 共青团中央、国家教委在北京联合召开《未成年人保护法》座谈会。全国人大常委会副委员长陈慕华、国家教委副主任柳斌等出席了座谈会。柳斌在会上讲了话。

△中国教育电视台开播五周年座谈会在北京举行。5年来，中国教育电视台累计播出各类教育节目4万小时，收看总人数已接近2000万人。国家教委副主任邹时炎出席会议并讲话。

10月5日～24日 国家教委副主任柳斌在山东参加了由全国人大组织的义务教育检查工作。

10月6日～8日 第四次全国中小学计算机教育工作会议在山东济南市举行。会议总结了全国中小学计算机教育工作的经验，研究和部署了90年代的工作。国家教委副主任柳斌出席会议并作了总结讲话。

10月7日 国家教委发布《关于表彰全国高等学校实验室系统先进集体和先进工作者的决定》。

10月8日～12日 全国小学、初中学生国防教育现场研讨会在山东省潍坊、青岛两市举行。

10月10日 国家教委举行全国教育系统抗洪救灾新闻发布会。国家教委副主任邹时炎到会讲话。

△国家教委发出《关于教育系统认真开展爱惜粮食、节约粮食教育活动的通知》。

△国家教委在西安召开高等学校档案工作会议。会议总结、交流了“七五”期间我国高等学校档案工作的成绩和经验，分析了当前全国高校档案工作中存在的问题，讨论了全国高校档案事业发展的十年规划和“八五”计划。

10 月 10 日～13 日 国家教委委托天津市组织的九城市实施“燎原计划”与农村教育综合改革（城郊型）理论与实践研讨会在天津市静海县举行。

10 月 11 日 国家教委发出《普通高等学校充实整顿工作会议纪要》。

△庆祝全国高校图书情报工作委员会成立 10 周年纪念会在北京大学举行。邹时炎、周林、黄辛白等到会，为 200 多名从事图书馆工作 30 年的老同志颁发了荣誉证书。

10 月 11 日～13 日 国家教委在北京召开国家公费出国留学选派工作会议。在全国范围内推广改进公费出国留学工作的措施。11 月 12 日，国家教委发出《关于改进国家公费出国留学人员选派工作的意见》和《关于做好 1992 年国家公费出国访问学者选拔工作的通知》。

10 月 12 日 《中国教育报》报道：全国人大《义务教育法》检查组最近分别对北京市和甘肃省贯彻实施《义务教育法》进行检查。

△全国爱国卫生运动委员会、国家教委、卫生部联合发出《关于认真搞好城乡各类学校厕所与供水设施卫生建设的通知》。

10 月 14 日 国家教委成立中学思想政治课教材编写领导小组。它的主要任务是组织力量，在一纲多本的原则下，按教学大纲的要求，结合中学的实际，编写出一套高质量的全国中学思想政治课教材。

10 月 15 日 国家教委发出《关于贯彻落实〈中共中央关于学习毛泽东选集第一至四卷第二版的通知〉的几点意见》。

△国家教委发出《关于在高等学校开展物资清理整顿工作的通知》。

△国家教委发布《关于表彰委属高等院校物资工作先进集体和先进工作者的决定》。

10 月 15 日～11 月 7 日 联合国教科文组织大会第 26 届会议在法国巴黎举行。中国国家教委副主任滕藤出席会议并作了发言。

10 月 16 日 国务委员兼国家教委主任李铁映在北京会见香港知名人士邵逸夫一行。李铁映代表国家教委感谢邵逸夫先生对内地教育事业的关心和支持。10 月 17 日至 19 日，中共中央总书记江泽民、国家主席杨尚昆、国务院总理李鹏也分别会见了邵逸夫先生。

10 月 16 日～19 日 全国高等师范学校师资培训工作会议在昆明市召开。邹时炎到会作主题报告。

10 月 16 日～25 日 老挝教育体育部沙曼·维亚克部长一行应邀来访。10 月 17 日，国务委员兼国家教委主任李铁映在北京会见他们。19 日，何东昌与沙曼部长签署了《中国国家教委与老挝教育体育部 1992–1993 年合作计划》。

10 月 17 日 国务院发布《关于大力发展职业技术教育的决定》。11 月 25 日，国家教委办公厅发出《关于学习贯彻〈国务院关于大力发展职业技术教育的决定〉的通知》。

△国家教委办公厅印发邹时炎《要严肃而认真地进行中小学校升降国旗活动的教育》的意见。

△国家教委首次举办的 1989、1990 年全国教育好新闻评选结果揭晓，全国 45 个

新闻单位推荐287篇作品，评选出好新闻100篇。国家教委副主任滕藤出席颁奖仪式。

10月17日～18日 国家教委高等教育自学考试办公室、师范教育司、中国电视师范学院在大连市召开了12个省自考办公室同志参加的卫星电视师范教育自学考试命题协调会。

10月18日 伟大的人民教育家陶行知先生诞辰100周年纪念大会在北京隆重举行。李瑞环、李铁映、张劲夫、胡乔木等领导同志出席了纪念大会。李铁映在会上作了题为《学习和发扬陶行知热爱祖国忠于人民献身教育的高尚精神》的讲话。

△国家教委发出《关于在安排年度招生计划工作中进一步进行专业结构调整工作的意见》。

△北京大学生物系青年教授陈章良获得联合国教科文组织颁发的1991年贾乌德·侯赛因青年科学家奖。

10月18日～25日 全国中小学教材审定委员会第二届第一次全体会议在杭州召开。会议总结了第一届委员会的工作，部署了今后的工作任务，审查了上海市制定的《九年制义务教育各学科课程标准》和浙江省教委制定的《义务教育各学科教学指导纲要》。国家教委副主任柳斌到会讲话。

10月21日～25日 全国广播电视中专(电大中专部)第七次协作会议在天津举行。会议总结了近年来在提高教学质量和教材建设方面的经验，并就如何进一步促进广播电视中专教育事业的发展进行了深入的研讨。国家教委副主任邹时炎到会并讲话。

10月22日 国务院学位委员会发布《关于普通高等学校授予来华留学生我国学位试行办法》。

10月22日～25日 第二次全国高校实验室工作会议在北京举行。国家教委副主任何东昌、朱开轩出席会议。朱开轩在会上作了工作报告。11月14日，国家教委办公厅印发朱开轩的工作报告，12月14日，印发朱开轩的总结讲话和邹时炎的讲话。

10月22日～25日 国家教委在北京召开委属高校、直属单位老干部工作座谈会。国家教委副主任何东昌、邹时炎、中国老龄问题全国委员会主任王照华分别到会并讲话。12月20日，国家教委办公厅印发了会议纪要和领导同志讲话。

10月22日～12月18日 全国农村教育综合改革办公室组织部分省市的有关人员组成6个检查组，对山西、宁夏、河南、贵州、福建、江西、河北等7省、自治区的41个县进行了检查。

10月23日 国家教委发出《关于将高等学校大学外语教材编审委员会改建为大学外语教学指导委员会有关事项的通知》。

10月23日～26日 北京市教育局在第一师范学校附属小学召开1991全国愉快教育研讨会。国家教委副主任柳斌出席会议并讲话。

10月25日 国家教委办公厅发出《关于推广书写保健笔的通知》。

10月27日 电化教育实验县工作交流会在北京召开。国家教委副主任邹时炎到会讲话。

10月28日 国家教委发出《关于进一步加强扫除文盲工作的意见》。

10月28日～11月1日 全国劳动课、劳技课教材工作会议在浙江省宁波市举行。

10月30日 国务院学位委员会、国家教委发出《关于1991-1992年理工科进行学位和研究生教育评估工作的通知》。

△国家教委发出《“八五”期间缓解委属高校教职工住房困难的实施方案》。

10月31日 《中国教育报》报道：以全国人大教科文卫委副主任委员张承先为组

长的全国人大《义务教育法》执行情况检查组，于10月份检查了上海的九年义务教育。检查组认为：上海实施《义务教育法》方向对头，富有特色，在基本实现九年义务教育方面走在全国前列，已经走上依法治教的轨道。

由全国人大常委会委员熊复带领的全国人大《义务教育法》执行情况检查组，日前结束了对广东为期15天的检查活动，充分肯定广东省实施义务教育所取得的成绩。

△中共中央宣传部、国家教委发出《关于进一步组织中小学干部、教师学习社会主义理论的通知》。

11月3日 国务委员兼国家教委主任李铁映在北京会见并宴请了德国联邦经济合作部中国问题顾问、国家教委职业技术教育顾问伯克博士一行，就双边合作事宜进行了交谈。

11月4日 建设部、国家教委批准发布《高等学校来华留学生生活用房建设标准》，自1992年3月1日起施行。

△国家计委、人事部、国家教委联合发出《关于从优秀民办教师中选招公办教师问题的通知》。

11月4日～22日 国家教委副主任柳斌应新西兰教育部、澳大利亚就业教育和培训部的邀请，率领中国政府教育代表团一行6人对两国进行了友好访问，并与澳大利亚签署了《关于职业技术和远距离教育合作谅解备忘录》。

11月5日 国家教委发出《关于湖南、云南、海南三省1992年继续试行高考科目设置改革及有关问题的通知》。

△国家教委民族地区教育司在四川省成都市召开四川、云南、青海、甘肃、西藏教委民教处处长会议，第一次统一制定了藏族中小学协调性教学计划。

11月6日 国家教委副主任邹时炎主持召开学习《国旗法》、严格中小学升降国旗制度座谈会，并作了讲话。

△国家教委对南京大学、东南大学进行校内管理体制改革的请示作了批复。

11月7日 联合国教科文组织执行局第138届会议在法国巴黎举行。中国执委滕藤在会上当选为执行局副主席。

△中央宣传部、国家教委联合发出《关于加强和改进中学干部、教师思想政治工作若干问题的通知》。12月18日，国家教委办公厅发出通知，就中等职业技术学校贯彻上述通知提出了要求。

11月8日～11日 全国高校古籍整理研究工作委员会三届一次会议在北京举行。国家教委副主任何东昌、邹时炎出席会议并讲话。

11月11日 由国家教委主办，中国电视剧制作中心、人民教育出版社等单位联合录制的国情教育电视系列片《神州吟》在北京举行首映式。中共中央总书记江泽民为该片题词：“了解历史，认识国情，自强不息，振兴中华。”国家副主席王震在首映式上作了书面发言，康世恩、刘忠德、艾知生、何东昌、滕藤等领导同志出席了首映式。

11月12日 国家教委副主任何东昌出席高等工程专科教育研讨班结业典礼并讲话。

11月12日～13日 中国教育国际交流协会第二届理事会第二次会议在北京举行。协会成立10年来，已同16个国家和地区的63个民间教育组织或机构建立了交流合作关系，接待了近20个国家和地区的244批访华团组1733人次；派出考察团组94批527人次，选派700名中学英语教师出国进修；为各级各类学校在国际上争取到了一批资助和捐赠。国家教委副主任滕藤出席会议并讲话。

11月12日～16日 师范院校公共课教

育学教材改革调查研究座谈会在北京举行。国家教委副主任何东昌出席会议并讲话。

11月13日～17日 全国扫盲农村成人教育工作会议在郑州举行。会议交流了经验，研究了落实国家教委发展成人教育的有关政策措施，提出了“八五”期间全国扫盲和成人教育的新目标，表彰了52个全国扫除文盲先进单位、50名先进工作者和102所先进农村成人学校。国家教委副主任邹时炎、河南省副省长范钦臣到会并讲话。

11月14日 国家教委、劳动部发出《关于招收义务教育课程教材整体试验学校毕业生的规定》。

11月14日～15日 民间教育交流国际研讨会在北京举行。中国教育国际交流协会会长黄辛白到会讲话。

11月15日 国家教委副主任朱开轩在北京会见了应邀来访的由阿尔及利亚大学部秘书长奥马尔率领的阿尔及利亚高教代表团一行。双方共同签署了中阿教育合作执行计划和协议。

11月15日～24日 国家教委在云南泸西县召开全国少数民族地区、边远地区职业技术教育座谈会。来自全国15个省、自治区的代表参加座谈会，提出要发展边疆职业技术教育，促进各民族共同富裕。

11月17日 在四川省成都市召开彝文教材审查委员会成立大会。

11月17日～21日 全国城市中小学教职工住房建设工作会议在武汉举行。据统计，“七五”期间全国用于城市中小学教职工住房建设的投资为37.8亿元，住房竣工面积1497万平方米，城市中小学教职工住房难的问题正在得到缓解。国家教委副主任邹时炎到会讲话。

11月18日 霍英东教育基金会成立5周年纪念大会在北京举行。国家主席杨尚昆到会祝贺。香港著名爱国人士霍英东先生在会上致词。国家教委副主任滕藤代表国家教委对霍英东教育基金会成立5年来的工作给予高度评价。

11月18日～19日 京津地区博士后现场办公会在清华大学召开。我国自1985年实行博士后制度以来，已设博士后流动站278个，累计招收博士后1260人，对高级技术人才的培养和学术交流起到了积极的推动作用。

11月19日 国家教委发出《国家教委直属高等学校教育事业发展十年规划和“八五”计划纲要》。

11月20日 国家教委办公厅发出《关于不得撤销高等教育自学考试委员会的通知》。

11月22日 国家教委印发《关于进一步加强电教教材建设的意见（试行）》。

△国家教委、中国科协发出《关于在农村中小学开展课外科技“小星火计划”活动的意见》。

11月23日 国家教委办公厅发出《关于举办开展“学习和宣传全国优秀中小学校长的活动”的通知》。

11月24日 在国家教委和共青团中央的支持下，由中国教育报社和中国少年报共同发起的以“了解历史，振兴中华”为主题的第三届“让精神世界更美好”读书活动在人民大会堂举行开幕式。

11月27日 国家教委发出《解决直属高校教职工住房问题试行意见》。

11月28日 人民教育出版社在北京召开“提高教材质量，为培养21世纪人才作贡献”座谈会，庆祝建社40周年。周谷城、严济慈、赵朴初等领导同志出席座谈会。国家教委副主任滕藤在会上讲话。

△国家教委发布教学仪器《光具盘》等19个行业标准。

11月29日 中共十三届八中全会通过

《中共中央关于进一步加强农业和农村工作的决定》，其中第四部分是“抓紧实施科技、教育兴农的发展战略”。

△中国科协、国家教委发出《关于表彰参加 1991 年国际数、理、化、信息学奥林匹克竞赛国家集训队主要教练人员和组织工作者的决定》。

△中国教育学会、中央教育科学研究所和中国教育报社共同邀请首都教育界部分人士，以“学习江泽民同志‘七一’讲话，探讨建设有中国特色的社会主义教育”为主题召开座谈会。中国教育学会副会长张文松等到会讲话。

11 月 29 日～12 月 1 日　国家教委在北京召开全国贯彻《幼儿园管理条例》和《幼儿园工作规程（试行）》情况汇报交流会。国家教委副主任柳斌在会上作了总结发言。

12 月 2 日～13 日　蒙古教育部首席副部长恩赫图布辛率领蒙古教育代表团访华。

12 月 2 日～25 日　国家教委副主任邹时炎率领中国教育代表团访问马里、塞内加尔、科特迪瓦和尼日尔四国。

12 月 3 日　国家教委发出《关于开展小学教师继续教育的意见》。

△国家教委、人事部、劳动部联合发出《关于在招工、招干中承认普通高中毕业会考成绩的通知》。

△国家教委办公厅发出通知，公布全国九年义务教育优秀电教教材评奖结果。

12 月 3 日～7 日　中央宣传部、国家教委、全国教育工会联合召开的全国高校教书育人座谈会在北京举行。会议总结交流了教书育人的经验，并就如何深入、广泛、持久地开展教书育人工作进行了探讨。国家教委副主任何东昌、朱开轩在会上讲话。国务委员兼国家教委主任李铁映在会议期间与代表进行了座谈。

12 月 4 日　国家教委党组发出《关于做好公费出国留学人员政治考核工作的意见》。

△国家教委发出《全国电化教育“八五”计划》。

12 月 4 日～7 日　中国职业技术教育学会首届年会在郑州市举行。

12 月 5 日　经国务院领导同意，国家教委发出《关于做好 1992 年全国普通高等学校毕业生和毕业研究生分配工作的通知》。

△国家教委发出通知，决定自 1991 年起建立全国普通高等学校人文、社会科学研究统计年报制度。

△国家教委印发《关于全国教育抗灾救灾工作情况的报告》。

12 月 5 日～7 日　国家教委在上海召开国际问题研究规划座谈会。国家教委副主任滕藤到会讲话。

12 月 6 日　国家教委关心下一代工作委员会召开全体委员会，听取秘书处的工作汇报，讨论了 1992 年工作要点。国家教委副主任何东昌到会讲话。

△国家教委印发《关于 1991 年全国普通高等学校毕业生和毕业研究生分配工作情况的报告》。

△国家教委发出《关于全国教育系统进一步加强语言文字规范化工作的通知》。

12 月 7 日　国家教委发出《关于国家计划选派非通用语种出国留学生回国补发毕业文凭并授予相应学位的通知》。

12 月 8 日　全国中小学蒙古文教材审查委员会全体会议在内蒙古自治区呼和浩特市召开。

12 月 8 日～11 日　国家教委科学技术委员会 1991 年全体会议在京召开，讨论了重点大学和重点学科建设、高校发展高科技产业和参与开发区建设、促进国营大中型企业技术进步和科技兴农等工作，并提出咨询意见。朱开轩到会讲话。

12月9日 共青团中央、全国学联邀请当年投身“一二·九”运动的老同志康世恩、荣高棠等，与首都部分高校学生代表座谈，纪念“一二·九”运动56周年。

12月9日～13日 全国城市教育综合改革经验交流会在江苏常州举行。会议总结交流了经验，明确了城市教育综合改革的指导思想、目标、任务、方针、政策和措施。国家教委副主任何东昌、柳斌出席会议并讲话。1992年1月27日，国家教委办公厅印发了何东昌、柳斌的讲话。

12月11日 国家教委发出通知，重申教育费附加使用范围。

12月12日 国家教委发出通知，批准中央广播电视大学1992级专业科类和统设课程设置。

△国家教委发出《关于做好1992年从香港、澳门、台湾人士中招收研究生工作的通知》。

12月13日 卫生部、国家教委联合发出《全国学生常见肠道蠕虫感染综合防治方案（试行)》。

12月17日 国务委员兼国家教委主任李铁映在湖南考察期间，到雷锋母校——望城县雷锋学校看望师生。

△国家教委办公厅发出《关于施行〈中华人民共和国国旗法〉严格各级师范院校升降国旗制度的通知》。

△国家教委发出《关于灾区中小学校舍修复重建工作的意见》。

12月17日～18日 国务院学位委员会第十次会议在北京召开，审批第三届学科评议组成员名单，审议学位和研究生教育的“八五”计划和十年规划及学位委员会1992年工作要点。何东昌、朱开轩主持会议并讲了话。

12月18日 国家教委印发经过重新编写和修订的中学教师进修高等师范专科的政治和思想品德教育、汉语言文学教育、英语教育、历史教育、数学教育、物理教育、化学教育、生物教育、地理教育、音乐教育、体育教育、美术教育等12个专业教学大纲。

12月19日 江泽民总书记到厦门大学看望师生员工，并与师生代表座谈。

12月19日～26日 全国高校毕业生思想教育工作座谈会在湖北江汉举行。会议交流了毕业生思想教育工作的经验，讨论了1992年的毕业生思想教育工作。国家教委副主任朱开轩出席会议并讲话。

12月20日 国家教委燎原计划办公室、中国科技财务公司联合发出《燎原计划专项贷款管理暂行办法》。

12月21日 国家教委发出《国家教育委员会督学聘任暂行办法》。

△国家教委印发《中华人民共和国普通高等学校联合招收华侨、港澳、台湾省学生简章》。

12月21日～25日 全国燎原计划贷款工作会议在苏州举行。

12月22日～23日 国家教委1992年文科研究生招生准备工作会议在长春举行。会议肯定了10年来文科研究生教育的成绩，分析了以往工作的经验教训和存在的问题。国家教委副主任滕藤到会讲话。

12月25日 国务院总理李鹏为《中国教育电视报》创刊题词:“积极采用现代技术，促进教育事业发展”。12月22日，国务委员兼国家教委主任李铁映也为该报题词:“努力发展电视教育，为人民服务”。

12月26日 中央教育科学研究所德育研究中心在北京成立。国家教委党组书记、副主任何东昌到会祝贺并讲话。

△全国总工会、国家教委、劳动部、人事部联合发出《关于加强地方工会参与职工

教育管理的通知》。

12月27日 广播影视部、国家教委、文化部批转《吉林省在中小学生中开展电影系列化教育的情况报告》。

12月29日 国家教委、财政部联合发布《普通高等学校研究生奖学金制度试行办法》。

12月30日 国家教委、国家计委、人事部联合下达1992年研究生招生计划。

△联合国教科文组织北京教育学术交流中心在中央教育科学研究所正式成立。国家教委副主任邹时炎出席成立大会并讲话。

12月31日 国家教委发出《1992年全国普通高等学校招生统一考试范围》。

△国家教委发出《关于处理部分普通高等学校函授、夜大学办学资格的遗留问题的通知》。

△国家教委办公厅发出通知，印发《高中〈中国近代现代历史讲座〉考试范围》。

撰稿人： 吴伯康 喻晓宪

审稿人： 张保庆 荣文珂